新世纪研究生教学用书
国家重点学科

Industrial Economics

产业经济学

第五版

李悦／等 编著

东北财经大学出版社
Dongbei University of Finance & Economics Press
大连

图书在版编目（CIP）数据

产业经济学 / 李悦等编著. —5版. —大连：东北财经大学出版社，2019.4
（新世纪研究生教学用书）
ISBN 978-7-5654-3089-3

Ⅰ. 产… Ⅱ. 李… Ⅲ. 产业经济学-研究生-教材 Ⅳ. F062.9

中国版本图书馆CIP数据核字（2019）第025146号

东北财经大学出版社出版
（大连市黑石礁尖山街217号 邮政编码 116025）
网 址：http://www.dufep.cn
读者信箱：dufep@dufe.edu.cn
大连图腾彩色印刷有限公司印刷 东北财经大学出版社发行

幅面尺寸：205mm×285mm 字数：1219千字 印张：41.75
2019年4月第5版 2019年4月第2次印刷

责任编辑：蔡 丽 责任校对：蓝 海
封面设计：冀贵收 版式设计：钟福建

定价：128.00元

教学支持 售后服务 联系电话：（0411）84710309

如有印装质量问题，请联系营销部：（0411）84710711

第五版前言

本书反映了作者在我国产业经济发展繁荣的基础上对产业经济发展客观规律的概括和总结，集作者从事经济学教学与研究几十年的成果之大成，借鉴并吸收了国内外同行专家、学者发表的具有学术前沿性水平的科研成果。书中还特别收录了部分有关国家产业发展的方针和战略部署等。

一、产业经济学面临的新形势和新任务

产业经济学必须准确全面地学习贯彻党的十九大精神。受产业经济学的研究对象所限，我们修订本书的重点应该是坚持“八新、一改、一健、一美”，即新时代、新矛盾、新思想、新征程、新发展理念、新经济体系、新产业体系、创新型国家，供给侧结构性改革，健康中国，美丽中国。

二、产业经济学的学科性质

这种涵盖工、农、商、运等七个学科的产业经济学[①]，是我国首创的一门主要的实体经济学，部分高校的产业经济学学科是国家重点学科，是培养复合型人才的必修课。因为实体经济是一国经济的立身之本，是财富创造的根本源泉，是人民生活、国家政治、国防实力的坚实根基。国家的文化产业和创意产业等为人民提供了不少精神食粮。

当今世界，任何国家和人民，如果没有必要的物质，都没法生存，更无法富强。物质太多了自己用不完，可以与需求者交换自己所需要的东西。如果市场上物质短缺，你又急需去市场购买，那就只能用更多的货币去购买。历史事实还告诫人们，一个国家如果物质短缺，又贫穷落后，就可能被侵略者侵略和屠杀。由此可见，着力发展实体经济是一条放之四海皆准的真理。

三、本书的特色

本书的特色可以概括为：坚持四个突出、两种精神、两个突破和共性综合。

（一）四个突出

一是突出马克思主义的指导地位。本书比较系统地阐明了马克思主义“三论”，即马克思主义经济发展理论、产业结构理论和产业组织理论。

二是突出“宽口径、厚基础”的研究生培养原则。除了核心内容外，本书还特设了发展理论篇，为产业经济学提供理论依据。

三是突出产业经济学核心内容，用绝大部分篇幅论述产业发展规律、产业结构和产业组织核心理论。这正是产业经济学区别于其他相关学科的根本所在。

四是突出新时代、新矛盾、新思想、新征程、新发展理念、新产业体系、新经济体系、创新型国家、乡村振兴战略、供给侧结构性改革、文化自信、生态文明、健康中国和美丽中国等马克思主义中国化的最新成果。

---

① 国务院学位办编制的国家学科目录规定，产业经济学涵盖七个领域：工业经济、农业经济、商业经济、运输经济、企业经济、消费经济和信息经济。

（二）两种精神

一是坚持以爱国主义为核心的民族精神；二是坚持以创新为核心的时代精神。本书科学地总结和及时反映了国内外产业经济学发展的新成果。第五版新增加了第四次工业革命、机器人暨人工智能产业、供给侧结构性改革、应急产业、健康产业等内容。

（三）两个突破

一是突破了国外产业经济学只包括产业结构、产业组织和产业政策“三论”的理论框架，构建了包括发展理论、产业规律、产业结构、产业组织的有中国特色社会主义产业经济学体系。

二是突破了国内已有的产业经济学教材体系和内容不确定性较大以及与相关学科核心内容重复较多的局面。

（四）共性综合

产业经济学作为培养硕士和博士研究生的一门重点专业理论课，不可能也不应当把七个领域的内容全部列入，只能把七个领域共有的理论内容抽象出来，加以综合论证。

四、本书出版情况

（一）第一版

1998年2月，中国人民大学出版社出版了李悦给研究生编写的《产业经济学》（第一版）教材，全书除导论外，设增长理论、产业结构、产业组织、增长方式和运行机制5篇29章，近60万字。

（二）第二版

2004年4月，中国人民大学出版社出版《产业经济学》（第二版），全书除序言、导论外，共5篇36章，近75万字。第二版比第一版新增加了产业发展主要规律、产业结构新趋势与升级方向、产业结构合理化标准与方法论、工业可持续发展、新型工业化道路、流通产业、商业零售业、旅游产业和老龄产业等9章。

（三）第三版

2009年9月，在编写本书的第三版时，我们翻阅或粗读了部分产业经济学专家和教授所撰写出版的30多部产业经济学教材。全书除序言、导论外，共5篇55章。与第二版相比，又新增加以下章：产业形成与分类、消费与投资、循环经济、生态文明与可持续发展、文化与经济、工与农和城与乡、城乡良性互动战略、农业结构与趋势、文化产业、轻工业产业、食品产业、饲料产业、纺织产业、信息产业、制造业、汽车制造业、轨道交通装备制造业、船舶制造业、航空运输装备制造业、数控机床产业、能源产业和建筑业。

（四）第四版

2014年12月，本书第四版修订重点有5个方面：一是新增6章内容，即交通运输业、战略性新兴产业、第三次工业革命、互联网产业、海洋产业和创意产业。二是删去6章，即本不属于本学科研究对象的第三版中的第五十四章（市场机制与宏观调控）和第五十五章（企业转机与建制），内容老化的第十七章（重点产业）、第十九章（乡镇企业）、第三十章（老工业基地）以及第四十五章（基础产业与支柱产业）。三是改错补遗漏37处。四是调整篇章结构，更新资料和数据。五是压缩各章篇幅，以减轻学生负担。

本书第四版由导论和4篇55章构成。

导论包括指导思想、两类经济学与“一化两关键”、学科定位与理论框架、产业发展与最终目的。

第一篇，理论篇。这部分主要讨论和阐明经济发展理论与发展方式，速度与结构、质量、效益，新型工业化道路，第三次工业革命，互联网产业，战略性新兴产业，创意产业，科技进步与创新驱动，高新技术产业，传统产业，信息产业，要素配置与素质提高，生态文明与可持续发展，循环经济，环保与环保产业，文化与经济16个理论专题。

第二篇，规律篇。这部分主要讨论和阐明产业形成与分类、产业经济发展主要规律、民用产业与国防产业、工与农和城与乡、城乡良性互动战略、农业结构与趋势、交通运输业、能源产业、海洋产业、老龄产业10个专题。

第三篇，结构篇。这部分主要讨论和阐明结构理论与趋势，结构分析方法，产业结构新趋势与优化升级，产业结构优化升级标准与方法论，消费与投资，第一、二、三产业，采掘与加工和原料与制造，文化产业，旅游产业，流通产业，商业零售业，建筑业，制造业，汽车制造业，轨道交通装备制造业，船舶制造业，航空运输装备制造业，数控机床产业，第三产业，食品产业，饲料产业，轻工业和纺织产业等23个专题。

第四篇，组织篇。这部分主要讨论和阐明产业组织理论与趋势、集中与集中度、专业化与协作、企业规模与企业规模结构、经济联合与企业集团和企业国际化与跨国公司等6个专题。

（五）第五版

本书第五版修订内容如下：

（1）新增加4章内容，即“供给侧结构性改革”“健康产业”“机器人暨人工智能产业”“应急产业”。

（2）部分章内增加了新节，即“迎接第四次工业革命”“环保产业”等。

（3）调整了篇章顺序。

（4）更新了资料和数据。

第五版除导论外，还有4篇56章。作者分工以本书篇章顺序为序，如下：李悦负责全书篇、章、节设计和全部书稿修改及定稿，并执笔编著本书的前言和导论，第二、三、四、十、十一、十六、十七、十八、十九、二十、二十三、二十四、二十六、三十四、三十五、三十六、四十、四十一、四十三、四十四、四十九、五十、五十三章和参考书目；同济大学米黎钟负责第一章；中国银联虞月君负责第六和三十二章；中共中央台湾工作办公室李立负责第五和二十七章；工信部胡红梅负责第七章；上海社科院施宇箭负责第九章；清华大学郎立君负责第十二和十三章；工信部林宁、陈书义负责第八章；科技部陈宝明负责第十四和十五章；国家民委赵勇负责第二十一和二十二章；中国科学院刘建平负责第二十五章；中央党校（国家行政学院）李雪峰负责第二十八和五十一章；科技部孙福全负责第二十九和三十章；华东理工大学孔令丞负责第三十一、三十三章；北京社会科学院邓丽姝负责第三十七章；经济日报社钟云华负责第三十八章；北京第二外国语学院励新建负责第三十九章；中国建筑工程总公司胡勤负责第四十二章；国家发展改革委员会陈建国负责第四十五至四十八章；北京理工大学李健负责第五十五章；中国人民大学李平负责第五十二、五十四和五十六章。

五、本教材与《产业经济研究》一书的关系

李悦所著的《产业经济研究》（以下简称《研究》）一书，于2004年4月由中国社会出版社出版。

这本专著最为珍贵之处在于：它是经过中央有关部门同意，在书中首次公开发表了1979年9月10日胡耀邦同志对李悦与蒋映光合作《斯大林对雅罗申柯为生产而生产观点的批评》一文所做的重要批注和批示；首次公开发表了朱镕基同志阅读李悦编著《中国工业部门结构》书稿后回复李悦的亲笔信。这本专著精选了李悦于2003年前（含2003年）发表的文章100篇，其中，发表在《人民日报》《光明日报》理论版的文章有26篇，发表在《中国社会科学》杂志的文章有1篇；书中文章的排列是以产业经济学的学科体系为框架的。《研究》以产业规律、产业结构和产业组织这三部分为核心和重点，上有生产目的（人民和国家的需要）和宏观理论两部分为指导，下立足于微观基础和学科建设。

总之，本教材和《研究》是姊妹篇。两者不同的是，本教材是在《研究》的基础上形成的，没有《研究》，也就没有本教材。《研究》是以文章为单元，本教材是以章节为单元。因此，如果读者能把两部论著对照着读，其效果会更佳。

由于作者水平有限，加之修订时间仓促，书中还可能有不尽如人意之处，恳请同行专家、学者和广大读者指正，感谢！

李悦

2018年10月

↘目 录

[导论]

产业经济学的指导思想与学科定位

导论着重讨论产业经济学的指导思想、两类经济学与“一化两关键”、产业经济学的理论框架、产业发展与最终目的。

第一节　产业经济学的指导思想

产业经济学是哲学社会科学的一个小分支，它的根本指导思想只能是马克思主义。这个指导思想可以用一句马克思主义中国化最终成果来概括，即高举中国特色社会主义伟大旗帜。党的十八大报告指出，高举这个伟大旗帜，最根本的就是要坚持中国特色社会主义道路、中国特色社会主义理论体系和中国特色社会主义制度。党的十九大的主题是：不忘初心，牢记使命，高举中国特色社会主义伟大旗帜，决胜全面建成小康社会，夺取新时代中国特色社会主义伟大胜利，为实现中华民族伟大复兴的中国梦不懈奋斗。

党的十八大报告指出，中国特色社会主义道路，就是在中国共产党领导下，立足基本国情，以经济建设为中心，坚持四项基本原则，坚持改革开放，解放和发展社会生产力，建设社会主义市场经济、社会主义民主政治、社会主义先进文化、社会主义和谐社会、社会主义生态文明，促进人的全面发展，逐步实现全体人民共同富裕，建设富强、民主、文明、和谐的社会主义现代化国家。中国特色社会主义理论体系，就是包括邓小平理论、“三个代表”重要思想、科学发展观、新时代中国特色社会主义思想在内的科学理论体系，是对马克思列宁主义、毛泽东思想的坚持和发展。中国特色社会主义制度，就是人民代表大会制度的根本政治制度，中国共产党领导的多党合作和政治协商制度、民族区域自治制度以及基层群众自治制度等基本政治制度，中国特色社会主义法律体系，以公有制为主体、多种所有制经济共同发展的基本经济制度，以及建立在这些制度基础上的经济体制、政治体制、文化体制、社会体制等各项具体制度。中国特色社会主义道路是实现途径，中国特色社会主义理论体系是行动指南，中国特色社会主义制度是根本保障，三者统一于中国特色社会主义伟大实践，这是党领导人民在建设社会主义长期实践中形成的最鲜明特色。

党的十九大报告指出：中国特色社会主义是改革开放以来党的全部理论和实践的主题，是党和人民历尽千辛万苦、付出巨大代价取得的根本成就。中国特色社会主义道路是实现社会主义现代化、创造人民美好生活的必由之路，中国特色社会主义理论体系是指导党和人民实现中华民族伟大复兴的正确理论，中国特色社会主义制度是当代中国发展进步的根本制度保障，中国特色社会主义文化是激励全党全国各族人民奋勇前进的强大精神力量。全党要更加自觉地增强道路自信、理论自信、制度自信、文化自信，既不走封闭僵化的老路，也不走改旗易帜的邪路，保持政治定力，坚持实干兴邦，始终坚持和发展中国特色社会主义。

第二节 两类经济学与“一化两关键”

一、两类经济学

马克思主义经济学分理论经济学和应用经济学两类。政治经济学是以社会生产关系的发展规律性为研究对象的理论经济学；包括产业经济学在内的应用经济学的研究对象是社会生产力发展的规律。当然，众多的自然科学都是从不同角度来研究生产力发展规律的，但从整体上研究社会生产力发展规律的任务，只能落在应用经济学的头上，或者说落在生产力经济学的头上。

邓小平同志历来十分重视发展社会生产力和生产目的问题。在这方面他有过很多精辟的论述，如“共产党就是为发展社会生产力的，否则就违背了马克思主义理论”“社会主义的任务很多，但根本一条就是发展生产力”“在社会主义国家，一个真正的马克思主义政党在执政以后，一定要致力于发展生产力，并在这个基础上逐步提高人民的生活水平”“社会主义原则，第一是发展生产，第二是共同致富”“社会主义的本质，是解放生产力，发展生产力，消灭剥削，消除两极分化，最终达到共同富裕”①。

总结我国经济建设和经济学科发展的实践经验，马克思主义经济学应当更加重视对社会生产力发展规律的研究，产业经济学是专门研究产业生产力发展规律的应用经济学。我国经济效益低的主要原因之一，就是重复生产、重复建设；经济学科发展得不够理想的原因之一就是学科研究对象的重复。重复已经浪费了我们宝贵的时间和精力，不能容忍这种人力资源浪费现象继续存在下去了，到了非解决不可的时候。

二、产业现代化

产业现代化是整个社会主义现代化建设的重要环节，实现产业现代化乃是中华民族的一项伟大历史使命。产业现代化又包括产业技术现代化和产业管理现代化两个基本方面。所谓产业现代化，一般是指通过发展科学技术，采用先进的技术手段和科学的管理方式、方法，把产业建立在当代世界最新科学技术的基础之上，使各产业的各项技术、经济指标达到世界先进水平的过程，也就是产业技术现代化和产业管理现代化的过程。产业技术现代化是产业经济学的重要课题。

三、两个关键

实现未来经济发展目标，关键要在加快转变经济发展方式、完善社会主义市场经济体制方面取得更大进展。经济体制是政治经济学和管理学的研究领域，而转变经济发展方式乃是生产力经济学和产业经济学的研究课题。

鉴于在生产力和生产关系的辩证关系中，首先是生产力决定生产关系，解放生产力和发展生产力又是社会主义本质的第一句和头一条，所以我们在实现经济发展方式的根本转变和整个社会主义现代化建设过程中，应注重产业经济学的研究和应用，让产业经济学在社会主义现代化建设事业发展进程中发挥更大的作用。

中国特色产业经济学必须以马克思主义特别是马克思主义中国化最新理论成果为指导思想，以揭示和运用产业经济发展规律为研究对象。在整个教学和科研过程中，我们应不断地总结我国产业经济发展的实践经验，并及时吸取国外的有益经验；要运用定性分析与定量分析相结合的方法；要坚持“博采众长，以我为主，融合提炼，自成一家”的原则；要在继承的基础上勇于创新，重在创新。

在学科建设上，我们必须在找准产业经济学的定位上狠下功夫，始终以此为重点，突出产业经济学

---

① 中央财政领导小组办公室. 邓小平经济理论学习纲要［M］. 北京：人民出版社，1997：23，24，29-30.

的特色。这样才能把握住产业经济学的本质，才能真正与其他相关学科区别开来，在整个学科体系中找到自己应有的位置，充分发挥自己的长处。

研究生的培养应当坚持“宽口径、厚基础”的原则，特别是产业经济学的博士生，学习和研究产业经济学不应该只局限在产业经济学的核心内容，而要真正学深、学透这些核心内容，还必须搞清楚这些核心内容与经济发展理论和经济发展方式转变的相互关系，以及如何运用这些核心内容的规律。但是，我们必须牢记的是，重点不能偏离，重点只能是核心内容。

第三节　产业经济学的理论框架

一、中外产业经济学知名图书概况

（一）外国产业经济学知名图书简介

发达国家产业经济发展起步早，其学者概括产业经济发展规律的著作问世也比发展中国家早很多。这里只选择介绍日本、英国和美国三个国家有代表性的著作。

日本代表作者是筱原三代平和佐贯利雄两位教授，他们的代表作分别是《日本经济的成长和循环》《日本经济的结构分析》。他们认为产业经济学的理论框架由三个部分组成：产业结构论、产业组织论和产业政策论。

英国代表作者是多纳德·海、德里克·莫瑞斯，他们合著的《产业经济学与组织》1991年由牛津大学出版社出版。该书分为4篇18章，篇分别为导论、市场分析、企业行为、公共政策。

美国代表作者是斯蒂芬·马丁，他著有《高级产业经济学》。该书共有14章，分别为：引言，寡占理论基础（一），寡占理论基础（二），寡占理论基础（三），结构-行为-绩效关系的早期经验性研究，有关解释和设定的争论，市场绩效的经验性研究，策略性行为：投资与进入阻止，广告，串谋和非合作性串谋，市场结构、进入和退出，企业结构、合并与合资企业，垂直约束，研究与开发。

（二）中国产业经济学知名图书简介

我国还属于发展中国家，产业经济学研究的起步晚，所以概括产业经济发展规律的产业经济学图书问世比发达国家晚很多。改革开放以后，随着我国产业经济发展繁荣，我国学者编著出版的有代表性的产业经济学图书如下（以出版时间先后为序）：①《产业经济学》（李悦主编，1998年）；②《产业经济学教程》（杨公仆主编，1998年）；③《产业经济学》（史忠良主编，1998年）；④《现代产业经济学》（杨公仆主编，1999年）；⑤《产业经济学》（苏东水主编，2000年）；⑥《产业经济学理论与实践问题研究》（论文集）（于立主编，2000年）；⑦《现代产业经济学》（戴伯勋主编，2001年）；⑧《产业经济学研究》（邓伟根著，2001年）；⑨《产业经济学》（邬义钧、邱钧主编，2001年）；⑩《产业经济学》（李悦、李平主编，2002年）；⑪《产业经济学》（臧旭恒主编，2002年）；⑫《现代产业经济学》（王俊豪主编，2003年）；⑬《产业经济研究》（论文集）（李悦著，2004年）；⑭《应用产业经济学》（范金等编著，2004年）；⑮《产业经济学教程与案例》（干春晖编著，2006年）。以上作品之后不断有新的版本产生，对内容进行了修订、增补。

（三）中外产业经济学知名图书比较

从上面所介绍的外国产业经济学著作的理论框架看，著作大致可分为两类：一类是以日本学者的著作为代表，主要是“三论”，即结构论、组织论和政策论；一类是以英美学者的著作为代表，涉及的领域很广泛，包括我国许多门学科的部分内容，如市场学、流通学、投资学、企业管理学、组织行为学、区域经济学的部分内容。

上述我国15本图书的理论框架大致可分为四类：一类是与英美著作基本相同；一类是与日本著作大致相同；一类是戴伯勋、苏东水和史忠良等学者的图书，其理论框架包括产业结构、产业组织、产业政策、区域经济与产业布局、产业管理与产业发展等内容；一类是李悦教授的图书，其理论框架是以发展理论、产业规律、产业结构和产业组织四篇为核心。

中外学科定位的理论框架为何如此不同呢？本书作者认为主要是因为国情和不同国家的学科分类不同，以及不同学者对学科分类的理解不同。

二、学科定位和研究思路①

产业经济学是哲学社会科学的一个小分支，它必然受整个哲学社会科学定位和研究对象的制约。哲学社会科学主要研究三个方面的问题：一是世界观、人生观、价值观问题；二是理论认识和科学思维问题；三是社会发展规律和社会管理规律的认识和运用问题。而产业经济学是从属于第三个问题的，是揭示和运用产业发展规律的学科。

产业经济学研究不应与其他学科重复。国家学科目录规定：经济学分为理论经济学和应用经济学两类，其中产业经济学涵盖七个领域：工业经济、农业经济、商业经济、运输经济、企业经济、消费经济和信息经济。我国还有独立的市场学。管理学独立于应用经济学之外，是与经济学并列的大学科。据此，我国产业经济学研究主要有以下思路可供选择：一是分别对产业经济学上述七个领域展开研究；二是把七个领域的共性内容抽象出来，分别展开研究；三是以共性为主、以个性为辅展开研究；四是以个性为主、以共性为辅展开研究。相比较而言，第二种研究思路更为恰当。

三、理论框架的设计原则

（1）坚持马克思主义的指导地位。《中共中央关于进一步繁荣发展哲学社会科学的意见》强调指出，哲学社会科学必须坚持马克思主义的指导地位。要用马克思列宁主义、毛泽东思想、邓小平理论、“三个代表”重要思想和新时代中国特色社会主义思想统领哲学社会科学工作，在指导思想上绝不能搞多元化。产业经济学应该系统地阐述马克思主义经济增长理论、结构理论和产业组织理论；切忌不读马列原著。

（2）坚持理论联系实际。实践是理论的来源，也是检验理论的标准。因此，产业经济学必须以我国产业发展的实践为基础，以国情为依据，总结我国产业经济发展的经验，并把这些经验条理化、系统化；切忌理论脱离实际。

（3）坚持博采众长、以我为主、融合提炼、自成一家。只有这样，才能构建起自主创新的中国特色产业经济学；切忌照抄照搬外国的东西。

第四节　产业发展与最终目的②

20世纪70年代末80年代初，我国学者曾在全国范围内开展了社会主义生产目的的大讨论，那次讨论对于纠正为生产而生产的严重倾向起了重要作用；对于纠正某些片面追求增长速度的倾向，进一步明确经济发展的目的，具有理论意义和实践价值。

在社会主义生产目的的讨论中，学者对我国是否存在为生产而生产的倾向，开始时认识并不完全一致。有人认为，在我国经济工作中并不存在为生产而生产的倾向；提出为生产而生产的问题，只是看到了现象，没有说到本质。其实，马克思、列宁、斯大林都讲过为生产而生产的问题，只是在我国相当长

① 李悦．产业经济学学科定位与理论框架［N］．人民日报，2007-02-09.
② 蒋映光，李悦．斯大林对雅罗申柯为生产而生产观点的批评［N］．工人日报，1979-10-19.

一段时间内，很少有人注意到这个问题。党的十一届三中全会以后，随着调整国民经济方针的提出，人们才日益认识到弄清这个问题对实现四个现代化具有极为深刻的理论意义和实践意义。

马克思在《资本论》中多次讲过资本主义制度下为生产而生产的问题，归结起来主要有四个意思：

（1）为生产而生产就是发展人类的生产力；

（2）为生产而生产表现为追求价值，而使生产有无条件发展的趋势；

（3）从生产剩余价值的角度看，生产不是扩大生产者社会的生活过程的手段，而只是不断使资本增值的手段；

（4）从实现剩余价值的角度看，生产的不断扩大，不是伴随消费的不断扩大，而是社会有支付能力的消费需求的缩小。

列宁在《俄国资本主义的发展》一书中讲到为生产而生产时指出，生产扩大了，而没有相应地扩大消费，这就是为生产而生产。从社会再生产的角度看，列宁的这个观点同马克思的思想是一致的。我们所讲的为生产而生产，也主要是从生产扩大了而没有相应地扩大消费这个意义上说的。

斯大林在《苏联社会主义经济问题》一书中批评了雅罗申柯为生产而生产的观点。雅罗申柯在给苏共中央政治局的信中不同意斯大林提出的社会主义基本经济规律的定义。雅罗申柯说："在这个定义中主要的是'保证最大限度地满足整个社会……的需要'。这里表明，生产是达到满足需要这个主要目的的手段，这个定义使人有根据认为，你所表述的社会主义的基本经济规律不是从生产占首要地位出发，而是从消费占首要地位出发的。"[①]雅罗申柯提出："社会主义基本经济规律的特点和要求，在我看来，可以大致表述如下：社会的物质和文化生活条件的生产不断增长和日益完善。"[②]斯大林认为，雅罗申柯的上述意见是完全不对的。斯大林指出："雅罗申柯同志忘记了，人们不是为生产而生产，而是为满足自己的需要而生产。他忘记了，跟满足社会需要脱节的生产是会衰退和灭亡的。"[③]斯大林根据马克思分析资本主义生产目的的观点和方法，指出应当提出社会主义生产的目的。斯大林明确回答："保证最大限度地满足整个社会经济增长的物质和文化的需要，就是社会主义生产的目的；在高度技术基础上使社会主义生产不断增长和不断完善，就是达到这一目的的手段。"[④]斯大林不同意雅罗申柯对于社会主义基本经济规律的表述，提出："在雅罗申柯同志那里，却把生产从手段变成了目的，而保证最大限度地满足社会经常增长的物质和文化的需要，却被取消了。结果弄成生产增长是为了生产增长，生产是目的本身，而人及其需要就从雅罗申柯同志的视野里消失了。"[⑤]

从社会主义经济工作的实践上说，生产与消费脱节，社会生产与满足人及其需要脱节，生产本身也会遭受挫折，这已是社会主义国家历史上屡见不鲜的事实。国民经济工作如果不在各方面适应社会主义基本经济规律的要求，也就不能产生应有的效果。

马克思、恩格斯、列宁的有关论述，以及斯大林对雅罗申柯为生产而生产观点的批评，对我们启发很大。

在社会主义现代化建设中，一定要十分重视社会主义的基本经济规律。尊重客观经济规律，首先要尊重社会主义的基本经济规律；按社会主义经济规律办事，首先要按照社会主义的基本经济规律办事。违背社会主义的基本经济规律，是最大地违背社会主义的客观经济规律。

在社会主义现代化建设中，一定要充分注意消费和改善人民生活的问题。提高人民的生活水平，是历史唯物主义根本原理的要求，是社会主义制度优越性的主要表现，是安定团结的重要因素，是从根本上解决一系列社会问题的经济基础。

---

① 斯大林. 苏联社会主义经济问题［M］. 中共中央马克思恩格斯列宁斯大林著作编译局，译. 4版. 北京：人民出版社，1961：57.
② 斯大林. 苏联社会主义经济问题［M］. 中共中央马克思恩格斯列宁斯大林著作编译局，译. 4版. 北京：人民出版社，1961：56.
③ 斯大林. 苏联社会主义经济问题［M］. 中共中央马克思恩格斯列宁斯大林著作编译局，译. 4版. 北京：人民出版社，1961：58.
④ 斯大林. 苏联社会主义经济问题［M］. 中共中央马克思恩格斯列宁斯大林著作编译局，译. 4版. 北京：人民出版社，1961：59.
⑤ 斯大林. 苏联社会主义经济问题［M］. 中共中央马克思恩格斯列宁斯大林著作编译局，译. 4版. 北京：人民出版社，1961：59.

要研究生产和消费的关系。生产与满足社会需要脱节，就要衰退和灭亡。把生产从手段变成目的，生产增长是为了生产增长，必然会造成巨大的浪费，出现生产高速度发展而人民生活长期不能提高的反常现象。

要抓消费，满足人及其需要，也就是要给全体劳动者过最美好、最幸福的生活这件事恢复名誉，过去对此的歪曲和无端的观点，如单纯消费观点、福利主义、经济主义、修正主义、资本主义等，统统都应推倒。

现在，像雅罗申柯那样公开不赞成斯大林关于社会主义基本经济规律的基本观点、公开主张生产增长是为了生产增长，而把满足社会经常增长的物质和文化的需要取消的观点，已经不见了。但是，类似雅罗申柯那样的观点，是否还在某些经济学家甚至在少数同志的头脑中回荡呢？是否还在我们经济工作中产生影响呢？社会主义生产的目的就是使全体劳动者过最美好、最幸福的生活，列宁认为马克思主义者要用全部力量去了解的这个真理，我们一些做经济工作的领导同志是否了解和承认呢？从经济工作许多方面产生的问题来看，问题并没有完全解决，仍然有极少数学者和实际工作部门及企业，或多或少地存在为生产而生产的倾向。

实践证明，为生产而生产的倾向主要表现在下列几个方面：

（1）片面追求生产增长的速度，忽视人民物质和文化生活的改善；

（2）片面扩大基本建设规模，积累率过高，挤了简单再生产，挤了消费；

（3）片面发展重工业，忽视农业和轻工业；①

（4）工业内部结构不合理，自我服务比重过大，为农业和第三产业服务比重过小，形成了自我服务类型的工业结构；

（5）片面发展国防产业或民用产业，形成了民用产业和国防产业各成体系的局面；

（6）片面强调建立独立的经济体系，甚至提出县也要建立工业体系；

（7）片面追求产值和产量，忽视品种和质量，只管生产，不问需要，生产效果差。

为生产而生产的观点在理论上是完全错误的。

在哲学上，它违背历史唯物主义的根本原理，因为直接的物质生活资料的生产，是从事政治、艺术等一切活动的基础和基本条件。

在政治经济学上，它违背马克思主义关于生产和消费的基本原理，因为生产和消费是密不可分的，是相互依存、互为条件的。消费创造出生产的动力和新的生产者，是生产的最后完成和最终检验，是生产的目的；生产创出消费的对象、方法和动力，是消费的手段。所以，脱离消费为生产而生产，是绝对没有好的经济效果的，生产也是无法发展的。

在科学社会主义方面，为生产而生产的观点也是违背列宁所讲的这样一个马克思主义的基本原理的；只有社会主义才可能根据科学的见解来广泛推行和真正支配产品的社会生产和分配，也就是如何使全体劳动者过最美好、最幸福的生活。只有社会主义才能实现这一点。我们知道社会主义应该实现这一点，而马克思主义的全部困难和全部力量，也就在于了解这个真理。为生产而生产的观点，与上述基本原理是格格不入的。

---

① 2014年后，我国不再采取轻、重工业分类法。

第一篇　发展理论

没有正确理论指导的行动是盲目的行动。探索产业经济发展规律，研究产业结构和产业组织，都必须以发展理论为指导；否则，就会迷失方向。产业经济发展首先要端正指导思想。我们必须高举中国特色社会主义伟大旗帜，决胜全面建成小康社会，夺取新时代中国特色社会主义伟大胜利，为实现中华民族伟大复兴的中国梦不懈奋斗。我国经济已由高速增长阶段转向高质量发展阶段，正处在转变发展方式、优化经济结构、转换增长动力的攻关期，建设现代化经济体系是跨越关口的迫切要求和我国发展的战略目标。必须坚持质量第一、效益优先，以供给侧结构性改革为主线，推动经济发展质量变革、效率变革、动力变革，提高全要素生产率，着力加快建设实体经济、科技创新、现代金融、人力资源协同发展的产业体系，着力构建市场机制有效、微观主体有活力、宏观调控有度的经济体制，不断增强我国经济的创新力和竞争力。

本篇主要讨论经济发展理论，速度与结构、质量、效益，生态文明与可持续发展，新型工业化道路，第三次工业革命与第四次工业革命，机器人暨人工智能产业，互联网产业，信息产业，健康产业，战略性新兴产业，科技进步与创新驱动，高新技术产业，传统产业，要素配置与企业素质提高，循环经济，环保与环保产业，文化与经济等十七个专题。

[第一章]

经济发展理论

经济发展是近现代世界各国面临的主题，也自然地成为经济学家的“第一等优先的经济论题”。本章主要包括马克思主义论经济发展、西方经济增长理论、现代经济发展的特点、过程与趋势。

第一节 马克思主义论经济发展

一、马克思论经济发展

马克思的经济发展思想至少包括以下基本内容：

（一）唯物史观提供了研究经济发展的理论框架

运用唯物史观，我们可以得出如下结论：

1.生产力的发展是经济发展的实质内容

马克思指出，人类社会的发展史首先是物质资料生产发展的历史，而一切生产都是个人在一定的社会形式中，并借着这种社会形式而进行的对自然的占有，[①]即一切生产都是在人与人的关系中协调人与自然的关系的过程。马克思进而认为生产力是人类社会发展的最根本的推动力和实质内容。生产力的发展决定着人类社会发展的各个方面，并决定着生产关系、上层建筑相应的变革。

生产力的发展是人们征服自然、改造自然、协调人与自然的关系，以及创造物质财富的能力、数量的扩张，当然同时伴随着生产力要素的分布和结构的演进。由此可见，经济增长的实质内容是生产力的发展。

2.经济发展的永续性和递增性

由于知识进展以及人力资本与物力资本的累积效应，经济的发展有一种自加速趋势，生产力的发展具有永续、递增特性，由此增长也具有永续、递增特性——从给定一种长时期和有效率的制度的条件下看尤其如此。

3.制度是至关重要的

马克思认为，没有抽象的生产，也没有离开制度（生产关系是其实质内容）的生产力及其发展。生产力总是在一定的生产关系中组织和运行。先进的生产关系会促进生产力的发展，而落后的生产关系又会阻碍生产力的发展。一种持续一定时间跨度的相对稳定的生产关系（制度框架）为生产力提供了一个相应发展的制度“空间”。马克思的这些思想揭示了制度对经济发展的极端重要性，这对后来的发展理论尤其是对新制度学派产生了巨大的影响。

4.生产力和生产关系组成的物质资料生产方式是决定一个国家或民族兴衰存亡的根本因素

在研究经济发展时必须很好地遵循这一分析框架及相应的分析方法，即同时研究经济生产能力、经

---

① 马克思. 政治经济学批判［M］. 中共中央马克思恩格斯列宁斯大林著作编译局，译. 北京：人民出版社，1964：201.

济结构与体制变革。

（二）经济发展是生产力逐步提高、经济结构逐步演化的过程

马克思在论述剩余价值生产的两种方法时指出，依靠延长劳动时间、提高劳动强度的办法而生产的绝对剩余价值是与早期技术相适应的；相对剩余价值的生产是与技术的发展联系在一起的。与相对剩余价值生产相适应的有三个发展阶段，即简单协作、工场手工业、机器大工业。这种发展过程反映了资本主义生产方式的演进过程，也反映了物质资料生产发展阶段的客观规律性。即使生产不采取资本主义形式，生产力水平的提高、经济结构的演化也是一个渐进过程。生产力逐步发展、演化的规律不以生产的社会形式为转移，只是改革其借以表现的外在形态。

（三）提高劳动生产率对于促进经济发展具有重要作用

马克思指出，个别企业提高劳动生产率，能带来超额剩余价值；社会普遍提高劳动生产率，能创造相对剩余价值。由于劳动生产率同剩余价值具有同一方向的直接相关性，因此，剩余价值的生产主要由于劳动生产率的提高而扩张。只要我们抽象掉生产剩余价值的资本主义形式，这个理论呈现在我们面前的就是物质财富的增长。生产力水平的提高、经济结构的升级与优化的主要途径是借助于科技革命而实现的劳动生产率的普遍提高。①

（四）资本积累的不可抗拒性和不断进行科技革命的趋势

1.资本积累的不可抗拒性

资本积累是经济增长的关键，考虑到生产资料的私有产权有其社会历史的根源，资本只能以众多资本的形式出现。“众多资本”意味着不可避免的竞争。资本主义生产方式下的竞争状态就是在千篇一律的市场上销售商品。这不能保证生产的所有商品都能找到买主，并获得预期利润。

由于这些不确定因素，资本家只得不懈地战胜其竞争对手，而这只能靠更多的资本。所以资本主义的内在逻辑是：不仅“为利润而工作”，还要“为资本积累而工作”。马克思在《资本论》第一卷中说：“积累啊，积累啊！这就是摩西和先知们。”②由于竞争，资本家被迫这样做，竞争给这可怕的滚雪球逻辑添加了燃料：资本最初价值—价值增值—资本增长—剩余价值再增长—资本再增长，如此等等。“没有竞争，增长之火焰就将熄灭。”③

2.不断进行科技革命的趋势

在资本主义的生产方式中，资本积累首先是生产资本的积累。因此，竞争首先是生产资本的竞争。资本主义企业竞争的主要武器是减少产品的成本。要达到这一目的，主要方法是使用更先进的生产技术和更合理的劳动组织。因此，在资本主义生产方式中，资本积累的趋势是使用越来越精密复杂和有效率的机器。资本主义的发展就表现为越来越高的资本价值构成和生产技术不断更新的趋势。

（五）建立合理的产业结构、按比例地分配社会资源是经济发展的前提条件

在社会化大生产条件下，无论是在什么样的社会制度中，国民经济都是由互相联系、互相制约的各产业部门组成的经济网络。各产业部门只有按照客观要求的比例关系实现均衡的增长，社会经济的总体才会有稳定、持续的发展。马克思的再生产理论以严谨的逻辑推理和数学公式的推导证明，倘若社会生产的实现条件遭到破坏，价值实现和物品的补偿不能按比例地实现，那么，社会生产就将被迫中断。因此，在社会化大生产中存在一条不以人的主观意志为转移的客观规律，即按比例地分配社会资源的规

---

① 毕士杰．中国经济的发展与改革［M］．长春：吉林教育出版社，1990：37-40．
② 马克思．资本论：第1卷［M］．中共中央马克思恩格斯列宁斯大林著作编译局，译．北京：人民出版社，1975：652．
③ 伊特韦尔，米尔盖特，纽曼．新帕尔格雷夫经济学大辞典：第1卷［M］．吴延迪，译．北京：经济科学出版社，1992：368．

律。一切求增长、求发展的经济，只有妥善地处理增长速度与发展比例的关系，合理地分配社会资源，使国民经济各部门均衡地增长，国民经济才能得到发展。

（六）社会经济在生产和流通的统一中得到发展

价值生产和价值实现同等重要。生产和流通相统一的理论是马克思经济增长理论的重要组成部分。它不仅适用于国家的宏观经济运行，而且适用于企业的微观经济活动。马克思认为，在社会再生产的各个环节中，生产决定流通，流通反作用于生产。两者统一于一国经济的微观与宏观活动中，生产要素的提供和产品的实现都离不开流通。①

（七）经济活动的效率

马克思对经济活动的效率也有深刻的论述。单个资本追求超额剩余价值的结果是相对剩余价值的实现，个别资本的周转次数、有机构成的提高决定着个别资本乃至整个社会资本获利的能力与数量，即整个经济活动的效率。

总之，在马克思的经济理论中，包含着丰富的经济增长与经济发展理论，需要我们深入地研究与发展。马克思的经济增长理论是社会主义国家经济增长与发展的指导思想与理论基础。我们需要吸收和借鉴西方的经济增长与发展理论，以马克思的理论为指导，以社会主义经济增长与发展实践为依据，深入地研究并探索社会主义经济的发展规律，建立具有中国特色的社会主义经济增长与发展理论。②

二、列宁论社会主义经济发展

列宁不仅发展了马克思主义的经济发展理论，更重要的是他直接组织领导建立了世界上第一个社会主义国家。他对社会主义经济增长的重要论述后来成为苏联、中国等社会主义国家进行社会主义建设实践的指导思想，对社会主义经济建设的理论和实践影响最大。

（一）发展生产力，建立强大的社会主义物质技术基础的理论

列宁明确提出，无产阶级取得政权，剥夺了剥夺者并镇压了他们的反抗后，最根本的任务是进行社会主义经济建设，发展生产力，建立强大的社会主义物质技术基础。

列宁创造性地发挥了马克思主义关于经济与政治关系的理论，认为无产阶级夺取政权后，全力进行经济建设就是最大的政治。列宁特别强调发展生产力、提高劳动生产率的重大意义。他多次指出，社会主义革命就是解放生产力，夺取政权后的主要任务就是集中全力发展生产力，创造出比资本主义更高的劳动生产率。这是更艰难、更复杂的任务。

要迅速恢复和发展生产力，提高劳动生产率，必须恢复和发展工业，实现国家电气化。列宁说，不是在旧的、贫困的、狭小的基础上，而是在新的基础上，在工业化和电气化的基础上来恢复和发展生产力。

在发展社会主义工业问题上，列宁依据马克思主义基本原理密切结合苏联的实际情况，着重论述了以下几点：③

（1）必须大力发展基础工业。列宁认为，基础工业是整个工业、运输业和农业进行技术改造的基础，它在建立社会主义物质技术基础中起着关键作用，是保证生产力发展、劳动生产率提高的最基本、最主要的物质条件。

（2）必须把社会主义工业建立在现成的最新技术基础上，即建立在电气化基础上。列宁分析了发达

---

① 毕士杰．发展经济学［M］．北京：高等教育出版社，1999：39-40．
② 毕士杰．发展经济学［M］．北京：高等教育出版社，1999：13-15．
③ 陈孟熙．经济学说史教程［M］．北京：中国人民大学出版社，1992：378-385．

资本主义国家科学技术工业发展的情况，认为大机器工业的含义不是别的，就是电气化，我们必须在这个技术基础上建设一切。

（3）实现工业化、电气化必须首先恢复发展农业。列宁指出：农业是苏联国民经济的基础，农业经济是恢复工业的主要基础。苏联发展大工业、实现电气化，不可能从工业本身开始，而必须首先从恢复和发展农业做起。只有保证必要的粮食以及工业原料的供应，才能系统地恢复大工业。

（二）实行计划经济和市场机制的理论

列宁论述了实行计划经济的重大意义和作用：

（1）可以合理利用资源，科学合理地组织经济建设，充分利用最新科技成果来迅速恢复和发展工农业生产，保证全体民众的物质福利。

（2）它是巩固无产阶级专政、防止资本主义复辟的重要保证。

（3）它是完成社会主义改造、建立巩固的社会主义制度的需要。

（4）它有利于动员和组织广大劳动群众参加国家经济管理和社会主义经济建设。

但是到了制定和实行新经济政策时，列宁认识到，在经济落后国家，在相当长时期内允许商品货币关系存在和一定程度的发展是必要的和不可避免的。

（三）社会主义经济管理的理论

社会主义制度建立后，如何管理国家、建立社会主义经济基础，成为无产阶级政党必须集中力量加以解决的中心任务。列宁根据马克思阐明的理论，认为经济管理具有生产力与生产关系的二重属性，社会主义经济管理与资本主义经济管理既有共同属性，又有不同属性，因而要批判地吸收资本主义经济管理的方法、理论和一切“最新成就”。

列宁在领导社会主义建设过程中，探索出一套适合苏联国情的社会主义经济管理理论、方法和手段，阐明了有关社会主义经济管理的重要原则：民主集中制原则、经济核算制、学习外国先进管理经验、培养本国管理人才等。

（四）利用外资和引进先进技术设备的理论

列宁在十月革命后，曾一再论述从资本主义国家吸收资金、引进技术设备的重要性和可能性。列宁指出，没有建筑在先进科学技术成就基础上的资本主义技术，社会主义就无从设想。列宁进一步指出了引进资金和技术应采用的主要形式是贷款、租赁和对外贸易。

总之，列宁在领导苏联社会主义建设过程中，在总结实践经验的基础上所阐明的关于社会主义经济发展的全部理论，是对马克思科学社会主义的创造性发展。这些理论反映了经济落后国家进行社会主义经济建设的基本特点和规律，对于我国现代化建设和改革开放事业仍然具有重要的指导意义。

三、毛泽东、邓小平、江泽民和习近平社会主义建设理论

（一）毛泽东社会主义建设思想

以毛泽东同志为核心的第一代中央领导集体所领导的新民主主义革命、所创立的社会主义基本制度和艰辛探索社会主义建设规律所取得的宝贵经验，孕育了毛泽东思想，实现了马克思列宁主义同中国实际相结合的第一次飞跃，为实现当代中国的一切发展进步提供了根本政治前提和制度基础。①

中华人民共和国成立以后，特别是在创造性地完成了由新民主主义革命向社会主义革命转变的深刻

① 本书编写组．十七大报告学习辅导百问［M］．北京：学习出版社，党建读物出版社，2007：11.

社会变革后，毛泽东同志在带领人民转入大规模社会主义建设过程中，对适合中国国情的社会主义道路进行了艰辛的探索。1956年，毛泽东同志发表《论十大关系》，强调我们的基本方针是要把国内外一切积极因素调动起来，为社会主义事业服务。1957年，毛泽东同志又发表《关于正确处理人民内部矛盾的问题》，指出社会主义社会的基本矛盾仍然是生产关系和生产力、上层建筑和经济基础之间的矛盾；我们的根本任务已经由解放生产力变为在新的生产关系下保护和发展生产力；提出了严格区分和正确处理两类不同性质的矛盾，团结全国各族人民发展我国的经济、文化，建设社会主义强大国家的战略思想。在艰辛的探索实践中，毛泽东同志提出了一系列关于社会主义建设的重要观点，涉及政治、经济、文化、国防、外交等各个方面。一个基本事实是，中华人民共和国成立以来，在以毛泽东同志为核心的第一代中央领导集体的带领下，一个原来饱受帝国主义掠夺和奴役的国家变成了一个享有主权的独立国家；一个原来人民备受欺凌和压迫的国家变成了一个人民当家做主、享有民主权利的国家。

以毛泽东同志为核心的党的第一代中央领导集体在社会主义建设中坚持独立自主、不倦地探索适应我国国情的道路，既上承我们党从建党以来就具有的光荣传统，继承了民主革命时期我们党独立开辟农村包围城市战略道路的大智大勇，又下启改革开放新时期的创新实践，对党的十一届三中全会以后我们党独立开辟中国特色社会主义道路有重要的指导作用，对党的十八大以来我们党继续开创改革开放和社会主义现代化建设新局面、开拓马克思主义中国化新境界也有重要的指导作用。

（二）邓小平建设有中国特色社会主义理论与改革开放[①]

在以毛泽东同志为核心的党的第一代中央领导集体创立毛泽东思想、带领全党全国各族人民建立中华人民共和国、取得社会主义革命和建设伟大成就以及进行探索社会主义建设规律取得宝贵经验的基础上，以邓小平同志为核心的党的第二代中央领导集体带领全党全国各族人民开创了改革开放的伟大事业。

1978年年底召开的具有重大历史意义的党的十一届三中全会，做出把党和国家的工作重心转移到经济建设上来、实行改革开放的历史决策。改革开放这一打开我国新时期局面的历史性决策，是由邓小平同志为核心的党的第二代中央领导集体做出的。改革开放这一决定当代中国命运的历史性决策和关键抉择，既要摆脱我们党和国家当时所处的严重困境，摆脱高度集中的计划经济体制的长期束缚，摆脱闭关自守的封闭状态，实现从困境中重新奋起，又要顺应和平发展的时代潮流，赶上新科技革命的浪潮，在坚持独立自主的前提下，勇敢参与国际经济合作和竞争。

邓小平同志在深刻总结我国革命和建设正反两方面经验的基础上，首次提出了走自己的路、建设有中国特色的社会主义的理论。这一理论既是总结我们党长期历史经验得出的基本理论，又是我们党在新时期的理论主题与实践主题；既是开创新时期的逻辑起点，也是在建设历史新时期，对寻找自己的社会主义发展道路和形成自己的理论、路线、纲领、目标这种历史要求做出的最鲜明的概括。

我们党在新时期领导的创新实践过程中，围绕不断探索和回答什么是社会主义、怎样建设社会主义的问题，形成了邓小平同志建设有中国特色社会主义理论和党在社会主义初级阶段的基本路线。

以邓小平同志为核心的党的第二代中央领导集体，不仅是我国新时期改革开放伟大事业的开创者，也是有中国特色社会主义理论和党在社会主义初级阶段的基本路线的创立者。

（三）江泽民“三个代表”重要思想与完善社会主义市场经济理论

以江泽民同志为核心的党的第三代中央领导集体高举邓小平理论伟大旗帜，带领全党全国各族人民，战胜种种风险和挑战，把改革开放的伟大事业成功推向21世纪。

以江泽民同志为核心的党的第三代中央领导集体，在治国理政实践中，始终高举邓小平理论伟大旗

① 本书编写组. 十七大报告学习辅导百问［M］. 北京：学习出版社，党建读物出版社，2007：16.

帜，把邓小平理论确立为我们党的指导思想，在复杂的形势和严峻的挑战面前，带领全党全国各族人民，坚持以经济建设为中心，坚持四项基本原则，坚持改革开放，从容应对并化解各种风险和挑战；同时，着眼于抓住机遇、深化改革、扩大开放、促进发展、保持稳定，制定和实施了一系列方针、政策和重大战略，锐意推进经济体制改革、政治体制改革、文化体制改革和其他各方面改革。实施依法治国的基本方略，推进建设社会主义法治国家。坚持“一国两制”方针，使中国香港、中国澳门先后回到祖国怀抱。坚持独立自主的和平外交政策，为打开我国外交工作新局面做出杰出贡献。我国综合国力大幅提升，人民生活总体上实现了由温饱到小康的历史性跨越。

以江泽民同志为核心的党的第三代中央领导集体，完善了社会主义市场经济新体制，开创了全面开放的新局面。其确立了社会主义市场经济体制的改革目标，把我国改革开放和社会主义现代化事业推进到一个新阶段；由传统的计划经济体制向社会主义市场经济体制转变，实现了我国改革开放新的历史性突破，打开了我国经济、政治、文化等各项事业发展的崭新局面。与此同时，其推动我国以更加积极的姿态走向世界，在更大范围、更广领域、更高层次上参与国际经济技术合作和竞争。特别是以加入世贸组织为标志，其把我国的对外开放推进到一个新的阶段。

以江泽民同志为核心的党的第三代中央领导集体，准确把握时代特征和党所处的历史方位，创立“三个代表”重要思想，用一系列紧密联系、相互贯通的新思想、新观点、新论断，进一步回答了什么是社会主义、怎样建设社会主义的问题，创造性地回答了建设什么样的党、怎样建设党的问题，从而正确界定了我们党的历史方位，并从代表中国先进生产力的发展要求、中国先进文化的前进方向、中国最广大人民的根本利益的高度，提出了坚持和发展党的先进性、提高党的执政能力的时代课题。这对于推进我们党领导的中国特色社会主义伟大事业和党的建设新的伟大工程，都具有重大而深远的指导意义。

（四）习近平新时代中国特色社会主义思想

十八大以来，国内外形势变化和我国各项事业发展都给我们提出了一个重大时代课题，这就是必须从理论和实践结合角度系统回答新时代坚持和发展什么样的中国特色社会主义、怎样坚持和发展中国特色社会主义，包括新时代坚持和发展中国特色社会主义的总目标、总任务、总体布局、战略布局和发展方向、发展方式、发展动力、战略步骤、外部条件、政治保证等基本问题，并且要根据新的实践对经济、政治、法治、科技、文化、教育、民生、民族、宗教、社会、生态文明、国家安全、国防和军队、“一国两制”和祖国统一、统一战线、外交、党的建设等各方面做出理论分析和政策指导，以利于更好坚持和发展中国特色社会主义。

围绕这个重大时代课题，我们党坚持以马克思列宁主义、毛泽东思想、邓小平理论、“三个代表”重要思想、科学发展观为指导，坚持解放思想、实事求是、与时俱进、求真务实，坚持辩证唯物主义和历史唯物主义，紧密结合新的时代条件和实践要求，以全新的视野深化对共产党执政规律、社会主义建设规律、人类社会发展规律的认识，进行艰辛的理论探索，取得重大理论创新成果，形成了新时代中国特色社会主义思想。

新时代中国特色社会主义思想，明确坚持和发展中国特色社会主义，总任务是实现社会主义现代化和中华民族伟大复兴，在全面建成小康社会的基础上，分两步走在21世纪中叶建成富强民主文明和谐美丽的社会主义现代化强国；明确新时代我国社会主要矛盾是人民日益增长的美好生活需要和不平衡不充分的发展之间的矛盾，必须坚持以人民为中心的发展思想，不断促进人的全面发展、全体人民共同富裕；明确中国特色社会主义事业总体布局是“五位一体”、战略布局是“四个全面”，强调坚定道路自信、理论自信、制度自信、文化自信；明确全面深化改革总目标是完善和发展中国特色社会主义制度、推进国家治理体系和治理能力现代化；明确全面推进依法治国总目标是建设中国特色社会主义法治体系、建设社会主义法治国家；明确党在新时代的强军目标是建设一支听党指挥、能打胜仗、作风优良的人民军队，把人民军队建设成为世界一流军队；明确中国特色大国外交要推动构建新型国际关系，推动构建人类命运共同体；明确中国特色社会主义最本质的特征是中国共产党领导，中国特色社会主义制度的最大优势是中国共产党领导，党是最高政治领导力量，提出新时代党的建设总要求，突出政治建设在党的建设中的重要地位。

新时代中国特色社会主义思想，是对马克思列宁主义、毛泽东思想、邓小平理论、“三个代表”重要思想、科学发展观的继承和发展，是马克思主义中国化最新成果，是党和人民实践经验和集体智慧的结晶，是中国特色社会主义理论体系的重要组成部分，是全党全国人民为实现中华民族伟大复兴而奋斗的行动指南，必须长期坚持并不断发展。

全党要深刻领会新时代中国特色社会主义思想的精神实质和丰富内涵，共有十四项“坚持”：坚持党对一切工作的领导；坚持以人民为中心；坚持全面深化改革；坚持新发展理念；坚持人民当家做主；坚持全面依法治国；坚持社会主义核心价值体系；坚持在发展中保障和改善民生；坚持人与自然和谐共生；坚持总体国家安全观；坚持党对人民军队的绝对领导；坚持“一国两制”和推进祖国统一；坚持推动构建人类命运共同体；坚持全面从严治党。

第二节　西方经济增长理论

对经济增长的研究，可以从不同的方面进行，从而形成各有侧重的经济增长理论。在现代西方经济学文献中，有的经济学者侧重于把一些可观察的或易处理的增长要素（如资本和劳动）与增长实绩（如国民生产总值或国民收入）联系起来，建立了各种或繁或简的函数模型，用于解释经济增长，此为经济增长理论中的“模型论”。有的经济学者侧重于从经济增长过程中的经济结构的演进、转变或高度化的角度来研究、解释经济增长，我们称之为经济增长理论中的“结构论”。有的经济学者着重从经济增长的阶段性特征来描述经济增长及其条件，我们称之为经济增长理论中的“阶段论”。有的经济学者着重从经济增长要素及其对经济增长绩效的贡献率的角度来研究、解释经济增长的原因与过程，我们称之为经济增长理论中的“因素论”或“来源论”。当然，不可避免地，这些理论内容在解释经济增长这一共同论题中，存在相互交叉的情况，但就其对经济增长研究的侧重点和方法论而言，我们还是大致可以做出如上划分的。

一、经济增长模型论

社会经济的增长或发展是促进经济增长的各种生产要素的组合、配置、叠加和质变的结果。由于人们在不同社会及同一社会不同的发展阶段对各种增长要素的认识和重视程度不同，因而就形成了各种不同的经济增长理论。把各种增长要素作为自变量，把经济增长（通常用国民生产总值、国民收入或人均收入来表示）作为因变量，确定函数关系，经济学家建立了各种各样的经济增长模型，用于解释经济增长现象。经济增长模型是关于增长要素的系统研究，是人们根据各自不同的认识把各种增长要素组合在一起并同社会产品的增长联系起来的理论表述。①

在现代西方经济学文献中，20世纪80年代以前最著名的经济增长模型有三个，即哈罗德-多马经济增长模型、新古典经济增长模型、剑桥经济增长模型。

（一）哈罗德-多马经济增长模型

哈罗德-多马经济增长理型是将凯恩斯学派的短期静态分析长期化、动态化的结果。该模型包括以下假定：

（1）全社会只生产一种产品，这种产品既可用于消费，又可用于生产。

---

① 谷书堂. 社会主义经济学通论［M］. 上海：上海人民出版社，1989：636-641.

（2）只有两种生产要素：劳动和资本，二者比例固定不变。

（3）规模报酬不变，即单位产品成本不随生产规模变化而变化。

（4）不存在技术进步。

哈罗德-多马经济增长模型的表达式是：

$$G_W=\frac{s}{k}=S\sigma$$

式中：G_W为有保证的经济增长率，并具有总供给等于总需求（均衡增长）的含义；s为收入中的储蓄比率或储蓄倾向（I=S）；k为资本-产出比或边际资本产量之比；σ为资本生产率，表示每一单位资本生产的产品数量，即资本-产出比的倒数，或称资本效率系数（σ=1/k）。

该模型的含义为：

（1）从凯恩斯储蓄等于投资的公式出发，要使经济均衡增长，则一个国家每一时期的储蓄应全部转化为投资：S=I，这是均衡增长的必备前提。

（2）经济增长率取决于储蓄比率与资本生产率之积或其倒数资本-产出比的比率，这就是说可以通过改变这两个比率中的一个，或同时改变这两个比率来调整经济增长率。

（3）哈罗德-多马模型补充了凯恩斯理论的不足，即后者只注意到投资对刺激需求方面的作用；前者证明投资具有两面性，即既可增加总需求，又具有增进生产能力的效应，增加总供给。

（4）有保证的经济增长率G_W不等于实际增长率G_A，均衡经济增长率的条件是总需求等于总供给，或者说储蓄等于投资。但实际生活中储蓄不一定都转化为投资，因而总供求不一定相等，所以$G_W \neq G_A$。当$G_A>G_W$或$G_A<G_W$时，经济就会出现周期性波动，或者陷入危机之中，或者处于繁荣时期。

该模型的主要贡献在于认识到一个时期的借贷转化为投资即资本形成的规模是这一时期产出的源泉。

但是这一模型也有不少局限性：

（1）模型中的平均的和增量的资本-产出比率相等，即

$$\frac{Q}{r}=\frac{I}{\Delta r}$$

式中：Q为总资本；I为投资；r为实际的国民收入或产品。这并不符合实际。如果资本经历了报酬递减，增量的和平均的资本-产出比率就会不一样，通常是前者大于后者。

（2）与古典经济学派强调劳动价值论相反，该模型主要依赖资本价值论。虽然劳动力能导入体系，但必须处于固定的资本-劳动比率之中。该模型是以劳动力与资本存量的同一速度增长，或不管资本如何扩张，总是以劳动供给充足为前提的，因而它分析的重点是资本（储蓄）的增加对经济增长率的影响。这当然是片面的。

（3）该模型没有分析技术变化的作用。

（4）该模型的制约条件同凯恩斯理论的制约条件相同——需求约束，其政策含义也相同，因而这个模型也有凯恩斯理论的若干缺陷。①

（二）新古典经济增长模型

新古典经济增长模型的主要代表人物包括美国经济学家索洛和英国经济学家斯旺，以及对新古典经济增长理论做了系统表述的英国经济学家米德。索洛认为，按照哈罗德-多马经济增长模型，均衡增长是一道极不易实现的“刀锋”，或被称为一种“刀刃上的均衡”。其关键是模型中资本-劳动比例是固定的。他们在自己的模型中提出，充分就业均衡可以通过市场机制调整生产中劳动与资本的配合比例来实现，从而避开了“刀锋”。可见，新古典经济增长模型既有凯恩斯成分，又有凯恩斯以前的传统经济学

---

① 谷书堂．社会主义经济学通论［M］．上海：上海人民出版社，1989：636-641.

成分，即市场机制能保证充分就业均衡。

新古典经济增长模型包含如下假定：

（1）全社会只生产一种产品。

（2）资本-劳动比率和资本-产出比率可以按需要进行调整和变化，而哈罗德-多马经济增长模型假定前一个比率是固定的。

（3）规模收益不变，边际生产率递减。

（4）存在完全竞争，因而劳动和资本的边际生产率分别决定工资和利润，资本和劳动在任何时候都能得到充分利用。哈罗德-多马经济增长模型并不包含这一假定。

（5）存在技术进步，但它是一个固定趋势的常数。

新古典经济增长模型的表达式为：

$$\frac{\Delta Y}{Y}=\frac{\Delta K}{Y}\cdot\frac{\Delta K}{K}+\frac{WL}{Y}\cdot\frac{\Delta L}{L}+\frac{\Delta r'}{r}$$

式中：$\Delta Y/Y$、$\Delta K/K$、$\Delta L/L$和$\Delta r'/r$分别为收入、资本、劳动和技术进步的增长比率；$\Delta K/Y$为资本的产出弹性系数（或权数）；WL/Y为劳动力的产出弹性系数（或权数）。

新古典经济增长模型运用了变动的相对要素价格的生产率，从而可以改变生产过程中投入要素的组合比例。这是哈罗德-多马经济增长模型中所不包括的因素。在哈罗德-多马经济增长模型$G_W=s/k$中，资本-产出比k是不变的，可调整的变量是s，使I=S；在新古典经济增长模型中，s为已知，通过调节k值，即资本-产出比，来实现均衡增长。这是新古典经济增长模型比较实用的主要原因。此外，新古典经济增长模型把资本、劳动、技术甚至土地都引入分析，因而比较全面。

新古典经济增长模型存在一些缺陷：

（1）该模型假定生产过程中资本和劳动可以按任何比例相配合，即任意替代，以便使生产要素充分利用，实现均衡增长。这是不切实际的。事实上在已有厂房、设备的情况下，资本与劳动的替代关系或配合比例大致是固定的，因而二者比例的变动范畴只存在于技术改造和新投资项目的一定限度内。

（2）该模型的前提是：假定自由市场能够完全实现均衡，如市场能将利息率调整到恰好等于一定量投资的边际生产力；厂商权衡比较利息率和投资的预期利润率，能把投资扩大到恰好吸纳全部储蓄的程度；各生产要素对要素价格做出即时的和完全的调整。这些与传统理论虽有区别但基本雷同的理论前提，多数已被凯恩斯学派所否定，并且也与实际情况不符。

（三）剑桥经济增长模型

剑桥经济增长模型的倡导者是卡尔多、琼·罗宾逊、帕西内蒂等新剑桥学派学者。剑桥经济增长模型的根本特点是，通过调整国民收入分配来改变储蓄率从而实现充分就业和均衡增长。

剑桥经济增长模型包括这样几个假定：

（1）社会成员分为利润收入者与工资收入者；

（2）利润收入者的储蓄率s_π大于工资收入者的储蓄率s_w，并假定不变，因而当国民收入分配发生变动时，社会储蓄率将随之发生变动；

（3）假定资本-产出比k不变。

剑桥经济增长模型的表达式为：

$$G_W=s/k=P(s_\pi-s_w)+s_w/k$$

式中：P为利润率。s_π、s_w、k假定不变，故（$s_\pi-s_w$）和s_w/k也为常数。因此，利润提高或者利润占国民收入的比例提高，就可以提高经济增长率。

剑桥经济增长模型的本来含义是反对新古典经济增长模型从边际生产力论出发，认为随资本增加引起资本生产力递减，从而提出利润下降和实际工资提高的论断。它证明，在经济增长中，利润收入者的收入不是下降，而是提高了；工资收入者的收入不是提高，而是下降了。资本主义经济的许多病症是分配比例失调，故应加强收入分配的国家干预。

在这里，我们关心的是上述模型所显示的直接含义，即投资增加能使利润在国民收入中的比例提高，从而使社会储蓄率提高，进而又使经济增长率提高。从这个角度来看，剑桥经济增长模型有其独立存在的意义。收入分配在一定区间内的确能改变社会储蓄率，并改变经济增长率。但是，该模型假定利润收入者的收入比例的提高在任何水平上和任何社会条件下都能增加储蓄和促进经济增长，这是不恰当的。因为在收入水平较低或消费倾向受制于强烈的攀比效应的情况下，可能并不存在上述这种联系。该模型还假定储蓄都能自动转化为投资，假定两大阶级的储蓄率不变，假定资本-产出比不变，客观情况是否如此，也是令人怀疑的。

（四）简评经济增长模型论

对上述经济增长模型，英国经济学家海韦尔·琼斯曾有一段简短的评述：

（1）简单的经济增长模型实质上已经说明了长期经济增长与短期、中期经济波动之间的联系，并力求使产出决定的总需求的增长与生产产品的总生产能力相配。这一意图构成了大部分政府经济政策的主要部分。很显然，目前对经济周期与长期经济增长两者之间联系的认识来自这些经济增长模型。

（2）经济增长模型改进了对经济增长过程中技术进步相对于资本积累作用的理解。

（3）由于一系列严格假定，经济增长模型在能够称得上一个真正令人满意的增长理论之前，还要做长期的艰苦努力。①

二、经济增长结构论

经济增长既是一国经济量（总量与均量）和能力的增长与扩张过程，又是一国经济结构的转换过程。有的经济学家甚至认为，现代经济增长过程本质上是一个结构转换过程。

有些经济学家着重从经济结构演进、转换的角度来研究经济增长过程，形成经济增长的结构理论，这在经济增长理论中占有重要地位。这方面的重要代表人物及其理论有刘易斯等人的二元经济结构理论（参见第二十九章“产业结构理论”第二节“西方产业结构理论”）、纳克斯的贫困恶性循环论、由于“投资的不可分性”而产生的罗森斯坦-罗丹的大推进理论、钱纳里等人的发展模式理论（参见第二十九章“产业结构理论”第二节“西方产业结构理论”）、有关“平衡增长与不平衡增长”的争论、两缺口模型等。下面对其中的几种理论做简要评述。

（一）纳克斯的贫困恶性循环论与罗森斯坦-罗丹的大推进理论

这两个理论可大体上归结为结构转换理论，在西方有很大影响，并且对第二次世界大战后发展中国家尤其是拉美国家的经济政策与经济发展影响巨大。

1. 纳克斯的贫困恶性循环论

纳克斯的贫困恶性循环论的中心意思是：由于发展中国家的底子太薄，所以它现在还太穷；贫穷滋生着贫穷，发展中国家陷于贫穷之中，在贫穷中循环。具体说来是这样：发展中国家收入低、贫穷，因此可以储蓄的部分就少；由于储蓄少，可以用来投资的资金就少；由于资金少，因而生产设备不足，数量少，质量低；由于生产设备不足，所以生产效率低；由于生产效率低，因而收入低、贫穷。这是从贫穷开始到贫穷结束的第一条恶性循环线，这条线是从贫穷影响投入、生产、供给的角度来分析的。此外，该理论可以从贫穷影响需求、消费的角度来说明。由于收入低、贫穷，居民和社会购买力水平就低；由于购买力水平低，需求对投资的诱发力就弱；由于诱发投资的力量小，所以投资兴趣小，投资量

① 琼斯. 现代经济增长理论导引［M］. 郭家麟，许强，李吟枫，译. 北京：商务印书馆，1994：374.

少；由于投资量少，生产设备不足，资本效率低，所以收入低、贫穷。这是第二条恶性循环线。图 1-1 表示上述两条恶性循环线。

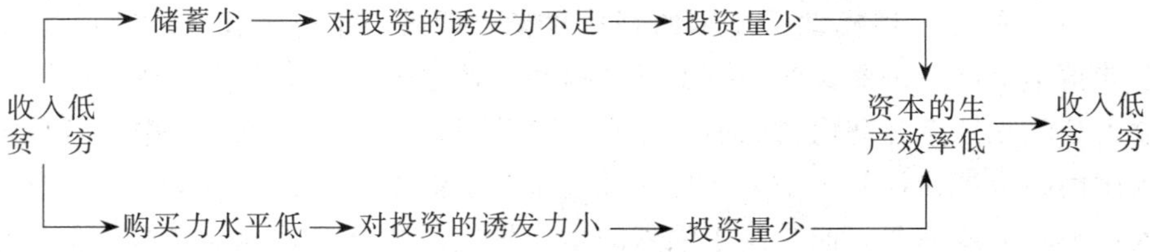

图 1-1 贫困恶性循环图示

发展中国家如何摆脱“贫困恶性循环”呢？这就引出了罗森斯坦-罗丹的大推进理论。

2. 罗森斯坦-罗丹的大推进理论

罗丹认为，发展中国家要想摆脱贫穷，实现从不发达到发达的转化，就需要投资工业，而投资必须有一个最低的数量；如果低于这个最低限，就不会取得成功。这就是说，罗丹主张发展中国家必须做到在一定数额之上的、大规模的投资，通过这种大规模的投资实现大推进，经济才会得到发展。[①]

为什么必须有个“大推进”呢？罗丹认为，只有“大推进”才能克服生产函数、投资需求、储蓄供给三者存在的“不可分性”给经济发展设置的障碍。

所谓生产函数中存在的“不可分性”，简单地说就是：工业基础设施、社会公共设施部门，比如铁路、公路、通信系统、发电站等，必须先于直接生产部门投资，而且这些部门必须配套地进行，发展这些部门所需要的投资量大、使用时间长、折旧慢、收回投资慢。这些特点都要求有巨额投资，否则经济是不可能发展的。

投资需求的“不可分性”指的是各产业部门应该同时进行投资，平衡地发展，不能一个部门一个部门地单独发展。因为产品之间存在互补性，如果不同时发展，就会出现产品的积压和滞销情况。

储蓄供给的“不可分性”是指储蓄和收入不能按同一比例增长，只有当收入达到一定程度时才能出现储蓄。发展中国家收入水平低，有限的收入只能用来维持基本生活需要，因此利息率的高低对储蓄影响不大。由于发展中国家的储蓄存在缺口，所以无法满足大规模的投资需求。

罗丹认为上述三种“不可分性”给发展中国家的经济发展带来了障碍，因此，必须采用“大推进”战略，投资数额要大，要同时进行，实行所谓一揽子的投资政策。

那么，怎样实施“大推进”战略呢？罗丹提出两个办法：

第一，要获得资金。为此，在国内要增加税收，增加利润留成，实行赤字财政政策。此外，要通过接受国外援助性赠款、国外银行贷款、国外私人直接投资的办法，吸收国外资金。

第二，要制订全面的政府计划。罗丹认为，这样巨额的同步投资仅靠市场是不行的，必须借助政府的计划，实现各产业部门的均衡发展。他指望政府成为工业的一个大托拉斯，从而实现对资源的集中动员与配置。[②]

（二）平衡增长论与不平衡增长论

贫困恶性循环论或称低水平均衡陷阱论以及大推进理论认为，要避开资本的各种不可分性，或者要摆脱贫困的恶性循环，各发展中国家必须全面地发展国民经济各部门，在部门间平衡地谋求增长。这种平衡增长论实际上是经济学家各自观点的逻辑结论，因为只有平衡地发展各个部门和各个行业，才能创造出足够的投资诱发力。

与此相反，赫希曼根据自己的“联系效应理论”提出了不平衡增长论。他认为各个部门的投入产出联系效应是不同的，有的“后向联系”（与提供投入品部门的联系）效应强，有的“前向联系”（与吸收

---

① 毕士杰. 中国经济的发展与改革［M］. 长春：吉林教育出版社，1990：27-29.
② 毕士杰. 中国经济的发展与改革［M］. 长春：吉林教育出版社，1990：27-29.

产出品部门的联系）效应强，有的前后联系效应都强或都弱。发展中国家要加快经济发展，只有集中力量，把资源投入到联系效应比较强的部门，由此带动其他部门共同成长。

可以说，平衡增长论与不平衡增长论各有其优点和不足。平衡增长论注意到各产业、各部门之间的协调发展是正确的，但对大规模投资的要求不符合实际；不平衡增长论对投资规模的要求较低，但忽视了各部门的协调关系，而且对“带头产业”的选择往往受资源条件的限制。

三、经济增长阶段论

罗斯托在经济增长理论中自成一派，其经济增长阶段论和非总量的部门分析法在当代西方经济学中颇有影响。[①]

他把整个人类社会发展分为六个阶段：

1.传统社会阶段

该阶段包括中世纪前的几千年时间，其基本特征是没有现代科学技术，生产水平低，农业居于首位，家族和氏族在社会组织中起到重要作用。

2.为起飞准备条件阶段

该阶段的主要特征是农业向工业转移，属于过渡阶段。在这个阶段，除了近代科学和它的运用及市场的扩大成为经济增长的推动力外，政治方面要求建立中央集权的国家；经济方面要求保证储蓄率和投资率的提高；社会方面要求建立法制社会，保障私有产权。

3.起飞阶段

这是建立以工业革命为动力的现代化社会阶段，是经济增长序列中最为关键的阶段，实际相当于资本主义发展史上的工业革命时期。罗斯托认为，要实现一个国家的经济起飞，必须具备三个条件：积累率应在10%以上；建立主导产业部门；建立保证起飞的社会政治制度和推动经济增长的社会经济制度。

4.成熟阶段

其标志是：经济持续增长，科技迅速发展，农业人口减少，经济结构发生重大变化，新产业部门大量发展。从历史上看，一个社会从起飞到成熟，大约要50~60年的时间。

5.高额群众消费阶段

这个阶段的特点是主导产业部门转移到耐用消费品生产方面来。美国20世纪20年代进入这一阶段，50年代末开始超出这一阶段，西欧和日本则于20世纪50年代进入这一阶段。

6.追求生活质量阶段

这一阶段的主导部门是服务业。人们不再满足于对高档耐用品的追求，而开始追求更高质量的享受水平，包括公共投资和私人投资的教育、卫生保健、城郊的现代化建设，以及文化娱乐、旅游等。罗斯托把“起飞阶段”和“追求生活质量阶段”看作两个关键性阶段，并认为美国已处于后一阶段，而发展中国家则大都处于起飞阶段或起飞前阶段。

罗斯托的学说既包括发达国家的经验，也包括发展中国家的问题。在罗斯托看来，二者在各自的经济增长过程中，不可避免地会在相同的阶段中出现一些共同的趋势或特征。这就提出了一个问题：我们能否从这样的研究点出发来揭示大多数国家（包括发达国家和发展中国家）的经济增长一般性趋势——这种共同的一般性趋势不是出现在同时期的不同国家中，而是出现在不同国家的相同阶段上。正如马克思所说的：“工业发达国家向不发达国家所显示的，只是后者未来的景象。”[②]这种一般性趋势到底是否存在或可能存在？当然，这种趋势的内容不一定像罗斯托所说的那样。

---

① 罗斯托．从起飞进入持续增长的经济学［M］．贺力平，等，译．成都：四川人民出版社，1988：8.
② 罗斯托．从起飞进入持续增长的经济学［M］．贺力平，等，译．成都：四川人民出版社，1988：译者序.

四、经济增长因素论或来源论

经济增长是一个复杂的经济和社会现象。影响经济增长的因素很多，正确地认识和估计这些因素对经济增长的贡献，对于理解和认识一国经济增长是至关重要的。

（一）丹尼森对经济增长因素的分析

美国著名经济增长理论专家丹尼森（E. F. Denison）在经济增长因素的研究方面是最有卓见的经济学家之一。

1.经济增长因素的分类

在经济增长分析中首先遇到的问题是经济增长因素的分类。丹尼森把经济增长因素分为两大类：生产要素投入量和生产要素生产率。关于生产要素生产率，丹尼森把它看成产量和投入量之比，它可以分解为资源配置的改善、规模经济和知识进展3个方面。

具体地说，丹尼森把影响经济增长的因素归结为8个方面：①所使用的劳动者的数量及构成；②工作小时；③所使用的劳动者的教育程度；④资本存量的规模；⑤知识的状态；⑥分配到无效使用中的劳动的比重；⑦市场规模；⑧短期需求压力的格局和强度。

2.经济增长各个因素值的估算

根据丹尼森的计算，可以按各个因素对总体经济增长的贡献排列出如下几个因素（根据1948—1969年美国实际增长率计算）：①美国经济增长的最主要因素是“知识进展”（指技术创新和管理、组织的改进），占美国总经济增长贡献率的32.7%；②“完成的工作量”（工作小时、劳动力构成、就业率等），占总增长贡献率的29%；③资本存量的增长，占总增长贡献率的15.8%；④教育，占总增长贡献率的14%；⑤资源配置的改进，占总增长贡献率的8.5%。

根据丹尼森的分析，在影响国民收入增长的因素中，知识进展的贡献率最大。若把教育和知识进展两种因素相加，占总增长的46.7%，这是任何其他因素都无法与之相比的。因此，丹尼森认为：“由于知识成比例于生产的进展，它能从既定资源数量的使用效率的提高中获取更高产出量。对于单位投入产出量的持续长期增长来说，知识进展是最大的和最基本的原因。”①

3.对经济增长因素分析的评价

丹尼森以美国为样本所进行的增长因素分析，开创了以因素分析寻求经济增长对策的先河，对现代经济增长理论做出了重要的贡献。丹尼森把知识作为现代经济增长的重要因素，这符合世界经济增长的新趋势。在当代世界经济增长中，科学、技术、教育和知识因素在经济中的作用越来越重要。同时，更重要的是，丹尼森的经济增长因素分析对后进的发展中国家设计经济增长与发展模式有很多有益的启示。

（二）库兹涅茨对经济增长因素的分析

库兹涅茨是运用统计方法通过对国民生产总值及其组成部分的长期估量进行分析与研究以及进行各国增长的比较的，从各国经济增长的差异中探索影响经济增长的因素。库兹涅茨在一系列关于经济增长的著作中提出的经济增长的因素主要是：

1.知识存量的增长

现代经济增长的重要因素之一是知识存量的增长。库兹涅茨认为，现代经济增长受到时代革新的推动，迅速增加了世界上技术知识的存量。当这种存量被利用时，它就成为现代经济高比率的总量增长和结构迅速变化的源泉。但知识本身不是直接生产力，由知识转化为现实生产力要通过科学发现、发明、革新、改良等转化过程。

---

① 林叶，孙伟化. 中国经济增长论［M］. 哈尔滨：黑龙江人民出版社，1991：70-92.

2.生产率的提高

库兹涅茨认为，现代经济增长的特征是人均产值的高增长率。通过对劳动投入和资本投入对经济增长贡献的长期分析，库兹涅茨得出结论：以人均产值高增长率为特征的现代经济增长的主要贡献因素是劳动生产率的提高，亦即单位投入的产出的高增长率，而不是按人口平均的生产要素投入的高增长率。

3.结构的变化

库兹涅茨对结构变化趋势的研究分两大方面进行：总产值中各部门份额的横截面考察和长期趋势考察；劳动力各部门份额的横截面考察和长期趋势考察。

库兹涅茨对57个国家中农业、工业和服务业3个主要部门在总产值中所占的份额所进行的横截面考察的结果表明，不同产业部门的产值份额随人均国民生产总值的增加而呈现出规律变化。农业（包括林业、渔业和狩猎业）的份额与人口平均产值成反比关系，而农业在整个产值中所占比重逐渐降低。第二、三产业在总产值中的比重逐渐增加，与人口平均产值成正比关系。劳动力比重的变化进一步表明了这一趋势和规律。

因此，库兹涅茨强调，发达国家在现代经济增长时期的总体增长率和生产结构变换率都比它们在现代化以前要高得多。为什么人均产值的高增长率会与生产结构的高变换率相联系呢？

（1）当按人口平均的物品供应不断上升时，消费者的需求结构会发生变化。需求结构的高改变率对现代经济增长中生产结构的高转换率有重要影响。它会引起创造新产品的技术革新与发明，促进新产业的形成与发展；反过来，生产更多的超过满足人的基本需要的产品，又会促进现代经济增长的加速。

（2）国际贸易和其他国际流动、各国产品生产的相对优势变动以及各国进出口结构不断变化，促进了产出结构的改变。

（3）技术革新及其扩散加快了产业结构的变动。技术创新对产业结构具有如下影响：①一项发明形成了一系列与之相配套的发明和改进的框架，从而引起产业结构相当大的变动；②新发明满足了潜在的需求，创造出新的需求，引起生产生活的新变化，使产业结构发生变化。

相反，发展中国家的产业结构变动缓慢，结构因素对经济增长的影响比较小，表现在：发展中国家的传统结构束缚了60%以上的劳动力，聚集在传统的农业部门。传统的生产技术和生产组织方式阻碍了经济增长，制造业结构不能满足现代经济增长对它提出的要求；需求结构转变缓慢；消费水平低，无法形成对经济增长强有力的刺激；发展中国家的政治结构也不适应现代经济增长的要求。①

（三）简评经济增长因素论或来源论

库兹涅茨和丹尼森的经济增长因素分析相互补充，构成了比较完整的经济增长因素分析的理论和方法。丹尼森的经济增长因素分析主要以美国为例和进行较短期的分析；库兹涅茨以世界上几十个甚至上百个国家为对象进行长期分析，并以截面分析做补充，其结论更具有普遍性。库兹涅茨与丹尼森分析方法的另一个不同之处在于库兹涅茨重视结构因素对经济增长的贡献，而忽视结构因素对总量增长的贡献是多数发展中国家的突出弱点。

古典经济增长理论只提出了影响经济增长的若干因素，但没有对各个增长因素进行具体的数量方面的研究。库兹涅茨和丹尼森所研究的现代经济增长理论，把影响经济增长的诸多因素具体化、数量化了。这不仅极大地发展了古典经济增长理论，也给人们在经济实践中正确认识总量增长中各个因素的不同作用，并以此为根据来调整经济增长速度、预测经济增长趋势提供了方法和工具。

五、西方经济增长理论小结

西方现代经济增长理论与古典经济增长理论相比，其特点大体是：

① 林叶，孙伟化．中国经济增长论［M］．哈尔滨：黑龙江人民出版社，1991：70-92.

（1）从片面强调资本的作用逐步转向较全面地揭示资本、劳动、资源、技术、知识等因素对经济增长的影响。

（2）模型化、数量化、系统化，这标志着增长经济学的诞生和发展。

（3）产生于凯恩斯理论之后，因而或多或少地受到凯恩斯理论的影响。[①]

（4）对制度结构与经济增长的关系给予关注，罗斯托和库兹涅茨的研究都表现出了这一特征。

（5）在新古典经济增长理论的分析框架下，又开创了新的经济学分析方法，如罗斯托的部门分析法和理论与历史结合起来考察的方法，以及库兹涅茨、丹尼森等人对与总量模型相关的结构问题的经验研究方法。

总的来说，西方经济增长理论表现出两个最主要的倾向：

一是抽象的经济计量模型研究。最著名的模型是哈罗德-多马经济增长模型、新古典经济增长模型、剑桥经济增长模型。这些模型创设之初的研究主题是发达国家在成熟市场经济条件下的总量平衡和持续增长问题。自1986年罗默（Romer）发表《递增报酬与长期增长》这篇开创性文章后，理论界表现出了一种新古典经济增长理论与经济发展理论的融合，概而言之，就是把原来的一般均衡理论的框架（在增长模型中以索洛模型为代表）拓展到可以容纳长期变量（如人口、技术进步、政府开支、人力资本积累和利率等）的内生模型。[②]

二是进行具体的实证经验分析，即通过周密的经济计量方法，研究各种因素对经济增长的贡献。它研究的侧重点在于经济结构的转变、经济成长阶段的划分与进展、经济增长的原因或条件等，其研究方法与结论对正在实现工业化与现代化的发展中国家有更直接的理论与现实意义。

第三节　现代经济发展的特点、过程与趋势

一、现代经济发展的特点

根据库兹涅茨对经济发展的概括，现代经济发展呈现下列特点：

（1）按人口平均的产量增长率和人口增长率都很高。200多年来，按人口平均的产量平均增长率为2%，人口增长率为1%，总产量平均增长3%。在一个世纪内，人口差不多增长3倍，按人口平均的产值增长5倍多，生产总值至少增长了15倍。

（2）生产要素使用效率本身增长的程度高。与现代经济增长相联系的人口平均产值的高增长率，应主要归功于生产率的高增长率，即单位投入的产出的高增长率，而不仅在于生产要素的投入的高增长率。

（3）经济结构的转变率高。生产要素的投入产出分布由以农业为主向以工业和服务业为主转变，经济活动的范围由以家族企业为主转向以国家和跨国企业为主。工业技术高度发展是现代人口平均的产值和生产率高增长的主要源泉，并且是引起经济结构惊人改变的主要因素。

（4）密切联系和至关重要的社会结构迅速改变。

（5）技术进步，特别是交通运输的进步，产生了增长走向世界其他地方的倾向，使得世界成为一体。

（6）现代经济发展的范围和内容是不受限制的。

二、现代经济发展的一般过程

波特对经济发展阶段的描述表明了他所理解的现代经济发展的一般过程。波特在《国家的竞争优

① 谷书堂. 社会主义经济学通论［M］. 上海：上海人民出版社，1989：620-621.
② 汪丁丁. 经济发展与制度创新［M］. 上海：上海人民出版社，1995：49.

势》中描述了世界主要国家经济的“四个发展阶段”。

1.要素推动的发展阶段

这里的比较优势在于廉价的生产要素（劳动力、土地、其他初级资源）。波特观察到大多数国家目前停留在这一阶段内。

2.投资推动的发展阶段

工业化国家已进入第二个竞争发展阶段，即投资推动的发展阶段。以大规模投资为特征，产品价格大幅度下降，内涵和外延的市场规模不断扩张引致新的更大规模的投资，技术被不断物化于物质资本中，社会进步以分工和专业化为“代价”。

3.创新推动的发展阶段

随着闲暇和收入的增加，消费者的口味越来越精细，教育水平大幅度提高，信息积累速度加快。人口转移已经完成和人口结构趋于老化，服务业开始增长和占主导地位，产品向多样化、高质量和小批量发展。技术创新越来越重要，于是经济开始了第三个阶段，即创新推动的发展阶段。根据波特的说法，日本这样的国家尚停留在第三阶段以前，只有美国和德国已经进入此阶段。在创新推动的发展阶段里，社会必须调整以改善创新的环境，个人价值必须受到尊重。知识产权的保护、学术交流和学术机构的运营、人力资本的高度积累、一般性智力活动的普及、国民素质的普遍提高和教育回报率的增加等，所有这些因素必须已经具备。波特似乎认为这是经济发展的最高阶段。

4.衰落阶段（财富推动的发展阶段）

英国被认为是在这个阶段里，财富积累到特定的程度，会使人们（口味的变化）从专注于生产性投资转向非生产性活动。波特观察到的是生产率下降、经济停滞、消费不能相应节制，从而引起长期通货膨胀。但是他没有讨论社会进入这一阶段的原因，也没有分析经济发展与人的发展之间的关系。[①]

从更高、更远的角度来看，经济发展毕竟只是社会历史长河中短暂的一环，后工业社会已经展露的危机的方向是把人从分工的异化中解放出来，波特的第四阶段不应当被视为一种衰落，而应视为富裕起来的人们为追求自由而进行的非专业化和非生产性的人文活动的产物。福兰克·奈特早就指出过，分工的最大代价是人的异化。

三、现代经济发展的一般趋势

根据库兹涅茨概括的现代经济发展的一般特点和波特所总结的经济发展四阶段论以及已有的经济发展理论与实践，我们尝试对现代经济发展的一般趋势做出如下概括：

（1）经济发展越来越倚重单位要素产出效率的提高，而不是要素投入量的增加，即经济发展由以所谓的“粗放增长”为主向以“集约增长”为主转变。

（2）经济发展越来越倚重以技术创新（技术进步）和组织创新为核心的“知识进展”，而不是凭资本和劳动的投入。

（3）经济发展越来越倚重促进、协调和保护社会分工与交易，旨在降低交易费用的组织与制度上的安排与创新。

（4）经济发展越来越倚重自然、经济与社会三者的可持续协调发展。

（5）经济发展越来越倚重人力资本的高度积累和人的全面发展，而不是单纯财富的增长，即经济发展越来越具有人文含义。

---

① 汪丁丁．经济发展与制度创新［M］．上海：上海人民出版社，1995：83-85.

[第二章]

速度与结构、质量、效益

党的十六大报告曾指出：实现速度和结构、质量、效益相统一。党的十七大和十八大报告又都指出：促进国民经济又好又快发展。党的十九大报告强调指出：我国经济已由高速度增长阶段转向高质量和高效益发展阶段。这些指示是我们在建设社会主义过程中积累的十分宝贵的经验。在社会主义现代化建设方面，回顾过去，展望未来，如何正确处理“好与快”和速度与结构、质量、效益的关系，始终都是一个重要的经济理论问题，同时是一个领导经济工作的指导思想和领导艺术问题。我国的建设实践反复证明：要求得经济持续、快速、健康发展，就必须实现“好与快”和速度与结构、质量、效益相统一。经济与其他事物一样，都是质与量的统一体，但在不同历史发展阶段，这个统一体的主导方面和主要方面是有差别的。在短缺经济条件下，经济量的扩张总是主导方面和主要方面，而发展到买方市场基本形成的我国今天，质的提高才是经济发展的主导方面和主要方面。我们要实现又好又快，速度与结构、质量、效益相统一，就必须坚持“两论”，即统一论和重点论。本章主要讨论速度与结构、速度与质量、速度与效益、评价与考核经济效益。

第一节　速度与结构

长期以来，总有些同志在实际经济工作中自觉地或不自觉地有一种重速度轻结构的倾向。这种倾向也是导致结构不合理现象迟迟得不到有效纠正的主观原因之一。

一、统一论和重点论

经济发展速度是经济量的规定性，而结构乃是经济质的规定性的主要表现。我们既要求高速度，又要求结构优化升级。但当前我国经济统一体的主导方面和主要方面，已经开始从量的扩张转变到质的提高方面来了。那种不以优化结构和提高效益为基础和前提的速度，翻多少番我们也不能要，因为我国经济发展历史告诫我们，那种速度是百害无一利的速度。在速度与结构的关系上，我们既是统一论者，又是重点论者。

二、产业结构优化升级方向

产业经济理论研究成果表明：产业结构优化升级的基本方向和标准，是产业结构协调化和高度化的统一。

1.协调化

实现协调化，不仅要通过制度创新，进一步完善市场机制，提高产业政策的科学性，增强产业间的有机联系，形成科学的产业序列，加快产业向符合演进规律的方向发展，还应达到结构效益最大化，即在投入品与中间产品之间、中间需求品与最终产品之间、最终产品与用户消费之间，保持一种动态和谐的比例关系，使产业结构在协调化的同时具有向高度化转换的功能。

协调化主要有下列七点要求：

（1）劳动、资源、资本、技术和知识密集型多层次产业协调发展，特别是吃穿用协调发展，城乡经济协调发展。

（2）产业间相对地位协调化。

（3）产业间关联关系协调化。

（4）产业部门增长速度协调化。

（5）产业阶段交替协调化。

（6）产业间及各产业部门间素质协调化。

（7）巨型、大型企业与中小企业并举。

2.高度化

高度化过程必须反映协调化的要求。高度化既要达到高加工度、高附加值、高科技含量的要求，又要通过技术创新、技术引进和传统产业技术改革等方式促进产业结构优化升级。高度化是指产业结构从较低水平向较高水平发展的动态过程，包括以下几点要求：

（1）知识产业化和国民经济知识化。

（2）由第一产业占优势比重向第二、三产业占优势比重的方向演进。

（3）由劳动密集型产业占优势比重向资本、技术、知识密集型产业占优势比重的方向演进。

（4）由低附加值产业占优势比重向高附加值产业占优势比重的方向演进。

（5）由低加工度产业占优势比重向高加工度产业占优势比重的方向演进。

（6）由制造初级产品的产业占优势比重向制造中间产品、最终产品的产业占优势比重的方向演进。

3.高度化与协调化的统一

有效实现产业结构转换和升级，必须达到高度化和协调化的辩证统一。产业结构高度化和协调化是相互渗透、相互作用的。实现高度化必须首先实现协调化，协调化是高度化的基础。只有先实现协调化，才能达到高度化。任何脱离协调化的高度化都是一种虚高度化。产业结构发展水平越高，实现高度化对协调化的要求就越高。协调化是任何国家在任何阶段的产业结构调整中都追求的首要目标。高度化是在一定经济发展阶段，协调化达到一定水平后要实现的产业结构调整的目标。协调化是发展过程中的协调，是动态的，而不是静态的。协调化的目标是经济持续发展，这就注定在协调化过程中必须不断调整产业间的比例关系，增强产业关联效应，促进产业结构从比较低的水平向比较高的水平转移，这本身就是高度化的过程。换言之，在促进高度化过程中实现的协调化才是有意义的协调化，高度化和协调化密不可分。近现代经济发展史突出显示了高新技术的经济倍增作用，实现产业结构协调化和高度化，即产业结构优化升级离不开高新技术的催化作用。

三、产业结构优化升级途径

总结历史经验，产业结构优化升级的基本途径是存量调整与增量调整相结合。我们应采取两者并举、以存量调整为主、在存量调整的基础上进行增量调整的对策；在增量调整中，采取基建与技改并举、以技改为主、在技改基础上进行基建的对策。

存量调整和增量调整都是不可缺少的。增量调整有利于建立新兴的产业部门，对从根本上改变落后低级的产业格局有重大作用，但是它要求大量的资金和技术的投入。存量调整与增量调整相比，虽然不能新建原来没有的新兴产业部门，只是对原有的产业部门进行合理组合，但它可以在不增加新的投资、新的资产的条件下，实现扩大投资的目的。这既有利于扩大规模经济效益，使企业集团内部原有生产诸要素实现新的合理组合，也可以使被兼并企业的劣质产品被淘汰，其厂房、设备等生产要素向优质产品集中，促进产品结构的优化，消除产品销售市场疲软，不会加剧通货膨胀。

总结过去多次经济调整的经验，我们都偏重于增量的调整，而对存量调整重视不够。长期以来，不管企业经营好坏，企业产权长期固定不变，生产要素不能转移，致使大量国有资产的潜力和活力没有充分发挥出来。大批经营效益好的企业因受资金、设备和人才等要素占有的质与量的制约，得不到应有的扩大发展；相反，不少经营不善、长期亏损的企业却长期占有国有资产，从而使以往多次产业结构的调整收效很不理想。而在改革中产生和发展起来的企业产权转让，事实证明它确实是一种合理调整资产存量、使生产要素合理流动、进行优化组合的有效机制。经营好的企业可以通过承包、企业兼并和组织企业集团等形式，去挽救和帮助那些经营不好的企业，使它们获得新生。这样先进企业可以充分地施展其才能，落后的企业得到应有的发展，真可谓是两全其美，不仅有利于产业结构优化，而且能够保证国有资产的增值。即使在资金比较富裕的情况下，调整重点也应当放在存量调整方面。要知道投入在任何时期总是有限的，在事物的发展全过程中，不平衡是绝对的，平衡是相对的。所以存量调整对增量调整来说，总是大量的、经常存在的。

进行产业结构的增量调整，一般有两种做法：一是增加基本建设投资；二是加强技术改造。根据目前我国经济建设所处的历史阶段，我们认为，在以上基建与技改的关系上，应采取二者并举、以技改为主的对策。因为我们的耗能加工产业技术落后，在解决能源短缺问题时，采取对耗能加工产业部门的技术改造是非常重要的。

第二节　速度与质量

一说到全面建成小康社会，有的同志总是习惯于片面想到抓速度，不大重视提高质量，看不到高质量和高速度之间存在辩证的关系。我们不但要求高速度，而且要求高质量。提高产品质量，不但不会妨碍夺取高速度，而且有利于我们赢得更高的速度。

什么叫高质量？简单说来，就是产品的性能好，效率高，用途广，经久耐用，可靠性和精密度保持性强；就是产品的品种、规模、花色、外形、尺寸多样，在满足需要方面有更好的适应性；就是在产品再生产过程中废品率低，成品率高，从而燃料、动力、原材料、劳动力和资金消耗少、成本低，也就是说，用同等的人力、物力和财力能够生产更多、更好的产品。前两个表现是直接的增产形式、间接的节约形式；第三个表现是直接的节约形式、间接的增产形式。总之，提高产品质量，既能增产，又能节约，必然带来高速度的生产。

数量相同而质量不同的产品，具有不同的使用价值。一万吨钢锭和一万吨钢材的使用价值就不同。大钢锭对于一般的生产和建设单位来说，是没法用的“废物”，钢材却是在生产和建设中能够直接使用的原材料。一万台普通机床连一个普通工厂也装备不起来，一万台型号齐全的机床则可以装备十个乃至几十个现代化大工厂。只要我们在品种和质量上狠下功夫，尽快赶上先进水平，就无异于使产量成倍甚至成几十倍地增加。

提高产品质量也是很好的节约形式。有的同志一听说提高质量，就怕增加消耗，影响速度。提高产品质量，有的时候是要增加一些消耗，但是，提高质量和增加消耗、降低速度没有必然的联系。许多事实正好相反，提高质量恰恰可以降低消耗，加快速度。而产品质量低劣则是最大的浪费行为，这不仅在生产过程中白白浪费大量的燃料、动力、原材料、劳动力和资金，而且会给那些使用这些产品的部门和个人造成一系列的浪费。

反过来看，如果产品是优质品，情况就完全不同了。这样不仅效率高、消耗低，而且在以后的生产过程中会生产出第二代、第三代优质品，由此形成一个产品质量不断提高的良性循环，这必将带来很大的节约效益，大大有利于加快现代化建设的速度。

在向质量要增产、要节约效益方面，我国的潜力是很大的。拿钢材生产来说，据有关部门调查，提高钢的强度，扩大合金钢和低合金钢的生产，增加各种型材、板材和异型轧材的比重，可以大大降低消耗，带来增产和节约效益。国产高档数控机床在品种、水平和数量上还远远不能满足国内发展需求，仍然需要大量进口；作为数控机床核心技术的高档数控系统关键功能部件发展滞后，仍然受到发达国家的封锁和限制。我们在提高质量、争取速度方面是大有可为的。

应特别提出的是：我们之所以要在强调“统一论”的同时，还必须坚持“重点论”，是因为事物的本质是由其主导方面和主要方面决定的。现阶段我国的基本情况是：从整体看，买方市场已基本形成，绝大多数人民的需求重点已经从量的扩张转移到质的提高上来。一句话，这是人民的需要，满足人民的需要是我们发展经济的根本出发点和归宿。

第三节　速度与效益

一、正确处理速度与效益关系的意义

经济增长速度是社会主义制度最终战胜资本主义制度、后起国家赶上并超过发达国家的重要条件；我们要实现全面建成小康社会的目标，经济发展没有符合国情和国力的增长速度是不行的，即使是在国民经济调整时期，也必须保持一定的增长速度。而提高经济效益乃是整个经济工作的出发点和归宿；经济效益的好坏是检验一切经济工作的最终标准和尺度。

正确处理速度与效益的关系，走一条既有较高速度又有较好效益的国民经济发展路子，这是实现经济增长方式由粗放型向集约型转变的迫切需要，是在国内外剧烈市场竞争中站稳脚跟的客观要求，也是社会主义市场经济的本质要求，是现代化建设的必由之路。

中华人民共和国成立以来，我国形成了比较完整的工业体系和国民经济体系，经济总规模已经相当可观。但是多年来的经验表明，我们讲发展，难就难在把速度与效益有机地结合起来。问题往往出在偏重数量的扩张，单纯追求增长速度，而忽视经济质量，效益和整体素质不高。在生产、建设和流通各个领域，资源消耗高、产出效益低的问题都很突出。当今国内外市场竞争主要是科技、质量和效益的较量。衡量国家综合国力的强弱，重点不在于数量的多少，而在于质量和效益的高低。

事实上，多年来我国的经济发展速度可谓世界第一，但经济效益低下，产值增长速度高于经济效益增长速度。这就意味着这种产值增长速度是脱离经济效益的速度，是不切合实际的速度，是违背客观经济规律的速度，到头来只能取得欲速而不达的后果。这种后果是由现有速度和效益两个指标的不同含义，以及速度增长高于效益增长而给经济建设所带来的不良影响所决定的。

现在我们所讲的速度是产值增长速度。产值这个指标是按工厂法计算的，有重复因素，不能准确地反映经济发展的实际速度；产值指标还包括过去的物化劳动，不能反映出新创造多少国民收入，不能全面地反映经济发展的实际水平。而经济效益不同于产值，它是以尽可能少的费用取得尽可能多的效用为主要内容的综合性指标，它对于实现国家的兴旺发达和人民的富裕幸福，比产值具有更重要的意义。

正是因为效益与速度具有上述不同的含义，目前产值增长速度高于效益增长速度，就说明在这种产值中有“水分”。它包括了那些不为社会所需要的产品的无效劳动。这种无效劳动的产品还白白浪费了紧缺的能源、原材料和活劳动，从而进一步加剧了人力、财力、物力的缺口。这种缺口的存在和加剧又是造成建设挤生产、生产挤生活、比例关系失调的主要原因之一。在历史上，我们吃这种片面追求产值速度、忽视经济效益的苦头，实在太多了。

根据以上分析不难看出，要保证国民经济持续、快速、健康地发展，我们必须坚持以效益为中心安排速度，防止和克服片面追求产值增长速度的错误倾向。

二、正确处理速度与效益关系的基本原则

（一）坚持速度与效益的统一[①]

我们要求的速度是有良好经济效益的速度，我们所要求的效益是有一定增长速度的效益。真正符合国情和国力的增长速度，能够给国民经济带来良好的经济效益；取得了良好的经济效益，也必然会形成一定的增长速度。任何把效益和速度割裂开来或绝对对立起来的看法和做法，都是不对的。

我们既要速度，又要效益。社会主义经济增长速度高于资本主义经济增长速度，这是社会主义制度优越性的重要表现，是发展中国家赶上并超过发达国家的重要条件，是社会主义最终战胜资本主义的重要条件。但是，经济效益更为重要，它是我们全部经济工作的出发点和归宿，也是衡量和检验速度和比例是否正确的尺度和标准。马克思曾引用大卫·李嘉图的话说："真正的财富在于用尽量少的价值创造出尽量多的使用价值，换句话说，就是在尽量少的劳动时间里创造出尽量丰富的物质财富。"[②]邓小平同志也曾指出："社会主义制度优于资本主义制度。这要表现在许多方面，但首先要表现在经济发展的速度和效果方面。"[③]

速度与效益的统一是有充分的客观依据的。社会主义初级阶段的以公有制为主体、多种所有制经济共同发展的基本经济制度，就是这种统一的经济基础；在这个基础上产生并发挥作用的客观经济规律也要求这种统一。

正是因为在社会主义制度下建立了生产资料公有制，劳动人民当家做主，积极性和创造性得到了充分发挥；社会主义制度消除了资本主义固有的矛盾，消灭了社会生产无政府状态，国家的人力、物力、财力能够得到合理有效的使用，社会主义制度消除了资本主义制度在采用新技术、新材料、新工艺、新产品方面的阶级局限性，可以不断地进行技术革新和科技革命，实现技术进步，使劳动生产率不断提高。所有这一切都为取得速度与效益的统一创造了客观可能性。

速度与效益的统一也是社会主义经济规律的客观要求。速度与效益的统一要求生产建立在高度发展的技术基础之上，不断增长，不断完善，降低劳动耗费，提高产品质量，增加品种花色，增加产值和积累，更好地满足人民日益增长的美好生活需要。而这些正是社会主义基本经济规律的客观要求。速度与效益的统一，要求充分合理地利用各种物质资源和劳动力，使工业和国民经济各部门、各部门内部各分部门和行业之间协调发展。而这些又是有计划按比例发展规律的客观要求。速度与效益的统一，不仅要求个别企业努力降低劳动耗费、增加劳动效益，而且要求降低全社会劳动耗费、增加盈利。而这些又是符合社会主义节约规律要求的，也是价值规律在社会主义条件下发生作用的表现。

（二）坚持以效益为中心[④]

在速度与效益的关系上，我们既是统一论者，又是重点论者。

一般说来，速度与效益是一致的，但在实际工作中，两者的要求也常出现矛盾，有时增长速度很快，但经济效益很差。在这种情况下，应当使速度的要求服从效益的要求。只有这样，我们所实现的速度才是有科学根据的速度，才是切实可行的速度，才是有实际效益的速度。

反之，假如在速度与效益的要求发生矛盾时，我们使提高经济效益的要求服从了提高速度的要求，那么这种速度就可能是脱离实际的速度或虚假的速度、没有实际效益的速度。因为增长速度快而经济效益差，那就是说，我们的劳动付出了，产品也增加了，但是我们的劳动有许多是白白浪费掉了，生产的

---

① 李悦．坚持速度与效益的统一［N］．光明日报，1983-12-04.
② 马克思，恩格斯．马克思恩格斯全集：第26卷［M］．中共中央马克思恩格斯列宁斯大林著作编译局，译．北京：人民出版社，1974：281.
③ 邓小平．邓小平文选：第2卷［M］．2版．北京：人民出版社，1994：251.
④ 李悦．速度与效果［N］．光明日报，1981-11-28.

产品不能用，不能满足社会需要和人民的需要。就像过去所出现过的情况，大家都保速度，追求产值，结果是计算出来的速度增长很多倍，产品的质量常常被忽视，品种常常减少，各种消耗往往有所增加，产品成本有所提高，利润也有所减少，整个经济效益比较差。因此，在速度与效益的关系上，重点不宜倒置。

（三）坚持以效益求速度

怎样抓速度，从何处入手抓速度，才更加符合实际，才更有利于实现国民经济发展的良性循环，这里有两种做法和两种结果。

一种做法是：就速度抓速度。以提高速度为中心和目标，层层往下压产值任务。这样一来，常常出现大家只顾增加产值，而顾不上去研究如何提高经济效益的状况，甚至没有人过问提高效益的问题。正因为如此，所以也就不能取得良好的经济效益，而没有良好的经济效益，其结果也保证不了所要求的发展速度。

另一种做法是：以效益求速度。把提高经济效益作为整个经济工作的出发点，从提高经济效益入手抓速度。在经济效益的指标体系中，主要的指标是看能为国家建设和人民生活提供多少品种对路、质量高、消耗少、成本低、利润高、交货及时、物美价廉的最终产品，产值和其他指标作为辅助性指标。这种主要以最终产品指标来表示的经济效益，就一定能形成相应的增长速度。只有这样的速度，才是符合实际的速度，才是切实可靠的速度。

总而言之，根本没有增长速度的经济效益，不是真实的效益；判定增长速度合理与否的最终标准和尺度，只能是经济效益。

第四节 评价与考核经济效益

一、评价与考核经济效益的原则

评价与考核经济效益的原则正确与否，对于不断提高经济效益有重大影响。为了有效地促进经济效益的提高，应在指导思想上树立全面观点，正确处理以下几对对立统一关系。

（一）正确处理局部效益与国民经济效益的关系

在社会主义社会，个别部门、地区和企业的经济效益与整个国民经济的效益，在根本利益上是一致的。局部经济效益是基础，没有局部经济效益就没有国民经济效益。因此，我们必须采取各种措施，如提高包括人的素质、技术素质和管理素质在内的整个企业的素质等，以此来提高企业的经济效益。但是，局部经济效益和整个社会的经济效益在某些时候或某些方面也会有不一致和矛盾之处。这时前者应该服从后者。国民经济效益也不是局部经济效益的简单相加，还需要对全部企业活动进行合理组织和协调，这种有计划的合理组织和协调，正是社会主义制度优越于资本主义制度的表现之一。

当前，国民经济效益不高，一个重要原因是对提高企业经济效益和国民经济效益的关系认识不统一，不能正确处理它们的关系。有的同志片面强调企业经济效益，甚至要求国民经济效益服从企业经济效益。这是不对的。因为在价格政策不合理的情况下，不能完全以企业盈利多少来判断企业经济效益的好坏，有的企业看起来效益不低，但从整体看没有经济效益，甚至还损害整个社会的经济效益。可见，对经济效益有一个从什么角度来看的问题。我们在抓经济效益时，既要注意局部效益，更要重视全社会的经济效益。

例如，某些原料产地的县、乡、村，盲目兴办一些技术落后的小烟厂、小酒厂、小棉纺厂、小丝厂、小茶厂等，可以给当地带来一些经济效益，从局部经济效益看，可以说发挥了它们的“优势”；但它们挤占了技术先进的大厂的原料，从国民经济效益角度看，其发挥的是技术落后、浪费原材料、降低产品质量等劣势，从全国来看是一大损失。特别是在能源紧缺的情况下，如果听任那些耗能高的企业继续盲目发展，对国民经济效益的损害就更大。正确的做法是：对那些盲目发展起来的与骨干企业争能源、争原料的企业，应坚决实行“关、停、并、转”。

（二）正确处理当前经济效益与长远经济效益的关系

社会主义与资本主义社会有根本的区别，一切经济活动既讲当前效益，更讲长远效益。

在社会主义制度下，当前效益和长远效益从根本上说是一致的，只有取得较好的当前效益，才能为提高长远效益创造条件。例如，在当前工业生产中，在同样的劳动耗费下，社会财富生产得多，国民收入增长得快，盈利增长得多，才能在保证人民生活逐步改善的同时，增加更多的积累，用来进一步扩大社会主义生产，改善后续时期生产要素的质量，提高长远经济效益。但是，当前效益和长远效益之间也有矛盾的方面。例如，在工业生产中对现有机器设备只顾使用，不注意维修、更新和改造，因为不停产会有一定的当前效益，但是这样做会缩短机器的寿命，损害长远的经济效益。还有一些经济活动，虽然不能很快提高当前效益，但会为今后取得长远效益创造条件和储备力量。因此，在当前效益与长远效益发生矛盾时，一般应以前者服从后者为原则，把当前效益与长远效益很好地结合起来。

（三）正确处理直接效益与间接效益的关系

直接效益与间接效益是在同一时间、地点进行效益考察时的分类。随着科学技术的进步，正确处理直接效益与间接效益的关系日益被人们所重视。

例如，在我国能源紧缺的情况下，我们把能源作为战略重点来发展，在评价能源工业的建设效益时，计算和评价能源工业建设本身的投入与产出这种直接经济效益是必要的，但是还必须进一步考察和评价由建设能源工业而引起的其他相关部门的追加收益和支出，以及能源工业投产后而引起的其他相关部门追加的收益和支出。所有这些相关的追加收益与支出，对能源工业来说，都属于间接收益与支出。这种收益减支出，就等于能源工业建设的间接经济效益。

（四）正确处理劳动耗费效益与基金占用效益的关系

经济效益可以从劳动耗费的角度来考察，也可以从基金占用的角度来考察。从局部经济效益方面来看，两者是有区别的，甚至可能是背离的；但从国民经济效益方面来看，在社会主义条件下，两者又是统一的，因为归根到底还是一个劳动耗费的节约问题，所以，用劳动耗费来计算和评价经济效益是基本的。这个问题实质上就是经常性耗费与一次性耗费的矛盾，也就是在经济效益的计算和评价对比中如何考虑时间因素的问题。

资源的耗费包括原材料耗费、固定资产的磨损和活劳动的耗费，这是日常性的耗费。资源的占用包括一次垫支的物化劳动，它体现所使用的生产资金（固定资金和流动资金），还包括占用的劳动力。劳动力是可以占用的，而劳动是不能占用的。所以，有关劳动占有效益的说法是不准确的。

考察资源的占用情况，就是为了考察它们的利用情况，看它们是否在向资源的耗费方面转化。经济效益的形成，从实质上讲，是资源耗费的结果，但资源的占用影响资源耗费，只有充分利用物质资源、财政资源和劳动力资源，提高资源的耗费对资源占用的比重，同时加强资源节约和综合利用，才能获得更好的经济效益。

（五）正确处理价值效益与使用价值效益的关系

我们要建立社会主义市场经济，要在社会主义国家的宏观调控下，使市场在资源配置方面发挥基础作用，要按价值规律、供求规律和竞争规律办事，因此，评价和考核经济效益也不能不具有市场经济的特点。商品的二重性决定了我国现阶段评价经济效益时，仍需要采用价值和使用价值这两组指标。产值、成本、利润等指标属于价值指标的范围，质量和品种等指标属于使用价值指标的范围。经济效益的这两组指标是对立的统一。

对于经济效益的这两组指标，必须做全面的理解和应用。例如，有的单位只注意抓产值、产量两项指标，而不顾其他指标，一些企业盲目追求产值和产量，既不讲成本核算，又不讲质量和品种，更不讲市场预测，结果生产了许多质次价高的产品，积压在仓库里，给国家造成巨大损失。又如，有些部门只抓利润指标，不顾其他指标，结果也助长了一些企业利大大干、利小小干、无利不干等不正之风，损害了国家和广大消费者的利益。

（六）正确处理经济效益与社会效益的关系

从广义上讲，经济效益也是一种社会效益，物质资料生产是整个社会生活的基础，经济效益是社会效益的基本部分。从狭义上讲，也可以把经济效益和其他相关的社会效益分开来研究，以便更具体地分析社会经济活动对经济领域以外的各种社会现象的影响，避免在经济工作中犯“就经济论经济”的片面性错误。

我们的任务是在争取最佳经济效益的同时，争取最佳的社会效益，把两者正确结合、统一起来。为此，应注意解决以下几个问题：要在工业和整个国民经济中，充分实现人民当家做主的权力，这有利于向高度社会主义民主的目标前进；一切经济活动都要有利于促进高度的社会主义精神文明建设；经济决策要有利于促进各族人民团结和社会安定；经济建设要有利于巩固国防；要使经济建设和文化建设互相促进，按比例协调发展。

总之，只有正确处理以上关系，才能取得综合的、最佳的、实在的而不是虚假的经济效益。

二、评价与考核经济效益的指标体系

（一）我国工业经济效益考核指标体系

为纠正片面追求产值、忽视经济效益的现象，1998年国家统计局制定颁布了一套工业经济效益考核指标体系：

1.总资产贡献率

总资产贡献率反映企业全部资产的获利能力，是企业管理水平和经营业绩的集中体现，是评价和考核企业能力的核心指标。

总资产贡献率=（利润总额+税金总额+利息支出）/平均资产总额×100%

式中：税金总额为产品销售税金及附加与应交增值税之和，平均资产总额为期初和期末之和的算术平均值。

2.资产保值增值率

资产保值增值率反映企业净资产的变动状况，是企业发展能力的集中体现。

资产保值增值率=期末所有者权益（净资产）/期初所有者权益（净资产）×100%

3.资产负债率

资产负债率既反映企业经营风险的大小，又反映企业利用债权人提供的资金从事经营活动的能力。

资产负债率=期末负债总额/期末资产总额×100%

4.流动资产周转率

流动资产周转率指一定时期内流动资产完成的周转次数，反映工业企业投入的流动资金周转速度。

流动资产周转率=销售收入/流动资产平均余额

式中：流动资产平均余额为期初和期末流动资产之和的算术平均值。

5.成本费用利润率

成本费用利润率反映工业生产成本及费用投入的经济效益，同时反映降低成本的经济效益。

成本费用利润率=利润总额/成本费用总额×100%

式中：成本费用总额为产品销售成本、销售费用、管理费用、财务费用之和。

6.全员劳动生产率

全员劳动生产率反映企业的生产效率和劳动投入的经济效益。

全员劳动生产率=工业增加值/全部员工平均人数×100%

式中：为消除价格变动因素，工业增加值采用与标准值可比的工业增加值。

7.产品销售率

产品销售率反映工业产品生产已实现销售的程度，是分析工业产销衔接情况、研究工业产品满足社会需求程度的指标。

产品销售率=工业销售产值/工业总产值×100%

根据上述指标计算工业经济效益综合指数。

工业经济效益综合指数是衡量工业经济效益各个方面在数量总体水平上的一种特殊相对数，是反映工业经济运行质量的综合指标。它是以各项指标的实际值分别除以该项指标的全国标准值，并乘以各自权数，加总后除以总权数求得。

工业经济效益综合指数=∑(某项经济效益指标报告期数值/该项指标全国平均值×权数)÷总权数

（二）工业企业综合评价指标体系

1995年原国家经贸委和国家统计局制定了一套工业企业综合评价指标体系，共有6个方面12个指标。6个方面是企业总体经济实力、投入产业能力、营运能力、盈利能力、偿债能力、发展能力。12个指标是市场占有率、利税占有率、全员劳动生产率、成本费用利润率、流动资产周转率、产品销售率、总资产报酬率、净资产收益率、资产负债率、营运资金比率、资本保值增值率、资产增加值率。

这套评价体系有3个明显特点：

一是指标体系的设计在充分考虑了国民经济核算体系、财务会计制度、税务制度和企业改革深化形势的同时，强化了评价指标的导向性。其在具体指标设计上，舍弃和淡化了片面追求产值增长速度的指标，突出了经济增长质量和效益的指标；淡化了依靠生产要素数量扩张来实现经济增长的粗放式经营指标，突出了依靠提高生产要素使用效益来实现经济增长的集约化经营指标；强化了能反映集约规模经营、结构优化、资源合理配置的指标。

二是指标设计简便可行。指标体系涉及6个方面，涵盖了企业的市场状况、产出效率和财务状况。

三是注重评价的综合性。在科学设定每个指标的权数和标准值的基础上，指标体系采用“比率分析，功效记分，总分评定”的方法对每个企业的总体情况进行综合评定。

（三）三种评价方法和评价结论①

改革开放以来，我国经济建设的主要任务是发展生产力，提高经济效益。我们认为，实际经济效益是大幅提高的。

在对改革开放以来的经济效益进行深层次分析的时候，我们认为有必要取得以下几点共识：

（1）反映经济效益整体好坏的指标，应该是党的十三大所提出的国民生产总值指标（对部门和企业来说，就是增加值指标）。这个指标包含了国家税收、企业利润和职工收入三个方面的经济效益，还包含了维持简单再生产的基本折旧收入。改革开放以来，我国经济效益的分配比例有较大的变化，个人得到的经济效益有大幅度的上升，企业利润也有所增加，国家税收比重相对下降。不能因为经济效益整体

① 徐寿波．如何评价我国的经济效益［N］．经济日报，1994-07-08.

中分配给个人的相对多了，分配给企业和国家的相对少了，就认为经济效益不好或者下降了，因为分配比例如何是第二层次的问题，不能影响对经济效益整体的正确评价。

（2）看我国经济效益好坏，首先应该看全国整体，看第一、二、三产业的全部经济效益。改革开放以来，各产业、各部门之间的利益分配比例也在不断调整。在经济效益不断提高的情况下，不能因为产业、部门间的利益分配调整，使某些产业（如农业、能源、交通、原材料）的经济效益提高，而使另一些产业的经济效益降低，就认为改革开放以来整个经济效益不但没有提高反而有所下降。同样道理，改革开放以来，全国经济效益在国有、集体、个体和“三资”企业之间的利益分配比例也在不断发生变化。不能因为国有企业经济效益合理地转移给其他所有制企业，而得出国有企业经济效益下降的结论。

（3）改革开放以来，一方面对不合理的价格体系进行调整，另一方面价格逐渐放开，因此历年的价格不可比。为了正确评价我国经济效益是高了还是低了，应该排除价格影响因素，有两种排除方法：一是统一采用可比价；二是采用实物指标。

（4）评价方法应该采用投入产出对比法、全面节约评价法、结合要素生产率法和生产系数法等各种科学评价方法。

我们认为，按照上述四点规定测算得到的结果就代表实际经济效益。

下面是我们以改革开放前（1954—1978年）和改革开放初期（1979—1992年）两个时间段为例，采用三种评价方法所取得的实际经济效益评价结果。值得特别提出的是，这三种方法评价的结果比较一致。结论是：同改革开放前传统计划经济时期相比，改革开放后的经济效益（这里界定为产出和投入之差，如GNP、增加值）有很大的增长，经济效率（界定为净产出和投入之比，如资金增加值率、人均GNP率、能源GNP率）有很大的提高，全面节约有很大的成绩，科技进步对经济增长有很大的贡献。

1.投入产出对比法

这是用两个时期的投入和产出进行对比，计算某个时期由于经济效益提高对经济增长贡献率的方法。

对比结果是：改革开放前，GNP增长率为5.7%；改革开放初期，GNP增长率为9.0%，比改革开放前提高60%。为了GNP的增长，各种投入也要增长。改革开放前，能源和原材料的物力投入、固定资产和流动资产的投入、货物周转量和货运量的运力投入、劳动力投入和自然力投入，共18种投入的年均增长率（除人力、粮食、棉花、木材、土地、水以外）大都比GNP增长率高1倍左右。18种投入弹性系数（指投入增长率与GNP增长率之比）平均为2左右。改革开放初期，18种投入的年均增长率比GNP增长率低30%左右，投入弹性系数平均为0.7左右。由此可见，改革开放初期的经济效率约是改革开放前的3倍。

根据对比计算，假定中国的经济增长仍然走改革开放前的老路，各种投入弹性系数保持在2左右不变，那么改革开放初期各种投入增长所能保证的GNP增长率平均为3.9%，而实际达到9%。因此，有5.1%的GNP增长率，不是依靠投入增长获得的，而是依靠提高投入的经济效率获得的。根据测算，改革开放后，经济效益提高对经济增长贡献率为57%。

2.全面节约评价法

这是计算全面节约对经济增长贡献率的方法。经济增长率等于生产增长率和节约增长率两者之和。生产增长率是指依靠增加投入发展生产对经济增长率的贡献值，相当于外延扩大再生产；节约增长率是指依靠节约投入对经济增长率的贡献值，相当于内涵扩大再生产。

计算结果是：改革开放前，节约增长率为-0.5%；改革开放初期，节约增长率为5.16%。由此可见，改革开放前，GNP年均增长率5.7%中，没有节约的贡献，而是浪费；改革开放初期，GNP年均增长率9%中，节约增长率为5.16%，生产增长率只有3.84%。18种投入的全面节约对经济增长的贡献率为57%。这个结果同上述投入产出对比法所得结果完全相同。

3.综合要素生产率法

这是世界银行采用的方法。根据国外的研究，各国经济效益的增长有两种途径：一是通过生产要素投入的增加——广度增长；二是通过提高生产要素投入的经济效率——深度增长。经济增长率等于广度增长率和深度增长率两者之和。在工业化发展的早期，通常用广度增长的办法来取得经济效益的高速增长，但是过了一段时期以后，由于生产要素越来越紧张，因此必须同时采用深度增长的办法。深度增长率在国外被叫作综合要素生产率。综合要素主要是指资本和劳动力两个要素的综合，提高资本和劳动力两个要素的经济效率所取得的经济增长率，就是综合要素生产率，也被称为科技进步对经济增长贡献率。

计算结果是：改革开放前，GNP年均增长率为5.7%，综合要素生产率为-2.1%；改革开放初期，GNP年均增长率为9.0%，综合要素生产率为4.4%。由此可见，改革开放前，生产要素浪费很严重，经济效率是下降的，科技进步对经济增长贡献率是负值；改革开放初期，生产要素利用的经济效率不断提高，科技进步对经济增长贡献率为49%。

采用三种不同方法计算的结果一致证明：改革开放初期，由于把重点转移到以提高经济效益为中心的轨道上来，提出了“三步走”的经济发展新战略，大搞以节约降耗为中心的技术改造和技术引进，调整产业结构，改革经济体制，加强企业管理，调动了每个人的积极性和创造性，因此，我国经济发展逐步转向效益型的轨道。同过去传统计划经济时期相比，改革开放时期是实际经济效益大幅度提高的时期，是投入少、净产出多的高经济效率时期，是以节能带动全国节约取得巨大成绩的时期，是科技进步和全面节约对经济增长贡献率很高（49%~57%）的时期。这是改革开放后的主流，很有必要客观、科学地予以肯定。当然，我国科技发展水平、管理水平、劳动力素质、各种投入的经济效率与发达国家相差很多。

应该说明，上述三种评价方法在本质上是一样的。经济效率提高和全面节约对经济增长的贡献率实际上也就是科技进步对经济增长的贡献率。所不同的是，综合要素生产率法只考虑资本和劳动力两个要素投入的经济效率，而全面节约评价法和投入产出对比法考虑了物力、运力、财力、人力、自然力近20种主要生产要素投入的经济效率。

还应该说明，采用上述三种评价方法时，除了经济增长率可以采用不变价的价值指标计算以外，其他生产要素投入增长率都必须采用实物指标计算，现价指标不能采用，产值指标不能采用；否则，就会得出完全相反的结论。最明显的例子是物耗费用。从统计资料看，改革开放前物耗费用年平均增长8.2%，物耗费用占总产值比重从1953年的42.9%上升到1978年的56%；改革开放初期，物耗费用年平均增长17.4%，物耗比重上升到1992年的64.5%，于是得出改革开放初期的经济效益没有好转，而且比改革开放前还要差的结论，这显然是采用现价计算所得出的不符合实际的结论。实际上，各种实物消耗是不断下降的，只是因为价格上涨，现价物耗费用不断上升，这就是名义经济效益不断下降的原因。

[第三章]

生态文明与可持续发展

生态文明是经济可持续发展的前提和必备条件。党的十八大报告强调指出："大力推进生态文明建设。建设生态文明，是关系人民福祉、关乎民族未来的长远大计。面对资源约束趋紧、环境污染严重、生态系统退化的严峻形势，必须树立尊重自然、顺应自然、保护自然的生态文明理念，把生态文明建设放在突出地位，融入经济建设、政治建设、文化建设、社会建设各方面和全过程，努力建设美丽中国，实现中华民族永续发展。"党的十九大报告指出："建设生态文明是中华民族永续发展的千年大计。"本章着力讨论生态文明与可持续发展的必然性、必要性与发展目标，林业与生态建设的历史选择与战略重点，生态文明与可持续发展取得的成效、存在的问题与制约条件以及战略与对策。

第一节　生态文明与可持续发展的必然性、必要性与发展目标①

一、必然性

（一）人类生存发展的客观要求

物质文明是人类在社会发展中改造自然的物质成果，它表现为物质生产的进步和人们物质生活的改善。生态文明是人类在发展物质文明过程中保护和改善生态环境的成果，它表现为人与自然和谐程度的进步和人们生态文明观念的增强。

从全球范围看，自工业革命以来，人类在物质生产取得巨大发展的同时，对地球资源的索取超出了合理的范围，对地球生态环境造成了破坏。其严重后果就是全球气候变化，以及过度开发土地、滥伐森林、过度捕捞、环境污染等所产生的其他负面效应。近些年来暴雨、高温等极端气候频繁发生，就是大自然向人类敲响的警钟。

就我国而言，我国人均资源不足，人均耕地、淡水、森林拥有量在世界排名落后，石油、天然气、铁矿石等资源的人均拥有储量也明显低于世界平均水平。由于长期实行主要依赖投资和增加物质投入的粗放型经济增长方式，能源和其他资源的消耗增长很快，生态环境恶化问题也日益突出。因此，提出建设生态文明，不论对于实现以人为本、全面协调可持续发展，还是对于改善生态环境、提高人民生活质量，都是至关重要的。实践充分证明，物质文明建设，不仅同精神文明建设、政治文明建设相互依存、互为条件，而且同生态文明建设互相依存、互为条件。

（二）工业化、城镇化加快发展的客观要求

工业化、城镇化加快发展阶段往往也是资源环境矛盾凸显的时期。靠过量消耗资源和牺牲环境维持

---

① [1] 佚名. 党的十七大报告解读 [N]. 经济日报，2007-11-25. [2] 佚名. 党的十七大报告解读 [N]. 经济日报，2007-12-04.

经济增长是不可持续的。人类发展的历史已经表明，人类文明的发展和延续与资源、环境密切相关。资源条件特别是生态环境的恶化，不仅会破坏人们的生存条件，甚至会导致人类文明的消亡。如果再不重视节约资源和保护环境，我们就可能犯难以改正的历史性错误。我们绝不能做吃祖宗饭、断子孙路的蠢事。

我们必须以对国家、民族、子孙后代高度负责的精神，切实把建设资源节约型、环境友好型社会放在工业化、现代化发展战略的突出位置，推动经济社会全面协调可持续发展。

（三）深入贯彻落实新时代中国特色社会主义思想的客观要求

新时代中国特色社会主义思想的精髓就是为人民谋幸福、为民族谋复兴、为世界做贡献。我们搞工业化、现代化建设的根本目的是提高人民群众的生活水平，促进人的全面发展。如果工业化、现代化搞上去了，经济发展了，物质生活丰富了，而人却由于喝的是受到污染的水、呼吸的是受到污染的空气、吃的是受到污染的食品，身体健康受到严重威胁，那么建设这种工业化、现代化还有什么意义？所以，各级党委和政府在推动经济社会发展的过程中，一定要把建设资源节约型、环境友好型社会放在突出位置，使老百姓喝上干净的水，呼吸到清新的空气，吃上放心的食品，有一个良好的生产生活环境。

二、必要性

生态文明和可持续发展是实现全面建成小康社会奋斗目标的需要。全面建成小康社会，不仅包括经济建设、政治建设、文化建设、社会建设，还包括生态文明建设，使整个社会走上生产发展、生活富裕、生态良好的文明发展道路。必须看到，满足全面建成小康社会对资源环境的要求难度相当大。今后，随着经济总量不断扩大和人口继续增加，对能源资源的消费需求量将越来越大，各类污染物产生量也将不断增多，生态压力还会进一步加大，环境问题将会更加突出。人对环境质量的需求总是随着物质生活质量的不断改善而逐步提高的。在全面建成小康社会进程中，必须更加重视节约资源和保护环境工作，在实现国内生产总值等经济目标的同时，采取切实有效的措施，使主要污染物排放得到有效控制，生态环境质量明显改善。

三、发展目标

建设生态文明要求到2020年基本形成节约能源资源和保护生态环境的产业结构、增长方式和消费模式。近些年我国一些消耗资源多、污染大的行业发展过快，这是经济发展与资源、环境矛盾日益突出的重要原因。因此，建设生态文明，必须坚持走中国特色新型工业化道路，大力调整优化产业结构，加快发展第三产业，提高其比重和水平；优化第二产业内部结构，大力推进信息化与工业化融合，提升高新技术产业，限制高耗能、高污染工业的发展。同时，要立足我国国情，正确引导消费结构升级，形成有利于节约能源资源和保护环境的城乡建设模式和消费模式。应当看到，西方发达国家的消费模式是建立在索取全球资源基础上的。当今的时代条件和国际环境决定了我国不可能走先污染后治理的旧式工业化道路；人口众多、人均资源不足的基本国情决定了我国不应当也不可能模仿一些发达国家以挥霍资源为特征的消费模式。比如，城市应以发展公共交通为主，适度发展私家车；建设应大力发展节能省地型的建筑，限制建设占地多的别墅、高尔夫球场等。

第二节　林业与生态建设的历史选择与战略重点

一、建设生态文明的历史选择

中华人民共和国成立以来，政府在领导人民摆脱贫困、发展经济、建设现代化的历史进程中，一直以战略眼光关注着与人类生存、发展息息相关的森林问题、生态问题，做出了一系列重大决策，在探索中不断前进，逐步找到了一条具有中国特色的文明发展道路。

中华人民共和国成立后，以毛泽东同志为核心的第一代中央领导集体对森林问题极为重视。1955年，毛泽东同志向全国人民发出了“绿化祖国”“实行大地园林化”的号召。1958年，他又进一步指出：“要看到林业、造林，这是我们将来的根本问题之一。”这一时期，中国政府确定了“普遍护林、重点造林”的方针，有力推动了森林资源发展。

1978年，以邓小平同志为核心的第二代中央领导集体，在领导中国人民进行改革开放的同时，开展了一场规模浩大的植树造林运动。1979年，第五届全国人大常委会第六次会议通过了《中华人民共和国森林法（试行）》，并决定3月12日为中国植树节。1981年12月，在邓小平同志的倡导下，第五届全国人民代表大会第四次会议做出了《关于开展全民义务植树运动的决议》。

改善生态的任务是极其艰巨的，中国政府的决心也是极其坚定的。1991年后，以江泽民同志为核心的第三代中央领导集体又发出了“全党动员、全民动手、植树造林、绿化祖国”“再造祖国秀美山川”的号召，进一步动员全国人民植树造林、保护森林。中国修订了《中华人民共和国森林法》，世界上首部防沙治沙法也在中国诞生。中国制定了《全国生态环境建设规划》，明确提出：建设祖国秀美山川，是把我国现代化建设事业全面推向21世纪的重大战略部署。2001年，刚刚走进小康生活的中国毅然决定，在今后十几年内，投资几千亿元，实施天然林资源保护、退耕还林、京津风沙源治理等六大林业重点工程。

在21世纪中国经济社会发展中，如何实现全面协调可持续发展、人与自然和谐发展，以胡锦涛同志为核心的中央领导集体，在继承的基础上，继续带领中国人民进行创新和发展。2003年6月，中共中央、国务院做出了《关于加快林业发展的决定》，明确提出：“确立以生态建设为主的林业可持续发展道路，建立以森林植被为主体、林草结合的国土生态安全体系，建设山川秀美的生态文明社会。”2005年9月，中国又做出了《关于进一步加强防沙治沙工作的决定》，发出了《关于加强湿地保护工作的通知》，制定了《中国湿地保护行动计划》，从而在全国形成了建设森林生态系统、保护湿地生态系统、改善荒漠生态系统、全面推进生态建设的基本格局。

在深刻总结人类历史发展规律和世界各国发展规律的基础上，中国以对民族和人类高度负责的精神，提出了全面落实科学发展观、统筹人与自然和谐发展、建设生态文明等重大战略思想，并将“建设生态文明”“成为生态环境良好国家”确定为经济发展的重要目标，描绘了21世纪中国生态建设的宏伟蓝图。生态文明是人类社会继原始文明、农业文明、工业文明之后形成的新的文明形态。其核心是人与自然和谐的价值观在经济社会发展中的落实和成果的反映，它摈弃了人类破坏自然、征服自然、主宰自然的理念和行为，走上了在经济社会发展中保护自然、尊重自然、合理利用自然并主动开展生态建设、实现人与自然和谐的伟大征程。这是人类社会进步的重要标志，是21世纪人类文明的旗帜和方向。中国政府和人民在经过艰辛探索、借鉴国外发展经验的基础上，做出建设生态文明的历史选择，不仅对中国自身发展具有十分重大而深远的影响，而且对维护全球生态安全具有重大意义。

二、生态建设的战略重点

我国林业与生态建设取得了巨大成就。多年来特别是改革开放以来，在森林资源保护与发展、发展碳汇林与生物质能源、沙化土地治理、湿地保护与恢复、水土流失治理、野生动植物保护与自然保护区建设、发展林业产业、构建生态文化体系、加强生态领域国际合作等方面，都取得显著的成就。但是，我国政府还清醒地认识到，实现生态良好的目标，任务极其艰巨。中国政府站在维护国家和全球生态安全的战略高度，将继续实施宏大的生态建设工程，力争改善中华民族的生存条件并为维护全球生态安全做出较大贡献。

（1）积极应对全球气候变化。为减缓全球气候变暖，降低大气中二氧化碳含量，中国政府将加大植树造林力度，增加森林的固碳总量。加快构建“亚太森林恢复与可持续管理网络”，推动亚太地区森林资源的恢复和发展。

（2）建设和保护森林生态系统。继续实施好天然林资源保护、退耕还林、沿海防护林体系建设等重点工程，促进森林生态系统的自然修复和人工修复。

（3）治理和改善荒漠生态系统。坚持科学防治、综合防治、依法防治的方针，加强“三北”防护林工程、京津风沙源治理工程建设管理，加强重点地区防沙治沙和石漠化治理，加快推进从“沙逼人退”向“人逼沙退”的历史性转变。

（4）保护和恢复湿地生态系统。力争到2030年，中国湿地自然保护区达到713个，国际重要湿地达到80个，90%以上天然湿地得到有效保护，形成较为完整的湿地保护和管理体系。

（5）严格保护生物多样性。国家重点保护野生动植物种群数量得到恢复和增加，所有的典型生态系统类型得到良好保护，维护物种安全。

（6）努力保障木材供应。立足国内保障和改善木材等林产品供给，大力发展速生丰产林。

（7）大力发展木本粮油。力争到2020年，我国人均占有食用木本植物油达到0.8千克，人均占有水果达到50千克，人均占有木本粮食10千克，为维护国家粮食安全、提高国民营养水平做出贡献。

（8）积极开发林业生物质能源。积极开发现有森林中能源原料，充分利用现有宜林荒山荒地培育能源林，开发相关的配套技术，逐步形成原料培育、加工生产、科技开发的“生物质能一体化”格局。

加强生态建设，维护生态安全，已经成为全人类的共识和国际社会的共同行动。中国作为一个负责任的发展中大国，解决好自身的生态问题，是增加中国人民福祉的要求，也是维护全人类共同利益的要求。中国政府和人民将与世界各国人民一道，为维护全球生态安全、实现人与自然和谐做出更大贡献。

三、走新型工业化道路

党的十六大指出：“走新型工业化道路，大力实施科教兴国战略和可持续发展战略。实现工业化仍然是我国现代化进程中艰巨的历史性任务。信息化是我国加快实现工业化和现代化的必然选择。坚持以信息化带动工业化，以工业化促进信息化，走一条科技含量高、经济效益好、资源消耗低、环境污染少、人力资源优势得到充分发挥的新型工业化路子。”党的十七大报告再次强调指出：要坚持走中国特色新型工业化道路。党的十八大报告提出：坚持走中国特色新型工业化、信息化、城镇化、农业现代化道路，推动信息化和工业化深度融合、工业化和城镇化良性互动、城镇化和农业现代化相互协调，促进工业化、信息化、城镇化、农业现代化同步发展。本部分参见第四章“新型工业化道路”。

四、实施可持续发展战略

党的十六大明确指出：“必须把可持续发展放在十分突出的地位，坚持计划生育、保护环境和保护资源的基本国策。稳定低生育水平。合理开展和节约使用各种自然资源。抓紧解决部分地区水资源短缺问题，兴建南水北调工程。实施海洋开发，搞好国土资源综合整治。树立全民环境意识，搞好生态保护和建设。”党的十七大报告再次重申，加强能源资源节约和生态环境保护。党的十八大报告将生态文明建设纳入社会主义现代化建设总体布局，提出坚持节约优先、保护优先、以自然恢复为主的方针，吹响了美丽中国的集结号。

第三节　生态文明与可持续发展取得的成效

我国生态文明建设成效显著。大力推进生态文明建设，全党全国贯彻绿色发展理念的自觉性和主动性显著增强，忽视生态环境保护的状况明显改变。生态文明制度体系加快形成，主体功能区制度逐步健全，国家公园体制试点积极推进。全面节约资源有效推进，能源资源消耗强度大幅下降。重大生态保护和修复工程进展顺利，森林覆盖率持续提高。生态环境治理明显加强，环境状况得到改善。引导应对气候变化国际合作，成为全球生态文明建设的重要参与者、贡献者、引领者。

党的十八大以来，从山水林田湖草的“命运共同体”初具规模，到绿色发展理念融入生产生活，再到经济发展与生态改善实现良性互动，以习近平同志为核心的党中央将生态文明建设推向新高度，我国生态文明建设呈现加速发展新局面，经济发展动能发生根本性转变，后发优势和潜力无限。

一、从保护到修复，着力补齐生态短板

党的十八大将生态文明建设纳入中国特色社会主义事业“五位一体”总体布局，以习近平同志为核心的党中央牢固树立保护生态环境就是保护生产力、改善生态环境就是发展生产力的理念，着力补齐一块块生态短板。

（1）修复陆生生态，还人间以更多绿色。2013—2017年，我国年均新增造林超过9 000万亩。森林质量提升，良种使用率从51%提高到61%，造林苗木合格率稳定在90%以上，累计建设国家储备林4 895万亩；恢复退化湿地30万亩，退耕还湿20万亩；118个城市成为“国家森林城市”；三北工程启动两个百万亩防护林基地建设。

（2）防治水土流失，还大地以根基。2013—2017年，我国治理沙化土地1.26亿亩，荒漠化沙化呈整体遏制、重点治理区明显改善的态势，沙化土地面积年均缩减1 980平方公里，实现了由“沙进人退”到“人进沙退”的历史性转变。

（3）修复水生生态，还生命以家园。全国地表水国控断面Ⅰ—Ⅲ类水体比例增加到67.8%，劣Ⅴ类水体比例下降到8.6%，大江大河干流水质稳步改善。

二、从制度到实践，绿色发展提速增效

（1）生态文明顶层设计逐步完善。2015年4月，中共中央、国务院印发《关于加快推进生态文明建设的意见》，明确了生态文明建设的总体要求、目标愿景、重点任务、制度体系。同年9月，《生态文明体制改革总体方案》出台，提出健全自然资源资产产权制度、建立国土空间开发保护制度、完善生态文明绩效评价考核和责任追究制度等。

（2）生态环保法制建设不断健全。《大气污染防治行动计划》《水污染防治行动计划》《土壤污染防治行动计划》陆续出台，被称为“史上最严”的新环保法从2015年开始实施，在打击环境违法犯罪方面力度空前。

经济视窗3-1

（3）生态环保执法监管力度空前。压减燃煤、淘汰黄标车、整治排放不达标企业，启动大气污染防治强化督查……一系列的环保重拳出击，带来更多蓝天碧水。与2013年相比，2016年京津冀地区、长三角区域、珠三角区域的PM2.5平均浓度分别下降了33%、31.3%、31.9%。

（4）中国积极参与国际治理，做出绿色贡献。2015年12月，在气候变化巴黎大会上，《联合国气候变化框架公约》196个缔约方通过《巴黎协定》这一历史性文件，为2020年后全球应对气候变化做出安排。中国不仅是达成协定的重要推动力量，也是坚定的履约国。

三、从理念到成效，经济社会发展迈向更高端

（1）从“大地披绿”到“身边增绿”和“心中播绿”，不断增加的生态产品供给极大增加了百姓获得感。党的十八大以来，我国森林面积和蓄积分别增加到31.2亿亩和151亿立方米，这些森林资源的年

生态服务价值为12.68万亿元。

（2）绿色发展理念深入人心。环保部开通“12369”环保微信举报平台，拓宽群众参与渠道和范围，累计受理群众举报近7.3万余件。2016年，单位GDP能耗、用水量分别比2012年下降17.9%和25.4%，主要污染物减排效果显著。

（3）中国绿色发展为世界贡献了中国方案。2016年，联合国环境规划署发布《绿水青山就是金山银山：中国生态文明战略与行动》报告。中国的生态文明建设理念和经验，正在为全世界可持续发展提供重要借鉴。①

总体上看，我国生态环境质量持续好转，出现了稳中向好趋势，但成效并不稳固。生态文明建设正处于压力叠加、负重前行的关键期，已进入提供更多优质生态产品以满足人民日益增长的美好生活需要的攻坚期，也到了有条件、有能力解决生态环境突出问题的窗口期。我国经济已由高速增长阶段转向高质量发展阶段，需要跨越一些常规性和非常规性关口。我们必须咬紧牙关，爬过这个坡，迈过这道坎。

经济视窗 3-2　　　　经济视窗 3-3

第四节　生态文明与可持续发展存在的问题与制约条件

一、经济增长速度与资源承载能力不相适应

从国家统计局网站获悉，2013—2016年，按照当年汇率计算，中国GDP占世界经济总量的比重由12.5%提高到14.8%，提高了2.3个百分点。按照2010年不变美元价格计算，4年间中国GDP实现了年均7.2%的增长速度，远高于同期美国、欧元区和日本三大发达经济体2.1%、1.2%和1.1%的年均增速，也明显高于世界经济2.7%的年均增速，有力推动了世界经济增长，对世界经济增长的平均贡献率超过30%。2017年，中国GDP增长率为6.9%。

但是，中国的资源承载力与上述这样的高速度是很不适应的。我国人均资源占有量远低于世界平均水平，淡水、耕地、森林等资源人均占有量还不到世界人均水平的1/3，煤、石油等重要矿产则不到世界人均水平的一半。更为严重的是，据国土资源部发布的我国固体矿产资源储量套改结果，我国资源储量结构呈现“三少三多”特点。一是基础储量少，资源量多。二是经济可利用的资源储量少，经济可利用性差或经济意义未确定的资源储量多。经济可利用的资源储量占1/3，经济可利用性差或经济意义未确定的资源储量占2/3。三是探明的资源储量少，控制的和推断的资源储量多。这样的现状反映出，我国固体矿产特别是一些重要矿产的勘查工作程度明显偏低，难采选和品位低的矿床没有充分开发和利用，采、选、冶技术落后于国际先进水平，矿业市场尚不发达。②

二、工业技术水平低

科学技术是人类社会发展的原动力，是创造财富的源泉，科技进步对经济社会发展的推动作用体现为质的飞跃，贯穿于人类发展史全部，呈现出阶段性特点。目前科学技术水平对经济发展影响的总趋势是：以质的提高为主导的社会经济发展，正经历由以消耗资源型为主向以扩张资源型为主的转变，转变的关键在于技术进步和经济的发达程度，呈倒U形运动轨迹。我国还没有达到U形的转折点。实际上，

① 侯雪静，高敬．推进美丽中国建设——党的十八大以来生态文明建设成就综述［EB/OL］．（2017-08-17）［2018-04-23］．http://www.xinhuanet.com/politics/2017-08/17/c_129682297.htm.

② 周倩．我国资源储量结构“三少三多”［N］．经济日报，2003-07-11.

由于我国科技水平的低下，本就十分宝贵的资源变得更难以充分开发。比如，我国每单位能源消耗对GDP的贡献率仅相当于发达国家的1/4左右，集中表现为产业结构中高耗能的钢铁、水泥等比重过高，而低能耗、高附加值的电子信息、精密制造和第三产业比重过低。科学技术进步的后果是，一方面，资源消耗量与日俱增，包括资源种类的不断扩大，尤应提及的是人们追求高生活质量的欲望无止境，人口增长表现出很强的“加权效应”，加剧资源短缺态势；另一方面，社会经济发展水平质的提高，必然以科技进步为杠杆，而科技进步又必然带来资源新的发现和新的应用。

当前我国科技生产力水平呈现出四大特点：一是拥有丰富的科技人力资源。目前我国科技人力资源总量和研发人员总数均居世界第一位。二是形成了比较完整的学科布局。这在世界发展中国家中是绝无仅有的，是我国建设创新型国家最重要的基础条件。三是具备了一定的自主创新能力。生物、纳米、航天等重要领域的研发能力已跻身世界前列。四是呈现创新型国家发展初期的特征。“九五”以来，反映经济增长方式的R&D/GDP指标平均每年增加0.1个百分点，达到1.3%，超过印度、巴西等发展中大国，呈现出创新型国家发展初期的特征。但是，我国科技发展在管理体制、科技投入、创新主体、共性技术、产学研合作、发明专利、高新技术产业化、科技平台建设、尖子人才培养、引进技术消化吸收等方面还存在许多问题和不足。

据有关部门的测算，我国工业技术水平要比发达国家落后15~20年。工业技术水平低是导致我国科技竞争力不高的重大原因。如何采取得力措施，尽快改善我国科技工作状况，提高科技国际竞争力水平，已经成为摆在我们面前的不容回避的紧迫课题。

瑞士洛桑国际管理学院（IMD）全球竞争力研究中心自1989年起开始发布全球最具竞争力经济体排名。目前全球共有63个经济体被纳入评选，得分100表明最具竞争力。根据IMD发布的《2018年世界竞争力报告》，美国排名第一，中国内地得分89.028，排名较2017年上升5位，至第13位，上升幅度在众多经济体中表现突出。中国内地经济竞争力显著提升，主要缘于两大指标改善：一是对硬件及软件基础设施投资加大；二是政府规章进一步简化，提升了营商效率。

三、工业污染严重

我国政府一直把工业污染防治作为环境保护的重点工作，经过多年的不懈努力，在坚持经济、社会和环境协调发展的前提下取得了重大进展。在工业污染防治的指导思想上确立“三个转变”：在污染防治基本战略上，从侧重污染的末端治理逐步转变为对工业生产全过程的控制；在污染物排放控制上，由侧重浓度控制转变为浓度与总量控制相结合；在污染治理方式上，由侧重分散的点源治理转变为集中控制与分散治理相结合。为了有效地防治工业污染，我国政府制定了“预防为主，防治结合”“谁污染，谁治理”“强化环境管理”三大环保政策，以及资源综合利用政策、结合技术改造防治工业污染政策、城市环境综合整治政策、环保技术政策、环保产业政策等。我国在颁布的环境保护法律法规中，对工业污染防治做出了明确规定，而且各级地方政府结合本地实际情况，也制定了地方性的工业污染防治政策和具体的执行条例。

我国政府通过推行环境影响评价和“三同时”（防治环境污染和破坏的设施与生产的主体工程同时设计、同时施工、同时投产使用）制度，有效地控制了新的污染源。

同时，工业污染的防治措施也得到了逐步完善。一是通过调整产业结构、产品结构和结合技术改造，积极推行清洁生产，强制淘汰了一大批污染重、能耗高的设备和产品，完成了一大批污染治理项目。淘汰落后生产能力取得成效，产品结构有所改善。在保持污染物排放量持续下降的情况下，化工、冶金、轻工、机械、电子、建材等行业的工业生产连年增长，经济效益逐年提高。二是结合城市环境综合整治和区域改建，关闭、搬迁和治理了一批污染严重的企业，使部分地区的污染趋势得到了缓解。北京关闭了污染严重的首钢特钢南厂，消除了市区的一大污染源。上海加强了苏州河、黄浦江上游和重点城区的污染防治，使部分地区的污染得到了治理。三是加大了污染限期治理的力度。四是污染防治向区域和流域综合整治的方向发展。五是大力推进节能降耗，提高“三废”（废气、废水、废渣）的处理能力和综合利用效率。

中国的环保产业是伴随着经济的发展、环保事业的兴起而逐步发展起来的。进入20世纪90年代以后，随着环境问题日益突出和环保法律法规的不断完善及环保标准的不断提高，环保产业得以较快发展并已初具规模，为治理污染、改善环境提供了一定的技术支持和物质基础。与国外相比，中国环保产业的发展才刚刚起步，规模尚小，技术落后，在工业中所占比重很小。目前世界上普遍把环保产业视为高新技术产业，而中国在环保产品生产、技术开发等领域仍以常规技术为主。中国环保产业发展中存在以下主要问题：①

（1）企业规模小而分散，市场竞争能力低。企业缺少合理的专业化分工，大部分是重复生产，效率低下，科技含量低，不能适应市场需求，企业间缺乏联系纽带，未能形成可以与国外大型企业进行竞争的环保企业集团。这种小而散的状况制约了环保产业自身的市场开拓和竞争能力，再加上发达国家的优惠信贷政策，使得中国环保设施建设和环保装备大部分要依赖进口，从而限制了国内环保产业的发展。

（2）结构不合理，产品技术含量低。中国环保设备（产品）生产主要集中在环保机械产品以及“三废”综合利用方面，其他方面的力量比较薄弱。环保设备成套化、系列化、标准化、国产化水平低，低水平重复建设现象严重，一些急需的污染治理设备，特别是在燃煤电厂烟气脱硫、城市垃圾处理、城市生活污水处理和高浓度有机废水治理等重点领域，还没有自己的核心制造技术，致使国外设备在国内占有相当大的市场份额。

（3）产品运行可靠性差，质量标准和技术规范不健全。目前，中国环保设备（产品）不仅技术含量低，而且运行可靠性差，使用寿命短。这主要是由于缺少产品标准、技术规范和有效的质量监督，许多企业产品的制造工艺、使用材料、加工精度不符合要求。

（4）管理体系不健全，市场化机制和社会化服务体系尚未建立。在环保市场上，我国存在多头管理、地方封锁、行业垄断的现象，环保企业缺乏公平竞争的市场环境。许多地方利用行政权力干预市场，造成市场割据，不仅保护落后，严重阻碍环保产业技术进步，而且挫伤经营者的积极性，不利于环保产业健康发展。此外，中介服务机构不健全，缺乏全方位服务的市场体系，使环保产业的发展处于一种无序状态，以至于找不准突破口，不能很好地形成优势。

（5）投融资渠道不畅，环保资本市场尚未形成。在长期的计划经济体制下，中国城市环保设施的立项、投资、建设和运营大多由政府部门承担，不仅建设费用而且运行费用也几乎由国家财政预算支付，社会资本和民间资本介入环保产业的数量微乎其微，以致国内的环保产业发展受到资金不足的严重限制。近些年来，随着中国资本市场的兴起和发展，与环保产业“结亲”的上市公司越来越多，但真正以环保为主业的股份公司和上市公司为数甚少。同时，由于投资方向的限制，证券投资基金还不能直接投资环保产业，只能通过持有从事环保产业的上市公司的股票，间接参与环保产业建设，真正以环保产业为主的资本市场还在成长中。

加快环保产业的发展，以适应经济、社会和环境建设的要求，是中国当前和今后较长时期一项重要的任务。

第五节　生态文明与可持续发展的战略和对策

一、党和国家顶层设计总体战略

党的十九大报告强调指出：加快生态文明体制改革，建设美丽中国。

① 史清琪，赵经彻. 中国产业发展报告（2000）[M]. 北京：中国轻工业出版社，2001：193-196.

人与自然是生命共同体，人类必须尊重自然、顺应自然、保护自然。人类只有遵循自然规律才能有效防止在开发利用自然上走弯路，人类对大自然的伤害最终会伤及人类自身，这是无法抗拒的规律。

我们要建设的现代化是人与自然和谐共生的现代化，既要创造更多物质财富和精神财富以满足人民日益增长的美好生活需要，也要提供更多优质生态产品以满足人民日益增长的优美生态环境需要。必须坚持节约优先、保护优先、以自然恢复为主的方针，形成节约资源和保护环境的空间格局、产业结构、生产方式、生活方式，还自然以宁静、和谐、美丽。

1.推进绿色发展

加快建立绿色生产和消费的法律制度和政策导向，建立健全绿色低碳循环发展的经济体系。构建市场导向的绿色技术创新体系，发展绿色金融，壮大节能环保产业、清洁生产产业、清洁能源产业。推进能源生产和消费革命，构建清洁低碳、安全高效的能源体系。推进资源全面节约和循环利用，实施国家节水行动，降低能耗、物耗，实现生产系统和生活系统循环链接。倡导简约适度、绿色低碳的生活方式，反对奢侈浪费和不合理消费，开展创建节约型机关、绿色家庭、绿色学校、绿色社区和绿色出行等行动。

2.着力解决突出环境问题

坚持全民共治、源头防治，持续实施大气污染防治行动，打赢蓝天保卫战。加快水污染防治，实施流域环境和近岸海域综合治理。强化土壤污染管控和修复，加强农业面源污染防治，开展农村人居环境整治行动。加强固体废弃物和垃圾处置。提高污染排放标准，强化排污者责任，健全环保信用评价、信息强制性披露、严惩重罚等制度。构建以政府为主导、以企业为主体、社会组织和公众共同参与的环境治理体系。积极参与全球环境治理，落实减排承诺。

3.加大生态系统保护力度

实施重要生态系统保护和修复重大工程，优化生态安全屏障体系，构建生态廊道和生物多样性保护网络，提升生态系统质量和稳定性。完成生态保护红线、永久基本农田、城镇开发边界三条控制线划定工作。开展国土绿化行动，推进荒漠化、石漠化、水土流失综合治理，强化湿地保护和恢复，加强地质灾害防治。完善天然林保护制度，扩大退耕还林还草。严格保护耕地，扩大轮作休耕试点，健全耕地、草原、森林、河流、湖泊的休养生息制度，建立市场化、多元化生态补偿机制。

4.改革生态环境监管体制

加强对生态文明建设的总体设计和组织领导，设立国有自然资源资产管理和自然生态监管机构，完善生态环境管理制度，统一行使全民所有自然资源资产所有者职责，统一行使所有国土空间用途管制和生态保护修复职责，统一行使监管城乡各类污染排放和行政执法职责。构建国土空间开发保护制度，完善主体功能区配套政策，建立以国家公园为主体的自然保护地体系。坚决制止和惩处破坏生态环境行为。

经济视窗 3-4

经济视窗 3-5

二、总体方案

2015年9月11日，中共中央政治局审议通过了《生态文明体制改革总体方案》，以加快建立系统完整的生态文明制度体系，加快推进生态文明建设，增强生态文明体制改革的系统性、整体性、协同性。

（一）生态文明体制改革的总体要求

1.生态文明体制改革的指导思想

全面贯彻党的十八大和十八届二中、三中、四中全会精神，以邓小平理论、“三个代表”重要思想、科学发展观、新时代中国特色社会主义思想为指导，深入贯彻落实习近平总书记系列重要讲话精神，按照党中央、国务院决策部署，坚持节约资源和保护环境的基本国策，坚持以节约优先、保护优先、自然恢复为主的方针，立足我国社会主义初级阶段的基本国情和新的阶段性特征，以建设美丽中国为目标，以正确处理人与自然关系为核心，以解决生态环境领域突出问题为导向，保障国家生态安全，改善环境质量，提高资源利用效率，推动形成人与自然和谐发展的现代化建设新格局。

2.生态文明体制改革的理念

树立尊重自然、顺应自然、保护自然的理念。生态文明建设不仅影响经济持续健康发展，也关系政治和社会建设，必须放在突出地位，融入经济建设、政治建设、文化建设、社会建设各方面和全过程。

树立发展和保护相统一的理念，坚持发展是硬道理的战略思想。发展必须是绿色发展、循环发展、低碳发展。平衡好发展和保护的关系，按照主体功能定位控制开发强度，调整空间结构，给子孙后代留下天蓝、地绿、水净的美好家园，实现发展与保护的内在统一、相互促进。

树立绿水青山就是金山银山的理念，清新的空气、清洁的水源、美丽的山川、肥沃的土地、生物多样性是人类生存必需的生态环境，坚持发展是第一要务，必须保护森林、草原、河流、湖泊、湿地、海洋等自然生态。

树立自然价值和自然资本的理念。自然生态是有价值的，保护自然就是使自然价值和自然资本增值的过程，就是保护和发展生产力，应得到合理回报和经济补偿。

树立空间均衡的理念，把握人口、经济、资源环境的平衡点，人口规模、产业结构、经济增长速度不能超出当地水土资源的承载能力和环境容量。

树立山水林田湖是一个生命共同体的理念，按照生态系统的整体性、系统性及内在规律，统筹考虑自然生态各要素、山上和山下、地上和地下、陆地和海洋以及流域上下游，进行整体保护、系统修复、综合治理，增强生态系统循环能力，维护生态平衡。

3.生态文明体制改革的原则

坚持正确改革方向，健全市场机制，更好发挥政府的主导和监管作用，发挥企业的积极性和自我约束作用，发挥社会组织和公众的参与和监督作用。

坚持自然资源资产的公有性质，创新产权制度，落实所有权，区分自然资源资产所有者权利和管理者权力，合理划分中央地方事权和监管职责，保障全体人民分享全民所有自然资源资产的收益。

坚持城乡环境治理体系统一，继续加强城市环境保护和工业污染防治，加大生态环境保护工作对农村地区的覆盖，建立健全农村环境治理体制机制，加大对农村污染防治设施建设和资金投入力度。

坚持激励和约束并举，既要形成支持绿色发展、循环发展、低碳发展的利益导向机制，又要坚持源头严防、过程严管、损害严惩、责任追究，形成对各类市场主体的有效约束，逐步实现市场化、法治化、制度化。

坚持主动作为和国际合作相结合。深化国际交流和务实合作，充分借鉴国际先进技术和体制机制建设的有益经验，积极参与全球环境治理，承担并履行好同发展中大国相适应的国际责任。

坚持鼓励试点先行和整体协调推进相结合，在党中央、国务院统一部署下，先易后难、分步推进，成熟一项推出一项。支持各地区根据本方案确定的基本方向，因地制宜，大胆探索、大胆试验。

4.生态文明体制改革的目标

到2020年，构建起由自然资源资产产权制度、国土空间开发保护制度、空间规划体系、资源总量管理和全面节约制度、资源有偿使用和生态补偿制度、环境治理体系、环境治理和生态保护市场体系、生态文明绩效评价考核和责任追究制度等八项制度构成的产权清晰、多元参与、激励与约束并重、系统完整的生态文明制度体系，推进生态文明领域的国家治理体系和治理能力现代化，努力走向社会主义生态文明新时代。

构建归属清晰、权责明确、监管有效的自然资源资产产权制度，着力解决自然资源所有者不到位、所有权边界模糊等问题。

构建以空间规划为基础、以用途管制为主要手段的国土空间开发保护制度，着力解决因无序开发、过度开发、分散开发导致的优质耕地和生态空间占用过多、生态破坏、环境污染等问题。

构建以空间治理和空间结构优化为主要内容，全国统一、相互衔接、分级管理的空间规划体系，着力解决空间性规划重叠冲突、部门职责交叉重复、地方规划朝令夕改等问题。

构建覆盖全面、科学规范、管理严格的资源总量管理和全面节约制度，着力解决资源使用浪费严重、利用效率不高等问题。

构建反映市场供求和资源稀缺程度、体现自然价值和代际补偿的资源有偿使用和生态补偿制度，着力解决自然资源及其产品价格偏低、生产开发成本低于社会成本、保护生态得不到合理回报等问题。

构建以改善环境质量为导向，监管统一、执法严明、多方参与的环境治理体系，着力解决污染防治能力弱、监管职能交叉、权责不一致、违法成本过低等问题。

构建更多运用经济杠杆进行环境治理和生态保护的市场体系，着力解决市场主体和市场体系发育滞后、社会参与度不高等问题。

构建充分反映资源消耗、环境损害和生态效益的生态文明绩效评价考核和责任追究制度，着力解决发展绩效评价不全面、责任落实不到位、损害责任追究缺失等问题。

（二）健全自然资源资产产权制度

（1）建立统一的确权登记系统。坚持资源公有、物权法定，清晰界定全部国土空间各类自然资源资产的产权主体。对水流、森林、山岭、草原、荒地、滩涂等所有自然生态空间统一进行确权登记，逐步划清全民所有和集体所有之间的边界，划清全民所有、不同层级政府行使所有权的边界，划清不同集体所有者的边界。推进确权登记法治化。

（2）建立权责明确的自然资源产权体系。制定权利清单，明确各类自然资源产权主体权利。处理好所有权与使用权的关系，创新自然资源全民所有权和集体所有权的实现形式，除生态功能重要的外，可推动所有权和使用权相分离，明确占有、使用、收益、处分等权利归属关系和权责，适度扩大使用权的出让、转让、出租、抵押、担保、入股等权能。明确国有农场、林场和牧场土地所有者与使用者权能。全面建立覆盖各类全民所有自然资源资产的有偿出让制度，严禁无偿或低价出让。统筹规划，加强自然资源资产交易平台建设。

（3）健全国家自然资源资产管理体制。按照所有者和监管者分开和一件事情由一个部门负责的原则，整合分散的全民所有自然资源资产所有者职责，组建对全民所有的矿藏、水流、森林、山岭、草原、荒地、海域、滩涂等各类自然资源统一行使所有权的机构，负责全民所有自然资源的出让等。

（4）探索建立分级行使所有权的体制。对全民所有的自然资源资产，按照不同资源种类和在生态、经济、国防等方面的重要程度，研究实行中央和地方政府分级代理行使所有权职责的体制，实现效率和公平相统一。分清全民所有中央政府直接行使所有权、全民所有地方政府行使所有权的资源清单和空间范围。中央政府主要对石油天然气、贵重稀有矿产资源、重点国有林区、大江大河大湖和跨境河流、生态功能重要的湿地草原、海域滩涂、珍稀野生动植物种和部分国家公园等直接行使所有权。

（5）开展水流和湿地产权确权试点。探索建立水权制度，开展水域、岸线等水生态空间确权试点，遵循水生态系统性、整体性原则，分清水资源所有权、使用权及使用量。在甘肃、宁夏等地开展湿地产权确权试点。

（三）建立国土空间开发保护制度

（1）完善主体功能区制度。统筹国家和省级主体功能区规划，健全基于主体功能区的区域政策，根据城市化地区、农产品主产区、重点生态功能区的不同定位，加快调整完善财政、产业、投资、人口流动、建设用地、资源开发、环境保护等政策。

（2）健全国土空间用途管制制度。简化自上而下的用地指标控制体系，调整按行政区和用地基数分配指标的做法。将开发强度指标分解到各县级行政区，作为约束性指标，控制建设用地总量。将用途管制扩大到所有自然生态空间，划定并严守生态红线，严禁任意改变用途，防止不合理开发建设活动对生态红线的破坏。完善覆盖全部国土空间的监测系统，动态监测国土空间变化。

（3）建立国家公园体制。加强对重要生态系统的保护和永续利用，改革各部门分头设置自然保护区、风景名胜区、文化自然遗产、地质公园、森林公园等的体制，对上述保护地进行功能重组，合理界定国家公园范围。国家公园实行更严格保护，除不损害生态系统的原住民生活生产设施改造和自然观光科研教育旅游外，禁止其他开发建设，保护自然生态和自然文化遗产原真性、完整性。加强对国家公园试点的指导，在试点基础上研究制定建立国家公园体制总体方案。构建保护珍稀野生动植物的长效机制。

（4）完善自然资源监管体制。将分散在各部门的有关用途管制职责，逐步统一到一个部门，统一行使所有国土空间的用途管制职责。

（四）建立空间规划体系

（1）编制空间规划。整合目前各部门分头编制的各类空间性规划，编制统一的空间规划，实现规划全覆盖。空间规划是国家空间发展的指南、可持续发展的空间蓝图，是各类开发建设活动的基本依据。空间规划分为国家、省、市县（设区的市空间规划范围为市辖区）三级。研究建立统一规范的空间规划编制机制。鼓励开展省级空间规划试点。编制京津冀空间规划。

（2）推进市县“多规合一”。支持市县推进“多规合一”，统一编制市县空间规划，逐步形成一个市县一个规划、一张蓝图。市县空间规划要统一土地分类标准，根据主体功能定位和省级空间规划要求，划定生产空间、生活空间、生态空间，明确城镇建设区、工业区、农村居民点等的开发边界，以及耕地、林地、草原、河流、湖泊、湿地等的保护边界，加强对城市地下空间的统筹规划。加强对市县“多规合一”试点的指导，研究制定市县空间规划编制指引和技术规范，形成可复制、能推广的经验。

（3）创新市县空间规划编制方法。探索规范化的市县空间规划编制程序，扩大社会参与，增强规划的科学性和透明度。鼓励试点地区进行规划编制部门整合，由一个部门负责市县空间规划的编制，可成立由专业人员和有关方面代表组成的规划评议委员会。规划编制前应当进行资源环境承载能力评价，以评价结果作为规划的基本依据。规划编制过程中应当广泛征求各方面意见，全文公布规划草案，充分听取当地居民意见。规划经评议委员会论证通过后，由当地人民代表大会审议通过，并报上级政府部门备案。规划成果应当包括规划文本和较高精度的规划图，并在网络和其他本地媒体公布。鼓励当地居民对规划执行进行监督，对违反规划的开发建设行为进行举报。当地人民代表大会及其常务委员会定期听取空间规划执行情况报告，对当地政府违反规划行为进行问责。

（五）完善资源总量管理和全面节约制度

（1）完善最严格的耕地保护制度和土地节约集约利用制度。完善基本农田保护制度，划定永久基本农田红线，按照面积不减少、质量不下降、用途不改变的要求，将基本农田落地到户、上图入库，实行严格保护，除法律规定的国家重点建设项目选址确实无法避让外，其他任何建设不得占用。加强耕地质量等级评定与监测，强化耕地质量保护与提升建设。完善耕地占补平衡制度，对新增建设用地占用耕地规模实行总量控制，严格实行耕地占一补一、先补后占、占优补优。实施建设用地总量控制和减量化管理，建立节约集约用地激励和约束机制，调整结构，盘活存量，合理安排土地利用年度计划。

（2）完善最严格的水资源管理制度。按照节水优先、空间均衡、系统治理、两手发力的方针，健全用水总量控制制度，保障水安全。加快制定主要江河流域水量分配方案，加强省级统筹，完善省市县三级取用水总量控制指标体系。建立健全节约集约用水机制，促进水资源使用结构调整和优化配置。完善规划和建设项目水资源论证制度。主要运用价格和税收手段，逐步建立农业灌溉用水量控制和定额管理、高耗水工业企业计划用水和定额管理制度。在严重缺水地区建立用水定额准入门槛，严格控制高耗水项目建设。加强水产品产地保护和环境修复，控制水产养殖，构建水生动植物保护机制。完善水功能区监督管理，建立促进非常规水源利用制度。

（3）建立能源消费总量管理和节约制度。坚持节约优先，强化能耗强度控制，健全节能目标责任制和奖励制。进一步完善能源统计制度。健全重点用能单位节能管理制度，探索实行节能自愿承诺机制。完善节能标准体系，及时更新用能产品能效、高耗能行业能耗限额、建筑物能效等标准。合理确定全国能源消费总量目标，并分解落实到省级行政区和重点用能单位。健全节能低碳产品和技术装备推广机制，定期发布技术目录。强化节能评估审查和节能监察。加强对可再生能源发展的扶持，逐步取消对化石能源的普遍性补贴。逐步建立全国碳排放总量控制制度和分解落实机制，建立增加森林、草原、湿地、海洋碳汇的有效机制，加强应对气候变化国际合作。

（4）建立天然林保护制度。将所有天然林纳入保护范围。建立国家用材林储备制度。逐步推进国有林区政企分开，完善以购买服务为主的国有林场公益林管护机制。完善集体林权制度，稳定承包权，拓展经营权能，健全林权抵押贷款和流转制度。

（5）建立草原保护制度。稳定和完善草原承包经营制度，实现草原承包地块、面积、合同、证书“四到户”，规范草原经营权流转。实行基本草原保护制度，确保基本草原面积不减少、质量不下降、用途不改变。健全草原生态保护补奖机制，实施禁牧休牧、划区轮牧和草畜平衡等制度。加强对草原征用使用审核审批的监管，严格控制草原非牧使用。

（6）建立湿地保护制度。将所有湿地纳入保护范围，禁止擅自征用占用国际重要湿地、国家重要湿地和湿地自然保护区。确定各类湿地功能，规范保护利用行为，建立湿地生态修复机制。

（7）建立沙化土地封禁保护制度。将暂不具备治理条件的连片沙化土地划为沙化土地封禁保护区。建立严格保护制度，加强封禁和管护基础设施建设，加强沙化土地治理，增加植被，合理发展沙产业，完善以购买服务为主的管护机制，探索开发与治理结合新机制。

（8）健全海洋资源开发保护制度。实施海洋主体功能区制度，确定近海海域海岛主体功能，引导、控制和规范各类用海用岛行为。实行围填海总量控制制度，对围填海面积实行约束性指标管理。建立自然岸线保有率控制制度。完善海洋渔业资源总量管理制度，严格执行休渔禁渔制度，推行近海捕捞限额管理，控制近海和滩涂养殖规模。健全海洋督察制度。

（9）健全矿产资源开发利用管理制度。建立矿产资源开发利用水平调查评估制度，加强矿产资源查明登记和有偿计时占用登记管理。建立矿产资源集约开发机制，提高矿区企业集中度，鼓励规模化开发。完善重要矿产资源开采回采率、选矿回收率、综合利用率等国家标准。健全鼓励提高矿产资源利用水平的经济政策。建立矿山企业高效和综合利用信息公示制度，建立矿业权人“黑名单”制度。完善重要矿产资源回收利用的产业化扶持机制。完善矿山地质环境保护和土地复垦制度。

（10）完善资源循环利用制度。建立健全资源产出率统计体系。实行生产者责任延伸制度，推动生产者落实废弃产品回收处理等责任。建立种养业废弃物资源化利用制度，实现种养业有机结合、循环发展。加快建立垃圾强制分类制度。制定再生资源回收目录，对复合包装物、电池、农膜等低值废弃物实行强制回收。加快制定资源分类回收利用标准。建立资源再生产品和原料推广使用制度，相关原材料消耗企业要使用一定比例的资源再生产品。完善限制一次性用品使用制度。落实并完善资源综合利用和促进循环经济发展的税收政策。制定循环经济技术目录，实行政府优先采购、贷款贴息等政策。

（六）健全资源有偿使用和生态补偿制度

（1）加快自然资源及其产品价格改革。按照成本、收益相统一的原则，充分考虑社会可承受能力，建立自然资源开发使用成本评估机制，将资源所有者权益和生态环境损害等纳入自然资源及其产品价格形成机制。加强对自然垄断环节的价格监管，建立定价成本监审制度和价格调整机制，完善价格决策程序和信息公开制度。推进农业水价综合改革，全面实行非居民用水超计划、超定额累进加价制度，全面推行城镇居民用水阶梯价格制度。

（2）完善土地有偿使用制度。扩大国有土地有偿使用范围，扩大招拍挂出让比例，减少非公益性用地划拨，国有土地出让收支纳入预算管理。改革完善工业用地供应方式，探索实行弹性出让年限以及长期租赁、先租后让、租让结合供应。完善地价形成机制和评估制度，健全土地等级价体系，理顺与土地相关的出让金、租金和税费关系。建立有效调节工业用地和居住用地合理比价机制，提高工业用地出让地价水平，降低工业用地比例。探索通过土地承包经营、出租等方式，健全国有农用地有偿使用制度。

（3）完善矿产资源有偿使用制度。完善矿业权出让制度，建立符合市场经济要求和矿业规律的探矿权采矿权出让方式，原则上实行市场化出让，国有矿产资源出让收支纳入预算管理。理清有偿取得、占用和开采中所有者、投资者、使用者的产权关系，研究建立矿产资源国家权益金制度。调整探矿权采矿权使用费标准、矿产资源最低勘查投入标准。推进实现全国统一的矿业权交易平台建设，加大矿业权出让转让信息公开力度。

（4）完善海域海岛有偿使用制度。建立海域、无居民海岛使用金征收标准调整机制。建立健全海域、无居民海岛使用权招拍挂出让制度。

（5）加快资源环境税费改革。理顺自然资源及其产品税费关系，明确各自功能，合理确定税收调控范围。加快推进资源税从价计征改革，逐步将资源税扩展到占用各种自然生态空间，在华北部分地区开展地下水征收资源税改革试点。加快推进环境保护税立法。

（6）完善生态补偿机制。探索建立多元化补偿机制，逐步增加对重点生态功能区转移支付，完善生态保护成效与资金分配挂钩的激励约束机制。制定横向生态补偿机制办法，以地方补偿为主，中央财政给予支持。鼓励各地区开展生态补偿试点，继续推进新安江水环境补偿试点，推动在京津冀水源涵养区、广西广东九洲江、福建广东汀江－韩江等开展跨地区生态补偿试点，在长江流域水环境敏感地区探索开展流域生态补偿试点。

（7）完善生态保护修复资金使用机制。按照山水林田湖系统治理的要求，完善相关资金使用管理办法，整合现有政策和渠道，在深入推进国土江河综合整治的同时，更多用于青藏高原生态屏障、黄土高原－川滇生态屏障、东北森林带、北方防沙带、南方丘陵山地带等国家生态安全屏障的保护修复。

（8）建立耕地草原河湖休养生息制度。编制耕地、草原、河湖休养生息规划，调整严重污染和地下水严重超采地区的耕地用途，逐步将25度以上不适宜耕种且有损生态的陡坡地退出基本农田。建立巩固退耕还林还草、退牧还草成果长效机制。开展退田还湖还湿试点，推进长株潭地区土壤重金属污染修复试点、华北地区地下水超采综合治理试点。

（七）建立健全环境治理体系

（1）完善污染物排放许可制。尽快在全国范围建立统一公平、覆盖所有固定污染源的企业排放许可制，依法核发排污许可证，排污者必须持证排污，禁止无证排污或不按许可证规定排污。

（2）建立污染防治区域联动机制。完善京津冀、长三角、珠三角等重点区域大气污染防治联防联控协作机制，其他地方要结合地理特征、污染程度、城市空间分布以及污染物输送规律，建立区域协作机制。在部分地区开展环境保护管理体制创新试点，统一规划、统一标准、统一环评、统一监测、统一执法。开展按流域设置环境监管和行政执法机构试点，构建各流域内相关省级涉水部门参加、多形式的流域水环境保护协作机制和风险预警防控体系。建立陆海统筹的污染防治机制和重点海域污染物排海总量控制制度。完善突发环境事件应急机制，提高与环境风险程度、污染物种类等相匹配的突发环境事件应急处置能力。

（3）建立农村环境治理体制机制。建立以绿色生态为导向的农业补贴制度，加快制定和完善相关技术标准和规范，加快推进化肥、农药、农膜减量化以及畜禽养殖废弃物资源化和无害化，鼓励生产使用可降解农膜。完善农作物秸秆综合利用制度。健全化肥农药包装物、农膜回收贮运加工网络。采取财政和村集体补贴、住户付费、社会资本参与的投入运营机制，加强农村污水和垃圾处理等环保设施建设。采取政府购买服务等多种扶持措施，培育发展各种形式的农业面源污染治理、农村污水垃圾处理市场主体。强化县乡两级政府的环境保护职责，加强环境监管能力建设。财政支农资金的使用要统筹考虑增强农业综合生产能力和防治农村污染。

（4）健全环境信息公开制度。全面推进大气和水等环境信息公开、排污单位环境信息公开、监管部门环境信息公开，健全建设项目环境影响评价信息公开机制。健全环境新闻发言人制度。引导人民群众树立环保意识，完善公众参与制度，保障人民群众依法有序行使环境监督权。建立环境保护网络举报平台和举报制度，健全举报、听证、舆论监督等制度。

（5）严格实行生态环境损害赔偿制度。强化生产者环境保护法律责任，大幅度提高违法成本。健全环境损害赔偿方面的法律制度、评估方法和实施机制，对违反环保法律法规的，依法严惩重罚；对造成生态环境损害的，以损害程度等因素依法确定赔偿额度；对造成严重后果的，依法追究刑事责任。

（6）完善环境保护管理制度。建立和完善严格监管所有污染物排放的环境保护管理制度，将分散在各部门的环境保护职责调整到一个部门，逐步实行城乡环境保护工作由一个部门进行统一监管和行政执法的体制。有序整合不同领域、不同部门、不同层次的监管力量，建立权威统一的环境执法体制，充实执法队伍，赋予环境执法强制执行的必要条件和手段。完善行政执法和环境司法的衔接机制。

（八）健全环境治理和生态保护市场体系

（1）培育环境治理和生态保护市场主体。采取鼓励发展节能环保产业的体制机制和政策措施。废止妨碍形成全国统一市场和公平竞争的规定和做法，鼓励各类投资进入环保市场。能由政府和社会资本合作开展的环境治理和生态保护事务，都可以吸引社会资本参与建设和运营。通过政府购买服务等方式，加大对环境污染第三方治理的支持力度。加快推进污水垃圾处理设施运营管理单位向独立核算、自主经营的企业转变。组建或改组设立国有资本投资运营公司，推动国有资本加大对环境治理和生态保护等方面的投入。支持生态环境保护领域国有企业实行混合所有制改革。

（2）推行用能权和碳排放权交易制度。结合重点用能单位节能行动和新建项目能评审查，开展项目节能量交易，并逐步改为基于能源消费总量管理下的用能权交易。建立用能权交易系统、测量与核准体系。推广合同能源管理。深化碳排放权交易试点，逐步建立全国碳排放权交易市场，研究制定全国碳排放权交易总量设定与配额分配方案。完善碳交易注册登记系统，建立碳排放权交易市场监管体系。

（3）推行排污权交易制度。在企业排污总量控制制度基础上，尽快完善初始排污权核定，扩大涵盖的污染物覆盖面。在现行以行政区为单元层层分解机制基础上，根据行业先进排污水平，逐步强化以企业为单元进行总量控制、通过排污权交易获得减排收益的机制。在重点流域和大气污染重点区域，合理推进跨行政区排污权交易。扩大排污权有偿使用和交易试点，将更多条件成熟地区纳入试点。加强排污权交易平台建设。制定排污权核定、使用费收取使用和交易价格等规定。

（4）推行水权交易制度。结合水生态补偿机制的建立健全，合理界定和分配水权，探索地区间、流域间、流域上下游、行业间、用水户间等水权交易方式。研究制定水权交易管理办法，明确可交易水权的范围和类型、交易主体和期限、交易价格形成机制、交易平台运作规则等。开展水权交易平台建设。

（5）建立绿色金融体系。推广绿色信贷，研究采取财政贴息等方式加大扶持力度，鼓励各类金融机构加大绿色信贷的发放力度，明确贷款人的尽职免责要求和环境保护法律责任。加强资本市场相关制度建设，研究设立绿色股票指数和发展相关投资产品，研究银行和企业发行绿色债券，鼓励对绿色信贷资产实行证券化。支持设立各类绿色发展基金，实行市场化运作。建立上市公司环保信息强制性披露机制。完善对节能低碳、生态环保项目的各类担保机制，加大风险补偿力度。在环境高风险领域建立环境污染强制责任保险制度。建立绿色评级体系以及公益性的环境成本核算和影响评估体系。积极推动绿色金融领域各类国际合作。

（6）建立统一的绿色产品体系。将目前分头设立的环保、节能、节水、循环、低碳、再生、有机等产品统一整合为绿色产品，建立统一的绿色产品标准、认证、标识等体系。完善对绿色产品研发生产、运输配送、购买使用的财税金融支持和政府采购等政策。

（九）完善生态文明绩效评价考核和责任追究制度

（1）建立生态文明目标体系。研究制定可操作、可视化的绿色发展指标体系。制定生态文明建设目标评价考核办法，把资源消耗、环境损害、生态效益纳入经济社会发展评价体系。根据不同区域主体功能定位，实行差异化绩效评价考核。

（2）建立资源环境承载能力监测预警机制。研究制定资源环境承载能力监测预警指标体系和技术方法，建立资源环境监测预警数据库和信息技术平台，定期编制资源环境承载能力监测预警报告，对资源消耗和环境容量超过或接近承载能力的地区，实行预警提醒和限制性措施。

（3）探索编制自然资源资产负债表。制定自然资源资产负债表编制指南，构建水资源、土地资源、森林资源等的资产和负债核算方法，建立实物量核算账户，明确分类标准和统计规范，定期评估自然资源资产变化状况。在市县层面开展自然资源资产负债表编制试点，核算主要自然资源实物量账户并公布核算结果。

（4）对领导干部实行自然资源资产离任审计。在编制自然资源资产负债表和合理考虑客观自然因素基础上，积极探索领导干部自然资源资产离任审计的目标、内容、方法和评价指标体系。以领导干部任期内辖区自然资源资产变化状况为基础，通过审计，客观评价领导干部履行自然资源资产管理责任情况，依法界定领导干部应当承担的责任，加强审计结果运用。在内蒙古呼伦贝尔市、浙江湖州市、湖南娄底市、贵州赤水市、陕西延安市开展自然资源资产负债表编制试点和领导干部自然资源资产离任审计试点。

（5）建立生态环境损害责任终身追究制。实行地方党委和政府领导成员生态文明建设一岗双责制。以自然资源资产离任审计结果和生态环境损害情况为依据，明确对地方党委和政府领导班子主要负责人、有关领导人员、部门负责人的追责情形和认定程序。区分情节轻重，对造成生态环境损害的，予以诫勉、责令公开道歉、组织处理或党纪政纪处分，对构成犯罪的依法追究刑事责任。对领导干部离任后出现重大生态环境损害并认定其需要承担责任的，实行终身追责。建立国家环境保护督察制度。

（十）生态文明体制改革的实施保障

（1）加强对生态文明体制改革的领导。各地区各部门要认真学习领会中央关于生态文明建设和体制改革的精神，深刻认识生态文明体制改革的重大意义，增强责任感、使命感、紧迫感，认真贯彻党中央、国务院决策部署，确保本方案确定的各项改革任务加快落实。各有关部门要按照本方案要求抓紧制定单项改革方案，明确责任主体和时间进度，密切协调配合，形成改革合力。

（2）积极开展试点试验。充分发挥中央和地方两个积极性，鼓励各地区按照本方案的改革方向，从本地实际出发，以解决突出生态环境问题为重点，发挥主动性，积极探索和推动生态文明体制改革，其中需要法律授权的按法定程序办理。将各部门自行开展的综合性生态文明试点统一为国家试点试验，各部门要根据各自职责予以指导和推动。

（3）完善法律法规。制定完善自然资源资产产权、国土空间开发保护、国家公园、空间规划、海洋、应对气候变化、耕地质量保护、节水和地下水管理、草原保护、湿地保护、排污许可、生态环境损害赔偿等方面的法律法规，为生态文明体制改革提供法治保障。

（4）加强舆论引导。面向国内外，加大生态文明建设和体制改革宣传力度，统筹安排、正确解读生态文明各项制度的内涵和改革方向，培育普及生态文化，提高生态文明意识，倡导绿色生活方式，形成崇尚生态文明、推进生态文明建设和体制改革的良好氛围。

（5）加强督促落实。中央全面深化改革领导小组办公室、经济体制和生态文明体制改革专项小组要加强统筹协调，对本方案落实情况进行跟踪分析和督促检查，正确解读和及时解决实施中遇到的问题，重大问题要及时向党中央、国务院请示报告。

三、坚持绿色发展

建设生态文明是关系人民福祉、关乎民族未来的大计，是实现中华民族伟大复兴的中国梦的重要内容。习近平总书记指出："我们既要绿水青山，也要金山银山。宁要绿水青山，不要金山银山，而且绿水青山就是金山银山。"要按照绿色发展理念，树立大局观、长远观、整体观，坚持保护优先，坚持节约资源和保护环境的基本国策，把生态文明建设融入经济建设、政治建设、文化建设、社会建设各方面和全过程，建设美丽中国，努力开创社会主义生态文明新时代。

（一）像对待生命一样对待生态环境

生态文明是人类社会进步的重大成果，是实现人与自然和谐发展的必然要求。建设生态文明，要以资源环境承载能力为基础，以自然规律为准则，以可持续发展、人与自然和谐为目标，建设生产发展、生活富裕、生态良好的文明社会。

人与自然的关系是人类社会最基本的关系。自然界是人类社会产生、存在和发展的基础和前提，人类则可以通过社会实践活动有目的地利用自然、改造自然。但人类归根到底是自然的一部分，在开发自然、利用自然中，人类不能凌驾于自然之上，行为方式必须符合自然规律。人与自然是相互依存、相互联系的整体，对自然界不能只讲索取不讲投入、只讲利用不讲建设。保护自然环境就是保护人类，建设生态文明就是造福人类。

我们党一贯高度重视生态文明建设。20世纪80年代初，我们就把保护环境作为基本国策，进入21世纪，又把节约资源作为基本国策。改革开放以来，我国的经济建设取得历史性成就，同时积累了大量生态环境问题，成为明显的短板。各类环境污染呈高发态势，成为民生之患、民心之痛。随着社会发展和人民生活水平不断提高，人民群众对干净的水、清新的空气、安全的食品、优美的环境等的要求越来越高，生态环境在群众生活幸福指数中的地位不断凸显，环境问题日益成为重要的民生问题。老百姓过去"盼温饱"，现在"盼环保"；过去"求生存"，现在"求生态"。

保护生态环境关系人民的根本利益和民族发展的长远利益。习近平总书记指出："环境就是民生，青山就是美丽，蓝天也是幸福。要像保护眼睛一样保护生态环境，像对待生命一样对待生态环境，把不损害生态环境作为发展的底线。"生态环境没有替代品，用之不觉，失之难存。保护生态环境，功在当代、利在千秋。必须清醒认识保护生态环境、治理环境污染的紧迫性和艰巨性，清醒认识加强生态文明建设的重要性和必要性，以对人民群众、对子孙后代高度负责的态度，加大力度，攻坚克难，全面推进生态文明建设。坚持把节约优先、保护优先、自然恢复作为基本方针，把绿色发展、循环发展、低碳发展作为基本途径，把深化改革和创新驱动作为基本动力，把培育生态文化作为重要支撑，把重点突破和整体推进作为工作方式，切实把工作抓紧抓好，使青山常在、清水长流、空气常新，让人民群众在良好生态环境中生产生活。

（二）保护生态环境就是保护生产力

2013年5月，习近平总书记在中央政治局第六次集体学习时指出，“要正确处理好经济发展同生态环境保护的关系，牢固树立保护生态环境就是保护生产力、改善生态环境就是发展生产力的理念”。这一重要论述，深刻阐明了生态环境与生产力之间的关系，是对生产力理论的重大发展，饱含尊重自然、谋求人与自然和谐发展的价值理念和发展理念。

改革开放以来，我国坚持以经济建设为中心，推动经济快速发展起来。在这个过程中，我们强调可持续发展，重视加强节能减排、环境保护工作。但也有一些地方、一些领域没有处理好经济发展同生态环境保护的关系，以无节制消耗资源、破坏环境为代价换取经济发展，导致能源资源、生态环境问题越来越突出。比如，能源资源约束强化，石油等重要资源的对外依存度快速上升；耕地逼近18亿亩红线，水土流失、土地沙化、草原退化情况严重；一些地区由于盲目开发、过度开发、无序开发，已经接近或超过资源环境承载能力的极限；温室气体排放总量大、增速快，等等。这种状况不改变，能源资源将难以支撑，生态环境将不堪重负，反过来必然对经济可持续发展带来严重影响，我国发展的空间和后劲将越来越小。习近平总书记指出：“我们在生态环境方面欠账太多了，如果不从现在起就把这项工作紧紧抓起来，将来会付出更大的代价。”

中国是一个有13亿多人口的大国，我们建设现代化国家，走美欧老路是走不通的。能源资源相对不足、生态环境承载能力不强，已成为我国的一个基本国情。发达国家一两百年出现的环境问题，在我国改革开放以来的快速发展中集中显现，呈现明显的结构型、压缩型、复合型特点，老的环境问题尚未解决，新的环境问题接踵而至。走老路，去无节制消耗资源，去不计代价污染环境，难以为继。中国要实现工业化、信息化、城镇化、农业现代化，必须走出一条新的发展道路。

我们只有更加重视生态环境这一生产力的要素，更加尊重自然生态的发展规律，保护和利用好生态环境，才能更好地发展生产力，在更高层次上实现人与自然的和谐。要克服把保护生态与发展生产力对立起来的传统思维，下大决心、花大气力改变不合理的产业结构、资源利用方式、能源结构、空间布局、生活方式，更加自觉地推动绿色发展、循环发展、低碳发展，绝不以牺牲环境、浪费资源为代价换取一时的经济增长，绝不走“先污染后治理”的老路，探索走出一条环境保护新路，实现经济社会发展与生态环境保护的共赢，为子孙后代留下可持续发展的“绿色银行”。

（三）以系统工程思路抓生态建设

环境治理是一个系统工程，必须作为重大民生实事紧紧抓在手上。要按照系统工程的思路，抓好生态文明建设重点任务的落实，切实把能源资源保障好，把环境污染治理好，把生态环境建设好，为人民群众创造良好的生产生活环境。

（1）要牢固树立生态红线的观念。生态红线，就是国家生态安全的底线和生命线，这个红线不能突破，一旦突破必将危及生态安全、人民生产生活和国家可持续发展。我国的生态环境问题已经到了很严重的程度，非采取最严厉的措施不可；否则，不仅生态环境恶化的总态势很难从根本上得到扭转，而且我们设想的其他生态环境发展目标也难以实现。习近平总书记强调：“在生态环境保护问题上，就是要不能越雷池一步，否则就应该受到惩罚。”要精心研究和论证，究竟哪些要列入生态红线，如何从制度上保障生态红线，把良好生态系统尽可能保护起来。对于生态红线全党和全国要一体遵行，绝不能逾越。

（2）优化国土空间开发格局。国土是生态文明建设的空间载体，要按照人口资源环境相均衡、经济社会生态效益相统一的原则，统筹人口分布、经济布局、国土利用、生态环境保护，科学布局生产空间、生活空间、生态空间，给自然留下更多修复空间，给农业留下更多良田，给子孙后代留下天蓝、地绿、水净的美好家园。加快实施主体功能区战略，严格实施环境功能区划，构建科学合理的城镇化推进格局、农业发展格局、生态安全格局，保障国家和区域生态安全，提高生态服务功能。要坚持陆海统筹，进一步关心海洋、认识海洋、经略海洋，提高海洋资源开发能力，保护海洋生态环境，扎实推进海洋强国建设。

（3）全面促进资源节约。大部分对生态环境造成破坏的原因是来自对资源的过度开发、粗放型使用。建设生态文明必须从资源使用这个源头抓起，把节约资源作为根本之策。要大力节约集约利用资源，推动资源利用方式根本转变，加强全过程节约管理，大幅降低能源、水、土地消耗强度。控制能源消费总量，加强节能降耗，支持节能低碳产业和新能源、可再生能源发展，确保国家能源安全，努力控制温室气体排放，积极应对气候变化。加强水源地保护，推进水循环利用，建设节水型社会。严守十八亿亩耕地保护红线，严格保护耕地特别是基本农田，严格土地用途管制。加强矿产资源勘查、保护、合理开发，提高矿产资源勘查合理开采和综合利用水平。大力发展循环经济，促进生产、流通、消费过程的减量化、再利用、资源化。

（4）加大生态环境保护力度。良好生态环境是人和社会持续发展的根本基础。要以解决损害群众健康突出环境问题为重点，坚持预防为主、综合治理，强化水、大气、土壤等污染防治，着力推进重点流域和区域水污染防治，着力推进颗粒物污染防治，着力推进重金属污染和土壤污染综合治理，集中力量优先解决好细颗粒物（PM2.5）、饮用水、土壤、重金属、化学品等损害群众健康的突出问题，切实改善环境质量。实施重大生态修复工程，增强生态产品生产能力，推进荒漠化、石漠化综合治理，扩大湖泊、湿地面积，保护生物多样性，提高适应气候变化能力。

（四）实行最严格的生态环境保护制度

建设生态文明是一场涉及生产方式、生活方式、思维方式和价值观念的革命性变革。实现这样的根本性变革，必须依靠制度和法治。我国生态环境保护中存在的一些突出问题，大都与体制不完善、机制不健全、法治不完备有关。习近平总书记指出：“只有实行最严格的制度、最严密的法治，才能为生态文明建设提供可靠保障。”必须建立系统完整的制度体系，用制度保护生态环境、推进生态文明建设。

（1）要完善经济社会发展考核评价体系。科学的考核评价体系犹如“指挥棒”，在生态文明制度建设中是最重要的。要把资源消耗、环境损害、生态效益等体现生态文明建设状况的指标纳入经济社会发展评价体系，建立体现生态文明要求的目标体系、考核办法、奖惩机制，使之成为推进生态文明建设的重要导向和约束。要把生态环境放在经济社会发展评价体系的突出位置，如果生态环境指标很差，一个地方、一个部门的表面成绩再好看也不行。

（2）要建立责任追究制度。资源环境是公共产品，对其造成损害和破坏必须追究责任。对那些不顾生态环境盲目决策、导致严重后果的领导干部，必须追究其责任，而且应该终身追究。要对领导干部实行自然资源资产离任审计，建立生态环境损害责任终身追究制。

（3）要建立健全资源生态环境管理制度。健全自然资源资产产权制度和用途管制制度，加快建立国土空间开发保护制度，健全能源、水、土地节约集约使用制度，强化水、大气、土壤等污染防治制度，建立反映市场供求和资源稀缺程度、体现生态价值和代际补偿的资源有偿使用制度和生态补偿制度，健全环境损害赔偿制度，强化制度约束作用。加强生态文明宣传教育，增强全民节约意识、环保意识、生态意识，营造爱护生态环境的良好风气。

[第四章]

新型工业化道路

本章主要讨论工业主导作用与工业现代化、走新路的必然性与必要性、新路的本质、走新路的战略措施。

第一节　工业主导作用与工业现代化

一、工业主导作用

工业在国民经济中起主导作用，这种作用具体表现在下列几个方面：

（1）现代化劳动资料的唯一来源。人类社会生产力的发展主要体现于劳动资料的不断进步，而工业正是现代化劳动资料的唯一制造者，它以先进的技术装备武装并改造国民经济各部门，也武装并改造着它自身。

（2）燃料、动力和原材料的主要来源。工业还能为国民经济生产煤炭、电力和石油等燃料和动力，生产钢材、木材、水泥、有色金属、塑料、橡胶和许多新兴原材料。

（3）生活必需品的重要来源。工业主要是消费品工业，为人民提供大量的吃、穿、用产品。

（4）农业的重要市场。农产品除了满足农村自身的需要外，还有相当一部分满足城市居民和工业生产建设的需要。也就是说，工业越发达，工业生产建设和城市居民对农产品的需求量就越大，对农产品的品种和数量的要求也就越高。

（5）国民收入的重要来源。

我国工业经济快速发展，总体实力不断提高，工业在国民经济中的主导地位进一步增强。

党的十六大后，党中央、国务院相继出台了适时适度的宏观调控措施，更多运用经济、法律等手段，严把信贷和土地两个闸门，宏观调控初见成效，工业经济避免了大的起伏波动。

2017年我国工业经济运行总体平稳，而且稳中有进、稳中向好，质量和效益同步提升，主要的指标明显改善，整体上形势好于预期；规模以上的工业增加值增速达到了6.6%，处于2015—2017年的最好水平，这些为工业经济的下一步运行发展都打下了坚实的基础。2017年我国全部工业增加值为279 997亿元，比上年增长6.4%。

在规模以上工业中，分经济类型看，国有控股企业增长6.5%，集体企业增长0.6%，股份制企业增长6.6%，外商及港澳台商投资企业增长6.9%，私营企业增长5.9%；分门类看，采矿业下降1.5%，制造业增长7.2%，电力、热力、燃气及水生产和供应业增长8.1%。

全年在规模以上工业中，农副食品加工业增加值比上年增长6.8%，纺织业增长4.0%，化学原料和化学制品制造业增长3.8%，非金属矿物制品业增长3.7%，黑色金属冶炼和压延加工业增长0.3%，通用设备制造业增长10.5%，专用设备制造业增长11.8%，汽车制造业增长12.2%，电气机械和器材制造业增长10.6%，计算机、通信和其他电子设备制造业增长13.8%，电力、热力生产和供应业增长7.8%。六大高耗能行业增加值增长3.0%，占规模以上工业增加值的比重为29.7%。

经济视窗 4-1

二、工业现代化

（一）工业现代化与工业化

工业现代化是指一个国家用现代的科学技术、先进的生产手段装备工业和以先进的科学方法、技术手段经营管理工业的过程，也就是使落后工业变成先进工业的过程。由于科学技术的不断进步，社会生产力水平日益提高，工业现代化的标志也将不断发展和提高。所以，工业现代化又是一个相对的概念。各国工业现代化的水平不同，一个国家不同时期的工业现代化水平也不同。

工业现代化与工业化既有区别，又有联系。工业化是一个国家由落后的农业国变为先进的工业国的过程，也就是机器大工业在国民经济中占优势地位的过程。一般采用工业产值在工农业总产值中所占的比重来表示工业化水平。苏联在斯大林时期曾把工业产值占工农业总产值的70%作为实现工业化的奋斗目标。因此，工业化一般地说是工业现代化的前期阶段。而工业现代化则是在工业化基础上的进一步发展，是在科学技术和整个社会生产力水平方面有更高要求的工业化。

（二）实现工业现代化具有十分重大的意义

工业现代化是一个国家经济高度发展的重要标志。因为工业在国民经济发展中居于主导地位，它要为国民经济各部门提供技术装备，供应燃料、动力、原材料，积累建设资金。工业现代化对农业、国防和科学技术的现代化都有十分重大的意义。

实现工业现代化也是建设社会主义的需要，是最终战胜资本主义的客观要求。在社会主义改造基本完成以后，我国所要解决的社会主要矛盾是人民日益增长的美好生活需要和不平衡不充分的发展之间的矛盾。要解决这个矛盾，党和国家工作的重点就必须转移到以经济建设为中心的社会主义现代化建设上来，实现包括工业现代化在内的现代化，大力发展社会生产力。工业现代化是迅速提高社会劳动生产率，改变整个国民经济落后的面貌，增强国防能力，缩小工农差别、城乡差别、脑力劳动和体力劳动差别的重要物质条件。

（三）工业现代化的内容

工业现代化包括工业技术基础现代化和工业经营管理现代化两个方面的内容。

1.工业技术基础现代化

这主要包括：

（1）采用先进的机器设备，实现生产过程的机械化、自动化、电气化、化学化和以原子能、电子技术、航天技术等为主的最新科学技术成果的应用。

（2）采用先进的生产工艺，使生产过程连续化。

（3）采用新型材料和新能源。

（4）提高工程技术人员、管理干部和广大员工的技术素质等。

2.工业经营管理现代化

这主要包括：

（1）工业部门结构现代化，主要表现为具有适合本国情况的、独立的、比较完整的工业体系。

（2）工业社会生产组织现代化，主要表现为企业的产品方向、企业规模和它们之间的结构合理化，以及生产专业化协作和生产联合化的水平较高。

（3）工业经营管理方法和手段现代化，主要表现为不仅有对劳动者的动作研究、时间研究，以及车间设置、奖励、安全研究，还对组织行为进行研究；不仅有综合性的经济和技术的活动分析，还有经济数学和计算机在经营管理中的应用等。

工业技术基础现代化与工业经营管理现代化是推动现代化工业高速发展的两个“轮子”，二者缺一不可。没有工业技术基础现代化，先进的经营管理成果的采用和推广就缺少必要的物质技术条件；反之，没有工业经营管理现代化，先进的科学技术成果就不能充分发挥作用。

历史经验证明，经营管理水平往往落后于科学技术的发展，因为经营管理水平在更大程度上与千百万人的组织活动有关。从这个角度上看，我们必须更加注重经营管理现代化。正如党的十一届三中全会公报所指出的：“实现四个现代化，要求大幅度地提高生产力，也就必然要求多方面地改变同生产力发展不适应的生产关系和上层建筑，改变一切不适应的管理方式、活动方式和思想方式，因而是一场广泛、深刻的革命。”

第二节　走新路的必然性与必要性

走这条新路的必然性与必要性可以概括为三个客观要求和两个必然选择。

一、走这条新路是解决人民日益增长的美好生活需要和不平衡不充分的发展之间的矛盾的客观要求

坚持和发展中国特色社会主义的总任务是实现社会主义现代化和中华民族伟大复兴，在全面建成小康社会的基础上，分两步走在21世纪中叶建成富强民主文明和谐美丽的社会主义现代化强国。新时代我国社会主要矛盾是人民日益增长的美好生活需要和不平衡不充分的发展之间的矛盾，必须坚持以人民为中心的发展思想，不断促进人的全面发展、全体人民共同富裕。

解决人民日益增长的美好生活需要和不平衡不充分的发展之间的矛盾是我们走这条新路的根本出发点和归宿。联合国根据恩格尔系数的大小，对世界各国的生活水平有一个划分标准，即一个国家平均家庭恩格尔系数大于60%为贫穷，50%～60%为温饱，40%～50%为小康，30%～40%属于相对富裕，20%～30%为富足，20%以下为极其富裕。2017年，我国居民的恩格尔系数为29.3%，进入了联合国划分的富足区间，这说明我国人民的物质、文化生活水平在不断提高。但是衡量一个国家是否为发达国家，除了恩格尔系数以外还有很多的指标，如人均国民收入、人均GDP、国民收入分配情况、人均受教育程度、人均预期寿命等指标，特别是人均国民收入。2017年，尽管我国经济总量稳居世界第二，但是人均GDP按平均市场汇率来算还不到9 000美元，在全球还处在比较低的水平。

人民日益增长的美好生活需要可以区分为两大范畴：首先，是物质文化的需要。在物质需要上不再是追求解决温饱问题，而是开始追求吃得舒适、健康、安全，甚至开始追求保健、养生；在文化需要上不再是追求基本的教育、文化娱乐，而是开始追求更高层次的教育与文化娱乐；不仅追求知识技能方面的教育传授，而且追求思想、精神方面的教育熏陶；不仅追求身体愉悦方面的文化娱乐，而且追求心智愉悦方面的文化娱乐。这些都离不开新型工业化道路的大力支持。其次，人民在民主、法治、公平、正义、安全、环境等方面开始产生明显的要求，而且不断地增长。

二、走这条新路是实现全面建成小康社会目标的客观要求

从党的十九大到二十大，是“两个一百年”奋斗目标的历史交汇期。我们既要全面建成小康社会、实现第一个百年奋斗目标，又要乘势而上开启全面建设社会主义现代化国家新征程，向第二个百年奋斗

目标进军。第一个阶段，2020—2035年，在全面建成小康社会的基础上，再奋斗15年，基本实现社会主义现代化。第二个阶段，从2035年到21世纪中叶，在基本实现现代化的基础上，再奋斗15年，把我国建成富强民主文明和谐美丽的社会主义现代化强国。

在优化结构和提高效益的基础上，我国国内生产总值在21世纪头20年翻两番，基本实现工业化，不断增强可持续发展能力，改善生态环境，提高资源利用效率，促进人与自然的和谐，推动整个社会走上生产发展、生活富裕、生态良好的文明发展道路。

三、走这条新路是充分发挥工业在国民经济中的主导作用和实现工业现代化的客观要求

工业主导作用概括如下：

（1）工业是现代化劳动资料的唯一来源。

（2）工业是燃料、动力和原材料的主要来源。

（3）工业是生活必需品的重要来源，特别是高级生活必需品的来源。

（4）工业是农业的重要市场。

（5）工业是国民收入的主要来源。这些主导作用只有走新型工业化道路，才能得到充分发挥。工业化又是工业现代化的前期阶段和基础，工业现代化也就是科学技术水平和管理水平更高阶段的工业化。

四、走这条新路是实现经济增长方式由粗放型向集约型根本转变的必然选择

只有具有高、好、低、少等特点的新型工业化道路，才真正符合集约型经济的要求，才能真正实现由粗放型向集约型这个根本转变。

五、走这条新路是走绿色生产力发展道路的必然选择

这条绿色道路可以概括为“一个前提”“一个适度”。

一个前提是经济发展速度要以保持生态平衡、避免环境污染为前提；一个适度是讲在上述前提下实现经济的适度增长。我们之所以要抛弃“灰色道路”，是因为它片面追求高速度，资源过度消耗，生态环境破坏，污染严重，代价太大，后患无穷，使我们吃尽苦头。

我国是世界上发展最快的国家。1978—2017年，中国经济增长了240倍，年均增长率为15%。中国GDP总量世界排名由1978年的第10位跃居至第2位，占世界经济的比重由1980年的1.9%稳步升至2017年的15%左右。但是，高增长导致了资源大量消耗和环境严重污染，高增长的资源、环境代价过高。我国人均资源占有量远远低于世界平均水平。我国淡水、耕地、森林等资源人均占有量还不到世界人均水平的1/3；煤、石油等主要矿产则不到世界人均水平的一半。在如此不相适应的条件下搞工业化，唯一的正确选择只能是走新型工业化道路。

低碳是对现有生产方式的一场深刻变革，绿色生产应该成为每个企业共同的选择。对我国而言，发展低碳经济更有现实的紧迫性。目前我国的经济发展模式仍然是高排放、高污染、高能耗，随之而来的是环境污染、资源紧缺、生态退化，环境突发事件层出不穷。这要求我们必须转变粗放的生产方式，要从老百姓满意不满意、答应不答应出发，努力实现绿色发展、循环发展、低碳发展。对能源、钢铁、纺织、建筑等高碳行业而言，只有加速与低碳时代接轨，才能在市场竞争中树立新的优势，从而实现自身的可持续发展。

第三节 新路的本质

新型工业化道路与传统工业化道路有何不同？它新在哪里呢？我们把新型工业化道路的本质与内涵概括为高、好、低、少、优、谐、适这七个字。高是指科技含量高；好是指经济效益、社会效益好；低是指资源消耗低；少是指保持生态平衡、环境污染少；优是指人力资源优势得到充分发挥；谐是指产业

结构和谐；适是指工业发展速度适度。前六个字主要是质的规定性；适主要是量的规定性。一句话，新型工业化道路是质与量的统一体。

过去曾经有人把工业化单纯地看成量的规定性，认为工业化就是现代化大工业产值在工农业总产值中占绝对优势的过程，如果现代化大工业产值占工农业总产值70%以上，就是实现了工业化。现在看来，这种看法还不够全面，因为只看到了工业化量的规定性，而没有看到工业化还有质的规定性。世界上根本不存在没有质的量，也根本不存在没有量的质。任何事物总是质与量的统一体。

还应特别注意的是，工业化和其他事物一样，在经济发展的不同阶段中，工业化的质与量这两个方面的地位和作用是有差异的。在短缺经济条件下，量的扩张是主导和主要方面；到了买方市场基本形成的环境下，质的提高就成为主导和主要方面了。2017年我国规模以上工业增加值增速达到6.6%，处于近3年最好水平，企业利润增幅创造2013年以来的最高。在500多种主要工业品中，我国有220多种产量居世界第一，品种更丰富，品质更高端。2017年，我国共有115家企业入选《财富》世界500强，仅次于美国（132家），比2008年增加80家。由全球制造商集团编制的2017年度（首届）"全球制造500强"排行榜，中国大陆入选的企业共有57家，入围榜单前十强的企业有中国石化、中国石油以及上汽集团。这说明我国工业化质的提高应成为主导和主要方面了。在经济发展的不同阶段，工业化的质与量的具体内容也会有差异。

第四节　走新路的战略措施

走这条新路主要就是在明确立足点和升级方向的基础上，准确判断我国工业化所处的发展阶段，坚持实施十大战略举措，重点是在信息化与工业化融合上大做文章。

一、明确立足点和升级方向

1.立足国情，放眼世界

搞工业化必须博采世界各国之长，及时吸取发达国家搞工业化的有益经验，避免走它们走过的弯路。立足点和出发点只能是中国的国情，不能脱离中国实际情况而完全照搬别国的做法，也不能再走"先污染，后治理"的老路。必须从我国的实际情况出发，遵循科学技术进步和经济全球化的客观要求，构建一条新路。一句话，我们要走自己的路。

2.准确判断我国工业化所处的发展阶段

在当代，判断一个国家或地区工业化所处的发展阶段，不能局限于该国家或该地区的小范围来考察，而必须从整个世界范围的总体系中，并在充分利用国内和国外两种资源、开拓国内和国外两个市场的条件下，进行全面综合考察，才能得出科学的结论。

从发达国家工业化的历史进程看，工业化大致可以分为前期、中期和后期3个阶段。2017年，我国GDP总量约为美国的63.19%，但是，我国人均GDP还很低，排在世界第70位，人口约是美国的4.3倍。从总体上看，我国既不属于工业化前期，也不属于工业化后期，而是处于工业化中期的初始阶段。

3.明确我国工业化升级方向

我国工业化在升级之中，升级方向可以概括为协调化和高度化的统一。本部分参见第三十一章"产业结构新趋势与优化升级"第二节"产业结构优化升级"的内容。

二、坚持实施十大战略举措

（1）继续坚持实施科教兴国战略。

（2）继续坚持实施可持续发展战略。

（3）坚持实施以信息化带动工业化的战略。

（4）大力构建工农、城乡互动机制，并实施重点逐步转移战略。

（5）发展环保产业，保持生态平衡，防治工业污染。

（6）广泛开展资源综合利用。

（7）发展高新技术产业，改造传统产业。

（8）大力推进产业结构升级。

（9）大力推进产业组织优化。

（10）大力发展和调整乡镇工业。

以上十大战略，每一个战略均可根据需要组织专题研讨。

我们要切实防止下列四种片面性：

（1）不能只讲发展大企业，今后应更加注重发展中小企业，特别是乡镇企业。

（2）不能只讲城市工业化，今后应更加注重农村的工业化。

（3）不能只讲工业支持农业、城市支援农村，今后同时要讲工业也需要农业支持，城市也需要农村支持。

（4）要讲工农、城乡在全部资源和全部市场两大方面进行全方位的互动和协调发展。第四个方面尤为重要，也是个新课题，应大做文章。

一句话，中国工业化的重头戏在农村，为此应把工业化重点逐步由城市转到农村。

三、信息化与工业化融合①

信息化与工业化融合，互联网加物联网，生产要素得到优化组合，工业潜能得到空前发挥，这是我国的经济增长点。

事实反复证明：只有大力推进信息化与工业化融合，工业才能由大变强。当今世界，信息技术已渗透到经济社会发展的各个领域，对提高劳动生产率、降低能源资源消耗和生产成本、加快社会主义事业发展有着巨大的推动作用。信息化对工业化有极大的带动作用，而且丰富和拓展了工业化的内涵。因此，要加快信息技术在各个领域的应用，大力推广以信息技术为代表的高新技术，加快用高新技术和先进适用技术改造提升工业产业，提升其技术水平和市场竞争力。振兴装备制造业，推动高技术产业基地建设。抓住当前产能过剩行业结构调整的契机，依法加快淘汰钢铁、有色金属、化工、建材、电力等高耗能行业的落后生产力、工艺装备和产品，坚决关闭那些破坏资源、污染环境和不具备安全生产条件的企业。

我国在信息化与工业化融合方面的发展情况如下：

（1）应用推广成效显著。我国信息化建设取得了一定成绩，具备了与工业化进一步融合发展的基础，也表明工业化与信息化到了相互渗透、不能分离的阶段。

（2）进入融合发展阶段。信息技术推广应用离不开信息产业的健康、快速发展。近些年来，我国信息产业快速发展，在国民经济和社会发展中的地位和作用越来越突出。

（3）几大瓶颈亟待突破。诸如政策和法规不健全、互动性不够、区域发展不平衡等，是制约信息技术下一步推广应用的最大瓶颈。

事实上，我国经济发展处于由工业化向信息化与工业化融合转变的过程中，信息技术与国民经济的结合还不够紧密，应用的深度和广度不够，实践经验也有待积累和总结，具体表现如下：

（1）在标准上，相关规范体系还不健全。我国信息技术应用和信息化建设整体上还处于引导阶段，相关立法工作较为滞后，法制环境有待完善。比如，以信息技术改造传统产业等应用重点领域的鼓励性政策缺乏。

（2）在产业支撑上，尽管发展迅速，信息产业的自主创新能力还不是很足，核心技术和关键设备对

---

① 胡红军．信息化与工业化融合步伐加快［N］．经济时报，2007-11-29.

外依存度高，信息技术产品特别是软件和大型应用系统还不能满足国内市场与应用的需求，结构性矛盾突出，不少重大信息系统工程依赖国外技术和产品，信息安全存在隐患。

（3）在区域发展上，各地经济发展水平相差较大，网络普及程度不一，制约了应用工作向纵深发展。

为此国家工业和信息化部将进一步促进信息化与工业化融合互动发展，推动信息技术在重点行业节能降耗领域中的应用，加强信息技术在农村和农业领域的推广应用，推动建立面向行业的信息技术应用共性技术支撑和服务平台，加快人才培养，继续做好信息技术应用“倍增计划”。

［第五章］

第三次工业革命与第四次工业革命

第三次工业革命的实质是以数字制造技术、互联网技术和再生性能源技术的重大创新与融合为代表，从而导致工业、产业乃至社会发生重大变革，这一过程不仅将推动一批新兴产业诞生与发展以替代已有产业，还将导致社会生产方式、制造模式甚至生产组织方式等方面的重要变革，最终使人类进入生态和谐、绿色低碳、可持续发展的社会。本章着重讨论科技革命与工业革命的关系，第三次工业革命的含义、特征与作用，第三次工业革命发达国家的实践，第三次工业革命我国的发展对策，迎接第四次工业革命。

第一节　科技革命与工业革命的关系①

一、科技革命的概念

科技革命是科学技术领域里具有根本意义和广泛影响的重大变革，是人类改造客观世界的飞跃；新的科学技术在各产业领域中被广泛应用，形成新的生产力，引发产品供给、产业组织、行业结构、就业分布、市场需求以及产业体系的重大变革，从而深刻改变人类的生产生活方式、价值观念、心理状态和道德观念等。

二、工业革命的概念

工业革命是以新的科学发现为基础，以科技革命爆发为标志，新技术广泛应用于人类生产生活，从而引发产业结构变革、经济增长，以及社会分工体系、全球政治和经济格局变化，并深刻改变社会文化价值观、心理状态的过程。

工业革命一般具备以下特征：

一是以一系列重大发明的应用、科学知识的积累为基础和前提，以爆发科技革命为重要标志；

二是根本性的变革，即质的飞跃；

三是必须具有相当规模和可持续的影响力，即要有广泛的关联性和全局性，对人类社会生产生活的方方面面都产生深刻、持续的影响。

三、重大技术发明是工业革命的先导

纵观几次工业革命的成因，无一例外是以重大科学发现和技术发明为基础和先导。例如，蒸汽机革命以牛顿力学、数学、机械等科学知识积累为基础，以骡机、蒸汽机、织布机等系列技术发明为先导；电力革命以电磁说、电动力学等科学发现为基础，以发电机、电话、碳丝灯泡等重大发明为先导；汽车

① 姜江．寻找新一轮产业革命突破口［N］．经济日报，2013-06-14.

革命以能量守恒与转化定律、热力学为基础，以内燃机、四冲程煤气及汽油机等发明和广泛应用为先导；信息技术革命的发生与演进更是与物理学、数学、信息论等综合性科学理论的发展完善密切相伴，同时，与计算机、集成电路、互联网等系列重要发明共同更新发展。

自电力革命开始，对科学发现和科学试验的依赖程度逐步提升；科技革命以及工业革命的发生越来越表现出同步化、相伴共进的趋势。主流技术则明显表现出交叉融合的趋势，即工业革命的科技支撑不再是单一的科技，而是若干新兴科技群的高度交叉融合。例如，始于19世纪70年代的电力革命事实上呈现出与汽车革命同期交叉并行的状态。能量守恒与转化定律、热力学等科学理论的发现与不断更新与19世纪末到20世纪前期内燃机广泛应用于汽车、飞机等领域的过程密切相伴、交叉并进。信息技术革命也伴随着物理学、数学、生物，以及信息论、控制论等综合性学科、材料、环境科学和技术的大发展。

四、催生工业革命的重要力量

工业革命爆发和演进的条件越来越不限于单纯依赖某些重大技术的发明和应用，而是既依赖现代化进程强大需求的拉动，又源于知识与技术体系内在逻辑的突破与创新。从几次工业革命的演进历程看，如果没有工业化、全球化进程不断加快、加深的大背景，也就没有足够的需求促使蒸汽机、电力、内燃机等技术广泛应用于工业生产、居民生活的方方面面，进而拉动纺织、机械、冶金、电力、汽车等产业的大发展。例如，蒸汽机革命既源于瓦特改良蒸汽机等一系列技术发明，也很大程度上归因于当时海上贸易发达为英国棉纺织产品创造了巨大的需求；电力作为一种便于输送、存储的全新光源、热源得以广泛推广，也是由于蒸汽动力越来越难以满足工业化进程加快背景下人类生产生活日益增长的能源需求。

信息技术革命的发生与演进路径与前几次工业革命有显著区别，即原创技术的发展来自于当时美国、欧洲等国军事备战对通信、探测等技术的需求。但是后来，计算机、集成电路等技术能够迅速从军用转向民用并实现前所未有的扩散和增长，则主要归功于美国产业界、大学和政府的共同努力，极大激发了社会各界对信息技术的巨大潜在需求。新一轮科技革命和工业革命的需求拉动将显然不再是对效率增长的追求，主要发达国家的战略取向以及人类共同应对全球性危机、关系可持续发展的重大需求将成为推动每一次新科技革命和工业革命的重要动因。

第二节　第三次工业革命的含义、特征与作用

一、第三次工业革命的含义

对于第一、二次工业革命的界定和划分，世界达成的共识是第一次工业革命以蒸汽机的发明和使用为标志，时间范围为18世纪60年代至19世纪中期；第二次工业革命以电力的广泛应用（电气时代）为标志，时间范围为19世纪70年代至20世纪初。其中，第一次工业革命使19世纪的世界发生了翻天覆地的变化。马克思、恩格斯在评价第一次工业革命时说，资产阶级在它不到一百年的阶级统治中所创造的生产力，比过去一切时代创造的全部生产力还要多、还要大。第二次工业革命为20世纪的人们开创了新世界，彻底改变了人们的生产生活方式。

目前国际上对于“第三次工业革命”并没有准确的定义。比较主流的声音来自4位学者：杰里米·里夫金、保罗·麦基里、彼得·马什和岛中雄二，较有影响力的是杰里米·里夫金。

（一）杰里米·里夫金对第三次工业革命的界定

2012年6月，美国经济学家杰里米·里夫金的著作《第三次工业革命》中文版[①]问世，引起了学者

① 里夫金. 第三次工业革命：新经济模式如何改变世界［M］. 张体伟，孙豫宁，译. 北京：中信出版社，2012.

对第三次工业革命的讨论。在书中作者认为，第二次工业革命是整个人类文明都依赖石炭纪储存的碳资源的社会，在这个经济体系里，就推动经济增长而言已经竭尽全力。21世纪以来，一种建立在互联网和新材料、新能源相结合基础上的第三次工业革命即将来临。它是大工业革命最后的篇章，作为一个可以带领我们进入可持续发展的“后碳时代”实用经济计划，以“制造业数字化”为核心，使全球技术要素和市场要素配置方式发生革命性变化。

世界近代史表明，每次危机都孕育着一场科技和产业的变革。2008年全球金融危机凸显了世界经济的根本症结：科技和实体经济创新滞后，已难以支撑虚拟经济乃至经济整体的发展。依靠科技创新和产业创新创造新的经济增长点和新的发展方式，是摆脱危机和持续发展的根本出路。即将到来的第三次工业革命是一次科技革命和工业革命的重叠，是信息技术、新能源、新材料的融合。它既是一次工业革命，又是一个新经济模式，将对全球发展理念、经济运行、产业组织、生产生活方式产生革命性的变革。在后危机时代，世界经济的复苏历经波折。在欧洲主要国家领导人的推动下，杰里米·里夫金的“第三次工业革命”模式在欧洲某些地区已率先进行“试点”，并取得了一些成绩。未来，互联网与新能源以及新生产模式的结合是大势所趋。这种结合将再次改变时间和空间对于人类社会经济生产活动和生活方式的种种局限，从生产力和生产关系两方面重塑社会经济形态，成为全球经济走出低谷的新动力。新能源和新材料的应用及与互联网技术的融合使人类生产经营方式逐渐由规模化生产向个性化定制转变，同时推动着社会生活方式的变革，此即“第三次工业革命”。①

里夫金认为改变未来社会有两样东西：一是能源，如同人的血液；二是互联网技术，如同人的中枢系统。第三次工业革命就是可再生能源体系与互联网技术有机融合的产物，或者说能源互联网将是未来社会新经济系统的发展基石。里夫金关于“第三次工业革命”的理论依据主要是两条：一是认为石油人均产量已达到了峰值，全球石油产量峰值将会来临，原油价格飞涨不可避免，世界深陷经济危机，第二次工业革命已现尾声。二是认为第二次工业革命的“熵账单”即将到期，近200年来石化原料推动了人类的工业化进程，同时向地球排放了大量二氧化碳等温室气体，阻止了太阳的热量从地球上空散去，导致地球温度灾难性的转变，继而会对未来生命造成毁灭性打击。以化石燃料为基础的第二次工业革命难以为继，因此，新的工业革命势必日渐兴起，使人类走向后碳时代。

里夫金敏锐地发现，历史上数次重大的工业革命都是在新的通信技术与新的能源系统结合之际发生的。他预言，一种以互联网技术和可再生能源结合为基础的第三次工业革命，即将改写我们的工业史，随之而来的是生产生活方式的全新变革。“能源改变了世界，也改变了我们”，风能、太阳能、地热能和生物能等免费清洁的可再生资源以及云计算、物联网等网络技术的发展，带给我们的变革不仅是生产方式和经济模式的改变，也是生活方式和思维的转变。在传统工业模式下，工作或许只是谋求生存的一种手段，让我们忽略了生活的美好，也破坏了生态环境；新经济模式让我们在工作中获得快乐，让我们进一步靠近生物圈，融入自然并从中获得灵感。②

所谓能源互联网，就是在现有能源供给系统的基础上，通过新能源技术与互联网技术的深度融合，将大量分布式能量采集装置和分布式能量储存装置互联起来，通过智能化的管理，实现能量和信息双向流动的能源对等交换和共享网络。

（二）保罗·麦基里对第三次工业革命的界定

保罗·麦基里在2012年4月发表的文章中宣告了“第三次工业革命”的来临。③相比较之下，麦基里的理论更侧重于制造业。他认为在18世纪后期的英国，纺织业工厂机器生产取代了作坊手工制作，开启了第一次工业革命。第二次工业革命是在20世纪初期，开创了规模化生产的时代。第三次工业革

① 王志远. 如何打好迎接新工业变革的“抢滩登陆战”[N]. 经济日报，2013-04-11.
② 于丽妍.《第三次工业革命》：新经济模式如何改变世界 [J]. 华东科技，2012（8）：78.
③ MARKILLIE P. The third industrial revolution [J]. The Economist，2012（4）：3-5.

命的核心是“制造业数位化”。

所谓制造业数位化，是指网络信息革命和材料科技革命的结合，即智能程序、新材料、灵敏机器人、新制造方法及基于网络的商业服务将形成合力，产生足以改变经济社会进程的巨大力量。网络的发展使信息传递的费用近乎零。“3D打印机”是“制造业数位化”的典型代表。3D打印机是一种智能制造机械，把一个物品分成很多层，然后像打印机一样，一层一层、一行一行把它打出来。它利用分层加工，叠加成型，逐层增加材料，最后变成产品，如零件、汽车或一幢房子。麦基里认为，数码科技已动摇零售业和传媒业，就像纱厂取代手工纺纱一样。未来的工厂不会布满机器，员工可以制造出多于以前数倍的产品。设计人员和生产人员甚至在同一个地点生产，不是在工厂，而是在办公室制造。

（三）彼得·马什关于第三次工业革命的界定

彼得·马什的观点在很多方面与上述两位学者的思想相似，他提出的比较鲜明的观点是第三次工业革命之后，各国参与生产的机遇将趋于平衡，世界将迎来新一轮经济增长周期。[①]马什认为，未来全球制造业产出第一的国家将是美国等发达国家，其理由有以下五点：①发达国家掌握新兴高科技自动化技术；②能满足消费者日益上升的对产品个性化的要求；③离市场更近，物流成本降低；④新兴经济体生产成本上升；⑤发达国家对环境污染问题的重视。

（四）岛中雄二关于第三次工业革命的界定

岛中雄二对于工业革命的预测更多地来源于对长期趋势的分析。[②]他基于对康德拉基耶夫长周期的分析，认为目前世界正处于第四波长周期末期，根据长期利率变动和熊彼特年表推定，在2012年会形成均衡点。伴随着一系列带有革命性的科技革命，如IT、生物技术、超导磁悬浮列车、电动汽车及燃料电池，甚至包括太阳能、风能等再生能源，以及甲烷水合物、页岩气等能源替代物，将有力地推动和支撑世界经济的发展。全球亦将迎来新的第五波上升期。

所谓第三次工业革命，实质就是以数字制造技术、互联网技术和再生性能源技术的重大创新与融合为代表，从而导致工业、产业乃至社会发生重大变革。这一过程不仅将推动一批新兴产业的诞生与发展，还将导致社会生产方式、制造模式甚至生产组织方式等方面的重要变革，最终使人类进入生态和谐、可持续发展的社会。

二、第三次工业革命的主要特征

（一）能源生产与使用变革

我们目前的经济与社会发展模式、生活消费方式所依赖的化石能源已经逐步进入枯竭期，需要在理念、技术、资源配置、消费习惯、社会组织等诸多方面转型，以开发可替代的再生性能源，使人类社会可持续发展。这是第三次工业革命的核心之一。

（二）生产方式变革

现在的生产方式是大规模标准化、用机器生产机器的方式；新的生产方式是以互联网为支撑的智能化大规模定制的方式，标志着个性化消费时代的到来。第一，今天的互联网既是信息平台，又是交易和生产控制平台，还是娱乐和社交平台；第二，智能化意味着智慧型计算机嵌入到制造设备中，从而使生产设备能够更快地自我反应、计算判断、分析决策和操作；第三，过去，定制品的数量非常少，但在数字化、智能化的制造条件下，个性化产品的大规模定制生产在技术上已经成为可能，甚至部分已成为

---

① 马什. 新工业革命［M］. 赛迪研究专家组，译. 北京：中信出版社，2013.

② 岛中雄二. 太阳景气经济学［M］. 周维宏，译. 北京：东方出版社，2012.

现实。

很显然，相比工业经济时代的生产模式，新的模式将有诸多优势：

（1）资源节约。原材料使用仅为传统生产方式的1/10，能源消耗也远低于化石能源时代。

（2）生产成本低。互联网信息的运用和自己动手生产都降低了产品生产的成本。

（3）交易费用低。通过网络平台直接定制交易，交易费用几乎为零。

（4）流通费用低。分散生产、就地销售可以节约大量流通成本，消费者的满意度提高。

（三）制造模式变革

制造业的主流制造模式从削减式转变为叠加式，这一变化本质上是制造业数字化带来的。削减式制造先要铸造毛坯、切削加工，再做成零部件或产品；数字化叠加式制造则快速成型，是“打印”出来的。

（四）生产组织方式变革

我们现在的生产组织方式为“集中生产，全球分销”，先要盖厂房，从全世界采集原料，生产后再运送到各地销售，运输成本高，信息搜寻与交易成本都很高，浪费不少资源。新的生产组织方式则不一样，它被叫作“分散生产，就地销售”，不需要今天这样的工厂，只需要3D打印机就可以真正做到本地生产、本地销售。

（五）生活方式变革

消费与生产同时进行。购物在3D打印店里就能完成，这才是真正的体验式消费，边消费边生产。消费者也可以购买家用3D打印机，像从前那样自给自足。

三、第三次工业革命的作用

胡少甫[①]（2012）认为第三次工业革命的兴起不仅是生产经营方式的重大革新，更是社会发展模式的深刻变革。一方面，智能设备和软件将支撑起制造业生产工序的数字化，小批量个性化生产将逐渐取代大规模化定制；另一方面，互联网的发展将衍生出新型商业模式，从而使产业间界限变得模糊化，新型节能环保材料和可再生新能源的开发与应用将创造大量的就业机会，同时保证了未来经济发展模式的可持续性。可见，“第三次工业革命”将对一国的产业分布、就业结构和教育体系等产生深远影响，它将重塑国家间比较优势，进而改写世界经济格局。

（一）第三次工业革命将人类带出以化石能源为动力经济模式所带来的灾难与陷阱

第一次、第二次工业革命所形成的经济模式均以化石能源为动力，其带来地球人所知的两方面的后果：第一，化石能源是非再生资源，其枯竭期已渐渐临近，第二次工业革命所形成的工业模式与社会生态难以为继；第二，化石能源所释放的二氧化碳导致全球气候变暖，如果不扭转目前的工业生产模式，人类赖以生存的家园将难逃灭顶之灾的厄运。而正在兴起的可再生能源互联网，就是利用如水能、风能、潮汐能、太阳能以及生物能源等可再生资源，实现与互联网技术的结合，从根本上摆脱第一、第二次工业革命的发展道路，从而使人类社会走上绿色的、可持续的发展道路。在这个意义上说，以可再生能源互联网为支撑点的第三次工业革命是人类摆脱生存危机的唯一出路。

（二）第三次工业革命将使世界制造业格局发生深刻变化

20世纪80年代至今，世界制造业格局发生了重大变化，一个主要特点是发达国家经历了“去工业

---

① 胡少甫.“第三次工业革命”的兴起以及给中国带来的挑战［J］.对外贸易实务，2012（12）：19-22.

化”的过程，劳动力迅速从第一、第二产业向第三产业转移，第三产业劳动力就业比例占到70%以上，制造业占本国GDP的比重和世界制造业总量的比重都持续走低。因为新兴经济体在世界制造业方面具有比较优势，其中劳动力成本低廉是根本原因，而劳动力成本低廉又来自于发展中国家的劳动力资源丰富与低安全标准和低环保标准。未来制造业数位化与充分利用可再生的绿色能源后，发达国家凭借科技实力与先进的创新体制将会在世界制造业中重新占据优势。

（三）第三次工业革命将彻底改变人类的生产方式

里夫金在《第三次工业革命》一书中指出，第一次和第二次工业革命创造出了拔地而起的工厂和大片的工业区，以及集中化的生产方式。而第三次工业革命，通过信息技术，生产将会是分散式，每栋建筑都可以利用自己产生的能源进行生产，而生产方也可以通过互联网来展示和销售自己的产品，这几乎省去了很多不必要的成本。也就是说，第三次工业革命对传统生产方式具有颠覆意义，它建立在互联网和新材料、新能源相结合的新经济发展范式上，并带来产业组织模式和发展方式的革命性变化。

（四）第三次工业革命的兴起是发达国家走出经济衰退的必由之路

自从2008年美国爆发金融危机到现在，尽管各国都纷纷采取了反经济周期的财政政策与货币政策，但收效甚微。种种迹象说明，目前全球经济衰退不仅具有传统意义上市场经济周期性危机的特征，更多地表明经济发展中深层次的结构问题。因此，第三次工业革命是走出自经济大萧条以来全球最大经济危机的必由之路。正如里夫金所说：“为了摆脱危机，主要工业国家和新兴市场国家都会试图进行第三次工业革命。”

第三节　第三次工业革命发达国家的实践

一、欧盟的发展计划与实践

2007年5月，欧洲议会宣布把第三次工业革命作为长远的经济规划以及欧盟发展的路线图。据里夫金介绍，欧盟政治领袖是积极推行“第三次工业革命”的热心人物，欧盟已成为第三次工业革命浪潮的排头兵。欧盟大力发展与促进可再生能源与信息技术的融合。2007年3月，欧盟各国领导人通过了欧盟委员会提出的欧盟一揽子能源计划，预计到2020年把新能源和可再生能源在能源总体消耗中的比例提高到20%，将生物燃料在交通能源消耗中所占比例提高到10%。这一目标的制定，在欧盟气候和能源政策方面具有里程碑意义。2011年，丹麦在其位于波罗的海的博恩霍尔姆岛进行了第一个完整的智能电网测试。2011年11月19日欧盟委员会提出“连接欧洲”计划，该计划总投资额为500亿欧元，由“连接欧洲交通”“连接欧洲能源”“连接欧洲通信”3个项目组成，欧盟各国普遍认为该计划拉开了欧洲第三次工业革命的序幕。以智能机器人为典型代表的智能制造装备已经开始在某些领域得到应用。例如《纽约日报》曾经头版刊登了《不需要工人的技术性工作》，报道了在飞利浦电子公司下设的荷兰一个工厂里，128部具有高超柔韧性的工业机器人在不停歇地工作，可以完成工人无法完成的精细工作，这种生产模式代表了一种新潮流。英国飞利浦设计公司研发的一种布料，可以测量心脏活动数据，并将其传送至个人数字管理系统；该公司还参与了一项由欧盟出资的名为“我的心脏”的计划，内容是研发一种能够提供心脏病预警的智能服装。

德国自第二次世界大战之后能迅速崛起成为发达国家，经济实力居欧洲首位，不断的科技创新在推动其经济发展中功不可没。20世纪90年代初，德国政府开始推动信息技术等高科技产业的发展，并调整经济结构，实现从工业社会向知识社会的过渡；在世界能源危机凸显的今天，大力发展风能、生物能等可再生能源，风能发电设备随处可见，生物制油、混合油、电能等作为环保节能的汽车燃料替代品被大力提倡。[①]

与里夫金《第三次工业革命》提到的趋势相对应的是，欧盟在发展新兴产业方面把新能源和信息技术作为两大重点。新能源成为各国发展新兴产业的普选。从各主要国家和地区的战略决策中可以看出，以核能、风电、太阳能、生物能源为代表的新能源技术将持续突破，可再生能源发电成本的下降速度极可能大大超出预期。以智能电网、大规模储能电池为代表的配套技术的良好预期将进一步拉动新能源，提高其在能源结构中的份额。

首先，确定了以低碳经济为主的目标，将低碳经济的发展看作新的工业革命，将低碳产业列为新兴产业的重点。2008年2月，欧盟运输、通信和能源部长理事会在布鲁塞尔通过了欧盟委员会提出的《欧盟能源技术战略计划》，该计划将鼓励推广包括风能、太阳能和生物能源技术在内的"低碳能源"技术，以促进欧盟未来建立能源可持续利用机制。在2009年3月的欧盟气候变化与能源峰会上，欧盟成员国在能源安全以及气候变化等方面达成了一致，并制定了一系列新的具体方针。这些方针包括：发展欧盟的能源基础设施；提高石油和天然气的存储量，强化危机反应机制，促进能源供应的安全；提高能源利用效率；促进包括可再生能源在内的能源及其供应多样化。

其次，重在发展"绿色技术"。欧盟在经济复苏计划中，强调"绿化"的创新和投资，加速向低碳经济转型。欧盟委员会曾制定了一项发展"环保型经济"的中期规划，主要内容是欧盟筹措总金额为1 050亿欧元的款项，在2009—2013年全力打造具有国际水平和全球竞争力的"绿色产业"，将130亿欧元用于"绿色能源"，280亿欧元用于改善水质和提高对废弃物的处理和管理水平，另外640亿欧元将用于帮助欧盟成员国推动其他环保产业发展，鼓励相关新产品开发，提高技术创新能力，并落实各项相关的环保法律法规。

最后，大力推进信息网络建设。欧盟提出加快建设全民高速互联网，实现高速网络100%覆盖率。在物联网的发展上，欧洲IT和工业领域十分重视制定统一标准。由于各国存在不同的标准，因此需要加强国家之间的合作，其中一个很重要的项目是"全球射频识别标准协同论坛"。该项目得到了欧盟的资助，不仅在欧洲设有相关机构，还在中国、日本和美国举办研讨会，加强国际合作，以寻求一个能被普遍接受的标准。[②]

二、美国的发展计划与实践

（一）美国加快制订推动第三次工业革命的方案

金融危机对美国经济造成了很大的打击，促使美国开始反思经济增长模式，使其认识到以化石能源以及相关技术为基础的第二次工业革命无法再支撑美国和世界经济的发展。美国在相关技术领域的领先地位逐步衰落，以此为基础的制造业生产活动也越来越缺乏效率，吸纳就业能力显著弱化，无法体现美国的竞争优势。在此背景下，美国政府、企业、行业协会、利益团体、学者等开始思考，寻求突破性技术和新的经济增长点，尝试建立一种新的经济发展模式。在经过一系列理论研究和全国范围的调研和争论之后，美国将清洁能源作为实现技术突破和经济增长的首选产业。美国在经济激励方案中提供50亿美元的税收抵免，以带动150亿美元的清洁能源投资，鼓励风力发电、太阳能电池、智能电网、电动汽车及零部件等产业发展。美国能源部高级研究项目署从创意到实施整个过程帮助示范项目。美国投入116亿美元用于提高能源效率、63亿美元用于可再生能源的建设、44亿美元用于电网点带化改造、20亿美元用于研发插电式动力汽车和燃料电池技术，提供24亿美元用于电池和电动部件制造，以及电动示范和基础设施，这些投资改变了美国的先进汽车电池产业。为了加快新能源的推广和应用，美国倡导本地化、分散化地生产能源。设想中的状态是利用新技术将每一座建筑、每一条道路都转变成不同规模、

① 张静，刘春青．德国科技创新之我见［J］．安徽科技，2011（11）：53-54．
② 方家喜，一红，文晖．各国厉兵秣马角逐新工业革命［N］．经济参考报，2012-06-19．

不同类型的清洁能源发电厂，能够随时随地产生足够的清洁能源，通过电子网络式的能源网络共享能源，将现有的信息分享方式运用到能源领域，使每一个生产能源的微小主体都能够通过能源互联网交换、分享彼此的能源。美国IBM、思科、通用等公司推进分散化、合作式能源机制，组建“能源互联网”，尝试把智能电网变成能够运输新型绿色电力的新型高速公路，将电子传输网络变成信息能源网络，分散的新能源生产者能够通过这一网络分享彼此的能源。[①]

（二）美国在新能源革命中取得的成就

美国政府已经明确提出了要以新能源革命发动一场新的经济、技术、环境和社会的总体革命。在美国政府统一主导和支持下，美国智能电网战略已成为国家重要战略。美国大规模开展智能电网研发和建设，把加快“三网融合”作为信息产业发展的重要方向，提出要在宽带普及率和互联网接入方面重返世界领先地位。据统计，美国仅智能电网测量体系就需要投入270亿美元，到2030年美国整个智能电网投入需达到1.5万亿美元。此外，根据美国能源部下属的国家可再生能源实验发布的研究报告，到2050年为止，可再生能源将提供该国所需电力的80%，而50%的能源可能来自风能和太阳能。同时，美国在制造业数位化方面处于世界领先地位。以3D打印机为代表的制造业数位化技术已在美国得到广泛应用。美国宇航局兰利研究中心的工程师研制出一种3D打印机，可以按要求打印金属材质的物品，这台名为“电子束无模成型制造器”的打印机，采用电子束枪、双馈线和电脑控制，能够在短短几小时内为建筑物组件或者工具制造金属零件。在微软的模型车间里，我们能看到3D打印机从设计到实物只需要经过3个小时的时间，一个完整的鼠标便被打印了出来。美国在数字技术创新方面更是日新月异。比如说，波音777、787和ARJ21的数字化设计，波音公司采用了全数字化设计测试和装配，所有开发测试都采用并行工程方法协同工作，虚拟现实技术进行模拟试飞，实现了机身和机翼一次对接成功，整个研发周期缩短40%，减少返工量50%。[②]

总体来看，美国为了给长期的经济增长和繁荣打下坚实的基础，在推动一场以新能源为主导的新工业革命。其通过对新兴产业投入巨资，通过杠杆效应撬动社会资本，以保证美国在这些领域尽快建立全球技术优势，推动美国新兴产业的快速发展。

三、日本的发展计划与实践

（一）日本政府高度重视新能源技术开发

2008年日本出台了《低碳社会行动计划》，提出大力发展高科技，重点发展太阳能和核能等低碳能源，并且为产业科研提供财政、关税等政策扶持以及资金补助。金融危机后，日本宣布今后对中小企业安装太阳能设备提供补助金的门槛进一步降低：对风力发电大力支持，对风电设备给予补助，使其跻身全球十大风能市场。日本政府还投入了大量资金用于风力发电蓄存技术研发。

（二）大力发展新兴业务领域

2009年4月，日本为配合第四次经济刺激计划推出了新增长策略，发展方向为环保型汽车、电力汽车、低碳排放、医疗与护理、文化旅游、太阳能发电等。2009年12月30日，日本政府又公布了到2020年的“增长战略”基本方针，着重拓展有望带来额外增长的六大领域：环境及能源、医疗及护理、旅游、科学技术、促进就业及人才培养。此外，日本政府还把信息通信、节能和生物工程、宇宙航空、海洋开发等产业作为发展的重点领域。

---

① 蔡春林，姚远. 美国推进第三次工业革命的战略及对中国借鉴［J］. 国际贸易，2012（9）：17-22.
② 胡少甫. “第三次工业革命”的兴起以及给中国带来的挑战［J］. 对外贸易实务，2012（12）：19-22.

（三）用技术创新推动新兴产业发展

2009年3月，日本出台了为期3年的信息技术发展计划，侧重于促进IT技术在医疗、行政等领域的应用。日本还放眼2025年，在工程技术、信息技术、医药等各个领域制定长期的战略方针——“技术创新25”并加以实施，力图通过创新能力和开放的姿态给日本的经济注入新的活力。如在用新型科技改造汽车工业方面，日本提出了关于正式普及新一代汽车的总体战略建议，该总体战略包括三个方面：技术开发战略、制度整备战略、促进普及战略。技术开发战略的最大课题是开发在性能和成本方面可与汽油汽车相匹敌的电池和马达。

（四）日本非常重视智能电网国际标准的开发

2009年8月，经济产业省成立了“关于下一代能源系统国际标准化研究会”。2010年1月该研究会提出《关于下一代能源系统国际标准化》的报告，在谈到智能电网标准化的意义时指出：“标准化是制定划分竞争领域和协调领域分水岭的规则，在市场全球化的今天，对抢占制定规则先机者特别有利，控制了标准，就控制了市场。”日本在智能产品开发方面也有自己的特点，插电式电动汽车、智能汽车的开发与机器人发展尤为突出。

第四节　第三次工业革命我国的发展对策

一、第三次工业革命的支柱①

以化石燃料为基础的第二次工业革命给社会经济和政治体制塑造了自上而下的结构，第三次工业革命所带来的绿色科技逐渐打破这一传统，使社会向合作和分散关系发展。社会经历深刻的转型，原有的纵向权力等级结构向扁平化方向发展。

第三次工业革命的支柱包括：

（1）向可再生能源转型。

（2）将每一大洲的建筑转化为微型发电厂，以便就地收集可再生能源。

（3）在每一栋建筑物以及基础设施中使用氢和其他存储技术，以存储间歇式能源。

（4）利用互联网技术将每一大洲的电力网转化为能源共享网络，这一共享网络的工作原理类似于互联网。

（5）将运输工具转向插电式以及燃料电池动力车，这种电动车所需要的电可以通过洲与洲之间共享的电网平台进行买卖。

二、第三次工业革命我国的发展对策②

改革开放以来，我国补上了机械化、自动化两次工业革命时期所缺的课程，基本跟上了信息技术革命的步伐。当前，我国要实现民族复兴的宏伟目标，必然成为世界重要的科技创新中心，成为新工业革命的引领者之一，具体对策如下：

（一）突出两个重点领域

（1）建设生物技术强国、产业大国。作为21世纪最重要的创新技术集群之一，我国生物产业已经有了一个良好的基础，生物技术水平不断提高，技术产业化进程加快。生物产业已经成为国家战略性新

① 里夫金．“互联网+可再生能源”：全球正迎来第三次工业革命［N］．经济参考报，2012-06-05．
② 王宏广．把握第三次工业革命新机遇［N］．经济日报，2013-03-01．

兴产业的重要组成部分，未来还将得到国家政策的大力倾斜，其应用前景十分可观。

（2）新能源技术进入国际一流行列，力争成为新能源产业大国。我国应在核能技术、太阳能技术、风能技术、海洋能技术等领域，支持大型企业建立一批一流研发机构，加速开发一批新能源产品，为保障我国能源安全、经济发展做出重要贡献。

（二）推进第三次工业革命的措施

（1）实施“新体制”战略，充分发挥政府的职能和作用，营造一流的工业集成化创新环境。一方面，国家积极参与全球工业市场游戏规则的制定，积极审视我国法律法规和政策方面的不足；另一方面，政府应该善于与本国市场力量配合，鼓励市场力量的发展，扶持本国研发力量的成长，保持国内市场垄断和竞争的均衡发展。

（2）实施“新产品”战略，把新产品开发数量作为应用研究的最终目标。

（3）实施“新人才”战略，引进一批外籍高级人才来华创新、创业。

（4）实施“新平台”战略，打造一批国际一流的研发平台。建议紧紧围绕产业发展的需求，尽快建设一批国际一流的研发平台，吸引海外研发人才、科技项目向我国转移，力争把我国建设成全球重要的创新基地或中心。

（5）实施“新主体”战略，培育一批国际一流的大型企业或集团。加速推进企业成为技术创新的“主体”，在生物技术、新能源等重点领域，遴选一批有望代表中国参与国际竞争的企业或企业集团，在人才引进、创新体系建设、科技项目等方面给予重点扶持，加速培育一批国际一流的企业或企业集团。

（6）提高研发和技术创新能力，加快科技成果向生产力转化的进程。加紧建设一批国家级工业技术研发基地，加快关键技术的攻关和推广应用，形成国家研发创新体系。加强重点企业技术研发中心建设，鼓励国内企业建立内部研发机构，构建企业研发创新体系。

（7）加强工业信息化进程，构建工业集成化的平台。首先，加强信息基础设施建设，既包括信息网络、信息处理设备和信息资源库等“硬性”设施，也包括信息技术标准、政策、法规，以及知识产权保护等“软性”设施。其次，促进工业生产流程信息化，依托互联网和信息与通信技术设计、管理和处置整个工业生产流程。最后，打造信息化工业价值链，将工业制造的采购、销售、服务等上下游环节纳入信息化管理中来。[①]

第五节　迎接第四次工业革命

党的十九大确立了到2035年基本实现社会主义现代化，到21世纪中叶建成富强民主文明和谐美丽的社会主义现代化强国的战略目标，并强调实现“两个一百年”奋斗目标、实现中华民族伟大复兴的中国梦，必须坚持解放和发展社会生产力。站在社会主义现代化强国建设的历史长河中，解放和发展社会生产力，需要我国深度参与甚至引领新一轮工业革命或新一轮产业变革。从历史经验、客观基础等来看，中国有必要也有能力抓住工业革命的机遇，为社会主义现代化强国建设打下坚实的经济基础。

一、我国已具备深度参与第四次工业革命的基础

按照关键投入品、主导技术及产业、对生产生活方式的影响等标准，世界经济史上至少已经发生了三次工业革命。每次工业革命都带来了社会生产力水平的巨大跃升。如今，我们正在经历一场更大范围、更深层次的新工业革命。大数据、人工智能、量子信息等前沿技术不断取得突破，新技术、新业态、新产业层出不穷。当前，我国已基本具备了深度参与甚至引领第四次工业革命的基础，有能力抓住

① 王志远．迎接工业革命新时代［N］．经济日报，2012-04-12.

第四次工业革命的机遇。

（一）我国已达到深度参与第四次工业革命的基本产业技术门槛

根据前三次工业革命的经验，工业革命的发源地或引领国不一定是当时产业发展水平最高的国家，也一定不是产业基础薄弱的国家，而是需要达到一定的产业技术门槛。在第二次工业革命之初，英国是最领先的国家，但第二次工业革命的引领国不是英国，而是发展水平不如英国的德国和美国。不过，当时的德国和美国也并非经济技术薄弱国家，其产业技术水平已经达到较高水平。追赶指数，即人均GDP（按购买力平价衡量）与领先国家人均GDP之比，是衡量产业发展水平的较好指标。若考虑将1870年德国和美国的追赶指数作为工业革命引领国须达到的产业技术门槛的经验值，中国发达地区目前已基本满足。与此同时，中国在第四次工业革命可能孕育的部分领域，如数字经济等领域，已经具备一定优势，基本具备深度参与新工业革命的重要基础。

（二）我国可为第四次工业革命提供驱动力

我国是全球第二大经济体，具有庞大的经济体量和市场规模，可以为第四次工业革命提供巨大的驱动力。第四次工业革命的驱动机制有两个：一是需求引领。我国庞大的国内需求将为第四次工业革命提供需求条件，诱导新技术的扩散和新产业的发展。二是供给驱动。第四次工业革命需要更多跃迁式创新，需要更多发挥新创企业的创造性破坏作用。这需要维持足够的企业纵向流动性，确保企业有足够的创新活力，推动更多的新创企业成长为大企业。庞大的市场空间可以为企业之间的竞争提供更大舞台，是维持较高企业纵向流动性的重要保障，将有利于推动第四次工业革命发展。①

二、中国与第四次工业革命

全球经济的两个突出挑战是：如何在第四次工业革命的大背景下，创造新的经济机遇；如何创建一个更加全面和健康的经济运行体系，让更多的人共享经济发展成果。第四次工业革命的主导是数字经济、现代机器人和智能制造。

（一）创新是从根本上打开增长之锁的钥匙

中国经济在努力实现从量的增长向质的提升转变，围绕促进转方式调结构、培育战略性新兴产业、发展现代服务业等要求，推动产业和产品向产业链中高端跃升，塑造更多依靠创新驱动、发挥先发优势的引领性发展。

以互联网为核心的新一轮科技、人工智能、虚拟现实等新技术，给人们的生产方式和生活方式带来革命性变化。这种变化不会一蹴而就，也不会一帆风顺，在充分放大和加速其正面效应的同时，尤其要注意把可能出现的负面影响降到最低，发展需要更加普惠平衡。因此，包容性增长成为“一体两面”的另一个诉求。中国创新不仅体现在技术创新、公司创新，更包括体制和机制创新、管理创新、模式创新。包容性增长也是“中国实践”的应有之义。②

中国企业在世界技术创新中占据相当大的份额，如阿里巴巴、百度和腾讯等，它们改变了人们的消费模式；还有一些企业已涉足人工智能领域并引发反响，将会在全球产生重要影响。

中国创新取得显著变化，摆脱了过去模仿者的形象。一项调查表明，中国“新四大发明”——高铁、支付宝、共享单车、网购，成了外国青年最想从中国带回祖国的生活方式。

中国经济最有活力、景气迸发的新动能之一，无疑是勇敢迎接第四次工业革命的互联网经济、数字经济、智能制造等。一批互联网经济的引领者——阿里巴巴、腾讯、微博、京东、网易等群星闪耀，在

---

① 赵昌文，朱鸿鸣．深度参与新工业革命　最大限度激发创新创造活力［N］．经济日报，2018-10-25．

② 萃华．第四次工业革命的“中国实践”渐入佳境［N］．经济日报，2017-06-27．

2017年，它们的市值增长了70%，并开始对海外市场表现出巨大的引领潜能。

（二）智能制造作为“中国制造2025”的主攻方向，取得长足进展

智能制造的关键技术领域取得系列重大突破，中国智能制造推进体系初步形成，一批可复制推广的新模式，比如服装、家居等领域的个性化定制，电力装备、工程机械等领域的远程运维服务，航空、汽车等领域的网络协同制造模式等百花齐放。

（三）交通变革

中国交通业在发生深层次变革，电气化、自动化和共享化三大革命，将彻底重塑整个交通领域的新格局。交通变革最重要的使命之一是在解决全局效率最优的同时，包容丰富的个性化需求、个性化发展，这是科技企业要承担的使命。

（四）新能源汽车

中国在电动车领域领跑全球。作为世界500强排名靠前的公司，国家电网公司在中国新能源汽车发展过程中扮演着非常重要的角色。围绕充电难的问题，国家电网公司已解决了充电桩、充电技术的研发及技术标准等问题，并打造了六横六纵两环的高速公路充电网络。2017年，中国公共充电桩已达到16万个，中国电动车拥有量达100万辆，占全球的50%。国家电网还建成了世界上最大的智慧车联网平台。该平台可以对充电桩的工作状况实时监测和维护，低谷时充新能源电，高峰时向电网卖电，充电桩还可以储能。这一领域很有前景，充电桩和电网的互动将会更紧密。①

① 祝惠春，温济聪．中国正在引领第四次工业革命［N］．经济日报，2017-06-28.

[第六章]

机器人暨人工智能产业

1959年美国生产出了世界上第一台工业机器人Unimate，经过60年的发展，机器人已在全球多个国家的多个行业得到广泛应用，在工厂生产，地上搬物，地下、深海、深空探测，人们日常生活等方面发挥了不可替代的作用。机器人产业是20世纪后继汽车、计算机之后的大型高新技术产业，以及促进汽车、计算机高度融合的产业。机器人自诞生以来，特别是21世纪大量结合运用人工智能技术后，将从根本上改变人类的生产生活、劳动就业、人际交往和思维方式。美国机器人协会称机器人“彻底改变了现代工业和汽车制造的流程”，或许可以说，机器人并不是20世纪最伟大的发明，却为20世纪和21世纪带来最伟大的变革。本章主要讨论机器人概述，全球机器人发展的历史回顾、产业现状及趋势，我国机器人产业的发展现状及对策。

第一节　机器人概述

一、机器人的概念

机器人是一种能模仿人类身体、手足、关节等肢体运动，通过传感器、仪器和仪表、设备等元器件、部件，能灵敏感知、快速理解外界环境变化，自动、灵活、高效地完成各类重复性活动的机器。

机器人由零部件、本体、系统集成等构成，可划为控制系统（分决策级、策略级、执行级三个层级）、执行系统、驱动系统、检测系统等模块。其中，减速器、伺服（电机、驱动器）、控制器是最主要的三大零部件，分别占机器人成本的30%～50%、20%～30%、10%～20%。本体由直角坐标、关节型、并联型等组成，系统集成指焊接、喷涂、搬运、装配、切割、打磨等功能。机器人的平均使用寿命为12～15年。

作为一种集机械、电子、控制、计算机、传感器、人工智能等多种学科、技术、制造工艺于一身的自动化设备，机器人既能单台设备独立活动，也可多台灵活编组形成机器人集群，协同联合活动。

二、机器人的种类

1.按应用领域分

（1）工业机器人，可细分为焊接机器人（点焊或弧焊等）、搬运机器人（移物、分拣、码垛、冲压、锻造等）、装配机器人（包装或拆卸等）、处理机器人（切割、抛光、打磨等）、喷涂机器人等。

（2）服务机器人，可细分为个人/家用机器人（家庭作业、娱乐休闲、烹饪洗碗、扫地扫除、报警等）、专业用机器人（医疗诊断、水下作业、建筑、物流等）等。

2.按互动方式分

按互动方式，机器人可分为人操作机械手、程序控制机器人（分固定程序控制和可变程序控制）、智能机器人三类。智能机器人可分为专用、通用、超级等。

三、机器人的基本职能

(1) 代替人类从事高难度、高风险、高强度活动，扩大了人类的生存空间和可获得的资源。其具体包括：从事大重量、大体积的搬运、码垛、焊接等繁重活动；在高空或深海长期从事无人监控、监听活动；从事高危险的军事排雷爆破、无人作战，或缺氧不通风（深海、深空、地下）环境下的矿藏勘探、救难救灾等活动；从事超出人类肉体承受能力的高压、高温、高寒、高辐射作业等。

(2) 大量用于自动化、流水线、标准化、模块化、信息化生产等领域，极大降低生产作业成本，提高生产效率，降低出错率，增加优质产品。

(3) 向人类提供人性化智能服务。进入21世纪以来，随着“五觉”（视觉、听觉、触觉、嗅觉和味觉）识别技术、机器学习、文字理解等人工智能（artificial intelligence，AI）技术，以及数据仓库、移动互联、搜索引擎、超级计算、社交通信等万物互联技术大量应用，机器人日益朝准人化、超人化发展，如近距离提供陪读陪护、答问、投资决策服务，远距离提供出行导航、急病救治等服务。

四、机器人的主要作用

1.大量替代简单劳动和复杂劳动并促进经济增长

美国鲍尔大学商业和经济研究中心2016年的一项研究认为，美国工厂减少的就业岗位中，被机器人替代的岗位占88%，贸易因素只占13%。美国商务部2016年报告称，美国制造业岗位在1979年达到顶峰后，已失去700多万个，但在用2009年的美元调整通胀并扣除原材料和其他成本后，同期美国的工厂产值增加1倍多，2015年达1.91万亿美元；其中，原生金属行业就业人数自1997年来减少26.5万个，减少42%，但同期产量增加38%；通用汽车现有雇员数为20万人，仅为20世纪70年代60万人的1/3，但生产了更多数量的汽车和卡车。

《日本经济新闻》以组装引擎的工厂为例，称零件组装、产品装箱等77项工作的75%可自动化，金融机构60项工作的65%可自动化，部分眼科技师或食品加工等全部能用机器人替代。

中国台湾富士康公司作为美国苹果公司的主要供应商和全球第十大雇主，已用机器人取代6万名工人。2016年“双11”期间，京东使用仓储机器人（自动搬运、码垛、分拣），使得存储、分拣效率分别提高10倍、5倍，物流成本下降50%。麦肯锡2017年5月提交的一份中美人工智能对比报告称，在调查了全球800多个职业的2 000多个工作岗位后，发现现在50%的工作活动都可以被演示的自动化技术替代，其中中国51%的工作可以被AI自动化，涉及3.94亿名全职员工，并能每年增加GDP 0.8到1.4个百分点。

从全球看，2015年的《美国国家人工智能研究与发展战略计划》称17个国家1993—2007年的机器人贡献约占GDP的10%，约0.4个百分点；预计未来日本、印度、中国、美国、欧洲会被机器人替代的岗位比重分别为55%、52%、51%、46%、47%。

2.创造新的就业机会

机器人的研发、应用既替代了人类劳动，也带来了新的就业岗位。一般认为，机器人等新自动化设备每减少50个人，就能为其供应链、研发环节新增25个人，而且机器人维修已占其生产成本的90%左右。

第二节　全球机器人发展的历史回顾、产业现状及趋势

一、全球机器人发展的简要历史回顾

1950年美国作家艾萨克·阿西莫夫出版了《我，机器人》（I，Robot）的科幻小说集。恩格尔伯格

当年读到该小说集后产生了制造机器人的念头。他于1956年偶遇刚申请到“可编程的用于移动物体的设备”（programmed article transfer）专利的发明家德沃尔（George C. Devol），两人决定合作成立一家生产机器人的公司——Unimation。该公司于1958年成立后就研发了第一个产品——一个能自动搬运的机械手臂；1959年又研发出了世界上第一台工业机器人Unimate，并在1961年以2.5万美元（成本为6万美元）的亏本价说服通用汽车公司试用。由于工业机器人动作精确无误，不怕高温污染，不用休息，深受通用汽车公司喜欢，开始大量订购并用于喷漆等各个生产环节。其他行业也纷纷效仿，大量订购、使用机器人。

1970年9月24日，苏联首次使用机器人登上月球，成功采集了120克月岩，装入密封舱后带回地球。

1969年恩格尔伯格到日本东京演讲后，川崎重工引进了机械手臂。此后，日本大力发展工业机器人，并后来居上超过美国，成为全球工业机器人生产应用第一大国。

1984年恩格尔伯格创建TRC公司，开始研发服务机器人，于1988年推出全球第一个服务机器人——Helpmate，能在医院给病人送饭送药、记录病情等。

二、全球机器人产业的发展现状

（一）各国销售、应用情况不平衡，亚太是全球机器人使用最多的地区

2015年，亚太，欧洲、中东和非洲（EMEA），美洲的机器人市场支出分别为694亿美元、146亿美元、97亿美元，占全球比重分别为65%、13.68%、9.09%。国际机器人联合会（IFR）发布的《2016年世界机器人报告》称，中、韩、日三国的机器人拥有量占亚太地区的比重分别为43%、22%、24%。

各国的工业机器人密度（每万人机器人台数）差异很大，2015年全球平均为66，有21个国家超过平均数，包括韩国（478，第1位）、日本（314，第2位）、美国（292，第3位）、德国（164，第4位）等。中国为26，位居第28位，与葡萄牙和印度尼西亚接近。

（二）日本的机器人研发、生产技术位居全球第一

1.整机生产能力强

日本工业机器人产量占全球的50%以上。日本发那科（FANUC）公司在2017年4月底将日本茨城县筑波工厂的月产能提高到6 000台基础上，5月5日又宣布投资630亿日元（约7亿元人民币）在茨城县筑西市新建机器人厂房，先期月产能为2 000台，最终提升到4 000台，届时两厂的年产能将达到13.2万台。

2.垄断关键零部件原创技术

日本的哈默纳科（Harmonic Drive）公司的RV减速器（关节、机械手臂腕部、底座）产量占全球市场的60%（在中、重负荷机器人中占全球市场的90%），纳博特斯克（Nabtesco）公司的谐波减速器占全球市场的80%，发那科的控制器占全球市场的70%以上。

3.申请到的专利最多

2016年全球十五大企业申请机器人专利共30 187件，日本共有11家企业入选，合计申请24 267件，占十五大企业的80.40%；位居前两位的日本安川电机公司、日本发那科公司各占15家企业的19.29%、14.95%。

（三）工业机器人仍占主导地位，但服务业机器人快速发展

目前全球已形成以工业机器人为主（占80%）、服务机器人快速发展的格局。全球机器人厂家共4万多家，但高度集中，一般称日本发那科、日本安川电机、德国KUKA、瑞典ABB公司是全球工业机器

人四大家族，合计的本体销售占全球的50%以上。这些知名机器人厂家很早就在全球生产、全球销售。如日本安川电机公司在中国成都、泰国曼谷等地设立海外中心或合资公司发展医用机器人，同时面向本土和全球市场。

从工业机器人看，汽车业是最早也是最成熟使用工业机器人的行业，拥有的机器人数量约占总量的40%，毛坯制造（冲压、压铸、锻造等）、加工、焊接、热处理、表面涂覆、上下料、装配、检测及仓库堆垛等各环节都实现了机器人化或无人化。

从服务业机器人看，前期大量用于手术医疗、康复等行业，以及仿生、反恐防暴、空间应用等特种行业。近年来，由于日本人口老龄化带来劳动力不足，中国经济向消费型社会升级带来人工成本不断上升，宾馆、金融、电信、互联网等劳动密集、知识密集型行业都增加了对机器人的需求。如日本东京迪士尼乐园附近的Henn-na酒店有100个房间，只有3名员工，但机器人有140多个，其中100个提供一对一、智能化人性服务，40多个用来托运行李和倒垃圾。又如，2015年8月，中国交通银行率先在全国推出首个智能客服机器人“娇娇”；2016年12月，招商银行信用卡中心推出微信客服机器人等。

（四）全球主要科技公司大力投资机器人产业

2013年，美国谷歌公司收购了与人工智能等相关的8家机器人公司。2014年瑞典ABB公司投资了有人工智能技术的Vicarious公司。2016年，英特尔投资酒店服务机器人厂商Savioke及其产品Relay等。谷歌、苹果、微软、阿里巴巴、腾讯、百度等大企业还大量研发无人驾驶、图像识别、机器翻译、搜索等领域的机器人。

（五）发达国家政府重视发展机器人产业和人工智能系统

为抢占机器人制造业制高点，欧美发达国家高度重视机器人产业。2015年美国奥巴马政府发布报告，称“机器人和基于人工智能的系统”（或“工业4.0”）全球市场份额将从2014年的580亿美元增长到2020年的1 530亿美元。奥巴马总统在卸任前夕，于2016年10月发布《国家人工智能研究与发展策略规划》《为人工智能做好准备》，于12月20日发布《人工智能、自动化和经济》。2017年3月8日，英国财政部专门拨款2.7亿英镑支持本国大学和商业机构研发“可用于离岸石油开采、核能、航天等行业的机器人技术等”。2017年4月，加拿大政府为蒙特利尔3所大学的AI研究出资2亿多美元。2017年5月，韩国政府出资1万亿韩元（约8.63亿美元）与韩国领先的大企业联合组建国家级AI研究中心。

三、全球机器人产业的发展趋势

（一）性能不断提高，但价格不断下降

工业机器人日益向高速度、高精度、高可靠性、便于操作、易于维修、低自重和占地面积少的方向发展，2000年与1991年相比，定位精度提高61%，平均无故障时间增加137%，但平均单价从10.3万美元降至5万美元。日本预测到2030年，机器人重复定位精度会翻一番，绝对定位精度将提高一个数量级。

（二）机械结构日益向开放式、模块化、标准化、可重构化发展

工业机器人将用于实现回转、伸缩、俯仰、摆动等功能的机械模块、控制模块与检测模块灵活组装使用，提供多关节手臂、类人手指、行走机构、微动机构等新型结构，适应复杂路况、复杂环境下的多种作业需要，非专业人士也无须掌握复杂的专业技术，就能自助学习安装、使用、维修。

（三）各种形态的人工智能成为未来机器人的发展方向

随着传感、交互、计算、自我学习等技术不断深化，机器人除依靠传统的位置、速度、加速度传感器外，已拥有超越人类的“五觉”（视觉、听觉、触觉、嗅觉和味觉）能力，以及超强的感知与感觉、认知理解、预测判断、计划决策（如提供自动驾驶解决方案）等思维能力，初具人类的意识、情感、情绪、意念、意志等精神能力。借助人工智能超强的自感知、自学习、自适应、自控制、自组织化、全球化、互联化能力，全球即将向机机互联（机器人互相通信、联网）、脑机互联（在动物的大脑植入电极，用脑电波记录仪读取脑波，用超声波实现脑脑互通等方式，读取大脑意识，并与联网的电脑互动，靠“意念”控制、抓取复杂的器械等），以及超越人类的机器人集群社会迈进。

目前人工智能接近、超越人类的主要能力体现在：①微软亚洲研究院视觉计算组已将图像识别错误率在2015年降为3.5%，低于人类5%的水平。②2015年12月27日，日本软银公司推出了全球第一个能通过人类面部表情和语调“读”出人类情感的机器人。③2016年年初，高盛、谷歌共同投资的Kensho公司开发出一种金融投资程序，将搜索决策时间从40小时缩短为1分钟。④谷歌的AlphaGo人工智能程序在2016年3月以4：1击败世界围棋冠军李世石，在2016年年底至2017年1月5日连续打败全球最著名的60名围棋大师。⑤2016年10月21日，谷歌还推出能自我加密的计算机。⑥通用人工智能（AGI）将在2025年达到人脑智力水平，未来20年内将超过人脑智慧甚至数万倍。

当然，机器人功能的不断完善，极大延展了人类的眼、耳、鼻、舌、身、手、足等器官功能，也使得这些器官因不再使用而退化，导致人类对大脑的依赖进一步增强。总的来看，对人工智能未来演变态势及与人类的关系仍在探索之中，具体体现在以下方面：

（1）人工智能难以获得人类的某些能力，因而难以完全替代人类。如生物人在后天学习、进化过程中，锻炼掌握了以存在感为核心的抽象潜意识、幸福感、自信心、诚实心、善良、痛苦感、想象创造力和契约信任关系，以及丰富多变的神态举止等生物、社会特征，虽然会被机器认知，但难以被理解，更不可能被模仿。《日本经济新闻》称，制造业CEO的63项工作任务中有22%能被机器人代替，演员、音乐家等艺术相关职业的65项工作只有17%能被代替。

（2）人工智能的大规模应用可能会带来一系列伦理道德、社会安全等问题，如人工智能是否会演变成类似狼群、狮群、蜂群、鸟群等不同群体及其秩序；是否会像生物一样拥有自我繁殖、自我修补、自我成长、自我进化的能力；是否依靠太阳能等获得永久性能源，以维持自己的“生命”；其行为是否会符合人类“合法、行善、公正、自愿、平等”等真善美的伦理道德和价值准则，是否会拒绝人类命令，通过控制人类所赖以生存的电力、通信、货币等网络取得对人类的控制权，进而规定人类活动的规则和秩序，从而出现人类创造了机器人但反而沦为自己的创造物的奴隶的尴尬局面，等等。

（3）上传人类意识或许无法实现。人脑已进化出1 000亿个神经元，互相通过突触连接组成“连接组”，并通过“突触外相互作用”等互动，因而带来海量的节点，意味着意识上传需要天文般的计算能力，从目前看几乎不可能。

（4）机器人或将与生物人融合演变出新的形态。就像智能机器由人类创造，并和人类一样具有自我学习、自动计算能力一样，人类或许是由更高维度的生物创造的“机器”，其差别在于人类由碳基组成，空气、水、蛋白质、脂肪、碳水化合物是原料；人工智能由硅基的传感器、部件等组成，电力、数据、模型是原料。《超级智能》（Super Intelligence）的作者、牛津大学哲学家尼克·博斯特罗姆（Nick Bostrom）以及创建PayPal、SpaceX太空探索公司、Tesla汽车公司、SolarCity太阳能公司的埃隆·马斯克等都持这种观点。特别是随着VR/AR数字虚拟技术的广泛应用，虚拟世界提供的体验和享受使得人类不再依赖眼、耳、鼻、舌、身等感官，从而对人类辨别自己是生活在真实的世界里还是在模拟的世界里造成困难。由于坚信“我存在”是人类天生的最基本信念，或许只要找出人类这一信念的来源，就能分辨出自己是否生活在真实世界里。

随着网络通信、工业制造、生物基因等技术的发展，未来机器人与人类将融合发展。一方面，机器人朝超人化发展，或许会分化成意识类机器人、情感类机器人（如美国科幻片中的《机械姬》）、意志类超脑机集群等（如美国科幻片中的《天眼》）。另一方面，生物人大量借助人工智能技术获得接近于机器人的超级能力，或许会分化出两种人：①身体植入芯片并依靠云计算搜索的超人；②身体死亡、大脑意识仍存，并借助机器人操控物品的“脑人”等。

第三节 我国机器人产业的发展现状及对策

一、我国机器人产业发展现状

1.已成为全球最大的工业机器人应用市场，且仍在快速发展

自2013年起，我国成为工业机器人全球销售第一大国，2013年销售3.7万台；2014年销售5.7万台，同比增长56%，占全球销量的1/4；2015年销售6.85万台；2016年销售7.243万台，历年累计存量首次超过日本，位居全球第一。

随着我国人口老龄化和人工成本提高，我国各个行业对机器人特别是智能机器人的需求也在加快。

2.初步掌握机器人研发、生产技术，并在太空等局部领域领先全球

我国机器人研发起步于20世纪70年代，经过多年的努力，已基本掌握了本体设计制造、控制系统软硬件、运动学和轨迹规划等技术和工艺，能生产部分关键元器件，能生产喷漆、弧焊、点焊、装配、搬运等工业机器人，能生产医疗康复、教育娱乐、家庭服务、科学考察等领域的服务机器人，还在太空机器人等局部领域领先全球。如2015年6月25日我国首次发射的长征7号火箭，搭载“遨龙一号”空间碎片主动清理飞行器等技术，能随手抓取太空中的卫星，并在自动变轨后将其放入大气层自动销毁。这项技术目前主要为我国所掌握。

3.初步形成以企业为主体的市场体系

目前国内工业机器人厂家有700多家，通过合资、独资、并购等多种方式，参与机器人零部件、本体、系统集成商等各个环节的生产。我国机器人并购2015年共31起，涉及金额71亿元。企业融资渠道也已多样化，2015年A股机器人相关上市企业85家，涉及投资规模130亿元，为2014年的2.7倍。

4.中央、地方各级政府积极出台支持机器人产业发展的政策措施

（1）国家重视。2015年国家“十三五”规划（2016—2020年）提到“智能制造和机器人”是科技创新2030-重大项目。2015年3月25日国务院审议通过“中国制造2025”，提到“围绕汽车、机械、电子、危险品制造、国防军工、化工、轻工等工业机器人、特种机器人，以及医疗健康、家庭服务、教育娱乐等服务机器人应用需求，积极研发新产品，促进机器人标准化、模块化发展，扩大市场应用。突破机器人本体、减速器、伺服电机、控制器、传感器与驱动器等关键零部件及系统集成设计制造等技术瓶颈”，还成立“国家制造强国领导小组”及领导小组办公室，先后审批宁波、江苏五市（镇江、南京、常州、无锡和苏州）、珠江西岸六市一区（珠海、佛山、中山、江门、阳江、肇庆、佛山市顺德区）、成都、长株潭衡城市群、武汉、泉州、长春、沈阳、青岛、吴忠、湖州、广州、郑洛新、合肥、赣州为“中国制造2025”试点示范城市。

（2）主管部门出台产业政策。工信部早在2013年就出台《工信部关于推进工业机器人产业发展的指导意见》，2016年3月21日又联合国家发展改革委、财政部出台《关于印发〈机器人产业发展规划（2016—2020年）〉的通知》（工信部联规〔2016〕109号），提出2020年机器人产业发展目标，包括自主品牌工业机器人年产量达到10万台，服务机器人年销售收入超过300亿元，在助老助残、医疗康复等领域实现小批量生产及应用。培育3家以上具有国际竞争力的龙头企业，打造5个以上机器人配套产业集群；在六轴及以上工业机器人中实现批量应用，市场占有率达到50%以上；机器人密度达到150以上等。

（3）地方政府加快实施。到2017年4月，我国先后有上海、南京、广州、徐州、洛阳、青岛、唐山、重庆、沈阳、长沙等至少12个城市制定了机器人产业规划或设立产业园区。2016年5月10日扬州出台新版《扬州市企业技术改造引导资金管理办法》，提高购买工业机器人的财政补贴标准，将以往只对设备购置补贴2.5%，提高到对全部系统集成补贴15%。

（4）加强行业国际合作。2014年1月中国机器人产业联盟（CRIA）与韩国机器人行业协会（KAR）、2014年10月中国机械工业联合会（CMIF）与韩国机器人产业振兴院（KERA）分别签订备忘录，开展产品技术、标准政策等合作。

二、我国机器人产业发展面临的主要问题

1.尚未掌握核心技术

我国工业机器人厂家主要生产中低端、相对简单的搬运、码垛、上下料，以及家电、金属制造领域的机器人，大多是三轴、四轴，尚未掌握高精密减速器、高性能伺服（电机、驱动器）、高速与高性能控制器、传感器、末端执行器等关键零部件生产技术，导致长期依赖进口。如2015年，我国约75%的精密减速器、80%的伺服主要从日本进口，导致我国机器人厂家的精密减速器单价占生产成本的45%，远高于日本25%的占比，产品竞争力弱。

2.尚未形成用于汽车等高端领域的自主品牌

2014年，我国工业机器人自主品牌销售1.7万台，增长78%，占全国销量的30%。但高端的汽车行业的工业机器人几乎都是外国品牌，原因是汽车的冲压、焊装、总装、涂装四大工艺需要使用大负载的六轴工业机器人，对机器人本体性能的要求也高。目前国产六轴工业机器人的性能差、集成能力弱，无法满足要求。

3.企业规模小，竞争能力弱

我国现有的700多家工业机器人厂家中，90%的销售规模在1亿元以下。最大的沈阳新松公司2015年销售收入为16.9亿元，不到安川电机、发那科、KUKA等全球著名品牌的20%。由于中国市场快速发展，为抢占市场，许多企业把眼光用在进口组装上，而不是加大自主研发投入上，导致全行业受制于人，盈利能力低下，发展后劲不足，购买者利益受损。

4.行业认证、检测标准有待进一步规范

国内缺乏对机器人物理器件、功能与性能、信息安全等进行统一认证、检测的标准，国产机器人产品质量、规格、性能等参差不齐，无法形成规模生产优势。

三、做大做强我国机器人产业的若干措施

鉴于机器人在解决劳动短缺、方便人们生活、促进经济增长等方面的巨大作用，要从供给侧结构优化升级、提供高效优质产品、促进可持续发展的战略高度和长远角度重视发展机器人产业。我国的有关政策措施包括：

1.切实落实国家“十三五”规划、“中国制造2025”、机器人产业规划各项要求

确保如期实现2020年各项既定目标。加强机器人市场供求调研、监控和跟踪，及时解决关键突出问题，有效防止低水平重复建设和无序竞争情况。

2.采取“市场开放、充分竞争、全球合作、互利共赢”，以创造大国后发优势的发展模式

发挥企业的市场主体作用，鼓励境外有技术、有资金但缺市场的项目、人才到中国从事研发或合资合作设厂，积极为国内企业在境内外低成本融资、筹资提供便利，鼓励其以合适的性价比收购、兼并国外关键的机器人零部件核心企业或解决方案服务商，力争低成本、快速获得全球最新的机器人研发生产思想、原理、知识、技术和方法，实现高起点、高标准发展。

3.充分发挥社会主义国家集中资源办大事的优势

借鉴国家航空航天工程以及C919大飞机2017年5月5日首飞成功的经验，抓住2016年国家提出的加速军民融合契机，通过国家重大专项等方式，集中产、学、研各方力量，力争在关键零部件、关键工艺、关键材料、集成方案的研发和行业标准的制定上，拥有自主知识产权并打造出知名自主品牌，尽快缩小与国外领先企业的差距（见表6-1）。借鉴国外大企业控制器全部自产的经验，把研发具有自主知识产权的控制器放在首位。

表6-1 **全球四大机器人公司核心部件自产情况**

项　目	减速器		伺　服		控制器	
	自产	外购	自产	外购	自产	外购
ABB		★		★	★	
KUKA		★		★	★	
发那科		★	★		★	
安川电机		★	★		★	

4.把在新兴产业研发应用国产机器人作为突破口

力争在市场规模大、应用前景广、人工成本高的汽车、3C（computer、communication、consumer electronic，即电脑、通信和消费性电子）、医疗、保健、养老、交通、运输、仓储、金融、电信、安保等行业有所作为。如目前中国3C产品产能占全球70%左右，但机器人密度为11台/万人，低于全国平均水平，也远低于日韩1 200台/万人的水平。3C各个生产环节都可使用小型机器人完成，一旦措施到位，我国3C行业就有可能超越汽车行业，成为机器人第一大市场。

5将发展人工智能作为打造国家竞争优势的制高点

从全球范围看，在人工智能研发应用领域，我国与发达国家（地区）处于同一条起跑线上，局部领域甚至处于领先地位。国家高度重视人工智能的发展与应用。2017年7月8日国务院印发《新一代人工智能发展规划》，提出到2030年人工智能理论、技术与应用总体达到世界领先水平。2018年10月31日中共中央政治局组织集体学习，强调人工智能是新一轮科技革命和产业变革的重要驱动力量，是赢得全球科技竞争主动权的重要战略抓手，是促进产业结构优化升级、推动生产力整体跃升的重要战略资源，具有溢出带动性很强的“头雁”效应，认为新一代人工智能正快速发展，呈深度学习、跨界融合、人机协同、群智开放、自主操控等新特征。

综合来看，未来我国新一代人工智能的战略目标包括：

一是把增强原创能力作为重点，以关键核心技术为主攻方向，勇闯理论前沿的“无人区”，努力在发展方向和理论、方法、工具、系统等方面取得变革性、颠覆性突破，确保我国的基础理论研究走在前面，牢牢把握关键核心技术。

二是发挥数据大国、市场大国优势，培育具有重大引领带动作用的企业和产业，加快军民协同步伐，促进人工智能同第一、二、三产业深度融合，打造新增长点，形成新动能。

三是推动智能化基础设施建设，促进人工智能与保障和改善民生、与社会治理深度结合。

四是加强标准、规则、法律等制度体系建设，加强风险研判和防范防控，确保人工智能安全可靠可控。

五是加强国际沟通协作，力争我国在人工智能国际标准制定、国际秩序构建中有影响力甚至主导权。

[第七章]
互联网产业

随着互联网技术的广泛应用，互联网产业已成为我国国民经济发展的基础性和主导性产业之一。本章主要讨论互联网产业概述、互联网产业组织、我国互联网产业的发展现状、问题、对策及趋势。

第一节　互联网产业概述

一、互联网产业的定义

国内外关于互联网产业直接性的研究还比较少，很多相关性研究主要集中在网络经济、网络产业上。对互联网产业的界定，必须严格区分它与网络产业。网络产业（network industry）这一术语早在传统经济中就有，只是它的内涵和外延与现代的提法有着本质的不同之处。早期的网络产业强调的是网络特征，即呈现出一种节点互联的网络化经济形式，是一种“联结性”经济。具有联结特征的传统产业都可以被称为网络产业，比如早期的运河和公路，后来的铁路、电话电报、电力供应、石油输送等基础产业都拓展了网络产业的外延，但充其量只能算是具有网络特点的基础设施产业。现代意义上的网络产业是指以网络技术为基础的制造、研发、应用与服务，典型的有网络设备制造、网络系统运营、网络系统开发与支持、网络信息服务、网络数据服务、网络商务服务等。这里的网络不但包括互联网（internet），还包括一般性的通信网络。因此，网络产业的内涵包括互联网产业。

互联网产业是指以互联网为基础的为用户（消费者、企业、组织）提供某项基于互联网服务的新兴产业群体，它包括互联网基础服务（如互联网接入、互联网通信等）、互联网信息服务（如门户网站、博客网站等）、互联网休闲服务（如网络游戏、网络视频等）、电子商务（如网络购物、电子支付、网络银行等）和其他互联网服务（如社交网络、网络求职等）。它不包括互联网基础设施建设的相关产业，强调以互联网为基础的应用和服务。

上述互联网产业的界定反映了网络经济发展的核心是服务性和应用性，即以用户为导向的服务、以互联网为基础的应用。需要指出的是，互联网产业是网络经济中的一个重要组成部分，属于网络产业内涵中的一个子集。因此，互联网产业也相应地具有一般网络产业的特征和网络经济的特点。

二、互联网产业的特征

1.网络互补性和网络外部性

梅特卡夫法则（Metcalf Law）指出，网络经济的价值等于网络节点数的平方，这说明网络生产和带来的效应将随着网络用户增加而呈现指数形式增长。互联网产业都是基于互联网开展的应用与服务，因此，互联网产业具有典型的网络互补性和网络外部性，即使用互联网应用和服务的用户越多，该应用与服务的价值就越大。

2.边际成本递减性和规模收益递增性

互联网产业是以互联网为基础的服务和应用，核心资源是数据、信息与技术等无形因素，而这些无形因素具有共享性、可复制性，特别是借助计算机网络等技术可以实现自动服务，这使得企业提供的互联网应用与服务的可变成本近似于零，同时随着用户使用的增加，又可以降低企业的固定成本，因此，互联网产业的应用与服务呈现出边际成本递减和规模收益递增的特性。

3.高社会转移成本和自锁定性

由于互联网产业的网络效应，用户在选择某一应用和服务后，与其他类似用户存在某种联系和联结，使得用户在放弃该应用和服务时，必须考虑社会转移成本问题。比如用户换一个邮件服务账号，就存在一个转移账号和告知其他用户的隐性成本问题。除非新换的应用与服务得到的收益远远超过付出的成本；否则，新的应用和服务是很难取代现有的应用与服务的。这也是互联网产业体现出的"赢者通吃"的独特现象。

4.高技术成长的爆炸式和正反馈性

互联网产业的应用与服务属于一种高技术的应用与服务。高技术产品的应用与服务由于其自身的独特性和革命性，一般在早期，采用者很少，主要是一些创新者和冒险者使用；随着使用人群的扩大和产品价值的普遍认同，到一定的临界点后该服务与产品的应用呈现出爆炸式的增长。如果某个网络产品或技术的用户人数超过了临界点，就会产生自我增强的正反馈机制，即随着用户数的增加，该产品或技术的价值将快速上升，从而能吸引更多的用户接受该产品或技术，这也使得该产品或技术更有价值。而那些用户规模没有达到临界点的产品或技术则在正反馈机制的作用下被迫降低其自身价值，对用户的吸引力也进一步降低，直到最后被迫退出市场。

5.产品或服务的无形性和市场无边界性

互联网产业的应用与服务都是基于互联网的，提供的产品或服务具有交互性和跨越时空性。由于服务的无形性，服务可以借助互联网实现远程的虚拟服务，这推动了互联网产业的应用与服务市场的无边界性，也就是说，任何用户只要连接到互联网，都可以马上接触到互联网产业提供的应用与服务，不存在时空的限制。互联网产业市场的无边界性，使得互联网产业的竞争是开放和透明的，任何新兴应用和服务从一诞生就面对全部的市场和全部的竞争。从某种意义上，这加剧了互联网产业的市场竞争和创新变革，对于创新的中小互联网产业的企业来说，既是挑战，更是机会。

三、互联网产业体系及行业分类

目前还没有系统的关于互联网产业的分类体系的研究成果。现有的关于互联网产业体系的分类大多沿用传统产业的分类模式来进行改进，即将互联网产业作为一个新的子门类加入到相关门类中，比如联合国的国际标准ISIC/Rev.3和北美产业分类体系（NAICS）都按照此模式进行修订。2017年，国家统计局公布国民经济行业分类（GB/T 4754—2017），将互联网和相关服务纳入信息传输、软件和信息技术服务业大类，互联网和相关服务包括互联网接入及相关服务、互联网信息服务、互联网平台、互联网安全服务、互联网数据服务和其他互联网服务（见表7-1）。

四、互联网产业形态

互联网产业形态是指由于互联网领域新兴技术的快速发展而直接促生的，通过互联网新兴开放平台提供创新型服务的业态。互联网新兴服务业态是现代服务业的重要组成部分。与现代服务业的分类方法相同，基于功能的视角，互联网新兴产业可以分为互联网生产性服务业（也称为互联网生产者服务业）和互联网消费性服务业（也称为互联网消费者服务业）两大类（见表7-2）。

表 7-1 互联网和相关服务的分类

代码		类别名称	说明
中类	小类		
641	6410	互联网接入及相关服务	指除基础电信运营商外，基于基础传输网络为存储数据、数据处理及相关活动，提供接入互联网的有关应用设施的服务
642		互联网信息服务	指除基础电信运营商外，通过互联网提供在线信息、电子邮箱、数据检索、网络游戏、网上新闻、网上音乐等信息服务；不包括互联网支付、互联网基金销售、互联网保险、互联网信托和互联网消费金融，有关内容列入相应的金融行业中
	6421	互联网搜索服务	
	6422	互联网游戏服务	含互联网电子竞技服务
	6429	互联网其他信息服务	
643		互联网平台	
	6431	互联网生产服务平台	指专门为生产服务提供第三方服务平台的互联网活动，包括互联网大宗商品交易平台、互联网货物运输平台等
	6432	互联网生活服务平台	指专门为居民生活服务提供第三方服务平台的互联网活动，包括互联网销售平台、互联网约车服务平台、互联网旅游出行服务平台、互联网体育平台等
	6433	互联网科技创新平台	指专门为科技创新、创业等提供第三方服务平台的互联网活动，包括网络众创平台、网络众包平台、网络众扶平台、技术创新网络平台、技术交易网络平台、科技成果网络推广平台、知识产权交易平台、开源社区平台等
	6434	互联网公共服务平台	指专门为公共服务提供第三方服务平台的互联网活动
	6439	其他互联网平台	
644	6440	互联网安全服务	包括网络安全监控，以及网络服务质量、可信度和安全等评估测评活动
645	6450	互联网数据服务	指以互联网技术为基础的大数据处理、云存储、云计算、云加工等服务
649	6490	其他互联网服务	指除基础电信运营商服务、互联网接入及相关服务、互联网信息服务以外的其他未列明的互联网服务

表 7-2 互联网产业典型产业形态

分类	功能	面向的用户	典型产业形态	
			分类	典型产业
互联网生产性服务业	满足商品和服务的生产者对服务的中间使用需求	面向生产者，包括企业和政府用户	网络接入类应用	IDC、ISP、IP-VPN
			生产流程改造类应用	SaaS、电子政务、网络招聘、网络教育
			电子商务类应用	网络广告、B2B电子商务平台
			网络金融类应用	网上银行、网上证券、网上支付
			其他类应用	
互联网消费性服务业	直接满足最终消费者的消费需求	面向最终消费者，包括个人和家庭用户	通信类应用	VOIP、电子邮箱
			媒体类应用	新闻网站（门户网站加主流媒体）、网络出版、网络创作（博客、互动百科等）、网络视听
			通信媒体融合类应用	即时通信、BBS、社交网站、微博
			文化娱乐类应用	网络文学、网络游戏、网络音乐

五、互联网产业的作用

1.互联网产业在经济发展中的战略地位更加突出

十九大报告多次提到互联网，互联网在经济发展中的重要地位更加凸显，一系列发展规划密集出台，推动互联网技术创新向纵深方向发展。2017年2月17日，工业和信息化部发布《信息通信行业发展规划（2016—2020年）》，提出开展5G研发和产业推进，为5G启动商用服务奠定基础。2017年7月8日，国务院印发《新一代人工智能发展规划》，提出面向2030年我国新一代人工智能发展的指导思想、战略目标、重点任务和保障措施，部署构筑我国人工智能发展的先发优势，加快建设创新型国家和世界科技强国。2017年11月15日，科技部宣布百度、阿里、腾讯、科大讯飞等公司为首批国家新一代人工智能开放创新平台。2017年11月26日，中共中央办公厅、国务院办公厅印发《推进互联网协议第六版（IPv6）规模部署行动计划》，提出我国要用5到10年时间，建成全球最大规模的IPv6商用网络。2018年11月27日，国务院发布《国务院关于深化“互联网+先进制造业”发展工业互联网的指导意见》。2018年12月14日，工业和信息化部印发《促进新一代人工智能产业发展三年行动计划（2018—2020年）》，提出以信息技术与制造技术深度融合为主线，以新一代人工智能技术的产业化和集成应用为重点，推进人工智能和制造业深度融合，加快制造强国和网络强国建设。

2.互联网创造了信息经济运行模式和新兴业态

互联网创造了信息经济的运行模式，创造了“虚拟经济”的经济形态。经济活动中最为核心的就是交易。在交易发生过程中，需要交易场所，存在信息流、物流、资金流。互联网则打破了传统的交易模式，人们足不出户便可完成商品买卖或者和客户的商业谈判，既节约了出行的交通、场地等消费费用，又提高了交易的效率。虚拟经济催生了更多信息类技术服务创意型企业，如百度、谷歌等搜索信息服务类企业，盛大等网络游戏产业，阿里巴巴、当当网、京东商城等电子商务企业，携程网、口碑网、大众点评网等信息服务产业，新浪、搜狐、腾讯等新兴传媒产业。

3.互联网产业不断增强传统产业的革新能力

互联网已经成为国家重要的基础设施，我国成为互联网的应用大国，移动互联网、云计算、物联网等网络新技术、新应用、新平台的不断涌现，为互联网与传统产业的发展提供了更加便利的条件。越来越多的工业企业借助互联网平台进行其分销渠道的整合、供应链管理，以及对生产经营的全方位渗透，借助互联网服务带动现代物流、工业设计、管理咨询等现代服务业的发展。互联网进一步融入农业、农村、农民的生产生活之中，通过互联网平台开展全方位、综合化的农村信息服务，进行村务、商务、农务的全方位互动，转变农民的思维方式和行为模式，促进农村和农业生产生活方式进入新格局。

4.互联网对社会文化生活的影响力日益强化

借助互联网进行优质教育资源的整合和全民终身教育，进一步促进教育教学的改革、普及和创新；云计算、互联网等技术在医疗、交通等领域的试点应用，电子病历、智能交通等公共服务的手段和平台进一步丰富和延伸，将会促进社会服务管理模式的创新发展。

以微博、微信为代表的社会化媒体传播使得网络愈加成为正能量的聚集地。微博反腐为社会监督提供了一种有效手段；微博公益得到更多网民的关注和支持；主流媒体权威发布，在打击谣言、抨击社会丑恶现象、弘扬社会正能量方面发挥了重要影响力。微博、微信公众号和服务号已经成为政府信息公开、倾听民众呼声、展示良好形象的全新互动平台，显示出对社会生活的巨大影响力。

第二节 互联网产业组织

一、市场结构

1.集中度

集中度是衡量产业竞争状况、市场结构的良好指标，通常以最大的4家或8家企业的指标份额（诸如资产额、收入等）进行测算。研究人员一般选取互联网企业的总资产和收入两个指标计算互联网产业的绝对集中度指标CR4和CR8。

2.规模经济水平

产业的规模经济水平越高，该产业就越有可能出现大企业，从而使市场更趋于集中。可选取平均销售利润率、平均权益利润率和平均成本利润率作为衡量互联网企业是否达到有效规模的标准。

3.产品差异化

产品差异化是互联网企业的生存之道。同质化产品由于相互可替代性强，它们之间的竞争无一例外会使用价格战这一方式，使价格向边际成本靠拢，最后把产品价格变成零，纯销售差额收入也变成零，除非能变革盈利模式，否则价格战会抹杀所有参与厂商的利润。为了避免自己的产品在竞争中陷入价格战，就需要确保产品没有直接的竞争对手，确保产品差异化。从整体来看，中国互联网产业目前在企业战略、业务、营销等方面同质化以及产品和服务方面同质化现象突出，现在所有互联网公司都在做新兴的视频业务、博客、社区，甚至一些客户端，电子商务也如火如荼。产业和服务差异化程度的低下成为严重制约中国互联网产业创新发展的一个重要因素。

4.进入和退出壁垒

在规模经济壁垒方面，中国互联网产业规模经济性并不十分显著，规模经济壁垒不是很高。在资金和技术壁垒方面，互联网产业属于资本密集型和技术密集型产业，互联网企业在市场开发、宣传、提供产品和服务等方面都需要大量的资金投入，并且在创新新技术方面也需要巨额研发支出，因此，中国互联网产业存在较高的资金壁垒和技术壁垒。在在位者占优壁垒方面，从细分行业来看，中国互联网产业存在较高的在位者占优壁垒。

退出壁垒主要包括由资产专用性造成的沉没资产壁垒以及企业退出时所产生的员工解聘壁垒，中国互联网产业的退出壁垒不是很高。

二、市场行为

1.价格行为

互联网企业涉及的细分行业较为繁杂，很难有规律地分析互联网企业的价格行为。整体而言，在中国互联网产业的中下集中型寡占市场结构中较容易形成价格协调行为。

2.不公平竞争行为

近些年来，除3Q事件外，各互联网企业间争斗事件不断，不公平竞争行为形式多种多样，诸如争抢域名、诋毁商誉、恶意拦截、盗用版权等，凸显我国互联网的市场监管、商业道德、行业三大方面有待完善。

三、市场绩效

1.市场结构与市场绩效

市场结构与市场绩效的关系问题一直是产业组织领域研究的焦点之一。争论的焦点在于企业的高利润是由垄断还是由企业效率产生的。Demsetz（1973）经实证研究发现，产业集中度与利润率之间的关系为非线性的双S曲线，即两者呈现正相关关系是有条件的——只有当集中度大于50%时，两者才呈现正相关关系；当集中度在10%~50%之间时，利润率不仅不随集中度提高而上升，有时反而会有所下降。随着中国互联网产业市场集中度的提高，销售利润率、权益利润率均呈现下降趋势，中国互联网产业整体利润水平的提高是由产业规模经济和企业效率带来的。

2.外部经济性

互联网产业的市场绩效表现在具有较强的技术外部性和信息外部性。技术外部性是指网络本身的外部性，互联网产业内的外部性则体现在互联网产业内部经常出现“搭便车”的现象。信息外部性是指互联网的普及和推广在一定程度上使得信息具有了公共产品的属性，使其他产业中信息不完全、不对称等问题有所缓解，降低了市场交易费用，提高了企业和社会的效率。互联网的外部经济性改变了传统产业的竞争格局和发展模式，对传统产业来说具有颠覆性的作用。

第三节　我国互联网产业的发展现状、问题、对策及趋势

一、我国互联网产业的发展现状

1.网民规模不断扩大，为互联网产业发展奠定强大的用户基础

截至2017年12月，我国网民规模达7.72亿，全年共计新增网民4 074万人；互联网普及率为55.8%，较2016年年底提升2.6个百分点；手机网民规模达7.53亿人，较2016年增加5 734万人。网民中使用手机上网人群的占比由2016年的95.1%提升至97.5%。

2.我国互联网企业的国际竞争力显著增强，进入全球发展前列

我国互联网企业市值总额持续提升，“两超”格局愈发凸显。截至2016年年底，我国上市互联网企业总市值为5.23万亿元，同比增长7.6%。腾讯、阿里巴巴的市值占比超过60%，两家企业均在2016年超过中国移动，成为亚洲市值最大的前两家企业，其市值之和约为3家基础电信运营商的1.5倍。《2016年互联网趋势报告》显示前两名依然是苹果和谷歌，前20名中上榜的中国企业有7家，分别为：第5名的腾讯，市值为2 060亿美元；第6名的阿里巴巴，市值为2 050亿美元；第9名的百度，市值为620亿美元；第10名的蚂蚁金服，市值为600亿美元；第12名的小米，市值为460亿美元；第16名的京东，市值为340亿美元；第20名的滴滴出行，市值为250亿美元。蚂蚁金服、小米、滴滴出行3家公司都是首次上榜，足见其强劲的发展势头，以及中国互联网新生力量的发展。

3.行业变现效率和业务收入高速增长，集中度显著增强

2016年我国上市互联网企业收入已突破1万亿元，保持40%以上的增速。视频、社交、电商业务分别以95%、60%、50%以上的速度保持高速增长，搜索业务增速下滑至个位数。前10强企业收入占比提升至85%左右，较2015年同期上升近10个百分点。中国在线娱乐产品创新驱动用户数量、使用时长与变现能力强劲增长。2016年互联网占据了中国用户55%的媒体时间，移动互联网使用时长超过电视。腾讯、阿里巴巴、百度和今日头条占据了中国移动互联网77%的时长。游戏单位时长变现效率最高，中国游戏在2016年超过美国，成为全球第一大游戏市场。中国电子商务在全球各大市场中渗透率增长最快，占全国社会商品零售总额15%。电子商务+在线广告，创新和增长引人瞩目。阿里巴巴的产品创新带动用户规模，移动端月活跃用户过5亿，同比增长24%；淘宝App整合了直播、微博和定制内容；菜鸟实行智能标签、物流路径管理、个性化推荐，商品交易总额同比增长3倍；京东采用全球领先的电商物流配送系统，90%以上订单两日内送达。以今日头条、百度、新浪微博和腾讯为代表的计算算法的智能推送信息流广告，吸引了大量用户并促进了移动广告销售。

4.优质内容服务和外部产业联系不断增强

截至2017年6月，使用率排名前3的社交应用均属于综合类社交应用。微信朋友圈、QQ空间用户

使用率分别为84.3%和65.8%；微博用户使用率持续回升，达38.7%，较2016年12月上升1.6个百分点。垂直类社交应用中，豆瓣用户使用率为8.6%。2017年上半年，我国个人互联网应用保持快速发展，其中网上外卖和互联网理财是增长最快的两个应用程序，半年增长率分别为41.6%和27.5%，网络购物仍保持较快增长，半年增长率为10.2%；手机应用方面，手机外卖、手机在线教育课程用户规模增长最为明显，半年增长率分别为41.4%和22.4%。从行业内部来看，内容成为各社交平台体现价值的主要表现形式；从行业外部来看，社交平台的移动性使行业不断与其他领域拼接融合，从网红、直播、社群等紧密相关的细分领域，到广告、游戏、电商、金融、O2O等，在相关产业链中寻求更大发展及变现机会。

二、我国互联网产业发展存在的问题

1.电子商务中消费者权益受损

由于网络交易具有虚拟性、无地域性、开放性等特点，与传统交易相比，在网络环境下消费者权益更容易遭受侵害，消费者处于明显的弱势地位。在实践中，消费者会遇到很多问题，这对消费者权益保护提出了严峻的挑战。2016年网购商品抽查结果显示，全国网购的正品率不足五成。当前，网络交易平台审查不严，网购平台对商品审查不力，网店的销售行为混乱，信用评价机制有缺陷，有的网站存在虚构交易、删除不利评价等不合规行为。

2.网络安全和信息保护形势严峻

安全漏洞造成网民隐私和财产安全隐患。恶意程序、钓鱼软件和黑客攻击等是互联网时刻面临的安全漏洞，网络入侵事故越来越多。360互联网安全中心公布，平均每天拦截木马病毒接近1亿次，拦截的钓鱼攻击超过1 200万次、虚假证券300万次、彩票欺诈400万次、假药网站500万次。据统计，2015年中国网民在网上的损失接近1 500亿元，包括攻击网站、隐私泄露、虚假信息等。网络入侵事故明显增多，2016年每月的垃圾电子邮件引发的网络入侵事故数量比2015年每月平均数量增长了350%以上。消费者隐私泄露、网络账号被盗的新闻时有报出，网络威胁大幅增加，2016年超过1 000万人的身份信息外泄。

3.垄断遏制中小企业持续创新

中国互联网已经进入百度、腾讯和阿里巴巴三足鼎立的时代。在中文搜索领域，百度份额最大，占据80%以上的中国搜索市场；在即时通信领域，腾讯则占据90%以上的市场；阿里巴巴占据80%以上的中国电商市场。根据《中华人民共和国反垄断法》的规定，百度、腾讯和阿里巴巴都具有市场支配地位。中小互联网企业无法与互联网巨头进行正面竞争，只能走差异化路线，在少数细分市场深耕，在开始出现用户规模和应用成效时，随即面临巨头的跟进和抢夺。互联网巨头的资金、人才、技术和用户规模将迅速占领培育出来的细分市场，不断向更多领域延伸，挤压中小企业的生存空间，挫伤行业创新积极性。另外，大型并购可能引发排除、限制竞争效果，遏制了以中小企业为代表的创新力量。

三、我国互联网产业的发展对策

1.建立网络交易中消费者合法权益保护制度

在尊重网络交易发展规律的前提下，从法律及相关层面采取各种措施来保护消费者合法权益，对推动我国网络经济健康发展及完善消费者权益保护制度具有重要作用。对消费者特别保护的原则既应体现在立法的权利规定上，也应体现在举证纠纷等具体事件中对消费者的保护上。在网络交易中，必须规范经营者的告知义务、保护消费者个人数据的义务。在明确网络交易平台的责任方面，网络交易平台提供者除了履行《中华人民共和国消费者权益保护法》规定的认证用户身份（真实名称、地址和有效联系方式）义务外，还应当做到协助有关机关收集证据，对交易各方在其平台上发布的信息记录备份，通过技术手段保护用户隐私权及善意提醒。在司法救济方面，要建立有利于消费者的管辖制度，建立“网络法庭”受理案件标的额不大的交易。进一步建立电子证据的保全制度，明确举证责任分配。电子数据一般都掌握在经营者手中，而且很容易利用高科技篡改。在网络交易纠纷中的举证责任制度，应当从卖家、买家、第三方三个方面来构建，根据当事人的举证能力做出适当减轻消费者举证责任的规定。

2.在新法规的规范下，进一步增强公民隐私保护和个人信息保护

2017年6月，我国的《中华人民共和国网络安全法》《互联网新闻信息服务管理规定》正式实施。《中华人民共和国网络安全法》是我国第一部全面规范网络空间安全管理方面问题的基础性法律，专门规定，任何个人和组织不得窃取或者以其他非法方式获取个人信息，不得非法出售或者非法向他人提供个人信息。非法获取、出售公民个人敏感信息超过50条将入罪。两部新法规为保护网络安全和个人隐私奠定了坚实的法制基础。在制度保障的前提下，我们也需要树立和强化公民的网络隐私保护意识，对网络经营者进行监督管理，加大对网络攻击和隐私侵权等违法行为的打击和惩治力度。在强化意识方面，要增强公民的网络隐私权的保护意识，建立网络用户自治组织。政府应重视网络隐私权的保护工作，充分利用各种新闻媒体进行广泛宣传，使广大公民明白隐私权保护的重要性，了解、知悉网络隐私保护政策与法律法规。同时，加强计算机网络道德教育，使网络道德、伦理深入人心。在加强监管方面，一旦发现网站没有按规定列出保护个人隐私的声明，没有履行保护用户隐私的承诺，就对其发出警告，责令其限期整改，规范网络经营商的行为。行政执法机关一旦发现违法、违规情况，应及时做出处理。在加大打击力度方面，司法机关应把网上侵害个人隐私案件的查处作为司法机关的一项重要职能，确保网络用户的隐私不受侵扰，使网络隐私权保护呈现出有法必依、执法必严的良好局面。

3.加强互联网行业竞争执法，不断净化市场环境

应结合互联网行业创新竞争、动态竞争等特点，研究《中华人民共和国反垄断法》适用的创新分析方法，不断提高执法质量和效率，有效发挥监管促进互联网行业竞争和创新的积极作用。第一，依法审查互联网领域的经营者集中，保护中、小、微企业和团队创新，既要鼓励具有技术优势和产能整合能力的大型互联网企业加大创新力度，还要在制度层面要求这些企业向中、小、微企业开放基础设施，防范这些企业以扼杀竞争为目的对中、小、微企业进行并购；加大力度查处未依法申报、违法实施经营者集中的行为。第二，打击不正当竞争和恶性竞争行为，鼓励互联网企业开展创新竞争，提高竞争的层次和质量。当前，不正当竞争和恶性竞争现象很突出，加强反不正当竞争执法、净化市场竞争环境的任务仍然繁重。

四、我国互联网产业的发展趋势

1.价值蓝海从消费互联网转向产业互联网

在技术与需求的双重驱动下，互联网加速向传统领域融合渗透，产业形态变化多端、日新月异，“互联网+”与实体经济的融合发展空间广阔。我国互联网产业将围绕“中国制造2025”、深化制造业与互联网融合发展等重点而迸发巨大活力。协同制造、智能制造、个性化定制将向更广泛的行业领域渗透，装备行业的服务型制造应用将更深入，企业凭借物联网、大数据等技术提供产品全生命周期管理和服务，实现从制造向“制造+服务”的转型。

2.更加专业的移动垂直化应用将不断涌现

随着网络环境的高速演进、智能手机的全面普及和可穿戴设备功能的完善，未来互联网产业的专业化、移动化、垂直化应用将不断涌现。例如，在医疗健康领域，iHealth推出了Align这个性能强大的血糖仪，能够直接插入智能手机的耳机插孔，然后通过App在手机屏幕上显示结果，紧凑的外形和移动能力使其成为糖尿病患者最便利的工具；健康智能硬件厂商Withings发布了Activite Pop智能手表，其具有计步器、睡眠追踪、震动提醒等功能，其电池续航时间长达8个月；南京熙健信息将心电图与移动互联网结合，建立了随时可以监测心脏疾病风险的移动心电图等。

3.分享经济强化互联网产业的平台制胜趋势

分享经济呈现发展新态势，网络约车、共享单车和知识分享不断固化平台制胜趋势。滴滴出行和优步中国完成合并，行业竞争格局基本定型，而随着多地陆续推出网约车征求意见稿，收紧准入门槛，未来可能大幅压缩服务供给。共享单车凭借满足行业痛点、解决出行难题、符合政策方向等优势，受到各方好评和追捧。知识分享成新亮点。知识分享打破了传统限制，有效提高了知识的社会化效用，形成了约见、问答、文档分享等平台类型。

4.人工智能在互联网产业发展中前景广阔

人工智能快速发展，前景广阔，产业发展持续火热。随着云计算、大数据、深度学习等关键技术应用的不断发展，人工智能发展持续火热，市场规模保持20%以上的增长。我国互联网企业纷纷发力布局，推动人工智能在交通、电信、医疗等行业的广泛应用，助力公共服务水平提升和传统产业转型升级。

随着新技术、新应用的发展，信息安全面临更大的挑战，将受到政府、企业、网民等多方重视并获得更积极的保护。网络信息安全保护的法制环境将更加完善，互联网企业以及整个产业将在新的生态环境下获得更加健康、可持续的发展。

［第八章］
信息产业

党的十八大报告指出：坚持走中国特色新型工业化、信息化、城镇化、农业现代化道路，推动信息化和工业化深度融合、工业化和城镇化良性互动、城镇化和农业现代化相互协调，促进工业化、信息化、城镇化、农业现代化同步发展；建设下一代信息基础设施，发展现代信息技术产业体系，健全信息安全保障体系，推进信息网络技术广泛运用。党的十九大报告重申“推动新型工业化、信息化、城镇化、农业现代化同步发展”，并提出“善于运用互联网技术和信息化手段开展工作”。国民经济和社会发展“十三五”规划纲要提出：“支持新一代信息技术、新能源汽车、生物技术、绿色低碳、高端装备与材料、数字创意等领域的产业发展壮大。”“牢牢把握信息技术变革趋势，实施网络强国战略，加快建设数字中国，推动信息技术与经济社会发展深度融合，加快推动信息经济发展壮大。”“培育集成电路产业体系，培育人工智能、智能硬件、新型显示、移动智能终端、第五代移动通信（5G）、先进传感器和可穿戴设备等成为新增长点。”本章着力讨论信息产业概述、信息化在经济转型升级中的作用、我国信息产业的发展状况、我国信息产业的发展战略。

第一节　信息产业概述

一、信息产业的概念

以计算技术、微电子技术和现代通信技术为核心的新技术群体——信息技术，催生了信息产业。这个还处于高速成长过程中的新兴产业以其目不暇接的万千变化、渗透各种人群的新奇应用以及极具诱惑的高额回报吸引了人们的注意力。几乎所有人都已置身于信息产业产生的种种贡献之中。

信息产业是与信息的生产、采集、加工、存储、流通、传播和服务等有关的产业。

基于以上理解，许多行业被纳入信息产业范畴，而且已经产生了以电子信息技术为基础的现代服务业。由于信息技术广泛渗透，传统的信息服务如印刷出版、新闻报道、文献情报等纸面媒体都已经大量出现电子版本，以电子手段提供更便捷、更快速和更廉价的服务。在互联网广泛应用的今天，随着浏览查询技术的发展，传统的知识宝库——图书馆也纷纷运用数字化手段，“挂”到网上。电子商务、电子政务早已经成为信息服务的重要领域。由于信息技术的飞速发展和广泛应用，现代服务业已经大踏步进入传统的面对面的以及人工传递的信息服务领域。在信息化程度很高的国家和地区，企业家们早已把关注焦点投向现代服务领域，那里的高额回报吸引着他们的目光。

二、信息产业的特征

信息产业处于高速成长期，其产业特征突出表现为知识密集、高创新性、高回报率、高风险、高渗透性和高关联性。

（一）知识密集

信息产业是围绕信息的生产、采集、加工、存储、流通、传播和服务的产业。信息技术产品的高技术含量要求从事相关活动的群体必须具备较高的知识和技术储备。知识和技术是从事信息产业的企业创造价值和获取回报的主要劳动资源。特别是在软件业，传统的“生产过程”已经被大大弱化。如果说“编码”是在“制造”特定的软件产品，那么，这个“制造”阶段已经与软件的设计和开发融合在一起，同属于有高技术要求的岗位。

（二）高创新性

信息技术的产生和发展突破了机械/电气技术体系支持的思维模式，大大拓展了人们实现想象的空间。计算技术的发明使人们为机械注入了“智能”，微电子技术和现代通信技术为实现这些“智能”创造了条件。具有“智能”的机器协助人类实现无穷的梦想。这些新的发明和创造及其应用提供了新的强大的科学技术平台和信息交换环境，为人类开辟了一个全新的思维驰骋空间。在这个空间里，新的技术不断出现，新的技术不断引发新的技术群、新的产品群、新的产业链。原始创新激发各种各样的创新应用，对创新应用的追求进一步激发了新的原始创新。

（三）高回报率

新技术从来都是获得高额回报的主要途径。信息产业正在以层出不穷的新技术体现高创新性。在不断涌现的新技术的支持下，信息产业成为产出高、效益好的高增值产业。资本的趋利性使其长期眷顾信息产业，为信息产业的高速增长提供了强有力的支持。在资本的鼓励下，信息产业的创新活动持续推进，新技术源源不断产生，产品换代频繁，这为投资创造了一个又一个回报源。短时间内积累了大量财富的企业家大量出现在信息产业是信息产业高回报率最为典型的例证。

（四）高风险

驱动信息产业高速发展的主要因素是高速发展的信息技术和高额的投入。信息技术需要大量的投资支持。信息技术因为发展快，不确定性也相当高。在高不确定性下，对其未来的判断很难做到准确。然而，高回报率的巨大吸引力使资本在尚未做出准确判断的情况下抢先投入到信息技术研发中。在没有准确判断的基础上高额投入，面对的必然是高风险。由于创造发明成功率的不确定性，巨额投入可能血本无归，正是产出的不确定性决定了信息产业的高风险。等到条件“成熟”再投入也有风险——失去机会，失去未来新市场的份额。

（五）高渗透性

信息技术的发展开辟了全新的设计和开发途径，提供了“智能化”能力，创造了覆盖全球的信息交换环境。信息产业的产品进入几乎所有产业，不仅是传统工业，连农业、渔业和服务业也大量应用信息技术。每个行业都从信息技术应用中获得能力提升的好处，信息产业从各个行业中发现了驱动发展的各种需求。信息技术已经渗透到人们的生活中，人们新的生活需求同样为信息产业的发展提供了动力。高渗透性也成就了信息产业广阔的发展前景。

（六）高关联性

信息产业的各个分支之间具有很高的关联性。信息产业的一个重要分支——电子元器件业，其产品是通用基础产品，是参与构造其他信息技术产品的基本构件。许多电子元器件的通用程度几乎可以与螺钉、螺母相比。正是由于这些通用基础产品的存在，其他信息技术产品的迅速开发和制造才能得以实现。没有电子元器件就没有电子设备之类的信息技术产品，没有高性能的电子元器件就没有高性能的电子设备。一些新的核心电子元器件的发明很可能引发一个新的产业链。与其情况类似的是软件业。整个信息产业与国民经济其他产业之间也有很高的关联性：信息技术已经以极强的渗透性进入各行各业，把它们与信息产业连接在一起。

三、信息产业经济学研究

（一）马克卢普的信息经济测度理论

最早的社会信息测度体系由美国经济学家弗里茨·马克卢普（Fritz Machlup）提出。1962年他在其著作《美国的知识生产与分配》中首先提出“知识产业”（knowledge industry）的概念，并在此基础上建立起对美国知识生产和分配的最早的测度体系，即马克卢普信息经济测度理论。

马克卢普按照“认识者”的主观解释来界定知识的种类。在他看来，知识包括实用知识、学术知识、闲谈与消遣知识、精神知识、多余的知识。在1980年的研究中，马克卢普又从世俗知识、科学知识、人文知识、社会科学知识、艺术知识、没有文字的知识（如视听艺术）的角度，对知识进行了解释，提出知识具有真实、美丽和优秀等性质。由此可见，马克卢普的“知识”概念范畴是极其广泛的、复杂意义上的概念研究，并且他关于知识分类与性质的论述都服务于其经济学目的。

马克卢普在《美国的知识生产与分配》中给出了知识产业的一般范畴和最早的分类模式。他认为，知识产业是为自身或他人消费而生产知识或从事信息服务和生产信息产品的组织或机构，如厂商、机构、组织或部门，甚至可能是个人或家庭。

根据以上定义，马克卢普把知识产业分为5个层次或者说知识产业的分支：①研究与开发；②所有层次的教育；③研究与开发；④信息设备或设施；⑤信息机构与组织，这类知识产业也被称为信息服务产业。

马克卢普关于知识产业的界定及5个层次的划分，是其信息经济理论的核心，也是其测度体系的核心之一。马克卢普信息经济测度理论就是从现有统计体系中挑选“知识产业”，然后逐个进行测算和平衡。马克卢普的知识产业思想在20世纪60年代被美国学者广泛应用，诱发了许多著作的产生。他对波拉特的《信息经济》、彼得·德鲁克的《间断的时代》、丹尼尔·贝尔的《后工业化社会的来临》、约翰·奈斯比特的《大趋势》等著作中的某些重要思想都有直接的影响。马克卢普的信息经济测度理论与方法存在某些缺陷，如关于“知识”“知识产业”概念范畴的强烈主观性，以及测度指标体系的设计问题。

（二）波拉特的测度理论和方法

继马克卢普之后，美国经济学家马克·波拉特有关信息经济和信息产业的研究最为引人注目。

波拉特将那些向市场提供信息产品和信息服务的企业和部门，即参与市场交换的企业和部门叫作“第一信息部门”。此外，企业、团体和政府机关内部还存在大量的信息生产与信息消费。即使是非信息部门，在其内部也会存在基本的信息服务部门，它们也生产和消费信息。这些信息不会出现在信息市场的交易过程中，所产生的成本往往包含在这些部门或企业基本产品的市场价格或服务成本中。波拉特将这些存在于企业、团体或政府内部，为满足自身需求而进行信息生产和信息服务的部门统称为“第二信息部门”。波拉特据此建立了一套可以量化的体系。他运用最终需求测算出1967年美国第一信息部门对最终需求的销售值占美国国民生产总值（GNP）的21%，第二信息部门对最终需求的销售值占美国GNP的3.4%；他运用增值法测算出1967年美国第一信息部门的产值占美国GNP的25.1%，第二信息部门的产值占美国GNP的21.1%。

（三）其他研究成果

马尔萨克在1959年发表的《信息经济学评论》中最先提出信息经济学（economics of information）一词。

1961年，斯蒂格勒（G. J. Stigler）发表了著名论文《信息经济学》。该文提出了“信息搜寻”的新概念、理论和方法，呼吁从信息的角度对全部经济理论进行清算，使信息经济学作为新兴的学科进入了科学的殿堂，成为经济科学中重要的学科之一。

1976年，日本学者增田米二出版了《信息经济学》。该书分析了信息时代的特征和信息生产力的特征，指出信息时代的产业结构将发生变革，将出现第四产业，并进一步向系统产业发展；信息产业的发展将推动其他产业信息化。

日本学者还提出了“社会信息化指数测度法”。与马克卢普和波拉特的方法相比，社会信息化指数测度法的计算量小很多，数据获取简便易行，具有较好的可比性。这种方法既可以从时间维度纵向反映一个国家的信息化进程，也可以从地区维度横向比较不同国家或同一国家不同地区的信息化水平。不过，这种方法是以社会信息化为测度对象的，而不是信息产业本身。

美国经济学家库伯根据马克卢普和波拉特的统计数据得出了“信息经济持续增长”的结论；哈叶斯、埃里克森、波尔科等人提出了“将资本分解为资本投资、信息投资和其他外部资源三要素”的观点，把“信息”作为“投资”看待，并且建立了资本三要素的对数模型。

我国的乌家培教授从定性角度，通过简单数学推导得出了“信息经济规模应该适度发展”的结论，认为信息经济的规模和物质经济的规模相当时，社会福利处于最优状态。

“摩尔定律”归纳了信息技术发展的速度。1965年4月，当时还是美国电子工程师的摩尔在《电子学》杂志上发表文章，预言半导体芯片上集成的晶体管和电阻数量将每年翻一番。1975年摩尔又修正了该定律，他认为芯片上集成的晶体管数量将两年翻一番。此后，计算机从神秘之物变成多数人不可或缺的工具，极大地推动了整个信息产业的发展。

上述国内外学者提出的见解都是深入信息产业内部进行研究的初步成果，是有益的探索和尝试。由于信息产业成长期的多变性，其发展规律的清晰展现还有待时日。

不断创新的信息技术显示出来的高不确定性，使为测算过程提供大量有规律的数据不太可能，因此，所有这些测度方法瞄准的只是“信息”所涉及的产业在整个国民经济中所占的比例，还没有定量研究最活跃的以现代电子信息技术体系为基础的新兴信息产业对生产力、对人民生活水平以及对国民经济发展所能做出的贡献，更谈不上对信息产业发展影响因素的定量测度。

应该指出，对于信息产业的界定以及相应的社会信息职业的划分，直接影响测度理论和方法；或者说，经济学者们依据自己测度理论的论证需要，选择信息产业的范围。这种现象并非信息产业经济学研究所特有，当研究对象处于高不确定性状态下，不同研究角度将选择“最适合”的对象范畴。在高不确定性状态下，实际经济运行将按照自己的规律——多变——向前发展。在多变的环境中，各种新旧成分不断重新组合，形成新的范畴。因此，尽管前人提出了测度理论和方法，但新的状态激发后人重新思考，产生新的测度理论和方法，直到研究对象趋于稳定。

四、信息产业的作用

电子信息技术的出现和高速发展突破了工业化社会的生产力极限和经济发展模式，激发了社会经济的革命性变化。信息产业是电子信息技术催生的新兴产业形态。信息产业以其高创新性、高回报率、高渗透性以及与其他产业的高关联性，在不断提高的需求和持续注入的资本的驱动下，迅速崛起。迄今，信息产业已经成为许多发达国家乃至发展中国家的支柱产业。尽管信息产业的发展速度起伏错落，但是它一直在发展，而且信息技术领域的创新活动不仅没有放缓步伐，而是越来越快了。技术更新的周期越来越短，新技术转化成现实生产力的周期也越来越短。信息化建设已经成为全球性目标。

信息产业不仅自身发展迅速，高新技术产业的发展、传统产业的改造、新兴产业的崛起无不依赖信息技术及信息产业的突破创新和综合应用。信息产业成为带动国民经济其他产业形成和发展的先导产业。世界信息产业在机遇与挑战面前稳健成长，并且加快了与其他产业的融合，以其巨大的带动作用促进世界经济的发展。

在持续发展过程中，信息产业在推动国民经济发展中也发挥了重大作用，并且已经在国民经济中占据了十分重要的地位。

（一）信息产业是国民经济的基础性和先导性产业

信息产业为各行各业提供产品和服务，为各行各业的运行提供信息技术基础设施，为传统产业内部的结构调整及寻求新的持续发展提供机会和技术支持。

（二）信息产业是可持续发展的战略性产业

持续发展的技术是经济长期稳健发展的基础，拥有最密集知识和技术的信息产业早已被作为战略性产业给予大力支持。以信息产业的产品和服务为基础的信息化建设已经被许多国家和地区设定为战略发展目标。从“数字化政府”“智慧城市”到“传统产业信息化改造”“企业信息化建设”，无不显示出信息产业在国民经济中的战略地位。

信息产业是知识密集型产业，信息技术产品是技术密集型产品。其物质资源和能源消耗少、污染轻，而且信息技术的应用有助于其他行业实施降低能耗措施。在不断创新的电子信息技术的支持下，信息产业正处于快速成长期。信息技术在传统产业的应用方兴未艾，信息化社会的建设在积极推进之中。自20世纪70年代以来，虽然产业发展存在波动，但总体来看，世界信息产业基本处于较快增长阶段，并且能够在较长时期内保持较快增长，推动国民经济发展。信息产业的高速成长能力和庞大的产业规模使其在许多国家都成为国民经济中重要的产业部门和对外贸易的主力军。信息产业是最具可持续发展潜质的产业之一。

（三）信息产业是优化产业结构的重要元素

在实现国民经济产业结构优化的过程中，信息产业是重要的调节和催化元素。

作为国民经济的支柱产业，信息产业本身是可持续发展的。信息产业具有知识密集的特性，这不仅要求从业者提高自身的知识水平，而且会在信息技术产品的应用中传播新知识。信息技术作为产业支撑基础，其创新能力非常强大，新的市场不断形成，市场潜力巨大。不断创新的信息技术给几乎所有行业带来新的发展机会，并且可以带动区域产业布局的改善。服务业原本是非常传统的行业，在电子信息技术的支持下，正在衍生出现代服务业。传统的第三产业正在发生革命性变化。现代服务业的崛起又将给信息产业提出新的要求，为其他传统产业带来新的机会。信息产业的发展要求信息技术不断创新，信息技术创新成果带动其他产业进一步发展，其他产业发展中产生新的信息技术产品需求，这种需求驱动信息产业继续发展。这种良性循环促进了高新技术产业的发展，推动了传统产业改造，加速了新兴产业的崛起，从而使现代工业、现代农业和现代服务业加快发展，使三次产业结构趋于合理，并不断优化。

（四）信息产业是推动经济增长方式转变的催化剂

前所未有的资源、环境压力迫使经济增长方式转变，注重资源、环境与经济的协调发展成为转变的目标。在实现经济增长方式转变的过程中，信息产业成为加快转变过程的催化剂。

信息产业的发展推动了经济增长从粗放型向集约型转变。一方面，低消耗、少污染的信息产业在为国民经济发展做出贡献的过程中，容易做到与环境和谐；另一方面，信息技术应用于传统产业，通过改进设计、改造生产装备、改善工艺流程，有助于产业节能、降耗、减少污染、提高效率。通过大量节能型信息技术产品的应用，既部分替代了用一些不可再生资源制造的产品，又可以有效降低对资源、能源的消耗，从而引导整个社会建立一种内生的、节约型的产业结构，实现高速经济发展对有限资源的有效利用。因此，信息产业的发展以及相关技术、产品的广泛应用是推进循环经济、实现经济可持续发展的重要途径。

（五）信息产业是参与国际竞争的主力军

电子信息产品已经成为国际贸易的主角。在许多国家，电子信息产品是重要的出口商品。电子信息产品出口的扩大不仅能够有效带动一国对外贸易的发展，还能优化出口结构，通过对外贸易的良性发展推动整个国民经济的可持续发展。

（六）信息产业是维护社会稳定和谐的重要支撑

信息产业属于劳动、资本、技术密集型混合的产业部门，它的发展能够创造大量不同层次的就业岗位。信息产业的发展催化了现代服务业的兴起，使服务业领域大大拓宽，开辟了巨大的潜在服务市场。三次产业的迅速发展，将大大缓解就业压力，有助于防止社会出现大的波动，许多国家都把信息产业的发展和应用提升到战略高度来加以重视和推进。

第二节　信息化在经济转型升级中的作用①

信息是人类生产生活的基本元素。人与人之间以及社会运行中的信息沟通不可或缺且作用重大。作为工业文明时代技术进步的重要成果，电报和电话的发明极大地方便了人们之间的信息沟通。现在，人类进入了信息化社会，信息技术进步的速度及应用的广泛性大大迥异于农业文明社会和工业文明社会，其对人类发展进程的影响具有划时代的意义。能否抓住信息化带来的机遇决定着一个国家在新一轮世界政治经济格局的大变革中，能否把握发展的主动权、跟上时代进步的步伐而不被历史所淘汰。

当前，我国经济总规模已稳居世界第二位，国家的综合实力得到大大增强，中华民族的伟大复兴进入历史发展新阶段。在这新阶段，发展的巨大机遇和严峻挑战并存，改革红利和转型风险同在，有利条件和不利因素交织，我国经济发展确实到了是否能够迎难而上、跨越“中等收入陷阱”而迈入形态更高级、分工更优化、结构更合理阶段的关键时期。“十三五”规划纲要已明确了新时期发展的总体思路，提出了应对国内外严峻挑战的战略性安排。我们要按照中央的部署，领会好、运用好“创新、协调、绿色、开放、共享”五大新发展理念，积极推进“四个全面”战略的实施，全力推动中国经济转型升级，确保实现2020年全面建成小康社会的总目标。而在此过程中，我们必须清醒地认识信息化的发展趋势，准确把握信息化促进转型升级的作用机制和潜在动能，做到精准施策、顺势而为。

一、信息化的趋势

（一）信息采集和处理的数字化、标准化

信息的存在形式多种多样，图像、声音、动作、文字等都可以作为信息的载体，但数字是最为精简和方便使用的信息载体。现代信息技术以数字作为最重要的信息载体，将传感技术、计算机技术等结合在一起，能够使越来越多的各类信息迅速地转化为标准化数据，大大提高了信息收集、整理、加工和传递效率，降低了人与人、人和物、物和物之间信息交换成本，使政策制定更加科学、政策实施更加精

① 李伟．发挥信息化在转型中的关键作用［N］．经济日报，2016-05-12.

准、企业生产组织和经营管理更加高效。

（二）信息处理和传输的高速化、低成本化

自从人类发明计算机以来，机器的运算能力呈几何级数飞速增长。现在我国制造的“天河2号”超级计算机峰值运算速度达每秒5.49亿亿次。与此同时，信息传播的速度也在快速提高。以移动无线通信技术为例，20世纪90年代中期投入使用的全球移动通信系统（GSM），理论上每秒只能传输9 600比特信息；2010年开始大规模建设的第四代移动通信系统（4G），每秒传输的信息理论峰值可达100兆比特，增长1万倍以上；2019年，5G手机将被推出。信息处理和传播的高速化，不仅显著地提高了信息交换的速度，扩大了信息交换的规模，还大幅降低了信息交换的成本。例如，在19世纪的英国，电报是一种奢侈的信息传输工具，那时，只有有钱人才能用得起这一通信工具。如今，在日常生活中，人们可以利用互联网传输海量的文字、图片、语音、视频，而无须顾及太多信息传输所花费的成本。

（三）可用来观察、测度和分析经济社会运行状况的超大规模化数据

随着技术的发展，感应器、传感器等信息采集设备能够方便地安装到电网、汽车、飞机、家用电器等社会的各个角落，实时进行信息的广泛采集和普遍联结，为社会提供规模难以想象的数据信息。海量的数据为人们更加准确地认识经济社会的发展规律创造了可能，也为人们更加科学地分析经济社会运行状况提供了条件。

（四）信息技术与经济社会各领域深度融合化

一方面，信息技术与社会再生产各个环节的耦合关系日益加深。信息技术的进步有力地推动了商品生产方式的数字化、智能化，也有力地推动了商品流通方式的便捷化、扁平化。另一方面，人们的日常生活也日益离不开信息技术。在当今社会，手机阅读、网上社交、移动购物已成为许多人的生活方式。

二、我国经济转型升级的内涵

我国经济转型升级的主要内涵应包括：

（一）运用信息化，优化国民经济管理，提高资源配置效率

信息化技术的发展和广泛应用，有助于提高宏观经济管理的精准度，弥补市场的缺陷，促进资源要素的合理配置。比如，大数据和云计算技术能够迅速集成物流、资金流、人流各方面信息，快速分析行业、企业和消费者的相关信息及其未来走向，为决策者把握宏观调控的方向提供参考，为企业制定生产经营的战略和策略提供依据，为城乡居民做出消费选择提供参照。当前和今后一个时期，我们要运用信息化，大力实施“互联网＋”战略，不断优化国民经济管理，持续提高资源配置效率。

一要研究制定大数据管理条例，对数据的采集、归集和使用做出明确规定。

二要整合政府和国有企业拥有的数据资源，建立社会数据资源共享平台，大幅提升数据资源的经济社会效益。

三要结合国情，提高大数据分析运用能力，及时、准确预判经济社会发展的趋势，提高宏观调控的有效性、精确度和各类政策制定的正确性。

（二）运用信息化，优化城市治理，提高城市各类资源的使用效率

2017年，我国城镇化率已达到58.52%，城市经济活动已超过80%，而且这两个比重还在继续提高。

因此，提高城市资源的利用效率对于提升国民经济整体运行质量具有重大意义。近些年，我国北京、上海、深圳、杭州等众多城市在建设智慧城市、运用信息化优化城市治理、提高城市资源使用效率等方面都做了积极探索，取得了一定成效。在这方面从总体水平上来讲，我国尚处起步阶段，但可以毫不夸张地说，发展的潜力无可估量。

一要充分利用各方面的数据，科学制定城市发展规划，优化城市生产空间、生活空间和生态空间布局。

二要发展智能交通，提高交通精细化管理水平，提升交通资源的使用效率。

三要建立智慧能源系统，更好地对接能源生产和能源消费。

四要鼓励并规范汽车、住房等闲置资源分享平台的建设和运营，引导分享经济健康发展，实现社会资源更加高效地利用。

五要学会运用大数据，提升社会管理水平，保障人们生活的正常秩序和安全。

（三）运用信息化，优化产业结构，提升产业国际竞争力

在新常态下，我国传统的比较优势趋弱，迫切需要通过改造传统产业，发展、壮大新产业，培育新业态，形成新的产业竞争优势。

一要提高传统产业的智能化水平。我们必须把推进制造业信息化和实施“中国制造2025”战略作为优化产业结构、促进产业升级的重要任务。要利用新一代信息技术改造、优化生产流程，并适应劳动力结构和劳动力成本变化的大趋势，积极而又稳妥地推进机器人、智能物流管理、3D打印等技术和装备在生产中的应用，提高各类生产要素的利用效率，在不断提升产品质量的同时，降低单位产品生产成本。

二要大力发展高端数控机床、机器人等智能装备产业。高端数控机床、机器人等智能装备在我国有巨大需求，但又是我国产业发展突出的“短板”，其市场份额主要被国外跨国公司占领。

三要着力提升物联网、云计算、大数据、移动互联网和电子商务等新业态的发展质量。近些年来，在互联网的基础上衍生出的新业态发展迅猛。我国的新业态在发展过程中也出现了不少的问题，这与政府监管的有效性不足有一定关系。我们要充分利用信息化工具，规范市场竞争秩序，切实保护投资者和消费者合法权益。只有这样，新业态才会有美好的发展前景。

（四）运用信息化，优化企业管理，提升企业运营效率

一要提高企业智能化管理水平。要通过信息化建设，提高企业的信息集成能力，打通研发设计、生产制造、经营管理和市场营销等各个环节的信息通道，实现部门之间、集团总部和分支机构之间的信息共享，建立从设计到销售再到设计的“信息循环系统”，为企业制定科学的经营决策和实现有效的管理创造条件。

二要提高企业供应链管理水平。要充分利用互联网平台，按照市场实际需求进行订单生产，推动大规模标准化生产逐步向分散化个性化定制生产转变。

三要提高市场营销的效率和精准度。要开展网络营销，并对销售数据、客户数据进行大数据分析，及时根据市场和客户变化情况调整营销策略，尽可能地减少库存，加快资金周转速度，提高资金利润率。

第三节 我国信息产业的发展状况①

一、我国信息产业面临新的发展形势

在党中央、国务院的高度重视下，我国信息产业连续多年保持平稳较快增长，手机、微型计算机、网络通信设备等主要电子信息产品的产量居全球第一，技术创新能力大幅提升，龙头企业实力显著增强，生态体系进一步完善，对经济社会发展的支撑引领作用全面凸显。

近年来，在世界经济深刻调整和国内经济转型升级的背景下，我国信息产业的发展形势有了新的变化。

（一）信息技术创新进入新一轮加速期

云计算、大数据、物联网、移动互联网、人工智能等新一代信息技术快速演进，硬件、软件、服务等核心技术体系加速重构，正在引发信息产业新一轮变革。单点技术和单一产品的创新正加速向多技术融合互动的系统化、集成化创新转变，创新周期大幅缩短。信息技术与制造、材料、能源、生物等技术的交叉渗透日益深化，智能控制、智能材料、生物芯片等交叉融合创新方兴未艾，工业互联网、能源互联网等新业态加速突破，大规模个性化定制、网络化协同制造、共享经济等信息经济新模式快速涌现。互联网不断激发技术与商业模式创新的活力，开启以迭代创新、大众创新、微创新为突出特征的创新时代。

（二）全球信息产业格局面临新的调整

发达国家依然占据信息产业价值制高点，在大力构建信息经济新优势的同时，积极以信息技术为手段推动再工业化进程，争取未来全球高端产业发展的主导权。美国的“先进制造业伙伴计划”、德国的“工业4.0”、日本的“2014制造业白皮书”、英国的“英国制造2050”等，都努力促使国际资本调整布局，吸引高端制造业向发达国家“回流”。跨国信息技术企业加快在工业互联网、人工智能、智能制造等新兴领域的布局，力图打造发展新优势。受经济增速下降、劳动力成本上升、人民币汇率波动等内因影响，在华外资企业经营压力加大，一些信息产业新兴国家和地区积极参与全球产业再分工，承接资本及技术转移，导致一些跨国资本选择将其中低端制造业向其他新兴发展中国家“分流”。

（三）国家重大战略推进实施，亟待产业新突破

信息产业正日益成为我国实现制造强国、网络强国的关键力量之一。“中国制造2025”明确提出“以加快新一代信息技术与制造业深度融合为主线，以推进智能制造为主攻方向”，在加速向制造强国迈进过程中，需要在集成电路、信息通信设备、操作系统等新一代信息技术领域实现突破。“互联网+”行动指导意见的持续推进，要求我们密切跟踪信息技术变革趋势，努力发展新技术、新模式、新业态，构建以互联网为基础的融合型产业生态体系。国家信息安全战略和网络强国战略的实施，需要尽快突破芯片、整机、操作系统等核心技术，大力加强网络信息安全技术能力体系建设，增强信息安全保障能力和网络空间治理能力。

在新的形势下，我国信息产业必须把握产业发展新趋势、新热点，树立新思路，采取新举措，突破新技术，拓展新市场，提供新产品、新服务，加快产业发展方式转变，强化产业竞争力。

---

① 刘利华．我国电子信息产业现状和发展趋势［EB/OL］．（2017-04-10）［2018-12-14］．https://www.sohu.com/a/133019546_487612.

二、智能化成为信息产业的重要发展趋势

人类社会经历了机械化、电气化、数字化时代，正在向智能化时代演变，传统的生产生活方式和产业发展模式逐步被颠覆。“智能”的概念已逐渐为全社会所熟知，智能技术、智能产品、智能服务成为各界关注的焦点。习近平总书记指出，以机器人科技为代表的智能产业蓬勃兴起，成为现代科技创新的一个重要标志。李克强总理在政府工作报告中要求，加快人工智能、集成电路、第五代移动通信等技术研发和转化，做大做强产业集群。从国内外产业发展实践看，智能化正在成为信息产业的重要发展趋势，能够为信息产业提供新的发展机遇、发展空间和发展动力。

（一）以智能为核心的技术产品不断涌现

2016年以来，全球信息技术围绕人工智能掀起了新一轮创新高潮，以智能为核心的技术产品创新在多个领域取得突破性进展，并持续快速演进。神经网络、机器学习、深度学习，以及群体智能、人机混合智能等技术快速发展，人工智能程序已经在围棋、国际象棋等智力游戏中战胜人类顶级选手，智能产品已在城市管理、能源利用、生态改善，以及医疗、交通、食品安全追溯等领域得到应用。智能技术与其他技术的融合，以及在汽车、机器人、家用电器等领域的应用，正在丰富信息产业的发展内涵，使信息产业焕发出新的生机和活力。

（二）以智能为特点的应用需求持续拓展

电子信息产品正从单一功能设备向通用设备、从单一场景到复杂场景、从简单行为到复杂行为发展转变，智能要素的注入将加速这一过程。电子信息产品的智能化也在加速服务创新和商业模式变革，培育出蓬勃旺盛的智能应用需求，给信息产业发展开辟出新的方向。在居民消费领域，智能手机、智能电视等产品已成为市场主流，智能路由器、智能空气净化器、智能摄像头、服务机器人等新产品逐渐成熟和普及。在行业应用领域，智能制造的推进将为智能信息产品提供丰富应用场景和创新需求，为信息产业提供规模巨大、快速发展的应用空间。

（三）以智能为重点的国际竞争日益激烈

发达国家加速布局智能领域，发展战略初露端倪。2016年，美国先后发布《为未来人工智能做好准备》《国家人工智能研究与发展策略规划》《人工智能、自动化与经济》三份报告，推出了“国家机器人计划”；德国出台《数字化战略2025》，以信息技术为基础建立智能工厂、智能交通、智慧城市和智能家居等一系列数字化系统；日本经产省发布利用人工智能和机器人等新技术促进经济增长的“新产业结构蓝图”。跨国龙头企业纷纷在智能领域发力，并将实施投资融资、战略并购作为加快技术创新和生态建设的重要手段，人工智能领域的投融资规模呈爆发式成长。2016年，全球人工智能领域融资额较2015年增长超过60%。这些举措，既给我国布局智能领域提供了借鉴和参考，也提出了新的挑战。

在产业发展方面，我国正与全球同步迈进，在计算机视觉、语音识别等细分领域甚至处于国际领先水平，涌现出一批具备竞争实力的企业和研究机构，已具良好的发展基础。“中国制造2025”“互联网+”等政策文件中，将智能技术、智能产品列为发展重点，对以智能为引领的信息产业发展的支持力度持续加大。

与此同时，我们也必须看到，我国信息产业发展基础还存在薄弱环节，核心技术仍然存在短板，距离智能化发展要求还有较大差距。特别是芯片、基础软件、传感器、智能控制等核心关键技术积累不足，尚无法对新兴增长点形成相匹配的支撑，使得我国信息产业发展面临考验。

三、引领我国信息产业转型升级的主要思路

面对新一轮技术创新和产业变革热潮，我们要以习近平总书记关于网络信息核心技术突破的一系列重要讲话精神为指引，按照党中央、国务院的统一部署，落实推进“中国制造2025”“互联网+”等重大战略，集中力量突破核心技术瓶颈，努力打造以人工智能、智能硬件等为代表的智能信息产业，推动信息产业实现关键跳跃，以产业新动能带动经济社会实现新发展。

（一）加快突破核心技术，夯实智能化发展基础

瞄准国家重大战略需求和未来产业发展制高点，围绕智能信息产业关键环节和重点领域，布局建设国家创新中心，加大对计算机视听觉、生物特征识别、复杂环境识别、新型人机交互、自然语言理解、机器翻译、智能决策控制等技术的研发和产业化力度，大力支持智能芯片、智能传感器、智能操作系统、智能控制系统等软硬件产品发展，支持人工智能领域的高端服务器、关键网络设备、网络安全技术设备、中间件等基础技术产品开发，优化创新资源配置，打造全产业链协同创新机制，切实增强智能信息技术和产业的发展能力。

（二）促进融合配套发展，打造智能信息产业体系

把握智能化发展趋势，推进信息产业模式创新，围绕产业链促进融合发展。以智能化消费需求为导向，着力推动软硬融合、制造与服务融合、网络与产品融合，大力发展智能可穿戴设备、智能汽车、智能无人系统、智能服务机器人、智能家居产品等智能消费产品，以及智能工业机器人、智能制造解决方案等行业智能化产品，强化产业链各环节配套发展，建立健全智能信息产业体系。

（三）开展智能化应用示范，激发传统产业新活力

发挥智能信息产业对“中国制造2025”“互联网+”等国家战略的支撑作用，以智能制造为主攻方向，大力发展工业智能传感器、智能工控系统、工业机器人等核心技术产品和智能装备系统。深化智能信息技术与农业、医疗、交通、能源、金融、安防等行业领域的融合，加快人工智能技术在家居、汽车、无人系统、安防等领域的推广应用，积极发展智慧医疗、智慧交通、智能电网、智能安防等服务，积极开展典型智能化应用示范，加速传统产业由信息化向智能化转型，带动实现新发展。

第四节　我国信息产业的发展战略

一、提高自主创新能力，推动产业结构优化升级

制约信息产业长期协调高速发展的一个核心问题是自主创新能力比较弱。无论是产业增长方式不合理、产业链结构不完整、企业结构不平衡还是对外贸易的结构性矛盾，主要成因皆出于此。提高我国信息产业自主创新能力的过程就是为解决这些结构性矛盾奠定基础的过程。在从根本上提高我国信息产业自主创新能力的过程中，人员素质提高问题将得以解决。

自主创新绝不仅是技术创新，尤其重要的是创新意识的普遍提升和创新观念的普遍建立。技术创新和产品创新需要勇于和善于创新的思维，需要群体性的创新行为，需要充分发挥一个比较大的群体的积极性、主动性和创造性。中华民族不乏创新所需要的坚韧不拔的奋斗精神和博大智慧。贪近利、走捷径是提高自主创新能力的障碍，是这些精神和智慧的枷锁。信息产业自主创新能力的提高需要包括教育体制、利益取向等在内的种种导向机制和政策的引导和推动，特别是需要掌握资源调配权力的群体打开急功近利的枷锁，解放这些精神和智慧。坚持以人为本，按照统筹兼顾的根本方法，提高自主创新能力，

推动产业结构优化，实现全面协调可持续发展，这是关系国民经济全局的紧迫而重大的战略任务。我们必须在不断提高自主创新能力的同时，推动信息产业的结构优化升级。信息产业要由大变强，要在促进整个工业由大变强中发挥推进作用，并且在发展现代服务业中身先士卒。这些战略性发展方向和目标也是历史赋予信息产业的使命。

信息产业在相当长的时期里维持了高速发展的态势，在检讨既往发展历程经验、总结横亘在我们面前的种种结构性问题的同时，未来的发展机遇也已经呈现在我们眼前。挑战和机遇同在。我国信息产业需要在进一步注重提高自主创新能力的同时，准确把握世界信息产业发展趋势和我国信息产业发展形势，充分发挥信息产业对国民经济其他各个产业的渗透、带动作用，刺激信息产业及相关领域的投资、消费和出口，加快经济结构优化，推动经济总量增长，促进资源节约型经济的建立，为实现国民经济的可持续发展、为建设创新型国家做出应有的贡献。

二、运用经济学理论，指导产业结构调整

以计算技术、微电子技术和现代通信技术为核心的新的技术群体——信息技术——的出现，打破了以机械和电气技术为中心的技术体系的稳定状态。这个新技术群体的强大渗透力对社会经济的几乎所有产业都造成冲击，原有的稳定状态不再维持，进入新的重大调整期。在对已有的各个产业造成冲击的同时，信息技术催生了新的产业——信息产业。在汹涌澎湃的技术和经济发展大潮中，高不确定性制约了精细的分析行为。就经济学理论实际应用而言，在未来相当长的一段时期里，探索信息产业发展规律并且对其未来发展给予指导，比较适合的应该是居于信息产业之外的更加宏观的经济学理论——产业结构优化升级理论。信息产业发展的未来要务是产业结构优化升级，而不是信息产业的具体测度。

产业结构优化升级理论的实质是生产技术的变化引起的产业结构的变革，即由于新技术的开发、引进、消化和吸收引起高技术产业发展和传统产业改造。产业结构优化以技术进步为前提。在技术进步过程中，某些产业首先突破，然后通过前向、后向和旁侧效应，推动一系列相关产业发展，并且通过技术扩散、渗透和诱发等方面的作用，推动相关产业分支的技术进步，从而推动整个产业升级。因此，产业结构优化升级的重点是那些有广阔发展前景、较高技术含量的产业分支。产业结构优化升级的过程是推动产业结构向协调化和高度化方向演进，目标是实现产业结构协调化和高度化的统一。

针对整个经济领域的产业结构调整理论是以产业为“单元”展开的。在产业经济学里，产业是相对概念，无论是庞大的还是比较小的经济体系都有各自的产业结构。对于一个经济体系里的每个产业来说，它们是各自范畴的小的“经济体系”。因此，产业经济学的结构调整理论同样适用于指导产业内部的结构调整。

三、提高自主创新能力，实现跨越式发展

（一）转型升级为主线

（1）加快新一代信息技术研发及产业化进程，培育壮大战略性新兴产业。

（2）加强培育自主品牌，提升国际化经营水平，增强产业发展质量与效益。

（3）完善重大产业布局，培育龙头骨干企业，提高产业集中度、规模效应及配套协作水平。

（4）稳定国际市场，进一步优化贸易结构。

（5）积极开拓国内市场，强化内生增长动力。

（二）以创新引领为根本动力

（1）努力突破原始创新，大力推进集成创新，加强消化吸收再创新，不断完善以企业为主体的产业

创新体系，形成完整的创新链条，提升科研成果产业化效率。

（2）国家科技重大专项及重大工程为抓手，加大研发投入，着力攻克一批核心关键技术。

（三）以应用驱动为关键支撑

（1）加强信息技术推广应用，改造提升传统产业。

（2）重点发展工业控制、机床电子、汽车电子、医疗电子、金融电子、电力电子等量大面广、拉动作用强的产品，形成产业新增长点。

（3）加快培育战略性新兴领域，形成一批可快速带动产业增长的关键应用。

（四）以融合发展为重要途径

（1）积极推进制造业向服务延伸，推动产品制造与软件和信息服务融合、制造业与运营业融合，大量催生新产品、新业态，鼓励引导商业模式创新。

（2）引导并加快产业链垂直整合进程，促进资源优化重组。

（3）推动军民技术互通互用，加快军民融合发展。

经济视窗 8-1

[第九章]
健康产业

本章主要讨论健康产业与健康中国、健康产业的地位与作用、我国健康产业的发展现状与方向、我国健康产业的发展对策。

第一节　健康产业与健康中国

一、“健康中国”概念的提出

中华人民共和国成立以来，特别是改革开放40多年来，人民健康水平和身体素质水平持续提高，城乡环境和医疗卫生服务体系建设不断完善。2015年我国人均预期寿命、婴幼儿死亡率等健康指标，总体上优于中高收入国家平均水平。但是人口老龄化、工业化和城镇化、生态环境和生活方式变化给人民健康带来新的挑战：健康服务有效供给总体不足与需求日益增长之间的矛盾突出，健康领域发展与经济社会发展的协调性严重欠缺，必须在国家战略层面统筹解决关于健康的重大和长远问题。

2015年3月，李克强总理提出“健康中国”的概念；2016年3月“十三五”规划纲要出台，健康中国正式升级为“国家战略”。

二、健康中国建设的指导思想与原则[①]

（一）健康中国建设的指导思想

以提高人民健康水平为核心，以体制机制创新为动力，以普及健康生活、优化健康服务、完善健康保障、建设健康环境、发展健康产业为重点，加快转变健康领域发展方式，全方位、全周期维护和保障人民健康，大幅提高健康水平，显著改善健康公平。

（二）健康中国建设的基本原则

1.健康优先

把健康摆在优先发展的战略地位，将促进健康的理念融入公共政策制定的全过程，加快形成有利于健康的生活方式、生态环境和经济社会发展模式，实现健康与经济社会良性协调发展。

2.改革创新

发挥市场机制作用和科技创新的引领支撑作用，形成促进全民健康的制度体系。

3.科学发展

把握健康领域发展规律，推动健康服务从规模扩张的粗放型发展模式转变为质量效益提升的绿色集

① 引自《“健康中国2030”规划纲要》。

约式发展模式，提升健康服务水平。

4.公平公正

以农村和基层为重点，推动健康公共服务均等化，维护基本医疗卫生服务公益性，缩小城乡、地区、人群间基本健康服务和健康水平的差异，实现全民健康覆盖。

三、健康中国的战略目标

到2030年，全民健康水平持续提升。人民身体素质明显增强，人均预期寿命达到79岁；危害健康的主要因素得到有效控制。健康生活方式全面普及，健康的生产生活环境基本形成，食品药品安全得到有效控制；健康服务能力大幅提升。优质高效的医疗卫生服务体系全面建立，健康保障体系进一步完善，健康科技创新实力居世界前列；健康产业规模显著扩大。建立起体系完整、结构优化的健康产业体系，形成一批具有创新能力和国际竞争力的大型企业，成为国民经济的支柱产业；促进健康的制度体系更加完善。有利于健康的政策和法律法规体系进一步健全，健康领域治理体系和治理能力基本实现现代化。

第二节　健康产业的地位与作用

一、健康产业的地位

（一）健康产业已经成为欧美发达国家的支柱产业

健康是人最基本和最重要的需求，也是促进人全面发展的必然要求。在联合国人类发展指数（HDI）指标体系中，位列第一的就是健康和人均预期寿命。联合国千年发展目标的8个具体分项中就有3个是关于人的健康的。以维护和促进健康为核心的健康产业在人民生活和国民经济发展中发挥着越来越重要的作用。

发展健康产业对于保护公民健康权益，带动经济增长、优化经济结构、提升国家综合国力和国际竞争力具有重要作用，许多国家把健康产业作为战略产业和支柱产业给予重点支持。

在美国、欧洲以及日本等发达国家，健康产业已经成为带动整个国民经济增长的巨大推动力，健康产业的增加值占GDP的比重已经超过15%。美国的大健康产业是美国经济第五大产业，也是近些年来增速最快的产业。有经济学家将健康产业描述为接替互联网、股市、黄金、房地产之后的“财富第五波”；不少专家认为，继蒸汽机、电力、新能源、IT技术之后，生物健康技术突飞猛进，健康产业增加值和发展潜力巨大，已呈现出新时期全球经济的趋势。比尔·盖茨在21世纪初曾将健康产业描述为未来能超过信息产业的重点产业。

从国际经验看，健康产业具有带动和辐射产业覆盖面广、产业链长，吸纳就业人数多，拉动消费效能大等特点，并且具有明显的高成长性和抗经济周期特性，已经成为发达国家的支柱产业。

（二）健康产业是我国经济的新兴产业和朝阳产业

2013年9月国务院颁发《关于促进健康服务业发展若干意见》，2016年“十三五”规划纲要将健康中国作为国家战略，2016年10月国务院颁发《“健康中国2030”规划纲要》。

健康中国有望成为培育新经济增长点的重要源头活水。伴随人们对健康的日益重视，健康产品的种类与数量随之增加，健康产品市场呈现出巨大潜力和发展活力，这将成为推动经济持续增长的重要支撑。根据《“健康中国2030”规划纲要》，到2020年，我国的健康产业的规模将超过8万亿元，到2030年将超过16万亿元。截至2017年8月，我国已有27个省出台了健康产业、健康服务业发展实施方案或专项规划，依托本地区特色或优势推动产业融合发展，依托重点项目打造产业集群。政策红利成为当前推进健康产业发展的重要因素。

人口老龄化激发了医疗保健需求。2017年，我国65岁以上老年人口占比达11.4%，人均预期寿命达到76.5周岁。我国人口加速老龄化与寿命的延长是大势所趋，在此背景下，养老、慢性病等健康问题日益严重，成为推进健康产业发展的强大动力。

随着人民生活水平的提高，大众健康意识提升，人民群众对健康服务、健康产品的需求持续增长，并呈现出多层次、多元化、个性化的特征，为健康产业发展提供了巨大的市场空间。

互联网与健康产业相互融合，许多新兴健康产业应运而生，并拉动大量相关需求与消费。

健康产业在拥有13亿多人口的中国具有广阔的市场前景，潜力巨大，已经成为我国经济的新兴产业和朝阳产业。

二、健康产业的作用①

（一）发展健康产业是推进健康中国建设的必由之路

全面建成小康社会，健康是十分关键的一个目标，没有全民健康就没有全面小康。人民身体健康是全面建成小康社会的重要内涵，是每一个人成长和实现幸福生活的重要基础。发展健康产业，为人民群众提供丰富的健康产品与服务，可以有效提升人民的健康素质，改善人民的生活质量。

人民生活跨越温饱阶段之后，健康日益成为人民所追求的更高生活水平和生活质量的重要内容。推进健康中国建设，不断满足人民群众健康需求，就必须大力发展健康产业。

健康产业是极具发展潜力的新兴产业，具有拉动内需和改善民生的双重功能。在经济发展新常态下，发展健康产业是推进健康中国建设的必由之路。

（二）发展健康产业是推进经济结构调整和供给侧改革的重要内容

目前，我国经济进入新常态，经济发展的动能开始进入传统动力衰减和新动力培育的接续阶段。健康产业涉及面广、产业链条长、增长空间大，直接影响国民经济多个行业的发展，是极具开发价值和增长潜力的“朝阳产业”，是新常态下“稳增长、调结构、惠民生”的重要着力点。

健康产业的发展顺应了人民群众的现实需求，这个现实需求是市场的生命力所在，也是经济结构调整的决定性力量。供给侧结构性改革，就是与人民群众的需求对接，满足人民群众消费升级后对健康领域新产品、新服务的需求。发展健康产业无疑是推进经济结构调整和供给侧改革的重要方面。

（三）发展健康产业是应对我国人口老龄化的必然要求

人口老龄化是未来影响我国经济社会发展的长期性重大问题。2017年，全国人口中60岁及以上人口为24 090万人，占总人口的17.3%。其中，65岁及以上人口为15 831万人，占总人口的11.4%。60岁以上人口和65岁以上人口都比2016年增加了0.6个百分点。预计到2020年，我国老年人口将达到2.48亿人，老龄化水平达到17.17%，其中80岁以上老年人口将达到3 067万人；到2025年，我国60岁以上人口将达到3亿人，成为超老年型国家。发展健康产业，满足老年人的服务与产品需求，是积极应对人口老龄化的现实而迫切的要求。

① 张来明. 健康产业大有潜力可挖［N］. 经济日报，2016-06-16.

第三节　我国健康产业的发展现状与方向

一、我国健康产业的发展现状

（1）当前我国的健康产业仍处于发展起步期，产业规模小。发达国家健康产业增加值比重超过15%，我国健康产业则不足5%。

（2）产业结构较为单一。产业运作以医院为主导和核心，产业链不完整，同质化严重。

（3）产业内部联系松散，与相关产业之间共建共享、互动合作欠缺，资源整合效率低下。

（4）产品与服务层次低、质量差，难以满足不同群体、不同地域、不同年龄段消费者的差异化需求。

（5）专业人才缺乏。医疗卫生、技术人才相对充裕，但健康管理、养老服务、医疗信息化、医疗保险等健康服务管理等新兴复合型专业人才严重缺乏。

（6）整个产业存在社会资本参与少、区域发展不平衡、城乡差异大、没形成成熟的产业集群等问题。

同时，健康产业发展迎来重要战略机遇期：经济保持中高速增长为发展健康产业奠定了坚实的物质基础；消费结构升级为发展健康产业创造了广阔空间；科技创新为发展健康产业提供了有力支撑；各方面制度更加成熟定型为健康产业可持续发展构建了有力保障。当前国内产业发展速度逐渐加快，产业发展基础逐步夯实，各地十分重视健康产业的发展，为健康产业的发展提供了很多便利条件，这使得近些年来健康产业得到快速发展，一些具有竞争力的特色品牌企业开始逐渐出现。经济实力雄厚的城市开始建设国内第一批健康产业集群，其中代表性实践案例有苏州环球国际健康产业园、成都国际医学城、广东中山医药健康产业集群等。

二、美国健康产业的发展经验与启示

（一）美国通过立法、产业政策推动健康产业发展①

首先，以立法促进产业发展，维护产业秩序。美国出台了《健康维护法案》《联邦食品药品和化妆品法案》等一系列法律法规，为健康产业有序发展和食品药品的安全提供了良好的法律环境。

其次，联邦政府和州政府制定了相关的产业政策，旨在引导企业把握产业发展趋势和产品及服务发展方向。同时，政府在税收、融资、研发和配套服务等方面给予优惠或补贴，积极鼓励社会资本对健康产业的投入。

（二）通过健康公民战略，推动全社会参与健康产业

早在1979年，美国政府就提出了健康公民战略，从1980年开始，每10年发布一次健康公民战略报告。美国在2010年发布的“健康公民2020”战略中，构建了“健康公民2020”的执行框架，涵盖了动员、评估、计划、实施和追踪5个步骤，又称MAP-IT框架。该框架为个人、社区、政府以及健康产业参与主体提供了协调实施路径，保障了健康促进政策的持续性。经过4期健康公民战略的推进实施，其战略内容不断完善，战略重点已由早期的提高生活质量和健康水平发展为提升健康行为、优化健康理念。

美国政府还通过大众媒介传播健康知识和信息，提升全民健康素质，以加强预防疾病、促进全民健康。大众传媒研究表明，信息传播可以将医学成果转化为大众普遍认知的健康常识，进而改变大众行为，从而达到预防疾病、提高大众健康水平的效果。

---

① 余莉，董微微．美国健康服务产业发展经验对我国的启示［J］．中国商论，2017（23）：75-76.

（三）重视预防保健和健康风险管理

美国的健康产业起源于1963年，是仅次于制造业、信息服务业、金融保险业、房地产业的第五大产业，是近些年来增速最快的产业，占GDP的比重达8.8%，是美国经济的支柱产业。

首先，美国健康产业重视家庭和社区关怀，重视预防保健，真正做到“战略前移，重心下移”。美国的家庭和社区保健服务，除一部分全科诊疗服务外，大部分进行健康促进、慢病管理等健康风险管理工作。此类健康风险管理工作已在信息系统和专业培训的支撑下，与临床医疗体系整合在一起，形成一个有机整体。

其次，美国健康产业重视健康风险管理服务，以健康风险管理为枢纽的健康产业链已经成为美国经济增长速度最快的产业。健康产业就业状况良好，体现了该产业的高成长性和抗经济周期性特性。①

（四）健康保险带动和整合健康产业的发展

健康保险在美国健康产业中扮演了关键角色，其产值巨大。2013年全美健康保险保费收入为8 500亿美元，占当年美国GDP的5.3%，创造了大量的就业机会。健康保险带动和整合了健康产业的发展，美国的健康保险公司普遍投资医疗机构，成为继政府之外医疗机构最大的投资主体，医保双方形成密切的合作关系。同时，健康管理与健康保险高度融合，健康保险为其提供资金支持、信息咨询和专业培训，在为民众提供健康促进服务的同时，协助保险公司降低健康风险。相对于社会保险偏于谨慎保守的管理理念，商业健康保险更倾向于将新药品、新医疗方法纳入保障范围，这对于推进美国医疗科技进步发挥了至关重要的作用。没有商业健康保险的资金支持，美国就没有世界领先的医疗技术和高水平的医疗服务，也不可能引领世界的生物制药和健康产业。②

三、我国健康产业的发展方向

（一）医疗健康由单一救治模式转向“防、治、养”一体化模式

传统医疗服务业即医疗性健康服务是健康产业的基本组成部分。“防治分离”“重医轻防”是目前我国医疗健康服务的基本状况。传统医学基于单纯生物医学模式，只治疗已病患者，忽略慢病发病与防控的环境、社会和心理因素。慢病的源头是不健康的自然环境、社会环境和生活方式，而被动、碎片化的医疗健康服务体系难以应对慢病挑战。因此医疗健康的理念必须从“以治愈疾病为目的的高技术追求”转向“预防疾病和损伤，维持和促进健康”。变革现有的医疗健康服务体系与结构、优化医疗健康资源配置，变“已病就医”为“未病先防”，就是由单一救治模式转向“防、治、养”一体化模式。加强疾病预防和康复，充分发挥传统医疗服务在健康产业发展中的基础性作用。

（二）非医疗性健康服务发展前景广阔

健康管理、慢病管理、康复、老年养护、养生保健、健康咨询、健康保险等非医疗性健康服务，是中国健康产业发展的一片“蓝海”，商机无限。通过对健康人群和亚健康人群提供产品和服务，人们更健康、健美，并延缓衰老和防患于未然。随着人们健康意识及消费能力的提升，强调“治未病”的健康服务业必将迎来重大发展机遇。完善健康产业体系，加强产业内部的共建共享互动合作，市场和效益空间巨大。

（三）跨界融合

健康产业与养老、旅游、互联网、健身休闲、食品等产业的融合，甚至与房地产、金融的融合，都

---

① 佚名．美国大健康产业长盛不衰的奥秘［J］．医学信息学杂志，2017，38（8）：94.

② 孙东雅．美国健康保险发展启示［J］．中国金融，2015（2）：60-62.

已显现出良好势头或萌芽，这类跨产业融合必将持续发展，并催生健康新产业、新业态、新模式。例如由旅居财富网发起的中国健康生活服务联盟，联合国内外知名健康生活服务商，为客户提供医养、康疗、分时度假、健身休闲和健康营养食品等服务，借助互联网平台，以健康生活为主线，把房地产、医疗养生、休闲旅游、餐饮美食等产业融合起来，并得到消费者的积极响应。

第四节　我国健康产业的发展对策

一、贯彻新理念，完善健康产业政策体系

发展是解决一切问题的基础和关键，健康产业的发展必须贯彻创新、协调、绿色、开放、共享的发展理念；使市场在资源配置中起决定性作用，更好地发挥政府作用。提升政府管理水平和社会治理能力，消除体制机制障碍，推动政策创新，为健康产业发展创造良好的外部环境。

充分发挥市场机制作用，调动各级政府和国内外企业发展健康产业的积极性，鼓励社会资本参与，放宽健康产业的市场准入，实行负面清单和“非禁即入”原则；通过税收、土地、信贷等方面的政策优惠，吸引国内外健康产业高新技术项目落户；支持高新技术开发、平台建设和技术人才的引进，促进健康产业发展。

二、“互联网+”创新健康产业服务模式

发展健康产业，要规范和推广“互联网+医疗健康”服务。利用移动诊疗技术、健康物联网技术、大数据云计算技术和可穿戴信息采集终端，推进“互联网+”模式下的新型诊疗、医养结合、个性化健康保障、中医“治未病”等服务的新模式、新业态的发展；建立医患直接沟通、诊断、干预的网络平台并开展多元化医疗健康服务，构建覆盖医院、养老机构、社区、家庭、个体的闭环持续性健康管理模式。创新互联网健康医疗服务模式，持续推进覆盖全生命周期的预防、治疗、康复和自主健康管理一体化的健康信息服务。

三、打造健康产业公共服务平台，培养健康产业专业人才

发展健康产业，要加强产学研合作，加强与国外研究机构、跨国公司的合作。建设医疗卫生、生物医药、医疗器械、康复保健、健康服务的公共信息平台，以及专业孵化器、产业标准体系、产品检测等公共平台。采取专业培训、引进人才等多种方式培养不同层次的各类专业人才，尤其要大量培养当前健康产业紧缺的老年医学、护理、营养和心理等方面的专业人员，夯实健康产业的发展基础。

四、构建完整的健康产业链，形成产业良性互动

健康产业可分为医疗性健康服务业和非医疗性健康服务业两大部分。以医疗服务、药品、医疗器械为代表的常规医疗性健康服务业，是我国健康产业的传统强项。但是，高端医疗服务、生物医药、高技术医疗器械，以及健康管理与促进、康复保健、健康保险等非医疗性健康服务业，目前还是健康产业链上的弱项和短板。

要支持传统医疗、医药业向健康产业链上下游环节延伸，引导养老、旅游、互联网、健身休闲、食品相关产业跨界进入健康产业，吸引国内外资本投资健康产业，形成功能完善、分工明确的产业体系和完整的健康产业链，从而推动整个产业及周边相关产业良性互动发展。

同时，健康产业的发展要与医疗卫生体制改革、社会保障体制改革及促进经济转型升级紧密结合，互为支持、协同推进。

五、大力发展商业健康保险

发展健康产业，要大力推进商业健康保险。完善政策规范，把健康保险作为金融、社会保障和健康产业的重要支柱，制定产业政策和发展规划，完善税收优惠政策；加强商业健康保险与社会保障的合作，支持商业健康保险发挥社会管理功能；加强医保合作，鼓励健康保险与健康管理共同发展，加强对医疗行为的监督和对医疗费用的控制，实现互利共赢；为参保人员提供健康风险评估、健康风险干预等服务，并探索健康管理组织等新型组织形式，使商业健康保险成为健康产业领域资金融通、技术进步的重要推动力量。

六、培育和发展产业集群

培育区域性健康产业集群，推进当地健康产业发展壮大。

1.准确定位

在对本地区健康产业相关要素的优劣势深入了解分析的基础上，设定清晰的系统定位、发展方向和产业培育特色，而不是停留在简单松散的产业地理集中上。

2.确保研发投入

大规模研发投入在健康产业集群发展中的重要性是由健康产业固有的性质决定的。作为技术密集型产业，健康产业各个环节的发展都需要足够的技术支撑，独特的技术资源或专利优势往往能成为产业发展的核心竞争力。因此，我国必须充分挖掘和发挥当地科研机构、高等院校的技术资源，吸引产业资本，形成产学研良性互动。

3.政府在产业集群培育过程中的角色定位，要与产业发展的实际状态相契合

健康产业集群的发展是以政府主导为主还是以市场推动为主，不能一概而论。美国纳什维尔健康产业集群的发展基本属于市场推动型，而迪拜健康城的发展则主要属于政府主导型。两者都是全球著名的健康产业集群。

［第十章］

战略性新兴产业[①]

《中共中央关于制定国民经济和社会发展第十三个五年规划的建议》指出：瞄准技术前沿，把握产业变革方向，围绕重点领域，优化政策组合，拓展新兴产业增长空间，抢占未来竞争制高点。本章主要讨论战略性新兴产业概述，我国发展战略性新兴产业的优势、问题、成就和战略。

第一节　战略性新兴产业概述

一、战略性新兴产业的概念

战略性新兴产业是以重大技术突破和重大发展需求为基础，对经济社会全局和长远发展具有重大引领带动作用，知识与技术密集、物质资源消耗少、成长潜力大、综合效益好的产业。战略性新兴产业包括新一代信息技术产业、高端装备制造产业、新材料产业、生物产业、新能源汽车产业、新能源产业、节能环保产业、数字创意产业、相关服务业等九大领域。

战略性新兴产业有两个基本特征：

一是战略性，是指全局性和长期性，包括重大前沿技术领域、对多数行业具有带动和支撑作用的领域等。

二是新兴产业，是指新技术处于产业化的初期阶段，但未来的发展潜力巨大的产业。

二、战略性新兴产业的作用[②]

加快培育发展战略性新兴产业具有重要的战略意义。

从国际经济发展形势看，加快培育发展战略性新兴产业是我国努力掌握国际经济竞争主动权的必然要求。当今世界，在经济全球化不断发展的同时，气候变化、能源安全、粮食安全等全球性问题更加突出，以知识与技术密集、绿色低碳增长为主要特征的新兴产业蓬勃兴起，日益成为引领新一轮工业革命的主导力量。为应对新挑战、构建新优势，世界主要国家紧紧抓住新兴产业发展机遇，竞相出台发展战略，加大政府扶持力度，抢占经济发展的制高点。新兴产业推动全球经济与竞争格局发生深刻变革，我国必须加快部署，积极促进新兴产业发展。

从国内发展转型需要看，加快培育发展战略性新兴产业是我国加快转变经济发展方式、建设创新型国家的必然要求。经过改革开放以来的快速发展，我国综合国力明显提高，但发展中不平衡、不协调、不可持续问题日益凸显，粗放型经济发展方式下形成的经济结构与资源环境承载能力矛盾更加突出。只有加快培育发展知识与技术密集、物质资源消耗少、成长潜力大、综合效益好的战略性新兴产业，才有利于充分发挥科技引领作用，在更高起点上形成新的经济增长点，提高经济增长的质量和效益，真正走

① 李悦，方天石．产业结构调整应确保战略重点产业［N］．人民日报（内参），2010-04-26.
② 张晓强．瞄准战略性新兴产业主攻方向［N］．经济日报，2011-08-22.

上加强经济社会创新驱动发展之路。

第二节　我国发展战略性新兴产业的优势、问题与成就①

一、我国发展战略性新兴产业的优势

第一，技术创新体系建设快速推进。近些年来，我国有利于自主创新的法律法规、政策不断完善，激发了全社会的创新活力和研发的投入。各级政府部门加大了对创新能力建设的支持力度，产业技术创新体系加速形成，技术创新联盟快速发展，科技人力资源规模快速增长，大批海外留学人才回国创新创业。这为我国战略性新兴产业发展奠定了技术基础。

第二，部分新兴产业初具规模并在局部领域取得技术突破。近些年来，我国新兴产业相关领域有了积极进展，核心关键技术取得突破，具备了一定的产业规模和技术基础，为我国培育发展战略性新兴产业提供了条件。

第三，我国具有广阔的市场发展空间。今后一段时期，我国工业化、城镇化进程进一步推进，产业结构和城乡居民消费结构加速升级，这必将为战略性新兴产业发展提供广阔的空间。

二、我国发展战略性新兴产业的问题

（1）现行体制机制不适应战略性新兴产业快速发展的要求。具体来说，一是企业研发投入的资金规模还较小，尚未真正成为技术创新的主体。二是产学研紧密结合的机制没有形成，科技与经济脱节的问题仍然较为突出。三是符合战略性新兴产业特点和要求的资本市场不完善，如创业风险投资、场外交易等不发达，融资体系不健全，具有创业风险投资管理理念和经验的人才队伍缺乏。四是部分领域管理体制改革滞后，如节能环保和新能源产业的价格形成机制等，都是制约相关行业发展的重要因素。五是条块分割，缺乏有效的协调和决策机制，有关规划、政策和资源没有形成合力。

（2）产业核心技术掌握得少，发展受制于人的问题仍然比较突出。战略性新兴产业的竞争，核心是关键技术的竞争。目前，我国战略性新兴产业的原创能力不足，关键核心技术和装备主要依赖进口。这种状况严重制约我国战略性新兴产业的发展。我国应着力推进关键核心技术的攻关，提升产业技术水平，努力跻身世界战略性新兴产业创新能力第一方阵。

（3）市场对战略性新兴产业发展的拉动作用有待加强。我国相继实施了“节能产品惠民工程”、下一代互联网示范网等新技术应用示范和培育市场的措施，对促进新兴产业快速发展发挥了重要的拉动作用。但市场培育力度还不够，相关技术标准制定滞后，有关价格和税收政策不配套，市场竞争秩序有待规范。

（4）规划引导和统筹协调有待加强。当前，各地对发展战略性新兴产业的积极性很高，都希望抓住这一重大发展机遇，实现本地经济的较快发展；但一些地方暴露出急于求成、发展重点不突出以及盲目建设等苗头性问题。

（5）业务发展快，资金不足，战略性新兴产业面临融资困难。目前这些产业主要依靠银行贷款来进行间接融资，直接融资比重小，而银行贷款远不能满足战略性新兴产业大量新增的投资需求。

（6）创新能力不足、要素支撑有待加强，是战略性新兴产业当前发展亟须突破的重要瓶颈。一方面，我国战略性新兴产业还处于培育阶段，技术进步的基础仍不牢固，关键核心技术受控于人的局面尚未得到根本性改变；另一方面，新兴产业领域领军及专业人才短缺，资金投入、知识产权保护等要素方面的不足也成为产业发展的短板。当前，新一轮科技革命和产业变革深入演进，全球科技创新活动进入

① 张晓强．瞄准战略性新兴产业主攻方向［N］．经济日报，2011-08-22.

高度密集期，创新速度明显加快，呈现群体突破、深入融合、迭代演进的特征，必须加快发展步伐。

（7）战略性新兴产业布局也有待均衡。目前，江苏、浙江等东部地区，深圳等一些大城市的战略性新兴产业较为集中，中西部和东北地区产业发展相对不足，这也是近些年来区域经济发展分化的一个重要原因。

值得关注的是，2017年6月15日，国家发展改革委与国家开发银行签署了《关于支持战略性新兴产业发展的战略合作协议》。按照该协议，国家开发银行“十三五”时期将安排不低于1.5万亿元融资总量支持战略性新兴产业。此举进一步优化营商环境，强化创新服务体系建设，加快推动新旧动能接续转换。①

三、我国发展战略性新兴产业的成就②

2017年，在《“十三五”国家战略性新兴产业发展规划》加快落实的大背景下，我国战略性新兴产业继续保持了较快增长态势，新业态、新模式不断涌现，产业结构持续优化，创新能力稳定提升，产品和商业模式的“走出去”路线取得了实质进展。

（一）新兴产业是经济增长的重要力量

近年来，由于人工智能、增材制造、智能机器人、物联网、云计算、大数据等新兴技术不断取得突破，并加速与经济社会各领域深度融合，新业态、新模式不断涌现，其拉动经济增长的潜能正在不断释放。如一直与中国的BAT（百度、阿里巴巴和腾讯公司）相竞争的美国三大科技巨头——苹果、亚马逊和谷歌，它们对美国GDP的贡献率合计达到2.4%，仅苹果1家公司的利润就超过位居2017年《财富》美国500强前两位的总和，成为利润最高的公司。同时，新兴产业在推动传统产业升级方面也展现出勃勃生机，正创造出新的经济增长点。例如，我国红领集团的“互联网工业”新模式创造了更大的利润空间，近几年公司互联网定制业务收入和净利润翻倍增长，“红领模式”将进一步向制鞋、汽车、家居、假发等领域渗透。

自国际金融危机爆发至今，全球经济增长持续低迷，大力发展新兴产业成为各主要国家寻找新的增长点、培育竞争新优势的战略选择。“德国工业4.0”“美国先进制造业国家战略计划”“法国未来工业计划”等，它们的核心理念和重点领域都是围绕发展新兴产业。美国建立的14家创新研究院，研究领域也主要集中在增材制造、轻量材料、复合材料、生物制药、机器人等新兴产业。而在智能机器人、无人驾驶汽车、工业互联网、新材料等前沿领域，发达国家依然领跑。新兴经济体纷纷出台政策措施，如巴西加大对新能源、电动汽车等新兴产业的补贴，大力发展新兴产业，积极参与全球产业再分工等。全球各主要国家和地区仍需加强新兴产业技术研发、新业态和新模式探索，以抢占未来科技和产业发展制高点。

近年来，新兴产业领域投资快速增长，科技巨头在引领资金投向方面发挥了重要作用。以人工智能为例，仅谷歌、Facebook和微软每年对人工智能专业人才的投入就达到数百万美元；英伟达对AI芯片投入大幅资金；谷歌、微软、百度、Facebook等积极布局AI开发平台；IBM、谷歌、华为、苹果、阿里巴巴和腾讯等则持续加大AI行业应用的投入。全球科技公司还通过并购途径加大在AI领域的投资。据CB Insights统计，在2017年第一季度，全球有34家AI初创企业被收购，并购企业数是2016年的2倍多，如Facebook收购Ozlo，谷歌收购Kaggle、Halli Labs、AIMatter，微软收购Maluuba，苹果收购Realface、Lattice，亚马逊收购Harvest.ai等。为保持领先优势，科技巨头对新兴产业的投资兴头仍将有增无减。

---

① 顾阳．战略性新兴产业渐入佳境［N］．经济日报，2017-07-10.

② 工业和信息化部赛迪研究院．2018年中国战略性新兴产业展望：新兴产业是经济增长的重要力量［EB/OL］．(2018-04-08)［2019-03-06］．http://www.199it.com/archives/708476.html.

（二）战略性新兴产业成为中国经济新引擎

1.经济新常态下，战略性新兴产业成为我国实现经济稳定增长的重要力量

据国家统计局数据，2017年前3个季度，我国战略性新兴产业增加值同比增长11.3%，高于全部规模以上工业4.6%；新材料、高端装备制造业利润增长较快，同比分别增长29.9%和28.1%，分别高于全部规模以上工业利润6.1%和5.3%；民用无人机、工业机器人和城市轨道交通产量实现高速增长，同比分别增长102.8%、69.4%和45.5%。战略性新兴产业对地区经济发展同样发挥着重要作用。例如，北京战略性新兴产业增加值同比增长14.4%，对工业增长的贡献率高达52.1%；安徽省战略性新兴产业产值同比增长21.9%，占全部工业产值的比重达到24.8%。此外，战略性新兴产业成为创业板上市公司利润高速增长的重要动力。据统计，除乐视网外，418家创业板战略性新兴产业上市公司净利润同比增长21.5%，新能源汽车领域企业净利润更是实现95.4%的超高速增长，业绩增幅远超板块整体水平。

2.中国在科技创新方面的国际地位进一步提高

一是部分核心领域技术水平继续领先世界。我国在载人航天、载人深潜、超级计算、高铁、可燃冰、页岩气、移动通信等领域，突破了一批关键核心技术，进入世界先进行列。比如，“墨子号”成为世界第一颗空间量子科学试验卫星，“中国天眼”成为世界最大单口径和最敏感的射电望远镜，可燃冰开采技术在我国率先实现全球日均稳定产气超过10 000立方米和连续产气超一周，全球商业运营速度最高纪录由时速350千米的“复兴号”创造等。

二是以“新四大发明”为代表的创新产品和商业模式将继续引领世界。中国高铁装备已经遍及100多个国家和地区，并实现了由产品、设备“走出去”向技术、标准和运营维护全产业链输出转变；阿里巴巴首个海外eWTP试验区——马来西亚数字自由贸易区全面启用运营；摩拜单车已在5个国家超过150个城市投放600多万辆共享单车；支付宝已覆盖70多个国家和地区数十万商家，微信也已在19个国家和地区落地，中国产品和中国模式将更多地走向世界。

3.法制政策环境持续优化

自2016年年底国家发布《“十三五”国家战略性新兴产业发展规划》以来，国家和地方层面相继制定出台了一系列重要文件。在国家层面，相关部门制定了《战略性新兴产业重点产品和服务指导目录》（2016版）、《新一代人工智能发展规划》、《大数据产业发展规划（2016—2020年）》、《“十三五”生物产业发展规划（2016—2020年）》、《促进汽车动力电池产业发展行动方案》、《“十三五”生物技术创新专项规划》、《战略性新兴产业分类（2018）》等文件。在地方层面，安徽省于2017年7月在国内率先出台了《安徽省促进战略性新兴产业集聚发展条例》，广东、山东、安徽、江苏、北京、四川等发布了“十三五”战略性新兴产业发展规划。此外，多地还在细分领域相继出台了一系列文件。如在节能环保领域，北京、天津、山西、内蒙古、辽宁等23个省（自治区、直辖市）印发了“土十条”省级工作方案，河北还制定了《河北省节约能源条例》。上述文件的贯彻落实，将为战略性新兴产业发展营造日益完善的法制政策环境。

（三）部分领域的领先优势进一步强化

1.新一代信息技术、高端装备产业创新能力不断提升

一是网购、共享经济、移动支付等新业态、新模式创新将继续引领全球。以共享经济为例，共享单车、共享充电宝、共享雨伞以及共享洗衣服务等新业态、新模式亮点纷呈。

二是技术创新和应用将有序推进。我国在高铁、通信、航天装备、核电装备等领域核心技术突破已经取得一定成绩，在2018年，卫星、高铁等领域技术继续引领全球，市场化应用潜能得到逐步释放；在三大电信运营商和华为、中兴、大唐等企业共同努力下，我国在移动通信领域有望从“4G同步”向“5G引领”迈进；在人工智能、物联网等细分领域有望与国际保持同步。

2.生物医药、新能源汽车、新材料、新能源和节能环保产业步入快速发展期

为加快经济结构调整，我国制定了一系列促进战略性新兴产业发展的扶持政策，有效推动了产业快速发展。2018年，绿色发展理念的深入贯彻，包括“新医改”“新农合”和药品审评审批制度改革的全面推进，可再生能源绿色电力证书制度的执行，“双积分政策”及燃油车退出等政策的加快落实等，都给我国新能源、节能环保、生物医药、新能源汽车和新材料等产业提供了重大发展机遇。以新能源汽车为例，据中汽协统计，2017年1—10月，新能源汽车产销同比分别增长45.7%和45.4%。

3.数字创意产业将成为新的投资热点

我国首次将数字创意产业列为战略性新兴产业五大新支柱产业之一，并出台了《推动数字文化产业创新发展的指导意见》。广东、浙江、福州、四川等地已出台推进数字创意产业发展的措施，上海、山西、河北等十余个地方政府也在抓紧制定鼓励数字创意产业发展的相关政策。优越的政策环境刺激了数字创意产业领域投资迅速升温。据国家信息中心统计，2017年上半年，我国数字创意产业投资总额达274.7亿元，较2016年下半年大幅增长84.4%；2016年到2017年上半年，我国数字创意产业共有859个投资案例，投资金额高达659.3亿元。

第三节　我国战略性新兴产业的发展战略

一、国家出台重要决定

（一）国务院关于加快培育和发展战略性新兴产业的决定

根据《国务院关于加快培育和发展战略性新兴产业的决定》（国发〔2010〕32号）（以下简称《决定》），我国计划用20年时间，使节能环保、新一代信息技术等七大战略性新兴产业整体创新能力和产业发展水平达到世界先进水平，为经济社会可持续发展提供强有力的支撑。

《决定》指出，根据战略性新兴产业的特征，立足我国国情和科技、产业基础，现阶段重点培育和发展节能环保、新一代信息技术、生物、高端装备制造、新能源、新材料、新能源汽车等产业。

到2020年，战略性新兴产业增加值占国内生产总值的比重力争达到15%左右，吸纳、带动就业能力显著提高。节能环保、新一代信息技术、生物、高端装备制造产业成为国民经济的支柱产业，新能源、新材料、新能源汽车产业成为国民经济的先导产业；创新能力大幅提升，掌握一批关键核心技术，在局部领域达到世界领先水平；形成一批具有国际影响力的大企业和一批创新活力旺盛的中小企业；建成一批产业链完善、创新能力强、特色鲜明的战略性新兴产业集聚区。

为支持战略性新兴产业发展，《决定》提出要建立健全创新药物、新能源、资源性产品价格形成机制和税费调节机制；实施新能源配额制，落实新能源发电全额保障性收购制度；加快建立生产者责任延伸制度，建立和完善主要污染物和碳排放交易制度；建立促进三网融合高效有序开展的政策和机制，深化电力体制改革，加快推进空域管理体制改革。

根据《决定》，我国组织编制国家战略性新兴产业发展规划和相关专项规划，制定战略性新兴产业发展指导目录，开展战略性新兴产业统计监测调查，加强与相关规划和政策的衔接；成立由国家发展改革委牵头的战略性新兴产业发展部际协调机制。

（二）“十三五”国家战略性新兴产业发展规划

《“十三五”国家战略性新兴产业发展规划》对“十三五”期间我国战略性新兴产业发展目标、重点任务、政策措施等做出全面部署安排。

该规划提出，到2020年，战略性新兴产业增加值占国内生产总值的比重达到15%，形成新一代信息技术、高端制造、生物、绿色低碳、数字创意5个产值规模10万亿元级的新支柱，并在更广领域形成大批跨界融合的新增长点，平均每年带动新增就业100万人以上。产业结构进一步优化，产业创新能力和竞争力明显提高，形成全球产业发展新高地。

该规划确定了八方面发展任务：

一是推动信息技术产业跨越发展，拓展网络经济新空间。

二是促进高端装备与新材料产业突破发展，引领中国制造新跨越。

三是加快生物产业创新发展步伐，培育生物经济新动力。

四是推动新能源汽车、新能源和节能环保产业快速壮大，构建可持续发展新模式。

五是促进数字创意产业蓬勃发展，创造引领新消费。

六是超前布局战略性产业，培育未来发展新优势。

七是促进战略性新兴产业集聚发展，构建协调发展新格局。

八是推进战略性新兴产业开放发展，拓展国际合作新路径。

二、有序推进产业政策体系建设

产业政策是引导、促进和保障战略性新兴产业健康有序发展的重要手段。为进一步发挥产业政策作用，需重点做好以下几点：

一是制定完善的产业政策体系。重视顶层设计，根据产业起步阶段、推广阶段和市场应用阶段等不同发展阶段，从国家层面进一步完善战略性新兴产业政策体系。

二是加强现有政策的贯彻落实。要加快落实已制定出台的产业政策，为战略性新兴产业营造良好发展环境，进一步发挥其在促进经济社会发展中的作用。

三是确保产业政策的连续性。产业政策对产业发展起到了积极促进作用，但我国频繁的政策变化会导致企业无所适从，应尽量确保政策的连续性和稳定性。

三、集中突破关键技术

核心技术是战略性新兴产业的灵魂。近年来，我国战略性新兴产业已在部分领域取得了显著成绩，形成了一批具有世界影响力的核心技术成果；接下来要集中突破制约产业，进一步发展壮大的关键材料和核心部件。

一是通过加大资金支持力度，进一步发挥财政资金的牵引作用，并积极鼓励金融机构加大对战略性新兴产业创新的支持力度。

二是鼓励产、学、研、用联合。充分发挥政府引导作用，着力突破产、学、研、用各自为政的壁垒，加快形成以企业为主体的产、学、研、用机制，加快创新成果转化。

三是完善创新环境。建立健全容错试错机制，营造较为宽松、创新的发展环境，激发创新精神、工匠精神和企业家精神。

四、着力优化战略性新兴产业的空间布局

近年来战略性新兴产业在实现快速规模扩展的同时，区域布局不合理现象日益凸显。在新一轮产业发展过程中，应注重从全局角度引导战略性新兴产业合理布局。通过加强宏观调控，政府要强调重大发展需求和重大技术创新的有机统一，加快制定战略性新兴产业的布局规划，做好监督工作，杜绝盲目的投资行为和低水平重复建设；体现区域特色发展，各地在发展战略性新兴产业时，要选择在本地区最有基础、最具优势条件、能够取得率先突破的细分产业优先发展，形成具有区域特色的产业集群化发展；鼓励开展区域合作。以价值链、产业链为纽带，通过开展上下游配套合作，打造区域性产业集聚区，避免区域产业趋同化的空间布局。

五、加快推进新技术、新产品、新模式的推广应用

我国战略性新兴产业已经在部分领域取得了显著成绩，具有世界影响力的新技术、新产品、新模式不断涌现，国际地位不断提高；接下来应着重加快战略性新兴产业技术和产品的推广应用。

一是加强科技研发与市场需求的紧密结合。发挥现有新产品、新模式优势，选择附加值高、带动性强、在未来能够形成庞大产业规模和应用市场的产业进行重点发展。

二是加快构建产业链协同发展格局。重点选择拥有核心技术和自主知识产权的新兴产业链条，以主导产品为基点，延伸和拓展产业链的广度和深度。

三是鼓励支持企业发挥现有优势，加快以“新四大发明”为主的新技术、新产品、新模式的“走出去”战略，进一步提高我国战略性新兴产业的国际地位和水平。

六、重点提升行业管理水平

经过近几年的发展，我国战略性新兴产业对行业管理提出了新要求。为了适应产业快速发展的需要，我国重点在于完善以下几点：

一是加强产业统计工作。要充分运用现代信息技术，不断健全完善战略性新兴产业统计调查与核算制度，加快相关标准、指标的研究建立，用产业总量、结构、效益等统计数据反映产业发展情况。

二是做好产业预研预判。在产业统计的基础上，做好产业动态分析，着力做好战略性新兴产业预研预判，在产业出现问题之前及时采取有效措施。

三是加强对“四新”经济的监管。如共享单车倒闭潮，不仅影响了共享单车行业的健康发展，用户还面临无法办理押金退款的尴尬境地。为避免类似事件发生，国家亟须加强对相关行业的监督与管理。①

---

① 工业和信息化部赛迪研究院．2018年中国战略性新兴产业展望：新兴产业是经济增长的重要力量［EB/OL］．（2018-04-08）［2019-03-06］．http://www.199it.com/archives/708476.html.

［第十一章］

科技进步与创新驱动

科学技术是第一生产力，科技进步是产业经济增长的源泉，创新驱动是科技进步的必由之路。本章主要讨论科技进步概述，创新驱动的内涵、特征与战略意义，创新驱动的发展战略与对策，创新驱动发展战略取得的成绩，国家创新体系与创新型国家建设。

第一节　科技进步概述[①]

科技进步涉及一系列概念。了解和认识科学、技术、研究与发展以及技术创新等概念对理解技术进步的实质、领会科学技术是第一生产力的理论十分必要。

一、科技进步的实质

（一）科学

对科学的定义包括以下三方面的内容[②]：（1）科学是人们对客观世界的认识，是反映客观事实和规律的知识。（2）科学是反映客观事实和规律的知识体系。（3）科学是一项反映客观事实和规律的知识体系及其相关活动的事业。

准确掌握“科学”这个概念，首先是加深对“事实”和“规律”的认识；其次要认识到科学是关于自然、社会和思维的知识体系。同时，当代科学的概念已经不同于以往，大科学已经成为一种建制，成为一项国家事业。

（二）技术

对技术的本质和意义的研究始于古希腊。“技术”一词的希腊文原指个人的技能和技艺。文艺复兴时代，人们还把技术理解为经验和技能。工业革命的兴起，使人们把技术的物质手段看成技术的标志。当代技术的迅猛发展形成了庞大的技术群体，人们对技术的理解又发生了变化。对技术的定义包括以下五方面的内容：（1）技术是有目的的。（2）技术的实现是通过广泛的社会协作完成的。（3）技术的首要表现是生产工具和硬件设备。（4）技术同时又是规则，是工艺、方法和制度，是软件。（5）技术是成套的知识体系。

科学和技术是辩证统一的整体。科学回答“是什么”“为什么”，技术回答“做什么”“怎么做”。对科学来说，技术是科学的延伸；对技术来说，科学是技术的升华。

---

① 鲍克．科技进步实质与意义［M］//李悦．产业经济学．北京：中国人民大学出版社，2004.
② 宋健．现代科学技术基础知识［M］．北京：科学出版社，中共中央党校出版社，1994：40.

（三）研究与开发

研究与开发（R&D）可以定义为创造知识、修改知识以及开拓知识新用途的探索工作。研究与开发已经成为一种世界性的活动，其投入和产出也已经成为各国政府科技政策的主要指标。

研究与开发可以根据不同的需要，进行多种分类，通常根据其性质、目的、应用和过程划分。其中最常用的划分，是按过程分为基础研究、应用研究和开发研究。

（四）技术创新

技术创新是一个相当广泛的概念。最早的创新概念是美籍奥地利经济学家熊彼特①提出的，他把技术创新概括为发明的首次应用。而后，技术创新的概念出现了各种各样的表现形式。较为一致的定义为：技术创新是把一种或多种新设想发展到实际和成功的应用阶段的活动。②

技术创新包括产品创新、工艺创新和过程创新（包括市场化过程）。技术创新的概念虽然只是近些年来才传入我国的，但已经引起政府、企业界和学术界的广泛关注，如原国家经贸委提出并实施了振兴中大型企业的“技术创新工程”等。技术创新概念与以往技术革新、技术发明、技术改造等相关概念的最大区别在于，它更加关注于技术在现实经济活动中的应用，特别是在市场中取得的成功。这为建立社会主义市场经济体制、解决长期困扰我们的科技成果转化难的问题找到了突破口。

（五）科技进步

科技进步是目前国内产业界最常用的概念之一，但其定义并不十分明确。科技进步的概念在多数经济学文献中是一个较为抽象的概念，它被定义为“生产函数的一种移动”，较为普遍的定义是“在资源数量给定的条件下，一种技术能使产量提高或质量提高的程度”。

在经济学上，这一概念被用于测定技术进步在经济增长中的贡献率，技术被看成劳动和资本两个变量之外的“剩余变量”③。在应用经济学中，科技进步的概念相比较而言要广泛得多，例如认为科技进步的实质在于技术的进化和积累，因而要比原有的技术有所进步，进而导致经济和社会的不断进步。

二、科学技术是第一生产力

“科学技术是生产力”是马克思主义的一个基本原理。当代科学技术的发展使得科技在经济社会发展中的作用越来越显著，邓小平同志进一步提出了“科学技术是第一生产力”的论断。准确理解这一理论对贯彻科教兴国战略、实现经济增长方式的转变具有指导意义。

（一）马克思与“科学技术是生产力”

马克思是把科学技术纳入生产力范畴的开创者。马克思和恩格斯在研究资本主义机器工业生产方式时，考察了科学技术与生产力的关系，对科学力量的认识产生了一个飞跃。在《共产党宣言》里，他们表述了科学技术的生产力功能：资产阶级在它不到100年的阶级统治中所创造的生产力，比过去一切时代创造的全部还要多。“科学技术是生产力”的思想，在马克思《资本论》《经济学手稿》等著作中多处可见。

按照马克思的观点，科学技术在知识形态上是一般生产力，是一种潜在的生产力；一旦科学并入生产过程，这种知识形态的生产力就会转化为现实的、直接的生产力。马克思曾在《机器、自然力和科学的应用》一书中，用手工织机被机械织机代替、机械织机又被新型织机代替的过程，生动地描绘了科技

① 熊彼特. 经济发展理论［M］. 何畏，等，译. 北京：商务印书馆，1990：4-5.
② 汤世国. 技术创新——经济活力之源［M］. 北京：科技文献出版社，1994：9.
③ 柳卸林. 技术创新经济学［M］. 北京：中国经济出版社，1993：2-3.

进步引起生产工具变革，使自然科学并入生产过程，从而大大提高劳动生产力的状况。

（二）邓小平关于“科学技术是第一生产力”的思想

早在中华人民共和国成立初期，邓小平对科学技术就有精辟的见解。1952年9月，在政务院讨论科学院工作的会议上，他指出：“科学研究是一项基本建设，在这方面的投资就叫基本建设投资。”[①]1975年9月，他在听取《科学院工作汇报提纲》的汇报时，肯定了其中关于“科学技术也是生产力”的观点。1978年3月，全国科学大会在北京召开。邓小平在开幕式的长篇重要讲话中，重申了“科学技术是生产力”这个马克思主义观点。

之后，邓小平对科学技术的关键作用，讲的次数越来越多，分量越来越重。他反复强调科学技术已经成为越来越重要的生产力，提醒全党对科学技术的重要性要有充分的认识。1988年9月12日，邓小平在一次听取汇报的会议上说：“马克思讲过科学技术是生产力，这是非常正确的，现在看来这样说可能不够，恐怕是第一生产力。”[②]

“科学技术是第一生产力”的思想表现在以下方面：（1）科学技术成为生产力诸要素的主导要素，成为决定生产力发展的第一要素；（2）现代科学技术的明显超前性，是科学技术成为第一生产力的客观依据；（3）科学技术已经成为现代经济发展中最主要的驱动力；（4）高科技及其产业的崛起和发展，是“科学技术是第一生产力”的重要体现。

实践是检验真理的唯一标准。邓小平关于“科学技术是第一生产力”的论断，具有客观真理性，它来源于实践，并指导实践。这一理论对解放和发展我国科技生产力、加速现代化建设具有战略指导意义。

三、现代科学技术进步的基本特点与规律

第二次世界大战以来，科学技术发展的速度、规模和影响是历史上前所未有的。

（一）现代科学技术进步的基本特点[③]

（1）科学技术的一体化。其表现为科学技术在分化过程的基础上，形成一个有机的整体。现代技术的发展越来越依靠科学，完全是建立在科学理论基础之上的；同时，现代科学的手段日益复杂，科学越来越技术化。现实的技术需求拉动科学的革命。科学技术的一体化还表现为研究的完整性、研究对象的多学科性、学习的多对象性和研究的信息化等。

（2）科学技术和社会科学的综合化。其表现为当代任何重大的科技问题、经济问题、社会发展问题和环境问题的高度综合性质，要求把科学技术和人文社会科学的知识结合成一个综合体。当代各种全球性问题超出了自然科学技术的能力范围，必须有人文社会科学的参与；科学技术本身就是一种社会文化现象，与人文社会科学共创现代文明；科学技术的发展也推动了认识论和思维科学的发展；科学技术还给人文社会科学提供了新的研究手段和课题。此外，这种综合化还表现为大量边缘学科的出现。

（3）科学技术的抽象化。其表现为科学技术形成理论体系，成功地运用数学，有效地引进符号标记，亦即理论化、符号化。现代科学技术已经在整体上从经验归纳走向演绎实证。

（4）科学技术的物化。其表现为科学技术成果迅速获得物质体现，包括科学理论转化为技术实践，科学技术知识转化为生产力并应用于社会生活。

（5）科学技术的社会化。其表现为科学研究活动组织形式上的集体化，采用既分工又合作的社会化形式。科学研究已经成为一种建制和国家事业。

---

① 宋健. 现代科学技术基础知识［M］. 北京：科学出版社，中共中央党校出版社，1994：52.
② 邓小平. 邓小平文选：第3卷［M］. 北京：人民出版社，1993.
③ 刘方棫，李悦. 生产力经济学教程［M］. 北京：北京大学出版社，1989：95-97.

（6）科学技术的全球化。其表现为现代科学技术的国际合作与交流日益密切和广泛。“大科学”项目的出现，其意义和成本已经超出了单个国家的范围，许多科学技术问题只能在区域或全球范围内通过多国的参与加以解决。这是科学技术社会化在更高层次和更大范围内的体现。

（二）现代科学技术进步的规律

（1）指数增长规律。它是指科学技术的成果的增长呈指数递增的趋势。这一现象在图书馆藏书量、科学期刊数量、科技论文数量、专利数量、学科数量、科研经费投入等指标方面，都得到了一定程度的证明。

（2）科学技术成果加速转化为生产力的规律。它是指科学技术成果从开始研究到投产应用的时间，随着科学技术的不断发展而越来越短。这个规律可以从滚动轴承、无线电、汽车、飞机、核反应等一系列重大科技成果的应用周期方面加以证明。

（3）科学技术知识新陈代谢加速的规律。它是指由于科学技术成果的增长迅速，新技术应用周期缩短，新技术、新产品淘汰速度加快，致使科学技术知识的新陈代谢周期也相应缩短。

（4）科学技术超前发展的规律。它是指科学技术的发展明显超前于生产，为生产的发展开辟道路，决定生产发展的方向。20世纪前往往是生产实际的需求刺激了科学技术的发展；当代，科学理论和技术手段为生产的发展提供了各种可能的途径。

第二节　创新驱动的内涵、特征与战略意义

创新驱动已经成为国家的发展战略，要求在现代化建设的各个方面得到贯彻。准确把握创新驱动的内涵和特征，充分认识创新驱动的战略意义，有利于进一步统一思想认识，顺利推进创新驱动战略的实施。

一、创新驱动的内涵

按照熊彼特的说法，创新是把生产要素和生产条件的新组合引入生产体系。它包括以下五种情况：①创造一种新的产品；②采用一种新的生产方法；③开辟一个新的市场；④取得或控制原材料或半制成品的一种新的供给来源；⑤实现任何一种新的产业组织方式或企业重组。由此看来，熊彼特所说的创新是一个很宽泛的概念，它不仅指技术创新，而且包括市场创新、组织创新等。

创新驱动是在新的历史时期提出的国家发展战略。从其提出的背景看，创新驱动是要打破关键技术受制于人的局面，实现经济增长范式从传统生产要素驱动型向创新驱动型转变，因此，创新驱动中的“创新”主要指的是技术创新。创新驱动就是自己做主或以我为主。创新驱动强调主要依靠自己的力量从事以获取知识产权为核心的技术创新活动。

创新驱动的关键是形成自主知识产权。只有通过创新驱动获得自主知识产权，才能摆脱关键技术受制于人的局面，使我国的产业链条从低端向高端转移，从而获得更多的产业利益和国家利益。若创新驱动仅仅停留在模仿、消化吸收或进口替代的阶段，形成不了自主知识产权，创新驱动能力就不能得到显著提高。

强调创新驱动主要是指自主技术创新，并不是说其他类型的创新不重要。从国家的兴衰到企业的兴亡，我们都可以看到制度因素是一个关键原因。道格拉斯·诺斯在《西方世界的兴起》一书中指出：“有效率的经济组织是西方经济增长的关键；一个有效率的经济组织在西欧的发展正是西方兴起的原因所在。”[①]当前，我们在重视技术创新的同时，不能忽视制度创新，因为没有一个好的制度环境，技术创

① 诺斯，托马斯. 西方世界的兴起［M］. 厉以平，蔡磊，译. 北京：华夏出版社，1989：1.

新会受到很大的制约。

二、创新驱动的特征

自主创新理论是在深刻分析当代国家国内背景、吸取国外发展的成功经验、针对我国经济社会发展中存在的突出问题而提出来的，具有鲜明的时代特征。

1.目的性

自主创新的主要目的是获取最大的经济利益，保障产业和国家安全。从安全角度考虑，涉及国家安全的先进技术一般是买不到的，而产业核心技术虽然能够买到，但由于受制于人，将付出高昂的代价，产业的发展受人控制，因此，若不进行自主创新，国家和产业安全将受到影响。从经济利益角度考虑，若不进行自主创新，产业的发展就会处在产业链的低端，产品附加值低，经济增长和财富积累速度势必放慢，与发达国家的差距就会越拉越大。

2.自主性

自主创新强调本国企业在创新时要做到自主，即自主地选择创新的时机、范围、方式等。保持创新的自主性需要具备一些基本条件：一是在企业的资本结构中占控股地位。资本控制是自主创新的前提，若企业被外资控制，中方在创新的问题上没有主导权，也就谈不上自主创新。虽然技术、人力资源在企业决策中发挥越来越重要的作用，但“资本雇佣劳动”“资本控制技术”的格局并未发生根本变化。二是掌握关键技术。虽然有技术不一定有创新，但没有技术就不可能有技术创新。掌握关键技术是技术创新的必要条件。三是要有创新需要的资源，包括创新所需要的资金投入、机器设备、人力资源等。在科研投入严重不足、机器设备陈旧落后和人力资源不足的情况下，自主创新就失去了必要的物质基础。四是要有创新的动力。只有当企业真正成为创新的决策主体、投入主体、技术集成应用主体、收益主体之后，才会产生创新的动力。五是要有激励创新的体制机制和政策。政府要通过体制机制创新和政策引导，营造自主创新的良好氛围和人人创新的创新文化。

3.开放性

自主创新不等于本国企业单独进行创新。在经济全球化和科技全球化的今天，企业只有同时利用内部和外部资源进行创新，才能适应激烈的国际竞争的要求，快速提高创新能力。因此，自主创新是开放式创新，它并不排斥技术引进。在技术引进的基础上消化吸收和再创新是自主创新的重要形式。发展中国家在获取了国外的技术之后，不能满足于技术的现状，必须加大对引进技术消化吸收的投入，实现再创新，不断缩小与国外的技术差距，赶上甚至超过国外的技术水平，取得创新的国际领先优势。

4.层次性

自主创新可以分为原始创新、集成创新和引进消化吸收再创新等不同层次的创新。原始创新是指新的科学发现和技术发明在商业上的首次应用。它的难度大，风险高，投入多，但创新性强，收益高。发达国家的自主创新一般以原始创新为主。集成创新就是以原始创新为基础，使各种相关技术有机融合，形成具有市场竞争力的产品和产业。引进消化吸收再创新就是在引进国外先进技术的基础上，组织科研力量消化吸收，并获得关键技术的自主知识产权，形成自主品牌的产品。集成创新和引进消化吸收再创新相对来说难度小，投入少，见效快，但创新性弱，收益低。新兴工业化国家和发展中国家的自主创新则以集成创新和引进消化吸收再创新为主。

三、创新驱动的战略意义

对于中国这样一个发展中国家，要真正崛起于世界民族之林，创新驱动具有十分重要的战略意义。

（1）只有创新驱动，才能解决关键技术受制于人的局面，为产业和国家安全提供保障。改革开放以来，我国在一个很长的时期内采取“以市场换技术”的战略，但在实践中并没有换来多少关键技术，原因在于关键技术涉及产业和国家竞争力，甚至产业和国家安全，任何一个国家都不会轻易放弃对关键技术出口的管制。关键技术是不容易买来的。只有通过创新驱动，才能从根本上突破关键技术的制约，保障产业和国家安全。

（2）只有创新驱动，才能切实转变经济增长方式，提高经济增长质量。我国经济增长走的是一条“高消耗、高污染、低产出”的道路。如果不转变经济增长方式，资源环境的压力将难以承受，经济增长也难以持续下去。转变经济增长方式，就是要从粗放型经济增长方式转向集约型经济增长方式，从外延型经济增长方式转向内涵型经济增长方式。要实现这种转变，必须通过创新驱动，加快科技进步，实现技术对资本和劳动的替代。2017年，我国研发费用占GDP的比重为2.12%，仅次于美国；我国发明专利申请量为138.2万件，同比增长14.2%，处于全球第二，仅次于美国。

（3）只有通过创新驱动，才能获取更大的经济利益，实现国民财富的快速增长。由于创新驱动能力低，我国的产业在国际分工中处于明显不利的地位，处在价值链的低端，资金财富大量流向发达国家。只有通过创新驱动，获取关键技术的知识产权，才能使我国的产业从价值链的低端向高端转移，从而实现更大的经济利益和国民财富的快速增长。

第三节　创新驱动的发展战略与对策

实施创新驱动发展战略，就是要坚持走中国特色自主创新道路，把创新贯穿于现代化建设的各个方面，把创新作为发展方式转变和经济结构调整的中心环节，把创新摆在国家发展全局的核心位置。实施创新驱动发展战略需要有一系列的创新政策保障措施，以营造激励创新的良好政策环境。

一、创新驱动发展战略

（一）把创新驱动贯穿于现代化建设的各个方面，充分发挥科技对经济社会发展的支撑和引领作用

创新驱动不仅是科技界的事，更是经济社会发展的大事。因此，创新驱动应贯穿于现代化建设的各个方面。把自主创新作为国家发展战略，需要充分发挥科技对经济社会发展的支撑和引领两个方面的作用。过去，我们比较关注科技对经济社会发展的支撑作用，今后，要加强科学技术的前瞻性研究，增强科技的持续创新能力，通过技术创新突破，带动新兴产业发展，突出科技对未来经济社会发展的引领作用。

（二）把创新驱动作为发展方式转变和产业结构调整的中心环节，实现经济又好又快发展

加快转变经济发展方式，推动产业结构优化升级，是关系国民经济全局紧迫而重大的战略任务，是实现经济又好又快发展的关键。转变经济发展方式的基本思路是实现“三个转变”，即经济增长由主要依靠投资、出口拉动向依靠消费、投资、出口协调拉动转变，由主要依靠第二产业带动向依靠第一、第二、第三产业协同带动转变，由主要依靠增加物质资源消耗向主要依靠科技进步、劳动者素质提高、管理创新转变。实现上述三个转变，要坚持走原始创新、集成创新、引进消化吸收再创新相结合的中国特色自主创新道路，把增强自主创新能力作为科学技术发展的战略基点和调整产业结构、转变经济发展方式的中心环节。

（三）把创新驱动摆在全部科技工作的突出位置，推动科技发展的战略转变

创新驱动作为国家战略，应放在科技工作中的突出位置。适应创新驱动的要求，不仅要在微观层次上或具体工作中进行思路调整，同时要在宏观层次上对科技发展的战略进行调整。这具体包括：①在发展路径上要从着重跟踪模仿向加强自主创新转变，努力获得更多的科学发明、科学发现和技术发明；②在创新方式上要从注重单项技术的研究开发向加强以重大战略性产品和新兴产业为中心的集成创新转

变；③在创新体制上从以科研院所的改革为突破口，向整体推动国家创新体系建设转变，这是推进科技体制创新的关键；④在发展部署上，从以研究开发为主向科技创新与科学普及并重转变；⑤在科技合作上从一般性的交流向主动利用全球科技资源转变。

（四）找准创新驱动的战略突破点，带动科技创新的局部跨越式发展

以一批重大专项的启动作为推动自主创新的切入点。重点选择能源资源、环境、农业、信息等一批优先发展而又急需科技支撑的经济社会发展领域，进行重大技术攻关，并围绕国家战略目标，凝练筛选一批对国家发展具有战略性、带动性和标志性的重大战略产品、关键共性技术或重大系统工程作为重大科技专项，集中科技资源和力量组织实施，实现重点技术的突破，以局部跃升带动生产力的跨越发展，大幅度提高国家整体竞争能力。

（五）围绕国家整体创新目标，加强资源整合，充分发挥各方面的积极性

自主创新需要部门之间的密切合作和全社会共同推进。因此，要强化国家和部门之间、中央和地方之间以及军民工业之间的有机结合，整合国家、部门（行业）、地方科技资源；建立军民融合的科技创新体系，促进军民科技各环节的有机衔接。在国家科技计划中，通过设立行业、区域专项，加大对行业共性技术和地方科技工作的支持力度，充分发挥部门（行业）、地方在国家科技计划实施中的作用，强化地方科技管理部门的职责；建立相应的制度和机制，充分听取部门（行业）、地方的意见，体现部门（行业）、地方对技术创新的需求。

二、创新对策

创新政策是与促进科技创新有关的财政、税收、产业、科技、金融等政策的总称。落实创新战略需要一系列创新政策的支撑。为贯彻实施自主创新战略，我国政府有关部门分别牵头研究制定促进自主创新的政策，于2007年2月14日以国务院的名义发布了六十条落实《国家中长期科学和技术发展规划纲要（2006—2020年）》（以下简称《纲要》）的配套政策，包括财政、税收、金融、政府采购、知识产权保护、人才队伍建设等方面的一系列措施。这些政策立足于加强经济政策和科技政策的相互协调，形成激励自主创新的完整的政策体系，与以前的政策相比有不少突破。

（一）财政和政府采购政策

《纲要》配套政策要求建立多元化、多渠道的科技投入体系，确保财政科技投入的稳定增长；发挥财政资金对激励企业自主创新的引导作用，建立财政科技经费的绩效评价体系；建立财政性资金采购自主创新产品制度，改进政府采购评审方法，给予自主创新产品优先待遇，建立激励自主创新的政府首购和订购制度。

（二）税收优惠政策

在税收激励措施中，加大对企业自主创新投入的所得税税前抵扣力度，完善促进高新技术企业发展的税收政策与促进转制科研机构发展的税收政策。相关税收激励政策还提出，要完善促进高新技术企业发展的税收政策，推进对高新技术企业实行增值税转型改革。继续完善鼓励高新技术产品出口的税收政策。完善高新技术企业计税工资所得税前扣除政策。支持创业风险投资企业的发展，对主要投资于中小高新技术企业的创业风险投资企业，实行投资收益税收减免或投资额按比例抵扣应纳税所得额等税收优惠政策等。

（三）金融政策

《纲要》配套政策提出，要建立支持自主创新的多层次资本市场。允许券商、保险公司开展创投业

务。支持有条件的高新技术企业在国内主板和中小企业板上市。大力推进中小企业板制度创新，加快科技型中小企业上市进程。加强政策性金融对自主创新的支持，引导商业金融支持自主创新。政府利用基金、贴息、担保等方式，引导各类商业金融机构支持自主创新与产业化。商业银行对国家和省级立项的高新技术项目，应根据国家投资政策及信贷政策规定，积极给予信贷支持。商业银行与科技型中小企业建立稳定的银企关系，对创新活力强的予以重点扶持。

（四）支持企业对引进技术的消化吸收和再创新的政策

为了支持企业对引进技术的消化吸收和再创新，《纲要》配套政策制订了引进、消化、吸收的一揽子方案，包括限制进口国内已具备研究开发能力的关键技术；禁止或限制进口高消耗、高污染和已被淘汰的落后装备和技术；对消化吸收再创新形成的先进装备和产品，纳入政府优先采购的范围等。这些政策就是要通过消化吸收再创新，最终实现自主创新。

第四节 创新驱动发展战略取得的成绩①

大力实施创新驱动发展战略，经济发展新动能加速成长。着力推进创新型国家建设，创新引领发展的第一动力作用进一步增强。

一、创新能力持续提升

2017年，我国研究与试验发展经费投入强度达到2.12%，科技进步贡献率提高到57.5%。一批重大科技成果涌现，“慧眼”卫星成功发射运行，C919大型客机首飞，量子计算机研制取得重大突破，首艘国产航母顺利下水，海域可燃冰首次试采成功。全面创新改革试验深入推进，169项先行先试改革举措全面启动，其中13项改革举措向全国推广。北京、上海科技创新中心，北京怀柔、上海张江、安徽合肥3个综合性国家科学中心加快建设。国家实验室建设启动，国家重大科技基础设施建设持续推进。国家科技重大专项加速攻坚，“科技创新2030-重大项目”启动实施。研发费用加计扣除、股权激励和技术入股所得税优惠政策、完善高新技术企业认定办法等进一步落实，17家国家自主创新示范区、156家国家高新区形成区域创新发展的核心载体和重要引擎。

二、大众创业万众创新不断深化

《国务院关于强化实施创新驱动发展战略进一步推进大众创业万众创新深入发展的意见》（国发〔2017〕37号）印发实施。2017年，新支持92个国家双创示范基地建设，建成4 298家众创空间、3 255家科技企业孵化器和400余家企业加速器，第三届全国双创活动周及“创响中国”巡回接力活动成功举办。2017年新登记企业达到607.4万户，增长9.9%，日均新登记企业达到1.66万户。

三、新兴产业蓬勃发展

“十三五”国家战略性新兴产业发展规划全面落实。集成电路、人工智能、大数据、数字经济、新一代信息基础设施、民用空间基础设施、通用航空、新型健康技术惠民等一批重大工程顺利实施。规模以上高技术制造业、工业战略性新兴产业和装备制造业增加值分别增长13.4%、11%和11.3%，比规模以上工业增加值增速快6.8个、4.4个和4.7个百分点。“互联网+”行动深入推进，推动实体经济振兴和加快转型升级。高铁网络、电子商务、共享经济、移动支付、基因检测等走在世界前列。移动宽带用户普及率达到81.4%。2017年网上零售额达7.18万亿元，增长32.2%。

① 引自《关于2017年国民经济和社会发展计划执行情况与2018年国民经济和社会发展计划草案的报告》。

第五节 国家创新体系与创新型国家建设

建设具有中国特色的国家创新体系是创新型国家建设的必然要求，建设创新型国家是国家重大的发展战略选择。

一、建设国家创新体系

（一）国家创新体系的含义

国家创新体系（也称国家创新系统）是英国学者弗里曼在研究日本企业组织、生产组织、企业间关系和政府作用的基础上首先提出来的。他在1987年出版的《技术和经济运行：来自日本的经验》一书中指出，国家创新体系是国家内部系统组织及其子系统间的相互作用，是一种在公私领域内的机构网络，其活动和互动行为启发、引进、改造和扩散新技术。1992年，弗里曼对国家创新体系做了进一步解释，他认为国家创新体系有广义和狭义之分。广义的国家创新体系包括国民经济中涉及引入和扩散新产品、新过程和新系统的所有机构；狭义的国家创新体系涵盖了与科学技术活动直接相关的机构以及支撑上述机构的、由教育系统和技术培训系统提供的高素质人才。[①]纳尔森认为，国家创新体系是通过其相互作用决定某国企业创新活动的一组机构。伦德瓦尔于1992年给出的定义是：国家创新体系是产生、扩散和使用经济上适应的新知识过程中相互作用的要素及其相互联系。这些要素和联系既包括植根于国内的，也包括地处国外的。

从以上定义可知，国家创新体系由企业、大学、科研机构、政府和中介机构等主体构成，其中企业在创新体系中处于核心地位。在国家创新体系中，各个主体既有分工，又有合作，形成一个相互促进的网络系统。

（二）国家创新体系的系统结构

国家创新体系可分为知识创新体系、技术创新体系、知识传播体系和知识应用体系。其中，知识创新体系是由与知识的生产、扩散和转移相关的机构和组织构成的网络系统，其核心部分是国家科研机构和教学科研型大学；技术创新体系是由与技术创新全过程相关的机构和组织构成的网络系统，其核心部分是企业；知识传播体系主要指高等教育系统和职业培训系统，其主要作用是培养具有较高技能、最新知识和创新能力的人力资源；知识应用体系的主体是社会和企业。

（三）中国特色国家创新体系建设的重点

在中国的国家创新体系中，存在企业的创新能力不强、产学研结合不紧密、军民科技资源未能有效集成、中介服务能力薄弱等问题，因此，需要进一步完善和建设具有中国特色的国家创新体系。按照《纲要》的部署，中国特色国家创新体系建设的重点包括：

一是建设以企业为主体、产学研结合的技术创新体系，并将其作为全面推进国家创新体系建设的突破口。在大幅度提高企业自身技术创新能力的同时，建立科研院所与高等院校积极围绕企业技术创新需求服务、产学研多种形式结合的新机制。

二是建设科学研究与高等教育有机结合的知识创新体系。以建立开放、流动、竞争、协作的运行机制为中心，促进科研院所之间、科研院所与高等院校之间的结合和资源集成。加强社会公益科研体系建设。发展研究型大学，努力形成一批高水平的、资源共享的基础科学和前沿技术研究基地。

---

① 吴贵生，谢伟. 国家创新系统的要素、作用与影响［C］//第二届中韩产业技术政策研讨会会议文集. 北京：1996.

三是建设军民结合、寓军于民的国防科技创新体系。从宏观管理、发展战略和计划、研究与开发活动、科技产业化等多个方面，促进军民科技的紧密结合，加强军民两用技术的开发，形成全国优秀科技力量服务国防科技创新、国防科技成果迅速向民用转化的良好格局。

四是建设各具特色和优势的区域创新体系。充分结合区域经济和社会发展的特色和优势，统筹规划区域创新体系和创新能力建设。深化地方科技体制改革。促进中央与地方科技力量的有机结合。加强中、西部区域科技发展能力建设。

五是建设社会化、网络化的科技中介服务体系。针对科技中介服务行业规模小、功能单一、服务能力薄弱等突出问题，大力培育和发展各类科技中介服务机构。充分发挥高等院校、科研院所和各类社团在科技中介服务中的重要作用。引导科技中介服务机构向专业化、规模化和规范化方向发展。①

二、建设创新型国家

（一）创新型国家的含义和特征

创新型国家是指把科技创新作为国家的基本发展战略，大幅度提高科技创新能力，通过科技创新形成日益强大的竞争优势，并崛起于世界之林的国家。其共同特征是：创新能力综合指数明显高于其他国家，科技进步贡献率在70%以上；对外技术依存度指标都在30%以下；研发投入占GDP比重大都在2%以上。

（二）建设创新型国家是未来中国的必然选择

中国目前已经是一个经济大国，经济总量位居世界第二位，但还不是一个经济强国，科技创新能力处于世界中等偏下的位置，和创新型国家还有一定的差距。但中国未来的发展不能采取资源型和依附型的发展模式，建设创新型国家是必然选择。

建设创新型国家，是解决我国当前发展面临的突出矛盾和问题的紧迫要求。我国人均能源、水资源等重要资源占有量严重不足，资源利用率不高，生态环境脆弱，面临着日益严峻和紧迫的资源和环境等重大瓶颈约束。只有依靠科技创新，进一步调整产业结构、转变发展方式，才是解决这些瓶颈约束的根本途径。

建设创新型国家，是提高我国国际竞争力的客观要求。当今，科技竞争是综合国力竞争的焦点，谁在科技创新方面占据优势，谁就能够在发展上掌握主动。要避免关键技术受制于人，提高国际竞争力，就必须把科学技术真正置于优先发展的战略地位，大力提高自主创新能力，努力建设创新型国家。

建设创新型国家，是保障国防安全和经济安全的客观需要。在全球化进程中，中国面临着日益复杂的国际环境和许多新的问题。实践表明，在涉及国防安全和经济安全的关键领域，真正的核心技术是买不来的。如果我们不掌握更多的核心技术，不具备强大的自主创新能力，就很难在世界竞争格局中把握机遇，甚至有可能丧失维护国家安全的主动权。

我国已经具备建设创新型国家的一定基础和能力。截至2016年年底，我国科技人力资源总量为9 154万人，数量规模位居全球首位，这是走创新型国家发展道路的最大优势，也是最有利的基本条件。我国已经建立了比较完整的学科布局，这是走创新型国家发展道路的重要基础。我国在生物、纳米、航天等重要领域的研发能力已跻身世界先进行列，具备了一定的自主创新能力。我国具有独特的传统文化优势，中华民族重视教育、辩证思维、集体主义精神和丰厚的传统文化积累，为我国未来科学技术发展提供了更加多样化的路径选择。

---

① 《国家中长期科学和技术发展规划纲要（2006—2020年）》。

（三）建设创新型国家的对策思考

党的十九大报告指出："加快建设创新型国家。创新是引领发展的第一动力，是建设现代化经济体系的战略支撑。要瞄准世界科技前沿，强化基础研究，实现前瞻性基础研究、引领性原创成果重大突破。加强应用基础研究，拓展实施国家重大科技项目，突出关键共性技术、前沿引领技术、现代工程技术、颠覆性技术创新，为建设科技强国、质量强国、航天强国、网络强国、交通强国、数字中国、智慧社会提供有力支撑。加强国家创新体系建设，强化战略科技力量。深化科技体制改革，建立以企业为主体、市场为导向、产学研深度融合的技术创新体系，加强对中小企业创新的支持，促进科技成果转化。倡导创新文化，强化知识产权创造、保护、运用。培养造就一大批具有国际水平的战略科技人才、科技领军人才、青年科技人才和高水平创新团队。"

建设创新型国家是历史赋予我们的一项光荣使命，同时是一个巨大的挑战。集聚全社会的智慧和力量，抓住机遇，大幅增强自主创新能力，才有可能把我国建设成一个创新型国家。

（1）加大对自主创新的投入力度。一是要加大财政科技投入，强化科技投入增长的保障机制。调整财政科技投入结构，对基础研究、公益性研究和产业共性技术研发方面的创新能力建设给予重点支持。二是要加强对企业技术创新的引导和支持力度，通过多种途径引导企业加大技术创新投入，强化技术创新的主体地位。三是要建立和完善多元化、多渠道的科技投入体系。综合运用财政拨款、基金、贴息、担保等多种方式吸引社会资金向创新投入。加快推进创业风险投资基金和中小企业投资担保等多种投融资方式的建立和完善，建立有利于自主创新的投融资机制。

（2）加快以企业为主体、产学研结合的技术创新体系建设。建设创新型国家关键是企业成为技术创新的主体。当前，我国企业的技术创新能力与发达国家相比有很大差距，离成为技术创新主体还有一定距离，因此，应继续深化经济体制改革，通过体制机制创新和政策环境营造，引导企业成为技术创新的主体。同时，产学研结合是增强企业技术创新能力的重要途径。因此，应通过资金和政策引导，通过多种形式加强产学研紧密结合，实现产学研之间的有效联系和互动，推动产学研在更高层次上的结合，实现协同创新。

（3）加强自主创新能力支撑体系建设。提高自主创新能力，建设创新型国家，必须有完善的创新能力支撑体系。今后，我国应继续启动建设一批重大科技基础设施，加强国家科技基础条件平台建设，继续建设一批国家工程研究中心、国家工程实验室、国家重点实验室和国有认定企业技术中心，增强自主创新的基础支撑平台。

（4）加强知识产权保护。保护知识产权是知识产权战略的重要组织部分，其实质是在保护创新者积极性和利益的同时，促进技术合理、有偿地扩散。因此，加强知识产权保护对鼓励自主创新至关重要。要建立健全知识产权保护体系，完善知识产权制度，加强执法，扩大宣传教育，把知识产权保护工作落实到各个环节，形成激发创新热情、鼓励创新行为和提高创新回报的社会环境。

（5）抓紧落实促进自主创新的各项激励政策。加大《纲要》及其配套政策的实施力度，抓紧制定并落实有关实施细则。重点抓好企业研究开发投入的税前抵扣、企业研究开发仪器设备的加速折旧、鼓励和引导政策性金融和商业金融对自主创新的支持、改善对科技型中小企业的金融服务、激励自主创新的政府采购、促进引进技术消化吸收再创新等政策的落实工作。

［第十二章］
高新技术产业

现代世界的竞争，归根到底是综合国力的竞争，其关键又是科学技术的竞争，而高新技术及其产业又必然是整个竞争的焦点。我国“863”计划和火炬计划的及时启动，极大地推进了我国高新技术产业的发展，使其渗透到传统产业的各个领域，构成我国现代产业发展的基本格局，并最终为我国市场经济体系的建立及完善奠定了坚实的产业发展基础。本章主要讨论高新技术产业概述、我国高新技术产业的发展状况与问题、我国高新技术产业的发展战略与对策。

第一节　高新技术产业概述[①]

高新技术（new-high technology）的前身是高技术（high technology），它是在20世纪40年代因核能的利用（1942年）和电子计算机的问世（1946年）而兴起的。

一、技术

技术是人类在适应自然、认识自然和改造自然的长期实践过程中积累起来的，是关于知识、经验、方法、技能和劳动手段的总和，具体表现为硬件（hardware）、软件（software）、智能件（brainware）和支撑网络（supporting net）等四大部件的有机结合。

（1）硬件是指技术构成中的物质形态部分，即用于特定生产或服务领域的具有一定的物理结构和逻辑组合方式的劳动工具。

（2）软件是指技术构成中的知识形态部分，即指有关应用硬件所必需的知识、技能、规则、方法和诀窍，是硬件操作人员所需掌握的一切内容。

（3）智能件是指有关硬、软件的用途和功能及实现这些用途和功能的条件和方法，是技术应用的决策人员所需掌握的知识和决策能力。

（4）支撑网络是指硬件、软件和智能件所依据的由社会政治、经济、法律、信息和物理件等多种关系组成的网络体系，为前3个部件的有效运作提供必要的物质、能量和信息流。

以上4个部件的有机组合构成的技术统一体，通常按三大类划分：一是按时间序列划分为一般技术、新技术和新兴技术；二是按技术的先进程度划分为一般技术、先进技术和尖端技术；三是按支撑网络的水平划分为传统技术和现代技术。

二、高新技术的内涵

技术按其在支撑网络中运行的性质可划分为适用技术和高技术。适用技术是能够在现有的支撑网络中有效运行和应用的技术；高技术是能改变和影响现有支撑网络的结构和性质以期有效运行和应用的技

① 黄晓芳. 高技术产业成转型发展重要引擎［N］. 经济日报，2013-04-29.

术。新技术是个相对概念，即指对生产产品和提供服务有新影响的技术，既可以指对适用技术的更新，也可以指对高技术的更新或突破。新兴技术通常是指在现有的支撑网络中未被商业化，但在近期（3~5年内）即能被商业化的技术。至于尖端技术一般是指在某一技术领域中居于领先地位或在某一学科中居于前沿地位的开拓及先导性技术。

由于人们所处的历史背景和所持理论有所差异，加之对使用高新技术出发点的不同，必然造成对高新技术概念理解上的非一致性，但通常认为高新技术是建立在最新科学技术成就基础上的现代技术。它总是和某些特定产品或产业密切相关的，是一个历史的、动态的和发展的知识、技术和资本3项密集的新兴高层次技术群体，既是新技术和新兴技术，又是高技术和尖端技术，还是具有极强商品化能力和巨大经济效益的适用技术。但在实际应用过程中，高技术和高新技术作为概念而言，又往往是相互替代的，以期突出高层次技术领域的实用价值。

虽然不同时代对高新技术的界定是不同的，不同国家的侧重点也不尽相同，但通常认为世界高新技术的发展范围涵盖以下六大领域及11项标志技术：

（1）信息技术。这是整个高新技术群体的先导，以智能计算机和智能机器人为标志技术。1995年信息产业的总产值首次超过汽车工业而成为世界上最大的产业。信息技术包括信息工程技术和信息处理技术两大部分，其核心内容是微电子技术、计算机技术和现代通信技术。它已经使得整个社会的生产生活方式发生了根本性的变化。

（2）生物工程技术。这是21世纪高新技术的核心，主要包括基因工程（遗传工程）、细胞工程、酶工程（生物催化工程）和发酵工程（微生物工程）等综合性科学技术，其标志技术是基因工程和蛋白质工程技术。它对农业、医药、能源和环保等诸方面都有着重大和深远的现实意义。

（3）新材料技术。这不仅是高新技术发展的物质基础，而且是一个时代科技进步的证明，其标志技术是材料的宏观、微观设计技术和超导技术。

（4）新能源技术。这是高新技术发展的支柱，其标志技术是核聚变应用技术和太阳能应用技术，其突破可望使人类进入无限能源时代。

（5）航天技术。这是21世纪高新技术的外向延伸，是由运载器技术、航天器技术和地面监测技术构成的高度综合性技术，其标志技术是航天飞机和永久太空站技术。

（6）海洋技术。这是21世纪高新技术的内向拓展，是人类对于海洋及其自然资源和环境条件从事开发利用活动所需的现代技术，其标志技术是深海挖掘和海水淡化技术。

上述六大高新技术领域相互联系、相互影响，共同制约着未来高新技术的发展方向，其中航天技术和海洋技术是未来高新技术发展速度和水平的综合标志。

我国科学技术部规定的国家重点支持的高新技术领域是：

（1）电子信息。其具体包括软件、微电子技术、计算机产品及其网络应用技术、通信技术、广播影视技术、新型电子元器件、信息安全技术、智能交通和轨道交通技术。

（2）生物与新医药。其具体包括医药生物技术，中药、天然药物，化学药研发技术，药物新剂型与制剂创制技术，医疗仪器、设备与医学专用软件，轻工和化工生物技术，农业生物技术。

（3）航空航天。其具体包括航空技术、航天技术。

（4）新材料。其具体包括金属材料、无机非金属材料、高分子材料、生物医用材料、精细和专用化学品、与文化艺术产业相关的新材料。

（5）高技术服务。其具体包括研发与设计服务、检验检测认证与标准服务、信息技术服务、高技术专业化服务、知识产权与成果转化服务、电子商务与现代物流技术、城市管理与社会服务、文化创意产业支撑技术。

（6）新能源与节能。其具体包括可再生清洁能源、核能及氢能、新型高效能量转换与储存技术、高效节能技术。

（7）资源与环境。其具体包括水污染控制与水资源利用技术，大气污染控制技术，固体废弃物处置与综合利用技术，物理性污染防治技术，环境监测及环境事故应急处理技术，生态环境建设与保护技术，清洁生产技术，资源勘查、高效开采与综合利用技术。

（8）先进制造与自动化。其具体包括工业生产过程控制系统，安全生产技术，高性能、智能化仪器仪表，先进制造工艺与装备，新型机械，电力系统与设备，汽车及轨道车辆相关技术，高技术船舶与海洋工程装备设计制造技术，传统文化产业改造技术。[①]

三、高新技术的特征

高新技术不同于以往科技革命中所诞生的技术，有其自身的特征，对未来社会的经济发展和企业的技术进步有着深远的影响，通常体现在以下方面：

（1）高群体。高新技术开发具有非单一性，尤其反映在高新技术之间的互助作用和带动作用方面。

（2）高智力。高新技术开发及应用需要高技术含量和高知识含量。

（3）高投入。高新技术开发需要巨额投入，这是资金技术密集型产业的普遍特征。

（4）高综合。高新技术具有多学科组合性，体现在交叉科学的理论和前沿技术的综合方面。

（5）高风险。高新技术的产业化过程具有较高风险性。

（6）高竞争。高新技术具有强时效性和高质量性。

（7）高渗透。高新技术对传统工业具有渗透作用，对整个产业技术进步具有带动作用。

（8）高增长。高新技术具有极强的产业化发展速度，体现在高技术企业的高速度增长方面。

（9）高效益。高新技术带来巨额首创利润和良好的社会效益。

（10）高战略。高新技术作为一个国家技术实力及优势的重要标志，直接关系到该国在世界上的政治、经济和军事地位。

四、高新技术产业

高新技术产业与高新技术一样，作为专用术语，与其说是具有学术价值，不如说是更具有实用价值。因此，其界定也不十分严密，且高新技术产业与高技术产业也是可以相互替代的，它通常是指某项高新技术从上游至下游、从生产至应用所形成的技术密集度高且产品生命周期短的新兴产业群体。

西方国家对高新技术产业的界定也不尽相同。美国商务部的定义为：研发费用占总附加值10%以上或者科技人员占10%以上的产业。而美国国立科学财团的定义为：研发费用占销售额3.5%以上，科技人员占25%以上的产业。相比之下，日本长期信用银行对其界定得相对模糊：技术密集度高，革新速度快，能有效地节约资源和能源，并且因其增长能力强，能拥有一定的未来市场规模和对相关产业产生波及、渗透和带动作用的产业群体。

国外界定高新技术企业通常使用以下4个衡量标准：科技人员所占的比重、研发费用比重、产值增长率、生产要素的组合范围及产品的市场范围。这些标准反映了高新技术产业和企业的重要标志特征：知识、技术和资本的高度密集性，产品的高换代性，产品质量在生命周期中的高稳定性，以及市场上的高竞争性。

综上所述，高新技术产业一般是指技术密集度高、更新速度快、具有较高附加值和有效地节约资源和能源，并能对相关产业产生波及和带动作用的新兴产业群体。

---

① 《高新技术企业认定管理办法》（国科发火〔2016〕32号）。

第二节　我国高新技术产业的发展状况与问题

一、我国高新技术产业的发展状况

20世纪50年代中期，我国就已经跨入以核技术为首的高新技术领域。至1965年，我国在核能、航空航天、微电子、光电子、自动控制、新材料和精密仪器等领域取得了重大成就，并初步建起了具有一定层次和纵向布局的科研体系及产业体系。

20世纪80年代以来，不论是西方发达国家，还是发展中国家，都相继推出以高新技术为核心的现代经济发展战略。1983年，美国提出“战略防御计划”即有名的“星球大战计划”，日本提出了“科技振兴计划”。随后，整个欧洲为了在未来的世界经济发展中不至于被美、日所挤倒，大力推进其“尤里卡计划”，即欧洲各国在高速微电子、光电子、高功率激光、粒子束、第五代计算机、新材料和人工智能等领域开展了广泛的研究及合作。

高新技术产业作为国民经济的战略性先导产业，已成为经济转型发展的重要引擎，正推动各地在转变经济发展方式、加快产业结构调整上取得积极成效。

（1）高新技术产业内部结构正不断优化，新的增长引擎正加速形成。随着节能环保产业、信息产业、生物产业、新能源产业、高端装备制造业等新兴产业的加快发展，一批配套完善、优势突出的新兴产业集群正在崛起，逐渐成为产业发展新的增长点。信息技术服务、研发设计、数字内容、检验检测、知识产权等高新技术服务行业也显现出强有力的带动作用。这些新兴产业的快速发展使我国高新技术产业结构更趋优化，信息产业多年“一枝独秀”的局面正逐步得到改变。

（2）高新技术产业以高新技术改造传统产业，能使传统产业提高新技术水平，增强产业的综合生产力，提升国内外的竞争力。

（3）高新技术产业的较快发展很大程度上得益于宏观政策环境的示范、带动和推动。近年来，党中央、国务院明确将自主创新作为国家发展战略的核心和提高综合国力的关键，提出要加快提升高新技术产业，促进经济增长由主要依靠增加物质资源消耗向主要依靠科技进步、劳动者素质提高、管理创新转变。

（4）在国家一系列政策的推动下，越来越多的企业重视技术创新，加快提升技术和管理水平，获得了新的竞争优势。一批以往依靠低成本竞争的企业开始认识到技术创新的重要性，一批创新能力较强的高新技术企业乘势而上，扩大了市场份额，产业整体抗风险能力有了明显提高。

经济视窗 12-1　　经济视窗 12-2　　经济视窗 12-3　　经济视窗 12-4　　经济视窗 12-5

（一）“863”计划

面对世界性的科学技术发展浪潮，1983年我国也提出了研究这一新工业革命及其对策的问题。邓小平同志指出，“中国必须发展自己的高科技，在世界高科技领域占有一席之地”，并于1983年12月亲自批准建设北京正负电子对撞机，揭开了我国再度向高新技术进军的序幕。1986年11月，党中央、国务院实施了《国家高技术研究发展计划》，即“863”计划。从世界高新技术发展趋势和我国需要及实际可能出发，遵循“有限目标，突出重点”的方针，“863”计划选择了信息技术、生物和医药技术、新材料技术、先进制造技术、先进能源技术、资源环境技术、海洋技术、现代农业技术、现代交通技术、地球观测与导航技术等10个高技术领域作为发展重点。其中，主题项目以鼓励创新，攻克重大关键技术，掌握知识产权为导向；重大专项以市场和应用为导向，重大产品、系统或工程为核心组织实施。我国力争通过“863”计划的有效实施，达到以下目标：

（1）瞄准高新技术发展的前沿，积极跟踪世界先进水平，努力缩小与它们的差距，争取在某些有一定优势的项目上有所创新、突破。

（2）培养和造就一批学科配套、结构合理、有旺盛创造力的高水平科技人才队伍。

（3）将所开发的阶段成果尽快商品化和产业化，为改造传统产业和建立新兴高新技术产业服务，提高第一、二和三产业在20世纪末向现代化过渡的速度。

（4）对全国范围内的高新技术发展起到先行者和推动者的作用，为在2000年以后我国形成具有相当优势的高新技术产业创造条件，为国民经济向更高水平的稳定、持续和健康发展奠定基础。

总之，“863”计划的宗旨是在其所选的高新技术领域，瞄准世界高技术的前沿，缩小与发达国家之间的差距，带动相关领域的科学技术进步，缔造新一代高水平技术人才，为未来形成高新技术产业准备条件，为21世纪初我国经济和社会向更高水平发展和国防安全创造条件。

（二）火炬计划（发展中国高新技术产业的指导性计划）

如果说“863”计划更注重跟踪国际高技术发展的前沿，那么火炬计划则更注重我国高新技术产业的开发与发展。1988年8月，我国批准了火炬计划。这是一项指导性的高技术产业发展计划，其宗旨是：“实施科教兴国战略，贯彻执行改革开放的总方针，发挥我国科技力量的优势和潜力，以市场为导向，促进高新技术成果商品化、高新技术商品产业化和高新技术产业国际化。”火炬计划的重点技术领域为微电子与信息技术、光机电一体化技术、生物技术、新材料技术、新能源和高效节能及环保技术。其主要任务如下：

（1）完善高新技术产业发展的外部环境体系。

（2）建立和发展高新技术产业开发区。

（3）积极组织实施以国内外市场需求为导向的、以开发高新技术产品为目标的火炬项目及其辅助项目。

（4）建立和发展高新技术创业服务中心，为高新技术成果的商品化和产业化服务。

（5）在平等互利的基础上，通过政府和民间的各种渠道同世界各国和地区进行广泛的国际经济技术交流与合作，以期促进我国高新技术产业的国际化发展。

（6）积极培养火炬计划所需要的各类经营管理人才，包括各级政府和高新技术开发区的管理人员和高新技术企业的经营管理人才。

火炬计划在推进高新技术产业发展的道路上，创造性地运用高新区、孵化器、创新基金、特色产业基地以及生产力促进中心等政策工具，形成了从研发、成果转化，到孵化、产业化的一整套创新及产业化推进体系，探索和建立了适合我国高新技术产业发展的支撑服务体系，培育了一大批创新能力强、高成长的科技型企业。

（三）我国高新技术产业的现状

目前，我国高新技术产业实现高质量发展，有力支撑我国现代化经济体系建设；新产业、新业态加速发展，加快形成具有全球竞争力的创新型产业格局。

1.我国的高新技术企业

我国大批高新技术企业的诞生和发展大大推动了高新技术产业的飞速发展。至2017年，国家认定的企业技术中心已有1 276家。

（1）研发经费投入持续增加。2017年，技术中心共投入研发经费5 096.8亿元，比上年增长9%；技术中心研发经费占所在企业研发经费总量的比重为84.8%，比上年提高0.9个百分点。分行业看，制造业引领作用增强。2017年，制造业技术中心投入研发经费3 978.8亿元，占全部技术中心研发经费的比重为78.1%；对技术中心研发经费增长的贡献率达到71%，比上年提高10个百分点。

（2）新产品开发成效显著。2017年，技术中心所在企业的新产品开发经费支出为4 316.9亿元，比上年增长9.6%，增速比上年回落0.5个百分点。全年实现新产品销售收入79 042亿元，比上年增长11%；占主营业务收入比重为34%，比上年提高0.4个百分点。2017年新产品销售收入超百亿元的企业达到156家，比上年增加16家；近一半企业的新产品销售收入占主营业务收入比重超过60%。

（3）专利申请质量效率双提升。2017年，技术中心所在企业申请专利21.4万件，比上年增长7.5%。其中，申请发明专利11.8万件，增长8%，占申请专利的55.1%，比上年提高0.2个百分点。每亿元研发经费产生专利申请35.8件，比上年增加0.5件；其中，每亿元研发经费产生发明专利申请19.5件，比上年增加0.1件。[①]

2. 国家高新区

火炬计划引导下的国家高新区更是成为我国经济发展的重要动力和建设创新型国家的引导力量。

截至2017年，国家高新区聚集了全国约50%的国家级科技企业孵化器和超过40%的在科技部备案的众创空间。截至2017年，国家高新区集聚研究院所2 900多家、各类大学800多所、企业技术中心11 000多家。与此同时，在156个国家高新区中，高新区GDP占所在城市比重超过20%的有44个，超30%的有20个，超50%的有8个。

2018年，国家高新区总数已达168个。国家高新区创新创业生态不断完善，自主创新能力不断提升，体制机制改革取得新进展，并持续践行绿色低碳循环的发展道路。国家高新区集聚全国近40%的高新技术企业，全国互联网百强企业中的96家诞生于国家高新区，形成了以北京中关村、深圳等为代表的全球创新高地，诞生了一批如小米、华为、百度等有世界影响力的高新技术大公司。2018年，国家高新区在有力支撑国民经济平稳健康发展、促进新旧动能接续转换的同时，呈现出几个新趋势。例如，由“量”的增长向更加注重“质”的提升转变，由以“硬投入”为主向更加注重打造“软环境”转变，由以土地出让、优惠政策为主向更加注重改革和营造创新创业生态转变，由单纯发展产业向更加注重科技、经济和社会全面协调可持续发展转变。良好发展势头的背后是五大特点的呈现。

（1）经济发展保持快速增长，成为我国国民经济发展的重要支撑和增长极。2017年156个国家高新区GDP总和为9.52万亿元，占我国国内生产总值的11.5%。2018年1—5月156个国家高新区共实现营业收入12.35万亿元，同比增长8.13%；净利润达7 265亿元，同比增长8.78%；实缴税费7 003亿元，同比增长11.22%。

（2）坚持以创新为第一动力，发展质量和效益同步提升，实现了由要素驱动、投资驱动为主向更多依靠创新驱动的转变。国家高新区拥有5.2万家高新技术企业，占全国的38.2%，企业研发经费支出与园区生产总值比例为7.09%，是全国研发经费支出与国内生产总值比例的3.3倍。以杭州高新区为例，近5年固定资产投资平均增长仅0.5%，GDP年均增长9.4%，一般公共预算年均增长17.4%，充分体现了更高质量、更有效益的发展。

（3）不断优化创新创业生态，不断涌现出拥有核心关键技术、爆发式成长的创业企业等，实现了由依靠大项目、大招商为主的外延式发展向更多依靠创业、孵化的内涵式增长的转变。目前，国家高新区聚集了全国一半的孵化器和众创空间，创新创业已经成为国家高新区的价值导向和生活方式，形成了“产业报国”的精神追求和“鼓励创新、宽容失败”的文化氛围。近几年国家高新区依托良好的创新创业生态，新增注册企业保持快速增长，2017年国家高新区新注册企业38.6万家，同比增长36.9%；2018年1—5月新注册企业数为13.6万家，同比增长25.3%。

---

① 佚名. 2017年国家企业技术中心研发经费投入持续增加［EB/OL］.（2018-02-13）［2018-12-20］. http://www.sohu.com/a/222520161_379902.

(4) 积极践行新发展理念，坚持以人为本，遵循科技创新、园区经济和城镇化协调发展的内在规律，实现了由单纯发展产业向科技、经济和社会全面协调可持续发展的转变。国家高新区努力打造科技、经济、社会、文化、环境和谐发展的现代科技新城，为探索新型工业化道路、推进现代化城市进程做出了示范。绿色发展成为园区的普遍形态，国家高新区万元GDP能耗0.484吨标准煤，约为全国平均水平的2/3；74家国家高新区获得国际或国内认证机构评定认可的ISO14000环境体系认证。

(5) 不断强化开放式创新，提升国际竞争力，实现了由自我发展向整合利用全球创新资源转变。国家高新区主动参与国际经济与产业竞争，不断优化出口贸易结构，提升技术贸易和服务贸易的比重和水平。华为、吉利汽车、潍柴动力、万向集团等一批高科技企业通过在海外设立研发机构、跨国并购、建立国际研发战略联盟等方式，在全球范围获取和整合创新资源，形成较强的核心竞争力。①

二、我国高新技术产业发展的主要问题

(1) 产能、产量虽不断增加，但产业竞争力不强。部分新兴领域的跨越式发展主要体现在了资产规模、主要设备安装数量、生产能力等指标的快速增长，而非核心技术能力、产业竞争力的提升。我国高新技术产业大多处于国际垂直分工体系的底层、全球价值链的低端，核心竞争力缺失，产业尚不能自主可控，在总体上仍扮演着“跟随者”的角色。

(2) 企业风险管理能力特别是财务管理能力的欠缺，放大了行业危机。尽管近年来在各种利好政策的刺激下，我国高新技术产业的部分领域实现了“高速”发展，但部分国内高新技术企业的风险管理意识薄弱，同时又缺乏科学化的风险管理手段，不仅导致企业的决策缺乏前瞻性，而且导致风险来临时企业生存受到威胁。

(3) 产业发展的政策环境还有待进一步完善。一方面，国家标准、规范和检测体系不健全，导致有效市场需求难以培育。鉴于战略性新兴产业相关技术的日益成熟和飞速发展，全球各国纷纷推出相关的技术法规或标准，并对战略性新兴产业的重点产品提出强制性的认证要求；但我国还是缺乏被业界认可的国家标准，检测体系也尚未建立，导致市场出现混乱加剧的迹象。另一方面，地方政府产业政策的不当激励造成部分新兴领域产能过剩。②

(4) 税收体制的不健全和无形资产的模糊界定，弱化了企业开发高新技术的积极性。由于目前我国对知识产权的界定和应用还仅处在初级阶段，对高额技术投入所得的高附加值的认识不足，加之现行的增值税政策对因知识作为无形资产以及前期开发的隐性资产和其相应技术仍不计入成本而加以课税，继而削弱了高附加值应有的作用，弱化了企业对高新技术产品开发的积极性。另一方面，外资及合资企业在我国享有各种各样的显性的或隐性的特殊待遇，致使国有及民营高科技企业与之处在不同的起跑线上。

(5) 在重视技术引进方面，重复引进硬件而忽视软件的发展与普及。就技术引进方面而言，完成技术转让要有技术引进、技术储蓄和技术普及等三个重要环节，而我国在技术引进方面往往仅做到了第一步，而对第二、三环节的实施极为有限，即只引进了技术，而没有在此基础上消化、改进、发展和普及。

(6) 缺乏足够的专门从事风险投资的产业投资公司和高新技术产业发展所需的现代企业家阶层。我国现阶段的大多数企业家只具有诸如人事、财务、营销和新产品开发等基本的企业管理知识和技能，缺乏真正的创业意识和冒险精神。与此同时，少部分具有创业精神的企业家又因种种不合理的国家及社会因素而改弦易辙。前者致使国有大中型企业只重管理、不重发展；后者致使民营高新技术企业只重眼前利益而短命易逝，难以长足发展。大多数高技术成果的产业化要靠科研院所自己来完成，其最大困难是缺乏资金，只能滚雪球式发展，致使高新技术产业呈现出科研机构投入的多，企业兴办的少；规模小型

---

① 佚名. 国家高新区发展势头良好呈现五大特点［EB/OL］.（2018-07-20）［2018-12-20］. https://baijiahao.baidu.com/s?id=1606488247621796524&wfr=spider&for=pc.

② 张于喆. 2013年我国高技术产业、战略性新兴产业发展回顾及2014年展望［J］. 中国经贸导刊，2014（2）：20-24.

的多，大规模的少；有强劲发展后劲的少等三大特点。

（7）高新技术产业发展的技术力量分散且国家的产业协调力度不足。在发展高新技术产业方面，国家的组织协调能力还不十分健全，各部门对自己所认可的高新技术独自开发，往往导致一哄而上且彼此竞争的局面。我国缺乏应有的规模性产业发展能力，且重复开发和再投资浪费了国家有限的人力及财力，致使“诸侯割据”与“荒上加荒”并存。

第三节 我国高新技术产业的发展战略与对策

一、我国高新技术产业的发展战略

从航天到航空工业，从微电子到通信产业，从生物工程到新材料工业，甚至从环保产业到光电产业，甚至在西方不被列为高新技术产业的汽车工业，我国与世界水平还存在很大差异。鉴于高新技术产业发展的国际性、竞争性和我国相对于世界强国的弱势地位，我国高新技术产业的战略选择尤为重要。发达国家主要是通过有效拓展经济及科技上的优势地位来发展高新技术产业，以期促进本国经济的高速发展并保持其相应的领先地位；发展中国家则主要是以确定重点发展领域、制定规划、筹建开发区、发挥产研综合优势、强化技术引进的消化工作、推进配套政策的实施及完善等战略的有效构筑，来加速本国高新技术及其产业的渗透和发展，以期尽快缩短与发达国家之间的差距。

（一）以建设科技强国为目标①

1.党的十九大报告提到要建设科技强国

科技强国有两个维度。从纵向的历史演变维度看，我国现在还不是科技强国，要经过努力将来才能成为科技强国。从横向的国际比较维度看，科技强国是一个相对概念。我国在进步，其他国家也在进步，我国要进步更快，走在其他国家前列，才能成为科技强国。总之，不管从历史维度还是从国际视野来看，我们都需要付出更多努力才能成为科技强国。

2.如何建设科技强国

第一，要瞄准世界科技前沿，强化基础研究，实现前瞻性基础研究、引领性原创成果重大突破。这是最重要的发力点。

第二，加强应用基础研究，拓展实施国家重大科技项目和重大科技工程。这是从国家层面应该加强的。原始创新成果要转变成现实生产力，国家重大科技项目和重大科技工程的带动引领作用非常重要，这种已有的成功经验需要保持。

第三，加强产业技术创新。要真正占领产业发展制高点，引领产业转型升级，必须加强产业技术创新，掌握核心技术。人工智能、信息、交通、航天、海洋等领域的重大关键技术，都是决定未来我国国际竞争力的关键领域，应该率先实现突破。

第四，深化科技体制改革。首先要提升企业创新能力，建立以企业为主体、市场为导向、产学研深度融合的技术创新体系。其次要加强科技成果的转化，形成从知识创造、知识运用到社会经济发展的良性循环。此外，军民融合也已经提升到国家战略高度，是深化科技体制改革中的重要方面。

第五，营造良好的“双创”环境。大众创业、万众创新对促进科技成果转化、提升产业创新能力发挥了非常重要的作用，我们要进一步营造好相关制度和文化环境，调动全民的“双创”热情和积极性。

3.建设科技强国依靠的力量

一靠人才。上面提到的这几个发力点，不管是哪项工作，都靠人来实现。人才是第一资源，要高度

---

① 佘惠敏．要成为科技强国，还须付出更多努力［N］．经济日报，2017-11-27.

重视人才的培养、引进和使用。我们要加大创新型人才的培养力度，进一步优化人才引进政策，吸引全球优秀人才资源为我所用。

二靠投入。建设科技强国，必须保证长期稳定地投入，才能厚积薄发，形成更多的创新成果。现在我国研发投入占GDP的2.11%，而很多发达国家在2.5%以上，我国还有提升空间。在投入结构方面，要注意基础研究、应用研究、试验发展活动之间的合理匹配；要注意企业投入和政府投入的相对关系；还有经费的使用结构问题，我国长期存在对人的投入不足、其他方面投入较多现象，现在这种情况正在转变，还需要进一步优化。

三靠体系。要加强国家创新体系建设，强化战略科技力量。重视提升企业技术创新能力，尤其是提升中小企业创新能力；提高高校、科研院所等学术部门的知识创新能力；加强科技成果转化服务机构建设，服务科技成果转化与产业化；构建各具特色的区域创新体系；建设军民融合创新体系，形成军民融合深度发展的格局。

四靠制度。制度建设包括的内容较多。一是推进人才评价制度的改革和落实。二是建设可预期的投入保障制度，保证科技创新投入稳定增长。三是完善科技成果转化制度。科技成果转化“三部曲”的法规建设已经完成，下一步是如何落实和在实践中不断完善。四是打造良好的法律和营商环境，包括知识产权、税收政策等。

（二）通过制订和实施各种计划来战略性地推进我国高新技术产业的发展

（1）在高新技术及其产业的渗透和扩散层次，即直接为经济建设和社会发展服务的层次上，要切实提高工农业生产技术水平和推进传统产业的技术进步。在这一层次上，重点组织和实施科技攻关计划，解决对国民经济和社会发展有重大影响的科技攻关课题；实施“丰收计划”，有效推广使农业增产的先进实用技术；实施“星火计划”（含科技扶贫计划），推进农业和乡镇企业的科技进步；实施“燎原计划”，有效地培养农村技术人才；实施“国家科技成果重点推广计划”，通过政府参与和计划管理，动员全社会各方面的力量，使科技成果在传统产业和广大农村中发挥积极作用；组织“产学研联合开发工程”，建立大中型企业与高校、科研院所之间密切稳定的交流和合作制度，加速高新技术成果的产业化转移，增强大中型企业的市场竞争能力。

（2）在高新技术开发及其产业化层次上，要实施“863”计划和火炬计划，跟随世界高新科技的发展趋势，选准有限目标，集中攻关力量，在力争有所突破的基础上，尽快而有效地将高新技术的研究及开发成果转化为现实生产力。

（3）在高新技术的基础研究层次上，主要是组织和实施基础研究计划和攀登计划，加强基础研究工作和应用研究工作，为高新技术的长远发展奠定坚实的理论及技术基础。

（三）大力推进高新技术产业开发区和开发带的建设

我国高新技术产业开发区是在学习和借鉴国外科技园区先进经验的基础上，依托智力资源和国家优惠政策，在高等学府和科研机构比较密集且有一定工业技术基础的地区建立的，以开发高新技术及其产品为目的，促进教育、科研和生产同步发展，并结合生产要素的优化组合，推进高新技术与社会经济协调发展的综合基地。作为优先发展的试验区，高新技术产业开发区也是促进对外经济技术合作的有力窗口；对企业而言，它不仅是高新技术企业发展的重要途径，还是向传统企业渗透和扩散高新技术的辐射源。

与此同时，为了实施“沿海建带、内地建点、点带结合、全面推进”的发展战略，在沿海地区已建或拟建了若干实行统筹规划、区域分工的高新技术产业带，建立了京津塘高速公路高新技术产业带、沈大高速公路高新技术产业带、山东半岛高新技术产业带、沪宁高速公路高新技术产业带、福泉厦高新技术产业带和珠江三角洲高新技术产业带，以期形成沿海有带、内地有区的交叉网络格局，充分发挥沿海和内地的各自优势和互补优势，为构筑高新技术产业长远发展的全新格局奠定坚实的基础。

推进高新技术产业开发区和开发带建设战略的巨大作用十分明显：①能有效地缩短与发达国家之间的差距；②对传统产业的调整产生巨大的辐射作用；③能有效地缩小内地与沿海地区的经济发展差异；④能有力地推进管理的现代化；⑤为广大的非公经济发展创造有利的实用条件。

二、我国高新技术产业的发展对策

发展高新技术产业是切实提高我国产品技术竞争力的必要途径。虽然我国高新技术产业发展较快，以上战略的推进也比较现实和合理，但我国高新技术产业的整体水平与国际先进水平相比仍有很大的差距。因此，确定符合国情的高新技术产业发展对策，成为促进我国高新技术产业快速而健康发展的重中之重。

（一）健全全国及地方性的政策法规体系

目前由于没有制定有效而配套的产业政策，且政府行政干预过多，对内没有建立竞争机制，对外没有有效的保护政策，很不利于高新技术产业的充分发展。为此，国家及政府的介入应首先体现在政策的引导环节上，即从政策的配套方面给予企业一个公平而有力的发展环境。尤其是在宏观调控、科研开发、土地利用、投资、金融、保险和税收等政策方面，我国应给企业以优惠性的倾斜政策，鼓励企业的开拓创新精神，以确立和完善企业在高新技术产业化过程中的主体地位，使企业真正领略到国家对高新技术的支持及发展作用以及有效的高附加值收益。国家还应加强各项改革政策和产业政策的协调工作，使高新技术产业群内的各产业得以均衡发展，为高新技术产业的长远发展奠定产业基础。同时，国家要保证各项政策的配套性和到位性，健全高新技术产业发展所需的以技术为核心的服务体系，为有关单位解决后顾之忧，适时地推进高新技术的产业化进程。

（二）切实加大投资力度，改善投资结构

我国用于基础研究的投资比例过高，应用研究和产业化生产的投资相对薄弱。因此，投资结构的不合理高度虚化了某些项目，致使科研成果的水分过大，难以切实创造应有的社会价值。为此，国家应从政策上进行引导，鼓励国外和民间投资，并给风险投资公司以更大的优惠政策；同时，从政策的倾斜上促使投资结构的改善，并健全有关信息的共享体系，使得有限的资金发挥更大的作用。

（三）切实改善引进高新技术的组织工作

我国的产业技术大多源自国外，没有形成自主知识产权的技术体系。长期以来，我国进口设备多，引进技术少；进口普通设备多，进口关键设备和高技术设备少；引进不少装备线和生产线，但没有获得设计、工艺和关键性制造技术；多数引进项目消化吸收缓慢，迟迟不能实现国产化；有的长期搞散件组装，未能扩大出口。这样致使多数行业的关键核心技术与装备基本依赖外国，信息产业的核心部件及大量系统软件依赖进口。同时，发达国家为维护其在不平等贸易中的优势地位，对一些关键性技术进行封锁。

（四）完善管理体制，使科研与生产有效结合

我国科研体制大致还属于集中管理型，即由国家下达课题或给定选题范围，科研经费由国家负担。科研机关很少在实质上了解社会的需求，因而研究带有一定盲目性，导致管理机构排斥市场，有轻视市场效益的倾向。另外，各科研单位分属不同的主管部门，如军队系统、中科院系统、部委系统、地方系统和高校院所系统，这种条块分割使得一些跨单位或跨系统的项目难以按市场经济的满意原则进行有效协调。为此，我国应充分明晰科研工作的差异性，并对其采取不同的运行机制；理清市场与计划机制在

科研及其成果转化机制中的有效作用，在进一步扩大市场机制的同时，完善二者的互补性而不是对立性；强化以技术创新为主线的科技进步运行机制。

（五）完善高新技术人才的培养和流动机制

一切竞争的实质都归于人才的竞争，为此，各国均把人才战略放在发展高新技术产业的首要地位。美国经济在第二次世界大战以后的飞速发展，究其本源即在人才竞争的优势上；日本则凭借着自己第二次世界大战后的微薄资本培训了大量的技术开发及应用型人才。由此，美国和日本奠定了在发展高新技术及其产业化方面的领先地位，并借此垄断了世界经济和技术的霸主之位。而我国在人才缺乏的同时，人才流失现象也十分严重。为此，打破传统的人才机制，建立健全的以市场机制为前提的人才培养和流动机制是我国高新技术产业得以有效发展的重要保证。

（六）充分利用与发达国家和跨国公司间的合作关系，推进我国高新技术产业的发展

第四次工业革命所带来的高新技术竞争，通常被描绘成“没有硝烟的战争”，其竞争的激烈程度可想而知。这不仅表现在政府的规划及巨额的开销上，而且更现实地表现在人才、信息、资本、管理和技术开发研究的竞争上，继而牵动着政治、经济、科学、教育和国防等一切领域，甚至呈现了洲际竞争的趋势。这将是人类社会有史以来最为广泛、最具综合性的竞争。同时，为了加速高新技术的开发及其产业化进程，世界高新技术领域国家间的合作与跨国公司间的合作步伐正在逐步加快，导致了充分而有效利用世界资源的合作与竞争并举的发展态势。跨国公司几乎垄断了所有的上游产品和上游产业，掌握和控制着几乎全部的高新技术及其发展趋势。某些航空母舰级别的跨国公司，其年研究与开发费用已相当于一个普通发展中国家的年国内生产总值。它们通过对专利性硬技术和管理及信息等软技术的控制和应用，推进着世界高新技术产业的发展进程，继而攫取高额的垄断利润。为此，我国必须改变传统的故步自封式的保守观点，牢固树立合作的观念和互补的观念，获得自己的技术认知和技术能力，但绝对不能片面地以“市场换技术”，这样会导致最后市场和技术全失。

（七）加速高新技术对我国传统产业的改造进程

伴随着计算机和信息技术的突破性发展及更为广泛的迅速应用，设计自动化、生产自动化和柔性加工技术的普遍推广，高新技术的产业化周期将迅速缩短，高新技术产业的增长速度将更为加快。随之，高新技术向传统产业的渗透，将使其日益向着知识、技术和资本密集型产业发展，并与轻纺、机械、汽车和生物等技术相融合，重新塑造传统产业的技术基础。各国的倾斜和扶持政策极大地提高了高新技术产业的比重，使产业结构的重心由传统产业向高新技术产业转移，并逐渐更新或取代了某些衰退中的传统产业，以期有效地促进经济的长远发展。在我国，高新技术对传统产业的改造任务十分艰巨，因而应在选择重点的基础上，充分发挥政策机制并依靠市场经济的积极引导来促进传统产业的升级换代，以期建立一种二者互相促进的新型运行机制。

总之，高新技术产业的发展对策以符合我国国情和产业发展的实况为基础，从政府和市场的角度尽可能给予一切协调及便利的可能，使研发机构和企业能够有效地结合，突破传统的分离意识，塑造企业在高新技术领域产业化的先锋地位，推动我国产业的升级和换代。

［第十三章］

传统产业

党的十九大报告指出“支持传统产业优化升级”。传统产业是我国经济发展的中坚力量，虽然经历了几十年的建设，形成了较为完备的产业体系，但在本质上与发达国家相比还存在巨大差距，改造传统产业是我国工业甚至整个经济工作的历史重任。为此，本章主要讨论传统产业与高新技术产业的关系、传统产业的改造模式。

第一节　传统产业与高新技术产业的关系

一、传统产业的技术水平

传统产业是指农林牧业与食品加工、纺织服装、机械设备、冶金和汽车工业。目前我国仍然是一个以传统产业占主体地位的发展中国家，加之我国传统产业具有劳动密集型特征，因此传统产业的发展对我国经济发展与社会稳定具有十分重要的作用。

中华人民共和国成立以来，我国国民经济整体上有了巨大的改观，建立了比较完整的工业体系。但由于种种原因，过去只注重传统产业的外延式扩大再生产，忽视了对传统产业的技术改造，造成了企业技术水平落后，设备陈旧和老化，产品质量低而能耗、物耗高，劳动生产率低和经济效益差的严峻局面。我国的经济总量趋于平衡，但结构上的矛盾更为突出，主要表现为：①名新产品短缺，而普通产品滞销，即在产品结构上短缺与积压并存；②企业技术结构扭曲，缺乏应用的开发及创新能力；③企业规模结构及组织结构扭曲，缺乏应有的集中度；④能耗结构扭曲，粗放式经营企业难以维系现有的经济增长。因此，传统产业若不扭转其技术落后的局面，就会在国际竞争中失势，这已成为摆在我们面前的严酷现实。这就致使我国在激进和高速发展中因欠账所形成的技术改造与产业技术突破的任务十分艰巨。

虽然传统产业的结构不合理，技术水平低下，但仍是我国国民经济的重要支柱。因此，在今后很长的一段时间内，传统产业对我国经济的发展仍将起着举足轻重的作用。

二、高新技术产业对传统产业的巨大冲击

随着以信息化和智能化为标志的第四次工业革命的兴起，出现了一大批以各种高新技术企业为代表的高新技术产业部门。这对传统产业产生了巨大的冲击，迅速引导高新技术向传统产业的渗透、扩散和融合。

新材料技术的飞速发展，使得对钢铁、原材料和化工原料的需求大大减少，因而相比之下传统材料工业有所缩小，继而促使材料工业的结构逐渐由“长、大、重、厚”型向“短、小、轻、薄”型发展。

从1981年开始，为全面改造汽车制造业的传统工艺，美国通用汽车公司在短短几年内投入巨资与六七家生产机器人和其他高技术产品的公司合营，同时拆借重金并购了著名的休斯敦飞机公司和电子数

据公司。现在，通用汽车公司不仅建立了自己全新的信息化工厂，而且建立了全公司统一的计算机数据网络系统和信息系统。为降低产品成本，提高其质量和服务水平，切实发挥本公司的竞争优势，美国、日本和欧洲的各大公司都相继在研究、设计、开发、生产、经营及服务管理领域，全面引入了高新技术。以汽车工业为例，日本各大汽车公司通过采用微电子技术和机电一体化技术改造了原有的制造设备和工艺过程，开发出了新型汽车，不仅大大提高了汽车生产的自动化水平，而且有效地改进了其生产汽车的各项性能，极大地提高了国际市场的竞争能力。

总之，高新技术对传统产业的巨大冲击锐不可当，并把许多工业抛进了“夕阳”产业之列。因此，利用世界高新技术成果或运用新技术及时对我国传统产业进行改造，将是我国迎接世界产业发展挑战的重要手段。

三、传统产业与高新技术产业互为作用

（一）传统产业是高新技术产业发展的基础

高新技术产业是在传统产业的基础上发展起来的，不可能完全替代传统产业。传统产业不仅为高新技术产业的发展提供必要的资源、人才、技术等外部环境条件，而且为其提供完备的工业基础设施和辅助的工业系统，以及大量的资金。例如，作为世界第三大集成电路生产基地，日本九州“硅谷”拥有众多的外围企业，如硅晶片厂、石英加工厂、化学药剂制造厂、设备制造厂以及各种原料加工厂和维修服务厂。另外，发达国家高新技术产业试验区的启动资金几乎全来自于传统产业。日本对本国有史以来最大的项目——“筑波科学城”，从1963年至1985年投资了100多亿美元。

（二）传统产业的发展有赖于对高新技术的积极吸收

鉴于我国传统产业的状况及技术水平，我国传统产业的发展已经濒于“二次创业”之地。没有对高新技术成果的积极吸收，就不可能有“传统产业”的再次辉煌。传统产业在高新技术产业的巨大压力下，只能通过对高新技术的融合吸收，来迅速提高自身的技术水平。无论传统产业还是高新技术产业，在其发展过程中都必须积极吸纳适合自身发展的最新水平的技术，否则只能是衰退或萎缩。反之，如果传统产业积极吸纳高新技术成果，就不会生长乏力，必将继续拓展其强大的生命力。

（三）改造传统产业是高新技术及其产业发展的主要方向

为谋求国际竞争优势，各国均把高新技术产业作为发展本国经济的一项重要国策。这不仅因为高新技术产业具有极高的附加值和强大的竞争优势，而且因为高新技术及其产业能给传统产业注入新的活力，带动传统产业的技术升级和产业结构的优化，继而加快整个国民经济的发展速度。

同时，高新技术产业的发展也迫切需要传统产业利用高新技术成果对其现有低水平技术进行改造。这主要源自以下两个方面：①传统产业要为高新技术的研制、开发和产业化提供能够满足一定技术要求的中试及生产设备。②传统产业将为高新技术产业提供市场发展空间。没有传统产业对高新技术的积极吸纳，就不可能有效地促进高新技术及其产业的迅速发展。

（1）提高传统产业的技术水平和劳动生产率，降低生产成本，增强产品竞争能力是高新技术产业发展的首要目标。日本、韩国和中国台湾等国家和地区是世界上公认的高技术产业发展最好的地方。其主要成功经验在于：把提高整个传统产业部门的技术水平和劳动生产率、切实降低产品生产成本、增强产品的国际市场竞争能力作为本地高新技术产业发展的首要目标。

（2）走向国际市场、实现国际化是我国高新技术产业发展的市场战略。①

---

① 国家经贸委《高新技术产业化问题》课题组．对现有产业的改造是我国高新技术产业化的主要方向［J］．管理世界，1995（3）：110-118.

总之，我国是拥有13亿多人口的发展中国家，传统产业的技术水平较低，且正处在更新换代的重要时期；国内市场十分广大，但因国外各大厂商的竞争，国内企业的市场份额日渐缩小；而同时真正能打入国际市场的高新技术产品却寥寥无几。所以，以改造传统产业为主要方向，以开拓国内市场和积极向国际市场渗透为策略，才是我国高新技术及其产业发展的重要选择。

第二节　传统产业的改造模式

传统产业转型升级要切实抓好节能减排、淘汰落后、重组兼并、产业转移、集聚发展等难点、重点。技术改造是推进两化深度融合、促进传统产业优化升级的战略举措，也是调结构、稳增长的重要手段。技术改造以品种质量、节能降耗、环境保护、装备改善、安全生产以及信息化提升等为重点，用高新技术和先进适用技术改造提升企业生产力要素水平，具有技术新、效益好、投资省、工期短、见效快等显著优点，是以内涵为主的发展方式。

传统产业的改造和高新技术的产业化发展是产业结构调整及优化的两个重要组成部分。纵观科技与产业发展的历程，不同的科技发展水平决定了产业结构的不同优化程度，其中，科技对传统产业的改造又决定了产业技术结构的层次及领先程度。没有传统产业的良好发展，就无法提供高新技术产业发展所需的高额积累资金；没有高新技术的产业化发展和对传统产业的改造，同样无法促进传统产业向现代产业的过渡。目前，我国的总体科技发展水平与发达国家之间还存在较大的差距，而科研及发展资金又严重不足，要发展高新技术产业，就必须与传统产业的有机地结合起来，形成二者的互助式发展模式。

从某种意义上说，我国发展高新技术产业的首位因素还是要处理好其与传统产业技术改造的关系：高新技术产业的发展要有利于传统产业的改造和产业结构的升级换代；要充分发挥技术引进、技术创新和自己开发的相关作用；要合理安排高新技术产业和传统产业的空间布局关系；要摆正政府、科研院所和企业三者的关系，促进宏观及微观的协调发展。

一、传统产业改造的重点选择

目前，我国拥有门类齐全的工业体系，这是高新技术产业得以发展的基础和载体，但其整体的产业技术水平相对落后，而高新技术对传统产业的技术改造又不可能面面俱到，所以必须突出重点，采取点面结合的方式提高传统产业的技术水平。

（1）应从我国国情出发，配合宏观经济改革的步伐选择高新技术产业与传统产业的有效结合部位，发挥技术的关联作用，为产业的长远发展提供良好的技术准备及装备。利用高新技术对基础产业和“瓶颈产业”的技术改造，可以极大地增强国民经济发展的后劲，起到倍增效应。

（2）确定技术引进的领域及其扩展渗透范围。通过引进技术、设备和工艺，适时地改造传统产业，再通过对它们的研究和发展来加快与国际高新技术产业的接轨速度。

（3）从产品入手，确定进口替代产品、出口创汇产品和节能产品的发展领域，加快产品结构的更新速度，推动创汇产业和节能产业的改造步伐。

二、传统产业改造的运作机制选择

在重点领域，推进技术改造可以充分利用传统产业的资产存量，加之技术和资金的引进，实现传统产业内部技术结构的调整，以期使传统产业对高新技术的吸收机制和高新技术向传统产业的扩散机制同时运作，从而走工业集约式的经济发展道路。这种“吸收扩散”机制对传统产业的改造和高新技术产业的发展都会产生良好的效果。其具体运作方式如下：

（1）以政策推进高新技术和先进适用技术与传统产业的“嫁接”机制。政府对企业引进、采用和推广高新技术给予特别的优惠贷款和税收政策，使传统产业的技术结构发生根本性的改观，降低能耗和原材料消耗，提高劳动生产率，增加产业经济效益。

（2）发展高新技术或先进适用技术型企业集团，吸引周边企业并通过产业关联效应，带动传统企业的技术改造。把高新技术和先进适用技术企业作为传统企业群的核心，以高新技术的渗透和扩散来积极引导企业集团向高新技术或先进适用技术领域转移，力争在有效时间内培植和壮大一批具有国际竞争实力的大型高新技术或先进适用技术型企业集团，并进而带动传统企业集团的良性发展。

（3）利用外资和技术引进改造传统产业，强化技术引进的消化及创新机制。利用外资不应为手段所限，应采取更为广泛的形式，并积极加强与国内科研院所的科技交流及合作；技术引进应借鉴日本的“上游引进”战略，强调“软件”，即通过高起点的引进，强化消化及创新机制，为赶超世界先进水平奠定技术基础。

（4）通过建立高新技术产业开发区的方式，逐步调整全国的各个专业性产业群体，提高其产品及其连带产品的技术附加值和升级换代水平。如背依科技园区和数家企业集团而建立的以计算机产业和软件产业为核心的高新技术产业开发区，不仅能够有力地提高本产业的技术发展水平，而且还能够积极发挥其在高新技术产业方面的带动作用——为传统产业的信息化升级换代注入新的活力。

（5）充分利用国防科技的高新技术优势，实现“军转民”的战略扩散，适时地提高民用产业的整体技术水平。由于各国把大量的先进和尖端技术的发明与创新首先应用于国防产业，致使其整体水平高于民用产业，所以冷战结束后，各国又相继把国防产业的技术成果、资金、设备和人才转移至民用产业，大力发展以民品为主的高新技术产业，从而大大地提高了传统产业的技术水平。

（6）建立健全风险的支撑体系，为企业技术创新给予一定的风险补偿。通过政府的介入，协调财政、金融和科技等各方面力量，尤其是健全企业技术进步的各项激励政策和风险分担政策，使企业摆脱资金及风险的困扰，勇于创新，从而提高企业对高新技术成果转移的自觉性和积极性。

三、推进传统产业现代化的模式

经济难以有效发展实质上是源于经济结构的失衡，而结构失衡又在很大程度上源于技术水平的局限。我国高新技术产业的产值占整个工业产值的比重不高，且发展后劲不足，这在很大程度上还是归因于传统产业难以有效发展。因此，提高我国产业的整体素质，切实改变以往粗放式和低技术水平并存的经营方式，以期完善市场经济的根本途径在于通过利用高新技术和适用新技术对整个传统产业的现代化改造。

（一）传统产业的现代化实质

现代化本身并不是一个目标化概念，而是一个动态化概念。以往我们常常把现代化理解为一个目标，甚至是远期理想目标，这对我国传统产业的发展在观念上是一层阻碍。这一观念上的偏差，导致我国长期在传统产业的技术改造方面处于落后境地。除体制及政策上的原因之外，其他主要原因如下：技术改造资金挪为他用；大量原层次上的设备更新；技术创新意识薄弱；技术改造的市场导向不明；技术市场的交易障碍过强；技术引进上的无谓重复与较低的消化及吸收水平并存；技术贸易形式过于单一。由此，我国传统产业的技术改造长期处于欠账状态。

摈弃以往的狭隘观念，将现代化准确地理解成为一个长期的、内涵技术不断更新的动态过程，是实现传统产业升级发展的必要的观念转变。同时，传统产业的现代化改造不应仅仅包括技术改造（技术设备和生产工艺的更新改造），还应该包括管理上的“更新改造”，而二者均以信息资源的有效开发利用为前提。所以，传统产业的现代化过程实质上就是传统产业的信息化过程和新技术化过程。

（二）传统产业的现代化模式

就传统产业和高新技术产业的比重而言，我国作为世界制造业中心，必须将侧重点放在传统产业上，即必须运用一切手段积极地提高传统产业的整体技术水平。所以说，如何用新技术和新设备武装传统产业是我国所面临的重要任务。

1.传统产业的信息化

传统产业的现代化改造必须以其信息化为前提，牢固确立信息化的先行原则，即充分利用信息技术改造提升传统产业，用信息化带动工业化。这已经成为实现我国经济结构战略调整和产业结构优化升级，增强我国传统产业创新能力、可持续发展能力和国际竞争力，促进我国社会生产力跨越式发展的重要途径。

发达国家的经验表明：引进、消化、吸收新工艺和新技术，采用先进的信息处理和工业控制技术可以有效地减少物耗、能耗和货物运输量。因此，我国发展经济过程中，诸如基础设施薄弱、能源紧张、设备陈旧落后、科研水平落后、管理水平低及员工素质低等瓶颈问题的有效解决必须依赖于整个产业信息化水平的提高。

我国传统产业的信息化是一个长期的渐进过程，国家必须在宏观上加以积极引导，制定符合中国国情的产业信息化长远发展纲要和近期发展规划，积极推进整体协调、适当控制和以效益为主的发展策略，尽快提高我国整个产业的信息化水平。

2.传统产业的技术改造

传统产业技术改造的核心是技术规范的转换。这通常包括两个部分：其一，传统产业的常规技术改造，其特征是技术进步的连续性拓展；其二，传统产业的技术创新，其特征是技术进步的间断性拓展，即开辟了具有本质差别的新的技术途径。而我国目前相当一部分企业的技术改造是用于扩大原有产品的生产能力，其产品的技术含量和设备的技术水平并没有多大提高，改造仍然是在原有的技术层次上循环运作，并没有体现技术进步的连续性原则，加之技改战线过长、资金分散且挪为他用现象普遍存在，致使技术改造的账越欠越多，产业的技术水平徘徊不前，虽体现了现时的短期“集约经营”，但难以为继。

高新技术产业发展的一个重要任务就是通过向传统产业的渗透、扩散和融合，将高新技术和新型适用技术注入传统产业，以加速传统产业的高级化进程，促进传统产品的更新换代。传统产业必须以市场导向为原则，采取“新老技术融合”的改造策略，加速整个产业的技术进步步伐。具体而言：

（1）完善企业背依于市场的技术创新和技术吸收机制。国家应适当放宽企业技术改造的有关政策及决策权限，并把因技术进步而获得的经济效益作为考核企业长远发展的重要经济指标，甚至给予优惠政策，同时，就重点项目为企业提供适当比例的用于其技术开发和产品开发的发展基金。

（2）增强科技体制中的“消化、吸收”功能，通过“嫁接”的方式引进和消化技术，高起点地推进企业的技术改造步伐。我国在宏观上应切实改变技术引进与科技体制不相适应的状况，积极采取经济手段和有关政策措施，推进引进计划与科研计划的结合机制，避免资源的浪费。这就需要以研究成果为基础确定引进项目；以引进技术的消化、吸收和创新为目的确立科研课题，继而推进引进技术和自研技术的融合生长。

（3）以高新技术和先进适用技术推进传统产业的高级化发展。我国要以市场导向为原则，注重传统产业的信息化武装，用高新技术改造传统产业，适时地推进传统产业结构及技术结构的合理性转变；发挥高新技术的“种子”效应，强化支柱产业，“成龙配套”地进行技术开发和技术改造。

（4）积极推进农业的产业化进程，大力发展乡镇企业，以期有效地吸收农村广大的富余劳动力。为此，国家必须积极推进农村技术和职业教育进程，切实提高农村劳动力的整体素质，为工业的宏观发展奠定坚实的人力资源基础。

（5）提高乡镇企业的技术结构及技术发展水平。我国在优化外部环境，健全乡镇企业积极进行技术更新的激励机制的同时，做好宣传工作，使乡镇企业进一步加深对“科学技术是第一生产力”的理解，再通过示范工作，培植一批技术性企业的典型，从而加快乡镇企业的技术升级进程。

3.传统产业的管理创新

没有管理的现代化，就不可能有产业的现代化。企业不进入市场，何谈向市场经济的转变；无市场经济规律的资源配置运作，何谈持续经营？所以，为推进传统产业的现代化，管理的创新势在必行。这包括三层含义：①政府经济管理机制的创新；②以法制体系为基础的市场机制创新；③运营企业的管理机制创新。

4.在传统产业现代化过程中明晰及推进高新技术产业的发展方向

对于工业化国家而言，传统产业是基础，高新技术产业是提高，二者相辅相成。没有传统产业的现代化，就不可能有高新技术产业的有效发展，而高新技术产业发展的一个重要方向就是向传统产业渗透并装备传统产业。就我国目前高新技术产业发展的阻碍来看，其首要约束就是资金规模。我国还没有在金融衍生工具和风险投资基金等方面予以有效支持，即使予以支持，资金仍然有限，所以，高新技术产业的发展资金仍然有待于传统产业的贡献。为此，传统产业的现代化对高新技术产业的发展显得十分重要，而高新技术对传统产业的有效装备亦是传统产业走向持续经营的必由之路。一切渗透和装备传统产业的高新技术均是传统产业现代化发展的必要技术。国家必须在这一方面划拨专项资金及专项贷款予以资金援助，打破条块分割，健全科技人才的流通机制，予以人才援助。

总之，技术，尤其是现代的高新技术和新型的适用技术，是政府管理体制、经济结构和经济单元演进的主要动力，也是传统产业现代化的重要物质基础。为此，传统产业的技术改造、高新技术的应用及其相匹配的管理创新，是企业降低物耗和能耗的必由之路。另外，在物质、能源和信息等三大资源的消耗中，存在一种此消彼长的均衡机制。所以，我国应积极推进国民经济的信息化，以期通过对信息资源的有效利用，降低物质及能源的消耗，从而最终达到持续经营的目的。对传统产业的改造应有效地利用高新技术和先进适用技术，并在选择重点领域的基础上，充分发挥法律、行政和经济手段，依靠市场的积极引导促进传统产业和高新技术产业的积极融合，建立一种二者互相促进的新型运行模式，以有效地构建和发展现代产业体系。

四、推动“两化”融合，是改造传统产业首创之举①

（一）“两化”融合，传统产业转型升级是新型工业化道路的显著特征，探索实践取得初步成效

推进工业化和信息化深度融合、促进传统产业转型升级，是加快转变经济发展方式、实现新型工业化、建立现代产业体系的重要举措，也是推动我国由工业大国向工业强国转变的必由之路。

实现“两化”融合，走新型工业化道路是党一以贯之的战略方针。党的十六大首次提出坚持以信息化带动工业化，以工业化促进信息化，走技术含量高、经济效益好、资源消耗低、环境污染少、人力资源优势得到充分发挥的新型工业化道路。十七大提出工业化、信息化、城镇化、市场化、国际化，明确中国特色新型工业化道路成为中国特色社会主义道路的一个重要组成部分。十七届五中全会提出“两化”深度融合，构建结构优化、技术先进、清洁安全、附加值高、吸纳就业能力强的现代产业体系。十八大报告再次强调，要“加快传统产业转型升级”。党的十九大报告指出：“推动新型工业化、信息化、城镇化、农业现代化同步发展。”“增强改革创新本领，保持锐意进取的精神风貌，善于结合实际创造性推动工作，善于运用互联网技术和信息化手段开展工作。”多年来，各地各行业通过政府引导、加快法规制度建设、示范载体建设、推进技术改造等探索实践，在推动“两化”深度融合、促进传统产业升级方面取得了初步成效。

（1）传统产业信息化水平和核心竞争力明显提升。一是促进了技术改造和产品研发能力提升，增强了企业信息技术综合集成利用能力，提高了装备智能化水平。二是信息技术已经运用到业务流程改进、企业资源优化、能源管理、环保监测等企业生产管理的各个环节。特别是重点企业落实较好，提升了生

① 中国工业经济联合会会长于2013年3月15日在该会干部会上的讲话。

产要素水平和生产经营效率，带动了产业整体竞争力提升。三是推动了企业优化升级，培育了一批面向企业提供信息化共性服务的平台，尤其使中小微企业获得及时、准确的市场信息，得到技术、管理咨询服务，改善生产经营，加强企业管理，增强了市场应变能力。

（2）信息技术快速发展，基础支撑能力得到加强。通信网、互联网、集成电路、物联网、云计算等新一代电子信息技术的研发与产业化，信息通信网络、超级计算机、数据中心、信息安全测评等公共信息服务平台为“两化”深度融合和促进传统产业转型升级提供了有力支撑，尤其是工业应用软件的开发利用发挥了巨大作用，促进了钢铁、汽车、石化、装备、电子以及国防科工等行业企业的转型发展。

（3）形成了一批“两化”融合产业示范区和示范企业。各地以工业园区和骨干企业为重点，加快培育“两化”融合载体，充分发挥示范带动作用，已取得明显成效，呈现巨大潜力。

（4）信息技术在金融、商贸、社会管理等方面集成运用。经过多年努力，信息技术在上述各领域已普遍应用，通过示范实践，不断提升信息化水平。电子政务已广泛应用在政府各部门、各层面，提高了行政管理、社会管理水平。

（二）推进“两化”融合、改造提升传统产业面临严峻挑战，存在较大差距

虽然在推进“两化”融合、改造提升传统产业上取得了一些成绩，但从总体上看，“两化”融合整体水平还不高，对传统产业转型升级的提升带动作用尚未充分发挥，仍然存在不少亟待解决的问题，主要是：

（1）认识不到位，缺乏紧迫感、危机感。不少领导干部和企业经营管理者没有认识到“两化”深度融合和构建“两型”社会是中国特色新型工业化道路的显著特征，没有上升到中国工业发展的战略高度，没有看到面临的严峻挑战。发达国家提出“再工业化”“制造业回归”等战略和“低碳经济”“智慧地球”等理念，就是要凭借其实力和尖端信息技术，迅速占领制高点，抑制发展中国家。我国高耗能、高污染、高投入、低效率的发展模式已不可持续，如果不通过推进“两化”深度融合，加快转变发展方式，资源和环境将无法支撑。

（2）“两化”融合的广度和深度不够，环境亟待优化。广度不够体现在没有推进到全部行业、企业，多数地区仍然停留在试点示范阶段。总体来看，大型骨干企业做得较好，中小企业特别是小微企业受制于各方面条件，还比较落后。深度不够表现在没有形成系统和网络。目前大多限于某个产品和项目采用部分信息技术，而企业行业集成应用、系统开发不够，多数企业仍处于各自为战、探索实践的阶段，尚未上升到国家、行业标准规范的高度。当前推进“两化”深度融合的战略方向是明确的，但缺乏总体设计、具体部署、实施方案及有效措施，也没有专门支持“两化”深度融合的财税、金融、产业等政策措施，亟待法律和政策的保障与支持。

（3）信息资源整合利用明显滞后，推进“两化”融合的投入不足，“两化”融合的资源仍处于分散隔离的状态，条块分割、资源分散的现象严重，纵向信息网络自成体系，业务系统封闭运行，形成众多的“信息孤岛”，不能实现互联互通、共建共享，出现诸如效率不高、盲目发展、无序竞争等一系列问题，社会资源亟待整合。财政用于“两化”融合的投资有限，不利于调动企业和社会的投入积极性。

（4）信息产业的支撑能力不足。我国工业创新能力不足，工业电子和软件的核心技术、关键元器件严重依赖进口。

（三）进一步提高思想认识，加强统筹规划和顶层设计，在“两化”深度融合上狠下功夫

1.站在走中国特色新型工业化道路的高度来深刻理解“两化”融合的重要意义

当前，我国总体上正处于工业化中期和加速期，同时处在工业化、信息化、城镇化和农业现代化深入发展且相互交融的发展环境中，实现工业化、现代化任重道远。我国不能重复西方国家先工业化后信息化的老路，必须通过“两化”深度融合，实现跨越式发展，构建资源节约型、环境友好型社

会。走中国特色的新型工业化道路既是长期艰巨的历史任务，也是十分紧迫的现实问题，还存在不少深层次问题和结构性矛盾，存在不少不确定、不稳定的因素。我国需要切实提高全社会的认识，尤其是要提高党政领导干部和企业经营管理者的认识，增强紧迫感和危机感；同时需要普及“两化”知识，宣传成功范例和典型经验。

2.加强顶层设计，优化融合环境

一是建议加快配套政策的出台，为推动“两化”深度融合提供法律和政策依据。不断总结实践经验，通过法律法规明确政府、行业、企业的职责。

二是加强顶层设计，发挥政府的引导、指导、组织和推进作用。制定总体规划和专项规划、年度行动计划，建立部门协调机制，制定支持融合的优惠政策，支持传统产业的改造提升，加快培养符合“两化”融合需求的复合型人才。

三是建立健全“两化”融合的标准、规范体系。制定和完善共性技术标准、行业规范和评价标准，加强信息化应用领域的标准化建设，引导行业、地方和各类开发区提升“两化”融合水平。

四是整合社会资源，构建服务平台。促进大型骨干企业信息服务分离外包，构建更多服务平台，为中小微企业服务。加强信息设施建设，纳入公用市政重要基础设施范畴。

3.用新一代信息技术改造提升优化传统产业是当务之急

党的十八大报告提出到2020年要“工业化基本实现，信息化水平大幅提升”，这是一项要付出艰辛努力的目标，也体现了“两化”深度融合的构思。战略性新兴产业是未来新的增长点，必须积极培育、加快发展，但由于各种因素的影响，一时还难以成为国民经济的支柱。未来相当长一段时间内，我国经济的持续稳定发展仍然要依靠传统产业的优化升级。

我国工业诸行业的总量很大，已具有相当水平，但总的看突出问题之一是多数行业经济技术指标与国际先进水平相比仍有较大差距。用包括信息技术在内的先进技术改造提升优化传统产业是“两化”深度融合的重中之重。

一是运用技术进步、技术改造努力提升工业增加值率。工业行业的效益不高，集中表现在我国工业增加值率偏低。究其原因，从投入看能源、原材料单耗高，从产出看产品品种质量差、附加值低。因此，要把降低能耗物耗、改善品种质量、增加产品技术含量作为企业技术改造的重点。

二是用新一代信息技术提升现有生产线、基础设施运营的信息化水平。美国IBM公司提出的“智慧地球”理念，就是把物联网、云计算等新技术运用到现有生产设施上，从而大大提升“存量”的运行效率，延长使用寿命，增加资产回报。

三是运用信息技术变革制造业的生产方式。如3D打印技术把新一代信息技术与新材料紧密结合，按照设定的数字方案，直接“打印”出所需要的部件，变革了传统的机加工工艺，大大节约了原材料和能耗，提高了效率、效益，被称为制造方式的革命。

4.以“广覆盖、全渗透”为抓手，把“两化”融合引向深入

一是把信息技术嵌入、渗透、覆盖到企业生产经营的全过程，深化信息技术在研发设计、生产制造、经营管理、市场营销以及全周期服务等全过程、全产业链的集成应用，推动制造业向智能化、数字化、网络化和服务型转变。

二是把信息技术应用从制造业向能源、电网、交通运输、航空、城市基础设施等领域及物流、商贸等生产性服务业扩展，抓好重点示范，为传统产业的转型升级提供支持。

三是培育发展新兴产业要从源头抓起。发展现代信息技术产业体系，将新一代信息技术应用于新兴产业的规划设计、技术路线、研发制造、工程建设、市场开拓，提升发展水平。

四是把信息技术扩大到社保、教育、医疗、新农村建设、文化艺术等经济社会管理各层面，丰富提高人民的生活质量，创造和拉动消费。通过通信、视频、网上读书、音乐、游戏、动漫及搜索等业态，让各种智能终端进入家庭，信息消费是今后新的消费热点，有巨大潜力。

［第十四章］

要素配置与企业素质提高

工业生产要素是指工业生产经营活动得以正常进行的必不可少的人力、物力、财力等因素，主要包括劳动力、劳动资料（劳动工具）、劳动对象、资金、技术和经济信息等。生产要素是组成企业经营活动和产业经济活动的基本细胞，在工业生产过程中，要取得最佳经济效益，就要发挥每种要素的效用并进行综合利用。这就要求根据工业经济活动的技术和经济特点，对各种生产要素进行配置，不断地提高其素质。本章将讨论要素配置、企业素质提高、资源开发与综合利用。

第一节　要素配置

一、要素组成与合理配置的意义

（一）工业生产要素的主要组成

1.工业劳动力

劳动力指人的劳动能力，包括体力和智力两个方面，也指具有劳动能力的人。工业劳动力就是具有不同劳动能力而从事工业生产、技术和经营管理活动的人员的总和。在工业生产要素中，只有劳动力具有能动性，能够有目的地利用自然界和人类生产的结果，创造性地满足人类不断增长的需求。工业劳动力在对物质资料进行再生产的同时，还不断地实现劳动力自身的再生产。这不仅表现为劳动力数量的增加，还表现为劳动力质量的提高，从而构成工业再生产顺利进行的基本条件。劳动力是工业生产要素的组织者，它将各种生产要素结合起来，满足自身的需求，所以，工业劳动力是在工业生产过程中居于主导地位并起着决定性作用的生产要素。工业劳动力的数量、质量及构成对工业再生产有重要作用。

2.工业劳动资料

劳动资料是指劳动者将其置于自己和劳动对象之间，用来把自己的活动传导到劳动对象上去的物或物的综合体。工业劳动资料就是劳动者在工业生产经营活动中所使用的劳动手段。它包括三个部分：生产工具（如机械设备）、动力设备以及基础设施（包括厂房、运输工具等）。其中，生产工具是最重要的组成部分，生产工具的进步状况标志着社会生产力的发展水平。在生产工具中的动力机、传动机和工作机日益增强性能和效率的同时，控制机也得到突飞猛进的发展，从而使人们实现了远距离直接操作和监督，大大地改进了生产条件，扩大了人的活动领域，从而增强了人的劳动能力。

3.工业劳动对象

工业劳动对象是工业劳动者在工业生产过程中通过劳动资料将劳动加于其上的一切物质。工业劳动对象包括从自然界开采的自然资源及经过一系列加工而形成的初级产品、中间产品等。从自然界开采的物资和被加工的物资在工业生产过程中通常被称为原料或材料。已被开发和利用的能源，可以作为工业再生产过程中的原料，也可以作为燃料和动力。工业原料和能源构成工业再生产的基本要素，其数量、质量及分布是工业再生产得以顺利进行的必要条件。

4.工业技术

工业技术是人类为了同自然之间进行物质转换和能量传递，根据实践经验和科学原理而创造的各种活动手段、方法、技巧和配方。工业技术是工业再生产的基本要素，它通过与劳动力、劳动资料和劳动对象等要素紧密结合，深刻地改变了工业再生产的面貌，从而极大地提高了社会生产力水平。工业技术是现代工业生产发展和劳动生产率提高的关键。

5.工业资金

工业资金是垫支于工业再生产过程中的价值。在工业生产中，各种资源要素都是资金要素在实物形态上的转换。工业资金是各种生产要素的一般代表物。在现代工业生产中，复杂多样和大量分散在不同地域的各种生产要素之所以能有机地聚合在一个统一的生产过程中，是由于资金的力量和资金变换自身形态的结果。工业资金的规模决定工业经济活动的规模，其自身发展速度又决定工业发展的速度和技术进步的速度。工业资金是由固定资金和流动资金组成的。

6.工业经济信息

经济信息是对经济运动及属性的一种客观描述，是经济运动过程中各种发展变化和特征的真实反映。在工业生产过程中，各生产要素的变动和组合以及企业、产业经济活动的变化都是通过信息表现出来的，工业生产的每个阶段都会产生大量的信息。信息可以是横向传递的，也可以是纵向传递的；可以是内部的，也可以是外部的。工业生产要顺利进行，必须及时准确地掌握必要的信息。经济信息是决策的前提和基础，也是消除不确定性、组成高效率生产系统的重要条件。由于信息的不对称和人的有限理性，信息问题也容易出现。

（二）工业生产要素合理配置的重要意义

工业生产要素具有不同的特征和作用，而它们又都是不可缺少的。在生产中，除了提高每种要素的产量和质量，还必须实现各要素之间的合理配置。各要素的合理配置至少包括以下内容：在量上相互成比例，在质上相互适应，在时间上符合适时性要求，在空间上符合物流路线最短的要求。

1.是工业生产得以正常进行的基本条件

在生产过程中，劳动力是最基本的要素，劳动力必须通过自己的劳动将其他要素组合在一起，才能生产出满足社会需要的产品。由于劳动者的体力和智力都是有限的，所以不同的劳动力所能控制的其他生产要素是一定的，要使工业生产顺利进行，必须使劳动力与适应于自己劳动能力的生产要素相结合，实现合理配置。各种生产要素具有各自不同的技术、经济特点和功能。劳动工具主要是一种劳动手段，它能替代并增强人的劳动能力，但劳动工具没有能动性。劳动对象是人们劳动改造的对象，它可以被用来生产劳动工具，也可以被用来生产满足人们生产生活消费的资料。各种相互配置的生产要素组合在一起，才能按照劳动者的意志生产出满足社会需要的产品。

2.是科学技术进步的要求

随着科学技术的进步和社会化生产的发展，人类的活动领域日益扩大，市场需求日趋多样化。这使生产过程中的劳动分工越来越细，各生产要素内部的功能分化也越来越明显，出现了许多专用设备和原材料。对满足某种需要的产品生产而言，组成产品的各要素之间的依赖性越来越强，对精确度的要求也在提高，所以，各类生产要素之间实现合理的配置，实际上是科学技术进步的必然要求。在科学技术进步的过程中，各种生产要素的技术素质提高的速度是不同的，这就对生产要素的合理配置提出了更高的要求。

3.是提高工业经济效益的要求，也是转换经济增长方式的一个重要途径

经济效益是指经济活动中投入与产出的比较，即劳动消耗和劳动占用与所取得的适应社会所需要的劳动成果之间的比较。提高经济效益是经济建设中的核心问题，是企业在市场竞争中生存和发展的关键。工业生产要素的合理配置，一方面可以节约生产要素的投入，使生产一定产品所需投入最小化；另一方面，通过生产要素的合理组合，可以形成最大的产出。我国在历史上走出了一条以外延式扩大再生产为主的道路，其典型特征是依靠生产要素的大量投入来换取经济的高速增长。这种经济增长方式在资源有限和加速耗用的情况下注定是难以为继的，必须转换经济增长方式，由粗放型经济增长方式转换为集约型经济增长方式。在集约型经济增长方式中，一方面要提高各生产要素的内在素质，依靠科学技术进步、劳动者素质提高以及采用先进的机器设备、原材料；另一方面要实现生产要素的合理配置，使有限的资源组合产生最大的经济效益。

4.是发展中国家发展经济的一个可行的战略选择

处于不同地理位置的国家和企业，由于其资源禀赋、历史文化、社会环境等条件的限制，往往不能够取得各种最优的生产要素。不同的国家和企业只有充分发挥所具有的生产要素的优势，实现各生产要素的合理配置，才能迅速发展经济。以日本为例，由于其所处的独特的地理位置，自然资源贫乏，提出了“技术立国”“教育兴国”的方针，充分发挥自己在技术、劳动力素质等方面的优势，发展优势产业，弥补了自然资源的不足，取得了前所未有的成就。所以，发展中国家必须充分考虑自己的生产要素状况，实现生产要素的合理配置，才能实现经济的较快发展。我国自然资源丰富，但技术落后，劳动力素质普遍较低，在发展劳动密集型产业的同时，要实现产业结构的高度化，必须大力提高科学技术水平和劳动力素质，加强对引进技术的消化和吸收，实现生产要素在更高水平上的合理配置。

二、人与物的配置

人与物的配置主要指劳动力与劳动资料、劳动对象在数量、质量、时间、空间上的相互适应和共同发展。物质资料再生产决定了劳动力再生产，而劳动力再生产对物质资料再生产具有反作用，表现在物质资料再生产条件已定的情况下，劳动力自身再生产的数量、质量、密度等，可以加速或延缓物质资料再生产的发展。劳动力自身再生产与物质资料再生产相适应，就能促进物质资料再生产的发展；而劳动力自身再生产与物质资料再生产不相适应，就会阻碍或延缓物质资料再生产的发展。所以，劳动力再生产必须与物质资料再生产相适应。从整体上看，由于人与物是工业生产最基本的要素，所以人与物的合理配置有利于提高工业经济整体效益，也有利于充分发挥国家的比较优势，促进国民经济的发展，提高国家和企业在国际竞争中的地位。从微观上看，人与物的配置为提高企业劳动生产率创造了基础条件，有利于以较少的投入获得较高的产出，提高企业的经济效益，也有利于企业量力而行，创造企业的竞争优势。

当前在我国工业生产过程中，存在许多人与物不匹配的方面，主要表现在：

（1）在数量上，一方面，有些国有企业冗员过多，非生产性人员比例过大，超过了物质资料生产的需要；另一方面，有的企业物质资料消耗过大，大量物质资料得不到有效利用，造成极大的浪费，使原材料工业成为国民经济发展的瓶颈。这两方面所产生的直接结果是产出的效率不高，影响了经济效益的提高。

（2）在质量上，有的企业劳动力素质很高，可以采用先进的技术设备，但由于原材料质量不高，造成产出品质量低下。比如，汽车行业是以钢铁为原料的，虽然汽车行业引进了一些先进的设备，按理说应该能够生产出达到国际先进水平的汽车，但是，由于我国钢铁等原材料质量与汽车行业的要求曾有一定的差距，致使汽车生产仍然要大量进口国外钢材。另外，在物质资料素质较高的情况下，也可能由于劳动力的素质低而不能充分利用这些物质资料。如我国曾引进了许多国际上先进的技术装备，但由于缺少与之相匹配的技术人员而闲置不用，造成很大浪费。劳动力和物质资料的质量可能都很高，但由于专业不对路，而不能形成有效的产出，这就是在质量上不能匹配。

（3）在时间上，工业生产要求人与物在某一时点上的结合，如果人与物不能及时结合，就会使等待时间过长。

（4）在空间上，人与物在空间上割裂，是造成我国大量先进技术装备得不到利用的一个主要原因，这也不利于发挥地区比较优势。例如，伴随着我国地区产业结构出现趋同化倾向，落后地区面临着如何吸引外地人才来本地工作的问题。近年来，随着劳动力成本的上升，我国东部沿海地区面临的“用工荒”日益严重，部分生产线甚至处于停工状态。

在人与物的配置中，劳动力是矛盾的主要方面，因为只有劳动力具有创造性和能动性，能够控制物质资料。所以，解决人与物的配置问题，首要的是正确认识人与物之间的规律性，确定人与物之间的合适比例，并根据人的素质的提高和物质资料的状况不断进行调整，最大限度地提高人的劳动生产率。同时加大改革力度，消除体制方面阻碍人与物合理配置的因素，使所确定的比例切实可行。在人与物的质量配置中，提高人的素质是关键，必须充分发挥人的作用，提高物质资料的利用率，改进技术装备，切实转变经济增长方式。此外，要改革传统的劳动用工制度，避免专业不对路情况的发生，实现人才在空间上的合理流动。最后，要加强科学管理，合理安排生产，实现人与物的及时结合。

三、财与物的配置

工业资金是投入工业生产活动全部生产要素的一般代表物。在现代商品经济条件下，每一项具体的工业生产活动都是从一定量的资金投入开始的，物质资料形成以后，要充分利用它，也必须有相应的资金做保证。财与物的配置有利于提高物质资料的利用率，也有利于提高资金的使用效率，从而取得最好的社会经济效益。对于单个企业来说，实现财与物的配置，企业才不会因缺乏资金或物质资料而使生产陷入停顿，也不会因资金或物质资料的闲置而产生浪费。企业必须正确处理固定资金和流动资金的比例关系。在工业资金数量一定的条件下，如果固定资金所占比例过高，流动资金数量与扩大的生产规模不相适应，就会造成生产能力与劳动力、原材料、燃料动力等相互脱节的现象，部分流动资金因数量不足、周转不灵，不能正常发挥作用；反之，如果流动资金所占比例过大，又会造成流动资金的积压和浪费。

我国的资本密集型、技术密集型产业需要以大量资金投入为前提。从宏观上看，资金紧缺限制了我国经济的进一步发展，主要原因有：①我国资本市场的发展还不成熟，企业融资渠道不畅通。这主要表现在股票市场不健全，企业“圈钱”行为严重；债券市场发展不充分，企业融资仍然主要依靠银行贷款。②货币市场与资本市场之间的联系机制不畅通，一方面资金闲置，得不到有效利用；另一方面需要资金的企业无法得到相应的支持。③企业资金利用率低，效益不好，资金回收慢，流动资金比较紧张。这就使整个社会的资金使用效率降低，使我国经济发展中的资金瓶颈问题十分严重。

解决资金紧张问题，必须规范、完善资本市场，促进资金在全社会范围内合理流动，采取多种形式，拓宽企业的融资渠道，包括利用股份制筹资、发行企业债券、吸引境外资金等。

四、管理者与员工的配置

在工业生产要素中，劳动力是主导因素。劳动力中各种人员的配置，直接关系到劳动力整体水平的发挥。企业中具有法定地位和影响的个人就是管理者。管理者与员工的关系是工业组织管理中的一个重要问题，要注意二者在数量上形成合适比例，在素质上要相互适应。根据管理学的基本原理，管理跨度是一定的，即一个管理者能直接管理的人应该是有限的。由于每个管理者的能力不同，管理者与员工的数量比例可能不尽相同，但从总体上看，在某一规模的组织中应有一个大致的比例，比例过高或过低都会引起管理的混乱。从组织中发挥作用的层次来看，管理者处于组织中的层次越高，发挥的作用就越大，所以，对管理者的素质要求一般高于员工。管理者素质包括思想道德、业务水平、管理才能等方面。管理者与员工的素质相互配置，才能保证管理者的决策正确、及时地得到贯彻实施并保证组织发展的正确方向，从而能提高组织效率，充分发挥劳动力在工业生产中的能动作用。

企业管理的好坏，在很大程度上取决于企业管理者的综合素质。随着我国企业国际竞争力的提高，企业家素质也在不断提升之中，但从总体上看，我国企业家素质还存在很大的不足。

对于现代公司体制来说，企业的管理者由股东选择，更多地代表股东的利益，所以市场机制在选拔和考核领导者方面能发挥更大的作用。许多家族企业在发展到一定阶段后，选聘外部人员担任企业管理者，就是主动改善企业内部要素配置的行为。

在处理管理者与员工的关系中，管理者素质是提高组织效率的关键。必须建立一套选拔、奖惩干部的机制，把素质高的人选到领导岗位上去；同时建立培养制度，使管理者接受市场与上级的双向监督。在组织的构成中，要强调对管理者的激励和监督，进行企业制度改革，给予企业必要的人事任免权，从制度上保证管理者遵循精干、高效的原则，合理确定管理者与员工的比例，提高组织效率。

五、工程技术人员与工人的配置以及技工与壮工的配置

工业劳动力按职能不同，可以划分为从事科学技术工作的工程技术人员、从事产品生产活动的生产工人、从事管理工作的管理人员和为生产服务的服务人员等。工人中从事直接操作的技术含量低的工人，被称为壮工；从事维修、生产准备等辅助生产的工人，被称为技工。随着科学技术的不断进步，企业技术含量也日益提高。企业中工程技术人员的比重将不断上升，而从事体力劳动，特别是生产工人的比重将趋于下降。在工人中，随着技术发展和自动化设备的安装使用，直接操作的壮工比重下降，而技工比重呈上升趋势。在工业生产中，必须注意工程技术人员与工人的相互配置、技工与壮工的配置，才能不断适应科学技术进步的要求。在科学技术的不断进步过程中，工业生产对劳动力的依赖将不再主要依靠劳动者的数量和体力，而主要依靠劳动者的知识和技术。这也是我国企业提高竞争能力、适应市场竞争的需要。企业保持一定比例的工程技术人员，才能自主开发并尽快消化、吸收外部引进的技术。另外，我国产业结构正处在高度化过程中，从总体上提高工程技术人员和技工在工人中的比重，是产业结构升级的保证。

中华人民共和国成立以来，我国的科技事业取得了举世瞩目的成就。工程技术人员的配置日趋合理，我国企业科学家、工程师占全国总量的比重逐年增大，而高等学校和研究机构的科学家、工程师在人员总量增加的同时，所占的比重逐年减少。我国科技资源配置逐步向企业倾斜，企业研发力量和技术创新能力不断增强。

但是，与发达国家相比，我国工业劳动力的职能结构仍存在较大差距，表现在工程技术人员在劳动力中所占的比重较低，企业员工技术水平也相当低。按人口或劳动力人口平均计算，我国的劳动力素质和研发人力投入强度在全球仍处于落后位置。

提高员工队伍技术素质，首先要加强教育，培养更多的掌握现代化科学技术的人员。教育的形式多种多样，包括学校教育、在职教育、上岗前培训等。其次是改革我国的劳动用工制度，鼓励工程技术人员进入企业，促进人员的合理流动，减少专业不对路的情况发生。最后，建立、培育和完善劳动力市场，促进工程技术人员的合理流动；建立企业自主用人机制，改变企业冗员过多的情况；促进科技与经济的紧密结合，缓解我国工程技术人员不足的压力。

六、劳动资料与劳动对象的配置

劳动资料是劳动者用以改变或影响劳动对象的劳动手段。劳动资料特别是其中的劳动工具扩展了人的活动能力，使更多的自然资源能够为人所用，从而扩展了劳动对象的范围。先进的劳动手段不断地降低生产过程中的物化劳动消耗并提高劳动对象的利用率。劳动手段的进步对原材料提出了更高的要求，各种新技术设备的发展无不以具有新性能的新型材料为基础。劳动对象的优劣直接关系到劳动工具的性能和质量，如果没有劳动对象由石块到铜块再到铁块的进步，劳动工具的素质、性能和质量肯定不会有大的提高。一些新型材料的出现往往可以导致一系列新工业部门的建立与发展。所以，实现劳动资料与劳动对象的合理配置，是提高生产力的要求。劳动资料与劳动对象在量上形成合适的比例，在质上相互适应[①]，才可能产生更大的生产力。在科学技术的发展中，要注重劳动资料和劳动对象的同时进步，使

① 刘方棫，李悦，聂德林. 生产力经济学教程［M］. 北京：北京大学出版社，1998：71.

之相互促进、共同发展。

我国原材料工业在一定时期曾经成为国民经济发展的瓶颈，原材料数量不能满足工业发展的要求，经常处于紧缺状态。一些劳动对象由于质量落后，不能与先进的劳动手段相结合。有些从国外引进的先进设备，由于国内与之配套的原材料短缺或质量不符合要求，而不得不依赖国外进口，即使采用本国原材料，生产的产品也达不到预期要求。另外，由于我国技术水平普遍较低，劳动手段相对落后，对宝贵的资源只能进行简单加工处理，附加值低，造成浪费和环境污染，同时加剧了资源紧缺状态。

实现劳动资料与劳动对象的合理配置，首先要加快企业技术进步，提高劳动手段的水平，这样就能充分地利用劳动对象，提高物质资源利用率，扩展劳动对象的范围。随着科学技术的进步，新材料不断出现，要求劳动手段的技术水平与之相适应。其次要促进我国原材料工业的发展，加快新材料的开发和应用，使原材料适应先进设备的要求。

七、软件和硬件的配置

工业生产要素中的软件主要指科学技术、经济信息等渗透性因素，硬件指劳动者、生产工具和劳动对象等实体性因素。在工业生产中，软、硬件配置具有重要意义。首先，硬件是软件的基础。软件是通过硬件发挥作用的，硬件的实际状态限制了软件的发展方向。其次，软件的应用会极大地提高硬件的生产能力。从人类历史来看，人类最初只能依靠简单的工具对自然加以改造，随着世界性的科技革命的蓬勃发展，科学技术日益渗透到社会物质生产领域，成为提高劳动生产率的重要源泉。科学技术的运用使生产工具发生了质的变化，不断地改变劳动对象的面貌，使劳动对象的品质、性能和用途发生了明显变化。在现代社会，信息在工业生产中也起着越来越重要的作用。由于现代社会科技进步日新月异，市场需求变化多端，世界经济联系日益紧密，信息在工业生产要素中越来越重要。没有信息或信息不及时，都会使工业生产活动陷入盲目性。在经济发达国家，信息产业已成为比传统工业更为庞大的产业，并在国民经济总产值和国民收入中占据了举足轻重的地位。所以，在组织好工业生产的同时，现代企业都重视信息的收集、整理和反馈工作，为决策提供支持。

中华人民共和国成立以来，通过投入大量资金和引进国外先进技术，我国工业技术水平有所提高，工业技术结构有所改进。从长远来看，技术进步是生产率提高的最主要源泉。与此同时，在市场经济中，企业对经济信息的重视程度不够，缺乏成熟的信息收集、整理和反馈制度。另外，由于全国统一市场体系还不成熟，信息服务业发展滞后，企业获取外部信息的成本很高，致使企业对市场需求和科技进步反应不敏锐，从而在市场经济中处于不利的竞争地位。

未来的竞争是科学技术和经济信息的竞争。在现代工业生产中，不仅要重视硬件，更要重视软件。首先，要改革传统企业制度，形成企业重视技术进步和信息管理的机制。其次，要加强教育，使技术引进与自主开发相结合，迅速提高我国的科技水平；改革科技体制，加快科技成果向生产力转化，实现科技与经济紧密结合。最后，要推动信息服务业的发展，建立全国统一开放的市场体系，降低信息成本，充分发挥经济信息在工业生产中的作用。

第二节　企业素质提高

一、企业素质的组成及提高的意义

（一）企业素质的组成

素质主要指事物的本质特征。企业素质是指决定企业活动能量大小的各种内在因素的综合，包括劳动力素质、技术素质和管理素质。

1.劳动力素质

劳动力素质是提高企业素质和劳动效益的关键，包括思想道德素质、专业素质、文化素质和身体素质等几个方面。各类员工在思想道德素质和身体素质方面的要求总的来说差别不大，例如在思想道德素质方面都要求有爱国心、拥护社会主义、热爱集体、有主人翁责任感和忘我劳动精神、遵守社会公德等；在身体素质方面都要求有健康的身体、充沛的精力、能够适应本职工作等。对专业素质的要求是：企业所有员工，包括各级管理人员、工程技术人员以及每个工人，都要熟悉、了解、掌握本职工作所必备的专业知识和技能。对文化素质的要求是：员工的文化程度要随着生产技术、自动化程度的发展而不断提高。提高劳动者素质，可以采取教育、岗前培训、在职教育等多种方式。

在劳动力素质中，管理者的素质非常重要，因为管理者的素质直接关系到企业的兴旺发达。日本著名企业家松下幸之助认为，一个企业的兴衰要由经营者负70%的责任。管理者的素质对企业发展的作用，在当前我国国有企业中表现得更为明显。经济效益比较好的企业一般都有一个好的管理团队。管理者的素质高低直接关系到整个企业的发展水平。

2.技术素质

技术素质包括两个方面：一方面是技术装备水平，它直接关系到企业能否生产出优良的产品、劳动生产率的高低、能源和原材料消耗的多少以及成本的大小；另一方面是设计和试制新产品的工作质量和能力，这关系到企业能否向社会提供适销的、优质的、新颖的产品。

3.管理素质

企业能否充分发挥人力、财力和物力的作用，能否取得好的经济效益，主要取决于管理素质。企业必须树立正确的经营思想，具有扎实的管理基础工作，尽可能多地采用现代管理方法、手段，完善企业的经营管理系统。

（二）提高企业素质的重要意义

1.提高企业经济效益、转变经济发展方式的必然要求

企业素质的提高意味着对一定量的生产要素进行更充分的利用，因此这是提高企业经济效益的基础。我国过去走了一条以粗放型为特征的外延式扩大再生产道路，其典型特征是依靠投入要素数量的扩张，忽视企业整体素质包括劳动力素质、技术素质、管理素质的提高，物质消耗量大。物质资源的有限性使这种经济发展方式最终难以为继。我们在未来一段时间内，要实现经济发展方式由粗放型向集约型转变，就必须重视企业素质的提高。

2.迎接新科技革命挑战的根本出路

目前，以信息技术为标志的新科技革命正在兴起，随着电子技术和其他新技术的迅速发展及在国民经济各个部门的广泛运用，各国经济将发生深刻变化。首先，新科技革命将使产业结构发生深刻的变化。随着科学技术进步的加速，一系列前所未有的新产品出现了，如核电站设备、海洋开发设备、航天设备、数控机床、机器人、各种复合材料、合成材料等。与此相适应，一批新产业迅速发展，如微电子、生物工程、新型材料、新能源、海洋工程和宇航工程等。同时，新技术改造传统产业，使整个产业结构向知识、技术密集型转化。其次，新科技革命使企业人员结构发生深刻变化，从事脑力劳动的人所占的比重越来越大。再次，企业管理也发生深刻变化。新科技革命为每个国家、每个企业都提供了机遇。如果我们能把握好时机，抓紧应用新的科技成果，提高我国企业的素质，就能缩短同发达国家在经济、技术上的差距。

3.提高我国企业竞争力的要求

随着社会主义市场经济体制的建立和完善，我国企业不仅要面对国内企业的竞争，还要面对国外企业的竞争。如果企业素质不高，就可能在竞争中失败。我国目前企业素质状况令人忧虑，主要表现在：①在员工素质方面，管理团队素质偏低，不能完全适应现代化建设的需要；工程技术人员力量薄弱，数量少，专业不配套，尤其是缺乏经营管理人员，高级工程技术人员年龄偏大，知识更新慢，分布也不均衡。②企业技术装备陈旧，急需更新改造。③企业管理水平低，急需改进。企业管理的基础工作也比较薄弱，现代化管理方法采用较少，信息反馈能力、竞争力、应变能力都比较差。

上述企业素质状况使不少企业的产品质量差、物质消耗高、经济效益低，不适应国内外市场竞争的需要，提高企业素质就成为当务之急。

二、岗前培训

岗前培训通常指在员工踏上工作岗位之前所进行的培训。员工在接受工作之前，其综合素质往往与实际工作要求有一定的差距。对他们进行岗前培训，是为了使他们在进入工作岗位之前完成自身的“社会化”并掌握必要的工作技能。由于劳动者在接受新的岗位之前都有一定的知识和文化背景，所以，岗前培训是把劳动者的素质与现实的生产力相结合的一个重要环节。

很多企业对岗前培训重视不够，没有足够的投入，给企业经营带来了很大困难。此外，岗前培训方式有待改进，上岗前的培训达不到应有的效果。

岗前培训的主要内容包括：介绍企业情况、业务性质和范围。要使上岗者了解企业的文化观、价值观、传统、政策、标准、规范及未来趋向；介绍处理工作的程序、方法；进行实际操作训练，通过示范教育和实习操作，使新员工学会基本的工作技能，学会解决工作中的有关技术问题。岗前培训的具体方法有：企业自我培训、入门培训、委托培训、工作朝向训练等。在现代化工业生产中，岗前培训有许多新的做法和经验，企业应及时学习。企业的各级领导必须重视这一工作。

三、强化在职教育

在职教育就是根据对职业技能和生产结构变化引起的就业趋势进行的预测，有计划地制定项目，改进员工的知识结构、技能水平、文化观念和工作行为，适应社会的发展，顺应就业的趋势，从而提高企业的经济效益，保证企业的生存和发展。

（一）进行在职教育的重要意义

1.企业发展生产、提高经济效益的需要

人才是企业最为宝贵的财富，尤其是在当代社会，新的科技革命不断涌现，新知识、新技术、新设备、新工艺层出不穷。企业要适应不断变化的形势，在竞争中生存，就必须及时地对各类人员进行培训，让他们吸收新知识、新技能，提高业务水平，这样才能使企业在激烈的市场竞争中不落伍，保证企业不断发展。为了适应人与物配置的需要，员工也必须不断学习新知识和新技能，提高自身素质，这样才能在不断进步的社会中取得有利的竞争地位。因此，“终身教育”的概念已经逐步得到认可。随着现代工业的发展，企业分工越来越细，从学校毕业的学生，即使是专业学校的学生，由于受在校教育的限制，企业也必须针对其所从事的具体工作进行培训，以扩大知识、技能领域，增强其适应新工作的能力。从经济效益来看，员工培训是一种没有风险的智力投资，员工掌握了先进技术，提高了技能水平，必将大大提高工作效率。

2.提高员工队伍素质、开发人才的重要措施

从理论上讲，人的知识不是先天就有的，而是通过学习、教育、训练，不断认识与实践的结果。随着时代的进步，人们只有不断地学习新知识、新技能，才能不断提高自己的智力与能力水平，适应新时期的要求。员工的教育和企业的生产能力密切相关，企业进行在职教育也能提高自己的整体素质，因此在职教育需要企业和员工的共同努力。

（二）我国企业对员工进行在职教育中存在的问题

我国许多企业缺乏长远的战略眼光，认为需要人就可以从劳动力市场上招聘，无须进行培训。这样做有很多不利之处，表现在：一是招聘人员有个适应本企业工作环境的过程。由于信息的不对称，可能造成“逆向选择”问题，即所招聘的人员并不像企业预先设想的那样适应本企业工作，可能还需要接受在职教育。如对本企业员工进行在职教育，则更有针对性。二是本企业缺乏培训在职人员的经验和体制，不利于人事的稳定性和企业的长远发展。所以企业在以招聘为主要手段的同时，要充分考虑可能造成的损失。

许多在职人员和企业不能充分认识结构转换可能对自身造成的威胁，企业不积极对员工进行在职教育，无法适应产业结构高度化的要求。有的员工在结构性失业面前，准备不足，甚至存在想不通的问题，固守着自己的老经验和老技能。大量的结构性失业构成了社会不稳定因素。

（三）进行在职教育必须做好的几项工作

（1）激发企业和个人开展在职教育的积极性。在社会主义市场经济体制建设过程中，必须逐步强化企业和个人的压力和动力，推动他们自觉地进行在职教育。为此，就要加快企业制度的改革，建立、培育和完善劳动力市场，完善配套体制，如社会保障、劳动用工制度等，使每个企业和个人都自觉、自愿地不断接受教育、提高素质。

（2）企业进行在职教育应遵循以下原则：要有针对性，即以工作的实际需要为出发点，把职位特点与培养对象的年龄、知识结构紧密结合起来；要有计划；在培训中发挥考核与选拔的作用，鼓励上进；理论教育与专业培训相结合，专业培训与基础教育相结合等。

（3）在职教育可以采取多种形式，如学徒培训、现场示范和短期轮训、对部分有发展潜力的员工进行长期培养等。企业可以根据实际需要选择培养方式。

第三节　资源开发与综合利用

一、资源综合利用的战略地位

我国人均资源占有量远低于世界平均水平，因此，资源综合利用在经济和社会发展中具有重要的战略地位。资源综合利用在促进经济发展方式转变和可持续发展、科技进步和环保、乡镇工业和农业的发展、实现工农结合和城乡结合、企业组织合理化和改善工业布局，以及解放思想和培养“多面手”人才等方面，都有重要的战略意义。它有利于经济的持续、快速、健康发展和我国发展目标的实现。

（一）经济发展方式转变的客观要求和迫切需要

实现我国的经济发展目标，关键是实现经济体制和经济发展方式这两个具有全局意义的根本转变。经济发展方式由粗放型向集约型转变，就是要从生产力方面根本扭转那种高投入、低产出、低效益的局面。资源综合利用在经济发展方式转变中占有十分重要的地位，特别是对于我们这样的人均资源低于世界人均水平的国家，资源综合利用的战略地位尤为突出。

（二）可持续发展的客观要求和迫切需要

资源综合利用对于实施可持续发展战略有重要意义，而且贯穿于实现现代化的全过程之中。资源综合利用乃是功在当代、泽及子孙的大事。这对于我们这样正处于迅速推进工业化发展阶段以及人均耕地、水、森林和不少矿产资源都低于世界人均水平的国家来说，战略意义尤为突出。

实施可持续发展战略，对资源的供应提出了更高的要求。我们要用有限的甚至是相对短缺的资源去满足国民经济持续、快速、健康发展的需要，就必须采取广泛地开展资源综合利用的战略举措，只有这样，才能更好地满足经济发展的需要。资源综合利用能够更好地发挥各地方、各部门和各企业以及广大员工的积极性、主动性和创造性，扩大原材料来源，进一步挖掘人力、物力和财力的潜力。

资源综合利用有利于对劳动力的合理安排，节约和有效地使用劳动力，使广大群众有更多机会发挥自己的特长和才干。资源综合利用工作是多样化的，不仅需要能从事复杂劳动的人，还需要从事简单劳动的人，即使是年老体弱的劳动者，也能安排适当的工作。这无疑有利于多就业，做到人尽其才。

资源综合利用能使许多原料、材料和燃料变一用为多用，变小用为大用，使各种废气、废物、废水变成有用之物，甚至那些有害之物通过综合利用，也能变成宝物。这有利于做到物尽其用。

资源综合利用有利于充分发挥设备和资金的潜力，便于把那些分散、零星或多余的设备能力和资金集中起来统一使用，使许多设备变一能为多能，消除某些设备闲置的现象，提高设备利用率，便于用最少的钱办更多的事。

（三）对科技进步和环保提出了新要求，为其创造了条件

资源综合利用对科技提出了许多新的课题和新的要求，要搞好综合利用和环境保护，就得进行各种科技实验，从而促进了科技的进步。资源综合利用所创造出来的物质财富和效益，又为科技进一步发展提供了一定的物质条件。

当前，我国的环境保护任务还很重。以首都北京为例，环保虽有成绩，但离目标差距还很大。北京城区大气污染严重，被世界卫生组织列为世界上空气污染最为严重的城市之一。首都这种环境状况与首都这个全国的政治中心、文化中心的地位很不适应。要治理就得大力开展资源综合利用，综合利用所提出的许多新课题都要通过科技进步来解决。

（四）促进乡镇工业和农业的发展，有利于实现工农结合和城乡结合

城市企业是城市经济的基本力量，城市中的国有企业应该充分发挥主导作用，一个重要的方面是帮助和带动乡镇工业和农业的发展。

开展资源综合利用能够为乡镇工业发展创造条件，为农村劳动力开辟更广阔的劳动场所。有条件的乡镇和农村也可以开展一些资源综合利用，国有大中型企业可以通过卫星厂的组织形式把这些乡镇工业纳入国有经济的统一体之中。随着资源综合利用的发展，对各种废物、副产品的利用范围日益扩大，这就为乡镇工业提供了取之不尽、用之不竭的原料。城市国有企业在资源综合利用方面有许多生产技术和管理经验，这对于乡镇工业的发展也是适用的。可见，开展资源综合利用，既有利于城市国有企业的发展，又能促进乡镇工业和农业的发展，体现了“全民带集体、集体帮全民”的原则。

资源综合利用还有利于轻工业发展。比如，制糖工业开展资源综合利用，就可以用甘蔗渣制成纸浆、提取纤维素等，为造纸等工业提供原料。

资源综合利用还可以根据具体情况，通过厂乡挂钩的形式，给农村制造一些农业机械，帮助农村建立农具修配网，加速实现农业机械化。一些农产品加工厂可以充分利用农业资源，满足农村的日常需要。总之，所有这些都有利于农村经济的进一步巩固和发展。

（五）有利于实现企业组织合理化和改善工业布局

企业开展资源综合利用，就能自给部分原材料和设备以及部分生活资料，还可以使生产过程中各有关环节更加紧密地结合起来，使有关原材料的生产同加工制造、生产同基本建设、生产资料的生产同消费资料的生产、生产同消费等各方面，在一个企业内部直接结合起来。这不仅使企业能集中精力组织大批量生产，实现大生产的优越性，而且可以大大地简化各部门、各地方和各企业之间的协作关系，能有

效地保证社会化大生产的连续性和计划性，实现企业组织的合理化。

一个地区内的许多企业都开展资源综合利用，就能有效地、充分地利用当地的各种自然资源，使生产更加接近原材料产地，消除不合理的远距离运输，进一步改善原有的工业布局；同时，在资源综合利用的基础上，可以逐步建立起新的生产部门，进一步完善地方工业体系。

（六）有利于进一步解放思想和培养“多面手”人才

开展资源综合利用，不仅可以为国家创造大批物质财富，而且可以进一步解放广大员工和各级管理者的思想，进一步发扬勇于开拓的精神。开展资源综合利用涉及面较广，在生产、资源、技术力量等方面都要互相支援、密切协作。这就要求我们具有全局观点。

综上所述，开展资源综合利用，确实有利于经济持续、快速、健康发展，有利于我国经济发展目标的实现。

二、矿产、海洋和水资源的开发

（一）开发矿产资源

开发矿产资源是采掘工业的主要任务，包括铁矿、有色金属矿、化学矿、非金属矿，以及煤、油、气等燃料矿的开采。矿产资源的开发是生产工业原料的基础。开发矿产资源必须加强地质勘探工作，按照矿山生产的特点，处理好以下几个方面的关系：

一是在采掘工业和原料加工工业的关系上，要把采掘工业放在优先地位，遵循“先采掘，后加工”的规律。采掘工业的生产要按照“以采促掘，以掘保采，采掘并举，掘进先行”的方针。

二要合理开发，防止滥采，保护自然资源，尽量提高矿产资源的回收率和利用率，防止浪费。

三要提高成品矿的质量，重视矿山技术改造，合理采用各种先进设备和先进开采技术，注意安全生产。

（二）开发海洋资源

开发海洋资源是世界各国尤其是发达国家的共同趋势。我国是世界上主要的沿海国家之一，有极其丰富的海洋资源，为了适应工业发展的需要，应当努力开发和利用海洋资源。海洋资源包括：

1.海洋矿物资源

海洋是未来原料的丰富来源，主要有石油、天然气、煤、铜、铁、钛、锰、金等。据推测，海洋石油的蕴藏量要比陆地上的大许多倍。目前世界主要国家都在开采海底石油和天然气，也在开采海底煤矿。

2.海水化学资源

这是指溶解在海水中的矿物资源。陆地所发现的100多种元素，有70多种在海水中都可以找到。现在，很多国家都在从海水中提取有用的成分，一些国家正在积极研究从海水中提取微量的金、银、镍等金属。当前世界工业中所用的镍和镁大部分来自海水。

3.海洋生物资源

这主要包括海洋动物和海洋植物资源。海洋动物资源主要有鱼、贝、虾等万余种。海洋植物资源主要以藻类为主，如海带、紫菜等。我国海洋生物资源丰富，有进一步开发的条件。

4.海洋能源

这主要包括潮汐能、波浪能等，可为工业提供动力。

（三）开发水资源

水是人类和生物赖以生存的物质条件，也是工业生产中一种特殊的原材料。利用水力发电，是我国能源工业发展的主要方向之一。同时，水资源不是工业生产的专用资源，而是与农业灌溉、人民生活共用的资源。我国水资源总量丰富，居世界第六位，但人均拥有量只相当于世界人均拥有量的1/4，而且水资源的分布极不平衡。目前不少城市的用水已十分紧张，而工业用水量又将进一步扩大，因此，对水资源的合理开发与综合利用，是十分紧迫的任务。

三、资源综合利用潜力大①

（一）利用规模不断扩大

1.在矿产资源综合利用方面

2017年，我国多数主要矿产查明资源储量增长。我国主要矿产中有42种查明资源储量增长，6种减少。其中，石油剩余技术可采储量增长1.2%，天然气增长1.6%，页岩气增长62.0%，煤层气下降9.5%；煤炭查明资源储量增长4.3%，锰矿增长19.1%，铜矿增长4.9%，铝土矿增长4.9%，钼矿增长4.3%，锑矿增长4.1%，金矿增长8.5%，磷矿增长3.6%，萤石增长8.9%，晶质石墨增长22.6%，钾盐下降2.8%。2017年，全国地质勘查投资782.85亿元，较上年增长1.0%，连续4年下降后首次回升，矿产勘查取得重要突破。2017年，非油气方面取得重要进展，全国新发现矿产地109处，其中大型37处，中型29处，小型43处。新发现矿产地数量排名前五位的矿种依次是金、石墨、煤、铅锌、铁、银、磷。

2.在工业废物综合利用方面

截至2017年，我国粉煤灰产量达到6.86亿吨，同比增长4.7%，产量高居世界第一。将粉煤灰用于水泥掺合剂生产的用量约占粉煤灰综合利用量的38%，用于混凝土添加剂的用量约占粉煤灰综合利用量的14%，用于建材深加工产品的用量约占粉煤灰综合利用量的26%。但与国外发达国家相比，我国粉煤灰综合利用率还比较低，粉煤灰综合利用技术和层次还比较低。

3.在农林废物综合利用方面

目前我国秸秆利用率约为33%，其中大部分未加处理，经过技术处理后利用的仅约占2.6%。我国农村大部分地区居民生活用能目前仍以秸秆等低效燃烧为主，室内外环境污染比较严重。这就需要我们克服秸秆综合利用开发思路不够明确、自主研发能力不强、投入不足、生产运行机制不够完善等现实问题，不断提高农业资源利用效率，降低能源消耗，优化能源结构，减少污染排放，切实加快秸秆综合利用步伐。

4.在再生资源回收利用方面

2014—2016年，我国再生资源回收陷入瓶颈，增长缓慢。截至2017年，我国废钢铁、废有色金属、废塑料、废轮胎、废纸、废弃电器电子产品、报废汽车、报废船舶、废玻璃、废电池十大类别的再生资源回收总量约为2.82亿吨，同比增长11.0%。

（二）利用水平有待提升

我国人口众多，资源禀赋不足，人均占有量少。45种主要矿产资源中，有19种已出现不同程度的短缺，其中11种国民经济支柱性矿产缺口尤为突出。资源环境瓶颈约束已经成为制约我国经济社会发展的重要因素之一，而资源综合利用是解决可持续发展道路中合理利用资源和减轻环境污染两个核心问题的有效途径。资源综合利用产业有大量水平低下的小企业，它们严重影响了该产业的平均水平。大多数废弃资源没能得到很好的综合利用，这也是一种巨大的浪费。

我国资源综合利用存在的问题仍较为突出。比如，综合利用企业普遍小而散，缺乏具有市场竞争力的大型骨干企业；综合利用产品技术含量和应用水平不高，部分共性关键技术亟待突破；支撑体系急需

① 黄晓芳，王轶辰. 资源综合利用大有潜力可挖［N］. 经济日报，2013-04-25.

完善，能力建设有待加强等。

（三）把握重点，力促升级

资源综合利用产业已成为我国战略性新兴产业的重要组成部分。为加快产业转型升级，当务之急是想办法提高资源综合利用产业集中度，逐步淘汰大批不符合产业规范及不具备研发实力的小工厂。

资源综合利用产业往往具有公益性特点，利润不高，整合不能完全依靠市场。政府需要建立和完善鼓励资源综合利用的投资、价格、财税、信贷、政府采购等激励措施，落实资源综合利用优惠政策，进一步调动企业综合利用资源的积极性。

推进技术进步是提高资源综合利用整体水平的又一抓手。要加快建立以企业为主体的技术创新体系，组织重大技术开发，推动“产学研”联合，促进能源节约与资源综合利用科技成果的产业化；组织实施能源节约与资源综合利用重大示范工程；积极培育和发展技术市场，运用市场机制促进新技术、新工艺、新产品、新设备的推广应用。

资源综合利用是一项涉及多个领域、多个行业、多个环节的综合性系统工程，要加快推进标准化进程。

［第十五章］

循环经济

循环经济是一种有效利用资源和保护环境的现代经济发展模式，它主要通过对传统行业进行技术改造，最大限度地减少资源消耗和废物排放，以保护环境和促进经济社会可持续发展。发展循环经济是落实新时代中国特色社会主义思想、推进我国经济结构调整、转变经济发展方式、走新型工业化道路的必然选择，是加快建设节约型社会和环境友好型社会的重要途径，也是全面建成小康社会的客观需要。本章主要讨论循环经济概述、主要内容以及发展战略。

第一节　循环经济概述

一、循环经济的内涵

循环经济（circular economy）的概念于20世纪90年代后期在发达国家出现，它是相对于传统经济而言的一种经济形态，是以资源的高效利用和循环利用为核心，以减量化、再利用、资源化为原则，以低消耗、低排放、高效率为特征，符合可持续发展理念的经济增长模式，是对大量生产、大量消费、大量废弃的传统增长模式的根本变革。一般来说，循环经济是指在生产、流通和消费等过程中进行的减量化、再利用、资源化活动的总称。循环经济是对物质闭环流动型经济的简称，它按照自然生态系统物质循环和能量流动规律重构经济系统，使经济系统和谐地纳入自然生态系统的物质循环过程中，建立起一种新形态的经济。

与传统经济相比，循环经济的不同之处在于：传统经济是一种由“资源—产品—污染排放”所构成的物质单向流动的经济。在这种经济中，人们以越来越高的强度把地球上的物质和能源开发出来，在生产加工和消费过程中又把污染和废弃物大量地排放到环境中去，对资源的利用常常是粗放的和一次性的，通过把资源持续不断地变成废物来实现经济的数量型增长，这导致许多自然资源的短缺与枯竭，并酿成了灾难性环境污染后果。与此不同，循环经济倡导的是一种建立在物质不断循环利用基础上的经济发展模式，它要求把经济活动按照自然生态系统的模式，组织成一个“资源—产品—再生资源”的物质反复循环流动的过程，使整个经济系统以及生产和消费的过程基本上不产生或者只产生很少的废弃物。只有放错了地方的资源，而没有真正的废弃物。其特征是自然资源的低投入、高利用和废弃物的低排放，从根本上消解长期以来环境与发展之间的尖锐冲突。

对于循环经济，可以从以下几个方面理解：[①]

第一，循环经济本质上是资源节约型经济。资源节约型经济是实现跨越式的高技术含量、高质量、高效益、低物耗、低能耗、低水耗、低污染的经济增长方式，它与传统的高投入、高消耗、高污染、低效益的粗放型经济增长方式是相对的。

---

① 吴大华. 循环经济与科学发展观的辉映交融［J］. 经济，2007（3）：40-42.

第二，循环经济的规律以生态学规律为指导。循环经济要求运用生态学规律而不是机械规律来指导人类社会的经济活动，使经济系统和谐地纳入自然生态系统的物质循环过程中，从而实现经济活动的生态化。

第三，循环经济以资源的高效利用、循环利用、节约利用为核心。循环经济是追求更大经济效益、更少资源消耗、更低环境污染和更多就业机会的先进经济模式。它以资源的高效利用、循环利用、节约利用为核心，高效利用、循环利用属于技术范畴，节约利用属于意识范畴。

第四，循环经济以减量化、再利用、资源化为原则。减量化、再利用、资源化是循环经济理论的灵魂和核心，每一个原则对循环经济的成功实施都是必不可少的。循环经济的减量化原则是指在生产和服务过程中，尽可能地减少资源消耗和废弃物的产生，核心是提高资源利用效率；再利用原则是指产品多次使用或修复、翻新或再制造后继续使用，尽可能地延长产品的使用周期，防止产品过早地成为垃圾；资源化原则是指废弃物最大限度地转化为资源，变废为宝、化害为利，既可减少自然资源的消耗，又可减少污染物的排放。从目前情况看，资源化的途径主要有两种：一种是再生利用，如废铝变成再生铝，废纸变成再生纸；另一种是将废弃物作为原料，如电厂粉煤灰用于生产建材产品、筑路和建筑工程，城市生活垃圾用于发电等。在循环经济遵循的三个原则中，减量化原则属于输入端方法，旨在减少进入生产和消费的物质量；再利用原则属于过程性方法，目的是延长产品和服务的时间；资源化原则是输出端方法，通过把废弃物再次变成资源以减少最终处理量。

第五，循环经济按照“资源—产品—再生资源”的闭环反馈式流程发展。从资源流程和经济增长对资源、环境影响的角度考察，经济增长有三种模式：传统模式、过程末端治理模式和循环经济模式。传统模式不考虑环境因素，是一种“资源—产品—污染排放”的单向线性开放式经济过程。过程末端治理模式开始注意环境问题，但其具体做法是“先污染，后治理”，强调在生产过程的末端采取措施治理污染，结果治理的技术难度很大，治理成本高，经济效益、社会效益和环境效益都很难达到预期目的。循环经济模式要求以生态学规律为指导，以资源的高效利用、循环利用、节约利用为核心，以减量化、再利用、资源化为原则，按照“资源—产品—再生资源”的反馈式流程，以低消耗、低排放、高效率为基本特征，促进人类经济活动持续、健康、有序发展。其本质是资源节约型经济，倡导的是一种与环境友好和谐的经济发展模式，是一个“资源—产品—再生资源”的闭环反馈式循环过程，最终实现最佳生产、最适消费、最少废弃。

第六，循环经济以低消耗、低排放、高效率为基本特征。这符合可持续发展理念，是对大量生产、大量消费、大量废弃的传统经济发展模式的根本变革。

第七，循环经济的宗旨是实现社会、经济、生态协同发展，从而促进人类经济活动持续、健康、有序发展。

二、发展循环经济的重要意义

我国人口众多、资源少、生态环境脆弱，现代化建设绝不能走高投入、高消耗和先污染、后治理的老路，必须走资源消耗低、环境污染少的新型工业化道路。当前，我国面临转变经济发展方式的紧迫任务，以科学发展为主题，以加快转变经济发展方式为主线，是关系我国发展全局的战略抉择。而发展循环经济是转变经济发展方式的重要方面。党的十八大报告指出，要适应国内外经济形势的新变化，加快形成新的经济发展方式，把推动发展的立足点转到提高质量和效益上来，使经济发展更多依靠节约资源和循环经济推动。党的十九大报告提出：“加快建立绿色生产和消费的法律制度和政策导向，建立健全绿色低碳循环发展的经济体系。”

（一）发展循环经济是缓解资源约束矛盾的根本出路

我国经济可持续发展，面临资源约束的根本矛盾。我国资源禀赋较差，总量虽然较大，但人均占有量少。目前我国人均淡水资源仅为世界人均占有量的1/4，人均耕地不到世界平均水平的40%，人均森林占有面积仅为世界人均占有量的1/5，人均森林蓄积量仅为世界人均蓄积量的1/8。有多种主要矿产资源人均占有量不到世界平均水平的一半，石油、天然气、铁矿石、铀和铝土矿等重要矿产资源人均储量也相对较低。重要资源对外依存度不断上升。与此同时，一些主要矿产资源的开采难度越来越大，开采成本增加，供给形势相当严峻。

改革开放以来，我国用能源消费翻一番支撑了GDP翻两番，即使是按能源再翻一番考虑，要保障能源供给也面临许多新的难题。20世纪90年代以来，我国进入了工业化矿产资源消费的增长期。21世纪头20年，我国钢铁、有色金属、石油石化、水泥等高耗能产品的需求量持续增加，汽车和家用电器大量进入家庭。我国煤炭相当于世界煤炭消费量的40%，钢铁接近全球钢铁消费量的30%。虽然消费总量不断提高，但是人均资源和能源的消费水平十分低下。而按照传统的增长道路，工业化进程能否完成关键要看人均资源和能源的消费量是否达到一定高度。延续传统工业化国家的工业化道路显然是不现实的，也无法实现工业化目标。①

（二）发展循环经济是从根本上防治环境污染的有效途径

当前，我国所面临的环境形势十分严峻，环境污染状况日益严重。水环境每况愈下，大气环境不容乐观，固体废物污染日益突出，城市生活垃圾无害化处理率低，农村环境问题严重。

目前，我国解决环境问题的重要方式是末端治理。这种治理方式由于投资大、费用高、建设周期长，经济效益较低，企业缺乏积极性，难以从根本上缓解环境压力。大量事实表明，水、大气、固体废弃物污染的大量产生，与资源利用水平密切相关，同粗放型经济增长方式存在内在联系。转变经济增长方式、缓解生态压力、遏止环境恶化刻不容缓。要大力发展循环经济，推行清洁生产，转变生产方式，从源头上减少污染物的产生；提高资源利用水平，从根本上解决经济发展与环境保护之间的矛盾，将经济活动对自然资源的需求和对生态环境的影响降到最低，以最少的资源消耗、最小的环境代价实现经济的持续增长。

（三）发展循环经济是提高经济效益的重要措施

目前，我国资源利用效率与国际先进水平相比仍然较低，突出表现为“四低”：一是资源产出率低。我国已成为世界第二大经济体，重要资源消耗占世界的比重也很高。二是资源利用效率低。三是资源综合利用水平低。四是再生资源回收利用率低。我国每年有大量的废旧家电和电子产品、废有色金属、废纸、废塑料、废玻璃等，没有实现资源的高效利用和循环利用。实践证明，较低的资源利用水平已经成为企业降低生产成本、提高经济效益和竞争力的重要障碍；大力发展循环经济，提高资源的利用效率，增强国际竞争力，已经成为我们面临的一项重要而紧迫的任务。

（四）发展循环经济是应对新贸易保护主义的迫切需要

在经济全球化过程中，关税壁垒的作用日趋削弱，包括绿色壁垒在内的非关税壁垒日益凸显。近些年，一些发达国家为了保护本国利益，在资源、环境等方面设置了不少自己容易达到而发展中国家目前还难以达到的技术标准，不仅要求末端产品符合环保要求，而且规定从产品的研制、开发、生产到包装、运输、使用、循环利用等各环节都要符合环保要求。

这些非关税壁垒对我国发展对外贸易特别是扩大出口产生了很大的影响。如欧盟《关于制定耗能产品环保设计要求框架的指令》所涉及的范围，不仅包括我国电子电器设备产品，还涉及零部件、原材料行业。面对日益严峻的非关税壁垒，我们要高度重视，积极应对，尤其是要全面推进清洁生产，大力发

---

① 陈宝明，李春景. 金融危机对中国工业化进程的影响与对策［J］. 中国科技论坛，2010（2）：23-27.

展循环经济，逐步使我国的产品符合资源、环保等方面的国际标准。

（五）发展循环经济是实现可持续发展的本质要求

大量事实表明，传统的高消耗的增长方式过度向自然索取，导致生态退化和自然灾害增多。水污染使饮用水安全受到威胁，恶化了生存条件。固体废弃物的堆积不仅产生大量寄生生物，而且废弃物产生的渗漏液还会污染地表水和地下水。这些都成为一些地方疑难怪病和职业病产生的重要原因，给广大人民群众的身体健康造成严重威胁。

要实现全面建成小康社会的目标，根本出发点和落脚点就是坚持以人为本，不断提高人民群众的生活水平和生活质量。这就要求在发展过程中不仅要追求经济效益，还要讲求生态效益；不仅要促进经济增长，更要不断改善人们的生活条件，让“人民喝上干净的水、呼吸清洁的空气、吃上放心的食物，在良好的环境中生产生活”。要真正做到这一点，必须大力发展循环经济，搞好资源节约和综合利用，加强生态建设和环境保护，走出一条科技含量高、经济效益好、资源消耗低、环境污染少、人力资源优势得到充分发挥的新型工业化道路，以最少的资源消耗、最小的环境代价实现经济社会的可持续增长。

发展循环经济是建设生态文明的重要手段。党的十九大报告指出：“全面节约资源有效推进，能源资源消耗强度大幅下降。重大生态保护和修复工程进展顺利，森林覆盖率持续提高。生态环境治理明显加强，环境状况得到改善。引导应对气候变化国际合作，成为全球生态文明建设的重要参与者、贡献者、引领者。”

第二节 循环经济的主要内容

循环经济在很多国家和地区都已经取得了成功并收到实效。在实践中，循环经济的实施主要落在经济活动的三个重要层面上，分别通过减量化、再利用、资源化原则实现三个层面的物质循环流动。[①]

一、企业层面

循环经济在企业层面的实施属于小循环范畴。企业是资源消耗和产品形成的地方，实施循环经济必须从每个企业入手，贯彻低消耗、高利用、低排放的思想。循环经济在企业层面的实践，即生态经济效益的理论和实践，是1992年世界工商企业可持续发展理事会（WBCSD）在向里约会议提交的报告《变革中的历程》中提出的概念，其本质是要求组织企业生产层次上物料和能源的循环，从而达到污染排放的最小化。企业应该做到：减少产品和服务的物料使用量，减少产品和服务的能源使用量，减少有毒物质的排放，加强物质的循环使用能力，最大限度可持续地利用可再生资源，提高产品的耐用性，提高产品和服务的强度。

在企业层面实现循环经济的具体实施方式是建设循环型企业。企业在生产中，必须优先采用清洁生产技术，实行清洁生产审核，使单位产品能耗、物耗、水耗及污染物排放量达到国家乃至国际先进水平。它是以清洁生产为导向，用循环经济思想设计生产体系和生产过程，促进本企业内部原料和能源的循环利用，即在企业内通过推行清洁生产工艺、废料回收生产技术和污染排放的生产全过程控制，全面建立节能、节水、降耗的现代化新型工艺，达到少排放甚至零排放的环境保护目标。具体来说，在企业层面实施循环经济，需要在工业企业中实行清洁生产、改变产品设计、改革生产工艺、节约资源和能源，在企业内部实施原材料和能源的循环利用；在农业生产中，实施生态农业，以实现经济增长与环境保护的双赢；在服务业中，调整和改进营销方式，实现经济增长和环境保护双重效益；在消费者中，小至一个家庭，也可以从废纸、废包装物、废水等废旧资源的回收利用入手，实现资源的重复利用，减少

① 陈红雨，黄虹，唐明成. 循环经济基础［M］. 广州：暨南大学出版社，2007.

垃圾废物的产生或可再生资源的流失浪费。

美国杜邦化学公司的循环经济模式是企业组织循环经济的典型模式。20世纪80年代末，该公司的研究人员把工厂当作试验新的循环经济理念的实验室，创造性地把减量化、再利用、资源化原则发展为与化学工业实际相结合的3R制造法，即减量化、再利用、资源化制造法，以达到少排放甚至零排放的环境保护目标。他们通过放弃使用某些环境有害型的化学物质、减少某些化学物质的使用量以及发明回收本公司产品的新工艺，到1994年已经使生产造成的塑料废弃物减少了25%，空气污染物排放量减少了70%。同时，他们在废塑料如废弃的牛奶盒和一次性塑料容器中回收化学物质，开发出了耐用的乙烯材料维克等新产品。

二、区域层面

循环经济在区域层面的实施属于中循环范畴。根据生态系统循环、共生的原理，通过各个主体之间的交通网络衔接、环境保护协调、地区资源共享和功能互补等，不同企业之间形成共享资源和互换副产品的产业共生组合，使上游生产过程中产生的废物成为下游生产过程中的原料，实现综合利用，达到相互间资源的最优化配置，从而使经济发展和环境保护走上良性循环的轨道。

在区域层面实现循环经济的典型模式是建设生态工业园。它是依据循环经济理念和工业生态学原理设计建立的一种新型工业组织形式，目标是尽量减少废物产生，将园区内一个工厂生产的副产品作为另一个工厂的投入或原材料，通过废物交换、循环利用和清洁生产等手段，最终实现园区内污染的零排放。这种生态链可以扩大到包括工业、农业在内的不同产业领域。由于单个企业的清洁生产和厂内循环肯定会形成厂内无法消解的一部分废料和副产品，于是需要从厂外去组织物料循环。生态工业园区就是要在更大的范围内实行循环经济，把不同工厂联合起来形成产业共生组合。例如，机械工业的切屑返回冶金工业，重新进行熔炼，这样可以提高资源效率和环境效率。如果在生态工业园中有些企业生产的产品是可以进入大循环的，那么还应建立把使用后的产品进行回收、加工和处理的企业。这样，在生态工业园中，既有中、小循环，又有大循环。

丹麦卡伦堡生态工业园是目前世界上工业生态系统运行最为典型的代表。该生态工业园建于20世纪70年代，主体是发电厂、炼油厂、制药厂、石膏板生产厂等企业。以这些企业为核心，通过贸易方式，生态工业园利用对方生产过程中产生的废弃物和副产品，不仅减少了废物产生量和处理费用，还产生了较好的经济效益，形成了经济发展与环境保护的良性循环。其中，发电厂建造了一个25万立方米的回用水塘，回用自己的废水，同时收集地表径流，减少了60%的用水量。自1987年起，炼油厂的废水经过生物净化处理，通过管道向发电厂输送，作为发电厂冷却发电机组的冷却水。发电厂产生的蒸汽供给炼油厂和制药厂（发酵池），同时，发电厂也把蒸汽出售给石膏厂和市政府，它甚至还给一家养殖场提供热水。发电厂一年产生的7万吨飞灰，被水泥厂用来生产水泥。1990年，发电厂在一个机组上安装了脱硫装置，燃烧气体中的硫与石灰发生反应，生成石膏（硫酸钙）。这样，发电厂每年可多生产10万吨石膏，由卡车送往邻近的石膏材料厂，石膏材料厂因此可以不再进口从西班牙矿区开采来的天然石膏。炼油厂生产的多余燃气作为燃料供给发电厂，部分替代煤和石油，每年能够使发电厂节约煤3万吨，节约石油1.9万吨。同时这些燃气还供应给石膏材料厂，用于石膏板生产的干燥。制药厂利用玉米淀粉和土豆粉发酵生产酶，发酵过程中产生富含氮、磷和钙质的固体、液体生物质，采用管道运输或罐装运送到农场作为肥料。据了解，卡伦堡16个废料交换工程投资6 000万美元，而由此产生的效益每年超过1 000万美元，取得了巨大的环境效益和经济效益。

三、社会层面

循环经济在社会层面的实施属于大循环范畴。循环型社会是一种生态型、循环型的社会发展形态，它是在生态学原理指导下，人类的一系列行为方式和发展模式都转变到与生态系统相协调、共同持续发展的轨道上来。核心内容是实现经济发展模式向循环经济的模式转变，将可持续发展战略贯彻到社会、经济、文化各个方面，使社会经济由“资源—产品—污染排放”单向流动的传统模式转变为“资源—产品—再生产资源”反复循环流动的模式。在社会层面上，这样做可以通过废弃物的再生利用，实现消费过程中和消费过程后物质与能量的循环。

相比较而言，大循环在经济规模基本稳定的情况下，对提高资源效率的作用更大。从社会整体循环的角度看，只有大力发展旧物调剂和资源回收产业，才能在整个社会范围内形成“资源—产品—再生产资源”的循环经济环路。加强政府引导、研究开发资源再生技术、建立完善的收集系统、建立资源再生利用工业园区，是提高资源再生技术水平、改变行业形象、步入循环经济环路的关键。

在社会层面实施循环经济的过程中，德国的双轨制回收系统（DSD）起了很好的示范作用，被认为是世界循环经济模式的典型代表之一。DSD模式是在社会层面上废弃物的回收再利用体系。其基本特征是，建立废旧物资的回收和再生利用体系，实现消费过程中和消费过程后物质与能量的循环。德国二元回收公司是专门组织回收处理包装废弃物的非营利性社会中介组织，1995年由95家产品生产厂家、包装物生产厂家、商业企业以及垃圾回收部门联合组成。其任务是在全国建立一个面向家庭和小型团体的包装物回收、分类和再循环体系，是一个平行于公共回收系统的非政府回收组织，因而又被称为第二回收系统。这些企业组织成网络，在需要回收的包装物上打上绿点标记，然后由二元回收公司委托回收企业进行处理。其运作的资金来源于向生产厂家授予“绿点标志”收取的注册费，这些注册费全部用于包装废弃物的管理。政府只规定回收利用的任务指标，其他一切均按市场机制运行。如果有盈利，二元回收公司会返还给企业或相应减少第二年的收费。二元回收公司成立后，已经形成了一套自我运营机制。①

第三节　循环经济的发展战略

改革开放以来，我国在推动资源节约和综合利用、推行清洁生产方面，取得了积极成效，但是，传统的高消耗、高排放、低效率的粗放型增长方式仍未根本转变，资源利用率低，环境污染严重。同时，法规、政策不完善，体制、机制不健全，相关技术开发滞后等问题依然存在。为促进循环经济发展，2005年国务院发布了《关于加快发展循环经济的若干意见》，对我国发展循环经济的总体思路和具体措施进行了规划。2008年8月，全国人民代表大会通过了《中华人民共和国循环经济促进法》。2012年11月，党的十八大报告提出，要发展循环经济，促进生产、流通、消费过程的减量化、再利用、资源化。2013年1月，国务院发布了《循环经济发展战略及近期行动计划》，明确了我国循环经济发展的指导思想和主要目标，并从构建循环型工业体系、循环型农业体系、循环型服务业体系，以及推进社会层面循环经济发展等方面进行了规划，提出了实施循环经济“十百千”示范行动，出台了相应的保障措施。

一、指导思想、基本原则和主要目标

发展循环经济的主要思想是以邓小平理论、“三个代表”重要思想、科学发展观、新时代中国特色社会主义思想为指导，落实节约资源和保护环境的基本国策，围绕提高资源产出率，遵循减量化、再利用、资源化的原则，坚持统筹规划、重点突破、全面推进相结合，因地制宜、示范引领、推广普及相结合，制度创新、技术创新、管理创新相结合，政府推动、企业实施、公众参与相结合，健全激励约束机制，积极构建循环型产业体系，推动资源再生利用产业化，推行绿色消费，形成覆盖全社会的资源循环利用体系，加快转变经济发展方式，推进资源节约型、环境友好型社会建设，提高生态文明水平。

发展循环经济，应遵循以下基本原则：

---

① 戴宏民．德国DSD系统和循环经济［J］．中国包装，2002（6）：53-55．

一是强化理念，减量优先。推动全社会树立减量化、再利用、资源化的循环经济理念，从源头上减少生产、流通、消费各环节能源资源消耗和废弃物产生。

二是完善机制，创新驱动。充分发挥市场配置资源的基础性作用，形成有效的激励和约束机制，增强发展循环经济的内生动力。

三是改造存量，优化增量。对现有各类产业园区、重点企业进行循环化改造，提高资源产出率。按照自然资源开发利用和产品生产、制造产业即动脉产业的特点，统筹对废弃物资源化利用相关产业即静脉产业进行合理布局，推动动脉产业与静脉产业协同发展。

四是示范引领，全面推进。在农业、工业、服务业各产业，城市、园区、企业各层面，生产、流通、消费各环节培育一批循环经济示范典型，全面推广循环经济典型模式，推动循环经济形成较大规模。

五是因地制宜，突出特色。根据主体功能定位、区域经济特点、资源禀赋和环境承载力等状况，科学确定各地区循环经济发展重点，合理规划布局，发挥区域优势，突出地方特色，切实发挥循环经济促进经济转型升级的作用。

六是高效利用，安全循环。提高再生利用产品附加值，避免资源低水平利用和只循环不经济。强化监管，防止资源循环利用过程中产生二次污染。

发展循环经济的中长期目标是：循环型生产方式广泛推行，绿色消费模式普及推广，覆盖全社会的资源循环利用体系初步建立，资源产出率大幅度提高，可持续发展能力显著增强。

二、发展循环经济的主要任务

一是构建循环型工业体系。在工业领域全面推行循环型生产方式，实行清洁生产，促进源头减量；推进企业间、行业间、产业间共生耦合，形成循环链接的产业体系；鼓励产业集聚发展，实施园区循环化改造，实现能源梯级利用、水资源循环利用、废物交换利用、土地节约集约利用，促进企业循环式生产、园区循环式发展、产业循环式组合，构建循环型工业体系。

二是构建循环型农业体系。在农业领域加快推动资源利用节约化、生产过程清洁化、产业链接循环化、废物处理资源化，形成农林牧渔多业共生的循环型农业生产方式，加快农业机械化，推进农业现代化，改善农村生态环境，提高农业综合效益，促进农业发展方式转变。

三是构建循环型服务业体系。加快构建循环型服务业体系，推进服务主体绿色化、服务过程清洁化，促进服务业与其他产业融合发展，充分发挥服务业在引导人们树立绿色循环低碳理念、转变消费模式方面的积极作用。

四是推进社会层面循环经济发展。加快完善再生资源和垃圾分类回收体系，推动再生资源利用产业化，发展再制造，推进餐厨废弃物资源化利用，实施绿色建筑行动和绿色交通行动，推行绿色消费，实施大循环战略，加快建设循环型社会。

五是实施循环经济“十百千”示范行动。通过这个行动实现技术突破和管理创新，推动循环经济形成较大规模。

首先，实施循环经济十大示范工程。这主要包括：资源综合利用示范工程、产业园区循环化改造示范工程、再生资源回收体系示范工程、城市矿产基地建设示范工程、再制造产业化示范试点工程、餐厨废弃物资源化利用和无害处理示范试点工程、生产过程协同资源化处理废弃物示范工程、农业循环经济示范工程、循环型服务业示范工程、资源循环利用技术产业化示范推广工程。

其次，创建百个循环经济示范城市（县）。示范城市（县）要全面推行循环型生产方式和绿色消费模式，率先构建起覆盖全社会的资源循环利用体系，资源产出率提高幅度超出全国平均水平，通过发展循环经济探索实现转型发展的道路。

最后，培育千家循环经济示范企业（园区）。选择1 000家骨干企业或园区，树立循环经济典型。示范企业（园区）的资源产出率、土地产出率、单位产值能耗、物耗、水耗、产业废弃物综合利用率、工业用水重复利用率等指标达到国内领先水平或国际先进水平。

三、保障措施

一是完善经济政策。在产业政策方面，落实《产业结构调整指导目录》《外商投资产业指导目录》《限制用地项目目录》《禁止用地项目目录》，进一步提高高耗能、高耗水、高耗地、高排放行业的准入门槛，严格节能、环保、土地、安全方面的约束。在投资政策方面，各级政府要将循环经济项目列为重点投资领域。在价格和收费政策方面，深化资源性产品价格改革，进一步发挥市场机制在资源性产品价格形成中的作用。在财政政策方面，中央和省级人民政府依法设立循环经济发展专项资金，支持循环经济重大工程、重点项目及能力建设。在税收政策方面，继续落实和完善资源综合利用税收优惠政策。在金融政策方面，鼓励银行业金融机构对循环经济重点项目和循环经济“十百千”示范工程给予包括信用贷款在内的多元化信贷支持，创新融资手段。

二是健全法规和标准。完善《中华人民共和国循环经济促进法》相关配套法规，建立健全标准和计量体系。

三是加强管理监督。实行生产者责任延伸制度，加强循环经济管理，探索市场化管理机制，加强监督检查。

四是强化技术和服务支撑。加快共性关键技术开发，加强技术装备产业化示范，加快先进适用技术推广应用，健全循环经济服务体系。

五是建立循环经济统计评价制度。完善循环经济统计制度，建立循环经济评价体系，加强统计能力建设。

六是强化宣传教育和人才培养。加大宣传力度，强化教育和人才培养。

八是积极开展交流合作。积极开展国际交流与合作，积极开展与中国香港、澳门、台湾的交流与合作。

九是加强组织领导。国务院建立健全发展循环经济组织协调机制，地方各级人民政府对本地区发展循环经济工作负总责，加强协调配合，形成工作合力。

[第十六章]

环保与环保产业

我国在环境保护方面已取得了举世瞩目的成就，但我国正处在迅速推进工业化的重要发展阶段，加上粗放式的生产经营方式，资源浪费、环境污染和生态平衡破坏的形势依然十分严峻。所以我们必须确立牢固的环保观念及国策地位，积极地发展环保产业，以解决环境保护与经济发展不相适应的现实问题，这是中华民族的一项长期而艰巨的历史任务。本章将分别讨论环境保护、环保产业。

第一节 环境保护

一、环境和环境保护

环境是指在人类赖以生存的空间中可以直接或间接影响人类生活和发展的各种自然因素和社会因素的总和。世界各国的环境法规通常把环境中应当保护的环境要素或对象，如大气、水、土地、矿藏、森林、草原、野生动物、野生植物、名胜古迹、风景游览区、温泉、疗养院、自然保护区、生活居民区等称为环境。但环境本身有着更为广泛的内涵。其中，一切自然形成的物质及能量的总体，如空气、水、土壤、生物、岩石、矿物、阳光等人类赖以生存的物质基础构成了自然环境；另一部分则为人类适应、改造和征服的物质成果体系，大多具有特定的文化色彩，被统称为社会环境，是与自然环境相对的概念。

作为人类环境史上的里程碑，1972年在斯德哥尔摩召开的世界人类环境会议，标志着人类认识自然、认识自我的开端。从此，环境不仅是一个区域性的问题，还是一个全球性的问题。

我国在1956年提出“综合利用”工业废物的方针；20世纪60年代末提出“三废”（废水、废气、废渣）处理及回收利用措施；20世纪70年代才正式启用“环境保护”这一完整的概念，即采取行政、法律、经济和科技等各方面的措施，合理地利用自然资源，防止环境的污染和破坏，保持生态平衡，扩大自然资源的再生产和保障人类社会的发展。

随着社会经济及科学技术的迅速发展，人类与自然环境之间的作用和反作用不断加剧，即环境同人口增长、经济发展、资源利用之间的相互影响日益加强，从而环境保护的目的已不仅仅局限于对自然的保护，而是发展到对生态平衡的维系以及保护人类发展的根本目标上来。环境保护的内容也相应地分为两大部分：

一是保护和改善环境质量、维护人类的身心健康和防止生物机体的变异和退化；

二是充分合理利用自然资源，减少和消除有害物质对环境的侵入，同时保护自然资源恢复和自净的能力，以利于人类的生存活动。

二、环境保护的作用

环境是人类生存的基本条件，也是社会生产得以持续稳定发展的物质基础。现今世界人类面临着诸多问题的困扰，而环境问题日益成为一个范围最广、影响最大、难以把握而又亟须解决的世界性课题。随着对环境问题认识的不断深入，人类必须将解决环境问题与解决社会发展问题很好地统一起来，以此保证人类社会的持续发展和人类生存环境质量的不断提高。所以，我们必须深刻地认识到防止污染和保护环境对我国迅速实现工业化并维持可持续发展的重要作用。

（1）环境保护是全面实现社会生产目的的一个重要方面。国家经济建设的根本目的，归根结底是要不断地满足人们日益增长的美好生活需要，而这本身就内含着对自然环境和社会环境不断改善的客观要求。

（2）环境保护有利于自然资源的再生和开发利用，是现代产业生产得以正常进行的重要保证。任何生产都不是孤立进行的，是要有一系列相关的物质和技术条件的。环境污染也不只是工业本身的问题，而是危及整个国民经济乃至全人类自身的重大问题。工业污染不仅严重地破坏着自然资源的再生及自净能力，危害着农业、林业、牧业、渔业以及交通运输业，而且直接威胁着人类的生存和安全。如何保护现有的水资源及其再生环境，使其不被污染，维护现代产业的正常运行，已经成为一个世界性的大工程。

（3）环境保护是提高全面经济效益的重要手段。如果把大自然当作排放工业废弃物的天然场所，把环境保护看成同经济效益无关的问题，那么其结果是经济过程中的内部经济性严重地掩盖了经济过程所造成的外部非经济性，即社会因环境污染所造成的经济损失。为此，社会主义市场经济建设的全部经济工作必须以提高全面经济效益为中心；在衡量投入因素时必须考虑对环境的影响，并且在综合考察的基础上，力求全面经济效益的最优化。

（4）环境保护不仅是社会文明的标志，而且是关系到维护人民健康和造福子孙后代的重大事宜。一个国家乃至整个世界，自然资源的多寡及利用程度，既反映了社会生产力的发展水平，也标志着社会的文明程度。只有良好的自然环境和社会环境，才能有利于人类自身的发展，才能给子孙后代一个更为广阔的发展空间。

三、实施可持续发展战略

我国是一个发展中国家，正面临发展经济和保护环境的双重任务。为了避免重复西方发达国家走过的先污染、后治理的老路，我国坚持经济、社会和环境协调发展。从国情出发，我国在全面推行现代化建设的过程中，把环境保护作为一项基本国策，把实现可持续发展作为一项重大战略，在全国范围内开展了大规模的防治污染和保护生态环境的工作。

我国的现代化是在人口基数大、人均资源少、经济发展和科学技术水平都比较落后的条件下进行的。20世纪70年代以来，随着我国人口的不断增长、经济发展水平和人民消费水平的不断提高，本来就已短缺的资源和脆弱的环境面临着越来越大的压力。为了进一步促进经济、社会和环境的协调发展，我国制定并实施了一系列保护环境的方针、政策、法律和措施：确立环境保护为我国的一项基本国策；制定经济建设、城乡建设和环境建设同步规则、同步实施、同步发展，实现经济效益、社会效益和环境效益相统一的指导方针；实行“预防为主，防治结合”“谁污染，谁治理”“强化环境管理”等三大政策；颁布实施环境保护的法律法规，把环境保护建立在法制的基础上，不断完善环保法律法规体系，严格执法程序，加大执法力度，保证环保法律法规的有效实施；坚持把环境保护纳入国民经济和社会发展计划，实施国家指导下的宏观调控与管理，逐步增加对环保的投入，使环境保护与各项建设事业统筹兼顾、协调发展；建立健全各级政府的环境保护机构，形成比较完善的环境管理体制，充分发挥环境监督管理的作用；加速环境科学技术的进步，加强基础理论研究，组织科技攻关，开发和推广防治环境污染的实用技术，扶植环境保护产业的发展，形成环境保护科研体系；开展环境宣传教育，提高全民族的环保意识；积极推进环境保护领域的国际合作。

1992年6月，联合国环境与发展大会把可持续发展作为未来共同的发展战略，得到了与会各国的普遍赞同。同年8月，我国政府提出了中国环境与发展应采取的十大对策，明确指出走可持续发展道路是当代中国以及未来的必然选择。1994年3月，我国政府批准发布了《中国21世纪议程——中国21世纪人口、环境与发展白皮书》，从人口、环境与发展的具体国情出发，提出了我国可持续发展的总体战略、对策以及行动方案。1996年3月，第八届全国人民代表大会第四次会议审议通过的《中华人民共和国国民经济和社会发展“九五”计划和2010年远景目标纲要》，把实现可持续发展作为现代化建设的一项重大战略，使可持续发展战略在我国经济建设和社会发展过程中得以实施。

四、工业和城市的环境保护

我国政府一直把工业污染防治作为环境保护的重点工作，在坚持经济、社会和环境协调发展的前提下取得了重大进展。20世纪70年代，我国工业污染的防治主要集中在点源治理上；80年代，通过调整不合理的工业布局、产业结构和产品结构，结合技术改造，强化环境管理等政策和措施，对工业污染进行综合防治；90年代，在建设市场经济的过程中，转变传统的发展战略，推行清洁生产，走可持续发展道路。“八五”期间，各行业及各地区结合产业结构和产品结构的调整，积极实行技术改造，防治工业污染。在工业污染防治的指导思想上确立“三个转变”：在污染防治基本战略上，从侧重污染的末端治理逐步转变为对工业生产全过程的控制；在污染物排放控制上，由侧重浓度控制转变为浓度与总量控制相结合；在污染治理方式上，由侧重分散的点源治理转变为集中控制与分散治理相结合。为了有效地防治工业污染，我国政府制定了资源综合利用政策、结合技术改造防治工业污染的政策、城市环境综合整治政策、环保技术政策、环保产业政策等；在颁布的环境保护法律法规中，对工业污染防治做出了明确规定，而且各级地方政府结合本地实际情况，也制定了地方性的工业污染防治政策和具体的执行条例。

我国政府通过推行环境影响评价和“三同时”（防治环境污染和破坏的设施与生产的主体工程同时设计、同时施工、同时投产使用）制度，有效地控制了新的污染源。同时，工业污染的防治措施也逐步得到了完善。一是通过调整产业结构、产品结构和结合技术改造，积极推行清洁生产，强制淘汰了一大批污染重、能耗高的设备和产品，完成了一大批污染治理项目。在保持污染物排放量持续下降的情况下，使化工、冶金、轻工、机械、电子、建材等行业的工业生产连年增长，经济效益逐年提高。二是结合城市环境综合整治和区域改建，关闭、搬迁和治理了一批污染严重的企业，使部分地区的污染趋势得到了缓解。北京关闭了污染严重的首钢特钢南厂，消除了市区的一大污染源。上海加强了苏州河、黄浦江上游和重点城区的污染防治，使部分地区的污染得到了治理。三是加大了污染限期治理的力度。四是污染防治向区域和流域综合整治的方向发展。20世纪80年代后期，我国分别对本溪市、包头市的大气污染，白洋淀、淮河流域的水污染等区域和流域进行综合整治。五是大力推进节能降耗，提高“三废”（废气、废水、废渣）的处理能力和综合利用效率。

虽然我国环境保护事业有了长足的发展，某些环境质量指标恶化趋势得到了一定的缓解，但我们应该清醒地认识到，随着经济的增长、人口的增加和城市化进程的加快，全国环境形势日趋严峻。

我国政府历来把城市作为环境保护工作的重点。城市化水平由1980年的19.39%增至2017年的58%，增加了环境污染问题。为此，政府采取了有力措施加以控制，以期改善城市的环境质量。在编制城市总体规划时，把保护和改善城市生态环境、防治污染和其他公害等环境保护内容纳入城市总体规划。许多城市根据主体规划的要求，在老区改造和新区开发中，按照城市功能分区，调整工业布局，加大工业污染防治力度，改变工厂和居民混杂的状况，从生产和生活两个方面控制城市环境污染，建成一大批布局合理、社会服务功能齐全的住宅小区。

从1989年起，我国政府在全国积极推行城市环境综合整治定量考核制度。国家和省级政府分别对城市进行了定量考核。该项制度的实施加强了各级领导对城市环境保护的责任感，并把定量考核纳入了政府工作的议事日程，初步形成了市长统一领导、各有关部门分工负责、广大群众积极参与的城市环境综合整治管理体制和运行机制。

五、农村和国土的环境保护

我国是一个历史悠久的农业国家，已经把发展生态农业列为实现环境与经济协调发展的重大对策。生态农业建设使农业生态环境得到明显改善，荒山荒坡得到治理，森林覆盖率大幅度提高，水土流失有所控制，土壤有机质含量有所提高，农业生态系统抗灾能力有所增强。同时，为促进区域可持续发展，主要以县城为单元的近百个生态示范区建设工作已全面启动。另外，开展农村能源建设也是保护和改善农村生态环境的一项重要措施。

乡镇企业是我国农村经济的坚实支柱和国民经济的重要力量。几十年来，乡镇企业的环境管理和污染防治取得了较大成效：东部沿海地区乡镇企业技术与装备水平逐步提高，积极推行污染集中控制，成效显著。中西部地区对乡镇企业积极引导、扶持和监督，防治乡镇企业污染的扩散和蔓延。但是，乡镇企业的环境保护任务还十分艰巨，还需进一步加强管理，以期防治和减少环境污染。

国土整治是我国实施可持续发展战略的一个重要组成部分。我国政府制定了一批全国及跨省区或重点地区的国土整治规划：《全国土地利用总体规划纲要》《全国造林绿化规划纲要》《全国海洋开发规划》《中国七大江河流域综合规划》《三峡地区经济发展规划》《长江三角洲及长江沿江地区经济规划》《西北地区经济规划要点》《晋陕蒙接壤地区资源开发与环境保护规划》。国家先后组织了国土资源开发与环境整治、全国国土总体规划以及矿产资源对国民经济保证程度等重大问题研究，完成了1996—2010年全国国土开发与环境整治重大问题等专项研究报告，提出了优化国土资源开发与整治的总体框架、区域发展战略、国土资源开发布局、国土整治和环境保护目标及对策。中华人民共和国成立以来，政府一直把以防治洪涝为重点的大江大河和主要湖泊的综合开发与整治列为水利建设的重要任务。其中，三峡工程是治理和开发长江的一项跨世纪工程，建成后可有效地控制长江上游洪水，提高中、下游防洪能力，减轻洪涝灾害对生态和环境的破坏；同时，利用水力发电，与燃煤电厂处比，既可节约资源，又可大量地减少污染物的排放，有利于环境及生态的保护。

六、生态和生物的环境保护

生态环境保护是环境保护工作的重点。从20世纪50年代开始，国家组织了大规模的植树造林工作，加强了森林资源的培育、保护和管理，在合理利用森林资源方面有了较大进展。自1978年起，我国先后确立了以保护和改善自然生态环境、实现资源永续利用为主要目标的十大林业生态工程，“三北”防护林体系工程、长江中上游防护林体系工程、沿海防护林体系工程、平原农田防护林体系工程、太行山绿化工程、防治沙漠化工程、淮河太湖流域综合治理防护林体系工程、珠江流域综合治理防护林体系工程、辽河流域综合治理防护林体系工程、黄河中游防护林体系工程，规划造林总面积120万平方千米。根据《中华人民共和国草原法》规定，各级政府加强了对草地资源的保护和管理，严禁乱垦滥挖滥牧，实行国家、集体和个人相结合的形式，加大了草场建设和治理草地沙漠化、退化的力度。“九五”以来，坚持污染防治与生态保护并重、生态保护与生态建设并举的方针，生态环境保护与建设进一步加强。国务院批准了《全国生态环境建设规划》《全国自然保护区发展规划》，批准并印发了《全国生态环境保护纲要》。全面落实“保护优先，预防为主”的方针，针对不同区域生态破坏的原因和特点，推进生态环境保护战略。

在保护生物多样性方面，国家制定了《中国自然保护纲要》《中国生物多样性保护行动计划》，确定了生物多样性的保护方针、战略以及重点领域和优先项目。对生物多样性的保护，采取就地保护和迁地保护，即建立自然保护区和建立动物园、植物园及各种引种繁育中心。据统计，截至2018年6月，全国国家级自然保护区有474个。

但是，我国森林面积少、草场退化、水土流失、土地荒漠化和珍稀濒危野生动植物保护等问题依然存在，进一步加强生态环境和生物多样性的保护仍然是环境保护工作中的一项艰巨任务。

七、加大环境保护力度

（一）切实加大环保力度的必要性

经过多年高速发展，我国的污染问题集中暴露，生态系统面临退化的形势严峻，雾霾天气、饮水安全问题、土壤重金属污染等问题都亟待解决。

严重的大气污染已经成为人民群众的“心肺之患”。2017年，全国338个地级及以上城市中空气治理达标的仅占29%。2018年以后，大气治理工作以京津冀及周边、长三角、汾渭平原等重点区域为主战场，产业结构、能源结构、交通运输结构加快调整，重污染天气应对机制继续完善。大气污染治理成为我国环境保护的首要任务。

截至2017年年底，城市黑臭水体监管平台共受理6 400多条公众举报信息，通过卫星遥感发现疑似黑臭水体327个，经过排查全国地级及以上城市建成区共确认黑臭水体2 100个。36个重点城市（直辖市、省会城市、计划单列市）排查确定黑臭水体681个。

《全国土壤污染状况调查公报》显示，全国土壤的点位超标率为16.1%，中度污染占1.5%，重度污染占1.1%；耕地的点位超标率是19.4%，其中，中度污染占1.8%，重度污染占1.1%。我国土壤污染是在经济社会发展过程中长期累积形成的。工矿业、农业生产等人类活动是造成土壤污染或超标的主要原因。而与水体和大气污染相比，土壤污染具有隐蔽性、滞后性和难可逆性。①

（二）切实加大环境保护力度的策略

国务院于2016年12月20日发布了《“十三五”节能减排综合工作方案》，内容概括如下：

1.总体要求

全面贯彻党的十八大和十八届三中、四中、五中、六中全会精神，深入贯彻习近平总书记系列重要讲话精神，认真落实党中央、国务院决策部署，紧紧围绕“五位一体”总体布局和“四个全面”战略布局，牢固树立创新、协调、绿色、开放、共享的发展理念，落实节约资源和保护环境基本国策，以提高能源利用效率和改善生态环境质量为目标，以推进供给侧结构性改革和实施创新驱动发展战略为动力，坚持政府主导、企业主体、市场驱动、社会参与，加快建设资源节约型、环境友好型社会，确保完成“十三五”节能减排约束性目标，保障人民群众健康和经济社会可持续发展，促进经济转型升级，实现经济发展与环境改善双赢，为建设生态文明提供有力支撑。

2.优化产业和能源结构

促进传统产业转型升级，加快新兴产业发展，推动能源结构优化。

3.加强重点领域节能

加强工业、建筑、交通运输、商贸流通、农业农村、公共机构节能，强化重点用能单位节能、重点用能设备管理。

4.强化主要污染物减排

控制重点区域流域排放，推进工业污染物减排，促进移动源污染物减排，强化生活源污染综合整治，重视农业污染排放治理。

5.大力发展循环经济

全面推动园区循环化改造，加强城市废弃物规范有序处理，促进资源循环利用产业提质升级，统筹推进大宗固体废弃物综合利用，加快互联网与资源循环利用融合发展。

---

① 杨维汉，余晓洁．2013中国环境状况公报：大气、水、土壤污染状况仍严重［EB/OL］.（2014-06-26）［2014-11-20］. http://www.gov.cn/xinwen/2014-06/26/content_2708652.htm.

6.实施节能减排工程

实施节能重点工程、主要大气污染物重点减排工程、主要水污染物重点减排工程、循环经济重点工程。

7.强化节能减排技术支撑和服务体系建设

加快节能减排共性关键技术研发示范推广，推进节能减排技术系统集成应用。完善节能减排创新平台和服务体系。

8.完善节能减排支持政策

完善价格收费政策、财政税收激励政策，健全绿色金融体系。

9.建立和完善节能减排市场化机制

建立市场化交易机制，推行合同能源管理模式，健全绿色标识认证体系，推进环境污染第三方治理，加强电力需求侧管理。

10.落实节能减排目标责任

健全节能减排计量、统计、监测和预警体系，合理分解节能减排指标，加强目标责任评价考核。

11.强化节能减排监督检查

健全节能环保法律法规标准，严格节能减排监督检查，提高节能减排管理服务水平。

12.动员全社会参与节能减排

推行绿色消费，倡导全民参与，强化社会监督。

总之，建设资源节约型和环境友好型社会是我国的长期目标，自然要有效地落实节约资源和保护环境的基本国策，建设低投入、高产出，低消耗、少排放，能循环、可持续的国民经济体系，因此，加大环境保护力度和人力扶持产业成为现实而必然的选择。

第二节　环保产业

一、环保产业的概念①

环保产业是为防治环境污染、改善生态环境、保护自然资源提供物质基础和技术保障的绿色产业，在国际上有狭义和广义的两种理解。对环保产业的狭义理解是终端控制，即在环境污染控制与减排、污染清理以及废物处理等方面提供产品和服务；广义的理解则包括生产中的清洁技术、节能技术，以及产品的回收、安全处置与再利用等。一般说来，环保产业大致可以包括以下四类：环保技术开发与设备制造、环境污染物的再利用与无害化处理、环境治理与生态修复、环保服务提供。具体而言，环保产业已逐渐形成包括工业污染防治、环保生产、环保服务、废旧资源综合利用、自然生态保护、低公害产品生产等领域的高新技术产业。

环保产业是国民经济结构中以防治环境污染、改善环境质量、保护生态平衡为目的而进行的一系列技术开发、产品生产、商品流通、资源利用、信息服务和工程承包活动的总和，是由生态工业、环保工业和软件服务业三方面组成的。它要求综合地运用经济、生态规律和一切有利于社会经济和生态平衡协调发展的现代科学技术，适时地诱导环保技术的产业化，及时地更新各产业中不利于环境保护和生态平衡的硬件设备。

二、环保产业的重要意义

随着环保事业的发展，我国已经初步形成了一条适合中国国情的环保之路：确立了环境保护的基本

---

①　卢福财．发展环保产业　建设生态文明［N］．经济日报，2013-04-15.

国策地位，明确了可持续发展战略，完善了环境管理体系和法律法规体系。但是，我国的环境形势还相当严峻，以城市为中心的环境污染仍在发展，并向农村蔓延，生态破坏的范围仍在扩大，成为影响经济社会发展全局的制约因素，如不采取更加严格而有效的措施，将直接影响中华民族的生存和发展。然而，仅靠现有战略和完善的管理及法律法规体系是远远不够的，必须依靠在环境科学技术领域的不断拓展以及适时的产业化发展策略，才能从“硬件”上更好地完成战略的具体实施工作。

（1）发展环保产业是世界性产业结构调整的重要方向。20世纪90年代，随着世界环境问题的日益突出，形成了以人类为中心的“社会、经济、科技和环境”四位一体的相互依存、彼此渗透的社会生态综合体，进而使世界性产业格局向着合理利用资源、减少环境污染的绿色产业方向倾斜。

（2）发展环保产业是实现环境保护战略转变的基本要求。依靠科技进步、发展环保产业、改善环境质量是环境保护战略配合由粗放式向集约式转变这一经济增长方式具体实施的基本要求，也是适合我国国情的，是走中国特色的社会、经济和环境同步发展之路的必然选择和具体运作。

（3）发展环保产业是全面建成小康社会的物质基础。只有大力发展环保产业，才能为工业污染的防治、城市环境综合整治和生态环境的保护提供大量优质、高效和经济的技术装备，才能为我国积极而迅速地实施可持续发展战略准备必要的物质基础。

三、我国环保产业的发展状况

环保产业是包括技术开发、产品生产、商品流通、资源利用、信息服务和环境工程承包的新兴产业。我国的环保产业开创于20世纪70年代，但其发展已初具规模。

2017年我国环保行业公共财政支出达5 672亿元，同比增速高达20%。但是，从总体上看，我国环保产业还处在发展阶段，基础薄弱，仍存在一些不仅是环保产业本身而且是工业及整个国民经济发展所亟待解决的关键问题。

（1）长期以来重生产、轻生活的重工业发展方针，使得重工业中相当一部分产业既是资源能源密集型，又是重污染型，从而大大加重了资源及环境的负担。[①]

（2）长期以来的外延式扩大再生产，使得多数产业技术结构及设备的更新发展缓慢，极大地限制了对自然资源的利用水平及综合开发水平，从而在导致资源的大量流失与浪费的同时，加重了环境污染。

（3）我国地域辽阔，区域经济发展悬殊，而国土规划及区域规划又赶不上经济发展的需要，加之“投资饥渴”“抢投资，抢项目”等地方主义的影响，导致产业发展的区域分工及生产力布局失衡，城市生态环境日趋恶化，尤其以新兴工业城市的环境污染为其突出特征。

（4）管理集中、条块分割、纵向分工等诸多因素并存，致使有利于提高资源利用率和废物回收利用率的区域性经济合作水平大为降低。

（5）乡镇企业的非规范化发展，使本来就相当脆弱的农业生态环境更为劣化。

（6）环保产业还有其自身发展上亟待解决的关键问题：①国家对环保产业缺乏必要的宏观调控手段，致使环保产业范围广、部门多、隶属复杂、管理分散、条块分割等诸多发展上的不利因素并存。②企业大多为中小型或乡镇企业，缺乏规模经营。③产品结构不合理，标准化和专业化水平偏低，致使产品质量不能达到应有的品质要求。④环境工程按时交付率及正常运转率均大大低于发达国家的平均水平。

四、我国环保产业的发展环境、前景与重点

（一）发展环境

经济与环境的协调发展，为环保产业提供了广阔的市场需求。

---

① 2014年后，我国不再采用轻、重工业分类法。

当前，中国经济和能源发展面临着环境污染问题的严重制约。以改善城市工业和居民生活条件为中心的环境治理力度在不断加大，广大农村的各类污染治理和自然生态保护也逐步展开，为环保产业的发展提供了巨大的市场需求。

造成中国能源环境问题的主要原因，一是以煤炭为主体的能源消费结构，二是生产技术水平和能源使用效率低下。中国能源使用领域中浪费很大，一方面，同样数量的产品（或产值）消耗的能源数量较多；另一方面，使用同样数量的能源，有较多的能源物料没有转化为其他能量就成为危害环境的污染物被排放到空气中，加重了对环境的污染。中国北方地区烟尘污染和较大范围的酸雨现象，都与能源消费有着直接的关系。能源环境问题不仅表现为大气环境污染和垃圾污染，而且造成水环境污染。

随着人民生活水平的提高、经济的发展和城市化进程的加快，对环境质量的要求越来越高。为了保护环境和改善环境，中国大力推广使用清洁能源，优化城市能源结构，提高城市燃料气化率。同时，对城市污水处理率、工业废水处理率和生活垃圾处理率都提出了相应的指标要求。这些都为环保产业的发展提供了市场需求。

当前，中国城市污染的防治工作已经大规模地全面展开，对环保设施的需求量将急剧增加。中国机械制造工业已有相当基础，生产能力又大量闲置，需要调整结构，加强技术开发和更新改造，以适应市场对环保技术和装备不断增加的需求。

发展环保产业，一方面可以为环境污染防治提供先进的技术、装备和产品，改善环境质量；另一方面又可以有效地启动国内市场，刺激需求增长，促进经济的快速发展，所以，大力发展环保产业是实施人口、环境、经济可持续发展战略的重要措施。

可持续发展对于发达国家和发展中国家同样是必要的战略选择。可持续发展是指既满足当代人的需要，又不损害后代人满足需要的能力的发展。这就要求当代人正确处理经济、社会、资源和环境之间相互协调发展的关系，既要发展经济，又不能损害子孙后代为满足其生存发展而对自然资源（包括大气、淡水、海洋、土地、森林等）和环境需求的能力。要正确处理这一关系，必须高度重视环境保护、资源合理利用与可持续利用、生物多样化保护、土地荒漠化防治、固体废物无害化处理等工程建设，这就为环保产业的发展提供了市场。

市场的需求为中国环保产业的发展提供了外部环境空间。同时，环保产业的发展具有较好的内部条件。内部条件主要是指环保产业具有相对较高的边际利润率和较先进的技术含量，即产业的自身优势。实践表明，新兴的环保产业属于高科技、高材料的技术密集性产业，其盈利水平相对高于其他行业，整体平均利润率在10%以上。这些内、外部条件将会促使国家和民间加大对环境保护的投资力度，进而将有效地促进环保产业的发展。同时，环境保护事关中国21世纪可持续发展的重大战略实施，已经被确定为一项基本国策，环保产业的发展当然会更受国家重视和社会关注。

（二）发展前景

中华人民共和国成立以来，中国的环境保护事业取得了明显的发展。但是，目前的环境形势依然十分严峻。七大水系、部分湖泊和近岸海域的受污染趋势还没有得到有效控制；煤烟型为主的空气污染仍十分严重；全国大部分城市地表水、大气、垃圾及噪音污染严重，地下水污染也有加重趋势；全国多个城市受雾霾影响。从生态环境的总体看，一方保护多方破坏，建设的速度赶不上破坏的速度。森林、草原生态功能急剧衰退，土地退化问题突出，水生态平衡严重失调，自然灾害日趋频繁。

针对严峻的环境形势，中国政府要求城乡环境质量有比较明显的改善，建成一批经济快速发展、环境清洁优美、生态良性循环的城市和地区，要形成一批具有雄厚资金实力，先进生产技术，较大生产规模，能与国外环保企业进行竞争的环保设备生产制造、环保技术研制开发、环保咨询辅助服务的大企业集团。实现上述目标，有利于环保产业，这些目标也展示了环保产业美好的发展前景。

与此同时，中国社会生产发展处在生产方式不断变革之中，实行清洁生产、减少废物排放、节约资源能源、提高经济效益将贯穿于整个生产过程。这一根本转变使环境保护由过去的末端治理变成了生产过程前、生产过程中的治理，这就为环保产业领域的扩大提供了更加广阔的空间。随着环境保护向市场化、专业化、企业化方向发展，环保技术的服务业、咨询业等也将应运而生。总之，中国环保产业的领域宽广，发展前景将无限美好。

环保产业是环境保护的技术保障和物质基础，市场对环保产品的强烈需求是推动中国环保产业迅速增长的原动力。同时，环保产业的盈利水平也相对高于其他行业，是中国目前最具潜力的新的经济增长点之一。

中国发展环保产业的指导思想是：认真贯彻落实可持续发展战略和科教兴国战略，坚持以市场为导向，以效益为中心，以产品为龙头，以科技为先导，逐步建立与社会主义市场经济体制相适应的环保产业宏观调控体系和统一、开放、竞争、有序的环保产业市场体系；建立与现代企业制度相适应的环保企业运行机制，促进环保产业健康发展，适应和保证市场对环保产品的需求，使其成为新的经济增长点。

（三）发展重点

中国环境保护的目标和主要任务是：初步建成适应社会主义市场经济体制的环境保护政策法规与管理体系；以改善环境质量为核心，继续推行污染物排放总量控制，全面推进清洁生产，生态保护与污染防治并重；建成一批经济快速发展、环境清洁优美、生态良性循环的城市与地区，有效控制农业环境污染；强化核环境安全管理，积极防治电磁辐射污染；大力发展环保产业，保障环保产品（设备）有效供给；提高环境管理现代化水平，力争把城乡环境污染和生态环境破坏状况减轻到最低程度。为保证环境保护任务的完成，必须加强环保管理部门的建设，建立综合决策机制，保障环境与经济、社会协调发展，继续实施《绿色工程规划》，切实增加环保投入，同时要加强环境科学研究，完善环境法律法规体系，推行绿色消费，加强环境教育，并充分利用经济手段，实现环境成本的内部化。

国家环保管理部门的工作任务是：组织制定环保产业政策和发展规划，提出环保产业发展方向；组织实施示范工程，加大重点领域关键技术开发和重大技术装备国产化，提高环保设备成套化、系列化、国产化水平，依靠技术进步，促进环保产业升级；培育、发展和完善环保产业市场，规范市场秩序；加强对环保企业的宏观管理和指导等。

中国环保产业发展的领域广阔，如环保设备制造业、环境污染治理业，以及环保咨询、服务业等。为加快城市污水、工业废水、废气及垃圾无害化处理的进程，改善环境质量，近期应该把发展的重点领域放在环保设备制造业，主要的环保设备是城市污水治理设备、城市垃圾处理设备、大气污染防治设备、烟尘处理设备、固体废弃物处理处置设备、资源综合利用设备、环境生态监测装备等。

（1）在水环境保护及污染治理方面，急需研究开发和完善一批实用的污染控制技术。水污染治理设备，特别是城市污水处理设备，应重点提高产品的国产化、标准化、成套性及自控性能，提高整机的综合性能与处理能力；重点发展高技术的分离设备和生物膜高新技术设备，以解决难降解、高浓度有机废水的处理难题。

（2）空气污染治理方面，要围绕烟和硫氧化物防治技术与设备开发，重点开发大型燃煤电站脱硫技术、天然气脱硫装置和中小型锅炉实用脱硫技术与设备。随着汽车保有量的增长和机动车数量的剧增，大城市汽车尾气的污染已成为严重影响大气环境质量的重要因素，开发新的尾气净化技术也是当务之急。

（3）对固体废弃物的处理处置，重点是城市垃圾的无害化处理，即进行卫生填埋、堆肥、焚烧、热解等处理设施的开发和生产。对工业固体废物的综合利用、有害废物的无害化处理，要开展减量化、资源化、无害化高新技术研究，提高利用技术水平。

（4）环境和污染总量控制方面，重点是环境监测仪器。要准确、系统、及时、定量反映排污企业和城市或区域环境的污染状况，必须进行排污口规范化建设和建立起连续监测系统；必须建立起空气、水质污染自动监测系统。因此，要开发各种污染源在线监测仪及数据传输系统，将激光探测等高新技术应用到环保科研及技术开发中；对大的烟尘、烟气排放口，污水处理出水口，以及重要水质监测断面实现在线监测，通过数据采集处理和通信网络，为各级政府和环保部门检查、监督、管理提供科学依据。

五、环保产业的发展对策①

生态文明的产业结构需要以环保产业为基础的绿色产业结构。环保产业化开发、运作及经营过程是发展壮大环保产业运作的基础，是环保产业发展壮大的根本保障。推进环保产业化，适度依照市场导向确定环保产业增长速度、调节环保产业供求关系，适度引进市场机制、吸纳产业资源、提高环保产业发展水平，有利于促进环保产业进一步关注社会需求、把握市场导向、完善服务体系、树立效益观念、规范竞争秩序，实现环保产业发展机制的根本转变。

环保产业化就是按产业化运作的方式来进行环境保护，将环境保护当作一个产业来发展。首先，环保产业化就是必须按照市场规律，进行环境保护工程的建设，将环境保护的潜在市场变为现实的环保市场，把与环境相关的产品、组织都纳入可持续发展的产业体系中来考虑，促进环保产业的发展。其次，环保产业化就是让专业化的组织运用专业化的技术与设备来进行污染防治、废弃物利用和生态修复，变非专业化的单打独斗为专业化基础上的协作，解决环保过程中的技术与组织难点，大大提高经济增长效率。最后，环保产业化就是要变单一点上的治污与环保为点、线、面的结合，充分发挥规模经济优势。总之，环保产业化就是以市场为导向、以科技为先锋、以企业为主体、以效益为依托，把环保被动治理变为主动创效，从而提高各经济主体环境保护的积极性、主动性和效益性。

环保产业的发展对策如下：

（1）理顺环境保护与经济发展的关系。环境保护与经济发展是矛盾的统一体。经济发展带来了环境问题，同时提高了环境保护能力；环境问题的有效解决，又为经济发展创造了更加有力的外部条件。二者的对立往往是由人类的知识水平所造成的。解决环境问题必须以一定的经济技术为条件，而环境问题又制约着经济的发展水平。因此，经济发展既要满足人民日益增长的美好生活需要，又不能超出环境的负担能力，即自然资源的再生能力及自我净化能力。虽然生态平衡的破坏和环境污染的危害性已经得到了认识并找到了解决措施，然而巨大的环境投资无法有效地落实，所以环境问题的有效解决必须依赖于经济水平的发展和经济实力的增强。因此，我国必须理顺环境保护与经济发展的关系，使对立因素在发展中统一起来。

（2）坚持城市与环境保护协调发展的原则。城市是区域内经济、文化、信息和交通的中心，并以高经济密度和高人口密度为其发展特征，既是经济发展的支柱，又是环境保护问题的焦点。为了有效地改善我国城市的环境质量，必须执行经济建设、城乡建设和环境建设同步规划、同步实施和同步发展的原则，以期实现经济效益、社会效益和环境效益的统一。

（3）坚持工业发展中的节约原则及废物的最小量化原则。在工业生产过程中，我国必须通过节约资源、设备改造、产品改造、工艺改革、封闭循环和资源回收等多种途径，使处理、储存和处置之前的废物产生量最小，以期达到提高资源综合利用水平和减少污染、维持生态平衡的目的。

（4）制定和完善环保产业政策，引导环保产业的发展。①要采取扶持政策，从投资、信贷、税收和价格等方面给予优惠的支持。②要积极引导资金向环保产业的投入。③建立有利于环保产业发展的专项基金。④要加快环保设施的折旧，缩短折旧年限，以期提高环保设备的更新换代水平。

（5）理顺环保产业关系，合理安排分工与协作。渗透到国民经济各个部门的环保产业给规划和管理造成了极大的困难与不便，因此，要在各级政府领导下，各级环委会相互协调、各部门积极分工协作的基础上，加快环保产业的发展。

---

① 卢福财．发展环保产业　建设生态文明［N］．经济日报，2013-04-15.

（6）利用市场经济手段适时地调整产业及产品结构。发展环保产业要利用市场经济的一切手段，优化产业结构、产品结构和企业组织结构，为实现环保产业的目标创造适宜的环境。要充分运用市场机制，打破地方和行业保护，促进环保产品的有效竞争，以期通过市场机制来建立和完善环保产业的市场体系。

（7）提高环境科学技术的研发水平，增强其产业化能力。忽视环保技术的提高及产业化发展，势必将我国庞大的环保技术市场拱手相让，何况我国已经建立起了学科齐全的环境保护科研体系。所以，我国必须明确环保科技与环保产业的历史地位，尽快将一些先进的环保科技成果适时地转化为实用的新材料、新设备和新产品。

（8）加强监督和管理工作，提高环保产品质量。环保产品的质量是衡量整个环保产业发展水平的重要标志，也是关系到环境污染治理设施建成后能否正常运行并带来效益的关键。为此，我国必须建立和完善环保产品的质量保障体系和质量监督机制。企业应该建立严格的质量保障制度，并按照国家标准组织环保产品的生产，使其质量符合规定的要求。

（9）在环保产业领域内积极开展国际合作。要抓住改革开放和世界性环保浪潮，积极扩大国际环保产业的合作与交流，适时地推进我国环保产业的发展。

总之，我国环保产业的发展必须走出一条具有中国特色的环保之路，本着“不唯上，不唯书，只唯实”的原则，把建设资源节约型、环境友好型社会放在工业化、现代化发展战略的突出位置，增强可持续发展能力，一如既往地与世界各国携手合作，同舟共济，积极行动，为保护和改善人类的生存环境尽我中华民族之力。

[第十七章]

文化与经济[①]

党的十九大报告指出："发展中国特色社会主义文化，就是以马克思主义为指导，坚守中华文化立场，立足当代中国现实，结合当今时代条件，发展面向现代化、面向世界、面向未来的，民族的科学的大众的社会主义文化，推动社会主义精神文明和物质文明协调发展。""推动文化事业和文化产业发展。"本章着力讨论文化与经济的关系、文化与经济一体化、我国文化经济的发展现状与战略。

第一节　文化与经济的关系

一、文化不是经济的派生物

当从狭义的角度，把文化作为满足人的精神生活需要来理解时，人们往往会陷入一种理论和现实的困境，即在理解经济和文化的关系时，容易简单地套用物质和意识的关系，把马克思主义所说的经济决定文化，简单地理解为先有经济、后有文化，无视文化产生及发展本身所固有的规律性，甚至把文化视为经济的派生物。

马克思主义文化思想是建立在辩证唯物主义和历史唯物主义基础之上的，认为作为观念形态的文化，离不开物质基础。文化作为人类在实践中创造的各种思想观念、社会生活和行为规范的总和，是人类为了适应和改造自己的生存环境而进行的精神生产的产物，其性质从根本上说，它总是一定社会的政治和经济的反映[②]，必然是由经济和政治状况决定的，占主导地位的文化必然受到自然环境、社会制度等各种社会存在的制约，也必然将随着社会物质生产的变化而变化。马克思恩格斯说："人们的观念、观点和概念，一句话，人们的意识，随着人们的生活条件、人们的社会关系、人们的社会存在的改变而改变，这难道需要经过深思才能了解吗？"[③]

但也必须看到，马克思主义经典作家在对社会进行考察时，一开始就把文化当成与经济、政治并列存在的东西。这集中体现在他们的社会有机体思想之中，认为整个社会是由经济、政治、文化三大领域所组成的有机体，并以此为基础，进而指出，经济、政治、文化三者之间既互相独立，又互相依赖，它们以经济为基础，相互作用，相互制约，共同推动着社会的发展。恩格斯曾经有一段精辟的论述："经济上落后的国家在哲学上仍然能够演奏第一小提琴：18世纪的法国对英国来说是如此……后来的德国对英法两国来说也是如此。"[④]"根据唯物史观，历史过程中的决定因素归根到底是现实生活的生产和再生产。无论马克思或我都从来没有肯定过比这更多的东西。如果有人在这里加以歪曲，说经济因素是唯一决定性的因素，那么他就是把这个命题变成毫无内容的、抽象的、荒诞无稽的空话。经济状况是基

① 本章内容部分引自：车延高．文化与经济发展关系研究［D］．武汉：武汉大学，2008.
② 毛泽东．毛泽东选集：第2卷［M］．北京：人民出版社，1995：63.
③ 马克思，恩格斯．马克思恩格斯选集：第1卷［M］．中共中央马克思恩格斯列宁斯大林著作编译局，译．2版，北京：人民出版社，1995：291-292.
④ 马克思，恩格斯．马克思恩格斯选集：第1卷［M］．中共中央马克思恩格斯列宁斯大林著作编译局，译．2版，北京：人民出版社，1995：704.

础，但是对历史斗争的进程发生影响……”[①]恩格斯还批评了那种把文化当作派生物而忽视其在社会中作用的观点。他说：“这是由于通常把原因和结果非辩证地看作僵硬对立的两极，完全忘记了相互作用。这些先生常常几乎是故意地忘记，一种历史因素一旦被其他的、归根到底是经济的原因造成了，它也就起作用，就能够对它的环境，甚至对产生它的原因产生反作用。”[②]从这里，我们可以发现，文化与经济并非一种简单的线性关系，两者的发展在不少情况下也是不平衡的，而且文化具有一定的独立性。

二、文化与经济也不是两个相互游离的不同的存在

如果仅从抽象的理论表述来看，文化与经济的关系，似乎让人觉得分别代表着物质和精神两个不同的存在。其实不然。文化与经济的关系，自人类社会原始之初，就相互依赖、相互渗透、相互制约、相互作用。我们可以从两个方面来理解：

（一）经济包含文化

首先，人类的经济是一种群体性、社会性的活动，在这一活动中必须解决好个人与他人、个人与整体、眼前与长远的关系，而处理这些关系依靠自身的本能是不能的，而必须依靠一定的文化作为支撑。通过文化对人的行为进行引导和提升，超越自身的本能使经济活动成为合乎人的目的的活动。

其次，经济活动从某种意义上说，它本身就是具有文化意义的活动。因为经济活动的目的与文化的目的方向一致，都是为完善人的发展需要服务。文化以及文化建设的目的就是在于促进人的全面发展。从这个意义上讲，经济发展与文化发展是一致的，即发展经济只是一种工具，为最终实现人的全面发展提供必要的前提和基础，它本身就是一项具有文化意义的活动。

最后，经济活动本身不可能产生出任何价值判断，而必须依靠文化的参与。不同的文化，必然导致人们对经济活动的价值不同的判断，进而所选择的经济发展体制模式也不一样，这已是不争的事实。

（二）文化支撑经济

从某种意义说，经济活动是在人类实践意识的支配下，通过客观的物质实践活动从自然界获取物质资料的过程，在这一过程中形成了生产力（人与自然的关系）和生产关系（人与人之间的关系）。无论是生产力还是生产关系，它们都必须依据一定的文化作为支撑。这是因为：第一，生产力表明的是人类征服自然、改造自然的能力，是经济发展水平的重要标志。这种能力的大小直接取决于文化，特别是取决于文化中的科学文化，正所谓“科学技术是第一生产力”。第二，经济的发展依靠人的努力才能实现，只要承认这一点，就必然重视文化对经济发展的支撑作用。佩鲁在《新发展观》中指出：“经济体系总是沉浸于文化环境之中，在这种文化环境里，每个人都遵守自己所属群众的规则、习俗和行为模式，尽管未必完全为这些东西所支配。意义比较明确的价值使某些目标处于相对优先的位置，对这些目标的追求，激励着每一个人对经济和社会发展做出自己的贡献……”因为文化价值观念必然会通过对人的影响，进而影响、制约着人们在经济活动过程中的行为及彼此发生的各种关系，影响人们的生产活动方式、经营管理方式等。这种影响与政治相比较，虽然是非强制性的，但它能通过感化、说服教育等手段实现人们对经济生活和秩序的心理认同，从而塑就经济主体、引导经济发展方向，因而更具深刻性。

三、文化对经济发展的影响

我们分析文化与经济的关系，既要看到经济对文化的主导性，也要看到文化对经济的先导工具性。经济增长的每一过程，其实都受到社会文化理念的影响和约束，并且社会文化信念是规范社会经济活动

---

① 马克思，恩格斯．马克思恩格斯选集：第1卷［M］．中共中央马克思恩格斯列宁斯大林著作编译局，译．2版，北京：人民出版社，1995：695-696.

② 马克思，恩格斯．马克思恩格斯选集：第4卷［M］．中共中央马克思恩格斯列宁斯大林著作编译局，译．北京：人民出版社，1995：728.

的根本力量，进而是规范经济增长目标合理性的根本力量。

戴维·兰德斯在分析泰国、俄罗斯两国人的价值观对经济发展的影响时说：由于文化和经济发展是相联系的，一方面的变化就会反过来影响另一方面。文化不仅可以对经济增长做出反应，反过来也有可能阻滞经济发展。

文化对经济的作用主要表现在以下几个方面：

（一）文化是经济发展的精神动力

最初的经济活动可能与人的生存本能有关，而一旦上升到发展的意义上，经济活动中的文化要求就被提出来了。需不需要发展？为什么需要发展？怎样发展？这样一些问题超出了经济范畴，是不能仅从经济的角度予以回答的。文化作为经济发展的精神动力，突出表现为文化为经济发展提供理论引导和价值的支持。

从制度的层面看，每种经济制度都需要证明其存在的合理性，封建时代的经济制度和封建王权观念、等级观念联系在一起，资本主义经济的兴起和发展直接得益于自由、平等、人权等观念的传播。社会主义经济体制同样需要文化价值观的支持，对民主、科学、自由、效率、平等、责任、权利的倡导是社会主义经济体制得以建立的文化前提。当一种文化价值得到社会的普遍认可时，体现这种价值取向的经济制度就比较容易建立起来，人们在维护这种经济制度时就不遗余力。相反，如果一种经济制度在人们的文化评价中失去了合理性，这种制度早晚会被抛弃。这一点从封建经济制度被资本主义经济制度所取代中看得很清楚。

再从需求的层面看，现在人们普遍认为需求对生产有决定的意义，需求拉动增长。在今天，真正能够拉动经济增长的需求只能是具有正当性的社会需求，而具有正当性的需求只能是人的本能需求中那些符合人性发展要求的部分，不符合人性发展要求的需求即使潜在地存在，也不应得到满足。换句话说，一种需求要获得正当性成为现实的社会需求，必然通过文化的关口，经受文化价值的评判。制毒、制黄之所以不被允许不是因为没有经济效益，而是因为这种需求的非正当性，由此决定了它所产生的经济效益的非正当性。相反，旅游业、健身业、文化娱乐业等新兴行业由于有益于人的身心健康发展而受到鼓励。越是到现代社会，需求中的文化价值含量就越高。正因为如此，文化对经济形态的特点、经济增长的速度乃至对某些特定经济门类是否应当发展都产生了决定性的影响。

（二）文化是经济发展的智力资源

所谓智力资源，主要指知识与科技。在知识经济年代，知识与科技已成为推动经济发展与社会进步的关键性力量。如果说在蒸汽机时代，科学技术对经济发展产生的是“加数效应”，在电气化时代，科学技术对经济发展产生的是“乘数效应”，那么，在信息时代，科学技术对经济发展产生的就是“幂数效应”。由科技革命所导致的经济发展速度和经济质量的提高每每令人震惊。知识既包括自然科学知识，也包括人文社会科学知识。这里尤其值得重视的是人文社会科学知识对经济增长的贡献。经济学研究经济运行规律，经济学就是一门社会科学知识。人们常说管理出效益，管理学也是社会科学知识。除此而外，像领导科学、社会学、心理学、行为科学、思想科学等“软科学”在促进经济发展中所起的作用也不容忽视，社会科学知识在推动经济发展中的作用丝毫不低于自然科学知识。

（三）文化营造经济发展的社会环境

按照新制度经济学的观点，人类的经济活动总是在一定的约束条件下进行的，这种约束条件包括正式制度安排和非正式制度安排。所谓非正式制度安排也被称为“潜规则”或“软规则”，是指人们在长期社会交往中逐渐形成并得到社会广泛认可的理想信念、伦理道德、风俗习惯等，它和由一系列政治规则、经济条件构成的正式制度安排相辅相成，共同约束着人们的经济行为。正式制度安排只有在与非正式制度安排相容的情况下才能发挥良好的作用；如果不相容，一种再好的正式制度安排也有可能失效，甚至被扭曲。新制度经济学上述观点的意义在于把经济活动放到更广阔的社会结构中去审视，它给人的启示是必须高度重视营造非正式制度，必须高度重视非正式制度安排与正式制度安排的协调。这意味着建立社会主义市场经济体制，就要营造适应社会主义市场经济运行要求的理想信念、伦理道德、风俗习惯，这是经济发展的必要社会条件。

（四）文化是新的经济增长点

当今许多新兴产业都建立在知识和文化的基础之上，如电子产业、信息产业。琳琅满目的各种商品和商业性服务中，文化价值所占的比重多于物质价值所占的比重的情形比比皆是。一些行业的出现直接得益于文化需求的推动，如红色旅游。至于“朝阳产业”——文化产业更是文化与经济结合的典范。文化产业以文化为基础资源，规模化生产，追求社会效益和经济效益。由于文化产业的投资回报率明显高于其他行业，目前世界各国无论出于经济方面的考虑还是出于文化方面的考虑，在发展文化产业方面都不遗余力。文化不仅服务于经济，而且文化就是经济。以往我们对后一个方面理解不够，这种情况应当认真加以改变。

第二节　文化与经济一体化

自人类诞生之日起，文化就和经济结伴而行。文化与经济之间的关系，在实际运行过程中，并不是一成不变的，而是伴随着经济的发展、科技的进步不断变化的，直至发展到今天，文化与经济相互交融并呈现出一体化的趋势成为当代文化与经济关系的最显著特征。

一、社会发展的必然趋势

就文化与经济的互动及由此产生的融合程度来看，文化与经济一体化其实是一个历史的过程，有一个由浅入深、由弱及强的渐进过程。在农业经济时代，由于科学技术落后，知识面不广，生产技术和管理技术都很简单，生产力也不可能很发达，所以经济和文化的融合程度不是很高，经济发展中的文化含量也不高，可以这么说，在现代社会以前文化与经济的互动是以潜在的、不发达的、朴素的形态存在的。当经济发展到一定阶段，如何组织产品的交换和流通，如何配置各种生产要素的组合，由经验上升到科学的时候，那么经济就直接与文化相融合而存在了。随着技术、市场等现代因素向人类社会各个领域的广泛渗透，文化与经济的互动也出现了新的形式、新的特点，并展现出前所未有的壮观场面，成为现代社会发展的核心动力。文化与经济的融合而至一体化的过程，从其产生到发展也经历了人类社会物质基础、政治环境、价值理念不断演化、变迁的历史过程，随着人类社会经济的演进而升华，由弱到强、由隐到显地展示其运行轨迹。

如果就现代文化的演进，也即世界文化的新变化来考察，文化与经济、科技、政治的相互交融主要体现如下：

一是文化与经济的相互交融。这种交融使文化与经济出现了双向运动，并由此出现文化经济化和经济文化化的新趋势。随着现代经济社会的不断发展，文化已经不是单纯的文化，更不是孤零零的文化了，文化对经济的影响方式从其提供间接的反作用发展到直接作用，文化开始进入了经济活动之中，文化活动与经济活动相互渗透、彼此融合，在此基础上出现了专门从事文化生产和文化经营的产业——文化产业。

二是文化和科技特别是高科技的相互交融。这种交融使文化的载体、文化制作与传播的形式更加现代化、多样化。尤其是数字化、网络化等文化载体的出现，使文化的表现力、感召力得到了前所未有的大发挥和大提高。文化中科技化程度的加剧，深刻地影响了文化活动领域。

三是文化与政治的相互交融。由于文化与经济、科技的交融，文化已成为进行政治斗争、国际斗争的主要形式之一。也就是，对文化市场的争夺也不再是单纯的文化较量，在争夺票房价值、争夺经济效益的背后，其实更主要的是对受众对象的争夺，对受众注意力这种特殊的稀缺资源的占有，而占有这些，才有可能在此基础上对舆论进行某种控制与引导。而失去文化市场也就意味着失去政治优势，意味着政治影响力被边缘化乃至萎缩或丧失。

特别是进入21世纪，科学技术日新月异，不仅是生产力的组成部分，而且进而跃居为第一生产力，从生产力的要素之一成为其基石，这充分说明了经济发展的动力越来越凝聚于科学技术文化，由此，文化和经济的一体化趋势就越来越明显，经济中的文化含量也越来越高。市场机制已为世界所认同，并成为各国普遍实行的经济运行体制，越来越有效地调节着各种资源在经济活动中的配置及经济活动的发展，加之生产活动的发展，科学技术已成为现代化生产中的“第一生产力”。没有现代科学技术就没有现代生产，科学技术已渗透于社会生活的各个方面，从而推动了文化与经济的一体化进程，文化与经济一体化成为21世纪社会发展的必然趋势和经济发展的显著特征。

二、适应经济发展趋势的新模式

改革开放以来，我国经济建设取得了举世瞩目的巨大成就，人民生活水平不断提高，综合国力日益增强，国际地位迅速上升。但是，由于在经济发展过程中，单纯注重从物质层面追求经济数量和规模的增长，忽视了文化对促进和提升经济内涵增长的重要性，经济增长方式在长时间内没有走上兼顾质量和效益的良性发展轨道。经济增长在达到一定规模时缺乏持续增长的后劲和潜力，自然资源和能源日趋紧张，生态环境日趋恶化。与此同时，随着人们物质生活水平的提高，人们对以文化艺术为主要内容的精神需求日益增长，也在社会精神领域形成了新的需求点和经济增长点。因此，我国一方面要解决提升经济增长的质量、水平和后劲以及保护生态环境等问题；另一方面，要不断满足建立在物质资料基础上的精神文化不断增长的需求，大力发展文化产业。这一切，在客观上为文化与经济的互动、融合乃至一体化，为文化经济形态的形成与发展开辟了道路。经济发展的核心是追求人-自然-社会-经济-文化的和谐统一，目标是促进和实现人的全面发展。文化经济既强调经济发展的数量和规模，又注重经济发展的质量和效益；既强调经济发展的外延，又注重经济发展的内涵；既强调经济发展的物质层面，又注重经济发展的文化品位。文化经济的基础是高速发展变化的高新技术和雄厚的物质基础，文化经济的动力和源泉是体现经济发展内涵的文化精神。可以说，我们正在步入崭新的文化经济时代。

文化经济时代的到来，展现了在新的发展时期新的发展路径和发展模式。我们应该清醒地认识到，只有树立一种超越东西方狭隘的、片面的社会发展理念，才有可能重新探讨和阐释一系列有关发展的重大问题，这一点对于中国尤其如此。人类社会发展到今天，特别是随着新革命和经济全球化的兴起，文化的地位和作用也发生了很大的变化，其中最突出的是文化的交流、交融；文化借助高科技，其影响力和渗透力越来越强；文化产业异军突起，而且势头迅猛；文化与经济的融合日益加快，几乎所有的经济活动和产品都包含着文化，而且经济借助文化的力量扩张；文化在政治中的作用也越来越突出，等等，不一而足。

发展文化经济是贯彻以人为本、实现人的全面发展的重要途径。唯物史观认为，人类社会的发展是一个从低级到高级不断发展的过程，作为社会有机体灵魂的文化，其发展规律也体现着由低级到高级的发展趋势。在不同的历史阶段，文化具有不同的内容和特征。恩格斯指出：“每一时人的理论思维，从而我们时代的思维，都是一种历史的产物，在不同的时代具有非常不同的形式，并因而具有非常不同的内容。”文化经济是“文化”经济化和“经济”文化化的当代表征，它是社会发展到现代的产物。文化经济的一个重要特征就是知识成为提高生产率和实现经济发展的动力。知识是文化经济发展的一个重要因素，知识是提高劳动生产率的关键。人作为知识经济的主体就成为文化经济发展的源泉。人既是科学技术的主体，也是社会活动的主体，人的素质如何，直接关系到社会进步的水平。在人类发展史上，人的素质每提高一步，人的主体意识每前进一步，都伴随着社会文明进步的纵向深入和横向拓展。人的全面发展则是提高劳动者素质的重要条件。

有力推进科技创新是促进文化经济发展的重要动力。从一定意义上讲，文化经济也是一种科技经济。科学的迅猛发展，通过科学技术的应用，推动着生产力的极大发展，改变着人类的物质生活和精神生活，丰富和提升着人类文化的内容和形式。文化借助于科技革命所带来的越来越丰富的物质手段而不断获得或创造出新的表现形式，科学技术已成为生产力发展的关键和产物。科学技术作为生产力中最为活跃的因素，它的每一次重大变革，都对社会文化的发展产生重大的影响。马克思认为科学是历史的有力杠杆，是最高意义上的革命力量。科学对人类历史发展的这种杠杆作用既包括物质生产也包括精神生产。科学技术在促进文化的经济化的过程中提供了最为坚实的技术支持。科学技术的发展为文化的传播和文化产品的生产提供了最为有力的工具。尤其是科学技术发展到今天，其内涵已拓展为自然科学技术、社会科学技术同各交叉学科群所形成的新学科一起组成的科学技术体系。它的进步必将为文化经济的发展注入新的活力。因此，我们要通过科技创新推动科技进步，促进文化经济的大力发展。

文化经济是一种科技经济，同时文化经济是一种可持续发展经济。人们在挖掘已有文化资源、创造新的文化产品时，既能保留已有文化资源，又能增加文化含量，提高文化产品的积累，促进经济的发展。文化经济也是一种协调经济，它强调经济与文化的良性互动，强调精神文化生活，意味着精神生产产品和消费的增加，使人与自然的和谐由理想变为现实。发展文化经济是全面建成小康社会、实现中华民族伟大复兴的重要途径。

三、经济文化化与文化经济化

文化与经济的互动融合乃至一体化趋势，也是多方面作用的结果，主要表现为文化与经济双向互动及作用。首先是经济结构和利益关系对文化的影响尤其是文化价值观念、人的行为方式、社会生活方式、文化管理制度和文化运行机制的影响越来越大，文化必须运用经济手段、引入经济要素，不断增强其自身实力；与此同时，以人文精神和科学技术为主要内容和主要形式的文化因素对经济发展目标、经济结构、生产管理方式及经济制度市场机制的导向作用越来越强，经济必须通过增加文化含量及发挥文化作用而不断提升内在价值。经济与文化发展的实践充分证明，在经济活动中注入的文化内涵越多，物质生产中产品的档次和附加值就越高，竞争力就越强，效益就越好；在文化发展中吸收的经济成分越多，科技含量越高，文化的覆盖面就越广，影响力就越大，渗透力就越强。文化与经济的互动融合乃至一体化趋势，构成了新时代全新的生产形态和发展模式。从20世纪后期开始，在经济社会发展中出现了越来越明显的文化“经济化”和经济“文化化”的趋向，充分表明了过去常常分离的文化因子和经济因子日趋融合成一体，精神生产和物质生产之间的联系愈加紧密。

所谓经济文化化，指的是在经济运行过程中，文化内涵不断增强，文化要素不断发挥作用，人文精神和文化资源在各种资源中所占的比重愈来愈大，经济产品中的文化含量不断丰富，生产、流通、分配、消费过程中愈来愈多地被注入文化的理念和内涵。经济“文化化”最直接地表现在生产文化或产业文化的发展上，包括管理文化、产品文化、服务文化、品牌文化、人力资源等在内的产业文化是经济文化化的重要标志，产业文化将是未来经济结构升级中起核心作用的因素。

所谓文化经济化，指的是在文化发展过程中，经济成分不断增加，市场手段不断引入，文化生产、文化管理中愈来愈渗透各种经济要素，文化活动愈来愈自然地融入经济活动之中，形成了新兴经济产业——文化产业、文化产品、文化服务日益具有经济功能和市场效益。文化“经济化”最直接地表现在文化产业的发展上，包括教育产业、智力产业、高新技术产业、媒体产业、艺术产业、健康产业、体育产业、休闲产业以及政治性的文化产业等。文化产业将成为未来产业结构发展中的主导力量。

经济与文化的一体化，从某种意义上讲，代表着未来经济发展的方向。随着社会生产力的迅速发展，人们的社会需要不断提高，在基本的物质需要满足的基础上，人们更多地关注文化上的、精神上的、心理上的需要，即使物质层次上的衣、食、住、行需要，也大大地与文化结合起来了。文化与经济的一体化已成为当代世界经济和文化的发展趋向。文化与经济相互交叉、相互融合、相辅相成，形成一个有机的发展过程。

第三节　我国文化经济的发展现状与战略

一、我国文化经济的发展现状

党的十九大报告指出："公共文化服务水平不断提高，文艺创作持续繁荣，文化事业和文化产业蓬勃发展，互联网建设管理运用不断完善，全民健身和竞技体育全面发展。主旋律更加响亮，正能量更加强劲，文化自信得到彰显，国家文化软实力和中华文化影响力大幅提升，全党全社会思想上的团结统一更加巩固。"

在党的高度重视、诸多优惠政策支持的背景下，我国的文化产业得到了长足的发展，已从探索、起步的初始阶段，开始进入加快发展的新时期。

（1）文化产业产值大幅度增长。从2003年起我国文化产业增加值增幅高于同期GDP增幅5到6个百分点。2016年全国文化及相关产业增加值为30 785亿元，同比增加13.0%，占GDP的比重为4.14%，同比增加0.17个百分点，文化产业增加值占GDP的比重逐年增长，十八大以来文化产业整体保持快速增长的态势。

（2）我国文化消费水平、消费内容和形式都有所变化。我国文化消费总量比起同等发展水平国家都有不少的差距，但总体来说在平稳增长。我国消费结构也有所变化。截至2017年12月，我国网民规模达7.72亿，普及率达到55.8%，超过全球平均水平4.1个百分点，超过亚洲平均水平9.1个百分点；其中，手机网民占97.5%。由于这些数字化传播手段的普及，我国城市居民文化消费从内容到形式都发生了深刻的变化。

（3）推动文化产业发展的基础条件不断完善。文化园区已不仅是以文化为主题的生产集聚空间，是文化休闲与消费活动的空间，更是革新与创意的空间。至2017年，全国已拥有各类园区近3 000家。园区已成为文化企业创新的集聚平台、城市经济发展的强力引擎、国家文化繁荣兴盛的重要载体。

二、我国文化经济的发展战略

党的十九大报告指出：推动文化事业和文化产业发展。满足人民过上美好生活的新期待，必须提供丰富的精神食粮。要深化文化体制改革，完善文化管理体制，加快构建把社会效益放在首位、社会效益和经济效益相统一的体制机制。完善公共文化服务体系，深入实施文化惠民工程，丰富群众性文化活动。加强文物保护利用和文化遗产保护传承。健全现代文化产业体系和市场体系，创新生产经营机制，完善文化经济政策，培育新型文化业态。广泛开展全民健身活动，加快推进体育强国建设。加强中外人文交流，以我为主、兼收并蓄。推进国际传播能力建设，讲好中国故事，展现真实、立体、全面的中国，提高国家文化软实力。

（一）文化体制改革必须深化到位

我国的文化单位大多数是在计划体制下延续过来的，弊病多，铁饭碗，吃大锅饭，体制僵化，机制不灵，对外缺乏竞争力，对内缺乏激励动力，不能适应市场经济体制的发展要求和群众文化消费需求的变化。

因此，头等大事要进行体制改革，体制改革是文化产业发展的最基本问题。要把文化事业单位逐步改造为企业，或实行企业化管理，自主经营，自负盈亏，依法纳税，并且通过深化改革在各类国有文化企业逐步建立产权清晰、责权明确、政企分开、科学管理的现代企业制度。

只有这样，才能解放文化生产力，扫清企业发展体制和制度方面的阻碍，奠定企业坚实的微观基础；开辟一个全新视野和发展空间；激发企业的内在活力。

体制改革必须注意几点：

（1）改革要科学规范。要按照国家有关政策、法规，严格做到科学、合理、规范，使改革不留尾巴，不留隐患。这主要体现在以下方面：①转制企业严格按照现代企业制度，建立规范的法人治理结构；②明确建制后企业和主管单位以及出资人之间的责、权、利关系；③转制后对国有资产保值增值有明确要求；④所有职工的正当权益得到保护，不能甩包袱，要根据个人的具体情况进行适当安排。

（2）改革不是简单地换牌子，把事业单位改成企业不能走老路，因为体制改革只是完成了单位属性的变化，并不能保证一定走上健康有序的发展道路，所以必须资源重新整合，业务转移，重新定位，寻找和占领新的市场制高点。

（3）改革的过程是寻找发展新路径的过程，改革不是目的，发展才是目的。我们希望通过改革不仅消除制约发展的体制瓶颈，也为今后发展寻找到更加可行的出路和方向，包括寻找合作者、发展的商业契机。

（二）开展多种渠道融资，助推文化产业发展

资金问题仍然是阻碍文化产业发展的“瓶颈”。就目前文化产业发展状况看，企业规模普遍较小，集中程度较低，优秀的行业龙头不够多，产业发展还不够成熟；文化产业的核心资产是创意，创意的确权、抵押、评估问题都有待进一步探讨；文化产业受现有制度的约束，如企业法人身份不明确，无法与私募股权基金进行合作等。这些都是阻碍文化产业融资的因素，减弱了融资的吸引力。

《文化产业振兴规划》在解决文化产业发展的资金来源方面提出了五大措施：

（1）吸引外资和社会资本参与进入政策允许的文化产业领域，参与国有文化企业的股份制改造。

（2）鼓励银行业金融机构加大对文化产业的金融支持力度，特别是鼓励担保和再担保机构大力支持文化产业的发展。

（3）扩大对文化企业“走出去”的贷款、担保业务的品种。

（4）支持有条件的文化企业进入主板、创业板上市融资。

（5）支持有条件的文化企业发行债券。

该规划公布以后，以上措施都在付诸实现，文化产业发展出现了新局面。特别是金融机构，支持文化产业迈出了大步伐。中国进出口银行、中国银行、中国工商银行分别与原文化部签署了战略合作协议，这是政府、银行、企业三个方面充分发挥自我优势、自我社会职能的平台和创举。当然，与金融机构有待进一步深化合作，银行要积极完善金融产品，如为企业提供并购贷款、债券发行、公司理财、优化投融资服务流程等多元化的金融服务，从而提高金融服务的针对性和有效性，共同促进我国文化产业实现又好又快发展。

（三）创新科技结合是文化产业发展的关键条件

近些年来，以数字技术为代表的高科技对文化产业的影响非常大，可以说对文化产品的生产、制作、传播都产生了革命性的冲击。因为数字技术在传统文化产业中的运用提高了科技含量，使文化产业升级换代：降低成本，增加产品附加值，增强文化产品的感染力和传播力，实现了产业链、价值链的延伸；极大地加快了产业融合的速度，产生崭新的业态；使许多的信息内容融为一体，如音像、广播、电视、电影、报刊等，这样就打破传统行业的壁垒，促使具有综合特色的崭新业态的形成。

我国不缺乏文化，但缺乏创意，缺乏把这种文化转变为被世界所认可的产品和服务，因此我们必须充分利用中国丰富的、优秀的文化资源和文化理念，与科技相结合，创造出有中国特色的文化产品和

服务。

（四）依托资源开拓市场

文化产业必须依靠文化资源，文化资源是载体、依托。我国文化资源十分丰富，全国各地都依据自己的文化特色发展文化产业，并且形成各种类型的集聚群和产业园区。

那些文化资源相对缺乏的地区，也应进行思维创新，通过后天努力创造出有地区特色的文化资源，开创文化产业的发展道路。

（五）打造品牌，解决“文化赤字”问题

打造品牌，对于我国文化产业而言，有着诸多优势，必须牢固树立品牌意识，推出体现民族特色、反映时代精神、具有国际一流水准的文化艺术精品，打造具有核心竞争力和国际影响力的著名文化品牌和知名文化企业。

打造品牌是消灭“文化赤字”的有力途径。长期以来，媒体就中国在对外文化交流和文化传播中“入超”“文化赤字”的问题展开了讨论。可喜的是，经过多年的努力，这种情况有所好转。2017年全国电影总票房为559.11亿元，同比增长13.45%；国产电影票房为301.04亿元，占票房总额的53.84%；进口电影票房达258.0亿元，占票房总额的46.16%。

西方发达国家走在前头，我们走在后头，但是我们有后发优势，一定要抓住后发优势。特别是今天，科技发展日新月异，我们生活在信息、网络时代，后发优势更为突出。

（六）高度重视非物质文化遗产的挖掘、开发、保护和传承

非物质文化遗产是由人类以口头或动作方式相传，具有民族历史积淀和广泛突出代表性的民间文化遗产，被誉为历史文化的“活化石”。我们国家级的非物质文化遗产项目涉及多个门类，如传统戏剧（秦腔、黄梅戏等）、传统舞蹈、传统美术、传统音乐等。

非物质文化遗产最大的特点是依托于人而存在的，这也使得它成为文化链条上最薄弱的一环，因此，对非物质文化遗产的挖掘整理、对非物质文化遗产传承人的保护变得尤为重要。非物质文化遗产要做两项工作：一是非物质文化遗产的名录体系的编制；二是传承人的保护。

当今，经济、科技发展日新月异，非物质文化遗产作为人类文化链条上不可或缺的一环，对于保持文化多样性具有重要意义。对于现代城市发展来说，非物质文化遗产无疑是现代化城市的名片，是城市参与未来竞争的金字招牌。

第二篇　产业规律

产业发展规律是不依人的主观意志为转移的客观必然性。要想又好又快发展产业经济，就必须按客观规律办事，否则将一事无成。产业经济学是专门探索产业经济发展规律的学问，所以，本篇是本学科的核心篇。

本篇主要讨论产业形成与分类、产业经济发展的主要规律、民用产业与国防产业、工与农和城与乡、城乡良性互动战略、农业结构与发展趋势、交通运输业、能源产业、海洋产业、老龄产业、应急产业等十一个专题。

［第十八章］
产业形成与分类

产业形成与分类是研究产业经济发展规律的起点和基础。本章主要讨论产业形成、产业分类。

第一节　产业形成

产业是同类企业、事业的总和。这样的产业部门在人类生产发展的历史上并不是一开始就存在的，而是在生产发展的过程中，在社会分工发展的基础上逐步形成和发展起来的，是分工协作发展的结果。因此，研究产业的形成应当首先从研究社会分工开始。

马克思在考察社会分工时，曾把它分为三种形式："单就劳动本身来说，可以把社会生产分为农业、工业等大类，叫作一般的分工；把这些生产大类分为种和亚种，叫作特殊的分工；把工厂内部的分工，叫作个别的分工。"①马克思在这里深刻地揭示了产业部门的形成过程。

一般的分工，就是把社会生产分为农业、工业、交通运输业、商业等国民经济部门。特殊的分工，就是在每个国民经济部门中进一步分出许多独立的部门，如在工业中分为能源工业、原材料工业、机械制造业、纺织工业等部门。个别的分工，就是企业内部的分工，如机械企业中的车、铣、刨、钻、磨、钳等。

在这三种分工中，一般的分工和特殊的分工属于社会内部的分工，这种社会内部的分工与企业内部的分工是相互区别而又相互联系的。企业内部分工的产生和发展是以社会内部分工的发展为前提的；反过来，企业内部分工的发展又会促使社会内部分工的进一步发展。从历史上看，第一批产业部门是通过一般的分工形成的，也就是说，工业部门曾经是从国民经济其他部门中分离出来的，如纺织、酿酒等工业部门就是从农业中分离出来的。还有通过这种方式产生的新工业部门，如渔业加工部门。不过，现在新工业部门的形成主要是通过特殊的分工形成的。

一、社会分工发展的必然产物

一切分工都是社会生产力发展的结果，而分工的发展又促进了社会生产力的提高和新产业部门的形成。随着社会生产力的发展，人类社会已经发生了几次大规模的社会分工：原始社会畜牧业和农业的分工、原始社会瓦解时期工业和农业的分工、奴隶社会商业活动和生产活动的分工以及体力劳动和脑力劳动的分工。发展到资本主义社会，体力劳动和脑力劳动的分工就更加显著。潘博认为，人类社会现在已经发生了物质生产过程内部的脑力劳动阶段和实物生产阶段的分工，也就是对物质的创造性构思，把这种构思变成物质，即实现物质的分工。

通过对人类社会分工和物质生产发展史的考察，我们看到，工业成为一个独立的物质生产部门，并不是一开始就有的，而是开始于资本主义时代。只有发展到机器大工业时代，采用了机器体系生产，这

① 马克思．相对剩余价值的生产［M］//马克思，恩格斯．马克思恩格斯全集：第23卷．中共中央马克思恩格斯列宁斯大林著作编译局，译．北京：人民出版社，1972：389.

时工业和农业才最终分离。资本主义工业的形成过程经历了几百年。工业部门的形成特别是新的工业部门建立，正是在资本主义大工业基础上的社会分工进一步发展的产物。

社会分工虽然开始于原始社会，但分工的高度发展还是在资本主义机器大工业时代。机器大工业实行更精密的厂内分工，有力地扩大了社会分工，劳动生产率空前提高，同时造成了社会分工的无政府状态。机器大工业的分工侵吞了工人身体和精神上的一切自由，迫使人们奴隶般地服从分工。分工也变成了人剥削人的手段，变成了资产阶级奴役劳动人民的制度。这就是生产资料资本主义私有制条件下社会分工的社会性质。

社会主义公有制使劳动人民成为生产资料的主人，社会分工的社会性质也就随之发生了变化。在公有制内部，分工已不是统治和被统治、奴役和被奴役的关系，而是同志间的互助合作关系；劳动者不再成为机器的附属物，而是机器的主人；分工不是服从追逐最大限度的资本主义利润，而是服从于节约社会劳动、提高经济效益，最大限度地满足人民日益增长的美好生活需要这个根本目的。

二、商品经济的客观要求

商品经济是在社会分工的基础上发展起来的，反过来，商品经济的发展又必然促进社会分工的进一步深化，促进新的产业部门的形成。许多新的产业部门将随着商品经济的发展而日益增加。

这里的道理是十分明显的。因为商品经济是自然经济的对立物，它是一种为了他人的需要、以交换为目的的“交换经济”。商品生产者自身的多方面需求也是通过交换由别的商品生产者来满足的。在这里通行的是等价交换原则。这种商品经济的充分发展是社会经济发展的不可逾越的阶段。这种商品经济越发展，就越要求有能够满足社会多种需求的产业部门的产生和发展；商品生产者要在竞争中得到生存和发展，也必须努力去创办和建立社会上还没有的企业和产业部门。

应当提出的是，在我国这样的社会主义市场经济条件下，更有可能在党和国家的宏观调控下，更好地创办和建立更多的能够适应人民生活和满足国家建设所需要的一系列新的产业部门。

三、科学技术进步的结果

由于不断出现新技术、新材料、新工艺、新产品，从而为生产和社会分工的发展开辟了新的领域，为新兴产业部门的形成创造了条件。原子能工业、电子工业、合成纤维工业和塑料工业等部门的形成，正是原子能技术、电子技术和化学合成技术应用于工业生产和建设的成果。

实践还证明，科学技术越进步，现代化水平越高，新的产业部门形成得也就越多。比如，自动控制和计算机制造技术的发明和广泛应用，促使专门生产电子自动控制和计算机的部门形成。半导体材料的出现，使硅、锗的生产和以它们为原料的电子元件、电子机械的生产都成了专门化的生产部门。又比如，要生产拥有几百万个零部件的宇航产品，只靠原有的工业部门是不够的，还必须形成一批崭新的产业部门。

第二节　产业分类

为了正确认识产业的本质，从多角度探索产业发展的规律性，根据产业研究的目的不同，产业分类方法也是多样化的。产业分类方法举其要者有：两大部类分类法，物质生产与非物质生产分类法，农、轻、重产业分类法，标准产业分类法，三次产业分类法，产业发展阶段分类法等。

一、两大部类分类法

该方法按产品的经济用途把产业分为甲、乙两类。马克思按照产品经济用途的不同，把社会总产品划分为生产资料和消费资料，从而把社会生产划分为生产资料的生产和消费资料的生产这两大部类。这是马克思再生产理论的重要前提和重要组成部分，是马克思对马克思主义以前的经济学的重大突破和创新。

马克思主义以前的经济学家，包括他们中最杰出的人物，之所以不能揭示社会再生产运动的规律、没有科学地说明社会再生产的过程，除了他们自身的阶级局限性和社会局限性之外，在理论上的一个重要原因就是他们都没有对社会总产品从而对社会总生产做过科学的划分。马克思的伟大功绩是突破了他以前的经济学家的局限性，天才地提出了两大部类的理论，以此为前提揭示了社会再生产运动的总规律，论证了要使生产不断更新，就必须有生产资料的补偿和消费资料的补偿，要使生产扩大，就必须有生产资料的追加和消费资料的追加，而且这两种补偿、两种追加之间还必须保持相适应的比例关系；否则，社会再生产运动就不能正常进行，甚至会导致生产的破坏。

同样的道理，要揭示工业再生产运动的总规律，科学地说明工业再生产的过程，首先也必须把工业产品划分为生产资料和消费资料，进而把工业生产划分为生产生产资料的工业即甲类工业，以及生产消费资料的工业即乙类工业。其实，把工业划分为甲、乙两类，是把社会生产划分为两大部类原理的重要组成部分在工业中的具体化，因为甲类工业是社会生产资料的生产这个部类的重要组成部分，乙类工业是社会消费资料的生产这个部类的重要组成部分。也正因为如此，把工业生产划分为甲、乙两类工业是完全必要的，是有充分理论依据和实践依据的。

世界许多发达国家一直有这种分类，我国在第一个五年计划时期也曾有这种分类，但可惜的是后来被取消了。1985年国务院全国工业普查领导小组制定的全国工业普查表中又恢复了甲、乙两类工业的分类。

根据经济建设的实践要求，我们不能仅停留在两大部类与甲、乙两类工业分类的水平上，还必须对每个部类和每类工业内部进行更具体、更细的分类。马克思早就说过："这两个部类中，每一部类拥有的所有不同生产部门，总合起来都形成一个单一的大的生产部门。"[①]事实上，每个部类和每类工业内部都存在许多更细的分类。

单就甲类工业来说，还有下列两种分类：

（1）把甲类工业分为为甲类工业本身生产生产资料的工业和为乙类工业生产生产资料的工业。前者如机床制造业、矿山机械制造业、冶炼设备制造业、钢铁工业等；后者如纺织机械制造业、制革工业和人造纤维工业等。这种产业分类有利于分析和研究甲、乙两类工业各自的内部结构的发展趋势。

（2）把甲类工业分为生产固定资产的工业和生产流动资产的工业。前者如机械制造业；后者如建筑材料工业和化学工业等。这种产业分类有助于进一步加强对工业固定资产和工业流动资产之间的相互关系的分析和研究。

二、物质生产与非物质生产分类法

物质生产与非物质生产存在密切联系。这种联系在市场经济条件下尤为密切，因为国民经济各部门都是互为市场的。

马克思主义认为，物质生产活动和非物质生产活动都是社会所必需的，但物质生产决定非物质生产。物质生产是人们在改造自然界斗争中不断创造物质财富的活动，是社会存在和发展的物质基础，是决定其他一切活动的因素。非物质生产的活动是为了改善人类本身的政治和文化生活，发展智力和体力以及加强社会组织管理的活动，也是影响物质生产活动的重要因素。

物质生产与非物质生产之间，不仅存在由物质生产发展到非物质生产的历史发展序列，而且两者之间又有互相作用、互相转化的辩证关系，彼此的数量比例还有不同的上升或下降趋势。所以，物质生产与非物质生产的分类也是一种十分重要的产业分类。

---

① 马克思．社会总资本的再生产和流通［M］//马克思，恩格斯．马克思恩格斯全集：第24卷．中共中央马克思恩格斯列宁斯大林著作编译局，译．北京：人民出版社，1972：439.

我国根据目前我们的生产发展水平和劳动分工情况，把整个国民经济全部活动按照是否为社会提供物质产品，划分为两大领域共十个大部门，其中，属于物质生产领域的有工业、农业、建筑业、为生产服务的交通运输和邮电业、作为生产过程在流通领域继续的那一部分商业（指商品的分类、修整、包装、保管等劳动）五大部门，这是国民经济的主体；属于非物质生产领域的有城乡公用服务业、科学研究、文教卫生（指文化艺术、教育、卫生、广播电视、体育、社会福利）、金融业、机关团体等五大部分。

三、农、轻、重产业分类法

按产品的主要生产部门把工农业划分为农、轻、重产业。这种产业分类是以马克思主义关于两大部类的原理为依据的。为了具体地研究农业、轻工业和重工业这三个实际产业部门之间的互相联系和数量比例关系，我们进行了农、轻、重产业分类。农、轻、重产业这是三个具有不同地位、作用的主要的物质生产部门，占整个物质生产的绝大部分。农、轻、重产业又是国民经济发展的客观顺序。农业是国民经济的基础；工业是国民经济的主导，轻工业的发展要以农业为基础，重工业的发展要以农业和轻工业为基础。所以，农、轻、重产业的分类不仅有一定的理论意义，而且有重大的实践意义。

实践反复证明，企图用轻、重工业分类取代甲、乙两类工业分类是不科学的，用两大部类和甲、乙两类工业分类来取代农、轻、重产业分类也是不科学的。因为这是对社会生产这同一事物的不同划分方法，所包含的范畴不同，谁也代替不了谁。两大部类生产和甲、乙两类工业生产，是从社会产品进而从社会生产中分别抽出来用于生产和用于消费这两种不同的属性，然后把它们分别推广于一切社会产品的生产。而农、轻、重产业的分类是说农业和轻工业是两个主要生产消费品的产业部门，重工业是主要生产生产资料的产业部门，但是，农业和轻工业还生产一部分生产资料，重工业还生产一部分消费品。像这种重中有轻、轻中有重的现象，在现实的生产活动中越来越普遍，越来越难以找出一个百分之百地生产消费品或百分之百地生产生产资料的实际物质生产部门。

我国通常把主要生产生产资料的工业部门称为重工业，把主要生产消费品的工业部门称为轻工业。这种按照产品的主要使用价值划分的轻、重工业也是相对的概念。因为在现实生活中一种产品的使用价值常常是多种多样的。就一个工业部门所生产的产品来说，既有生产资料，又有消费品；就所生产的同一种产品来说，往往既有用于生产消费的，又有用于生活消费的。但是，不管怎样，就一个产业部门所生产的产品的使用价值而言，总是有一种主要的和主导的用途，而事物的性质正是由它的主要的和主导的方面所决定的。也正因为如此，我们把主要生产生产资料的工业称为重工业，而把主要生产消费品的工业称为轻工业，这也是有其理论根据的。

20世纪50年代初期，我国生产力落后、经济基础薄弱，一些行业领域处于空白，重工业产值的比重仅占全部工业产值的30%左右，经济工作的重心在于建立一个独立的、比较完整的工业体系和国民经济体系。当时将工业简单划分为轻工业和重工业的分类法，适应了经济基础薄弱时期优先发展重工业的经济发展方针，对于了解轻、重工业的发展状况，特别是监测重工业的发展起到了重要作用。随着产业格局的变化，我国工业产业结构从单一转向复杂，各种新产品层出不穷，轻、重工业的划分已难以对工业进行科学清晰的界定了。从国际比较的角度看，轻、重工业分类作为一个概念性的行业划分，是缺乏行业分类标准时期的产物。随着改革开放和经济全球化进程，我国工业分类理应和国际统一标准接轨。从2013年下半年起，国家统计局在相关数据发布中不再使用“轻工业”“重工业”分类。①

四、标准产业分类法

国家标准分类法是指一国政府为了统一该国产业经济研究的统计和分析口径，以便科学地制定产业

---

① 顾阳. 统计分类为何不再分轻重工业［N］. 经济日报，2013-12-23.

政策和对国民经济进行宏观管理，并根据该国的实际而编制和颁布的划分产业的一种国家标准。这种分类法具有如下一些特征：第一，它是由一国的政府或其技术标准管理部门编制和颁布的，而不是由个人或产业研究机构自己编制的，因而具有整体性、广泛性和权威性的特征；第二，它是一国的标准，在运用上具有强制性和代表性；第三，它具有明确的目的性，它的目的就是统一统计口径和分析口径，以便科学地制定产业政策并对国民经济进行宏观管理；第四，它具有特殊性，是针对一国的具体实际编制的，只适用于该国的产业分类，其他国家只能参考和借鉴；第五，它具有较高的科学性，比较能反映该国的产业发展和变化情况，也比较能适应其产业发展和变化的需要。

标准产业分类法是联合国和西方各国为了统一世界各国和西方各国自己的产业分类而制定的一种分类方法。以联合国颁布的《全部经济活动的国际标准产业分类》（ISIC Rev.4）（2008年修订版）为例，它把全部经济活动分为21个门类88个大类238个中类419个小类。联合国的标准产业分类的21个门类是：（1）农业、林业和渔业；（2）采矿和采石；（3）制造业；（4）电、煤气、蒸气和空调供应；（5）供水，污水处理、废物管理和补救活动；（6）建筑业；（7）批发和零售贸易、机动车辆和摩托车的修理；（8）运输和储存；（9）食宿服务活动；（10）信息和通信；（11）金融和保险活动；（12）房地产活动；（13）专业和科技活动；（14）行政和支助服务活动；（15）公共行政和国防、强制性社会保障；（16）教育；（17）人体健康和社会工作活动；（18）艺术、娱乐和文娱活动；（19）其他服务活动；（20）家庭作为雇主的活动，家庭自用、未加区分的生产货物及服务的活动；（21）域外组织和机构的活动。

我国的国民经济行业分类（GB/T 4754—2017）就改编自国际标准产业分类体系，于2017年10月1日实施，共有20个门类97个大类473个中类1 380个小类（简略分类见表18-1）。

表18-1 **我国国民经济行业分类（GB/T 4754—2017）**

门类	大类	名称
A	农、林、牧、渔业	
	01	农业
	02	林业
	03	畜牧业
	04	渔业
B	采矿业	
	06	煤炭开采和洗选业
	07	石油和天然气开采业
	08	黑色金属矿采选业
	09	有色金属矿采选业
	10	非金属矿采选业
	12	其他采矿业
C	制造业	
	13	农副食品加工业
	14	食品制造业
	15	酒、饮料和精制茶制造业

续表

门　类	大　类	名　称
	16	烟草制品业
	17	纺织业
	18	纺织服装、服饰业
	19	皮革、毛皮、羽毛及其制品和制鞋业
	20	木材加工和木、竹、藤、棕、草制品业
	21	家具制造业
	22	造纸和纸制品业
	23	印刷和记录媒介复制业
	24	文教、工美、体育和娱乐用品制造业
	25	石油、煤炭及其他燃料加工业
	26	化学原料和化学制品制造业
	27	医药制造业
	28	化学纤维制造业
	29	橡胶和塑料制品业
	30	非金属矿物制品业
	31	黑色金属冶炼和压延加工业
	32	有色金属冶炼和压延加工业
	33	金属制品业
	34	通用设备制造业
	35	专用设备制造业
	36	汽车制造业
	37	铁路、船舶、航空航天和其他运输设备制造业
	38	电气机械和器材制造业
	39	计算机、通信和其他电子设备制造业
	40	仪器仪表制造业
	41	其他制造业
	42	废弃资源综合利用业
D	电力、热力、燃气及水生产和供应业	
	44	电力、热力生产和供应业
	45	燃气生产和供应业

续表

门 类	大 类	名 称
	46	水的生产和供应业
E	建筑业	
	47	房屋建筑业
	48	土木工程建筑业
	49	建筑安装业
	50	建筑装饰、装修和其他建筑业
A	05	农、林、牧、渔专业及辅助性活动
B	11	开采专业及辅助性活动
C	43	金属制品、机械和设备修理业
F	批发和零售业	
	51	批发业
	52	零售业
G	交通运输、仓储和邮政业	
	53	铁路运输业
	54	道路运输业
	55	水上运输业
	56	航空运输业
	57	管道运输业
	58	多式联运和运输代理业
	59	装卸搬运和仓储业
	60	邮政业
H	住宿和餐饮业	
	61	住宿业
	62	餐饮业
I	信息传输、软件和信息技术服务业	
	63	电信、广播电视和卫星传输服务
	64	互联网和相关服务
	65	软件和信息技术服务业
J	金融业	
	66	货币金融服务

续表

门　类	大　类	名　称
	67	资本市场服务
	68	保险业
	69	其他金融业
K	房地产业	
	70	房地产业
L	租赁和商务服务业	
	71	租赁业
	72	商务服务业
M	科学研究和技术服务业	
	73	研究和试验发展
	74	专业技术服务业
	75	科技推广和应用服务业
N	水利、环境和公共设施管理业	
	76	水利管理业
	77	生态保护和环境治理业
	78	公共设施管理业
	79	土地管理业
O	居民服务、修理和其他服务业	
	80	居民服务业
	81	机动车、电子产品和日用产品修理业
	82	其他服务业
P	教育	
	83	教育
Q	卫生和社会工作	
	84	卫生
	85	社会工作
R	文化、体育和娱乐业	
	86	新闻和出版业
	87	广播、电视、电影和录音制作业
	88	文化艺术业

续表

门　类	大　类	名　称
	89	体育
	90	娱乐业
S	公共管理、社会保障和社会组织	
	91	中国共产党机关
	92	国家机构
	93	人民政协、民主党派
	94	社会保障
	95	群众团体、社会团体和其他成员组织
	96	基层群众自治组织及其他组织
T	国际组织	
	97	国际组织

五、三次产业分类法

三次产业分类法的创始人是英国著名经济学家阿·格·费希尔和科林·克拉克。1935年费希尔在《安全与进步的冲突》一书中，在前人提出的第一、第二产业的基础上，提出了“第三产业”这一术语。1940年科林·克拉克在他的《经济进步的条件》第一版中，证明科技进步和经济发展是与产业结构中第三产业的相对壮大同时发生的。在该书第三版（1957年）中，他把产业分为三个大部门，将除第一、第二部门以外的其他经济活动归为第三门类，并改称其为“服务产业”。他认为，第三门类主要是由服务性活动组成的。从此，西方经济学家划分产业时便开始使用这些术语了。但是，各国在计算国民生产总值时，由于各国的不同需要，在具体使用这种分类法时都做了某些分类的变动和内容的补充。因此，到目前为止，世界各国还没有一个统一的划分标准，在所确定的范围上也没有取得一致的意见。

三次产业分类的主要原则，是把全部经济活动按照客观序列与内在联系，划分为第一产业、第二产业、第三产业。这是欧美和日本等发达国家普遍采用的一种产业分类法。基于国民经济行业分类（GB/T 4754—2017），国家统计局印发的三次产业划分规定（2018年），指出了我国三次产业的划分范围。

第一产业，是指农、林、牧、渔业。

第二产业，是指采矿业，制造业，电力、热力、燃气及水生产和供应业，建筑业。

第三产业即服务业，是指除第一产业、第二产业以外的其他行业。第三产业包括：农、林、牧、渔专业及辅助性活动，开采专业及辅助性活动，批发和零售业，交通运输、仓储和邮政业，住宿和餐饮业，信息传输、软件和信息技术服务业，金融业，房地产业，租赁和商务服务业，科学研究和技术服务业，水利、环境和公共设施管理业，居民服务、修理和其他服务业，教育，卫生和社会工作，文化、体育和娱乐业，公共管理、社会保障和社会组织，国际组织。

六、产业发展阶段分类法

产业发展阶段分类法是指按照产业发展所处的不同阶段进行产业分类的一种方法。按照这种分类法划分的常见产业有幼小产业、新兴产业、朝阳产业、衰退产业、夕阳产业、淘汰产业等。由于划分产业发展阶段的标准有很多，所以处于不同发展阶段的产业的界限并不很明确，只能是进行大概的划分。

（1）幼小产业，是指在开发初期因生产规模过小、成本过高、技术不成熟而不能享受规模经济的好处并缺乏国际竞争力的产业。有些幼小产业经过一定时期的政府保护能够安全度过幼年生命危险期，从而成为前途无量的新兴产业，进而成为一国的先导产业或主导产业；有些幼小产业因为技术、成本、需求、原料等方面的缺陷或其他原因，即使经过政府一定时期的保护和扶持也不能安全度过其幼年生命危险期，从而成为夭折产业。

（2）新兴产业，是指由于科技的发展和生产力水平的提高而出现的新产业。这些新产业的产品在技术工艺、用途、生产方式、用料或其他方面均与原有产业的产品有较大的不同。

（3）朝阳产业，是指进入技术不断成熟、平均成本不断下降、产业规模不断扩大、市场需求不断增加的时期的新兴产业。朝阳产业常常与夕阳产业相对应。

（4）衰退产业，是指由于技术逐渐老化、需求逐渐萎缩、平均成本不断上升引起规模收益逐渐下降、产业规模逐渐缩小的产业。这类产业往往是由过了壮年期的产业发展而来的，继续衰退下去就成为夕阳产业，最后成为淘汰产业。这类产业如果出现某些技术的重大突破也会重新获得新生，进入另一产业生命周期。

（5）夕阳产业，是指衰退产业继续衰退下去，得不到政府的有关扶持，也没有某项技术的重大突破来改革原有的技术条件，从而即将退出市场的产业或产业群。夕阳产业也可以在出现重大技术突破的条件下重新焕发青春，进入另一产业生命周期；否则，政府往往会采取产业转移政策，将此类产业转移到更有成本等竞争优势的地方去，或在适当时期引导该产业的人、财、物等资源向其他产业转移。

（6）淘汰产业，是指产业发展到一定时候，由于技术老化、需求萎缩、成本上升、长期亏损而不能适应市场的需要而退出市场的产业。

以上六种分类是最主要的、最一般的产业分类，在实践中，还可以根据每个产业的具体情况和人们所要研究的课题，对产业进行更具体、更细致的分类。比如，农业有种植业、林业、渔业和畜牧业的分类；工业有采掘工业、原材料工业、制造业的分类。又比如，产业按其在国民经济中的地位和作用的不同，被划分为先行产业、主导产业（支柱产业）、基础产业；按其产生和发展的客观序列，被划分为新兴产业和传统产业；按其在经济发展中的均衡运转作用的不同，被划分为短线产业和长线产业等。

[第十九章]

产业经济发展的主要规律

产业经济学是揭示产业经济发展规律的一门学科。要使产业经济持续、快速、健康发展，增强国际竞争力，首要的问题就是必须按产业经济发展规律办事，否则就必然受到客观规律的惩罚，甚至会在剧烈的国际竞争中被淘汰出局。本章主要讨论产业经济发展的主要规律，分别讨论“四化”“七并存”“五取代”。

产业经济发展规律举其要者有下列十六条，概括为“四化”“七并存”“五取代”：

(1)“四化”：产业经济全球化、产业经济现代化、产业经济融合化、产业经济知识化。

(2)“七并存”：垂直分工与水平分工并存，产业结构调整与产业转移并存，民用产业与国防产业并存，轻、重工业并存，劳动、资源密集型与资本、技术和知识密集型产业并存，国内外合作与不平等和不平衡并存，高新技术产业发展与传统产业改造并存。

(3)“五取代”：“三、二、一”取代“一、二、三”，新中心取代老中心，绿色生产力取代灰色生产力，工业国取代农业国，原材料相对有余取代原材料相对不足。

第一节　四　化

一、产业经济全球化

产业经济全球化是我国产业经济发展所面临的最为重要的国际新形势。经济全球化是世界经济发展的新阶段和必然趋势。处在全球化进程中的各国经济发展都有国内外两种资源和国内外两个市场的选择空间。市场已成为全球的市场，资源可以在全球范围内流动，各国可以根据自己的意愿和实力做出选择。从这个意义上讲，经济全球化将使各国经济成为全球经济整体中不可分割的组成部分，如果其中一个国家或一个地区的经济发生重大变化，都有可能波及他国，扩及全球。

经济全球化对我国产业经济的发展既是一场严峻挑战，又是一个历史性的好机遇。之所以说是严峻挑战，是因为发达国家凭借它们的技术和经济实力，利用其国际贸易、国际生产和投资以及在高新技术上的优势，在经济全球化进程中已经建立了支撑新经济的高新技术产业，并建立起有利于它们的国际经济秩序，是经济全球化的最大受益者。众多发展中国家的科技和经济发展起步晚、水平低，整体国际竞争力比较弱，高新技术产业发展尚处于起步阶段，因而在经济全球化进程中虽也受益，但其受益程度大大低于发达国家。

之所以说经济全球化对我国产业经济发展又是一次历史性的好机遇，是因为我们在经济全球化进程中可以有选择性地、更多地吸引外资，引进先进科技和经营管理经验，培养优秀的科技和管理人才，逐步提高我国产业整体的国际竞争力。更为重要的是，经过我们自身的努力奋斗，奋发图强，通过理念创新、科技创新、产品创新和管理制度创新，来发展高新技术产业、改造传统产业；通过产业结构调整和优化升级、产业组织优化升级，提高效率和降低成本，切实有效地提高产业和国民经济的整体素质，从而进一步扩大内需和开拓国际市场。只要我们持之以恒地真抓实干，我国各个产业中的一批骨干企业就能够在经济全球化竞争中赢得主动权，不仅打入国际市场，而且占领国际市场的制高点。

总之，为了求得生存和发展，我国的产业和以探索产业经济发展规律为对象的产业经济学，也必须紧紧抓住机遇，勇敢地去迎接挑战。

二、产业经济现代化

邓小平同志在20世纪80年代初就提出，我国的经济发展分三步走：第一步是到1990年国民生产总值比1980年翻一番，人民生活实现温饱；第二步是到20世纪末国民生产总值比1980年翻两番，人民生活达到小康水平，即人均国民生产总值为800美元；第三步是从21世纪初到中叶，人民生活和人均国民生产总值达到中等发达国家水平。从21世纪开始，我国的生产力水平迈上了一个大台阶，商品短缺状况基本结束，市场供求关系发生了重大变化，社会主义市场经济体制初步建立。我国已经实现了现代化建设的前两步战略目标，经济和社会全面发展，总体上达到了小康水平，开始实施第三步战略部署，步入全面建成小康社会、加快推进社会主义现代化的发展阶段。我国进行了经济发展战略重点的转移，即从以数量赶超为主转为以提高经济质量和国民经济整体素质为主，以此作为21世纪经济和社会发展的战略重点。

我国“十二五”规划提出：转型升级，提高产业核心竞争力。坚持走中国特色新型工业化道路，适应市场需求变化，根据科技进步新趋势，发挥我国产业在全球经济中的比较优势，发展结构优化、技术先进、清洁安全、附加值高、吸纳就业能力强的现代产业体系。改造提升制造业。优化结构、改善品种质量、增强产业配套能力、淘汰落后产能，发展先进装备制造业，调整优化原材料工业，改造提升消费品工业，促进制造业由大变强。“十三五”时期是全面建成小康社会的决胜阶段，中国特色社会主义进入新时代。

三、产业经济融合化

20世纪90年代以来，经济全球化和新科技革命作为当代世界发展的两股强大力量，使世界经济的现实运行主体逐步由倚重自然资源和制造业的国内经济，向倚重信息资源和服务业的全球与区域性的经济过渡。以往的环境要素不断地内化为产业系统要素，最初以国家为边界的产业系统，逐渐由国与国之间的制约和被制约关系转变为经济互动、产业互联的关系，使产业体系逐步演化成一个多元化、多层次、多侧面、相互交叉重叠的复杂立体结构。全球性产业体系的生成冲破各国相对完整独立的产业体系，形成各国既相互依存、相互渗透，又相互制约、相互竞争的产业经济体系。技术进步速度的加快、技术融合程度的加深，在宏观上导致了国与国的产业重组和整合，从基本层面上重塑了产业结构的演进形态，使产业经济发展出现融合化的趋势。世界各国不再追求自身工业化体系的完整性与独立性，为了充分利用国外相对廉价的人力资源和自然资源，纷纷实行产业资源的国际配置。它们“以全球为企业，以各国为车间”，将统一的公司分散于世界各国，而将最核心的研发中心和最终的销售体系放在母国，将制造中心和一些次级的研发中心与销售中心转移到能有效降低成本的其他国家。这些地理上分散的公司依靠先进而廉价的现代通信技术实行产业整合，使产业经济具备了“两头在内、中间在外”的“空心化”的发展态势，形成了产业经济的国际融合趋势。

中国作为世界上最大的发展中国家，不仅具有巨大的市场潜力、廉价的人力资源和稳定的政治局面，而且是世界上经济增长速度最快的国家之一，在世界各国的经济增长中独树一帜。这对世界各国在产业结构调整过程中实现与中国优势资源相结合、在全球产业分工中增强本国产业扩张能力具有强烈的吸引力。许多国家纷纷将其制造业的不同环节转移到中国，使中国成为吸引外资最多的发展中国家。这在客观上形成了中国产业体系向国际化融合的发展趋势。

四、产业经济知识化

世界各国产业经济发生了巨大的变化，其突出特点是：世界产业经济由过去的刚性结构逐步向柔性结构转化，即由以生产重、厚、长、大为主的重型化生产技术结构，向以高效、智能、知识、信息、服务为主的软型化生产技术结构转变。以此为特征的知识型服务业（包括金融、信息、咨询服务等），在国民经济中的比重不断增加。产业经济发展中的知识含量日益增大，构成产业经济演进过程中的知识化趋势。

产业经济知识化主要表现在教育和科研不断向产业化发展。由于知识经济的发展，要求更快捷、更具有个性化的服务，使产品为满足消费者多样化需求而不断升级换代，要求产业技术创新能力不断增强，这使产业劳动者必须终身接受教育和培训。此外，产业发展过程中要求技术创新生成能力增强，也形成了对知识和服务的巨大需求。社会对知识和高级知识人才需求的不断增加，拉动了各国科研与教育规模的扩张。同时，知识的广泛应用使教育和科研对国民收入增长的贡献日益增加，教育与科研及其他产业间的联系也越来越紧密，这些变化都促使教育与科研越来越具有独立产业的性质。各发达国家为占据高科技产业领域的有利地位，也越来越把知识作为一种产业加以发展。20世纪80年代，日本政府制定了大力发展科研和教育的政策，提高了知识产业在整个经济中的比重。美国经济也加大了对教育和科研的投入，直接向超导材料、生物工程、微电子、计算机产业等高技术开发项目提供经费，扶植这些具有发展潜力的科研活动，使美国的知识产业迅速崛起，成为发展最快的部门。欧盟各国的航空航天工业、新材料和新能源等知识密集型产业发展迅速，占GDP比重日益增大。亚洲“四小龙”在科研、教育和信息网络等高科技产业领域的发展，也使产业经济日益向以知识为中心的方向演进。

产业经济知识化还表现在从事研发、管理、咨询服务等知识型人才占有越来越大的比重，这已成为多数国家产业经济发展的基本脉络。在传统的三次产业生产过程中，存在大量的“服务”性生产，如各种管理活动、信息处理、财务会计、文秘后勤、保洁保卫等，大部分的产业部门自己承担了这类服务性的事务。随着生产水平的提高和产品日益知识密集型化，企业自我服务难以满足新的更高效率的要求，部分服务性生产将从农业和制造业中分离出来，由专业管理公司、信息服务机构、会计师事务所、文秘公司和其他专业服务机构承担，使知识产业的比重不断增加，加快了产业经济知识化趋势。

第二节　七并存

一、垂直分工与水平分工并存

在第二次世界大战之前，发展中国家与发达国家的产业和经济分工的基本形式是垂直分工，即发达国家主要生产和出口工业制成品，发展中国家主要生产和出口农产品及矿产品。因为原材料和制成品在国际市场上的价格差别很大，后者常常要比前者高出许多倍，所以在国际市场上进行交换，仍是不等价的交换，发达国家剥削发展中国家。在发展中国家还没有条件生产能出口的制成品，更没有条件在此领域与发达国家竞争的情况下，要改变这种剥削与被剥削的局面也是无能为力的。

第二次世界大战以后的情况发生了变化。由于科技的进步，发展中国家的制造业有了进一步发展，特别是跨国公司的兴起、交通运输和通信业的巨大进步，世界贸易迅速扩大，世界经济日益国际化。在国际化趋势下，与垂直分工并存的还有水平分工。这种水平分工是指在发展中国家与发达国家之间、发展中国家之间、发达国家之间，在生产和出口方面，都有对原材料、初级品和制成品的分工。过去那种单一的纯原材料、初级品和制成品的生产国和出口国，已经部分地或越来越多地被既生产和出口原材料、初级品又生产和出口制成品的国家所取代，只不过是不同国家所生产和出口的比重不同罢了。虽然时至今日，各发展中国家所生产和出口的产品绝大多数依然是原材料和初级品，各发达国家所生产和出口的产品绝大多数仍是制成品，但从全世界总体格局看，毕竟已经是垂直分工和水平分工并存，发展中国家制成品的生产和出口也在发展中。

二、产业结构调整与产业转移并存

为了在国际分工和国际竞争中获取更大的利益，世界各国尤其是各发达国家大力调整其国内的产业结构。发达国家把其大量投资转向高新技术产业，而把一些劳动密集型和资本密集型产业逐步转向发展中国家。这是因为纺织和服装等劳动密集型产业，不仅需要大量劳动力，而且生产增长速度也减缓，有的产业甚至呈现出下降的趋势。钢铁、造船、汽车等资本密集型产业，除其生产增长速度减缓外，其能源消耗和原材料消耗都很大，而且污染严重。所以，发达国家为了自身的利益，就把自己不愿办的和不愿多办的产业向发展中国家转移，自己却把大量投资转向计算机、航空航天、新材料等高新技术产业方面。

三、民用产业与国防产业并存

民用产业与国防产业之间是一种对立统一的关系。

两类产业相互联系、彼此促进。如果没有民用产业一定的发展，就不会有条件建立和发展国防产业，因为民用产业特别是基础工业是国防产业的坚强基石。民用产业为国防产业提供物质基础。国防科学技术是以整个国家的技术进步（包括民用产业技术）为前提的，国防产业部门所需的资金主要来自于民用产业部门上缴给国家的那部分国民收入的再分配。现代国防产业对民用产业的依赖，不仅表现为以强大的现实经济实力为前提，而且表现为以强大的经济潜力为后盾。

反之，国防产业的发展又进一步促进了民用产业的发展。因为国防产业保护民用产业不受外来侵略，还要求民用产业提供优质的原材料和先进的工具，促进了民用产业生产水平的提高。此外，国防产业部门具有较高的科研、生产能力，其技术可以不断向民用产业扩散，推动民用产业技术进步，产生好的经济效益。尤其是在和平时期，国防产业的主力部门将对整个国民经济发展起促进作用。

两类产业互相制约、彼此矛盾。国家可投入两类产业部门的人力、物力、财力等是有限的。如果我们把有限的资源投入国防产业过多，就会影响民用产业的正常发展。例如苏联的“军工优先，扬军抑民”政策导致国防产业实力雄厚，军用品的生产能力在当时的世界上首屈一指，但轻工业、农业发展缓慢，人民日常生活必需品紧缺的畸形发展状况持续了几十年。反之，如果把有限的资源投入民用产业过多，势必会影响国防产业的正常发展，影响国防现代化的进程和国家的安危。第二次世界大战时北欧国家惨遭德国法西斯入侵的惨痛教训永远值得人们记取。

富国才能强兵，实现国防现代化，只有在整个国家工业和农业高度发达的基础上才有可能。国防产业要服从和服务于国民经济建设，这不仅有利于支援国家经济建设，而且从根本上增强了国防经济实力。

在以和平与发展为主题的时代，国家间的竞争重点从军事实力竞争转移到经济实力较量上来。加强军工技术向民用产业转移，不仅可以提高军工技术的商品化程度，还可以提高整个民用产业的技术水平，从而大幅度地提高国家产业经济的国际竞争力。同时，一旦战争需要，民用产业也完全可以而且应当为战争服务，转向军用物资和设施的生产，甚至转向制造武器和弹药。美国在伊拉克和阿富汗的战争中，征用民用飞机运送战争物资和军队就是最好的例证。

世界许多国家都很注重军民工业的结合，采取各种有力措施，在加速军工技术向民用转化的同时，也不断加强军民两用技术项目的开发。如美国政府实施了促进军民两用技术的“技术再投资计划”（TRP），由政府拨款支持军民两用项目研究与开发活动，鼓励国防和民用公司共同开发，甚至建立军民两用产业基地。今天已商业化的全球卫星定位系统和平面显示器就是军民两用研发项目的成果。军民产业相结合的措施不仅强化了民用产业的技术实力，也使各国政府的军事实力得到了加强。因此，世界各国纷纷推进军民产业的结合，导致了产业经济发展过程中军民结合全球化的趋势。

我国科技部、军委科技委于2017年8月联合印发《“十三五”科技军民融合发展专项规划》，以部署“十三五”期间推进科技军民融合发展有关工作；着眼国家安全和发展战略全局，统筹经济建设和国防建设，在全面建成小康社会进程中实现富国和强军的统一。

四、轻、重工业并存①

从全世界范围看，1955—1976年，在整个制造业中，轻工业产值所占比重由41.2%下降到32.3%，重工业产值所占比重由58.8%上升到67.7%；同期发展中国家的轻工业产值所占比重由67.3%下降到48.9%，重工业产值所占比重由32.7%上升到51.1%。重工业产值所占比重的上升是以轻工业产值所占比重的下降为代价的。早在1955年，发达国家的重工业产值就几乎占制造业产值的2/3，计划经济国家重工业产值只占制造业产值的1/2。到1976年，发展中国家的重工业产值略微超过了制造业产值的1/2。这种趋势在拉丁美洲最为显著，工业产值在制造业产值中所占比重从1960年的43%增长到1976年的58%。总之，重工业是发展中国家的主要增长部门。到2011年，我国轻、重工业产值比重分别为28.1%和71.9%。

无论是制造业中的轻、重工业结构，还是整个工业中的轻、重工业结构，都呈现出从以轻工业为主向以重工业为主转变的趋势，大体上由“七三开”格局转变为“三七开”格局，但从总体上看，是轻、重工业并存的局面。

五、劳动、资源密集型与资本、技术和知识密集型产业并存

纵观世界各国特别是各发达国家的经济发展史，我们清楚地看到，在工业化和现代化初期，各国多从发展劳动、资源密集型的轻纺工业开始，农业和轻纺工业在国民经济中居主要地位；在工业化和现代化中期，多以发展资本密集型的煤炭、钢铁、电力、化工和机械等基础工业部门为重点，这些部门是国民经济发展的主导部门；在工业化和现代化后期，多以发展技术、知识密集型产业为重点，这类产业上升为主导地位。

上述这种产业转变的趋势表现为各国产业及其结构不断升级的过程，该过程在日本和苏联都明显地体现出来了。

六、国内外合作与不平等和不平衡并存

国际经济合作日益加强，不仅有南北合作、南南合作、北北合作，还有大量的国际经济合作论坛。经济合作是产业经济和整个世界经济发展的客观规律，因为这种合作是完全符合合作双方全体人民最高利益的。虽然得益有大有小，但总是双方都得利。

不过，发展中国家的产业多是生产传统的原材料和初级品，制成品产业特别是高新技术产业尚很不发达，而发达国家主要发展制成品产业特别是高新技术产业，把生产原材料和初级品的资源和资本密集型产业转到发展中国家去发展。在国际市场上，发展中国家以低附加值产业的产品与发达国家高附加值产业的产品进行交换，吃亏的只能是发展中国家，而获利者只能是发达国家。上述两类不同附加值的产品相交换，是表面上的等价交换，实际上是不等价交换。因为发达国家运用各种手段，包括政治、军事上的高压手段，尽量压低原材料和初级品的国际市场价格，却尽力提高它们所经营的制成品和高新技术产业产品的价格。发达国家为了维持其在世界上的霸权主义地位，采取许多新殖民主义手段，对发展中

① 2014年后，我国不再采取轻、重工业分类法。

国家进行更加残酷的剥削和掠夺。

因为发达国家对发展中国家进行多种剥削和掠夺，以及两类国家之间的科学技术水平和整个社会生产力水平存在差距，所以这两类国家之间在人均收入上存在巨大差距，而且这种差距不断扩大。现在占世界人口总数20%的发达国家，拥有世界财富的80%～90%；占世界人口总数80%的发展中国家，只拥有世界财富的10%～20%。

七、高新技术产业发展与传统产业改造并存

纵观世界各国产业发展的历史，我们可以看到，随着科技革命浪潮在全世界的推进，高新技术产业与传统产业并存，高新技术产业比重呈现出逐步上升的发展趋势。但是在我国，传统产业在相当长时间里仍是经济增长的源泉。

（一）高新技术产业产值比重逐步上升

根据美国联邦储备委员会1985年6月对工业生产指数计算方法修改后（基期从1967年改为1977年）的数字，美国包括办公室用具和计算机、电子通信、电子部件、医疗器材、复印机及有关设备在内的高新技术产业，1977年至1984年的年平均增长率为14%，比1950年至1974年的年平均增长率高1倍，更大大高于1977年至1984年美国整个工业产值的年平均增长率（2.9%）。高新技术产业在美国工业产值中所占比重也由1977年的6.1%上升到1984年的12.9%。20世纪90年代后，发达国家高新技术产业在工业总产值中的比重又有很大提高。应当强调指出的是，美国、日本等发达国家的经济主体和主要支柱仍然是传统产业，这一点是确定无疑的。

一些发展中国家和地区也在大力扶植高新技术产业。根据国家统计局发布的《2017年国民经济和社会发展统计公报》，2017年中国研究与试验发展经费支出17 500亿元，比上年增长11.6%，与国内生产总值之比为2.12%，其中基础研究经费为920亿元。2017年国家重点研发计划共安排42个重点专项1 115个科技项目，国家科技重大专项共安排454个课题，国家自然科学基金共资助43 935个项目；累计建设国家重点实验室503个、国家工程研究中心131个、国家工程实验室217个、国家企业技术中心1 276家。国家科技成果转化引导基金累计设立5支子基金，资金总规模为247.2亿元。

（二）传统产业是我国经济增长的源泉

在发达国家，住房、汽车、家电、旅游、城市化、高速公路等所谓的传统产业经过几十年上百年的发展之后，人们对这些物品需求的满足程度已经达到了较高的水平，需求开始减少，经济增长相对停滞，若没有新科技革命和全球化带来的新的市场需求，经济就不可能再次快速增长。而信息、生物、新材料等产业之所以被称作支撑新经济的新兴产业，是因为它们的确成为经济增长的主要推动力量。在这些发达国家，新科技革命的出现，其影响首先不在于提高工作效率，而是创造出了一大块新的“购买对象”，即新的市场需求。电脑、软件、多媒体、网络、移动通信等这些人们物质、精神生活中的“新玩意儿”，形成了新的市场板块，带动了新的产业的发展，从而带动了整个经济的增长。

我国的情况与发达国家有很大的不同。我国的经济基础还很薄弱。新技术和新兴产业的出现，的确创造了新的市场需求，但这种新的需求在我国远不如为了提高其他物质生活水平所能创造的需求大。对于发达国家来说，的确是新兴产业在带动经济的增长。比如美国在“新经济”时期，新兴产业带动其经济每年增长近3个百分点，其科技进步对经济增长的贡献率高达80%～90%。我国作为一个发展中国家，新兴产业也发展很快，在北京、上海等大城市，高新技术产业已经成为主导产业，但整体上技术相对落后，体制上也有许多不适应的地方，传统产业的更快增长仍将是我国较高增长率的主要源泉。不过，近年来我国科技进步对经济增长的贡献率逐步提高，2017年达到57.5%。

第三节　五取代

一、“三、二、一”取代“一、二、三”

第一产业、第二产业和第三产业之间的组成及经济联系和数量比例关系，就是三次产业结构。

综观世界各国产业发展历史，一般在工业化初期，由于科学技术水平和整个社会生产力水平还比较低下，人民生活水平也不高，整个国民经济的发展仍以农业为主，所以三次产业结构必然呈现出“一、二、三”的总体格局。但是，随着科学技术的进步和生产力水平及人民生活水平的提高，第二产业上升为主导产业，取代了第一产业的主导地位，三次产业的产值比转向“二、一、三”或“二、三、一”的格局。随着第三产业上升为主导地位，又取代了第二产业的主导地位，所以到工业化后期产业结构会呈现出“三、二、一”的格局。

我国三次产业结构变化如下：2005年三次产业的产值结构为12.1∶47.4∶40.5，2011年为10.1∶46.8∶43.1，2017年为7.9∶40.5∶51.6。

二、新中心取代老中心

随着科学技术的进步和与社会化大生产相适应的国际分工的发展，在经济发展不平衡规律的作用下，世界经济有一个中心转移的趋势。这种转移趋势主要是，世界产业活动从老的产业中心向新兴的发达国家和少数几个发展中国家转移，以及世界经济中心从欧洲移向亚洲、从大西洋移向太平洋。这种中心转移的趋势是产业发展趋势的根本依据和首要趋势。因为在市场经济高度发达的今天，一个国家和地区的产业结构是否合理和产业政策是否有效，只有放在两种资源、两个市场和整个国际分工体系中来观察，才能做出科学的判断。

（一）产业中心的转移

联合国工业发展组织的研究报告指出，工业中心的转移并不是简单地把工厂或生产设施从发达国家引向发展中国家，而是世界生产模式的一个不断演变的过程。这个过程是工业增长的必然结果，是各国相互依存的趋势，是经济持续发展所必需的。这种转移是由国民经济增长的内部演变模式和技术进步两种主要因素所决定的。

（1）发展中国家和发达国家在国民经济增长内部演变模式上具有不同的特征。在发达国家中，国民经济增长的内部演变模式的主要特点是：第三产业发展特别迅速，食品和其他必需品的国内市场扩大相对缓慢，熟练劳动力特别是白领工人增长很快，以及许多部门的生产专业化协作水平很高。在发展中国家里，国民经济增长的内部演变模式的主要特征是：投资在总收入中所占比重增大，许多耐用消费品和固定资产的需求急剧扩大；城市劳动力数量急剧增长，农村的劳动力仍不断向城市转移；多数生产部门还处于“大而全”“小而全”的状况，生产专业化协作水平比较低下。

上述国民经济增长的内部演变模式导致了最终产品、工厂投入、劳动力和资本价格的不断变化，也导致发展中国家与发达国家在需求和消费模式上的差异。所有这些变化和差异最终必然使各国产业结构不同，因为不同的需求和消费模式要由不同的产业结构来满足，一定的产业结构只能满足特定的需求和消费。

（2）发达国家的技术进步快于发展中国家，技术进步使世界工业结构发生了重大变化。不同国家和不同产业部门的技术进步程度是不相同的。一般趋势是技术进步首先集中于发达国家，集中于部分产业部门；在发达国家里，主要是集中于化工和机械制造方面，包括电机工程、航空与航天和汽车工业等。20世纪70年代，法国、联邦德国、意大利、日本、英国和美国等国家工业的研究与开发费用的76%～

92%都用于化工和机械制造方面。

（二）世界经济中心从欧洲向亚洲转移

第一，亚洲经济的迅速发展引起了全世界的关注。国外一些专家认为，世界的经济中心从欧洲移向亚洲，从大西洋移向太平洋。

亚洲经济的崛起是就纵向的历史对比而言的。第二次世界大战以后，亚洲是世界上最贫困的地区，人均国民收入比当时的非洲（118美元）还要低，而美国1949年的人均国民收入已达到1 450美元。然而，进入20世纪60年代以后，亚洲的经济有了突飞猛进的发展。

21世纪的经济重心将向亚洲转移。亚洲总体经济将超过世界上其他国家和地区的经济总和。

到21世纪中叶，世界上约2/3的国家、至少50亿人口将享有目前发达国家居民的人均生活水平，其中约30亿人生活在亚洲。亚洲国家的总体经济规模将超过世界上其他国家和地区加在一起的经济规模。

第二，博鳌亚洲论坛研究院发布的《亚洲经济一体化进程2013年度报告》认为，自国际金融危机爆发以来，亚洲经济在世界经济中的地位不断提升。亚洲经济体作为世界工厂的地位比以往有所下降，但在世界出口总值中仍占据较大的份额。同时，亚洲经济相互依存度不断加深，亚洲经济体一半以上的进出口是在区域内部完成的。随着区域经济一体化日益推进，亚洲有可能成为继北美自由贸易区、欧盟之后的又一个较强的经济集团。

全球化与区域经济一体化是当今世界经济发展的两大趋势，已成为各经济体处理国际事务的出发点。2012年11月，东盟10国和中国、日本、韩国、印度、新西兰和澳大利亚领导人在柬埔寨金边达成共识，正式启动区域全面经济伙伴关系谈判。这是应对国际金融危机和欧债危机带来的亚洲外部需求萎缩的有效措施，更有利于区域内日益重要的生产供应链进一步整合和提升。2014年5月17日，《中日韩投资协定》正式生效。2018年5月，中日韩自贸区重启谈判，东亚地区的区域经济合做出现新的变化。三国进一步推进合作，不仅有利于自身的发展，而且将对推进东亚地区经济一体化进程发挥重要而积极的作用。

2013年，中国国家主席习近平分别提出建设“新丝绸之路经济带”“21世纪海上丝绸之路”的合作倡议，即“一带一路”倡议。“一带一路”涵盖亚太地区多数国家，发端于中国，贯通中亚、东南亚、南亚、西亚乃至欧洲部分区域，东牵亚太经济圈，西系欧洲经济圈。“一带一路”倡议的提出符合时代潮流，亚洲已经成为世界经济增长的引擎，是世界多极化和全球化的中坚力量。

第三，中国将拥有世界上规模最大的经济，成为亚洲地区领先的经济力量，总体发展趋势锐不可当。

1980年以来，中国经济的高速增长类似于日本在20世纪50年代及以后的情况。2003年至2011年，中国经济年均增长10.7%，而同期世界经济的平均增速为3.9%；2017年，中国的经济增长率为6.9%。中国经济总量占世界经济总量的份额从2002年的4.4%提高到2011年的10%左右，2017年为15%左右。中国经济总量在世界的排序从2002年的第六位上升至2010年的第二位，2017年依然居第2位。我国2017年货物贸易进出口总额居世界第一位，是世界货物贸易第一大出口国和第二大进口国。我国还是第二大外商直接投资流入国、第二大对外投资国和最大的新兴市场。据世界银行估测，2017年中国经济对世界经济增长的贡献率约为34%。世界银行的高收入国家标准为人均国民收入12 000美元左右。2017年中国人均国民收入在8 790美元左右，和人均GDP（8 836美元）接近。如果此后几年人均GDP和人均国民收入维持2017年的增速，则大约在2022年，中国将进入高收入国家行列。

（三）转移的根源与对策

产业中心和整个世界经济中心转移的原因是多方面的，有主观的和客观的，有政治的和经济的，有国内的和国际的，有历史的和现实的等。单就亚太地区经济崛起的主观原因来讲，主要是亚太地区各国或地区能够根据科学技术的不断进步和市场经济发展的客观要求，从自身的实际出发，制定能够反映产业发展规律性要求的产业政策以及以产业政策为核心的经济发展战略。以日本为例，日本的经济起飞是举世公认的，起飞的重要原因之一就是日本能够正确地确定自己在国际分工体系中的地位，制定扬长避短、变劣势为优势、以产业政策为核心的经济发展战略。

三、绿色生产力取代灰色生产力

绿色生产力和灰色生产力是两条根本不同的经济发展道路和路线的选择问题。我们坚决选择生产力绿色发展道路。那种片面追求高速度，但资源过度消耗、生态破坏严重、环境污染严重的灰色生产力发展道路，必然被绿色生产力发展道路所取代。在保持生态平衡、避免环境污染的前提下，实现经济适度增长的绿色生产力发展道路是世界人民的心愿，也是历史的必然选择。

产业经济绿色化是指产业在演进过程中，按照符合自然生态环境系统的有机循环原理建立发展模式，使不同类别的产业部门建立起经济资源利用和再利用的有机循环模式，尽可能地消除生产和消费环节对环境的破坏，达到产业与自然和社会环境共同可持续发展、和谐统一的目的。

20世纪70年代以来，全球性环境问题日益突出，表现为森林面积不断减少、生物多样性锐减、水土流失逐年加重、温室气体含量不断增加、臭氧层耗竭不断加剧、土地沙化日趋严重等。在经历了大自然的无情报复，并为此付出沉重代价之后，世界各国都开始了深刻反思，并联合起来共同重建全球的生态系统。由于自然资源具有稀缺性和不可再生性，产业经济的发展不能以耗竭自然资源和损害环境为代价，而应谋求与自然环境协调发展。产业经济的绿色化，要求在维护生态平衡的基础上合理开发自然，把人的生产方式、消费方式限制在生态系统所能承受的范围内，建立以人与自然和谐发展为特征的产业发展模式，使产业经济发展走向绿色化。

世界范围内的生态革命，促成了生态与产业成为一种新型的互动关系。这种关系一方面表现为产业绿色化含量不断提高，另一方面形成了广泛的生态产业化现象。以生态产品的生产、使用、回收再利用为基本内容的新兴生态产业不断发展，最终形成生态产业一体化和复合化，传统的三次产业向绿色化方向发展。

四、工业国取代农业国

我国工农业结构发展趋势的转移阶段可大致表述为农业国、农业工业国、工业农业国、工业国。这个发展阶段划分的具体标准，主要看在它的社会生产总值和工农业总产值中现代化工业产值逐步占优势的程度，以及现代化大工业以先进技术装备国民经济各部门的能力。

在农业国中，现代化大工业还没有发展起来，在工农业总产值和社会生产总值中处于劣势，没有能力以先进技术装备国民经济各部门，农业在工农业总产值和社会生产总值中占绝对优势，以手工劳动为主。

在工业国中，现代化大工业有了高度发展，在工农业总产值和社会生产总值中占绝对优势，已用先进技术装备了国民经济的各部门。

世界上发达国家和发展中国家的历史都反复证明，发展中国家要变成发达国家，要经历由农业国向工业国的转移过程。这是不以人们的意志为转移的客观规律，外国是这样，中国也不例外。从这种意义上讲，当今的世界各国都应采用工业立国的国策，对我们这样一个人口多、耕地少、国内生产总值低的社会主义大国来说，除了工业立国外别无他途。

这种由农业国向工业国转移的客观必然性，主要是由现代化大工业在国民经济中的主导地位、生产资料优先增长的原理、在科学技术不断进步基础上农业劳动生产率的提高和在生产发展基础上人民收入水平的提高所决定的；简而言之，是用现代化工业改造农业，实现“农业工厂化”的表现。

这里需要指出的是，作为对农业产品长期短缺的一种补偿，在一段时间内使国家的农业在工农业和整个社会生产总值中处于相对上升的状态，是不可避免的，也是合理的；但是，必须清醒地看到，这种上升状态只是暂时的，是一种特殊情况，而不是长期趋势。

五、原材料相对有余取代原材料相对不足

在发达国家中，原材料工业与制造工业脱节，已成为产业结构的一大趋势，即原材料工业比重相对下降、制造工业比重相对上升的趋势。

彼得·德鲁克指出，原材料经济和工业经济的脱节是世界经济中发生的一个主要的结构性变化。德鲁克分析，原材料需求下降是因为工业生产逐步脱离原材料密集型的产品和加工程序，一些传统工业对原材料的需求也下降，对能源的依赖程度也在下降。塑料在原料方面的成本还不到钢的一半，而汽车车身的生产已经部分地用塑料取代钢。所有这些都说明，原材料经济和工业经济的脱节是科学技术进步的必然结果和主要表现。

［第二十章］

民用产业与国防产业

按产业产品的用途不同，整个产业部门可以划分为民用产业和国防产业两大类。其产品主要用于生产建设与人民生活消费的产业部门被称为民用产业；其产品主要用于国防的产业部门被称为国防产业。实现民用产业与国防产业结构的合理化，对于正确处理经济建设和国防建设的关系、保护和发展生产力、保护和推动社会主义四个现代化事业的发展有着重大意义。本章主要讨论两类产业概述、两类产业融合发展的现状、战略与对策。

第一节　两类产业概述

一、民用产业概述

在一国处于正常情况下，一般民用产业总是占有绝大部分比重。民用产业是国防产业的基础，民用产业没有一定发展，就没有条件建立和发展国防产业。国防产业不能孤立发展，必须建立在强大的民用产业的基础之上。早在18世纪中叶英国经济学家亚当·斯密就指出，国家军事威力的源泉应当是生产，并强调维持舰队和陆军的不是金银，而是可消费的材料，进行战争的资金蕴藏在年度的国民生产中。他特别强调加强本国的经济能力，尤其是民用产业制造能力，对战争胜利有决定作用。[①]

现代战争与国防产业对民用产业与整个经济有一种客观要求和必然的依赖性。国防产业产品不管是用于军队作战、训练的武器装备、基础设施，还是用于军队的生活消费品等，从自然形态来看，其数量或质量的变化都与社会生产力水平和科学技术水平紧密联系在一起，与生产力发展水平是同向同步的，也就是说是以民用产业为基础的，因为民用产业是发展国防产业的潜在能力、现实的物质保证与坚强后盾。现代战争与国防产业所需要的各项战略物资的储备、资源的开发利用、科技与工艺的水平，以及巨额投资与积累完全依赖于民用产业的发展。例如，国防产业所生产的武器装备、技术兵器、弹药、燃料、工程器材等需要大量的钢铁、有色金属、能源、机械、化工等许多部门的产品。[②]所以说，现代国防的巩固，不仅是在战场上缔造的、在国防产业中缔造的，同时是在民用产业中缔造的。因此，我们要把主要力量投入国民经济建设，大力发展民用产业。

二、国防产业概述

（一）国防产业的地位

国防产业是寓于整个国民经济中为保障国防建设与战争需要的特殊组成部分，其规模和范围在和平时期和战争时期悬殊，是一个不断发展变化的动态系统。

---

① 刘义昌，尹希圣，汪庆荣，等．世界国防经济概论［M］．北京：中国展望出版社，1987：9.
② 刘义昌，尹希圣，汪庆荣，等．世界国防经济概论［M］．北京：中国展望出版社，1987：27.

国防产业的建立与发展，对于任何一个独立自主的国家而言，都是必不可少的。特别是当今世界，我们要反对霸权主义，维护祖国统一和世界持久和平，除了要有相应的经济实力外，还必须建立和巩固国防。同时，要顺利进行社会主义建设和保证人民进行和平的劳动，没有强大的国防作为后盾也是不行的。

（二）国防产业的特点

国防产业不同于一般民用产业，其特点如下：

（1）国防产业属于一种消耗性经济，其产品具有特殊的使用价值，但其使用价值既不能当作生产资料投入扩大再生产过程，也不能作为生活资料供人们消费，只是作为国防的消费品，主要用以歼灭敌方有生力量。

（2）国防产业的经济活动一般严格按计划进行，买卖双方是固定的，一般不允许自由买卖。

（3）军产消费不同于民用消费，它关系到战斗的胜负和生命的安危，故国防产业产品在数量和质量上的要求都非常严格，因而国家给国防产业的发展予以特殊的地位，总是把最先进的科学技术、最优质的原材料和最优秀的人才用于国防产业部门。国防产业部门，特别是武器装备的研制与生产部门应成为技术密集型部门。

（4）国防产业的结构和规模随军事需要的变化而变化。由于国际局势的变化，国防产业在战争与和平互相交替的环境中发展。在和平时期，军用品需求少，国防产业发展缓慢，甚至萎缩。而在战争时期，军用品需求扩大，整个国民经济也以战争为中心，国防产业发展迅速，因而国防产业必须具备很强的应变能力。

（5）国防产业的资金主要来源于国家预算。从总体来看，国防产业部门所需资金，只有一小部分由自身筹集，主要部分来自民用产业部门，来自它们上缴国家的那部分国民收入的再分配。①

（三）国防产业的基本职能

国防产业的基本职能是保障国防建设和进行战争的物质技术需要，具体表现为：①增加就业机会，减少失业；②发展军工生产以刺激国民经济发展；③缓和经济危机和社会危机，调和劳动矛盾。②

（四）国防产业的作用

国防产业对国民经济的发展既有阻碍作用，也有促进作用。

其阻碍作用主要表现在：从国民经济中消耗一部分人力、物力、财力资源，影响国民经济的发展速度；武器的使用给社会经济资源带来一定的破坏。

其促进作用主要表现在以下几个方面：

（1）促进民用产业的发展。国防产业部门生产的多是高、精、尖的新产品，要求民用产业部门提供优质原材料和先进的生产设备，必然促进民用产业部门开发新技术，发展新产品，创立新工艺，建立新兴的产业部门，从而影响整个产业经济结构的变化，推动产业化和产业现代化的进程。如第二次世界大战后，原子弹、导弹等新型战略武器的出现，促进了原子能产业、航空航天工业、计算机工业等一些新兴工业部门的出现与发展。

（2）推动科学技术的进步。战争是关系到阶级、国家、民族的生死存亡的大事，各方面都全力以赴，运用最新的科学技术成果，争夺战争的主动权。不少新的科学技术的出现源于军事目的，军事领域和国防产业部门成了最新科技成果的最初试验站。如计算机最初是美国研究雷达网与高射炮有效配合当中的高速运算设备，现已被广泛应用于计划管理、生产技术管理，为生产自动化和办公室自动化提供了

---

① 刘义昌，尹希圣，汪庆荣，等．世界国防经济概论［M］．北京：中国展望出版社，1987：36.

② 比耶克霍尔特，佩特，卡佩伦，等．军事支出对就业和经济增长的影响［J］．李文宏，译．军事经济研究，1995（6）：81-84.

重要的物质技术手段。

(3) 促进了科学管理的发展。由于战争的特殊需要，军队和军工企业组织严密，纪律严明，具有完善的规章制度和管理方法。这为国民经济和民用产业的科学管理提供了可以借鉴的有益经验。许多科学的管理制度和方法往往是在军队中或武器生产过程中形成的，然后推广到民用产业部门中去。例如，系统工程、运筹学、价值工程等都是第二次世界大战中在美国国防产业生产中产生，然后才普遍推广到民用产业中去的。

(4) 创造国民收入。这表现在国防产业企业走军民结合的道路，生产民品；国防科技成果向全社会扩散，带动社会科技水平提高，产生经济效益；有些军用设施实行军民两用，支援国民经济建设。

三、两类产业的联系

民用产业和国防产业之间是对立统一的关系。

(一) 相互联系，彼此促进

民用产业是国防产业的基础。民用产业如果没有一定的发展，就不会有条件建立和发展国防产业。因为民用产业，特别是基础产业是国防产业的坚强基石，为国防产业提供物质基础。国防科学技术是以整个国家技术（包括民用产业技术）进步为前提的，国防产业部门所需的资金主要来自于民用产业部门上缴给国家的那部分国民收入的再分配，所以国防产业对民用产业的依赖性是显而易见的。国防现代化是建立在国家整个工业和农业现代化基础之上的。现代国防产业对民用产业的依赖，不仅表现为以强大的现实经济实力为前提，而且以强大的经济潜力为后盾。

反之，国防产业的发展又进一步促进了民用产业的发展。因为国防产业具有增强国防实力和保卫国家安全的职能，它是保护民用产业不受外来侵略的必不可少的条件。国防产业要求民用产业提供优质的原材料和先进的工具，促进了民用产业生产水平的提高。国防产业部门具有较高的科研、生产能力，它的技术可以不断向民用产业扩散（当然民用产业的技术也会向国防产业扩散），推动民用产业技术进步，产生好的经济效益。尤其在和平时期，国防产业的主力也将投身于国家经济建设，对整个国民经济发展起促进作用。①

(二) 互相制约，彼此矛盾

由于“资源有限论”决定了在一定时期内，国家可投入两类产业部门的人力、物力、财力等资源是有限的，因此是要“黄油”还是要“大炮”成了两难。如果我们把有限的资源投入国防产业过多，就会影响民用产业的正常发展。例如，苏联的“军工优先，扬军抑民”政策导致国防产业实力雄厚，军用品的生产能力在世界上首屈一指，但民用产业、农业发展缓慢，人民日常生活必需品紧缺的畸形发展状况持续了几十年。国防产业建设如果脱离民用产业和国民经济的发展，急于求成，其结果只会适得其反，欲速而不达。就连经济发达的美国也曾因国防产业开支扶摇直上，导致经济增长速度相对缓慢，经济实力下降。反之，如果把有限的资源投入民用产业过多，势必会影响国防产业的正常发展，影响国防现代化的进程和国家的安危。第二次世界大战时北欧国家惨遭德国法西斯入侵的惨痛教训永远值得人们记取。

富国才能强兵，实现国防现代化，只有在整个国家工业和农业高度发达的基础上才有可能。国防产业要服从和服务于国民经济建设，这不仅有利于支援国家经济建设，而且从根本上增强了国防经济实力。

国防现代化面临一个新课题，即国防产业如何与民用产业协调发展。我们必须面对这个课题，在我

---

① 刘义昌，尹希圣，汪庆荣，等. 世界国防经济概论 [M]. 北京：中国展望出版社，1987：34.

们社会主义现代化建设中不断进行探索。

第二节　两类产业融合发展的现状、战略与对策

一、中国国防支出的现状①

近年来，中国适度加大国防投入，其中相当一部分是为了弥补过去投入的不足，主要用于更新武器装备、改善军人的生活待遇和基层部队训练生活条件；无论从国防预算占国内生产总值、国家财政支出的比重看，还是从人均数额看，中国的国防投入水平都低于世界主要国家；中国始终坚持走和平发展道路，奉行防御性的国防政策，中国的发展不会对任何国家构成威胁。

目前，中国国防支出规模次于美国军费总量，在全球排名第二，比排名第三的俄罗斯多出1倍。2017年，中国国防支出预算增长7%。中国国防支出占上年GDP的比重常年保持稳定（如图20-1所示）。2008—2017年，我国国防支出增速与上年名义GDP增速的相关性高，相关系数在0.8以上（如图20-2所示）。

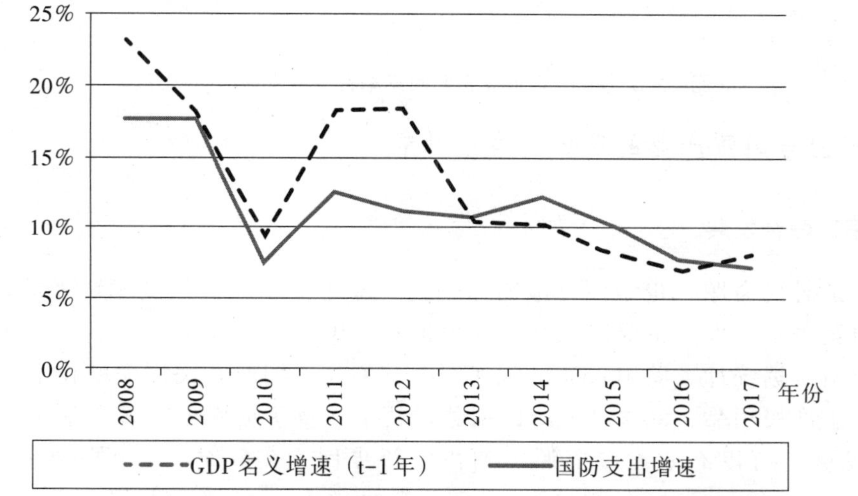

图20-1　中国国防支出增速与上年GDP名义增速同步变化

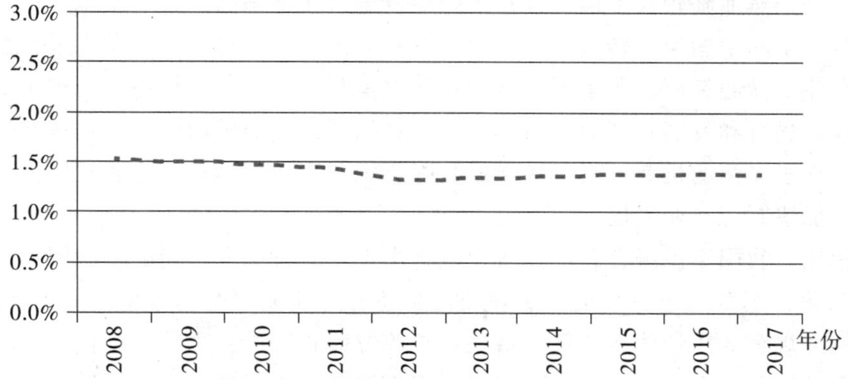

图20-2　中国国防支出占上年GDP的比重

中国国防支出占GDP的比重较低，国防投入始终保持合理适度的规模，符合我国国情。根据世界银行统计，2016年中国国防支出占GDP的比重为1.9，占比处于中下游水平（如图20-3所示）。相比于美国和俄罗斯，中国没有大量海外基地，可以减少开支；相比于印度和中东国家，虽然我国周边局势有

① 佚名. 2017年中国国防预算及国防支出结构分析［EB/OL］.（2018-02-13）［2018-12-26］. http://www.chyxx.com/industry/201802/613398.html.

摩擦，但没有战争发生，军费支出占GDP比重小也很合理；欧洲部分国家的国防有美国帮助，国防支出占GDP的比重低是比较合理的。结合中国的国情来看，中国的国防支出占GDP的比重处于一个较为合理的水平。

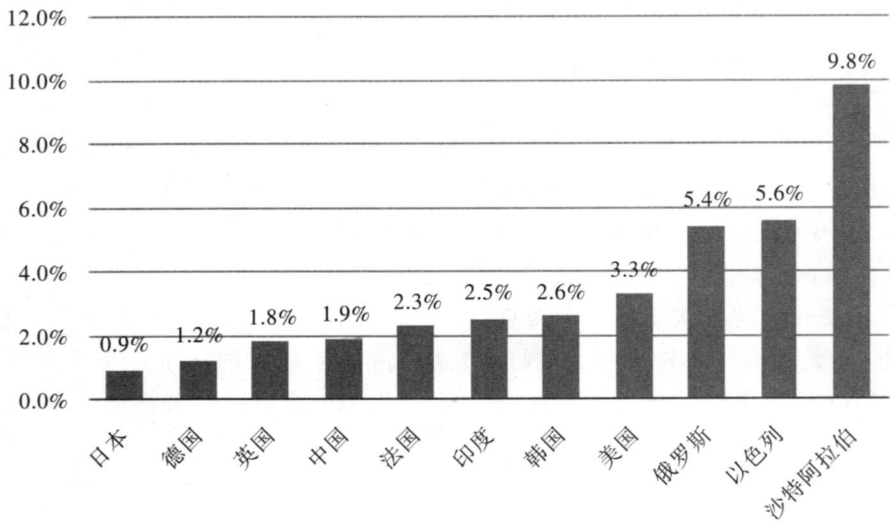

图20-3 2016年世界主要国家军费支出占GDP的比重

二、民用产业与国防产业的发展战略与对策

(一) 推动军民融合发展

军民融合，是时代命题，也是国家战略。当前，军事技术和民用技术两者的通用性越来越强。在全球综合国力竞争中，世界主要国家都在大力推进军民融合，以实现军事能力整体跃升和国家经济实力增强的双赢。据统计，美国85%的现代军事核心技术同时是民用关键技术，80%以上生产军用品的企业也在生产民用品，80%以上的民用关键技术被直接运用于军事产业。军事和民用技术相互转换，融合发展，可以有效配置资源，加快创新步伐，实现军工和民用产业相互促进，共同发展。

在全球经济发展仍然面临较大不确定性和中国经济进入新常态的今天，实现军民融合发展，是加快供给侧结构性改革、推动中国经济转型升级、增强发展动能的一剂良方。长期以来，我国军工企业和军工科研院所艰苦奋斗、潜心钻研，积累了较强的科研力量和丰富的技术储备，通过军转民，可以加快军工技术产业化进程，培育和发展新产业，引导新消费；我国大量的民用产品企业特别是民营企业，在严酷的市场竞争中建立了灵活的机制，具有较强的品牌意识和市场营销能力，通过民参军，可以大大激发军工企业的活力，加快军工产业发展。

与发达国家相比，我国军民融合程度尚浅，融合水平也有待提升。当前，我国军民融合体制机制顶层设计还在逐步深化，军队与地方政策、法规的衔接还有待加强，尤其是在固定资产投资、科研立项、知识产权保护、标准规范、质量体系认证、资格审查等方面有待进一步整合衔接。[①]

推动军民融合发展是一个系统工程，要善于运用系统科学、系统思维、系统方法研究解决问题，既要加强顶层设计又要坚持重点突破，既要抓好当前又要谋好长远，强化需求对接，强化改革创新，强化资源整合，向重点领域聚焦用力，以点带面推动整体水平提升，加快形成全要素、多领域、高效益的军民融合深度发展格局。

2017年以来，我国发布实施《“十三五”科技军民融合发展专项规划》和人防、交战、国民经济

① 经济日报评论员．积极探索中国特色军民融合发展道路［N］．经济日报，2017-09-01.

动员等专项规划，20个省份出台军民融合发展规划；启动实施首批41家军工科研院所改革，深化论证空域管理体制、军品定价议价规则、装备采购制度等改革方案，全面推开武器装备科研生产许可与装备承制单位联合审查工作机制；在全国范围推广军民大型国防科研仪器设备整合共享、以股权为纽带的军民两用技术联盟创新合作、民口企业配套核心军品的认定和准入标准3项创新举措。

（1）国防科技工业是军民融合发展的重点领域，是实施军民融合发展战略的重要组成部分，也是推进国家创新驱动发展战略实施、促进供给侧结构性改革的迫切需要。国防科技工业必须以军民融合发展战略为引领，紧紧依靠国家科技和工业基础，深深融入国家社会经济体系，为促进经济社会发展提供更加强劲的发展新动能。坚持自主创新，增强核心基础产品和国防关键技术自主可控能力，完善国防科技协同创新机制，促进武器装备体系化、信息化、自主化、实战化发展。坚持深化改革，积极推进国防科技工业体制改革，瞄准各方反映强烈的矛盾和问题，坚决破除制度藩篱和利益羁绊，营造公平竞争的政策环境。坚持优化体系，扩大军工开放，推动军品科研生产能力结构调整。坚持融合共享，加快技术、资本、信息、人才、设备设施等资源要素的军民互动，实现相互支撑、有效转化。

（2）后勤建设，军地通用性、互补性强，军民融合资源丰富、潜力巨大。我们有党的坚强领导和我国社会主义制度能够集中力量办大事的优势，完全可以在军事后勤军民融合上大有作为。要确立现代后勤就是军民融合后勤的理念，坚决破除自成体系、自我保障的传统思维，主动把军事后勤保障的力量之源扎根在经济社会发展的土壤之中，努力构建现代化的军事后勤军民融合体系。瞄准短板弱项，主动利用现代物流网络等布局完善、通达全国的空间优势，成体系推进后勤军民融合发展。积极运用云计算、大数据、物联网等技术，创新保障模式，升级保障手段，提升后勤保障质量和效率。充分利用后勤在仓储、医疗卫生、应急救援等方面的优势，更好地服务人民、服务社会。

（3）加大经济建设项目贯彻国防要求工作力度，促进军地资源共建共享，是利国利军利民的大事。各有关部门和地方要高度重视，扎扎实实加以推进。基础设施建设贯彻国防要求是重中之重，我国拥有丰厚的基础设施资源，要最大限度挖掘利用、共建共享。在重大项目建设中，要按照“统一领导、分级管理，统筹衔接、同步建设，军民兼容、平战结合，需求明确、经济有效”的原则，切实把重大项目贯彻国防要求落实到位，实现一份投入多重产出。要建立需求对接渠道，完善重大项目清单，加快制定标准规范。

（4）要抓好体制机制建设，加快建立纵向贯通、横向协同、顺畅高效的组织管理体系。要抓好战略筹划，突出抓好新兴领域军民融合发展谋篇布局，积极稳妥推进军民融合创新示范区建设。要抓好改革方案设计，聚焦重难点问题，集中组织研究，形成改革方案，统筹协调推进改革。①

（二）在发展民用产业与国民经济的基础上发展国防产业

马克思主义认为，战争或暴力的本源是经济，经济既是发生战争的根本动因，又是进行战争的物质基础。恩格斯认为，暴力的胜利是以武器的生产为基础的，而武器的生产又是以整个生产为基础的，因而是以经济力量、经济情况、暴力所拥有的物质资料为基础的。毛泽东说过：你是真正想要，十分想要（原子弹），你就要降低军政费用的比重，多搞经济建设。我们一定要加强国防，因此一定要首先加强经济建设。民用产业和国防产业的关系要处理好，发展国防产业是完全必要的，要有一些专门生产军用品的工厂，但国防产业不能孤立发展，必须建立在强大的民用产业的基础之上。我们必须遵循这些思想，实现民用产业与国防产业的结构合理化。

国防经济是国防力量和国防产业的基础。一个国家的国防力量和国防产业，首先要以它的经济力量为基础。战争不仅是军事力量的竞赛，而且是经济力量的竞赛。具有决定意义的不仅是军工生产能力，

---

① 2017年9月22日习近平在中央军民融合发展委员会第二次全体会议上的讲话。

而是整个产业水平、燃料动力资源和交通网络等经济条件。经济利益是暴力手段的目的，而经济力量是建立强大国防和进行现代战争的物质基础。因此，民用产业和国民经济的发展程度制约着国防产业的规模、速度和水平。没有民用产业，没有国民经济整体，国防产业就难以为继。这是古今中外历史证明的真理。特别是现代化战争主要体现经济与科学技术的较量。当今世界，现代科学技术的发展日新月异，武器装备不断向高、精、尖方向发展，更新换代加快，加强国防产业需要更多的资金和物力。因而现代国防产业对国民经济的依赖，不仅表现为以强大的现实经济力量为前提，而且要以雄厚的经济潜力为后盾，以雄厚的国家财力做保证。①

我们要正确处理发展国防产业和经济建设的关系，在发展国民经济和民用产业的基础上加强国防建设。只有首先把经济建设与民用产业搞上去，有了现代产业作为物质技术基础，国防产业才有可能实现现代化；反之，超越国家经济力量的实际可能，必然会力不从心，欲速而不达。

（三）军民结合，平战结合

1.军民结合的理论基础

（1）受刘易斯二元经济论启发的军工“飞地”融合。二元经济论主要研究传统经济部门与现代经济部门间、经济发达部门与不发达部门间的关系，并把镶嵌在广阔不发达部门的经济称为“飞地”。我国经济学界在研究中国西部经济时，有人将现代产业嵌进传统农业区域，而没有能够带动区域经济发展的现象称为“飞地效应”。我国国防产业在带动地方经济发展方面的作用不太明显，甚至与地方长期分离，所以散布在地方经济大环境中的军工系统就是典型的“飞地”。其正负效应在三线企业中表现更为突出。军工企业作为新技术、新生产制度的代表，其思想观念、思维方式、行为与心理对所在地域的传统生活模式产生积极影响；军工企业的文化生活、教育设施为当地输送现代文明；军工企业的基础设施为当地社会共享，改变了社区的传统生活方式，拓宽了交往视野。另外，军工企业在工作环境、职工收入、消费水平等方面与当地的差距造成一些矛盾。军工与地方企业在不规则的市场机制竞争中，可能使地方建立壁垒、自我保护，加之长期以来军民分割体制的刚性约束，“飞地效应”中正负效应消长变化，始终是负效应优先，因而“飞地”一直存在于区域整体结构中。军工“飞地”融合于区域经济中是一个渐近过程，需要扩大正效应，消除负效应的影响。

（2）广义梯度论——军民优势互补。技术梯度论揭示了不同地域间、城乡间技术落差的客观性与技术转移规律。广义梯度论说明任何两个不同系统，在多种要素方面都存在梯度差，而且这些落差遵循一定规律，使要素以一定流量向一定方向转移。其核心是：①梯度不仅存在于不同地域的系统间，而且存在于同一地域的任何不同规模系统间。②不仅是技术因素，而且人才、信息、资产等都存在梯度。③系统在各要素上优劣互现，所以系统要素向落差最大的方向转移，表现为系统间的双向渗透和转移。广义梯度论用于军民结合过程，在同一区域军民两系统显然相对封闭，但有物质、能量、信息交换，所以其本质是开放的。军地梯度转移的主要内容是技术、人才、信息、管理等，最终达到优势互补。多层次、全方位的交流与渗透的军地结合不能只重视经济、技术因素的单向转移，而忽视非经济的社会行为、心理和人际关系交往，即军地经济在政治、社会价值观、文化教育、人员等方面互相交流，促进军民结合发展。

2.战略的转移

军民结合、平战结合对于国防产业和民用产业而言，都是一次战略转移。过去国防产业部门过分强调军品科研和生产的特殊性，形成“单一型、封闭型”的管理体制，割断了国防产业与其他经济部门之间、国防产业内部各系统与各行业之间的横向联系，阻碍了专业化协作发展。国防建设指导思想实行战略转移以后，军品订货任务大幅度下降，军工企业生产能力闲置的矛盾更加突出，所以必须实

① 刘义昌，尹希圣，汪庆荣，等. 世界国防经济概论［M］. 北京：中国展望出版社，1987：21.

行军民结合，进行产品结构和生产能力的调整，才能使国防产业承担起国防建设和国民经济建设的双重任务。

军民结合、平战结合是世界各国都十分重视的国家安全措施和国民经济发展采取的重要策略。军工企业生产民品，民用企业生产军品，二者互相渗透，是当代军工生产的一个显著特点。

军民结合包括两方面含义：①国防产业部门在保证完成军品任务的前提下积极生产社会需要的民用产品，民用产业部门也要根据国防建设的需要积极生产军用产品。②积极开发军民两用技术，推进军工技术向民用或民用技术向军用的转移。这不仅有利于经济发展，也有利于军品生产能力保存、技术水平提高和生产成本降低。我们现在所说的军民结合意味着军工企业用主要力量参加国民经济建设，生产民品，同时用质量上比较高、数量上比较少的力量（少而精的力量）进行武器装备研制和小批量生产；更主要的是让国防科技产业战线参与国民经济建设的工作，完全纳入国家整个国民经济建设的统一规划和组织管理。

平战结合是指和平时期国家经济建设同战时动员准备工作的有机结合。为了应付现代战争爆发的突然性和巨大的物资消耗，国家在平时必须采取有效措施，做反侵略战争的各项物质、技术准备工作。

军民结合是平战结合的基础，实行军民结合、平战结合，以民为主，以平为主。以民为主并非把“军”丢掉，以平为主并非把“战时”丢掉。民富才能国强，但是民富了并不等于国强，必须在富民的同时逐步搞好国防现代化。

美国在采取军民结合、平战结合的措施中取得了成功的经验，值得我们借鉴。美国的“军民结合，寓军于民”的军工体制对国民经济的发展有着积极影响。美国的私营军工企业是军品和民品生产结合型的企业，大的军工企业生产民品约占其销售总额的90%以上。[①]战时美国可有成千上万个企业转产军品，如在第二次世界大战中美国动员了上万个工厂转为战时生产。美国的军民结合、平战结合是建立在市场经济基础上的，它适应和平和战争交替发生的规律，同时有利于战时进行经济动员。战后军用技术向民用转移，使军用技术的商品化程度日益提高，同时填平了国防科技产业与民用科技产业的鸿沟。

根据我国国防产业的具体情况，可以搞以下几种类型的军民结合型企业；①以生产军品为主、兼搞民品的企业。这类企业占少数，承担尖端武器的研制任务。②军品、民品兼容的军民结合型企业。这类企业军品和民品的生产线同时存在，产量有一定弹性。和平时期民品产量大，战争时期军品产量大。③以民品为主、兼搞少量的军品生产，如电子产业部门、船舶产业部门的企业。当前第二、三类企业占有很大比重。

3.取长补短，集中优势

单就军工企业和民用企业来说，各有所长，但两者过去长期处于两个封闭体系中，各自的优势不能充分发挥出来，各自的缺点也不易弥补，难以形成集中优势。

军工企业的科技力量雄厚，工艺装备齐好，产品质量优良，但地处偏远地区，交通不便，信息不灵，经营管理经验较缺乏。在国防建设的指导思想实行战略转移以后，军品的订货任务大幅度下降，生产能力大量闲置的矛盾倍加突出。民用企业（尤其是地方中小企业）的技术设备和工艺比较落后，又因缺乏资金，长期得不到应有的技术改造，但信息较灵通，交通运输较方便，经营管理经验也较丰富。实现军民结合之后，军工与民用企业的优势可以集中起来，互相取长补短，做出更大的贡献。

（四）加强经济技术合作，转让科技成果

由于历史的原因，一些与军工生产有关的新技术、新设备、新材料、新工艺，过去往往被看得很神

① 刘义昌，尹希圣，汪庆荣，等. 世界国防经济概论［M］. 北京：中国展望出版社，1987：135-136.

秘。现在，军工部门从领导机关到广大科技人员和职工，正在打破这种神秘感，努力运用他们掌握的科技成果，以及技术、设备、人才方面的优势，为经济建设服务，为人民生活服务。这样做，方向完全正确。

军工生产大多数是“科研生产型”的生产形式，既是一个科研系统，又是一个生产系统。在研制原子弹、氢弹、人造卫星、运载火箭的过程中，军工系统的科研人员跨入了一些当代最先进的科学技术领域。这些科技成果，既可为军事建设服务，也可为经济建设和人民生活服务。从核产业部已经分散移植、扩散、推广应用于农业、医疗卫生的新技术、新工艺、新材料、新设备来看，件件关联着国计民生，样样显示了经济效果。航空产业部门重视开发民用产品，有的产品本身就是亦军亦民的，如运输飞机、船舶、电子设备、光学仪器等；有许多工厂可以结合本厂设备的特点，承担民用产品的加工和工艺协作任务，如铸锻、热处理、表面处理等；多数企业可以选择工艺相近的产品，在现有基础上稍加调整，就可以组织民品生产。

军工和地方产业建立经济技术合作关系，利用国防产业的科研成果和技术力量，支援地方产业，是大有可为的。

经济技术合作的内容包括：新工艺、新技术、新材料、新产品的技术转让；企业技术改造的设计和设备制造；产品合作生产、技术攻关和工艺协作；技术咨询、服务、培训；承担科研项目等。

实践证明，国防产业拥有的雄厚技术力量和精良技术设备，正在国民经济建设中日益发挥作用。

国防产业向轻工、纺织、石油、化工、医药卫生、农林等民用部门提供的新技术、新工艺和科研新成果大体分为节能技术、精密加工锻造和液压密封技术、真空和低温技术、遥测遥控技术、卫星遥感技术、同位素技术等几个方面。

（五）把国防安全与提高经济效益结合起来

在现代社会生活中，任何一个领域都不能忽视经济问题的存在。在以现代科技和现代产业生产为基础的国防经济活动中，尤其要注意经济效益。

马克思主义认为：军队的全部组织及作战方法、战争的胜负都是依赖于物质的，亦即经济的条件。现代科学技术的发展，使战争规模空前扩大，武器装备也日益复杂昂贵，军费消耗巨大，经济因素越来越不可忽视，任何时候都不能不顾及经济负担和承受能力。世界各国都十分注意国防安全与经济效益之间的矛盾。例如美国“星球大战”计划、“空地一体战”思想都借助于现代化技术手段，从经济上进行了可行性分析与论证，传统的“不计经济代价”的观念已被摒弃。讲求国防产业经济效益是国防经济建设的中心任务。国防建设的好坏，不是取决于投入国防建设的人力、物力、财力的多少，而是取决于其利用程度的高低。

为了缓和军备与经济发展的矛盾，提高战时扩大军品的转产速度和灵活反应能力，世界许多国家探讨了更有效、更合理的组织形式，主要做法是：

（1）扩大亦军亦民的范围，建立战时迅速动员的物质基础。平时参照战时需要，组织和发展国家经济。如英国海军平时仅保持少量运输船只，而征用商船承担海上运输任务。

（2）扩大军品与民品的通用化、标准化、系列化程度，促进军工技术和军用技术的互相转移，实现国防产业与民用产业一体化。如美国军工技术80%均可迅速转为民用。

（3）制订军备计划时，贯彻军事目的和经济效益相结合的原则。如美国的“星球大战”计划和法国的“尤里卡”计划不仅考虑了军事战略目标，而且充分论证了对技术和经济发展可能产生的直接与间接的经济效益。

（4）进一步扩大国防产业的商业化程度，如20世纪80年代英国皇家兵工厂系统改组为一个独立的工商实体——皇家兵器有限公司。其目的是鼓励私人投资，加强同行业合作，提高国际市场竞争能力和扩大出口额。[①]

（5）强调战前就把经济力量变成适用的军事力量，并积极研究现代战争中经济平战转移的问题。

我国在国防产业生产建设中要特别注意经济效益，为此必须抓好以下几项工作：

（1）把军工企业的生产经营建立在经济核算的基础上，逐渐建立在市场经济体制上，废除实报实销的“大锅饭”体制。为了进一步合理使用国防建设经费，要大力促进军工企业参加市场竞争。

（2）除尖端武器的生产外，应当把生产常规武器的国防产业纳入国民经济体系，逐步实现军民一体化。

（3）以少数国防产业和民用产业的大型企业为骨干，建立生产区域化的联合体和有特色的基地及中小城镇。这是现代化战争的客观要求，是促进区域经济发展的新途径。

（六）国际化

国际化分两个层次：首先是军事科技研发的国际合作；其次是积极拓展军火工业的出口贸易。军火工业无论研发与投资，费用均十分巨大，故必须有庞大的市场需求来支持其稳定发展，连美国都不例外。

---

① 刘义昌，尹希圣，汪庆荣，等. 世界国防经济概论［M］. 北京：中国展望出版社，1987：162.

[第二十一章]

工与农和城与乡

以新型工业化、信息化、城镇化和农业现代化为内涵的“新四化”同步发展，拉开了当代中国现代化建设新的序幕，也为解决长期困扰中国社会经济发展的工与农、城与乡不平衡结构性矛盾提供了崭新的思路。本章着重讨论了农业概述、“新四化”同步发展、城镇化、农业与农村现代化、以城乡等值化推进城乡一体化、全面实施乡村振兴战略、乡村美丽化。

第一节 农业概述

农、林、牧、渔业即大农业的生产力在整个社会生产力中具有基础作用。马克思指出，“超过劳动者个人需要的农业劳动生产率，是一切社会的基础”[①]，“社会为生产小麦、牲畜等等所需要的时间越少，它所赢得的从事其他生产，物质的或精神的生产的时间就越多”[②]。

一、农业的基础作用

1.农业是粮食等基本生活资料的来源

农业是人类生存之本、衣食之源。劳动力的再生产是社会得以延续和发展的最起码、最基本的条件，而要维持劳动力再生产，即人们要生存，首先要有必不可少的粮食等生活必需品。没有这些农业所提供的生活必需品，一切人类活动都会终止，劳动力的再生产也会终止。人类最早所必需的一切生活资料，几乎全部来自农业。现在来自农业的比重有下降的趋势，但是农业产品及其加工品仍是人类物质生活资料的主要成分。

随着科学技术的不断进步，农业的劳动生产率不断提高。农业劳动生产率越高，农业所提供的剩余粮食等必需品越多，社会就能够把更多的劳动力用于工业、商业、文化教育事业等，这些事业就有可能得到更快的发展。反之，如果农业生产率低下，则提供的商品粮少，工业和其他行业的发展就会受到粮食产量的制约。

总而言之，农业能够提供多少商品，不仅关系到城乡人民生活的改善，而且直接影响到工业和其他行业的发展规模与发展速度。

2.农业是劳动力的主要来源

工业和其他事业所需的劳动力，一部分来自城市，但大部分要依靠农村提供。只有农业劳动生产率提高了，才能从农业中节约出更多的劳动力，并把他们输送到工业和国民经济其他部门。

3.农业是原料的重要来源

工业生产所需要的原料，除了由工业本身提供外，很大一部分还由农业提供。随着工业和生产技术

① 马克思，恩格斯．马克思恩格斯全集：第25卷［M］．中共中央马克思恩格斯列宁斯大林著作编译局，译．北京：人民出版社，1974：885.

② 马克思，恩格斯．马克思恩格斯全集：第46卷上册［M］．中共中央马克思恩格斯列宁斯大林著作编译局，译．北京：人民出版社，1979：120.

的发展，由工业本身提供的原料的比重将会逐步增加，但农业原料在相当长的时期内仍占有重要地位。

4.农业是重要市场

随着农业和农村的现代化，农村这个最广阔的市场对商品、资金、技术的需要和消化能力将逐步提高。它是工业产品与其他商品、资金和技术的重要市场。

5.农业是资金积累的重要来源

发展国民经济所需要的资金来源有很大一部分同农业有关系。农业通过农产品加工生产、运输和向农业销售工业品所得的商业利润上缴部分积累起来的资金。

二、农业基础建设

2008年中央一号文件，即《中共中央国务院关于切实加强农业基础建设进一步促进农业发展农民增收的若干意见》强调了生产和发展的核心问题在于加强农业基础建设。该文件的主要内容有：

（1）分析农业、农村的形势，提出促进农业发展、农民增收的总体性要求。

（2）继续巩固、完善、强化强农惠农政策。其主要措施增加对农民的种粮直补、良种补贴、农机具购置补贴和农业生产资料价格综合补贴。

（3）提高农村生产和农村生活的基本公共服务水平。

（4）加强农村体制建设和组织建设。

三、构建强化农业基础的长效机制

2008年中央一号文件特别强调，必须更加自觉地加强农业基础地位，加快构建强化农业基础的长效机制。构建强化农业基础的长效机制主要抓好如下几条：（1）按照统筹城乡发展要求，切实加大“三农”投入力度；（2）巩固、完善、强化强农惠农政策，形成农业增效、农民增收良性互动格局；（3）探索建立促进城乡一体化发展的体制机制。

我国应毫不放松地抓好“三农”工作，巩固和加强农业基础地位。我国坚持在工业化、信息化、城镇化深入发展中同步推进农业现代化，集中力量办成了一些关系农业和农村长远发展、关系农民切身利益的大事。加大财政投入，建立健全种粮农民补贴制度和主产区利益补偿机制，补贴标准逐年提高，覆盖范围不断扩大。加强农村金融服务。实行粮食最低收购价政策。加强耕地保护，维护农民权益，为完善农村集体土地征收补偿制度做了大量准备工作。加快推进农业科技进步和现代农业建设，加大对良种繁育、动植物疫病防控、基层农技推广的支持力度。大力兴修水利，开展农村土地整治，建设高标准农田，耕地面积保持在20.2亿亩以上。粮食综合生产能力跃上新台阶。加强农村水电路气等基础设施建设，农村生产生活条件不断改善。积极引导农村富余劳动力转向非农产业，农民人均纯收入持续较快增长，城乡居民相对收入差距逐步缩小。深化农村综合改革。集体林权制度主体改革基本完成，全面推进农村集体土地确权颁证工作，开展农村土地承包经营权登记试点。农业、农村发展的好形势，为应对国际金融危机和各种自然灾害严重冲击、稳定经济社会发展大局提供了重要支撑。

四、现代农业发展的成绩显著①

1.为乡村振兴提供产业支撑

传统农业粗放的生产方式被现代农业高效、低耗的生产方式所取代，现代农业产业体系、生产体系、经营体系初步建立，绿色农业、循环农业、特色农业、品牌农业蓬勃发展，农业供给体系的质量和效益进一步提高，为乡村振兴提供了产业支撑。实施龙头企业带动战略和工业倍增计划，同时鼓励支持农产品加工业与休闲、旅游、文化等产业深度融合，初步建起现代农业产业体系。

① 本报采访组. 现代农业初显发展新格局［N］. 经济日报，2017-11-29.

2.初步形成农业有效供给

各地农村都在调整优化农业结构，推动种植品种由单一向多元化、特色化方向转变，打造品种丰、品质优、品牌强的农产品有效供给体系。

3.引领现代农业绿色发展

经营规模小是现代农业发展的最大制约。农村土地制度改革和农村产权制度改革不断深化，有助于引领适度规模经营，增强农业农村发展的内在动力。

4.党中央持续关注现代化农业和农业现代化

党的十八大以来，中央一号文件持续关注现代农业、农业现代化建设。

2013年，《关于加快发展现代农业进一步增强农村发展活力的若干意见》提出，围绕现代农业建设，充分发挥基本经营制度优越性，着力构建新型农业经营体系。

2014年，《关于全面深化农村改革加快推进农业现代化的若干意见》提出，公共财政要坚持把“三农”作为支出重点，中央基建投资继续向“三农”倾斜，优先保证“三农”投入稳定增长。

2015年，《关于加大改革创新力度加快农业现代化建设的若干意见》提出，必须尽快从主要追求产量和依赖资源消耗的粗放经营转到数量质量效益并重、注重提高竞争力、注重农业科技创新、注重可持续的集约发展上来，走产出高效、产品安全、资源节约、环境友好的现代农业发展道路。

2016年，《中共中央国务院关于落实发展新理念加快农业现代化实现全面小康目标的若干意见》提出，推进农业供给侧结构性改革，加快转变农业发展方式，保持农业稳定发展和农民持续增收，走产出高效、产品安全、资源节约、环境友好的农业现代化道路。

2017年，《中共中央国务院关于深入推进农业供给侧结构性改革加快培育农业农村发展新动能的若干意见》提出，支持有条件的乡村建设以农民合作社为主要载体、让农民充分参与和受益，集循环农业、创意农业、农事体验于一体的田园综合体。

第二节 “新四化”同步发展

一、“新四化”是一个相互依存的有机整体

党的十八大报告指出：坚持走中国特色新型工业化、信息化、城镇化、农业现代化道路，推动信息化和工业化深度融合、工业化和城镇化良性互动、城镇化和农业现代化相互协调，促进工业化、信息化、城镇化、农业现代化同步发展。党的十九大报告指出：推动新型工业化、信息化、城镇化、农业现代化同步发展，主动参与和推动经济全球化进程，发展更高层次的开放型经济。

“新四化”同步发展是党的十八大从我国经济社会发展全局出发提出的重大战略，为我国新时期的现代化建设指明了方向。

新型工业化、信息化、城镇化和农业现代化是一个不可分割、相互依存、相互促进的有机整体。工业化与信息化是发展到一定阶段的“孪生子”，其深度融合是产业升级的方向与动力；城镇化蕴含着极大的内需潜力，是现代化建设的载体；农业现代化则是整个经济社会发展的根本基础和重要支撑。工业化创造供给和就业，城镇化创造需求和载体，农业现代化为工业化、城镇化提供支撑和保障，信息化贯穿融合工业化、信息化、农业现代化之中。工业化、城镇化可以带动和装备农业，工业化、城镇化不发展，农业现代化就缺乏动力；反过来，农业现代化不发展，也会导致工业化、城镇化发展受阻。在经济运行中，“新四化”有机联动，必须融合发展，同步推进。

二、“新四化”同步发展是新时期我国现代化建设的新蓝图

党的十八大提出的“新四化”是中国共产党历史上第四次提到“四化”。

1954年，第一届全国人民代表大会率先提出了实现工业、农业、交通运输业和国防四个现代化的任务。

1964年12月，在第三届全国人民代表大会第一次会议上，周恩来总理在政府工作报告中首次提出：在20世纪内，把中国建设成为一个具有现代农业、现代工业、现代国防和现代科学技术的社会主义强国。

1979年12月6日，邓小平在与日本首相大平正芳会谈时提出，到20世纪末，争取国民生产总值达到人均1 000美元，实现小康水平。邓小平把这个目标称为中国式的“四个现代化”，即“小康之家”。

在全面建成小康社会的历史时期，我党提出了“新四化”。它既是立足全局、着眼长远、与时俱进的重大战略决策，也是在中国现代化建设发展到一定阶段，对现阶段突出矛盾的一次求解，是对中国区域经济发展不平衡的一种综合考量，更是开启中华民族伟大复兴征程的宏伟蓝图。

“新四化”同步发展是我国现代化建设的总纲领。工业化是实现现代化的前提，加快推进我国现代化必须走新型工业化道路。信息化是实现现代化的必然选择，新的时代条件要求我们以信息化带动工业化、以工业化促进信息化，推动工业化和信息化深度融合。信息化是工业化的“加速器”，信息技术的发展改变人们的生活方式，推动社会生产力。反过来，工业化又是信息化的载体，没有一定的工业化基础根本谈不上信息化。目前，我国工业的特点是大而不强、产出率低、产业低端化，总体上还处于国际分工和产业链的中低端。改善这一现状的有效途径就是加快转变经济发展方式，在工业化的“庞大躯体”中注入信息化的“新鲜血液”，促进工业结构整体优化升级，走上一条科技含量高、经济效益好、人力资源优势得到充分发挥、环境污染少、资源消耗低的新型工业化道路。为此，我们应该坚持以信息化带动工业化，以工业化促进信息化，推进信息技术在重要领域的广泛渗透，改造和提升传统产业，发展新兴产业，推进产业的绿色发展与循环发展，保证经济的可持续发展。

城镇化与工业化是相互依托、相互扶持的。城镇化的过程是一个人口聚集、市场形成、公共设施与服务逐步完善的过程，因此，城镇化可以为工业化提供良好的发展环境。通过对世界城镇化规律的梳理，可以发现，大多数国家的城镇化都需要“工业脊梁”的支撑，一个没有工业的地区是不可能实现城镇化的。大力推进工业化和城镇化的良性互动是我国经济增长和社会发展的强大引擎。

农业现代化是实现现代化的基础，在农业衰退、农村凋敝、农民贫困的情况下是不可能推进工业化与城镇化的。农业的现代化就是用现代的生产、流通方式组织农业生产，如使用机器设备、发展专业化分工等。农业生产率的提高必然会使农民的收入增加，从而使农民的生活方式逐步城镇化。可以想象，未来从事农业的农民与城镇居民的区别仅仅是职业上的不同。所以，工业化会促进农业现代化，而农业现代化又将推动城镇化。因此，必须走工业化、城镇化与农业现代化协调发展之路，加快形成以工促农、以城带乡、工农互惠、城乡一体的新型工农、城乡关系。

“新四化”并举的格局体现了我们党对经济社会发展规律的认识和把握，有助于经济发展更平衡、更协调、更可持续，也会促使整个经济社会的运行过程更透明、更公平，增强人民的幸福感。“新四化”同步推进不仅能够推动经济发展，而且能够促进社会进步和制度创新。

三、“新四化”是建设新型工农、城乡关系的根本出路

长期制约我国社会经济发展的最大的不平衡问题和矛盾，依旧是城乡差别、二元体制。改革开放一系列战略举措虽然缩小了城乡差距，平衡了城乡关系，但离城乡一体化的目标依然遥远。“新四化”并举是解决这一问题的不二选择。

（一）新型工业化是建设新型工农、城乡关系的引擎，将从根本上破解城乡二元经济结构

世界经验证明，工业化是现代化的动力和必经之路，世界上绝大多数国家的发展都离不开工业化的推动，我国亦是如此。工业化是解决我国所有重大经济社会问题、民生福利问题和城乡社会关系问题的

根本前提。

一方面，工业化发展到一定阶段，即进入工业反哺农业、城市支持农村的阶段。从国际上看，许多国家在工业化过程中都经历过由农业哺育工业转向工业反哺农业的过程。工业反哺农业主要是依靠工业发展的物质和技术积累来支持农业的发展，即从以工业为基础的整个国民经济所提供的经济剩余中，抽出一部分来扶植农业的发展，提高农民的收入。发达国家的主要做法是：①加大农业基础设施投资和补贴力度；②实行农产品最低保证价格，提高进口关税；③提供强有力的农业财政、税收和信贷支持；④奖励小农场合并，补助退出农业的农场主；⑤补贴鼓励性农业生产项目和改善生产条件的活动费用；⑥设立专门机构推动农业科研、教育和推广工作；⑦大力提高农业机械、作物育种、农用化学、灌溉排水和畜牧品种改良水平等。通过这些措施有效缩小城乡差距，平衡城乡关系。随着新型工业化的推进，我国同样要加大工业反哺农业的力度，坚持政府反哺和社会反哺相结合，以政府反哺为主导、社会反哺为补充。要通过支农投资、财政补贴以及税收减免等政策向农业注入资金，采取多予、少取、放活的策略，调整工农利益分配格局，统筹城乡经济社会发展。

另一方面，随着新型工业化向纵深推进，必然更多地向农村辐射，带动农业的产业化、规模化经营，把农业变成带“农”的工业，种植业、养殖业、畜牧业、水产业、农产品深加工业等，都要变成农业产业来经营，从而实现农业工业化、农民市民化、农村现代化。所以，新型工业化是构建新型工农关系、城乡关系的前提性条件，能从根本上促进城乡二元经济结构趋向融合，协同发展。

（二）新型城镇化是建设新型工农、城乡关系的载体与平台，将从根本上破解城乡二元社会结构

城镇化是人类工业化进程中空间结构变迁最突出的历史性现象，星罗棋布的小城镇将在城市与乡村之间搭建最有效的平台，吸纳城市的辐射，承载乡村人口的转移，弥合城乡关系，成为破解城乡二元社会结构的轴心。

从1990年到2017年，我国城镇化水平稳步提高，由20%上升到58.52%。如此大规模的人口城镇化，在人类历史上是前所未有的。随着生产生活方式的改变，人口城镇化在很大程度上改变了城乡分割的二元社会结构。

但是，要真正彻底破解城乡二元社会结构，必须从战略上推进新型城镇化，至少应在以下三个方面做出努力：

第一，提升城镇化的质量。当前，城镇化质量不高的问题十分突出，主要表现在：①大量农业转移人口不能平等享有城镇基本公共服务；②城镇用地规模扩张过快，城镇建设对土地财政依赖过大；③产业发展滞后于城镇扩张，“空壳”城镇大量涌现，人为“造城”令人担忧；④城镇空间分布与资源承载能力不匹配，不同规模和层级的城镇发展不协调；⑤城镇水资源短缺和空气污染等问题突出，资源和环境压力加大；⑥城镇社会管理滞后，社会问题增多。因而，提升城镇化质量成为新型城镇化的首要问题。

第二，努力推进人的城镇化，这是新型城镇化的本质问题。人本身的城镇化是城镇化的目的，否则便是“伪城镇化”。

第三，努力推进美丽乡村建设，即乡村城镇化，这是新型城镇化的基础问题。2017年年末我国城镇常住人口为81 347万人，已经超过了世界上任何一个国家。我国的国情决定了十分庞大的农村人口不可能都转移到城镇去，城镇也无法承载这么多农村人口。如果现阶段我们一味推进人口数量的城镇化，那么城市资源和环境的承受能力将成为严峻的问题，因为城市人口的资源消耗量和对环境造成的压力要远远大于农村人口。因而，只有乡村城镇化才能从本质上解决中国社会发展结构失衡的问题；只有城市-城镇-乡村三位一体，等值发展，协调发展，才能变城乡二元社会结构为城乡一体化。

（三）农业现代化是构建新型工农、城乡关系的基础，将从根本上破解城乡二元底层结构

中国城乡发展一体化水平滞后的主要原因是“三农”发展滞后，“农业基础仍然薄弱，最需要加强；农村发展仍然滞后，最需要扶持；农民增收仍然困难，最需要加快”。“新四化”同步发展面临的最突出矛盾是农业现代化滞后。当前，农业现代化仍是我国现代化建设的短板，农业基础薄弱、农村发展滞后已成为全面建成小康社会面临的最大制约因素，也是构筑新型工农、城乡关系的最大难题。

“三农”问题决定了城乡二元结构的底层结构，这种底层结构极其庞大，我国的城镇化即使达到发达国家的水平，依然有5亿多农村人口。这就是说，农村这一中国社会结构的底层不发生根本性的变化，就不可能从根本上改变中国二元社会结构的状况。如果不在改造底层结构上下功夫、动真格，那么在城乡统筹或在城乡一体化发展上的一切努力，如建设小城镇、改变户籍制度等，都只能改变城乡结构的表层关系，更多的只是局部改善甚至是花拳绣腿。所以，党中央一直把解决好“三农”问题放在中国发展重中之重的位置，作为破除城乡二元结构这一深层矛盾重要的战略举措。

要实现城乡动态平衡、一体化发展，就必须改变中国城乡的底层结构，其出路在于推进农业现代化。在落后的传统农业基础上不可能解决我国经济发展不平衡、不协调、不可持续的问题。只有将现代工业化技术和现代生产方式运用于农业，使农业生产工业化和高科技化，并与现代工业及现代服务业贯通融合，实现农业产业提升、发展提升和农民素质全面提升，让底层结构真正发生深刻的变化，使之与现代产业接轨、与现代文明协调，才能最终建设好新型工农、城乡关系，才能实现具有本质意义的、根基牢固的城乡一体化。

（四）信息化是构建新型工农、城乡关系的融合剂，将从根本上破解城乡二元文化结构

以科技进步为核心内容的信息化浪潮，是深刻改变人类社会的伟大力量。信息革命是新一轮工业革命、农业革命和社会革命的灵魂，它不仅极大地优化资源配置，推动经济转型与工业革命，而且极大地拓展人类发展空间，改变人们的生产生活方式，深刻推动社会结构的变迁。城乡分割既是社会经济体制的分割，更是文化与信息的二元分割。而信息化则以神奇的力量弥合城乡二元鸿沟，实现城乡等值化发展。在信息化面前，世界是平的，中国是平的，城乡更是平的。

农村信息化的内涵十分丰富，主要包括：农村社会、经济、文化的信息化，农业资源、环境的信息化，农业生产的信息化，农业科技的信息化，农民教育的信息化，农村市场的信息化，农村管理的信息化。

信息化的经济意义有目共睹，信息化和工业化的深度融合将迎来新工业革命时代。对农业来说，自动控制、移动互联、无线传感、物联网、云计算，这些看似与农业不搭界的现代信息化技术，如今同样深度渗透到农产品生产销售、农村综合信息服务、农村政务管理的方方面面，信息化将现代理念、现代工业、现代科学技术和现代管理方法等与传统农业相结合，实现与传统农业的深度融合，促进农业生产力突破各种制约因素，为中国现代农业发展注入了强劲动力。信息化可实现农业生产智能化、经营网络化，节约耕地和水肥资源，进而实现传统农业向现代农业的转型升级。农业信息化促进中国农业实现由传统向现代转型的跨越，有机地融合工业与农业的协调发展、共荣共生。

信息化的社会文化意义更是居功至伟。区别传统农村和现代农村的第一个标志是信息与物质能量循环的转变，即打破农村的信息等能量流动和物质循环封闭圈，让外来的信息和物质进入循环过程。信息化让城乡信息共处一个平台，加速了这种循环，实现了城乡信息的一体化互动。信息技术在农村的推广普及对改变城乡二元结构尤其是文化结构意义极大。其一，实现城乡信息互动，城乡相互封闭的文化圈立刻破解。其二，实现城乡信息共享，是最大的机会均等、城乡平等。如通过远程教育，最偏远的山区同样可以享受北京大学、清华大学等优质教育资源。其三，实现城乡生产生活方式一体化。如通过电子商务，实现农产品网络销售；农民同样可以网上求医、网上娱乐、网上参政议政等。总之，信息化将以

神奇的速度和深度将农民纳入现代文明圈，从根本上改变城乡二元文化结构，实现城乡文化等值化发展。

第三节 城镇化①

党的十九大报告明确提出要实施乡村振兴战略和区域协调发展战略，这是针对我国社会主要矛盾发生变化后做出的新的战略决策。由此，城镇化需更好地发挥作用，更强有力地支撑乡村振兴战略和区域协调发展战略的实施。

（1）我国仍处在城镇化较快发展阶段，城乡之间、农业与非农产业之间明显的发展差距，决定了我国农业劳动力还会继续向城镇地区和非农产业转移就业并居住，推进农业现代化、提高农民收入，离不开城镇化的支撑，实施乡村振兴战略也需要城乡融合发展的新体制。

我国城镇化继续推进，是由城乡之间、农业与非农产业之间的巨大差距决定的，是由人们追求更高收入和更高生活品质的需要决定的。

我国城乡居民人均收入差距还有2.7∶1的倍差，如果把城乡居民之间公共服务差距考虑进去，城乡差距比收入表现出来的差距更大，目前远远高于世界城乡居民收入1.5∶1的倍差水平。非农产业劳动生产率是农业劳动生产率的4倍多，这一明显的发展差距决定了我国农业劳动力还会继续向劳动生产率更高和收入水平更高的非农产业和城镇地区转移就业并居住。这是我国城镇化的根本驱动力。

在这一背景下，推进农业现代化、提高农民收入，离不开城镇化的支撑。目前，我国农业从业人口占全部从业人口的比重高达27.7%，而发达国家农业从业人口占全部从业人员的比例大都低于10%。农业人口的人均占有资源偏低，这是我国农业劳动生产率偏低的重要原因之一。要提高农业劳动生产率并缩小与非农产业劳动生产率之间的巨大差距，必须依靠工业化和城镇化进一步吸纳农村富余的劳动力。从农民收入构成看，我国农民收入的60%以上已经来源于非农产业的工资性收入，主要来源于城镇地区的非农产业就业机会，农民要提高收入，农业的空间不大，必须靠非农产业来拓展增收渠道，这也是为什么在许多发达国家，农业依然是弱势产业，需要政府提供大量补贴。农业现代化所需要的科技服务和支撑，主要来源于城镇地区的科技机构和服务人员；农业现代化和农村现代化所需要的资本投入，也主要来自于城镇地区。因此，要促进农业、农村现代化和提高农民收入，必须通过进一步推进城镇化发展来带动和支撑。我国过去实行的城市支持农村、工业反哺农业的政策，是非常正确也是十分有效的。

此外，农村现代化的关键是农村人口的现代化，城镇化过程中的农业转移人口，可以通过在非农产业就业接受技能培训、开阔眼界，可以向农村传递城市现代文明，因此，城镇化毫无疑问是农村人口现代化的助推器。

同时，实施乡村振兴战略需要城乡融合发展的新体制。恰恰是因为城镇化对乡村振兴战略具有重要支撑作用，党的十九大报告从更好发挥城镇化对乡村振兴作用的角度，提出要健全城乡融合发展的体制机制和政策体系，目的就是要通过体制机制的创新和政策体系的完善，促进城乡要素和资源的双向流动，改变目前主要是由农村地区向城市地区单向流动的不利局面，促进城市的现代化要素，包括资本、人才、技术和文化、管理等，能够更多配置到农业和农村，在农村实现新型高效组合，加快推进农业和农村现代化，并真正实现乡村振兴。

（2）"以城市群为主体构建大中小城市和小城镇协调发展的城镇格局""加快农业转移人口市民化"，在党的十九大报告中，这两句与城镇化有关的内容都放在实施区域协调发展战略部分来阐述，表明党中央深刻而准确地把握了区域协调发展规律和城乡发展规律。

---

① 徐林. 城镇化是乡村振兴和区域协调发展助推器［N］. 经济日报，2017-11-29.

首先，我国的农村异地转移就业人口主要是从经济落后地区向经济发达地区转移就业。加快农业转移人口市民化，一方面可以使那些符合条件并具有意愿的农业转移人口获得城镇户籍并享受与城镇居民同等的公共服务；另一方面那些不能落户或不愿意落户的农业转移人口，也可以获得更加均等化的基本公共服务，使他们更加稳定地在就业所在地就业、居住、生活，改善他们对未来的预期，提高他们的消费倾向。这样的结果可以使我国经济与人口的空间分布更加均衡，还会因此形成新的稳定的需求，这正是本质意义上的区域协调发展。

其次，我国有20个左右的大小不等的城市群，城市群内部通过现代基础设施网络的引领和支撑，更容易形成大中小城市和小城镇合理分工、相互支撑、协调发展的城镇格局，这是由城市群的规模经济和范围经济效应决定的。目前，这20个左右的城市群已经聚集了全国75%左右的城镇常住人口，生产了占全国88%左右的地区生产总值，产生了我国90%以上的创新成果。不仅如此，我国城市群常住人口的数量还在持续上升。因此，只要城市群地区不同城市和城镇之间协调了，全国区域协调发展的主体格局就形成了。

（3）城镇化发展牵一发而动全身，必须坚持以人为核心，注重提高城镇化质量和城市发展质量，更好地发挥促进中国发展的“牛鼻子”作用。

通过上述分析可以看到，党的十九大报告关于城镇化相关内容的表述，指出了我国未来实施城镇化的重点和方向，对乡村振兴战略和区域协调发展战略具有牵一发而动全身的特殊作用。

我们要坚持推进以人为核心的城镇化，加快推进各类城市农业转移人口和其他非户籍常住人口市民化；坚持“四化”同步发展，强化城市发展的产业支撑和就业吸纳能力，推进互联网、大数据、云计算和人工智能与城市管理和发展深度融合，加快智慧城市建设；坚持优化城镇化战略格局，以城市群为主体，构建大中小城市和小城镇协调发展的城镇格局，强化中心城市的辐射带动功能，提高中小城市和小城镇的公共服务水平，增强要素聚集能力和承载力；以新发展理念为指导，不断提高城市治理的水平，增强城市治理的开放性和包容性，更好发挥城市居民在城市治理过程中的积极作用。同时，要注重提高城镇化质量和城市发展质量，改进城市规划制度和方法，提高城市建筑的质量和水平，建设绿色低碳城市和海绵城市、森林城市，全面提高城市的宜居宜业水平。

第四节　农业与农村现代化

没有农村的现代化就没有国家的现代化。在整个现代化进程中，农村现代化是基础，也是重点和难点。农村现代化又以农业现代化为基础和支撑。一般认为，世界范围的农业现代化进程是从20世纪初随着工业革命的演进和科学技术的进步而启动的。

一、农业现代化的类型

各国由于自然资源禀赋和经济社会基础不同，在实现农业现代化的道路选择上也不同，主要有三种类型：

一是如美国、加拿大等人少地多、劳动力短缺的国家，它们以提高劳动生产率为主要目标，凭借发达的现代工业优势，大力发展农用机械取代人力和畜力，通过扩大单位农场种植面积和经营规模，提高农产品的总产量。

二是如法国、德国等土地、劳动力比较适中的国家，它们以提高劳动生产率和土地生产率为主要目标，既重视用现代工业装备农业，又重视科学技术的推广应用。

三是如日本、荷兰等人多地少、耕地资源短缺的国家，它们以提高土地生产率为主要目标，把科技进步放在重要位置，通过改良农作物品种、加强农田水利建设、增加化肥和农药使用量等措施，提高单位面积农产品产量。

二、我国农业现代化的状况

我国早在20世纪70年代就明确提出了农业现代化的目标。从1978年农村改革发端始，党中央、国务院始终把加快推进农业现代化放到十分突出的战略位置，不断推进现代农业建设的理论创新、政策创新、制度创新和工作创新，建立了一套促进现代农业建设的强农惠农富农政策体系，构筑了一套保障现代农业建设的制度框架，摸索了一套推进现代农业建设的工作方法，农业与农村现代化的蓝图越来越清晰。

进入新的历史时期，我国农村经济步入了快速发展的轨道，呈现出新的阶段性特征，突出表现在五个“深刻变化”上：

一是国家和农民的分配关系发生深刻变化。党和政府一系列强农惠农富农政策进一步理顺了国家和农民的分配关系，开启了农民休养生息的新时代。

二是工农、城乡分割的格局发生深刻变化。限制城乡人口自由流动的各项政策逐步取消，城乡通道进一步打开，城乡联系日益增强。农村不再单纯是经济发展的资源输出地，正在成为城市产业转移、要素转移的接受地，在城乡协调发展中担当起越来越能动的角色。

三是农业盈利能力弱的状况发生深刻变化。从自然再生产的视角看，农业是弱质产业，但从经济再生产角度分析，农业尤其是现代农业已不再是弱质产业。随着强农惠农富农政策的实施、农业科技水平的提升、农业基础设施的完善，现代农业的比较效益将进一步提升。

四是农村社会结构发生深刻变化。农村人口流动性增强，跨城乡、跨地区转移增加。农民的身份日益多元化，出现了农民工人、个体工商者、私营企业主、农民企业家等不同的职业身份。农民的组织方式多元化，农民专业合作经济组织、各类协会等社会性中介服务组织进一步提高了农民的组织化程度，进而促进了农村社会结构的深刻变化。

五是农村经济与世界经济的关联性发生深刻变化。我国加入世界贸易组织后，农业与农村不再是封闭的系统，而是融入国际大市场，参与国际分工与合作。更多的农产品走向世界，更多的农业项目受到外资青睐，更多的国外资金、技术和人才开始进入农业领域，使我们能够有效利用国际资源推动农业结构调整。

这些深刻变化意味着农业和农村发展正在深刻影响整个现代化进程，这就要求我们必须跳出“三农”看“三农”，跳出“三农”抓“三农”。但是，尽管在新的历史时期呈现了一些新特征，但“三农”工作的基本面没有变，农村生产力发展还相对落后，市场化程度还比较低，城乡发展不协调问题还比较突出，农业科技水平还比较低，农民的生活品质还亟待改善。因此，新的历史时期必须走中国特色的农村现代化道路。

三、我国农村现代化的对策

推进农村现代化，在战略上要以“新四化”同步、城乡统筹为基本方略，立足当前、谋划长远，大力发展现代农业，加快建设现代农村，着力培育现代农民，积极探索具有中国特色的农村现代化建设新路。农村现代化的基本蓝图是“六化”：农业工业化、农田农场化、农民市民化、农村城镇化、城乡等值化和村庄美丽化。

在推进农村现代化的具体举措上，要从六个方面构建农村现代化的新格局：

第一，在农村城镇化上，要实现城镇合理布局下的空间与人口双重城镇化。一方面，加快推进主城区扩张、县城扩容、中心镇扩大，把中心城市周边、县城周边的农村逐步纳入城市规划建设范围，与城市一体规划、一体建设，一步到位实现农村变社区、农民变市民；另一方面，要加大力度清理不合理的政策和限制，降低进入门槛，完善配套政策，让符合条件的农村人口真正融入城市、安居乐业。要下决心改变依靠牺牲农民土地财产权利降低工业化、城镇化成本的发展模式，提高农民群众在土地增值收益中的分配比例，让他们充分分享工业化、城镇化的发展成果。

第二，在乡村建设布局上，要实现农村社区的优化格局。我国人口规模巨大，即使今后城镇化水平大幅度提高，仍将有数亿人生活在农村，必须让他们也过上现代文明生活。因此，必须一手抓城镇化，一手抓新农村建设。推进新农村建设，针对我国村庄偏小、偏散、偏乱的现实，充分考虑今后农村人口转移的趋势，按照统筹城乡发展、聚居人口适度、服务半径合理、资源配置有效、功能相对齐全的原则，科学编制村镇布局规划，以中心村为重点，积极稳妥地开展村庄整合，加快建设农村新型社区，推动农民居住区由分散向集中转变、由传统村落向现代社区转变。

第三，在农村经济发展上，要实现三次产业深度融合发展。现代化的农村必须以发达完善的现代产业体系为支撑。要在推进现代农业建设的同时，下大力气补齐第二、三产业的“短板”，实现农村三次产业互动发展、城乡产业融合发展。以农业产业化为有效途径，壮大龙头企业，完善产业体系，改造传统农业，尤其要大力发展农村现代服务业。鼓励引导城市工商企业向农村扩散、产业链条向农村延伸，依托其技术、研发、资本优势，有效集聚农村土地、人力和自然资源，实现城乡产业互动融合，加速农村工业化进程。科学优化农村生产力布局，以县域产业园区为载体，完善基础设施，配套物流服务，推动企业向园区集中、要素向园区集聚，实现特色优势产业的集约化发展。

第四，在农业经济形态上，要实现农业产业市场化。发展现代农业必须解决分散的小规模家庭经营难以与统一的大市场对接、难以承接现代生产要素、难以实现集约化经营的难题。要着眼于把家庭小生产纳入社会化大市场体系，加快培育发展农工商公司、龙头企业、农民专业合作组织等新型经营主体，实现农业经营主体由自然人向企业法人的转变。要以新型农业经营组织为载体，加大科技、资本、人才等现代生产要素的密集投放，实现集约化经营、规模化生产，示范带动农业和农村经济的现代化发展。要引导农民加快土地流转，依托农工商公司或龙头企业建设专业化生产基地，提升组织化程度和规模化水平。

第五，在农村社会治理模式上，要实现政府、村民自治组织和村民共同治理。随着城乡互动不断增强，农村社会结构开始由同质化变为多元化，农民由安土重迁变为城乡间流动迁徙。要适应农村社会的深刻变化，积极探索城乡一体的社会治理新模式。完善党和政府主导的维护农民权益机制，畅通农民利益诉求的表达渠道和解决机制。培育发展新型农村经济社会组织，提高农村社会自我管理、自我服务能力。要进一步完善村民自治制度，使基层民主更加程序化、规范化、法制化。完善城乡一体化的应急管理体制和社会矛盾调节处理机制，维护农村社会和谐稳定。

第六，在农村生态建设上，要实现田园特色的可持续发展。在工业化、城镇化加速推进的大背景下，农村生态环境面临的压力日益加大。建设现代农村，必须立足可持续发展，把生态建设放在重要位置。要充分考虑农村与城镇的功能性差异，超前考虑逆城镇化阶段的趋向需求，突出农村特色，保持田园风光和良好的生态环境。依托自然资源，拓展农业多种功能，实现产业发展和生态建设的互促双赢。

推进农村现代化，从工作着力点上讲，要积极构建八大支柱：一是坚持“三化”同步、城乡统筹方略，把农村现代化与工业化和城镇化一体谋划、同步推进；二是发展现代农业，促进农业增效、农民增收；三是发展乡村工业和服务业，提升农村经济实力和持续发展能力；四是实施幸福乡村计划，改善农民的生产生活条件；五是深化农村产权制度改革，推动农村资源的资本化；六是壮大农村金融业，为农村发展提供资金保障；七是搞好农村社会治理，构建党委、政府与村民自治组织紧密结合、共同治理的新机制；八是建好基层干部和党员、企业家、科技工作者、文化工作者、社会工作者五支队伍，为农村现代化提供人才保障，同心协力开创农村现代化建设的美好未来。

第五节　以城乡等值化推进城乡一体化[①]

党的十九大报告明确提出：农业、农村、农民问题是关系国计民生的根本性问题，必须始终把解决好“三农”问题作为全党工作重中之重。城乡发展一体化是解决“三农”问题的根本途径。城乡关系失衡是影响我国经济社会发展的一个深层次突出问题。要从根本上解决这一问题，关键就在于统筹城乡发展，变城乡二元结构为城乡一体化，促进城乡经济社会良性互动，以城乡等值化推进城乡一体化。

关于城乡二元结构问题的核心难点，讨论最多的是城乡收入差距，关注最多的是城乡社会保障体系的不统一，质疑最多的则是城乡公共产品配置的失衡，影响最直接的是城乡居民生活便利程度的差异，而影响最大的则是城乡居民综合素质的差异。如果换成一种经济学的语言来表述，那就是农民与市民的福利或者效用差异太大。解决这个问题的唯一出路，就是大力推进城乡等值化发展。

一、城乡等值化的含义

（一）城乡等值化的内涵与外延

城乡等值化的核心要点是“等值”，其工作着力点是“化”。这里的“等值”，从经济学角度来解释，就是福利或者效用相等。也就是说，在经济社会发展的过程中，尽管在城乡之间存在这样或那样的差异，但我们力求使居住在农村的农民和居住在城市的市民享受大体相等的福利或者效用。这主要体现在以下五个方面，即城乡居民人均购买力水平、公共服务水平、社会保障水平、生活便利程度、综合素质大体相等。而这里的“化”，指的是实现路径，主要是以“五化”联动的方式来推进，并以四项制度创新来保证。

1.城乡居民人均购买力水平大体相等

购买力是人们支付货币购买商品或劳务的能力，它反映该时期全社会市场容量的大小。购买力的大小取决于社会生产的发展和国民收入的分配。纵观中华人民共和国的发展历程，城乡购买力失衡一直困扰着经济的健康发展。在改革开放初期，伴随着农村改革的逐步推进，农村生产力逐步释放，农村的经济发展和农民收入水平得以快速增长，城乡购买力差距一度有所缩小。随着改革重心向城市转移，以及随着而来的工业化和城镇化快速推进，城乡购买力差距进一步扩大。

推进城乡等值化发展的一个重要方面，就是实现城乡居民人均购买力水平大体相等。这种大体相等并不是指城乡居民人均购买力水平绝对相等，而是指城乡居民人均购买力水平应控制在一个合理的区间。当实现城乡居民人均购买力水平大体相等时，城市购买力、农村购买力与城市总产出、农村总产出满足平衡匹配的关系，城乡居民可支配收入的分布能够促进国民经济的均衡增长，社会生产和社会消费能实现循环，经济总量和结构均衡能得以最好实现，社会资源配置趋于帕累托最优状态。

2.城乡居民公共服务水平大体相等

公共服务包括进行城乡公共设施建设，发展教育、科技、文化、卫生、体育等公共事业，为城乡居民参与社会经济、政治、文化活动等提供公共保障。从我国城乡发展历程来看，城乡居民公共服务水平差距过大一直影响城乡关系的协调发展。

推进城乡等值化发展，实现城乡居民公共服务水平大体相等。而城乡居民公共服务水平大体相等是指城乡居民具有平等的享受公共服务的机会和结果，即人人都能享受到与自身需求大体一致的公众服务，这就要求政府为城乡居民提供基本的、在不同阶段具有不同标准的、最终大致均等的公共物品和公

① 赵勇．城乡良性互动战略［M］．北京：商务印书馆，2004.

共服务，这也是“公共服务均等化”思想在城乡问题上的具体体现。实现城乡居民公共服务水平大体相等，有助于促进公平分配，实现公平和效率的统一。

3.城乡居民社会保障水平大体相等

社会保障是指国家和社会通过立法对国民收入进行分配和再分配，对社会成员特别是生活有特殊困难的人们的基本生活权利给予保障的社会安全制度。长期以来，中国的城乡二元结构造成农村社会保障水平相对低下，在一定程度上还存在农村社会保障实施范围窄、覆盖面小、保障功能差、保障水平低、保障模式有待完善、保障管理体制分散等问题。

推进城乡等值化发展的一个重要方面就是实现城乡居民社会保障水平大体相等。这就要求将农民与市民同等对待，实施统一的社会保障制度，逐步缩小目前存在的城乡居民社会保障水平差距过大的顽疾。实现城乡居民社会保障水平大体相等，有助于解决农民的各种后顾之忧，树立农民对未来发展的信心，进而可以有效释放农村巨大的消费潜力，助推我国经济又好又快发展。

4.城乡居民生活便利程度大体相等

所谓居民生活便利程度是指为城乡居民提供的生活服务设施在数量、质量上的可获得性与便捷程度。居民生活便利程度是体现城乡居民生活质量的重要指标，它既反映为当地居民及外来人口提供的所有能感受和拥有的日常生活所需要的设施、环境、技术、服务等方面的客观状况，又反映一定的社会和个体心理特征，包括城乡居住者和旅行者对其自身生活状况及其所在地区的主观看法。城乡居民生活便利程度一直存在差异，这是一个不争的事实。如商业网点布局在城乡间的不均衡、基础设施建设在城乡间的不统一，一些在城市中已经普及了的生活设施如水、电、天然气、交通邮政、信息网络、便民超市、餐饮、客栈等，在相当多的农村尚未得到普及。

推进城乡等值化发展的一个重要方面就是实现城乡居民生活便利程度大体相等。这主要是指在商业网点布局和基础设施建设时，要进行城乡统筹考虑，缓解农民生活不便的程度，使居住在农村的农民能够享受与居住在城市的市民大体相等的生活便利程度。实现城乡居民生活便利程度大体相等，可以有效改善农民的生活质量，使农民有更多的时间和精力提高农业生产水平，有效释放农村的消费潜力，搞活农村经济，助推经济社会快速发展。

5.城乡居民综合素质大体相等

“三农”问题的核心是农民问题，农民问题的核心是素质。农民自身素质偏低，一直是影响农村发展和农民致富的一个关键因素，也在一定程度上影响了我国工业化和城镇化的有序推进。

推进城乡等值化发展的一个重要方面就是实现城乡居民综合素质大体相等，着力提升农民的科技文化素质、经营管理素质、生活习惯和卫生健康素质以及民主法律素质，培养大量有文化、懂技术、会经营的新型农民。实现城乡居民综合素质大体相等，可以为农村发展和农民致富提供最根本的支撑，也可以为我国工业化和城镇化的有序推进提供保证，还可以有力缓解我国结构性失业的困境，为城乡经济社会统筹发展奠定坚实基础。

深刻理解城乡等值化要把握以下四点：

首先，城乡等值化的核心要求是城乡居民生活等值，而不是城乡发展速度等值。

其次，城乡等值化的落脚点是人，即推进城乡等值化，最终的目的是促进人的发展，在使农民和市民享受大体相等的生活质量的同时，促进人的素质的全面提升。

再次，城乡等值化工作的着力点在农村，推进城乡等值化发展，并不是将农村变成城市，而是在承认存在农村和城市两种地域和生产生活差异的前提下，在保证城市发展的基础上，着重推进农村的快速发展和农民生活水平的提高，使农民能够享受与市民大体相等的生活质量。

最后，城乡等值化发展是一个动态的过程，其起点是传统的城乡二元结构，在此基础上，通过“五化”联动和制度创新，逐步实现城乡等值化发展。

（二）城乡等值化与相关概念的辨析

城乡等值化概念目前在国内用得还不多，使用比较多的是城乡一体化和城乡统筹。为了对城乡等值化有更深入和更清晰的认识，我们有必要在这里就城乡等值化与城乡一体化和城乡统筹进行比较分析。

城乡一体化侧重于城乡社会经济结构的体制变化，它是指在生产力发展到一定程度的基础上，城乡之间通过资源和生产要素的自由流动和优化配置，相互协作、优势互补，以城带乡、以乡促城，城乡经济、社会、文化和生态日益融合、持续趋优的动态发展过程。其实质是破除城乡分割和对立，加强城乡联系，推进城乡平等与融合发展，实现城乡在经济、社会、环境等方面的和谐发展，使城乡共享现代文明。城乡一体化的具体做法包括城乡规划、产业布局、城乡就业和社会保障、城乡基础设施建设、城乡社会事业发展以及城乡政策措施等六个方面的一体化。

城乡统筹侧重于改变城乡结构的工作方法与思路，它是指改变过去那种就城市论城市、就农村论农村的传统思路和做法，把城市和农村的经济与社会发展作为一个整体来统一规划，通盘考虑；把城市与农村发展中存在的问题及相互因果关系综合起来进行研究，统筹解决。统筹发展不是平均用力，而是根据不同时期、不同情况，抓住主要矛盾，选择重点，加以倾斜和解决。具体来说，城乡统筹是指作为相对独立的主体“城”“乡”，在一定的时代背景下互动发展，以实现“城”“乡”发展双赢为目的的发展格局，包括充分发挥工业对农业的支持和反哺作用、城市对农村的辐射和带动作用，建立以工促农、以城带乡的长效机制，促进城乡协调发展。

与城乡一体化和城乡统筹相比较，城乡等值化侧重于改变城乡社会经济结构的本质内容，更能体现建立新型城乡关系的本质。首先，城乡等值化的落脚点是人，始终以实现农民与市民享受大体相等的生活质量为目标，体现了以人为本的意识。其次，城乡等值化的目标明确清晰，便于人们理解和操作。再次，城乡等值化可以具体化为明确的指标体系，有利于考核。最后，城乡等值化的实现路径和保障手段清晰明确，有很强的针对性，便于在实际中操作，可以有序推进实现过程。

从上述比较可以看出，在实现城乡统筹和推进城乡一体化的基础上，我们急需转化思维，要明确提出推进城乡等值化发展，并把其作为我国推进城乡统筹协调发展的重要战略。

二、城乡等值化是新时代统筹城乡发展的必然归宿

（一）推进城乡等值化是解决城乡二元结构的必然选择

中国城乡二元结构的形成有其历史必然，但随着经济社会的发展，这种城乡关系的失衡成为影响中国经济社会发展的一个核心问题，如不能及时解决，中国经济社会的发展难以为继。而推进城乡等值化发展，是解决城乡二元结构的必然选择。

首先，城乡二元结构最明显的问题就是城乡居民购买力水平差距过大，即城乡居民收入差距过大。

其次，城乡二元结构最突出的问题就是城乡居民的公共服务水平和社会保障水平存在巨大差异。

再次，城乡二元结构最直接的问题就是城乡居民的生活便利程度存在巨大差异。

最后，城乡二元结构最深层次的问题就是城乡居民的综合素质存在巨大差异。

推进城乡等值化发展，可以有力解决城乡之间存在的各种突出问题，也就顺理成章地成为解决城乡二元结构的必然选择。

（二）推进城乡等值化是构建城乡良性发展模式的必然路径

从理论上看，城乡发展模式大体上可以划分为两种：良性发展模式和非良性发展模式。所谓良性发展模式，简单地说，就是实施城乡良性互动战略，使城乡二者之间相互依赖、互为补充和促进的统一性动态平衡发展模式。农村是在城市的辐射和带动下不断发展、不断进步的；反过来，农村的发展又为城

市的发展与进步提供支持和保障，从而使城乡总资源配置和社会福利的改善处于“帕累托增进”状态。非良性发展模式则是指各种原因造成城乡发展处于严重不平衡状态的发展模式，一方的发展是以牺牲另一方为代价的，二者之间呈现对立关系，社会资源在二者之间以向某一方倾斜的方式配置。实施城乡良性互动战略，是解决中国城乡二元结构的必然选择。而推进城乡等值化发展，则是构建城乡良性发展模式的必然路径。

首先，构建城乡良性发展模式，必然要求城乡之间处于一种对等状态。而在传统的城乡二元结构下，城乡之间基本上处于对立分割状态，是以剥夺农村资源支持城市的发展。在这种状态下，我国根本就不可能构建起城乡良性发展模式。相反，在城乡等值化发展中，城乡之间处于相互补充、相互促进的状态，农村的发展依托城市，城市的发展反哺农村，城乡之间处于平等的市场主体地位，为构建城乡良性发展模式奠定了主体条件。

其次，构建城乡良性发展模式，必然要求城乡之间的资源自由流动。没有城乡之间各种生产要素的自由流动，城乡之间的资源配置就无法实现“帕累托最优”，各种资源的价值无法充分实现，经济社会的发展也会受阻。在城乡等值化发展中，目标诉求就是打破城乡壁垒，实现城乡整体协调发展，各种生产要素自由流动，这就为构建城乡良性发展模式创造了环境条件。

最后，构建城乡良性发展模式，必然要求城乡协调发展。我国构建城乡良性发展模式的目的，说到底是实现城乡协调发展，在城市快速发展的同时，大力提升农村的发展速度，使农民与市民共同享受经济社会的发展成果。

（三）推进城乡等值化是转变经济发展方式的必然出路

加快经济发展方式转变，是我国经济社会发展的重大战略。其核心就是实现三个转变：一是促进经济增长由主要依靠投资、出口拉动向依靠消费、投资、出口协调拉动转变；二是由主要依靠第二产业带动向依靠第一、第二、第三产业协同带动转变；三是由主要依靠增加物质资源消耗向主要依靠科技进步、劳动者素质提高、管理创新转变。推进城乡等值化发展是转变经济发展方式的必然出路。

城乡等值化发展将激活巨大的农村消费市场，为转变经济发展方式提供强大动力支持。我国消费主要由城市消费和农村消费构成。目前，城市消费市场日趋成熟，增长空间比较小；农村居民生产和生活消费水平较低，与城市之间存在巨大的差距，这也就意味着农村消费市场存在较大的提升空间，潜力还很大。从生产消费内需市场看，农村基础设施相对落后，人均道路和公共设施等基础设施水平远落后于城市；从生活消费内需市场看，农村人均消费水平远低于城市。推进城乡等值化发展的一个主要方面就是实现城乡购买力水平大体相等，而这必然会极大释放农村潜在的需求。

城乡等值化发展将促进产业结构合理化，为转变经济发展方式提供切实保障。中国改革开放以来所取得的巨大成就主要靠工业化和城市化两轮驱动，尤其是第二产业功不可没。要转变发展方式，必然要求三次产业之间实现协同发展，这既有利于优化产业结构，又有利于构建现代产业体系。城乡等值化通过农业的规模化、产业化和市场化发展，可以构建三次产业协调有序、结构合理的产业体系。

城乡等值化发展将使人力资源极大丰富，为转变发展方式、知识型社会和创新型国家建设提供智力支撑。城乡等值化发展使农村人口也能享受高水平的教育机会，劳动者素质将大幅度提高。

综上所述，转变经济发展方式的三个主要方面都需要依托城乡等值化发展来实现，推进城乡等值化也就成为转变经济发展方式的必然出路。

（四）推进城乡等值化是全面提升人民群众幸福指数的必然要求

幸福指数是衡量人民幸福感的标准，它既反映了经济社会整体运行态势，也反映了民众对生活的满意程度。可以说，作为最重要的非经济因素，它是社会运行状况和民众生活状态的“晴雨表”，也是社会发展和民心向背的“风向标”。随着中国全面建成小康社会进程的推进，全面提升人民群众幸福指数尤其是广大农民的幸福指数是政府必须重点考虑的问题，推进城乡等值化则是全面提升人民群众三大幸福感和幸福指数的必然要求和主要措施。

推进城乡等值化可以增强经济发展能力，这是提升城乡居民主观幸福感的物质基础。城乡等值化通过统筹城乡发展，突破城乡分割的体制壁垒，整合城乡各种资源，实现劳动力、资金、信息、技术、土地等要素在城乡之间的有序流动，实现交通、水利、能源、环保、科教文卫等资源的城乡共享，实现第一产业、第二产业和第三产业之间协调互动，从而增强城乡居民的经济发展能力，提高人民的收入水平，为幸福指数的提升奠定良好的物质基础。

推进城乡等值化可以促进人的全面发展，这是提升城乡居民心理幸福感的直接动因。城乡等值化通过基本公共服务的均等化，使城市基础设施向农村延伸、城市公共服务向农村覆盖、城市现代文明向农村传播、城市生活要素向农村辐射，让城乡居民共享同一片发展的蓝天，促进全体城乡居民的全面发展，因而城乡居民的心理幸福感随之提高。

推进城乡等值化可以促进社会公平，这是提升城乡居民社会幸福感的关键。社会幸福感重视人的社会生活层面，克耶斯提出了社会幸福感的五个维度：社会整合、社会认同、社会贡献、社会实现和社会和谐。城乡等值化以促进城乡居民生活质量大体相等为目标，努力做到城乡居民学有所教、劳有所得、病有所医、老有所养、住有所居，基本解决关系群众切身利益的突出问题，使全体社会成员能够共享改革发展的成果，城乡公共服务更加充分，社会秩序更加安定。城乡等值化有助于缩小初次分配造成的不公平，有利于消除城市化进程中出现的城乡差距、地区差距和贫富差距，使社会整合能力、社会认同感、社会贡献度、社会实现度都得到极大提升，形成有效的社会安全网，最终促进整个社会的和谐进步。

三、推进城乡等值化的路径

推进城乡等值化，需要以工业化、城镇化、产业化、市场化、信息化五个方面为抓手，以制度创新为保证，逐步实现城乡居民人均购买力水平、公共服务水平、社会保障水平、生活便利程度、综合素质五个大体相等的目标，形成城乡经济社会发展一体化新格局。

（一）以工业化带动城乡等值

随着中心城市产业结构调整加速，城市工业应成为农村工业化的重要支持力量。新型资本与技术密集型企业逐渐成为城市经济的支柱，劳动密集型企业逐渐退出中心城市。鉴于农村劳动力价格相对低廉，因此在农村建立生产基地，充分利用农村劳动力优势，是城市工业合理的选择。政府应积极运用经济、法律和必要的行政手段，制定各种优惠政策，积极引导城市工业向农村转移或扩散。如制定差别税率和差别利率，吸引城市工业到农村发展；加大政府投资力度，加快农村基础设施尤其是道路交通和通信设施建设，进一步改善农村的投资环境；重点扶持一批骨干企业，使其发挥行业龙头作用，带动整个农村工业上水平、上质量、上档次；农村要依据当地优势，大力创建工业园区，引进项目和企业，培育支柱产业，形成“一乡一业”或“几乡一业”的块状经济，构筑以工业为主导的新型经济结构。

（二）以城镇化拉动城乡等值

城镇化的发展有利于促进农村过剩劳动力转移。伴随着城镇化的发展，农村存在的大量隐性失业问题得以缓解，进而有效解决农村人地紧张的突出矛盾，促进农业的规模化经营，提升农业的劳动生产率。政府在制定国民经济和社会发展总体规划和实施计划时，应注重完善城乡建设规划和镇村布局规划，实施主城区扩张、县城扩容、中心镇扩大、中心村扩村，充分发挥城镇在吸纳人口、发展产业、集聚资源、活跃市场、引领风尚等方面的作用，推动城市现代化、城市集群化、城市生态化、农村城镇化，全面提升城镇化质量和水平，走科学发展、集约高效、功能完善、环境友好、社会和谐、个性鲜明、城乡一体、大中小城市和小城镇协调发展的城镇化建设道路。

（三）以产业化推动城乡等值

推进产业化是发展现代农业的必然选择。我国农村经济结构最突出的矛盾是分散的农户经营与统一的大市场之间的矛盾，而推进农业产业化发展是解决这一矛盾的主要途径。同时，农业产业化还可以把农业上游和下游的增值链联结起来，使农业朝着规模经营和集约经营发展，达到外部经济内部化和提高劳动生产率的目标。首先，各地应依据资源优势和市场需求选准主导产业，实现区域性的专业化生产和规模化经营，做到一村一品，避免雷同发展；其次，做大做强龙头企业，实现产供销一体化经营，进而带动农村产业化发展；再次，扶持发展新型专业合作经济组织，增强农民进入市场的组织化程度，壮大农业生产的经济和经营实力；最后，推进适度规模经营，改变农村一家一户小生产的经营模式，走规模化生产、企业化管理、产业化经营的道路，通过有效的规模经营来降低成本，获得规模经济。

（四）以市场化促动城乡等值

推进市场化是农村生产要素优化配置的现实需要。只有实现农村生产要素的优化配置，使生产要素从效益低的地方向效益高的地方流动，才能提高农业生产效率，增加农民收入。首先，应推进农村生产要素市场化，重点推进农产品市场、农村土地市场、农村劳动力市场的发展，加快推进农业用地使用权流转，建立城乡统一的人力资源市场和劳动就业管理制度，实现农村生产要素的优化配置；其次，深化投融资体制改革，变城市从农村吸收资金为城市向农村供应资金，破解资金“脱农化”现象，为农村发展提供金融支撑；最后，积极发展农村股份制经营模式，通过资金、技术、劳动、土地等要素入股，进行合作经营，形成适应市场经济要求的产权清晰、责权明确的新型组织。

（五）以信息化驱动城乡等值

推进信息化发展是对传统农业进行现代化改造的迫切需要。农业现代化要求运用高科技含量的现代农业技术和设备武装农业生产的各个方面，以便使农业由传统的粗放经营方式向现代的集约经营方式转变，而农业信息化是保证农业科学技术快速武装到农业各个领域的必然途径。同时，信息化让农民与城里人一样共享信息资源，实现机会均等；信息化方便生活，改变农民的生产生活方式，让农民融入现代文明体系。

（六）以制度创新保证城乡等值

通过制度改革和制度创新，建立健全与我国现阶段相适应的公共财政保障机制、公共服务保障机制、公共管理保障机制及公共政策保障机制。

1.建立健全公共财政保障机制

我国实行的“分税制”财政体制在增强中央财政和政府宏观调控能力的同时，使财权过于向中央集中，基层繁重的事权则完全由县、乡政府承担，县、乡财政困难较大，以致向农村提供公共服务的能力严重不足。建立健全公共财政保障机制，可以实现农村公共服务供给能力的大幅度提高，实现城乡居民共享改革发展成果。如建立城乡一体的财税制度体系，化解财税体制城乡二元结构性矛盾；建立公共财政“三农”投入规模刚性增长机制，加大公共财政对农业、农村的支持力度等。

2.建立健全公共服务保障机制

通过建立健全公共服务保障机制，推进城乡基本公共服务均等化，是统筹城乡发展的内在要求。首先，应建立农村公共服务财政支持机制，把一些合理的政策性安排变为制度性安排，保证把更多财政资金投向农村公共服务领域，满足农民对公共服务的需求；其次，建立统筹城乡的公共服务供给机制，长期以来，城市实行的是“政府主导型”公共服务供给制度，农村实行的是“农民自保型”公共服务供给制度，建立统筹城乡的公共服务供给机制就是要变农村公共服务的制度外供给为制度内供给，让政府主要承担农村公共服务的供给责任，让农民在公共服务的享用上获得国民待遇；最后，建立农民对农村公共服务的需求表达机制，使农民对公共服务的需求意愿在公共服务供给中得以真实体现，以此增加农村公共服务的有效供给，促进实现城乡公共服务均等化。

3.建立健全公共管理保障机制

目前松散的农村公共管理组织导致政府推动农村经济和社会发展政策效应衰减，甚至发生扭曲变形，使得政府为促进城乡经济协调发展的各项政策落空，制约了农村经济社会发展的调控力度。建立健全公共管理保障机制，可以从根本上破解城乡管理体制“两张皮”的问题，促进城乡协调发展。首先，应完善城乡一体化的公共管理组织保障机制，建立统筹城乡发展的综合工作机构，搞好公共服务城乡均等化标准、规划与政策措施的制定；其次，完善城乡一体的公共管理部门职能划分与协调对接机制，大力推进城乡管理体制改革，形成上下呼应、高效统一的管理体系；最后，完善基层服务管理能力保障机制，加快政府社会管理和公共服务职能由城市向农村延伸，逐步把城市社区服务管理模式和公共服务内容引入农村社区，推进农村管理社区化。

4.建立健全公共政策保障机制

首先，应建立健全城乡一体化规划建设保障机制，按照城乡规划编制、管理、监督工作全覆盖的要求，对城乡进行一体化规划；其次，建立健全城乡间资源要素合理配置保障机制，深入推进农村产权制度改革，努力实现农村资源产权化、产权资本化、资本市场化，确保农村资源可流转、可置换、可交易；再次，建立健全城乡协作联动保障机制，制定相关政策，促进城乡人才、资源、信息、技术、资金深度融合；最后，建立健全金融支持保障机制，增加“三农”信贷总量，加大对农业产业化龙头企业和农民专业合作经济组织的信贷投放，积极支持金融机构拓展，培育村镇银行、贷款公司、农村资金互助社等新型农村金融机构，健全农村信用担保体系，为统筹城乡发展提供资金支持。

第六节　全面实施乡村振兴战略

党的十九大报告两次提到“乡村振兴战略”，并强调，要坚持农业和农村优先发展，建立健全城乡融合发展体制机制和政策体系，加快推进和农业农村现代化。这是党中央着眼于推进“四化同步”、城乡一体化发展和全面建成小康社会做出的重大战略决策，为未来指导我国“三农”工作提供了行动指南。

一、实施乡村振兴战略的总要求①

党的十九大报告提出了实施乡村振兴战略的总要求，即“产业兴旺、生态宜居、乡风文明、治理有效、生活富裕”。相比建设社会主义新农村强调的“生产发展、生活富裕、乡风文明、村容整洁、管理民主”的要求，有几个方面已经根据新情况进行了调整。实施乡村振兴战略的总要求，是基于对新时代我国社会主要矛盾变化与农业和农村不平衡不充分发展实际的深刻洞察，抓住了与乡村振兴相关的人民最关心、最直接、最现实的利益问题，凸显了鲜明的问题导向和目标导向，富有前瞻性和现实针对性。

第一，强调“产业兴旺”，层次更高，寓意更丰富。一是更加突出了以推进供给侧结构性改革为主线，顺应了我国经济由高速增长阶段转向高质量发展阶段背景下推动经济发展质量变革、效率变革、动力变革的要求，有利于更好地满足人民日益增长的美好生活需要。需要强调的是，在生产发展中，如果不重视流通的匹配和与需求的衔接，有可能导致生产越多，无效供给越多，资源和要素浪费越大，供给体系质量越差，越难以实现产业兴旺。二是更加突出了农村产业的综合发展，而非单纯的农业发展。许

---

① 姜长云. 全面实施乡村振兴战略［N］. 经济日报，2017-11-10.

多发展中国家在工业化、城镇化迅速发展阶段，出现农村经济结构单一化、农业副业化和农村发展萧条衰败的问题。要求“产业兴旺”有利于规避这些问题。三是更加突出了对产业发展方式转变多重路径的包容性，如推进产业融合化和产业链一体化、强调农业发展由生产导向向消费导向转变等。

第二，“生态宜居”包含新农村建设中“村容整洁”的内容，但要求更高，更加突出了重视生态文明和人民日益增长的美好生活需要。

第三，强调“乡风文明”，就是要在新时代促进农村文化教育、医疗卫生等事业发展，推进移风易俗、文明进步，弘扬农耕文明和优良传统，使农民综合素质进一步提升、农村文明程度进一步提高。

第四，“治理有效”包括新农村建设中“村容整洁、管理民主”的内容，但内涵更丰富，更加突出了向重视效果的转变。

第五，强调“生活富裕”，并放在总要求的最后，有利于突出目标导向，突出新时代解决“三农”问题的高要求。当前，我国社会主要矛盾已经转化为人民日益增长的美好生活需要和不平衡不充分的发展之间的矛盾。“美好生活需要”比“物质文化需要”内涵更丰富、层次更高，强调“生活富裕”，就是要让农民有持续稳定的收入来源，经济宽裕，衣食无忧，生活便利，共同富裕。

二、如何实现乡村振兴①

党的十九大报告提出了新表述，做出了一系列新部署：要求建立健全城乡融合发展体制机制和政策体系，这比之前的城乡统筹发展更加具体；明确保持土地承包关系稳定并长久不变，第二轮土地承包到期后再延长三十年，这无疑给广大农业经营者吃下了一颗“长效定心丸”；提出培养造就一支懂农业、爱农村、爱农民的“三农”工作队伍，更是切中了农村人才短板这个要害……当前和今后一个时期，我们要深入学习贯彻领会党的十九大精神，坚持农业和农村优先发展，不断深化农村改革，加快培育农业和农村发展新动能，加快推进农业和农村现代化，努力实现农业增效、农民增收和农村繁荣。

2018年9月26日，中共中央、国务院印发了《乡村振兴战略规划（2018—2022年）》。该规划对实施乡村振兴战略做出重点谋划，细化了工作重点和政策措施，部署了重大工程、重大计划、重大行动，描绘战略蓝图，强化规划引领，是指导各地区各部门有序推进乡村振兴的纲领性文件。

从2018年至2022年是实施乡村振兴战略的第一个5年，既有难得机遇，又有严峻挑战。所谓机遇，是指农业产能明显增强，结构调优调新，经营方式日益标准化。农村土地制度改革、集体产权制度改革稳步推进，农村教育、医疗、文化等社会事业快速发展，农村社会焕发新气象。所谓挑战，是指农村基础设施的历史欠账很多，公共服务水平有待提升，城乡差距较大，农民持续稳定增收的后劲仍然不足。村庄空心化和农村老龄化问题突出，延续乡村文化血脉、完善乡村治理体系的任务艰巨。

走好中国特色乡村振兴道路要遵循一系列基本原则，最重要一点就是要坚持党管农村工作，加强和改善党对“三农”工作的领导，为乡村振兴提供坚强有力的政治保障。要坚持农民主体地位，充分尊重农民意愿，发挥其在乡村振兴中的主体作用。要重新认识和发现乡村的价值，坚持乡村全面振兴，统筹推进农村经济建设、政治建设、文化建设、社会建设、生态文明建设和党的建设。要推动城乡要素自由流动、平等交换，加快形成工农互促、城乡互补、全面融合、共同繁荣的新型工农城乡关系。

乡村振兴包括产业振兴、生态振兴、文化振兴、组织振兴等。要发展壮大乡村产业，推动农村产业深度融合，完善紧密型利益联结机制，激发农村创新创业活力。要建设生态宜居的美丽乡村，推进农业绿色发展，持续改善农村人居环境，加强乡村生态保护与修复。要繁荣发展乡村文化，加强农村思想道德建设，弘扬中华优秀传统文化，丰富乡村文化生活。要健全现代乡村治理体系，加强农村基层党组织对乡村振兴的全面领导，促进自治、法治、德治有机结合。

国家规划部署了一系列重大工程、行动和计划：从质量兴农到构建乡村产业体系，乡村的产业将更

---

① 本报评论员. 强化规划引领 确保落实落地［N］. 经济日报，2018-09-27.

有活力；从农业绿色发展行动到农村人居环境整治行动，突出了生态宜居的关键词；从乡村文化繁荣兴盛重大工程到乡村治理体系构建计划，接续了乡村文脉和文明乡风；从乡村就业促进行动到乡村振兴人才支撑计划，让人才在乡村大展所能；从农村基础设施建设重大工程到农村公共服务提升计划，硬件、软件一起抓。

第七节　乡村美丽化

美丽中国，从乡村起步。乡村是现代化、城市化的根基，建设美丽乡村是建设“新四化”、推动城乡一体化的基石，是建立新型工农、城乡关系的基石，也是打造“升级版”新农村的基石。

一、建立新型城乡关系亟待建设美丽乡村

随着人们生活水平的不断提高，农民群众对环境质量、健康水平的关注度越来越高，呈现出从求温饱到盼环保、从谋生计到要生态的转变趋势。美丽乡村集发展之美、生活之美、生态之美、人文之美于一体，是提高农民生活质量、实现城乡等值化发展的重要保证。

新型城乡关系的建立同样以美丽乡村为基础。城市依托乡村而存在，没有美丽的乡村就不可能有美丽的城市。这是因为乡村为城市提供生态屏障，消纳与平衡城市对环境的污染，具有城市不具备的特殊功能，这种功能的差异性是城乡一体化的基础。从这种意义上讲，美丽中国建设要把乡村建设得更像乡村，把城市建设得更像城市，在城乡功能差异中寻求互补，实现城乡和谐发展。

改革开放以来，中国经济连续多年高速增长，已成为世界第二大经济体。随着农村现代化的进程，乡村未来还有很多发展机会，吸引更多的城里人到乡村施展才华，从而真正实现城乡人才的良性互动。美丽乡村建设的本质是打造一种低成本、高享受的城乡生活共享模式，建立新的城乡平衡结构与和谐的城乡关系。这不仅是发达国家的成功经验，也是我国城乡一体化发展的必然趋势。

二、美丽乡村建设的理念与原则

建设“天蓝、地绿、水清、景秀、村美”的美丽乡村，不仅是全体中国人民的共同心愿，更是我国“新四化”建设、构筑新型城乡关系、打造“升级版”新农村的战略举措。在美丽乡村建设中，许多地方进行了有益的探讨，如浙江、河北等地的经验就值得我们借鉴。他们的特点主要有四个：一是尊重自然美，充分彰显依山傍水、因势因地而建的生态环境特色；二是侧重现代美，坚持把生产发展放在首位，把生活富裕作为美丽乡村建设的前提，在自然生态中彰显现代文明；三是注重特色美，因地制宜、因村而异，一村一品、一村一景，村村是景观，处处有韵味；四是构建整体美，强化全局战略思维，对城与乡、乡与乡、村与村进行整体规划、整体布局，形成极具特色的景观带、产业带、文化带，让点的美丽连成片的美丽。新型社区、风情小镇、绿色生态名镇、特色旅游村、新“农”门客栈成为美丽乡村一道道亮丽的风景。

美丽乡村建设的理想蓝图是：百姓富裕生活美、科学规划布局美、村容整洁生态美、乡风文明和谐美。它以乡村现代化建设为龙头，以村庄整治建设为基础，以新农村示范村、特色村、美丽乡村精品村和中心村建设为抓手，发挥优势，培育特色，形成具有地方特色的美丽乡村建设模式，以实现美丽乡村梦、美好家园梦、幸福生活梦。美丽乡村建设应遵循以下科学理念与原则：

1.生态为先

牢固树立人与自然和谐发展的理念，是美丽乡村建设的思想基石。良好的生态环境是广大人民群众在提高生活水平之后的必然要求，自然生态是支撑可持续发展的巨大财富。要金山银山，也要绿水青山；要仓廪丰实，也要山美水美、人情和美。在农村发展中，无论是引进外资、开矿办厂，还是建开发区、产业园区，绝不能以牺牲生态环境为代价。坚持走农业可持续发展之路，用生态文明理念引领现代

农业，大力提倡生态农业、绿色农业。加快培育新型农民，提升农民的整体素质，引导他们养成健康、低碳、环保的生活理念和生活方式，使人与自然和谐相处。

2.特色为本

因地制宜，从实际出发，彰显个性美，是建设美丽乡村的根本宗旨。要立足于现有的自然条件、地理环境与经济水平，达到山地有山地的特色、水乡有水乡的风格、平原有平原的品位，各具特色，各领风骚，防止“千村一面”。从“宜居、宜业、宜游”综合考量，把美丽乡村建设与产业开发、农民增收和民生改善紧密结合起来，充分发挥农业、农村的生产、休闲、体验、观光、养生、生态等综合功能。

3.文化为魂

传承乡土中国的文化血脉，是美丽乡村建设的重要内涵。乡村的美离不开乡土文化，深厚的历史传统、淳朴的乡风民俗、质朴的伦理道德，构成了乡村美丽之魂。美丽乡村建设不仅要突出物质空间的布局与设计，也必须注入生态文化、传承历史文化、挖掘民俗文化，将农耕、孝廉、书画、饮食、休闲、养生等文化要素融合到美丽乡村建设之中，提升内涵和品质，最大限度地保留原汁原味的乡村文化和乡土特色。这是传承中华传统文明的需要，也是美丽乡村建设生命力与亲和力的重要表征。需要注意的是，美丽乡村的建设过程就是农民思想观念、思维方式和价值观念进一步提升的过程，是民主法制、生态文明意识深入人心的过程，是确立农村生活方式更加健康、科学、文明，农村社会更加和谐的过程。

4.规划为法

制定科学的村镇建设规划，严格按规划发展，是建设美丽乡村的根本保证。当前乡村、村民的规划意识十分薄弱，尤其是聚族而居的模式瓦解后，村民普遍自立门户，亦无规划约束，房屋布局十分零乱。乡村建设必须规划先行。要科学制定村镇规划，综合布局好水、电、路、生态、产业、民居等各方面内容。规划一旦制定，就要严格遵守，任何人不得违背规划搞建设，让美丽乡村建设有规可依、有章可循。

三、推进农村面貌改造提升行动，扎实启动美丽乡村建设

美丽乡村建设是一项功在当代、利在千秋、打造“升级版”新农村的宏伟工程，面临的任务艰巨，面对的广大农村基础也比较薄弱。美丽乡村建设要从基础做起，从切实改造农村的基本面貌做起，通过推进农村面貌改造提升行动，为建设美丽乡村打好基础、搭好平台。

实施农村面貌改造提升行动，是一项民生工程、发展工程和生态工程，是对农村环境的综合整治，是对农民生产生活设施的配套改造提升。重点是实施“八化”整治，即布局优化、民居美化、道路硬化、村庄绿化、饮水净化、卫生洁化、路灯亮化、服务强化。具体来讲，要抓好以下方面：

（1）抓民居改造。要围绕打造更加宜居的生活环境，使民居美观大方、安全实用、冬暖夏凉，按照一村一特色、一户一格局的要求，逐步对屋顶、门窗、墙体实施重点改造。

（2）抓道路硬化。村街道路硬化要坚持就地取材、体现乡村特色。主干道可建成水泥路，辅道、巷道和街景花园可采用红砖路、石板路、石子路等形式，设计多种造型，突出舒适美观，和周围环境浑然一体。要把村街道路硬化与连村道路，以及排水、照明设施建设一并考虑、统筹安排。

（3）抓垃圾与污水处理。在农村要集中清垃圾、清杂物、清残垣断壁和路障，确保村庄周边无垃圾积存，街头巷尾干净通畅，房前屋后整齐清洁。农户每家要自备垃圾收集袋或简易垃圾桶，推行垃圾分类收集，合理布局填埋场和处理设施，实行“就地分拣、综合利用、无害化处理”。平原地区要建立“户清、村集、乡运、县处理”的城乡一体化垃圾处理模式。

（4）抓饮水安全。要按照统筹规划、城乡一体、适度规模联村集中供水的路子，发展规模化集中供水。不具备集中供水条件的地方，可以采取分散式供水，以村为单位或单户建设增压设施，让农民群众方便地喝上清洁水、达标水。

（5）抓厕所改造。要针对农村厕所卫生状况差、易传播疾病、臭不可闻等问题，加快农村旱厕改

造，推进粪便无害化处理。

（6）抓村庄绿化。要因地制宜选择适合本地生长的树种和花草，在房前屋后、村里村外、田间隙地、道旁河边大力开展植树造林，建设环村林带，努力实现村中有绿地、周边有林带，形成村在林中、人在绿中的良好环境。

（7）抓土地整理。要对田、水、路、林、村、矿以及滩涂荒地、未利用地开展综合治理，对闲置居农户宅基地、废弃的砖瓦窑、废沟渠堰塘进行整理，增加有效耕地面积，提高土地质量和利用效率，既改善生态环境和农业生产条件，又通过增减挂钩获取一部分收益，增加村集体和农民的财产性收入。

（8）抓秸秆处理和厨房改造。要着眼于解决秸秆柴草乱堆乱放、随意焚烧、烟熏火燎等问题，加快调整农村能源结构和使用方式，积极推广秸秆能源化利用，因地制宜建设一批秸秆压块成型加工点，制作生物碳代替燃煤使用。与此相结合，推进厨房改造，推广使用先进炉具、灶具，提高热效能，减少污染物排放。

（9）抓新能源利用。要逐步推广使用天然气、液化气、太阳能等清洁能源，特别是要选择太阳能产品生产企业，通过集中采购，使农民能够以较低价格用上太阳能热水器，解决洗澡问题。支持养殖业集中的村庄开展养殖场大中型沼气建设，推动农村沼气集中供气。

（10）抓村民中心建设。要对村委会办公室、村民活动室、警务室等进行整合，尽量压缩村干部办公室的面积，集中建设集办公议事、村务公开、事务代办、信访代理、医疗服务、购物超市、文化娱乐、信息技术服务等于一体的村民中心，使之成为方便群众生产生活的综合性服务平台。

（11）抓传统文化保护开发。要着眼于传承优秀历史文化，对村内的古建筑，精心保护修缮，彰显村庄文化底蕴；同时，要搞好开发利用，把一些历史文化元素多的村打造成文化旅游村。

［第二十二章］

城乡良性互动战略[①]

本章主要讨论从城乡二元结构向城乡一体化迈进、城乡人力资源良性互动、城乡产业良性互动、城乡社会发展良性互动。

第一节　从城乡二元结构向城乡一体化迈进

城乡二元结构是中华人民共和国成立后长期存在的一种状况，但从我国目前发展的状况来看，我国已进入从城乡二元结构向城乡一体化迈进的历史拐点，在从城乡分割走向城乡良性互动。

一、迈进历史拐点

从历史上看，无论是发达国家还是发展中国家，在发展初期都会遇到城乡关系不平衡的非良性互动问题。例如，美国和英国等国家在工业化初期几乎都存在剥夺农村剩余来支持城市发展的现象。发展中国家尤其是在实行计划经济体制的国家，首先把城乡之间的资金、人力资本等生产要素及社会产出进行分割，限制它们之间的自由流动，最大限度地“挤出”农村剩余，然后通过强制性的行政手段和计划手段如调拨等，实现农村剩余向城市的转移，以支持城市发展，农村与城市之间呈现不平衡的发展状态，这就是“二元经济结构”。

作为一个发展中的人口大国，我国长期处在二元经济社会结构状态下。1949年以前我国就是一个典型的城乡二元经济社会结构，畸形的殖民地工业集中于城市，而且数量很少，广大农村基本上处于自然经济状态，生产方式落后，生产水平很低，农民自给而不能自足。中华人民共和国成立后，这种城乡二元结构不仅没有逐步消除，反而不断得以强化。为保证国家实施重工业优先增长的赶超战略、进行工业化必需的资本原始积累，国家从20世纪50年代起陆续颁布了一系列政策和法令，从户口迁移制度、粮油供应制度、劳动用工制度和社会保障制度等诸多方面，设置了强有力的计划、物资、商业等部门，限制生产要素在城乡之间的合理流动，以实现向城市倾斜配置生产要素的目标；通过劳动部门以及强制推行严格户籍制度限制人力资本的自由流动，有计划、有步骤地把通过教育升学选拔出来的农村优秀人才配置到城市，造成农村技术性、知识性人才的缺乏；通过工业品－农产品价格“剪刀差”机制实现农村剩余最大限度地向城市转移。这些制度的实施，把城市和农村人为地分割开来，强化了城乡二元经济社会结构，逐步形成了严重分割对立、非良性互动的城乡利益关系格局。改革开放以来，以户籍制度为核心的城乡分割发展制度虽然一时没有受到根本的触动，但其他方面的制度在逐步放松，城乡一体化发展取得长足进步，城乡经济关系有了明显改善。

进入21世纪后，我国处在一个向城乡一体化加速发展阶段迈进的历史拐点上，可以从以下几个方面来认识：

---

① 赵勇．城乡良性互动战略［M］．北京：商务印书馆，2004．

第一，这是中国特色社会主义事业进入发展新阶段的重要目标。进入21世纪，我国的经济社会发展发生了重大的阶段性变化，即经过改革开放以来全党各族人民的共同努力，我国实现了现代化建设“三步走”战略的第一步、第二步目标，人民生活总体上达到了小康水平，已经进入全面建成小康社会、加快推进社会主义现代化的新的发展阶段，也是城乡一体化加速发展的阶段。

第二，这是我国工业化、城市化进入加速发展时期的客观现实。改革开放以来，我国GDP年均增长较快，居世界第二位。2017年我国人均GDP已达8 836美元，常住人口城镇化率为58.52%。加速增长的加速器表现在两大引擎上，即工业化和城市化。1990年以来，特别是20世纪90年代中后期，我国的经济结构发生了重大调整：基础设施的投入奠定了城市化的基础，工业化在消费和出口的拉动下逐步升级，中国经济增长开始由工业化单引擎发展到工业化与城市化的双引擎（经济增长前沿课题组，2003）。从2002年开始，中国经济进入了一个城市化高速发展的阶段。由于中国现代化的过程就是农村人口向城市不断转移的过程，非农就业是中国发展过程中最重要的目标和进步的标志，因此不管是工业化引擎还是城市化引擎，都必须而且必将加速推动工业化和城市化进程中的非农就业，这正是城乡一体化加速发展以致我国迈向现代化的关键所在。

第三，这是我国正确的发展观和政策取向综合作用的必然结果。党的十六大召开以来，党中央反复强调要牢固树立全面、协调、可持续发展的科学发展观。城乡协调发展是科学发展观的一个重要方面，其实质既是“三农”问题，也是城市化问题。全面建成小康社会，必然要求把城市和农村的发展捆绑在一起，使城市和农村在良性互动过程中共同迈向现代化。这样的发展观以及与之相适应的政策取向，必然把农民和市民作为社会主义中国的平等公民来对待，必然把农村和城市的发展作为现代化建设同样重要的任务来推进，这必将促动城乡一体化的加速发展。

第四，这是伴随我国信息化建设长足进展的重要趋势。当今，信息技术广泛渗透到城乡经济和社会发展的各个领域。信息化的一个重要特点是利用现代传播手段可以在基础设施具备后不分地点、不分城乡地实现互联。总之，信息化的大力推进为城乡一体化加速发展提供了重要的历史机遇。

第五，这是我国深刻变化了的体制环境促进经济社会发展的重要体现。党的十四大确立了社会主义市场经济体制的改革目标，现在这种新的经济体制已经初步建立，由此我国经济社会发展的体制环境发生了深刻的重大变化，其中包括以公有制为主导、多种所有制经济共同发展取得具有突破性的进展，由市场配置资源的基础性改革取得重大进展，为整个市场经济体制的框架创造好的基础、环境。这为进一步加快城乡一体化发展提供了较为有利的体制环境。今后的改革目标是完善社会主义市场经济体制，致力于形成和完善一种能够使社会资源有效配置、经济有效运行的市场机制，创造一种能够最大限度地发挥人的积极性和创造性，进而提高社会整体创新能力的社会环境和制度安排。城乡分割的体制性障碍的消融和清除，必然为城乡一体化加速发展创造出更加有利的体制环境。

第六，这是经济全球化的内在要求。经济全球化是世界经济发展的客观趋势，我国将在更大范围、更广领域和更高层次上参与国际经济技术合作和竞争，充分利用国际、国内两个市场，优化资源配置，拓展发展空间，以开放促改革、促发展。全球化理念和规则影响日益扩张，必然使农民、市民都是国家的平等公民，城市、农村自主平等交流，扶助社会弱势群体等观念更加牢固地确立起来，进而影响到国家的方针和政策。这对于加速城乡一体化发展是十分有利的。

二、从城乡分割到城乡良性互动

中华人民共和国建立初期，广大农村居民仍然享有比较充分的自由迁入城市的权利，人口城市化基本是在没有政府直接干预的情况下进行的。从20世纪50年代初开始，我国政府开始对农民向城市的迁移施加限制。早在1953年，我国政务院就发出《关于劝止农民盲目流入城市的指示》。1957年，中共中央、国务院又颁布了《关于制止农村人口盲目外流的指示》。1958年，《中华人民共和国户口登记条例》的颁布成为影响城乡关系的一个重要转折点。国家明确将城乡居民分为农业户口与非农业户口，并规定，农业户籍的居民要想迁入城市，首先必须获得城市管理当局的许可。这就形成了极为严格的控制农村人口流动的户籍管理制度。国家随后制定实行的生活资料供给制度、就业制度和社会福利制度等，都是与这种分割城乡的户籍管理制度相配套、相适应的。只有持有城市合法户口的城市居民，才能获得国家配给的基本生活资料，才能由城市劳动就业部门安排工作，才有资格享受各种福利待遇等。这样，以迁移登记、人口统计为主要功能的户籍管理制度，在我国演变成一种将人口分为“农业户口”和“非农业户口”两种不同社会身份的制度，在城乡之间挖掘了一条鸿沟，筑起了一道制度性壁垒，使农村人口不能自由向城市迁移，人为地将城乡居民分割为两个发展机会和社会地位不平等的社会集团，由此逐步形成了“一个国家、两种政策”、城乡分割治理的二元体制。

国家推行城乡分割发展制度并不是轻率的决策，而是国家在资源禀赋条件并不具备的条件下实施重工业优先发展的赶超战略的必然结果，是一种内生的制度安排，在当时的历史条件下对于国家实现既定的工业化发展目标也起到了直接有效的作用。但是，随着国家发展偏好的适时调整和长期实行城乡分割发展制度本身带来的消极后果全面显现，城乡分割发展制度越来越不合时宜。改革开放以来，我国经济建设和社会发展取得了举世瞩目的伟大成就，社会生产力、人民生活水平和综合国力都上了一个大台阶。然而，长期以来困扰我国经济社会发展的一些深层次矛盾和全局性难题，却不能得到根本解决，这其中最突出的一个问题就是城乡二元分割体制。城乡二元分割体制是我国经济社会发展面临诸多难题的一个共同根源。要克服重重困难，振兴中国经济，实现社会协调发展，关键就在于促进城乡经济社会实现良性互动。抓住了这一点，就抓住了我国经济社会发展中的一个主要矛盾，许多问题就可以迎刃而解，取得事半功倍的良好效果。

我们的核心论点归结到一点，即城乡互动、共建小康。在认识和对待城乡关系这个重大问题上，我国应牢固确立实现城乡良性互动这样一种新的国家战略观，加速从推行城乡分割发展制度到实施城乡良性互动战略的转变进程。所谓城乡良性互动战略，就是在我国经济社会发展的全过程中，牢固确立实现城乡良性互动的战略指导思想，坚决摒弃城乡二元经济社会结构赖以存在的种种政策和制度安排，通过积极促进城乡人力资源配置、产业结构调整和社会发展等各个方面的良性互动，形成全国范围内以市场机制为基础的城乡之间全方位的沟通、联系、交流与互动新机制，并逐步使之规范化、制度化、法制化，从而加快城乡一体化发展进程，促进城乡经济社会协调发展，推动我国加快社会主义现代化建设的历史进程。

第二节　城乡人力资源良性互动

户籍制度是维系城乡分割的一项制度安排，加剧了城乡发展的不平衡。一方面农村存在大量需要向城市工业转移的劳动力，另一方面城市中也存在许多适合农村劳动力岗位的劳动力结构性不足，但城乡劳动力分割制度阻碍了这种流动，导致人力资源的配置失衡和低效率。同样，农村现代化建设迫切需要高素质人才流入农村。因此，城乡一体化良性互动必然先实现城乡一体化劳动力市场以及城乡劳动力的良性互动。

一、农村剩余劳动力流动与城市劳动就业

从中国人口增长的惯性及其带来的劳动力的超常供给趋势来判断，劳动剩余经济的特征将在一个很长的时期在我国的城乡并存。因此，推进农村剩余劳动力的转移，是中国工业化、城市化、现代化进程中必须解决的重大战略问题。

中国农村改革启动了农村剩余劳动力多层次、多途径转移的进程，而城市经济体制的改革和城市经济的迅速发展，又带来了前所未有的众多的就业需求和岗位。这不仅在一段时期内使城市本身的劳动者得到较充分的就业，而且容纳了过亿的进城民工。然而，随着竞争的加剧，面对资本、技术和劳动等经

济要素重新组合的挑战，国有企业原有的体制、结构和运行机制明显地不适应市场经济的需要，遇到了前所未有的种种困难。为了努力实现使绝大多数国有大中型亏损企业摆脱困境、实现建立现代企业制度的目标，国家在对国有企业的战略性改组上采取了一系列综合性措施，其中下岗分流、减员增效就是重要的一条。从本质上讲，国有企业在体制和结构双重转换过程中，实行的富余人员从工作岗位上分离的措施，只不过是变原来稳性的在职失业为公开失业。这种减员行动所形成的就业压力是空前的，为下岗职工提供基本生活保障和“再就业”工程的难度是很大的，因而理所当然地成为各级政府尤其是城市政府部门殚精竭虑的焦点。“农村劳动力流动及其与城市就业的关系”这一问题的研究，对中国的劳动力市场体系建设具有重要的意义，为制定合理的劳动就业政策提供科学依据。我们分析的结论是，农民进城务工与城市职工就业、再就业相容互补。

世界城市发展史表明，城市人口及劳动力数量扩张的基本来源是农村居民，城市劳动就业量伴随着农村劳动力及其家属进入城市而不断扩大，而城市经济的活跃和发展又不断创造出对劳动力的需求，这些新的就业岗位又进一步吸引更多的农村劳动力流向城市寻求新职业，从而形成第一产业劳动人口向以城市为载体的第二、三产业的转移过程。许多经济发达国家通过这一过程，最后都形成了城市人口占总人口绝大多数的现代人口分布格局。不论在外国还是中国，原有的城市居民及其所在城市的某些政府官员，往往对外来的新移民或农民进城务工经商怀着一种戒备心态，认为外来劳动力进城会冲击城市的就业。这种观点和看法自觉不自觉地来源于一种古老而错误的劳动力市场就业量假说——劳动力需求总量衡定假说。按照这一假说，就业被视为有一个规模固定的总额，从而就业就变成一种“一方受益会使另一方受损的比赛”，它意味着多为一个人提供就业机会必定造成另一个人的失业。

然而，现代劳动市场经济学理论中有关均衡劳动力市场的概念，最重要的含义之一就是：经济中没有固定工作数量这样的东西。只要劳动力的需求曲线不是垂直的（这仅是极罕见的情况），只要工资不是完全不可变的，可就业的数量就是由供给数量等于需求数量的均衡状态所决定的。换言之，工作岗位数量本身是个变量，它取决于供给曲线、需求曲线和均衡工资率。经济对劳动力的需求，最终来自于对它所生产的最终产品的消费需求，就业作为生产人们期望的物品和服务的一种手段，劳动投入量的多少还与资本、土地、技术等其他生产要素在经济活动中的投入量及配置方式相关。如为扩大内需，政府增加投资数量，从而增加了就业的岗位数量；在企业资本投入量一定的条件下，如果企业采用劳动密集型的技术投入方式，则可以提供较多的就业岗位。

劳动市场均衡理论分析还表明，劳动力的供给与需求均对工资率表现为具有弹性。其原因在于劳动力市场引导不同工资率的劳动力在部门、行业、地区间流动，从而使某一生产的劳动力供给量发生变化，这一变化又引起劳动力价格下降；劳动力价格下降反过来又刺激了劳动力需求，从而增加就业岗位。从更深层次的分析来看，劳动力价格下降，可引发产品的成本及销售价格降低，产品价格的下降又可扩大人们对产品的需求数量，而产品需求增加则导致厂家扩大生产规模，保持并创造新的工作岗位，使就业量扩大。农村劳动力进城就业，因其劳动力价格比城市劳动力低廉，因而对扩大生产和增加就业量是有帮助的。外来民工本身又需要消费和他人为之提供服务；民工中的能人在城市办厂开店，吸纳了部分下岗职工，为他们提供了“再就业”岗位；同时，进城民工交纳的各种税费，又被政府用于支持再就业工程。因此，民工进城就业，在一定程度上有助于城市劳动力扩大就业。

总之，农村劳动力进城就业与城市就业量的扩大具有相容互补的关系，尤其是城市第三产业的发展，使大量家庭劳动转变为社会劳动，从而创造出越来越多的就业岗位和就业机会。

农村劳动力进入城市就业，除一部分直接进入第三产业外，还有相当部分进入的是第二产业，尤其是制造业。这种就业倾向被认为是农村劳动力流动对城市人口充分就业的负面影响。这就需要分析农民工与城市工之间究竟有多大就业替代性的问题。

国内外许多有关劳动力流动的实证研究表明，劳动力进入市场往往呈递进的方式，即缺乏技能的工人首先进入的是非技术性工作岗位，而这些岗位往往是当地社区居民不愿从事的职业或工种。实际工作过程通常是低技能的外来工填补非技术工作岗位的同时或之前，当地城市的工人已递升到条件较优越的或技能要求高一些的职业和工程的岗位上了，因而二者的就业冲突和摩擦并不是经常化的。我国农村劳动力进入城市就业，很大程度上是填补城市劳动力退出的工作空间，如各种脏、累、苦、险的工作，而这些工作岗位恰恰又是许多城市人不愿从事或自愿放弃的。

当然，我们也不否认在一定条件下农村劳动力进城与城里人就业会出现一些矛盾。从理论上讲，产生这些矛盾的根本原因在于经济结构的变化、就业信息不充分、市场信息失真或时空分布不均等。但通过市场机制的调节和计划手段的协调，这些局部、暂时的矛盾是可以缓解和消除的。因此，统筹解决城乡就业的关键是建立城乡统一的劳动力市场，而不是去强化二元结构的劳动力市场。

二、城乡一体化劳动力市场建设

20世纪80年代开始形成劳动就业的“双轨”运行机制，即劳动力自由流动、自主谋职的市场调节和由政府控制、企业与职工无相对独立决定劳动力进入和退出的自主权的行政调节并行的局面。在20世纪90年代，随着建设社会主义市场经济体制目标的确立，由劳动就业的“双轨”运行演化为现在的城乡劳动力市场。由于我国城市国有经济领域劳动就业尚未完全按市场规则办事，也由于农村剩余劳动力向城市流动仍然受到种种限制，我国的劳动力市场还不是统一的市场，而是二元化的具有分割性的劳动力市场。这种二元化的具有分割性的劳动力市场显然不应长期保留，最终要求形成不同地区、不同产业、不同部门和不同所有制经济之间的统一的劳动力市场。农村劳动力流动和向城市转移是人类社会经济发展的必然趋势，是中国实现工业化、现代化的必要条件，只有统一的劳动力市场才能实现劳动力资源的有效配置，这是协调城乡就业关系的根本方向。

首先，要从社会主义工业化、现代化的高度，统一认识农村劳动力进城就业产生的城乡就业关系。应积极纠正“城市保护主义”的看法和由此而实施的对农民工的各种就业限制。从平等竞争的市场进入规则出发，原则上不应限制农村来城市求职者的行业、工种进入。那种抑制政策不仅排斥了农民正当的劳动就业流动权、选择权和自主权，有悖于市场经济的基本原则，而且是一种挖肉补疮的短视行为，最终要为之付出较高的成本代价。如果强行干预，有可能导致工农、城乡矛盾的激化，危及社会稳定，损害整个社会包括城市本身的长期福利目标与效率原则的实现。

其次，要积极改革“二元结构”的劳动就业体制，进一步完善城乡劳动力市场体系，激活城乡之间劳动力流通。有关政府和部门应统筹考虑城乡劳动力的就业问题，尽量不干预城市企业在用工上的自主权，使企业按其生产经营的客观要求和特点自主选择用人的数量和来源，不得以各种形式歧视农民工。要尽量依托市场机制来配置劳动力资源，减少行政手段和政府的直接干预。各地政府应积极加强劳动力市场软硬件，以减少流动中的盲目性。要鼓励城乡劳动者发挥各自优势，实行双向流动，如支持城市下岗人员利用其技术、管理和资金到乡村从事多种开发经营活动，支持农村个体、私营企业主到城市开展生产经营活动，为城市失业职工提供再就业机会。

最后，要大力发展中小城镇，以优惠政策降低农村人口迁居成本，疏导农村劳动力有序流动。据有关研究表明，我国的城市结构极不合理，中小城市的数量明显不足。这样会使大批农村劳动力过分集中地向少数超大型城市流动，加大这些城市的环境压力和就业压力，不利于尽快地全面提高我国的城市化水平。因此，政府应当从区域经济社会协调发展的战略高度，合理规划城市布局，运用财政、信贷、税收等经济杠杆以及产业政策等手段，鼓励大中小城镇协调发展，增强吸纳农村劳动力的能力，加快我国城市化的步伐。为了有利于协调城乡劳动就业，需要在户籍管理制度上实行突破性改革，逐步消除现行制度对农民职业选择、流动迁徙、社会身份改变等种种不合理的限制。借鉴国外的通行办法，外来居民若有稳定的职业和收入来源，凡超过5~8年的连续居住时期，则视为已融入当地城市，可取得当地城市的成员身份。对一些小城镇，有关标准应更宽一些。要积极推动农民定居城镇的具体办法，从中总结、提炼出较规范的制度，促进城乡劳动就业协调发展。

第三节 城乡产业良性互动

城乡发展不平衡的主要特征之一就是城乡产业结构的失衡，即现代工业与落后农业并存的局面。改革开放以后，随着经济社会的发展，逐步形成了传统农业、劳动密集型的乡村工业以及资本、技术和知识密集型的现代化工业并存的“三元经济结构”。“三元经济结构”是城乡一体化的过渡阶段，也是城乡良性互动的初期阶段。随着市场机制的引进与完善、农村城镇化的推进以及政府对农业的重视，“三元经济结构”必将走向城乡一体化，步入城乡良性互动的高级阶段。

一、工农业协调发展

在传统体制下，中国工农业两大物质生产部门之间实际上一直未能建立起一种良性循环、互相促进的和谐关系，而是长期处于一种不良循环状态。到20世纪70年代末，工农业之间的矛盾已相当突出，农业落后，工业低效，城乡居民都未能得到较多的实惠。从70年代末开始，中国调整了经济发展战略，并进行了以建立新的经济体制模式为核心内容的经济改革，使得工农业关系的格局发生了深刻变化。

（一）传统发展战略的矫正提高了工农业的关联度

以牺牲农业和压低人民生活水平为代价的发展模式日益受到农业发展不足和市场消费需求不足的困扰。因此，经济改革的内容之一就是调整工业内部结构，加快与人民生活直接相关的工业部门的发展。以农产品为原料的工业部门的发展，增加了对各种农产品的需求，成为推动农业结构调整的一股重要力量。同时，政府开始注重提高人民生活水平，以国内市场消费需求的增长带动国民经济的扩张。在调整工业结构的同时，政府还实施了一系列促进农业发展的重大政策，使农产品供给能力大大提高，在增进农业对工业的“产品贡献”能力的同时，农业对工业的“市场贡献”能力得到了较好的发挥。总之，随着发展战略的逐步调整，中国工农业两大物质生产部门之间的产业关联度有所提高，特别是工农业在相互提高市场贡献方面，有了很大的改进，这是改革开放以来我国工农关系的显著变化之一。

（二）市场机制的引入提高了工农业资源配置效率

经济体制改革的核心内容是不断扩大市场机制在配置资源方面的作用。随着市场机制在配置资源方面作用的增大，工农业之间的产品、资金和劳动力的流动日益受到市场机制的影响。这一变化对于提高工农业各自的资源配置效率、改善工农关系产生了积极的影响，也使得工农关系出现了更加复杂的局面。因为无论是在工农业内部还是在工农业之间，市场机制的引入都是不均衡的。在农业内部，一方面，与工业生产直接相关和对城市居民生活影响较大的主要农产品，仍不同程度地受国家计划的控制，这些产品生产的比较利益与完全放开的农产品相比明显偏低，从而引起农业内部的摩擦；另一方面，农业生产资料的实际放开经营与少数重要农产品仍实行计划收购之间也存在严重的冲突。虽然国家多次提高农产品收购价格，但农业生产资料价格的上升幅度也很大，在这种价格不合理的非均衡变动中，农业被置于十分不利的地位。随着市场机制作用的扩大，工农两大产业之间的利益冲突日益明晰化。

（三）经济利益主体的生成使工农关系的调节愈来愈受利益原则的支配，中央政府的调控能力减弱

传统经济体制的弊端不仅表现为资源配置机制失当和效率低下，还表现为忽视了农户、企业及地方政府的独立利益。随着体制改革的不断深入，这种状况已发生了很大变化，具有独立利益的经济行为主体已逐步形成。在农村，随着家庭联产承包责任制的实行，农户获得了生产经营的自主权，成为一个自负盈亏的、独立的经济利益主体。在城市，随着城市改革的不断深化，企业自身的经济利益是不断扩张的，也已成为一个相对独立的利益主体。改革开放以来，中国初步建立了分级财政体制，地方政府获得

了相当的自主权。此外，农村资金的主要供给者——中国农业银行，既贯彻国家宏观产业政策，又实行企业化经营，事实上也是一个具有独立经济利益的行为主体。各种经济利益主体的形成，对工农业关系产生了深远的影响。在主要通过国家指令性计划对工农业两大物质生产部门的发展进行调控的体制下，由于微观经济活动主体没有决策权，国家的计划指标对地方政府、企业和农业生产单位具有很大的约束力，因而在处理工农业关系方面具有相当的支配权。随着各种经济利益主体的形成，以及国家对工农业关系逐渐转向主要依靠经济手段进行间接调节，工农业发展也逐步转向分散决策，资源在工农业之间以及工农业内部的配置愈来愈受到经济利益原则的支配，中央政府对工农业关系的计划调控能力已显著减弱。

（四）农村工业的崛起使原来的工农业关系演变为城乡工业和农业之间的双重关系

改革开放以来，中国的农村工业获得了持续的高速增长，已全面介入工业部门。在有些部门，其产值和就业份额已达到很高水平。农村工业的异军突起，对工农业关系产生了重要影响，即工农业关系已由原来的城市工业与农业之间的关系演变为城乡工业与农业之间的关系。这种格局形成以后，中国的工农业关系呈现出新的特点。首先，农业不仅面临着继续为城市工业提供各种贡献的任务，也面临着为农村工业提供各种贡献的任务，工农业的良性互动表现为城市工业与农业的良性互动以及农村工业与农业的良性互动两个方面。其次，从农村工业与农业相互作用的后果来看，一方面，农村工业的发展，使农民分享了工业化的利益，在一定程度上缓和了城市工业与农业之间的紧张关系，促进了农业的发展；另一方面，农村工业的发展，受比较利益的驱使，导致农业生产要素弱化和流失，不利于工农业良性互动。

二、市场机制与工农业互动协调

纵观我国工农业发展的历程，在大多数时期内，我国工农业之间未能建立起一种互促共进的和谐关系，工农业的不协调成为主流。我国在20世纪50年代就注意到了保持工农业协调发展的重要性，并强调按农、轻、重的顺序安排国民经济计划，但在实践中一直未能解决好这个问题，根本原因就在于资源配置机制没有改变，在当时的条件下还不可能形成良性互动的机制。

在20世纪80年代初期，我国的工农业关系由以前的极不协调转为比较协调，这并不是通过强化传统的计划机制实现的，而是市场机制在配置资源方面的作用日益扩大的结果。严格地说，80年代后期出现的工农业增长的不协调，并非整个农业与工业的不协调，而是不同程度地受计划控制在某些农产品（如粮食）与工业发展的不协调。由于这些商品价格被扭曲，不能反映正常的供求关系，不能有效地诱导资源的合理配置，因而影响了其正常增长。与此相比，由市场调节的农产品，如水产品、果品、部分畜产品以及部分工业原料作物，由于价格基本上由供求关系决定，在满足社会需求方面，取得了值得称道的成绩，与仍受计划控制的农产品形成了鲜明的对比。可以说，我国工农关系演变留给我们的最深刻的启示是：要实现工农业的持续协调发展，必须使市场成为配置资源的基础机制，必须形成工农业良性互动的机制，尽快完成由“双轨制”向政府宏观调控下的市场经济体制的转变。

首先，要坚持把市场机制作为主要方式，促进工农业生产要素的优化配置。要坚持按经济规律办事，在更高程度、更大范围、更深层次上发挥市场机制的基础性作用，通过市场机制配置资源，打破城乡之间的市场封闭，整合城乡资金、劳动力、人才、技术、信息等资源，促进城乡工农业协调发展。

其次，要促进市场的有效竞争。市场竞争是提高工农业生产效率、优化工农业资源配置的根本途径。但竞争必须有效，否则也很难取得良好的效果。从规范的市场经济体制来看，有效的市场竞争主要包括三个方面的内容：一是竞争必须公平；二是竞争必须相对充分；三是竞争必须有序。市场竞争的公平性要求法律法规和政府有关政策平等对待不同的市场主体，为各类市场主体创造平等竞争的市场环境。市场竞争的充分性要求消除阻碍市场主体进入和退出市场的各种行政性与经济性障碍，保证竞争的相对充分性。市场竞争的有序性要求有符合市场经济要求的“游戏规则”，保证市场竞争的有序进行。

最后，完善农产品生产和流通机制。当今世界农业竞争是规模化、产业化、集约化、机械化、科学化的大农业竞争，小农经济不能适应国际大农业竞争，应大力改变传统的农产品生产机制。同时，改变落后的农产品流通机制，使中国农业走上产业化、市场化的健康发展之路。

三、政府与工农业互动协调

实现工农业的良性互动和协调发展，一定要让市场起基础性作用，但是只有市场成为配置资源的基础机制是不够的，政府的作用也是无法替代的。政府始终是城乡关系博弈格局中起主导作用的重要参与者。①

政府在农业发展过程中具有不可替代的作用。政府、社区组织、农户在农业发展过程中担负着不同的职能。农户作为农业经营的微观主体，主要担负着农业中的流动资本、中小型农业机械、农田改良等方面的投入。农村社区组织则肩负着在本社区范围内农户无力承担的土地改良、农田灌溉、道路维修、农业服务体系建设等方面投入的职能。与此同时，政府在农业投入中则发挥社区和农户无法替代的作用。农业发展所需要的基础结构，包括农业科研、教育和推广，农村交通、运输、通信和信息系统，大型农业水利灌溉系统，农产品市场建设等，都具有很强的外部性，一旦投入运行，将在一个较大的区域内发挥作用。这些方面的投资，不仅规模大，而且周期长，单个农户或社区既缺乏投入的激励，也缺乏投入的能力。此外，国土的整治和开发，也具有与农业基础结构投入类似的特征，需要政府承担起投入主体的职责。

农业的产业特性决定了政府必须在财政上对其进行扶持和保护，这是世界上许多国家通行的做法。首先，农业是以生物为对象的物质、能量转化与循环过程，是自然再生产与经济再生产相交织的过程，这就决定了农业对气候、土壤、地形等自然生态环境有着很强的依赖性，农业生产有着较高的自然风险，农产品供给的稳定性差。其次，由于恩格尔定律的作用，农产品需求弹性小，需求约束问题在农业部门表现尤为突出，农产品的市场容量有限，农产品供求关系之间的均衡比较困难。最后，农业是一个经济效益相对较低、社会效益较高的部门，投资于农业部门往往很难获得高额利润。农业生产在地域上的分散性，又使得农业部门很难形成垄断。在比较利益的驱动下，农业部门的资金还会大量向农业外部转移。一般说来，农业自我积累、自我发展的能力较差。因而，为了保证农产品供给的稳定增长和农民收入的不断提高，促进传统农业向现代农业的转化，政府必须对农业进行必要的扶持。加大政府投入是实现工农业良性互动和协调发展的重要途径。

（一）要实现由农业支持工业向工业反哺农业的转变

我国长期推行重工轻农、重城轻乡的发展战略，国民收入分配向工业和城市倾斜，是造成政府农业投入不足的根本原因。因此，要从根本上解决政府对农业投入不足的问题，必须彻底改变重工轻农、重城轻乡的发展战略，合理调整国民收入在工农业之间和城乡之间的分配格局。我国经济经过几十年的发展，在工业已经发展壮大的情况下，不应继续强制性地从农业部门抽取资本用于工业化的资金积累，应该由以农业支持工业转入以工业反哺农业这样一个新阶段。长期以来，工农业产品的不等价交换，影响了农业的正常发展和农民收入状况的改善。这种状况如果继续下去城乡收入的差距会持续扩大，这不仅会造成城乡之间巨大的消费断层，制约整个国民经济的健康发展，而且会导致社会矛盾的加剧。中国农业发展目前正处在阶段性变化的阵痛期，其标志有二：一是在满足温饱需求后，农产品由数量型增长转

① 实际上，在任何一个转轨经济中，国家或政府既是城乡关系博弈格局中的一个平等的参与人，一定程度上又是一个至高无上的组织者。这两种角色是我们在研究城乡互动关系中考察国家行为时最需要认识清楚的。

向数量与质量并重型增长，农业发展的需求约束增强。二是在国民经济向市场经济转轨过程中，各种生产要素向高效益的产业流动，农业的弱质性充分表现出来。在这个时期，如果继续原先的政策，可以说农业的停滞和萎缩是在所难免的。为了促进工农业的良性互动，政府必须转变重工轻农的发展战略，通过增加投入对农业进行扶持。实现由以农业支持工业向以工业反哺农业的转变，关键在于从存量和增量两个方面合理调整国民收入在工农业之间和城乡之间的分配格局，以提高政府运用财政手段支持农业的能力。

（二）要建立健全有利于农业发展的政府投入稳定增长机制

1.合理界定中央与地方政府在农业投入上的事权和财权关系，规范各级政府投入行为

实行分税制后，中央支配的财力规模扩大，为中央财政增加对农业的投入奠定基础，但地方政府支配的财力的下降削弱了地方政府对农业的支持能力。在分税制条件下，保证各级政府稳定地增加对农业的投入，尤其是防止地方政府推卸在发展农业方面的责任，关键是在划分中央与地方财政收入的同时，科学廓清中央与地方政府在发展农业上的事权关系，并在此基础上合理界定各级政府在发展农业上的财政支出范围，以法律形式加以规范，从而尽快建立与分级财政体制相适应的“划分事权、分级管理、专项补助”型的农业财政管理体制。划分中央和地方政府在发展农业上各自职责的基本原则，是哪一级政府对某项事务把握的程度高，并掌握着有效的手段来完成，能够做到管理上高效率、低成本，处理该事务的权限就归哪一级政府所有。就各级政府在增加农业投入方面的职责划分而言，中央政府作为全社会利益的集中代表，主要负责具有全局性、长远性和社会性影响的农业发展项目上的投入职责，而地方政府则承担着本区域范围内单个农户和社区无法承担的具有明显外部性的农业发展项目上的投入职责。在划清中央和地方政府职责的基础上，应按照事权划分与财政负担上的一致性原则，合理确定中央和地方政府的财政支出范围。要增加中央政府农业投资规模，提高农业投资在中央投资总规模中的比例。另外，在中央集中大部分财政收入的基础上，应建立规范的中央对地方的农业转移支付制度，以贯彻中央的农业政策。

2.改革农业财政投入的运作方式，提高财政资金的使用效率

在财政支农资金有限的情况下，改进财政支农资金的运作方式，提高财政资金的使用效率，是一个很重要的课题。在这方面，我国改革开放以来已积累了一些初步的经验，国外也有许多成功的经验可资借鉴。我国20世纪70年代末以来在一定范围内实行的财政支农资金的有偿使用制度，在实践中已产生了较好的效果。财政资金是无偿获取的，在使用上应该多讲社会效益。从财政的职能来看，财政支农资金大部分应采取无偿拨款的方式；但对于一些具有营利性且具有偿还能力的农业开发项目，财政资金可以采取有偿使用的方式。今后应进一步完善财政支农周转金制度，如可采用发行政府担保的债券形式筹措更多的资金。

我国近些年来实行的资金配套制度也产生了一定的效果。当然，资金配套做法也有待进一步完善。例如，应防止地方政府以不正当手段索取中央财政资金；对于一些缺乏配套能力的欠发达地区，也不能机械地要求配套；配套资金的范围应限制在需由中央和地方共同合作建设的农业项目上。

我国近些年来实行农业发展基金制度，实践证明也是一种有效的资金运作方式。农业发展基金的来源，既涉及各级财政预算内收入，又涉及预算外收入，已成为一支非常可观的支农资金力量。应结合财税体制改革，调整农业发展基金的来源，使这一制度不断巩固，发挥更大的作用。当然，发展农业仅靠财政资金是不够的，更多地要依靠金融资本、个人资本和其他社会资本的投入。依靠较少的财政资金，调动更多的金融资本、个人资本和其他社会资本投入农业，可以形成农业投资的合力。在这方面日本的“制度金融”是非常成功的。日本政府通过“制度金融”，有效地调动了银行资本、农协资金以及农民私人资本投入农业的积极性。政府的财政资金通过这种方式，还起到了调控投资方向、贯彻产业政策的作用。在我国，农业投资比较利益低，投资风险大，单靠行政手段调动商业银行资金投入农业是很难奏效

的，应借鉴日本成功的经验，通过财政贴息、担保等经济手段，有效地引导金融资本投入农业，这将是多渠道解决我国农业发展资金不足问题的一条重要出路。

3.合理确定财政支农资金的投向

依据财政资金的特性，我们认为，财政支农资金主要应投在以下方面：

（1）支持农业基础设施建设。我国在农业基础设施上的欠账太多，目前普遍存在农业基础设施老化问题，这是造成农业抗灾能力低下的一个重要原因，必须提高农业基础设施投资在投资总额中的比重。中央和地方要集中财力，以直接投资方式，为大中型防洪工程、灌排工程、水资源工程、水土保持工程、防护林工程等的建设提供资金保证。在欠发达地区，我国应继续采取以工代赈的方式，增加农业基础设施建设中的劳动投入。

（2）支持农业科研和推广体系建设。要充分发挥科技在农业发展中的决定性作用，必须高度重视农业科研和推广工作。在市场经济条件下，政府的财政支持是农业科研和推广的关键条件。农业研究投资占农业总产值的份额，是衡量一个国家对农业科研重视程度的重要指标。现在，各国农业研究占农业总产值的比重都呈现出不断提高的趋势。我国亟待增加对农业科学研究的财政投入。

（3）支持建立粮食等关系国计民生的农产品的支持价格制度和专项储备制度。以财政全额出资方式，建立国家农产品储备调节基金，实行吞吐调节，平抑市场价格波动，保护生产者和消费者利益。近些年来，我国大宗农产品市场价格波动剧烈，与农产品储备调节体系极不完善有直接关系。首先，我国目前大宗农产品储备的资金来源主要是银行贷款和财政贴息，由于农产品储备调节属于一种低利、无利甚至亏损的社会公益性事业，现行农产品储备体系在运转中经常出现银行贷款难落实、财政贴息不到位的问题。其次，储备调节机构极不规范。现行农产品储备调节职能由国有商业企业来承担。实际运行情况表明，国有商业企业的营利性功能与政策性功能往往会发生冲突，在农产品市场出现波动时，很难保证现有国有商业企业服从政府意图，进行合理的调节。从国际经验看，大宗农产品的吞吐调节属于政府行为，应当建立独立行使政府职能的储备调节机构，与国有商业企业的经营行为严格分离开来。重要农产品的储备调节，应当由中央政府决策，实行一级调控，与此相对应，也应由中央财政，以全额出资的方式，建立农产品储备调节基金，切实保证农产品储备调节体系的有效运转。

（4）支持建立农业风险保障体系。农业是一个高风险的产业，同时处在自然风险和市场风险之中。从国际经验看，发展农业保险，是保护农业和农民利益的重要措施。由于农业的高自然风险，决定了农业保险在很大程度上是一种非营利的社会事业。世界上许多国家为了促进农业保险事业的发展，都在财政上对农业保险进行补贴。例如，美国联邦作物保险公司直接由政府开办，不以营利为目的；政府也鼓励私营公司开办农业保险，并给予税收上的优惠。我国从1982年开始，由中国人民保险公司工办农业保险业务，由于缺乏政府财政的支持，农业保险盈利水平低，甚至亏损，中国人民保险公司作为一个商业保险机构发展农业保险的积极性并不高。我国可以考虑采取财政拨付保险基金和减免税收的方式，支持农业保险事业的发展。

为了防止由于财政困难或政府及有关机构的随意性，而忽视对农业的资金投入，我国必须加快农业投资立法，使增加政府对农业的投入有法律上的保障。《中华人民共和国农业法》对增加政府农业投入做出一些规定，但还不够；应尽快制定和实施独立的《中华人民共和国农业投资法》，明确界定各级政府在农业投入上的事权和财权关系；确定政府农业投入的来源渠道；规定农业投入的份额、投向、使用原则等。各级人大或其常委会有权对各级政府部门农业投入绩效进行监督。

四、城镇化是三元经济结构发展和转换的轴心

三元经济结构的生成与发展，尤其是非农产业的快速发展掀起了中国城镇化的浪潮。城镇的经济实力不断增强，功能不断完善。

城镇的兴起是三元经济结构发展的产物，三元经济发展必然以城镇为阵地、为依托。但城镇化与乡

村工业化的力量又是相互连锁推进的，工业化产生了城镇化的推力，城镇化水平提高又为乡村工业的发展创造条件，成为乡村工业发展和农村区域经济增长的重心，并推动三元经济结构向新的一元化转换。这一连锁推进的关系如下所示：乡镇工业化—三元经济结构生成—剩余劳动力转移和居民居住方式的变迁—引起城镇化—城镇基础设施和功能强化—市场形成—刺激经济发展—工业能力增加—发展、完善三元经济—扩大城镇化—社会结构变革—新的一元结构生成。

在这个连锁推进的关系中，城镇化作为推动中国三元经济结构发展与转换的支撑点，发挥着重要的轴心作用，具体体现在以下方面：

（一）城镇的集聚效应推动着乡村工业的大发展

工业本身是各种生产要素的集聚，乡村工业的发展客观上要求以城镇为依托。“离土不离乡，进厂不进城”“村村有工厂，乡乡都冒烟”的分散的农村工业，不仅造成资源浪费、生态恶化，对农业规模经济造成空间上的困难等，而且给乡镇企业的发展造成极大的不经济。最终导致分散的农村工业缺乏应有的发展后劲，丧失应有的市场竞争力。实践证明，农业可以分散，但非农产业，尤其是乡村工业需要集中，空间上的集中将带来巨大的规模效益，因此，以城镇为中心，对乡村工业进行合理的空间布局，将为乡村工业的发展注入强大的生机与活力。

城镇对经济发展的推动作用，最根本的一点体现在集聚效应上。集聚使公用生产性设施诞生，公共设施为乡村企业节约了成本；集聚使本地区的资金、劳动力、技术、管理、交通等各种生产要素相对集中，从而使城镇成为本地区经济社会的“发展极”；集聚扩大了本地市场，有利于进行规模生产，产生了市场规模效益；集聚能带来信息效益、人才效益，有利于促进乡村工业适应市场行情变化，进行技术改造；集聚能带来生态效益，企业的集中有利于对环境污染进行综合治理。因此，城镇的发展将从根本上改革乡村企业分散无序的格局，提高工业生产能力，促进乡村工业的大发展。

（二）城镇的吸纳功能使剩余劳动力实现有效的转移

农村劳动力过剩是发展中国家尤其是大型发展中国家共同存在的问题。中国作为最大发展中国家，庞大的农村剩余劳动力盲目、自发、无序地流向城市，不仅影响农业生产的发展，而且给城市造成巨大的压力，严重影响城市经济社会的健康发展。

造成剩余劳动力转移严重滞后的根本原因是我国城镇化严重滞后于工业化。因此，有效地解决农村剩余劳动力转移问题的根本出路在于大力发展小城镇。沿海经济发达地区的实践已经充分证明：小城镇的蓬勃发展不仅解决了本地剩余劳动力问题，而且吸纳了许多外地、外省的富余人员，在较大程度上缓解了富余人员就业的压力。可见，推行农村城镇化，让广大剩余劳动力流向城镇的非农产业部门，就地转移、就地消化，是促进剩余劳动力有效转移最现实可行的途径。

（三）城镇的“增长极”效应促使农村区域经济的增长

经济社会的发展总是遵循非平衡的发展规律，有重点、有差异、有特点地发展。非均衡系统中总是存在支配性的区位，因此，在不同的时期选择支配全局的优势区位发展经济可以事半功倍。非均衡发展观还认为：在经济发展初期，经济发展应以极化效应为主；在经济发展的后期，则以扩散效应为主。极化效应使生产要素从非增长极向增长极集中；扩散效应则使生产要素（特别是资本和技术）从增长极向其腹地分散。

城镇作为非均衡系统中支配全局的优势区位，集中了各种生产要素的优势，是一定区域内政治、经济、文化的中心，是资金、人才、信息及各种生产资料、生活资料的集散地。对区域经济的发展，城镇发挥着重要的“增长极”效应，是一定区域内经济发展的重要突破口和新的增长核心。同时，待城镇这个增长极或中心地发展到一定程度后，又会发挥应有的扩散效应，即以城镇为核心，向乡村扩散信息、技术和城市文明，推进腹地的经济发展。

农村城镇的发展成为农村区域经济增长的中心。它不仅带动了农村经济增长重点的转移，即从乡村转向城镇，也带动了农村经济、社会结构的整体改造，促进了二元经济结构向三元经济结构的转换，并为三元经济结构向一元经济结构转换做了必要的准备。于是这一经济增长的核心也便成为三元经济结构发展与转换的核心。

（四）城镇的调节功能协调着三元经济结构之间的关系

中国农村工业部门是在农村农业部门和城市工业部门的夹缝中生长起来的，因此既相辅相成又相互矛盾。譬如农村工业部门与农业部门之间，一方面农村工业的扩张，吸纳了农村剩余劳动力，扩大了农产品的需求，刺激了农业生产，并通过以工补农、提高农民收入、支持农村基础建设等形式对农业进行“反哺”，促进了农业的增长；另一方面，又不断吸引农业的养分，如与农业争资金、吸纳农村优秀劳动力、占用耕地、污染环境，对农业的发展产生负效应。又如农村工业部门与城市工业部门之间，一方面，乡村工业的发展在很大程度上弥补了城市产业结构和产品结构方面的某些不足，增加了有效供给。两者通过合资经营、签订转包合同等手段进行生产合作，有利于工业经济流程的合理化。但另一方面，两大部门争夺资源、争夺资金、争夺市场的矛盾又十分激烈。这种矛盾发展的深层次原因是各个部门有着不同的运营机制，城市工业的政府调控和乡村工业的市场调控之间具有难以弥合的裂缝。市场体系发育的滞后使三元经济结构之间缺乏正常的市场联系，从而产生一定程度的断裂现象。

如何减少三元经济结构之间的摩擦，使之良性互动？这就需要建立新型的协调机制。一方面靠深化改革，建立市场经济体制，为各部门之间的资源合理配置、平等竞争和经济流程中的契合建立深厚的基础；另一方面，就是要建立三元经济结构相互依存、相互促进的载体，这个载体就是城镇。城镇的兴起与发展，以其特有的调节功能，促使各部门的经济在资源上得到最佳配置，通过市场开拓，促进各部门经济进入一体化良性循环的轨道，从而减少三元经济结构的矛盾，弥合其关系的裂缝。就乡村工业与农业而言，通过对乡村工业进行合理空间布局，建工贸小区，就可以避免乡村工业对农村的污染，解决乱占耕地的问题；通过吸引外地资金，缓解乡村工业与农业争夺资金的矛盾；通过健全基础设施建设，在城镇建立完善农村的社会化服务体系；通过以工补农的形式，带动农村的发展，促进农业增长。更主要的是城镇的发展将促进市场的发育，促进商品经济的发展，可以把农业与农村工业一起纳入市场化的轨道，使二者之间形成有机的市场联系，加速实现异质向同质的转变。

就乡村工业与城市工业而言，城镇作为“城市之尾，乡村之首”，架起了乡村工业与城市工业协同发展的桥梁。一方面，这有利于加强城市工业部门对农村工业部门的带动，解决农村工业部门管理落后、人才奇缺、技术落后、信息闭塞、效率低下等要害问题，促进农村工业部门的扩张；另一方面，城镇的纽带、调节作用将使农村工业部门的发展更好地弥补城市工业部门在产业结构和产品供给方面的不足，扩大对城市工业部门产品的需求，推动工业产品总量的增长。此外，城镇的发展将促使乡村工业上规模、上档次，为乡村工业向城市工业的转换创造条件，使二者之间更具有趋同性。

总之，城镇的协调功能，将使农村农业部门、农村工业部门及城市工业部门之间的内部关系日趋协调、完善，最终将消除三元经济结构之间的断裂现象，在市场一体化发展中逐步实现向现代经济结构的转换。

（五）城镇的“桥梁”功能将促进三元经济结构向新的一元经济结构转换

从三元经济结构向一元经济结构转换最根本的问题是促进农村居民实现现代化，城市化的实现可以看作三元经济结构转换成为一元经济结构的最终标志。城镇作为联系城市和乡村的桥梁，作为乡村演化为城市的媒介和过渡形态，无疑将在这一转换中起着重要的作用。首先，城镇的形成与发展，必然带动城镇工业企业及包括交通运输业、商业、饮食服务业在内的第三产业的发展，从而为农村劳动结构转换开辟现实途径，为农村剩余劳动力的转移创造条件与机会，为人口结构转换提供现实可能性。农村人口向城镇集中，又将导致农村居民居住方式的变迁。城镇文化的熏陶还将给予这些居民的生活方式以新的内涵，为逐步实现现代化创造条件。其次，城镇化的逐步推进及所促成的农村工业部门自身产业结构的变化，从根本上说将有利于中国农村工业化从数量型过渡到质量型，推动乡村工业向现代工业的转轨。

城镇化还会促进传统社会结构向现代社会结构的位移。随着城镇化的推进，三元经济结构将被更新型、更先进、更合理的经济结构——城乡经济一体化所取代，从城乡分离、城乡对立走向城乡融合。

三元经济结构是中国经济现代化进程中的必然选择。因而，促进三元经济的进一步完善、发展并向新的一元化转换，就成了推进中国经济现代化的应有之义。从城镇化的角度出发，我国应采取以下对策来加快三元经济结构发展与转换的步伐：

1.确立经济发展重心向城镇倾斜的农村经济发展战略

城镇化是农村现代化的一个重要标志。城镇化滞后既阻碍了中国农业现代化和工业现代化，也阻碍了人民生活方式的现代化。城镇的发展既是农村经济发展的必然产物，又是促进农村经济发展的必要条件。我们要加快实现跨世纪的宏伟目标，就必须认清城镇化在农村经济发展中的战略地位，把农村工作重点从农村转向城镇，以城镇为重心，加快对农村经济结构的改造，加速农村现代化进程。这是因为农村与农业的根本问题，主要是发展问题。只有经济发展了，才能从根本上实现长治久安。要发展，就必须加速城镇化和工业化，大力发展商品经济和非农产业，尽快把农村区域经济增长的重心从乡村转移到城镇，结束那种使农业长期在低水平上徘徊的局面，使农村与农业的发展跃上新台阶。加速农村的发展，除了着眼于经济增长和提高经济效益外，更主要应着眼于结构变革，而非农化和城镇化正是意义深远的结构变革。也只有推进城镇化，才能从根本上促进农村经济增长方式的变化，保证农村经济的稳步增长。因此，我们必须更新观念，调整思路，树立工业与农业、城镇与农村并重的农村经济发展战略，加快小城镇建设，把农村发展的重心逐步向城镇转移，以城镇带动农村发展，加快农村现代化进程。

2.以建城镇工贸小区为契机，加快工业结构的转换

乡村工业要以城镇化为依托，城镇化要以工业化为支撑。乡村工业要进一步发展，必须按照区域经济比较优势原则和专业化协作的要求，将分散的企业集中到适当的地点聚集共生，走适度规模经营的集约化道路，建立农村工贸小区，优化乡村工业的空间布局和组织结构，形成聚集效应和规模经济效益，这是优化乡村工业布局结构的方向。建立以城镇为依托的工贸小区，是工贸经济发展的内在要求，是推进城镇化发展的重要举措，也是加快工业结构转换的重要契机。无论是城市工业的进一步优化还是乡村工业的进一步发展，都要以工贸小区为载体，进一步实现结构转换。一方面，国有企业在抓“大”放“小”中，把国有小型企业及传统工业逐渐向农村工贸小区转移，利用农村丰富的劳动要素替代稀缺的资本要素，在促进城市传统工业的发展中带动乡村工业发展、带动农村剩余劳动力的有效转移。另一方面，乡镇企业要进一步向工贸小区集中，加强与城市工业部门的联系，增强产业之间的联动效应，为乡村工业向现代城市工业的转换创造条件。从这种意义上，农村工贸小区的建设就成了协调城市工业、乡村工业及农村和农业三元关系的“大熔炉”，将为三元结构向新的一元结构转换架起重要的“桥梁”，为优化工业结构提供重要的途径。

3.完善城镇的结构与功能，增强城镇的张力

经济发展的一般规律证明，现代经济的增长必须依托城镇，但对国民经济整体发挥作用的不是城镇的规模，而是城镇的结构和功能。在对国民经济进行结构改造的历史进程中，要发挥城镇的核心作用，关键要完善城镇的功能，科学建立城镇的格局，使之发挥最大效益，促进国民经济的增长与结构转换。

首先，完善城镇功能的核心问题，是培育和发展城镇的市场体系。以城镇为依托进行市场开拓，包括形成和开拓以土地、劳动力、资本为代表的要素市场，开拓城乡的商品市场，以及全方位开拓国际市场。开拓市场不是一个简单的商品市场的拓展，而是包含了一系列深刻的体制创新和结构变革。城镇市场体制的健全与完善，不仅是完善城镇功能的内在要求，也是城镇带动乡村经济发展与结构变革的根本途径。

其次，构建以工业为骨架、以服务业为导向的城镇经济体系，使城镇真正成为一定区域内经济发展的“增长极”，成为一定区域经济增长、贸易集散、技术进步的中心，增强城镇的辐射功能和领导功能。要以城镇为龙头，创建农业社会化服务新体系，真正使城镇成为农村经济增长的核心，将传统的农业经济纳入城乡一体化发展的循环之中。

再次，要以强有力的措施加强城镇基础建设，以满足经济发展与农村人口城镇化的要求。城镇不仅应具有良好的地理区位条件、较发达的非农产业基础，而且要有较好的基础设施，并加强城镇管理，以提高城镇化水平。为了更好地发挥城镇的功能，实现以城镇为核心促进农村区域经济全面增长的目的，在推进城镇化的具体方式上，我国应推进“据点型城镇化”与“网络型城镇化”相结合的战略。据点型城镇化是指通过据点的兴建或据点的扩张来推进城镇化，核心是按照“一县一城（市），以县城为中心，以特色镇为纽带”的构想推进农村城镇化。网络型城镇化是指在城镇密集地区通过加强交通和通信网络的建设来形成城镇带或城镇圈。这种“点”“面”结合的城镇化发展形式将极大增强城镇的辐射功能，从根本上带动农村经济结构的发展与转换。以城镇为基础，进而构建“市（地级）-市（县级）-镇-公司-农户”的农村行政与经济组织的新格局，彻底改变传统农村的格局，实现农村经济社会结构从传统到现代的转换。

最后，打破城乡壁垒，协调农村剩余劳动力的转移，加快人口城镇化的步伐。传统的二元结构及其相应的户籍制度所造成的城乡壁垒，很不利于剩余劳动力的转移，严重制约了经济发展和社会进步，也使城镇化严重滞后于经济的发展。为扭转这一局面，一是要打破城乡壁垒，逐步推进城乡通开的户籍制度，鼓励农民进城开店办厂、经商务工办企业，进城进镇安家落户，取得相应的城镇户口；二是大力发展城镇第二、三产业，增强城镇对剩余劳动力的吸纳能力，使城镇成为调节农村剩余劳动力的巨大“蓄水库”。

第四节　城乡社会发展良性互动

城乡经济上发展不平衡必然会导致农村教育、文化、卫生和养老保险的落后，农民社会福利明显低于城市。提高农民社会福利，实现城乡一体化良性互动，除了进一步发展农村经济外，政府还应该加大城乡社会发展良性互动。

一、基本公共服务的统一提供和城乡衔接

（一）农村义务教育投入体制改革问题

无论是发达国家还是发展中国家，都是由中央和地方政府共同负担初等教育的全部或主要费用，特别是中央和省级政府往往承担了更大的责任。例如，在日本（1980年），国家承担了初等中等教育经费的25.4%，县级政府（相当于我国的省）承担了67.8%；美国（1979年）联邦政府承担了8.5%，州政府承担了40.1%。从农村基础教育管理和投入体制看，我国这些年来走的是一条与其他国家完全不同的道路。1985年，《中共中央关于教育体制改革的决定》确立了义务教育实行“地方负责，分级管理”的体制；之后，在义务教育法和《中国教育改革与发展纲要》中又进一步予以明确和完善。现行的农村义务教育办学和管理体制，曾极大地调动了各级政府的办学积极性，在我国农村义务教育的普及过程中确实发挥了积极的作用。但中央和省级政府在发展农村义务教育方面承担的责任太少，导致相当多地区的县

乡财政难以支撑，严重影响了农村义务教育的发展。

中央进一步完善农村义务教育管理体制，特别是明确了县级政府对本地农村义务教育负有主要责任，要求教师工资由县级政府负责统一发放。基层干部普遍反映，由于县可用财力少，基本上也是“吃饭”财政，甚至是“半饥饿”财政，改由县级政府负责统一发放教师工资，并不能真正解决拖欠教师工资问题。要确保教师工资按时足额发放，确保农村学校日常运转所需公用经费，确保农村学校危房等问题及时得到解决，必须进一步调整并完善农村义务教育的管理体制和投入机制。

第一，农村中小学教师工资改由中央、地方各级政府共同负担，由县统管。在世界各国，将义务教育教师纳入国家公务员或地方公务员系列，工资由中央或高层次地方财政承担，或列入中央预算，或列入州、省预算，或各级预算共同分担，是许多国家解决教师工资问题的基本做法。农村中小学教师工资支出占县级教育经费的一半以上，中央、地方各级政府共同负担教师工资，将为农村义务教育的健康发展提供强有力的保障。

第二，重新核定农村中小学公用经费的最低支出水平，设立学校基建专款。国务院从2006年起逐步实施农村义务教育经费保障机制改革，其重要内容是提高农村义务教育阶段中小学公用经费保障水平。为了确保农村学校日常运转所需公用经费，使不同地区之间学校能够提供水平相近的公共服务，国家应重新核定全国义务教育阶段小学、初中生平均公用经费的合理标准，制定中小学运转所必需的公用经费的最低支出水平，以保证学校正常运转。

（二）城乡养老社会保险制度的衔接问题

农村传统家庭保障和土地保障面临挑战。由于农村人口基数大和城镇化道路吸引大批农村青年人向城镇转移，同时随着城镇户籍制度和劳动用工制度的松动，更促进了农村劳动力向城镇的转移，这就对传统的家庭养老模式提出了严峻挑战。同时，随着城镇化的加速和农村产业结构的调整，一方面农民对耕地的人均占有量日益减少；另一方面耕地的可比产值降低，土地对农民的养老保障功能逐渐降低。因此，农村的养老保险面临越来越大的压力，应实现城乡两套养老保险制度的衔接。

城镇养老保险制度的核心是社会统筹和个人账户相结合的部分基金积累制模式，农村养老保险制度的核心是个人账户基金积累的完全基金积累制模式。这是由中国现阶段二元经济的国情和农村集体经济水平较低且无固定收入人口较多的实际所决定的。

经过20世纪80年代以来的多次改革，中国城镇中已经基本建立起社会统筹与个人账户相结合的城镇养老保险制度。而农村养老保险制度改革尚处于试点阶段，在某些较发达农村地区按照1991年民政部制定的《县级农村社会养老保险基本方案》，初步建立起了以个人账户基金积累为主的农村养老保险制度。2009年后，国家开始新型农村社会养老保险（新农保）部署试点，并根据规划，将于2020年前全部实现所有农民享有新农保。

显然，城乡两套保险制度既有区别又有联系，其中个人账户是两种制度相互衔接的关键。如果说现阶段还不具备将城乡社会统筹部分进行统一的条件，那么完善、统一个人账户则是可能的，也是必要的。这里的“统一”不是指城乡个人账户交纳的费率必须一致，而是指个人账户能够随农民身份向市民的转变，以及跨地区、跨企业的流动而得到延续。统一个人账户有如下优点：第一，有利于农民向城镇第二、三产业的转移；第二，有利于个人账户的管理，不至于发生一人两账的现象；第三，有利于城镇养老保险的覆盖面扩大到城镇流动人口。从一定意义上说，统一的个人账户制度体现了养老保险制度的开放性。

实现城乡养老保险制度的衔接，主要应解决两个问题：一是在农村建立个人账户还不具备普遍性。中国目前开展农村养老保险的大多数是比较发达的地区，即使是比较富裕的地区，个人账户的覆盖范围也远远不够。如果个人账户不普遍，也就不存在统一的基础。这需要通过在农村推广建立农民个人账户来解决。二是个人账户尚不能做到自由流动。本来，对于已经建立了个人账户的农民来说，其个人账户完全归个人所有，在他取得城镇居民身份之后，需要将以前积累的个人账户存储转移到新的城镇个人账户上，然后再按照城镇养老保险制度继续积累。然而由于中国养老保险管理体制不完善，农村和城镇养老金专户管理尚不统一，农民转移其个人账户还要受到地区和户口所在地等多重限制。这里面最重要的经济原因，仍然在于城镇养老保险由于国家承担了过多责任而使社会统筹份额过高，由于社会统筹份额过高而使其福利色彩更浓，个人账户部分相对不那么重要，于是衔接必然成为问题。其出路仍然在于把国家养老保险的经济责任降到最基本限度，使个人养老金账户在城镇也获得与在农村相当的重要性。

（三）推动城乡信息和文化良性互动

我国目前面临着全球信息化的机遇和挑战，信息鸿沟是造成城乡收入差距拉大的一个重要因素。城乡之间存在信息的不对称。由于农民文化素质较低，信息相对少而慢，而且有许多虚假信息，极大地限制了农民的增产增收。只有建立城乡信息沟通的有效渠道，才能实现优势互补、资源共享，从而推动城乡经济的协调发展，也才能更好地帮助农民增加收入、改善生活。推动城乡信息互动，就要建立城乡互动的信息网络，加强城乡之间项目信息、技术信息、人才信息、市场信息的交流；要下力气逐步建立专门为农民增收成才服务的网站；要经常性地组织各种活动帮助农民及时运用信息实现增收成才。

一个国家和民族的文化发展水平及影响力，直接关系到这个国家的创新能力及科技发展水平。同时，知识和经济的联系越来越密切，经济中的文化含量越来越大，以至于出现了文化产业，这些都说明文化在人类社会发展中的作用日益突出。城市文化是先进文化的龙头，农村文化中又积淀了中华民族几千年的优良传统。只有使城乡文明水乳交融，才能帮助城市人学习到更多的优秀品德，才能帮助农民了解更多的现代文明，从而为社会主义现代化建设提供文化支撑。

二、建立健全促进城乡社会发展良性互动的组织体制

这是指从组织上保证促进城乡社会发展良性互动这一战略思想的落实。

（一）强化经济和社会管理综合部门职能

行政机构的职能从根本上说是由其承担的任务和奉行的战略决定的。从党政领导职能上看，市以上党政机关重点在城市，县（包括县）以下党政领导机关重点在农村。为了加大城乡经济协调的力度，改革开放以来，多数地区实行了市（地级市）管县的体制，但市委、市政府仍以领导城市工作为主，农村工作实际上仍属农业农村委员会主管的部门工作，协调城乡经济的问题解决得并不好。城乡经济“两张皮”，制约了农村经济和城市经济的发展。为了从根本上改变这一状况，我国必须把领导工作的重心转向推动城乡经济协调发展，从根本上改变我国二元经济、社会结构上来。

各级党委和政府必须从全局的高度重视农业和农村工作，要承担起对城乡经济统筹兼顾、全面协调的责任，切实保护农民的经济利益和民主权利，努力减少城乡差距和工农差距。党委、政府的办公室、政策研究室，要加大综合调研的力度，制定城乡经济协调发展的宏观决策；经济综合部门要切实转变职能，加强对城乡经济工作的统一协调和全局指导，制定城乡经济协调发展的中长期规划和政策，部署城乡经济协调发展的阶段性任务，解决城乡经济发展中的主要问题和重大矛盾，促进城乡经济协调发展的实现。

（二）建立城乡关系状况预警机制

我国目前实行的国民经济评估监控体系，很大程度上沿用了计划经济时期的一些经济指标，已不能客观、准确地反映市场经济条件下的运行状况，为此，必须运用城乡良性互动理论设置一套新的指标体

系，建立城乡良性互动的预警机制。各级统计部门要配合有关研究机构，建立健全一整套能够直观地反映全国或某一地区的城乡平衡或失衡情况的指标体系，为政府有关部门宏观决策提供可靠的科学依据；分季度和年度发布城乡良性互动状况信息，以便政府各部门及时把握城乡良性互动的变化状况；预测整个国家或某一地区城乡良性互动的新走向，及时提出实现城乡良性互动的政策建议，防止出现人为的失误。

（三）设立区域开发机构

城乡差距与地区差距紧紧联系。推动城乡经济协调发展，实现城乡良性互动，一个重要的途径是缩小地区经济发展差距。世界上很多国家在防止区域间经济发展差距过大、促进经济均衡发展方面都制定了一系列政策措施。比如，法国为解决地区之间经济发展差距、实现国民经济的均衡发展推行了国土整治和区域发展政策；美国为开发田纳西河流域设立了田纳西河管理局，赋予其广泛、独立、完整的权力；日本20世纪50年代专门立法，设立北海道开发厅，对该地区进行重点开发。我国目前只是在国家特大工程建设方面设立了中央一级区域开发机构，如三峡建设委员会，但尚未就专门地区开发设立专门的中央级机构；在一些重点地区应设立中央级区域开发机构，与地方政府协作对该地区进行重点开发，加快推进城乡一体化进程。

重点开发地区，目前应主要考虑带动性强或贫困落后的地区，如长江中上游地区、黄河中上游地区以及新疆、西藏等。这些地区的开发，既可以按现有行政区划进行，也可以打破现有的行政区划限制进行开发。要注意选择一些临近交通线且具有一定经济基础的城镇或资源点作为开发中心，进行重点投资，重点建设。通过对这些重点地区的开发，形成富有活力的地区性经济增长中心，带动周围广大农村地区的迅速发展，缩小地区差距进而缩小城乡差别。在对已确定的地区进行重点开发前，要先制定相关法律法规进行授权，赋予开发机构比较完整的权力，保证开发顺利进行。要把所需资金纳入国家的财政预算，并确定具体的经济增长指标，分阶段实施。

（四）构建产业型服务体制

改革开放以来，虽然政府职能向适应现代农业、大农业、多元化农业的方向改进，但仍未摆脱对农民“管得多、服务少，取得多、给予少”的局面。乡村政府机构庞大，人浮于事，权责不清，使得行政成本过高，在经济、社会、文化生活中加强指导、服务协调的职能未能切实履行。农民负担增加，行政管理部门自成体系，中央部门纵向下伸，地方部门横向拓展，七站八所，各自为政，严重肢解农业经济的完整性，人为地割裂了城乡经济的联系，从而严重制约了资源的优化配置。因此，行政机构及其各级体系都必须向切实服务农民、密切城乡关系的方向调整，把直接干涉微观经济活动的行政和事业单位改为实体公司，统筹产前、产中、产后的一切相关事务。

[第二十三章]

农业结构与发展趋势

本章主要讨论从传统农业向现代农业转移，农、林、牧、渔业协调发展，农工商相结合，农业产业化，农业绿色发展。

第一节 从传统农业向现代农业转移①

一、农业生产发展阶段

农业生产发展经历了三个历史阶段，即原始农业阶段、传统农业阶段和现代农业阶段。现代农业是传统农业现代化的结果。

原始农业是主要依靠自然循环来恢复地力、实行刀耕火种的农业。燎荒和游走是这种农业的主要形式，植物和非生物因素的统一是它的主要特征。土壤肥力的恢复或增强是在农业内部闭合式、半闭合式物质循环中进行的。

传统农业以单个家庭为生产单位，以人力和畜力为主要生产动力，以农、牧结合为主要形式，以动物、植物和非生物因素的统一为主要特征。

现代农业是建立在现代工业技术装备和现代农艺基础上的农业。它是在20世纪初期诞生的，大发展于第二次世界大战以后。现代工业的高度发展给农业提供了机械动力和其他产品，打破了农业内部的物质循环的限制。石油成为农业主要动力，化肥、农药、饲料得到广泛使用，实现了现代工业和现代农业的高度结合。每单位土地上投入的生产资料数量或每个农业劳动力的生产资料装备水平，已成为衡量农业现代化程度的主要指标，从而扩大再生产的速度大大加快，农业生产中的土地利用率、劳动生产率和商品率都有了史无前例的提高。

二、农业生产资料与农艺的现代化

农业生产资料现代化与农艺现代化，是现代农业的两大基本特征，也是农业现代化的主要内容（当然，农业组织和管理的现代化也是现代农业和农业现代化的特征和内容之一）。

（一）农业生产资料现代化

农业生产资料包括土地资源、水力资源和物质技术资源。物质技术资源又包括动力资源、技术装备手段、化学手段、生产性建筑物和设施、运输系统等。这些物质技术资源在农业生产中广泛应用和技术水平提高的过程，就是农业生产资料现代化的主要过程。

（1）动力资源的现代化。电动机和电气装置的比重的提高和电力消费量的不断增长，是现代农业动

① 叶麦利扬诺夫. 农业经济学［M］. 王德根，盛杰，吴小贺，译. 北京：中国人民大学出版社，1985：56.

力资源结构完善的标志。因为在科学技术突飞猛进的今天，运用电力的可能性在不断扩大，与其他动力相比，电力的优越性越来越充分地表现出来了。

（2）技术设备的现代化。这是农业生产机械化最重要的物质技术条件。各种农业技术设备现代化水平的提高和广泛使用，对农业生产资料现代化和整个农业进步有着全面的影响。农业生产机械化的发展趋势是，从局部机械化向综合机械化和自动化过渡。局部机械化只是个别的最费工的农业生产过程的机械化。综合机械化是全部过程的机械化，即工艺周期的基本作业和辅助作业都用机器取代了手工劳动。自动化阶段是生产机械化发展的最高阶段，这时人使用的是机器体系，这个机器体系按照人的指令和所编制的程序调节生产过程，人并不直接操作机器。

（3）化学手段的采用。化学手段和其他实现化学化的工具是土地改良所必需的主要物质技术资源。化学化不能仅仅被看作化肥和植物保护剂，在畜牧业中，化学手段的作用也在不断提高。化学工业和微生物工业增加了农用的化学防腐剂，并使饲料增加营养成分，从而改善饲料质量，同时为农业提供了保存营养物质的添加剂。

（4）生产性建筑物和设施的现代化。生产性建筑物和设施对农业发展有着重大的影响，对畜牧业发展的影响尤其大。在畜牧业中，生产过程在很大程度上是在房屋内实现的，饲养牲畜的条件、牲畜的产出率、饲料和其他物质技术手段的使用效率，在许多方面取决于畜牧业建设物的质量。随着农业科学技术的进步和农业商品率的提高，建筑物和设施的现代化在种植业中的作用也在不断增长。比如产品的保管和加工，都要求具有现代化的建筑物和设施。

（5）运输系统的建立和完善。随着农产品的不断增加，农产品的运量也在迅速增加，而农业生产部门和农业内部之间的联系则在不断加强，生产资料供应量和产品销售量在不断扩大，使得运输系统显得越来越重要。它已成为农业生产的内部动脉，联系着农业和农村这个机体的所有环节。不仅如此，它在使农村的生活条件向城市接近方面也起着很大作用。

（二）农艺现代化

农业工艺是个综合概念，是指合成各个农业生产工序的过程、手段及方式的现代化。在种植业中，生产工艺过程包括栽培植物和取得农产品的一整套工艺流程，其方向是：工序不断分化与组合以提高农业运营效率，如农业各工序的流水作业等；进行有效使用技术装备的合理种植区域划分；制订农业物流的最佳方案等。其在畜牧业中的工艺流程方向是：生产的连续性、节奏性、比例性、平行性；保证牲畜和所获得产品的标准性。农业生产工艺的总趋势是不断采用先进的工业工艺和生物技术，以保证农业生产过程的高技术性特征。

三、发展工厂化农业[①]

工厂化农业是现代生物技术、现代信息技术、现代环境控制技术和现代新材料技术不断创新和在农业上广泛应用的结果。工厂化农业主要是指在相对可控环境下，采用现代工业的生产方式进行农业生产。也就是说，农业生产需要有标准、生产工艺、生产车间，而且是常年不间断生产，产品需要有品牌、商标、标准、包装。工厂化农业是改变传统农业的重要方向。工厂化农业生产发展的战略性调整方向为：以实现产业化为重点，全面提升设施园艺的整体生产水平；以生产无公害产品为重点，全面提高产品质量；以经济效益为中心，发展多样性产品；以面向出口为重点，全方位开拓国内外市场；以可持续发展为目标，全面规划设计园艺生产布局；以提高生产者素质为核心，完善技术服务体系；以保质增值为重点，提高产品的产后处理水平。

---

① 李天来．我国工厂化农业的现状与展望［J］．中国科技成果，2003（24）：27-31.

第二节　农、林、牧、渔业协调发展[①]

一、协调发展的客观必然性

农业内部各部门即农业（种植业）、林业、牧业、渔业之间存在客观的联系，这种联系对自然环境有很大的依存性。农业、林业、牧业三结合是有效利用自然资源、形成合理生态系统的客观要求，也是农业生产良性循环的必要条件。农业、牧业结合由它们之间物质互换的必要性所决定，而林业则为农业、牧业的生产发展提供了良好的生态环境。农业的发展要求农业各部门全面发展，但这并不意味着农业各部门的地位完全相等。在所有农业生产部门中，粮食生产部门具有比其他任何部门都特殊的重要地位，这对于不发达的国家来说尤为如此。

目前，世界各国农业的发展趋势是：

（1）畜牧业生产占有越来越大的比重。这一趋势要求农业生产的专业化与一定程度的多部门经营相结合。

（2）在种植业中，水果、蔬菜和经济作物的比重不断提高；畜牧业中提供低脂肪、高蛋白畜产品的畜种比重日益增加。这一趋势要求农业专业化、多部门的经营发展规模和速度与粮食生产发展水平适应。

二、协调发展的必要性

多年来，我们发展农业常常把视野局限于现有的耕地和粮食种植业，林、牧、渔业的多种经济很不发达。一些地区单一地发展粮食生产，滥垦草原，毁林开荒，围湖、围湾造田，破坏了农、林、牧、渔业的协调发展。结果，约5亿农业劳动力被束缚在十几亿亩耕地上，丰富的劳动力资源以及除耕地以外的多种自然资源都得不到合理利用。单一发展粮食生产还割裂了农业各部门间客观存在的相互依赖的联系，造成农业内部比例失调，土壤肥力下降，农业生态平衡被破坏；农业生产的环境条件日益恶化，反过来又影响了农业作物本身的发展，从而使农业陷入了恶性循环。因此，发展多种经济，保持农、林、牧、渔业协调发展，乃是当务之急，是整个经济持续、稳定、协调发展的迫切需要。

我国农业产业结构偏重种植业的格局，是历史上形成的。中华人民共和国成立后的几十年中，这种格局几乎没有发生变化。到1978年，以产值计算，种植业占农业产值的76.7%，粮食又占种植业的76.7%。党的十一届三中全会以后，农村的经济体制改革促进了农村专业化、商品化和社会化的发展，同时也突破了农业产业结构的固有体系，开始了结构性的变化：从只重视粮食生产开始向同时重视经济作物，进而发展饲料作物的新体系转变；从只注意种植业开始向同时大力发展林、牧、渔业综合发展转变；从农村只搞农业开始向农、工、商、运、建、服综合经营转变。

三、结构的调整

绝不放松粮食生产，积极发展多种经营，这是党中央指导农业生产的根本方针。鉴于我国农、林、牧、渔各业发展的不协调是在粮食生产比较薄弱和落后的情况下产生的，实现协调发展就不是无条件的，而必须在保持粮食生产总产量继续有所上升的前提条件下进行。我们不能简单地把已被粮食生产占用的多种经济用地，不分青红皂白地统统调整回来，而应当区别对待。我国主要应当在保持粮食稳步上升的前提下，挤出一部分不宜于粮食生产的用地，或是把尚未加以利用的自然资源潜力，尽快地挖掘出来，发展多种经济。在所要发展的林、牧、渔业中，我国按其所耗粮的多少还可以将其划分为耗粮多的

① 周诚．社会主义农业经济管理问题［M］．北京：农业出版社，1985：36．

部门（如某些畜牧业生产部门）和耗粮少的部门（如林业、水产业等）。

我们要充分而又合理地利用各种资源，更快地发展林、牧、渔业。畜牧业要坚持大发展的方针。在有条件的地区大力发展饲料作物和种植牧草。加强饲料工业和草原建设，提高生猪出栏率和发展瘦肉型猪，优先发展禽、蛋、奶、鱼等饲料，积极发展肉牛、羊、鹅等食草家畜、家禽，调整畜产品结构，以逐步改变人们食物构成，增强人民体质。林业要继续贯彻以营林为基础的方针，要广泛开展荒山、荒地造林以及封山育林，继续建设防护林体系，积极营造水源涵养林和水土保持林；加速平原河网地区的绿化，继续开展村旁、水旁和宅旁的植树等。水产业以养殖业为主，养殖、捕捞、加工并举，因地制宜，各有侧重，积极增产，保护近海资源，开辟外海和远洋渔业。

第三节　农工商相结合[①]

一、农工商相结合的客观必然性

这是讲农业、工业、商业在基层单位内部的结合问题，即农工商综合经营的问题。从满足人类需要的最终产品的生产角度看，现代农业是由以下三个部门完成的：一是向农业提供生产资料的部门，亦称农业前部门；二是农业部门本身；三是农产品的运输、储存、加工和销售等部门，亦称农业后部门。这三个部门大体上可概括为农工商三业。在未实现农工商一体化的条件下，农工商分别由许多独立的专门化企业来经营，它们之间的关系主要是商品交换关系。在实现农工商一体化的条件下，这些独立的专门化企业则通过多种途径结合在一起，组成若干统一经营的农工商联合企业。在联合企业内，农工商之间由过去的社会内部分工转化为一个经济组织内部的分工，成为一个经济实体。而在未实现一体化的条件下，农工商由间接联系逐步转化为直接联系的活动，不是一个经济实体。两者虽有区别，但我们统称为农工商综合经营。

农工商综合经营首先在发达国家出现并获得较快的发展，之后在发展中国家也有了一定的发展。它发展的经济根源主要是生产力、社会分工的发展，特别是农工商三业的日益分离和市场经济的高度发展。农工商综合经营正是适应和保证农工商之间协调发展的必然产物。

农工商一体化的联合企业是农工商综合经营的高级形式，它的主要优越性在于：使农工商之间的联系由不稳定转为稳定；变间接联系为直接联系，变外部联系为内部联系；扩大了企业规模；有利于充分利用资源等。一句话，它能使农业再生产得以顺利进行，使农工商得以协调发展。

二、农工商相结合的基本原则

1.合理调节各业劳动者的经济利益，是农工商相结合的关键

在市场经济条件下，从事不同产业的劳动者所获得的纯收入的比较，直接影响着生产诸要素在各部门之间的分配。一个地区，从事不同产业的劳动者如果收益悬殊，那就会导致经济的畸形发展，甚至带来某些社会问题。比如，我们常讲“无粮则乱”，粮食生产必须得到保证，在农工商相结合中，必须坚持在加强农业生产的前提下相结合。可是，粮食又是低盈利的商品。目前，种粮收益与从事工业和商业的收益相差比较大，这样就需要我们采取各种保护和协调措施，支持粮食稳定增产，如实行必要的价格保护；增加一部分农业投资，改善农业劳动条件，提高农业劳动生产率；以工补农，以商补农等。

2.正确处理农工商联合企业与国家的关系

农工商联合企业作为一个社会主义经济组织，从根本上讲，它的利益与国家的整体利益是一致的，

---

① 周诚．社会主义农业经济管理问题［M］．北京：农业出版社，1985：15.

但是在许多具体问题上又常常有矛盾。所以，需要根据不同的情况进行必要调整。国家要切实保证企业的经营自主权，在税收政策、价格政策、资金供应政策和物资供应政策等方面，进一步促进联合企业的发展。

3. 自愿互利

坚持自愿是指农工商联合完全由各参加单位自愿组成，而不受任何强制，自愿参加，自愿退出；坚持互利是指各参加单位不仅都有利可得，而且使他们的所得同他们各自对联合的贡献相适应。经验证明，坚持互利必须抓住农工商联合企业参加单位的人、财、物力合理投放，以及盈利的合理分配问题。

第四节 农业产业化

一、农业产业化的作用

农业产业化是以市场为导向、以农户为基础、以龙头企业或农民自主决策的合作社等中介组织为纽带，通过将农业再生产过程的产前、产中、产后诸环节联结为一个完整的产业系统，实现种养加、供产销、农工商一体化经营的经济运行方式。我国的农业产业化是在20世纪90年代为解决农业发展深层次问题而提出的一种农业经济组织形式，农业经营的一体化运行方式可以有效地解决我国农业长期分散化经营、农业各环节之间缺乏连续性和衔接性的问题。因此，实行农业产业化经营是农业生产力发展的内在要求，也是探索我国农业向现代化农业发展的有效途径。

实践证明，农业产业化经营有利于解决农业和农村经济发展不适应市场经济要求的深层次矛盾。具体来讲，农业产业化经营有下列作用：

（1）把千家万户的小生产与千变万化的大市场连接起来，提高了农业市场化的程度。

（2）把一家一户的分散经营与健全的社会化服务结合起来，形成了不改变家庭经营格局的规模经营和规模效益。

（3）把传统的生产方式与现代的科学技术融合起来，加速了农业现代化的进程。

（4）把农产品生产与农产品加工、动销联结起来，提高了农业的综合效益。

正是因为这种经营方式是农业生产力发展的内在要求，所以推进农业产业化必将促进农业科学技术的推广与应用，促进农产品的深度加工和多次增值，促进农民收入的持续稳定增长，促进农业向社会化和现代化转变，最终必将进一步促进农村集体经济持续、快速、健康地发展。

二、发展农业产业化的对策①

1. 提高政府服务水平

政府服务是实现农业产业化经营的先决条件。各级政府部门是农业产业化工作的组织者。如何发挥政府自身的调控职能优势，站在农牧民的角度思考问题，为农牧民寻找市场、搜集信息，避免农业生产的盲目性，并选择有发展前景的产业，适时集中资金和人力做大做强，是政府在农业生产领域职能转变的重要内容。各级政府职能部门要当好农牧民的参谋和助手，做好当地优势资源的整合开发工作，培育本地区的龙头企业。

农业产业化经营是一个系统工程，需要多方的协作。作为组织者的政府如何定位自己的角色、充分发挥职能，将直接影响农业产业化经营的水平。政府的宏观调控职能的内容之一，就是为产业化发展创造良好的政策环境，包括资金的投入、计划审批、工商登记、征用土地、物资供应、产品购销、人才培

① 张振武. 推进农业产业化的重点在哪里［N］. 经济日报，2003-04-12.

养和聘用，制定切实有效的政策措施，实行必要的政策性倾斜和扶持等。政府应制定农牧业产业化的整体战略，有针对性地扶植一些发展前景良好的企业，产生规模效应。

2.做大做强龙头企业

做大做强地方龙头企业是农业产业化经营的重要手段。龙头企业是农业产业化经营中十分重要的因素之一，龙头企业占据着相对较为集中的市场资源和信息资源，智力资本相对雄厚，能够根据市场需求组织农业生产。当前，许多龙头企业都采取“公司+基地+农牧户”的组织形式，有的还衍生出“公司+合作社”“公司+群众组织”等形式。实力较强的龙头企业能发挥生产加工和市场营销的优势，利用经济利益杠杆协调与农牧户的关系，在把自身做大做强的同时推动地区的农业经济发展。在扩大规模经营的同时，这些龙头企业可以带领一大批贫困的农牧民进入生产经营环节，与龙头企业产生经济关系，从而走上经营致富之路。

3.银行信贷支持

银行信贷部门的资金支持是农业产业化经营的有力保障。银行信贷部门的适时介入，可以帮助资金短缺的农牧民解决困难，使他们正常地开展农业生产。在传统农牧业向现代农牧业的跨越阶段，广大农牧民的生产生活均需要资金帮助。客观地说，在目前的金融体制下，对于生活在人烟稀少和金融业相对落后的地区的农牧民来说，融资是比较困难的。

银行可以采取与龙头企业形成利益共享、风险共担的共同体等方式，降低借贷风险，达到对农业产业化给予重要支持的目的。

此外，经纪人队伍、流通体系、交通通信等方面都是农业产业化的重要因素。但在诸因素中，最重要的当属政府、银行、企业三者。如果我们真正解决好以上问题，那么这将为农业产业化打下坚实的基础，极大地推进农业产业化进程。

第五节　农业绿色发展

2017年，中共中央办公厅、国务院办公厅印发《关于创新体制机制推进农业绿色发展的意见》，这表明了党中央对农业绿色发展的高度重视，对推进农业供给侧结构性改革和农业绿色发展具有深远意义。

推进农业绿色发展是实施“五位一体”总体布局在农业上的具体体现。农业绿色发展是整个绿色发展的基础，事关国家食物安全、资源安全和生态安全，事关当代人福祉和子孙后代永续发展。推进农业绿色发展也是农业发展观的一场深刻革命，是农业供给侧结构性改革的主攻方向。不过，当下发展绿色农业的任务依旧艰巨，农业主要依靠资源消耗的粗放经营方式没有根本改变。推进农业绿色发展的经济社会条件都已具备，到了必须加快推进的新阶段。

一、农业绿色发展的总体要求

1.指导思想

全面贯彻党的十八大和十八届三中、四中、五中、六中全会精神，深入贯彻习近平总书记系列重要讲话精神和治国理政新理念、新思想、新战略，紧紧围绕统筹推进“五位一体”总体布局和协调推进“四个全面”战略布局，牢固树立和贯彻落实新发展理念，认真落实党中央、国务院决策部署，以绿水青山就是金山银山理念为指引，以资源环境承载力为基准，以推进农业供给侧结构性改革为主线，尊重农业发展规律，强化改革创新、激励约束和政府监管，转变农业发展方式，优化空间布局，节约利用资源，保护产地环境，提升生态服务功能，全力构建人与自然和谐共生的农业发展新格局，推动形成绿色生产生活方式，实现农业强、农民富、农村美，为建设美丽中国、增进民生福祉、实现经济社会可持续发展提供坚实支撑。

2.基本原则

（1）坚持以空间优化、资源节约、环境友好、生态稳定为基本路径。

（2）坚持以粮食安全、绿色供给、农民增收为基本任务。

（3）坚持以制度创新、政策创新、科技创新为基本动力。

（4）坚持以农民主体、市场主导、政府依法监管为基本遵循。

3.目标任务

把农业绿色发展摆在生态文明建设全局的突出位置，全面建立以绿色生态为导向的制度体系，基本形成与资源环境承载力相匹配、与生产生活生态相协调的农业发展格局，努力实现耕地数量不减少、耕地质量不降低、地下水不超采，化肥、农药使用量零增长，秸秆、畜禽粪污、农膜全利用，实现农业可持续发展、农民生活更加富裕、乡村更加美丽宜居。

二、农业绿色发展的具体措施

（1）优化农业主体功能与空间布局。落实农业功能区制度；建立农业生产力布局制度；完善农业资源环境管控制度；建立农业绿色循环低碳生产制度；建立贫困地区农业绿色开发机制。

（2）强化资源保护与节约利用。建立耕地轮作休耕制度；建立节约高效的农业用水制度；健全农业生物资源保护与利用体系。

（3）加强产地环境保护与治理。建立工业和城镇污染向农业转移防控机制；健全农业投入品减量使用制度；完善秸秆和畜禽粪污等资源化利用制度；完善废旧地膜和包装废弃物等回收处理制度。

（4）养护修复农业生态系统。构建田园生态系统；创新草原保护制度；健全水生生态保护修复制度；实行林业和湿地养护制度。

（5）健全创新驱动与约束激励机制。构建支撑农业绿色发展的科技创新体系；完善农业生态补贴制度；建立绿色农业标准体系；完善绿色农业法律法规体系；建立农业资源环境生态监测预警体系；健全农业人才培养机制。

（6）保障措施。落实领导责任；实施农业绿色发展全民行动；建立考核奖惩制度。

近年来，农业部门紧紧围绕控制农业用水总量、减少化肥农药施用总量、推进畜禽污染地膜秸秆基本资源化利用的“一控两减三基本”目标，打响了农业面源污染防治攻坚战。2016年，农药施用量保持零增长，化肥使用量接近零增长，农业生产力与资源环境承载力相匹配的生态农业新格局逐步建立。2017年，国家启动实施了农业绿色发展五大行动：一是畜禽粪污治理行动；二是果菜茶有机肥替代化肥行动；三是东北地区秸秆处理行动；四是以长江为重点的水生生物保护行动；五是农膜回收行动。

［第二十四章］

交通运输业

本章主要讨论我国交通运输业的发展历程、发展状况，以及我国交通运输业的发展战略。

第一节　我国交通运输业的发展历程[①]

中华人民共和国成立之初，交通运输业的面貌十分落后。全国铁路总里程仅2.18万公里，有一半处于瘫痪状态；能通车的公路仅有8.08万公里，民用汽车有5.1万辆；内河航道处于自然状态；民航航线只有12条；邮政服务网点较少；主要运输工具还是畜力车和木帆船等。

中华人民共和国成立后，中国政府明确提出首先要创造一些基本条件恢复交通运输。经过3年的国民经济恢复期，我国修复了被破坏的交通运输设施设备，恢复了水陆空运输。1953年起，我国开始有计划地进行交通运输建设。在第一个、第二个五年计划和国民经济调整期间（1953—1965年），国家投资向交通运输业倾斜，改造和新建了一批铁路、公路、港口码头、民用机场，提高了西部和边远地区的交通运输基础设施覆盖程度，疏浚了主要航道，新开辟了国际和国内水路和空中航线，扩大了邮政网络，增加了运输装备数量。“文化大革命”期间（1966—1976年），交通运输业发展一度受到严重干扰，但设施和装备规模、运输线路仍在增加，特别是针对沿海主要港口压船、压港、压货日趋严重的局面，加快了港口基础设施建设。在此期间，管道运输也得到了发展。

1978年，改革开放揭开了中国经济社会发展的新篇章，交通运输业步入了快速发展阶段。我国政府把交通运输业放在优先发展的位置，加大政策扶持力度，在放开交通运输市场、建立社会化融资机制方面进行开创性探索，积极扭转交通运输业不适应经济社会发展的被动局面。铁路实行经济承包责任制；出台了提高养路费征收标准、开征车辆购置附加费以及“贷款修路、收费还贷”等扶持公路发展的三项政策；公路、水运工程建设项目开始实行招投标制度；港口率先对外开放，海运业最早实现“走出去”；民航走上了企业化发展道路，航空运输市场开始形成；实施邮政管理体制改革，成立中国速递服务公司，恢复办理邮政储蓄业务；加大交通运输建设投资力度，吸引社会资本参与基础设施建设。1988年沪嘉高速公路通车，实现中国大陆高速公路零的突破。

1992年，我国确立了建立社会主义市场经济体制的改革目标。交通运输业不断加大改革开放力度，各种运输方式取得突破性进展。我国开展铁路建设大会战，1997年起铁路连续6次大提速。公路和水运实施公路主骨架、水运主通道、港站主枢纽和支持保障系统的“三主一支持”规划，制定了加快建设步伐的目标任务。民航机场建设费和基础设施建设基金、铁路建设基金、内河航运建设基金先后设立。为应对亚洲金融危机，我国实施积极的财政政策，公路建设投资进入“快车道”，高速公路建设大规模兴起。我国实施西部大开发战略，全面加强西部地区铁路、公路、机场、天然气管道干线建设；提出“修好农村路，服务城镇化，让农民兄弟走上油路和水泥路”的发展目标，掀起农村公路建设新高潮；深化

① 国务院新闻办公室发表的《中国交通运输发展》白皮书。

港口管理体制改革，加快港口建设；实行邮电分营和邮政政企分开，邮政向信息流、资金流和物流“三流合一”的现代邮政业方向发展。《中长期铁路网规划》《国家高速公路网规划》等一系列规划陆续出台。我国大力提升交通运输业的基本公共服务水平，全面加强城乡客运、城市公共交通、交通运输安全应急救助等领域建设。2008年我国组建交通运输部，交通运输大部门体制改革迈出实质性步伐。同年，京津城际铁路通车运营，中国开启了“高铁时代”。

党的十八大以来，我国交通运输业进入了加快现代综合交通运输体系建设的新阶段。2013年，铁路实现政企分开，交通运输大部门体制改革基本落实到位。交通运输全面深化改革，建设法治政府部门，加快综合交通、智慧交通、绿色交通、平安交通“四个交通”建设，围绕“一带一路”建设、京津冀协同发展、长江经济带建设三大国家战略制定发展规划。我国加快综合交通运输基础设施成网，推进多种运输方式有效衔接；促进现代物流业发展，提升综合运输服务保障水平；加强交通运输基本公共服务供给和管理，支持集中连片特困地区交通运输基础设施、城乡客运、城市公共交通发展；推进东、中、西、东北“四大板块”区域交通协调发展，西部地区高铁加快发展，中西部地区交通条件显著改善。2013年，西藏墨脱公路建成通车，我国真正实现县县通公路。

我国政府全面深化交通运输业改革，加快建设现代综合交通运输体系，不断提升交通运输业治理体系和治理能力现代化水平，交通运输业进入了各种运输方式交汇融合、统筹发展的新阶段。

第二节　我国交通运输业的发展状况

交通运输业是个大产业，它是铁路运输、公路运输、水路运输、航空运输和城市公共交通运输五大产业的总称。在生产与消费之间，它是个桥梁。没有它，生产者的产品销不出去；没有它，消费者得不到所需产品。此外，全体人民的出行也没有途径。一句话，交通运输业既关系经济社会发展，又关系人民群众生活，它是国民经济一大基础产业和重要服务行业。

我国交通设施总量、规模、运输能力供给以及运输质量等显著提升，对国民经济发展的支撑作用明显增强。目前我国交通运输业已进入各种运输方式相互促进、相互补充、协调发展、能力扩张与质量提高并重、全面建设现代综合交通体系的新阶段。

一、综合交通运输体系建设①

经过多年改革发展，我国多节点、全覆盖的综合交通运输网络初步形成，“五纵五横”综合运输大通道基本贯通，一大批综合客运、货运枢纽站场（物流园区）投入运营，运输装备发展不断升级，运输服务水平显著提升，科技创新和应用实现重大突破，交通运输市场体系、管理体制和法规体系不断完善。

（一）基础设施网络

1.铁路

2017年，全国铁路营业里程达到12.7万公里，比上年增长2.4%，其中高铁营业里程为2.5万公里。全国铁路路网密度为132.2公里/万平方公里，增加3.0公里/万平方公里。在铁路营业里程中，复线里程为7.2万公里，比上年增长5.4%；电气化里程为8.7万公里，比上年增长7.8%。

2.公路

2017年，全国公路总里程为477.35万公里，比上年增加7.82万公里。公路密度为49.72公里/百平方公里，比上年增加0.81公里/百平方公里。公路养护里程为467.46万公里，占公路总里程的97.9%。全国

① 2017年交通运输行业发展统计公报.

四级及以上等级公路里程为433.86万公里，比上年增加11.31万公里，占公路总里程的90.9%，比上年提高0.9个百分点。二级及以上等级公路里程为62.22万公里，增加2.28万公里，占公路总里程的13.0%，提高0.3个百分点。高速公路里程为13.65万公里，增加0.65万公里；高速公路车道里程为60.44万公里，增加2.90万公里。国家高速公路为10.23万公里，增加0.39万公里。国道为35.84万公里，省道为33.38万公里。农村公路里程为400.93万公里，其中，县道为55.07万公里，乡道为115.77万公里，村道为230.08万公里。

3.水路

（1）内河航道。2017年，全国内河航道通航里程为12.70万公里，比上年减少80公里。等级航道为6.62万公里，占总里程的52.1%，下降0.2个百分点。其中，三级及以上航道为1.25万公里，占总里程的9.8%，提高0.3个百分点。各等级内河航道通航里程分别为：一级航道1 546公里，二级航道3 999公里，三级航道6 913公里，四级航道10 781公里，五级航道7 566公里，六级航道18 007公里，七级航道17 348公里。等外航道为6.09万公里。各水系内河航道通航里程分别为：长江水系64 857公里，珠江水系16 463公里，黄河水系3 533公里，黑龙江水系8 211公里，京杭运河1 438公里，闽江水系1 973公里，淮河水系17 507公里。

（2）港口。2017年，全国港口拥有生产用码头泊位27 578个，比上年减少2 810个。其中，沿海港口生产用码头泊位为5 830个，比上年减少57个；内河港口生产用码头泊位为21 748个，比上年减少2 753个。2017年年末全国港口拥有万吨级及以上泊位2 366个，比上年增加49个。其中，沿海港口万吨级及以上泊位为1 948个，比上年增加54个；内河港口万吨级及以上泊位为418个，比上年减少5个。全国万吨级及以上泊位中，专业化泊位为1 254个，比上年增加31个；通用散货泊位为513个，比上年增加7个；通用件杂货泊位为388个，比上年增加7个。

4.民航

2017年，全国共有颁证民用航空机场229个，比上年增加11个，其中定期航班通航机场有228个，定期航班通航城市有224个。年旅客吞吐量达到100万人次以上的通航机场有84个，比上年增加7个；年旅客吞吐量达到1 000万人次以上的通航机场有32个，比上年增加4个。年货邮吞吐量达到10 000吨以上的通航机场有52个，比上年增加2个。

（二）运输服务能力

2017年，我国完成营业性客运量184.86亿人，比上年下降2.7%。旅客周转量为32 812.55亿人公里，比上年增长5.0%；营业性货运量为472.43亿吨，比上年增长9.5%；货物周转量为192 588.50亿吨公里，比上年增长5.6%。

1.铁路

2017年我国铁路完成旅客发送量30.84亿人，比上年增长9.6%；旅客周转量为13 456.92亿人公里，比上年增长7.0%。其中，国家铁路旅客发送量为30.38亿人，比上年增长9.6%；旅客周转量为13 396.96亿人公里，比上年增长6.9%。

全国铁路完成货运总发送量36.89亿吨，比上年增长10.7%；货运总周转量为26 962.20亿吨公里，比上年增长13.3%。其中，国家铁路完成货运总发送量29.19亿吨，比上年增长10.1%；货运总周转量为24 091.70亿吨公里，比上年增长13.2%。

2.公路

2017年我国公路完成营业性客运量145.68亿人，比上年下降5.6%；旅客周转量为9 765.18亿人公里，比上年下降4.5%；完成货运量368.69亿吨，比上年增长10.3%，货物周转量为66 771.52亿吨公里，比上年增长9.3%。

2017年年末全国开通客运线路的乡镇比例为99.12%；开通客运线路的建制村比例为95.85%，建制村通车率比上年提高0.48个百分点。

3.水路

2017年我国水路完成客运量2.83亿人，比上年增长3.9%；旅客周转量为77.66亿人公里，比上年增长7.4%。2017年我国水路完成货运量66.78亿吨，比上年增长4.6%；货物周转量为98 611.25亿吨公里，比上年增长1.3%。其中，内河运输完成货运量37.05亿吨，货物周转量为14 948.68亿吨公里；沿海运输完成货运量22.13亿吨，货物周转量为28 578.71亿吨公里；远洋运输完成货运量7.60亿吨，货物周转量为55 083.86亿吨公里。

2017年全国港口完成旅客吞吐量1.85亿人，比上年增长0.2%。其中，沿海港口完成0.87亿人，比上年增长5.7%；内河港口完成0.98亿人，比上年下降4.1%。2017年我国邮轮旅客运输量为243万人，比上年增长11.6%。

2017年全国港口完成货物吞吐量140.07亿吨，比上年增长6.1%。其中，沿海港口完成90.57亿吨，比上年增长7.1%；内河港口完成49.50亿吨，比上年增长4.3%。

4.民航

2017年我国民航完成旅客运输量5.52亿人次，比上年增长13.0%；旅客周转量为9 512.78亿人公里，比上年增长13.5%。货邮运输量为705.8万吨，比上年增长5.7%；货邮周转量为243.54亿吨公里，比上年增长9.5%。

民航运输机场完成旅客吞吐量11.48亿人次，比上年增长12.9%；完成货邮吞吐量1617.7万吨，比上年增长7.1%。

5.邮政

2017年我国邮政行业完成业务总量9 763.71亿元，比上年增长32.0%。

邮政普遍服务完成函件业务31.48亿件，比上年下降13.0%；包裹业务完成2 658.0万件，比上年下降4.9%；报纸业务完成177.06亿份，比上年下降1.6%；杂志业务完成7.92亿份，比上年下降7.0%；汇兑业务完成3 743.7万笔，比上年下降35.5%。

快递业务量完成400.56亿件，比上年增长28.0%。快递业务收入完成4 957.11亿元，比上年增长24.7%；快递业务收入占邮政行业业务收入的74.9%，比上年提高1.0个百分点。

6.城市客运

2017年年末全国拥有公共汽电车运营线路56 786条;比上年增加3 997条，运营线路总长度为106.9万公里，比上年增加8.82万公里。其中，公交专用车道为10 914.5公里，比上年增加1 136.7公里；BRT线路长度为3 424.5公里。轨道交通运营线路为149条，比上年增加25条；运营线路总长度为4 484.2公里，比上年增加756.7公里；其中，地铁线路为124条、3 976.9公里，轻轨线路为6条、203.0公里。城市客运轮渡运营航线为92条，减少20条，运营航线总长度为434.9公里，减少70.1公里。

2017年我国完成城市客运量1 272.15亿人，比上年下降1.0%。公共汽电车完成722.87亿人，比上年下降3.0%。其中，BRT客运量为21.96亿人次，比上年增长24.4%；公共汽电车运营里程为355.20亿公里，比上年下降0.9%；轨道交通完成183.05亿人，比上年增长13.3%，运营里程为5.07亿公里，比上年增长17.1%；巡游出租车完成365.40亿人，比上年下降3.2%；客运轮渡完成0.83亿人，比上年下降11.5%。

（三）科技创新和应用

1.基础设施建设技术世界领先

高速铁路、高寒铁路、高原铁路、重载铁路技术迈入世界先进行列，高速铁路成为“中国制造”和“走出去”的新名片。高原冻土、膨胀土、沙漠等特殊地质的铁路、公路建设技术克服世界级难题，青藏公路、青藏铁路先后建成通车运营。陆续建成一批世界级特大桥隧，特大桥隧建造技术达到世界先进水平。离岸深水港建设关键技术、巨型河口航道整治技术、长河段航道系统治理技术以及大型机场工程建设技术世界领先，实施港珠澳大桥、洋山港集装箱码头、长江口深水航道治理等系列重大工程。

2.装备制造技术快速进步

以高速列车、大功率机车为代表的一批具有自主知识产权的高性能铁路装备技术达到世界先进水平，部分达到世界领先水平。新能源道路运输装备初步实现产业化。自主研制的支线客机、通用飞机、直升机已交付使用，C919大型客机总装下线，中国成为世界上为数不多的能够自主研制大飞机的国家。大型专业化码头装卸设备制造、海工机械特种船舶、集装箱成套设备制造技术领先世界，300米饱和潜水取得创新性突破。邮政光学字符识别（OCR）、视频补码、码址校验等分拣技术处于世界领先水平。

3.信息化技术广泛应用

大数据、云计算、物联网、移动互联网等信息通信技术在交通运输领域广泛应用，线上、线下结合的商业模式蓬勃发展。铁路建成了客运联网售票系统，实现了运输生产调度指挥信息化。高速公路电子不停车收费系统（ETC）基本实现了全国联网。港口电子数据交换系统（EDI）、船舶交通管理系统（VTS）、船舶自动识别系统（AIS）在水运管理中广泛应用，开发了长江干线电子航道图技术。民航商务信息系统处于世界先进水平。邮政建立国家、省、市三级联动视频监控体系。无线射频识别技术（RFID）、全球卫星导航系统（GNSS）等现代导航信息技术在民航运输、物流配送中广泛应用。北斗导航系统成为第三个面向国际航海应用的全球卫星导航系统。

（四）改革与法治建设

1.市场体系不断完善

交通建设、养护、运输不断推向市场。积极推行市场准入负面清单制度，鼓励和引导社会资本参与交通运输投资运营，大力推广社会资本与政府合作（PPP）模式。交通运输全面实现政企分开。我国不断推进简政放权，创新优化行政审批服务方式；加快市场信用体系建设，市场监管体系逐步完善，统一开放、竞争有序的交通运输市场基本形成。

2.法律法规体系基本形成

适应改革发展需要，对交通运输法律法规进行了大量的立、改、废工作。目前，全国有《铁路法》《公路法》《港口法》《航道法》《海商法》《海上交通安全法》《民用航空法》《邮政法》等多部法律、《铁路安全管理条例》《公路安全保护条例》《道路运输条例》《国际海运条例》《内河交通安全管理条例》《船员条例》《民用机场管理条例》《民用航空安全保卫条例》《邮政法实施细则》等多部行政法规，以及300余件部门规章。

3.综合交通运输管理体制初步建立

2008年、2013年实施两轮交通运输大部门制改革，形成了由交通运输部管理国家铁路局、中国民用航空局、国家邮政局的大部门管理体制架构。各地积极推进综合交通运输管理体制改革，加快综合交通运输体系建设。

经济视窗24-1

二、发挥基础性、先导性、服务性作用①

着眼全面建成小康社会，中国政府坚持把交通运输业摆在先行发展的重要位置。交通运输业在推动经济社会发展、服务和改善民生以及促进生态文明建设方面，发挥了基础性、先导性、服务性作用。

（一）推动经济社会发展

1.支撑经济增长

交通运输业基础设施投资是经济稳定增长的助推器。“十二五”期间，中国交通运输业基础设施完成投资12.5万亿元。交通运输网络的完善和服务水平的提高，推动了经济运行效率提升，降低了物流成本，带动了汽车、船舶、冶金、物流、电商、旅游、房地产等相关产业发展，创造了大量就业岗位。

2.保障物资运输

便捷高效的物流基础设施网络，促进了多种运输方式顺畅衔接和高效中转，提升了物流体系综合服务水平，有力保障了煤炭、原油、铁矿石、粮食等重点物资运输；开辟鲜活农产品“绿色通道”，有效保障和满足了人民群众的生产生活需求。

3.促进区域和城乡协调发展

我国政府把推进交通运输先行发展作为支撑“四大板块”“三大战略”等国家区域发展总体战略的重点任务，积极打通发达地区、中等发达地区、欠发达地区之间的联系通道。依托京沪、京广、沿海、沿江等综合运输大通道以及长三角、珠三角、环渤海等港口群形成的经济带、城市群，成为中国经济最具活力、人口最为密集的区域。城际公路客运普及和城际轨道加快建设促进了城市群一体化发展，城乡交通一体化让城乡经济融合更紧密。

（二）服务和改善民生

1.服务群众安全便捷出行

推动“平安交通”建设，着力构建科学完善的交通运输安全体系，运输结构不断优化，服务水平不断提升，人民群众出行由“走得了”向“走得好”升级发展。“春运”等节假日综合运输服务保障能力显著提升。城市公交出行分担率稳步提高，舒适度不断提升。“互联网+交通运输”快速发展，提供实时交通运行状态查询、出行路线规划、线（网）上购票、智能停车等“一站式”服务。12328交通运输服务监督电话全面开通。

2.助力扶贫脱贫

进入21世纪以来，我国先后实施乡镇和建制村通达通畅工程、集中连片特困地区交通扶贫等10多个专项建设计划，加大对农村地区、贫困地区交通建设的支持力度。“十二五”期间，投入车辆购置税资金超过5 500亿元支持交通扶贫建设，集中连片特困地区83.8%的县城通二级及以上公路，86.2%的建制村实现通硬化路。提高贫困地区农村客运车辆通达率，逐步解决了溜索等特殊问题。

3.有效应对突发事件

交通运输应急体系在重大自然灾害、安全事故等突发事件应急救援中发挥重要作用。在汶川、玉树等地震灾害和南方雨雪冰冻灾害中，交通运输救援队伍第一时间抢通救灾“生命线”，为抢救生命赢得宝贵时间。海上搜救力量妥善完成多起海上重大突发事件应急处置工作，积极参与马航MH370失事客机搜寻等工作。

① 国务院新闻办公室发表的《中国交通运输发展》白皮书。

（三）促进生态文明建设

1.促进节能减排

大力推进绿色交通建设，实施“公交优先”战略，新能源和清洁能源运输工具不断增加，公共自行车系统快速兴起。在珠三角、长三角、环渤海（京津冀）水域设立了船舶排放控制区。长江干线、京杭运河、部分沿海地区开展水运行业应用液化天然气（LNG）试点示范，部分港口安装了码头油气回收装置，实施了船舶岸电工程。

2.保护生态环境

在交通运输规划、设计、建设、运营等环节贯彻生态保护理念，逐步建设了一批示范性绿色铁路、公路、港口和航道，探索创新荒漠区、高寒区、围填海区域交通运输基础设施生态修复技术。“十二五”期间，完成交通运输基础设施生态修复总里程近1 300公里，修复总面积超过5 000万平方米。公路路面废旧料循环利用率达到40%。全国煤炭运输港口、重点矿石运输港口开展粉尘污染控制措施，沿海地区、长江干线布设了溢油应急设备库和配置点。高速铁路采用“以桥代路”，有效节约了耕地，减少了对沿线城镇的切割。

三、对外开放与国际合作

我国政府大力推进国际互联互通，在扩大开放的同时，不断深化与世界合作，构建了全方位、多层次、多渠道的交通运输对外开放和国际合作新格局。

（一）国际客货运输

1.加强国际互联互通

我国开行多条通往欧洲和亚洲国家的中欧、中亚铁路集装箱班列，常年开通的边境公路口岸基本通二级及以上公路，一批具有国际物流功能的物流园区和货运场站建成运营。积极推动航运国际和区域合作，中老缅泰共同推进澜沧江-湄公河国际航运开发。民航利用代码共享、航空联盟、航线联营、股权合作等方式，优化国际航线网络，不断提升航班频次和通达性。快递企业服务网络拓展至海外市场。我国加强与“一带一路”沿线国家合作，积极推动交通基础设施互联互通和运输便利化。

2.支撑对外贸易

我国是世界贸易大国，交通运输加快发展为中国加快构建全方位开放新格局、提升国家竞争力提供了重要保障。海上运输承担了90%以上的外贸货物运输量以及大约98%的进口铁矿石、91%的进口原油、92%的进口煤炭和99%的进口粮食运输量，成为加快发展外向型经济的重要支撑。中欧班列快速发展，已成为国际货物联运的重要组成部分。

（二）国际交流合作与对外开放

1.积极参与国际事务

我国政府历来重视并积极参与交通运输国际组织事务，认真履行各项国际义务，在铁路合作组织、国际海事组织、国际民用航空组织和万国邮政联盟等重要交通运输国际组织中发挥着建设性作用。作为铁路合作组织创始国之一，我国在各项标准和规范制定中具有重要影响力；自1972年恢复在万国邮政联盟合法席位以来，一直连任邮政经营理事会理事国，并一直当选行政理事会理事国；自1989年起，已连续14次当选国际海事组织A类理事国；自2004年起，已连续5次担任国际民航组织一类理事国；推进多双边合作和区域合作，与100多个国家签订了铁路、公路、海运、民用航空和邮政政府间协定及双边、区域合作文件；建立了中国-东盟交通部长会议、上海合作组织交通部长会议等多个交通运输合作机制，倡议成立亚太经济合作组织港口服务组织。我国积极履行国际义务，支持其他发展中国家的交通发展，为亚洲、非洲多个国家援建了一批交通工程。

2.不断扩大对外开放

交通运输业是我国最早对外开放的行业之一。1979年，原交通部驻港企业招商局在深圳创办蛇口工业区，在全国改革开放的棋盘上先行一步。1984年国家设立14个沿海开放城市，沿海港口成为对外开放的“窗口”。目前在交通运输基础设施领域，我国除了铁路干线和民用机场的建设经营要求中方控股外，所有公路桥梁、港口码头、其他铁路和城市轨道对外资不设限。在运输服务领域，公路货运、国际集装箱多式联运、国际海运辅助服务完全放开。

3.加快“走出去”步伐

中国铁路、交通工程建设和港口运营领域等向全世界展示了雄厚的产业竞争实力。中国的国际海运量占全世界海运量的1/3。中国交通运输企业不断加快“走出去”步伐，正在从传统劳务输出和工程承包向资本输出、技术输出、管理输出、标准输出转变，业务涉及交通运输基础设施建设、港口经营、远洋运输、交通运输装备、船舶检验、航海教育等众多领域。

第三节　我国交通运输业的发展战略

一、“十三五”的发展目标①

“十三五”时期，中国交通运输业发展将按照统筹推进“五位一体”总体布局和协调推进“四个全面”战略布局，牢固树立和贯彻落实创新、协调、绿色、开放、共享的发展理念，坚持以人民为中心，提高发展质量和综合效率，积极发挥不同运输方式的比较优势，坚持网络化布局、智能化管理、一体化服务、绿色化发展，建设国内和国际通道联通、区域城乡覆盖广泛、枢纽节点功能完善、运输服务一体高效的综合交通运输体系，为全面建成小康社会提供交通运输保障，更好地服务中国经济发展，更好地连通中国与世界。

（一）全面深化交通运输改革

深入推进综合交通运输改革发展，促进各种运输方式深度融合，加快构建安全、便捷、高效、绿色、经济的现代综合交通运输体系。推进铁路市场化改革，深化投融资体制和财政事权与支出责任改革，加快推进空域管理体制改革。加快政府职能转变，持续推进简政放权、放管结合、优化服务，提高行政效能。

（二）构建内通外联的运输通道网络

构建横贯东西、纵贯南北、内畅外通的综合运输大通道，推进对外交通走廊和海上丝绸之路走廊建设。打造高品质的快速网络，加快推进高速铁路成网，完善国家高速公路网络，适度建设地方高速公路，增强枢纽机场和干支线机场功能。完善广覆盖的基础网络，加快中西部铁路建设，推进普通国省道提质改造和瓶颈路段建设，提升沿海和内河水运设施专业化水平，加强农村公路、通用机场建设，推进油气管道区域互联。提升邮政网络服务水平，加强快递基础设施建设。

（三）建设现代高效的城际交通

建设城市群中心城市间、中心城市与周边节点城市间1~2小时交通圈，打造城市群中心城市与周边重要城镇间1小时通勤都市圈。在城镇化地区大力发展城际铁路、市域（郊）铁路，形成多层次轨道交

① 国务院新闻办公室发表的《中国交通运输发展》白皮书。

通骨干网络。实行公共交通优先，加快发展城市轨道交通、快速公交等大容量公共交通。加强邮政、快递网络终端建设。

（四）打造一体衔接的综合交通枢纽

优化枢纽空间布局，建设北京、上海、广州等国际性综合交通枢纽，提升全国性、区域性和地区性综合交通枢纽水平，加强中西部重要枢纽建设，推进沿边重要口岸枢纽建设，提升枢纽内外辐射能力。完善枢纽综合服务功能，优化中转设施和集疏运网络，强化客运零距离换乘和货运无缝衔接，实现不同运输方式协调高效，发挥综合优势，提升交通物流整体效率。

（五）推动运输服务绿色智能发展

推进交通运输绿色发展，集约节约利用资源，加强标准化、低碳化、现代化运输装备和节能环保运输工具推广应用。实施“互联网+交通运输”行动计划，加快智能交通发展，推广先进信息技术和智能技术装备应用，加强联程联运系统、智能管理系统、公共信息系统建设，加快发展多式联运，提高交通运输服务质量和效益。

（六）提升交通运输安全管理水平

完善安全生产法规制度体系，有效落实企业主体责任和管理部门监管责任。加强应急能力建设，全面提升应急处置和救援水平。强化事前预防，开展平安交通专项行动，加大隐患排查治理和风险管控力度，突出重点领域安全监管，全面实施安全生产风险管理，坚决遏制重特大事故多发频发。

实现“两个一百年”奋斗目标、实现中华民族伟大复兴的中国梦，对交通运输业发展提出了新的更高的要求。交通推动发展，交流促进合作，通达实现共赢。中国政府将不断提升交通运输服务品质，更好地服务经济社会发展，并继续加强与世界各国在交通运输领域的深度合作，共享机遇、共迎挑战，实现共同发展、共同繁荣。

二、建成现代综合交通体系①

（一）总投资规模将达15万亿元

2017年，交通运输部和国家发展改革委联合编制了《“十三五”现代综合交通运输体系发展规划》，该规划是国家“十三五”国民经济和社会发展规划纲要中22个国家级重点专项规划之一。

该规划总结了“十二五”交通运输发展的成就，分析了当前交通运输发展的水平，也研究了交通运输发展的规律。在这个基础上，我国提出了“十三五”期间的目标和八项任务，还有一系列政策保障措施。该规划首次将拓展交通运输新领域和新业态作为重要任务，提出要积极引导交通运输新消费，大力发展交通运输新经济，促进交通与物流等产业联动发展。

在“十三五”期间，交通运输总投资规模将达到15万亿元。该规划明确，到2020年基本建成安全、便捷、高效、绿色的现代综合运输交通体系，部分地区和领域要率先基本实现交通运输的现代化。

（二）交通扶贫将投入1.8万亿元

交通行业将继续把交通扶贫脱贫攻坚工作做好，重点在打通“最后一公里”上下功夫。要完善“四好农村路”的顶层设计，加强农村公路服务网络建设，开展幸福小康路建设，深化农村公路管理养护改革，实施城乡交通一体化工程。

---

① 齐慧．交通运输部：2020年基本建成现代综合交通体系［N］．经济日报，2017-02-28.

农村地区加强交通基础设施建设面临的最大问题就是资金。预计“十三五”时期，交通扶贫建设总投资规模达到1.8万亿元，其中中央计划安排的车辆购置税资金8 400亿元，还有大约1万亿元的资金要靠中央、地方、金融机构、企事业单位、社会各界共同想办法解决。

交通运输部要动员社会各界共同努力，多渠道、多方式筹措资金，推动农村交通基础设施建设；将继续把交通扶贫脱贫攻坚摆在突出位置，完善机制，加大力度，做好工作，全力为贫困地区脱贫攻坚当好先行、做好保障。交通运输部的目标就是“小康路上，绝不让任何地方因为交通而掉队”。

（三）做好“三去一降一补”工作

交通运输供给侧结构性改革，关键是要贯彻落实好中央的要求，落实好“三去一降一补”五大任务，同时要结合交通的实际抓住重点，主要是3个方面：

1.降低成本

要畅通物流大通道，建设综合交通枢纽，发展多式联运，提升物流效率。要降低制度性交易成本、降低服务性交易成本，推动降成本。要推动企业加强管理，提高效率和效益，还要打通信息孤岛，实现信息共享。

2.补基础设施的短板

要继续加大固定资产投资的力度，加强农村公路建设，加强交通扶贫脱贫攻坚，以贫困地区为重点，大力推进乡镇、建制村通硬化路的建设。

3.补服务的短板

补服务的短板分两个方面：一是补政府服务的短板，主要是简政放权、强化服务、改善监管。二是补交通服务的短板，主要是提升供给的品质。重点支持50个城乡交通运输一体化示范县的建设，建设改造400个普通国省干线公路的服务区，打造一批特色突出的旅游风景道路示范工程，还要建设一批公路和水运的品质示范工程。

此外，交通部还将抓紧细化完善一系列政策措施，鼓励“互联网+交通运输”、邮轮游艇、交通旅游融合发展等项目，创造良好环境，促进交通运输新领域、新业态的发展。

[第二十五章]

能源产业

本章主要讨论能源产业概述，能源产业的发展规律与趋势，我国能源产业的发展状况、战略与对策。

第一节　能源产业概述

一、基本概念

（一）能源

能源是自然界中能为人类提供某种形式能量的物质资源。能源是国民经济的重要物质基础，能源开发、能源利用以及人均能源消费水平是生产力和生活水平的重要标志。初始的能源主要有三类：来自地球外部天体的能量，如太阳；来自地球本身蕴藏的能量，如地热；来自地球和其他天体相互作用而产生的能量，如潮汐。进入现代以来，能源的概念逐渐从能量的来源演变成产生能量的原料和资源。能源呈现多种具体形式，按不同分类标准，大致可以分为七类。

（1）按转化与否，分为一次能源和二次能源。自然界现成存在、并可直接取得而不改变其基本形态的能源，被称为一次能源，如煤炭、石油、天然气等。由一次能源经过加工而转换成另一种形式的能源产品，被称为二次能源，如电力、蒸汽、焦炭、煤气、各种石油制品等。

（2）按再生与否，分为再生能源和非再生能源。对一次能源又可以进一步加以分类，凡是可以不断得到补充或能在较短周期内再产生的能源，被称为可再生能源；反之，被称为不可再生能源。风能、水能、海洋能、潮汐能、太阳能和生物质能等是再生能源。

（3）按清洁与否，分为清洁能源和非清洁能源。在消耗使用中不会产生污染的能源，被称为清洁能源；反之，会产生一定程度污染的能源，被称为非清洁能源。清洁能源一般包括水力、电力、太阳能、风能以及核能等，非清洁能源包括煤炭、石油等。

（4）按普及与否，分为常规能源和新型能源。在现阶段已经大规模生产和广泛使用的能源，被称为常规能源，也称传统能源，包括一次能源中可再生的水能和不可再生的煤炭、石油、天然气等。新型能源也称新能源，是相对于常规能源而言尚未大规模普及的能源，包括太阳能、风能、地热能、海洋能、生物质能以及核能。

（5）按化石与否，分为化石能源和非化石能源。化石能源由古代生物的化石沉积而来，如煤炭、石油和天然气等。除化石能源之外的都是非化石能源，包括水能、电能、太阳能、生物质能、风能、核能、海洋能和地热能等。

（6）按商品与否，分为商品能源和非商品能源。凡进入能源市场作为商品销售的均为商品能源，如煤、石油、天然气和电力等；反之，则是非商品能源，如薪柴和秸秆等农作物残余。

（7）按可燃与否，分为燃料能源和非燃料能源。作为燃料使用，主要提供热能的能源，被称为燃料能源，如煤炭、石油、天然气、泥炭和木材等；与之相对的能源被称为非燃料能源，如水能、风能、地热能和海洋能等。

（二）能源产业

能源产业从整体结构上看是由无数个能源系统互联而成的，各能源系统由能源的生产、销售、运输、服务企业和用户组成有机整体。狭义的能源产业是指直接向消费者提供能源产品或服务的同类企业群体，它包括煤炭、石油、天然气、电力、核能以及各类新能源企业。广义上的能源产业还包括为能源生产提供服务的上下游产业、辅助产业，如能源勘探设计、能源设备制造、能源生产服务、能源产品销售企业，以及需求侧各类能源终端用户等。

能源产业包含庞大的业务集群。

（1）能源经过转化与加工，形成能源和化工两大行业。一方面可以生产电、热、冷、油品、燃气等各种能源产品；另一方面还可以提供化工原材料以及塑料、橡胶、纺织、化肥、药品等各类化工产品。

（2）能源产业具有鲜明的“上中下游”格局：上游为能源勘探开采和资源初步加工；中游是能源转化与加工；下游是基础化工原料精细加工与能源产品终端市场分销。

（3）围绕上中下游产业，形成三类辅助业务：金融贸易、仓储物流、工程技术与装备业务。所有这些辅助型的业务与能源利用的上中下游产业的诸多业务一起，共同构成完整的能源产业链（见图25-1）。

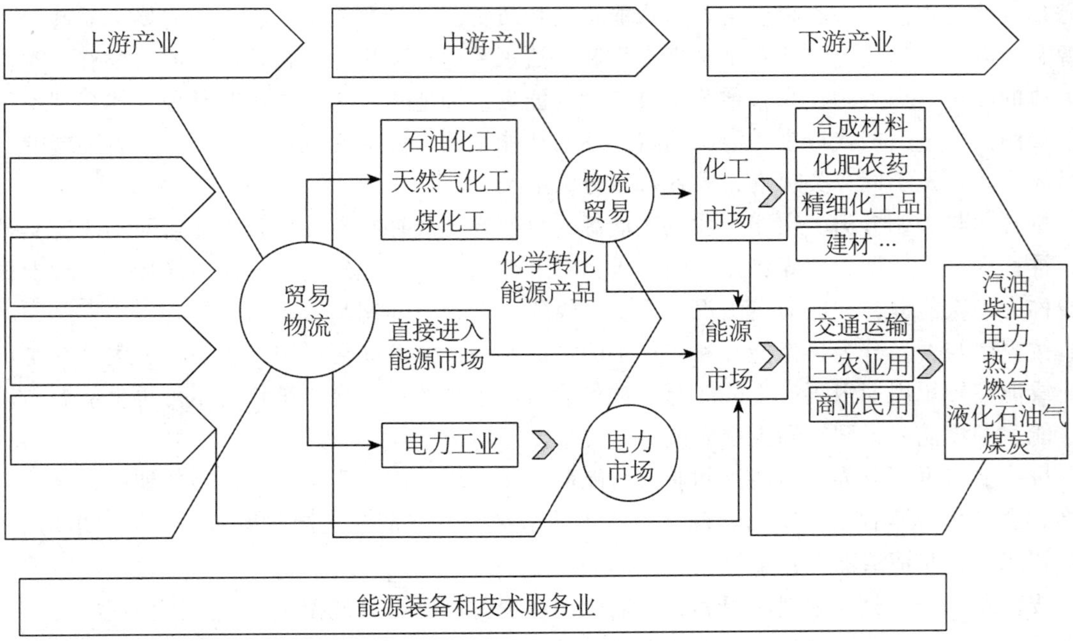

图25-1 能源产业链构成

二、地位和作用

由于经济持续快速发展和人民生活水平不断提高，能源生产和消费都不断增长，能源产业在经济社会发展中的基础性、安全性、战略性地位和作用更加突出。

（一）基础性

能源是人类赖以生存的基本条件，是国民经济的物质基础，也是经济社会发展的原动力。人类迄今约400万年的历史，也是一部能源开发利用的历史。人类从学会使用火开始，正是凭借对各种能源形式的开发和利用，使人类文明到达了一个前所未有的高度。能源驱动着现代经济社会的运转，现代化程度越高，对能源的依赖越强。在现代化工业体系中，与能源产业直接关联的上游产业和下游产业，涵盖了社会生产、流通、分配和消费的各个产业部门、行业和企业，如果减少或失去能源供应，这些部门、产业、行业和企业就会受到严重影响，从而给整个国民经济带来严重的损失，甚至影响社会的稳定。

（二）安全性

能源是国民经济的命脉，直接关系到一个国家经济发展和社会稳定，还影响世界政治格局，关系到世界和平与安宁。随着经济的快速发展，未来能源消费还将大幅增长，全球能源供需矛盾将更趋紧张，在经济全球化、政治格局多极化的今天，保障能源持续供应，建立能源安全体系已成为国际政治的核心内容。能源安全不仅指能源生产运行安全，还影响经济安全、社会安全和国家安全。

（三）战略性

能源被视为“工业的血液”，能源产业的发展是涉及工业发展和国民经济的全局性问题，具有十分重要的战略地位。如何合理分配和利用能源，实现全人类的共同繁荣和文明的持续前进，成为世界各国高度重视和着力解决的战略问题。

第二节　能源产业的发展规律与趋势

一、发展规律

（一）能源变革与经济发展的互动规律

能源变革与经济发展密切关联、推拉互动、相辅相成。一方面，能源支撑并推动着经济发展。从煤炭的发现，到蒸汽机的发明和改造，成就了第一次工业革命。石油作为一个划时代的产物成为社会发展的主力军，能源一直为人类经济发展和社会进步起着不可或缺的重要作用。

另一方面，经济发展又对能源提出了新的要求。在采猎文明时期，为了生存，最重要的活动是能够获取食物、得到温暖。到农耕文明时期，逐步产生了生产剩余，社会分工也进一步细化，产品逐步增多，经济活动对能源的需求开始增多。到了工业文明时期，生产和贸易活动迅速扩大，新型交通工具、生产工具、通信工具不断出现，对能源的需求进一步提高，只有通过能源变革才能满足经济社会的发展需要。

（二）能源科技与能源制度的融合规律

能源的勘探、开采、生产、转换、储存、传输、终端应用都离不开科技的支持。未来能源的发展，同样需要科技来支撑，必然建立在科技进步与创新的基础之上。制度是能源开发和利用的保障，未来新型的能源格局，必然要求有与之相适应的能够鼓励科技创新、优化产业组织、倡导节约能源、促进国际合作的先进制度作为保障，确保能源体系的稳定运行和健康发展。

在能源开发利用、生产消费的全过程和各环节，能源科技和能源制度相互衔接、相互融合，是适应生态文明和可持续发展的客观要求。这种融合不仅体现于能源开发利用技术创新中，还体现在能源生产消费制度变革上。

（三）能源发展与生态环境的统一规律

根据能量守恒定律，对能源的利用，实质上是将能量从稳定的载体介质，如石油、煤炭中通过燃烧等方式将化学能转换出来，再转移到我们生存的空间。工业革命以来，由于煤炭、石油和天然气等化石能源的广泛使用，矿物、土地、淡水、森林、野生动植物等自然资源显现出相对紧缺的趋势，全球气候变暖、臭氧层耗竭、酸雨、水资源状况恶化、土壤资源退化、全球森林危机、生物多样性减少、毒害物质污染与越境转移等生态环境问题时时处处威胁着人类。

能源与生态环境有着十分密切的联系，两者存在内在的统一性。人类对能源开发和利用必须遵循这一规律；否则，大自然将做出反应，严重影响能源的可持续发展，甚至威胁人类的生存。

二、发展趋势

（一）能源需求的增长趋缓

近些年来，全球经济面临危机，美国经济复苏乏力，欧洲深陷债务危机，新兴经济体增长放缓，但是经济向前发展、经济规模不断扩大的趋势不会改变。20世纪90年代以来，世界能源消费年均增速为2.0%左右，比20世纪七八十年代低1个百分点。“十三五”期间，全球能源供应能力充足，需求保持低速增长，能源价格将低位运行较长时间。

（二）能源消费的低碳化趋势

能源大规模开发利用造成的环境污染、生态退化、气候变化的问题已经危及人类的健康生活甚至安全生存。能源消费的低碳化成为未来发展的大势所趋。世界主要国家竞相加大高效、清洁能源科技研究的投入力度，着力突破节能、清洁、稳定、智能等关键技术，加快发展氢能、可燃冰、太阳能、风能、地热能、海洋能、核能、页岩气、生物质能、智能电网、新能源汽车等战略性新兴产业，推动能源的高效、清洁利用，满足清洁、经济、可持续发展的要求。

（三）能源结构的多元化趋势

自然界能源存在多种多样的能源形式。随着科学技术和社会的发展，各种新型新源开发利用技术逐渐成熟应用，使以煤、石油、天然气为主的传统能源产业结构发生根本性变化。同时，能源生产消费制度越来越完善，能源金融、合同能源管理、需求侧管理等新的机制，也将对能源产业结构产生重大影响。从能源发展的历史和现状来看，包括产业结构、市场结构、产权结构等在内的能源结构，已经出现了多元化变动的趋势。

（四）能源保障的全球化趋势

在全球经济一体化的大背景下，在信息、交通、互联网等技术的配套支持下，开展能源国际合作的条件越来越成熟，贸易活动越来越活跃。尤其是在人类共同面临资源枯竭、生态退化、气候变暖等共同挑战下，在《联合国气候变化框架公约》、联合国千年发展目标等共同准则的约束下，任何一个国家或者组织，不能也没有必要将自身的能源系统与世界孤立，唯有合作共赢，共同担当，积极淘汰高污染、高能耗产业，加大技术和制度的创新和共享，才能建立更加公平、开放、充满活力的国际能源体系，本国能源供应才能获得安全保障。

第三节　我国能源产业的发展状况、战略与对策

一、能源产业的发展状况

改革开放以来，我国能源产业形成了煤炭、电力、石油天然气以及新能源和可再生能源全面发展的能源供应体系，能源普遍服务水平大幅提升，居民生活用能条件极大改善，不仅保障了国内经济社会发展，也对维护世界能源安全做出了重大贡献。今后一段时期，我国仍将处于工业化、城镇化加快发展阶段，能源需求会继续增长，能源供应保障任务更加艰巨。由于国际能源竞争格局、经济结构和能源结构不合理、能源开发利用方式粗放等原因，我国能源产业发展仍面临着诸多挑战。

（一）产能过剩矛盾突出

我国能源结构以传统能源为主，其中煤炭产能过剩，供求关系严重失衡。煤电机组平均利用小时数明显偏低，并呈现进一步下降趋势，导致设备利用效率低下、能耗和污染物排放水平大幅增加。原油一次加工能力过剩，但高品质清洁油品生产能力不足。为了适应社会快速发展的需要，我国必须着力优化能源结构，加快落后产能淘汰步伐，保障能源供需平衡。

（二）清洁能源面临瓶颈

可再生能源全额保障性收购政策尚未得到有效落实。一方面，电力系统调峰能力不足，调度运行和调峰成本补偿机制不健全，难以适应可再生能源大规模并网消纳的要求，部分地区弃风、弃水、弃光问题严重。另一方面，目前风电、光伏等新能源技术成本与传统能源相比仍然较高，鼓励风电和光伏发电依靠技术进步降低成本、加快分布式发展的机制尚未建立，可再生能源发展模式多样化受到制约。

（三）能源效率有待提高

电力、热力、燃气等不同供能系统集成互补、梯级利用程度不高。电力、天然气峰谷差逐渐增大，系统调峰能力严重不足，需求侧响应机制尚未充分建立，供应能力大都按照满足最大负荷需要设计，造成系统设备利用率持续下降。风电和太阳能发电主要集中在西北部地区，长距离大规模外送需配套大量煤电用以调峰，输送清洁能源比例偏低，系统利用效率不高。

（四）环境压力不断增大

化石能源特别是煤炭的大规模开发利用，对生态环境造成严重影响。大量耕地被占用和破坏，水资源污染严重，二氧化碳、二氧化硫、氮氧化物和有害重金属排放量大，臭氧及细颗粒物（PM2.5）等污染加剧。未来相当长时期内，化石能源在我国能源结构中仍占主体地位，保护生态环境、应对气候变化的压力日益增大，迫切需要能源绿色转型。

（五）能源安全形势严峻

近年来能源对外依存度上升较快。石油海上运输安全风险加大，跨境油气管道安全运行问题不容忽视。国际能源市场价格波动增加了保障国内能源供应难度。能源储备规模较小，应急能力相对较弱，能源安全形势严峻。

（六）体制机制亟待改革

能源价格、税收、财政、环保等政策衔接协调不够，能源市场体系建设滞后，市场配置资源的作用没有得到充分发挥。价格制度不完善，天然气、电力调峰成本补偿及相应价格机制较为缺乏，科学灵活的价格调节机制尚未完全形成，不能适应能源革命的新要求。

二、能源产业的发展战略

能源是国民经济和社会发展的重要战略资源，关乎国家安全和战略利益。确立和实施国家能源发展战略，是实现国家富强、民族复兴的重要前提。未来几十年，是我国能源发展战略机遇与挑战的关键时期，必须深入领会新时代中国特色社会主义思想，更好地统筹国际和国内两个大局，树立全球视野，注重全局谋划，创新能源发展理念，实现我国由能源大国向能源强国转变，促进能源与经济社会环境协调发展。

（一）战略目标

我国能源发展战略必须统筹兼顾保障能源安全、提高能源效率、保护生态环境三方面的工作，构建具有中国特色的全面协调可持续的现代能源体系。我国能源发展的战略目标具体表述为：保障能源供应的安全目标；提高能源系统物理效率和经济效率的效率目标；减少能源开发对生态环境影响的生态环境目标。

（二）战略步骤

2020年，能源保障能力显著提高，能源结构优化初见成效，能源科技创新体系基本建立，能源节约型、环境友好型的能源生产和消费格局初步形成。

2030年，能源供应保障能力进一步提高，能源结构优化取得突破性进展，能源科技自主创新能力达到世界先进水平，能源利用效率显著提高，资源节约型、环境友好型的能源生产与消费格局进一步完善。

2050年，能源效率和能源科技达到世界领先水平，生态环境显著改善，温室气体排放实现零增长，安全、清洁、高效、全面协调可持续能源供应服务体系全面形成。

三、能源产业的发展对策

我国必须加快能源生产和利用方式变革，促进能源科技创新，提升能源开发转化和利用效率，控制能源消费总量，降低能源对外依存度，提高能源国际竞争力和话语权，构建安全、稳定、经济、清洁的现代化能源产业体系，保障经济社会的可持续发展。

（一）完善能源战略储备

1.油气储备

优化储备布局和结构，推进国家石油储备基地建设，实现石油储备方式多元化。积极推进成品油应急调节储备，研究建立企业义务储备。加快地下储气库和液化天然气储备库建设，加快城市调峰储气设施建设。

2.煤炭储备

加快国家煤炭应急储备，鼓励重点厂矿企业提高仓储能力，稳步推进地方储备应急能力建设，逐步构建科学、有序、规范的煤炭应急储备体系，研究建立战略性稀缺煤种储备制度。

3.天然铀储备

完善国家战略储备与企业商业储备相结合的天然铀储备体系，加快储备库建设，提高天然铀国家储备规模。

4.应急保障

健全能源应急组织系统，明确政府和及各类社会主体的应急责任和义务，完善应急保障预案，依法采取能源生产运输经济调度、储备动用和价格干预措施。加强系统演练，提高全社会能源安全意识。

5.战略通道运输安全

按照海陆并举、内外衔接、安全通畅、适度超前的原则，统筹各种能源的运输方式，优化能源流向。提高远洋运输、跨境铁路、油气管道的保障能力，确保跨国能源战略通道的安全。

（二）优化化石能源产业结构

1.安全高效地开发煤炭

推进煤炭资源整合和煤矿企业兼并重组、重点大型煤炭基地建设，优化产业结构，加快淘汰落后产能。因地制宜开发煤炭伴生资源，大力发展循环经济。提高煤矿技术装备水平，加强数字化和自动化建设，提高安全水平和生产效率。

2.加快常规油气勘探开发

围绕新油气田规模高效开发和老油气田采收率提高，鼓励低品位资源开发，推进原油增储稳产、天然气快速发展。挖掘东部潜力，加强老区精细勘探，拓展外围盆地资源；加快海上油气资源勘探开发，坚持储近用远的原则，提高深水资源勘探开发能力。

3.大力开发非常规天然气资源

重点加大煤层气和页岩气勘探开发力度，在保护生态环境和合理利用水资源的前提下，优选一批页岩气远景区和有利目标区，实现商业化生产，为天然气供应提供多元化、互补保障。

4.积极有序发展水电

坚持水电开发与移民致富、环境保护、水资源综合利用、地方经济社会发展相协调，加强流域水电规划，在做好生态环境保护和移民安置的前提下积极发展水电。统筹考虑中小流域的开发与保护，经科学论证后因地制宜地积极开发小水电，合理布局抽水蓄能电站。

5.安全高效发展核电

严格实施核电安全规划和核电中长期发展规划，把“安全第一”方针落实到核电规划、建设、运行、退役全过程及所有相关产业。全面加强核电安全管理，提高核事故应急响应能力。坚持热堆、快堆、聚变堆“三步走”技术路线，以百万千瓦级先进压水堆为主，积极发展高温气冷堆、商业快冷堆和小型堆等新技术。合理把握建设节奏，同步完善核燃料供应体系和核废料的处理、封存体系。

6.加快发展风能等其他可再生能源

坚持集中与分散开发利用并举，以风能、太阳能、生物质能利用为重点，大力发展可再生能源。优化风电开发布局，配套建设电网和储能设施。加快太阳能多元化利用，推进光伏产业兼并重组和优化升级，大力推广与建筑结合的光伏发电，鼓励太阳能发电、采暖和制冷、太阳能中高温工业应用。有序开发生物质能，加快发展生物液体燃料。鼓励利用城市垃圾、大型养殖场废弃物建设沼气或发电项目。因地制宜地利用农作物秸秆、林业剩余物发展生物质发电。稳步推进地热能、海洋能等可再生能源开发利用。

（三）深化能源体制革命

1.健全能源法律法规体系

坚持社会主义市场经济改革方向，深化能源市场化体制改革，加快构建现代能源市场体系，着力化解重点领域和关键环节的突出矛盾。建立健全完整配套的能源法律法规体系，推动相关法律制定和修订，完善配套法规体系，发挥法律法规对能源行业发展和改革的引导和约束作用，实现能源发展有法可依。

2.完善财税金融政策

健全对可再生能源的资金支持制度，加大对分布式能源和非常规能源发展的支持力度。强化能源储备以及偏远地区能源建设的资金保障。促进环境保护费改税。完善脱硫、脱硝、除尘和超低排放环保电价政策。创新金融产品和服务，建立能源产业与金融机构信息共享机制，稳步发展能源期货市场，探索组建新能源与可再生能源产权交易市场。鼓励金融与互联网深度融合，创新能源金融产品和服务，拓宽创新型能源企业融资渠道，提高直接融资比重。

3.建立现代能源市场

加快形成统一开放、竞争有序的现代能源市场体系。放开竞争性领域和环节，实行统一市场准入制度，推动能源投资多元化，积极支持民营经济进入能源领域。健全市场退出机制。加快电力市场建设，培育电力辅助服务市场，建立可再生能源配额制及绿色电力证书交易制度。推进天然气交易中心建设。培育能源期货市场。开展用能权交易试点，推动建设全国统一的碳排放交易市场。健全能源市场监管机制，强化自然垄断业务监管，规范竞争性业务市场秩序。

4.深化电力体制改革

按照“准许成本加合理收益”的原则，严格成本监管，合理制定输配电价。加快建立相对独立、运行规范的电力交易机构，改革电网企业运营模式。有序放开除公益性调节性以外的发用电计划和配电增量业务，鼓励以混合所有制方式发展配电业务，严格规范和多途径培育售电市场主体。全面放开用户侧分布式电力市场，实现电网公平接入，完善鼓励分布式能源、智能电网和能源微网发展的机制和政策，促进分布式能源发展。积极引导和规范电力市场建设，有效防范干预电力市场竞争、随意压价等不规范行为。

（四）推动能源技术革命

1.加强科技创新能力建设

加强能源科技创新体系顶层设计，完善科技创新激励机制，统筹推进基础性、综合性、战略性能源科技研发，提升能源科技整体竞争力，培育更多能源技术优势并加快转化为经济优势。深入推进能源领域国家重大专项工程。整合现有科研力量，建设一批能源创新中心和实验室，建立一批技术创新联盟，打造若干具有国际竞争力的科技创新型能源企业，培育一批能源科技领军人才与团队。

2.推进重点技术与装备研发

坚持战略导向，以增强自主创新能力为着力点，围绕油气资源勘探开发、化石能源清洁高效转化、可再生能源高效开发利用、核能安全利用、智慧能源、先进高效节能等领域，应用推广一批技术成熟、市场有需求、经济合理的技术，示范试验一批有一定技术积累但工艺和市场有待验证的技术，集中攻关一批前景广阔的技术，加速科技创新成果转化应用。

3.实施科技创新示范工程

发挥我国能源市场空间大、工程实践机会多的优势，加大资金、政策扶持力度，重点在油气勘探开发、煤炭加工转化、高效清洁发电、新能源开发利用、智能电网、先进核电、大规模储能、柔性直流输电、制氢等领域，建设一批创新示范工程，推动先进产能建设，提高能源科技自主创新能力和装备制造国产化水平。

（五）促进能源环境协调

1.控制能源消费总量

实施能源消费强度和消费总量的控制，加快发展现代服务业，培育发展战略性新兴产业，改造提升传统制造业。加快制定和修订重点行业单位产品能耗限制强制性国家标准，加快淘汰浪费能源资源、污染环境的落后工艺、技术和设备；加强宏观调控，遏制盲目投资、低水平重复建设，限制高耗能、高耗水、高污染产业的发展。深入开展能源审计和能效水平对标活动，实行能源利用状况报告制度，建立企业能源管理体系，鼓励推进节能调度，加强高效节能技术产品推广力度，强化能效标识和节能产品认证制度，扩大节能产品政府采购，实施节能产品惠民工程。

2.倡导节约用能理念

充分挖掘商业和民用节能潜力，努力改变用能观念和行为。要建立和完善各种建筑节能标准，逐步形成建筑节能标准体系，并加强对建筑节能标准实施的检查监督。加快开展供热体制改革和政府机构建筑节能工作，开展现有建筑节能改造，研究制定建筑节能管理条例，制定建筑节能鼓励优惠政策，加强建筑节能宣传教育。鼓励采用蓄冷、蓄热空调、冷热电联供等节能技术和节能门窗、新型墙体等节能材料；加快在建筑用能中采用更多的太阳能、地热能等新能源和可再生能源；大力推广高效节能电冰箱、空调器、电视机、洗衣机、计算机等家用及办公用电器；实施照明产品能效标准，提高节能灯的使用比例。

3.保护生态环境

坚持节约资源和保护环境的基本国策，把建设资源节约型、环境友好型社会放在工业化、现代化发展战略的突出位置。以建设资源节约型和环境友好型社会为目标，积极促进能源与环境的协调发展。积极优化能源结构，鼓励发展新能源和可再生能源，支持清洁、低碳能源开发利用，推进能源替代，促进能源清洁利用，有效应对气候变化，促进能源开发利用与生态环境保护协调发展。完善有利于节约能源资源和保护生态环境的法律和政策，加快形成可持续发展体制机制。加快发展循环经济，坚持开发节约并重、节约优先，按照减量化、再利用、资源化的原则，在资源开采、生产消耗、废物产生、消费等环节，逐步建立全社会的资源循环利用体系。开展生态修复，提高扩区土地复垦率。

（六）加强能源国际合作

1.积极参与全球能源管理

务实参与二十国集团、亚太经合组织、国际能源署、国际可再生能源署、能源宪章等国际平台和机构的重大能源事务及规则制定。加强与东南亚国家联盟、阿拉伯国家联盟、上海合作组织等区域机构的合作，通过基础设施互联互通、市场融合和贸易便利化措施，协同保障区域能源安全。探讨构建全球能源互联网。

2.优化能源国际合作格局

统筹国内和国际两个大局，充分利用两个市场、两种资源，全方位实施能源对外开放与合作战略，抓住“一带一路”建设重大机遇，推动能源基础设施互联互通，加大国际产能合作。加强能源技术、装备与工程服务国际合作，深化合作水平，促进重点技术消化、吸收再创新。鼓励以多种方式参与境外重大电力项目，因地制宜参与有关新能源项目投资和建设，有序开展境外电网项目。

[第二十六章]

海洋产业

本章主要讨论海洋产业的地位与作用，我国海洋产业的成就、问题与发展战略。

第一节　海洋产业的地位与作用[①]

党的十九大报告提出："坚持陆海统筹，加快建设海洋强国。"在过去很长一段时期，我国领土广阔、人口众多、历史文化悠久、造船技术先进、物产丰富，经济总量曾长期居世界第一位，但因为不是海洋强国，总是遭受来自海洋国家，包括比中国小得多的一些海洋国家的欺侮和侵略。历史是一部厚重的教科书，回顾历史可以得出这样的结论：重视海洋的民族必然强盛，不重视海洋的民族很可能衰败。[②]

海洋是世界贸易的主要通道，是潜力巨大的资源宝库，是人类生存和发展的战略空间，是全球气候与环境的重要调节器，也是国际竞争与合作的重要舞台。开发和利用海洋，发展海洋经济和海洋事业，对全球经济发展和社会进步，对我国改革开放和现代化建设，都具有十分重要的战略意义。

一、海洋在人类进步和全球发展中占有极其重要的位置

海洋面积占地球总面积的71%，空间广阔，资源丰富，是自然界主要的地理形态，也是人类生存支持系统的重要组成部分。从历史上看，海洋是地球生物的最早起源地，也是人类生命的摇篮。过去很长一个时期，人类以多种方式利用海洋，促进了全球文明进步。特别是从15世纪开始，随着世界地理大发现和远洋航海时代的到来，海洋成为国际商品往来最重要的交通通道，极大地促进了世界贸易的发展，推动了各国沿海地区的经济繁荣和社会进步。当今世界，全球大部分经济活动集中在沿海地区，很多大城市位于沿海地区，众多人口也居住在沿海地区。海洋历来是国家的门户、安全的屏障和兵家必争之地，对世界政治军事格局的影响很大。进入21世纪以来，世界一些主要国家开发海洋的步伐明显加快。

二、转变观念，重视海洋开发

1.合理开发利用海洋资源是世界可持续发展的战略选择

第二次世界大战后尤其是20世纪70年代以来，世界科技和经济迅猛发展，人口扩张、资源短缺和环境恶化的矛盾日益突出，海洋资源利用的潜力更加引起重视，海洋的价值更为明显。例如，未完全探明的海底世界，蕴藏着大量生物、能源和矿产资源；海水的综合利用和淡化，有助于缓解沿海地区淡水资源紧缺的矛盾；海水中氢元素的提取和应用，可以为核聚变与燃料电池开发提供取之不尽的基础原料；天然气水合物的开发，很可能成为继煤炭、油气之后的新一代能源；大洋多金属结核的勘探开发，

---

① 宁吉喆. 发展海洋经济［N］. 经济日报，2010-10-30.

② 张佐友. 关于海洋大开发战略的思考［J］. 北京联合大学学报：人文社会科学版，2014（1）：120-122，128.

将为增加全球接替战略资源开辟新的领域；海洋生物资源的开拓和挖掘，可能是解决人类食品问题的一条重要途径；深海生物基因的研发与利用，也有可能引发一场前所未有的生物革命等。

2.海洋对我国经济社会发展具有重大战略意义

我国海域广阔，海岸线漫长，不仅是一个陆地大国，也是一个海洋大国。改革开放以来，我国沿海地区率先发展，走在全国发展的前列。沿海地区人口占全国的40%以上，地区生产总值占全国的60%以上，海洋运输量占全国对外贸易运输总量的90%。2017年，我国港口货物和集装箱吞吐量均居世界第一，有31个沿海港口货物吞吐量超过1亿吨，经济社会活动十分活跃。海洋在我国现代化建设中发挥着日益重要的作用。

第二节　我国海洋产业的成就、问题与发展战略[①]

一、我国海洋产业的主要成就

2013—2017年我国海洋生产总值情况如图26-1所示。2017年全国海洋生产总值为77 611亿元，比上年增长6.9%，海洋生产总值占国内生产总值的9.4%。其中，海洋第一产业增加值为3 600亿元，第二产业增加值为30 092亿元，第三产业增加值为43 919亿元，海洋第一、第二、第三产业增加值占海洋生产总值的比重分别为4.6%、38.8%和56.6%。2017年我国海洋生产总值如表26-1所示。

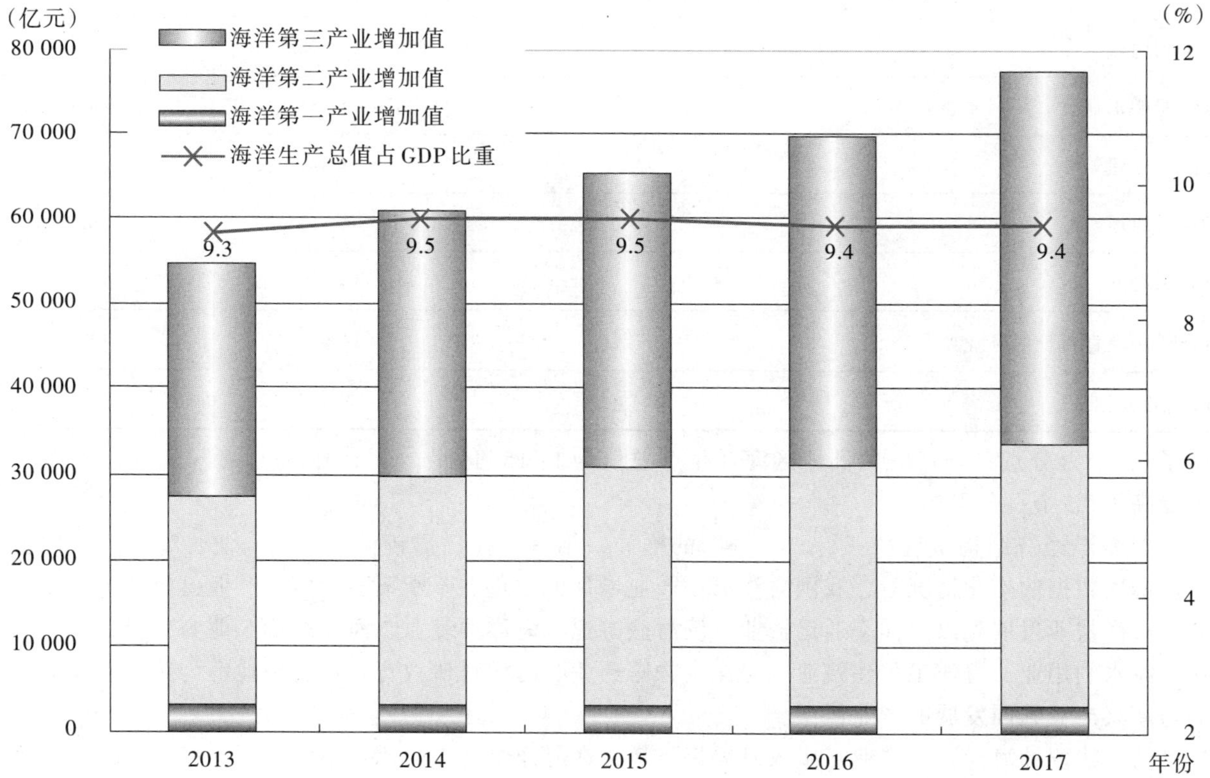

图26-1　2013—2017年我国海洋生产总值情况

2017年，我国海洋产业保持稳步增长。其中，主要海洋产业增加值为31 735亿元，比上年增长8.5%；海洋科研教育管理服务业增加值为16 499亿元，比上年增长11.1%。

2017年，环渤海地区海洋生产总值为24 638亿元，占全国海洋生产总值的31.7%，比上年回落了

① 宁吉喆. 发展海洋经济［N］. 经济日报，2010-10-30.

0.8个百分点；长江三角洲地区海洋生产总值为22 952亿元，占全国海洋生产总值的29.6%，比上年

表26-1 **2017年我国海洋生产总值**

项　目	总量（亿元）	增速（%）
海洋生产总值	77 611	6.9
海洋产业	48 234	9.4
主要海洋产业	31 735	8.5
海洋渔业	4 676	-3.3
海洋油气业	1 126	-2.1
海洋矿业	66	-5.7
海洋盐业	40	-12.7
海洋化工业	1 044	-0.8
海洋生物医药业	385	11.1
海洋电力业	138	8.4
海水利用业	14	3.6
海洋船舶工业	1 455	-4.4
海洋工程建筑业	1 841	0.9
海洋交通运输业	6 312	9.5
滨海旅游业	14 636	16.5
海洋科研教育管理服务业	16 499	11.1
海洋相关产业	29 377	—

回落了0.1个百分点；珠江三角洲地区海洋生产总值为18 156亿元，占全国海洋生产总值的23.4%，比上年提高了0.5个百分点。

我国海洋经济结构呈现“三、二、一”的格局，第一产业比重较低，第二产业、第三产业比重较高。从历史数据的变化情况看，我国海洋第一产业增加值比重在不断下降，海洋产业已经从单一的海洋渔业、海洋盐业发展到以海洋交通运输业、滨海旅游业、海洋油气业、海洋船舶工业为主导，以海洋电力业、海水利用业、海洋工程建筑业、海洋生物医药业、海洋科研教育管理服务业等为重要支撑的传统产业与新兴产业共同发展的产业体系。

目前，我国的海洋新兴产业正步入发展快车道，在海洋经济中的比重不断提升。海洋新兴产业主要包括海水利用业、海洋生物医药业、海洋电力业、海洋高端装备制造业、海洋生物育种与健康养殖业以及现代海洋服务业等。虽然增速快，但总体来看，海洋新兴产业所占的比重仍然较低。对比西方发达国家，我国海洋服务业发展程度不高，应当更重视海洋科技的发展。

比较而言，资源利用型产业如渔业、海洋矿业、海洋盐业产出效率较低；制造型海洋产业如海洋化工业、海洋船舶业产出效益中等；服务型海洋产业和海洋新兴产业产出效益较高，其代表为海洋生物医

药业和海洋交通运输业。[①]

二、我国海洋产业的主要问题[②]

目前，开发利用海洋资源已形成共识，海洋经济已成为转变经济发展方式的重要领域和区域协调发展的重要内容，但是发展中面临的不协调和不可持续问题依然突出。目前我国在利用海洋的过程中存在“三重三轻”的现象：重近岸开发，轻深远海域利用；重空间开发，轻海洋生态效益；重眼前利益，轻长远发展谋划。从全国沿海行政区域整体情况看又呈现“两多两少”的局面：产业结构趋同，传统产业多，新兴产业少，高耗能产业多，低耗能产业少。总之，海洋产业层次不高、科技支撑不够、海洋开发利用水平低、海洋管理体制机制不顺等问题，必须引起足够的重视。科学规划海洋经济发展，成为新时期、新阶段的重大课题，制定和实施科学的海洋发展战略已经迫在眉睫。

我国海洋产业的具体问题还表现在如下几个方面：

（1）海洋经济增长方式依然粗放，产业结构不尽合理，经济布局亟待优化。

（2）海洋科技整体水平仍不高，创新能力不强，关键核心技术掌握不多。目前我国海洋科技自主创新和成果转化能力仍明显低于发达国家水平，技术储备不足，不能有效发挥创新引领和支撑作用。

（3）海洋开发行为不够规范，近海环境恶化趋势尚未得到有效扭转，海洋防灾减灾形势相当严峻。

（4）海洋公益服务能力不足，政策、法规还需进一步完善，维护海洋权益的任务十分艰巨。

（5）海洋意识还有待提高，各方面对海洋的了解还不足。

（6）我国针对海洋战略性新兴产业的特殊性、产业选择条件、评价标准、发展定位等研究尚属空白，相应的宏观规划和管理体制机制尚未建立。

（7）资金投入不足等现象在海洋新兴产业中也普遍存在。[③]

我们一定要保持清醒头脑，不断提高大局意识、风险意识和忧患意识，高度重视海洋开发在我国经济社会发展中的重要地位，从战略高度进一步认识发展海洋事业的重要性和紧迫性，继续抓住并用好面临的机遇和条件，有针对性地解决存在的矛盾和问题，促进我国海洋事业再上新台阶。[④]

三、我国海洋产业的发展战略

我国“十三五”规划纲要从战略高度对新时期海洋事业发展做出了全面部署，明确提出坚持陆海统筹，发展海洋经济，科学开发海洋资源，保护海洋生态环境，维护海洋权益，建设海洋强国。这些要求为我国海洋工作指明了前进方向。

1.壮大海洋经济

优化海洋产业结构，发展远洋渔业，推动海水淡化规模化应用，扶持海洋生物医药、海洋装备制造等产业发展，加快发展海洋服务业。发展海洋科学技术，重点在深水、绿色、安全的海洋高技术领域取得突破。推进智慧海洋工程建设。创新海域海岛资源市场化配置方式。深入推进山东、浙江、广东、福建、天津等全国海洋经济发展试点区建设，支持海南利用南海资源优势发展特色海洋经济，建设青岛蓝谷等海洋经济发展示范区。

2.加强海洋资源环境保护

深入实施以海洋生态系统为基础的综合管理，推进海洋主体功能区建设，优化近岸海域空间布局，科学控制开发强度。严格控制围填海规模，加强海岸带保护与修复，自然岸线保有率不低于35%。严格控制捕捞强度，实施休渔制度。加强海洋资源勘探与开发，深入开展极地大洋科学考察。实施陆源污染物达标排海和排污总量控制制度，建立海洋资源环境承载力预警机制。建立海洋生态红线制度，实施

① 鲍晓倩．海洋经济凸显“三、二、一”格局［N］．经济日报，2013-05-21.
② 刘松柏．海洋经济发展需要战略引领［N］．经济日报，2012-04-12.
③ 舒云．海洋新兴产业发展任重道远［N］．经济日报，2016-10-26.
④ 宁吉喆．发展海洋经济［N］．经济日报，2010-10-30.

“南红北柳”湿地修复工程和“生态岛礁”工程，加强海洋珍稀物种保护。加强海洋气候变化研究，提高海洋灾害监测、风险评估和防灾减灾能力，加强海上救灾战略预置，提升海上突发环境事故应急能力。实施海洋督察制度，开展常态化海洋督察。

3.维护海洋权益

有效维护领土主权和海洋权益。加强海上执法机构能力建设，深化涉海问题历史和法理研究，统筹运用各种手段维护和拓展国家海洋权益，妥善应对海上侵权行为，维护好我管辖海域的海上航行自由和海洋通道安全。积极参与国际和地区海洋秩序的建立和维护，完善与周边国家涉海对话合作机制，推进海上务实合作。进一步完善涉海事务协调机制，加强海洋战略顶层设计，制定海洋基本法。

经济视窗 26-1

经济视窗 26-2

［第二十七章］

老龄产业

党的十八大报告指出："积极应对人口老龄化，大力发展老龄服务事业和产业。"党的十九大再次强调指出："加快老龄事业和产业发展。"人口老龄化是21世纪的重大社会问题，也是国际社会普遍关注的热点问题。老龄产业是一个新兴产业部门，其发展对于整个经济和社会发展具有重大影响。本章主要讨论老龄产业概述、老龄产业的发展对策。

第一节　老龄产业概述

一、老龄产业的概念

老龄产业是一个新兴的、综合性的产业，是从第一、二、三产业中派生出来的特殊产业，其发展有着巨大的潜力。1997年5月，中国老龄协会、光明日报社和北京大学联合举办了中国老龄产业座谈会，这是中国有关部门首次提出"老龄产业"这一概念。老龄产业是根据老人的生理特征和生活习惯，从生产、经营和服务三个方面为老人提供产品或服务，满足老年人衣、食、住、行、用等各方面需求的各种行业的通称。

世界卫生组织数据显示，自1980年以来，60岁及以上人口数量已经翻倍；到2050年，80岁及以上人口数量将是现在的4倍左右，达到3.95亿人。

我国作为人口大国，老龄化的形势严峻。当65岁及以上老年人口占总人口的比例从7%上升到14%时，"老龄化社会"就过渡到了"老龄社会"。截至2017年年底，我国60岁及以上老年人口有2.41亿人，占总人口的17.3%，表明我国已经进入"老龄社会"。

这一趋势表明，未来一段时期老龄化进程将与家庭小型化、空巢化相伴随，与经济社会转型期的矛盾相交织，社会养老保障和养老服务的需求将急剧增加。老龄化、空巢化、家庭小型化引发的老年疾病护理、生活照料、精神慰藉等问题日益显现；老年人渴望共享发展成果、提高生活和生命质量的诉求日益强烈。传统养老功能的弱化和社会福利供给的不足，又与老年人对养老服务市场的消费需求构成了突出矛盾。为此，我国必须采取积极有效措施，动员、支持和鼓励社会各方面力量参与、推进老龄产业发展。

老龄产业的发展，标志着一个国家的文明程度和社会进步，是人类社会文明发展到一定阶段的必然趋势。它不仅是应对人口老龄化挑战的需要，而且对实现经济增长方式的"两个转变"和实施可持续发展战略，也是十分必要的。在中国，老龄产业是一个新的经济增长点，它在现代化进程中的地位和作用日益突出。

二、老龄产业的特点

（一）老年市场需求具有多样性

中国老年人口数量巨大，是一支数量庞大的消费群体。他们的消费有着不同于中青年和儿童的共性。由于他们的年龄跨度大、地域分布广、职业门类多，差异性非常明显。不同经济状况、不同文化背景、不同民族习俗、不同健康状况、不同心理素质、不同年龄阶段、不同人生经历的老年人对各种商品与社会服务的需求各不相同。多层次、多元化的需求必将形成一个丰富多彩的消费市场。这些不同群体的消费意图、购物心态、支付能力都有很大的差异，所以开拓老年市场、发展老龄产业既要研究经济规律，同时要分析老年人的消费需求特点。

（二）老龄产业具有经济和社会的双重性

老龄产业既要顾及经济效益，积累财力、物力，以求发展，又要十分重视社会效益——满足老年人的物质和精神需求，体现社会主义的优越性。从老年保障角度看，发展老龄产业具有的社会效益是难以估量的。它可以实现老年保障的社会化、减轻国家负担，使老年保障事业进入良性循环，摆脱养老靠国家的旧观念。同时，老龄产业的经济效益使得老年保障事业具有坚实的经济基础，有益于促进老年保障事业的开展。老龄产业的建立和发展，也为缓解中国长期存在的劳动力人口就业问题以及解决老有所养、老有所用等问题提供了机会和经济基础。这对促进和保障社会生产力的健康发展无疑将起到积极的作用。

（三）老龄产业的发展离不开国家政策的扶持

任何一项产业的发展都需要经过缓慢、艰难的起步阶段，然后才能进入迅速增长的阶段。在产业发展的起步阶段，需要政府的支持，需要社会舆论的引导，也需要对潜在需求的认真研究和对消费趋向的合理引导，对于老龄产业尤其如此。中国老龄产业正处于起步阶段，其市场的培育和开发更需要国家产业政策的扶植和引导。老龄产业政策涉及的面十分广泛，包括价格政策、信贷政策、税收政策、投资政策、质量监督政策、市场监督管理政策等。

三、老龄产业的发展机遇

近年来，党和政府十分关心老年群众，不断采取积极措施，推动老龄事业发展进步，取得举世瞩目的成就，为老龄事业持续发展奠定了良好的基础。例如，养老保障体系逐步完善，覆盖范围进一步扩大，企业职工基本养老保险制度实现全覆盖，企业退休人员养老金水平不断提高，基本养老保险实现省级统筹，新型农村社会养老保险开始试点并逐步扩大范围。又如，老龄服务体系建设扎实推进，在城市深入开展并逐步向农村延伸，养老服务机构和老年活动设施建设取得较大进步。

人口老龄化必然对社会经济生活产生深刻影响，对消费需求、产业结构以及经济发展提出新的要求，而老龄产业也因此悄然崛起。中国是发展中国家，在经济尚不发达的情况下提前迎来了人口老龄化，这就给社会经济发展提出了严峻的挑战，但同时人口老龄化的快速发展为建立和扩大社会主义市场经济提供了巨大的空间，为老龄产业的发展和老年市场的开拓提供了良好的机遇。

（一）中国老年人口绝对数量大，老年消费市场规模庞大

随着老龄化程度的不断加深、人均寿命的延长，中国老年人口的数量将越来越多。21世纪，中国老年人口的数量居全球之冠。这一庞大的老年群体对社会的需求将越来越大，必将推动老龄产业的快速

发展。

（二）中国老年人口购买力大

虽然从中国的目前状况来看，老年人的退休金相对在职职工而言，增长缓慢，但这并不能说明老年人的购买力低，而要做具体分析。比如，老年人的消费主要集中在日常消费品、保健品、卫生用品、医疗服务、生活照料服务等方面，对耐用消费品的需求则较少。从这点来看，中国老年人的日常消费能力不容忽视。随着老年人口日益增多，收入水平不断提高，老年人口的购买力总量将越来越大。

（三）中国地区差异大、需求层次多，为发展老龄产业提供了多种选择

中国人口老龄化程度像经济发展水平一样，呈现出东部沿海地区高于中西部内陆及边疆地区的态势。这种差异的存在为发展不同层次的老龄产业创造了条件。

另外，老年消费结构也在向多样化和多层次方向发展。老年人在年龄、性别、文化程度、婚姻状况、价值观念、生活地域、风俗习惯等方面存在的差异，决定了老年人的消费需求将千差万别。老年人消费的多样化和多层次为老年消费市场提供了广阔的空间。

（四）法律法规和政策为老龄产业发展提供了良好的法制环境

1996年我国出台了《中华人民共和国老年人权益保障法》，这是中国第一部全面保障老年人合法权益的重要法律。2015年4月24日第十二届全国人民代表大会常务委员会对其进行了第十四次修正。该法的第三十七条规定："地方各级人民政府和有关部门应当采取措施，发展城乡社区养老服务，鼓励、扶持专业服务机构及其他组织和个人，为居家的老年人提供生活照料、紧急救援、医疗护理、精神慰藉、心理咨询等多种形式的服务。"第三十九条规定："各级人民政府应当根据经济发展水平和老年人服务需求，逐步增加对养老服务的投入。各级人民政府和有关部门在财政、税费、土地、融资等方面采取措施，鼓励、扶持企业事业单位、社会组织或者个人兴办、运营养老、老年人日间照料、老年文化体育活动等设施。"第五十一条规定："国家采取措施，发展老龄产业，将老龄产业列入国家扶持行业目录。扶持和引导企业开发、生产、经营适应老年人需要的用品和提供相关的服务。"第七十条规定："老年人有继续受教育的权利。国家发展老年教育，把老年教育纳入终身教育体系，鼓励社会办好各类老年学校。各级人民政府对老年教育应当加强领导，统一规划，加大投入。"第七十一条规定："国家和社会采取措施，开展适合老年人的群众性文化、体育、娱乐活动，丰富老年人的精神文化生活。"

2017年，国务院印发了《"十三五"国家老龄事业发展和养老体系建设规划》。这是"十三五"时期国家级22个重点专项规划之一，也是未来一个时期指导老龄事业发展和养老体系建设的纲领性文件。一方面，规划着力保基本、兜底线、惠民生，通过打好制度、政策和资金的"组合拳"，有效保障面向老年人的基本公共服务供给，进一步织密筑牢老年人基本民生保障安全网，增强兜底保障能力；另一方面，规划提出加快形成统一开放、竞争有序的市场体系，鼓励市场提供多层次、多样化养老服务，繁荣养老服务市场，提升养老服务质量。具体来看：

1.做大增量

规划强调转变政府职能，降低准入门槛，鼓励民间资本进入养老市场，对"繁荣老年消费市场"单独设立一章，要求支持养老服务产业与健康、养生、旅游、文化、健身、休闲等产业融合发展，丰富养老服务产业新模式、新业态，加快形成产业链长、覆盖领域广、经济社会效益显著的养老服务产业集群。

2.盘活存量

继续以供给侧结构性改革为主线，深化养老服务业放管服改革，鼓励整合改造企业厂房、商业设施、存量商品房等用于养老服务，同时深化公办养老机构改革，提升服务效能，增强活力，把宝贵的养

老资源用好盘活。

3.做好质量

实现“四个转型”：

（1）推动理念转型，坚持以人为本，质量优先，让提高供给质量的理念深入人心；

（2）推动管理转型，依托大数据、“互联网+”等现代手段提升养老服务的信息化、智能化水平，实现养老服务供求有效对接，促进管理水平再上新台阶；

（3）推动产品转型，努力增加新品种，变粗放为精细，全面提高设计、研发、生产制造老年用品的能力，促进老年产品升级换代，加强质量管理，保障养老产品安全可靠适用；

（4）推动服务转型，加强养老机构服务质量监管，建立健全养老机构服务评估制度，支持各类服务主体为老年人提供满意、放心、可持续发展的服务。

四、老龄产业的制约因素

（一）社会经济因素

在人口老龄化过程中老年人口绝对数量的增加会增加对老年产品的消费量，这是毫无疑问的，但它要受到社会经济因素的制约。当老年人口占总人口的比重发生明显变化时，总人口的消费结构也会发生变化。在经济不发达、消费文化水平很低的社会中，各年龄段人口的消费特征并不明显。在中国农村，特别是经济比较落后的农村地区，老年人、青壮年和儿童在消费上并无多大区别。而中国老年人口的绝大多数又分布在经济不发达地区，他们仍以消费一般大众化用品为主，这就影响了对老年市场的需求。

（二）老年人口结构

中国老年人口内部结构仍以60~69岁的“年轻”老年人为主体，而他们的消费特征与中青年人差别不大，即使已经具有老年人消费的某些特征，也不是特别明显。随着中高龄老年人数的增加，对专门的老年用品和社会服务需求将会越来越大。

（三）老年人的收入

中国是发展中国家，经济发展水平不高，老年社会保障制度还很不健全，老年人的收入水平仍然偏低。同时，中国城乡的家庭经济安排偏重于儿童和青年人的消费，而忽视了老年人的需要。老年人总是在经济上尽量支持下一代，而牺牲自己的消费需求。这些都影响了老年人的消费，从而限制了老年市场的进一步拓展。此外，社会保障制度的不健全也抑制了老龄产业的发展。

（四）老龄产业发展资金

老龄产业的发展依赖于资金的投入，资金投入的增长是老龄产业快速发展的前提。现行的老年福利设施和为老服务实体多为地方政府拨款及一些社会赞助兴建，这些资金对兴建老年福利设施、为老服务实体是远远不够的。对兴建老年服务设施贷款的优惠很少，这也限制了它们的发展。

（五）人才

在产业发展过程中，人才是关键。任何一项产业的发展都需要一支适合产业发展的经营队伍。产业的发展要以经营队伍和经营观念为本。老龄产业的发展也不例外，它需要一支适合老龄产业发展的经营队伍。但是，致力于发展老龄产业的人才缺乏，也没有一支良好的经营队伍，这将不利于老龄产业的发展。

（六）观念

在现实生活中，仍然有很多人认为老年事业是一项社会福利事业，他们对老龄产业的认识不足，把老年人看成是社会的负担。社会各界也没有形成一定的舆论和社会环境，这将影响老龄产业的发展。

另外，老年群体的消费观念偏于保守，有钱舍不得花的状况还相当普遍。

第二节　老龄产业的发展对策

相对于我国老龄化社会，我国的老龄产业是刚刚起步的“朝阳产业”。它将伴随我国老龄人的不断增多和生活水平的日益提高，极大满足老年人的物质和精神需求。

一、在发展经济的基础上完善社会保障制度

发展经济是提高消费能力的物质基础。只有经济协调快速发展，才能从根本上提高老年人的收入水平，继而提高老年人的消费水平，促进老龄产业发展。

中国要基本建立起适应社会主义市场经济体制需要的资金来源多渠道、保障方式多层次、权利和义务相对应、管理和服务社会化的社会保障制度，增加对老年人福利设施的投入，扩大社会化服务的范围，解除老年人的后顾之忧，保障老年人的基本生活。这是发展老龄产业的制度保证。

二、制定法律法规，为老龄产业的发展提供法律依据

政府有关部门应尽快制定相关的法律文件，建议出台老龄产业暂行管理条例、兴办老龄产业暂行登记审批管理办法，为个人、集体以及国外组织与个人在中国兴办为老年人提供产品和服务的企业提供政策依据，也使负责这项工作的民政部门有章可循，便于操作。

同时，应在调研、试点的基础上，尽快制定统一的政策，为各地方制定和实施老龄产业政策提供参照依据，使老龄产业走向法制化、规范化、科学化轨道。

三、制定必要的优惠政策，扶持老龄产业的发展

政策各部门要切实支持老龄产业的发展，对申请报批的项目，应在法律和政策许可的范围内，简化立项和审批手段，在批（或用）地、信贷、税收、城市建设与公用事业收费、医疗服务和医疗费用报销等方面提供条件或给予政策上的扶持。

（1）税收优惠包括减征或免征企业所得税，免征企业增值税，实行零税率、税前还贷等。

（2）对政策和有关行政部门征收的各项杂费，应予以减免；对政府和有关主管部门收取的各项管理费，应实行减免费政策。政府还应同有关单位协商，降低为老服务机构的水费、电费、燃气费等费用支出。

（3）对开办为老服务产业使用的土地，可考虑由政策划拨土地，免征使用费，如不能“无偿”使用，可优惠收取土地使用费。

（4）医疗机构，包括为养老机构配备的医疗机构，针对养老机构收住的老年人提供医疗服务所花费的医疗费用，可按照公费医疗、劳保医疗或医疗保险的有关规定处理。卫生主管部门应对老年医院统一做出老年人医疗统筹可以凭收费单据给予报销的规定。

四、全方位、多层次、多渠道筹集老龄产业发展资金

（一）增加财政投入

国家和各地方财政应当根据经济、社会发展和物价指数的变化，相应地增加对老龄产业的资金投入

比例。

（二）实施信贷政策

对资金不足又有偿还能力的老龄产业，包括民营助老企业的投资性贷款，银行应放宽贷款条件，延长贷款期限，在给予低息照顾的条件下实行差别利率。

（三）发展多元投资主体

变政府投资模式为政府与社会投资相结合的模式，鼓励社会团体和个人投资或集资兴建为老服务机构，实行谁投资谁管理的原则，形成合理的投资收益机制。

（1）按市场经济的原则，允许房地产开发商投资建造为老服务机构和设施，可以自己经营、出租或出售，用于发展老龄产业。

（2）积极引进外资，鼓励国外经济实体和个人投资于我国老龄产业，可与国内经济组织或个人合资、合作设置为老服务机构，也可以独资兴办。

（3）积极争取社会捐助。加强宣传，鼓励社会组织和个人向为老服务机构捐资、捐物或提供无偿服务。积极争取国际支持和援助。

（4）自办经济实体。街道和社区为弥补资金不足，可以兴办舞厅、小剧院、体育活动室等营利性经济实体，进行创收，创收资金用于建造为老服务机构、设置为老服务设施和开办为老服务项目。

（5）以多种筹办方式设立为老服务机构。可以采取股份制、会员制、股份合作制等形式，扩大资金来源，壮大经济实力，降低风险。

（6）设立社会福利基金。可通过发行社会福利彩票等形式，吸收社会游资，建立社会福利基金，用于老龄产业发展的补充资金。

五、进一步为老龄产业的发展创造宽松的发展环境

（1）理顺管理体制，落实自主权。老龄产业的发展，应与市场经济相结合，形成合理的投资收益机制。各级政府和街道办的养老服务机构，要转变行政计划管理模式，形成相对独立的经济实体，自主用工，自我管理和发展。政府制定并落实相应的政策，保护经营者的合法权益，是使老龄产业获得发展、取得成效的基本条件。

（2）市场监督管理部门应对申请开办为老服务机构和设施的单位或个人，包括微利型的社区家政服务公司实行优先注册、放宽注册条件、减少注册手续、免交注册手续费等优惠政策，以鼓励为老服务机构和设施以及社区家政服务公司的注册兴办。

（3）为老服务机构收住无经济收入、无赡养人且无扶养人的、收入低于最低生活标准的孤寡老人、特困老人以及其他情形的老人，同级政府应给予相应补贴，并根据收养此类老人的多少给予适当的奖励或政策优惠。

（4）为老服务机构在老人自愿的情况下，经过公证，可以接受住院老人的遗产，免征转移财产税。

（5）对安置下岗、失业人员的为老服务机构，政府应给予支持和鼓励，并根据安置下岗、失业人员的多少给予适当的奖励或政策优惠。

（6）积极引导为老服务机构提高人员素质。对自行培训服务人员的为老服务机构，给予适当补贴；对无能力自行培训而委托其他单位培训服务人员的为老服务机构，降低对其人员培训费用收取的标准。对再就业中愿意从事为老服务，包括愿意从事家政服务的下岗、失业人员，给予适当鼓励，如返还培训费用、发放再就业支持资金等。总之，要确保良好的为老服务水平。

（7）加大宣传力度，采用多种形式进行宣传教育，形成一定的舆论和社会环境，提高社会各界对发展老龄产业重要性的认识。

(8) 培养一支适合老龄产业发展的经营队伍。

六、充分利用现有的社会资源，发展老龄产业

老龄产业的全面发展，只靠铺新摊子是行不通的，要充分利用现有社会闲置资源，进行改制和改造。如一些富余的托儿所、幼儿园、小学等，可由政府无偿划拨用于开办为老服务机构和设施；如不能“无偿”使用，可实行租赁，但租金水平不应高于民用租金水平；对房地产开发商建造的闲置房产，鼓励他们租赁或销售给相关经济组织、社会团体和个人开办为老服务机构，政府给予相应的补贴。

七、老龄产业发展形式多样化

为老年人服务的行业要实行多层次、多样化经营。要适当扩大经营规模，逐步实现产业化，以便加强管理，提高服务质量。为老年人服务的内容包括：为老年人送饭到家，电话咨询，家庭助手，服务到家的各种修理活动，旅游陪同，家庭护理，日间照顾中心，家庭访问，陪老人聊天，临终护理医院，家庭病床，健康咨询，为卧床老人、生活不能自理的老人提供各种各样的家庭服务，提供增加老年人与社会接触的机会，提供老年人参加娱乐活动的机会，提供老年人受教育的机会（如退休前的培训班、健康指导、消费指导、咨询、如何充分利用时间、退休后生活的指导等），协助老年人找工作，为有特殊需求的老年人提供服务，生产、开发、提供老年人需要的商品、日常用品、保健用品，提供老年住宅、老年公寓、老年护理院等社会福利服务设施。

（一）发展为老人服务的医疗保健产业

老年人与中青年人的不同之处是年老多病。他们急需优良的医疗服务和各种优良的医药、保健品。可是现有的医疗服务和药品、保健品，有不少“质次价高”，有的甚至还是假冒伪劣产品。

我国老年性痴呆人群已达950万人以上，与此形成对比的是，国际老年痴呆协会中国委员会曾经在北京市进行过一项针对老年性痴呆病的调查，调查显示社区人群对老年痴呆疾病相关知识缺乏足够的了解。为此专家呼吁，人们应尽快提高对老年性痴呆疾病的认识，以便于尽早预防和治疗。

（二）办好老年住宅、老年公寓、敬老院等以及开创多样化的老年服务模式

1.居家养老

居家养老是指以家庭为核心、以社区为依托、以专业化服务为依靠，为居住在家的老年人提供以解决日常生活困难为主要内容的社会化服务。居家养老在广义上是指老年人利用社区资源在家中养老；狭义上是指政府通过购买服务的方式，让经过培训的大龄下岗失业人员到“三无”或低收入老人家里服务。在政府的支持下，民办养老机构的申办将全面提速。

居家养老的资金来源是：有条件的老人自己负担费用；“三无”或低收入老人由政府根据不同情况进行补贴，通过各级财政安排、福彩公益金、社会捐助资金等渠道解决。

居家养老市场需求大、成本低、覆盖面大、服务方式灵活，是解决养老问题特别是城市养老问题的突破口。在一定程度上，居家养老还可以增加就业岗位，提高老人生活质量，分解子女生活压力，化解社会问题和矛盾，并在此基础上逐步扩展社会化养老产业，推动经济发展，促进社会和谐。

2.“异地养老”族悄然出现

异地养老是一种时尚的养老方式，是指老年人离开现有住宅，到外地居住，包括旅游养老、度假养老、回原籍养老等。异地养老是一种新兴的养老模式，是未来养老的一个新方向，已经被越来越多的国家、企业和老年人所认可。

3.增扩建敬老院

我国各地已经投资新建、改建大量敬老院，增加敬老院总床数，提高五保对象集中供养率。敬老院

建设改造资金主要依靠市县乡财政、福彩公益金、社会捐赠资金及部门、企业资助等。

（三）组织适合老年人的旅游项目

不少以休闲疗养为主、符合老年人身体特点和兴趣爱好的、慢节奏的老龄旅游项目很受欢迎。老年人没有“黄金周”或是休假的限制，旅游企业若能想方设法提供符合老年人特点的服务，也许会在竞争激烈的旅游市场中独辟蹊径。

1.假日休闲逐渐走进老年人生活

老年人，特别是平时围着儿孙转的老年人也开始享受假日里的闲情，用旅游孝敬父母的儿女们也逐渐多起来，长假里选择出门旅游的老年人逐步增多。针对老年人长假出游的需求，各家旅行社也专门推出了一些适合老年人的旅游线路和旅游产品。除了“出门游”之外，长假里还有许多老人选择了“家门游”，目的地是城市里的公园和郊区的旅游景点。

2.老年人假日休闲呼唤“多元化”

随着老龄化程度的日益加剧和家庭结构的简单化，休闲娱乐方式的单调不仅直接影响着老年人生活和生命质量的提高，而且与建设和谐社会的要求相差甚远。了解老年人的休闲需求，关注老年人的休闲生活，开发及繁荣老年人休闲产品市场，帮助老年人学会、拥有积极健康的休闲生活对老年人及整个社会都具有重要意义。

老年人一般活动范围较小，休闲活动地域比较固定，因此政府应针对老年人在休闲娱乐方面的实际需求，加大对社区老年活动中心等公共休闲服务设施的投入力度，充分利用老年协会、老年大学、老年活动中心、公园等有效载体，开展适合老年人的群众性文化休闲娱乐等活动。

服务行业应该积极挖掘老年休闲产业的商机，针对老年人的消费需求和消费特点，加快开发受老年人欢迎的休闲娱乐产品。①

（四）开发“银发”学习市场②

我国在老年教育方面存在需求与供给不足的突出矛盾。如果依然按照原有的模式继续运转，显然很难适应我国老龄人口激增的态势，老有所学的愿望势必成为空谈。

1.老年远程教育

老年大学作为一个带有社会福利性质的公益事业机构，目前只能靠党政部门来投资。由于开办老年大学投资大，几乎没有回报，因此让民间力量介入进来，在当前不现实。在此情况下，可以通过老年人网络学习这种形式来降低老年大学的开办成本。

2.政策支持是关键

在各级兴办的老年大学中，有老干部系统的，有劳动保障部门的，也有人事部门的，还有一些没有固定场地、学员的社区学校。虽然同是为老年教育服务，但在没有主管部门和核心领导的状态下，企业在咨询市场准入等问题时就变得无所适从。作为一项社会福利事业，老年大学的资金来源主要分为三部分：政府拨款、学员学费和社会慈善捐助。能坚持向老年大学捐助的企业也并不多，主要还是依靠各级政府的财政拨款。但纯粹的政府拨款毕竟有限，资金不足已成为制约老年大学扩建校舍、提高硬件设施、聘请员工、扩招学生等一系列问题的最大瓶颈。

八、开发老年产品，拓展老年消费品市场

随着经济的发展和社会的进步，老年人的价值观、消费观与生活方式都在不断更新。老年人是所有

① 刘元旭．老年人，离休闲的路还有多远？［EB/OL］．（2007-05-08）［2014-06-20］．http://www.tj.xinhuanet.com/2007-05/08/content_9970077.htm.

② 朱晨辉．“银发”学习市场期待民间资本光顾［N］．参考消息·北京参考，2002-10-21.

人群中个体差异最大的一个群体，其需求是各式各样的。为此，要经过调查分析老年人的购买力和消费意向，力求在满足老年人消费需求的前提下刺激老年人的消费，扩大老年人的有效需求，促进老龄产业的发展。

（1）政府有关部门应将开拓老年产品市场列入经济发展计划，政府应鼓励和引导老年产品市场的发展，并予以税收上的优惠。

（2）生产和经营老年产品的企业要开发适销对路的产品，努力降低成本，薄利多销。还可利用仓储式、连锁式等方法改进经营方式，深入社区，方便老年人购物。有条件的企业可以拓宽服务形式，如采取服装定做、送货上门等方式拓展老年产品消费服务市场。

（3）利用社区老年人活动中心了解社区内老年人的商品和商业性服务需求，厂商可将商品送到老年活动中心，组织老年人试用商品。建立老年消费信息中心，负责收集和处理来自社区和厂商的信息，并以最快的速度转达这些信息，帮助有关社区与厂商之间建立联系。

（4）要促进老年用品、用具和服务产品的开发。要重视康复辅具、电子呼救等老年特需产品的研究开发，拓展适合老年人多样化需求的特色护理、家庭服务、健身休养、文化娱乐、金融理财等服务项目。要培育一批生产老年用品、用具和提供老年服务的龙头企业，打造一批老龄产业知名品牌。

[第二十八章]

应急产业

本章主要讨论应急产业概述、我国应急产业的发展状况与对策。

第一节　应急产业概述

一、应急产业的概念

应急产业在我国是个新兴产业。作为一个新概念，近年来我国政界、学术界和实务界从不同的角度提出了关于应急产业的多种称谓与提法，如“安全生产产业”“公共卫生应急产业”“应急救援产业”“防灾减灾产业”“公共安全产业”。[①]综合各方面的观点与现实需求，从广义上讲，应急产业是人类为了保障自身的生命财产安全和维护社会的安全稳定，满足有效应对各类突发事件的需求（包括预防与准备、预警与监测、处置与救援、恢复与重建各个阶段的需求），从事研发、制造、生产、销售和提供各种相应服务活动的社会生产部门。从狭义上讲，应急产业重点指专门从事国家有关部门在编制的规划和目录中明确为“公共安全应急产品”的相关领域的社会生产部门。

2014年12月，国务院办公厅印发了《关于加快应急产业发展的意见》（国办发〔2014〕63号），从国家层面明确了应急产业发展的重要意义、总体要求、重点方向和主要任务，提出应急产业是为突发事件预防与应急准备、监测与预警、处置与救援提供专用产品和服务的产业，为促进我国应急产业快速发展指明了方向和道路。

二、应急产业的特征[②]

1.公益性

应急产业的形成、发育和演化具有强烈的信赖性和政府导向性。这是由于应急产品具有一定的公共物品的属性，它对社会公共安全和社会管理带来的效用和贡献无法完全通过市场交易或货币的形式体现出来。离开政府的产业规划可能会降低应急产业的供给效率，因此，需要政府通过财政、税收、公共政策等解决效用外溢的问题。在应急管理过程中，无论是预防准备、监测预警，还是处置救援、恢复重建，这些流程中所应用的任何一项产品和服务，都是为避免或减少损失和不利后果而服务的。

2.备用性

突发事件具有很强的偶然性和不确定性，大多数突发事件的发生都带有随机性。因此，应急产品具有种类庞杂、需求波动性大、周转不确定性强等特点。在突发事件发生时，需要立即提供大量的应急救援物资与力量，这就需要企业保证足够的应急物资储备和应急生产能力，处理好“平战结合”的问题，合理安排应急储备、应急生产和应急采购的比例关系，因而具有备用性。

---

① 郑胜利. 我国应急产业发展现状与展望［J］. 经济研究参考，2010（28）：10-17.

② 闪淳昌，薛澜. 应急管理概论：理论与实践［M］. 北京：高等教育出版社，2012.

3.实用性

应急产业是为满足应对突发事件从预防准备、监测预警、处置救援到恢复重建各个阶段的特定需求而从事的研究、制造、生产、销售活动和各种服务，其目的是更好地预防与应对各种突发事件、保障群众的生命与财产安全、维护社会的稳定，因此应急产业具有实用性。

4.专业性

突发事件带来的后果往往具有严重性、广泛性和连锁性，因此应对突发事件需要前沿科技的指导、专业设施装备的有力支撑以及管理工作的科学统筹与严谨规划。应急产品及服务的专业性决定了突发事件承受力与控制力的大小，也决定了处置救援与恢复重建的效率与效果，具有重要的现实意义，需要依靠社会长期的实践经验与科研积累，持续攻克突发事件中的重点、难点问题，保证应急管理过程的科学性与适用性。

5.综合性

突发事件种类的多样性决定了应急产业涉及领域的广泛性。从参与主体看，有提供相应产品和服务的部门、单位及企业；从需求主体看，有政府、企业、家庭和个人；从应急的过程看，有事前、事中与事后阶段。因此，应急产业同国民经济各部门都有密切联系，产业的关联效应大、覆盖面广、渗透性强、交叉性强、带动性大，覆盖防灾减灾、安防、公共卫生、个体防护、交通运输、工业生产等各个行业领域。

三、应急产品的分类

根据国务院办公厅《关于加快应急产业发展的意见》，工业和信息化部、国家发展改革委发布了《应急产业重点产品和服务指导目录（2015年）》。该指导目录根据《关于加快应急产业发展的意见》确定的4个领域、15个发展方向，进一步细化到266项细分产品和服务（其中监测预警69项、预防防护49项、救援处置108项、应急服务40项）。

该指导目录按照领域、发展方向、细分产品和服务分为三级结构：一级分别为监测预警产品、预防防护产品、处置救援产品和应急服务等4个领域；二级分别为自然灾害监测预警产品、事故灾难监测预警产品等16个发展方向；三级分别为地震灾害监测预警产品、地质灾害监测预警产品等266个细分产品和服务。

（一）监测预警产品

（1）自然灾害监测预警产品，有地震灾害监测预警系统、地质灾害监测预警系统、海洋灾害监测预警系统、水旱灾害监测预警系统、气象灾害监测预警系统、农林灾害监测预警系统、森林草原火灾监测预警系统。

（2）事故灾难监测预警产品，有矿山安全监测预警产品、危险化学品监测预警产品、特种设备安全监测预警产品、交通安全监测预警产品、环境应急监测预警产品、有毒有害气体泄漏监测预警产品、火灾监测预警产品、消防产品质量快速检测设备、重大危险源安全监测监控预警系统、其他监测预警产品。

（3）公共卫生事件监测预警产品，有农产品质量安全监测产品、食品药品安全检测产品、生产生活用水安全、流行病监测、诊断试剂和装备、动物疫情监测预警系统、公共场所体温异常人员快速筛查设备。

（4）社会安全事件监测预警产品，有城市公共安全监测预警系统、网络与信息系统安全监测预警产品、其他监测预警产品。

（二）预防防护产品

（1）个体防护产品，有应急救援人员防护产品、矿山和危险化学品安全避险产品、特殊工种保护产品、家用应急防护产品。

（2）设备设施防护产品，有社会公共安全防范产品、重要基础设施安全防护产品、重要生态环境安全保护产品。

（3）火灾防护产品，有防火涂料、防火封堵材料、阻火抑爆装置。

（4）其他防护产品。

（三）处置救援产品

（1）现场保障产品，有突发事件现场信息快速获取产品、应急通信产品、应急指挥产品、应急电源、应急后勤保障产品、其他产品。

（2）生命救护产品，有生命搜索与营救产品、医疗应急救治产品、卫生应急保障产品。

（3）抢险救援产品，有消防、建（构）筑物废墟救援、矿难救援、危险化学品事故应急、工程抢险、海上溢油及有毒有害物质泄漏应急、道路应急抢通、航空应急救援、水域应急救援、核事故处置、特种设备事故救援、突发环境应急处置、疫情疫病检疫处置、反恐防暴处置等产品。

（四）应急服务

（1）事前预防服务，有风险评估服务、隐患排查服务、消防安全服务、安防工程服务、其他事前预防服务。

（2）社会化救援服务，有紧急医疗救援服务、交通救援服务、应急物流服务、工程抢险服务、安全生产服务、航空救援服务、网络与信息安全服务。

（3）其他应急服务，有灾害保险服务、北斗导航应急服务、测绘保障服务。

四、发展应急产业的意义

（一）理论意义

应急产业是从产业应用领域的视角所定义的产业，其内涵涵盖第二产业和第三产业。研究应急产业对于产业经济研究有独特意义：

（1）研究应急产业有助于理清应急产业内部的结构，探索应急产业发展规律。兼顾产业特点和应用需要合理划分产业内在组成部分，需要在产业经济理论指导和深入细致的调查研究基础上进行，这是发展应急产业的基础性工作。而研究探索应急产业自身的运行规律，根据公共安全事业发展特点和突发事件应对特点确立应急产业运行的节奏、管理方式对于应急产业的健康发展有重要意义。

（2）研究应急产业有助于制定和实施精准的应急产业政策。应急产业作为发展处于不充分状态的产业，同时作为有重要公益作用的产业，需要有力的产业政策来扶持，这就需要研究产业政策的特殊性和有效性。

（二）实践意义

近年来，我国应急产业快速兴起并不断发展，在突发事件应对中发挥了重要作用，但还存在产业体系不健全、市场需求培育不足、关键技术装备发展缓慢等问题。发展应急产业可以起到一举数得的作用。《国务院关于加快应急产业发展的意见》对加快发展应急产业给出了如下理由：

（1）发展应急产业是提高公共安全基础水平的迫切要求。我国公共安全形势严峻复杂，突发事件易发频发，防控难度不断加大。发展应急产业能为防范和应对突发事件提供物质保障、技术支撑和专业服务，提升基础设施和生产经营单位本质安全水平，提升突发事件应急救援能力，提升全社会抵御风险能力，对保障人民群众的生命财产安全、维护国家公共安全具有重要意义。

（2）发展应急产业是培育新的经济增长点的重要内容。随着我国经济发展、社会进步和公众安全意识提高，社会各方对应急产品和服务的需求不断增长。应急产业覆盖面广、产业链长，加快发展应急产业有利于调整优化产业结构，催生新的业态，形成新的经济增长点；有利于促进中小微企业发展，增强经济活力，扩大社会就业。

（3）发展应急产业是提升应急技术装备核心竞争力的重要途径。突发事件处置现场情况复杂，对应急技术装备的适应性、可靠性、安全性要求更加苛刻。我国应急产业起步晚，一些产品技术含量不高，部分关键技术产品依赖进口。加快发展应急产业将带动相关行业领域自主创新和技术进步，促进国际先进技术和理念的引进、消化、吸收、再创新，提升我国应急技术装备在国际市场的核心竞争力，推动经济转型升级。

第二节　我国应急产业的发展状况与对策

一、我国应急产业的发展历程

应急产业的形成与发展是社会经济发展到一定阶段的产物。2007年以前，“应急产业”一词并未被我国政府部门正式提出，而应急产业作为一个跨产业、跨领域、跨地域的综合型产业，也并没能完全脱胎于传统产业，其产业边界和产业内涵有着相当的模糊性与动态性，与其他产业部门的交叉和渗透程度较深。随着突发公共事件的诱发原因更加复杂、处置过程更加困难、影响范围更加广泛，原有界限模糊、只有简单理论性指导的应急政策已经无法满足突发公共事件的应对需求。

2007年“应急产业”第一次在我国政府文件中出现。时任国务院秘书长华建敏同志在为了进一步强调落实《中华人民共和国突发事件应对法》而进行的全国视频会议中明确指出推动“应急产业”发展。“应急产业”的提法得到了中央政府的认可，并受到高度重视，在国务院印发的《2008年工作要点》中，更是具体指出由国务院办公厅牵头，制定扶持政策来促进有关技术与产业的发展。2009年9月27日工业与信息化部在《关于加强工业应急管理工作的指导意见》中提出，“应急产业是新兴产业，要加快发展”，以及“编制产品目录”“制定产业标准”“创建示范工程”“建设产业园区”等一系列要求。2011年国家发展改革委印发了《产业结构调整指导目录》，其中的第39条明确提到并列举出43项“公共安全与应急产品”类别，并将其作为单独产业类别鼓励发展。

2014年12月国务院办公厅《关于加快应急产业发展的意见》出台，从国家层面对应急产业做出全方位的指导与部署，明确了应急产业发展的总体要求、主要任务和政策措施，为促进我国应急产业快速发展指明了方向和道路。随后2015年《应急产业重点产品和服务指导目录》的发布更是为应急产业提供了清晰准确的方向性引导，目录覆盖监测预警、预防防护、处置救援和应急服务四大领域、15个发展方向、266个应急产品和服务。2015年《国家应急产业示范基地管理办法（试行）》颁布，具体提出要推动应急产业具有区域优势的省份地区应鼓励应急机构的建立，促进应急基地的培育，加大对应急企业的扶持，一批产业基地逐渐形成。

二、我国应急产业的发展概况

（一）我国应急产业发展势头良好

1.发展应急产业成为社会共识

党和国家高度重视应急管理工作和应急产业发展。2003年“非典”发生后，以“一案三制”为代表的应急管理工作取得了显著进展。2014年，《关于加快应急产业发展的意见》指出“发展应急产业是提高公共安全基础水平的迫切要求，是培育新的经济增长点的重要内容，是提升应急技术装备核心竞争力的重要途径”，对加快发展应急产业提出了具体要求和目标。2016年12月，中共中央、国务院印发了《关于推进防灾减灾救灾体制机制改革的意见》《关于推进安全生产领域改革发展的意见》，将应急工作提到了新高度。这些政策措施的出台为应急产业提供了良好的发展环境。

突发事件应急管理工作实践，也使地方各级政府和相关企业越来越认识到发展应急产业的重要性、紧迫性。广东、安徽、重庆、浙江等地方政府结合经济结构调整、产业升级和企业转型，将应急产业作为战略新兴产业重点发展，形成一批产业基地。在应急产业蓬勃发展态势下，政府主导推动应急平台体系建设，企业、社区等基层组织应急管理意识有所提升，家庭、居民应急意识也在不断加强。

2.应急产业发展势头加快

根据估算，2013年我国消防、安防、安全应急、信息安全、应急通信装备、环境监测与应急产品、应急指挥平台、防灾减灾装备、防汛抗旱器材、反恐装备、食品安全监测设备等领域专用产品和服务的产值达到近万亿元规模。应急产业覆盖面广、产业链长、带动力强、社会潜在需求大，包括设计、管理、标准、监测、认证、展示、物流等在内的产业体系初见雏形。企业对应急产品投资行为由以往的被动、无意识状态，开始向主动、有意识状态转化；民营经济比较发达的浙江、江苏等省，一些民营资本开始按商业化模式进入应急产业。

3.应急产业的创新能力不断增强

近年来，国家对应急科技日益重视，鼓励、扶持教学科研机构和有关企业研究开发用于突发事件预防、监测、预警、应急处置与救援的新技术、新设备和新工具。一批重要成果产出及应用为我国经济结构调整、战略新兴产业发展注入了新的生机和活力。2015年10月，中关村科技园区丰台园等7家单位被认定为首批国家应急产业示范基地，应急产业集聚效应初步显现。

（二）我国应急产业存在的问题

1.应急产业政策滞后

一是缺乏系统性。现行的应急产业政策分散于各个法规、各个部门之中，组合性不足，尤其缺乏顶层设计、宏观规划，全国性应急产业分散在各个领域，没有通过系统性政策进行有效整合。

二是缺乏可操作性。有些政策停留在一般化的要求提倡上，缺乏具体的实施细则和配套措施，缺乏对应急产业企业的经济利益、行为保障等激励性的配套措施，在一定程度上影响了投资资金的进入。

2.应急产品市场培育力度不足

一是供求脱节。应急产品生产企业普遍反映，除了军队、武警、公安等少量用户外，应急产品需求主体不明确，找不到有效用户，无法进行有目的的生产。

二是资源共享脱节。“十一五”规划以来，我国开展了政府应急管理信息平台体系建设，但是应急产品生产企业、应急资源部门、受灾地区信息难以共享，数据库建设滞后于硬件发展，普遍存在“硬件硬，软件软”的问题。

三是社会需求有待开发。随着大众应急意识的提高，满足社会企业和家庭应急需求的应急产品不足，需要通过创新的科技产品开发市场。

3.应急产业标准不健全

目前由于应急产品市场分散，缺乏统一的主管部门，产品的标准化和检测体系及企业的资质评价认证体系缺失，相关应急产品和服务难以兼容；应急产品市场管理不规范，没有形成应有的准入门槛，市场缺乏有效的监督机制；应急产业标准化建设不到位，使得应急队伍装备配备、应急物资储备库建设、应急物资储备品种缺乏统一标准，影响了灾害应急保障系统的建设。

4.关键应急装备发展滞后

一是科技含量不高。大部分应急产品还没有摆脱低技术含量、低附加值的状况，无法满足对应急装备、设施、设备的技术水平要求。

二是自主创新能力不强。有些关键设备依赖进口，有些比较先进的国产装备是对国外零配件进行的集成。

另外，我国应急产业仍以应急产品为主，应急服务相对缺乏，缺乏产业链的有效整合。

5.应急技术创新体系不完善

一是科研平台体系不足以支撑应急产业核心技术的突破。现阶段的科研平台没有实现体系化，还不能全面适应各类突发事件的应对需求。

二是应急产业人才规模、结构和培养渠道等仍不足以支撑应急产业科技创新。

三是应急产业的协同创新有待进一步发展。有效的产学研应用合作机制尚未建立，应急技术创新成果产业化和市场渠道还不畅通，在大众创业、万众创新已经成为产业发展新动力的时期，尚需构建新型应急产业组织体系。

6.社会力量参与有待加强

从历次灾害救援的现实情况来看，社会力量参与应急救援的有序性、有效性仍显不足，社会力量的组织性与专业性仍然不够强，政府对社会力量参与救援、救灾的有效管理仍显不足。我国的巨灾保险还刚刚起步，区域性、整体性的灾害风险调查和评估科技能力不足，社会对巨灾保险的认知程度还有待进一步提高，借鉴国外巨灾保险模式，建立我国的巨灾保险体系迫在眉睫。

（三）我国应急产业发展的机遇和挑战

1.党中央、国务院高度重视应急管理工作是发展应急产业的坚强保证

党的十八大提出，要强化公共安全体系、防灾减灾体系、信息安全保障体系和企业安全生产基础建设。十八届三中全会又提出，要健全公共安全体系，深化安全生产管理体制改革，健全防灾减灾救灾体制。十八届四中全会再次提出，要抓紧出台反恐怖等一批急需法律，推进公共安全法治化，构建国家安全法律制度体系。习近平总书记在中央国家安全委员会第一次全体会议上强调，要构建集政治安全、国土安全、军事安全、经济安全、文化安全、社会安全、科技安全、信息安全、生态安全、资源安全、核安全等于一体的国家安全体系。这些不仅对应急管理工作提出了新任务，也对发展应急产业提出了更高的要求。

2.我国经济发展进入新常态为应急产业发展提供空间

随着我国经济发展、社会进步和公众安全意识提高，社会各方对应急产品和服务的需求不断增长。近年来，我国经济增速已从高速转向中高速，增长结构由中低端转向中高端，发展动力从传统增长点转向新增长点，经济发展进入新常态。发展应急产业有利于调整优化产业结构，增强经济活力，扩大社会就业，培育新的经济增长点，应急产业成为新常态下推动我国经济社会发展的重要力量。

3.我国复杂多变的公共安全形势对应急产业发展提出挑战

当前，我国工业化、信息化、城镇化和农业现代化深入推进，各种传统的和非传统的、自然的和社会的风险与矛盾交织并存，各类突发事件发生概率更高、破坏力更大、影响力更强，尤其在食品安全、生产安全、信息安全等领域，公共安全形势严峻复杂，防控难度不断加大。要加快发展应急产业，达到提升基础设施和生产经营单位的安全水平、突发事件应急救援能力和全社会抵御风险能力的目的。

三、促进我国应急产业发展的政策措施

近年来我国应急产业在监测预警、预防防护、处置救援、应急服务等方面取得初步成效，应急科技创新能力得到提升，应急产业得到培育并稳步发展，应急保障能力稳步增强，呈现出应急产业与应急能力相互促进的良性循环势头。但由于我国应急产业还处于起步期，顶层设计存在缺陷，科技创新能力不足，应急总体水平仍然偏低，尚无法满足国民经济发展的需要。因此，我们要从战略高度重视应急产业

发展，借鉴发达国家经验，制定应急产业发展战略，促进应急产业跨越式发展。

（一）完善法律法规体系，构建应急产业发展保障机制

加强应急产业相关立法工作的顶层设计，健全应急产业发展的法律法规体系，加快相关法律法规、政策和制度的制定，厘清政府和企业在开展应急活动中的关系和地位，明确各方在应对突发事件中负有的责任和义务，明确应急资源的调配使用规则，使得应急法制建设能有效保障应急管理机制的运行，促进应急产业的发展。

加强应急产业技术标准体系研究和应急装备产品技术标准研制，制定和修订国家、行业和团体应急产品标准、应急服务标准和应急物资配置标准，积极与国际标准对接，建设一批应急产业检验检测基地与认证平台，发挥标准对应急产业科技和产业发展的引领作用。

健全物资储备制度，建立多元化的储备形式。加强应急物资实物储备、社会储备和生产能力储备，引导应急产品标准化、模块化、系列化、特色化发展。建立多层次、跨部门的应急物资信息平台，实现对应急储备物资进行动态管理。

（二）引导科技与产业融合，推动产业与科技协同发展

落实军民融合发展战略，促进应急、应战协同发展，发挥国防科技资源优势，加快航天、航空、船舶、兵器等军工技术向灾害监测、航空救援、反恐防暴等应急领域转移转化。发展核辐射监测、卫星资源应急服务、救援飞机等高技术应急装备、器材和产品。

引导应急科技与金融服务融合发展，设立创新引导基金及成果转化引导基金，加大对应急产品和服务的支持力度；引导设立应急领域创业投资基金，支持龙头骨干企业、科研院所和高等学校积极构建应急领域的众创空间，通过政府和社会资金协同发力，完善创新创业载体和服务体系。

围绕提高突发事件防范处置的社会化服务水平，创新应急科技服务模式，支持市场化技术服务中介机构发展；通过政府购买服务等方式，推动应急服务专业化、市场化和规模化。推动应急服务业与现代保险业相结合，研究不同尺度的巨灾风险综合评估的技术路线、标准规范和方法体系，形成对巨灾保险的支撑能力。

（三）推进应急产业体系建设

（1）推进应急产业示范基地建设，逐步形成以重点区域和关键领域为支撑的应急产业发展格局。

（2）通过政府购买服务等方式支持与生产生活密切相关的道路救援、防灾减灾等应急服务发展，推动应急服务专业化、市场化和规模化。

（3）充分发挥市场机制作用。大力培育技术水平高、服务能力强、具有国际竞争力的大型企业集团，加快发展一批应急特色明显、创新能力强的中、小、微企业，推动大、中、小企业协调发展。

（四）加强人才队伍建设，提高应急产业科技支撑力量

（1）通过多种形式开展人才队伍建设工作，促进应急人才队伍的迅速扩大。“863计划”“973计划”等重大科技计划，以及国家自然科学基金、国家杰出青年科学基金等，在同等条件下，对应急领域的课题优先立项，吸引人才聚集；通过各类人才优惠政策，以重点高校、科研院所和优势企业为主体，有重点地培养和引进重要领域、关键环节的高层次创新人才；国家建立开放的人才流动机制，鼓励专业研究人员、高校教师和企业科技人员间的互聘互兼，着力培养熟悉市场、具有较强集成创新和管理能力的人才队伍；通过政策引导，课题支持等措施，支持有条件地在高校开展应急产业学科建设，支持应急专业技术人才的继续教育。引导企业树立人才全球化观念，建立对高级人才的奖励制度，鼓励各种智力要素、技术要素以各种合法形式，自由参与利益分配和股权分配。通过积极拓展引进跨国公司的研发机

构、选派科技人员到国外学习考察等有效途径，培养国际化视野的人才。

（2）大力培养应急各领域领军人才，建立起国家应急专家智库。开展应急人才体系建设，完善应急人才培养措施，按照《国家中长期人才发展规划纲要（2010—2020年）》（中发〔2010〕6号）和《专业技术人才队伍建设中长期规划（2010—2020年）》（中组发〔2011〕7号）要求，特别结合《国家百千万人才工程实施方案》，制定应急产业人才规划，不断壮大和优化创新型科技人才队伍，改革完善创新型人才的培养选拔模式，造就一批高层次科技领军人才和创新团队，挖掘一批高层次应急管理领军人才和创业团队，发现一批高层次应急指挥领军人才和指挥团队。通过"国家百千万人才工程"，建立起国家应急专家智库。

（3）结合国家战略，调动应急领域各类人才的积极性，做好应急产业科技创新，服务应急救援工作。支持和促进"大众创业、万众创新"，支持科技人员创新创业，增强应急产业的创新活力，促进应急产业快速发展。强化政府管理，不断创新应急救援机制，支持和规范社会力量参与应急救援工作，加强专业救援队伍和应急救援志愿者队伍的建设和培训，开展队伍等级评定与志愿者注册工作，不断提升救援工作的专业化水平，鼓励专业救援队伍和应急救援志愿者学习社会工作知识，提升应急救援工作的服务水平。

（五）促进应急产业国际合作和交流，积极参与"一带一路"国际合作

多层次、多渠道、多方式推进国际科技合作与交流。在政府、第三方组织以及企业等多个层面开展合作，发挥多方力量，围绕产业政策、科技研发、人员合作等多方面进行产学研交流合作，组织开展展览、双边或国际论坛及贸易投资促进活动，借助相关平台学习借鉴国际应急管理体系建设、应急科技创新政策、应急标准体系、救援队伍建设等方面的先进经验，不断推动我国应急体系的建设和完善，充分利用相关平台交流推介我国应急科技成果、应急产品和服务，扩大应急产业的国际市场。

紧密围绕"一带一路"倡议，聚焦防灾减灾、公共安全等全球重大民生科技工程，开展国别战略研究、创新对话、政策沟通、规划对接，加强与"一带一路"沿线国家和企业科技合作，以科技合作促进应急产业国际合作。一是探索将应急产业及其有关重点领域纳入现有双边和多边政府间合作机制，鼓励跨国公司在我国设立研发中心，引导更多应急产业创新成果在我国实现产业化。二是推动和倡导"一带一路"应急产业合作，鼓励企业以高端应急产品、技术和服务开拓国际市场，参与全球市场竞争，提升国际竞争力。在防灾减灾、公共安全防控等方面与"一带一路"国家或国际组织开展合作。三是支持中国应急产品和服务参与国际重大灾害救援，提升我国在国际应急救援中的影响力，展示我国负责任大国的国际形象。

（六）夯实应急产业管理基础

（1）应制定应急产业统计分类目录，加快建立应急产业重点企业联系机制，及时了解行业最新情况。

（2）应健全应急产品和服务认证制度，引导政府和社会购买产品和服务。

（3）应健全消防器材等应急产业重点行业管理，制定企业规范条件。加快筹备应急产业协会、联盟等社团组织，支持建设若干高水平的行业智库。

（4）应指导全国性应急产业展示交流，搭建应急产品和服务信息平台。

第三篇　产业结构

产业结构是产业经济质的规定性。在买方市场基本形成的条件下，产业结构已成为产业发展的永恒主线。党的十八大报告指出，优化产业结构，加快转变经济发展方式，推动产业结构优化升级，这是关系国民经济全局紧迫而重大的战略任务。要发展现代产业体系。

本篇主要讨论产业结构理论，产业结构分析方法，产业结构新趋势与优化升级，供给侧结构性改革，现代产业体系，消费与投资，第一、二和三产业，采掘与加工产业及原材料，第三产业，文化产业与创意产业，旅游产业，流通产业，零售商业，建筑业，制造业，数控机床产业，汽车制造业，轨道交通装备制造业，船舶装备制造业，航空运输装备制造业，食品产业，纺织产业等二十二个专题。

[第二十九章]
产业结构理论

产业结构理论是研究产业结构问题的指导思想和理论基础，它着重阐明经济增长的质态组合的基本原理。本章主要讨论马克思主义产业结构理论、西方产业结构理论、中国产业结构理论。

第一节　马克思主义产业结构理论

马克思主义政治经济学涉及产业结构理论的主要内容有：经济结构的实质、产业划分理论、产业结构均衡理论、生产资料生产优先增长理论和产业结构调整机制理论。

一、经济结构的实质

马克思对于经济结构的概念有过全面、深刻的论述。他在《政治经济学批判》序言中指出："人们在自己生活的社会生产中发生一定的、必然的、不以他们的意志为转移的关系，即同他们的物质生产力的一定发展阶段相适合的生产关系。这些生产关系的总和构成社会的经济结构。"①如果说这一论述只强调了经济结构是生产关系结构（隐蔽结构），而忽视了它同时是生产力结构（实体结构）的话，那么，马克思的另一论述则更准确全面地表述了经济结构的含义："社会生产过程既是人类生活的物质生存条件的生产过程，又是一个在历史上经济上独特的生产关系中进行的过程，是生产和再生产着这些生产关系本身，因而生产和再生产着这个过程的承担者、他们的物质生存条件和他们的互相关系即他们的一定的社会经济形式的过程。因为，这种生产的承担者对自然的关系以及他们互相之间的关系，他们借以进行生产的各种关系的总和，就是从社会经济结构方面来看的社会。"②马克思把经济结构视为人与人和人与自然双重关系的总和，即隐蔽结构和实体结构的总和，是全面而又深刻的。

二、产业划分理论

在马克思主义经济学文献里，产业是指从事物质资料生产的工业部门或行业，即物质生产部门。目前的产业概念已从物质生产部门扩展到非物质生产部门。就一般理论意义而言，产业是指从事国民经济中同一性质的生产或其他社会经济活动的企事业单位、机关团体的总和，即在社会分工条件下的国民经济各部门。

马克思在论述社会再生产理论时指出，社会的总产品，从而社会的总生产分成两大部类：

（1）生产资料：具有必须进入或至少能够进入生产消费的形式的商品。

（2）消费资料：具有进入资本家阶级和工人阶级的个人消费的形式的商品。

这两个部类中，每一部类拥有的所有不同生产部门，总合起来都形成一个单一的大生产部门：一个

---

① 马克思，恩格斯．马克思恩格斯全集：第13卷［M］．中共中央马克思恩格斯列宁斯大林著作编译局，译．北京：人民出版社，1962：8.

② 马克思，恩格斯．马克思恩格斯全集：第25卷［M］．中共中央马克思恩格斯列宁斯大林著作编译局，译．北京：人民出版社，1974：925.

是生产资料的生产部门，另一个是消费资料的生产部门。[①]在这里，物质生产部门被划分为两大类：第一部类即生产生产资料的部类；第二部类即生产消费资料的部类。

社会生产分为两大部类的理论，是马克思再生产理论的重要前提和重要组成部分，是马克思对马克思以前的经济学的重大突破和创新。但是，马克思提出的两大部类仅指物质生产部门，不包括非物质生产部门。因此，以两大部类理论为前提虽然可以揭示社会再生产运动的总规律，但不能揭示产业结构演变的一般规律。

三、产业结构均衡理论

马克思在分析社会再生产的条件时，说明了各个产业部门应均衡发展。在简单再生产条件下，第一部类的可变资本加剩余价值必须和第二部类的不变资本相等，即

Ⅰ（v+m）=Ⅱc

据此可引申出两个公式，即

Ⅰ（c+v+m）=Ⅰc+Ⅱc

Ⅱ（c+v+m）=Ⅰ（v+m）+Ⅱ（v+m）

这就是说，从实物形态上看，第一部类所生产的生产资料的总量，应等于两大部类再生产中所消耗的生产资料之和；第二部类所生产的消费资料的总量，应等于两大部类所需要的消费资料之和。如果这些平衡不能实现，简单再生产便无法进行。

在扩大再生产条件下，两大部类的生产仍要保持平衡，以保证社会产品的实现。扩大再生产的条件可表述为：

（1）条件一：

Ⅰ（c+v+m）=Ⅰc+Ⅱc+ⅠΔc+ⅡΔc

即第一部类产品在补偿两大部类生产资料消耗后的余额与两大部类追加的生产资料相等。

（2）条件二：

Ⅱ（c+v+m）=Ⅰ（v+m/x）+Ⅱ（v+m/x）+ⅠΔv+ⅡΔv

即第二部类产品在补偿两大部类现有生活消费后的余额与两大部类因扩大再生产而增加的消费需要相等。

马克思关于两大部类均衡发展的抽象分析，清楚地阐明了社会再生产实现的条件。但在现实生活中，产业部门不像两大部类那么简单明了，产业结构中包括了多种产业部门之间相互提供中间产品的错综复杂的联系。因此，运用马克思的结构均衡理论难以描述这种产业之间多部门的投入产出联系。

四、生产资料生产优先增长理论

马克思在分析两大部类之间相互依存、相互促进的关系的同时，首先提出了生产资料生产优先增长的规律。他指出："随着资本主义生产的发展，投在机器和原料上的资本部分在增加，花在工资上的资本部分在减少，这是不容争辩的事实。"[②]"随着机器体系的每一进步，由机器、原料等构成的不变资本部分不断增加，而用于劳动力的可变资本部分则不断减少。"[③]

列宁把马克思的上述思想和资本有机构成提高的理论以及再生产公式相结合，提出了在技术进步条件下，生产资料生产优先增长的规律。他的结论是，在扩大再生产过程中，"增长最快的是制造生产资料的生产资料生产，其次是制造消费资料的生产资料生产，最慢的是消费资料生产"[④]。

---

① 马克思，恩格斯．马克思恩格斯全集：第24卷［M］．中共中央马克思恩格斯列宁斯大林著作编译局，译．北京：人民出版社，1972：438-439.

② 马克思，恩格斯．马克思恩格斯全集：第26卷（Ⅲ）［M］．中共中央马克思恩格斯列宁斯大林著作编译局，译．北京：人民出版社，1974：402.

③ 马克思，恩格斯．马克思恩格斯全集：第23卷［M］．中共中央马克思恩格斯列宁斯大林著作编译局，译．北京：人民出版社，1972：492.

④ 列宁．列宁全集：第1卷［M］．中共中央马克思恩格斯列宁斯大林著作编译局，译．2版．北京：人民出版社，1984：66.

马克思和列宁关于生产资料优先发展的理论被后来的德国经济学家霍夫曼所证实。但必须注意的是，这种理论的成立是有前提的：

（1）生产资料优先发展和一定的经济发展阶段相联系。

（2）生产资料优先发展不应牺牲消费资料的生产。

（3）在存在对外贸易的条件下，资本有机构成的提高并不一定必须同时实现生产资料生产优先增长。

五、产业结构调整机制理论

马克思在《资本论》中阐述了价值规律的发展形态——生产价格规律在调节和平衡社会生产部门的比例关系（产业结构）中发挥作用的过程。他认为，由于部门之间的竞争形成了平均利润率，价值转化为生产价格，价值规律就以生产价格规律的形式发生作用，生产价格规律通过市场价格围绕生产价格波动，自发地调节生产要素在不同部门之间的流入和流出。这便是产业结构调整的市场机制。

马克思同时看到了生产价格规律的自发作用导致社会生产的无政府状态和经济危机，从而造成资源的严重浪费和结构失衡。因此，他主张，进入社会主义社会以后，不能需要商品、货币、市场，而是以产品经济、计划经济取代商品经济、市场经济，即通过计划调节生产要素在不同部门之间的流入和流出。恩格斯、列宁的思想在这一点上与马克思是一致的。这便是结构调整的计划机制。

马克思看到了生产价格规律调整产业结构的局限性是完全正确的，但他借此否定生产价格规律对社会主义国家调整产业结构的作用则是不可取的。实际上，生产价格规律是市场经济的基本经济规律。在市场经济条件下，生产价格对于结构的调整作用是通过价格变动实现的。价格的变动引导生产要素按比例地分配到不同的生产部门去，从而实现资源的合理配置，促使结构优化。

当然，为了弥补生产价格规律的局限性，政府有必要运用计划、财税、金融等手段加强对国民经济运行的宏观调控，以保证结构优化目标的实现。

第二节　西方产业结构理论

西方经济学涉及产业结构理论的内容主要有产业结构演变理论、产业结构调整理论和产业结构演变模式。

一、产业结构演变理论

产业结构演变理论可根据是否考虑外贸因素对产业结构的影响，分为封闭型产业结构理论和开放型产业结构理论。

（一）封闭型产业结构理论

这种产业结构理论一般不考虑外贸因素对产业结构的影响和作用，即在封闭的情况下研究产业结构的影响和作用，也即在封闭的情况下研究产业结构演变的趋势。其代表人物主要有威廉·配第、科林·克拉克、库兹涅茨、霍夫曼和里昂惕夫等。

1.配第定理

最早注意到产业结构演变趋势的是英国经济学家威廉·配第，他第一次发现了世界各国的国民收入水平差异及由此形成不同的经济发展阶段，其关键在于产业结构的不同。他在《政治算术》这部名著中比较了英国农民的收入和船员的收入，发现后者是前者的4倍；他还发现荷兰的人均国民收入比其他欧洲国家要高。据此，他得出结论："比起农业来，工业的收入多，而商业的收入又比工业多。"[①]这说明

① 配第. 政治算术［M］. 陈冬野，译. 北京：商务印书馆，1978：19-20.

工业比农业具有更高的附加价值。这一发现被称为配第定理。配第定理揭示了产业结构演变和经济发展的基本方向。但由于时代的局限性，威廉·配第未能看到结构变动和人均国民收入水平的内在联系。

2.配第-克拉克定理

英国经济学家科林·克拉克在1940年出版的《经济进步的条件》一书中，按照三次产业分类，以若干国家在时间推移中发生的变化为依据，通过开创性的统计分析和研究，揭示了人均国民收入与结构变动的内在关联，重新诠释了配第定理。他指出，劳动力在第一、二、三产业间的移动具有规律性，即随着人均国民收入水平的提高，劳动力首先由第一产业向第二产业转移；当人均国民收入水平进一步提高时，劳动力便向第三产业转移。而劳动力在不同产业之间流动的原因在于各产业之间收入的相对差异。由于克拉克的研究只是印证了配第的发现，这一研究成果就叫作配第-克拉克定理。

3.人均收入决定论

美国经济学家库兹涅茨在继承配第、克拉克等人研究成果的基础上，从劳动力结构和部门产值结构两个方面，对人均产值与结构变动的关系做了更为彻底的考察。他在《各国的经济增长：总产值和生产结构》一书中，对57个国家的原始资料进行了处理，并做了截面分析和时间序列分析，得出的结论是：在按人口平均产值的较低水平组距（70~300美元）内，农业部门的份额显著下降，非农业部门的份额则相应地大幅度上升，但其内部（工业与服务业之间）的结构变动不大；在按人口平均产值的较高水平组距（300~1 000美元）内，农业部门的份额与非农业部门的份额之间变动不大，但非农业部门内的结构变化则比较显著。库兹涅茨的这种产业结构变动受人均收入变动影响的理论被称为人均收入决定论。本部分将在第三十五章第一节详细介绍。

4.霍夫曼定理

德国经济学家霍夫曼在1931年出版的《工业化的阶段和类型》一书中，收集了近20个国家经济发展的时间序列数据，对工业结构演变规律做了开拓性的研究，提出了著名的霍夫曼定理。其内容是：在工业化进程中，霍夫曼比例（消费资料工业的净产值和资本资料工业的净产值之比）是不断下降的。根据霍夫曼比例，可以把工业化划分成四个发展阶段（见表29-1）。霍夫曼认为，在工业化的第一阶段，消费品工业的生产在制造业中占主导地位，而资本品工业的生产在制造业中是不发达的；在工业化的第二阶段，资本品工业的生产增长快于消费品工业的生产增长，但消费品工业的生产规模仍然要比资本品工业的生产规模大得多；在工业化的第三阶段，资本品工业的生产继续增长，规模迅速扩大，与消费品工业的生产处于平衡状态；在工业化的第四阶段，资本品工业的生产占主导地位，其规模大于消费品的生产规模，基本上实现了工业化。

表29-1　**霍夫曼工业化阶段指数表**

工业化的不同阶段	霍夫曼比例=$\frac{\text{消费资料工业的净产值}}{\text{资本资料工业的净产值}}$
工业化的第一阶段	4~6
工业化的第二阶段	1.5~3.5
工业化的第三阶段	0.5~1.5
工业化的第四阶段	1以下

霍夫曼比例是符合产业发展规律的，特别是符合工业化的前期发展趋势。但他的理论存在以下几个缺陷：

（1）不能全面反映产业结构的变动趋势。

（2）轻工业和重工业与消费品工业和资本品工业并非存在完全对应的关系。

（3）会使人产生“优先发展重工业是工业化的必然要求”的错误思想。

（4）未说明产业结构的服务化趋势。

针对这些缺陷，日本经济学家盐野谷右一对霍夫曼比例进行了重新修订，做了以下两方面的修正：

（1）纠正了“投资品工业”的概念，认为重工业应包括钢铁、机械、化学三大部门。

（2）认为重工业的发展有一个饱和点，达到一定程度后其发展速度就要减缓，产业结构高级化将会出现新特征，即服务业、信息技术、知识密集型产业的发展。

5.投入产出分析法

美国经济学家里昂惕夫于20世纪30年代提出投入产出分析法，把封闭型产业结构论定量化。投入产出分析法从一般均衡理论出发，研究和分析国民经济各部门之间的投入与产出的数量关系，利用投入产出表和投入产出系数推断某一部门经济活动的变化对其他部门的影响，计算为满足社会需求所需要生产的各种产品总量，并分析国民经济发展和结构变化的前景。投入产出分析法是产业结构分析的一种重要工具，但由于它是静态分析的方法，并以同质性和比例性作为分析的假定前提，因而这种方法又有一定的局限性。一般来说，它适用于短期而不适用于长期分析，适用于分析而不适用于预测。本书将在第三十章第一节详细介绍投入产出模型。

（二）开放型产业结构理论

这种产业结构理论考虑国际分工和国际贸易对产业结构的影响，因而被称为开放型产业结构理论。其代表人物主要有斯密、李嘉图、赫克歇尔、俄林、里昂惕夫、筱原三代平和钱纳里等。

1.绝对优势理论

英国经济学家亚当·斯密在1776年出版的《国富论》一书中提出了绝对优势理论。他认为，国际贸易和国际分工是建立在一个国家所拥有的自然优势或获得性优势的基础上的。自然优势是超过人力范围之外的矿产、土壤、气候和其他方面的优势；获得性优势是生产技术、技巧或经验。一个国家的自然优势有时非常大，其产品成本绝对低于其他国家产品的成本，以至于其他国家无法在这方面与其竞争。这是一个国家在国际贸易中的绝对优势。各国按照绝对优势的高低进行国际分工，就必然使各国的生产要素从低效率产业流入高效率产业，从而使资源合理配置和产业结构优化。

2.比较优势理论

英国经济学家大卫·李嘉图于1817年出版的《政治经济学及赋税原理》一书中对斯密的绝对优势理论做了进一步的发展，提出了比较优势理论。他认为，不一定只是具有绝对优势的国家才能进行国际交换。如果一个国家的两种产品都处于绝对优势，但优势的程度不同，另一个国家的两种产品都处于绝对劣势，但劣势的程度不同，那么两个国家都可以选择比较优势（或相对优势）的产品，即前者选择最优产品，后者剔除最劣产品，进行国际分工和交换，两个国家都可以节约社会劳动。

3.要素禀赋论

瑞典经济学家俄林继承并发展其师赫克歇尔的学说，在1933年出版的《域际和国际贸易》一书中提出了著名的要素禀赋论。这种理论认为，比较优势差异产生的原因在于要素禀赋的差异。各个国家有自己特定的要素禀赋，有的拥有较多的资本，有的拥有较多的劳动力或者丰富的原材料、能源。如果生产要素不能跨国移动，那么在国内市场上本国拥有数量最多的要素一般价格较低。因此，用本国最富有的要素生产产品并出口，进口用本国缺乏要素生产的产品，可以获得比较利益。例如，资本富裕的国家出口资本密集型产品，劳动力资源丰富的国家出口劳动密集型产品等。因此，各国从事生产应依靠自己拥有优势的生产要素，以实现国际商品价格的均等化。这种理论是对比较优势理论的完整化。

4.里昂惕夫反论

后来，里昂惕夫用投入产出法对1947年美国200个产业的产品进行检验时，得出了与俄林的观点刚好相反的结论，即里昂惕夫反论。美国是资本密集型国家，但美国的进口商品中资本密集型产品占优势，出口商品中劳动密集型产品占优势，这与要素禀赋论的描述刚好相反，人们称之为“里昂惕夫之谜”。要素禀赋论与里昂惕夫反论的分歧是由许多复杂因素造成的，其中一个重要因素就在于事实背景不同。前者是以澳大利亚、挪威、荷兰、乌拉圭、阿根廷等一些国家的外贸情况为事实背景提出的。后来，西方经济学家关于进出口商品价格的研究表明，某些国家某个时期的情况符合要素禀赋论，而另一些国家另一些时期的情况却符合里昂惕夫反论。

5.动态比较成本说

日本经济学家筱原三代平发展了李嘉图的静态比较成本说，提出了著名的动态比较成本说。该理论认为：产品的比较成本是可以转化的，从某一时点看在国际贸易中处于劣势的产业，从发展的眼光看却有可能转化为处于优势的产业。因此，对那些潜力巨大且对国民经济有重要意义的产业，不但不应放弃它的发展，而且要扶持它的发展，使之成为强有力的出口产业。日本政府依据动态比较成本说制定了扶持若干幼小产业的政策并在实践中取得巨大成功，最典型的例子是日本的汽车产业。日本的汽车产业在扶持幼小产业政策的保护下，经过短短二十几年的发展，年产量从1955年的6.5万辆提高到1980年的1 140万辆，并成为当时日本第一大出口产业。

6.发展模式理论

美国经济学家钱纳里把开放型产业结构理论规范化和数学化，提出了著名的发展模式理论。他和他的助手们在一些基本假设的基础上，从大量观察值中选择了10个基本经济过程来描述几乎所有国家发展的基本特征，并用27个变量规定了这10个经济过程；然后把收入水平和人口数据作为外生变量对所有这些过程进行一致的统计分析，构造了反映结构转换的主要变量的典型性关系的发展模式。为使分析的结果更广泛地适用于各国和各种经济过程，钱纳里进一步使用了几个基本的回归方程对发展模式理论复合回归，得出一个具有一般意义的“标准结构”。根据发展模式理论，总结构变化的75%~80%发生在人均国民生产总值100~1 000美元的发展区间，其中最重要的积累过程和资源配置过程都将发生显著的、深刻的变化。可见，钱纳里的“标准结构”对于揭示人均国民生产总值与结构变动之间的关系具有更大的价值。

其主要论点或核心思想包括：

（1）经济结构转变同经济增长之间具有密切的相关关系，这不仅表现为收入水平不同、经济结构的状况不同，而且表现为经济结构的转变，特别是非均衡条件下（要素市场分割和调整滞后等）的结构转变能够加速经济增长。

（2）工业化是经济结构转变的重要阶段。同资本积累和比较优势这样的供给因素变化相比较，需求因素变化对于工业化的作用同样重要。

（3）工业化（经济结构）的转变取决于两类主要因素的演化：总需求的水平和要素供给的结构。通过多国模型的综合分析，可以揭示工业化或者说结构转变的标准模式。这里的重要观点有：①工业特别是制造业在国民生产总值中所占份额增加的主要原因，是中间需求而不是国内最终需求的变动，因而必须对工业化主要源于恩格尔效应的公认观点加以重大的修正。②贸易模式的变化比起国内最终需求的变化来说，对总产业中制造业份额增加的影响也更大。③在工业化的不同阶段，影响工业化的各因素的相对重要性有所不同。

（4）揭示工业化的标准模式，只是概括大样本发展中国家发展经验（发展的共同性）的一种方式，更重要的是，需揭示各国发展经验同标准发展模式之间的区别，以把握发展政策同发展实绩之间的因素关系。①

当然，发展模式理论也具有一定局限性。“标准结构”与实际结构之间有偏差，只能作为衡量产业结构状况的参考，而不能作为切实可行的标准。①“标准结构”是十几个国家结构状况的一种平均状态，而实际上，由于各国的要素禀赋与人口状况存在较大差异，各国的产业结构难免与这种“平均状

① 钱纳里，鲁宾逊，赛尔奎因. 工业化和经济增长的比较研究［M］. 吴奇，王松宝，等，译. 上海：上海三联书店，上海人民出版社，1989：3-5.

态”存在偏差，因为这种偏差不能说明实际的产业结构是否协调或失衡的问题。②“标准结构”的研究基本上是以资本主义经济为对象的，它排除了制度因素对产业结构的影响，而实际上，社会制度的不同也会导致产业结构很大的差异。因此，就连发展模式理论的创始人，对其应用效果也是有相当保留的。

二、产业结构调整理论

在各种产业结构调整理论中，影响较大的主要有：刘易斯的二元经济结构理论、赫希曼的不平衡增长理论、罗斯托的主导部门理论和筱原三代平的两基准理论。

（一）刘易斯的二元经济结构理论

二元经济结构理论的中心问题是，不发达国家利用什么样的经济机制才能使国民经济结构从以仅能糊口的传统农业为主的经济转变为现代化、城市化、多样化的以制造业和第三产业为主的经济。这一理论被西方许多经济学家认为是解释第三世界劳动剩余国家经济发展过程的“普遍真理”。

刘易斯是在其经典论文《劳动无限供给条件下的经济发展》中提出“二元结构模型”的。该模型有三个理论前提：第一，不发达经济的二元结构特征是以城市制造业为中心的现代化部门和农村中以农业、手工业为主的传统部门；第二，劳动无限供给，即劳动的边际生产率为零；第三，在农业剩余劳动力被城市吸收完之前，工业部门的工资不会随着劳动生产率的提高而提高。

二元经济结构理论认为，在不发达经济的两个部门中，只有现代化的城市工业部门是增长的主导部门，农村中的传统农业只是被动地起作用。工业部门增长的动力来自资本积累，资本积累来自利润的再投入，利润又来自对剩余劳动的有效利用。刘易斯把经济发展过程分为两个阶段。在第一个阶段中，由于工业资本不多，无力吸收全部剩余劳动，因此无论对劳动力的需求怎样扩大，总能在不变的低工资水平上源源不断地得到劳动供给。这样，工业总产值中利润部分的增长速度将大大超过工资部分的增长速度，于是进入第二阶段，出现一个资本积累加速和迅速吸收剩余劳动力的增长时期。这一时期一直持续到农业部门的剩余劳动力被吸收完，从而二元经济结构转化为一元经济结构。伴随着这一经济结构的变化，不发达经济其他方面的二元特征，诸如城乡差别等也发生相应变化，从而完成了一国的工业化与现代化进程。①

在刘易斯看来，城市的资本主义现代化工业部门是以现代技术为特征的发达经济部门，自给的农业部门是以传统的落后技术为特征的不发达经济部门。经济发展的动力在于拥有现代化技术的城市工业。因此，要实现经济发展，就要扩大城市工业。而城市工业的扩大，没有资本积累和技术进步是不可能的。需要说明的是，刘易斯认为资本积累和技术进步是同一方向的，二者密切相关。

刘易斯进一步认为，经济发展的关键就是资本积累（规模与速度）。刘易斯有一句名言：经济发展理论的中心问题是要理解一个由原先的储蓄和投资占国民收入不到4%的社会变为一个自愿储蓄增加到占国民收入12%以上的社会的过程。

二元经济结构理论体系完整、论述全面，在整个发展经济学中占据重要地位，并具有方法论的意义。但是这种理论也存在一些缺陷：①它假定劳动力转移速度和工业部门就业机会增加速度同工业资本积累增长速度是成比例的，但实际上由于资本向技术密集行业的转移，通常前两者要慢于后者的增长速度。②它假定工业部门存在充分就业，但现实中多数发展中国家工业部门也存在大量公开失业。③它假定劳动力成为短缺资源之前工业工资保持不变，但现实中许多国家的情况表明，即使在失业增加时，城市工资仍在继续上升。②

托达罗对刘易斯的二元经济结构理论提出了批判。他认为刘易斯的理论过于简单化，没有考虑农村劳动力进入城市以后能否找到合适的工作。在发展中国家，农村劳动力在城市寻找工作的难度很大，从而在经济发展过程中会出现大量的无业游民，因此，农村劳动力向城市的转移有很大的阻力。

① 陶文达. 发展经济学［M］. 成都：四川人民出版社，1992：51-54.
② 陶文达. 发展经济学［M］. 成都：四川人民出版社，1992：51-54.

严格地说，刘易斯的理论不能完全适应我国的实际情况。刘易斯模型的三个基本假定在我国现阶段都是不完全成立的。首先，关于农业边际劳动生产率为零的假设在我国并非完全如此，因为1984年之后我国农业产出水平的停滞、下降，与农村剩余劳动力向城市的转移不无关系。其次，关于转移出来的农村剩余劳动力的工资不变的假定也不符合我国实际，因为农村劳动力的供给价格是在上升的，尤其是近些年来这一趋势更为显著。最后，关于工业利润具有较高边际储蓄倾向的假定，在我国是不明显的。在我国现阶段，农民进城就业大部分是靠自筹资金或者进入投资少的行业，而且由于企业分配上长期向个人倾斜，以致工业利润吸纳劳动力的积累性效应极不显著。上述三个假定对中国的不现实性表明，依据刘易斯的二元经济结构理论调整我国的产业结构从而消除二元经济，是不现实的。

（二）赫希曼的不平衡增长理论

由于发展中国家资源的稀缺性，全面投资和发展一切部门几乎是不可能的，只能把有限的资源有选择地投入到某些行业，以使有限资源最大限度地发挥促进经济增长的效果，这就是所谓的不平衡增长。赫希曼在1958年出版的《经济发展战略》一书中指出，在发展中国家，有限的资本在社会资本和直接生产资本之间的分配具有替代性，因而有两种不平衡增长途径：①“短缺的发展”，即先对直接生产资本投资，引起社会资本短缺，而社会资本短缺将引起直接生产成本的提高，这便迫使投资向社会资本转移以取得二者的平衡，然后再通过对直接生产资本的投资引发新一轮不平衡增长过程。②“过剩的发展”，即先对社会资本投资，降低直接生产活动的成本，从而促使人们对直接生产资本进行更多的投资，使二者达到平衡后再重复这一过程。赫希曼认为，在进行投资次序的选择时，“有效顺序”是按各备择产业部门的“诱发投资”大小进行的。如果首先投资于“诱发投资”效应较大的产业部门，将可带动更多的其他产业部门的发展，因而在投资有限的情况下，应集中资源首先投资于“直接生产活动”，以“短缺的发展”来刺激进一步投资，从而达到带动其他产业发展的目的。

不平衡增长理论基本上符合我国的实际情况，因为我国的经济发展走的就是一条“不平衡增长”的途径。至于选择哪一条不平衡增长途径，则应视经济发展的瓶颈制约而定。

（三）罗斯托的主导部门理论

主导部门理论的萌芽可以追溯到熊彼特的创新理论以及他运用创新理论对资本主义经济周期的分析。而美国经济学家罗斯托对主导部门理论进行了系统的研究。罗斯托认为：“近代经济增长实质上是一个部门发展的过程。”[①]他根据技术标准把经济成长阶段划分为传统社会、起飞前提、起飞、成熟、高额群众消费、追求生活质量6个阶段，而每个阶段的演进是以主导产业部门的更替为特征的。他认为经济成长的各个阶段都存在相应的起主导作用的产业部门，主导部门通过回顾、前瞻、旁侧三重影响带动其他部门发展。回顾影响是指对为自己提供生产资料的部门的影响；前瞻影响则是指对新工业、新技术、新原料、新能源的出现的诱导作用；旁侧影响则是指对地区社会经济发展的影响。

与6个经济成长阶段相对应，罗斯托在《战后二十五年的经济史和国际经济组织的任务》一文中，列出了5种主导部门综合体系：①作为起飞前提的主导部门综合体系，主要是食品、饮料、烟草、水泥、砖瓦等工业部门。②替代进口货的消费品制造业综合体系，主要是非耐用消费品的生产，如纺织工业。③重型工业和制造业综合体系，如钢铁、煤炭、电力、通用机械、肥料等工业部门。④汽车工业综合体系。⑤生活质量部门综合体系，主要指服务业、城市和城郊建筑等部门。

罗斯托以技术标准划分经济成长阶段，这与马克思主义关于社会经济阶段划分的理论是相背离的。但他提出的主导部门通过投入产出关系带动经济增长的看法，以及主导部门的序列不可任意改变的观点都是值得借鉴的。任何国家在经济发展过程中，都要立足于本国经济现状，不能超越经济成长阶段，而

---

① 罗斯托．从起飞进入持续增长的经济学［M］．贺力平，等，译．成都：四川人民出版社，1988.

只能从较低级阶段向较高级阶段发展。

（四）筱原三代平的两基准理论

两基准是指收入弹性基准和生产率上升基准。收入弹性基准要求把积累投向收入弹性大的行业或部门，因为这些行业或部门有广阔的市场需求，便于利用规模经济效益，迅速地提高利润率；生产率上升基准要求积累投向生产率（指全要素生产率）上升最快的行业或部门，因为这些行业或部门由于生产率上升快，单位成本下降最快，在工资率一定的条件下，该行业或部门的利润也必然上升最快。两基准理论是由日本经济学家筱原三代平在20世纪50年代中期提出的，后来日本政府在制定产业政策时参照了两基准理论。

两基准理论是由以下条件为基本前提的：①基础产业相当完善，不存在瓶颈制约；或者即使存在一定程度的瓶颈制约，但要素具有充分的流动性，资源能够在短期内迅速向瓶颈部门转移，尽快缓解瓶颈状态。②产业发展中不存在技术约束。③不存在资金约束。如果上述条件不存在，两基准理论就未必成立；利用两基准理论选择优先发展产业也未必可行。

三、产业结构演变模式

产业结构演变有三种模式，即雁行形态发展模式、产品生命周期发展模式和同时开发发展模式。

（一）雁行形态发展模式[①]

雁行形态发展模式是一种揭示后进国家参与国际分工实现产业结构高度化途径的理论。日本学者赤松要在考察了日本棉纺工业贸易的发展轨迹后于1960年首先提出雁行形态发展模式，后来，小岛清等人通过日本的纺织工业、钢铁工业和汽车工业对此理论进行了验证。

该发展模式认为，工业后进国由于技术和资金等供给方面的原因，无法首先开发和生产一些较为先进的产品，其产业发展可遵循“进口—国内生产—出口”的模式（如图29-1所示）。因为图形像三只大雁在飞翔，所以该理论又被称为雁行形态说。

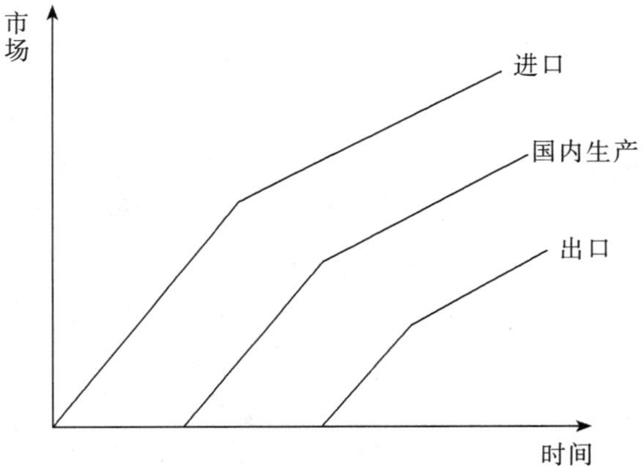

图29-1　雁行形态发展模式示意图

第一只雁是进口的浪潮。这时因为后进国的产业没有发展起来，市场又向外开放了，这样外国的商品必然大量涌入后进国的市场。

第二只雁是进口所引发的国内生产的浪潮。外国商品涌入后进国市场，引发了市场的进一步扩大，后进国就可以将引进的先进技术与本国的低工资相结合，发展本国生产。

第三只雁是国内生产所促进的出口高潮。在本国生产规模达到一定程度时，随着先进技术的采用和

① 李悦．中国工业部门结构［M］．2版．北京：中国人民大学出版社，1988：73-80.

经营管理工作水平的提高，劳动生产率不断提高，产品成本大为下降，再加上低工资，逐渐形成优势，进而打入国际市场，形成出口的高潮。

以上就是雁行形态发展模式的基本型。此外，雁行形态发展模式还有以下两种变形：

（1）产业发展的顺序一般是从消费资料产业到生产资料产业，从农业到轻工业，进而是重工业的不断高度化过程。

（2）消费资料产业的产品不断从粗制品向精制品转化，生产资料产业的产品不断从生活用的生产资料向生产用的生产资料转化，产业结构愈加多样化和高度化。

赤松要证明，产业发展不仅是产品的循环，而且形成产业雁行形态发展中的生产-消费循环。

（二）产品生命周期发展模式①

产品生命周期发展模式（产品生命周期理论）是一种揭示发达国家参与国际分工实现产业结构合理化途径的理论。该理论是由美国麻省理工学院的跨国企业问题专家弗农提出来的，揭示了国际贸易对发达国家产业结构的影响。弗农认为，发达国家的产业发展是以本国新产品开发为起点开始进行产品循环的。其模式是：新产品开发→国内市场形成→出口→资本和技术出口→进口→开发更新的产品，按照这种顺序不断循环上升。其中包括四个阶段：

第一阶段，从科技的开发研究引出新产品问世，扩大市场，直到市场饱和。

第二阶段，产品出口，开拓国外市场。

第三阶段，随着国外市场的形成，便有资本和技术的出口，促成资本和技术与当地的廉价劳动力及其他资源结合。

第四阶段，国外生产能力的形成，又会使这种产品以更低的价格打回到本国市场。这样就促进发达国家不得不放弃这种产品的生产而去开发更新的产品。

图29-2中最早开发新产品的发达国家A，在新兴产业建立时期，新产品生产是在一面排除市场的不确定性、一面开拓新市场的基础上进行的。当它进入成长时期时，国内销售额上升，同时开始向发达国家B出口，并不断扩大。最后，到了销售额的增长率递减的成熟时期，发达国家A的生产技术向世界广泛普及，推动其优势地位，同时生产成本低的优势逐渐消失。另外，发达国家B也仿制生产这种产品，随之出现该种产品的竞争局面。结果，某些发达国家为了使该产业继续保持在国外市场所占的比重，不能不依靠廉价劳动力和较低成本来维持优势，从而由国内投资转向海外投资，在发展中国家就地生产、就地经营。这样，发达国家A的该种产品就从那里进口了。

这种由于发达国家在海外的投资使发达国家的已有产业受到国外竞争压力的威胁现象，又叫作“反回头效应”。发展中国家可以回避风险大、花费多的技术开发过程，充分利用发达国家的资金和技术，并与本国廉价劳动力资源和其他优势资源相结合，以成本优势返销到发达国家的市场，可以大大缩短发展中国家的工业化进程。

以上所述的雁行形态发展模式和产品生命周期发展模式，前者主要是发展中国家利用国际分工实现产业结构高度化的理论，后者主要是发达国家如何利用国际分工促进产业结构合理化的理论。

根据我国的具体情况，这两种理论在其他条件已定的情况下，有的产业可以多注重进口，有的产业可以多注重开发新产品。应注意的是，那些从进口开始的产业也要尽早为国内大量生产创造条件，因为和引进技术一样，进口也是为了进一步增强我国自力更生的能力，而不是为进口而进口，进口的最终目的也是出口。

---

① 李悦. 中国工业部门结构［M］. 2版. 北京：中国人民大学出版社，1988：80.

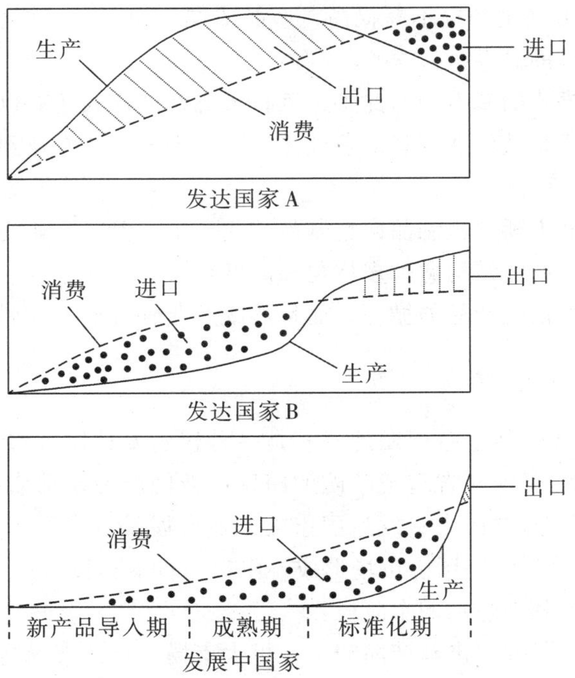

注：生产是以实线表示的，消费是以虚线表示的；进口与出口是用生产和消费两条曲线之间的面积来表示的。

图29-2　新产业和产品的生命周期

（三）同时开发发展模式

这是后起的发达国家在发展技术密集型产业时所采取的一种主要发展模式，如图29-3所示。

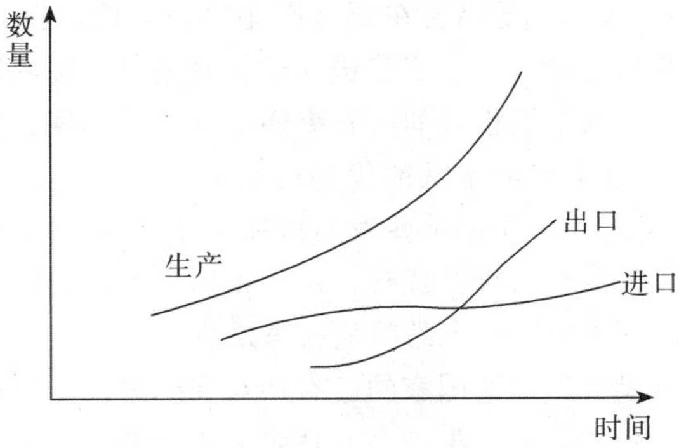

图29-3　同时开发发展模式

随着技术集约化的发展，产业基础不断更新，传统产业的主导地位逐渐被新兴产业取代，产业结构面临大的变革。在这种形势下，各发达国家都投入了巨额资金竞相开发高新技术产品和建立高新技术产业，以抢占技术“制高点”，加速产业结构高度化进程，在激烈的国际竞争中取得主导地位。因此，后起的发达国家在这些技术的开发和产业的建立上，同先行的发达国家大致是同期进行的。由于基本上处于相同水平，因此这类产业的产品进口较少，今后也不会有太大的增长。出口随着技术基础的建立和巩固将有所增加，但产品、技术的开发和产业的建立主要还是根据本国产业的特点展开的。同时开发发展模式是像日本这种后起国家在对先行的发达国家的赶超已接近尾声时，为使本国高新技术处于领先地位，以保证经济发展的强大后劲而采取的一种新的发展模式。日本生产数控机床、机加工中心、工业机器人等微电子机械和精密陶瓷等新型材料的一些技术密集型产业，就是用这种模式发展起来的。

以上三种产业结构演变模式都有各自的特点和成功的范例。各国应根据本国的国情，选择适当的发展模式，以加快产业结构转换升级，推动经济发展。

第三节　中国产业结构理论

我国学者以马克思主义的产业结构理论为指导，借鉴西方产业结构理论的合理内核，并紧密联系我国产业结构调整的实践，对产业结构理论的发展做出了一定贡献。我国学者对产业结构理论发展的贡献大体可归纳为趋势分析、机理分析、现状分析和关联分析四个方面。

一、趋势分析论

我国学者以本国产业结构演变的原始数据为样本，通过统计归纳和比较分析，研究了产业结构演进的一般规律，得出了一些与西方学者不同的结论。

（1）我国产业结构的演变无论从就业构成还是从产值构成来看，都是与配第-克拉克定理基本吻合的。与西方产业结构演变不同的是，中国产业结构演变较为缓慢，且就业结构与产值结构的变动呈明显的非相关性。造成这种非相关性的根源在于非市场的行政机制。①

（2）我国学者把钱纳里发展模式理论的“标准结构”和一些国家的产业结构进行了比较，发现“标准结构”不能作为衡量一国产业结构状况的标准。“标准结构”与实际产业结构状况的偏差，既依赖于各国资源禀赋的差异，又与社会制度相关。在国家所有制占主导地位的经济中，政府动员和集中资源的能力很强，从而资源配置就可能向基础工业、制造生产资料的工业倾斜；在私有制占主导地位的发展中国家，资源的所有权比较分散，市场体系又不很健全和发达，不投资周期长的工业也就具有很充足的理由，显然上述两类国家很难有共同的发展模式。②

（3）我国学者分析了各类经济周期中产业结构变动的一般规律，以及周期波动影响产业结构变动的内在机制，并分析了我国的经济周期对产业结构的影响。③

（4）我国学者分析了产业结构的演进趋势，指出产业结构向协调化和高度化方向演进是产业结构优化升级的方向。

二、机理分析论

我国学者研究了产业结构及其变动对经济增长的效应，并揭示了产业结构效应得以实现的机制性条件。对产业结构机理做出系统分析的是周振华。他在《现代经济增长中的结构效应》一书中，采用系统研究方法，不仅将其作为动态系统研究，而且将其作为开放系统处理，因此，从不同角度和层面揭示了结构关联效应、结构弹性效应、结构成长效应和结构开放效应。

周振华首先在高度抽象的产业结构内部关联层面，以投入产出的中间产品运动为其分析模型，具体考察技术矩阵水平、产业关联规模和结构聚合质量的状态及变动对经济增长的影响，揭示了结构关联效应。然后，他引入最终需求变量，把开式投入产出模型转换为闭式投入产出模型，从国民产品运动的角度考察作为供给方面的产业和结构对需求结构变动的反应程度（结构弹性）及其对经济增长的影响，揭示了结构弹性效应。在此基础上，他进一步把产业结构作为动态系统处理，引入资源结构、分配结构的新变量，分析与整个外部环境交互作用中的动态成长过程，考察结构转换对经济增长的影响，揭示了结构成长效应。最后，产业结构机理分析从封闭式条件走向开放式条件，以国际产业联系模型来考察国内产业结构参与国际产业分工的程度和类型，以及对国内经济增长的影响，揭示了结构开放效应。④

---

① 刘伟．经济发展与结构转换［M］．北京：北京大学出版社，1992：34．
② 谷书堂，逄锦聚，刘迎秋，等．经济和谐论［M］．北京：中国经济出版社，1993：88-92．
③ 孙尚清．经济结构的理论、应用与政策［M］．北京：中国社会科学出版社，1991：172-290．
④ 周振华．现代经济增长中的结构效应［M］．上海：上海三联书店，1991：32．

三、现状分析论

要促进国民经济又好又快发展，其中一项重要内容就是加快转变经济发展方式，推动产业结构优化升级。当前，我国的产业结构仍然不十分合理，迫切需要大力推进经济结构战略性调整。我国学者运用统计方法、实证描述法和经验估计法，研究了我国产业结构的实际状况。

20世纪中后期，产业结构合理化的标准由唯效率标准论发展到效率、公平二元标准论。[①]进入21世纪，由于世界经济的发展，对能源的大量消耗和对环境的日益破坏，人们生活水平的提高要求生活环境改善，经济效率的标准化也呈现多元化，这一变化趋势深刻地影响到产业结构合理化的标准。其具体表现在：在原来公平与效率的标准上注重了资源的利用效率、对环境的破坏程度、人们生活的幸福指数等。合理化标准的绝对性是指在产业发展的过程中标准（包括标准的数值与标准本身作为标准内容之一）是一个常量，不随经济的发展而变化，如不变的资本收益率。合理化标准的相对性则是指标准会随着产业发展而变化，标准的数值和数量都会发生变化，如公平由原来的非标准变成了衡量标准之一。标准的相对性还包括在同一期间内，不同的经济体判断产业结构是否合理的标准不同，或者即使相同而衡量时使用的值却不同。随着经济一体化的程度加深，产业结构的合理化标准由原来的封闭性向开放性方向发展。包括中国在内的许多发展中国家，由封闭型经济向开放型经济发展，导致产品、资源以及各种生产要素在全球范围内流动，判断一个经济体的产业结构是否合理必须将该经济体放入全球经济环境中考虑。例如，统计中国第一产业产品的需求，我们必须考虑国外对中国产品的需求，即中国出口产品中第一产业产品的出口量。

四、关联分析论[②]

关联分析论是李悦于1988年在《中国工业部门结构》（第二版）中首次提出的。关联分析论是在马克思主义再生产理论的基本原理指导下形成的我国工业部门结构的基本原理与方法，主要是关于工业部门结构发展变化与直接关联因素之间的相互依存、互为因果关系的原理与方法（如图29-4所示）。

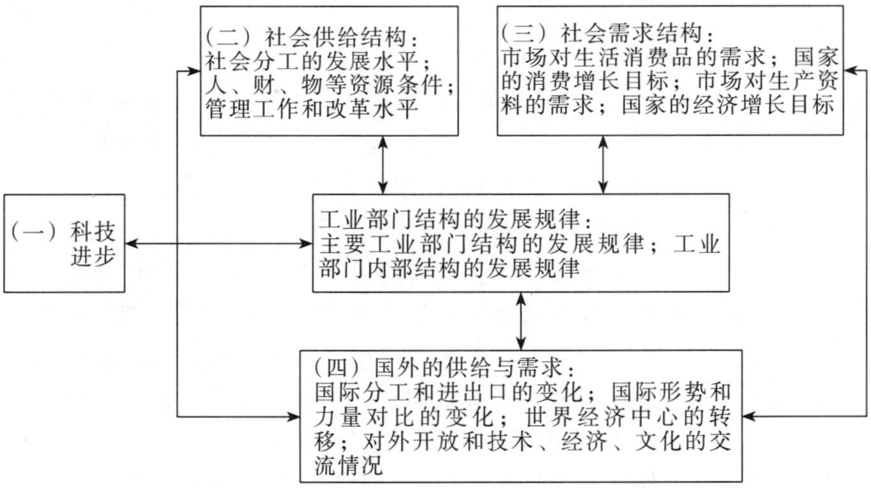

图29-4 关联分析论的基本框架示意图

图29-4表明，围绕工业部门结构发展变化规律这个中心，有科技进步、社会供给结构、社会需求结构和国外的供给与需求四大类直接关联因素。这四大类直接关联因素影响并决定着工业部门结构的发展规律；反过来，工业部门结构的发展规律也影响和决定着这四大类直接关联因素。总之，工业部门结构的发展规律与四大类直接关联因素之间存在相互依存、互为因果的辩证统一关系。

---

① 曾昭宁. 公平与效率——中国走向现代化的抉择［M］. 北京：中国石油大学出版社，1994.

② 李悦. 中国工业部门结构［M］. 2版. 北京：中国人民大学出版社，1988：1-3，58-81.

对于工业部门结构和整个产业结构的影响因素的分析，国内外主要有两种不同的看法：一是单因素论；二是多因素论。单因素论又分为两类：一类认为，产业结构是生产力范畴，科学技术和生产力是影响产业结构的基本因素；另一类认为，经济发展和社会发展的唯一动力就是科学技术，经济结构和整个社会结构的变化也完全是由技术的应用引起的，与所有制和生产方式无关。而这后一类看法正是西方未来主义的观点。

西方未来主义的观点从总体上看是片面的，也是错误的。因为无论是罗斯托、贝尔，还是托夫勒或其他未来主义者，他们都是把科学技术作为区别不同社会性质的唯一依据和标准。他们把人类社会发展规律描述为从前工业社会和工业社会，发展到后工业社会（信息社会）。他们对未来社会的理论公式是：科技革命+资本主义=新社会=资本主义永存。他们以此来否定马克思所揭示的人类社会发展规律，否认马克思主义关于社会基本矛盾的理论，否认所有制、生产方式是区别不同社会经济结构的根本标准等马克思主义的基本原理和原则。

前一类单因素论也是片面的。因为马克思主义唯物辩证法的世界观告诉我们，事物是发展变化的，是有普遍联系的。我们应当从事物的内部矛盾运动中和与其他相关联事物的关系中去研究和把握其发展规律。事实也正是这样，影响产业结构的因素是多方面的，既有科学技术因素，又有自然条件、经济、政治、军事等因素；既有需求因素，又有供给因素；既有国内因素，又有国外因素；既有纵向因素，又有横向因素。

下面分别从科学技术进步、社会供给结构、社会需求结构和国外的供给与需求四个方面，综合分析这些因素是怎样影响和决定产业结构的发展变化趋势的。

（一）科学技术进步

上面分析过单因素论的片面性，指出了这种片面性在于它把科学技术看作唯一的影响因素。但是，我们绝对不是否认科学技术进步的作用，而是要特别强调指出，科学技术进步对产业结构有重大的影响作用，而且在一定意义上说，产业结构的发展和变化主要是由这个因素决定的。当生产力和技术水平很低，手工劳动还占统治地位时，产业部门数目不会多，部门之间的联系不经常，也不密切。但是，随着生产力和技术水平的不断提高，社会分工将越来越细，产业的数目将日益增多，它们之间的联系也将日益复杂而深刻。

例如，农业机械化和采矿工业的发展，将分别使农业机械和矿山机械制造业从机器制造业中分离出来；生产的化学化，将使橡胶工业、塑料工业、化纤工业等新的原料生产部门逐步形成；金属加工工艺和机器构造的改进，将促进优质钢、各种合金和非金属的发展；国民经济各部门的科学技术日益现代化，首先要求电机工业、电子工业、无线电工业、仪表制造业的高度发展。生产中广泛采用新技术、新工艺和不断涌现的新产品及新材料，都将对工业部门结构产生深刻影响。

发达国家的经济发展史和科技革命表明，科学进步确实是推动工业部门结构发展变化的根本原因。以美国为例，资源密集型和劳动密集型工业是美国现代工业发展初期阶段的特征，是在第一次科技革命的基础上建立起来的。资本密集型工业是在第二次科技革命的基础上并部分吸收第三次科技革命成果建立起来的。知识密集型的高新技术工业，则是在第三次科技革命的基础上产生的。科技进步在各个产业部门中渗透的深度、广度不同，导致产业结构的变化。现代化大工业的发展过程表明，科技革命是适应生产需求的，反过来它又极大地促进社会生产力的提高，从而引起产业结构的变化。科技革命引起产业结构变动的概况如图29-5所示。

这种科技进步—生产力的提高—产业结构变化的序列，在第二次世界大战后美国经济发展史中表现得很清楚。除了第一次科技革命，由于各个环节间隔时间很长，其相互作用体现得不明显外，第二次科技革命，特别是第二次世界大战后的工业发展过程，各个环节间隔时间大大缩短，相互间的作用关系显示得很清楚。[①]

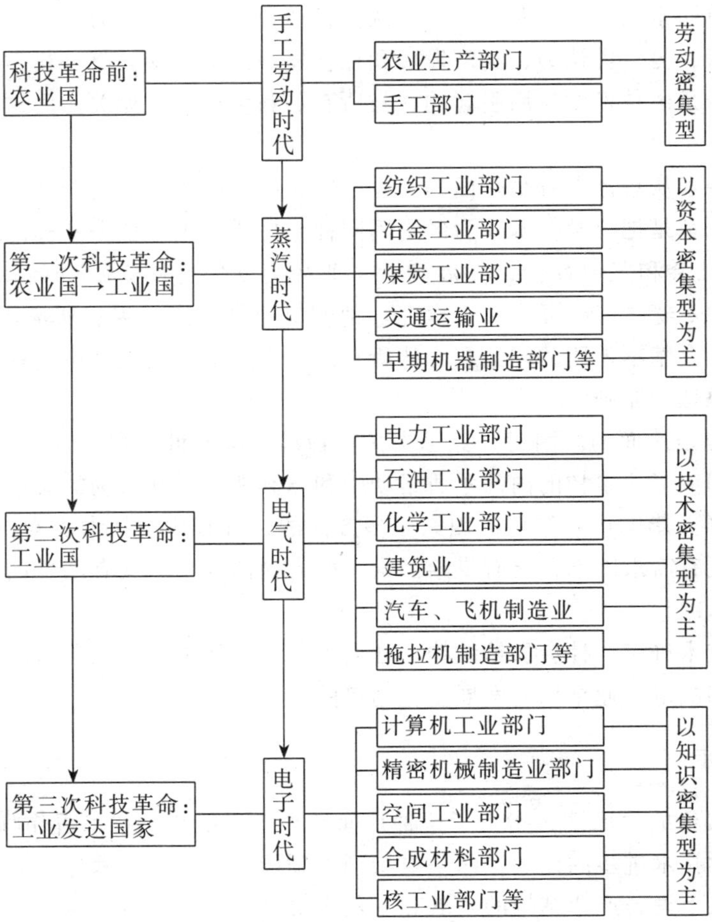

图29-5　科技革命与产业结构的对应关系

就我国目前情况来说，一方面要看到我国生产力和技术水平还很低，劳动生产率与发达国家悬殊，因而我国产业结构不能向发达国家看齐；另一方面我们也必须清楚地看到，产业结构必须随着技术进步的进程和整个社会生产力提高的幅度，不断地进行适当调整，以适应生产力发展的客观要求。

科技进步是引起产业结构变化的动因，是产业结构合理化的先导，是产业之间相互联系的本源。这种动因、先导和本源的作用，主要表现在新技术的产生和发展将引起下列的新变化：新兴企业和新兴部门的产生和发展、对原有企业和部门的根本改造的加快、部门之间生产联系的改变、各部门之间发展不平衡性的加强、各部门之间生产要素和产品方向的转移和增减等。这些新变化之所以能出现，主要是由科学技术与产业结构的客观内在联系所决定的。产业结构变化是与科技革命相适应和相对应的。

因为产业结构变化与科技革命有如此关联，所以我们对此还应做出下列五点更具体的分析：

1.技术分流和产业分化

技术分流决定了产业分化，产业分化又进一步促进了技术分流。两者关系如图29-6所示。

在图29-6中，在技术发展的潮流中，技术又分为可见技术和不可见技术。所谓可见技术是指只用看得见的砖瓦沙石和木料来建造民用住宅或城市建筑物等技术。这种技术比较容易懂，也好掌握。所谓不可见技术是指像以熔化碳酸钠和硅砂来制造玻璃、从矿石中提炼金属等技术。这种技术是眼睛看不见变化过程的技术，相比之下也不太容易掌握。在第一次科技革命的后期，法国创建了矿山冶金学校和工兵学校，推动了技术的进一步发展。在此基础上，建筑业、纤维工业、电机工业、机械工业、金属工

① 陈鹭．影响工业结构演变因素的考察——工业先进国家提供的经验与教训［J］．中国经济问题，1986（4）：34-38.

业、化学工业和石油工业等相继发展起来，因而产业部门结构也发生了越来越大的变化。

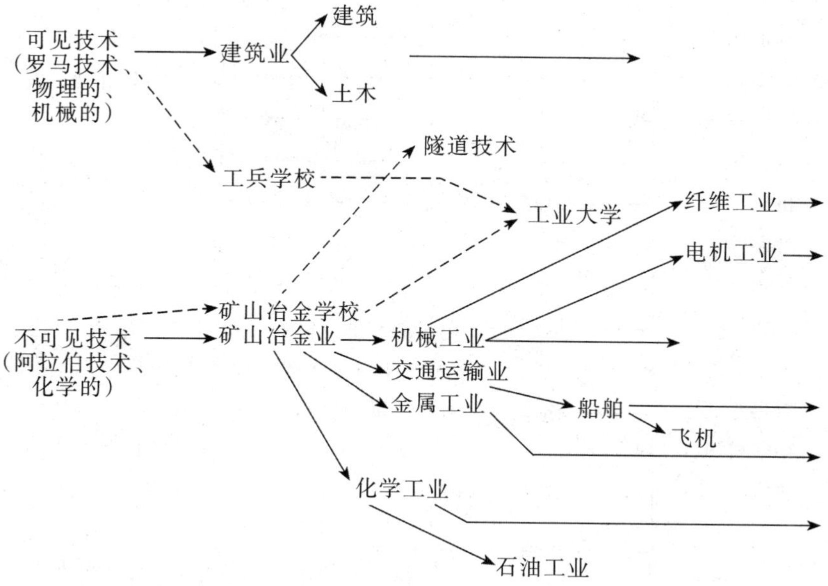

图 29-6　两种技术的分流和产业的分化

资料来源　吉谷丰. 日本技术问题纵横谈［M］. 陈荣标，译. 北京：科学技术出版社，1985.

2.产业及其中心技术

不同的产业有不同的中心技术，没有相适应的中心技术，任何产业都难以发展和存在。产业与中心技术的关系如图 29-7 所示。

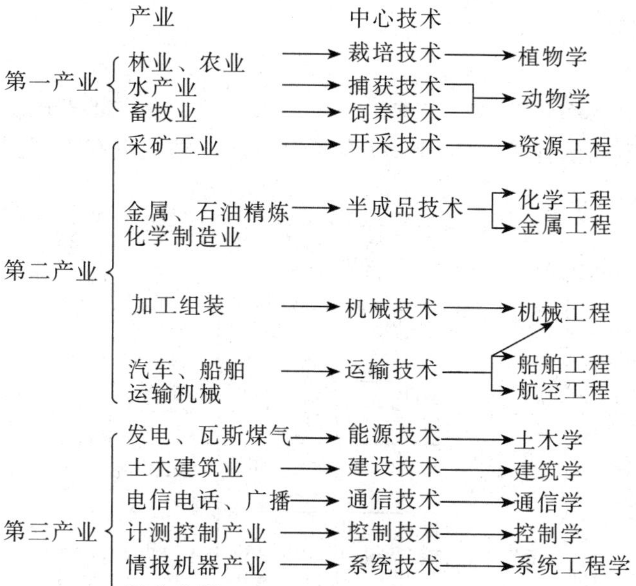

图 29-7　产业及其中心技术

资料来源　吉谷丰. 日本技术问题纵横谈［M］. 陈荣标，译. 北京：科学技术出版社，1985.

3.产业及其专业技术

各产业的专业技术比例是不相同的，我们应注意使各学科、各专业技术的发展与产业结构的变化发展相适应。以 1975 年的日本为例，我们可以清楚地看到，各产业的专业技术比例是很不相同的（如图 29-8 所示）。

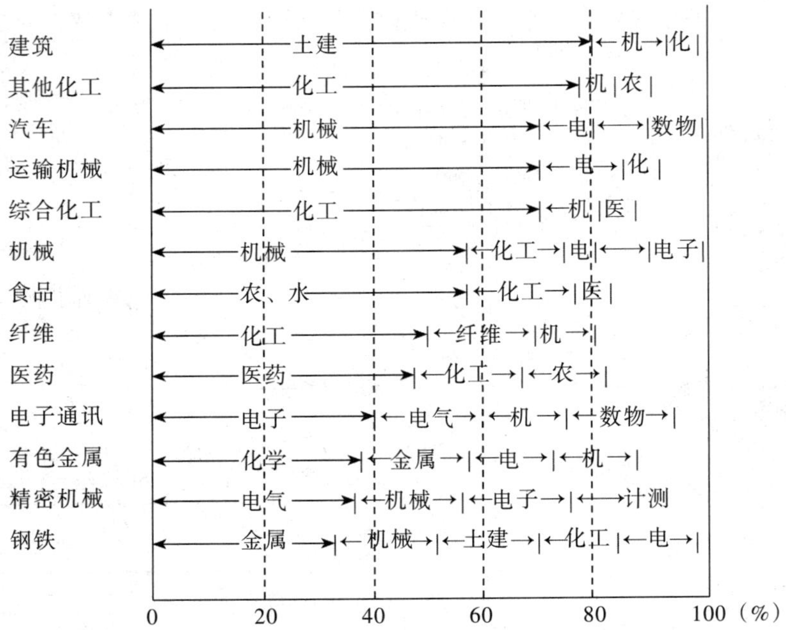

图29-8　日本各产业中的专业技术比例

资料来源　吉谷丰. 日本技术问题纵横谈［M］. 陈荣标，译. 北京：科学技术出版社，1985.

4.产业及其技术基础

不同的技术基础形成不同的产业，不同的产业要求有与之相适应的技术基础。资源技术构成第一产业的技术基础；生产技术和能源技术是第二产业的技术基础；情报（信息）技术是第三产业的技术基础。

5.产业和社会

社会离不开产业，产业离不开技术；技术越进步，组成的产业也越先进，整个社会的生产力水平也就越高；不同的产业要求不同的技术，不同的社会阶段对产业结构也有不同的要求。产业与社会的关系如图29-9所示。

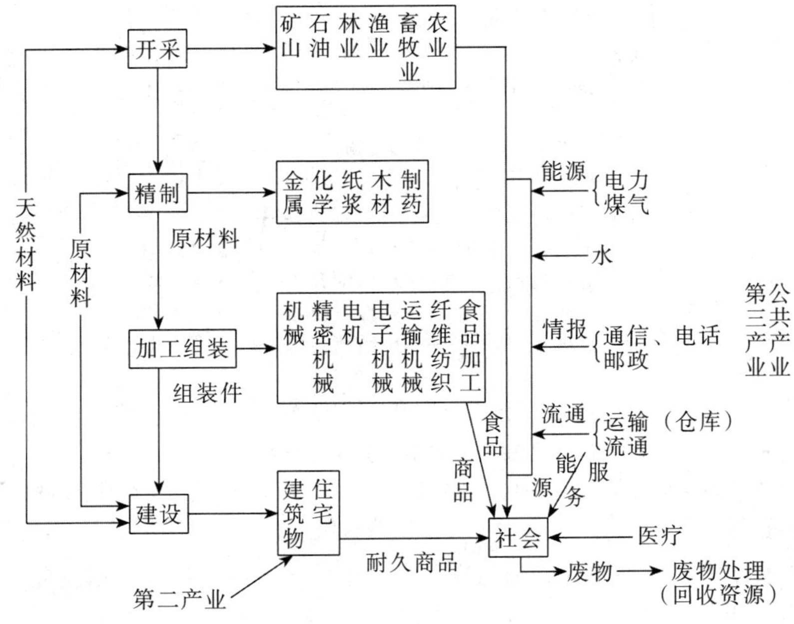

图29-9　产业和社会

资料来源　吉谷丰. 日本技术问题纵横谈［M］. 陈荣标，译. 北京：科学技术出版社，1985.

总之，科学技术与产业的内在联系是多方面的。从这些内在联系中我们不难看出，科技进步的意义不仅在于它能引起新兴产业诞生，从而导致产业结构的演变，还在于它对传统产业的改造并使其升级，从而导致产业结构的更大变化。而后一点对于我国尤为重要。目前我国仍是一个发展中国家，面临着走新型工业化道路的重任。

我国作为一个大国，在国际高技术竞争中必须做出反应，特别是在电子、光纤、生物等技术领域应努力迎头赶上。然而，作为一个发展中国家，我们又不可能超越本国的经济实力。目前我国的传统产业还是国民经济的主体力量，而且亟待更新改造，所以科技进步的重点应首先放在传统产业的改造和升级方面。

（二）社会供给结构

产业结构在很大程度上取决于资源和生产要素的供给和配置的状况，包括自然资源、劳动力的供给和配置等。

1.自然资源

自然资源对产业结构有着很大的影响作用。从一定意义上讲，产业结构变化的历史，也可以说是对自然资源和生态环境进行开发、利用和改造的历史。

一般来说，根本没有矿产资源的国家和地区，就不能建立采掘工业。以日本为例，它是个缺乏矿产资源的国家，几种主要原料都靠从国外进口。这种情况决定了日本的工业部门结构只能以加工工业为主。

但是必须指出，自然资源这个因素对一个国家的产业结构的影响，并不是唯一的决定因素，它的影响作用，随着技术进步的进程，正在逐渐削弱。例如，由于生产化学化的发展，人们能越来越多地综合利用各种原料和燃料，从许多过去认为是废料和副产品的东西中，提炼和合成了许多宝贵的原料，用于工业生产和建设；另外，还可以制造出许多人造原料代替天然原料。

还应当知道，随着技术的进步，资源的状况在不断地发展变化着。比如英国的能源状况，在北海油田未发现之前，主要是煤炭；在开发了北海油田之后，在英国能源消费结构中，石油和天然气所占比重逐渐增加。

综观世界各国资源对产业结构的影响，我们可以发现有下列三种结构模式：

（1）资源开发型。如阿拉伯石油生产国，原油的开采、输出成为国民经济的主体支柱。

（2）加工出口型。如日本，80%~90%的主要原料靠进口，其制造业和出口总值在国民生产总值中占有很大比重。

（3）全面发展型。如我国，国土辽阔，资源丰富，应建立独立的比较完整的产业体系和国民经济体系，各产业都要有相应的发展，也有条件兴办和发展各类产业。

世界上一些著名的工业基地的建立和发展，都与资源的分布状况有密切联系。比如，美国的密西西比河支流田纳西河一带发展成为美国的钢铁走廊、化工走廊，就是以当地的石油、煤炭和水力资源为基础的；德国的莱茵河流域之所以成为德国最发达的工业密集区，靠的也是鲁尔区丰富的煤铁资源和莱茵河方便的航运条件。

以上分析侧重于资源对产业结构的制约方面，事实上，合理的产业结构对充分开发和合理利用资源及改善生态环境，都有重大影响。因为不同产业的建立和发展，对资源的要求不同，特定的资源优势只有在特定产业结构基础上才能得到充分发挥。比如，新兴产业虽然对资源的依赖程度较小，但对环境的选择要求较高。正因为如此，为了使产业结构与现有的资源相适应，就必须下大力气把所拥有的资源数量、质量、品种和地区分布，以及相对优势和劣势搞清楚，做到心中有数。

2.劳动力和资金积累筹集等

劳动力和资金积累程度等对产业结构也有一定的决定作用。实践证明，劳动力多而低廉、资金又缺乏的国家，应多发展劳动密集型产业；劳动力不足而昂贵、资金又比较充裕的国家，应多发展资本密集型产业。

（三）社会需求结构

社会需求包括生产建设需求和生活消费需求两个方面。这两个方面的需求结构就是制约产业结构的社会需求因素。

这种社会需求表现在长期计划上，就是党和国家所制定的在特定时期整个国民经济和社会发展战略目标、各项经济增长以及人民生活水平提高的主要指标。

在社会主义市场经济条件下，这种社会需求又集中地表现在市场上。社会的总市场容量和结构为产业结构的发展变化指出了方向。当然，并不是任何数量的社会需求都能直接引起产业结构的变化，只有在建立专门生产这种产品的企业群才能满足这种社会需求的时候，这种社会需求才可能直接引起产业结构的变化。这是因为，一个企业是不能成为一个产业的，产业是同类企业的总和，在没有企业存在的条件下，产业结构就无从谈起了。

下面着重讨论生产需求、消费需求是怎样制约产业结构的。

1.生产需求

社会对工业品需求的一般规律是：在工业化初期，生产需求的比重很大；到工业化中期，特别是工业化后期，消费需求的比重将逐步扩大。一个国家经济建设的规模大、发展速度快，生产建设对工业品的需求就大。

伴随需求结构的变化，在生产规模不断扩大的基础上，原料、能源等往往会发生短缺现象，并且价格也会随之上升，然后会有替代资源面世。新技术的采用又会带来节省劳动力和降低原材料、能源消耗的机器设备的诞生。例如，由技术进步而引起的金属和燃料消耗的下降，使得在其他条件相同的情况下，可以用较少量的金属和燃料来满足同样的需求，从而导致冶金工业和燃料工业在整个工业部门结构中的比重相对下降。

在生产需求方面，农业和国民经济其他部门的发展情况和变化都会对产业结构有影响。比如农业，在我国农业合作化的初期，农村对工业品的需求主要还是工业消费品；在实行农业技术改造的时期，农业就需要更多的农业机械、化学肥料、燃料、电力、建筑材料和运输工具等，农业越发展，现代化水平越高，对工业这个方面的要求也就越高。

2.消费需求

生产与消费的关系，本来就是相互联系、相互制约的。生产决定消费；消费对生产具有重要的反作用。只有生产出来，才能进行消费；也只有增长的消费，才能为生产的进一步发展开辟道路。

在社会主义条件下，人民的物质和文化生活水平是不断提高的，这就要求不断地改进消费品的品种和质量，不断地增加高级耐用消费品的生产，从而引起产业结构的改变。

随着消费结构的变化，产品的生产和劳务的生产、生产资料的生产、生活资料的生产及其内部的结构都发生了变化，必要生活资料所占比重下降，发展资料和享受资料所占比重明显提高，劳务生产不断扩大，产业结构发生了重大变化。①

（四）国外的供给与需求

国外的供给和需求因素是一个综合性因素，从供给和需求两个方面影响着工业部门结构和整个产业结构。这里主要包括国际分工和进出口的变化、世界经济中心的转移、国际形势和力量对比的变化，以及对外开放和经济、技术、文化的交流情况等。所有这些因素都影响着工业部门结构的变化，这种影响

---

① 张曙光．影响生产结构的主要因素及其作用［J］．经济理论与经济管理，1986（2）：43-49.

作用在科学技术发展迅速、世界市场扩大的当代就更大。

下面着重分析国际分工、进出口变化对产业结构的影响。

在当今世界，没有哪一个国家可以做到完全封闭发展。这不仅是根本做不到的，更重要的是这样做是不经济的。正因为如此，为了增强自力更生的能力，必须充分利用国际分工，引进先进技术，利用外资，扩大出口，打进国际市场。事实反复证明，凡是这样做的国家，都收到了加速本国经济发展的成效。

在发达国家之中，以日本的收益最佳。因为日本缺乏资源，所以它的工业部门结构和整个产业结构的发展，在极大程度上依靠国际贸易。国际贸易的商品结构和发展趋势对日本工业部门结构的影响很大。第二次世界大战后不久，日本曾发生过一场关于如何选择日本经济发展道路的激烈争论，即所谓开发主义和贸易主义这两种意见的争论。日本政府最后还是采用了贸易主义的主张。日本发展的实践表明，当时选择贸易主义道路是正确的，效果也是好的。

20世纪80年代，国际分工产生了两方面的变化：一方面，主要以自然资源作为出口的原料、初级产品的国际贸易处于衰落状态中。在20世纪初期，初级产品有很大的销路。但是第二次世界大战以后，初级产品的销路在国际分工中所占的地位越来越不重要。另一方面，新的材料，一般都是工业品（如人造纤维）这样的原料以及机械制成品，在国际分工中所占的地位越来越重要。也就是说，传统产业在国际分工中所占地位在下降，而新兴产业所占地位在上升。①

过去是以工业品、农业品来进行国际分工的，最重要的分工是工业国与工业国之间的分工。农业也逐渐工业化，农业内部也逐渐专业化。

20世纪80年代，亚洲新兴工业国家和地区的出口产品转向技术密集型。20世纪60年代后，这些国家和地区的出口产品结构开始变化，由劳动密集的低加工产品变为技术密集的高加工产品。1975年韩国、中国台湾和中国香港的低加工产品占总出口的50%以上，而1980年高加工产品的比重超过50%。这些国家和地区出口的改变是立足于其本身产业结构的调整，它们都把发展微电子工业作为20世纪80年代的战略项目。②日本同亚洲新兴国家和地区之间，在国际分工特别是产业内部分工方面取得了进展，除了在纺织、化学和钢铁领域的分工，还扩大到电器机械和精密机械领域。此外，日本还给这些国家和地区提供所必需的零部件。

借鉴其他国家和地区的历史发展实践，我国的工业部门结构应当也必须完成初级产品—高级产品—工业品的转变，适应工业内部的分工、农业内部的分工、农业和工业的专业化分工的发展要求。

综上所述，我国学者在以上四个方面都对产业结构理论的发展做出了贡献。我国处于经济增长方式从粗放型向集约型转变的过渡时期，调整和优化产业结构是经济增长方式转变的重要内容。这就迫切需要中国学者继续深入地研究产业结构理论，以指导中国调整和优化产业结构的实践。

---

① 宦乡. 正确对待资本主义世界的经济关系［J］. 学习与实践，1984（6）：2-4.
② 辛灿. 产业结构高级化带动出口增加［N］. 经济参考，1986-10-22.

[第三十章]

产业结构分析方法

本章为分析产业结构提供了方法，主要讨论了产业结构的静态分析法、动态分析法以及其他分析法。

第一节 静态分析法

比较常用的静态分析法是产业关联分析。产业关联分析通常要借助于投入产出模型进行。

一、投入产出模型

投入产出模型是20世纪30年代由美国著名经济学家里昂惕夫建立起来的。其基本思路是：为获得一定的产出，必须有一定的投入。国民经济各部门间在投入与产出过程中，存在极其密切的生产技术联系和经济联系，这种联系可以用投入产出表综合反映出来。投入产出表反映的经济结构、经济内容和运算形式就叫作投入产出模型。

（一）投入产出模型的用途及局限性

1.用途

投入产出模型是以棋盘式纵横交叉的投入产出表为基础，利用线性代数等数学方法建立的数学模型。由于投入产出表能从生产消费和分配使用两个方面反映产品在部门之间的运用过程和社会产品的再生产过程，因此，通过投入产出模型能深入分析部门间和产品间的各种复杂的相互依存关系以及主要的比例关系，揭示国民经济各种活动间的连锁反应，分析国民经济复杂的因果关系和相互联系。

在研究国民经济各部门间在投入与产出上的生产技术联系和经济联系的基础上，投入产出模型还可以通过分析产业之间的关联度，为选择某一时期的产业发展重点提供依据。

利用投入产出模型进行投入产出分析具有很大的灵活性，可以根据不同的经济问题编制不同的投入产出表，建立不同的投入产出模型，研究和解决各种具体的经济问题。

2.局限性

利用投入产出模型进行产业结构分析也存在一定的局限性，主要表现在以下三个方面：

（1）同质性假定。投入产出模型假定一个产业只生产一种同质的产品，而且只用一种生产技术方式进行生产，即每个产业只有单一的消耗结构。一种产品不允许由几个产业来生产，也不允许几个产业联合起来进行生产。一种产品的生产形成一个产业，有多少种产品就形成多少个产业。这一假设忽视了现代社会中企业生产的多样化与协作化趋势。而实际上，每个产业都是多种产品的集合体，划分产业部门不可能按产品细分。此外，在应用产业关联度来选择重点产业时，不同的部门划分会得到不同的排列顺序。

（2）比例性假定。投入产出模型假定各产业部门的投入和产出之间的关系是线性关系。每个产业部门各种投入的数量是与该部门的总产出成正比例变动的，即假定各项消耗系数不变。而实际上，各产业部门生产量与生产消耗之间存在两种不同的关系：一部分消耗会随产量的增加而以一定比例增加，如原材料、燃料、动力等消耗，在投入与产出之间存在固定的线性比例关系；另一部分消耗并不随产量的增加而增加，而是基本上保持不变，通常被称为固定消耗。因此，在比例性假定下不存在规模经济问题。

（3）模型是静态的。投入产出模型没有考虑各产业部门生产时间先后的影响。这显然与现实的产业发展相悖，因为假设产品X_2生产的速度较慢又为X_1的生产所需，则X_1的生产速度显然会受到X_2的影响；如果X_1又为X_2生产所需，则X_2的生产又会受到进一步影响。此外，投入产出模型没有考虑价格变动、技术进步与劳动生产率提高等因素。然而在实际经济中，生产技术是不断发展变化的，而价值型投入产出表中总是要包含价格因素的，而价格不可能不波动。

因此，投入产出模型既是产业结构分析中的一个重要的理论工具，又有它的局限性。一般来说，它适用于短期而不适用于长期，适用于分析而不适用于预测。它毕竟只是一种静态分析的方法，这是运用投入产出模型进行产业结构分析时应特别注意的。

（二）投入产出表[①]

1.实物型投入产出表

利用投入产出分析进行经济分析和计划工作之前，首先要根据某一年份的实际统计资料编制一个投入产出表。实物型投入产出表（又称实物表）是以实物为计量单位的，如表30-1所示。

表30-1　　**实物型投入产出表**

投入＼产出		计量单位	中间产品				最终产品					总产品
			1	2	…	n	小计	消费	积累	出口	小计	
物质投入	1		q_{11}	q_{12}	…	q_{1n}					Y_1	Q_1
	2		q_{21}	q_{22}	…	q_{2n}					Y_2	Q_2
	⋮		⋮	⋮	⋮	⋮					⋮	⋮
	n		q_{n1}	q_{n2}	…	q_{nn}					Y_n	Q_n
劳动投入			q_{01}	q_{02}	…	q_{0n}						V

从表30-1中的纵列看，它表明了为生产j部门的产品总量需要消耗各部门产品的数量和劳动消耗量。从横行看，它反映了各类产品的分配使用情况，其中一部分作为中间产品供各部门生产使用，另一部分作为最终产品供积累和消费使用，这两部分之和表现为在一定时间内各类产品的生产总量，即产出总量。

实物表由于用实物单位计量，同一种产品横行分配流量可以相加，纵列产品计量单位不同，不能相加。因此，实物表只能列出实物产出分配方程组，用数学式表示为：

$$\sum_{j=1}^{n} q_{ij} + Y_i = Q_i$$

实物表从实物形态角度系统地反映了社会再生产过程，实际上是一张把许多种物质（包括生产资料和消费资料）有机联系在一起的产品生产与分配平衡表。我们可以利用实物表分析每类产品的简单再生产（中间产品的补偿和固定资产更新改造大修理）以及扩大再生产（积累）的关系和比例，分析每类产品用作积累基金和消费基金的比例。由于实物表中各类产品是以实物量作计量单位的，因此可以避免价格变动与价格背离价值等因素的影响，能较确切地反映国民经济中各类产品生产过程中的技术联系。编

① 钟契夫．投入产出分析［M］．北京：中国财政经济出版社，1993.

制实物型投入产出表的主要目的是建立投入产出数学模型，进而用于计划编制工作。

2.价值型投入产出表

价值型投入产出表（又称价值表）是以货币为计量单位编制的投入产出表，如表30-2所示。

表30-2 **价值型投入产出表**

<table>
<tr><th colspan="3" rowspan="3">产出
投入</th><th colspan="5">中间产品</th><th colspan="6">最终产品</th><th rowspan="3">总产品</th></tr>
<tr><th colspan="5">消耗部门</th><th colspan="2" rowspan="2">固定资产更新改造</th><th rowspan="2">积累</th><th rowspan="2">消费</th><th rowspan="2">净出口</th><th rowspan="2">小计</th></tr>
<tr><th>1</th><th>2</th><th>…</th><th>n</th><th>小计</th></tr>
<tr><td rowspan="5">生产资料转移价值</td><td rowspan="5">生产部门</td><td>1</td><td>x_{11}</td><td>x_{21}</td><td>…</td><td>x_{1n}</td><td></td><td></td><td></td><td></td><td></td><td></td><td>Y_1</td><td>X_1</td></tr>
<tr><td>2</td><td>x_{21}</td><td>x_{22}</td><td>…</td><td>x_{2n}</td><td></td><td></td><td></td><td></td><td></td><td></td><td>Y_2</td><td>X_2</td></tr>
<tr><td>⋮</td><td>⋮</td><td>⋮</td><td>⋮</td><td>⋮</td><td></td><td></td><td></td><td></td><td></td><td></td><td>⋮</td><td>⋮</td></tr>
<tr><td>n</td><td>x_{n1}</td><td>x_{n2}</td><td>…</td><td>x_{nn}</td><td></td><td></td><td></td><td></td><td></td><td></td><td>Y_n</td><td>X_n</td></tr>
<tr><td>小计</td><td></td><td></td><td></td><td></td><td></td><td></td><td></td><td></td><td></td><td></td><td></td><td></td></tr>
<tr><td rowspan="5">新创造价值</td><td colspan="2">固定资产折旧</td><td>D_1</td><td>D_2</td><td>…</td><td>D_n</td><td></td><td colspan="7" rowspan="6"></td></tr>
<tr><td colspan="2">物质消耗小计</td><td></td><td></td><td></td><td></td><td></td></tr>
<tr><td>劳动者报酬</td><td rowspan="2"></td><td>V_1</td><td>V_2</td><td>…</td><td>V_n</td><td rowspan="2"></td></tr>
<tr><td>社会纯收入</td><td>M_1</td><td>M_2</td><td>…</td><td>M_n</td></tr>
<tr><td colspan="2">小计</td><td></td><td></td><td></td><td></td><td></td></tr>
<tr><td colspan="3">总投入</td><td>X_1</td><td>X_2</td><td>…</td><td>X_n</td><td></td></tr>
</table>

从水平方向看，表30-2说明各部门产品按经济用途的分配使用情况。各部门产品按经济用途可以分为中间产品和最终产品两大部分，中间产品的产值与最终产品产值之和等于总产品产值。从垂直方向看，表30-2说明各部门产品的价值与最终产品的价值构成。产品价值可以分为两大部分：一部分是生产资料的转移价值，它是由所消耗的生产资料的价值构成的，包括劳动对象的消耗（如原材料、辅助材料和劳动力等的价值）和固定资产折旧（D）；另一部分是新创造价值，包括该部门的劳动报酬（V）和社会纯收入（M）。生产资料转移价值与新创造价值的合计等于总产品的价值。我们用互相垂直的双线把整个表格分成左上、右上、左下、右下四个部分，分别称为Ⅰ、Ⅱ、Ⅲ、Ⅳ象限。

第Ⅰ象限是一个横行、纵列部门数目完全相同、排列一致的表格，它反映各部门之间相互提供劳动对象供生产过程消耗的情况。横行表示各部门的产品分配给其他各部门（包括本部门）产品的数量。若以i代表横行第i部门，j代表竖列第j部门，则x_{ij}表示第j部门生产产品时消耗第i部门的产品数量，称x_{ij}为第i部门向第j部门的流量，简称部门间流量。第Ⅰ象限主要反映国民经济各物质生产部门之间的生产与分配的关系，即各物质生产部门之间的投入与产出的联系，这种联系主要是由各部门的技术经济联系所决定的。

第Ⅱ象限反映各物质生产部门的总产品中，可供社会最终消费或使用的产品。它主要体现积累和消费的比例及构成、国民收入的实物构成，它所反映的联系主要取决于社会经济因素。从横行看，各项数字小计就是各部门的最终产品，用Y_i表示；从纵列看，各项数字说明最终产品是由哪些生产部门提供的。所有部门最终产品之和$\sum_{i=1}^{n} Y_i$，即为社会总产值或国民生产总值。

第Ⅲ象限说明最终产值即国民生产总值的价值形成过程，主要反映各物质生产部门净产出价值，即新创造价值，反映国民收入初次分配以及必要劳动和剩余劳动的比例。按其经济内容来说，第Ⅲ象限包括固定资产折旧和新创造价值两部分。

第Ⅲ象限和第Ⅱ象限从总量上来说应当相等，即$\sum_{i=1}^{n} Y_i = \sum_{j=1}^{n}(D_j + V_j + M_j)$。但对某个部门来说，最终产品的数量与该部门的新创造价值加固定资产折旧之和在数量上并不相等。

第Ⅳ象限从性质上讲反映国民收入的再分配过程，如非生产领域的职工工资、非生产性企事业单位的收入等。由于这个象限的经济内容比前三个象限更加复杂，到目前为止，人们对它的研究和利用还很少。在编制投入产出模型时，常常把第Ⅳ象限略去不论。

价值表有如下几个平衡关系：

（1）第Ⅰ象限中物资消耗之和等于中间产品之和，说明生产过程中消耗的生产资料要以同量的中间产品来补偿。

（2）第Ⅲ象限的合计等于第Ⅱ象限的合计，说明社会最终产值与国民收入加上本年度的固定资产折旧额在数量上是相等的。

（3）每一列的总计等于每一行的总计，说明国民经济各部门生产的产品和分配使用在总量上是相等的。

从表30-2的水平方向看，“中间产品+最终产品=总产品”，故可得平衡方程如下：

$$\sum_{j=1}^{n} x_{ij} + Y_i = X_i \quad (i = 1, 2, \cdots, n)$$

这组方程反映了各物质生产部门的分配使用情况，称之为产品分配平衡方程组。

从表30-2的垂直方向看，“劳动对象消耗+固定资产折旧+活劳动消耗（劳动报酬+社会纯收入）=产品总价值”，有：

$$\sum_{i=1}^{n} x_{ij} + D_j + V_j + M_j = X_j \quad (j = 1, 2, \cdots, n)$$

这组方程反映了各部门产品的价值构成，称之为价值构成平衡方程组。

3.实物表与价值表的区别

若将实物表与价值表作比较，就会发现两者在基本方面是相同的，但也存在差异：

（1）价值表的计量单位是单一的，都是货币单位，而实物表中的计量单位一般各不相同。

（2）价值表既可按行相加，又可按列相加，而实物表只能按行相加得到总产量，但不能按列相加，因为不同的计量单位是无法相加的。

（3）价值表中包括了全部物质生产部门的总产值，实物表中只包括若干主要产品的总产量。这是因为国民经济中产品种类繁多，但投入产出表的规模不能过分庞大，只能把那些生产量大、原材料消耗量大或与其他许多种产品在生产过程中有密切联系的产品列入。

（三）消耗系数与数学模型

1.消耗系数

（1）直接消耗系数。

直接消耗系数反映某部门在单位产品生产过程中对各部门产品的直接消耗量，用投入产出表上各种产品的年总产量去除它对某种相应产品的消耗量，便可得出单位产品的消耗量，即直接消耗系数，其计算公式如下：

$$a_{ij}=\frac{x_{ij}}{X_j} \quad (i,j=1,2,\cdots,n)$$

式中：a_{ij}为第j部门一个单位产品对第i部门产品的消耗量。

将n个部门的直接消耗系数用矩阵A表示，即

$$A=\begin{bmatrix} a_{11} & a_{12} & \cdots & a_{1n} \\ a_{21} & a_{22} & \cdots & a_{2n} \\ \vdots & \vdots & \vdots & \vdots \\ a_{n1} & a_{n2} & \cdots & a_{nn} \end{bmatrix}$$

各物质生产部门的直接消耗系数是以部门间的生产技术联系为基础的，所以直接消耗系数也被称为技术系数。a_{ij}的数值大，说明第j部门与第i部门联系密切；a_{ij}的数值小，说明第j部门与第i部门联系松散；$a_{ij}=0$，说明第j部门与第i部门没有直接的生产与分配关系。

同理，可得如下直接系数：

直接物质消耗系数a_{cj}：

$$a_{cj}=\frac{\sum_{i=1}^{n} x_{ij}}{X_j}=\sum_{i=1}^{n} a_{ij}$$

它表示第j部门单位产品中含中间投入价值的数量，即直接物质消耗系数矩阵A第j列元素之和，用向量表示为$A_c=(a_{c1}, a_{c2}, \cdots, a_{cn})$。

直接折旧系数a_{dj}：

$$a_{dj}=\frac{D_j}{X_j}$$

它表示第j部门单位产品中的折旧数量，用向量表示为$A_d=(a_{d1}, a_{d2}, \cdots, a_{dn})$。

直接劳动报酬系数a_{vj}：

$$a_{vj}=\frac{V_j}{X_j}$$

它表示第j部门单位产品中劳动报酬数量，用向量表示为$A_v=(a_{v1}, a_{v2}, \cdots, a_{vn})$。

直接纯收入系数a_{mj}：

$$a_{mj}=\frac{M_j}{X_j}$$

它表示第j部门单位产品中社会纯收入数量，用向量表示为$A_m=(a_{m1}, a_{m2}, \cdots, a_{mn})$。

（2）完全消耗系数。

直接消耗系数描述了部门之间的直接联系，但在整个国民经济各部门之间，除了直接联系外，还有各种间接联系。完全消耗系数是指第j部门生产一个单位最终产品对第i部门产品的完全消耗量，用b_{ij}表示。

完全消耗系数矩阵为：

$$B=(I-A)^{-1}-I$$

其他完全消耗系数如下：

完全物质消耗系数：$B_c=A_c(I-A)^{-1}$

完全折旧系数：$B_d=A_d(I-A)^{-1}$

完全劳动报酬系数：$B_v=A_v(I-A)^{-1}$

完全纯收入系数：$B_m=A_m(I-A)^{-1}$

直接消耗系数是从总产品的角度出发考察产品的消耗关系，它说明生产一个单位产品对其他产品的消耗；完全消耗系数则是从最终产品角度考察产品间的消耗关系，它说明生产一个单位最终产品对其他产品的消耗量。

2.投入产出数学模型

（1）价值型投入产出行模型。

价值型投入产出行模型是：

$$Y=(I-A)X$$

在这里，Y为最终需求列向量，I为单位矩阵，A为直接消耗系数矩阵，X为总产出量列向量，其中

(I-A)被称为里昂惕夫矩阵。该矩阵的各列中，“正”号表示产出，“负”号表示投入（消耗）。该模型的经济含义是当已知产品总产出量时，可求出能提供给市场的最终产品量，这就是“以产定销模型”。当产品市场处于短缺状态时，可按此模型制订产品生产销售计划。

在上式两边都乘以 $(I-A)^{-1}$，可得到：

$$X=(I-A)^{-1}Y$$

在这里，$(I-A)^{-1}$被称为里昂惕夫逆矩阵。该模型反映最终需求和总产出之间的函数关系，当已知最终产品量时，可求出其产品总产出量，这就是“以销定产模型”。当产品市场处于疲软状态时，可按此模型制订企业生产计划。

（2）价值型投入产出列模型。

价值型投入产出列模型是：

$$N^T=(I-\dot{A}c)X$$

亦即 $X=(I-\dot{A}c)^{-1}N^T$

该模型反映的是总产品与初始投入之间的数量关系。其中，I为单位矩阵，X为总产出量列向量，$\dot{A}c$是直接物质消耗系数的对角线矩阵。$\dot{A}c$可表述如下：

$$\dot{A}c=\begin{bmatrix} a_{c1} & 0 & 0 \\ 0 & a_{c2} & 0 \\ \vdots & \vdots & \vdots \\ 0 & 0 & a_{cn} \end{bmatrix}$$

二、产业结构分析原理及应用

所谓产业结构分析就是研究产业之间的关系结构的特征及比例关系，或者说研究产业之间的联系方式，即产业关联。以整个国民经济社会再生产的均衡关系为基础设计的投入产出表，是研究产业关联的便利工具。

（一）各产业部门的投入结构和销路结构

各产业部门之间相互联系、相互依存、相互作用地进行社会化大生产，一个产业部门进行生产需要其他部门的产出作为其“投入”消费，这就是该产业部门的“投入结构”问题；同样，一个产业部门生产的产品不仅是为了自己消费，还以中间产品或最终产品的形式供其他部门消费，这就是该产业部门的“销路结构”问题。

1.投入结构

在投入产出表中，投入结构就是纵列的消费结构。它以中间产品的投入反映着各个产业部门的生产技术联系，用“投入系数”——“直接消耗系数”来度量。通过某产业部门的投入系数，可以找到当该产业部门实现某一增长程度时，其他产业部门的中间产品应该相应地增长到某一程度的“量化”数据；可以用来判断现存的国民经济各产业部门的结构比例是否合理，作为产业结构调整的依据，为一国制订国民经济计划提供重要的经济参数。对某一产业的产品生产投入系数进行纵向对比分析，可以看出各产业间生产技术联系的变动情况，以及产业结构的变动趋势。

2.销路结构

在投入产出表中，销路结构是各个产业部门产品的分配去向。它通过各产业部门的分配系数来度量，各产业部门产品的分配系数是该产业部门的产品在其他产业部门之间的分配（销售）比例。用分配系数 s_{ij}表示第i产业部门产品分配使用在第j产业部门生产用途上的比例，x_{ij}表示第j产业部门生产消耗第i部门的产品数量，则：

$$s_{ij}=\frac{x_{ij}}{X_i}$$

分配系数s_{ij}反映了各产业部门的产品流向及比例，从而反映出某产业部门的发展受其他产业部门发展的影响程度和制约程度。

（二）分析产业间的比例关系

社会生产中生产资料生产和消费资料生产两部类的比例关系，是整个国民经济中最基本的比例关系，因此，在安排社会生产时，两大部类的比例关系是首先考察和安排的一个基本的比例关系。第一部类的产品包括用于生产性积累的产品、用于物质生产部门固定资产更新改造和大修的产品、用作劳动对象的中间产品。第二部类的产品有用于消费的产品、用于非生产性积累的产品。根据投入产出表很容易确定这两大部类的比例关系。

此外，可以根据投入产出表分析社会总产品、中间产品、最终产品和国民收入的部门构成，分析国民经济各部门总产品的价值构成，分析各部门的中间产品率（中间产品占全部产品的比率）和最终产品率（最终产品占全部产品的比率）。

1978年以后，我国经济获得高速发展，1978—1997年国内生产总值的平均增长速度为9.81%。随着经济的快速发展，我国的产业结构发生了巨大变化（见表30-3）。

表30-3 **1978—1997年中国三大产业结构变化（%）**

年　份	第一产业	第二产业	第三产业
1978	28.1	48.2	23.7
1981	31.8	46.4	21.8
1995	20.5	48.8	30.7
1997	18.7	49.2	32.1

资料来源　国家统计局．中国统计年鉴（1998）[M]．北京：中国统计出版社，1998：56.

利用投入产出分析方法对中国1981—1995年的三大产业结构变动进行分析，研究技术进步和最终需求变动对中国经济结构的影响，可得到表30-4的数据。

表30-4 **技术进步和最终需求变动对中国经济结构的影响**

项　目	1981—1995年结构变动（1990年不变价格）ΔN^T	其　中	
		技术进步变动影响 ΔRY_{t+1}	最终需求变动影响 $R_t\Delta Y$
第一产业	-17.25	-13.60	-3.65
第二产业	13.50	8.76	5.55
其中：工业	12.84	7.95	4.08
第三产业	3.75	5.65	-1.90

从计算结果可知，我国1981—1995年影响产业结构变动的主要因素是各产业的技术进步。技术进步不仅使我国经济总量迅速增大，也是我国产业结构变动的主要决定因素。

（三）各产业的中间需求率和中间投入率①

分析各产业在社会再生产过程中的地位和作用，可以采用投入产出表中的“中间需求率”和“中间投入率”两个指标。

---

① 杨治．产业经济学导论［M］．北京：中国人民大学出版社，1985：103.

中间需求率是各产业的中间需求和该产业总需求之比。它反映了某一产业的产品中有多少作为其他产业所需求的原料（中间需求）。由于“中间需求率+最终需求率=1”，所以说，一个产业的中间需求率越高而最终需求率越低，说明该产业就越具有原料产业的性质；反之，一个产业的中间需求率越低而最终需求率越高，则说明该产业就越具有提供最终产品的性质。

中间投入率是各产业的中间投入与其总投入之比。它反映了各产业在其生产活动中，为生产单位产值的产品，需从其他产业购进的原料在总投入中所占比重。因为“中间投入率+附加价值率=1”，所以，中间投入率越低，该产业的附加价值就越高，因而高中间投入率产业就是低附加价值部门；反之，中间投入率越高，该产业的附加价值就越低，因而低中间投入率产业就是高附加价值部门。

如果把中间需求率作为横轴，把中间投入率作为纵轴，建立平面直角坐标系，并依据投入产出表中的数据分别计算各产业的中间需求率和中间投入率，然后把它们归类于坐标中的四个象限中，就可形成一个产业立体结构（见表30-5）。

表30-5　**产业立体结构**

项目	中间需求率小	中间需求率大
中间投入率大	Ⅲ.最终需求型产业 日用杂货、造船、皮革及皮革制品、食品加工、粮食加工、运输设备、机械、木材、木材加工、非金属矿物制品、其他制造业	Ⅱ.中间产品型产业 钢铁、纸及纸制品、石油产品、有色金属冶炼、化学、煤炭加工、橡胶制品、纺织、印刷及出版业
中间投入率小	Ⅳ.最终需求型基础产业 渔业、运输业、商业、服务业	Ⅰ.中间产品型基础产业 农业、林业、煤炭、金属采矿、石油及天然气、非金属采矿、电力

（四）产业联系方式

一般来说，产业之间的联系方式有两种类型：

1.单向联结方式

这种联结方式的特点是，产品在各相关产业间不断深加工，最后脱离生产领域进入消费，因而投入产出的联结方向是单一的。例如，棉花种植—纺织工业—服装工业就属这种联结方式。

2.多向循环联结方式

这种联结方式的特点是各有关产业间的投入产出是互相依赖、互相服务的，从而形成一种循环的联结方式，如煤炭—钢铁—矿山机械部件—煤炭。

为了进一步考察国民经济各产业部门之间存在的这两种联结方式，可以重新排列和整理投入产出表的产业排列顺序。调整排列顺序的方法是：在横轴上从左起，中间投入率由大至小向右排列，在纵轴上从上起，中间需求率由小至大向下排列（如图30-1所示）。

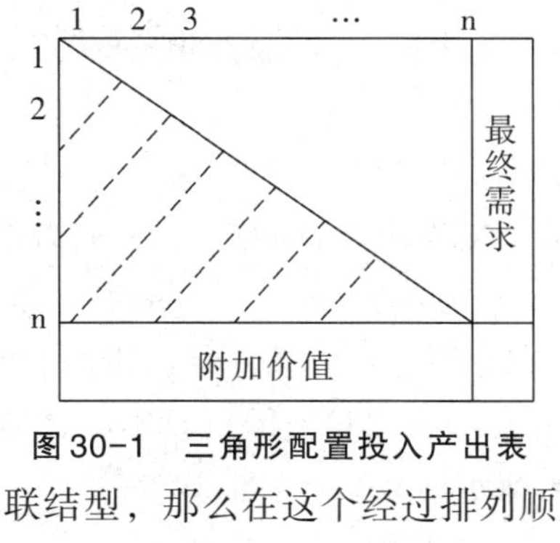

图30-1　三角形配置投入产出表

如果产业之间的联结方式是单向联结型，那么在这个经过排列顺序调整的投入产出表上，其数字就只出现在画了斜线的三角形内，对角线以上的三角形内就不出现数字。这是因为这种联结是单向的，其交易量只出现在画了斜线的三角形内。如果在对角线上方出现交易量，那是由多向循环联结造成的交易量。

因此，从图30-1中可以看到，产业1没有任何中间需求，全部产品都是最终产品，但同时却要从2，3，…，n等所有产业购进原料。产业2只对产业1有中间需求，对其他产业均无中间需求；同时，它要从除了产业1之外的所有产业购进原料。以此类推，产业n的产品则全部是中间产品，同时无须从其他产业购进原料。

利用投入产出表做三角形产业重新排列试验，可以判断产业联系方式的类型。有的研究已经证明，许多国家的产业单向联结远远强于多向循环联结。据20世纪70年代对美国、意大利、挪威、日本的调查统计，出现在对角线上方的交易量占全部交易量的比重很低：意大利占4.3%，挪威占8.8%，日本占11.6%，美国占12.7%。①

把表30-5的4组产业群按图30-1的顺序排列起来，可得到如下结论：①中间产品型基础产业Ⅰ和最终需求型产业Ⅲ具有明显的单向联结特性。但两者相比，Ⅲ比Ⅰ在产业排列顺序上更靠前。②中间产品型产业Ⅱ同最终需求型产业Ⅲ在产业排列顺序上是交错在一起的，并且在Ⅱ中包含较多的多向循环联结产业，因为这些中间产品的用途是多种多样的。

从投入产出表上的产业排列顺序的研究中还发现，在产业部门之间可以划分某些关系密切的产业群。这些产业群同其他产业有联系，但又具有相对独立性，如非金属系最终产品、金属系最终产品、金属系中间产品、非金属系中间产品、服务、能源。这些产业群不仅反映了产业之间的联结，而且反映了产业间联结的紧密程度。无疑，这对研究产业结构是十分有益的。

三、产业关联效应

产业关联是指产业间以各种投入和产出为联系纽带的技术经济联系。投入产出表是测试产业关联的常用工具。

产业关联有两种基本形式：一是通过供给与其他产业部门发生的关联，作为投入产出表的直接分配系数的合计，表明一个产业在产出方面对其他产业的依赖程度；二是通过需求与其他产业部门发生的关联，作为投入产出表的直接消耗系数的列向合计，表明产业投入方面对其他产业的依赖。赫希曼把前者称为“前向关联”，把后者称为“后向关联”。由于这两种产业关联形式的存在，所以当某一产业的生产活动发生变动时，就会通过“前向关联”和“后向关联”影响其他产业部门，这就是产业间的关联效应。

测算关联效应有各种计算公式，比较简便的方法是根据投入产出表计算各产业部门的前向关联效应、后向关联效应和产业波及效果。

（一）直接前向关联效应和直接后向关联效应

直接前向关联效应的计算公式是：

$$L_{F(j)} = \sum x_{ij}/X_j \quad (i,j = 1,2,3,\cdots,n)$$

式中：$L_{F(j)}$为产业部门前向关联指数；X_j为产业j的总产值；x_{ij}为产业i对产业j提供的中间投入。

直接后向关联效应的计算公式是：

$$L_{B(j)} = \sum x_{ij}/X_j \quad (i,j = 1,2,3,\cdots,n)$$

式中：$L_{B(j)}$为产业部门后向关联指数；X_j为产业j的总产值；x_{ij}为产业j为生产总值X_i而从产业i获得的中间投入。

但这种方法只能计算直接关联效应，不能计算某一部门供给和需求对其他产业部门的间接影响。

1958年，钱纳里和渡部经彦运用上述公式对美国、日本、挪威、意大利1958年29×29个部门的投入产出表进行计算，得出了如表30-6所示的数字。

① 杨治．产业经济学导论［M］．北京：中国人民大学出版社，1985：107.

表30-6　**钱纳里和渡部经彦根据关联效应对产业部门的分类**

消费 生产	最终需求			中间投入		
		向前	向后		向前	向后
制造业	Ⅲ.最终需求型制造业产品			Ⅱ.中间投入型制造业产品		
	3.服务和日用品	0.12	0.69	13.钢铁	0.78	0.66
	4.造船	0.14	0.58	22.纸及纸制品	0.78	0.57
	8.皮革及皮革制品	0.37	0.66	28.石油产品	0.68	0.65
	1.食品加工	0.15	0.61	19.有色金属冶炼	0.81	0.61
	2.粮食加工	0.42	0.89	16.化学	0.69	0.60
	5.运输设备	0.20	0.60	23.煤炭加工	0.67	0.63
	7.机械	0.28	0.51	11.橡胶制品	0.48	0.51
	15.木材及木材制品	0.38	0.61	12.纺织	0.57	0.69
	14.非金属矿物质品	0.30	0.47	9.印刷及出版	0.46	0.49
	10.其他制造业	0.20	0.43			
基础产业	Ⅳ.最终需求型初级产品			Ⅰ.中间投入型初级产品		
	A.物品			17.农业、林业	0.72	0.31
	6.渔业	0.36	0.24	27.煤炭	0.82	0.23
	B.劳务			20.金属采矿	0.93	0.21
	25.运输	0.26	0.31	29.石油及天然气	0.97	0.15
	21.商业	0.17	0.16	18.非金属采矿	0.57	0.17
	26.服务业	0.34	0.19	24.电力	0.59	0.27

资料来源　周振华. 产业结构优化论［M］. 上海：上海人民出版社，1992：94.

产业前向关联效应与后向关联效应的指数明确地揭示了不同产业部门与其他部门联系水平的等级，所以它在产业政策的决策中是一种重要的参考工具。但这种产业关联程度的指数测算也有其局限性，主要表现为：①这种指数的数值大小依存于投入产出表细分的程度，因而其科学性和精确性受到影响，尤其是对不同国家的指数进行比较时，这一点更应注意。②由于关联效应指数是用国内生产的投入和产出去测算的，所以这一指数只能说明已经达到的前向或后向关联程度，而不能预测未来可能实现的潜在的关联度。③这些指数仅仅是一国生产的投入产出系数的机械相加，其他国家对其借鉴有较大的局限性。

（二）产业的感应度系数和影响力系数

计算一个产业最终需求的变化最终使各产业的产出发生的变化，可以用“逆向系数表”来确定。衡量产业的关联效应有这样一些指标：

1.感应度系数

感应度系数是指某产业的生产发生变化时引起其他所有产业的生产发生相应变化的程度。它是反映国民经济各部门均增加一个单位最终使用时，某一部门由此而受到的需求感应程度，也就是需要该部门为其他部门的生产提供的产出量。它是衡量某产业前向联系广度和深度的指标，也被称为前向关联系数。感应度系数大的部门对经济发展所起的作用相对也大，特别是在经济增长较快的时期，这些部门将首先受到社会需求压力，进而制约社会经济发展。

感应度系数的计算公式是：

感应度系数=某产业横行逆矩阵系数的均值÷全部产业横行系数均值后的均值

2.影响力系数

影响力系数是指其他产业的生产发生变化时引起该产业的生产发生相应变化的程度。它是反映国民经济某一部门增加一个单位最终使用时，对国民经济各部门所产生的生产需求波及程度。影响力系数大的产业发展对社会生产具有很强的辐射、拉动效应；反之则不然。影响力系数是衡量产业后向联系广度和深度的指标，也被称为后向关联系数。

影响力系数的计算公式是：

影响力系数=某产业横行逆矩阵系数的均值÷全部产业纵列系数均值后的均值

值得指出的是，产业后向关联与产业前向关联存在差异性：①前者提供一种必须采取行动的需求压力；后者只是一种诱导，是否采取行动取决于当事人的反应。根据赫希曼的看法，前向关联永远也不可能以纯粹的方式出现，它必将伴随着“需求压力”所造成的后向关联而发生。②前者的作用效果在短期内就明显地表现出来；后者的作用效果有时需要一个较长的时间跨度才得以表现。

赫希曼认为，后向关联一般比前向关联更重要。根据这种认识，他提出了所谓的“有效投资系列”，其中心思想是优先发展后向关联效应大的产业部门，从需求方面形成压力，从而带动整个经济发展。显然，赫希曼有低估前向关联作用的倾向。从历史上看，道路的铺设、运输成本的降低、大宗廉价化学原料和清洁能源的出现，都曾对经济发展起过革命性的推动作用。通过铁路或公路来开发一个新区域，更是基础设施通过前向关联来刺激发展的普遍实例。

（三）波及效果

常用的波及效果分析指标有：

1.生产诱发系数

生产诱发系数可用来测算各产业部门的最终需求项目（如消费、投资、出口等）对生产的诱导程度。某产业部门的生产诱发系数等于该产业的各种最终需求项目的生产诱发额除以相应的最终需求项目总额所得的商，即

$$W_{iL}=Z_{iL}/Y_{iL} \qquad (i,L=1,2,3,\cdots,n)$$

其中：$Z_{iL}=(I-A)^{-1}X_{iL}$

式中：W_{iL}为第i产业部门的最终需求L项目的生产诱发系数；Z_{iL}为第i产业部门对最终需求L项目的生产诱发额；Y_{iL}为各产业对最终需求L项目的合计数额；X_{iL}为第i产业部门L项目的最终需求。

由生产诱发系数组成的生产诱发系数矩阵，可以揭示一国最终需求项目诱导各个产业部门作用的程度。

2.最终依赖度

最终依赖度是指某产业的生产对各最终需求（消费、投资、出口等）的依赖程度。这种依赖程度包括该产业生产对某个最终需求项目的直接依赖和间接依赖。某一产业的最终依赖度等于该产业各最终需求项目（消费、投资、出口等）的生产诱发额除以该产业各最终需求项目生产诱发额合计，即

$$Q_{iL}=Z_{iL}\div\sum Z_{iL} \qquad (i,L=1,2,3,\cdots,n)$$

式中：Q_{iL}为i产业部门生产对最终需求L项目的依赖度；Z_{iL}为i产业部门最终需求L项目的生产诱发额。

通过每个产业的生产对各最终需求项目的依赖度，便可得到各产业的生产依赖各最终需求项目的系数表，即最终依赖系数表。

3.综合就业系数

综合就业系数是指在既定的生产技术组织条件下，某一产业部门为生产顺利进行，需要在本产业部门和其他产业部门直接和间接就业人数的总和是多少，即

某产业部门的综合就业系数=某产业部门就业系数×逆阵系数

其中：某产业部门就业系数=该产业就业人数÷该产业生产总值

4.综合资本系数

综合资本系数是指在既定的生产技术组织条件下，某一产业部门为生产顺利进行，需要在本产业部

门和其他产业部门直接和间接投入的资本总和是多少，即

某产业部门的综合资本系数=某产业部门资本系数×逆阵系数

其中：某产业部门资本系数=该产业资本量÷该产业生产总值

通过上述指标可以进行特定需求、特定产业和价格的波及效果分析。

第二节 动态分析法

本节的动态分析指的是对产业结构变动度和变动趋向的分析。

一、产业结构变动度的测度

衡量产业结构的变动度，可以用结构变化值指标。结构变化值公式为：

$$K = \sum |q_{ij} - q_{io}|$$

式中：K为结构变化值；q_{ij}为报告期构成比；q_{io}为基础构成比。

二、产业结构变动趋向的测度

钱纳里和库兹涅茨在解释产业结构变动一般趋向时都曾指出：A（农业）和I（工业）部门与按人口平均产值之间存在明显的密切关系，而S（服务业）部门与按人口平均产值之间的联系是不密切的。为进一步检验按人口平均产值的差异与部门份额差异之间的联系，库兹涅茨提出了两种度量尺度来证实上述的观察结果。

第一种尺度是对按人口平均产值最低和最高划分的国家分组间的变动范围进行对比。具体来说，首先根据原始资料进行人均产值高低的国家分组，然后进行部门产值份额大小的国家分组，最后求出两者变动范围的百分比（见表30-7）。

表30-7 **人均产值与部门产值份额联系之间的关系（%）**

国家分组 产业	人均产值的国家分组				部门产值份额的国家分组				
	产值的平均份额			份额的变动范围	产值的平均份额			份额的变动范围	两者变动范围的百分比
	最高的6国（1）	最低的6国（2）	全部国家（3）	（4）=（1）-（2）	最大的6国（5）	最小的6国（6）	全部国家（7）	（8）=（5）-（6）	（9）=（4）÷（8）
主要部门									
1.A	53.6	9.2		44.4	58.0	6.7	29.2	51.3	87
2.I	50.2	18.5		31.7	55.3	16.7	33.4	38.6	82
3.S	40.6	27.9		12.7	49.5	23.2	37.4	26.3	48
I部门细分									
4.制造业	31.3	7.7		23.6	35.3	5.7	18.5	29.6	80
5.建筑业	6.6	4.0	28.6	2.6	9.2	2.0	5.1	7.2	36
6.运输、通信、煤气、电、水	10.2	5.7	37.2	4.5	13.9	4.1	8.0	9.8	46
S部门细分									
7.商业	14.2	12.8		1.4	23.6	8.1	13.7	15.5	9
8.银行、保险、房地产	4.0	0.6		3.4	5.3	0.5	20.4	4.8	71
9.公共服务及其他服务	18.6	12.1		6.5	27.0	7.7	16.3	19.3	34

资料来源 库兹涅茨．各国的经济增长：总产值和生产结构［M］．常勋，等，译．北京：商务印书馆，1999：111，115.

运用这一尺度检验，可以看到A部门（87%）和I部门（82%）、制造业细分部分（80%）以及银行和保险细分部分（71%）人均变动与部门份额变动有密切关系；S部门（48%）以及商业、服务业细分部分（9%和34%），两者之间的联系较弱。

第二种尺度是反应弹性值（E）。它是某一部门在按人口平均产值中的百分比差异（对国内生产总值的贡献）与按人口平均产值的百分比差异的比率。它表示人均产值变动某一百分比时，部门产值变动份额的比率。其计算公式是：

$E_i=a_i+（a_i-1）/r$

式中：E_i为部门i的反应弹性值；a_i为该部门在某一变动期间的最终份额与起始份额之比；r为人均产值在变动期间的增长比率。

运用这一公式进行计算一般是采用20%为r的标准值，同时用真数（1+r）的对数除以1.20的对数，以计算各标准间隔单位的相应数字。然后把真数a_i的对数除以标准单位的相应数字，取其结果的反对数，以之代替上述公式中的a_i而求得E_i。

由于反应弹性值代表着与人均产值的百分比相联系的部门产值的变动百分比，所以E<1意味着这一部门产值的变动比率小于人均产值的变动比率，因而当人均收入从低到高变化时，该部门的份额就显著下降。反应弹性值偏离1越多，人均产值的差异对部门份额的影响也就越大。

从表30-8中可以看到，A部门与I部门的反应弹性值偏离1较大，S部门的反应弹性值偏离1较小。在部门细分部分，制造业和银行、保险、房地产的反应弹性值最大。这与第一种尺度衡量的结果是一致的。同时，反应弹性值还揭示了A部门的反应弹性值小于1，而I和S部门的反应弹性值大于1，其中I部门比S部门的反应弹性值更大。这表明，当人均国民收入不断提高时，A部门的产值份额将显著下降，而I和S部门的份额将上升，尤其是I部门的份额将明显上升。

表30-8　　人均国内生产总值（1958年）的标准增长为20%时57国平均结构的反应弹性值

产业 \ 标准	70~300美元	300~1 000美元	70~1 000美元	51.8~1 382美元
主要部门				
1.A	0.56	0.30	0.44	0.44
2.I	1.37	1.36	1.36	1.34
3.S	1.21	0.98	1.11	1.13
I部门细分				
4.制造业	1.53	1.46	1.50	1.49
5.建筑业	1.16	1.25	1.21	1.16
6.运输、通信、煤气、电、水	1.19	1.26	1.22	1.20
S部门细分				
7.商业	1.10	0.92	1.02	1.04
8.银行、保险、房地产	1.83	1.22	1.55	1.68
9.公共服务及其他服务	1.18	1.07	1.13	1.14

资料来源　库兹涅茨．各国的经济增长：总产值和生产结构［M］．常勋，等，译．北京：商务印书馆，1999：111，115.

三次产业在其结构变动中，由于各自对人均国民生产总值提高的反应弹性不同，其结构变动是有差异的。正是由于这种差异的存在，形成了产业结构变动的基本趋向。

第三节　其他分析法

一、产业结构的效益分析

衡量产业结构效益，可以采用不同产业的比较劳动生产率构成的指标，即第一产业比较劳动生产率与第二、三产业比较劳动生产率之比。产业间比较劳动生产率构成综合地反映了产业间净产值结构、劳动力比重结构、各产业劳动生产率增长速度，反映了它们之间的关系。

产业比较劳动生产率又称产业相对国民收入，其计算公式为：

$$产业比较劳动生产率=\frac{产业国民收入的相对比重}{产业劳动力的相对比重}$$

美国经济学家对40个工业发展程度不同的国家在1948—1954年的产业比较劳动生产率做了统计分析（见表30-9）。

表30-9　**三次产业比较劳动生产率**

人均国民收入水平	国家数	比较劳动生产率		
		第一产业	第二、三产业	第一产业/第二、三产业
Ⅰ	7	0.86	1.03	0.83
Ⅱ	6	0.60	1.19	0.50
Ⅲ	6	0.69	1.15	0.60
Ⅳ	5	0.48	2.02	0.24
Ⅴ	5	0.61	1.48	0.41
Ⅵ	7	0.69	1.72	0.44
Ⅶ	4	0.67	2.74	0.24

资料来源　杨治. 产业经济学导论［M］. 北京：中国人民大学出版社，1985：51.

从表30-9中可以看出这样一个大致趋势：人均国民收入水平越高的国家，第一产业与第二、三产业之间的比较劳动生产率差距越小，因而两者的比值就越大。在上述国家中，第一产业比较劳动生产率与第二、三产业比较劳动生产率之间的比值，最高值和最低值相差很多（0.83：0.24）。这说明，在后进国家，一方面，农业在产业结构中所占比重大，工业比重相对小；另一方面，在农业落后的同时，工业也落后，这既不能使工业的发展获得来自农业的有力支持，又对农业劳动生产率的提高、农业机械化和社会化程度的提高产生极大的限制，这样就造成一种恶性循环效应。因此，在后进国家中第一产业比较劳动生产率低，第一产业比较劳动生产率与第二、三产业比较劳动生产率之间的比值偏小。

二、产业结构的相似性分析

比较两个国家的产业结构相似程度，可用产业结构的相似系数说明。其计算公式为：

$$s_{ij}=\frac{\sum x_{in}x_{jn}}{\left(\sum x_{in}^2\sum x_{jn}^2\right)^{\frac{1}{2}}}$$

式中：s_{ij}为两国结构（i与j）的相似系数；x_{in}为n部门在i国结构中所占的比重；x_{jn}为n部门在j国结构中所占的比重。

三、产业结构演变的稳定性分析

产业结构演变的稳定性意味着产业结构的演进过程的有序性。如果产业结构的演进忽略了稳定性，就会造成增长结构性的大起大落，这势必影响到产业结构的效益。

衡量产业结构的演进是否具有稳定性、有序性，可采用标准差和标准差系数来分析。

标准差的计算公式如下：

$$\sigma=\left\{\frac{\sum(x-x_0)^2}{n}-\left[\frac{\sum(\bar{x}-x_0)}{n}\right]^2\right\}^{\frac{1}{2}}$$

式中：σ为标准差；x为计量分析期内各年增长速度；x_0为计量分析期内任意假定的平均数；n为分析期年数。

标准差系数的计算公式如下：

$$V_\sigma=\frac{\sigma}{\bar{x}}\times100\%$$

其中：$\bar{x}=x_0+\frac{\sum(x-x_0)}{n}$

式中：V_σ为标准差系数（离散系数）；$\bar{x}$为平均增长速度（平均数）。

四、产业结构的相关分析

产业结构的变化，既是内部结构相互调节的问题，又是和其他因素相互作用的结果。为研究其复杂的内在机制，在产业结构研究中比较强调采用相关分析法，以揭示产业间的关联性，在产业结构和其他结构之间变动的相互关系中研究产业结构的变化。按照其分析范围可划分出三个层次：

（1）偏重产业间生产的相关分析，它主要依靠投入产出表进行相应的产出关联分析。

（2）偏重产业结构与其他主要有关结构变化的相关分析。例如，日本的佐贯利雄认为，要求产业结构变化，必须综合考察产业结构与就业结构、职业结构、投资结构、进出口结构、空间结构等各种结构变化的相关分析（如图30-2所示）。

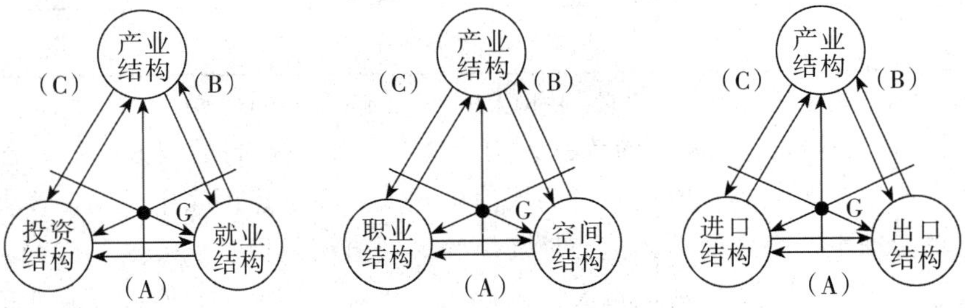

图30-2　产业结构相关分析图

在每一组循环关系中，三种结构都是互相关联、互相影响的。只有在ABC的交点G，才能俯视平面上的各种结构的平衡及其变动，揭示各种变动的内在联系，从而把握产业结构变化的机制。

（3）从某一特定范围（如国家或地区），全面把握社会经济系统的主要方法，来研究产业结构变化趋势。这一相关分析法主要应用于社会经济发展战略规划中。

[第三十一章]

产业结构新趋势与优化升级

本章主要讨论产业结构新趋势、产业结构优化升级。

第一节　产业结构新趋势

当今经济全球化、新科技革命浪潮和产业结构新一轮大调整已形成世界经济发展的必然趋势。各国通过开放国内市场、开拓国际市场，使本国经济与国际经济联系日益密切。由此产生的产业资本跨国流动加速、产业技术跨国转移和扩散效应增强、信息跨国界传播速度加快，使产业发展路径不再单纯依赖本国的资源禀赋结构、技术进步状况和国内市场需求，而是更多地取决于国际贸易、产业转移、外国直接投资所产生的各种渗透和扩散效应。这种全球化进程对产业结构的影响具有新的内容和新的方式。在全球化背景下，尽管产业体系会需要从多个方面采取措施才能得以完整建立，但其中最重要的无疑就是“坚持走科技含量高、经济效益好、资源消耗低、环境污染少、人力资源优势得到充分发挥的中国特色新型工业化道路”。而这种新型内容的产业体系建设，与产业结构演进过程中的新趋势，以及这种新趋势所产生的新特征，都具有十分密切的关系。因此，加强对产业经济发展新趋势的研究，不仅具有理论意义，而且具有现实意义。

本书作者对产业经济发展规律曾进行了长期的深入研究，在产业经济发展的不同时期，分别提出了产业经济发展的十大趋势和十五条规律。目前，在经济全球化条件下，随着跨国的商品与服务交易及国际资本流动规模和形式不断增加、技术的广泛迅速传播，产业资源的国际流动速率加快、融合程度加深、关联效应加大，从而导致产业经济呈现出新的发展趋势。为了使中国的产业结构调整能够积极主动地顺应这种趋势，更好地实现产业结构优化升级的目标，我们必须对产业经济发展趋势做进一步的研究。

一、产业转移全球化

经济全球化趋势下，各国的产业体系逐步深入到全球范围内，使产业的竞争优势不再单纯地取决于本国产业的经济实力，而在某种程度上取决于上下游产业的跨国界关联互动关系：本国上游产业的国际市场竞争优势，有助于下游产业在国际市场上建立自己的竞争地位；主导产业与辅助产业在全球产业体系中频繁紧密地协调配合，也有利于本国国际竞争优势的形成和维持。这使一国的产业日益突破国内狭隘的市场和资源约束，面向国际市场进行战略选择，由此加剧了产业要素在全球范围内的流动，产业链在全球范围内延伸，形成了国际产业体系。此外，产业的分工也从不同产业的全球分工，发展到产业内的全球分工，又发展到企业内的全球分工，当这种产业分工所引起的要素转移效应累积到一定程度时，必然会发生产业结构革命性的转换，形成产业转移国际化的趋势。任何参与国际分工体系的国家，产业结构的调整都会受到这次国际产业转移的影响。

国际产业转移是开放经济的产物，也是国际竞争日趋激烈的必然结果。由于技术经济发展不平衡规律的作用，受国际贸易追逐利益的影响，国际资本不断地从高成本国流向低成本国，由此带动了产业其他资源的转移，使一国的分工格局发生变化，并直接关系到国家的国际竞争地位。因此，各国都十分重视这种产业转移对本国结构调整所产生的影响。发达国家在控制信息产业、新材料产业、生物技术产业和新能源产业的核心技术时，也以多种方式向发展中国家转移成熟和过剩的生产能力。某些发达国家的跨国公司看到发展中国家拥有价格低廉、数量可观的智力资源，开始向发展中国家转移资本和技术双密集的产业，使发展中国家在产业转移全球化中受益：对于经济发展水平较高并有一定研发能力的发展中国家，在某些领域追赶世界先进水平的同时，有选择地吸收发达国家转移的产业；对于经济发展水平低的发展中国家，在充分发挥自身资源禀赋优势的基础上，积极吸收发达国家转移的一般制造业，从而加快本国产业结构优化升级的步伐。因此，广大发展中国家虽然在国际分工和国际贸易中处于不利的地位，但由于和发达国家存在经济和技术上的差距，可以充分发挥后发优势效应，通过主动参与国际分工加快产业升级。

中国作为世界上最大的发展中国家，同时是发展速度最快的国家，可以充分利用产业转移全球化趋势，加强产业转移的技术扩散和渗透效应，提高产业技术创新能力，加快高新技术产业化进程，加大对传统产业的技术改造力度，着力发展具有比较优势的产业，加强信息化对工业化的带动作用，在不同层次上全方位地参与国际竞争，逐步提高自身国际分工地位。

二、产业升级全球化

经济全球化背景下，国家间通过跨国公司相互交叉投资，把国际直接投资和国际贸易结合在一起，使产业资源的跨国流动相互融合，形成了一个互相渗透、互相联通、互相制约的全球产业网络体系。通过这种国际产业一体化网络，产业的每个环节随技术进步而调整，从而实现全球资源配置的优化。随着这一过程的推进，产业结构也日趋优化，不断升级。

经济全球化条件下，产业升级的契机来自世界性的产业调整和产业转移。这种调整和转移反映数量方面的扩张，表现为产业资源大规模跨国配置；反映质量方面的飞跃，表现为高新技术产业的不断崛起和传统产业的大规模更新改造。这使以高技术为核心的产业竞争更加激烈，并通过国与国的经济交流与合作而迅速深化，导致产业升级全球化的趋势。按照产业生命周期的发展规律，在发达国家中，处于投入期和成长期的产业技术，都是以通信、生物技术、新材料和新能源等为主的高技术。高技术产业高投入、高风险、高回报的特点，要求在全球范围内寻找最佳的资源配置方式。各大跨国公司将分散在各国子公司的研发资源重组优化，体现出极强的规模经济性，大大降低了研发成本，使高技术产业成为全球化程度最高的产业类别。这使技术进步周期进一步缩短，如IT行业中流行的摩尔定律和吉尔德定律就是最好的说明。那些即将或正处于成熟期和衰退期的产业技术，出于对经济利益的追逐，将逐步转移到发展中国家。许多发展中国家充分利用这一动向，搭上发达国家产业升级的便车，在承接发达国家转移的产业过程中，积极参与高新技术的研发和产业化，并逐步将某些技术转化成拥有自主知识产权的高新技术，从被动地承接发达国家产业技术转向主动谋求与发达国家的技术合作，成为发达国家技术研发环节中不可或缺的合作伙伴。这些都促成了技术贸易全球化的趋势加剧。

产业升级全球化还表现在传统产业的高新技术改造力度越来越大，并成为转变经济增长的主要方式。观察一些经济长期维持高速增长的国家，无不是依赖高新技术不断地渗透到传统产业，从而维持较高的增长速度。传统产业由于发展时间较长，技术老化，在产业运转过程中消耗大量的自然资源，并对自然环境产生较大的破坏。产业可持续发展的理念，已使传统产业这种运转模式难以为继。因此，传统产业要保持较高的可持续增长率，就必须积极吸纳高新技术成果和先进的管理模式，将整个产业素质持续维持在较高的水平上。传统产业与高新技术的结合，使占国民生产总值较大比重的传统产业的技术不断升级换代。这不仅使传统产业获得新的生机，而且催生了一批新兴产业，带动了微电子、半导体、激光、超导等关联产业的发展，加速了生物工程与生命科学、新材料与新能源、航空航天等高新技术产业的成长，推进了光学电子、航空电子等“边缘”产业的诞生，极大地促进了产业升级。

产业升级全球化也为中国产业升级提供了重要的机遇，使中国产业有机会在充分发挥自身比较优势的基础上，获得全球相对稀缺的资源。这样为引进先进技术和管理经验并与国际接轨创造了条件；为产业部门实行“引进来”与“走出去”相结合的战略构想创造了广阔的前景；为迎接“新经济”和“知识经济”，加速改革、加强创新创造了条件。总之，在实行全方位的对外开放、融入全球经济体系的过程中，中国的产业升级要积极利用产业升级全球化的机遇，形成具有国际竞争力的产业部门。

三、“十三五”时期我国产业结构调整趋势[①]

改革开放以来，我国利用劳动力、土地与资源环境成本较低的优势，大力吸引国外资本与技术，加快了劳动密集型产业的发展，推动了重化工业的进步，形成了较为完善的产业体系。但是，近些年来，随着经济发展阶段的转化和国内外经济条件的变化，我国优势要素价格逐步上升，要素结构出现了新的变化，主要表现为劳动力数量开始下降但人力资本素质不断提高，资本数量积累增速放慢但资本存量质量优势逐步发挥，可用土地数量不断减少但土地利用效率将会提升，技术引进效应进一步衰减且技术创新能力有待提高，资源供应趋于紧张且环境成本逐步提升，等等。随之产业比较优势也发生了显著转变，推动了产业结构的调整。“十三五”时期，应关注我国要素条件变化的现实情况，更多利用市场化的政策手段，引导产业优化升级。

20世纪70年代以来，日本和韩国同样经历了要素结构变化及其带来的产业结构调整。针对现实问题，两国都加快了产业政策调整，通过注重产业政策的市场导向作用、加快推进生产要素市场化进程、积极加快培育自主技术创新能力、通过消费升级带动产业结构调整等，实现了产业结构的顺利转换，避免了要素优势丧失带来的产业发展断崖和经济发展停滞，为我国产业政策调整提供了好的经验。当前，我国经济发展进入新常态，面对要素条件变化带来的要素结构转变，应顺应产业结构升级的客观趋势，加快产业政策的调整以及配套政策的实施，通过市场手段、创新动力和消费助力，推动产业结构优化升级。

（一）调整产业政策的方式

我国现行产业政策主要是扶持性产业政策，未来产业政策应该主要关注以下几个方面：

一是进一步完善环境保护的法律和制度，并使之行之有效；

二是加强知识产权的保护，创造良好的创新环境；

三是加大对基础性研究的支持，对于具有较强外部性的应用性研究以及具有重大影响的应用性研究提供资助；

四是强化教育与专业人才培养，为产业转型提供优良的人力资本；

五是完善行业信息、技术发展及趋势、经济运行信息的收集、整理、研究与发布，为行业信息交流和研讨提供公共平台。

（二）推进生产要素市场化

从产业优化升级的角度出发，应该发挥市场在资源配置中的决定性作用，推进要素市场化。

首先，加快实现劳动力的市场化，为劳动力自由流动和劳动力效率提升创造条件。应打破劳动力市场的制度性分割，减少依附于户籍、编制等制度上的福利待遇，从而减少劳动力流动的成本；同时，要提高就业质量，通过有关法律法规和制度建设，使人们的就业更体面，更有保障。此外，改革评价和激励机制，积极为各类人才干事创业和实现价值提供机会和条件，鼓励引导人们干中学，使全社会的创新

① 曾铮.“十三五”我国产业结构调整趋势［N］. 经济日报，2015-07-30.

智慧竞相迸发。

其次，稳步推进利率市场化，为资本有效配置创造好的制度安排。应建立市场利率定价自律机制，对金融机构自主确定的货币市场、信贷市场等金融市场利率进行自律管理；同时，进一步丰富金融机构市场化负债产品，从而为稳妥有序推进存款利率市场化创造条件。

（三）逐步培育自主创新能力

未来一段时间，我国工业化将进入后期阶段，产业结构的高加工度化和技术集约化的特征将逐步明显。因此，必须以创新为技术进步的核心，通过创新增强产业的吸收能力，以更好地吸收国外的引进技术，同时以国内技术创新促进我国整体产业竞争力的提升。

首先，要促进技术引进与技术创新两种方式融合推进，要把引进技术和开发创新结合起来，强化技术引进与消化吸收的有效衔接，注重引进技术的消化吸收和再创新；要把发展高新技术产业和改造传统产业结合起来，实现传统产业结构优化和技术升级；要把整体推进和重点扶持结合起来，培育技术引进和消化创新的企业主体；要把提高引进外资质量和国内产业发展结合起来，鼓励外商投资高新技术企业发展配套产业，延伸其在中国的产业链。

其次，要通过增强人力资本开发力度培育技术创新能力，想方设法发现人才、培养人才、吸引人才和稳定人才，为他们充分发挥才能创造宽松的条件；要培养一大批具有创新精神和能力的人才，大力提倡创新教育，培养具有创新精神、能灵活驾驭知识和具备较强社会适应能力的新型人才；要高度重视人才规划工作，根据国家科技发展规划，按地区、行业编制人才战略规划。此外，要通过多种体系建设创建适应技术创新的综合性平台，建立以政府为中心的创新投入体系；要构筑以基础研究为核心的创新平台，改进和完善评价体系，规范基础研究的评价工作，在国家层面上统一规划、协调科研基地和基础设施的地域分布。

最后，要构建产学研结合的国家创新体系，不断完善促进产学研结合的政策环境，研究制定促进产学研结合的税收优惠政策，形成以市场为导向的科技创新成果转化系统。

（四）积极引导居民消费升级

过去一段时间，国外需求是我国产业结构升级的主导需求动力，国内市场对产业结构调整的拉动力较弱。随着我国人均GDP的不断提升，城乡居民收入大幅增长，国内市场需求不断扩张，居民消费升级趋势日益明显。因此，应该主动发挥国内市场需求的导向作用，通过引导居民消费升级推动国内产业结构优化调整。

首先，要确保居民收入增加，要重视研究适应消费需求的扩大和升级。

其次，建议提高个人所得税起征点，调整和完善收入分配政策。

最后，要调整消费倾向和消费方式，大力提倡文化教育、旅游、娱乐、保健等消费，不断扩大消费领域，推动信贷消费的发展，提高信贷消费在消费中的比重。

此外，要完善社会保障制度，加大健全农村保障制度的力度。要高度重视农村市场，改善农村消费环境，建立健全农村市场的商业网点，全面搞活农村市场流通，让工业消费品能够更灵活顺畅地进入农村市场。

第二节　产业结构优化升级

一、产业结构优化升级的含义

产业结构优化升级是指产业结构向协调化和高度化方向演进。

产业结构协调化是指在产业发展过程中要合理配置生产要素，协调各产业部门之间的比例关系，促进各种生产要素有效利用，为实现高质量的经济增长打下基础。

产业结构高度化是指产业结构从较低水平状态向较高水平状态发展的动态过程，即产业结构向高技术化、高知识化、高资本密集化、高加工度化和高附加值化发展的动态过程。它以新兴产业比重提高为前提，其重要标志就是各产业的技术层次不断提高和新兴产业不断成长为主导产业。

因此，产业结构优化升级包括两方面的含义：一是结构效益优化，即产业结构演进过程中经济效益不断提高；二是转换能力优化，即产业结构对技术进步、社会资源供给状况和市场需求状况变化的适应能力的优化，它包括传统产业向现代产业转换的能力、长线产业向短线产业转换的能力、衰退产业不断消亡和新兴产业不断产生的能力。实现产业结构优化升级可以通过政府有关政策的调整，积极影响产业结构演进，实现资源优化配置与再配置，从而推进产业结构向协调化和高度化方向演进。

提高经济增长质量必须提高产业结构水平，即产业结构优化升级，这就要实现产业结构的协调化和高度化。

产业结构优化升级不是绝对的，它是一个动态的过程。既然产业结构的转换与经济发展过程密切相关，它就必定贯穿于整个经济发展过程中，并表现为一个不断调整的过程。

二、产业结构优化升级的内容

产业结构优化升级的内容具体有以下几方面：

（一）现行产业结构的优化

这是产业结构优化升级的现实基础，现行产业结构的协调化和高度化程度直接影响到产业结构未来升级的方向。因此，实现三次产业间在以下几方面的协调化和高度化，是产业结构优化升级的主要内容：现有三次产业间产值结构、资产结构、技术结构、中间要素结构等方面的协调化和高度化；产业间地位的协调化和高度化；产业结构交替演进的协调化和高度化；产业间及产业各部门间的发展速度比例的协调化和高度化；产业整体素质的协调化和高度化；部门专业化协作程度、产业间及产业部门间关联效应、产业间的物质技术基础的协调化和高度化。

（二）供给结构的优化

供给结构是指在一定的社会生产技术组织和市场条件下，资本、劳动力、自然资源等生产要素在国民经济各产业部门间可以供应的比例，以及由此所决定的产业间关联关系结构。因此，资本结构和投资结构、劳动力供给结构、自然资源禀赋及其供给结构等方面的优化是供给结构优化的主要内容。

（三）需求结构的优化

需求结构是指在一定的收入水平条件下，社会各个消费群体对各产业部门的产品和服务的需求比例关系，以及由此所决定的产业间关联关系结构。因此，不同消费群体的需求比例结构、中间产品和最终产品的比例结构、投资比例结构、消费比例结构、投资和消费比例结构等是需求结构优化的主要内容。

（四）国际贸易结构的优化

国际贸易结构是指国民经济各产业部门进出口的产品和服务的比例结构，以及由此所决定的产业间关联关系结构。国际贸易结构的优化就是对以下进出口的产品和服务结构的优化：高附加值的深加工、精加工制成品和低附加值的初级加工制成品的比例结构，消费资料和生产资料的比例结构，原材料、能源的基本品和机器设备等投资品的比例结构，高技术含量和低技术含量产品与服务的比例结构等。

（五）技术结构的优化

技术结构的优化是指国民经济各产业部门间的生产技术结构、劳动生产率结构、技术对生产的贡献结构、技术创新和技术引进结构、产品和服务的技术含量结构等，以及由此引起的产业间技术关联结构。因此，优化技术结构就是要对产业间和产业部门间的技术装备结构、技术创新能力结构、劳动生产率结构、资源使用效率结构等一系列结构进行优化。

三、产业结构协调化

产业结构协调化主要表现为以下几方面：

（一）产业间相对地位的协调性

一般情况下，不同产业在国民经济中所起的作用和所处的地位是不同的。从一国的产业序列来看，纵向产业序列可以有三个层次：基础产业、支柱产业、先导产业。每一层次的产业也有重点与非重点、支配与从属、主导与辅助之分。产业间的各层次相互支持、相互协调，有明确的主次、轻重关系。衡量产业间的地位关系可以就产值、关联关系、主导作用等方面进行两两比较，并应用AHP法对产业的重要性权重进行计算。

（二）产业关联的协调性

由于产业间的投入产出关系是经常变化的，如某个产业的工艺、技术发生变革或使用的原料、材料发生变化等，都会使产业间的关联状况发生变化。如能源结构由以煤为主改为以油为主，使煤炭工业陷入极度的困境，塑料、化纤、铝材等的大量使用也深刻地改变了产业间的关联性。产业结构的内部关联性的失调表现为产业间生产能力的不匹配，存在“瓶颈”产业或开工率严重不足的产业。这些产业的存在严重地制约了国民经济的发展，影响了国民经济的正常运行。

产业关联的协调性表现在以下两个方面：一是产业互助性，即在投入产出联系的基础上相互帮助、相互支持；二是产业互促性，即一个产业的发展对其他产业的发展有所促进，不能以削弱或限制其他产业发展为代价。加强产业关联的协调性，就要通过调整资源的存量和增量，解决产业间生产能力不匹配的状态。

（三）产业部门增长速度的协调性

产业结构协调化还表现在各产业部门增长速度的不平衡使社会再生产过程没有结构性的滞差。产业部门增长速度的协调性表现在两个方面：一是高增长部门、减速增长部门和潜在增长部门之间的增长速度差距较为合理；二是这三类部门的数量比例较为合理。

（四）产业结构变动阶段交替的协调性

产业结构的变动一般遵循“农业→纺织工业→基础工业→重化工业→现代服务业”的阶段交替，一般情况下是不容许有所超越的，但可以加快各阶段的发展速度。在某些特殊情况下也可以实现对某一阶段的超越，但要求在保持协调的条件下实现阶段超越性的交替，即要求在实现超越的过程中不能出现结构逆转，这样产业结构的变动就是合理的。

（五）产业素质的协调性

这是指相关产业之间不存在技术断层和劳动生产率的强烈反差；反之，产业间就会产生较大的摩擦，造成产业间的不协调。衡量产业素质协调性的技术经济指标有比较劳动生产率和技术进步指数。一般来看，如果各产业的比较劳动生产率分布较为集中且有一定的层次性，则说明产业素质是协调的。如果各产业的技术进步指数较为一致，则说明各产业之间不存在技术断层，产业间的技术衔接合理，产业素质是协调的。反之，如果各产业的比较劳动生产率分布离散且无序，技术进步指数相差较大，则说明产业素质是不协调的。

四、产业结构高度化

（一）产业结构高度化的特点

1.产业结构非物质化趋势

新科技革命的发生极大地提高了物质生产部门（第一、二产业部门）的劳动生产率，造成了物质生产部门大量的剩余产品，使更多的劳动力和生产物质要素有条件脱离直接物质生产部门，从事为社会物质资料再生产服务的第三产业。

2.产业结构智能化趋势

在新科技革命的推动下，社会生产系统中脑力劳动因素的作用日益增大，科技人员与管理人员的比例急剧增加。社会生产系统的这种变化实际上是产业结构变化的一种表现形态，表明产业结构在逐步升级。此外，高新技术产业迅速崛起，并日益占据主导地位，商品生产由以物质商品为主逐步向以信息产品为主过渡。这种趋势推动着产业结构不断向高度化调整，实现产业结构升级。随着科技的进步，许多新兴产业部门不断产生，形成新兴产业群，同时加快了对传统产业的改造，促进了产业结构的优化，带来社会整体经济效益的提高，推动了经济高质量增长。因此，经济高质量增长必须依赖于产业结构智能化水平的提高。

（二）产业结构高度化的要求

（1）由第一产业占优势比重向第二、三产业占优势比重的方向演进。

（2）由劳动密集型产业占优势比重向资本密集型、技术密集型、知识密集型产业占优势比重的方向演进。

（3）由低附加值产业占优势比重向高附加值产业占优势比重的方向演进。

（4）由低加工度产业占优势比重向高加工度产业占优势比重的方向演进。

（5）由制造初级产品的产业占优势比重向制造中间产品、最终产品的产业占优势比重的方向演进。

五、正确处理产业结构协调化和高度化的关系

有效实现产业结构转换和升级就必须达到产业结构协调化和高度化的统一。产业结构协调化是产业结构高度化的基础，只有先协调化，才能达到高度化，任何脱离协调化的高度化都是一种虚高度化。产业结构协调化是任何国家在任何阶段都追求的产业结构调整的目标，而产业结构高度化则在经济发展到一定阶段、产业结构协调化达到一定程度时才成为产业结构调整的目标。从产业结构的发展过程来看，产业结构协调化和高度化是相互渗透、相互作用的，要实现产业结构高度化，必须首先实现产业结构协调化，而且产业结构发展水平越高，其产业结构协调化的要求就越高。产业结构协调化是一个不断调整产业间比例关系和提高产业间关联度的过程，实际上，这本身就是一个产业结构高度化的过程。因此，要实现产业结构协调化，就必须在产业结构高度化中进行，产业结构协调化和高度化密不可分。

正确处理产业结构协调化和高度化的关系包括以下内容：

（一）提高产业整体素质

只有在产业结构协调化基础上进行产业结构升级才能达到产业结构优化的目标。如果产业间和产业

内总体技术水平低、技术断层严重，就会严重影响产业结构高度化，从而影响产业结构优化。要不断提高科技成果转化率，有重点地扶植和加速高新技术产业的形成与发展，使技术进步的贡献相对于资金和劳动力而言占主导地位。沟通技术成果的供给和需求、技术开发和推广的全面突破，使新技术、新产品得以迅速扩散。

（二）形成合理的产业序列

要注意处理好基础产业、主导产业、新兴产业和高新技术产业的发展关系：大力充实基础产业，积极振兴主导产业，重点发展新兴产业，促进产业序列形成良性循环，推进产业结构逐步向高级化发展。基础产业为主导产业和新兴产业的成长提供强大的物质基础，而主导产业的发展和新兴产业的成熟又可以为基础产业引入新的技术和装备，使基础产业不断得到提高。同时，新兴产业以科技含量高、市场占有率高和国内外市场竞争力强的产品促进产业序列内部产生良性循环。

（三）提高产业间的关联效应

加强产业关联是产业结构协调化和高度化的客观要求。首先，各产业间及产业部门间的协调发展，本质上要求它们之间相互提供的产品和服务在数量比例上相对均衡；其次，产业结构高度化客观上要求产业间相互提供的产品和服务在技术含量上要相对均衡；最后，社会劳动生产率和经济效益的提高，要求产业间相互提供产品和服务的质量不断提高和成本不断降低。因此，要按照社会化分工的要求，加强产业间的专业化协作关系，通过产业间和产业内各部门间的产品和服务关联、技术关联、价格关联、就业关联、投资关联等方式，发展关联产业及产业部门。

六、产业结构优化升级的标准

产业结构优化升级的标准可以概括为“三个相适应”“三个有利于”。

“三个相适应”是：与社会主义初级阶段和社会主义市场经济相适应；与新科技革命相适应；与改革和开放相适应。

“三个有利于”是：有利于发展社会主义社会生产力；有利于提高社会主义国家的综合国力；有利于实现人民生活的富裕、幸福。

符合这“三个相适应”“三个有利于”的产业结构的具体要点和特征如下：

（一）符合国情，发挥优势

产业结构优化升级和整个社会主义现代化建设一样，立足点只能是按国情办事。产业结构只有符合我们的国情，才能充分发挥优势，做到扬长避短、取长补短。那种脱离我国国情的产业结构，就不是合理化的结构。马克思主义活的灵魂是具体问题具体分析，一切以时间、地点、条件为转移。各个国家的情况不同，产业结构的优化升级标准也就不可能完全一样。有中国特色的产业结构优化升级的标准，就是符合我们的国情。我国生产力还很落后，正处在社会主义初级阶段，这是最根本的国情。

具体来说，我们的国情包括多方面的内容，有政治的、经济的、技术的和文化的；有自然条件的、社会条件的；有历史的、现实的；有供给的、需求的；有社会生产力、生产关系和上层建筑等方面的内容。下面着重对我国现有的技术、经济和社会生产力的状况进行一些具体分析。

（1）我国有一个相当水平的物质技术基础。这主要是指我国现有的工程技术人员、管理干部和职工队伍，现有的独立完整、门类齐全、布局趋向合理的工业和整个国民经济体系。

（2）我国的生产力水平还很低。我们虽然有了一个相当水平的物质技术基础，但是就全国总的情况来看，生产力水平落后于国际水平。我们搞建设，改善人民生活，都只能在生产发展的基础上，在国家财力、物力可能的范围内进行。如果超过客观允许的条件去办事情，实际上是达不到的，勉强为之，其结果必然是欲速则不达，造成新的损失。所以，真正从生产力方面认清国情乃是产业结构合理化最根本的立足点之一。在这方面的基本国情是：资源总量丰富，但人均资源少；地下资源“西富东贫”，智力资源“西贫东富”；人口众多，人力资源丰富，但文化、技术素质低；科学技术水平和劳动生产率低。

（3）人口多，劳动力多，就业问题严重，人民生活水平低。

（4）我国处在社会主义初级阶段，产业结构处于工业化和现代化的中期阶段。正确认识我国社会现在所处的历史阶段和我国产业结构所处的发展阶段，是产业结构合理化标准的根本要点和根本依据。

还必须着重指出，从我们的起点上看，我们是在生产力水平比较低的条件下来实现产业结构合理化的，这就更需要坚持既积极又慎重的方针，要量力而行。我们不应当盲目地冒进，不能要求马上就把我们目前的产业结构水平提高到发达国家的水平。合理的产业结构是不能与生产力水平相脱节的，不能从主观愿望出发，不能不顾客观可能性。只有在主观和客观相符合的时候，通过努力，主观愿望才能变为客观现实；否则，只不过是空想而已。所以，我们实现产业结构合理化，必须从实际出发，循序渐进。

只要我们认真地贯彻执行既积极又慎重的方针，坚持量力而行的指导思想，在党中央的正确领导下，充分发挥社会主义制度的优越性，我们就一定能够把产业结构合理化的工作做得更好。

（二）按比例协调发展，增长速度适度

在任何社会里，凡是社会化大生产，在客观上都要求按比例分配社会劳动。整个国民经济是一个复杂的有机体，各个部门相互之间存在极为密切的联系，并保持着一定的比例。我们要使社会主义经济持续、快速、健康发展，就必须严格地按照有计划、按比例发展规律的客观要求办事，在再生产的过程中，经常注意保持各部门、各环节之间的内在联系和比例关系。这种内在联系和数量的比例关系是多方面的，它存在于各个不同的部门和行业之间，每个部门和行业内部各单位之间，生产同类产品的各企业和每个企业内部各道工艺和工序之间，一个企业内的几种不同产品的生产之间。合理的产业结构可以使各企业、各行业、各部门和整个生产更有计划性和组织性，完全符合有计划、按比例地发展生产的客观要求。

只有产业结构合理，才能保证各产业按比例地协调发展。这种按比例的协调发展正是争取一定增长速度的前提条件，没有协调发展就没有发展速度。但是按比例发展本身还不完全等于有一定的增长速度，因为不同的增长速度下有不同的比例，或者说不同的比例条件下有不同的增长速度。发展速度的要求又为协调发展规定了目标。所以，我们把各部门协调发展、保持一定的增长速度，作为一个统一的产业结构合理化标准，无疑是正确的。我们要的是有一定增长速度的协调发展、按比例协调发展的增长速度。

就产业结构合理化的标准来说，这种能保持一定增长速度的协调发展的基本要求如下：

作为第二产业主体的工业的发展要与第一产业和第三产业的发展相适应，因为三次产业之间存在供求关系和一系列数量比例关系。工业和国民经济的发展，要坚持以农业为基础、以工业为主导的方针。重工业要调整服务方向，扩大服务领域，要为农业、消费品工业、国民经济技术改造、出口和国防现代化服务。

在工业内部，我国还要坚持以采掘工业、原材料工业、制造工业为序，保证采掘工业先行于制造工业。这种先行不宜用发展速度表示，因为两个相关部门的发展速度高低受原有基数的影响较大，所以发展速度的高低不能全面地反映出应先行的部门是否已经先行，而应当以两个相关部门的生产能力相互适应的程度来表示。也就是说，先行部门的生产能力应略高于相关部门的生产能力，只有这样，才能真正保证应当先行的部门先行。

（三）建立和完善“两个体系”

产业结构要符合建立和完善工业体系和国民经济体系的要求，这对于我们这样一个社会主义大国来说，是非常重要和必须坚持的。我们必须在全国建立独立完整、门类齐全、布局趋向合理的工业体系和国民经济体系并在全国一盘棋、兼顾地方利益的原则下，在各地区建立起各有特点的、有主有从的工业体系或工业中心、工业基地。我们不能只发展某些产业，更不能像有些国家那样突出发展某些能获得更大利润的产业，如只发展石油工业，或只发展农业和畜牧业，或只发展加工工业等。我们必须建立并不断地完善和全面发展我们的工业体系和国民经济体系。这是由我们的以社会主义公有制为主体、多种所有制经济共同发展的基本经济制度的本质所决定的，是由我们的社会主义建设的总任务所决定的。

在运用这条标准时，应当注意正确地处理局部利益与全局利益。在兼顾地方利益的同时，更应当强调全国一盘棋的思想，要小局服从大局。把本地区、本部门、本企业的利益放在第一位，不顾全国的总体系，只强调要自成体系的想法和做法，都是错误的，是绝对不能允许的。

（四）发展高新技术产业，促进技术进步

发展高新技术产业对于产业结构的合理化是不可缺少的。高新技术产业是最新科学技术成果在产业结构上的应用，在很大程度上反映了产业结构的先进水平，因而也是产业结构合理化标准中一个不能忽视的重要方面。它是产业结构总格局中的先导部门。

为了保持产业结构的先进性，在当前，我们应当在充分发挥传统产业的主体作用的基础上，有计划、有步骤、有重点地发展能代表新生产力发展方向的电子产业、信息产业、新型材料产业、新能源产业和生物工程等。电子产业是实现传统产业现代化的先导产业，离开了微电子技术和通信技术，就根本谈不上信息时代。

为了保持产业结构的先进性，我们还应当在发展劳动密集型产业和资本密集型产业的同时，发展知识与技术密集型产业。

（五）增强自我调节能力和应变能力

在产业发展过程中，各部门之间和每个部门的供给与需求之间，由于技术的不断进步和生产要素的变化，经常会出现各种不平衡现象和失调的情况。比如，有些家用电器等耐用消费品，因为不是生活必需品，需求弹性大，需求品种变化快，需求数量增长也有阶段性，而我们对这种变化的预测，又不够精确；为了使其保持协调发展，就需要随时进行适当的自我调节。

各部门应具备的自我调节能力主要有下列四类：

（1）满足某种社会需求的扩大或收缩的能力；

（2）将部分生产要素从一个部门转移到另一个部门的能力；

（3）在经济用途相近产品之间的相互替代的能力；

（4）部门内部在产品的质与量方面相互转换的能力。

为了适应对外开放的要求，更好地利用国际分工，我们的产业结构应提高下列几个方面的应变能力：

（1）有能力使本国生产的某种主要工业产品在该种产品的世界生产总量和世界出口总额中占有重要的比重；

（2）有能力支付和消费国际市场上出现的廉价的而国内资源又有限的原材料和半成品，而后对它进行多次加工，再以成品出口；

（3）能够及时地以最低代价吸收世界先进技术、先进工艺和先进设备；

（4）有能力抵御外部市场有损于本国利益的倾销。

（六）以提高经济效益为核心，以满足人民日益增长的美好生活需要为目的

社会主义市场经济体制和社会主义基本经济规律都为我们的产业结构规定了提高经济效益、满足人民日益增长的美好生活需要的目的。产业结构不仅要服从这个目的，而且要用这个目的去检验。只有符合提高经济效益、满足人民日益增长的美好生活需要目的的结构，才是合理的结构；自然也只有符合这种目的的结构，才是真正符合国情的结构、各部门协调发展的结构。

消费是社会再生产过程中一个重要的环节。不论社会再生产过程的社会性质如何，都必须周而复始地经过生产（直接的生产）、分配、交换、消费四个环节。其中，生产处于首要地位；消费有反作用，它影响生产，延缓或促进生产的发展，它又是生产的动力、目的和归宿。马克思说，“产品在消费中才得到最后完成”，“消费创造出新的生产的需要”，“创造出生产的动力”，“没有生产，就没有消费，但是，没有消费，也就没有生产，因为如果没有消费，生产就没有目的”。①

生产为了消费，这是一切社会生产的共同目的。社会主义生产的目的是满足人民日益增长的美好生活需要。当然，社会主义企业要完成盈利计划，但不能只顾盈利，要对国家、对人民全面负责。这也是社会主义企业同资本主义企业的根本区别之一。因此，我们在讨论产业结构合理化标准时，必须坚持以满足人民日益增长的美好生活需要为目的、为人民需要而生产的根本原则。

七、产业结构优化升级的方法论

产业结构优化升级的标准在整个优化升级过程中，一方面各有不同的地位和作用，另一方面又彼此联系和相互制约。所以，我们对这六个要点应当综合全面考虑。

从这六个要点来看，总方向是一致的，但在现实生活中，我们对这六个要点的主观要求往往是矛盾的。这种主观要求上的矛盾主要表现为对需要与可能的要求有矛盾，对速度与比例的要求有矛盾，对速度与效益的要求有矛盾。我们实现产业结构优化升级的过程，也就是正确处理这些矛盾的过程。为了正确处理这些矛盾、实现这些要点，我们在产业结构的优化升级过程中，运用优化升级标准时，在方法论上应坚持辩证法，防止片面性。举其要者有下列八条：

（一）供求结合

只考虑供给或只考虑需求的产业结构都不是优化升级的结构，结构合理化只能是走供求结合之路。我们应当在努力扩大供给的前提下去适应不断提高的需求，但是缺乏必不可少的供给的需求也是不能实现的。

决定一个方案的取舍时，特别要注意对不同方案所提供的在满足社会需求方面的差别的评价。这一点对我们社会主义国家具有更重要的意义。在我们这里，最大限度地满足社会需求才是最大的经济效益。但是，这种评价是很复杂的，为此必须加强综合评价。

同时，要考虑供给的可能性，不能只根据需求决定问题。不管所做的方案如何经济合理，如何满足需求，如果此方案的实现根本没有可能的条件，那也将被否定。比如，某方案的实施需要相当数量的投资，虽然投资回收期并不长，但国家一时拿不出这笔资金来，此方案也不得不被否定，只能等待条件具备时再采用。

在这两个方面都具备条件的基础上来选择和评价方案时，其他考虑因素也是相当复杂的。比如，还有个原有基础的问题也要处理得当，绝不应简单从事；否则，就会事倍功半，欲速不达。

---

① 马克思，恩格斯. 马克思恩格斯全集：第2卷［M］. 中共中央马克思恩格斯列宁斯大林著作编译局，译. 北京：人民出版社，1995：9.

（二）中外结合

邓小平同志指出："无论是革命还是建设，都要注意学习和借鉴外国经验。但是，照抄照搬别国经验、别国模式，从来不能得到成功。这方面我们有过不少教训。把马克思主义的普遍真理同我国的具体实际结合起来，走自己的道路，建设有中国特色的社会主义，这就是我们总结长期历史经验得出的基本结论。"

实行对外开放，按照平等互利的原则扩大对外经济技术交流，是我国坚定不移的战略方针，是对那种闭关锁国方针的否定。但是，我们进行社会主义现代化建设必须立足于自力更生，主要靠自己艰苦奋斗，这也是绝对不能动摇的。扩大对外经济技术交流，利用国际分工打入国际市场，目的是增强自力更生的能力，促进民族经济的发展，而绝不能损害民族经济。

应特别指出的是，在内外结合中，我们必须高度重视正确处理两种资源和两个市场的关系的问题。我们应当采取进口与出口并举，以出养进、限制进口、扩大出口、建立出口产业群，正确引导外资的投向，进一步提高出口加工度，尽快改变出口初级产品比重居高不下的格局等对策。只有这样，才能提高出口产品的创汇率，增强在国际市场上的竞争力；才能保护民族产业的发展，增强我们自力更生的能力。

历史经验告诉我们，从总体上讲，在两种资源和两个市场的关系上，我们必须把握住这样两个要点：

（1）只利用国内资源，只开拓国内市场，是不行的，因为那样又会回到闭关锁国的老路上去。单靠利用国外资源，开拓国外市场，更是行不通的，因为那样就有可能被外国人牵着鼻子走，因而丧失自主权。

（2）这两种资源和两个市场也不是对半开的关系，而应该是有主有辅的。我们必须把立足点放在充分利用国内资源、充分开拓国内市场的基础之上，同时再去尽可能地利用国外资源和开拓国外市场。

就当前的对策而言，我们应当把重点放在如何提高出口产品的加工度、如何大力提高出口制成品的比重，以及如何正确引导外资投向和限制进口这三个方面。

（三）内外结合

追加投资新建一些企业和产业部门，是一种外延型的产业结构合理化途径；对原有各产业部门之间生产要素进行调整和适度转移，以及对各部门的产品价格、留利、税收、运费、贷款利息予以调整，是一种内涵型的产业结构合理化途径。过去，我们比较重视运用外延型的途径，而对内涵型途径重视和运用不够。随着现在物质技术基础的加强和生产建设规模的扩大，在这两条途径中，内涵型途径将发挥越来越大的作用。我们应当坚决走内外结合之路，而且今后应以内涵型为主。

（四）军民结合

军工产业和民用产业的具体服务对象和产品的用途虽不相同，但是两种产业的技术装备、生产工艺和经营管理工作有很多相同之处。军工产业具有生产民品的能力，民用产业也存在生产军品的可能，特别是在没有发生世界大战的和平建设时期，军工产业的生产能力总是要闲置相当一部分，这时军工产业生产民品就尤为迫切。把军工和民用这两种产业密切结合起来，统筹安排，打破过去那种军工与民用分割的封闭体系，建立统一的、开放的产业体系，对于实现产业结构合理化来说也是十分重要的。没有军民结合的产业结构，也不是合理化的产业结构。

我国不但已经有了强大的国防力量，而且已经建立起一个门类齐全、具有相当技术水平和生产能力的国防科研、产业体系。与民用产业相比，我国的军工产业在设备和技术力量等方面都有更大的优势。

军工产业乃是产业结构合理化的一支生力军。[①]

（五）存量调整与增量调整相结合

这部分参见第二章“速度与结构、质量、效益”第一节“速度与结构”中“产业结构优化升级途径”的内容。

（六）计划与市场结合

为了适应社会主义市场经济发展的客观要求，产业结构优化升级也同整个国民经济计划一样，从总体来说只能是粗线条的和有弹性的，不能完全通过国家的指令来计划，还必须在国家计划和政策的指导下，利用价格、利息、利率等经济杠杆，通过市场加以调节，并使市场调节发挥基础性作用。

为了适应市场经济和经济体制改革的要求，无论是通过追加投资的途径，还是通过原有诸生产要素在各部门之间转移的途径，实现产业结构合理化都需要由国家和企业分层次做出决策，特别要充分发挥企业在转移生产要素和开展横向经济联合方面的自主权。

（七）质与量的统一

对于产业结构优化升级来说，各部门之间的数量比例关系是否合理固然重要，不应忽视，但更为重要的是这个产业结构是由何种水平的部门所组成的，这才是质的方面。也就是说，我们更应注意提高产业结构的高度化程度。

一个产业结构的高度化程度越高，说明在产业结构组成之中，新兴产业部门越多，产品附加价值高的产业部门越多，不仅具有先导部门，而且有先行部门、支柱部门和战略重点部门；尤其重要的是，能够根据不同时期的客观情况及时进行战略重点部门的转移。

发达国家、新兴工业化国家和地区以及发展中国家，不仅在产业结构的数量比例关系上有差别，而且在产业结构的质的方面，即高度化程度方面，也存在很大的差距。

发达国家的产业结构的特点是：

（1）在物质生产部门中，制造业占主要地位；

（2）在制造业中，新兴产业部门占相当比重；

（3）在三次产业结构中，第三产业十分发达；

（4）基础设施健全、配套；

（5）部门种类相对齐全。

发展中国家的产业结构的特点是：

（1）农业或其他初级产品生产部门占的比重较大；

（2）制造业是单一的资源加工工业，基本没有或很少有新兴产业部门；

（3）第三产业不发达；

（4）基础设施十分落后且残缺不全；

（5）整个结构形成了传统与现代两部分并存的二元结构。

新兴工业化国家和地区的产业结构的特点是：

（1）实现了以制造业为主的结构多样化；

（2）生产主要面向世界市场，属于出口导向的类型；

（3）出口加工产业部门技术构成接近发达国家，劳动生产率较高，产品竞争力强；

（4）最终产品占的比重较大；

---

① 中国国防经济学研究会筹备组．国防经济学论文集［M］．北京：解放军出版社，1986：27-28.

（5）就业率高于其他发展中国家；

（6）虽然仍以传统的基础工业和纺织工业为主，但近些年来新兴产业部门上升势头很猛；

（7）对国内外市场有较强的适应性。

这些国家和地区的产业结构随着新科技革命的步伐逐步升级，在世界市场上与发达国家竞争的范围也逐步扩大。

新兴工业化国家和地区的产业结构高度化程度之所以能够逐步提高，而且效果比较好，主要是因为它们利用了发达国家转移“过时”产业部门的时机，加上它们本国、本地区的廉价的劳动力资源和教育水平较高等有利条件，并加强了国（地区）内的积累，大力开发和利用了两种资源和两个市场，比较正确地安排了它们各自的劳动密集型、资本密集型、知识与技术密集型三类产业的比例关系。鉴于发达国家特别是新兴工业化国家和地区的经验，我们必须十分重视逐步提高产业结构高度化的程度。

（八）效益与速度的统一

总结历史经验，在实现产业结构优化升级过程中，正确处理速度与效益之间的矛盾，始终都是一个最重要的问题。从一定意义上讲，产业结构合理化过程也是调整各产业的发展速度的过程，是取得良好经济效益的过程，即速度与效益的统一过程。

经济增长速度是后起国家赶上并超过发达国家的重要条件。我们要实现全面建成小康社会的目标，经济发展没有符合国情和国力的增长速度是不行的，即使是在国民经济调整时期，也必须保持一定的增长速度。而提高经济效益乃是整个经济工作的出发点和归宿。经济效益的好坏是检验一切经济工作的最终标志和尺度。

提高经济效益、保持一定增长速度的主要出路是什么呢？鉴于我国目前的人力、财力、物力有限，每年基本建设投资不多，所以我们的主要出路不是增加更多的“投入”，而是把重点放在如何以现有的这种“投入”争取更多的“产出”。必不可少的外延型扩大再生产必须继续进行，但是主要应发展内涵型扩大再生产，就是要集中资金，保证国家的重点建设。总之，我们要以效益求速度。

[第三十二章]

供给侧结构性改革

“供给侧结构性改革”这一概念首次出现在2016年1月27日，当天中共中央总书记、国家主席、中央军委主席、中央财经领导小组组长习近平主持召开中央财经领导小组第十二次会议，研究了供给侧结构性改革方案。2017年10月18日，习近平在党的十九大报告中做出了“中国特色社会主义进入新时代，我国社会主要矛盾已经转化为人民日益增长的美好生活需要和不平衡不充分的发展之间的矛盾”这一重大判断，强调“深化供给侧结构性改革”。本章主要讨论供给侧结构性改革概述、供给侧结构性改革的措施。

第一节　供给侧结构性改革概述

一、实施供给侧结构性改革的背景

改革开放以来，我国经济多年保持高速增长态势，GDP总额在2010年首次超过日本，仅次于美国而位居全球第二位，且一直保持至今，其中，出口需求对经济增长的贡献较大。2008年美国次贷危机引发全球金融危机后，全球对我国的出口需求下降。同时，随着我国土地、人工等成本上升，我国以劳动密集型产品为主的出口企业竞争力下降，不少跨国企业纷纷将产能转移到人工成本更低的东南亚地区，也带来出口下降和当年2 000多万名农民工返乡。为应对外需减少的危机，2008—2010年国家采取扩大内需政策，投资4万亿元发展基础设施产业，鼓励发展房地产市场等，吸引企业、地方政府、居民大量借债参与，稳定了经济增长，2016年我国居民人均GDP提升到8 866美元。在这个过程中也存在一些新问题，主要包括：

1.国内钢铁等行业产能严重过剩，僵尸企业较多

2015年年底中国粗钢产能为12亿吨，占全球的54%；粗钢产量为8.04亿吨，产能利用率约为67%；国内钢材市场需求量为6.64亿吨，产量比消费量高出21%，钢铁企业亏损645亿元，亏损面为50.5%。2017年11月国际货币基金组织称中国约有“僵尸”国有企业9 000家，就业人数占劳动能力者的20%，如解决“僵尸”企业问题，每年GDP将增加1.2%。

2.国内优质产品供给不足

近年来居民对中高端商品和服务的需求增加但得不到满足，出现到境外买马桶、奶粉等现象。其原因是国内企业或沿袭大路货生产方式导致销路减少，或因融资能力低下无法扩大再生产，或因债务沉重无法转型生产中高端商品等。

3.货币超发严重，金融业脱离实体经济畸形发展，泡沫明显

近年来，我国货币发行规模迅速增加，已超过作为全球第一大经济体和金融强国的美国。2016年我国GDP总额占美国GDP总额近60%，但我国M0、M1、M2分别占美国对应指标的73%、221%、176%。

由于中国金融业实施分业监管模式，监管套利、监管盲区和死角明显，带来较大风险。如资产管理行业通过多层嵌套、反复加杠杆等，总规模迅速扩大，从2012年的27万亿元人民币提高到2016年的

100多万亿元人民币，远高于GDP规模，由此导致金融业脱离实体经济空转。刘煜辉测算的中国金融业增加值占GDP比重在2012—2016年分别为6.3%、6.92%、7.25%、8.4%、10.2%，大多数年份高于美国2016年6.5%的水平。财政部数据称，2015年我国金融业所得税为8 572亿元，同比增长13.9%，当年工业企业所得税为7 425亿元，同比下降5.3%。此外，由于金融监管政策一般滞后于市场创新，近年来互联网金融快速无序发展，带来较多风险隐患和社会矛盾。

4.全社会债务规模迅速扩大，风险较大

2008年以来，企业、政府、个人先后大量借债，社会债务率迅速提高。国家统计局称，2016年中国债务为255万亿元人民币，相当于GDP的342.7%，远高于2014年的250%、2007年的150%的水平，也高于2008年金融危机前西班牙的水平。从主体看，2016年年底企业、各级政府、居民债务分别约有102万亿元、27.33万亿元、37.7万亿元人民币，2017年前3个季度，企门、居民新增债务分别超过10万亿元、7万亿元人民币，居民债务占可支配收入的比重超过90%，举债能力已接近上限。

分行业看，房地产贷款规模过高。2016年年底房地产贷款达到26.7万亿元，同比增长27%，占银行全部贷款余额的25%，占房地产开发资金的70%。目前，房地产财富占居民财富的70%以上，远高于美国36%的水平，说明大量财富凝固在流动性低、非生产性的资本中。在经济下行期间居民收入会下滑，一旦无法及时偿还贷款本息，将引发债务危机、经济危机，这在1985年的日本、1997年的中国香港都有过血的教训。房价快速上涨带来较大泡沫，房地产不再是创造财富的象征，成为分配财富、加大贫富差距的工具。

5.社保资金缺口较大

全国人大常委会预算工作委员会的调研报告称，截至2014年年末，全国地方政府债务余额为15.4万亿元，其中2.9万亿元用于民生领域，约占总额的19%，而美国、英国、日本政府2016—2017财年财政支出预算中社保和医保支出额分别占总额的47.6%、49.9%、33.1%。2017年12月10日，人社部社保事业管理中心称，全国有13个统计地区养老保险基金累计结余的可支付月数已不足1年，黑龙江省累计赤字232亿元。

此外，2017年特朗普接任美国总统以来，对中国开展贸易制裁和调查、对美国企业和个人全面减税等，增加了中国吸引外资的难度和向美国出口的难度。2016年5月我国权威人士称中国经济进入L形阶段，也就是国际上所谓的“中等收入陷阱”阶段。据统计，第二次世界大战以来，有116个发展中国家和地区曾先后进入“中等收入陷阱”阶段，但只有美国、西欧、日本、韩国等10多个经济体成功越升到中高收入阶段，东南亚、拉美等多个经济体重新退回低收入阶段，其能否跃升的关键在于能否有效控制债务危机、能否实现产业结构的升级换代、能否打造出新的经济增长动力。

鉴于此，党中央、国务院高瞻远瞩，审时度势，及时提出供给侧结构性改革这一重大决策，有利于我国经济从以往的高速增长阶段转向高质量发展阶段，具有重大的实践价值和战略意义。①

二、供给侧结构性改革的概念②

供给侧结构性改革由“供给侧+结构性+改革”三个部分组成，其中供给侧是落脚点，结构性是关键，改革是手段，三者是高度统一的有机体，缺一不可。其本质是对供给侧领域不适应需求变化、不利于提高经济增长质量、不利于资源高效配置的产业结构和体制机制等进行调整、完善③，进而减少无效和低端供给，扩大有效和中高端供给，增强供给结构对需求变化的适应性和灵活性，提高全要素生产率，使供给体系更好地适应需求结构的变化。

---

① 国家统计局综合司. 供给侧结构性改革深入推进　转型升级步伐加快［EB/OL］.（2017-07-28）［2018-12-28］. http://www.stats.gov.cn/ztjc/ztfx/18fzcj/201802/t20180212_1583221.html.

② 谷克鉴. 准确把握供给侧结构性改革的丰富内涵［N］. 经济日报，2016-05-26.

③ 刘元春. 2017年中国经济仍将持续筑底［EB/OL］.（2016-12-17）［2018-12-29］. http://finance.sina.com.cn/china/2016-12-17/doc-ifxytqax6354677.shtml.

1.供给侧是落脚点

美国心理学家马斯洛1943年在《人类激励理论》中提到，人类需求从低到高依次可分为生理需求、安全需求、社交需求、尊重需求和自我实现需求5种。2017年中国居民人均GDP为8 836美元，国家外汇储备为31 399亿美元，既意味着我国有足够的支付能力从境外采购所需的能源、粮食、矿藏等生活和生产必需资源，也意味着对安全需求、社交需求、尊重需求和自我实现需求大幅增加，在国内供给能力不足的情况下，只能走进口解决的道路。由于中国人口众多，这种供给不是境外一个或几个小国所能满足的，因此，必须从供给侧发力，继续发挥我国的大国规模经济生产优势，采取更先进的技术、更低的要素成本、更快的速度，生产出成本更低、附加值更高的产品和服务，从而更好地适应需求结构变化和满足人民生活需要。

2.结构性是关键

在当前中国经济和全球经济高度融合的时代，以往供给总量不足或需求总量不足的问题主要被结构性失衡的问题所取代，表现在产品结构、行业结构、产业结构、地区结构、收入分配结构、财富结构失衡等多个方面，如实体经济和金融业发展失衡、实体经济各行业发展失衡等。

3.改革是手段

改革是对不适应生产力的生产关系、上层建筑等体制、机制进行局部或根本性调整。化解过剩产能，解决资产泡沫等，必然对局部乃至全局的资源进行重新配置，带来利益的重新调整，会影响相当部分群体就业及其家庭生活，也带来投资者前期投资灭失、政府税收减少等问题，会遭到相关方面的抵制和反对。为此，必须坚定“长痛不如短痛”“退一步是为了进二步”的决心[①]，壮士断腕，主要以改革的手段，辅之以必要的财政、金融、计划、法律等手段，破除主要既得利益的藩篱和体制机制的弊端，通过改革创造新红利，力争尽快跨越“中等收入陷阱”。同时，本着“大胆假设，小心求证；全面部署，重点突破，稳妥推进”的原则，在妥善考虑失业人员生活和再就业、维护相关债权人利益的基础上，积极淘汰资源占用多、有效产出率低、污染重的产业和企业。[②]

三、供给侧结构性改革的根本目的和主要任务

1.供给侧结构性改革的根本目的

供给侧结构性改革的根本目的是提高社会生产力水平，落实好以人民为中心的发展思想，不断促进人的全面发展、全体人民共同富裕。

2.供给侧结构性改革的主要任务

（1）提高质量，即推动经济发展质量变革，把发展经济的着力点放在实体经济上，把提高供给体系质量作为主攻方向，显著增强我国经济质量优势。

（2）提高效率，即推动效率变革，提高全要素生产率，使供给体系更好地适应需求结构变化。

（3）新增动力，推动动力变革，加快建设实体经济、科技创新、现代金融、人力资源协同发展的产业体系。

第二节　供给侧结构性改革的措施

一、实施供给侧结构性改革需要注意的方面

1.实施供给侧结构性改革并不意味着不重视需求

马克思1857年8月在《政治经济学批判》导言中对生产、消费、分配、交换的关系做了精辟论述，

① 刘元春. 坚定不移深化供给侧结构性改革［N］. 经济日报，2017-09-15.
② 佚名. 供给侧结构性改革：怎么看　怎么办［N］. 经济日报，2016-06-30.

称“一定的生产决定一定的消费、分配、交换和这些不同要素相互间的一定关系。当然，生产就其片面形式来说也决定于其他要素”，认为生产和消费互为目的，生产结构决定分配结构，交换是生产的要素等。这说明供给侧结构性改革与马克思主义经济学理论高度契合，而且各项改革举措不仅要围绕生产进行，还要从消费、分配、交换方面发力，多管齐下，形成合力，提高成效。虽然我国近年来脱贫效果明显，但2016年仍有4 335万名贫困人口需要脱贫，部分个人或家庭受身体残疾、家庭突发疾病等事故、年老学习工作技能低下无法创收等因素影响，也难以提高收入水平。这些弱势群体需要通过财政帮扶、社会慈善爱心人士救助等，才有可能提高其收入水平或消费能力。因此，2016年中央提出供给侧结构性改革时要求“适度扩大总需求”。

2.实施供给侧结构性改革并不意味着采纳供给学派的减税主张①

1981年1月，里根接任美国总统后，采取下调企业税收、废除政府管制等供给学派主张，调动了企业投资的积极性，扭转了经济低迷的态势，使得美国经济在1983年成功走上复苏道路。而我国的供给侧结构性改革主要采取去产能、去库存、去杠杆、降成本、补短板等综合措施。造成这种差别的原因在于：第一，经济发展阶段不同。我国处于中低收入阶段，以劳动密集型产业为主。当时欧美国家处于高收入阶段，以技术密集型产业为主，正向知识密集型产业过渡。第二，需要解决的问题不同。我国主要面临初级加工业产能过剩和中高端产业产能不足、货币超发和资产泡沫严重、除房价外的粮食和原材料等大宗商品价格不高等问题。当时美国面临两位数的通货膨胀率、20%的银行贷款利率、联邦政府的个人所得税税率高达67%、近800万人失业等问题。

3.实施供给侧结构性改革并不意味着不重视开放

要通过更大范围、更深层次的开放，不断扩大增量，推动、倒逼存量资源、利益拥有者主动改革。得益于近年来的有效产业政策，目前外资对中国先进制造业投资增加。2017年前3个季度，外商对信息传输和计算机服务、高技术制造业、制造业的直接投资额分别同比增长23.1%、27.5%、7.5%，高于全国高技术制造业、装备制造业、制造业技改投资、制造业投资额分别同比增长18.4%、8.3%、12.1%、4.1%的速度。鉴于此，2017年11月10日财政部宣布大幅取消外资进入中国银行、证券、基金和保险业的种种限制等。

二、推进供给侧结构性改革的五大战略举措

（一）加快建设制造强国

加快发展先进制造业，推动互联网、大数据、人工智能和实体经济深度融合，在中高端消费、创新引领、绿色低碳、共享经济、现代供应链、人力资本服务等领域培育新增长点，形成新动能。

大数据、云计算、平台、移动技术的广泛应用，加速各行业的互联融合、跨界一体发展。依托电商平台精准、定向生产成为主流，其减少消耗、降低成本、提高效率、增加产出的作用显著。平台型电商开始影响甚至主导实体产业发展，导致全国乃至全球的生产、消费、分配、交换模式出现新变化。2014年世界银行称，供应链互联互通效率每提高10个百分点，能给APEC实际GDP增加210亿美元。美国商务部2016年称，2009年与1979年相比，美国制造业岗位减少700多万个，但产值增加1倍多，原因是大量采用机器人。京东在2016年“双11”期间，使用仓储机器人取代人工，存储、分拣效率分别提高10倍、5倍，物流成本下降50%。中国工信部称，自2015年以来，在全国遴选了30个省（自治区、直辖市）、82个行业的206个智能制造试点示范项目，试点2年后，平均生产效率提升30%以上，运营成本降低20%左右。2017年中国经济增长中科技进步贡献率升到57.5%。

近年来我国出台多项支持人工智能等先进制造业发展的政策，预计未来落地实施后，能带来更多成

① 刘元春. 供给侧改革不等于简单减税［N］. 人民日报，2016-02-25.

效（见表32-1）。

表32-1　　国家支持先进制造业发展的主要政策

文件名	印发时间	发文单位	发文要点
中国制造2025	2015年5月8日	国务院	打造中国为制造业强国
机器人产业发展规划（2016—2020年）	2016年3月21日	工业和信息化部、国家发展改革委和财政部	到2020年形成较完善的产业体系，产品性能和质量达到国际水平，关键零部件取得重大突破
“互联网+”人工智能三年行动实施方案	2016年5月18日	国家发展改革委、科技部、工业和信息化部和中央网信办	到2018年打造人工智能基础资源与创新平台
国家创新驱动发展战略纲要	2016年5月19日	中共中央和国务院	到2020年进入创新型国家行列，到2030年进入前列，到2050年建成世界科技创新强国，成为世界主要科学中心和创新高地
“十三五”国家科技创新规划	2016年7月28日	国务院	“十三五”期间国家科技实力和创新能力大幅跃升，国家综合创新能力进入世界前15位，迈进创新型国家行列
新一代人工智能发展规划	2017年7月28日	国务院	到2030年人工智能理论、技术与应用总体达到世界领先水平
关于深化“互联网+先进制造业”发展工业互联网的指导意见	2017年11月27日	国务院	到2025年建成覆盖全国的工业互联网设施，形成具备国际竞争力的基础设施和产业体系
增强制造业核心竞争力三年行动计划（2018—2020年）	2017年11月20日	国家发展改革委	轨道交通装备等突破关键技术，实现产业化

（二）支持传统产业优化升级，加快发展现代服务业，瞄准国际标准提高水平

1.提高农村集约化经营水平

我国城市化率已从2010年的近50%提高到2016年的58.52%。从美国、日本、俄罗斯和欧洲国家等发展情况来看，当一国城市化率超过50%后，资本、技术、人力等要素、资源的流动会逆转，从工业部门流向农业部门。同时，随着农村土地产权制度的进一步明确，农村土地流转加快，提高了土地的集约化、规模化、机械化经营能力，新型农业生产经营主体快速涌现，2016年达到280万个，新型职业农民为1 270万人，其中，家庭农场为87.7万家，农民合作社为179.4万家，入社农户占全国农户总数的44.4%。为此，党的十九大报告提出乡村振兴战略及四大举措：深化农村土地制度改革、深化农村集体产权改革、构建现代农业经营体系、健全乡村治理体系等。为提高农业发展水平，我国未来还应鼓励使用人工智能种养殖技术、互联网销售技术，开展绿色无机养殖生产和精准定向销售；积极应用现代生物基因复种技术，研发耐高温、高冷、高压的农作物、水产品、猪牛羊家禽新品种，提高单位面积产量或总产量。2017年11月17日国务院法制办发布《农作物病虫害防治条例（征求意见稿）》，以提高防治农作物病虫害能力。

2.加快发展现代服务业

目前我国服务业发展很快，吸纳就业人数占总就业人数比重从2012年的36.1%提高到2016年的

43.5%；服务业增加值占GDP比重从2008年的42%提高到2016年的51.6%，但仍低于欧美等发达国家70%左右的水平。为加快服务业发展，2017年6月13日，国家发展改革委发布《关于印发〈服务业创新发展大纲（2017—2025年）〉的通知》。我国未来应同时发展生活性服务业和生产性服务业。其中，生活性服务业主要包括：①因收入水平提高带来的对运动、旅游、休闲、保健等需求；②与人口老龄化相关的养老、医疗、社区服务等需求；③与提高素质与技能相关的培训、教育、文化、科研等需求。生产性服务业主要包括：便于方便共享的办公仓储场所、交通物流配送工具、通信网络系统设备等，借此可以减少初期的高沉淀资金投入和实现轻资产经营，通过专业化、规模化经营降低生产成本，也便于向产业链上下游企业提供一体化、流水线服务，以增强相互间的黏性。

（三）促进我国产业迈向全球价值链中高端，培育若干世界级先进制造业集群

这主要是指建设国家技术创新中心、国家级制造业创新中心。2017年11月17日科技部下发《关于印发国家技术创新中心建设工作指引的通知》，计划“十三五”期间建设20家左右国家技术创新中心。2017年11月28日，工信部批复武汉成立国家信息光电子创新中心，计划“十三五”期间建设15家左右国家级制造业创新中心，每个产业领域仅布局1家，武汉是第3家。

（四）加强水利、铁路、公路、水运、航空、管道、电网、信息、物流等基础设施网络建设

2014年世界银行称，全球对基础设施投资每增加10%，GDP将增长1个百分点；中国每1亿元交通基础设施投资，能带动3.5亿元总产出，直接创造就业岗位近2 000个。截止到2017年11月底，北斗卫星通信技术应用于车联网平台的480万辆车后，事故率减少50%，时间节约1/3以上。

近年来，我国交通通信基础设施快速发展。2016年，我国新建高铁投产里程1 903公里，新增高速公路6 745公里、农村公路29万公里，新开工重大水利工程21项，新增4G移动通信用户3.4亿、光缆线路550多万公里，城市地下综合管廊建设累计开工447个项目，总长2 005公里。2017年第三季度，我国移动宽带普及率超80%，固定宽带普及率为72.5%，提前3年完成“十三五”目标。为加快有关基础设施建设，近年来国家出台的相关政策见表32-2。

表32-2 **基础设施产业发展规划或政策**

文件名	印发时间	发文单位	发文要点
铁路“十三五”发展规划	2017年11月20日	国家发展改革委、交通运输部、国家铁路局、中国铁路总公司	“十三五”规划铁路总投资将超4万亿元
关于组织实施2018年新一代信息基础设施建设工程的通知	2017年11月21日	国家发展改革委办公厅	在中西部建设“百兆乡村”示范网络，在发达地区建设5G组网，加快量子保密通信网建设及在政务、金融、电力等应用

（五）坚持去产能、去库存、去杠杆、降成本、补短板，优化存量资源配置，扩大优质增量供给，实现供需动态平衡

1.从去产能看，钢铁、煤炭、水泥、电解铝、平板玻璃等行业是重点

由于国家妥善处置钢铁、煤炭行业债务和安置失业人员（见表32-3），两个行业去产能成效明显（详见表32-4），自2015年以来合计就业人数减少160万，占其总就业人数的25%。去产能推动环境改善。2016年煤炭消费比重下降2个百分点，清洁能源消费比重提高1.7个百分点，二氧化硫、氮氧化物排放量分别下降5.6%和4%，74个重点城市细颗粒物（PM2.5）年均浓度下降9.1%；工业产能利用率上

升，2017年11月已恢复到76.8%。

表32-3　　　　　　　　　　近年来国家去产能主要政策

文件名	印发时间	发文单位	发文要点
关于钢铁行业化解过剩产能实现脱困发展的意见	2016年2月1日	国务院	从2016年始，5年内压减粗钢产能1亿～1.5亿吨，设立工企结构调整专项奖补资金，奖补分流安置人员
关于煤炭行业化解过剩产能实现脱困发展的意见	2016年2月1日	国务院	从2016年始，用3至5年时间，退出、减量重组产能各5亿吨左右
关于支持钢铁煤炭行业化解过剩产能实现脱困发展的意见	2016年3月30日	国土资源部	严控土地、矿产资源准入审批和违规处置
关于支持钢铁煤炭行业化解过剩产能实现脱困发展的意见	2016年4月17日	中国人民银行、银监会、证监会和保监会	严控违规项目融资，拓宽兼并、小微企业、再就业融资
关于支持钢铁煤炭行业化解过剩产能实现脱困发展的意见	2016年5月24日	环保部、国家发展改革委和工业和信息化部	设立专项奖补资金化解人员安置问题、继续出口退税、抵扣增值税进项税额、对重组破产减免税等
关于营造良好市场环境促进有色金属工业调结构促转型增效益的指导意见	2016年6月16日	国务院办公厅	重点品种供需实现基本平衡，电解铝产能利用率保持在80%以上，铜、铝等矿产资源保障能力明显增强
关于利用综合标准依法依规推动落后产能退出的指导意见	2017年2月17日	工业和信息化部等16个部门	严格常态化执法和强制性标准实施，使一批能耗、环保、安全、技术不达标和不合格产品或淘汰类产能关停退出
关于做好2017年钢铁煤炭行业化解过剩产能实现脱困发展工作的意见	2017年4月17日	国家发展改革委等23个部门	坚决淘汰落后产能，做好职工安置和社会稳定工作，发挥奖补资金作用
关于建立健全煤炭最低库存和最高库存制度的指导意见（试行）	2017年11月28日	国家发展改革委和国家能源局	开展最低、最高库存管理

表32-4　　　　　　　近年来钢铁、煤炭产能压缩和人员安置情况

项目	2016年实际	2017年计划		计划到2021年年末压缩产能
	产能	产能	安置职工	
	亿吨	亿吨	万人	亿吨
钢铁	0.65	0.5	18	0.9～1.5
煤炭	2.9	1.5	70	5～6.5

2.从去库存看，重点化解房地产库存特别是部分三四线城市、县城的房地产库存

2016年年底习近平主席提出“房子是用来住的，不是用来炒的”后，国家采取限购、限贷、提高利率，以及因地制宜发展保障房、共有产权住房、租赁房、城镇棚户区改造等多种措施，抑制房地产泡沫和稳定市场。2017年7月21日，住房和城乡建设部等9个部门发布《关于在人口净流入的大中城市加快发展住房租赁市场的通知》，率先在广州等12个城市试点。2017年11月21日，住房和城乡建设部牵头召开房地产工作座谈会，强调稳定房地产市场，加快疏解人口过多、房价过高的特大城市的功能，带动周边中小城市、县城和小城镇的发展等。

3.去杠杆

（1）政府部门去杠杆。①限制地方政府通过投资公司借债，或为下属公司借债、还款提供担保等。开展地方政府存量债务置换，2016年降低利息负担约4 000亿元。②叫停部分地方基础设施投资项目。

2017年11月国家发展改革委叫停包头市地铁项目。该项目总投资305.52亿元，其中银行贷款占60%，而截至2017年前3个季度，包头市财政收入为170亿元，比2016年同期减少25.8%，债务为900亿元。

（2）企业去杠杆。实施市场化债转股试点，强化企业负债自我约束等。如2017年11月对重庆钢铁400亿元人民币债务进行债转股重组，债权人承受70%的亏损。2017年10月30日，丹东港集团发公告，称“14丹东港MTN001”未能按期兑付本金，违约金额为10亿元人民币。

（3）金融机构去杠杆。2016年10月13日央行等17部委发布《通过互联网开展资产管理及跨界从事金融业务风险专项整治工作实施方案》，加强对互联网P2P等业务的监管。2017年11月17日央行等5部委发布《关于规范金融机构资产管理业务的指导意见（征求意见稿）》，限制资产管理业务反复加杠杆、进行穿透式监管等。

（4）个人去杠杆。2017年11月20日国家互联网金融专项委员会发布公告，提醒全国2 693家现金贷平台普遍存在过度借贷、重复授信、不当催收、畸高利率、侵犯个人隐私等突出问题。2017年12月1日，互联网金融风险专项整治、P2P网贷风险专项整治工作领导小组办公室正式下发《关于规范整顿“现金贷”业务的通知》，对网络小贷进行清理整顿。

4.降成本

（1）为企业减负。2016年“营改增”试点全面推开，全年降低企业税负5 700多亿元。在2017年年初有关措施为企业减负1 750亿元的基础上，2017年11月22日国务院常务会议要求再为企业减负150亿元，要求加快建设政府定价经营服务性收费全国“一张网”，以遏制乱收费现象。

（2）降低进口商品关税以让利消费者。2017年11月24日财政部宣布，自2017年12月1日始，将食品等187种消费品的进口税率平均从17.3%降至7.7%。

5.补短板

（1）补充社会保障资金缺口。2017年11月18日，国务院印发《划转部分国有资本充实社保基金实施方案》，将中央和地方国有及国有控股大中型企业、金融机构中国有股权的10%划给社保基金。

（2）加强矿产等资源的开发保护。2017年11月20日财政部等发布《中华人民共和国资源税法（征求意见稿）》，明确全面从价计征方式及减免税情形。

（3）加强水资源保护。2016年12月11日，中国中共中央办公厅、国务院办公厅印发《关于全面推行河长制的意见》。

6.优化存量资源配置

为贯彻落实党的十九大“深化国有企业改革，发展混合所有制经济，培育具有全球竞争力的世界一流企业”的要求，2017年11月20日，中国国电集团公司与神华集团有限责任公司重组合并，成立国家能源投资集团有限责任公司，资产规模超过1.8万亿元，煤炭生产、火力发电、可再生能源发电、煤制油煤化工能力位居世界第一。2017年11月19日，中国铁路总公司所属18个铁路局全部完成公司制改革工商变更登记正式挂牌，其在31个省、自治区、直辖市拥有可开发利用土地3亿平方米，估价超过1.5万亿元人民币，潜在价值巨大。开展工业旅游示范基地建设，以发挥老工业基地资源优势。2017年11月28日，国家旅游局在湖北黄石召开第二届全国工业旅游创新大会，提出到2020年前培育100家国家工业旅游示范基地和国家工业遗产旅游基地，接待游客2.4亿人次，旅游收入达到300亿元。

三、供给侧结构性改革的四大保障

2008年，世界银行发布由诺贝尔经济学奖获得者罗伯特·索洛（Robert Solow）和迈克尔·斯宾塞（Michael Spence）牵头的《增长委员会报告》，对第二次世界大战后的经济增速平均每年在7%以上长达25年以上的13个经济体进行了研究，认为开放、宏观稳定、高储蓄率和高投资率、有效的市场机制、积极有为的政府是其成功的五大共性。对中国来说，就是要着力构建市场机制有效、微观主体有活力、宏观调控有度、社会政策托底的体制机制。

（一）市场机制有效

充分尊重、发挥价值规律、供求规律、竞争规律的作用，促进资源的最佳配置和高效使用。关键是完善建立各种要素、产权的保护制度和交易体系。

（1）完善建立对各类生产要素（资金、资源、劳动力、技术、管理、制度、数据信息等）、商品和产权（所有权、使用权、分配权、收益权、共享权等）的获得、保管、流转、交易等进行公平、公正、公开保护的法律制度。

（2）完善建立便于上述权利快速交易的市场体系。本着风险可控、可承受的原则，促进在更大时空范围内动员更多的分散资金和资源，以更快的速度聚集，进而从事更大规模的投资生产活动；或将更大规模的资金和资源需求，在更大的时空范围内处理，以降低交易成本和分散风险。

（二）微观主体有活力

（1）激发和保护企业家精神，鼓励更多社会主体创新创业。为增强人民群众的财产安全感，维护社会公平正义，实现国家长治久安，国家出台多项政策保护各类主体的产权（见表32-5）。

表32-5　**保护企业家权益相关政策**

文件名	印发时间	发文单位	发文要点
关于完善产权保护制度依法保护产权的意见	2016年11月27日	中共中央和国务院	依法有效保护各种所有制经济组织和公民财产权
关于营造企业家健康成长环境弘扬优秀企业家精神更好发挥企业家作用的意见	2017年9月25日	中共中央和国务院	保护企业家财产权、创新权、自主经营权，补救政府造成的受损合法权益

（2）放开民营资本准入限制。目前民营企业作用巨大，户数、投资总额占制造业全部企业的比重分别为90%、85%以上，2016年每天新登记个体工商户3万户、全年1 100万户左右，至少解决1 100万人的就业问题。2017年11月22日，工信部等16部委印发《关于发挥民间投资作用推进实施制造强国战略的指导意见》，允许民营资本进入重大基础设施、设备科研等项目，提供减负、拓宽直接间接融资渠道等扶持措施。未来我国仍应继续发挥民营资本作用，包括：①在金融供给、生产场地、劳动就业、技术专利等生产要素上，弱化对民营资本的限制；②凡是允许外资进入的领域，同等条件下优先允许民间资本进入，简化证照、资质、资格审批要求，除金融、医疗等特许行业、特定领域外，取消不必要的“出生证”；③适应老龄化社会需要，扶持民间资本投资养老、教育等社会领域。

（3）建设知识型、技能型、创新型劳动者大军，弘扬劳模精神和工匠精神，营造劳动光荣的社会风尚和精益求精的敬业风气。联合国有数据称，在生产、金融、科技、教育领域各投入1元，其回报率各为1、5、7、10元，即人力资本的投资回报率是最高的。另据统计，全球寿命超过200年的企业中，日本有3 146家，德国有837家，荷兰有222家，法国有196家，根源都在于传承了工匠精神，即专注于细节、精益求精以求完美、精雕细琢，以求客户体验达到极致和无可取代的程度，如将产品合格率、正确率从99%提高到99.99%等，从而牢牢锁住客户的“心”（需求）。为更好满足居民升级了的消费需求，我们不仅要重视人才，还要加强对劳动者技能、知识的熏陶、培养和锻炼，发挥工匠精神，不断打造出优质精品。

兴趣爱好是专注、专心、专业发挥匠心的源泉和动力，要营造全社会重视工匠精神的氛围，从小培养、引导兴趣爱好。要围绕国家行业发展战略，从招聘、培训学习、工作实践、收入分配等方面，完善相关评价考核、激励惩罚机制，发挥老劳模、老技工、老师傅的“传帮带”作用，在后来者中营造“比学赶超”的环境，及时对表现卓越的劳动者予以表彰，最大限度激发劳动者自我学习、不断实践、持续创新、追求卓越的潜能。

（三）宏观调控有度

本着全心全意为人民服务的宗旨，既要避免“不作为”现象，更要避免“乱作为”情况。

1.弱化对微观的准入审批和干预，强化创造、维护统一公平的竞争秩序

（1）减少微观准入限制。2016年国务院取消国务院部门及其指定地方实施的审批事项165项，清理规范中介服务审批192项、职业资格许可认定220项。国家发展改革委、商务部联合于2016年3月2日印发《市场准入负面清单草案（试点版）》（发改经体〔2016〕442号），率先在上海、天津、广东、福建4个自贸区试点负面清单，2017年6月28日又印发《外商投资产业指导目录（2017年修订）》，首次将负面清单扩大到全国，除负面清单外的领域，原则上不得实行对外资准入的限制性措施。按照党中央、国务院“简政放权、放管结合、优化服务”的要求，除涉及国家安全、社会公共利益、公民人身财产安全的重大事项外，未来仍应合并、简化各级政府的微观准入审批事项，继续缩减各级政府、行业协会举办的各类考试、认证、评比、达标等收费、不收费项目。

（2）建设规范化、移动化、数字化的智能综合行政办公系统。要实现“多规合一，多证联办，网上并联，一点穿透，自助办理”，有效降低群众跑路成本和排队等候时间，减少各类截留、挪用、寻租、套利等行为，重点加强行业监管部门和工商、环保、城管、市政、税务等部门的统筹规划和协调，减少服务标准不一致、程序不公开、步骤不协调和不同步的现象。要本着责权利对等的原则，妥善界定上下级政府之间的事权、人权、财权，发挥政府间的转移支付作用，调动下级政府主动简政放权的积极性，减少“改革中梗阻”和打通“最后一公里”，形成上下级政府之间的合力。如为提高县乡政府基本财力保障水平，2017年11月20日财政部下达2018年县级基本财力保障机制奖补资金逾1 567亿元。

（3）强化建设统一公平的市场竞争秩序。要完善清理有碍市场统一、公平竞争的法规、政策和做法。根据新技术、新业务的应用情况，及时制定统一管理的政策措施，确保依规处置各类违规行为。如2017年1月4日国家发展改革委印发修订的《反不正当竞争法》，将互联网领域的不正当竞争行为纳入监管。2017年12月10日国家发展改革委等28个部门联合发布《关于加强对外经济合作领域信用体系建设的指导意见》，以有效规范对外经济合作秩序和参与者行为。

2.提高相机抉择、精准调控的能力

（1）综合运用法律、计划、财税、产业政策等结构性手段，以及利率、汇率、税率、工资、补贴等结构性工具，营造“放水养鱼”的环境，避免“竭泽而渔”的现象，引导资金、劳动力、土地等要素有序流动、高效使用，从附加值低的产业主动配置到附加值高的产业中去。

（2）加强前瞻性预判和针对性调控。我国既要避免走前期货币投放过度带来较大泡沫的老路，也要避免货币投放急刹车导致经济大失血等不利情况。要加快金融体制改革，充分运用移动互联网平台技术解决信息不对称、谈判能力不对称、信用能力不足等问题，本着正常情况下各行业平均利润率差距可控、可接受原则，推动缩小金融业与工商业、商业与工农业、工业与农业之间的要素价差。

（3）加强国际沟通与合作。[①]在当前中国经济已与全球高度融合的背景下，需要立足中国、面向全球，加强国际沟通与合作。如从货币政策看，主要国家央行加强利率、汇率沟通，能减少货币战，减少外汇储备流失引发的债务危机或经济危机。如从钢铁等全球过剩产业看，经济合作与发展组织下属钢铁委员会称，2017年上半年全球炼钢产能为23.6亿吨（累计过剩约8亿吨），同比减少1 000万吨，少于中国减少的3 000多万吨产能。鉴于此，中国已与36个国家建立产能投资合作机制。又如“一带一路”沿线多数国家和地区的经济并不发达，应本着促进境外当地发挥后发优势，帮助其快速改善基础设施、提升互联互通水平、提高人民生活水平的原则，大力开展商品、资金、技术、标准等国际合作。

---

① 方问禹，李鲲．达沃斯声音：中国推进供给侧结构性改革对全球经济具积极意义［EB/OL］．（2016-06-27）［2018-12-25］．http://www.cs.cn/xwzx/hg/201606/t20160627_4999545.html.

3.完善建立重大公共事件应急应对机制

截至2017年11月底，针对重大突发事件，国家食药监总局最迟5小时内发布权威信息；我国建成全球最大的传染病疫情和突发公共卫生事件网络直报系统，平均报告时间从原来的5天缩短到4小时内，能在72小时内检测300余种病原体。

（四）社会政策托底

发挥社会政策稳定器的作用，守住财政支出，兜住困难群体、下岗人员、老弱病残群体生活和基本公共服务的民生底线。

1.妥善安置去产能带来的转岗人员

近年来，钢铁、煤炭行业就业人数减少，但社会总体稳定，原因在于2015年国家决定钢铁、煤炭等行业去产能后，一开始就高度重视失业转岗人员。2016年2月4日国务院印发《关于钢铁行业化解过剩产能实现脱困发展的意见》，决定中央财政设立工业企业结构调整专项奖补资金，总额为2年1 000亿元，采取“早退多奖、梯级奖补”政策，当年拨付各地方和中央企业奖补资金418.69亿元，其中基础、梯级分别为307.1亿元、111.59亿元，涉及70万名转岗安置职工，相当于人均奖补5.98万元。2016年4月15日，人社部等7部委联合印发《关于在化解钢铁煤炭行业过剩产能实现脱困发展过程中做好职工安置工作的意见》，支持企业内部分流、促进转岗就业创业、实行内部退养、运用公益性岗位托底帮扶。

2.维护农民工权益

2017年9月25日，人社部印发《拖欠农民工工资“黑名单”管理暂行办法》，规定自2018年1月1日起，克扣、拖欠农民工工资的企业将会在招投标等时受限。2017年11月20日，人社部等12个部门联合发文，决定从2017年12月1日至2018年春节前，在全国继续组织开展农民工工资支付情况专项检查。2017年12月1日，人社部网站还公布10起拖欠劳动报酬的典型案件，希望起到警示震慑作用。2017年12月5日，国家发展改革委等30个部委联合《印发〈关于对严重拖欠农民工工资用人单位及其有关人员开展联合惩戒的合作备忘录〉的通知》，对拖欠企业及其人员的融资、交通出行等进行限制。

3.安置城镇人员的就业生活

2016年我国城镇新增就业1 314万人，年末城镇登记失业率为4.02%；向1 700多万名困难和重度残疾人发放生活或护理补助；棚户区住房改造600多万套。深化户籍制度改革。2016年新增1 600万人进城落户。

4.农村脱贫

2016年，农村贫困人口脱贫1 240万人，易地扶贫搬迁人口超过240万人，农村危房改造380多万户，农村贫困人口由2012年的9 899万人减少至2016年的4 335万人，贫困发生率从2012年年末的10.2%下降到2016年年末的4.5%。我国采取的有关措施包括：

（1）财政专项扶贫资金。2016年投入超过1 000亿元。

（2）扩大扶贫小额信贷。截至2017年10月底，信贷总量为3 931亿元，支持建档立卡贫困户近1 000万户（次），户（次）获贷率达到36%，前10个月累计贷款1 096亿元。

（3）照顾贫困地区学生。2016年重点高校招收贫困地区农村学生数增长21.3%，全年资助各类学校家庭困难学生8 400多万人次。

（4）改善农村电网。截至2017年9月底，国家电网“井井通电”工程惠及农田1.37亿亩，小城镇（中心村）电网改造升级和村村通动力电工程受益人口为1.56亿人；南方电网共完成1 630亿元新一轮农网改造投资，实现4 709个机井通电、262个贫困村通动力电全覆盖，303.91万个易地搬迁点配套电网项目建成。

[第三十三章]

现代产业体系

产业体系是全国经济体系的重要或首要组成部分，建设现代产业体系必须以现代经济体系为依据。

党的十八大报告针对我国经济结构中存在的突出问题，做出了发展现代产业体系的战略部署。而发展现代产业体系，就是要“强化需求导向，推动战略性新兴产业、先进制造业健康发展，加快传统产业转型升级，推动服务业特别是现代服务业发展壮大，合理布局建设基础设施和基础产业。建设下一代信息基础设施，发展现代信息技术产业体系，健全信息安全保障体系，推进信息网络技术广泛运用”。但现代产业体系不仅是信息业和产业体系的融合，也是包括信息技术在内的先进技术对传统产业的改造和拓展。

本章主要讨论现代产业体系的基本内涵，现代产业体系中的“三色”农业、绿色制造业和服务业，产业生态化，建设创新引领、协同发展的产业体系。

第一节　现代产业体系的基本内涵

所谓现代产业体系，并非一种脱离原有产业形态的新型产业体系，而是在传统产业内融合了包括信息技术在内的信息化和现代化的相关内容，使产业体系具有了新的表现形式和运转模式。

目前，信息技术和先进技术在提高劳动生产率、降低资源与能源消耗、增加生态环境效益等诸多方面，都有着巨大的带动和推动作用。在现代技术组成中，信息革命在继工业革命之后是一种最具有改变人类生产方式的技术变革力量。尽管信息产业建立在工业革命已有成果之上，构成了现代产业体系的主要内容，但信息产业对现代产业体系的作用是其他产业代替不了的。信息产业和其他产业之间的关系既非并列关系，也非替代关系。这是由于信息化无法替代工业革命所实现的动力技术革命。信息技术主要用于提高信息效率，而非代替动力本身。因此，它必须在工业化的基础上才能产生自动化和数字化。也就是说，产业体系中只有融入信息技术的内容，才能提高自动化水平，也才能提高技术效率。从这种意义上来看，信息化对产业进行改造才能全面实现产业体系的改观。二者不是替代与被替代的关系，也不是并列关系，而是改造与被改造、融合与被融合的关系。在产业体系中融入信息化的内容，才能对产业体系实行生产方式的改造，而改造的结果就会形成与传统产业体系全然不同的一种新型的、柔性的、创新的现代产业体系。

在产业的演变进程中，新诞生的产业不仅能带动旧的产业发展，而且新兴产业创造财富的能力更强，一定会取代旧产业的主导位置。最有说服力的是美国的农业。美国农业在整个经济体系中所占比例很低，但由于信息技术融入了农业产业运作的各个环节，因此，美国的农业尽管不是支柱性产业，但依然有很强的实力成为战略性的基础产业。美国的钢铁、化工、汽车等传统产业，尽管在国民经济中所占份额已经较少，但无论是从技术实力还是从竞争能力来看，依然在全球同类产业中具有霸主地位。其主要原因就是这些产业已经和先进的信息技术交融在一起，成为具有新型产业特征的先进制造业。信息技术对传统产业的改造和信息产业本身的发展，都对产业结构的演进产生重大的影响。对第一产业而言，信息产业的融合不仅可以做到农业的机械化作业，更重要的是可以用信息技术指导农业的耕种、管理和收获，如采用飞机播种、卫星监控生产过程等。但农业毕竟还要受到土地的约束，还是会对财富的增长产生制约作用。对第二产业而言，融入信息技术可以不断体现产业运作过程的“高科技、高效益、高效率、高规模、高循环，以及低成本、低消耗、低（零）排放、低（零）污染、低（无）毒性”的“五高五低”新型工业化特征，但同样会受到边际效应递减规律的制约。而基于互联网的产业，如新浪、百度等，以及软件形态的产品，其互联网导出价值总量却可以不受边际效应递减规律的制约，因为可以不受空间和自然资源的约束。因此，这类产业的边际成本随产量的增加而具有无限递增的可能性。基于信息技术所产生的新型产业形态所创造的财富远远高于工业文明所带来的财富。

当然，如果确定了采用以信息技术对一个国家和地区的产业体系进行改造的战略，那么该信息技术应用的广泛程度和深入程度，对该产业体系的改造深度和程度也会产生重要的影响。根据中国互联网络信息中心（CNNIC）公布的《第42次中国互联网络发展状况统计报告》，截至2018年6月30日，我国网民规模达8.02亿，互联网普及率为57.7%。中国目前已经具备了用信息化改造产业体系的条件和潜力。

第二节　现代产业体系中的“三色”农业

现代产业体系中的农业现代化建设，总体思路就是用先进技术对传统农业进行改造。首先要对农业结构进行信息化调整与先进技术改造。这种调整和改造主要是在农业生产体系中建立决策支持系统，并对农业结构政策进行整体性的评估。[①]

现代农业产业结构需要从以下几方面入手对农业产业结构进行提升：用先进物质条件来装备农业；用现代科学技术和信息技术来改造农业；用现代产业体系来提升农业；用现代经营模式和组织形式来推进农业；用现代发展的理念来引领农业；用提升农民知识水平来发展农业，用信息业提高农业的生产能力和现代化的运用水平。

对农业产业结构进行信息化调整和技术提升的农业，还需要在此基础上建立现代大农业体系，才能使农业具备现代产业体系的实质内容。现代大农业体系结构是由“绿”“蓝”“白”三色农业体系与腐屑生态体系构成。各组成部分相互依存、相互渗透，互为资源、互为条件，共同组成现代产业体系中的大农业。

一、绿色农业的基本内涵

所谓绿色农业，是以土、水、光、气为基础的传统绿色植物种植业及赖其生存的畜牧养殖业。随着科学技术的发展以及人们经济环境意识的不断提高，传统绿色农业不断克服自身缺陷，在可持续发展原则指导下，向多种模式发展。

传统农业存在使用化肥、农药以及采用饲料圈养的情况，对生态环境产生严重破坏，有机农业和生态农业是农业发展的新方向。绿色农业以生态理论为基础，因地制宜地在某一区域内建立具有地区特征的农业体系。这种体系吸取了传统农业与现代农业的精华，但又有别于传统农庄式的农业。绿色农业作为传统农业绿色化特征的体现，是任何其他类型的种植和养殖所无法取代的，在所有的农业形式中占有最为重要的地位。

二、蓝色农业的基本内涵

在当今世界各国备受土地短缺、环境恶化、人口膨胀等问题困扰时，以海洋为基础的水生农业，像耕种陆地一样耕种海洋，成为一场具有革命性的农业新形态。蓝色农业是指利用海洋和内陆水域，以及低洼盐碱地等蓝色国土资源发展渔业和渔区经济，并以此带动水生动植物开发利用的相关产业。

但蓝色农业并非生态型农业，过度开展和不良利用对海洋生态同样具有破坏作用。首先，我国沿海

① 梅方权. 以信息化带动现代化［J］. 江西农业经济，2001（3）：46-47.

地区的海水养殖区大多分布在沿海港湾和河口附近水域，但这些水域同样是陆地和水上排污的主要收纳场所。富含营养物质和有机农药的农业污水随地表径流进入沿海水体，导致临海水域水质恶化，直接威胁着蓝色农业的食品安全。其次，目前的海水养殖品种少，尤其缺乏品质优良、抗逆能力强的养殖品种。除了少数种类外，海水养殖对象大多缺乏人工选育，其生长速度、抗逆能力、品质质量等，都非常急需人工选育加以改进。因此，海水养殖的技术含量提升和加工能力提升，都是蓝色农业所面临的亟待解决的现实问题。最后，单一养殖并长期密集养殖导致自然生态恶化和产业的不可持续。我国淡水养殖的理论与实践表明，多元化养殖成功的前提就是水体空间、饵料资源状况与养殖种类的生活、生长要求相吻合并种间互利，因此，养殖对种类和数量要有明确的要求，而非简单的搭配。

三、白色农业的基本内涵

白色农业是指微生物资源产业化的工业型新农业，包括高科技生物工程的发酵工程和酶工程。白色农业生产环境高度洁净，生产过程不存在污染，其产品安全、无毒副作用，加之人们在工厂间穿戴白色工作服帽从事劳动生产，故形象化地称之为“白色农业”。

目前，白色农业的研究应用领域包括：微生物食品，微生物饲料，微生物肥料，微生物农药、兽药，微生物能源，微生物生态环境保护剂等。发展生物技术产业，除合理开发、利用现有农业生物资源外，还可以利用生物技术开辟新的生物资源，更好地为人类服务。白色农业是在工厂中以微生物发酵工程为基础采取大规模一年四季生产，不受季节和气候的限制，既节约了土地和其他资源，也不造成环境污染。近年来，以高科技开发微生物资源及其产业化发展迅速，全国掀起了白色农业的研究热潮。

白色农业涉及农产品的综合利用、饲料、生物能源和生态农业等方面的开发，逐步形成了一种新兴的高科技产业。利用微生物发酵处理秸秆转化成饲料，利用生物技术培养新菌种，加快氨基酸发酵的利用等，成为21世纪的新兴农业。白色农业把向土地要粮的传统农业转变为向秸秆要粮、向废弃物要粮的新兴农业，意义深远。发展白色农业，为实现可持续发展与保护生态环境相协调战略开辟了新天地。

在对“三色”农业体系进行建设、技术改造、信息化调整之后，要形成从以前孤立的“三色”农业转向以白色农业带动绿色和蓝色农业，形成农业产业链环节的“生态共生”结构。同时，要通过加大发展白色农业的力度，来加强待开发与再利用的农业产业。“三色”农业的现代化改造过程和结果如图33-1所示。

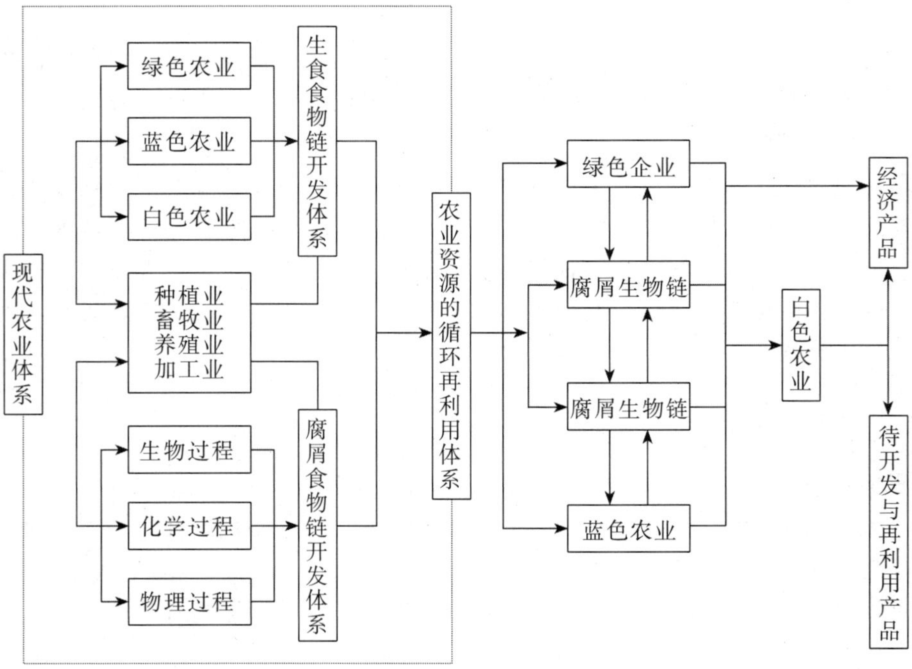

图33-1 “三色”农业体系从开发到循环的变化

第三节　现代产业体系中的绿色制造业

制造业永远是一个国家在工业化进程中的主导产业、重点产业和战略产业。现代产业体系中的制造业，既要满足新时代中国特色社会主义思想与建设和谐社会的要求，又要突破制造业发展所面临的资源环境双重制约，还要适应工业化、信息化、城镇化、国际化、市场化的多重挑战。加快用高新技术和先进适用技术改造提升传统制造业，提升其技术水平和市场竞争力。振兴装备制造业，推动高技术产业基地建设。抓住当前产能过剩行业结构调整的契机，依法加快淘汰钢铁、有色、化工、建材、电力等高耗能行业的落后生产能力、工艺装备和产品，坚决关闭那些破坏资源、污染环境和不具备安全生产条件的企业。提升高新技术产业，发展信息、生物、新材料、航空航天、海洋等产业。

在对制造业的产业结构进行现代体系转化的设计中，要从以下几方面入手：大力发展装备制造业、高新技术产业和现代能源产业，加快形成一批新的主导产业。我国应充分利用国家振兴装备制造业的有利时机，规划发展一批大装备工业。以信息产业为代表的高新技术产业是现代产业体系的重要标志，因此必须着力抓好信息、生物、新材料、航空航天、海洋等产业的发展。加快发展现代能源产业是实现制造业经济又好又快发展的基本保证。

在上述几方面制造业结构优化的过程中，更应注重的是现代产业体系中的产业生态进程的推进。工业企业的制造模式具有鲜明的时代性。信息化时代以快速满足顾客的多样化需求为主要目的，形成了柔性生产等一批新的生产模式，这种生产模式便是融合了信息化和知识化的绿色制造模式。在这种模式中，广泛采用了柔性制造系统、精益生产模式、清洁生产模式、虚拟制造模式等现代先进制造模式进行生产。目前，我国也应该将先进制造模式纳入到现代制造业的产业体系之中。

所谓绿色制造就是将产品生产过程中对环境的负面影响降到最低程度的制造模式。它不仅要了解产品的生命周期全过程各个阶段对环境的影响，而且要从产品的设计阶段着手进行基于环保的决策，在产品的全生命周期内实现对环境的影响（副作用）最小和资源利用效率最高。绿色制造涉及如下三大领域：绿色制造是产品生命周期全过程中制造领域、环境领域和资源领域的交集（如图33-2所示）。

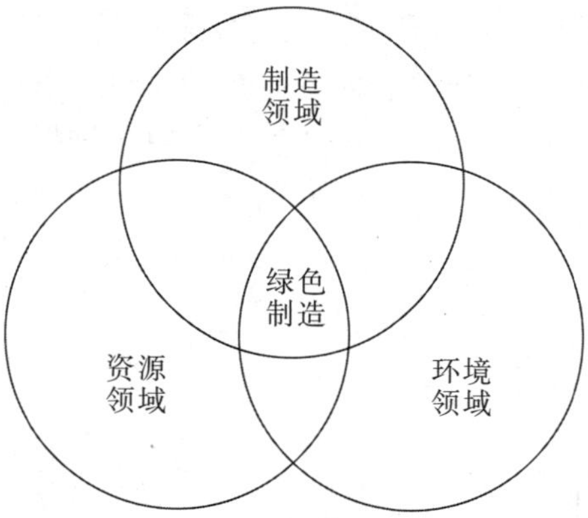

图33-2　绿色制造的范畴

未来制造业面临的最大挑战之一，就是制造业中的环境相容性问题。绿色制造体系结构包括三项具体内容：绿色资源，包括绿色原材料、绿色能源；绿色生产过程，包括绿色设计、绿色生产设备、绿色生产工艺、绿色物料、绿色生产环境；绿色商品，包括节省能源、节省物料、保护环境、便于回收利用、符合人机工程。其两大目标是：环境保护和资源优化利用。[①]

① 谢家平，陈荣秋，饶立新．企业产品绿色设计系统分析与评价［J］．江西社会科学，2003（3）：244-246.

一、绿色制造业的综合内容

现代制造业的产业生态化过程也就是绿色制造的过程。绿色制造是通过对产品实行绿色设计来实现产品全生命周期的资源效率和环境效应。也就是说，在对产品生命周期全过程的设计中，充分考虑对资源和环境的影响，在考虑产品的功能、质量、开发周期和成本的同时，优化各有关设计因素，使产品及其制造过程对环境的总体影响减到最小。绿色制造业的综合内容如图33-3所示。

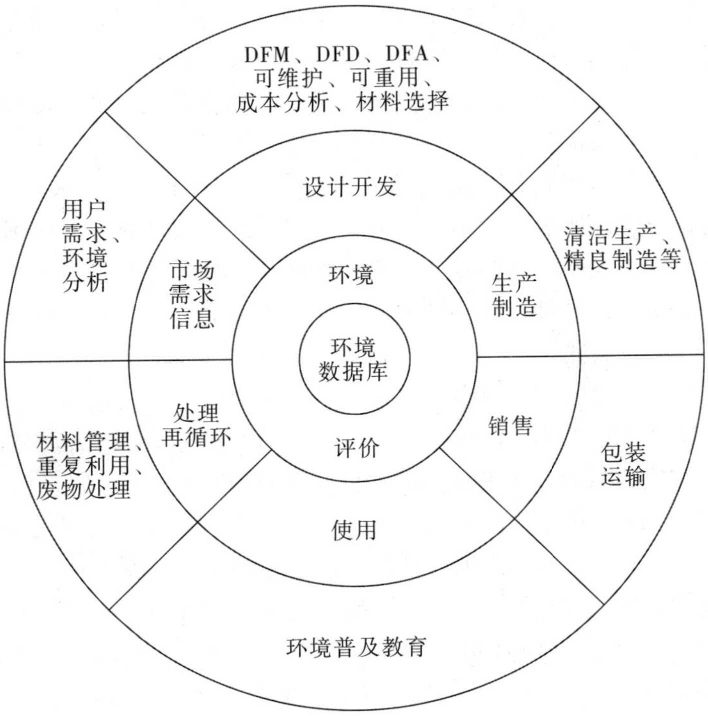

图33-3 绿色制造业的综合内容

由于绿色设计具有多目标优化特征，因此需要运用系统分析原理，对绿色产品设计的目标、衡量指标、评价标准、生命周期等进行系统分析和研究。为了实现产品生产过程的物质和能量循环，需要采用清洁生产技术，就是在产品设计阶段充分考虑减少自然资源和生态环境的消耗，这种设计就是绿色设计。这要求产品和服务在设计过程中充分考虑在其生命周期全过程——产品设计、原料加工、产品生产、运输分销、使用维护、再造再生和报废处理等环节——对资源和环境的影响，并在每一环节权衡产品功能、质量、成本等因素，在产品制造、使用和报废的全过程中，总体上将资源耗费和环境污染减到最小。

二、现代制造业的产业生态化运作

（一）对绿色材料进行合理选择

绿色材料是指在满足一定功能要求的前提下，具有良好的环境兼容性，要求在加工、使用、报废处理等产品生命周期的各个阶段，以及材料本身的生产过程中，具有最大的资源利用率和最小的环境影响。绿色材料又称生态材料或环境意识材料。绿色材料选取原则如下：

（1）优先选用可再生材料，尽量选用可回收材料，提高资源利用率；

（2）尽量选用低能耗、少污染的环境友好材料；

（3）尽量选用兼容性好的材料，选用材料应易于再利用、回收、再制造或降解；

(4) 尽量避免使用稀缺资源，寻找短缺或稀有原材料的代用材料；
(5) 避免选用有毒、有害和有辐射特性的材料；
(6) 尽量减少产品中的材料种类，以利于产品废弃后的有效回收。

(二) 对生产过程进行绿色布局

根据产品制造加工的要求，创造出一个低消耗、低噪声、高效率和优美协调的工作环境，既要体现生产的安全性，又要注意其环境的舒适性和宜人性，即绿色生产环境设计。

(三) 对制造业的工艺实行绿色规划

绿色工艺规划就是要规划和选取绿色工艺方案或绿色技术路线。绿色工艺的选取原则如下：
(1) 改进生产工艺，提高产品合格率；
(2) 对原材料进行优化利用，采用资源利用率高的加工工艺，生产环节的废弃物要能够在其他环节实现循环再利用；
(3) 减少产品生产和使用过程中的污染排放，最终的废弃物应可安全、经济地分解处理；
(4) 在提高生产效率时，要兼顾削减或消除危险废弃物及其他有毒化学品的用量，采用污染小的工艺方法；
(5) 回收产品的翻新与再制造，回收处理过程应不会产生二次污染；
(6) 生产设备操作方便、清洁、少（无）污染、高效、安全可靠；
(7) 设计资源节约型的工艺路线，生产出与环境兼容的安全产品。

(四) 对产品进行绿色包装处理

绿色包装是指从环境保护的角度，优化产品的包装方案，使包装资源消耗和包装废弃物的产生尽可能少。绿色包装设计的内容包括：优化包装方案和包装结构，选用易处理、可降解、可回收再用或循环再生的包装材料，具体做法有以下几方面：
(1) 避免过分包装，并改进包装能效；
(2) 优化包装方案和结构，减少包装材料消耗，提高材料利用率；
(3) 尽量选用可回收再用或易于降解的包装材料；
(4) 避免使用有毒、有害的包装材料；
(5) 避免使用耗竭性资源和生态性资源作为包装材料；
(6) 减少包装废弃物对环境的污染，降低废弃物的处理费用。

第四节　现代产业体系中的服务业

服务业发达程度往往就是衡量产业体系的现代化程度的一个显著标志。在传统观念中，人们常常将产业结构比例关系当作“此有彼无”或“此消彼长”的关系。也就是说，服务业比例的提高会导致工业比重的降低，也因此会削弱工业的发展。但研究表明，一件高科技的现代工业和农业产品中都包含大量的服务业。实际上，现代服务业本身就是为农业和工业服务的产业。包括信息服务业在内的现代服务业的大发展，几乎成了衡量一个国家的现代产业体系是否完善的重要标志。

我国服务业与过去相比虽然有较大发展，但与整个经济发展阶段和人均收入应达到的水平相比，还有相当大的差距。其中既有总量不足、比重过低的问题（2017年，第一产业占GDP比重为7.9%，第二产业占GDP比重为40.5%，第三产业占GDP比重为51.6%，第三产业的增长速度非常快。尽管如此，这一比重仍低于发达国家，也明显低于某些发展中国家），也有内部结构落后、传统服务业比重过高以及整体服务水平较低的问题。因此，大力发展和全面提高服务业特别是现代服务业在国民经济中的比重和水平，是完善和提升我国现代产业体系不可或缺的措施。

完善和提升我国现代产业体系的总体思路，不仅要用先进技术尤其要用信息技术改造传统服务业，并且要加大力量开拓和发展服务业的新领域，尤其是现代服务业。建立现代产业体系中的服务业体系，就要大力发展金融、保险、房地产以及正在快速发展的、新兴的服务业，如信息技术服务业，物流、研发、创意服务业，专业化的工程、法律、咨询、会计服务业，这些都是现代服务业非常重要的组成部分；同时，应考虑除了传统服务业以外的医疗卫生、社区服务、文化休闲等消费性服务业。

一、服务业体系在现代产业体系中的作用

加快发展现代服务业，是优化产业结构、减少对自然资源的依赖、减轻对环境的损害、提高提升经济运行质量和生态环境效益、实施国民经济可持续发展战略的重要举措。现代服务业体系和传统服务业体系有着很大的不同。

首先，现代服务业体系的发展已经成为现代产业体系中的发展方向和主导力量。目前，服务业发展已经成为全世界经济发展过程中的绝对主导力量。美国在1950年人均GDP为2 412美元的时候，服务业就已经超过第一和第二产业，占据了55%的产值比重和54%的就业比重。[①]在新兴工业化国家，服务业，特别是现代服务业已经超越农业、工业和建筑业成为主要的产业部门，成为社会财富的主要创造者。服务产品已逐渐成为满足人民日益增长的美好生活需要的主要产品。有些服务业，如金融、保险、电信、航空、法律等，还是关系着国家经济命脉、国家主权和安全的极其重要的部门，甚至关系着国家的生存和发展。还有些服务业，如文化、教育、新闻、电视、广播、出版等，又是意识形态很强的部门。我国在新时期提出要大力发展服务业，尤其是现代服务业，对我国完善现代产业体系而言，就更具有战略意义。

其次，生产性服务业对于增强产业竞争力的作用十分明显。生产性服务业又被称为中间投入服务业，是为生产、商务活动和政府管理而非直接向个体消费者提供的服务，如金融业、保险业、不动产业、商务服务业和各种如设计、创意、会计、营销、物流等专业服务业。对制造业而言，生产者服务本身就是从制造业中垂直分离出来的。专业化分工的结果变成服务业之后，这些服务业就会以更具专业性、更高规模性和更先进的技术，对制造业产生强大的支撑作用，并通过多种途径和方式增强制造业的竞争力。如降低交易成本，深化新型资本（主要是人力资本和知识资本），深化、泛化专业化分工，以及与制造业协同定位等支撑制造业的集聚与发展，进而提升制造业的竞争力。不仅如此，生产性服务业还围绕着服务外包产生了很多新的行业，如物流、研发和设计都是企业内部的核心环节；以IT技术为基础的信息服务也是一个新兴的领域；围绕着如勘探、石油开发等领域进行的专业化工程服务；围绕着很多专业领域的新的服务，特别是通过政府部门和企业新的需求来培养新兴的服务行业，也是现代服务行业一个非常重要的特征。

最后，现代服务业对城市化进程具有重要的推动作用。围绕着经济发展过程中所需要的各种要素资源，包括商品、资金、信息、人才、技术这些要素的积聚与流通逐渐在城市空间中展开，与之相关的服务业也在城市中得以快速地发展，这是中心城市强大服务功能形成的一个很重要的基础，也是整个国际化产业布局和转移的一个重要特征。由于中心城市能够为高端服务业要素的流通提供平台，中心城市成为经济发展的主要核心和带动力。在现代城市中，清洁交通运输业、绿色商品流通业、环保旅游餐饮业、绿色科教服务业、绿色公共管理业、环境卫生服务业等的绿色化发展，是提升城市现代服务业素质的重要手段。

---

① 何传启. 中国经济的国际比较——经济实力不能过高估计，经济建设仍需快马加鞭［J］. 中国科学院院刊，2006（1）：20-28.

二、服务业体系的运作模式

在目前组成服务业的诸多产业中，除了金融业、保险业、信息服务业、创意产业，以及会计、人才培养、营销等专业服务业等属于本身清洁化运营的产业以外，其他的如交通运输业、商品流通业、旅游业、科教服务业、公共管理业和环境服务业等，其产业运作过程中的资源节约效果和环境友好特征需要加以关注。以下就这几个服务业运作过程中的绿色化模式加以说明。

（一）交通运输业清洁化

随着我国交通运输业的发展，其中存在的环境问题也日益突出，因此，在交通基础设施建设、运输装备的生产、运输服务等环节和领域，要以减量化、再利用、资源化的原则，走高效率、低消耗、低排放的发展路径。针对交通运输业目前能源消耗高、污染严重的问题，应突出强调该行业的清洁生产问题。

首先，在交通设施建设方面，要尽量减少对生态环境的破坏，使工程施工符合环境要求。在交通运输辅助设施运行方面，要注重交通监控系统、交通信息系统、交通安全及事故处理系统的建设，减少交通运输对环境的污染和能源的消耗。同时，要制定相应的政策、法规、标准以及征收环境税，控制污染物的排放。

其次，通过技术创新，在交通运输工具上开展节能降耗新产品、新技术开发的研究，如开发耗油少、排量小的车型；或是开发新的可再生的替代能源，利用电池和内燃机等多种动力来源的混合动力型车辆等，达到节能降耗的目的。同时，通过优化城市结构，改善交通模式，发展轨道交通，实施公交优先，健全交通管理体制，加强交通基础设施和相关配套设施建设，为交通运输业节能提供良好的条件。

最后，交通运输结构的高效化。运用信息技术改造交通运营系统，优化运输组织结构，推动空间交通网络布局的合理化，实现各种运输方式的协调发展。通过综合运用水、路、空各种运输方式，充分发挥各种运输方式的比较优势，从而发挥各种运输方式的组合效率和整体优势。

（二）商品流通业绿色化

绿色商业的经营核心是绿色产品的推广化。绿色产品的生产过程及其本身节能、节水、低污染、低毒、可再生、可回收，也是绿色科技应用的最终体现。但绿色产品由于遵循“污染者付费”“环境有偿使用”“资源节约使用”等观念，将产品生产过程中对生态环境的消费进行补偿而计入成本，定价往往较高。因此要在商品或包装上标明用以表明该产品生产、使用及处理过程符合环境保护要求的图形。它既可以引导消费者在选购产品时参与到环保活动中，又说明环保已经成为继价格、质量、品种、时间后的又一市场竞争维度。在环保理念上升为消费主流之后，公众以购买绿色产品为时尚，促进企业以生产绿色产品作为获取经济利益的途径。正因为如此，绿色产品日益成为人们消费的首选目标。

与绿色产品相伴而生的是产品包装的绿色化。绿色包装具体可从两个方面来考虑：一是包装设计的人性化；二是包装材料的环保化。本着短、小、轻、薄的原则进行设计，以节省材料消耗和减轻消费者负担。同时，要采用可回收处理再造的材料、可自然风化回归自然的材料或可无害化处理的材料进行包装。

（三）逆向流通产业化

在回收环节，许多发达国家的做法是建立“谁生产，谁负责回收”的责任体系，但这种责任体系可以采用延伸的制度加以落实。如商家可以通过外包或第三方物流的形式，为其回收该公司生产的产品，为此延伸出了许多专门从事回收业务的服务部门。

对包装物的回收经常采取“有偿回收制度”，即对可重复使用的包装物随卖随收。过去不少商品企业都有包装物的回收业务，有的甚至以收取押金的方法对包装物进行强制性回收。而随着包装资源不再短缺，同时为了减少麻烦，包装物回收的现象已十分少见了。在逆向流通服务业中，包装物的回流却是一个十分重要的方面。责任延伸制度的实施，会使生产企业将产品利润中的一部分作为包装回收成本让渡给负责回收的企业；政府有关部门也将用于环卫处理的一部分投资转投给商业部门，以这些投入作为激励商业企业对包装物进行就地回收的利益机制。这种方式不仅使大量的包装物不再作为垃圾被抛弃，从而减轻环境的压力，更重要的是还能衍生出大量的服务业部门。

（四）旅游产业清洁化

旅游业发展中常见的污染主要有景区污染和酒店污染两种。景区污染主要指超过景点容纳量的超规模接待对自然环境的破坏、各种不协调的人为建筑对景区氛围的破坏等。来自酒店的污染主要有客房的废弃物、娱乐场所的污水排放和厨房及自备锅炉房排放的废气。在我国旅游业逐渐成为主要产业，并且成为许多落后地区经济发展的首选产业的情况下，清洁化的旅游产业就显得十分重要。

旅游景区是旅游目的地的核心旅游产品，是旅游业清洁生产的主要研究对象和重点部分。旅游景区的清洁生产包括景区旅游资源利用、资源与能源管理、环境污染控制和治理、环保投入、废物资源化等几个方面。

对酒店而言，其清洁生产主要通过使用“绿色能源”、提供“绿色服务”和创造“绿色产品”来实现。

旅游开发必须把经济发展与环境保护统一起来，把旅游经济建设置于可持续利用资源、保护生态环境的基础上。采用、研究和开发环境无害化的技术、服务与管理，以环境无害化方式使用新能源和再生能源，提供环境无害化的消费品。

（五）农业服务生态化

生态农业是推动农业可持续发展的保障。加强生态农业技术研究，有利于提高农产品产量、改善品质、增加农业的环境效益和经济效益。首先要研制生态农业投入品，如开发生物农药，高效低毒化学农药，降低农药的副作用，根据作物的需肥规律和土壤的供肥能力合理配置成“生态肥料”等。其次，要研发生态农业技术。高效的生态农业技术的开发可以带来环境和经济的双重效益，是农业可持续发展的关键。目前我国已经开发出了多项生态农业技术。人畜粪无害化处理及利用技术中的奶牛粪生产沼气，沼液作荷藕肥料和泥鳅饵料，沼渣作牧草、鲜食玉米及花木有机肥等实用技术，经实践在农业中应用取得了良好的效果。

（六）清洁生产服务化

为清洁生产技术的研发开展服务：

第一，要开发原料转化率高及废物产生量小的技术。

第二，对于以化学反应为主的化学工业来说，工艺流程越长，涉及的化学反应越多，导致的原料损失就越大，产生的废物就越多，因此要加大开发短工艺流程或短生产周期的产品和技术的力度。

第三，生产装置和设备的规模大小与能耗、物耗、产率、产污有着直接关系，需要研究和开发规模化和专业化的新技术。

第四，提高设备的自动化水平，自动化程度高，不仅仅是为了节省人力，更重要的是能够在选择的优化工艺条件下自动操作，以最少的原料获取最多、最好的产品，产生最少的废物。

第五，要采用化学反应速度快的工艺技术，加快生产速度。

第六，要开发能量消耗少的技术。清洁生产技术不但要求较少的物耗，而且要求较少的能耗。

（七）新兴环境服务业

环境服务是指为防治环境污染、改善生态环境或保护自然资源而提供的设施和服务。环境服务业是现代环保产业的重要内容。随着经济全球化、环境全球化的迅猛发展，环境服务业在国际环境市场中的份额不断提高，已成为最具发展潜力的环境保护产业领域。环境服务产业作为一个新兴产业正受到各方面的高度重视。目前，虽然各国对环境服务的理解和界定还未形成共识，但是都在利用环境服务业来减轻环境污染、改善环境质量和有效利用环境资源。因此，环境服务业的培训和发展既是环境产业结构优化调整的必然要求，也是维护环境和经济协调发展的基础保障。

为了加强环境服务业的管理，国家对环境服务业做了分类（见表33-1）。

表33-1　**中国环境服务业分类**

类　别	具体描述
环境技术服务	包括环境技术与产品的开发、环境工程设计与施工、环境监测与分析服务等
环境咨询服务	包括环境影响评价、环境工程咨询、环境监理、环境管理体系与环境标志产品认证、有机食品认证、环境技术评估、产品生命周期评价、清洁生产审核与培训、环境信息服务等
污染治理设施运营管理	包括水污染治理设施、空气污染治理设施、固体废物处理设施、噪声控制设施等的管理、运营和维护服务
废旧资源回收处置	包括废旧金属及制品、废旧造纸原料、废塑料、废旧化工制品、废木材、废包装物等废旧资源的回收处置
环境贸易与金融服务	包括环境相关产品的专业营销、进出口贸易、环境金融服务等
环境功能及其他环境服务	包括生态旅游、人工生态环境设计等

资料来源　国家环境保护总局科技标准司，中国环境保护产业协会．中国环境产业市场供求指南［M］．北京：中国环境科学出版社，2002.

1.环境技术服务

环境技术服务是指为各类组织（如政府、企业）提供环境技术与产品的开发、环境工程设计与施工、环境监测与分析等服务。其中，环境工程设计和设备安装施工服务体系是最完善、实力最强、最具市场竞争力的领域。此外，在国家投资和社会资本拉动下，城市污水处理、水体污染治理、生活垃圾处理、危险废物和医院废物处理与处置、火电厂烟尘除尘脱硫等重点领域的市场不断扩大，加快了国外先进技术的引进、消化和国产化的发展，推动了环境技术的进步和具有自主知识产权技术的自主创新，环境技术与产品的开发服务业也有了长足的进展。

2.环境咨询服务

环境咨询是为各类组织（如政府、企业）提供环境决策服务的智力活动。环境咨询服务包括环境影响评价、环境工程咨询、环境管理体系认证及咨询、环境标志认证及咨询、有机食品认证及咨询、环保产品认证及咨询、节能节水认证及咨询、清洁生产审核与培训、产品生命周期评价、环境技术评估、环境投资风险评估、环境信息服务、环境监理、环境教育培训等方面。

目前，我国环境咨询的服务对象可分为两大类：政府部门咨询和企事业单位咨询。政府部门咨询指为政府环境管理工作提供咨询服务，如拟定国家环境保护方针、政策和法规；拟定国家、重点区域、重点流域环境保护规划、污染防治规划和生态保护规划；制定国家环境质量标准、污染物排放标准等；为政府的项目提供评估和招标投标等。企事业单位咨询指为企事业单位生产及社会活动提供有关各项环境技术咨询、环境审核咨询、环境管理体系审核咨询等。

3.污染治理设施运营管理

污染治理设施运营管理服务主要包括对水污染治理设施、空气污染治理设施、固体废物处理设施、噪声控制设施等的管理、运营和维护服务。我国目前主要指对从事城市污水、工业废水、生活垃圾、工业固体废物和废气及放射性废物治理设施的社会化运营和管理。

环境污染治理设施运营管理服务业的发展需要政府建立和完善污染治理设施运营监督管理法规和制度，积极推行环境污染治理设施的企业化、市场化和社会化运营，鼓励采用建设-运营-移交（BOT）、移交-运营-移交（TOT）、托管运营、委托运营、技术指导与设备维护等多种形式的运营管理模式。总之，为污染治理设施运营管理服务也提供一个良好的发展环境，不但有利于污染治理设施运营管理服务业的发展，也有利于我国社会循环经济的早日实现。

4.废旧资源回收处置

废旧资源回收处置包括废旧金属及制品、废旧造纸原料、废塑料、废旧化工制品、废木材、废包装物等废旧资源的回收处置。废旧资源回收利用是再生资源产业发展的重要内容，废旧资源回收市场是实现回收利用的关键环节。但目前废旧资源回收市场上从业队伍庞大，人员复杂，整体实力较弱，因此要规范个体回收者的经营活动，将其纳入广泛的城市社区回收网络体系中，实行统一管理。对于私营回收企业要严格实行资格限制，提高市场准入门槛，并对具有资质的回收企业和网点进行详细备案；对于国营废旧资源回收企业要鼓励其利用传统规模优势，改变经营观念和方式，拓展回收渠道。

5.环境贸易与金融服务

推进环境服务业的改革，需要积极利用国际资金、技术和智力资源，满足国内市场尤其是对于高端市场的需要；需要扶持一批品牌企业，推动环境服务与对外承包工程等服务贸易出口的一体化，推动工业污染防治和城市环境基础设施建立服务向发展中国家的出口。因此，需要建立与国际接轨的环境服务标准体系；积极推进外向型发展战略，扩大出口，逐步缩小环境贸易逆差，促进环境工程设计与施工领域的出口贸易，在进口贸易中，坚持技术与贸易相结合的方针，促进技术和产品的创新；积极利用国外援助资金，加强对双边和区域环境合作资金的配套，加强环境技术转让和贸易流通。

第五节　产业生态化

21世纪头20年，我国处于工业化加速发展阶段，遭遇了资源与环境的巨大压力。延续原有的经济增长模式，资源将难以为继，环境将不堪重负。走“新型工业化道路”的唯一选择，就是抓住不断融入全球经济一体化进程的机遇，充分利用“两种资源、两个市场、两种技术和两种资金”，通过在更大范围内实施“比较优势战略”，来建立适合我国国情的资源节约型和环境友好型的现代产业体系。

经济全球化进程的加速对一国的产业生态化影响存在两面性：一方面，污染密集、生态密集和资源密集的产业并不会随着经济发展而逐渐消退，而是向环境和资源消费标准低的发展中国家转移，由生态的全球性特征而导致产业生态化并不能随着产业技术进步和经济发展同步推进。另一方面，发展中国家和发达国家间的贸易结果，会迫使发展中国家采用和发达国家相同的环境标准，会提升全球的环境标准，从而推动产业生态化。同时，产业转移所产生的循环技术的转移和渗透，也会导致全球性的产业生态化。两种力量抗衡的结果，应视发展中国家和发达国家之间的贸易状况而定。对发展中国家而言，经济全球化对产业生态化的推进既有机遇，也有挑战。关键是要用可持续发展的理念主导经济增长方式。产业开放对外资的引入会在可持续发展理念的指引下，加大建设产业生态链所需衔接的产业的选择范围；基于循环技术的产业转移也能在短期内提高产业的生态化效应。

一、产业开放下的生态环境影响

在国际贸易领域中，各国对环境标准的决策都存在彼此的博弈。每个国家都认为他国会采取降低环境标准的方式提高自身产业竞争力，博弈的结果导致环境标准的提高低于国内民众对生态环境的需求。Graciela Chichilnisky（1994）[①]从环境资源产权的明晰程度来研究因国际贸易而产生比较优势的差异，

① CHICHILNISKY G. North-south trade and the global environment [J]. The American Economic Review, 1994, 84 (4): 851-874.

提出在国际贸易中，环境产权明晰的国家会消费环境产权不明晰国家的生态环境。因此，环境产权明晰化是一国在国际贸易中保护自身生态环境的重要举措。假设两个地区拥有相同的技术、禀赋和偏好，其中一个地区自然资源的产权明晰而另一个不明晰。如果自然资源产权不明晰的地区和产权明晰的地区进行贸易，那么就会传输和扩大公共资源与环境问题：一方面，自然资源产权明晰的地区因为具有资源环境的责任和补偿机制，使资源环境的内化成本较高，在贸易中缺乏比较优势；反之，自然资源产权不明晰的地区相应的资源环境内化成本较低，在贸易中具有比较优势。因而，自然资源产权明晰的地区必然会大量从产权不明晰的地区进口廉价的资源和环境密集型产品。随着资源和环境密集型产品的大量出口，自然资源产权不明晰地区会随着资源和环境的消耗变得稀缺，资源价格相应上涨，直至在贸易过程中所有商品和要素价格均等化之后，环境密集和资源密集产业间的贸易才有望停止。

但Diana Tussie（1999）认为无论是发达国家还是发展中国家，在国际贸易中都会产生加剧环境污染的现象。[①]其主要观点是：每个国家都担心他国采用低于本国的环境标准，从而降低本国产业的国际竞争力；如果本国制定过高的环境标准，相关产业就会转移到环境标准较低的国家，产业转移所带来的诸如失业增加、投资减少、工资降低等一系列的相关问题，会对政府产生降低环境成本的压力。同时，各国在国际贸易中，为了加强自身产业在成本上的比较优势，都会采取各种措施建立有利于提高产业竞争力的规则和标准。在其他方面竞争能力对等的情况下，各国往往会采用降低将外部环境“内化”的成本来提高本国产业的国际竞争力。两方面作用的结果，是出现环境领域破坏性的“竞相降低环境标准”现象，直至民众的最大承受底线。所以，只要存在国际贸易，为了提高本国产业的国际竞争力，各国都会采用竞相降低本国的环境标准以降低成本的次优选择，各国博弈的结果是导致污染产业转移到“污染避难所”。由此造成在国际贸易中各国所采用的环境标准都要远远低于没有国际贸易时的环境标准。因此，国际贸易的结果最终导致了环境污染的加剧。

国际贸易引致各国竞相降低本国的环境标准，但随着人均收入的提高，居民对生态环境的需求会上升为主要需求，为了迎合消费者的需求，企业在生产的各个环节都开始追求较高的环境标准，政府也会充分考虑公众的意愿不断提高环境标准，造成本国产业因环境成本的提高而降低国际市场竞争力。为了保护本国产业，各国会利用贸易措施来对付环境标准低于本国的国家（Michael J. Ferrantino，1997）。[②]它们通过制定种种措施，如设置贸易禁令、生态关税或称绿色贸易壁垒、边境税调节和绿色补贴等，反对他国的产品进入本国市场实行生态倾销，从而迫使他国在进入本国市场时采用该国的环境标准。发达国家采取种种措施，迫使发展中国家在和发达国家的贸易中采用更为严格的环境标准。发展中国家的产品要进入这些发达国家的市场，就必须遵照以发达国家为首的环境标准，并取得“绿色环境认证”的标志。贸易连锁反应的结果最终导致“竞争领域的均等化”，导致发展中国家至少在从事国际贸易的产业领域能够执行发达国家的环境标准。

Copeland和Taylor（1995）则从人力资源和收入差异的角度，解释了贸易对环境污染和资源耗竭的影响。[③]人力资源丰裕和收入较高的国家在自由贸易体制中会设立较高的环境标准；人力资源不足和收入较低国家的环境标准则相应较低，这些国家也因此具有了设定污染水平的战略优势。低收入国家污染水平的战略优势，会使其污染密集、生态密集和资源密集的产业具有低成本的比较优势。但高收入国家高的环境标准并不意味着公众没有对污染密集或资源密集产品的需求，如制革工业这种污染和资源双密集的产品，在高收入国家依然有着旺盛的需求；羊绒业这种生态密集产业，高收入国家更是对其趋之若鹜。低收入国家这些产品的低成本优势，使其在国际贸易中具有竞争力而成为高收入国家的主要产地。贸易的结果虽然从收入提高的角度来看能使低收入国家暂时受益，但从长期来看，会造成低收入国家的生态恶化、环境污染和资源枯竭。由于生态环境的全球性特征，最终会导致全球性的生态环境和资源状

---

① TUSSIE D. The environment and international trade negotiations：open loops in the developing world［J］. The World Economy，1999，22（4）：535-545.

② FERRANTINO M J. International trade，environmental quality and public policy［J］. The World Economy，1997，20（1）：43-72.

③ COPELAND B R，TAYLOR M S. Trade and transboundary pollution［J］. The American Economic Review，1995，85（4）：716-737.

况的恶化。Copeland和Taylor的研究说明了低收入国家也应尽快建立和发达国家尽可能一致的环境标准。从目前的发展状况来看也是如此，发展中国家的环境标准也在和发达国家的贸易中不断提高，并有不断和发达国家接近的趋势。

二、产业开放对产业生态化的影响

工业革命开始以来，随着加工能力的不断提高，为满足产业运转所需要的强大的投入产出能力，工业先行国对外侵略扩张的行为就从没有停止过。如果说第二次世界大战以前的扩张是借助武力以占有土地和矿产资源为主要目的，那么和平时期的扩张就更多地表现为对生态资源的占用。产业转移所具有的先决条件，是发达国家对自然生态环境的需求成为主流之后，许多资源密集、污染密集或生态密集的产业逐渐失去了生存空间。但这些产业的产品在国内乃至全球仍然有着较为旺盛的市场需求。发展中国家由于生态资源的消费标准较低，资源密集和生态密集的产业自然也就转移到这些国家。①

市场开放条件下，各国因环境标准的不同而使禀赋条件相同的产品的生产成本也有所不同。环境标准较低的国家在和发达国家的贸易中，一方面为发达国家提供生态密集的产品；另一方面，如果发达国家对进口产品有较高的环境标准，则出口国就会要求提高其环境标准，甚至会提高该国的资源再利用水平和资源利用效率。许多发达国家在和发展中国家的贸易中，要求发展中国家在各个方面都能提高其环境标准：不仅在有形产品领域，而且在金融、信息等服务贸易领域；不仅涉及中间产品和工业制成品，而且涉及包括研发、加工、包装、运输、销售和消费在内的整个产品生命周期的各个环节。

环境标准的提高虽然能够很好地保护发展中国家的生态环境，但同时会造成发展中国家产业发展过程中高昂的环境成本。在受本国技术经济条件限制的情况下，发展中国家提高环境标准的成本压力可能会造成经济增长趋缓。但发展中国家由于和发达国家之间环境标准的差距，存在通过积极接纳发达国家的具有生态意义的产业转移，加快循环技术升级、发挥后发优势、实现跨越式发展的重要机遇。较低环境标准的国家一方面应根据自身生态和资源能力，通过制定各种生态消费政策，适度削减生态密集和资源密集的产业，严格防止他国将污染密集、生态密集和资源密集的产业转移到本国。同时，发展中国家应加强同发达国家的绿色贸易来促进自身环境标准的提高。因此，发展中国家必须充分利用产业开放所带来的贸易机会和引资条件，通过提高绿色贸易水平，或直接引进国外先进的循环技术，或直接引进外国直接投资，来增强自身提高环境标准的能力，实现以较低成本推动环境标准的提高。

随着世界范围产业转移的深入发展，发达国家由于其产业的环境标准普遍高于发展中国家，在产业的循环技术领域仍然占据着优势。发展中国家应对产业转移进行有意识地筛选和引导，在短期内提高产业中的技术和知识含量。而工业先行国在产业转移过程中，也往往将其先进的生态理念和循环技术一并转移过来，有力地推动了发展中国家的产业生态化。为此，发展中国家可以通过加强绿色招商，提高循环技术创新能力，加快循环技术的产业化进程，加大污染密集和资源密集产业的循环技术改造力度，着力发展具有比较竞争优势的产业等一系列措施，全面推动产业生态化进程。

三、开放条件下产业生态化的推进

改革开放以来，中国经济的高增长几乎耗竭了原本稀缺的自然资源和生态资源。为了使中国经济在后续的工业化进程中具有可持续性，同时本着对全球生态环境高度负责的态度，我国设想要开辟一条新型工业化道路，在人均GDP还较低的工业化中期阶段，就能采用发达国家在工业化后期才能实现的高度集约化的节约型经济增长模式。这种思路之所以可行，是因为自经济体制改革和市场开放以来，中国所具有的广阔的消费市场、较低的劳动力成本、充沛的创业活力、较强的柔性生产能力、完善的工业配套设施、跨国公司和以华人为主体的广泛国际关系网络、以改革开放为核心的政府支持这七大优势，使

① 郭耕．我行我素——一位环保者的素食理由［EB/OL］．(2006-04-28)［2014-11-24］．http://old.fon.org.cn/content.php?aid=184&.

中国为引进外资和先进技术创造了优越的环境，并成为经济全球化进程中最大的受益者。外国投资的大量增加，使许多沿海经济较为发达地区已经具备了对进入的外资实行产业生态含量选择的能力，要求外资进入中国市场，要将其先进技术同时带入，其中有许多是生态化的循环技术，并在限定时间内将技术转让，形成我国自有的国产化技术。外资在进入我国市场的同时，也会将产业生态化的理念和实践模式带入我国，使我们在绿色招商过程中产生产业链的生态含量扩散和乘数效应。如在苏州生态产业园引进一些芯片制造厂商的过程中，该制造商会将废弃芯片的再资源化厂商或作为附属于芯片制造商的子公司，或作为上下游产业间的联系公司，一并带入园区。外国直接投资的直接效果，就是先进的循环技术同时伴生而来。我国的庞大原料供给和对方强大的技术需求相对接，会产生可观的双赢局面。而同时所带来的循环技术外溢效应和生态效应更是不容忽视。①

可见，开放条件下中国引资力度的加大，对促进我国建立以循环经济为特征的生态产业园创造了有利的条件。改革开放以来，任何开发区的建设都是和引资密不可分的，地区性的经济增长更多地表现为地区性的企业群落对经济增长的贡献。开发区建有完善的基础配套设施，在招商过程中侧重于选择较高技术含量和较好经济效益的企业（无论内资还是外资）入驻。因此，开发区的企业群落从一开始就具有良好的发展产业生态化的平台。正如自然生态系统由食物链形成的生物圈存在明显的地域性特点一样，生态产业系统也具有鲜明的地域特征。产业生态开发的区域性依托就是对自然生态系统地域一体化模式的借鉴；是从一定区域内减少物质和能量在产业中的流动为目的，解决产业活动与资源和环境相关的系列问题。由于产业生态网链是在不同企业间建立的以副产品为投入品的生态产业链，因此，物质和能量循环半径的经济性约束相对突出，这对流程式的工艺生产过程要求尤为明显，企业彼此之间在空间距离上的接近具有重要的经济学意义。产业生态化的实践模式就需要依托当地自然条件、资源禀赋和技术状况等专业生产的区域性特征，根据区域内各企业的共生关系，全面分析区域中物质和能量流动的循环路径，对产业系统进行生态设计的开发，形成在一定区域内不同产业间的投入产出关联关系，使在该区域内的产业运转能够以较少的物质和能量流量来实现相对封闭的循环。各种形式的开发区所形成的企业群落正好能够满足循环经济这种物质和能量流动半径约束的要求。在这些企业群落中，通过绿色招商建立产业共生系统和能量、水的梯次利用系统，为产业生态化推进立足于经济利益提供了有利的条件。这说明在企业群落中推进循环经济，本身就具有市场经济制度所具备的激励机制，符合企业竞争行为“经济理性”的前提假设，能够很好地实现产业运行过程的经济性和生态性相统一，具有制度上的可能性和经济上的合理性，因而能够以较低成本推进循环经济。

所以，实现在现有经济制度下的循环经济低成本推进才是问题的关键所在，也是完成循环经济从理念阶段真正落到实践阶段的必需手段。由于成本约束至关重要，因此在现有经济发展水平下以较低成本推进循环经济就非常关键。加入WTO以来，中国具备了充分利用产业开放来发展循环经济的历史机遇，尤其是东部沿海地区，已经具有完备的引资环境和完善的基础设施，具备了利用发达国家先进循环技术来发展经济的能力。因此，产业开放条件下的产业生态化实践，就要求充分考虑中国产业开放和区域经济条件，利用产业集群优势、园区一体化服务优势、基地设施的产业配套优势，适时导入循环经济的技术，构建一定区域范围内的产业生态网链和资源共享系统，以较低成本推进循环经济，实现产业生态化。②

第六节　建设创新引领、协同发展的产业体系③

党的十九大报告指出，着力加快建设实体经济、科技创新、现代金融、人力资源协同发展的产业体

① 谢家平，孔令丞．企业群落的循环经济：理论与实践［M］．上海：上海财经大学出版社，2007.
② 孔令丞，谢家平．循环经济低成本推进的运作载体（二）［J］．环境与可持续发展，2006（2）：16-18.
③ 林兆木．着力建设创新引领协同发展的产业体系［N］．经济日报，2018-03-01.

系。这是适应当今世界科技革命与产业变革新潮流，并针对我国发展的现实矛盾做出的决策部署。实体经济是发展的主体和基础，创新是引领发展的第一动力，金融是现代经济的核心和血脉，人力资源是发展的第一资源。四者的协调、同步、融合、互动发展，是现代产业体系的显著特征，是提升产业国际竞争力、壮大国家经济实力的根本举措。

发达国家的经验表明，高端制造业和国际竞争力很强的企业，其共同点都是科技创新与实体经济紧密结合，拥有强大的研发和创新人才队伍，研发投入占销售收入比例高，有上市融资和风险投资等金融工具对创新的有力支持。我国制造业之所以处在国际产业链、价值链的中低端，主要原因在于源头创新短缺，科技成果转化渠道不畅，研发投入和创新人才不足，金融存在“脱实向虚”，对实体经济和创新支持不够，等等。要围绕解决这些问题，加快建设创新引领、协同发展的产业体系。

第一，要把发展着力点放在实体经济上，促进我国产业体系向全球的产业链、价值链的中高端攀升。需要注意的是，加强和发展实体经济并不是再走铺摊子、扩大规模的老路，而是要使实体经济内涵发展、由大变强。要以深化供给侧结构性改革为主线，着力解决实体经济供给结构不适应需求结构变化的突出矛盾，加快从数量规模扩张切实转向高质量发展。

第二，要促进科技创新和经济发展的深度融合。新一轮科技革命和产业变革，正在以前所未有的广度和深度改变着产业发展模式，科技创新对产业变革和发展的引领、渗透、促进作用空前强大。要紧紧抓住创新引领发展这个牛鼻子，瞄准世界科技前沿，强化基础研究，实现前瞻性基础研究、引领性原创成果重大突破。加强应用基础研究，突出关键共性技术、前沿引领技术、现代工程技术、颠覆性技术创新。加强国家创新体系建设，深化科技体制改革，建立以企业为主体、市场为导向、产学研深度融合的技术创新体系，努力使科技创新对经济发展的贡献率不断提高。

第三，要不断增加金融服务实体经济的能力。金融是实体经济的血脉，为实体经济服务是金融的天职，是金融的宗旨，也是防范金融风险的根本举措。要让金融回归本源，服从服务于经济社会发展，努力促进金融和实体经济、金融和房地产、金融体系内部这三个方面的良性循环，在建设创新引领、协同发展的产业体系中发挥更大作用。

第四，要增强和优化人力资源支撑实体经济发展的作用。要优先发展教育事业，加快教育现代化，推动城乡义务教育一体化发展，普及高中阶段教育，完善职业教育和培训体系，加快一流大学和一流学科建设，办好继续教育，加快建设学习型社会，建设知识型、技能型、创新型劳动者大军，弘扬劳模精神和工匠精神，在劳动力数量减少的同时，转向以质量优势支撑实体经济高质量发展。

[第三十四章]

消费与投资

正确处理消费与投资的关系，是关系到转变经济发展方式的大问题。党的十九大报告指出："完善促进消费的体制机制，增强消费对经济发展的基础性作用。"本章着力讨论消费与投资的关系、消费升级、确定投资规模与优化投资结构的原则。

第一节 消费与投资的关系

一、正确处理消费与投资关系的必然性和必要性

(1) 两者互相依存、互为条件。消费与投资是密不可分的。消费创造出投资的动力和新的投资者，是投资的最终完成和最后检验，是投资的目的。投资创造出消费的动力、方法和手段。故消费与投资两者必须互相协调，不能彼此脱节。一旦互相脱节，消费就会缺少动力和手段，投资就会缺少目的性和最终检验。

(2) 在经济发展的不同历史阶段，两者对促进经济增长的地位和作用不同。在短缺经济阶段，生产能力不足，许多商品供不应求，经济增长主要依靠增加投资来提高生产能力，这时投资对经济增长的拉动作用最强，是主导方面和主要方面。而在买方市场基本形成的情况下，许多生产能力过剩，不少商品库存量增加，这时消费对经济增长的拉动作用变为最强，是主导方面和主要方面。

(3) 两者互为增减关系。在出口既定的条件下，在国内需求结构中，消费的比重扩大了，投资的比重只能缩小；反之也是一样，投资的比重扩大了，消费的比重也只能缩小。简而言之，两者存在你增我减或你减我增的关系。

(4) 在经济发展的基础上不断提高人民的生活水平，并努力满足人民日益增长的美好生活需要，是社会主义发展经济的根本出发点和归宿。我国改革开放已40多年了，经济发展速度已居世界各国的最前列，此时此刻，我们完全有条件和有必要更加关注民生问题。

马克思主义有关科学社会主义的基本理论告诉我们：只有社会主义才可能根据科学的见解来广泛推行和真正支配产品的社会生产和分配，也就是如何使全体劳动者过最美好、最幸福的生活。只有社会主义才能也应该实现这一点，而马克思主义的全部困难和全部力量也就在于了解这个真理并把它变为现实。

(5) 资源承载能力有限的现实，也迫切要求我们正确处理消费与投资的关系。我国是一个世界上人口最多的发展中国家，无论哪种资源、能源，用13多亿人口去除，得到的人均拥有量非常低。比如，从总体上看，我国的耕地、草原、淡水、森林等资源数量都居世界前列，但人均拥有量分别只有世界平均水平的2/5、1/3、1/4、1/8。又比如，我国许多矿物质和可开发能源的总量名列世界前茅，有些甚至世界第一，但人均占有量同样非常低，大部分都低于世界平均水平。更为严重的是，我国能源供需缺口日益扩大，现有利用率低，污染十分严重。

总而言之，如果投资率过高，必然会超过资源承载能力。所以，为了又好又快地发展经济，也为了子孙后代的生存和发展，我们在坚持走新型工业化道路、加快转变经济发展方式、推动产业结构优化升级的同时，还必须正确处理消费与投资的关系。

（6）新时代中国特色社会主义思想、全面建成小康社会的奋斗目标、又好又快发展经济和构建和谐社会等马克思主义中国化成果，都是我们正确处理消费与投资的关系的重要理论依据，同时是对正确处理两者关系的必然要求。

（7）马克思主义经济学对生产与消费关系的分析，是我们正确认识和处理消费与投资关系的理论基石。虽然投资包含为提高今后人民居住条件的非生产性固定资产的投资，但这部分投资对当前消费来讲仍然属于生产性投资，属于生产的大范畴。

马克思在批判地吸收古典经济学的消费思想的基础上，科学地论述了在社会再生产过程中消费所处的地位及与生产的关系。马克思把经济看成是由生产、交换、分配、消费诸要素构成的有机统一体。从再生产过程分析，这些要素是先结束了一个经济过程后，又进入下一个经济过程。在社会中，人是主体，要使社会能够生存和发展，就要使社会的主体——一定经济关系下的人能够维持生命、成长和繁衍，这就需要消费。要消费，首先要创造可供人们消费的对象——占有社会产品的份额，这就是分配。分配规定社会成员在社会产品的总量中所占的份额，人们只能在这个限度内支配它。但是，这只是产品转入消费的前提。要使产品能够真正转入消费，还必须使人们能够在所分得的份额内获得他们所需要的产品，这就有赖于交换。通过交换各自占有产品，人们得到自己所需要的产品并进行消费，从而实现了生产的目的。

在分析了经济运行过程的基础上，马克思认为：生产首先决定消费，“生产为消费创造作为外在对象的材料”，生产为消费提供对象，生产力水平决定消费水平，生产发展的速度决定了消费提高的速度，生产决定消费的方式和结构，生产创造人们对物质产品的需求、对消费对象的需要，因此，没有生产就没有消费。其次，消费对生产具有积极的反作用。这种反作用在买方市场起决定作用，因为生产归根到底要以消费为转移，要以消费为最终归宿。消费不仅为生产过程提供生产者主体，还“在观念上提出生产的对象”，创造出新的需求。那些不为消费所需要的生产，是绝对没有用处的，产品只能压在仓库里，占用资金，是一种人、财、物的极大浪费。因此，“没有消费就没有生产”，社会再生产也不能良性运行。①

二、正确处理消费与投资关系的战略举措

我国在经历连续多年高速增长的同时，也出现了日益严重的不协调、不平衡和不可持续等问题，具体体现在需求结构、投入结构、产业结构的失衡方面。扭转结构失衡状况，让国民经济保持协调、平衡和可持续发展，是今后若干年必须努力实现的重大任务。推进经济结构战略性调整的关键突破口是改变投资驱动型发展模式。

投资驱动型发展模式是促进我国经济高速增长的主要推动力，同时是导致我国经济结构失衡的重要推手。改革开放以来，我国经济经历了持续多年的高速增长，创造了世界奇迹。我国经济的持续高增长是依靠持续的高投资和高资本积累来推动的。但我们也要看到，高投资和高资本积累是不可能永远维持下去的，在经济实现起飞之后和经济发展到较高阶段之后，这种投资驱动型发展模式就难以为继了，必须适时转换；否则，经济结构战略性调整的任务就不可能实现，经济发展方式转变的目标就不可能达到。

在需求结构上，高投资必然会相应地降低消费。消费的萎缩造成内需不足，就不得不依靠外需来维持较高的总需求，结果是越来越依赖出口来维持高增长。外向型经济对国际经济形势非常敏感，一旦发

① 马克思，恩格斯．马克思恩格斯选集：第2卷［M］．中共中央马克思恩格斯列宁斯大林著作编译局，译．2版．北京：人民出版社，1995：11.

达国家经济衰退和萧条，就会导致出口下滑，经济增长减速。

在投入结构上，高投资导致资本投资效率下降。首先，高投资使得总量生产率难以提高。投入由资本、劳动和技术进步等要素构成。技术进步是提高总量生产率的决定因素，由于资本投入比例高，促进技术进步的创新就比较薄弱，因为企业能够依靠高投资获得高额利润，就没有动力去追求创新和变革。其次，高投资导致资源消耗过快，环境不断恶化。

从以上分析中可知，投资驱动型发展模式是导致我国经济结构失衡的症结所在，因此调整经济结构必须把改变投资驱动型发展模式作为主要着力点。[①]具体战略举措有如下方面：

（一）提高居民收入水平

党的十九大报告指出："鼓励勤劳守法致富，扩大中等收入群体，增加低收入者收入，调节过高收入，取缔非法收入。坚持在经济增长的同时实现居民收入同步增长、在劳动生产率提高的同时实现劳动报酬同步提高。拓宽居民劳动收入和财产性收入渠道。履行好政府再分配调节职能，加快推进基本公共服务均等化，缩小收入分配差距。"在买方市场基本形成、消费成为制约经济增长的主导和主要方面的今天，我们想又好又快地发展经济，必须尽快提高消费水平，使消费水平的提高速度与经济发展速度相适应，因此，就必须提高居民的收入水平。

（二）严控物价，调节收入，适当提高银行存款利率

我国居民收入的增加赶不上物价上涨的步伐。在城乡二元体制下，我国的转移支付制度也具有明显的城乡二元性，使得城乡居民获得转移支付的数额存在显著的差异。提高银行存款利率，有利于提高居民收入，增强居民消费力。现有的银行存款利率太低，在物价上涨、理财产品众多的情况下，银行存款越来越少。

（三）释放居民消费潜力是关键[②]

信息消费是一种直接或间接以信息产品和信息服务为消费对象的消费活动。智能终端和宽带网络的日益普及，极大地激发了网络支付、电子商务、云计算、物联网等信息服务需求，使社会公众的消费行为和消费习惯发生了巨大变革。

伴随着信息科技突飞猛进的发展，信息消费的内涵也在不断扩大。在物联网方面，2017年中国物联网市场规模达到11 500亿元，增长率为24.0%；在电子商务方面，2017年中国网络零售总额高达67 100亿元，同比增长30.1%，其中淘宝、天猫、京东三大核心零售平台占整体近83%的份额。

与未来信息消费所蕴含的巨大潜能相比，当前的信息消费规模与水平只能算作"星星之火"。据世界银行统计，我国人均信息和通信技术支出还远低于发达国家水平。专家分析，我国信息化发展还存在诸多不足：一是在广度和深度上还不够，很多项目只在一些重点行业、重点企业进行示范，没有推广到全行业和大多数企业中；二是信息资源比较分散，信息孤岛、信息鸿沟现象比较明显，资源没有得到充分整合；三是测评标准还没有建立起来，没有上升到规范化、制度化的高度；四是信息产业在下一代物联网、通信网、三网融合推进等方面与国际领先水平还存在一定差距。

我国应大力培育信息消费，推动实施信息消费激励政策。我国可以从财税等层面制定针对信息内容和信息应用的消费激励政策，从而最大限度地激发信息消费的潜力；同时，积极发展移动互联网、IPTV、手机电视等应用，引导智能手机、智能电视等终端消费，加快网络购物、网络支付、电子商务等信息服务发展。

---

① 郭熙保，韩纪江．改变投资驱动型发展模式［N］．经济日报，2013-03-29.
② 刘晓峰．信息消费，扩内需的新亮点［N］．经济日报，2013-04-03.

1.解决老百姓“有钱花、敢花钱、想花钱、会花钱”的问题

要扩大居民消费，就要深化收入分配制度改革。目前城乡区域发展差距和居民收入分配差距依然较大，收入分配秩序不规范，宏观收入分配格局有待优化。我国收入分配结构呈现金字塔形，即低收入者占多数的分配结构。扩大消费最有利的结构应当是橄榄形，即低收入者和高收入者相对较少，中等收入者占多数的分配结构。

促进居民消费的重点还在于恢复居民的消费信心，保证居民有较好的消费预期。而居民消费倾向或储蓄倾向的形成，在一定程度上受制于社会保障体系的完善程度。

在增强消费意愿、改善消费环境上，现在居民消费中缺少消费热点。要从培养人们的消费习惯、挖掘消费需求着手，推出创新型的产品和服务。比如，农业企业可在绿色无公害农产品的产销上下功夫，创造和挖掘针对中等收入人群的消费热点。

2.居民的最终消费将成为我国经济增长的主要驱动力

2017年最终消费支出对国内生产总值增长的贡献率为58.8%，资本形成总额贡献率为32.1%。这说明内需已是经济增长的重要动力。未来，居民的最终消费将成为我国经济增长的主要驱动力。

目前我国大多数消费品供应充裕，但产业结构不合理，还不能满足人们日益增长的多样化需求，有些产品价高质次，产品安全堪忧。仅有消费能力和物质条件还不够，好的服务环境也很重要。

3.转变经营方式，商业流通企业和消费品生产企业责无旁贷

零售百货业必须转变经营方式，在刺激消费上多下功夫。对于实体零售业，最受消费者诟病的是中间环节多、价格虚高。实体零售业在刺激消费上的潜力还体现在为细分人群提供附加值更高的服务上。零售业需要更多的个性化服务、定制服务和体验服务，同时不断引进新的服务和管理技术。“货好服务优”对消费的拉动作用同样体现在生产企业上。

我们不能片面追求和攀比经济增长速度，而是引导各方面把主要精力和工作重点放在转变经济发展方式、强化改革、加快社会建设上。

第二节 消费升级

一、我国瞄准六大领域促进消费升级①

国务院印发的《关于积极发挥新消费引领作用加快培育形成新供给新动力的指导意见》全面部署了以消费升级引领产业升级，以制度创新、技术创新、产品创新增加新供给，满足创造新消费，形成新动力。

该指导意见瞄准消费升级的重点领域和方向，从供给侧发力，提出加快推进重点领域制度创新、全面改善优化消费环境、创新并扩大有效供给、优化政策支撑体系。

（一）新消费新在哪里

长期以来，我国重生产、轻消费。经济新常态下，消费在新时期将发挥更加重要的引领作用。

新消费不同于以往的传统消费。过去重商品消费，新消费则还关注服务消费。过去重物质消费，新消费更关注精神消费。新消费还引领健康消费的新风尚，是节约、理性、绿色、健康的消费，而不是奢侈、不健康、非理性、破坏环境的消费。

我国居民消费呈现出从注重量的满足转向追求质的提升，从有形物质产品转向更多服务消费，从模仿型、排浪式消费转向个性化、多样化消费等一系列变化。消费升级的重点领域和方向，包括服务消

① 李予阳. 我国瞄准六大领域促进消费升级［N］. 经济日报，2015-11-25.

费、信息消费、绿色消费、时尚消费、品质消费、农村消费等六大重点领域。

随着跨境电商如火如荼地发展，中国消费者不仅开始紧随全球时尚，同时可以引领全球时尚。另外，从消费方式上来说，在互联网广泛融入生产生活的大背景下，通过互联网获取商品和服务来满足消费需求是大势所趋，也蕴藏着巨大的市场机遇，创业创新者应密切关注这些领域。

（二）破除体制机制障碍

我国要加快推进重点领域制度创新，加快破除阻碍消费升级和产业升级的体制机制障碍，维护全国统一市场和各类市场主体的公平竞争，以事业单位改革为突破口加快服务业发展，以制度创新助推新兴产业发展，以推进人口城镇化为抓手壮大消费群体，激发市场内在活力。

该指导意见提出的消费升级重点领域和方向不仅具有巨大潜力，同时是存在供给瓶颈的领域，亟待通过破除体制机制障碍来获得松绑。

我国要加大服务业对内和对外开放力度；加快推进公立教育、医疗、养老、文化等事业单位分类改革，尽快将生产经营类事业单位转为企业；创新公共服务供给方式等。这些将极大推动服务业繁荣发展，从而使服务消费迈上新台阶。

（三）增加有效供给

我国要紧紧围绕消费升级需求，着力提高供给体系质量和效率，鼓励市场主体提高产品质量、扩大新产品和服务供给，营造大众创业、万众创新的良好环境，适当扩大先进技术装备和日用消费品进口，多渠道增加有效供给。

1996年我国出现供大于求的买方市场的特点，持续至今。重生产、轻流通、轻消费的现象长期存在。重有效供给要以消费为导向。一是随需应变；二是重视新产业的发展，创造更多新消费。只有围绕消费市场的变化趋势进行投资、创新和生产，才能最大限度地提高投资和创新有效性、优化产业结构、提升产业竞争力和附加值，实现更有质量和效益的增长，实现消费升级和产业升级的协调发展。鼓励企业加强质量品牌建设，不仅能够培育一批展示“中国制造”和“中国服务”优质形象的品牌与企业，满足国内消费者不断升级的需求，而且有助于让中国优质商品和服务“走出去”。

二、消费升级推进产业升级①

消费升级的结构性变化将有力地推动产业升级，由此对经济转型发挥日益重要的作用。

近年来，中国三大需求结构出现积极变化，消费、投资、出口这“三驾马车”中消费对经济增长的贡献明显提升。2017年最终消费支出对国内生产总值增长的贡献率为58.8%，高于资本形成总额26.7个百分点，成为经济增长第一驱动力。2017年我国社会消费品零售总额达到36.6万亿元，比2016年净增3.4万亿元，同比增长10.2%。这是社会消费品零售总额连续第14年实现两位数增长，最终消费继续发挥着拉动经济增长的基础性作用。

在消费规模快速扩张的同时，消费升级步伐加快，消费层次、消费品质、消费形态、消费方式和消费行为等方面均呈现出明显的趋势性变化，新消费方兴未艾。我国市场销售平稳较快增长，消费升级态势明显。2017年全国网上零售额为71 751亿元，比上年增长32.2%，增速比上年加快6.0个百分点。其中，实物商品网上零售额为54 806亿元，增长28.0%，占社会消费品零售总额的比重为15.0%，比上年提高2.4个百分点；非实物商品网上零售额为16 945亿元，增长48.1%。我国超市、百货等零售业态依托物联网、人工智能和移动互联网等新技术以及不断完善的物流配送体系，与电商平台深度融合，涌现出更注重消费者体验，集餐饮、购物、娱乐、休闲等多功能于一体的新零售业态。

---

① 冯其予，李予阳．消费升级推进产业升级［N］．经济日报，2016-07-12.

随着农村居民收入的较快增长，精准扶贫、电子商务进农村等政策的持续推进，乡村社会消费品零售额全年达到5.2万亿元，同比增长11.8%。中西部地区消费继续领跑，重点零售企业西部地区全年销售额分别比东部、中部高0.5个和0.4个百分点。

2017年我国恩格尔系数为29.3%，比2016年下降0.8个百分点，比2012年下降3.7个百分点。居民消费结构持续改善，消费者对高品质、个性化商品的需求不断提升，带动了消费升级类商品较快增长。2017年，包括限额以上单位家用电器和化妆品类商品、通信器材类商品以及新能源汽车产销量均出现明显增长，餐饮娱乐、文化休闲、健康养老消费持续旺盛，共享式消费、体验式消费快速发展，旅游人数和旅游收入也出现较快增长。

我国的消费层次正在由温饱型向全面小康型转变，消费品质由中低端向中高端转变，消费形态由物质型向服务型转变。从众型、排浪式消费模式逐步退潮，个性化、定制化、多样化消费渐成主流。随着服务业规模的不断提高，服务业体系逐步完善，服务消费得到更好满足，并创造出更多的服务消费需求。文化、娱乐、健康、休闲、旅游市场持续升温，体验式消费成为市场新亮点。

消费升级加快是居民收入持续提高、城镇化加快推进、互联网日益普及的必然结果，也是供给侧改革发力、有关政策发挥作用的体现。简政放权大大提高了市场效率，"营改增"等进一步降低了服务业发展成本，大众创业、万众创新有力催动了新产业、新业态的蓬勃发展。

伴随着中国经济由投资驱动到消费驱动的转型，消费将给中国经济带来跨越周期的结构性变化。到2020年要实现全面小康，就要继续通过需求牵引来促进投资结构的变化，最终实现产业结构的优化，消费的地位将比以往更加重要。

随着我国经济逐步进入高质量发展阶段，我国消费也进入了需求多元化发展、规模持续扩大、结构优化升级的发展新阶段。这就需要我们重点针对当前消费需求显著提升、多元化发展和市场供给不平衡、不充分的矛盾，营造更好的消费环境，在中高端消费、绿色低碳、分享经济、现代供应链、人力资本服务等领域培育新的增长点，释放消费需求的潜力，继续发挥消费对经济增长的基础性作用。

三、加快构建绿色消费体系[①]

绿色发展是构建高质量现代化经济体系的必然要求，是解决污染问题的根本之策。美丽中国建设时间表提出，要确保到21世纪中叶实现"绿色发展方式和生活方式全面形成"的目标要求。绿色消费是有效连接绿色生产与绿色生活的关键节点。在消费领域贯彻落实全面绿色发展的实践要求，应积极构建实施绿色消费体系。

绿色消费倒逼发展方式的绿色转型，为推动供给侧结构性改革提供动力支撑。资源与环境的双重约束，决定了我国消费方式必须以绿色化转型为出路，推动绿色发展。随着绿色消费观念的传播、传播与激励绿色消费措施的落实，我国人民的消费需求、消费偏好、消费结构、消费方式、消费习惯等将逐步实现绿色化转型，这种变化通过市场机制直接传导到社会生产系统，进而影响企业在产品与服务开发、资源能源使用、工艺提升、商品流通方式等方面的绿色转型，从而使社会生产要素资源配置、产业结构调整、经济运行模式向更加绿色的发展方式转变，推动供给侧结构性改革。

绿色消费活动还可以将绿色发展的理念、绿色环保的要求全方位地渗透到社会生活的每一个角落；全民绿色消费行为的本质，是大众表达环保诉求、支持环境治理、参与经济绿色发展的有效介入途径和践行方式，是构建全社会共同参与的环境治理体系的重要领域。

绿色消费是目前绿色发展的薄弱环节和实践短板，也是拓展环境治理体系的新空间。当前，我国已进入消费需求持续增长、消费拉动经济作用明显增强的发展阶段，随着消费规模的扩大带来的能源资源压力，消费结构、消费习惯所带来的对环境的负面影响也愈加突出。目前我国环境治理政策，无论是属

① 郭珉媛. 加快构建绿色消费体系［N］. 经济日报，2018-06-28.

于末端治理路线的清洁生产，还是源头治理路线的绿色供应链管理，均聚焦于以企业行为、行业行为为主的生产领域。在消费领域，总体上依旧呈现绿色消费品供给不足、绿色消费观念略显狭隘、绿色消费支撑体系不健全的不利局面。这就要求我国环境治理体系进一步拓展领域空间，着眼于促进社会消费活动的绿色化转型，健全、完善以促进绿色消费为导向的相关政策体系措施和制度安排。

积极构建实施绿色消费体系，全面落实消费领域的绿色发展实践。要从战略的高度认识绿色消费在全面推动绿色发展中的作用，加强顶层设计，将绿色消费纳入国家生态环境保护与治理的议事日程，全面系统地推动绿色消费的立法、规划、政策、宣传等工作的开展。明确绿色消费的法律地位，健全绿色消费相关法律法规，明确生产企业、零售企业、消费者、政府机构等主体应依法履行的责任义务。完善绿色消费的政策体系和各项政策的实施细则，强化绿色消费规制的可操作性。在商品生命周期的全过程各环节明确划分的基础上，要明确政府相关部门在推动绿色消费体系中的职能定位，构建绿色消费推动体系。要加速绿色消费相关的技术支持体系建设，强化标准化作为综合性技术支持手段和管理手段在绿色消费供给方面的基础性支撑，建立绿色产品从原材料、工艺设计、生产到流通、废弃物处理等环节的统一的技术标准体系；参考国际实践，建立符合中国国情的统一的绿色产品认证体系和标识体系，不断完善绿色产品的认证实施办法和标识使用管理办法。要加强绿色消费市场的培育，建立从财税、信贷到价格、市场监管、绿色信用体系建设等绿色消费支持体系建设。在绿色交通、节能环保建筑、绿色物流、垃圾分类等重点领域，进一步探索与绿色消费相关的技术创新与体制机制创新。加强舆论宣传和观念引导，充分利用传统媒体和网络媒体，大力宣传绿色消费，强化公民的环境意识，充分发挥社会组织在推动绿色消费活动中的组织参与和监督作用。

第三节　确定投资规模与优化投资结构的原则

一、确定投资规模的基本原则

经常保持一定规模的固定资产投资，是不断扩大生产能力的重要途径。固定资产投资规模是指以积累为来源的、用货币形式表示的固定资产扩大再生产的工作总量，即基本建设的工作总量。

我国多年的经济建设经验表明，投资规模是否适当对国民经济发展有极大影响。从一定意义上说，它是稳定整个国民经济的重要条件。

投资规模过大，不仅会造成建筑材料供应紧张，建设周期拉长，而且势必挤生产，挤维修，挤人民生活，使企业难以保持正常生产，使人民生活得不到必要的改善。一旦出现这种局面，国家就不得不进行经济调整，大批基建工程下马，大量设备积压甚至报废，许多为基本建设服务的工厂减产停产，大量施工队伍窝工。这种大上大下所造成的浪费和损失是相当严重的。中华人民共和国成立以来，我国在经济建设上遭受到几次重大挫折，除了政治上的原因以外，从经济上来说，都是同盲目扩大基本建设规模分不开的。

相反，投资规模过小也不行，因为过小就难以给国民经济各部门提供足够数量的生产性固定资产，从而会使各部门生产能力的提高受到限制，不仅延缓产业发展，也影响国民经济的发展；另外，也会因为不能提供足够数量的非生产性固定资产而使人民物质文化生活的改善受到影响。

要解决好基本建设规模与国力相适应的问题，主要应坚持下列几个基本原则：

（一）量力而行

投资规模的大小是由需要和可能这两个方面的因素所决定的，就现阶段而言，就是由经济发展的需要和我国的具体国情所决定的。投资的总规模绝不能超过国家的人力、物力、财力所能承受的范围。我们每年能有多少基本建设投资，只能取决于国家每年在财政收支平衡、银行信贷平衡和外汇平衡的基础上，能够拿出多少资金搞基本建设。而这部分资金还必须有相抵的物资。能有多少基本建设投资，归根到底还是取决于国家有多少剩余的社会总产品。如果基建投资规模超过这个限度，不仅会出现财政赤字，而且在材料、能源和设备等物资上还会出现大缺口。硬要保持这个规模，就只能以降低人民生活水平为代价。我国是一个有13亿多人口、5亿多农民的大国，技术水平不高，劳动力多，资金缺乏，每年的剩余产品不多，可供积累的资金有限。一句话，我们还是一个大的发展中国家，这就是我们的最大国情。如果不顾这种国情，非要搞过大规模的基本建设，只能用挤消费的办法来提高积累率。这样做的结果必然是顾此失彼，欲速而不达，人民群众在经济上得到的好处就会丧失，整个经济的发展还会再受挫折。

（二）先生产，后基建

1.要全面认识和把握生产与基建的内在联系，促成生产与基建之间的良性循环

生产和基建的内在联系是互相促进、互相制约的对立统一关系。

相互促进、彼此统一的主要表现为：一个时期的生产总水平，既取决于原有生产规模的大小，又取决于在该时期内通过基本建设所形成的新增生产能力的大小。原有生产发展得越快，就越能为基本建设规模的扩大提供更多的物资和资金；基本建设的规模越大，所形成的新增生产能力就越多，也就越能促进原有生产的更大发展，从而形成生产与基建之间的良性循环。

然而，如马克思所说：有些事业在较长时间内取走劳动力和生产资料，而在这个时间内不提供任何有效用的产品；另一些生产部门不仅在一年间不断地或者多次地取走劳动力和生产资料，而且提供生活资料和生产资料。在社会公有的生产的基础上，必须确定前者按什么规模进行，才不致有损于后者。① 基本建设属于马克思所说的前一类事业，生产属于后一类事业。这两者之间存在互相制约、彼此对立的一面。假如，基本建设规模搞得过大，战线拉得太长，势必要占用过多的人力、物力和财力，这样就会挤占生产的需要，现有的生产能力就不能充分发挥，生产的发展就要受到损害；反之，如果生产不能精打细算，不讲究经济效益，必然占用过多的人力、物力和财力，也会影响基本建设规模的扩大。这两者的关系安排不当，就会造成生产和基建之间的恶性循环。

2.要充分认识并发挥生产对基建的基础作用，贯彻先生产、后基建的原则

要实现由恶性循环到良性循环的转变，就必须充分认识并发挥生产对基本建设的基础作用。生产是基本建设的基础，这是由简单再生产是扩大再生产的基础这个原理所决定的。没有也不可能存在不能维持简单再生产的扩大再生产，只有首先维持简单再生产，在此基础上才谈得上扩大再生产。搞基本建设必须以维持原有生产正常进行为前提和起点。同时，我们还必须看到，现有生产也是扩大再生产的一个重要方面，因为不断地改善现有工农业企业的各项技术经济活动，加强计划、经济和技术的管理，改进生产组织和劳动组织，采用新技术、新工艺、新能源和新原材料，也能够扩大再生产，提高生产水平。特别是年度计划的生产水平，主要还是靠对现有生产企业的挖潜、革新、改造和改组来实现。

生产对基建的基础作用主要表现为：在满足现有生产所必需的物质资料（包括生产资料和生活资料）之后，所剩余的物质资料是进行基本建设的物质基础和条件，它决定着基本建设规模的大小和质量的高低。只有在物资和资金的分配和使用上，认真贯彻执行先生产、后基建的原则，来安排基本建设的规模，才可能保证基本建设不损害生产，并促进生产的发展；生产也才可能为基本建设创造出更多的物质条件，促进基本建设的发展，从而形成生产与基建之间的良性循环。

（三）“瞻前顾后”

基本建设投资规模可分为年度规模和在建项目的总规模。年度规模是指在一个年度实际完成的基本建设投资额；总规模是指当年施工的建设项目全部建成需要的投资总额。由于大中型项目往往需要连续

---

① 马克思，恩格斯．马克思恩格斯全集：第24卷［M］．中共中央马克思恩格斯列宁斯大林著作编译局，译．北京：人民出版社，1972：396-397.

投资几年才能建成，所以在建总规模一般比年度规模要大，又由于各个项目建设高峰期不同，随着工程的开展，一个项目投资的需要量在年度之间是不均衡的，所以，投资规模不能只考虑当年，还必须考虑以后年度；否则，会造成年度之间投资规模摇摆幅度很大，使投资的增长速度和工农业生产的增长速度脱节，造成材料物资供应的不平衡状况。

（四）综合平衡

由国家财政预算拨款的投资是基本建设资金的主要来源。随着经济管理体制的改革，地方、部门和企业用地方机动财力、各种专项资金以及其他自有资金安排的基本建设投资的比重增加较快。国家要在搞好全社会综合平衡的前提下，根据需要与可能合理确定地方、部门、企业自筹基本建设资金的合理规模。不论基本建设资金来源如何，都要按照隶属关系和计划安排权限，由各级部门综合平衡后，在核定的基本建设规模之内，纳入各级基本建设计划，并接受国家和各级政府的财政和统计监督；对超过限额的投资，要利用各种手段予以调节和控制。

（五）适度积累，投产一批，再建一批

实践证明，只有这样才有利于早出产品，早收回投资，早提高技术，有利于巩固和提高投资效果。我们坚决反对过高的积累率，应把积累率定在最高要保证人民生活水平有所改善，至少不降低，与最低要保证生产有所扩大的限度之间。我们坚决反对不分先、后、缓、急，齐头并进，拉长战线的做法，因为那样办，必然是劳民伤财，有害无利。

（六）集中统一管理

凡属于基本建设性质的项目，包括技术措施和设备更新的项目，包括预算投资和预算外投资的全部项目在内，不管资金来源于什么渠道，统统都要纳入基建计划。要严格遵守基建的审批程序，经过批准的基建计划下达后，各部门、各地区都不能搞计划外项目，不能擅自扩大基建规模。要打破按“部门法”和“水平法”分配投资的做法，大中型项目由综合部门统一安排，然后再落实到部门。要根据建设项目的重要程度和投资的主要来源，把建设项目按中央、地方和企业分别管理。凡属达不到基本建设投资限额的零星固定资产的再生产，都不应列入基本建设。要进一步加强必要的行政干预，严守国家的政策和法令。应该特别指出的是，加强集中统一管理在调整时期尤为重要。

综上所述，随着社会主义现代化建设事业的发展，基本建设规模是会不断扩大的。但是，在一定的时期内基本建设投资的增加和建设规模的扩大又不能是任意的。党的关于“社会主义经济建设必须从我国国情出发，量力而行，积极奋斗，有步骤分阶段地实现现代化的目标”的方针和关于建设规模要和国力相适应的思想，是我国几十年来经济建设经验的科学总结，是我们合理确定基本建设规模的指导思想。

二、优化投资结构的基本原则

投资结构是指基本建设投资在各个部门、地区、环节之间的分配，即各项投资的比例关系，也叫基本建设投资方向。

优化投资结构，对于提高投资的经济效益，保证国民经济持续、快速、健康地发展以及人民生活的改善都有重要的意义。在投资规模既定的情况下，正确而合理地确定投资结构，使有限的资金发挥最大的效益，具有更加重要的意义。

投资结构的确定同样不是任意的。根据马克思主义再生产原理和我国的实践经验，要正确确定投资结构，除了要正确处理工业与交通运输业的关系，工业建设与城市基础设施建设的关系，加工工业与能源、原材料工业的关系，各个地区的关系，经济建设与社会发展的关系，大型项目与中小型项目等的关系外，还必须坚持下列几个基本原则、处理好以下几个投资比例关系：

（一）先简单再生产，后扩大再生产

基本建设投资在固定资产简单再生产与扩大再生产之间的分配比例，被称为再生产投资的方向和结构。为了使社会主义再生产能顺利进行，必须不断地补偿和追加在生产过程中及流通过程中所消耗的物质材料。这种补偿和追加，按其性质的不同，可分为三个组成部分：一是补偿和追加劳动者所消费的各种生活消费品；二是补偿和追加所消耗的各种燃料、动力和原材料；三是补偿和追加所逐渐消耗的厂房、机器设备和营造物等生产性固定资产。上述这三个部分的补偿部分所需的资金，是维持简单再生产的资金；三个部分的追加部分所需要的资金，是扩大再生产所需要的资金。第三部分的补偿部分所需要的资金，就是维持固定资产的简单再生产的投资；第三部分的追加部分所需要的资金，就是固定资产扩大再生产所需要的投资。

为了充分地发挥现有企业的作用，改善投资效果，我们必须切实保证维持固定资产简单再生产的投资不被挪用，因为维持简单再生产是进行扩大再生产的起点和条件。这就要求我们着重解决好下列几个问题：

（1）在基本建设计划安排上，坚持先维持固定资产的简单再生产、后安排固定资产的扩大再生产的原则。早在1962年年初，李富春同志主管国家计委工作时，就曾经明确地指出，在编制计划时，必须首先保证简单再生产的正常进行，然后再根据人力、物力、财力的可能安排扩大再生产的基本建设规模。当时国家计委还根据这一指示，发布了《关于维持简单再生产的投资实行分别管理的意见》的通知。可惜的是，当时并没有很好地贯彻执行李富春同志的指示和计委的通知，结果是加剧了国民经济的比例失调。

（2）实行专款专用、分别管理的原则。在编制计划时，对维持简单再生产和扩大再生产的基本建设所需的资金、燃料、原材料和设备，实行统一计划、分级管理，要专款专用，不允许相互混淆和挪用。这是十分必要的，也是完全可能的。

（3）搞好综合平衡，适当提高折旧率。在维持简单再生产投资的使用上，在实际工作中，一方面存在被挪用的现象；另一方面又存在投资花不了的现象。投资之所以花不了，主要是因为能源和原材料供应不足。可见，加强资金和物资的综合平衡工作，纠正在物资分配上忽视维持简单再生产投资需要的错误倾向，是完全必要的。应改变那种“一基建，二生产，更新改造无人管”的局面，按照“一生产，二更新改造，三基建”[①]的顺序办事。这一点，在调整时期尤应如此。

（二）先改扩建，后新建

基本建设投资在新建和对现有企业改扩建[②]之间的分配比例，可反映建设投资的方向和结构。新建和对现有企业的改扩建是实现基本建设的两种基本形式，各有各的地位和作用。

新建，在根本改变原来极不合理的产业分布、合理配置生产力、促进各地区经济文化的发展、建立新的产业部门和巩固国防等方面，有重大意义。对现有企业的改扩建，对于满足国民经济当前的需要，以大批原材料、设备、资金、技术力量和生产建设的经验支援新企业的建设有重要作用。与新建比较，改扩建可以充分利用原有的基础，可以不增加或少增加厂房、设备、工人、技术人员和管理人员等。

一般来说，新建有助于我国的产业达到较新的技术水平和较高的劳动生产率，成本较低，劳动条件较好，但新建投资多，建设时间长，收效较慢。对现有企业进行改扩建有助于把现有企业的技术、劳动生产率、成本和劳动条件，从落后或一般的水平提高到先进的水平，投资往往较少，建设时间短，收效较快。所以，我们必须把这两种形式正确地结合起来。

---

① 更新改造同基本建设本来是分不开的。这里使用了习惯的说法，以便使问题突出。

② 新建，是指为了建设新的企业而进行的基本建设。现有企业原有基础很薄弱，经过改扩建以后新增固定资产超过原有固定资产价值3倍以上者，也属于新建。改扩建，是指为了扩大现有企业的生产规模和改造其生产技术而进行的基本建设。迁移厂址或因改变产品方案而改装机器设备者，也属于改扩建。

正确地安排新建和改扩建之间的比重，有重要意义。每一个国家的不同建设时期，新建和改扩建的比重是不相同的。一般在工业化初期，特别是在恢复时期，改扩建比重较大。随着进行大规模经济建设，新建的比重增大。而在国家经济建设的各个具体时期中，新建与改扩建的比重又会有所起伏。在工业化后期，对原有企业的改扩建的比重最大。

（三）合理确定生产性基建与非生产性基建的比例

基本建设投资在生产性固定资产和非生产性固定资产的建设之间的投资分配比例，被称为经济用途投资的方向和结构。生产的发展直接依赖于生产能力的提高，生产性提高能够直接提高生产能力，又是进行非生产性基建的物质技术基础。所以，我们在安排基本建设时，应当把大部分人力、物力、财力用于生产性基建。

生产性基建固然重要，非生产性基建也不可缺少。它直接关系到职工的物质和文化生活的改善。在一定的时期内，有一些非生产性基建项目已关系到职工生活的迫切需要，那么这样的基建项目也应当被作为重点项目。

（四）正确处理为当年（近期）服务和为以后年度（远期）服务项目的关系

在年度基本建设计划中，正确安排为当年服务和为以后年度服务的建设项目的比重，对工业和整个国民经济按比例高速发展有重要意义。

按建设项目的开工和投入生产的时间来划分，当年的全部建设项目是由下列几个部分组成的：①过去开工，本年再续建后可在本年投入生产的建设项目；②本年开工，又在本年可投入生产的建设项目；③过去开工，经过本年续建后仍不能建成，要到以后年度才能投入生产的建设项目；④本年开工，到以后年度才能投入生产的建设项目。前两个部分是为当年服务的，后两个部分是为以后年度服务的。如果为当年服务的比重安排过小，当年的生产水平就要受到影响；反之，如安排过大，就不能为以后年度准备好必要的生产能力，许多大型骨干项目就难以保证，从而必然影响以后年度的生产水平。

根据我国的建设经验，在各年度的基本建设项目中，绝大多数还是为以后年度服务的。但是就个别部门来说，如新建的部门、过去基础非常薄弱的部门和某些在国民经济发展中暂时落后的部门，还是可以使为当年服务的基本建设项目占较大比重的。各个不同的具体部门在安排为当年服务的项目和为以后年度服务的项目的比重时，要充分考虑到该部门的技术、经济特点，不能强求一致。

（五）合理确定建筑安装工程和设备购置比例

基本建设投资按其构成的内容可分为三种类型：①建筑安装工程的费用。这部分必须兴土动工，通过施工活动才能实现，是创造物质财富的生产活动。②设备工器具的购置费用。在生产性固定资产的投资中，这一部分费用的多少，直接决定今后生产能力和生产效率的高低，是对未来生产起最大作用的部分。③其他费用，如勘察设计、征用土地、生产人员培训等费用。这三部分费用之间的比例关系被称为基本建设投资的工艺结构。

在生产性固定资产投资中，提高设备工器具购置费的比重，对于提高投资的效益有显著的影响。当然在生产性固定资产投资和非生产性固定资产投资以及不同工业部门之间，设备工器具购置费用所占的比重是有明显区别的。

当然，投资结构不只有以上几个方面，还应当包括产业部门投资结构和地区投资结构等。在产业部门的投资结构中，在当前还应继续加强对能源、交通运输、文教卫生和科技等方面的投资。

［第三十五章］

第一、二和三产业

第一、二和三产业（以下简称三次产业）是一个涵盖全部经济活动的产业。它把全部经济活动按照人类生产活动发生和发展的历史顺序，依次地划分为第一、二和三产业。本章主要讨论三次产业结构理论的建立与发展、三次产业结构的关联、三次产业结构的发展趋势、我国三次产业结构的现状与展望。

第一节　三次产业结构理论的建立与发展

一、三次产业的分类

产业分类是建立产业结构概念和进行产业结构研究的基础。三次产业的分类方法是西方学者进行产业结构研究的最重要的分类方法之一。三次产业的分类方法的提出和应用，使产业结构的理论水平和研究方法得到了进一步的拓展。

三次产业分类的主要原则，是把全部经济活动按照其客观序列与内在联系，划分为第一产业、第二产业和第三产业。这是欧美、日本和苏联等国家普遍采用的一种产业分类法。我国于1985年首次对1984年的第三产业做了统计，国务院转发了国家统计局关于建立第三产业统计的报告，在总结国内外经验的基础上，根据我国的具体情况，提出了建立这种分类法的必要性和我国三次产业的划分方法。

经济学界普遍认为，三次产业分类法的确立，实际上是由英国经济学家费希尔完成的。20世纪30年代初，费希尔研究认为，第一产业和第二产业并没有穷尽全部经济活动，于是把第一产业和第二产业之外的其他经济活动，统称为第三产业。费希尔在当时的英国和澳大利亚的经济杂志上发表了数篇论文，不仅提出了第三产业的概念，而且指出第三产业的本质在于提供服务。1935年，费希尔在《安全与进步的冲突》一书中，从世界经济史的角度对三次产业分类方法进行了理论分析。他认为：纵观世界经济史可以发现，人类生产活动的发展有三个阶段。在初级阶段，生产活动主要以农业和畜牧业为主……迄今世界上许多地区还停留在这个阶段上。第二阶段是以工业生产大规模地迅速发展为标志的，纺织、钢铁和其他制造业的商品生产为就业和投资提供了广泛的机会。显然，确定这个阶段开始的确切时间是困难的，但是很明显，英国是在18世纪末进入这个阶段的……第三阶段开始于20世纪初，大量的劳动和资本不是继续流入初级生产和第二级生产中，而是流入旅游、娱乐服务、文化艺术、保健、教育和科学、政府等活动中。处于初级阶段的产业是第一产业，处于第二阶段的产业是第二产业，处于第三阶段的产业是第三产业。

费希尔虽然提出了三次产业的分类方法，但他没有总结出规律性的内容。英国经济学家和统计学家科林·克拉克则在继承费希尔研究成果的基础上，在1940年出版的《经济进步的条件》（The Conditions of Economic Progress）一书中，运用三次产业分类方法研究了经济发展同产业结构变化之间关系的规律，从而拓展了产业结构理论的应用研究，使得三次产业分类方法得到了普及。因此，三次产业分类方法更多地与克拉克的名字联系在一起。这种产业的分类方法又被称为克拉克产业分类法。

二、配第-克拉克定理

配第-克拉克定理是揭示经济发展过程中产业结构变化的经验性学说。克拉克在威廉·配第的研究成果之上，计量和比较了不同收入水平下就业人口在三次产业中分布结构的变动趋势。克拉克认为他的发现只是印证了配第在1691年提出的观点而已，故后人把克拉克的发现称为配第-克拉克定理。

克拉克首先把整个国民经济划分为三个主要部门：农业——第一产业；制造业——第二产业；服务业——第三产业。

克拉克所说的农业除了包括种植业外，还包括畜牧业、狩猎业、渔业和林业，矿业被认为处在边界线上。采矿业在经济活动中分明是取自于自然的产业，理应划入第一产业，但采矿业有更多的属性接近制造业。克拉克在1951年出版的《经济进步的条件》（第二版）中，将其划入了第二产业。这个部门的特点是所有行业都直接地依赖于自然资源的使用。在技术不变的情况下，这个部门除少数例外，通常遵循报边际酬递减规律。

制造业被定义为：一个不直接使用自然资源，大批量连续生产可运输产品的过程。这个定义排除了不可运输产品（建筑与公共工程）的生产和小规模的不连续过程（如手工缝衣或修鞋等）。制造业的基本性质是它的材料和产品如有必要即可远距离地运输，它要求有相当大的资本投资和高度的组织。在大多数情况下，这个部门的生产具有规模报酬递增的特点。

第三个部门由大量的不同活动所组成，克拉克把它们统称为服务部门。这个部门包括建筑、运输与通信、商业与金融、专业服务（如教育、卫生、法律等）、公共行政与国防以及个人服务业等。服务业按照目的还可以区分为直接提供给最终购买者（消费者、投资者和政府）的服务和被用来帮助其他生产过程的服务（如商品运输、批发商业以及有商品目的的乘客旅行和旅馆提供等）。

克拉克在搜集和整理若干国家的统计资料基础上，进行了国际比较和时间序列分析，得出如下结论："随着时间的推移和社会在经济上变得更为先进，从事农业的人数相对于从事制造业的人数趋于下降，进而从事制造业的人数相对于从事服务业的人数趋于下降。"[①]克拉克认为，劳动力在产业之间变化移动的原因是由经济发展中各产业间的收入出现了相对差异所造成的。因此，配第-克拉克定理可以表达为：随着经济的发展、人均国民收入水平的提高，劳动力首先由第一产业向第二产业移动；当人均国民收入水平进一步提高时，劳动力便向第三产业转移。劳动力在产业间的分布状况是：第一产业减少，第二、三产业增加。这不仅可以从一个国家经济发展的时间序列分析中得到印证，而且可以从处于不同发展水平上的国家在同一时点的横截面比较中得到类似的结论。人均国民收入水平越高的国家，农业劳动力在全部劳动力中所占的比重相对来说越小，而第二、三产业中劳动力所占的比重相对来说就越大；反之，人均国民收入水平越低的国家，农业劳动力所占比重相对越大，而第二、三产业中劳动力所占的比重相对越小。

克拉克对其本人总结的规律提出了两点解释：一是需求因素；二是效率因素。关于需求因素，克拉克认为："随着人均收入的增加，很明显，对农产品的相对需求一直在下降，而对制造品的相对需求开始上升然后下降，而让位于服务业。"[②]他进一步指出，如果把服务业限于对消费者的服务，那么，相对于其他产品，服务业不会表现出很高的边际需求。但是，若把服务业扩大到包括为企业提供的服务，那就可以得出肯定的结论：服务业的相对需求将是上升的。除了部门间需求差别外，部门间效率差别也是结构变化的一个重要因素。按照克拉克的观点，不同部门存在不同的生产效率。制造业的人时实际产品数量差不多总是比同一个经济中其他部门的人时实际产品数量以更大的幅度增长，因此，"制造品的一个静止的相对需求将会导致该部门就业劳动力比例的下降。甚至当制造品相对需求增加时，我们仍然可

---

① CLARK. The conditions of economic progress [M]. 3rd ed. London: Macmillan, 1957: 493.
② CLARK. The conditions of economic progress [M]. 3rd ed. London: Macmillan, 1957: 493.

以一般地预期，在长期该部门的就业劳动力比例是下降的”[①]。农业劳动生产率除原始社会外也显示了持续上升的趋势，虽然通常没有制造业劳动生产率上升得那么迅速。上升的生产率与持续下降的相对需求结合在一起，必然导致农业劳动力比例持续下降。当然，服务业的效率也同样得到巨大的改善，但由于社会经济生活对服务业的各个部门的需求比生产率增加来得更为迅猛，因而服务业中劳动力的相对比例相应地迅速提高。

克拉克认为：“经济规律是从比较观察中总结出来的，而不是从事先假定中演绎出来的。”克拉克在其《经济进步的条件》的序言中明确指出：经济学应当是建立在对经济世界现实材料的收集和考察基础上的科学。因而，克拉克对经济世界分析方法的思想，体现在其产业结构理论中有如下特点：①克拉克的产业结构研究采用了三次产业分类方法，即把全部经济分为第一产业、第二产业和第三产业作为基本框架。[②]②克拉克采用了劳动力这一指标来分析产业结构的演变。克拉克考察了经济发展进程中劳动力在各产业中的分布状况的变化。③克拉克通过分析若干国家在一定时间序列中所发生的变化，来探讨人均国民收入水平的提高与一国产业结构演进之间的规律。④克拉克引用了最终需求的收入弹性和价格弹性，以及劳动生产率的变动来规范经济事实。

因此，从理论的形成与发展上看，克拉克所发现的规律，其理论来源主要有两个：一是配第定理，即产业间收入相对差异的描述性规律现象；二是费希尔的三次产业分类方法。

三、库兹涅茨法则

库兹涅茨是美国当代著名经济学家，在西方经济学界获得“国民生产总值之父”的美名。他特别强调经验统计对经济学研究的意义。1971年，他因在各国经济增长的长期趋势的结构分析方面的杰出贡献而获得了诺贝尔经济学奖。他对产业结构方面的理论研究成果，主要反映在《现代经济增长：速率、结构与扩展》和《各国的经济增长：总产值和生产结构》等专著中。

库兹涅茨在继承克拉克的研究成果的基础上，从国民收入和劳动力在产业之间的分布两个方面，对伴随经济发展的产业结构变化进行了分析研究。他探讨了国民收入与劳动力在三次产业分布与变化趋势之间的关系，从而深化了产业结构演变的动因方面的研究。

库兹涅茨把第一、二、三产业分别称为农业部门（A部门）、工业部门（I部门）和服务业部门（S部门）。他认为：分三个主要部门：农业及相关的渔业、林业和狩猎业；工业——采矿业、制造业、建筑业、水力和电力、运输业及通信业；服务业——贸易、金融、不动产、动产、商业、仆佣、专业人员及政府。每个主要部门所包括的行业，在考虑原材料、生产性营运、最终产品及其行业间的区别特征方面各有不同，因此，同广义分类一样，以上的狭义分类定有不同意见。[③]

库兹涅茨认为：“在现代经济增长过程中，人口和产值的高速增长总是伴随着多种产业比重在总产出和所使用的生产性资料方面的明显变动。”[④]他在收集和整理了20多个国家的庞大数据的基础上，通过对各国国民收入和劳动力在产业之间分布结构的演变趋势的统计分析，得出以下结论，“在发达国家的增长进程中，这些部门在国民生产总值或国内生产总值或国民生产净值中所占份额的趋势是类似的：A部门的份额显著下降，从开初几十年的40%以上降到近年来的10%以下，I部门的份额显著上升，从开初几十年的22%~25%上升到近年来的40%~50%，以及S部门的份额微微地而且不是始终如一地上升……这些趋势在按当年价格和按不变价格计算的份额数量中都可看到……所有这些都由近年的按人口平均产值和总产值中的部门份额间的截面联系进一步证实。”I部门份额的上升与A部门份额的下降联系起来看，它并不占支配地位。在大多数发达国家中，I部门在劳动力中所占份额的上升，或是低于S部门，或是大体相等。I部门在劳动力中所占份额的和缓上升主要是由于制造业份额的和缓上升，这同

① CLARK. The conditions of economic progress [M]. 3rd ed. London: Macmillan, 1957: 494.
② KUZNETS. Modern economic growth: rate, structure and speed [M]. New Haven: Yale University Press, 1966.
③ 库兹涅茨. 现代经济增长：速率、结构与扩展 [M]. 戴睿，易诚，译. 北京：北京经济学院出版社，1989：76.
④ 库兹涅茨. 现代经济增长：速率、结构与扩展 [M]. 戴睿，易诚，译. 北京：北京经济学院出版社，1989：76.

制造业在产值中所占份额的具有支配作用的上升恰成对照。接着的则是S部门份额的显著上升，它抵消了A部门份额下降的大部分。如果说，产值结构的‘工业化’是就其变动与制造业、建筑业和整个I部门份额的上升相联系起来的这种狭义意义上的说法，那么，劳动力的结构就是部分地‘工业化’和部分地‘服务化’了。”当然，“主要部门在劳动力中所占份额的趋势与按人口平均产值及劳动力份额间近年来的截面联系是相一致的”。[①]

库兹涅茨在上述研究的基础上，运用部门相对产值的概念，对I部门的产值与I部门的资源份额之间的关系进行了定量分析。

令T和T_i分别为总产值和I部门的产值；O和O_i分别为总资源和用于I部门的资源（劳动力、资本或两者）；f_i为I部门占总产值的比重；g_i为I部门占总资源的比重，则有：

$f_i/g_i=(T_i/O_i)/(T/O)$

换言之，一个部门占总产量的比重与其占总资源的比重的比率，实际上描述的是这个部门劳动生产率（部门中单位资源的产出量）与全国劳动生产率（单位总资产的总产出量）之间的比率。如果比重改变了，并且我们把这些变化作为初始水平的相对数，令f_i的相对数为k_i，g_i的相对数为m_i，则这一时期末的比重分别为f_ik_i和g_im_i。对于期末有：

$f_ik_i/g_im_i=(T_i/O_i)\cdot(k_i/m_i)/(T/O)$

因此，如果这个部门占总产量的比重上升比例（k_i）大于其占总资源的比重的上升（m_i），相对于全国劳动生产率，这个部门的劳动生产率上升；如果这个部门占总产量的比重的下降比例少于其占资源比重的下降比例，也会有同样的结果。当然，这个部门的劳动生产率的绝对运动，也依赖于全国单位资源产出率的变动（T/O）。

在多数国家，农业部门占总资源（劳动力、资本或两者）比重的相对下降几乎与其占总产值比重的相对下降一致，即k_i/m_i约为1。相对于全国的劳动生产率而言，这一部门的劳动生产率水平肯定保持着同一水平，因而，农业部门劳动率的增长速度肯定与整个经济增长速度一致。同样地，工业部门的情况说明，其占总资源的比重的上升速度比其占总产值的比重的上升速度慢得多；由于k_i/m_i大于1，与整个经济劳动生产率相比，工业部门劳动生产率肯定会明显地以高速度上升。最后，事实表明，一些国家服务部门占总资源的比重相对上升得比其占总产量的比重要快；由于k_i/m_i小于1，服务业劳动生产率的上升幅度明显低于整个经济劳动生产率的上升幅度。

第二节　三次产业结构的关联

整个国民经济是个有机的整体，与此相对应的经济结构包括众多彼此关联的子结构，其中产业结构是其基本的结构形态。这是因为产业结构的形态决定了一国经济增长的格局。然而，产业结构的发展变化，一方面是由产业结构内部诸因素的发展变化所引起的，另一方面是相关结构的发展变化相互作用的结果。因此，研究产业结构只有揭示各种结构之间的内在联系，才能把握产业结构变化的客观规律性。

一、三次产业的关联及其趋势

三次产业互为因果，互为市场，彼此存在供求关系，如图35-1所示（这是日本植草益的划分与联系观点）。

图35-1中的产业关联结构不是静止不变的，而是随着科技革命的发展变化而变化的。这种发展变化在第二产业和第三产业中表现得更为突出。

① 库兹涅茨. 各国的经济增长：总产值和生产结构［M］. 常勋，等，译. 北京：商务印书馆，1985：330-333.

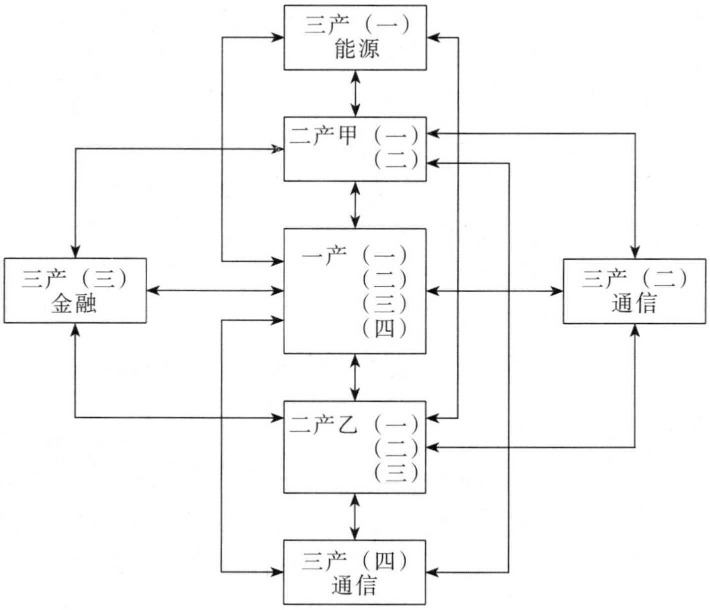

图 35-1 产业关联结构

资料来源 现代国际关系研究所. 世界新产业革命［M］. 北京：时事出版社，1984：4.

第二产业的原材料部门的发展趋势是：开始以制铁部门为核心，相继发展到钢铁部门和化学部门，再发展到合成、光导纤维等新兴原材料部门。

第二产业的加工工业部门的发展趋势是：生产资料部分，开始是一般机械和运输机械，相继发展到发电机和电动机，再发展到计算机和机电一体化①；消费资料部分，开始以农副产品为原料的消费品为主，相继发展到以工业品为原料的消费品为主，再发展到以耐用消费品为主。

第三产业的能源部门，开始以煤为中心，相继发展到以电和油为中心，再发展到以电为主体，并发展了原子能和太阳能等新兴能源。

第三产业的运输部门，开始只有海运、铁路运输，相继发展到空运和汽车运输。

第三产业的通信部门，开始以电话为主，发展到电子通信。

二、相关结构的关联

（一）投资结构与产业结构

投资结构是投资在国民经济各部门、各行业、各地区之间的分配比例。投资不仅是构成现实需求的重要因素，而且将形成新的生产能力。投资在各产业部门的分布是改变已有产业结构的直接原因。因此，投资结构影响一国产业结构的形成及变动。

对投资结构的衡量可从两个方面进行：

（1）投资结构扩展了现有产业结构的存量结构。投资使各产业或多或少地获得了一定的资金或实物。这样，产业之间会产生互为引致的需求，调动了现有产业生产能力的发挥。同时，资金在现有产业组织内部的结合，在一定程度上增强了现有产业的生产能力。

（2）投资结构改善了现有产业结构的存量结构。投资使各产业的原有的生产要素与新增资金产生了全新的组合，从而改变了现有产业间的生产能力的结构状况。同时，在各产业间的投资总是伴随着一定程度的技术进步，从而导致产业内技术水平的改善和资源转换效率的加强，造成了产业间投入产出格局的改变。

---

① 机电一体化即用电子技术改造机械工业，实现机械与电子的结合。

因此，投资是对产业再生产过程的资源投入，投资结构对产业结构的变化起推动作用；同时，投资又是来自于现存产业的成品产出，投资结构受现有产业结构的制约。

投资结构受制于现有产业结构的产出构成。投资是对现有产业的产出进行生产条件的分配，因此，产业进行投资的过程就是现有产业的产出在产业间分配的过程。现有产业提供的机器设备、建筑材料和生产工艺的状况，是实现产业间投资结构的物质基础。

投资结构受制于现有产量结构的存量构成。存量结构一般是产业结构的主体部分，生产要素在现有产业的既定组合规定了不同产业的技术特征。因而，现有产业结构的生产能力形成是与不同产业的资本构成相联系的。产业之间的投资结构在一定程度上受制于现有结构存量所要求的资金规模壁垒和要素的组合比例。

（二）就业结构与产业结构

就业结构反映了一国人力资源在不同产业之间的配置状况。人力资源的产业分布状况反映了产业结构的生产能力。然而，纵观经济发展的历程，产业结构的变化往往与就业结构的变化互为制约关系。

（1）就业结构反映了产业结构的收益水平。一般而言，在任何经济发展阶段，产业之间的收入存在相对差别，而且各产业间的工作环境、社会地位同样存在优劣差异。这种不同产业之间的收益水平综合差异，对就业人员具有不同吸引力，会形成产业结构的就业导向。当就业人员的实际收益与实际成本之差高于其预期收益时，就业结构才会在产业间发生真正的变动。

（2）就业结构反映了产业结构的要素构成。不同的产业具有不同的技术经济特征，因而，不同的产业对就业人员具有不同的素质要求和吸收能力。这反映了产业之间的要素构成的差异。对就业人员吸收多而要求低的产业往往是劳动密集型产业，而对就业人员吸收少而要求高的产业往往是资本密集型和知识密集型产业。这样，就业结构反映了三次产业之间要素密集程度的变化。

（3）就业结构反映了产业结构的生产效率。不同产业具有不同的生产效率。一般而言，在同样产业规模下，生产效率低的产业对就业人员吸收能力弱，生产效率高的产业对就业人员吸收能力强，因而，不同产业具有不同生产效率的排挤效应。这样，就业结构在一定程度上反映了产业之间生产效率的差异。

就业结构在反映产业结构状况的同时，也影响产业结构的变动。随着各产业的就业人员素质的提高、产业内部要素组合的优化，产业结构的高度化得到了有力支持。而各产业的就业人员数量的富余，则可改变产业结构的有机构成。因此，产业结构与就业结构在一定程度上相互推动，互为印证。

（三）技术结构与产业结构

技术结构是指先进程度不同的各种技术之间的质的组合与量的比例关系。从本质上讲，技术结构在同一产业内反映了资源的组合方式，在产业间反映了资源的转换关系。

纵观经济发展的历程，技术结构的合理化与高级化的程度直接与产业结构的合理化与高级化关联；产业结构的状况又制约技术结构的演变。历次产业结构和产品结构的变革总是以技术结构的变革为先导，而历次技术结构的变革又都是以相应的产业结构和产品结构的变革而告终。

技术结构与产业结构不仅在变化时间、兴衰强度上具有相关性，而且在结构的演化进程上紧密相关。任何技术结构都包含尖端技术（自动化和智能技术）、先进技术（半自动化技术）、中间技术（机械化技术）、初级技术（半机械化技术）和原始技术（手工生产技术）；不同时期各种等级技术所占的地位和所起的作用各不相同。与技术结构相对应的产业结构应该是知识密集型产业、资本与知识密集型产业、资本密集型产业、劳动与资本密集型产业和劳动密集型产业。由于各自产业所占的份额不同，构成了不同类型的产业结构。技术结构的变化如图35-2所示。

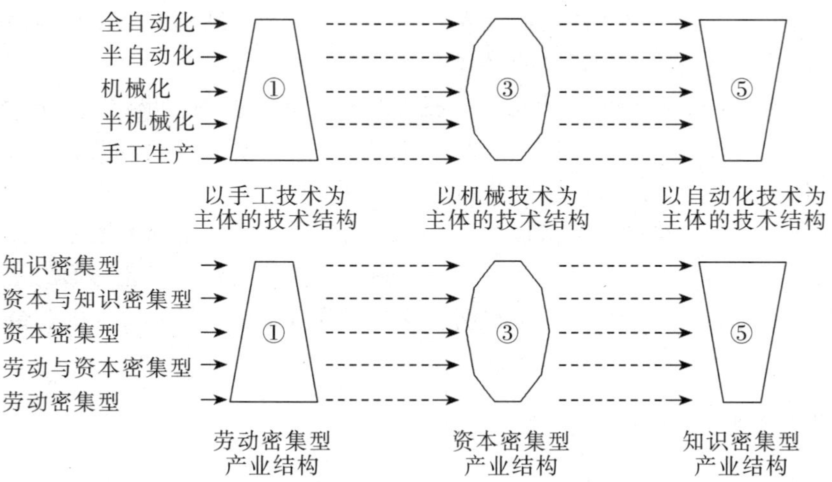

图35-2 技术结构变化示意图

五种类型的技术结构与五种类型的产业结构是一一对应的，而且技术结构的特征决定产业结构的特征。因此，以手工技术为主体的技术结构决定了产业结构是劳动密集型的；以自动化技术为主体的技术结构决定了产业结构是知识密集型的。

技术结构与产业结构的演化是密切相关的，都是不断由低级结构向高级结构方向演化，而且各对应要素在质（要素水平）和量（要素比例）两个方面均具有相关性。在图35-2中，当技术结构演化程度为③的结构状态时，产业结构绝不可能演变到⑤的结构水平，也不可能是①的结构水平。因此，产业结构从劳动密集型向资本密集型，再向知识密集型演进的过程，也是产业技术结构水平提高的过程。

（四）贸易结构与产业结构

贸易结构反映了一国商品贸易的类别结构和国别结构。产业结构是贸易结构的基础，决定了一国贸易结构的水平，而贸易结构是产业结构的反映，引导一国产业结构的变化。这两者的关系反映在模型中为：

$$X_i=\sum_j X_{ij}+D_i+(E_i-M_i)$$

式中：X_i为商品i的总产出；X_{ij}为部门j对商品i的中间使用；D_i为商品i的国内最终需求；（E_i-M_i）为商品i的净贸易额（出口额-进口额）。

这里，我们可以得到贸易结构作用于产业结构的机制：

（1）贸易结构直接影响产业结构中开放部门的增长。贸易结构由于各产业的要素贸易依赖程度不等，而或多或少地改变了各产业的要素供给弹性，使那些受制于国内要素禀赋的产业得到长足发展；同样，由于各产业对商品贸易依赖程度不等，而不同程度地改变了各产业的产品需求弹性，使那些受制于国内市场容量的产业获得了规模经济。因此，贸易结构从要素的供给弹性和产品需求弹性两方面同时影响产业结构的演变过程。

（2）贸易结构直接影响产业结构的投入产出关系。贸易结构与国内流程的结合直接改变了产业间的供求关系。国内需求结构与产业结构之间的差距在一定程度上得到了贸易结构的弥补。贸易结构不仅通过产业中间需求，而且通过产品最终需求影响产业结构的供求关系。这样，开放程度越高的产业结构，其与别国的产业结构关联程度越高。这在一定程度上改变了国内产业之间的投入产出关系。因此，本国产业既有可能利用别国产业弥补自身发展不足，也有可能因依赖外向关联而抑制了本国产业的自身发展。

因此，一国产业结构的形成和调整必然受到贸易结构的影响，同时，一国贸易结构又是由一国产业结构状况所规定的。这表现在：

（1）一国产业结构通过贸易结构获取比较利益。一国产业结构在国际交换过程中，往往出口的是国际价值大于国内价值、本国具有比较优势的产业的商品；进口的是国际价值小于国内价值的、比较劳动生产率处于劣势产业的商品，在国际分工中形成符合本国比较利益的贸易结构。

（2）一国产业结构通过贸易结构反映竞争实力。在国际市场上，产业的竞争实力通过出口额与进口额的比率来表达。产业的竞争实力越强，其出口结构的比例越高，说明本国产业要素转换效率越高；产业的竞争实力越弱，其进口结构的比例越高，说明本国产业要素转换效率较低。发达国家的经验表明，产业竞争实力的变化是与产业结构的高度化趋势相一致的。

第三节　三次产业结构的发展趋势

一、由“一、二、三”向“三、二、一”格局转变

一国经济发展的过程就是产业发展转变的过程。这表现为三次产业在经济发展过程中所处地位的变化。纵观世界经济发展的历程，三次产业发展有由“一、二、三”向“三、二、一”格局转变的趋势。这种趋势分别反映在劳动力比重和占国内生产总值比重等方面。

（一）三次产业劳动力比重的变化趋势

随着一国国民经济的发展、人均国民收入水平的提高，劳动力首先由第一产业向第二产业转移；当人均国民收入水平进一步提高时，劳动力便向第三产业转移。劳动力在产业间的分布状况是：第一产业将减少，第二、三产业将增加。这不仅可以从一国经济发展的时间序列中得到印证，还可从处于不同发展水平的国家在同一时点上的横截面比较中得到类似的结论。人均国民收入水平越高的国家，第一产业劳动力在全部劳动力中所占的比重相对越小，而第二、三产业劳动力在全部劳动力中所占的比重相对越大；反之，人均国民收入水平越低的国家，第一产业劳动力在全部劳动力中所占的比重相对越大，而第二、三产业劳动力在全部劳动力中所占的比重相对越小。三次产业劳动力的比重次序必然会由“一、二、三”向“三、二、一”格局转变（见表35-1）。

表35-1　1960年和1980年不同经济发展水平的国家或地区的三次产业劳动力占全部劳动力的比重（%）

国家或地区	第一产业		第二产业		第三产业	
	1960年	1980年	1960年	1980年	1960年	1980年
低收入国家或地区	77	72	9	13	14	15
下中等收入国家或地区	71	55	11	16	18	29
中等收入国家或地区	62	43	15	23	23	34
上中等收入国家或地区	49	29	20	31	31	40
发达国家或地区	18	7	38	35	44	58

资料来源　1984年和1987年的世界银行《世界发展报告》。

各国家或地区在1960年和1980年世界经济普遍增长的情况下，三次产业的劳动力结构都呈现出向“三、二、一”格局转变的趋势。各国家或地区第一产业的劳动力比重都有所下降，低收入国家或地区下降了5%，中等收入国家或地区下降了19%，发达国家或地区下降了11%。其中，中等收入国家或地区下降得尤为明显。第三产业的劳动力比重都有所上升，低收入国家或地区上升了1%，中等收入国家或地区上升了11%，发达国家或地区上升了14%。其中，发达国家或地区第三产业的劳动力比重上升得

尤为明显。第二产业的劳动力比重在低收入和中等收入的国家或地区都有所上升，分别提高了4%和8%。随着经济发展水平的提高和人均收入水平的增加，第二产业的劳动力比重在发达国家或地区有所下降，而第三产业的空前发展，极大地吸引了第一产业和第二产业的劳动力向其转移，从而形成劳动力产业分布的“三、二、一”格局。

在进行同一时点不同发展水平的国家或地区类别横向比较时，三次产业的劳动力比重也存在向“三、二、一”格局演变的趋势。从1960年和1980年两个时点横向比较分别观察到，一国或地区经济处在低收入阶段，第一产业的劳动力比重占绝对地位，而一国或地区经济进入高收入阶段时，第三产业的劳动力比重位居第一。一国或地区经济从低收入到高收入阶段发展的过程中，第一产业的劳动力比重大约下降了60%，第二产业的劳动力比重上升了20%～30%，第三产业的劳动力比重上升更为迅猛，为30%～40%。这些充分证明了，随着人均国民收入水平的提高，劳动力首先由第一产业向第二产业转移；当人均国民收入水平进一步提高时，第三产业对劳动力转移的吸引力最大，从而形成劳动力产业分布的“三、二、一”格局。

（二）三次产业产值占国内生产总值比重的变化趋势

一般在工业化初期，由于经济发展水平较低，以传统农业为主导的第一产业产值在国内生产总值中占有较大份额，而以食品、纺织为代表的第二产业产值和以饮食、商业为代表的第三产业产值在国内生产总值中所占份额较小，因而，三次产业产值占国内生产总值的比重呈现出“一、二、三”的格局。随着经济发展水平的提高，技术进步速度加快，社会消费需求升迁，以机械制造工业为主导的第二产业产值在国内生产总值中的份额迅速上升，三次产业产值占国内生产总值的比重随之变化为“二、一、三”或“二、三、一”的格局。进入工业化后期，以金融、保险、医疗、教育为主导的第三产业迅猛发展，产业结构迅速软化，三次产业产值占国内生产总值的比重随之演化为“三、二、一”的格局（见表35-2）。

表35-2　1960年、1980年和1990年不同经济发展水平的国家或地区的三次产业产值占GDP的比重（%）

国家或地区	第一产业产值			第二产业产值			第三产业产值		
	1960年	1980年	1990年	1960年	1980年	1990年	1960年	1980年	1990年
低收入国家或地区	48	33	31	25	35	36	27	32	33
中等收入国家或地区	24	13	12	30	37	37	46	50	51
发达国家或地区	6	3	—	40	36	—	54	61	—

资料来源　1984年、1987年和1992年的世界银行《世界发展报告》。

1960年、1980年和1990年，不同经济发展水平的国家或地区，其三次产业产值占国内生产总值的比重都呈现出向“三、二、一”格局转变的趋势。这表现在低收入国家或地区的第一产业产值占国内生产总值的比重下降了17%，第二产业产值占国内生产总值的比重上升了11%，第三产业产值占国内生产总值的比重上升了6%，其中第二产业产值占国内生产总值的比重上升比较显著。

因而，低收入国家或地区的三次产业结构由1960年的“一、三、二”格局转变为1980年的“二、一、三”格局，到1990年演化为“二、三、一”格局。低收入国家或地区1980年和1990年三次产业产值占国内生产总值的比重处于向“三、二、一”格局演化的过渡状态。中等收入国家或地区三次产业产值占国内生产总值的比重始终呈现出“三、二、一”格局，但其内部结构有所变化，即第一产业产值占国内生产总值的比重继续下降，第三产业产值占国内生产总值的比重继续上升，而第二产业产值占国内生产总值的比重上升趋缓。发达国家或地区的三次产业产值占国内生产总值的比重也呈现出“三、二、一”的格局，但产业结构变化的趋势非常迅猛。在第三产业产值占国内生产总值的比重迅猛上升的同时，第一产业和第二产业产值占国内生产总值的比重同时趋于下降。因此，第一产业产值占国内生产总值的比重持续下降，第三产业产值占国内生产总值的比重持续上升，而第二产业产值占国内生产总值的比重先升后降。这必然使三次产业产值占国内生产总值的比重次序由“一、二、三”演化为“三、二、一”格局。

在进行同一时点不同发展水平的国家或地区类型横向比较时，一国或地区经济从人均低收入到人均高收入水平发展的过程中，三次产业产值与国内生产总值的比重次序必然由“一、二、三”演化到“三、二、一”格局。经过多年发展，我国三次产业的产值结构发生了很大的变化，已经从1978年的28.1∶48.2∶23.7转变到1995年的20.5∶48.8∶30.7，到2011年的10.1∶46.8∶43.1，再到2017年的7.9∶40.5∶51.6。我国三次产业的产值结构已经进入“三、二、一”阶段。

推进供给侧结构性改革，就是从生产端入手，推动经济结构调整、产业结构升级，以新供给创造新需求和新经济增长点。在供给侧结构性改革的框架下，经济发展主要依赖于社会总供给结构优化，而社会总供给结构优化以产业结构调整升级为基础。因此，从供给侧推动产业结构调整和优化升级成为现阶段推动经济发展的根本。

按照国际标准工业分类，在22个大类中，我国在7个大类中名列第一，钢铁、水泥、汽车等220多种工业品产量居世界第一位。2017年中国制造业的产值已经占全世界的33%左右，约4.5万亿美元，占中国GDP的36%（加上矿业和房地产，中国第二产业占GDP的42%），正好是美国制造业产值的两倍（美国制造业只占GDP的11%），略低于美国与欧盟之和，但已经是排名从第二到第五的美国、日本、德国、韩国之和。新能源、新材料、新医药等新兴产业蓬勃发展，成为经济增长新亮点。第三产业不断发展壮大。2017年我国国内生产总值为827 122亿元，比2016年增长6.9%。其中，第一产业增加值为65 468亿元，增长3.9%，占国内生产总值的比重为7.9%；第二产业增加值为334 623亿元，增长6.1%，占国内生产总值的比重为40.5%；第三产业增加值为427 032亿元，增长8.0%，占国内生产总值的比重为51.6%。信息服务业、快递业等现代物流业、商务服务业、高技术服务业等迅速发展，第三产业对经济社会发展的支撑和带动作用日益凸显。

二、影响三次产业结构演变的客观因素

影响三次产业结构演变的客观因素是多方面的，单就经济和技术因素来说，主要有下列三个方面：

（一）科学技术的进步和劳动生产率的提高

1.科学技术的进步

科学技术的进步一方面为开拓和发展新兴的第三产业创造了条件，另一方面又拉大了第一产业和第二产业之间的科技进步的差距。

在世界新科技革命的激化下，第三产业以自己的步伐成长为一个重要的经济体系，以高质量、高效率服务于人民，并开拓了信息业和咨询业。

信息是重要的战略资源，近些年来我国的信息业蓬勃发展。西方大批信息企业的建立和发展，为人类社会从信息的商品化向将来的信息化社会过渡创造条件。

以教授、工程师、会计师、律师等成员组成的咨询企业，近些年也有很大发展。世界新科技革命是促进第三产业发展的动力之一。

科技进步对第一产业和第二产业发展的推动作用是存在差别的。由于第一产业的生产周期长和受自然环境限制较大，所以科技进步比第二产业要困难得多。从科技进步方面看，第二产业要比第一产业优越得多。科技进步使第二产业的劳动力逐步减少；第二产业的规模的扩大，又不断从第一产业中吸收劳动力。这种减少和吸收相抵后，导致了第二产业劳动力相对比重和产值比重趋向稳定。这也是使第二产业劳动力和产值分别在劳动力总量和国内生产总值中长期处于第一产业和第三产业之间状态的重要

原因。

2.劳动生产率的提高

劳动生产率对三次产业发展的影响表现在以下两个方面：

一方面，第一产业劳动生产率的提高，使其自身的劳动力相对比重和绝对数量减少，可以为第二、三产业的发展提供劳动力，即劳动力必然从第一产业向第二、三产业转移。

另一方面，三次产业的劳动生产率相比较，第二、三产业的劳动生产率要高于第一产业的劳动生产率，这也是加速劳动力由第一产业向第二、三产业转移的动力之一。因为劳动生产率的高低直接决定着劳动者收入的多少，劳动者为了取得更高的收入，就必然由第一产业向第二、三产业转移。

大量事实反复证明，科学技术水平和生产力水平决定第三产业和整个三次产业发展的模式。以美国为例，1980年与1947年相比，钢铁产量增长1倍，就业员工却减少33.3%；农业劳动力占总劳动力的比重，已由20世纪初的38%下降到1982年的2%。这种第一、二产业的发展水平为美国第三产业的发展创造了条件，使第三产业产值在国民生产总值中的比例以及就业比例都达到60%以上。

（二）人们收入水平的提高和消费结构的变化

1.人们收入水平的提高

人们的收入水平和生活水平是相适应的，收入水平提高，生活对第一产业的产品需求比重会相对下降，而对第二、三产业的产品需求会相对上升。因为第一产业的产品主要是人们的生活必需品，解决人们吃饱和穿暖的问题，这种较低层次的需求弹性不大，它在人们整个消费需求总量中趋于下降。随着人们收入和生活水平的提高，人们会对第二、三产业的产品提出更高的需求，如第二产业所生产的耐用消费品和第三产业所提供的学习和娱乐，而这样的需求是属于发展和享受的高层次的需求，其弹性比较大，占人们整个消费的比重将会越来越大。

2.人们消费结构的变化

德国社会统计学家恩格尔曾于1875年对比利时和萨克森王国劳动家庭的生活开支状况做过调查，他发现“越是低收入的家庭，饮食费用在整个家庭开支中的比重越高”。这也就是说，饮食占整个家庭开支的比重将随着人们收入的增长而减少，这就是恩格尔定理，饮食费用与家庭总开支的百分比即恩格尔系数。人们的收入越高，则对主要提供人们食品的第一产业的产品需求相对越少，即恩格尔系数越低。整个国家收入的支出结构正是随着这种消费结构的变化而变化的。这就是国民收入在产业间的相对比重变化的动因，是第一产业的劳动力和产值的份额减少，从而所实现的国民收入的份额也趋于减少的原因所在。

（三）社会分工和市场经济的发展水平

1.社会分工

社会分工日益加强是社会化大生产的一大特征。社会分工越发展，生产专业化水平越高，就越要求第三产业与第一、二产业有相应的发展，第三产业是社会分工的产物。例如，农业机械专业分工和农副产品中鲜活商品加工专业化的发展，使运送原料和成品时间的准确性成为首要问题，从而促进了一批能够按分秒计算的交通运输业、批发和零售业及仓储业等第三产业的相应发展。

2.市场经济的发展水平

第三产业的发展与市场经济的发展程度有密切关系。以提供服务为主要特征的第三产业，既是市场经济的组成部分，又是为发展社会主义市场经济服务的。两者之间是互相制约、互相促进、互为条件、互相依存的。从历史上看，第三产业中的商业早已有之，但第三产业作为一个独立的产业，却是在社会分工精细、高度工业化后才形成的。市场经济越发达，越要求第三产业与第一、二产业有相应的发展。因为商品经济是以市场交换为核心的经济，商品交换的情况如何往往对商品生产具有决定意义。第三产业的经济活动不仅为社会生产和人民生活服务，而且相当一部分是直接为商品交换服务的。第三产业中的商业，交通运输、仓储和邮政业，信息传输、软件和信息技术服务业，金融业等，就直接或主动地为商品交换服务，影响了商品交换的发展。

第四节　我国三次产业结构的现状与展望

一、我国三次产业结构的现状①

1978年以后，我国经济获得高速发展，1978—1997年GDP年均增长率约为10.1%，1998—2017年GDP年均增长率约为9.1%。随着经济的快速发展，我国三次产业的产值结构发生了巨大变化（见表35-3）。

表35-3　**1978—2017年中国三次产业的产值结构的变化（%）**

年　份	第一产业产值	第二产业产值	第三产业产值
1978	28.1	48.2	23.7
1981	31.8	46.4	21.8
1995	20.5	48.8	30.7
1997	18.7	49.2	32.1
2001	14.4	45.2	40.5
2005	12.1	47.4	40.5
2009	10.3	46.2	43.4
2013	10.0	43.9	46.1
2017	7.9	40.5	51.6

注：误差是由四舍五入造成的。

（一）三次产业之间劳动力的就业结构水平

1952—1994年的40多年里，第一产业的劳动力就业比重由83.5%下降到54.3%，下降了29.2个百分点；第二产业的劳动力就业比重由7.4%上升为17.5%，增加了10.1个百分点；第三产业的劳动力就业比重由9.1上升为28.1%，增加了19个百分点。这一变动趋势与配第-克拉克定理是吻合的。

改革开放以来，产业结构变化速度明显加快。1952—1975年，第一产业劳动力就业比重下降了6.4个百分点，平均每年下降约0.27个百分点；1978—1994年则下降了16.2个百分点，平均每年下降约0.95个百分点。第二产业劳动力就业比重1952—1975年共增加5.9个百分点，平均每年增加约0.25个百分点；1978—1993年则增加了5个百分点，平均每年增加约0.31个百分点。第三产业劳动力就业比重1952—1975年共增加0.5个百分点，平均每年增加约0.02个百分点；1978—1994年则增加16个百分点，平均每年增加约0.94个百分点。

从以上几个年份数字以及中国三大产业的劳动力就业结构现状与变化加速的特征看，当时中国的产业结构水平大致相当于工业化国家19世纪末20世纪初的产业结构构成。

1995—2017年我国三大产业的就业人员占全部就业人员比重见表35-4。全世界第三产业从业人员

① 国务院发展研究中心UNDP项目组. 经济发展、改革与政策：第1卷［M］. 北京：社会科学文献出版社，1994：483-487.

的平均水平是62%，发展中国家第三产业从业人员的平均水平是50%。

表35-4 **我国三大产业的就业人员占全部就业人员的比重（1995—2017年）（%）**

年　份	第一产业就业人员占比	第二产业就业人员占比	第三产业就业人员占比
1995	52.2	23.0	24.8
1996	50.5	23.5	26.0
1997	49.9	23.7	26.4
1998	49.8	23.5	26.7
1999	50.1	23.0	26.9
2000	50.0	22.5	27.5
2001	50.0	22.3	27.7
2002	50.0	21.4	28.6
2003	49.1	21.6	29.3
2004	46.9	22.5	30.6
2005	44.8	23.8	31.4
2006	42.6	25.2	32.2
2007	40.8	26.8	32.4
2008	39.6	27.2	33.2
2009	38.1	27.8	34.1
2010	36.7	28.7	34.6
2011	34.8	29.5	35.7
2012	33.6	30.3	36.1
2013	31.4	30.1	38.5
2014	29.5	29.9	40.6
2015	28.3	29.3	42.4
2016	27.7	28.8	43.5
2017	27.0	28.1	44.9

（二）三大产业之间的产出结构水平

中国三次产业构成的数据变化如下：

1978—1994年，第一产业提供的国内生产总值比重由28.4%下降为18.8%，共下降9.6个百分点，而第一产业的就业比重由70.5%下降为54.3%，共下降16.2个百分点，两者形成明显的反差。其原因有二：一是农村的制度变革提高了农业的比较劳动生产率，由1978年的0.40提高到1990年的0.47；二是改革开放以来，农副产品的价格提高幅度较大，相对缩小了农副产品与工业品的价格“剪刀差”。与第一产业生产率提高相对照，我国第二、三产业的生产率都有所下降。

1990—2017年，全国第二产业增加值占国内生产总值的比重由41.3%变为40.5%，变化不大。

2017年，第三产业增加值占国内生产总值的比重是51.6%，不仅低于发达国家，也低于部分发展中国家。

从国际产业结构水平的比较看，我国的三大产业结构水平是世界上低收入国家产业结构的典型代表。所不同的是，在非农产业的国内生产总值所占份额上，我国的第二产业产值占国内生产总值的份额显著高于低收入国家，甚至也高于包括发达国家在内的其他国家（地区）的水平；我国的第三产业产值占国内生产总值的份额低于中等收入国家和其他发达国家的水平。

二、对我国三次产业结构的展望

判断一国产业结构的合理性有三个基本标准：一是各产业生产的产品能够基本满足本国人民的生活需要；二是与一国的国情、资源禀赋相适应；三是各产业之间能够相互协调，具有较高的运作效率。

党的十六大以来，我国围绕发展现代农业、走新型工业化道路和促进服务业快速发展的目标，大力推进产业结构调整，三次产业趋向协同发展。2017年，我国第一、二、三产业结构的比例分别为7.9%、40.5%和57.6%，总体上正在由工业化的中级发展阶段向高级发展阶段过渡。

我国的产业结构既符合世界产业发展变迁的一般规律，又具有自己的特点。改革开放以来人民生活水平快速提高和经济高速发展的事实充分说明，我国产业结构的运作效率是比较高的，提供了大量的农产品和工业品，从根本上改变了短缺经济的局面，比较充分地满足了人们对各种物质产品的需求，有利于我国比较优势的发挥。①

今后一个时期，我国三次产业结构的总格局仍将是“三、二、一”的格局。本书作者认为，不宜将第三产业发展得过快，其所占比重也不宜过大。我国现有第三产业的产值和就业人数的统计数据不是很完全的。同时，我国的第二产业尚没有得到充分发展，第一产业的现代化水平还很低，因而既没有必要也没有可能使第三产业有更大的发展。只有在第一、二产业的发展基础上来发展第三产业，才能称得上是第一、二、三产业相互协调发展。超越第一、二产业而发展第三产业是缺乏基础的，也不能称之为三次产业结构的协调发展。

---

① 薛志伟．我国产业结构趋合理［N］．经济日报，2012-08-22.

[第三十六章]

采掘与加工产业及原材料

在再生产过程中，根据原料性质和来源，产业被分为采掘产业和加工产业。这一结构形式主要体现再生产过程中前后序列的衔接关系，是一种序列结构。本章主要讨论采掘与加工产业、原材料。

第一节 采掘与加工产业

采掘产业是指产业中从自然界开采各种原料、燃料的部门。其劳动对象直接取自于自然界，即未经人类劳动作用过的自然资源。传统的采掘产业包括对有用矿物的开采和未经人工培植的动植物性资源的采集，主要包括采选黑色金属矿和有色金属矿，开采煤炭、石油、化学矿和非金属矿等产业。随着科学技术不断进步，采掘产业部门不断扩展，新的采掘产业部门不断涌现，如对阳光资源采集的太阳能产业，直接从空气中制氧、制氢等产业。

加工产业是指对采掘产业的产品、农副产品进行加工，或对加工产业的产品进行再加工的产业。其劳动对象是经过人类劳动作用过的原材料，是对上述原材料进行不同层次的再加工。加工产业按其劳动对象的来源不同，可进一步分为对采掘产业产品加工的产业和对农副产品加工的产业。前者又可分为以下两类：①直接对采掘产业产品进行加工，如黑色金属冶炼、有色金属冶炼、电力产业、煤炭洗选、石油加工、化学产业、木材加工产业。②对经过初步加工的产业原料进行再加工，如对机器制造、黑色金属和有色金属的加工。后者也包括两类：①直接对农副产品进行加工，如对面粉产业、制革产业、纺织产业等；②对以农副产品为原料经过初步加工的产品进行再加工，如食品产业、制鞋产业、服装产业等。

一、采掘产业与加工产业的生产联系

采掘产业和加工产业之间存在密切的生产联系。采掘产业为国民经济各部门提供燃料，为加工产业提供原料。采掘产业提供的燃料、原料越多，加工产业的发展越迅速。工业的大部分原料来自于采掘产业，尤其是重化工业的原料主要来源于矿产资源，这都与采掘产业有密切联系。加工产业的发展又能使采掘产业的产品得到充分、综合的利用，提高采掘产业的使用价值，变成各种产业产品。这两个部门是互相联系、互相依存、互相促进、互相制约的对立统一关系。两者必须保持适当的比例关系，才能使整体产业协调发展。

（一）采掘产业是加工产业的基础

在采掘产业和加工产业的相互关系中，采掘产业是加工产业的基础，即采掘产业的规模和发展速度是加工产业的规模和发展速度的立足点和出发点。如果采掘产业不能为加工产业生产出足够的原材料，加工产业就没有加工对象，或者使其加工能力得不到充分利用，整体产业也无从发展。又如，采掘产业提供的能源供应紧张，使大批生产能力开工不足，成为经济中的薄弱环节。20世纪80年代我国工业生

产能力有2/5因能源短缺而开工不足。①采掘产业的规模越大，所提供的加工对象越多，加工产业的规模才能相应地扩大；采掘产业的发展速度越快，加工产业的发展速度才越能相应地加快。

这种基础作用决定了采掘产业必须先行于加工产业，即采掘产业要走到加工产业的前面。在两者的正常比例中，采掘产业的生产能力比加工产业要大一些，在数量上要保持采掘产业的产量大于或等于加工产业的需求量，即为加工产业的发展提供足够的燃料和原料，使加工产业的发展有可靠的物质基础，这也正是保证加工产业发展的前提条件。因而要想发展加工产业，首先要优先发展采掘产业，“先采掘，后加工”这是产业发展的普遍规律。

一般来说，加工产业可以有多层次的深加工，产值的增长速度比采掘产业快一些，也是必要的。但如果加工产业技术进步不快，加工深度不够，资源利用率不高，只是一般产品在数量上的增加，产品结构不变，那么加工产业超前发展就会出现与采掘产业比例失调的情况。我国应注意不使加工产业的增长幅度超过采掘产业的承受能力；否则，到承受不了时，加工产业的速度还是要跌下来的。例如20世纪五六十年代的“大跃进”“三线建设”，以及20世纪80年代末之后的几次固定资产投资失控，产业出现“超高速”发展的情况，都是因为固定资产投资和加工产业猛增，导致能源和原料供应紧张，矿山采掘比例失调，发电设备严重超负荷运转，接踵而来的是经济调整，缩减投资，加工产业大大降速，乃至减产。

（二）采掘产业的发展难度比加工产业大

从采掘产业的生产、建设特点来看，它比加工产业受到更多的制约，难度更大。

（1）就劳动对象而言，采掘产业的劳动对象是自然赐予的，在现有条件下，人们不能随意增加；矿山建设的地点是由矿藏的地理位置决定的，不可随意移动，况且这种地点往往是处于交通不便和缺乏动力、维修等条件的内陆，或缺乏生活服务设施的山区。矿山的开发要克服地面、地下自然条件所造成的诸多困难。

（2）就生产特点而言，采掘产业只能根据现有的自然资源，经常移动生产力要素，受矿产资源储量、地理分布和生成状态等的制约和限制。为了保持采掘产业生产的稳定性，还需要事先不断准备好新的资源和开辟出新的工作场地。采掘产业生产过程本身是笨重物体的采掘与转移，离开了运输这一基本环节，采掘生产就难以进行。

（3）就建设特点而言，采掘产业的劳动对象随着不断开采而消失。采掘产业不仅在扩大再生产时要进行基本建设，就是在简单再生产过程中，也要进行大量基本建设。由于矿产资源都埋藏在地下，所以在设计施工前，必须进行详细的地质勘探工作，查明矿源和储量。为了保证采矿生产的连续性和稳定性，在开采的同时，必须抓好掘进（地下矿）或剥离（露天矿）工作，注意采掘比，随时准备好工作面。所以采掘产业比加工产业所需资金多，建设周期长。

另外，我国采掘产业的增长速度始终落后于国民经济的增长速度和加工产业的增长速度，也和资金短缺及资源本身储备量的自然约束有关。

上述特点决定了发展采掘产业比发展加工产业更加困难，受到更多的制约，需要更多的时间和资金。所以，为了保证采掘产业与加工产业协调发展，必须使采掘工业先行，并且要留有余地。

在产业内部，要坚持采掘产业、原材料产业、制造产业的顺序，保证采掘产业先行于原材料产业，原材料产业又先行于制造产业。这种先行不宜于用发展速度来表示，因为两个相关部门的发展速度高低受原有基数的影响很大，而是应该以两个相关部门的生产能力相互适应的程度来表示，即先行部门的生产能力应略高于相关部门的生产能力。只有如此，才能真正保证应当先行的部门先行。现阶段，我国应着重解决能源不足的问题。

---

① 陈淮，江林．我国产业经济跨世纪发展进程中面临的若干战略问题（上）[J]．经济管理，1996（4）：7-9.

二、发达国家采掘产业与加工产业的发展趋势

从发达国家的情况看，在产业总产值中，采掘产业产值所占比重呈下降趋势，加工产业产值所占比重呈上升趋势。就增长速度看，采掘产业的增长速度普遍低于加工产业，而在加工产业中，又以化学产业和机械产业的增长速度最高。总之，加工产业在国民经济中的比重越来越大，采掘产业在国民经济中的比重越来越小，最终使产业发展和经济增长摆脱资源的约束。

由于科学技术的进步和生产力水平的提高，经济增长方式不断从粗放型向集约型转变，在加工产业中，消耗原料较多的粗加工的初级产品比重相对下降，而经过细加工的消耗原料较少的中间产品或半成品比重相对上升，经过精加工的节约原料型的最终产品比重上升。从发达国家工业化历史中可知：在工业化初期，初级产品比重大于中间产品，中间产品比重又大于最终产品；在工业化中期，初级产品比重小于中间产品，中间产品比重大于最终产品；在工业化后期，初级产品比重小于中间产品，中间产品比重小于最终产品。

科学技术的进步、知识密集型产业部门的建立和发展，以及整个加工产业的加工阶段高度化，大大地降低了加工产业的原材料消耗。

由于加工产业不断采用新技术和新工艺，技术要素相继取代资源的地位，成为工业化国家经济增长的新的支持要素，从而使矿产资源和原材料的消耗不断下降。

加工产业与原材料产业的变动关系是：在经济高度扩张时，加工产业比原材料产业扩张更快，比重上升；随着由此引起的工业品价格上涨，原材料产业的价格涨幅大于加工产业，使当年价格的加工产业比重下降。在经济紧缩时，随着投资下降，原材料产业的产品价格涨幅与增长速度都明显降低，加工产业的相对比重又上升。这就是在经济波动尤其是工业大起大落之后，加工产业与原料产业的结构矛盾总是进一步加深的原因之一。

三、我国采掘产业与加工产业发展不协调

我国的现状是：采掘产业和加工产业发展不协调，采掘产业发展滞后，加工产业超前发展。我国采掘产业比较落后，原料、能源供应紧张，以致一部分加工产业的生产能力不能充分利用，这是工业部门结构中存在的一个突出问题。

（一）我国采掘产业和加工产业发展不协调的原因

（1）价格体系不合理。在我国，采掘产业产品价格低，加工产业产品价格高。物质利益始终是人们从事经济活动的内在动力，加工产业企业可以从其产品的生产价格与社会销售价格的差额中获取平均利润以上的超额利润；加工产业的附加值越高，企业获利越大。

（2）采掘产业不易在短期内获取高额利润。[①]采掘产业受天然条件限制较大，资源在短期内不可再生，每个矿点与油田都经历一个开发—兴盛—衰竭—报废的过程。随着资源储量的减少，开采难度增大，要投入更多的资金、更先进的技术设备等物资。采掘产业比加工产业投资回收期长，成本高，生产难度大，收效慢，不易在短期内见效。采掘产业比加工产业进入（退出）壁垒高。一般企业不愿把有限的资源投入采掘产业，而且采掘产业产品品种单一，质量标准化程度高，不易形成产品差别化优势，也不易获取高额利润，在市场竞争中往往不易处于特别有利的地位。

（3）随着采掘产业开采成本的提高，如果进行国际比较，不少企业家会发现，到国外去购买或开采同类资源，可以获取较大的利润。这也无形中遏制了我国采掘产业的发展。

（4）政策导向因素。我国加工产业获利高，采掘产业获利低，不少地方政府在短期利润的驱使下，

① 杨瑞丰，天然．工业经济管理——工业发展及其对策［M］．北京：北京大学出版社，1990：96.

主动把地方资源投向或诱导企业把资源投向加工产业。近些年来，不少地区鼓励企业加大对家用电器等制造行业的资源投入，乡镇企业绝大部分涌向加工产业，加上高科技企业飞速发展，这些都加快了加工产业的发展。

（5）引进的先进技术和资金投入上的差异。近些年来引进的先进技术和资金投入加工产业的多，投入采掘产业的少，更加促使这两个部门间的差距加大。

（6）近些年来，我国加工产业盲目发展，产品结构趋同化，深加工度又不够，资源利用率不高，表现为初级加工产品、低附加值产品所占比重大，而深加工产品、高附加值产品所占比重小。

另外，加速能源升级换代是一批工业化国家最早跨入现代化的重要物质条件，今后我国也会走这条道路。替代品的出现会减少对某些采掘产业产品的需求，这也影响了采掘产业的发展。

（二）改进措施

要尽快改变我国采掘产业与加工产业发展不协调的状况，应采取以下措施：

1.发展采掘产业

在采掘产业落后的状况下，只有适当地提高采掘产业的发展速度，提高其所占比重，才能使它与加工产业协调发展。要保持采掘产业与加工产业协调发展，必须有个动态的概念，随着时间、地点、生产条件的变化，在特定条件下使采掘产业与加工产业保持特定的比例关系。为此，必须遵循客观规律，处理好各方面关系。

（1）在采掘产业和加工产业的关系上，要把采掘产业放在优先地位，采取“先采掘、后加工”的方针。

（2）采掘产业生产要按照“以采促掘、以掘促采、采掘并举、掘进先行”的方针进行，才能保持合理的采掘比例。

（3）矿产资源是非再生资源，因而要合理开发，注意保护，避免浪费。针对矿产生产投资大、建设周期长的特点，开发矿业可采取中外合资、中央和地方合资以及鼓励社会集资等方法，改变独家办矿的局面，以解决资金不足的困难，促进采掘产业发展。为了保证采掘产业先行，首先要使能源产业先行。

2.提高加工产业素质

目前我国科学技术和社会生产力的总体水平还不是很高；知识与技术密集型产业的比重还不是很大，主导产业还是基础产业。所以，加工产业对采掘产业产品的依赖性还很强，对其消费也很多。近些年来加工产业群的资源配置失衡，表现在：

（1）企业规模分散化趋势，造成固定成本过高及对基础产业的过度需求。

（2）企业同步同向扩张与收缩，造成产品结构趋同化、成本增加、产品积压和生产能力闲置。

所以，有必要对加工产业进行改造，提高加工产业素质。对钢铁、化工等原材料产业要适度控制扩张速度，提高质量；对制造业要努力延伸加工层次，提高附加价值，减少对资源投入的依赖。在国力允许的情况下，大力发展高新技术，发展高附加值产品和提高初级产品深加工的程度，逐步实现加工阶段高级化。

通过加工产业的发展，进一步促进采掘产业的发展。有效措施是：

（1）调整产业内部结构，努力促进加工能力向深加工阶段延伸，特别要加强对产业内原有资产存量的优化组合。

（2）推进规模经济发展，提高集中度与专业化水平，适应加工产业的生产特点。提高集中度与专业化水平的方式应从控制设备功率、以生产能力为主转换为以提高专业化率与批量起点为主，推进小企业、大批量的良性产业组织结构调整。

（3）改善产品结构，提高产品档次和技术含量，继续推进机电一体化和新型材料的开发。[①]

---

① 陈淮，江林．中国产业结构高加工度化的战略思考［J］．经济科学，1996（2）：12-16.

第二节 原材料

原材料是产业生产的必要物质条件。原材料的短缺严重制约产业的发展。建立强大的产业原材料基础，更合理地利用原材料，对于加速发展我国产业具有重大意义。

一、原材料的含义和特点

（一）原材料的含义

原材料是生产资料的重要组成部分，是在工业经济活动的各种资源要素中凝结着人类加工的劳动对象。

它可以进一步划分为原始原料和材料两部分。凡是直接取自农业或采掘产业的，如矿石、原油、原煤、原棉、牲畜皮毛等被称为原始原料；对原始原料进行加工或再加工所得的原料，如生铁、钢材、水泥等被称为材料。在生产过程中，人们通常把原始原料和材料统称为原材料。

马克思指出，一切原料都是劳动对象，但并非任何劳动对象都是原料。已经被以前的劳动“滤过”的劳动对象，我们称为原材料。所谓“滤过”，是指劳动过程的作用，即劳动对象只有在已经通过劳动而发生变化的情况下才是原材料。未被开采过的矿山、未被开发的森林是劳动对象，但不能看作原材料，只有经过人类劳动开采出来的矿石、原木等才是原材料。

劳动对象在变成生产消费和个人消费的产品以前，一般都经过一系列连续的加工阶段。上一阶段的产品是下一阶段的原料，如铁矿石是炼铁的原料、生铁是炼钢的原料、钢是轧钢的原料、钢材是机器制造业的原料等。

（二）原材料的特点

原材料的特点如下：

（1）原材料是有价值的社会劳动产品，作为凝结人类劳动的社会产品，在市场经济条件下属于商品。在社会经济活动中，原材料的让渡应依照等价交换原则。

（2）原材料是以自然资源为源泉的劳动产品。原材料的开发利用程度取决于人类征服自然的能力和社会劳动的投入程度。

（3）原材料是作为劳动对象的社会产品。大机器工业所决定的社会分工要求对专门作为生产要素的原材料进行社会化生产。在整个工业再生产环节中，后续部门需要特定的前置部门的产品作为劳动对象，即原材料。因此，原材料生产与加工生产的划分是相对的。

二、原材料的分类

原材料除按加工程度分为原始原料和材料两部分之外，还有如下分类方法：

1.原材料按在生产过程中所起的作用分为主要原材料和辅助原材料

前者在生产过程中构成产品的实体，如炼铁用的铁矿石、制造机器用的金属材料、织布用的棉纱等。后者虽参加生产过程，但不构成产品的实体。它们或作用于主要原材料，使其发生所要求的变化，如纺织工业用的染料、漂白粉等；或用于保证生产设备正常运转而被消耗掉，如机器运转时用的润滑油、工艺或动力用的燃料等；或为生产活动创造一定的劳动条件，使生产过程得以顺利进行，如照明用电、取暖用燃料等；或为产品离开生产过程进入流通、消费领域所必要的包装材料等。这种划分便于分析生产过程中各种物质资源的消耗情况。

2.原材料按来源分为工业产品原材料、农业产品原材料和海洋产品原材料

工业产品原材料包括：通过开发自然资源获得的矿产原材料，如各种矿石、煤、石油、油页岩等；用化学方法制造出来的人造原材料，如合成纤维、合成橡胶、塑料等。

农业产品原材料包括：①植物性原材料，如棉、麻、烟草、木材、油料作物等；②动物性原材料，如牲畜的皮毛、鱼、乳等生物性原材料。

海洋产品原材料是通过对海洋资源开发利用所取得的产品原材料，如海洋矿产、生物资源和海水化学资源。这种分类适用于分析工业各部门的原材料来源及其构成比例。

3.原材料按使用时间分为长久使用原材料和一次性使用原材料

前者如钢材、木材、塑料等，可使用多年；后者如燃料、粮食等，只能使用一次。

4.原材料按发现和存在的时间先后分为新型材料和传统材料

前者是指那些随着现代科学技术发展而出现的具有优异性能和富有发展潜力的各类材料。新型材料是利用分子乃至原子水平的控制技术加工而成的具有特殊性能的精密材料，包括具有高功能的高分子材料、精密陶瓷材料、新金属材料和复合材料等。后者一般是指已经被开发和广泛利用的工业原材料，如以钢铁为代表的传统金属材料等。这种划分便于分析原材料结构的发展方向。

5.原材料按生产方式分为天然原材料和人工原材料

前者是指从自然界开发出来的天然形成的工业原材料；后者是指人类用化学方法合成的原材料。这种划分有助于分析原材料开发的科学技术水平。

三、原材料对产业发展的影响和制约

（一）原材料对产业发展的影响

（1）原材料的数量决定产业的规模和发展速度。原材料是生产力的重要因素。作为劳动对象，原材料在生产过程中不断被消耗而成为产品，产业生产的连续性要求不断补充新的原材料，而且随着产业生产的发展，对原材料的需求不断增加。如果没有足够的原材料，就会制约产业的生产规模和发展速度。

（2）原材料品种的数量决定产业的部门结构。原材料品种的多寡反映了一国的经济、技术水平，同时也在一定程度上决定了某些产业部门的发展方向。在产业发展的初期，原材料品种少，产业部门也较少。随着产业的发展，原材料品种不断增多，产业部门也不断增多。某些原材料品种决定新兴工业部门能否存在和发展。如果仅仅从国内因素考虑，原材料的品种结构决定了一国的产业结构。

（3）原材料的质量水平决定产业产品的质量。原材料作为工业生产的必要投入物，其质量对产业的产出有着直接影响。同一种产品用不同的原材料进行生产，其质量往往会有明显的差别。这些差别分别体现在产品的功能或寿命上，优质原材料是生产优质产品的基础。

（4）原材料对产业生产的劳动生产率和经济效益有重大影响。在产品的价值构成中，一方面，原材料费用所占的比重很大，随着技术进步和劳动生产率的提高，其比重还会进一步提高；另一方面，技术进步也为节约原材料开辟了广阔的途径。

（二）原材料对产业发展的制约

（1）在原材料短缺的情况下，短期内产业还可以勉强维持较高的发展速度，但由于后劲不足，速度不但会下降，还可能造成产业内部的比例关系失调。同时，原材料无保证，极易造成企业停工待料，使现有企业人员、设备等生产能力闲置，造成经济损失。

（2）原材料短缺往往造成企业行为畸形化。为了使企业生产顺利进行，企业往往超量储存原材料，以备不时之需，导致流动资金占用过大，产品成本过高。

考虑到原材料对产业发展的制约，大力开发和节约使用原材料成为产业发展的当务之急。[①]

四、原材料的节约和合理利用

我国采掘产业和原材料生产尽管已取得很大进展，但其增长速度始终落后于国民经济增长速度，至今仍处于瓶颈地位。要解决原材料短缺问题，除大力开发，增加原材料的供给数量外，还应在产业生产中尽量节约和合理使用原材料，因为工业化不能建立在高消耗、低效益的基础之上。节约和合理利用原材料的主要途径如下：

（一）降低产品的原材料消耗，是合理使用原材料的基本环节[②]

（1）做好原材料的初步加工。由采掘产业和农业提供的原材料在使用前应经过分类、洗选、压块、烧结等初步加工过程，去杂提纯，选取精料。这不仅可以提高原材料的质量，还可以减少不必要的运输费用。

（2）改进产品设计和发展新产品。在保证产品质量和使用性能的前提下，尽可能简化产品结构，提高标准化、通用化、系列化的程度；改进传动方式，如以液压传动代替齿轮传动等，都可以显著降低产品的金属消耗量；采用合理的安全系数，选用新型材料和积极开发新产品。

（3）提高对各种工业原材料的加工深度。对同一劳动对象尽可能进行多层次的深加工，产品尽量向精密化方向发展。这不仅能大大提高产品的附加值，还能减少对原材料的消耗。

（4）采用先进的工艺和设备。这可以大大提高原材料的利用率，如在机械产业中，采用精铸、精轧、少切削等工艺，可以降低金属消耗率。

（5）加强对原材料的管理。加强原材料的供应计划，确定合理的储备量，防止积压和浪费；建立原材料检验、仓库管理等规章制度；制定并严格贯彻原材料消耗定额，加强对原材料消耗的核算分析。

（二）合理选择原材料，广泛开发代用品

在产业生产中，同一种产品往往可以用不同的原材料来生产，同一种原材料又可以制造出不同的产品。因而在实际应用中，要根据原材料的特性及价格等因素，进行认真选择。选择原材料与开发代用品有密切的联系，随着技术的进步和生产力水平的提高，采用代用品的范围比过去广泛得多，如用人造材料代替天然材料、用非金属材料代替金属材料、用新型材料代替传统材料等。对原材料进行选择和代用的目的是充分、合理地利用资源，使各种原材料用在能给全社会带来最大经济效益的地方。各级政府要用经济的和行政的方法促使企业少用短缺材料，优先保证那些适销对路、质量好、成本低的产品的需要，以取得更大的经济效益，同时要鼓励和促使企业广泛使用代用品。

（三）加强对二次资源的回收利用

二次资源是指退出工业生产环节的各种废旧物资。对二次资源进行开发和利用，可以节约工业中一次资源的投入量，缓解供求矛盾。

我国二次资源的利用近些年来有较大发展，但与发达国家相比差距较大。回收利用二次资源，既有利于工业的发展，又有利于保护生态环境，事半功倍，必须引起足够重视。

总之，我们要坚持开发与节约并重，重视原材料的节约与代用。生产方面要努力提高成材率，发展高效产品，使用方面要提高原材料的使用率和使用效益，下大力气提高单位原材料所创造的国内生产总值。

---

① 杨瑞丰，天然．工业经济管理——工业发展及其对策［M］．北京：北京大学出版社，1990：92.
② 杨瑞丰，天然．工业经济管理——工业发展及其对策［M］．北京：北京大学出版社，1990：99.

五、原材料产业的发展趋势

（一）开发新型材料

人类历史上曾出现过三次材料革命。第一次材料革命是以铜器取代石器，第二次是以铁器取代铜器，第三次是人工合成材料在生产工具的制造中占主导地位。现在高新技术的发展对原材料产业提出了新的要求。为了适应这种要求，促进社会生产力的发展，不仅传统材料不断更新改造，而且涌现出一批新型材料。

现阶段原材料发展的趋势是：

（1）就工业产品原材料与农产品原材料的比例而言，工业产品原材料在整个原材料结构中逐步占统治地位；在某些产业部门中，工业产品原材料逐步取代农产品原材料。农产品原材料的比重日趋下降，但农产品原材料的绝对需求量仍在上升。

（2）就天然原材料和人工原材料的比例而言，天然原材料逐渐让步于人工原材料。

（3）就传统材料和新型材料的比例而言，新型材料处于高速发展的阶段。

（4）就内陆性原材料和海洋性原材料的比例而言，从长远看，海洋将为我国产业发展提供更多的原材料。

未来原材料的发展趋势是：材料品种不断增加，复合材料的用途日益增大，人工材料的水平不断提高。当今世界，材料正朝着高强度、高质量、高纯度、高敏感，低比重、低成本、低传导，耐高温、耐低温、耐腐蚀、耐老化、耐油性、耐振性、耐磨性的方向发展。这种发展趋势是技术创新和技术进步的必然产物。

新型材料的开发极大地依赖于科学技术的进步。

（1）新型材料是以科学研究为基础的一种知识与技术密集型的新兴技术，它往往伴随着一些新科学技术的发展而产生。随着现代生产技术的发展，满足原材料需求，不仅有赖于现有原材料使用量的提高，而且需要把未曾使用过的原材料引到生产领域中来，不断扩大原料品种，开辟新的原料来源。新原料对促进新技术发展的作用是不可估量的。一种新型材料的出现，往往会引起工业技术的一系列巨大变革，即新的科技革命的基础。例如，超纯半导体单晶硅的出现，促进了电子产业的突飞猛进；大规模集成电路的出现，使计算机产业飞速发展；光纤通信技术的出现，使传统的通信方式发生了根本变革等。各种新技术、新设备的发展，无不以具备特殊性能的新型材料为基础。

（2）一些新型材料的出现，往往可以导致一系列新兴产业部门的建立与发展，如合成树脂与塑料、合成纤维等部门，都是在基本有机原料基础上衍生发展起来的。第二次世界大战后在传统的陶瓷、玻璃的基础上，世界出现了新一代无机非金属材料，如半导体材料、碳、硼、纤维以及金属与非金属元素化合成的氧化物、碳化物等。

（3）新型材料的出现，还可改变原料资源的地理分布，如精密陶瓷材料的发展，使原料基地的概念起了变化。

未来我们要大力推进技术创新和技术进步，尽快缩小我国原材料产业与世界先进水平的差距；要加速高新技术在原材料产业的开发与应用，加快引进国际已成熟的先进工艺和技术，并积极进行消化吸收；要注意跟踪国际上钢铁、建材、石油化工等原材料产业的新技术；同时原材料产业要把节约资源、降低能耗作为重要工作来抓。

（二）加工阶段高度化

加工阶段高度化也被称为高加工度化，是指由以原材料产业为重心的结构向以加工产业为重心的结构发展的过程。这是加工产业和原材料产业结构的发展趋势之一。

按一般规律，加工阶段高度化是产业结构在工业化过程中，在重化工业之后和技术密集化之前出现的必然趋势。工业化阶段的加工产业发展，核心是以大机器装备国民经济的制造业的发展。加工阶段高度化的基本内容是产业重心从资源、原材料上向提供生产手段的制造业后移。加工阶段高度化发展趋势有两层含义：

（1）产业重心不断向加工产业、制造产业等下游产业后移，同时加工层次不断延伸，从而与上游的采掘产业与原材料产业相比，加工产业在国民经济中所占的比重越来越大。

（2）在工业化过程中，一些发达国家为了在国际交换中取得最大的比较利益，努力发展加工产业和制造产业，而不断淘汰采掘、原材料产业，形成以加工、制造产业为核心的产业结构。加工阶段高度化不但使产业结构的发展摆脱了受区域资源结构强制的压力，而且摆脱了资源短缺的约束，使国民经济的增长速度快于采掘产业和原材料产业的增长速度。

从各种原材料加工环节的比较中可以发现，在各国商品出口总额中，低加工度的原材料在发展中国家占优势，高加工度的综合成品在发达国家占优势，产品越简单，加工度越低；产品越复杂，现代化水平越高，加工度越高。原材料加工度越高，说明对资源的开发程度越高。这种高加工度的综合产品要比原材料贵得多，在国际市场上能获得较大的经济利益。所以，要提高资源的开发深度，取得较大的经济效益，必然追求加工阶段高度化。

最简单的产品基本属于原材料型产品，是最低的加工度，如活牲畜是100%的原材料型产品，茶叶、天然橡胶、烟草等是90%以上的原材料型产品，而金属制品和机械等复杂的产品，是最高的加工度，都是综合产品。

要加快加工阶段高度化的进程，一是靠技术进步，二是靠规模经济。

在加工阶段高度化中，要防止“虚高度化”出现。所谓“虚高度化”是指在基础产业发展状况不好、经济效益低下的情况下提高加工比重。由于发展中国家普遍存在资金短缺问题，又急于在经济上达到迅速增长的目标，因而偏重发展一般加工工业，从而导致“虚高度化”。“虚高度化”一方面表现为基础产业的发展落后于加工工业的发展；另一方面表现为在工业高度增长的同时，工业经济效益并未随之提高。我们要加快加工阶段高度化的进程，同时要防止“虚高度化”现象的出现。

（三）原材料产业与制造产业脱节

当今世界，科学技术突飞猛进地发展，原材料产业与制造产业脱节已成为产业结构的一大趋势，即原材料产业比重相对下降，而制造产业比重相对上升。

管理学大师德鲁克认为，原材料经济和产业经济的脱节是世界经济中发生的一种主要结构性变化。

世界对原材料的需求呈现下降的趋势，因为工业生产逐步脱离原材料密集型产品的加工程序。随着科学技术的进步、知识与技术密集型产业部门的建立与发展，以及整个加工产业的加工阶段高度化，大大降低了加工产业对能源、原材料的消耗。工业生产中对原材料和能源的依赖程度在逐渐下降。同时，为了提高经济效益、降低成本，在生产中原材料的可替代性不断增强。这表明在今后的经济竞争中自然资源的地位在下降，自然资源和原材料已不是竞争的决定因素，从而更加明显地表现出原材料产业比重相对下降、制造产业比重相对上升的趋势。

面对原材料产业和制造产业脱节这个世界性主要结构性变化的趋势，我们必须从现实出发，进一步调整我国原材料产业和制造产业的结构，本着“先原材料产业，后制造产业”的原则，逐步实现原材料产业和制造产业结构的合理化。

目前我国的产业序列结构失调，表现为采掘产业和原材料产业滞后，而加工产业的生产能力在同水平上过度扩张，出现了采掘产业落后于加工产业、原材料产业落后于制造产业的不正常现象，这种局面必须加以改变。为此，我国应该采取以下调整措施：

（1）在承认原材料产业和制造产业脱节趋势的前提下，进一步加快我国采掘产业和原材料产业的发展速度，并使其与制造产业相适应，使二者协调发展，争取使初级产品、中间产品和最终产品相衔接，使最终产品的比重不断提高。

（2）从长远观点看，要大力发展制造产业，以降低其对原材料的消耗，特别要加强对新产品的研究与开发，加快产业结构高加工度化进程，提高加工产业本身的素质。

六、原材料产业的发展方针

我国原材料产业的发展方针如下：①

1.积极推进原材料产业增长方式从粗放型向集约型转变

原材料产业要通过深化经济体制改革，逐步形成有利于节约资源、降低消耗、增加效益的企业经营机制，有利于技术进步，有利于市场公平竞争和资源优化配置的经济运行机制。以市场需求为导向，以上质量、上品种为重点，以提高经济效益为目标，优化企业组织结构和产品结构，发展规模经济，加速技术进步，强化科学管理。

2.合理配置和有效利用国际和国内两种资源

要加强对国内外市场的跟踪与监控，及时掌握市场供求与价格信息，抓住有利时机扩大出口，合理组织进出口，更好地利用国际市场调节国内供求。

3.重点支持农业生产资料的生产

对用作化肥原料的天然气、重油、轻油、柴油、无烟块煤等，有关部门要做好协调工作，保证化肥满负荷生产。

4.广泛采用先进技术装备原材料产业

我国主要原材料产业产品的生产能力已相当可观，今后发展不再主要依靠新建项目搞外延扩大再生产，而应着重于对现有企业的技术改造，走内涵扩大再生产的道路。必要的新建项目（包括引进项目），也要尽量提高技术起点，符合经济规模。

5.加快原材料产业升级

原材料产业要根据能源资源条件和环境容量，控制总量、优化布局、调整结构、降低消耗，逐步提高产业集中度，提高产品质量和技术含量。

（1）优化发展冶金产业。钢铁产业要支持发展国内短缺产品，积极推广先进生产工艺和装备，结合首钢等城市企业搬迁，加大产业兼并重组力度，淘汰落后生产能力。铝产业要重点建设大型氧化铝基地，适度发展具有竞争力的电解铝，大力发展深加工产品和再生铝。引导和调控铜冶炼发展，提高产业集中度和产品附加值，提高资源综合利用效率。稀土工业要切实加强资源保护，严格行业准入，进一步优化出口结构，大力发展稀土生物材料等新型材料和高端应用产品。黄金产业要坚持以存量发展为主的方针，逐步形成大型黄金企业主导黄金产业的局面。加强黄金地质勘探和资源保护，发展低品位、难选冶金矿资源选冶技术和深部金矿的开采技术。

（2）调整化工产业布局。炼油产业要调整布局，优化资源配置，提高质量。要通过关停并转小型、低效炼油装置，提高产业集中度。乙烯产业要按照“基地化、大型化、一体化、专业化”的发展模式，加快生产能力建设、结构调整和产业升级。积极扩大乙烯原料来源，继续实施以扩能降耗和提高竞争力为主的改扩建，统筹区域布局，推进炼油化工一体化。化肥产业要加快产业布局和原材料及动力结构调整，在能源产地和粮棉主产区建设若干百万吨级尿素生产基地，提高自给率，降低生产成本。医药产业要加快新一代生物技术药物产业化，推进中药现代化和天然药物的发展。发展机电一体化医疗器械产品。继续加大高毒农药替代和产品结构调整力度，加快发展高效、低毒、低残留农药。

---

① 陈锦华．1996年中国国民经济和社会发展报告［M］．北京：中国统计出版社，1996：137.

（3）促进建材产业健康发展。要以节能、节地、节水、节约矿产资源、环保和提高产品标准为重点，加快建材产业结构调整和产业升级。水泥工业上项目要和“压小”结合起来，有条件的地区要加快发展日产4 000吨及以上规模的大型新型干法水泥，淘汰落后工艺技术设备。要推广节能磨粉、余热发电、利用水泥窑处理产业废弃物及分好类的生活垃圾等技术，支持采用产业废渣做原材料和混合材料。玻璃产业要加快发展功能性材料，不断提高加工深度。要鼓励生产节能环保的新型建筑材料、保温材料和绿色装饰材料，提高建筑物质量，延长建筑物寿命。

［第三十七章］

第三产业[①]

第三产业是具有众多产业部门的一个服务性产业，研究和把握其变化趋势对指导第三产业的发展很有意义。本章主要讨论第三产业的性质、作用与演进机制，第三产业的发展趋势，我国第三产业的发展战略与对策。

第一节　第三产业的性质、作用与演进机制

一、第三产业的性质

第三产业基本上是一种服务性产业。为了更加深刻地认识第三产业的服务性产业性质，我们应当打破传统观念，对如何看待服务性劳动、服务性劳动是不是生产性劳动、它是否创造价值等问题做出正确回答。

1.服务属于经济范畴，服务性劳动是社会劳动不可缺少的组成部分

过去，人们受封建的传统观念影响很深，把服务与被服务的关系往往看作奴婢与贵族的关系，认为“为他人服务”是低贱、腐朽的；生产人们使用的物质产品的劳动受人尊敬，而直接为人服务的劳动却遭歧视。这些旧观念是错误的。因为在市场经济中，服务与被服务是平等的商品交换关系，而且社会分工和市场经济的发展要求提供服务的领域不断扩大，服务的质量不断提高，越来越多的服务劳动要由高知识、高技能的人来承担；也因为第三产业是直接服务于一定社会生产目的的。

2.服务劳动是一种生产性劳动，同样创造价值和使用价值

人们的劳动客观上存在物质生产劳动、劳务生产劳动和非生产劳动，与此相适应，生产部门也有物质生产部门、劳务生产部门和非生产部门。就生产过程来说，劳动既包括人把体力、脑力劳动转化到有形物质的过程，也包括转化到一切客观存在并提供使用价值的过程。无形的科研成果和信息等同样凝结了人们的脑力劳动、体力劳动，具有极大的经济价值，当然也属于生产性劳动。

3.要用发展的观点看待服务劳动

随着社会经济的发展，人们的需求领域不断扩大，从低层次向高层次、从物质领域向精神领域拓展。这就要求生产领域相应地扩展和延伸，进行各种物质产品和精神产品的生产。同时，经济发展从量的扩大转向质的提高后，物质生产部门也将越来越依赖于技术、知识、信息，服务劳动在经济发展中的作用日益显著，技术即财富、知识即财富、信息即财富、人才即财富等观点将越来越被人们所认识。随着经济社会的发展，第三产业的内涵和范围已发生很大变化，从传统工农业产品的流通销售、餐饮等生活服务到现代科学技术的研究与开发，从地面车辆的运输往来到天上卫星的信息传播，都属于第三产业。连锁经营、物流配送、电子商务、产品设计、软件服务、动漫影视等逐步成长为新型第三产业，信

① 王一鸣．抓住机遇　加快向服务业强国迈进［N］．经济日报，2017-07-21.

息经济、虚拟经济、创意经济、会展经济、休闲经济等新的业态层出不穷。

二、第三产业的作用

第三产业是整个社会再生产过程的不可缺少的组成部分，对于整个国民经济的发展和现代化的实现都有影响和制约作用，在实现社会物质商品生产、发挥城市功能、提高经济效益和社会效益、满足人民生活需要等方面，都具有十分重要的作用。

1.为物质生产过程的产前和产后创造条件

物质生产要正常运行，产前要有必不可少的投入，产后又必须有实现产出的条件。而第三产业在创造这种投入和产出的条件方面具有重要的作用。

在投入方面，第三产业将为物质生产提供现代科学技术、知识和信息。这种技术不仅为改进、扩大和更新生产工具与劳动对象创造了条件，而且为提高劳动者的劳动能力开辟了崭新的途径。要保证物质生产的正常运行，必须及时提供合格的劳动者，而要培育合格的劳动者，就必须首先发展教育，进行智力投资，发展卫生、体育、文化娱乐等部门。要保证物质生产的正常运行，产前还必须投入相应的生产资料、生活资料和资金，这就要求运输业、商业、仓储业和金融业等第三产业有相应的发展。

在产出方面，要保证物质生产的正常运行，要求第三产业在产品的储存、运输、销售诸方面提供必要条件。如果物质生产部门脱离第三产业，那么，它们生产出来的产品便不能到达消费领域，甚至也不能成为最终产品，于是社会总产出的实现问题便不能解决，整个社会再生产无法顺利进行，甚至会中断。

2.发挥城市功能和体制改革的需要

发展第三产业是多方面发挥城市功能的必要条件。过去我们对城市功能的理解比较狭窄，把城市看成单一的工业基地。其实，城市是市场经济发展的产物，它的功能是多方面的。城市不仅是工业基地，而且应当成为贸易中心、金融中心、交通枢纽、信息中心，有些城市还是科学、教育、文化的中心。这就需要每个城市在改革传统产业的同时，大力发展第三产业；在发展物质生产的同时，加快流通、服务的发展，使城市不仅提供先进的产品，更重要的是提供知识、信息、资金、技术、人才等，以发挥城市带动区域经济和全国经济协调发展的作用。

发展第三产业是城市经济体制全面改革的需要。计划体制的改革将促使我们从以指令性的实物管理为主的产品经济模式转向以指导性为主的市场经济模式。在扩大企业自主权、增强企业活力之后，企业决策所需要的信息，再生产所需要的物资、资金、技术，生产经营活动中所需要的正常经济秩序，都需要第三产业中的商业、外贸、金融、保险、交通、邮电、广告、租赁、咨询和技术服务、法律事务等来提供。可见，如果没有第三产业的相应发展，城市经济体制改革的深入是绝对不可能的。

3.就业的重要途径

在资本主义国家里，由于第一产业、第二产业有机构成的提高以及周期性的资本主义经济危机，失业人口众多。20世纪70年代末以来，美国和西欧等资本主义国家的失业率曾经达到两位数，如果没有第三产业的发展，这些国家的失业率还会更高。我国底子薄、人口多、耕地少，第一、二产业的现有设备又无法吸收庞大的劳动力队伍，所以，我们的就业途径必然是多方面的。

更为重要的是，随着科学技术水平的提高、劳动生产率的进一步提高，第一、二产业原有的劳动力必然会相对过剩，劳动力必然由第一、二产业向第三产业转移。决定这种转移趋势的经济动力，就是第三产业的劳动者收入高于第一、二产业的劳动者收入。

不仅如此，第三产业大多数是劳动密集型产业，可以容纳较多的劳动力。兴办第三产业需要的资金比较少，上马快，可以用较少的资金安排较多的劳动力就业。

4.加强对外经济、技术、文化交流的需要

对外开放是我国的长期国策，来华从事贸易、考察、科学文化交流、体育活动、旅游和探亲访友的外国人与日俱增，对我国的食宿、交通、邮电通信、娱乐等项服务形成了巨大的需求压力，同时为我国第三产业提供了新的市场。正因为如此，发展第三产业一方面可以提高我们对海外来宾的接待能力和服务能力，促进对外开放；另一方面可以通过满足外国人的各种劳务消费的需求来增加我国的非贸易外汇收入。

5.增加社会财富，改善人民生活

为生产生活服务的第三产业发展了，社会财富就会增加，人民生活将进一步改善。特别是随着社会的发展和进步，人们的生活需要不再局限于吃、穿等生存资料的需求，而是对享受资料和发展资料的需求越来越高，这种需求的弹性大。国内外的实践证明，随着人们收入的增加，人们用于吃、穿的开支占全部开支的比重呈现出下降的趋势，而用于劳务消费的支出会上升。

随着现代经济的发展，第三产业的附加值越来越高。第三产业对于经济增长的拉动作用越来越强，并使得发展经济所付出的资源环境代价日益减少。一些国家在重化工业发展遭遇挑战、资源环境代价越来越大的情况下，以发展现代第三产业为突破口，推动产业结构优化升级，不但使单位产值能源消耗明显下降，环境污染得到控制，而且抢占了现代经济发展的战略制高点，增强了国际竞争力。可以说，第三产业的加快发展，已经成为现代经济的一个重要特征和世界经济发展的一个新趋势，文化、教育、娱乐、旅游、体育、卫生等第三产业在满足人民日益增长的美好生活需要方面，将发挥越来越大的作用。

三、第三产业的演进机制①

（一）分工深化

分工深化是第三产业演进的重要作用机制。随着社会专业化程度的提高，服务外部化的成本降低，当分工的收益大于分工产生的交易成本时，经济主体通过独立化或外包的方式将内部服务活动转化为外部服务活动，出现了大量的服务活动外置。这种服务“外在化”的分工深化在生产性服务领域更为普遍。迂回生产过程需要起协调和控制作用的专业化中间服务对越来越多的分工环节进行适应性组合。这促使企业从外部寻求效率更高的服务，把内部服务功能交由外部专业化服务企业完成，或者把内部的服务职能部门剥离成为独立的市场主体（Riddle，1986）。服务活动的外部化将内部分工转变为社会分工，提升了服务水平和质量，促进服务产业活动的扩展。

由于大量的服务活动一直存在于第一、二和三产业企业内部，分工深化条件下以中间服务和第三产业为纽带形成更为广泛的产业关联。制造业与生产性服务业之间的互动关系更为紧密。一方面，生产性服务业将日益专业化的人力资本、知识资本、技术资本导入制造业生产过程，提高制造业效率，促进提升服务质量和价值创新，增强制造业的竞争力。另一方面，制造业企业服务功能外置和对中间服务需求的提升，为生产性服务业提供了更广阔的市场空间、提出了更高的要求，促进生产性服务业快速发展。同时，在差异化竞争策略下，服务业企业进行服务业务分立、辅助业务外置和配套服务外包等，以专业化获取竞争优势。服务业企业之间形成大量中间服务的需求和供给及交易，服务业的专业化分工日益增强，成为促进生产性服务业发展的重要作用机制。

（二）产业融合

随着信息技术等新兴技术的广泛应用和技术融合，产业间的相互渗透与融合成为促进第三产业发展的重要作用机制。随着经济系统的进一步演化，产业间相互融合、互动及协调能力的影响作用将逐步增强（Riddle，1986）。在信息技术与其他各种技术日益融合的基础上，形成大量产品、服务内部及两者之间的融合，进一步促进不同行业在业务平台、组织、管理等方面深度融合。产业融合突破了产业分立

---

① 周振华. 服务经济发展：中国经济大变局之趋势［M］. 上海：格致出版社，上海人民出版社，2013.

的限制，催生出一批行业之间新型的交叉产品、交叉平台及交叉部门。资源在更大范围内有效配置，拓展了服务类型和广度，第三产业领域实现全新发展。同时，产业融合中，传统服务业也被纳入新的商业模式，不仅拓展了业务发展新空间，赋予传统服务以新内容，而且改进了服务质量，优化了服务方式，提升了传统服务业的增值能力。因此，产业融合通过创造新兴服务业态、改善和提升传统服务业，促进第三产业发展规模扩大，发展质量和效益不断提升。

四、我国第三产业发展跃升关键期①

经过改革开放以来的经济快速发展，我国已基本具备了加快向服务经济转型的经济基础、技术条件和制度环境，第三产业发展进入全面跃升的关键期。

1.经济发展由中高收入阶段向高收入阶段迈进

国际经验表明，服务经济的形成和发展与收入水平密切相关。当人均国民收入达到中高收入阶段时，第三产业比重随人均收入提高大幅上升，第三产业进入加速发展期，逐步成为主导性经济形态。2017年，我国人均国内生产总值为8 643美元，接近高收入经济体的门槛，这个时期正是服务经济大发展时期。

2.消费结构加快升级

从生活性服务业看，随着收入水平提高和中等收入群体规模扩大，“住”“行”主导的服务消费结构加快向多样化、个性化、高端化升级，特别是随着恩格尔系数持续下降、居民受教育水平普遍提高和人口老龄化加快，旅游、养老、教育、医疗等服务需求快速增长，在消费需求中的占比明显提高；低端基本性消费品比重将逐渐下降，而医疗保健、交通运输、通信、教育文化等高端享受型和发展型消费比重逐步上升，网络消费、信息消费等新兴消费不断兴起，新型消费业态不断涌现。从生产性服务业看，制造业价值链提升对研发、设计、标准、供应链管理、营销网络、物流配送等生产性服务需求迅速扩大。消费结构加快升级为调整优化供给结构、提升第三产业整体水平提供了强劲动力。

3.第三产业主导地位逐步确立

近年来，我国第三产业发展不断迈上新台阶，2011年成为吸纳就业最多的产业，2012年第三产业增加值超过第二产业，2017年第三产业增加值占国内生产总值比重达到57.6%，比第二产业高17.1个百分点。物联网、大数据、云计算、虚拟现实（VR）、量子通信等新技术广泛渗透，促进服务领域的新业态、新服务迅速发展，2017年网上零售额达到71 751亿元，在线医疗、在线教育、网约车等迅猛成长。第三产业主导地位的逐步确立和经济服务化趋势加快形成，为第三产业发展提供了有力支撑。

4.城镇化水平大幅提升

2017年我国城镇化率达到58.52%，农民工“市民化”进程明显加快。城镇化水平大幅提升，对生活性、生产性服务和公共服务的需求大量增加，将推动第三产业集聚发展，在大中城市率先形成以第三产业为主导的产业结构，带动全国加快从工业经济向服务经济转型。

5.人力资本水平明显改善

按照“十三五”规划纲要的总体部署，到2020年我国将基本实现教育现代化，基本形成学习型社会，进入人力资源强国行列。届时，我国劳动年龄人口平均受教育年限将达到10.8年，基本普及高中阶段教育，主要劳动年龄组人口中受过高等教育人数的比例将显著提升。人力资本水平明显改善，将有效支持要素投入和价值创造服务化，促进知识密集型生产性服务业发展，从而大大加快从工业经济向服务经济转型的步伐。

---

① 王一鸣．抓住机遇　加快向服务业强国迈进［N］．经济日报，2017-07-21.

6.改革开放加快推进

“十三五”时期是深化改革开放的攻坚期，要以更大决心和勇气全面推进改革，健全使市场在资源配置中起决定性作用和更好发挥政府作用的制度体系。到2020年，国家治理体系和治理能力现代化取得重大进展，开放型经济新体制基本形成。按照“十三五”规划纲要的总体部署，我国将开展加快发展现代服务业行动，扩大服务业对外开放，优化服务业发展环境。体制和政策环境的不断完善，将为服务业大发展和加快向服务经济转型创造更加有利的体制环境。

综上所述，今后一个时期是我国第三产业全面跃升的关键期。同时也要看到，我国第三产业发展还面临诸多矛盾和问题，主要表现在：

（1）服务供给难以适应需求变化。随着收入水平提高和城乡居民消费结构升级，人民群众的多样化、个性化、高端化需求与日俱增，医疗保健、信息通信、教育文化、养老休闲、文化娱乐等中高端享受型和发展型服务消费比重逐步上升，但服务供给还难以适应市场需求变化，高品质生活性服务业供给不足，中高端生产性服务业发展滞后，难以满足人民群众服务消费结构升级的需求。

（2）第三产业整体上处于中低端价值链环节。我国研发、设计、供应链管理、物流配送、人力资源服务等生产性服务在第三产业中所占比重总体偏低，第三产业发展的质量和效益不高，制约了产业价值链提升，需要加快推进第三产业向价值链中高端延伸。

（3）第三产业国际竞争力不强。我国第三产业对外开放水平低，在国际上有竞争力的服务行业和服务企业偏少，知识密集型服务在服务出口总额中所占比重较低，交通运输、旅游、建筑服务所占比重偏高，服务贸易逆差规模仍在扩大，与货物贸易发展形成不平衡的局面。

（4）第三产业发展仍面临体制机制束缚。第三产业发展竞争不充分，电力、民航、铁路、石油、天然气、邮政、市政公用等领域准入限制仍然较多。促进第三产业发展的体制和政策环境不完善，发展潜力尚未充分释放。

第二节　第三产业的发展趋势

一、全球第三产业发展呈现新趋势和新特征

20世纪七八十年代以来，随着经济全球化和信息技术革命的迅猛发展，全球经济服务化趋势日趋明朗，高收入经济体加快向服务经济转型。这是继工业革命之后的技术业态、产业组织、经营管理、商业模式、运行体制、发展方式的全方位变革，可以称之为“服务革命”。随着经济服务化的快速发展，第三产业在世界经济的比重超过60%，在发达国家经济的比重已经超过70%，在发展中国家经济的比重在60%左右，第三产业跨国投资占国际投资总额的比重超过2/3，服务贸易总额占世界贸易总额的比重超过1/5。第三产业成为引领技术创新和商业模式创新的主导力量。全球经济向服务经济转型，呈现出一系列新趋势、新特征。

（1）经济服务化。第三产业成为国民经济的主导产业，经济部门服务化不断深化，服务性活动成为经济活动的主导方式。服务不仅成为提高产业竞争力的重要手段，还成为经济活动的重要组成部分，企业越来越将业务中心从产品生产转到提供服务上来。

（2）服务外部化。制造企业将研发、设计、仓储、营销等服务功能逐步分离出来，外包给专业服务公司，生产性服务业发展成为相对独立的部门。政府向社会和市场购买公共服务，政府从“管理型政府”向“服务型政府”转变。

（3）产业融合化。第三产业与第一和二产业之间相互渗透和融合的趋势日趋明显，产品和服务的边界日趋模糊。消费者和生产者的关系从一次性购买转变为持续的多次服务，消费者和生产者趋于融合。第一和二产业与第三产业的业务、组织、管理趋于融合，形成全产业价值链增值体系。

（4）价值高端化。企业生产向研发、设计、标准、供应链管理、营销网络、品牌等高价值链区段转移，生产性服务环节在产业价值链增值中的比重不断提高，供应链、营销网络、服务方式、盈利模式等商业模式创新成为创新活动的新内涵。

（5）要素知识化。物质形态的要素投入作用越来越小，而凝结了知识、诀窍等的人力资本与经济增长的关系日趋紧密，人力资本取代物质资本成为主导经济增长的最重要因素，要素投入的知识化趋势不断增强。

（6）组织网络化。企业利用生产网络和不同地区的比较优势，把不同的价值链环节配置到成本相对低的区位，并对生产网络进行系统整合。生产工序和价值链分工深化，推动产业链与营销网络和服务体系的深度融合，促进企业实现在更大空间内的资源优化配置。

（7）企业平台化。借助于互联网络、电子支付技术和现代物流服务，各类平台服务越来越深入地融入工作和生活的方方面面，改变了企业的营销方式和人们的消费方式。消费者成为生产活动中心，个性化、体验式、互动式消费蓬勃兴起，促进服务内容、业态和商业模式创新。

（8）分布集聚化。第三产业特别是生产性服务业的大规模发展，促进知识、信息、人力资本等大规模集聚，促进大都市和城市群成为服务功能的主要集聚地。大都市和城市群由制造中心和生产基地转换为服务中心和服务功能区，推进第三产业快速发展。

（9）结构生态化。信息网络技术与第三产业深度融合，促使产业发展从传统的以劳动密集型、资本密集型为主，向以技术密集型、知识密集型为主转换，低能耗和低排放成为主要特征，轻型化、生态化成为第三产业的突出优势和结构特征。

（10）发展离岸化。全球信息网络技术的迅猛发展和经贸制度创新，推动服务的可贸易性大幅增强，服务贸易流量占世界贸易总额的比重日益提高，服务外包迅猛发展，第三产业跨国投资份额大幅提高，第三产业跨境转移成为全球产业转移的重点，第三产业离岸化发展成为全球化新特征。

与服务经济发展的新趋势、新特征相适应，国际经贸规则关注的焦点逐步向服务经济领域转移。特别是国际金融危机后，世界贸易组织主导的贸易自由化进程受阻，多哈回合谈判陷入僵局，美欧等发达国家转而推进由其主导的国际服务贸易协定（TISA）等谈判，推动国际经贸规则向服务贸易和跨境投资拓展，对成员的约束从“边境措施”转向“边境后措施”，意欲强化制定国际规则的主导权。国际经贸规则加快重构，将对全球服务经济发展产生广泛、深刻的影响。

二、我国第三产业的发展趋势

我国第三产业增加值和就业比重呈现出较为明显的上升趋势（见表37-1）。1995—2017年，我国第三产业就业人员在总就业人员中的比重由24.8%提高到44.9%，第三产业增加值在GDP中的比重由33.7%提高到51.6%。第三产业在国民经济中的地位和作用在逐步增强。

（一）第三产业企业的发展趋势[①]

以云计算、大数据、智能化、物联网、移动互联网为代表的新一代信息技术改变了第三产业的发展格局，推动第三产业企业快速成长，日益呈现出以融合化、平台化、数据化、金融化、整合化为重要特征的发展趋势。

1.融合化：由“零和”转向融合

云计算、大数据、智能化、物联网、移动互联网等新技术的普及对企业的运营模式、组织结构、资源配置方式带来了革命性影响，为第三产业企业自身的成长植入新的基因、构筑新的模式，很多传统的商业模式也因此受到越来越多的挑战。

---

① 高蕊．服务业企业发展新趋势值得关注［N］．经济日报，2018-04-12.

表37-1　　1995—2017年中国第三产业产值比重和就业比重

年份	国内生产总值中第三产业增加值所占比重（%）	总就业人员中第三产业就业人员所占比重（%）
1995	33.7	24.8
1996	33.6	26.0
1997	35.0	26.4
1998	37.0	26.7
1999	38.6	26.9
2000	39.8	27.5
2001	41.2	27.7
2002	42.2	28.6
2003	42.0	29.3
2004	41.2	30.6
2005	41.3	31.4
2006	41.8	32.2
2007	42.9	32.4
2008	42.8	33.2
2009	44.3	34.1
2010	44.1	34.6
2011	44.2	35.7
2012	45.3	36.1
2013	46.7	38.5
2014	47.8	40.6
2015	50.2	42.4
2016	51.6	43.5
2017	51.6	44.9

在经历了焦灼的“对抗期”之后，传统业态与新兴业态正在走向融合。例如，几乎每一个实体零售企业都在努力“触网”，打造线上平台，并与互联网巨头、电商巨头展开合作。同时，电商巨头们也在向传统零售业中的优质资源靠拢，积极向线下拓展。在大数据、智能物流和智能生产的推动下，线上和线下融合互动，开辟了“新零售”的新局面。零售业的实体店面正在成为品牌展示、数据收集、资源分发的集成和中转场所，联通着大物流和小社区，资金流、商流和信息流在此进行全面融合。传统银行与互联网金融也在实现融合。2017年，中国建设银行与阿里巴巴签署合作协议，打通了信用体系；中国工商银行和京东启动了金融业务合作；中国农业银行和百度成立了金融科技联合实验室；中国银行和腾讯也打造了金融科技联合实验室。这类集体合作成为当前“金融+科技”的一种新范式。

2.平台化：由提供单一产品转向提供平台服务

第三产业在本质上是一种连接功能的实现，这种功能使运行在经济生活中的物流、信息流、资金流、商流、业务流等更有效、便捷地传递。平台化的作用就在于凝聚和分发资源，使供需双方零距离对接，进而形成一个完善、成长潜能强大、多方群体有效互动的生态圈。因对一站式、一体化服务的追求，以及互联网技术的推动，近年来，传统服务业大企业不断推进平台化建设进程，以自有服务和特定服务群体为基础，从封闭的企业组织转变为开放的平台，并积极在产业链领域拓展布局，构建具有企业特色的平台生态圈。比如，苏宁易购致力于成为连接供应商和客户的桥梁，通过系统化的服务和资源的集成，打造多产业布局、线上和线下共融、从商品展示到物流再到金融服务全过程的智慧零售服务平台。

平台是一种网络关系，多数情况下平台型公司会成为平台网络的核心，并对各网络节点的需求和资源进行广泛连接、整合，进行有效传递和匹配。在出行、电商、社交、医疗、教育、投资等领域，平台已经逐步取代传统企业成为主流的组织形式，并诞生了阿里巴巴、腾讯等行业巨头。这些平台连接着卖家与买家、研发人员与企业、资本与项目、闲置资源与潜在使用者，重构了产业链价值，成为各类服务的“接入口”。在此背景下，第三产业企业正由提供单一的产品向提供基于平台的关系服务转变。

3.数据化：由单纯利用信息互联转向挖掘数据价值

互联网技术的进步让经济运行中的信息实现了互联互通，对信息的收集、处理和使用造就了空前的商业繁荣。在此基础上，第三产业企业日益注重挖掘信息背后的数据价值，积极探索分散于产业链条各节点的机会，努力发现隐藏在各类消费场景中的信息所蕴含的潜在需求。传统第三产业企业的数据化发展日益明显。

一是对终端消费进行数据分析，实现精准营销，激发潜在需求。二是加强流通中数据的共享和运算，消除冗余资源，提高周转效率，优化整个供应链。比如，产业互联企业找钢网依靠平台中产生的真实可靠的大数据，促进钢铁产业由批发制转为零售制，有效解决了产业链冗长且效率低下等问题。三是建立大数据管理平台，以开放共享的理念汇集产业链数据，打通大数据孤岛，实现跨行业、跨领域的异构数据共享，助力企业的融合式、联盟式发展。这是第三产业企业进行广泛合作、实现跨越发展的关键所在。同时，第三方数据服务公司也在快速崛起。大数据的积累、迭代和人工智能的结合会在很大程度上改变原有服务方式和内容，个性化服务将被更好地满足，标准化服务将被逐步替代，并在特定场景中实现服务的自动化与智能化。随着数据应用渗透到每一个行业和领域，第三产业企业的数据化发展将进入一个全新阶段。

4.金融化：由对资金“自然”传导转向以金融手段影响资金流向

随着金融服务兴起、产融结合广泛应用，一批多元化投资企业涌现，第三产业企业用金融手段服务实体经济的趋势日渐明显。

第一，第三产业企业作为渠道连接并传递着产业链条中的资金，不断优化资金流的效率。近几年，“互联网+金融”“供应链+金融”“生态+金融”“产业+金融”等模式不断涌现，第三产业企业也迎来了新的增长机会。同时，随着消费互联和产业互联的发展，金融服务作为交易中的重要需求也被企业重视，京东白条、蚂蚁花呗等业务接连出现，金融工具已经成为新一代服务业商业模式发展的重要抓手。

第二，以资本为手段的产业联盟促进第三产业企业实现链式发展、网状发展的大升级。第三产业是一个高度整合化的行业，服务一体化的进程和新兴信息技术的成熟推动着第三产业企业走向“大融合”和“大共享”。以航运产业为例，港口企业、船舶公司、航运公司的联盟化已经成为该行业的发展趋势。

第三，第三产业大企业发展成为金融控股集团，直接支持实体经济。其中，既有中信、光大、平安等“老三家”金控集团，也有那些由非金融领域跨界而来、以产业资本参与方式组建的多元化投资集团，一些实力强劲的集团或者脱胎于地方资本运作平台，或者转型于制造业企业，或者以产业投资为突破口成为横跨众多金融业态的类金融集团。目前，这些金控集团大都定位于产业，以链条和圈层的协同发展为目标，在一定程度上提供金融解决方案，有力支持了实体经济发展。

5.整合化：由产业发展的从属者转向产业资源的整合者

传统的流通等第三产业企业的功能仅限于提供资源、要素的流通渠道，很大程度上处于一种从属地位。过去几年，“互联网+”对经济生活的各领域影响深远，产业互联已成气候。“科技+”“金融+”“物流仓储+”“大数据+”等重塑了第三产业企业的商业模式，以资本为纽带、以数据为要素的第三产业企业正走向“大联合”“大融通”。在此背景下，企业之间的关系正从供求关系、合作伙伴等传统的上下游关系，转变为“集成平台”和“被集成者”的服务关系。第三产业企业成为连接生产端和消费端的“中央处理器”，并在更高的维度上打通行业壁垒、重塑产业格局。在这方面，有三类企业值得关注：一是近年来迅猛发展的供应链企业。其不但为制造业企业全过程的要素流通提供了完整的解决方案，重塑了传统的流通格局，而且能够整合全球制造资源，低价、高效地为终端需求服务。二是拥有强大用户基础的互联网企业。例如，腾讯和阿里巴巴对文化娱乐、生活服务、支付等领域深度布局，对产业格局的影响已非单纯的资本之力。三是“找X网”类的产业互联网企业。它们不仅打通了供需两端，还具有产业零售电商和物流、仓储、金融等一站式服务提供者的功能，推动了产业转型升级。总体来看，这些第三产业企业的商业模式正由交易服务阶段、信息服务阶段向资源整合阶段过渡。

目前，我国第三产业大企业涉及金融、商贸、交通运输、互联网服务、文化娱乐、房地产、多元化投资等众多门类，规模和影响力逐渐壮大，在产业链中的话语权逐步增强。在供应链、价值链、产业链等全流程服务理念和互联网技术支持下，第三产业企业得以在提供一站式、打包式、全过程服务的同时，整合产业资源，汇集平台优势，做优产业格局，从产业发展的从属者向产业资源的整合者转变。

（二）我国跨入以服务经济为主体的新时代[①]

（1）第三产业跃升为国民经济第一大产业。第三产业成为经济增长的新引擎，成为新增企业的主力军，是吸纳就业的主渠道。第三产业成为税收增长的主要来源和吸引投资的主领域。服务贸易积极拉动外贸增长。

（2）以“互联网+”为标志的第三产业新动能不断增强。移动互联网迅速普及，信息消费呈井喷式增长。信息技术日新月异，互联网行业迅猛发展。电子商务规模持续扩大，辐射作用日益增强。分享经济蓬勃兴起，重塑生产生活方式。

（3）创新引领新兴服务业茁壮成长。科技服务业加快孕育成长，高技术服务业创新水平不断提升，战略性新兴服务业发展优势日益凸显，生产性服务业稳步增长。

（4）“幸福产业”发展驶入快车道。旅游经济发展迅速，出国旅游成为时尚。文化产业繁荣发展，体育产业蓄势发力。健康养老服务业快速崛起。教育行业快速发展，教育资源更加公平。

第三节　我国第三产业的发展战略与对策

一、我国第三产业的发展战略

我国要把推动第三产业大发展作为产业结构优化升级的战略重点，营造有利于第三产业发展的政策和体制环境，拓展新领域，发展新业态，培育新热点，推进第三产业规模化、品牌化、网络化经营，不断提高第三产业的比重和水平。

（一）加快发展生产性服务业

深化专业化分工，加快服务产品和服务模式创新，促进生产性服务业与先进制造业融合，推动生产性服务业加速发展。

1.有序拓展金融服务业

服务实体经济，防范系统性风险，有序发展和创新金融组织、产品和服务，全面提升金融服务水平。发挥大型金融机构的综合性服务功能，积极发展中小金融机构，围绕促进小型微型企业发展、推动科技创新、发展绿色经济、支持企业跨境经营，以及发展网上交易等新型服务业态，创新金融产品和服务模式。更好地发挥信用融资、证券、信托、理财、租赁、担保、网商银行等各类金融服务的资产配置和融资服务功能。加强金融基础设施建设，进一步健全金融市场的登记、托管、交易、清算系统。拓宽保险服务领域，积极发展责任保险、信用保险，探索发展巨灾保险，创新保险营销服务方式，规范发展保险中介市场，推进再保险市场建设，建立健全保险服务体系。

2.大力发展现代物流业

加快建立社会化、专业化、信息化的现代物流服务体系，大力发展第三方物流，优先整合和利用现有物流资源，加强物流基础设施的建设和衔接，提高物流效率，降低物流成本。推动农产品、大宗矿产品、重要工业品等重点领域物流发展。优化物流业发展的区域布局，支持物流园区等物流功能集聚区有

---

① 《服务业擎起半壁江山　新兴服务业蓬勃发展——党的十八大以来经济社会发展成就系列之十五》。

序发展。推广现代物流管理，提高物流智能化和标准化水平。

3.培育壮大高技术服务业

以高技术的延伸服务和支持科技创新的专业化服务为重点，大力发展高技术服务业。加快发展研发设计业，促进工业设计从外观设计向高端综合设计服务转变。围绕创新链拓展服务链，构建覆盖科技创新全链条、产品生产全周期的创业创新服务体系。[①]加快培育基于移动互联网、大数据、云计算、物联网等新技术的信息服务，提升软件开发应用水平，发展信息系统集成服务、互联网增值服务、信息安全服务和数字内容服务，发展地理信息产业。积极发展检验检测、知识产权和科技成果转化等科技支撑服务。培育发展一批高技术服务骨干企业和知名品牌。

4.规范提升商务服务业

大力发展会计、审计、税务、工程咨询、认证认可、信用评估、经纪代理、管理咨询、市场调查等专业服务。积极发展律师、公证、司法鉴定、经济仲裁等法律服务。加快发展项目策划、并购重组、财务顾问等企业管理服务。规范发展人事代理、人才推荐、人员培训、劳务派遣等人力资源服务。促进广告、会展业健康发展。

（二）大力发展生活性服务业

面向城乡居民生活，丰富服务产品类型，扩大服务供给，提高服务质量，满足多样化需求。

1.优化发展商贸服务业

优化城市综合超市、购物中心、批发市场等商业网点结构和布局，支持便利店、中小超市、社区菜店等社区商业发展。鼓励和支持连锁经营、物流配送、电子商务等现代流通方式向农村延伸，完善农村服务网点，支持大型超市与农村合作组织对接，改造升级农产品批发市场和农贸市场。引导住宿和餐饮业健康规范发展。支持发展具有国际竞争力的大型商贸流通企业。

2.积极发展旅游业

全面发展国内旅游，积极发展入境旅游，有序发展出境旅游。坚持旅游资源保护和开发并重，加强旅游基础设施建设，推进重点旅游区、旅游线路建设。推动旅游业特色化发展和旅游产品多样化发展，全面推动生态旅游，深度开发文化旅游，大力发展红色旅游。完善旅游服务体系，加强行业自律和诚信建设，提高旅游服务质量。

3.鼓励发展家庭服务业

以家庭为服务对象，以社区为重要依托，重点发展家政服务、养老服务和病患陪护等服务，鼓励发展残疾人居家服务，积极发展社区日间照料中心和专业化养老服务机构，因地制宜发展家庭用品配送、家庭教育等特色服务，形成多层次、多形式的家庭服务市场和经营机构。加快建设家庭服务业公益性信息服务平台。加强市场监管，规范家庭服务业市场秩序。

4.全面发展体育事业和体育产业

大力发展公共体育事业，加强公共体育设施建设，广泛开展全民健身运动，提升广大群众特别是青少年的体育健身意识和健康水平。继续实施农民体育健身工程。优化竞技体育项目结构，提高竞技体育综合实力。发展健身休闲体育，开发体育竞赛和表演市场，发展体育用品、体育中介和场馆运营等服务，促进体育事业和体育产业协调发展。

（三）营造有利于第三产业发展的环境[②]

1.深化改革，充分释放第三产业发展活力

第三产业对现代市场经济制度具有更高层次的需求，要求建立健全更加公正开放的市场体系、更加

---

① 2017年6月13日国家发展改革委印发的《服务业创新发展大纲（2017—2025年）》。

② 王一鸣．抓住机遇 加快向服务业强国迈进［N］．经济日报，2017-07-21．

健全和透明的信用体系。要进一步放宽第三产业市场准入，放开电力、民航、铁路、石油、天然气、邮政、市政公用等行业竞争性业务，扩大金融、教育、医疗、文化、互联网、商贸物流等领域开放，清除各类隐性障碍，形成有效竞争的市场结构。继续推进全国统一市场建设，逐步取消各地方违反规定的税收、土地等优惠政策，禁止设置限制第三产业企业跨地区发展、服务跨地区供给的规定。推广实施负面清单管理制度，逐步扩大覆盖范围。依法保障各类市场主体公平竞争，深化国有企业改革，推动事业单位改革，促进各类市场主体竞相发展。

2.扩大开放，增强第三产业国际竞争力

第三产业具有更广的辐射范围和更大尺度的市场边界，具有更强的网络性和渗透性。要鼓励第三产业企业在全球范围内拓展市场空间，优化资源配置。积极开拓欧美发达国家市场、“一带一路”沿线市场、拉美和非洲等新兴市场。支持企业在境外设立研发中心、分销中心、物流中心、展示中心，构建跨境服务供应链、产业链、价值链。积极参与多边、双边、区域服务贸易谈判和全球服务贸易规则制定，积极推进与欧美国家的投资协定谈判，增强我国在国际服务投资贸易规则制定中的制度性话语权。

3.创新驱动，增强第三产业发展内生动力

现代服务业得益于信息网络技术的迅猛发展，也是伴随技术、业态、商业模式创新而发展的。要鼓励技术创新和新技术广泛应用，积极推进“互联网+”行动计划，在第三产业中充分运用大数据、物联网、云计算、移动互联网等信息技术和手段，培育平台经济、分享经济、体验经济等新兴业态。支持发展研发设计、物流配送、采购和营销服务、会展服务、人力资源服务等生产性服务贸易。拓展离岸服务外包业务领域，重点发展软件和信息技术、研发、设计、互联网、医疗等领域服务外包。通过创新发展，推动生产性服务业向专业化和价值链高端延伸、生活性服务业向精细和高品质转变。

4.融合发展，增强第三产业转型升级的带动力

发展第三产业不仅表现为第三产业规模扩展和产业升级，更重要的是支撑现代农业和先进制造业的转型升级，形成相互渗透、融合发展的全产业链生态系统。培育“服务+农业”新业态，支持发展农业共营制、农业创客空间、农业平台型企业等融合模式。鼓励制造业由生产型向生产服务型转变，促进制造企业向创意孵化、研发设计、供应链管理、营销网络等产业链两端延伸，拓展服务增值空间，提升产业价值链。鼓励服务企业向制造业渗透，开展反向制造和反向整合，促进制造业柔性化改造和个性化定制。发挥平台型、枢纽型服务企业的引领作用，培育“平台+模块”产业集群，发展一批产业融合、具有综合服务功能的大型企业集团和产业联盟。

5.优化环境，助推第三产业发展迈上新台阶

第三产业发展对综合配套环境和基础设施有更高的标准，要求创造严格的知识产权保护、畅通和安全的信息传输、充足的人力资本供给、便捷的交通基础设施等条件。要完善互联网、大数据、电子商务等领域知识产权保护规则，加快完善网络安全、个人隐私和商业秘密保护，以及互联网信息服务等领域法律法规。加大人力资本投资，建设规模宏大的第三产业专业技术人才和高技能人才队伍。促进基础设施互联互通和系统功能优化，提升智能化、网络化水平。加强社会信用体系建设，建立健全跨部门合作和协调机制，建立统一的信用信息平台，完善信用激励与联合惩戒机制。

二、我国第三产业的发展对策

（1）有步骤地开放金融、保险、证券、电信等产业，使中国竞争力上一个新台阶。开放第三产业首先可以是对内开放，即打破垄断体制，允许内资流入国内的垄断行业。尽管电信、证券、金融、保险已经采取了一些措施，积极引入竞争机制，但仅在现行的机构框架内进行改组是不够的，更为重要的是允许其他国内投资者在满足基本条件的前提下，涉足这些行业的业务。当然，在开放的过程中也要防止一哄而上，避免造成低水平的重复投资。

（2）真正实行政企分开，建立完善的激励机制，充分发挥国有第三产业企业经营者的积极性。新型的第三产业的发展对国民经济的作用已日益突出，这些企业的庞大资产和先进技术对经营者提出了更高的要求和挑战。因为尽管在机构设置上实现了“政企分开”的目标，但在企业实际运行中总是摆脱不了“政企一家”的影响。显然，要使国有资产得到最大潜力的增值，就必须使其经营者得到足够大的刺激：经营好的要奖励，而经营差的要撤职。因为大型商业银行、电信、资产管理公司等均为国有独资企业，经营者激励机制均未建立。我们可以对这些企业的经营者实行年薪制，经营者收入要充分反映其经营业绩。经营业绩优秀者，其收入可以是其工资的数倍，而经营业绩差者，其收入可以低于其工资水平。如果我们不尽早改革现行的国企经营的工资制度，继续沿袭“政企一家”的办法，第三产业的国有新型企业就很难得到大的发展。

（3）尽快修订一些不合理的价格制度，使第三产业施惠于民。第三产业的核心是“服务”，因此，只有真正站在消费者的立场上，而不是生产商的立场去制定政策，第三产业才能获得大的发展。近些年我国第三产业供给能力有了巨大的提高，但目前的政策，尤其是价格政策大大制约了第三产业市场的扩大。为了避免第三产业过早进入“卖方市场”，就必须改革现行价格制度。目前我国的价格除粮食及少部分原材料外，部分第三产业计划价格是仅存的主要计划价格了。电信最为舆论所指责。不合理的价格尽管可以带来一些高额利润，却大大增加了使用者的成本，并大大减少了其自身市场扩大的机会。

（4）在房地产、高等教育等领域加快社会化、专业化改革步伐，努力满足日益扩大的市场需要。房地产和高等教育目前作为两个最具潜力的消费市场，最突出的问题是其社会化、专业化程度不够。房地产市场上的物业管理社会化、专业化以及高等院校后勤社会化工作在中国处在起步阶段，而它们的市场潜力对整个行业的迅速发展至关重要。在当今教育产业日益重要之时，各国都将其作为重要的创汇来源，就连美国也派出庞大的高校招生团到中国招生，足见高等教育市场是无国界的。如果我们还不尽快从传统观念——“以保证学校质量为中心”转到“以满足市场需求为中心”和高等院校后勤社会化的思路上，我国的高等教育市场将被发达国家掠去很大一部分。当然，重新按照市场成本来制定学校的收费等政策，刺激高校招生的积极性，也是政府要尽早考虑的问题。

（5）进一步完善第三产业市场中的法规建设，使服务市场走上法制化轨道。因为新兴的第三产业市场发展很快，新问题也层出不穷。政府要做好市场的裁判工作，关键还是要制定出符合实际的法规，使市场建设和发展有法可依。房地产市场、教育市场、证券市场、信息市场等方面都必须及早制定出一系列交易规则，如反欺诈法、中介市场公平法等，这些对于第三产业发展都是至关重要的。只有市场得到了迅速发展，第三产业本身才可能得到迅速发展。

（6）不要盲目追求第三产业占比。我国大部分地区，尤其是广大中小城市，在未来相当长的时间内，经济发展的主要驱动力还是第二产业。在这一背景下，我国不能盲目追求第三产业占比提升，而是要对由房地产带来的三产占比提升保持清醒头脑。与此同时，我国必须坚定不移地发展第二产业，夯实先进制造业，让包括生产性服务业在内的第三产业具备更加坚实的发展基础。现代经济是一个有机整体，三大产业之间的发展要良性互动，如果第二产业发展滞后，第三产业也难以持续健康发展。①

经济视窗 37-1

① 贺强．不要盲目追求第三产业占比［N］．经济日报，2016-09-14．

[第三十八章]

文化产业与创意产业

本章主要讨论文化产业概述、文化产业的发展现状与趋势、文化产业的发展政策与战略措施、创意产业概述、创意产业的发展概况、我国创意产业的发展对策。

第一节　文化产业概述

一、文化产业的内涵和外延

文化是一个国家、一个民族的灵魂。文化兴国运兴，文化强民族强。文化作为人们在认识世界和改造世界的实践中创造的精神成果，它在为经济社会发展提供支撑的同时，也不断开辟着自身发展的新领域。文化生产力就是经济和文化及其相互融合发展到一定阶段的产物。它指的是创作和制造文化产品及提供文化服务的社会能力，是社会生产力的重要组成部分。在信息社会里，文化经济一体化趋势越来越明显，文化产业已成为当代人类社会新的财富创造形态。文化产业的兴起正是文化生产力在当代社会的体现。

当前，文化产业作为一个全球性创新领域，被普遍认为是21世纪新的经济和文化增长点，正成为世界各国竞相争夺的战略高地。然而，文化产业作为一个理论范畴，至今还没有一个公认的界定。

目前比较一致的看法是，文化产业（culture industry）概念的提出起源于对“大众文化”的争议。德国法兰克福学派的阿多诺（Theodor Adorno）和霍克海默（M. Horkheimer）在他们1947年出版的《启蒙辩证法》一书中，首先提出了“文化产业”的概念，从艺术和哲学价值评判的双重角度对文化产业进行了否定性的批判。①阿多诺和霍克海默认为，文化产品在工厂中凭借现代科学技术手段，以标准化、规格化的方式被大量生产出来，并通过大众传播媒介传递给消费者，最终使文化成为统治者营造满足现状社会的控制工具。

与阿多诺和霍克海默对文化产业的批判立场不同，同属法兰克福学派的德国著名学者瓦尔特·本杰明（Walter Benjamin）对文化产业和大众文化持乐观态度。他认为，工业文化产品把人的创造力从（传统）艺术的垄断中解放出来，其意义不下于16世纪科学把自己从哲学的束缚下解放出来。本杰明肯定机械复制艺术所产生的大众文化的进步后果和革命性。他的《机械复制时代的艺术品》一书为复制艺术即文化产业唱响了浪漫主义的赞歌。这两种观点形成了鲜明的对比，引发了第二次世界大战后对大众文化的争论。此后很长时间，阿多诺和霍克海默对文化产业的批判观点在西方知识分子中得到广泛认同。随着经济社会的发展，“文化产业”从最初的否定性的概念逐渐发展成为一种中性概念，即今天我们普遍使用的“文化产业”。1980年年初，欧洲议会所属的文化合作委员会首次组织专门会议，探讨“文化

① 霍克海默，阿多尔诺. 启蒙辩证法 [M]. 洪佩郁，蔺月峰，译. 重庆：重庆出版社，1990：10. 他们认为：“文化产业是指生产领域中广为人知的商品逻辑和工具理性，在消费领域同样引人注目。高雅目标与价值屈从于生产过程与市场逻辑，交换价值开始主宰人们对文化的接受。高雅文化所奋力追求的最佳产物，如家庭与私人生活的传统结合形式、幸福与满足的允诺、对完全不同的他者的渴望等，让位于孤立的、受人操纵的大众。而正是这样的大众，参与具有最低共同点的可替代性的大众商品文化。”

产业”的含义、政治与经济背景等问题，文化产业作为专用名词从此正式成为一种广泛意义上的“文化-经济”类型。①

然而，此后国际社会并未形成统一的文化产业定义和行业划分标准。从当前文化产业理论的发展看，关于文化产业概念的界定分为两个层面：一是学术界的界定；二是各国政府从本国实际出发进行的界定。学术理论界从不同的角度出发提出文化产业的定义，其中有一些代表性的观点：①英国的贾斯廷·奥康纳（Justin O'connor）主张从文化产业所经营的内容角度来定义文化产业。②英国的尼古拉斯·加纳姆（Nicholas Garnham）主张从工业化、规模化角度来定义文化产业。③芬兰的芮佳-莉娜·罗马（Raijia-Leena Luoma）则认为文化产业有双重含义——文化的产业化和产业的文化化，其提出了文化产业的金字塔模型。在金字塔模型中，文化产业处于金字塔的顶端，处于塔底的是由经济、技术和艺术组成的三角。④我国的谢名家则主要从精神生产角度定义文化产业；花建对文化产业的定义更多侧重强调文化产业的产业属性。

各国在文化产业实践中往往根据本国经济与社会的需要和基本情况，给出不同的文化产业的概念和行业划分。比如，澳大利亚统计局以实用的具体活动为基础确定文化和休闲产业的定义，认为文化、休闲产业包括文化遗产和古迹、艺术活动、体育和娱乐活动、餐饮业、文化产品的制造和销售、文化休闲设施建设。英国政府则将文化产业定义为“源于个体创造力、技能和才华的活动，而通过知识产权的生成和取用，这些活动可以发挥创造财富和就业的潜力”，主要由出版、音乐、表演艺术、电影、电视和广播、软件、广告、建筑、设计、艺术品和古董交易市场、手工艺品以及时装设计等行业组成。日本对文化产业的定义是“与余暇相关联的服务行业中，包括属于服务部门领域中的电影业、演出业、广播业、其他娱乐业、宗教……”。日本将文化产业视为一个市场体系，从内容创意、生产输入、再生产和交易四个方面对文化产业进行了分类。②在美国，一般认为所谓文化产业，是指通过工业化和商品化方式进行的文化产品和文化服务的生产、交换和传播，主要包括文化艺术业（含表演艺术、艺术博物馆）、影视业、图书业和音乐唱片业。③联合国教科文组织则认为，文化产业是“按照工业标准生产、再生产、存储以及分配文化产品和服务的一系列活动，采取经济战略，其目标是追求经济利益而不是单纯为了促进文化发展”④。按照联合国教科文组织对文化产业的定义和多次会议归纳，文化产业至少包括印刷、出版和多媒体，视听、唱片和电影的生产，以及工艺和设计等；此外，在一些国家还包括建筑、视觉和表演艺术、体育、乐器的制作、广告和文化旅游等。⑤

事实上，关于文化产业，人们往往从不同的角度切入，形成不同的基本定义。在商业的和法律的意义上，文化产业被一些人描述为“版权产业”；在传输媒介的意义上，文化产业又被称为“内容产业”；在知识创新意义上，文化产业还被誉为“创意产业”，等等。

我国文化产业的理论和实践在改革开放前后呈现截然不同的面貌。改革开放前，我国的文化产业建设一直为“意识形态领域里的阶级斗争”所困扰，没有获得应有的发展。改革开放后，我国的文化娱乐业重新出现，艺术院团改革潮涌，音像出版业异军突起，图书零售业蓬勃发展，文化市场在文化资源配置中日渐发挥基础性作用，人们看到了文化巨大的经济能量。文化产业的概念也随着社会主义市场经济不断发展完善和文化市场日益繁荣活跃而逐渐明晰、确定。1998年，我国文化部成立了文化产业司，标志着我国文化产业进入了自觉的发展时期。2000年党的十五届五中全会第一次在党的中央文件中使用“有关文化产业”概念，提出要推动有关文化产业发展。2002年11月，党的十六大第一次明确把文化区分为文化事业和文化产业，强调一手抓公益性文化事业、一手抓经营性文化产业，把文化产业作为文化建设发展的一个重要方面鲜明地提了出来，在文化建设思路上实现了重大突破，对文化产业发展具

① 单世联．现代性与文化工业［M］．广州：广东人民出版社，2001：381.
② 冯子标，焦斌龙．分工、比较优势与文化产业发展［M］．北京：商务印书馆，2005：38.
③ 丹增．文化产业发展论［M］．北京：人民出版社，2005：9.
④ 冯子标，焦斌龙．分工、比较优势与文化产业发展［M］．北京：商务印书馆，2005：38.
⑤ 米子川．开明时代的文化盛宴［M］//申维辰．评价文化：文化资源评估与文化产业评价研究．太原：山西教育出版社，2004.

有里程碑意义。2003年，中宣部会同国家统计局等有关部门组织开展文化产业统计课题调研，第一次明确将文化产业定义为“为社会公众提供文化、娱乐产品和服务的活动，以及与这些有关联的活动的集合”，并于2004年正式编制出台了《文化及相关产业分类》《文化及相关产业统计指标体系框架》，确定了文化产业的“核心层”“外围层”“相关层”范围。

随着文化改革发展的不断深入和高新技术对生产生活影响的不断扩大，文化产业的内涵和外延也随之不断丰富和调整。2011年，中宣部、国家统计局组织开展了文化及相关产业分类方法的修订工作，并于2012年正式印发了《文化及相关产业分类（2012）》，将文化及相关产业定义为“为社会公众提供文化产品和文化相关产品的生产活动的集合”。为适应当前我国文化新业态不断涌现的新形势，满足文化体制改革和文化发展规划的需要，2018年4月2日国家统计局印发《文化及相关产业分类（2018）》，其行业大类和中类如表38-1所示。

表38-1　**文化及相关产业分类（2018）部分内容**

代码		类别名称
大类	中类	
文化核心领域		
01		新闻信息服务
	011	新闻服务
	012	报纸信息服务
	013	广播电视信息服务
	014	互联网信息服务
02		内容创作生产
	021	出版服务
	022	广播影视节目制作
	023	创作表演服务
	024	数字内容服务
	025	内容保存服务
	026	工艺美术品制造
	027	艺术陶瓷制造
03		创意设计服务
	031	广告服务
	032	设计服务
04		文化传播渠道
	041	出版物发行
	042	广播电视节目传输
	043	广播影视发行放映
	044	艺术表演
	045	互联网文化娱乐平台
	046	艺术品拍卖及代理
	047	工艺美术品销售
05		文化投资运营
	051	投资与资产管理

续表

代码		类别名称
大类	中类	
	052	运营管理
06		文化娱乐休闲服务
	061	娱乐服务
	062	景区游览服务
	063	休闲观光游览服务
文化相关领域		
07		文化辅助生产和中介服务
	071	文化辅助用品制造
	072	印刷复制服务
	073	版权服务
	074	会议展览服务
	075	文化经纪代理服务
	076	文化设备（用品）出租服务
	077	文化科研培训服务
08		文化装备生产
	081	印刷设备制造
	082	广播电视电影设备制造及销售
	083	摄录设备制造及销售
	084	演艺设备制造及销售
	085	游乐游艺设备制造
	086	乐器制造及销售
09		文化消费终端生产
	091	文具制造及销售
	092	笔墨制造
	093	玩具制造
	094	节庆用品制造
	095	信息服务终端制造及销售

这个分类以《国民经济行业分类》为基础，兼顾文化管理需要和可操作性，同时与国际分类标准相衔接。这个分类借鉴了2009年联合国教科文组织文化统计框架的分类方法，在定义和覆盖范围上与其衔接。总的来看，这个分类为进一步深化文化体制改革和持续推进社会主义文化强国建设提供统计保障、建立科学可行的文化及相关产业统计制度提供了科学依据，奠定了坚实基础。

二、文化产业的地位

联合国1998年主持召开了以“文化政策促进发展”为议题的各国政府间会议，并拟定出《文化政策促进发展行动计划》，提交大会讨论通过。该计划明确提出：世界经济发展可以最终以文化概念来定义，文化的繁荣是发展的最高目标。[①]

从人类社会经济发展的规律和趋势来看，文化产业必将成为21世纪全球经济中最具潜力和前途的领域，文化产业的竞争也将成为国际文化竞争和资本竞争的主战场。这是因为，文化产业具有以知识智慧和文化创意为基础的特性。它投入较少，但产业附加值、产出效能以及产业的社会波及效应等均远远

① 王平. 文化产业：一场新型的“国际战争”[N]. 第一财经日报，2007-11-29.

高于制造业等传统行业，并突出表现出低资源耗费、无环境污染的可持续成长性。研究者提出，从整体意义上看，在人类解决了温饱问题、社会进入中等收入国家以后，文化产业已经成为一个迎合人性本质对精神需求的最具前途的朝阳产业。

从实践层面来看，20世纪90年代以来，文化产业成为全球发展最快的产业之一，在一些西方发达国家已逐渐取代传统产业而成为新的支柱产业之一。比如，美国的电影业和传媒业、日本的动漫产业、韩国的网络游戏业、德国的出版业、英国的音乐产业等都成为国际文化产业的标志性品牌。世界知识产权组织的数据显示，2013年，全球文化产业增加值占GDP的比重平均为5.26%，约3/4的经济体在4.0%~6.5%之间。其中，美国最高，达11.3%，韩国、巴西、澳大利亚、中国、新加坡和俄罗斯均超过6%，加拿大、英国、中国香港、南非和中国台湾则分别达到5.4%、5.2%、4.9%、4.1%和2.9%。①

我国是一个文化资源大国，在文化产业发展方面具有巨大的潜力。近些年来我国文化产业发展较快，但与西方发达国家相比仍具有较大差距。当前，党和国家对文化产业工作越来越重视，对文化产业在文化建设乃至国民经济中的重要地位和作用的认识越来越明确。党的十八大提出，要推动文化产业快速发展，到2020年全面建成小康社会，文化产业成为国民经济支柱性产业。党的十九大提出，要推动文化产业发展，健全现代文化产业体系，创新生产经营机制，完善文化经济政策，培育新型文化业态。

三、文化产业的作用

文化具有认知、传播、审美、教化、娱乐的功能。文化产业是通过市场运作模式，在促进文化产品和服务的生产、消费过程中，实现文化的诸多功能的。文化产业除了一般产业所具有的经济功能外，还具有突出的文化、政治以及社会功能。这里首先从文化、政治、社会和经济的角度分析文化产业的基本功能，其次从文化产业与经济建设的关系的角度着重分析文化产业的经济功能。

（一）基本功能

文化产业的基本功能突出地表现在如下方面：

（1）促进文化传承。这是文化产业的首要功能。文化产业以市场运作的方式大规模创制、复制文化产品，在更好地保存和弘扬传统和既有文化的同时，也会催生无数具有新的价值观、新的内容、新的形式的文化产品的出现，从而推动既有文化的发展和繁荣。

（2）影响意识形态。文化产品在生产、消费过程中，其本身所包含的信息内容，会潜移默化地影响人们的价值观、人生观和世界观，文化产业由此发挥着政治宣教、意识形态的功能。

（3）满足精神需求。文化产品反映自然风貌、社会生活和人的精神世界。人们在生产消费文化产品过程中，满足自身舒缓与愉悦的心理需要，获得审美体验的同时，也培养、锻炼和提高了自身的评价能力。文化产业的发展，文化产品大量创制、复制和消费，有助于满足公众的精神生活需求，提高人们的审美能力、认识水平。

（4）发展国民经济。文化产品的生产、交换、分配和消费的商业化、市场化运作，直接促进了文化市场的繁荣，带动了相关产业的发展，最终影响到国民经济的整体发展。

（二）文化产业是经济建设的动力源和协调器

对我国而言，文化产业是经济建设的动力源和协调器。这主要是因为文化产业有如下作用：

（1）文化产业是产业结构调整的关键。我国已告别短缺经济，经济发展进入了一个结构调整的新阶段。在实现产业结构合理化过程中，我们应当注意走供求结合之路，在供给上实现产业结构优化升级的同时，也要尽快实现需求结构的优化升级。

① “世界主要经济体文化产业发展现状研究”课题组．世界主要经济体文化产业发展状况及特点［EB/OL］．(2014-12-08)［2018-12-26］．http://www.stats.gov.cn/tjzs/tjsj/tjcb/dysj/201412/t20141209_649990.html.

实现文化产业又好又快发展，正是通过供求结合实现产业结构合理化的关键之一。从供给方面看，文化产业能够提供丰富的精神文化产品，带动其他产业的发展，促进经济增长向依靠第一、第二、第三产业协同带动转变；从需求方面看，文化消费具有不断增长、不易衰减的特点，丰富的文化产品还能有效地培育文化需求，满足消费者闲暇增多和可支配收入增加所导致的需求结构变化，同时有效地提高人们的生活质量。因此，文化产业的发展和成熟是我国尤其是经济发达地区产业结构升级的必然趋势。

（2）文化产业是国民经济的新增长点。文化产业以其巨大的发展潜力，已经成为我国经济发展中新的增长点。随着高新技术的大力推广，文化产业与信息产业、通信产业、网络经济的交互也越来越深入，不断催生新兴文化产业的诞生，在国民经济中已经形成了一支新的发展力量。当前，随着政府对文化产业领域资本进入的进一步放松，文化产业方面的投资逐渐升温，文化产业已对我国国民经济运行起了越来越大的推动作用。

（3）发展文化产业是提高我国综合国力的重要途径。当今时代，随着世界多极化、经济全球化的深入发展和科学技术的日新月异，文化与经济、政治相互交融的程度不断加深，与科学技术的结合更加紧密，经济的文化含量日益提高，文化的经济功能越来越强，文化越来越成为民族凝聚力和创造力的重要源泉，越来越成为综合国力竞争的重要因素。文化软实力是综合国力和国际竞争力的重要组成部分。因此，世界各国纷纷把提高国家文化软实力作为重要发展战略，千方百计地壮大本国文化的整体实力和国际竞争力。我国作为发展中的社会主义国家，要在新的国际竞争中赢得主动，必须大幅提高国家文化软实力。加快发展文化事业和文化产业，则成为提高我国文化的总体实力和国际竞争力的重要途径。综观国际和国内大势，当前我国发展仍处于可以大有作为的重要战略机遇期，当然也是文化发展的重要战略机遇期。我们应当抓住和利用好这个机遇期，推动公益性文化事业全面繁荣和经营性文化产业快速发展，不断增强我国文化的总体实力和国际竞争力。

（4）文化产业是经济发展和社会进步的强大精神动力和智力支持。文化是一定社会经济和政治的反映，又给予一定社会经济和政治以巨大的影响。文化产业具有促进文化传承、影响意识形态、满足一定社会公众的精神需求等基本功能。对我国这样一个拥有13亿多人口的大国，发展文化产业，是加强文化建设的重要方面，更是提高全民族文明素质的重要途径。要想不断提高全民族的思想道德素质和科学文化素质，把沉重的人口负担转化为巨大的人力资源优势，把人口大国建设成为人才大国，必须大力发展文化产业，推动文化产业又好又快发展，为经济、政治、社会建设提供有力的思想保证、精神动力和智力支持。

第二节　文化产业的发展现状与趋势

一、文化产业的发展现状

近年来，尤其是党的十八大以来，文化产业蓬勃发展。文化产业逐渐成为国民经济新的增长点，发展势头强劲。文化产业发展保持快速增长态势，产品和服务出口规模不断扩大，文化产业与旅游、科技融合发展态势良好，文化市场主体发展壮大，现代文化市场体系逐步完善。[①]

一是总量规模稳步扩大，对经济社会发展的促进作用明显增强。我国文化产业增加值从2012年的18 071亿元增长到2016年的30 785亿元，增长70.4%，年均增速为14.2%，比同期GDP现价增速高5.9个百分点，占同期GDP的比重从3.48%上升到4.14%，向着国民经济支柱产业的目标稳步迈进。2012—2016年，文化产业对国民经济增量的贡献率平均达到6%，表明文化产业已经成为经济增长的新动能和新引擎。

① 雒树刚．认真学习贯彻党的十九大精神　推动文化产业持续健康发展［J］．时事报告（党委中心组学习），2018（1）．

二是市场主体发展壮大，文化领域创新创业日趋活跃。全国规模以上文化及相关产业法人单位数从2012年的3.6万家增长到2016年的5.5万家，实现营业收入94 051亿元，比2012年增长67.2%。截至2017年6月底，全国文化及相关产业企业数量超过322万户，同比增长22.4%，比全国企业数量平均增速高出3.1个百分点，文化产业成为创新创业最活跃的领域之一。文化产业园区发展整体态势良好。根据2016年9月文化部摸底调查情况，全国各级文化部门共命名和认定文化产业园区603家，入园文化企业9.66万家，文化产业从业人员为179.47万人，园区文化企业总收入为8 209.54亿元，利润为990.31亿元，纳税541.44亿元。

三是新型文化业态发展强劲，文化产业结构逐步优化升级。文化产业与互联网等高新科技加速融合，改造传统文化产业，催生新型文化业态，推动文化产业结构升级。以“互联网+”为主要形式的文化信息传输服务业发展迅猛，2016年实现增加值3 687亿元，是2013年的2.04倍，年均增长26.9%。动漫、游戏等新型文化业态保持高速增长态势。2016年我国动漫产业总产值超过1 400亿元，是2012年的1.84倍，年均增长16.5%；网络游戏市场规模突破1 600亿元，是2012年的2.66倍，年均增长27.7%。文化服务业成为推动文化产业发展的主体力量，2016年文化服务业占比达52.1%，比2013年提升5.1个百分点。

四是文化产品和服务更加丰富，更好满足人民群众多样化精神文化需求。各级文化部门实施一系列文艺精品创作扶持计划，推出一批社会效益、经济效益俱佳的文化产品和服务。文化部联合财政部开展扩大文化消费试点工作，引导各地探索促进文化消费的政策举措和有效模式，加快培育和释放文化消费需求。演出、动漫、游戏、艺术品、网络音乐、网络文学等文化产品逐渐成为群众文化消费的重要内容。一批文化文物单位把馆藏资源转化为可以带回家的文化创意产品，成为让文化资源活起来的重要途径。

五是社会投资日趋活跃，文化产业投融资体系逐步健全。2016年，我国文化产业固定资产投资额达33 713亿元，比2012年增长115.5%，年均增速达21.2%，比同期全社会固定资产投资年均增速高8.8个百分点；文化产业固定资产投资占全社会固定资产投资的比重为5.7%，比2012年提高1.4个百分点。一些大型企业集团进入文化产业领域。文化部联合相关部门深入推进投融资体系建设，文化企业信贷融资、债券融资、文化领域政府和社会资本合作（PPP）等方面取得积极进展；组织实施“文化金融扶持计划”，采用贷款贴息等方式累计支持近500个融资项目，支持金额达26亿元。

六是文化产业走出去步伐加快，日益成为推动中华文化走向世界的重要力量。2016年，全国文化产品进出口总额为885.2亿美元，其中出口786.6亿美元，是2013年的3.1倍。2017年3月，手机（移动终端）动漫标准由国际电信联盟正式发布，成为文化领域中国标准走向世界的重要标志。一批外向型企业开始通过海外投资参与国际竞争。2016年，文化体育和娱乐业对外直接投资39.2亿美元，较2012年增长18.6倍。

七是政策法规体系逐步健全，文化产业发展环境进一步优化。文化产业领域已基本建立规划引导、政策扶持、项目带动、财税激励、金融支持等相结合的政策法规体系。中央和各部门先后制定了推动国有文化企业两效统一、推进融合发展、推动文创产品开发、发展对外文化贸易、推动特色文化产业发展、深化文化金融合作、扶持小微文化企业、扩大和引导文化消费、发展数字文化产业等文件，出台了财政、税收、金融、土地等文化经济政策，制定文化产业发展规划，加快推进文化产业促进法立法进程。各地也积极贯彻落实中央精神，研究制定了一系列具体政策措施。

近几年来，文化产业工作取得了令人瞩目的成就。同时，还要清醒看到，我国文化产业整体规模还不够大，创新创意能力和国际竞争力还不强，文化产品和服务有效供给不足，产业结构还需优化，城乡区域不平衡问题仍然突出，文化经济政策有待完善落实，等等。这些问题必须着力加以解决。

二、文化产业的发展趋势

在一系列政策利好的前提下，我国文化产业将迎来黄金发展期，目前已经初步显现出以下四大发展趋势。[①]

① 韩晓东. 中国文化产业发展的新态势［J］. 社科纵横，2018（7）：119-122.

1.科学技术推动文化产业的转型升级

现代信息技术赋予文化新的内涵、新的功能和新的形态，极大地推动了新兴文化产业快速成长。以数字技术、互联网技术、信息通信技术为主要特征的现代科技，与文化产业相融合，不断产生新的文化产业的形态和种类。传统文化产业将依靠现代科技实现转型升级。如传统的演出业在引入现代技术后，也呈现出完全不同于以往的崭新的表现形式，如大型山水歌舞、演出舞台的数字化设计等。总之，科技的发展使得文化产品的种类更加多元化，服务更要快速化。

2.文化产业与国民经济深度融合

文化产业内部、文化产业与其他产业之间的合作、兼并或联盟步伐不断加快，规模不断壮大。2016年12月的《“十三五”国家战略性新兴产业发展规划》将数字创意产业与新一代信息技术、高端制造、生物、绿色低碳等产业一起纳入规划，这是文化产业融入国民经济的一个里程碑，标志着文化产业在国民经济中的重要地位进一步凸显和提高。未来文化产业将会融合到国民经济更广泛的领域。文化产业与第一产业融合发展，将极大推动乡村振兴。文化产业与第二产业融合，必将提高产品的文化含量与附加值，又可以带动制造业的升级与发展。文化产业与其他相关产业融合，让产品和服务更有温度和情感，更符合消费者多样化的精神文化需求。总之，未来文化产业将日益发挥对国民经济的外溢性和渗透性效应。

3.文化产业集约化、规模化发展

我国文化产业初步形成了以环渤海、长三角、珠三角为核心集群发展的总体空间格局。这三大地区在文化消费、对外文化贸易、文化企业竞争力等多项指标方面，在全国均处于领先地位。中西部产业集群主要在省会城市，因历史文化资源和自然资源相对丰富，再加上政策推动力度大，以文化休闲娱乐和消费性文化产业集群为主体，如西安曲江文化产业集聚区、开封宋都古城文化产业园区等。文化产业集约化、规模化的趋势符合世界文化产业的发展趋势，也将大大提高我国文化产业的整体竞争力。

4.文化产业多元化发展

随着我国国有文化单位的股份制改造和文化产业向其他资本的进一步开放，民营资本、社会资本投资文化产业比重不断增加，文化市场主体已呈现多元化趋势。大量社会主体的进入，给文化产业的发展带来了新的生机和活力，尤以在娱乐、广告、文艺演出和电影领域表现突出，在出版物发行、电视剧制作、文艺演出等领域涌现了一大批具有较强竞争力的民营文化企业。未来，在政策层面和消费者需求层面等多重驱动下，民营资本和外资将积极通过新设、并购等方式进入政策许可的文化领域，继续推动文化产业的资本结构、市场结构发生巨大变化。

第三节　文化产业的发展政策与战略措施

一、我国的文化产业政策

从20世纪80年代开始，我国政府部门出台了大量促进和规范文化产业发展的政策和措施。我国文化产业政策的内容非常丰富，主要有：

（1）扶持文化产业发展的经济政策。政府部门出台了一系列文化产业发展的优惠经济政策，包括税收优惠政策、开征文化事业建设费、建立健全专项资金制度、鼓励对文化事业的捐赠等。

（2）优化文化产业市场结构的政策。其主要包括：严格行业准入壁垒，控制企业数量；提高文化产业规模化、集约化、专业化水平，培育和建设一批文化产业基地；推行大企业、大集团战略；支持中小型文化单位向“专、精、特、新”方向发展。

（3）促进区域文化产业协调发展的政策。比如，在除制定了专门扶持少数民族和落后地区文化事业发展的优惠政策外，文化部2000年还专门出台了《关于实施西部大开发战略加强西部文化建设的意见》。

（4）规范文化市场秩序的政策。政府先后颁布一系列具有行政法规性质的行业管理条例，如《出版管理条例》《广播电视管理条例》《电影管理条例》《音像制品管理条例》《印刷业管理条例》《娱乐场所管理条例》《互联网出版管理暂行规定》等。

（5）鼓励非公有资本进入文化产业的政策。这主要体现在国务院2005年出台的《关于非公有资本进入文化产业的若干规定》，对非公有资本可以进入文化产业的领域和禁止进入的领域做了详尽的规定。

（6）促进文化产业对外开放和“走出去”的政策。这主要包括：文化贸易政策、适度保护政策、利用外资政策（如文化部等五部门2005年共同颁布的《关于文化领域引进外资的若干意见》）以及一系列鼓励文化企业“走出去”的政策。

（7）推动改造传统文化产业和推进产业升级的政策。比如，对从事数字广播影视、数据库、电子出版物等研发、生产、传播的文化企业，凡符合国家现行高新技术企业税收优惠政策规定的，统一享受相应的税收优惠政策。

我国文化产业政策在坚持党的领导和政府主导、调动各方力量的积极性和创造性、促进文化产业又好又快发展方面，起到了重要作用，取得了积极效果。总体看来，我国文化产业政策在促进产业增长、优化市场结构、加快技术进步推进产业升级等方面的政策效果比较明显，在调整产业结构、促进区域协调发展、规范竞争秩序等方面还有进一步改善的空间。

二、加快文化产业发展的战略措施①

（一）推动文化产业持续健康快速发展

当前和今后一个时期，文化产业工作要围绕党的十九大对经济社会发展的整体部署，按照“健全现代文化产业体系和市场体系，创新生产经营机制，完善文化经济政策，培育新型文化业态”等要求，进一步坚定文化自信，增强文化自觉，贯彻新发展理念，适应建设现代化经济体系的要求，推进文化产业供给侧结构性改革，促进文化产业转型升级、提质增效，构建结构合理、门类齐全、科技含量高、富有创意、竞争力强的现代文化产业体系。

一是把握正确的发展导向。文化产业是内容产业，文化产品直接作用于精神领域，影响人们的思想观念、道德修养和行为准则，必须坚定正确的政治方向，把握好发展导向。要始终坚持中国特色社会主义文化发展道路，发挥社会主义核心价值观的引领作用，把社会效益放在首位，实现社会效益和经济效益相统一。要着力引导文化企业和文化产业工作者坚守社会责任，始终坚持以人民为中心的创作导向，提升文化产品的内涵和质量，推出更多思想精深、艺术精湛、制作精良相统一的精品力作，满足人民群众多样化的精神文化需求。要通过文化产品和服务更加生动活泼地表现社会主义核心价值观，推动社会主义核心价值观融入社会生活。

二是完善和落实文化经济政策。文化经济政策是政府调控引导文化产业发展的重要手段。要加大与相关经济部门的沟通协调力度，推动出台更有针对性、更有力度的财政、税收、金融、土地等方面的经济政策。要加强政策落实情况评估，及时发现并妥善解决存在的问题，进一步推动已有政策落地。同时，要加快文化产业促进法立法进程，把行之有效的文化经济政策法定化，为文化产业发展提供法治保障。

三是充分发挥市场主体作用。既要遵循文化发展规律，又要适应社会主义市场经济发展要求，充分发挥市场对文化资源配置的积极作用，进一步完善文化市场准入和退出机制，着力创新文化生产经营机制，促进各类市场主体自主经营、公平竞争，产品和要素合理流动、优化配置，发挥市场机制调节、行业组织自律的作用。要进一步拓宽社会资本投资领域和范围，激发社会投资活力。要以推动文化产业园

---

① 雒树刚. 认真学习贯彻党的十九大精神　推动文化产业持续健康发展［J］. 时事报告（党委中心组学习），2018（1）.

区建设和企业发展为重要抓手，培育和壮大各类文化市场主体。同时，要加快构建统一开放、竞争有序、诚信守法、监管有力的现代文化市场体系，营造良好市场环境。

四是注重发挥创新的引领作用。创新是引领发展的第一动力。要把创新摆在文化产业发展的突出位置，推动文化产业内容、形式、模式、业态创新。要加大对原创精品的扶持力度，鼓励文化企业和个人加强内容原创和产品研发。要加强文化领域科技创新和核心、关键、共性技术研发运用，为文化产业发展提供有力的科技支撑。要培养造就一大批具有创新思维的高端内容创作、创意设计、经营管理、投资运营、文化科技等人才和团队。同时，要积极探索适合新技术、新业态、新模式特点的监管方式，既要有利于激发创新创造活力，又要审慎有效、防范风险。

五是促进与相关领域深度融合。融合已成为当前文化产业发展最突出的特点。要围绕“互联网+”，促进互联网等高新科技在文化创作、生产、传播、消费等各环节的应用，改造提升传统文化产业，加快培育基于大数据、云计算、物联网、人工智能等新技术的新型文化业态，促进文化产业结构优化升级。要推进“文化+”，推动文化产业与制造、建筑、信息、旅游、农业、体育、健康等相关产业融合发展，拓展文化产业发展空间，为国民经济和社会转型升级注入文化活力。要把文化产业发展融入生态文明建设全局，推动文化元素和创意设计与人居环境相融合，助推形成节约资源和保护环境的产业结构、生产生活方式，为建设美丽中国提供文化动力。要深化文化金融合作，推动文化资源与金融资本有效对接。同时，要促进文化产业与文化事业的融合互动，发挥协同效应。

六是推动城乡区域协调发展。要落实乡村振兴、区域协调发展战略，加强对城乡、区域文化产业发展的统筹指导，引导各地走特色化、差异化发展之路，优化文化产业发展布局。要围绕“一带一路”建设、京津冀协同发展、长江经济带发展等国家战略，加强重点文化产业带建设。要推动文化产业发展融入新型城镇化建设，发展农村特色文化产业，促进群众就业增收。要发挥文化在特色小（城）镇建设中的重要作用，引导特色小（城）镇建设突出文化特色，提升文化内涵。要加大对革命老区、民族地区、边疆地区、贫困地区文化产业发展的支持力度，充分发挥文化产业在脱贫攻坚中的积极作用。

七是扩大和引导文化消费。消费对经济发展具有基础性作用。要努力把握新的社会主要矛盾下人民群众文化消费需求变化趋势，着力扩大文化产品和服务的有效供给，以创新供给带动需求扩展，以扩大有效需求倒逼供给升级，努力实现更高层次的供需平衡。要推进文化文物单位开发文化创意产品，扩大中高端文化供给。要继续推进引导城乡居民扩大文化消费试点工作，及时总结推广试点经验和有效模式，不断改善文化消费条件，释放文化消费需求，挖掘文化消费潜力，增强文化消费拉动经济增长的作用。

八是推进开放发展与合作共赢。要按照发展更高层次开放型经济的总体要求，统筹利用好国际和国内两个市场、两种资源，拓展对外文化贸易，培育文化贸易新业态、新模式，加快我国优秀文化企业、产品和服务走出去步伐，构建互利共赢的文化产业国际交流合作新格局。要落实促进“一带一路”国际合作的部署，扩大与沿线国家、地区的文化贸易往来和文化产业交流合作。要坚持走出去和引进来相结合，推动文化产业领域有序开放。

（二）推进文化产业园区建设，优化文化产业发展载体

文化产业园区是做强做大文化产业、推动文化领域创新创业的综合载体，是促进产城融合、改善人居环境、扩大文化消费的重要空间。近年来，随着文化产业的快速发展，各地投资建设文化产业园区的热情高涨，不同类型、不同投资主体、不同规模的园区大量涌现。以国家级园区为龙头、以各地文化部门命名指导的园区为骨干，全国形成了一批产业集聚效应强、特色鲜明的文化产业园区，有的还成为地区、城市的名片。同时，在发展中存在一些不容忽视的问题，如有的园区发展定位不清晰，文化内涵不足，缺乏特色，存在同质化和盲目发展现象；各地园区发展不平衡，部分园区效益不佳；缺乏专业化的管理人才和团队，服务平台不完善；政府的引导、扶持、管理、服务等有待加强。因此，必须坚持一手

抓建设发展、一手抓规范管理，促进园区持续健康快速发展。

1.加强顶层设计

做好顶层设计是高水平建设文化产业园区的前提条件。各地要立足本地区实际，做好园区建设的合理规划布局，推动园区建设与当地经济社会发展、文化建设和生态文明建设相协调，与社会生产生活相融合，在充分论证的基础上科学规划，避免因盲目跟风、抄袭模仿而造成的资源浪费和同质化竞争。要鼓励和引导园区建设运营主体充分学习借鉴国内外先进经验，把握园区未来发展趋势，找准定位、突出特色，明确发展重点和主导行业，在发展目标、功能定位、发展思路、支持服务等方面做出系统规划，实现高水平、特色化、差异化发展。要坚持政府引导、企业主体，坚持市场化运作、专业化运营，促进园区从要素驱动向创新驱动转变，推动园区做专、做精、做成品牌、做出影响。

2.完善服务平台

服务平台是否完善是检验园区发展水平的重要标志。实施国家级文化产业园区服务能力提升计划，支持国家级园区结合自身特点搭建服务平台，完善服务功能，不断提升对文化企业的服务能力。各地要加强园区发展规律研究，支持园区建设专业运营机构和服务平台，创新和优化服务供给方式，加强人才专业化培训，在创业孵化、项目对接、展示交易、渠道建设、资源共享等方面有针对性地为企业提供高品质、个性化服务。要支持有条件的园区建立文化金融服务中心，推广无形资产评估、流转和质押，逐步建立健全入园文化企业信用评价体系、融资风险补偿机制和融资信用担保体系。

3.强化规范管理

加强对园区的规范管理，是推动园区建设由数量增长转向提质增效的重要手段。

（1）要严格命名标准、评价体系等管理制度，修订《国家级文化产业示范园区管理办法》，坚持质量第一，统一对现有国家级园区、新创建园区的管理规范和相关要求。各地文化部门也要制定相应的管理办法，确保文化部门命名的园区名副其实。

（2）要加强对现有国家级园区和新创建园区的动态管理和评估监测，对存在导向问题、建设进度缓慢、经营状况不佳、效益连续下降、有违法违规行为的，予以处罚乃至撤销命名、取消创建资格，该淘汰的坚决淘汰。

（3）对各类社会力量自行建设的文化产业园区要加强引导调控，遏制园区建设中的盲目倾向，引导全国园区朝健康方向发展。

4.优化政策保障

在土地使用、资金基金、税收政策、产权保护、金融支持、人才引进等方面，各地文化部门要积极为园区建设营造良好的政策环境。要了解掌握并宣传贯彻落实好近年来出台的支持新产业和新业态发展、激发社会领域投资活力的相关土地政策。要借鉴上海、广东等地的做法，协调相关部门，推动解决三旧改造的园区普遍面临的土地性质转换、消防、公共设施配套、行政审批办理等问题。要利用好文化金融扶持政策，支持园区用好用足信贷、文化产业专项债券等金融工具，为园区建设提供融资。要创新投融资方式，探索运用产业投资基金、政府与社会资本合作等模式投资运营园区，支持入园文化企业利用多层次资本市场发展壮大。

5.做好示范引领

文化部从2007年至今共命名了10家示范园区和10家试验园区，另外分别在北京、天津建设了国家文化产业创新实验区和国家动漫产业综合示范园。2017年10月我国又公布了获得第一批示范园区创建资格的10家园区名单。总体来看，这些国家级园区为全国文化产业的发展树立了典型，做出了示范引领。要进一步总结提炼、宣传推广园区建设中好的案例、经验、做法，通过国家级园区的示范引领，带动各级各类文化产业园区提质增效。要推进国家文化产业创新实验区、国家动漫产业综合示范园建设，形成面向区域和行业发展的协同创新中心。同时，要推动全国文化产业园区之间开展交流合作，拓展思路，取长补短，共同提高，特别是要加强对中西部园区的对接互助。

(三）推动文化企业创新发展，激发各类市场主体活力

企业是文化产业发展的微观主体，是推动社会主义文化繁荣兴盛的重要力量。推动文化企业创新发展是激发文化创新创造活力、不断增强我国文化产业创新力和竞争力、将文化产业发展融入现代化经济体系的必然要求。只有千千万万家文化企业有了新发展，才能实现新时代文化产业的新发展。从目前情况看，文化企业发展中还存在骨干企业实力和影响力不够强、小微企业发展活力未充分释放、双创服务体系不健全、示范基地作用发挥不足等问题。我们要完善政策措施、优化公共服务，为文化企业创新发展营造良好的政策环境，形成不同所有制文化企业共同发展、大中小文化企业相互促进、文化企业创新创造活力涌流的生动局面。

一是培育壮大骨干文化企业。建设社会主义文化强国，必须有一批与之相适应的骨干文化企业为支撑。要促进大型文化企业加快形成核心竞争优势，提高文化产业规模化、集约化、专业化水平，面向新时代培育一批具有全球竞争力、影响力的世界一流文化企业，打响中国文化企业的品牌，向全球文化产业价值链中高端跃升。要发挥政府部门的优势，为骨干文化企业发展搭平台、建桥梁、拓空间。鼓励产业关联度高的文化企业以资本为纽带联合重组，积极引导非文化领域的龙头企业布局文化产业。发挥大企业的龙头带动作用，通过生产协作、开放平台、共享资源等方式，支持上下游中小微企业发展。要充分发挥国有文化企业在实现社会效益和经济效益相统一中的示范作用，建立健全具有文化行业特点的现代企业制度。鼓励和引导非公有制文化企业发展，引导非公有资本有序进入、规范经营。要实施“百馆百企结对计划”，组织骨干文化企业与博物馆、图书馆、美术馆等文化文物单位对接合作，用现代创意设计和产业运营让馆藏文化资源活起来。

二是支持小微文化企业发展。小微文化企业在激发创新活力、增加社会就业、丰富文化供给、满足多样化和个性化文化需求等方面发挥着积极作用，是推动文化产业发展的重要力量。要扎实落实国家支持小微企业发展的部署，通过辅导培训、项目对接、树立典型、推广经验等形式，帮助和引导小微文化企业提高经营管理水平、共享发展机会，营造有利于提高创新能力、保持自身特色、促进可持续发展的良好环境。引导小微文化企业以创意创新为驱动，走“专、精、特、新”之路，在保持原创风格、开展特色经营、快速响应需求等方面形成竞争优势。要发挥市县文化部门的基层优势，培育扶持一批“小而美”“小而优”的文化企业。要探索建立覆盖创新型小微文化企业生命周期的投融资服务体系，分担创新创业风险，缓解融资难、融资贵、融资慢的问题。

三是构建文化产业双创服务体系。当前文化产业已经成为大众创业万众创新的重要领域。构建文化产业领域的双创服务体系是文化部推动双创发展的新探索，旨在促进大中小企业优势互补，加强文化企业、文化机构、科研机构、高校、创客等各类主体协同，形成创新创业多元主体合力汇聚、活力迸发的格局。要加大文化产业双创工作力度，继续扶持一批文化产业领域的众创空间、双创服务平台和创意创业人才，积极在文化领域开展众创、众包、众扶、众筹，集众智、汇众力。顺应数字经济、共享经济的发展趋势，促进内容、技术、模式和业态创新，为数字中国建设增添文化力量。

四是激发和保护企业家精神。企业家是经济活动的重要主体。党的十九大报告明确“激发和保护企业家精神”。要营造公平竞争和诚信经营的市场环境、激励干事创业的社会氛围、建立“亲”“清”新型政商关系，创新政企互动机制，引导企业家以深厚的文化情怀投身文化建设。加强对优秀企业家和年轻一代企业家的培育和引导，树立和宣传先进典型，造就优秀文化企业家队伍。

五是发挥好国家文化产业示范基地的引领带动作用。国家文化产业示范基地是文化部抓文化企业发展的重要抓手。2004年以来，文化部命名了6批347家国家文化产业示范基地，并在动态管理的基础上摘牌了不再具有示范性的12家基地。要继续发挥好国家文化产业示范基地的示范作用，对示范基地开展评估，健全退出机制，摘牌淘汰一批不再具有示范性的基地。在此基础上，启动新一批国家文化产业示范基地申报命名工作，遴选出一批体现文化产业新业态、新模式、新动能的示范性企业，展示出文化

企业在新时代的新面貌。要紧紧围绕示范性，加强统筹规划和分类指导，完善支持措施和激励机制，激发动力、活力，促进优胜劣汰，擦亮国家文化产业示范基地的“金字招牌”，保持和发挥好对全国文化企业的示范作用。

第四节　创意产业概述①

在经济全球化大背景下，国际竞争日益加剧，创意产业的发展水平已经成为衡量一个国家或城市竞争力高低的重要标志之一。创意产业是在世界经济进入知识经济时代背景下发展起来的一种推崇创新和人的创造力，更加强调文化艺术对经济的支持与推动力的一种新型产业。创意产业又是对具有高科技含量、高文化附加值和丰富创新度的各类产业的高度概括。它是以信息技术为主导、以网络为基础、以全球化为支撑的新知识经济形态。

一、创意产业的概念

创意是人类所特有的一种思维活动。其来源于人们的心脑，常常表现为对事物具有超前性、高瞻性、新颖性、创造性等方面的认知和创造。

创意的本质是思想的创造，即根据一定的目的和任务，运用已知条件，产生出新颖的、有价值的精神成果。国内学者段轩如将创意定义为“人们行为中产生的思想、点子、立意、想象等具有创新性的思维成果。创意思维就是以新颖、形象的方法解决问题的思维过程，也是一种创造新事物或新形象的思维形式”。创意相伴人类而生，是人类之所以区别于动物的一个重要特点。动物捕食、筑巢、迁徙等一系列行为都是出于生物的本能，人类却可以将“创意”思维运用到日常行为中，并以此改造生活的环境。闻名世界的八大奇迹（埃及金字塔、亚历山大港灯塔、爱琴海太阳神像、奥林匹亚宙斯神像、阿尔特米斯月神庙、摩索拉斯陵墓、巴比伦空中花园和秦始皇兵马俑）就是数千年历史中人类创意的成果。工业革命之后，人类的生产技术得到迅速提高，各种新产品更是层出不穷，航天飞机、核潜艇、计算机……这些产品无一不体现着人类的创意。

人们不仅用创意改造着周围的生活环境，也不断用创意改造着自己认识世界的能力。蛮荒时代，人类难以理解自身的起源，也无法解释种种自然现象，于是创造了各种神话传说，女娲、亚当夏娃、雷公电母，这些都可以看作早期的人类创意。随着人类的发展和科学的进步，人们发明了微积分、力学定律、相对论、元素周期表等，这些发明被运用到生产中，不仅大大提高了生产效率，也极大地丰富了人类的物质生活。

由此可见，创意不仅是一种精神活动，更是一种生产力。随着社会经济的发展，人们逐渐发现，创意的产生更多的是人们的想法与文化艺术和科技相结合。

我们知道，创新活动必须基于一定的文化背景，并在文化基础上运用想象力和灵感，并结合技术对文化资源进行再升华和改造。当然，创意活动并不是对传统文化进行简单的复制。在这样的认识基础上，创意应该包括两个大的组成部分：

一是文化创意，也就是运用文化对于产品和服务进行打造，将文化因素结合进去，从而提高产品和服务的附加价值，让消费者感受产品或服务与众不同的感受。文化创意通常是通过观念、情感和品位的传达，赋予产品和服务某种特殊的文化含义。

二是科技创意。这部分创意是通过改变生产工艺来降低物料消耗，提高产品的生产效率，从而改变产品和服务的功能。这种创意往往需要借助于产品的版权或者专利权来对其进行保护。

科技创意是文化创意的先导。科技创意提高效率，使得物质产品日益丰富，经济发展水平提高，人

① 李悦，方天石．迎接创意经济时代［N］．人民日报，2010-02-02.

们的收入水平随之得到改善，并对于物质的追求从功能享受转向观念享受，也就是对于产品的文化内容开始进行追求。因此，科技创意为文化创意提供了市场需求基础，而文化创意则满足了科技创意对于内容的需求，二者之间相互影响。发展创意产业要以科技创新为基础，以文化创意为内容要素。①

从经济学角度来看，创意最初是通过人的脑力活动产生的在不同载体之中蕴含的一种追求价值增值的资本，并不具有现实的产业形态。随着人类社会的发展、社会分工的深化，人类的物质需求得到满足，温饱问题得以解决，精神需求越来越得到重视，创意资本不再局限于特定产业内的自我供应，市场中与创意相关的应用和需求不断增长，创意产业开始形成。

1998年英国首相布莱尔设立“创意产业特别工作小组”，在《英国创意产业路径文件》中首次提出“创意产业”的概念：“源自个人创意、技巧和才华，通过知识产权的开发和运用，具有创造财富和就业潜力的行业。”②该文件将创意产业分类成涵盖广告、建筑、艺术等在内的13类业态，这成为后来其他国家研究创意产业和制定分类体系的基础。现今联合国贸发会议为创意产业做出的通行定义为：“一是使用创意与智力资本为初始投入的产品与服务创作、制造和销售的循环过程；二是由一系列以知识为基础的活动构成，不侧重于艺术，也从贸易与知识产权中创造潜在收入；三是既包括有形产品也包括无形的拥有创意内容、经济价值和市场目标的智力与艺术服务；四是出于手工艺、服务和产业部门之间的交界处；五是在世界贸易中构成了一个新的充满活力的领域。”（Creative Economy Report，UNCTAD，2008）

2000年之后，对创意产业的研究成为一个潮流，短短的几年里便取得了丰硕的成果。其中最有代表性的人物是文化经济理论家理查德·凯夫斯和约翰·霍金斯。

凯夫斯认为：创意产业提供的产品和服务是与文化、艺术或娱乐的价值相联系的，包括绘画、雕刻等视觉艺术；戏剧、舞蹈、歌剧、音乐会等表演艺术；书刊出版；电视、电影；音像制品；时尚玩具；网络游戏等。凯夫斯为抓住创意产业的特性，对非营利和商业环境中的文化产业组织进行了系统研究，提供了一条假想通道。同时他发现，创意产业经济活动会面对一些特殊限制，主要体现在文化产品的供求及价格方面。

霍金斯则认为，创意产业产品所属的经济部门都在“知识产权法”的保护范围之内。这个定义出现在他的《创意经济：如何点石成金》一书中。他认为知识产权可以分成4类：专利、商标、版权、设计。每类都有独立的管理机构和法律实体，都要求保护其类属下的创意产品。他认为，知识产权法管辖下的每类形式下面，都相应存在庞大的工业体系和部门，汇总起来看，这四类庞大的工业所组成的产业集团和产业经济，就汇聚成了创意产业和创意经济。根据这个定义，创意产业便实际组成了占据国民经济相当大比重的市场经济部门。比如，仅针对书籍、音乐、电影等版权产品的出口收入，就已经超过了诸如服装、汽车等重要的制造产业。

各国文化经济发展水平不同，所以对于创意产业的认识也不尽相同，目前还没有公认的创意产业的界定标准。世界各国对创意产业所包含的内容的规定也各不相同，甚至在一个国家内，不同地区对创意产业的界定也不完全相同。以英国为例，英国对创意产业的界定以凯夫斯的研究为指导，创意产业主要包括出版、设计、广告、音乐、建筑、表演艺术、广播电视、电影、游戏软件、艺术品、手工艺品、古董交易、时装在内的13种行业。而美国对创意产业的界定更加符合霍金斯的观点，认为创意产业就是知识产权的相关产业。

有必要在此简单辨析一下“文化产业”“创意产业”“文化创意产业”3个概念。“文化产业”的概念在我国出现得最早，并且长期是国家层面使用的主要概念。“创意产业”“文化创意产业”的概念在我国更多是在产业界、企业界和经济较为发达的地方政府部门和社会大众中使用。许多地区在不同场合混用“文化产业”“创意产业”“文化创意产业”。例如，中国香港于2002年在我国最早提出“创意产业”

① 张京成. 中国创意产业报告［M］. 北京：中国经济出版社，2007：70.
② 张胜冰，徐向昱，马树华. 世界文化产业概要［M］. 昆明：云南大学出版社，2006：73-79.

的概念。2004年，上海市政府开始使用“创意产业”的概念，并写入政府报告和相关文件，该概念随之被国内不少地区采用。2002年，中国台湾在我国最先提出“文化创意产业”的概念。2012年，《国家“十二五”时期文化改革发展规划纲要》把“文化创意产业”作为“文化产业”的子概念。[①]本书认为，文化创意产业是为社会公众提供文化体验的行业集群，而这一行业集群是具有内在联系的。文化创意产业分为以下类别：文化艺术，新闻出版，广播、电视、电影，软件、网络及计算机服务，广告会展，艺术品交易，设计服务，旅游、休闲娱乐，其他辅助服务。

创意产业并不是作为一个独立的主体而存在和运营的。从创意对经济的影响角度看，创意产业包括两个部分：一部分是创意的产业化，也就是说将创意产品单独地作为市场运营的一部分来发展，作为一个产业来经营，如广告业、传媒业、动漫产业等。另一部分是产业的创意化，新时代经济的发展，使创意发挥的作用越来越大，原有的产业要想获得更多的附加价值，必须在旧有的基础上增加创意成分。这就是产业的创意化。以上两部分共同构成了创意产业的总体，单独谈一方面都不能确切地概括创意产业，必须将两部分结合起来才能够全面地领会创意产业的作用和价值。

创意产业的发展提高了传统产业的附加值，使传统产业重获生机；作为第三产业的重要组成部分，其发展也大大提高了第三产业在整个国民经济的比重，从而促进了产业结构的优化和升级。

二、创意产业的特征

创意产业的特征主要有下列5个：

第一，创意产业是高附加值产业，主要是以知识或智力资源的占有、配置、生产和使用为最主要特征的产业，是知识密集型产业；

第二，创意企业的从业人员主要是知识工作者，是拥有能激发出创意灵感的设计高手和特殊专才；

第三，创意产品是技术与文化相互交融、集成创新的产物，是具有象征价值、社会意义和特定文化内涵的产品或服务；

第四，创意产业的产业技术向数字化、知识化、可视化、柔性化方向发展；

第五，创意产业的产业组织呈现集群化、网络化的特点，企业组织呈现小型化、扁平化、个体化、灵活化的特点。

三、创意产业的作用

世界各国在发展创意产业的实践中有一个共识，就是创意产业和创意经济是世界经济发展的大趋势，因为人的创意和创造力是经济社会发展的最强大的原动力。

英国自从失去了制造业大国地位之后经济不振，1997年布莱尔上台之后做的第一件事就是成立“创意产业特别工作小组”。经过10年的努力，英国的经济翻了一番。英国在2016年的全球软实力排行榜上名列第二。2015年，文化创意产业为英国产生的附加值累计总值为874亿英镑，占英国经济的5.3%，平均每小时在1 000万英镑左右。2010—2015年，英国文化创意产业的增长率为34%，远高于其他产业。英国的文化创意产业亦为服务净出口大户。韩国在1997年亚洲金融危机时，经济呈下降趋势，政府开始将资源大量投入到资讯、娱乐产业等与文化相关的产业，从而很快得到了复苏，使它在亚洲成为仅次于日本的文化创意大国。韩国人贴出了“资源有限，创意无限”的标语。日本人喊出了“独创力关系到国家兴亡”的口号。美国人认为“资本的时代已经过去，创意的时代已经来临”。据世界知识产权组织相关数据显示，2017年全球文化创意产业创造产值2.25万亿美元。美国和欧洲各国共占市场总额的77%，亚洲和南太平洋地区约占市场总额的19%，其中日本和韩国分别为10%和5%，中国及其他国家占4%左右。

---

① 余霖. 文化产业、创意产业和文化创意产业概念辨析［J］. 厦门理工学院学报，2013（9）：73-77.

创意产业对经济社会发展的原动力具体表现在几个方面：

1.有助于扩大内需

随着经济实力的增长，我们要不断提高人民群众的生活水平，更好地满足人民日益增长的美好生活需要。居民的消费结构向以发展性和享受性消费结构为主的阶段转变，对文学、艺术、娱乐产品的消费需求日益增长。这乃是发展创意产业经济的机遇，也是发展创意产业的目的。

2.有助于扩大就业

创意产业多半都是技术密集型企业。2011—2016年，英国文化创意产业的就业率提高了25.4%（约合40万个工作岗位），高于全国7.6%的平均增长率。我国拥有13亿多人口，就业问题不仅是经济问题，也是政治问题，因此发展创意产业的重要性是不言而喻的。

3.是经济增长的有力杠杆

创意产业不断发展，它带来的不仅仅是一部电影或一部图书的收益。开发商能够围绕着一种创意文化现象制造出相关方面，然后遵循市场规律和具体产业特点，以市场为导向，整合文化资源，加大对衍生产品的研制、开发，会带动创作、制作、播映、音像、出版、文化娱乐、旅游、网络等一系列相关创意产业，从而最大限度地挖掘产品的自身价值，更使得价值链延伸。因此美国人说：一盎司创意，可以带来无穷的商业奇迹。

4.有助于加快转变经济发展方式

创意产业具有科技含量高、资源消耗低、环境污染少、发展潜力大的优势，是新的经济增长点，也是经济结构调整和转变经济发展方式的重要途径。

5.是城市建设新的推动力

城市的凝聚力和核心价值最终展现在人们面前的是其独特的创新活力。人们喜欢这座城市不仅是因为它拥有便利的生活环境、时尚的休闲场所，更重要的是它给人们的丰富想象力所预留的创新空间。创意是人类生命价值的完美体现。创意使人类具备了持续发展的基础，保持与自然环境的和谐关系。

城市经济的发展活力依赖于人们的创新性思维。城市活力影响了人们的幸福指数。因此，发展创新城市、提升城市活力，成为人们普遍关心的热门话题。

在知识经济全球化背景下，城市发展面临从效率城市提升到创新城市，即不仅要提供效率基础结构，包括公共服务、运输、电信等，而且要提供创意基础结构，包括研发设施、风险投资、知识产权法和能吸引创新性人才的充满文化享受的生活环境等。创意基础结构是影响知识流动和知识创造的关键要素。

第五节　创意产业的发展概况

一、发达国家和地区创意产业的发展概况

当前，美国、英国、法国、加拿大、澳大利亚、日本、韩国、中国台湾、中国香港等是创意产业发展得比较好的国家和地区。这些国家和地区一方面比较关注创意产业的重要作用，并且在发展中逐渐联系本国和本地区的特点，使得创意产业的发展呈现出明显的区域特色及优势。例如，在英国、澳大利亚、新西兰、新加坡等，创意产业被称为文化创意产业，因为创意产业的发展与文化紧密结合；在美国、加拿大等，创意产业主要集中在与版权保护密不可分的“版权产业”；日本和韩国的创意业主要以动漫产业和软件开发为主；法国则以奢侈品的设计出口作为创意产业的主要发展内容等。

（一）英国

英国对创意产业不仅从思想层面上高度重视，而且从政策上不断推进。

早在2001年，英国文体部就发布了《创意产业专题报告》(Creative Industries Mapping Document)，提出创意产业发展的基本战略。其具体政策措施主要包括：加强机制建设（主要涉及组织管理、资金支持、人才培养等方面）；建设完善财务支持（主要针对创意文化产品研制、经销、出口等给予系统扶持），这一财务支持系统主要包括奖励投资、提供贷款、成立风险基金以及组织区域财务论坛等。

2005年，文体部发布了《创意经济计划》(Creative Economy Program)，为创意产业发展建立了一个更好的政策框架。

2006年英国公布了《英国创意产业竞争力分析》(Comparative Analysis of the UK's Creative Industries)，将创意产业分为三个产业集群：生产性行业、服务性行业、艺术品及相关技术行业。创意产业的发展在地方经济复兴、政治认同、凝聚力等政府很难解决的问题方面产生了重要影响。

2007年，英国文化体育与传媒部发布了《文化与创意2007》(Culture & Creativity in 2007）的报告，以案例形式总结了10年间创意产业发展的成果：曼彻斯特海滨城市索尔福德码头的文化重建创造了11 000个就业岗位，单劳瑞艺术中心就占了6 500个。而泰特现代艺术馆在伦敦南华克地区解决的就业人数为3 000人，开张第一年创造的经济效益就达到了1亿英镑。布里斯托尔港口、伯明翰珠宝区、曼彻斯特的Ancoats地区都靠欣欣向荣的文化生活而得以复兴。报告显示：创意产业在整个国民经济增加值中的比例超过了7%，并以每年5%的速度在增长，远高于整个经济的增长速度，产值达560亿英镑，解决了180多万人的就业问题。2004年艺术产业所创造的外贸总额达到130亿英镑，占出口产品与服务总额的4.3%；音乐产业的产值达到了60亿英镑，就业人数为13万人。

2010年，英国的创意产业已成为与金融服务业规模相近的国民经济支柱产业，开创了一个发展迅猛的战略“蓝海”领域。同时期，在许多欧洲国家，创意产业在促进经济增长方面都已成为新的重要贡献力量。据统计，创意产业的产值已经达到欧盟总产值的2.6%，在欧盟成员国内提供了近500万个技术岗位。

（二）美国

在美国，版权产业成为创意产业的基础。自20世纪70年代起，美国为了适应国内版权产业崛起的趋势，实施了加强版权保护的版权战略。此战略有力促进了其版权产业的发展，充分维护了美国在全球的经济利益，促进了美国全球竞争力的提升。美国的版权产品在1996年成为国内最大宗的出口产品，出口额高达601.8亿美元，首次超过了汽车、农业等传统产业。另据《美国经济中的版权产业：2004年报告》提供的数据，1997—2002年，美国核心版权产业增速是3.51%，超过同期美国GDP2.4%的年均增长率。[①]根据美国国际知识产权联盟（International Intellectual Property Alliance，IIPA）及其成员与美国政府合作发布的《美国经济中的版权产业（2016）》报告，版权产业对美国经济的贡献逐年增加，尤其是美国核心版权产业对美国经济的贡献已突破1万亿美元。版权产业创造了更多、更好的高薪就业机会。版权产业大幅度地提升了美国的对外销售和出口能力。

版权产业对美国经济的贡献显著。2015年，美国核心版权产业增加值为1.2356万亿美元，占美国GDP的6.88%；总体版权产业增加值为2.0972万亿美元，占美国GDP的11.69%。2012—2015年，美国核心版权产业增加值的实际（不变价）年增长率均超过3.71%，总体版权产业增加值的实际（不变价）年增长率均超过2.90%，美国GDP的实际（不变价）增长率均超过1.49%。

在就业方面，2015年，美国核心版权产业就业量达到554.03万人，对美国的总就业贡献为4.57%；总体版权产业就业量达到1 137.3万人，对美国的总就业贡献为9.39%。2015年，美国核心版权产业从业

---

① 徐朗. 基于生态位的城市创意产业发展研究——9个长三角城市创意产业城市生态位测评分析［D］. 杭州：浙江理工大学，2009.

人员的平均报酬与美国全部从业人员平均报酬的比值为1.38，总体版权产业从业人员的平均报酬与美国全部从业人员平均报酬的比值为1.21。

美国版权产品的销售额在海外市场不断增长。2015年，美国对外销售的版权资源（主要包括唱片产业、电影产业、电视录像产业、软件产业、非软件类出版产业）达到1 769.7亿美元，高于化工业（不包括制药和药品）的1 358亿美元、航空航天业的1 346亿美元、农产品的629亿美元、食品业的603亿美元、制药和药品业的583亿美元。

这些持续增长趋势巩固了版权产业作为美国整体经济增长核心引擎的地位。随着新技术对合法版权产品新发行方式的改变，版权产业将对美国经济增长继续保持积极的影响，加上美国强有力的立法和有效的执法，其必将继续为美国国内和全球市场的经济增长铺平道路。

二、我国创意产业的发展概况

我国是亚洲国家中较早意识到创意产业重要性的国家，创意产业出现在21世纪初。

（一）北京

北京已初步形成六大文化创意产业集聚区，即文艺演出、出版发行和版权贸易、影视节目制作和交易、动漫和互联网游戏研发、文化会展、古玩艺术品交易，还有十大文化产业园。北京具有文化、信息、媒体、金融、科技和教育等中心地位，无疑是中国文化创意产业的领军城市。

2016年，北京文化创意产业总体发展持续向好、稳中有升，实现增加值3 581.1亿元，比2015年增长10.1%；占地区生产总值的比重达到14.0%，比2015年提高0.3个百分点。全市规模以上文化创意产业法人单位有8 033个，资产总计24 919.2亿元，收入合计15 224.8亿元，从业人员有125.7万人。全市文化创意产业法人单位创造地方税费收入417.9亿元，占全市地方税费的10.7%；上缴国税791.9亿元，占全市上缴总量的8.9%。经过近年来的持续快速发展，北京文化创意产业的规模不断扩大，结构不断优化，发展质量和效益不断提升，支柱地位更加巩固，成为拉动首都经济发展的重要增长极。①

（二）上海

近年来，文化创意产业已成为上海国民经济的重要支柱产业。截至2017年，上海文化创意产业总产出10 433亿元，占全市生产总值的比重已超过12%；产业增加值为3 395亿元，同比增长8.2%。2017年12月，上海制定了《关于加快本市文化创意产业创新发展的若干意见》，提出了总体战略目标，即未来5年，上海文化创意产业增加值占全市生产总值的比重达到15%左右，基本建成现代文化创意产业重镇；到2030年，占比达到18%左右，基本建成具有国际影响力的文化创意产业中心；到2035年，全面建成具有国际影响力的文化创意产业中心。当前，上海文化创意产业发展的核心关键是进一步发挥市场在文化资源配置中的积极作用，努力营造良好营商政策环境。

经济视窗 38-1

（三）深圳

2017年，深圳文化创意产业实现增加值2 243.95亿元，同比增长14.5%，占全市GDP的比重超过10%，产业增加值在七大战略性新兴产业中位居第二。深圳有文化创意企业近5万家，从业人员超过90

① 北京市国有文化资产监督管理办公室发布的《北京文化创意产业发展白皮书（2017）》。

万人，其中规模以上企业有3 155家。

深圳大力发展文化创意产业。完善文化创意产业创新发展政策，支持原创研发，推动新媒体、资讯等产业发展，建成深港设计创意产业园。加快发展时尚设计、创意设计、工业设计，继续办好文博会、深圳设计周、深圳时装周等活动，叫响“深圳设计”城市品牌，把深圳打造成为设计师的乐园和时尚创意中心。

广州、长沙、杭州、苏州、西安、成都、重庆等众多城市，也都将发展文化创意产业作为调整产业结构、提高城市竞争力的重要手段。

第六节　我国创意产业的发展对策

创意产业首先在发达国家发展起来绝非偶然。纵观发达国家创意产业发展的历程，可以总结出创意产业发展的一些必备条件。这包括国家的整体经济实力，特别是数字通信技术是创意产业发展的支撑要素；创意产业聚集和融合产生的规模经济效应是增强企业竞争力的途径；健全的知识产权保护是创意产业发展的保障；本国居民对文化产品的消费需求是创意产业发展的经济基础等。所以，我国必须进一步强化下列几个方面的战略举措：

一、创意产业应升级为国家级战略重点产业

我国应当把创意产业作为一个国家级战略产业对待，把创意资源作为一种国家级战略资源加以管理，制定促进创意产业发展的战略规划和行动计划，引导创意产业持续、快速、协调、健康发展，为新经济、新文化在中国的崛起创造条件。

我们必须更加坚定地把科技进步和创新作为经济社会发展的首要推动力量，把提高自主创新能力作为调整经济结构、转变增长方式、提高国家竞争力的中心环节，把建设创新型国家作为面向未来的重大战略。提高自主创新能力，建设创新型国家，是国家发展战略的核心，是提升综合国力的关键。

二、关键在于树立新理念

目前，我国创意产业发展的首要问题是全社会必须加强和提高对创意产业发展的重要性、前沿性和未来发展态势的理解、认识与认同，特别是各级决策层。创意产业是一个全球产业发展中后发的新兴产业，其理念与传统的制造业发展理念、思维路径和管理经验有着很大的不同之处。我国发展创意产业需要各级决策层进一步解放思想，转变观念。各级领导必须进一步提高领导创意产业发展的新本领，提升服务创意产业发展的新能力。

三、重视文化立法，保护知识产权

法律法规是创意产业发展的保障。创意产业发展的动力源——创新个体的创意，由于自身特点容易被效仿，其知识的原创性容易丧失，因此，对产品设计与经营的原创性加以保护是创意产业成功发展必须解决的问题。知识产权成为创意产业生存与发展的关键，也是其核心资产。我们必须通过相关法律法规加大对知识产权的保护力度，促进市场的公平竞争。法律不仅要保护知识与专利，还要维护创意源——创新人才的合法权益。这是对个人创造力价值的尊重与认同，在社会中形成保护与尊重个人创意与个人创造力的氛围。

四、逐步完善创业板事业

2009年10月30日我国创业板正式推出，这是我国资本市场发展的一个新起点。新经济的成长需要创业板市场推动的原因是：

（1）它能够提供比商业银行和传统证券市场更加灵活、方便和有效的融资安排。创业板市场的出现，使得那些为数众多的中小成长型高科技企业，特别是一些具有长远发展前景的企业，几乎可以得到无限制的资金供应。

（2）创业板市场以其独特的激励机制加速了企业由初创到成熟的进程，使得许多企业由家族式、合伙制等低级形态迅速转化为标准化、规范化的现代企业形态，推进了公司治理结构的迅速完善。

（3）创业板市场大大提高了公司的社会知名度，提供了广阔的企业投资、组合和兼并的机会，从而推进了高新技术企业超常规发展，造就了一批超大规模企业。

（4）以创业板市场为枢纽，促成了科学家、企业家和千百万中小投资者的集合，进一步激励了民族的创新精神和创业勇气。这种创新精神和创业勇气，正是新经济发展的灵魂，更是一个民族兴旺发达的不竭动力。

我国经济已经进入全面深入发展的新阶段。我国孵化器可分为高新区系列、科技系统系列、大学科技园系列、民营孵化器系列、留学生创业园系列。截至2016年，全国纳入火炬计划统计的众创空间有4 298家，科技企业孵化器有3 255家，企业加速器有400余家，创新、创业、就业实现同频共振地有机融合。截至2017年，全国共有各类众创空间5 500余家，全国科技企业孵化器数量超过4 000家，创业孵化平台当年孵化团队和企业超过50万个。纳入火炬计划的众创空间内有48%的创业企业是大学生创业团队，位居首位，科技人员创业、连续创业和大企业高管离职创业分别占22%、16%和8%的比例，还吸引了超过5 000多个留学归国创业项目和海外入驻项目，共占总体的12%。

五、建立开放、高效的产业环境

开放、高效的充满活力的产业发展环境是创意产业发展的基础和前提。政府要制定具有引导力的各项政策，政策是先导。政府还应该因地制宜地按照创意经营实体的运行状况建立专业的管理机构。管理要精简、高效、激励和督导。

此外，要利用各区域特色，合理整合区域资源，构建集聚区。集聚区是创意产业发展的载体，旅游休闲娱乐、广告、会展、艺术品交易及各种辅助服务业，都可聚集在一起，能够充分发挥区位优势。集聚区的形成也为构建创意产业链提供了良好条件。

将创意转化为产业，核心是要构筑创意产业链，即把创意、设计、产品和市场有机联结起来。当创意转化为现代文化资本，同时注入高含量的科技手段，并与消费者的现实需求和潜在需求有机结合起来形成产业链条时，创意产业巨大的经济能量才能释放出来。

构筑创意产业链，要加强不同企业之间的分工协作。一是整合不同企业的能力和资源，实现优势互补；二是发挥参与协作企业的核心专长和核心技能，提高其核心竞争力。实现不同企业间的分工协作，需要建立健全市场中介体系，发挥中介组织的作用，通过中介组织把创意和市场联结起来。

构筑创意产业链，要促进创意产业的集聚。创意产业集聚是指创意产业领域内相互关联的文化创意企业、专业供应商、服务供应商和相关机构等依据分工和合作关系形成的地理集中。目前，我国的创意产业园都是基于产业集聚而兴建的。在集聚过程中必须充分发挥各创意企业的互惠共生性、知识资源互补性、竞争协同性等优势，降低交易成本，实现规模经济，从而提升区域竞争优势，实现产业价值链的增值。

经济视窗38-2

[第三十九章]

旅游产业

国家“十三五”规划指出：大力发展旅游业，深入实施旅游业提质增效工程，加快海南国际旅游岛建设，支持发展生态旅游、文化旅游、休闲旅游、山地旅游等。本章主要讨论旅游产业的地位与作用、发展动态与方向，以及我国旅游产业的发展战略与对策。

第一节　旅游产业的地位与作用

一、旅游产业的地位

关于旅游经济的地位大多是从产业的角度来认识的。自1986年旅游业被列入国民经济计划并在产业序列中获得优先发展后，这种认识得到了进一步深化。旅游产业是构成旅游经济的供给主体。

一般认为，旅游产业是生活服务业的一个组成部分。它是指在旅游经济运行过程中，为旅游需求的实现提供产品和服务的企业、组织（或机构）的集合。并不是所有为旅游需求的实现提供产品和服务的企业和组织都属于旅游产业范畴，只是那些其经营目标主要是旅游者、经营收入主要来自旅游消费的企业和组织才构成旅游产业的组成部分，这些企业和组织主要包括住宿接待部门、游览场所经营部门、旅游业务服务中介组织等。

2017年，我国旅游人数为50.01亿人次，比上年增长12.8%；出入境旅游总人数为2.7亿人次，比上年增长3.7%；全年实现旅游总收入5.4万亿元，比上年增长15.1%。

二、旅游产业的作用

基于旅游产业地位衡量的不完善性，对其作用最好从旅游经济的角度来考量。在很长的时间内，旅游经济效应研究中的主流领域是旅游给目的地国家和地区带来的收益。但旅游经济学是研究由旅游者在客源地与目的地之间的商品化、社会化的移动而引发的经济现象、经济关系、经济运行和经济影响的专门学科，其经济表现是哑铃型的。

因此，旅游经济影响不仅会涉及“哑铃”的目的地一端，还会涉及“哑铃”的客源地一端。这种商品化、社会化了的旅游活动如果跨越国界，并且目的地国和客源地国使用不同货币，还会涉及外汇的收支平衡问题。我们将从客源地和目的地两个角度分析旅游经济的作用。

（一）对客源地的作用

旅游对客源地的经济作用表现在两个方面。一方面，旅游活动有助于改善客源地经济运行的人力资本要素质量，从而有助于改善客源地经济运行的质量。另一方面，若在本地区旅游，则对本地区经济具有一般意义上的回笼货币、增加就业、带动相关产业发展等作用；若为跨区旅游，则将导致客源地资金外流；若流动跨越国境，则会造成外汇流失。但居民出游也将带动本地相关消费，旅游经济发展对当地社会分工和资本流动将产生积极影响。

（1）旅游需求促进了客源地诸如旅游批发经营商、旅游零售代理商等相关专门机构的出现。需求的社会化和商品化程度越高，旅游批发经营商在与目的地相关配套的“模块化”基础产品供给交易谈判中就越处于有利的地位，旅游批发经营商和旅游零售代理商的数量规模就越大；进一步，当数量规模扩展快于需求增长时，如果这些相关专门机构之间的竞争能有效展开，则将提高这些厂商的供给效率，增强其创新动力，从而提高其区域扩张的能力。这些专门中介机构的出现也将增加客源地的就业机会。

（2）伴随着旅游者的空间移动，客源地将随之产生对外投资，从而拓展本地资本和管理技术新的市场实现空间。这种对外投资可以脱离本地居民旅游流向，也可附着于本地居民的旅游流向中。一般考虑的是后一种流动情况，即旅游跨区域（或跨国）经营动机中的旅游者流动效应。尤其是在目的地经济发展水平较低、需大量外部投资时，这种资本和管理技术流动的可行性就更大。这种对外投资也可产生巨大利润，当跨国公司海外投资所产生的利润大于资本输出量时，就可改善客源地的国际收支状况，旅游经济现实中的“飞地”现象就是典型写照。对外投资行为还大大开拓了外部市场，提高了本地区在经济全球化背景下的竞争力。

（二）对目的地的作用

因社会化和商品化了的旅游活动涉及的是整体意义上的消费空间从客源地到目的地的转移，所以旅游对目的地的作用往往是研究的重点。一般认为，旅游对目的地的经济作用表现在增加就业机会、增加外汇收入、促进经济结构改善和当地经济发展等积极方面，以及通货膨胀、增加对外部经济的依赖性等消极方面。

1.增加就业机会

旅游经济活动是一项综合性、服务性的经济活动。一般认为，旅游业是劳动密集型产业，发展旅游业能为目的地提供大量的直接就业机会，包括直接为旅游者提供相应产品和服务的景区（点）、旅行社、住宿设施、娱乐设施、购物设施等部门的就业。另外，由于旅游经济是一种具有很强产业关联性的发散型经济，从而将通过产业链增加包括农业、制造业、食品加工行业等部门的间接就业。

2.增加外汇收入

一般地，扩大外汇收入有两条基本途径：一是通过对外贸易获得贸易外汇；二是通过非贸易途径获得非贸易外汇。创汇一直是我国发展旅游经济的重要目标。作为非贸易出口的重要组成，旅游创汇在换取外汇方面有自己的独到的优势。

（1）“无形出口”效应。当今世界的贸易竞争非常激烈，各国都尽可能地设立关税壁垒，但旅游消费是以旅游者的流动为消费前提的异地消费，表现出“无形出口”效应，一般不受贸易壁垒和出口配额的限制，在国际上普遍被认为是最好的出口产业。

（2）服务换汇效应。通过向外国旅游者提供服务来获取外汇，可以使旅游目的地国家以较少的物质资源消耗，获取较多的外汇收入。

（3）换汇成本低。一般来说，旅游换汇成本是贸易换汇成本的2/3左右。

3.带动相关产业

一方面，旅游业的发展需要有物质生产部门提供一定的物质基础；另一方面，旅游业作为一个服务性产业，需要购买许多其他行业的服务和产品，从而推动这些行业的市场需求的增加。比如旅游业对民航业、铁路、林业、文物古迹、风景园林等发展的推动。

4.促进地区经济发展

国际旅游使物质财富从客源国和地区转移到目的地国和地区，完成国际财富的再分配；国内旅游则通过经济发达地区向经济较落后地区运动的旅游流，完成社会财富的地区间再分配，从而有助于缩小地区经济差距，改善目的地经济结构，提高目的地经济质量，促进地区经济发展。旅游经济的竞争机制及我国各个地区旅游经济的地区国民经济增长点和支柱产业的定位也正说明了旅游促进地区经济的强大作用。

正因为旅游对地区经济具有强大的带动作用，而目的地旅游吸引物在发展旅游经济中处于基础性吸引地位，所以在经济落后地区——尤其是拥有较为丰富旅游吸引物的地区——发展旅游经济还具有“开放式扶贫”的功能。地方政府对旅游景区（点）的民营化进程远比对旅行社、饭店等住宿设施的民营化要积极得多。也正因为此，无论饭店等住宿设施还是其他相关旅游设施，尽管能对吸引力产生重要影响，但无论是旅行社还是饭店，它们在吸引旅游者方面不具有根本的主动性。也就是说，目的地的旅行社与饭店基本上是旅游客流的“享受者”，而非“创造者”，旅游景区才是“创造者”。

第二节　旅游产业的发展动态与方向

中国旅游产业面临着全球化的冲击，因此，全球化的竞争必将推动世界对市场作用的重视，也迫使我国旅游产业加快市场化进程，提高我国旅游产业的国际竞争力。这是旅游产业首要的发展大方向。

此外，旅游产业还面临自身的发展问题，即在转型经济时期完成自身转型，包括旅游产品、旅游产业组织、旅游经营地域空间、旅游发展模式等方面的转型。这是第二个发展大方向。同时，在旅游经济发展实践中也出现了一系列新动态。近些年来比较突出的就是红色旅游的迅速发展、农家乐的蓬勃发展和出境旅游的深入发展。

一、旅游产业的发展动态

（一）红色旅游

“红色旅游”指以中国共产党领导人民在革命和战争时期建树丰功伟绩所形成的纪念地、标志物为载体，以其所承载的革命历史、革命事迹和革命精神为内涵，组织接待旅游者开展缅怀学习、参观游览的主题性旅游活动。红色旅游的迅速发展始于2004年。时年2月，中共中央做出了“要积极发展红色旅游”的重要指示；8月，国家旅游局正式启动“红色旅游”工程；12月，中办、国办联合印发了《2004—2010年全国红色旅游发展规划纲要》，后又由中办和国办联合印发了《2011—2015年全国红色旅游发展规划纲要》。

（二）农家乐

1987年，成都郫县农科村的农民利用自己的庭院、堰塘、果园、花圃，吸引城镇居民前来度假休闲。附近农民纷纷仿而效之，“农家乐”从此闻名遐迩，全国各地的农家乐呈现星火燎原之势，农科村也因此被称为“中国农家乐旅游发源地”。实际上，农家乐就是乡村旅游的雏形。从我国的现实状况看，乡村旅游的开展主要集中在景区的边缘地带、都市的郊区等区域，还只是停留在简单的观赏、采摘等粗浅的层次上，还有很大的深入挖潜改造深化的空间。

农家乐发展的原因是：

（1）国际、国内市场联动的必然要求。发展农业，除了要加快中国农业农村经济体制改革、农业产业化进程、农业科技化进程、农村土地经营制度创新等，从国外经验和中国消费需求发展变动的趋势看，发展农村旅游经济是一个合适可行的选择。从国际经验看，农产品的全球化自然将影响到某些国家的国内市场，农产品贸易的自由化以及相关贸易协定要求降低对国内农业的补贴，从而迫使农民寻求新的收入来源替代，而其中发展乡村和自然旅游就是经常被选择的替代方式。

（2）国内城乡统筹发展的必然要求。一方面，城市居民休闲旅游的需求是因为对都市喧嚣的“反叛”，希望寻求一种新的暂时的生存空间，享受自然田园的恬静生活和野趣的旅游，而乡村旅游正适应了这种旅游需求的发展趋势。因此，尽管可能初期的旅游花费较低，但是由于其旅游到访频率一般较高，乡村旅游对农民收入仍是个大贡献。

通过有效发展乡村旅游，可以促进乡村经济的多元化发展，增加乡村经济收入，改善当地农民生活；为当地的企业和服务业的发展提供市场机会和支持，创造包括自我就业在内的诸多新的就业机会，提高乡村就业率；带动手工艺生产和销售、餐饮供应等的发展，创造相应的自我就业、灵活就业等新的就业方式；增加妇女的就业机会，提高其经济收入和社会地位。

（三）出境游

1.发展过程

我国出境旅游经历了一个从“探亲访友游”到“自费出国游”的逐步市场化的发展过程。1983年11月我国在广东省试点开放省内“赴港探亲旅游”，1984年国务院批准开放内地居民赴港澳探亲旅游，拉开了中国公民出境旅游的序幕。1987年11月我国开放丹东到朝鲜的一日游，拉开了中国边境旅游的序幕。1990年我国发布实施了《关于组织我国公民赴东南亚三国旅游的暂行管理办法》，开展到新加坡、马来西亚和泰国的探亲旅游。1992年我国允许到菲律宾探亲旅游。后鉴于出境旅游形式的发展变化，1997年7月1日我国施行《中国公民自费出国旅游管理暂行办法》，标志着中国出境旅游业务的全面展开。2002年7月1日我国施行的《中国公民自费出国旅游管理办法》则进一步简化了出境程序。2005年8月我国将三大旅游市场战略由原来的“大力发展入境旅游、积极发展国内旅游、适度发展出境旅游”调整为“大力发展入境旅游、全面提升国内旅游、规范发展出境旅游”，我国旅游业“十二五”规划又进一步调整为“全面发展国内旅游、积极发展入境旅游、有序发展出境旅游”，中国出境旅游的发展进入了一个崭新的时代。

2.出境规模和花费

自1985年11月颁布《中华人民共和国公民出境入境管理办法》以来，我国因私出境人次已经从1986年的8.7万人次增长至2017年的13 582万人次。随着我国出境旅游购汇限制的放宽、金融支付手段的丰富化，出境消费能力进一步得到了释放。2017年中国公民出境旅游突破1.3亿人次，花费达1 152.9亿美元，保持世界第一大出境旅游客源国地位。

3.出境旅游背景下的中国旅游贸易竞争力

贸易竞争力一般都是通过显示性比较优势（RCA）指数与竞争优势（TC）指数来计算，但是RCA指数的计算只是考虑了出口的问题，并没有考虑进口对整个服务贸易部门比较优势的反向影响，所以在这里主要计算TC指数。TC指数是一国服务净出口与其进出口总额的比值（净出口份额），是行业结构国际竞争力分析的一种有力工具，总体上能够反映出计算对象的比较优势状况。其计算公式为：

TC指数=（出口-进口）/（出口+进口）

从2009年开始，我国旅游服务贸易开始出现逆差，当年逆差为40.27亿美元。2017年，在我国服务贸易中，旅游进口（以居民出境游为主体）规模为2 548亿美元，旅游出口（外国公民入境游）规模仅为387亿美元，逆差额高达2 165亿美元，占当年服务贸易总逆差（2 395亿美元）的比重高达90.4%。在旅游逆差持续快速扩大的情况下，如何加快中国旅游企业的跨国经营研究已成为迫切的课题。

二、旅游产业的发展方向

（一）旅游产业的市场化发展

中国经济能有40年的高速增长，是产业结构优化形成的结构效应和所有制结构变动导致的市场化效应共同作用的结果。在旅游经济中基本不存在景区（点）产业、饭店产业、旅行社产业和旅游交通产业等产业之间比例结构变动推动旅游经济快速增长的机理，因此通过所有制结构变动从而推动要素配置的市场化就成了加快增长速度、提高经济素质的重要途径。所有制结构的变动已经在各地的旅游经济发展实践中有所表现，并突出地表现在旅游景区两权分离的“制度创新”和饭店等相关供给民营化进程上。

1.饭店的市场化发展[①]

（1）饭店具有极高的终极退出壁垒，因此通过机制完善、硬化投资约束就是行业正常有序发展的必然要求；否则，会进一步增加无效资产沉淀。这种沉淀将恶化具有自然地域分割特点的饭店间的价格竞争。从已有研究看，国有体制特征容易强化这种恶性价格竞争，而恶性价格竞争又将进一步影响我国饭店行业自身的发展能力，恶化集团化行为主体的成长环境，从而延缓我国饭店集团化进程，使世界旅游强国目标的实现缺少了最重要的企业层面的支持。相反，通过对处于竞争性行业的饭店的民营化，可提高企业的市场生存基准，从而有助于通过市场竞争提高民营饭店的效率，国有饭店也不得不进行改善效率的努力。

（2）孤立于重视市场作用潮流的经济运行将变得困难起来，所以整体的市场化已使各个饭店重新审视原有体制下的亏损问题，重视市场作用，加快脱钩进程，相应地推动饭店的民营化进程。只要能确定一个切实可行的价格，饭店的民营化就能顺利推行下去。民营化后的饭店的后续健康发展还必须有诸如饭店管理公司等专业管理力量的发展作为效率支撑，以及进入细分市场和区域的选择方面的战略支撑等。

2.旅游景区市场化发展

在特定的发展资源禀赋和发展战略的支撑下，我国旅游经济发展初期的瓶颈主要是为满足入境旅游者住宿和长距离空间位移需要的饭店和旅游交通（尤其是航空交通）的供求矛盾。但这种制度性旅游供求矛盾逐渐消除，旅游景区（点）作为旅游经济发展核心依托的地位逐渐凸显。

正因为如此，各地区政府都在努力尝试旅游景区两权分离的制度创新，希望通过这种市场化取向的制度创新来获得“先入优势”，加快推动资源优势向经济优势的转变，进而通过旅游经济产业带动提升地区整体经济的增长。

旅游景区市场化发展也是体制改革的结果。实践表明，要使旅游吸引物成为发展地区（尤其是经济落后地区）旅游经济的资源，必须将这些旅游吸引物放在一定的利益结构中，与其他的资源禀赋诸如人力资本、财务资本进行联结。市场化的进程不仅要求废除原来那些计划经济下的规则，尤其是剩余索取权与控制权的部门性安排，而且要敏锐地观察到并制止这种妄图将剩余索取权与控制权合法化的做法。

（二）旅游产业的转型方向

1.小康旅游向旅游小康转型

作为消费结构升级的重要标志，旅游必将随着我国全面建成小康社会战略目标的逐步实现而成为越来越多的人的消费选择。但人们印象颇深的“黄金周”是我国旅游发展处于初级阶段的真实写照，逐渐迈入全面小康社会的国人将完成从单纯购买旅游到享受旅游、从强调数量的大众旅游到追求质量的小康旅游的转变。也就是说，观光性旅游将从旅游经历追求转而到旅游体验的提升，休闲性旅游将追求一种“不需要考虑生活问题的心无羁绊”“什么都可以想，什么都可以不想”的生存状态。

随着“到此一游”式的旅游经历向旅游体验追求转型，旅游产业的运行组织主体也将发生变化，旅行社在整个旅游产业中的串联角色可能会发生变化，其具体的运营模式也需要加快转型步伐，交通企业尤其是跨区域的交通企业与旅游之间的关系将进一步密切。旅游产品也将从落后、单一的观光旅游产品向满足多样需求的主题产品、观光度假产品和个性化产品过渡。旅游景区也将着力于改善旅游者的知识

---

① 在这里我们以民营化表征市场化来进行分析。

和技术储备，辅助旅游者对附加于旅游景区内各消费元素进行准确析出、恰当组合，从而真正获得旅游的满足。

2.单体发展向网络深化的转型

不同于其他的消费活动，旅游活动中使用价值的获得不会伴随着物的所有权的转移。在旅游交换过程中不发生物的流动，没有物的所有权的转移，旅游者必须趋近于对象物的地理空间。这种以人的流动为前提的特殊交换方式突出了时空要素对旅游产业经营深刻的约束性影响。对象物销售的时空约束及其不可贸易的特征还内在地规定，旅游相关供给厂商要想获得规模经济必须有不同于传统产业的独特实现方式。也就是说，旅游经济中住宿供给（以饭店为例）的规模经济不是简单地表现为单体的规模经济，而是“多工厂的企业规模经济”——饭店的网络化发展，只有基于网络化的饭店集团才是符合饭店自身特点和旅游特点的“合宜”的饭店集团。

而我国目前整个旅游产业的组织结构与此内在要求还并不协调，旅游企业大多还停留在单体经营阶段，即便有一些资产规模较大的集团，也多具区域性特征，市场容量空间的自然区域分割使得这些集团的经营状况多不理想。要想改变这种状况，有效解决规模经济与有效竞争的“马歇尔冲突”，就需要旅游产业完成由单体组织向网络集团方向的转型。

3.坐地经营向跨地经营的转型

在旅游经济内在的市场自然性地域分割和外部环境的制度性市场分割的发展进程中，旅游产业的经营空间被挤压在有限的经营空间内，形成企业的“坐地经营”。但是随着改革进程的深入，统一大市场的形成，基于旅游者趋向旅游产品的流动性特征，旅游企业将开始跨地区经营的发展进程。投资主体与客源国高度相关的特征使得旅游者的跨国流动成了旅游企业跨国经营的根本动力。

但是，不同于国外饭店集团发展的初始化市场环境，我国旅游企业的网络化、集团化不再有温和的供给环境和强烈的需求环境。尤其是我国旅游者多在有大量国际著名饭店管理集团存在的消费环境中生活，他们对饭店品牌认知多始于这些国外饭店品牌，因此跨国经营（不是国际化经营）将很难随着我国出境旅游规模的持续扩张和集团化行为主体的成长而自然展开。饭店集团国内竞争国际化的隐含解说就是这些国外集团母国的竞争已经非常激烈，这无疑又恶化了我国饭店集团化的国际市场空间。

4.部门管理向行业管理的转型

在传统的计划经济体制下，国家对旅游业的管理体现出了部门利益之间的冲突。多种利益主体并存，部门利益盛行，条块分割严重，市场无法对资源进行有效配置。国家旅游局作为旅游行政主管部门在实施管理行为时往往与其他的各个利益相关主体发生矛盾，从而很难对旅游行业实施有效的管理。在转型时期的旅游业的管理中，面对市场经济的发展，政府要改变运用行政性资源的方式，改变以往直接干预企业经营活动的管理方式，要在政企分开的基础上，用行政手段进行外部规范，尤其是规范市场无法有效调节的领域，使旅游企业符合市场运行的各方面要求，通过保障市场的发育和完善，使企业具有更强大的活力。国家旅游行政管理部门需要在世界贸易组织的框架内，根据国际旅游服务贸易的相关规则，完善自身法律建设，为我国旅游企业营造一个公平、公正的市场环境。国家旅游主管部门应调整思路，转变观念，变直接管理为间接管理，变部门管理为行业管理，充分利用各种行政法规，加快制定各种行业标准，加强对行业的有效管理。

（三）智慧旅游①

智慧旅游是一种新的旅游体验方式，是互联网或移动互联网、物联网、云计算、地理信息系统、虚拟现实、高速通信技术等新技术在旅游业的应用创新。

---

① 李盛丹歌．“智慧旅游”正起步［N］．经济日报，2013-05-09．

以前去旅行，人们都要提前收集很多信息来规划路线，有时候不同的信息让人迷惑，不知道该按哪个执行，也耽误了时间。智慧旅游把信息归集到一起，可以提前预览目的地的历史背景、文化习俗，而且可以下载到手机上，走到哪里随时都能查看，很方便。

智慧旅游的核心是要最大化地保障消费者权益。智慧旅游首先服务的是游客；其次是提高企业服务质量，提升企业效率；最后能服务于政府机构，使社会公共服务质量更好，力争通过高科技手段，将每个城市、景区的独特性，以及文化内涵等有深度的内容展现出来，让游客的游览观光更加便利。

（四）老年旅游①

《旅行社老年旅游服务规范》于2016年9月1日起正式实施。该规范涉及老年人旅游当中住宿、餐饮、购物、医疗等多方面。

1.老年旅游市场潜力巨大

2017年，我国60岁及以上老年人口有2.41亿人，占总人口的17.3%。随着收入水平的提高和观念的进步，越来越多的退休老人愿意走出家门到处看看。目前，在某些旅游产品中，老年人的比例非常高，已经成为“跟团游”的主力军。

2.老年旅游产品参差不齐

硬件设施不到位、软件服务跟不上等问题是制约老年旅游发展的主要原因。据了解，目前国内专做老年旅游的“夕阳团”一般就是低价团的代名词，主要以低廉的价格吸引老年旅客，住宿差、路程赶、购物多成为普遍现象，老年旅游市场比较混乱。

一些正规大型旅行社已针对老年人出行的痛点和特殊需求出台了老年游标准，并将参照《旅行社老年旅游服务规范》落实。不过，一些中小旅行社不落实该服务规范，最根本的原因是担心增加经营成本，导致报名费上涨，对吸引老年游客不利。

此外，保险保障也是重要方面。在以往的部分旅游产品合同中，老年人能够获得的保险理赔只有普通人的一半。而此次服务规范提出，“组团社应与保险公司就旅游意外险的投保年龄上限进行沟通协商，为更多老年旅游者提供保险保障”。

3.转变旅游观念

如今，随着人们生活水平的提高，越来越多的子女为父母预订高品质的旅游产品。然而，纵观市场上的旅游产品，虽然针对老年游客的产品不断增多，国内游、出境游、短途游、中短途游、长途游等形式多样，但中低端价位的产品还是占比较大，这既不符合国标规范，也无法满足老年人不断提升的需求。

与年轻人相比，老年旅游更重视旅游中的愉悦感受和服务品质。因此，旅游企业在开发设计旅游线路时，要从老年游客的具体需求出发，提供细致周到的服务，做到老人舒心、子女放心。

（五）全域旅游②

全域旅游是旅游业发展理念和发展模式的创新，从全域、整体和联系的视角来认识和发展旅游，是一种协调、开放的发展模式；它是一整套基于旅游业的综合施策，是一种共建共享的发展模式。我国已进入大众旅游新时代，要顺应时代的要求，推进我国旅游业发展由景区模式向全域旅游模式转变。

全域旅游符合世界旅游的发展潮流，各地旅游部门要通过改革创新，加快构建资源整合、产业融合、共建共享的全域旅游发展新格局。发展全域旅游，最关键的是要推进旅游治理机制、治理理念转

---

① 郑彬．让老年人真正放心出游［N］．经济日报，2016-09-21．
② 郑彬．我国发展全域旅游符合世界潮流［N］．经济日报，2016-05-27．

变，推动由旅游部门抓旅游向党政部门抓旅游转变，实现旅游业共治共荣、共建共享。要打好转型升级组合拳，使全域旅游发展的环境更加优美；要全面延伸“旅游+”链条，使全域旅游发展的产业优势更加明显；要通过全员参与推进共建共享，使全域旅游发展的群众基础更加扎实。

经济视窗39-1

第三节　我国旅游产业的发展战略与对策

一、旅游产业的发展战略

（一）指导思想

深入贯彻新时代中国特色社会主义思想，全面落实国家“十三五”规划，把握旅游业发展的良好机遇，进一步解放思想，深化改革开放，加强统筹协调，优化产业结构，提升产业素质，推动产业融合，拓展产业功能，全面发展国内旅游、积极发展入境旅游、有序发展出境旅游，实现旅游业持续快速发展，努力把旅游业培育成国民经济的战略性支柱产业和人民群众更加满意的现代服务业，向建设世界旅游强国迈出重要步伐，为提高人民群众生活质量、全面建成小康社会、建设资源节约型和环境友好型社会、促进经济社会又好又快发展做出积极的贡献。

（二）发展方向

1.提升旅游要素发展的产业化水平

加快旅游业吃、住、行、游、购、娱六大要素的发展，优化提升旅游业产业体系；促进旅游业与金融保险、科技信息、文化教育、体育健身等现代服务业的融合发展，培育形成新的优势领域和新的发展空间，完善产业体系，扩大产业规模；推动产业发展模式创新，加强新要素投入和现代产业运行方式运用，推进旅游业集聚发展，提升产业竞争力。

2.提高旅游资源配置的市场化程度

加快政府职能转变，加强公共服务体系建设，充分发挥市场机制在资源配置中的基础性作用。放宽旅游市场准入，大力推动不同经济成分和性质的企业合作、科研服务、咨询服务、职业机构等新型中介组织发展。旅游部门要积极探索创新市场监管的手段和方法，积极推动中介组织监管规范体系的建设，加强中介组织的监管力度。要打破行业、地区壁垒，鼓励社会资本公平参与旅游业发展，鼓励各种所有制企业依法投资旅游产业。推动旅游企业面向现代企业制度的改革，加快培育旅游业市场经营主体，促进旅游业的集团化、网络化和品牌化发展。

3.加速推进旅游发展模式的优化升级

加强现代科学技术特别是信息技术，以及现代公司治理结构和商业模式在旅游业中的广泛运用，推动旅游企业的自主创新，推进旅游产品和服务的升级，以游客满意为服务宗旨，满足多样化的现代需求；逐步实现旅游产业组织现代化、商业模式现代化、产业技术现代化、市场供给现代化。

4.加快旅游产业的国际化进程

面向国际市场，提升旅游服务品质和管理水平，提高设施和服务的便利化程度，培育一批国际旅游精品。全面对接国际标准，进一步强化国际旅游交流与合作，形成一批示范性国际旅游合作区域，提升我国在国际旅游事务中的影响力和规则制定权，对融入世界发挥积极作用和有所作为，积极稳妥地实施“走出去”战略。

5. IP提供旅游业转型新动能①

富有文化内涵和品牌号召力的IP开始融入旅游业转型升级进程，以满足消费者日益增长的多元化旅游休闲需要，为旅游业提供了转型新动能。一流的美景不等于一流的IP，要通过“美景+美宿+美食+品牌+渠道+资本”，打造旅游IP综合体。IP强大的号召力已成为很多地方吸引游客的秘密所在。方特大型文化科技主题乐园已在全国发展了20多家，在二三线城市受到欢迎，该乐园的“熊出没”系列产品零售额已达20亿元。全球第二大旅游景点营运公司英国默林娱乐集团在全球拥有100多个景点，2016年全球游客量达6 510万人次，旗下的杜莎夫人蜡像馆让游客近距离体验名人IP，乐高探索中心、史瑞克冒险乐园致力于打造浸入式体验的IP场景。

（三）法律保障

我国在颁布《国民旅游休闲纲要（2013—2020年）》之后，又于2013年4月出台了《中华人民共和国旅游法》。这部法律有利于转变旅游发展方式、调整旅游产业和产品结构、规范旅游市场秩序、保护旅游者和旅游经营者合法权益、协调行业管理关系、促进旅游业及相关行业发展，使我国从旅游大国发展成为旅游强国。

旅游法是一部促进和保障我国旅游和旅游业健康、有序、科学发展的基本法。该法是一部规定了我国旅游发展的基本原则以及基本制度、统领我国旅游发展全局的基本法。旅游法在章节中设“旅游者”专章规范，而且在整部法律中从规范市场、规范经营行为和从业资格、规定旅游安全等方面都体现了对旅游者权益的保护，具有一定的倾斜性。

旅游法在立法过程中坚持以人为本的原则，基本思路是以保障旅游者合法权益为主线，平衡旅游者和旅游经营者以及旅游从业人员之间的权利、义务和责任关系。在旅游者和旅游经营者的合同关系调整方面，旅游法修正了旅游经营者在现实中的一些做法，在没有背离基本公平原则的基础上，对旅游者是比较有利的。

关于旅游规划的规定是旅游法最大的亮点。旅游的发展关系到国家政治、经济、文化和民生，甚至关系到对外关系。因此，旅游科学发展必须全面统筹协调。②

二、旅游产业的发展对策

（一）完善旅游促进就业的政策

随着市场化就业体制的建立，劳动效率的提高将分流出相当的劳动力，增加再就业压力；同时，市场化进程可创造新的就业岗位来缓解就业压力。为此，在转型经济时期，尤其要突出旅游发展的就业带动功能，通过旅游促进就业的实践，丰富就业的内涵和指标体系，这其中包括暂时性就业、季节性就业、交替性就业等就业方式，而不一定要着眼于全职就业、全年就业，这应该成为转型经济时期的一种指导思想。

考虑到转型时期国有企业改革重组导致的员工分流与民工进城带来的“就业冲突”以及由于乡镇企业面临新的挑战而导致的农村剩余劳动力向新产业转移的“技术约束”，要想进一步释放旅游促进就业的功能，为围绕旅游吸引物加快形成相应生产力，带动景区周围相关产业发展，拓展就业门路，应该做到以下几点：

---

① 沈则瑾. IP提供旅游业转型新动能［N］. 经济日报，2017-11-30.
② 李盛丹歌. 专家解读旅游法：以人为本保障旅游者权益［N］. 经济日报，2013-04-27.

（1）重视旅游资源保护和旅游景区基础设施以及旅游公共服务设施建设，对这些直接经济效益不明显、吸引商业性资金有困难的相关建设应多渠道增加投入。

（2）在做好西部旅游投资规划的基础上，要启动中部、东部旅游投资规划编制工作，加强对旅游资源保护和旅游产品开发建设的宏观指导，尽快形成扩大就业的增长点。

（3）将国债资金安排向农村适当倾斜，旅游国债资金适度转向景区尤其是经济落后地区的景区的开发建设，优先考虑通过落后地区的景区开发管理机制改革吸引民营资本，并处理好外来“精英经济”与原住民之间的利益分配关系。

（4）积极推动“公司+农户”这种发展模式在旅游经济发展中的试行应用，积极探索推行针对经济落后地区旅游经济发展的小额信贷。

（5）积极摸索在经济落后但旅游发展潜力大的地区、民营旅游经济发达地区、下岗再就业问题突出地区三类地区的旅游促进就业方面的经验。

（6）正确处理转型期旅游经济中经济与社会效益的关系，处理好旅游就业中有效就业与无效就业的问题。在市场化进程中，旅游促进就业也需要包括一定的效率内涵。

（7）既然存在农村就业人口压力和城市就业人口压力这两个方面的压力交汇，那就应该一方面开发新的城市旅游形式，比如通过持续的活动尤其是大型活动带动新型就业模式；另一方面有资源条件的农村要引入外部市场发展旅游，吸纳农村剩余劳动力就业，没有资源条件但有市场条件的，要补足不够的条件、充分利用现有的条件，就地发展符合当地的市场需要的旅游经济，带动农村就业，减缓城市就业与民工进城之间的矛盾。

（二）加强营销和品牌建设

如果旅游者的对象物可以流动，则可以主动到达目标市场，从而在地理空间上接近消费者，增加消费者对对象物的接触机会和选择可能性，适当地降低供给与需求之间达成交易的时空约束，推动价值与使用价值的转移的完成。但在旅游产业中，使用价值的获得必须通过人的流动来实现，因此在旅游供给厂商的价值实现中信息就起着至关重要的作用，应该通过信息流来代替物流，增加消费者对对象物的了解。

旅游产品的体验性特征决定了旅游者一般不可能预先知道所购产品质量的好坏，而且常住地与目的地之间的空间距离，客观上增加了获得直接的产品使用经验的复杂性和困难程度，增加了购买风险和质量确认的成本，同时加大了制定尽可能完备的契约的难度。为了降低消费者的信息搜索成本和购买风险，给潜在的旅游者提供足够和可信的信息，品牌化战略就成了旅游相关供给厂商和旅游目的地营销组织的重要任务；诚信与否也成了制约旅游经济规模扩张的重要因素——在相互信任的状况下，交易双方就可以减少写入正式契约中的条款，从而降低契约直接谈判成本，有助于市场规模扩大。

因此，首先，企业应该改变传统观念，通过大众媒体及非大众媒体途径加快高度综合化的信息——品牌的供给，尤其要通过企业的品牌化发展来推动旅游产品的品牌化发展；其次，政府应该致力于目的地整体形象的塑造，一方面需要加快营销网络的建设，另一方面尤其需要考虑政府营销这种公共产品的市场化供给，通过与私人营销部门建立伙伴关系来改善营销投入和组织效率。

（三）突出政府主导战略的关键

1.维护旅游市场交易秩序

政府应针对由于市场机制不完善导致的经济秩序混乱的状况，培育和建立行业发展机制，包括培育旅游产业的自我保护机制、自我约束机制和市场促进机制。政府应建立适当的法规体系，以完善和配套规则来建立市场规则，约束企业的行为，规范市场关系，以国家性法规和行业性法规来还市场经济的本来面目——法制经济，促使旅游市场上“不是真正的企业”的旅游相关供给厂商退出市场，从而净化市场竞争环境，维护市场秩序。

另外，想完全依赖于自然进化来形成市场和提高竞争力，显然不符合我国旅游产业发展的现实和竞争的要求。因此，必须运用包括行政手段在内的政府主导来推动旅游企业集团构建、旅游企业理性微观主体的重塑等，因为在所有组织中，只有“国家及其代理人是唯一可以合法地强制他人做什么的组织”(斯蒂格利茨，2002)。[①]

2.加强目的地形象建设

作为公共产品，目的地形象将被所有的目的地甚至客源地旅游相关供给厂商所共享，任何一个厂商对这种公共产品的“消费”都不会影响其他厂商采取同样的“消费”行为，也不会产生“拥挤”现象，而且个别企业很难对公共产品的生产起到决定性的作用。因此，旅游相关供给厂商很快就会意识到，“做蛋糕”必须依靠国家和企业群体的努力，任何个别厂商很难或者说根本无法独立来完成“做蛋糕”的任务。市场的事实告诉每个供给厂商，“做蛋糕”这样的公共产品供给增进行动很难协同，而且多付出努力也无法保证切蛋糕的优先权。在不存在足够的社会和经济激励导向的条件下，企业只会将努力的焦点放在如何切得更大份额的“蛋糕”即采取较优竞争策略上，企业很难自愿进行目的地形象的“生产”。在市场机制本身对目的地形象这种公共产品的生产无能为力的情况下，就需要市场机制以外的力量——政府——来提供公共产品的生产。

3.保护旅游创新供给

这种创新保护主要是针对旅行社行业的。企业可以通过创新来获得超额利润，但这种超额利润的获得是以一定的创新保护为前提的。如果企业创新得不到保护，则创新行为就无法持续，旅游经济的持续发展就失去了动力源泉。而实际情况恰恰是，创新旅行社企业（“先锋企业”）形成一个新的产品后不久就会有旅行社（“跟进企业”）模仿，而且“跟进企业”可以根据先行者的经验，将“生产、销售、经营什么可以获得成功”“改善哪里可以生产更好的产品”等信息轻而易举地利用，“先锋企业”可能被“跟进企业”的后发成本优势和产品质量优势击败。从整个旅游经济运行的角度看，“先锋企业”的创新活动具有正的外部性。但是，这种正的外部性来源于旅行社产品，它是一种“装配型产品”，其生产具有模块化特征，其组成部分多属非处理接口的基础产品，所以“材料”来源具有很高的公共产品性质。因此，政府规制显然不能采取强制措施来规定别的企业不能生产经营包含同样“基础产品”的产品。结合产业市场上很多创新型企业依靠良好的创新形象获得长久发展的现象，政府规制应该采取反向规制的方式：为创新旅游企业塑造创新形象提供“援助”，帮助企业在市场上树立创新企业的形象，引导旅游者的选择。

4.改善旅游信息不对称

政府应改善信息不对称以保护旅游者权益，并防止旅游产业中“逆淘汰”机制的形成。旅游是一种体验品，消费者不是供给厂商，在实际消费以前是不可能确切地知道该产品的完全信息的，这样买卖双方就存在信息不对称的现象。卖者在产品信息拥有方面处于优势地位，而且买者对卖者信息发布中的欺骗性信息缺乏完备的判断能力，这就隐藏着供给厂商的“欺骗”动机，使旅游者的权益受到损害。因此，政府应该对旅游相关供给厂商制定相应的行为规制，规范其信息发布，强制旅行社与旅游者订立相关的规范合同。

（四）加强旅游景区解说系统建设

旅游者面对的旅游产品具有与制造业产品不同的不可转移性、空间固定性和消费时限性，消费者无法在购买完成后的消费过程中逐渐学习使用技术，改善使用的满意程度，而只能在特定的时间、特定的地点进行消费。严格的消费约束条件使得良好的旅游体验必须依赖于恰当的旅游消费能力或技术；否

① 青木昌彦，奥野正宽，冈崎哲二．市场的作用　国家的作用［M］．林家彬，等，译．北京：中国发展出版社，2002.

则，旅游者必须重新购买对这些“旅游原材料”进行组合、加工的机会。

因此，为使旅游者尽可能地以景区管理人员所预想的或景区内各种消费元素所客观要求的方式进行消费，提高旅游者对景区的评价，推动旅游景区长远的可持续发展，旅游景区就必须通过改善景区解说设施并加强管理，帮助旅游者改善并提高其特定的消费技术和能力。当文化信息的发射主体与接收主体之间存在严重的非均衡不匹配时，尤其是那些很有“说头”的人文古迹或人文山水的旅游景区就需要完善旅游解说系统，外化旅游景区的文化内涵，形成旅游者的旅游体验。

与旅游景区建设相关的还包括民营资本的介入问题。强大的外来投资者往往依靠自身实力，在与目的地发展旅游经济谈判中取得“剥削性”地位，使得有前景的旅游景区及其他旅游企业往往在当地人控制范围之外。但如果目的地不依靠这些外来资本，它就很难通过自身的力量在激烈的竞争中获得足够的市场份额和经济效益。因此，除了处理好“当地社区居民是通过分成方式还是固定方式从转让后的景区获利”的问题外，应该进一步处理好是以一对一的“秘密谈判”方式还是一对多的“公开招标”方式分离转让景区的经营权、在以市场决定最终转让价格之前如何决定旅游景区的“起拍价”、会不会因政绩原因降低转让价格、公开招标前对参拍主体资格审查问题、转让的具体年限与参拍企业的行业性质间的关系、转让年限与旅游景区类型及发展阶段的关系等诸多问题。

（五）构建新型旅游产业组织结构

新型的旅游产业组织结构的基本模式应该是“大企业主导、中小企业共生”的格局。我国现行分工体系下的“全能旅行社”和饭店业的“全能饭店”可称为低级纵向一体化。施蒂格勒（1982）曾围绕斯密-杨定理，运用产业生命周期理论讨论了企业内部分工和社会分工的关系，并认为在产业发展的新生期和衰退期，由于市场容量狭小，所以不足以将相应的生产环节独立出来形成专业化的企业，产业内出现“全能企业”有其客观必然性。但是当该产业的市场容量发展到一定的程度，市场容易已经足以支撑由专业化的企业来更有效率地进行相关环节的生产，企业内部分工就将转化为社会分工（如图39-1所示）。比如，在我国旅游经济发展初期饭店数量有限的情况下，每个饭店都需要有自己的餐厅，但现在饭店数量已经很多，这时候就没有必要要求每个饭店都有自己的餐厅，尤其是风味餐厅，而是可以将其从饭店的生产服务工序中独立出来，形成独立的专业化厂商——非核心资源外包。

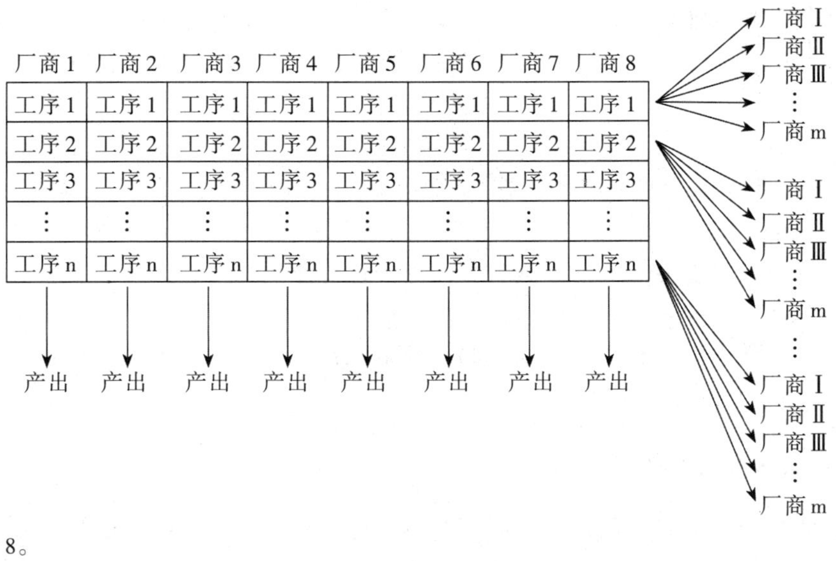

注：m远远小于8。

图39-1 低级纵向一体化与纵向分解

资料来源 孙天琦. 国有企业的纵向一体化和纵向分解研究［J］. 西北大学学报（哲学社会科学版），1999（1）：80-84.

基于我国旅行社行业非效率的现状而提出的垂直分工思想其实与纵向分解是同一个意思。旅行社行业的纵向分解就从现有的分工体系中根据市场发展的内在要求将诸如生产、销售等环节从“全能旅行社”中分离出去，由专业化厂商来分别提供相关工序的产品，形成包含旅游批发经营商、旅游零售代理商等层次的垂直分工体系。分工和专业化有助于改善效率，从而解决微薄利润率难以支撑在垂直分工体系下旅游零售代理商的佣金问题，为此需要坚决制止人为地抬高利用市场机制的交易费用的行为，以免纵向分解后的收益难以弥补因此而产生的交易费用。

经济视窗39-2

［第四十章］

流通产业

国民经济各部门具有不同的地位与作用。农业是基础，工业是主导，流通是桥梁和纽带。流通是处于生产和消费之间的中间环节。本章主要讨论流通产业概述、我国流通产业的发展战略。

第一节　流通产业概述

一、流通产业的作用

流通产业是反映一个国家经济发展和社会繁荣程度的窗口，是观察一个国家综合国力和人民生活水平的晴雨表，是实现需求与消费不断上升的桥梁和纽带，是启动市场的“加速器”和“助推器”。特别是随着消费对GDP的贡献越来越大，承担着实现相当部分消费需求转化的职能的流通产业与GDP增长的相关性也就更加密切。

流通作为生产和消费之间的“桥梁”，在国民经济运行中的功能可以概括为如下四个方面：①调节供求关系，推动商品生产的发展。②满足居民消费需求，开拓城乡市场。③实现国民收入的分配和再分配，提供就业机会。④发挥地域比较优势，促进经济协调发展。

商品流通是我国社会主义市场经济发育和成熟程度的重要标志。流通问题是搞好社会主义市场经济的最重要问题之一。在社会主义市场经济条件下，流通不仅可以引导生产和消费，起桥梁纽带作用，而且对稳定经济全局和优化资源配置作用也越来越大；流通体制运行状况影响着社会主义市场经济体制整体推进的快慢。

商品流通是国民经济运行状况的晴雨表。流通的顺畅与否，决定着国民经济良性循环能否实现。当前流通领域中存在一些长期困扰我们的问题，如一方面生产的产品积压，另一方面有些产品的需求得不到满足等现象，反映了国民经济运行中较深层次的矛盾。

流通生产力是促进我国经济持续、快速、健康发展的重要因素。国外发达国家的流通实践证明，先进的流通生产力有利于降低流通费用。流通费用的降低，推动着工农业生产成本的下降、销售价格的下调，从而提高整个国民经济效益。

物流业是国民经济基础性、战略性产业。2014年国务院常务会议讨论通过了《物流业发展中长期规划（2014—2020年）》，把物流业明确为“基础性、战略性产业”。其基础性主要是指物流业对国民经济发展的贡献度；其战略性，主要是指物流业对国民经济发展的引领度，用现代物流特别是供应链管理去提升与改造传统工业、农业、流通产业。

二、流通产业取得的成就[①]

（1）中国成为全球最大、最具潜力的物流市场。从2013年开始，中国成为世界物流总量第一大国。按美国供应链调研与咨询公司统计分析，2013年中国物流市场占全球物流市场的18.6%，超过美国15.8%的水平。从物流的宏观统计来看，2017年，中国社会物流总额为252.8万亿元人民币，按可比价格计算，同比增长6.7%；物流总费用为12.1万亿元人民币。社会物流总额是由工业物品物流总额、农产品物流总额、进口货物物流总额、单位与居民物品物流总额与再生资源物流总额构成的，代表了中国物流市场的总需求。物流总费用是中国物流市场的总规模，按国际惯例是由运输费用、管理费用与保管费用构成。

（2）物流业市场化程度进一步提高。我国物流业的市场化程度大约在90%以上。物流市场化程度的衡量标准主要有三个：一是物流资源是否通过市场进行交易；二是价格是否按市场的需求波动自由定价；三是物流服务的运作主体是否是自负盈亏的法人实体。目前我国的实际情况是，除《中华人民共和国邮政法》规定的公务文件，部分铁路、管道与航空资源以外，其他资源都已进入市场，除邮政、铁路货运、管道运输、航空货运中的重要服务项目仍由国家做出指导价以外，其他价格都已放开，物流服务的运作主体都已公司化。

（3）第三方物流企业集中度有所提升，功能有所强化。在全国的物流市场中，主要有两类企业在运作物流：一是物流企业；二是企业自营物流。

（4）政府推动仍是中国物流业发展的强大支撑。我国现代物流起步晚，借鉴了日本、德国、新加坡等国发展物流的成功经验，实施强有力的国家推动，把物流业发展列入了“十一五”“十二五”规划等，《物流业发展中长期规划（2014—2020年）》明确了3个发展重点、7项主要任务、12项重点工程、9项保障措施。物流业在有了一定的基础以后，必须改变发展方式，从以政府推动为主转向主要依靠市场力量去优化配置资源。

（5）物流基础设施总体水平有较大提升。国家加大了五大运输方式的基础设施建设力度。

（6）创新驱动成为物流业发展新动力。①理论创新。中国物流理论界已经起步，如徐寿波的“大物流论”、何明珂的“物流系统论”、宋华的“供应链金融”、王宗喜的“军事物流”等。②模式创新。进入21世纪以来，发达国家集中力量，研究并推出了供应链管理模型，即计划、资源、制造、交付、回收五大流程，再加一个执行，作为五大流程的支持系统。我国不少企业根据自身的特点已在供应链管理模式上有所创造、有所发明。③企业创新。推行现代企业制度，推进职业经理人制度、兼并重组上市。④技术创新。物联网、移动互联、大数据、智慧物流得到应用，物流装备特别是自动化立体库、输送分拣设备、运输透明化等都有所创新发展。

（7）物流市场细分不断涌现新亮点。物流业形成了不同的细分行业，从而形成了不同的物流市场。从区域分，有国际物流市场与国内物流市场、城市物流市场与农村物流市场、全国物流市场与区域物流市场；从服务领域分，有运输物流市场、仓储物流市场与管理物流市场；从服务对象分，有钢铁物流市场、汽车物流市场、能源物流市场、粮食物流市场、生鲜农产品物流市场、医药物流市场等。充分分工是社会进步的表现，带来的是劳动生产力的提高。

（8）逐步迈入供应链管理新阶段。2005年，美国物流协会更名为美国供应链管理专业协会，标志着全球物流开始进入供应链管理时代。2014年我国发布的《物流业发展中长期规划（2014—2020年）》，把推动与发展供应链管理列为十二大工程之一。如今，优秀供应链企业不断涌现，特别是珠三角与长三角已成为供应链管理推动的主力军。

（9）物流人才红利得到显现。人才是我国经济社会发展的第一资源，人才短缺一直是物流业发展的

---

① 丁俊发.“十二五”物流业发展十大进步［N］. 经济日报，2015-11-01.

瓶颈。我国实施了“中国物流人才教育工程”，有上千所学校开设了物流专业，为物流发展打下了坚实的人才基础。

三、流通产业发展存在的问题

当前，我国商贸流通体制改革存在较多制约因素，尤其表现为四大难点：

一是经济发展阶段制约流通产业的发展水平。流通产业发展与国家和地区经济发展的规模、结构、阶段、布局、体制等密切相关，不同社会经济增长时期决定了流通产业中物流和人流的需求量和需求层次。我国虽然在经济总量上位居世界前列，但人均GDP水平低，基础设施、技术水平等与发达国家还有较大差距。这些因素决定了我国流通产业只能处于世界中等发展水平。此外，流通主体之间关联度低，现代化、信息化、经营管理水平不高，流通产业集团化、规模化程度偏低，流通组织结构松散，流通效率较低。我国需要根据不同的发展阶段，制定相适应的发展战略和相应的商贸流通体制。

二是发展不平衡阻碍改革措施整体推进。我国经济发展存在较为严重的不平衡现象。发展的不平衡导致了区域之间、城乡之间的流通体系和流通产业水平出现较大差距。从区域分布来看，我国东部地区的工业化与城镇化水平较高，区域内具有活跃的流通主体、完善的流通网络、发达的基础设施、现代化的业态形式，而中西部地区的工业化水平相对低，流通主体的活跃程度、流通网络的完善程度、基础设施的发达程度、业态形式的现代化程度都比较低，流通产业相对落后。此外，大量的流通资源集中在城市，农村的流通资源则较为匮乏。经济发展的不平衡也导致流通产业发展的不平衡，给实施统一的商贸流通促进政策带来难度。

三是市场化程度影响流通市场体系构建。随着市场化进程的推进，我国流通产业体制、商品、业态、市场、渠道等都发生了巨大变化。推进流通产业的市场化进程，是商贸流通体制改革的题中应有之义。目前来看，我国市场化程度仍有待提高，尤其是中西部地区的市场化程度仍然偏低，导致中西部地区流通产业发展的思想观念相对落后，“重生产、轻流通”的传统思想尚未完全转变，行业封锁与垄断现象较严重。推动商贸流通体制的改革，需建立在较为充分的市场化程度之上；否则，构建“大市场、大流通”的目标很难完全实现。

四是法律体系不完善削弱商贸流通体制的创新能力。我国流通产业的现代化水平与发达国家相比仍有很大差距，尤其在新技术、新业态、新管理方法与商业模式等方面，自主创新能力有待提高。从某种意义上说，创新能力低的原因主要在于鼓励创新的法律法规体系不够完善。流通产业具有高度竞争性和进入门槛低的特点，我国的商贸流通体制要向法制化、规范化方向发展，必须制定严格的法律规范，通过法律来对整个行业进行监管。

此外，我国流通产业尚存在以下问题：（1）在全国并未形成大流通、大市场格局，部门分割、条块分割、地区封锁仍很严重；（2）流通的主体不成熟、不到位，流通产业的集中度很低，大型企业很少；（3）流通秩序比较混乱，在交易过程中，信用危机严重，使流通对生产与消费的带动作用严重削弱；（4）流通的科技含量低，还未形成强大的流通生产力。

四、流通产业面临的新形势和新要求①

加快经济发展方式转变以及工业化、信息化、城镇化、市场化、国际化进程的持续推进，将为我国流通产业的创新发展注入强大动力，也将给流通产业带来巨大的发展机遇和更为广阔的发展前景，促进流通市场发展再上新台阶。总的来看，我国流通产业发展面临着新的形势和一系列新的要求。

1.产业结构调整出现新趋势，服务业发展成为新动力

加快发展服务业，提高服务业在三次产业结构中的比重，尽快使服务业成为国民经济的主导产业，

① 王微．着力促进流通产业转型创新发展［N］．经济日报，2012-07-27.

是推进经济结构调整、加快转变经济发展方式的必由之路。从国际服务业的发展经验来看，在服务业加快发展的过程中，随着服务业比重的提升会有大量新型的服务业出现，但是零售、批发、运输、仓储等商品流通性服务行业在今天的发达国家仍然是服务业的支柱产业，而且流通产业本身在产业升级过程当中也不断创新和实现新的发展，为制造业和其他服务业的发展提供支撑和引导。因此，加快产业结构调整，促进服务业大发展，要求流通产业进一步加快创新发展，成为服务业发展的龙头和重要产业支撑。

2.城镇化快速发展，流通产业发展空间巨大

我国正处于城镇化快速发展阶段，城市人口和城市数量增加，城市发展形态和经济结构也发生了变化，特别是以大型城市为核心、大中小型城市形成的城市群或城市圈加快发展。城镇化的深度推进以及城市群的加快发展，将使城市市场成为流通产业发展的主战场，不仅为流通产业加快发展提供更为广阔的市场空间，也将促进流通产业布局在城市内部、城市群中不同城市之间、城市群之间的新一轮大调整，这也将对流通产业的发展能力、大型流通组织加快发展、流通设施的布局和建设、管理方式等提出一系列新要求和新挑战。

3.基础设施建设迈上新台阶，促进流通效率快速提升

目前，我国交通、通信等方面的基础设施已具备相当规模，随着高速公路、高速铁路等高效率基础设施网络的进一步发展和完善，全国性商品流通体系发展的设施瓶颈将逐步消除，为建设大市场、实现大流通、发展大贸易提供更加完备的基础条件。更为重要的是，高水平、大规模、高效率的基础设施条件的形成，将带动大型流通组织实现创新发展，具有跨区域整合和配置商品资源能力的大型市场与贸易平台加快形成，区域联通、城乡对接、内外贸联动的商品流通体系与物流配送体系加快构建，从而促进提高商品流通效率，促进流通产业乃至国民经济发展质量的提升。

4.新一轮科技革命带来新机遇，流通产业创新发展提速

随着科学技术的飞速发展及在流通领域中的广泛应用，流通产业正在摆脱传统的劳动密集型的产业特征，逐步演进成为知识与技术密集型的现代服务业。近些年来，国际范围内新一轮科技革命，特别是以新一轮信息技术的加快发展及在流通领域的应用，进一步促进流通领域知识与技术密集度的提高，并促进流通产业在商业模式、流通组织、管理方式等方面加快创新，促进流通领域的人才结构、资本结构等方面的调整和转型，极大地提升了流通产业的现代化水平。

（1）基础设施建设有待完善。“互联网+物流”必须有与之相适应的流通基础设施，尤其是智慧物流体系和智能流通技术，推动智慧物流配送体系建设，科学发展多层次物流公共信息服务平台。

（2）运用大数据提升配送效率。一方面，打通数据可以提高配送效率；另一方面，数据技术创新改变了配送流程。①

5.对外开放出现新格局，内外贸一体化进程加快

随着国际金融危机的持续演变，世界经济复苏的前景将更为复杂、曲折和缓慢，我国对外贸易发展面临新挑战。进一步稳定和扩大外需，扩大进口，促进贸易平衡，将成为我国经济发展的新命题。扩大进口，要求国内贸易的流通渠道、流通组织和流通手段等方面实现与国际市场的对接；稳定和扩大外需，要求企业“走出去”，进入国际市场和构建国际流通网络。进一步说，对外开放的新格局将进一步深化流通领域的对外开放，迫切要求实现内外贸一体化发展。

6.资源环境压力持续加大，流通产业向绿色节能发展转型

在全球气候变暖的背景下，以低能耗、低排放、低污染为基础的“低碳经济”成为全球新趋势，并成为越来越多国家的战略行动。深入贯彻节约资源和保护环境的基本国策，节约能源，降低温室气体排放强度，发展循环经济，推广低碳技术，积极应对气候变化，促进经济社会发展与人口、资源、环境相协调，走可持续发展之路，是我们的必然选择。流通服务业作为国民经济的重要组成部分，在促进生

① 陈静. 现代物流如何走上新技术高速路［N］. 经济日报，2016-09-02.

产、引导消费、推动循环经济发展等方面发挥着重要作用。当前，我国流通服务业的粗放型发展方式还未得到根本改变，节能减排的潜力很大。流通产业向绿色节能方向发展，不仅有利于降低流通成本，提高经济效益，而且对缓解我国资源短缺的状况，保护生态环境，转变经济发展方式，促进经济又好又快发展将起到重要作用。

第二节 我国流通产业的发展战略

一、突破商贸流通体制改革的路径①

构建现代商贸流通体制的一个重要目的，就是要通过构建公平、公正的市场竞争环境，形成生产者能够自主经营，消费者能够自由选择，商品和要素自由流动、平等交换的现代市场体系。

（一）营商环境法治化

法律法规是流通产业发展的基石，有法可依才能使流通产业实现可持续发展。推动商贸流通体制改革，需要加快建立并完善流通产业的法律体系。通过规范市场竞争行为，协调各方利益关系，建立公平、公正的市场竞争秩序和法治化的营商环境。一是建立促进商业竞争、防止商业垄断的法律体系；二是建立保护消费者权益的法律；三是建立规范产品营销的法律法规；四是建立市场建设的法律法规；五是出台零售、批发市场、商业网点、物流等专项法规，进一步规范其设立和管理。只有建立了全面系统的法律体系，设立相应的执法机构，并做到有法必依，加大对违法的惩治力度，方可真正构建法治化的营商环境。同时，要通过法律规范政府行为，以法律保障市场机制，以法律保障创新者权益。

（二）行业监管标准化

由于区域和城乡发展的不平衡，国家层面制定流通产业的发展规划很难规范各地区和各领域的发展，而流通产业若缺乏有效监管，很容易出现过度竞争和无序竞争，影响行业发展质量。制定行业标准，加强对标准执行情况的监管，可以有效解决上述问题，应作为商贸流通体制改革的重要突破点。当前和今后一个时期，需要进一步加大力度，形成流通产业发展和监管标准化的共识。以标准化促改革，应把握好4个重点：①可考虑由国家标准制定部门和行业协会共同负责国家和行业标准的制定；②标准制定既要兼顾行业发展特点，也要力争和国际标准体系相一致，甚至可以高于国际标准；③加强标准的推广和信息服务；④建议各省市设立专门机构监督行业标准的认证与执行。要树立全行业的标准化意识，通过加强行业标准体系建设，加强行业监督，提高发展质量。

此外，还要建立相关经营机制、管理机制、运行机制，扩大商贸流通企业的引资力度，鼓励有实力的商贸流通企业“走出去”，创建内外贸融合发展平台，推动内外贸一体化。

二、商贸流通体制改革的政策体系

政策是流通产业发展壮大的重要推动力。加快建立促进流通产业健康发展的政策体系，也是商贸流通体制改革的重要内容。要形成促进流通产业有序发展、创新发展的政策体系，推动流通产业向市场化、现代化、国际化方向发展。

（一）推动流通产业向市场化方向发展

党的十八届三中全会明确提出，使市场在资源配置中起决定性作用。这也为商贸流通体制改革指明

① 顾学明．构建现代商贸流通体制的路径［N］．经济日报，2016-02-03.

了方向。建立流通产业的政策促进体系，首先要将促进市场化作为重点，即加强市场体系建设，规范市场流通秩序，建立公平、公正的市场竞争环境。促进市场化的政策体系主要包括5个方面：

（1）规范市场准入和退出的政策体系。要通过设立相应的标准和流程，规范企业进入和退出的相关手续，减少不必要的限制，为企业提供便捷化服务。

（2）建立反垄断的政策体系。

（3）给大、中、小企业以公平的待遇。

（4）促进行业协会发展的政策体系，充分发挥行业协会的管理和协调作用。

要将商贸流通体制改革与推进我国市场化进程相结合，营造诚信有序的商贸流通市场环境。

（二）推动流通产业向现代化方向发展

以自动化、信息化、标准化为核心的技术创新，以电子商务引领的交易方式创新，以连锁经营为先导的流通组织创新，以配送为重点的服务创新，以绿色低碳为目标的发展模式创新，将成为未来流通产业现代化发展的大趋势。因此，大力发展现代流通方式，建立现代流通政策体系，也应作为商贸流通体制改革的重点。

（1）鼓励适应地区经济发展特色的各种商业模式创新和“互联网+流通”建设，支持流通企业信息化建设，鼓励流通企业开展电子商务，对开展网上交易的流通企业、网上交易平台的搭建予以政策支持，推动实体交易与网上交易共同发展。

（2）鼓励创新商业网点建设，建设特色服务网络体系，拉动服务消费。

（3）完善信用、支付和物流等相关服务体系，为流通产业的现代化发展构建良好的配套体系。

（4）建立流通产业的现代化评价指标体系，定期公布全国评价结果，对优质企业给予奖励。

（5）配合“一带一路”，对中西部地区的商贸流通企业提高现代化水平给予支持。

（三）切实提升流通产业的集约化水平[①]

《国内贸易流通“十三五”发展规划》将流通集约化确定为流通产业“十三五”发展的三大主攻方向之一。同时，大数据、云计算、人工智能等新技术在流通产业中的不断应用，也推动着产业向集约化发展。

提升流通产业集约化水平的现实路径有如下方面：

（1）对供应链进行整合与再造。新形势下，原有的供应链必须重新适应市场结构和市场需求特点的变化，做出相应改变。当前，整个供应链体系总体上呈现出新的扁平化和去中间化趋势。新技术的广泛应用在一定程度上消除了原有流通体系中普遍存在的信息不对称、时空约束性等问题，商品和服务的流通传导机制随之改变，供应链上下游参与者之间的信息传输效率得到有效提升。

（2）对流通组织结构进行优化和重构。流通组织结构的变革路径主要有两种：一是对原有流通组织进行结构优化；二是重构整个流通组织结构。这两种变革路径并不是对立的，往往同时进行，并可以在各自独立发展的基础上实现一定的融合，进而在良性互动中推动整个流通组织结构的优化和重构。

（3）推动平台经济的构建和完善。流通产业的职能正在由简单的中介职能向引导生产、刺激消费、集成服务、创新驱动等综合性跨领域职能转变。平台经济是发挥流通产业职能并引领提升整个流通体系效率的重要组成部分。当前，由单一的市场主体供应商品和服务已经无法满足消费者的多元化需求，竞争对手和潜在消费者都不再局限于某一个地区或者某一个领域。特别是在互联网经济时代，流量是流通企业的重要竞争力，但消费者有限的时间和精力决定了流量的有限性，在此背景下，有限的流量自发向拥有更多参与者的平台汇聚已成为现实。

---

① 祝合良，王明雁．切实提升流通业集约化水平［N］．经济日报，2018-06-28.

（4）实现新技术驱动下的流通业态创新。创新是经济发展的第一动力，实现新技术驱动下的流通业态创新既是新时代对流通产业发展提出的客观要求，同时是流通企业在创新过程中谋求跨越式发展的重要机遇。新技术的应用会催生出新的流通业态，同时新的流通业态会在自身发展过程中反过来促进新技术的进一步发展，进而不断完善新的经济结构。更好地推动流通业态创新，不仅是提升流通产业集约化水平的有力途径，也是流通产业跟上时代、不断发展的必然选择。

（四）推动流通产业向国际化方向发展

改革开放以来，我国已经建立起较为全面的开放型经济体系，成为全球第一大贸易国，产业的国际化程度不断提高，但流通产业的国际化程度略显滞后。因此，提高我国流通产业的国际化水平，将成为我国新一轮对外开放形势下，流通产业体制创新、成长壮大的重要途径。我国的流通产业将向更大范围、更广领域、更高层次发展和延伸。促进流通产业国际化的政策体系重点包括3个方面：

（1）提高流通产业的开放度，调整引资重点，加强对国际知名商贸流通企业的引进力度，尝试建立流通产业引资的负面清单管理方式。

（2）鼓励国内流通企业“走出去”，对国内大型商贸流通企业按照产业链和供应链布局拓展海外市场、建立营销网络给予相应的政策支持。

（3）提高我国流通产业的国际化经营水平。政府对流通产业由以管制为主向管理与服务并重转型，鼓励发挥行业协会的协调和促进作用，鼓励商贸流通企业提高经营、管理、服务水平，树立重视诚信、优质服务的企业文化，对达到国际标准的领军企业和示范企业给予奖励。

（五）加快绿色区域物流体系建设[①]

1.加快绿色区域物流体系的硬件建设

（1）注重宜水则水、宜路则路的区域物流线路设施规划建设。

（2）注重多种运输方式衔接、合理选址、合理功能定位与规模的物流节点设施规划建设。

（3）注重区域供应链物流一体化的信息平台规划建设。

（4）加快区域物流技术发展建设。

2.加快绿色区域物流体系的软件建设

（1）注重区域社会化、规模化、网络化的现代物流市场体系培育。

（2）推进区域物流标准化建设，提高区域物流效率。

（3）注重区域物流人才战略机制的形成。

（六）深化物流管理体制改革

进一步深化大部制改革，统筹协调综合运输体系建设和管理。加强城市物流管理体制改革，建立完善多部门协商协调机制。发挥全国现代物流工作部际联席会议的部门间协调作用，理顺政府各部门行政管理职能，健全监管责任制，强化事中事后监管，推出责任清单和负面清单。充分利用信息化手段，创新监管机制和方式，通过综合执法和大数据监管，推进政务公开和信息共享。打破政府部门间壁垒，切实解决部门间职能交叉和多头执法问题。

---

① 邓爱民．绿色物流重在建设［N］．经济日报，2012-04-06.

[第四十一章]

零售商业

零商商业是一个与人民群众的日常生活息息相关的产业，它的发展必须与生产生活水平相适应。本章主要讨论零售商业的历史回顾、网络销售、我国零售商业的对外开放、我国零售商业的发展状况。[①]

第一节　零售商业的历史回顾

一般理论认为，历史上发达国家的零售商业经历了三次革命性的变化。

百货商店的产生是零售商业的第一次革命。19世纪以前，西方零售商业的主要组织形式是杂货店。这些店铺经营规模很小，品种有限，服务有限，经营策略陈旧。到欧洲工业革命后，机器大生产客观上要求有相应的大型“销售点”，于是与“大工业”相匹配的“大商场”形式的“销售工厂”——百货商店应运而生。1852年法国人阿里斯蒂德·布西斯在巴黎创办的“好市场”（The Bon Marche）商店，就是世界上第一家百货商店。他采用全新的经营策略使营业额大幅度上升。随后几年，巴黎相继出现了一些百货商店。欧美国家也出现了一批仿效者。一段时期以后，这种零售方式风靡全球。

百货商店的产生之所以被称为零售商业的第一次革命，关键在于它创造了一种全新的经营方式。其具体表现为：①由传统店铺的单项经营改为百货商店的综合经营。②由传统店铺的顾客购物时才能进入改为百货商店的顾客自由进入。③由传统店铺的讨价还价改为百货商店的明码标价。④由传统店铺的商品概不退换改为百货商店的自由退换商品制度。⑤由传统店铺的高价改为百货商店的低价。

超级市场的诞生是零售商业的第二次革命。进入20世纪30年代以后，费用上升的百货商店很难适应大萧条的经济形势，于是以低成本、低利润、低价格为竞争优势的超级市场应运而生。真正意义上的现代超市出现于1930年8月，这就是金·库仑（King Kullen）食品商场。此后，随着交通运输条件的完善和冷藏技术的发展，超级市场日趋定型，发展速度也明显加快，至20世纪60年代中期，它就已经成为占支配地位的零售经营方式。

超级市场给零售商业带来的革命性变化表现为：①它把现代工业的流水线作业的生产方式运用到商业经营上，实现了商业活动的标准化、专业化、集中化、简单化。②由传统的柜台经营改为开架陈列、顾客自由选购。

连锁商店的兴起与发展是零售商业的第三次革命。1895年，世界上第一家连锁商店“大西洋与太平洋茶号”由美国大西洋和太平洋茶叶公司在美国纽约市建成。自此，连锁商店登上历史舞台，成为西方零售商业第三次革命的旗帜。

连锁经营对零售商业的革命性贡献可以归纳为三个方面：①连锁经营要求企业经营和营业操作高度统一化、规范化、标准化。②连锁经营的经营模式具有以数量管理为主的技术密集型产业的特点。③传统的零售企业要同时承担两种职能，即采购和销售，而连锁经营则使零售商业实现了这两种职能的专业

① 樊丽明，臧旭恒，于良春，等．产业发展与产业政策［M］．济南：山东人民出版社，2000：259-367.

化分离。

经过上百年的发展，历经百货商店、超级市场、连锁商店这三次革命，西方零售商业已形成了一个由各种业态、各种组织形式组成的高度发达的零售商业网络，全方位推进了西方各国经济的增长。

虽然三次零售商业革命之间没有必然的联系，但它们都是零售组织在市场竞争中适应生产力发展和消费水平变化而不断进行变革的结果。

一、生产力发展水平是零售商业革命的前提

在社会再生产理论中，生产决定交换。生产从各方面决定和制约着交换的发展，直接决定着商品供给的物质内容，从而决定了交换的规模和结构，并为交换手段的现代化提供物质基础。零售商业承担的是组织商品交换的专门职能，其演变形式当然离不开生产力发展水平的制约。比如，百货商店的出现是欧洲工业革命的直接结果。工业革命加速了城市化进程，不仅促进了交通运输的发展和商品流通手段的改进，而且提供了丰富的商品，确保百货商店能够实现规模经营，降低每件商品的平均费用开支，实现薄利多销。超级市场的出现是以现代技术（如条形码技术、包装技术、POS技术）的形成和发展为前提的。连锁经营的发展也是以较高的生产力和经济发展水平为基本条件的，它要求生产部门提供的商品必须规格统一、质量稳定，以便实施统一经营战略、统一价格政策和推广运用技术标准；也要求产品开发程度高，商品丰富多彩，以利于消费者选择。这些要求，没有较高的生产力和一定的经济与技术发展水平是做不到的。

二、消费水平的不断变化是零售商业革命的基础

在社会再生产过程中，消费是终点，交换是中间环节，它们之间有相互依赖、相互制约和相互影响的关系。消费者的支付能力、消费方式和消费行为直接制约着交换规模和交换方式的变化，进而影响执行交换职能的零售商业经营方式和组织形式的变化。比如，百货商店的产生除了生产力的促动外，还有一个原因是工业革命在开创了人类物质文明的同时使社会生活方式也丰富多彩起来，冲击了人们的传统消费观念。一些人开始追逐财富和享受，社会上有产阶层的消费量也大增，他们有在一个屋顶下买到吃、穿、用、住、行各类消费品的愿望。商人阿里斯蒂德·布西斯正是为了满足这种愿望才开创了第一家百货商店。超级市场的出现则是世界经济大萧条的产物。在萧条时期，工人失业率上升，工资水平下降，购买力降低，他们需要价格低廉的日用生活品来满足日常生活需要，超级市场便应这种需求而生。连锁经营的发展是以人均收入达到一定水平、有较强购买力为基本条件的。根据一些国家和地区进行连锁经营的经验，人均年收入达到250~600美元时，连锁商店就开始开展；人均年收入达到600~850美元时，大规模、国际化的连锁商店就会出现，并在国民经济中发挥重要作用。由此可见，连锁经营大批量、专业化经营优势的发挥必须以较高的购买力水平为基础。

三、零售领域内的竞争是零售商业革命的直接动力

百货商店、超级市场和连锁商店等零售组织的产生和发展，是零售领域竞争的必然结果。任何一种新型的零售组织，只有在降低商品销售成本、扩大商品销售功能、方便顾客购买等方面超越了现有的零售组织形式，才有可能在市场竞争中求得生存和发展。生产力水平和消费水平始终在变化，市场组织结构和竞争结构也随时在改变，新兴的零售组织形式在“适者生存”的竞争法则下产生和发展壮大，然后被更先进的零售组织形式所取代，零售商业革命由此得以不断发展。百货商店以低费用、低毛利、低价格跻身零售市场，以明码标价、自由退换商品等营销特色招徕顾客，扩大市场份额，从而引发了第一次零售商业革命。然而，在激烈的市场竞争中，其营销方式不断被其他的零售组织形式所模仿和运用，其低价格也因为不断提高商品销售服务所导致的经营费用上升而变为高价格，超级市场和连锁商店同样以低价格等新的营销方式而具备更强的竞争力。在超级市场和连锁商店不断走向成熟之时，百货商店进入

了衰退期。零售组织在竞争中求生存图发展，直接推动了零售商业革命的演变。

第二节 网络销售

网络销售属于企业对消费者的电子商务业务，其销售的商品可分为能通过互联网供货和不能通过互联网供货两种形式：可通过互联网提供的货物均系非物质的和数码化的无形商品，如计算机软件、图像、电影、游戏、数字音乐之类的娱乐商品，订票，电子书刊及各种信息服务等，由于供求双方一般可以在网上直接实现交易（从挑选、订货、付款到货物的发送），因此被称为直接的电子商务；物质和非数码化的商品即有形商品，则无法通过互联网提供，但可在网上订货与付款，由于这种销售活动需要传统的商业送货服务或快递服务与之配套，故被称为间接的电子商务。

1992年，俄克拉荷马大学的罗伯特·拉什（Robert Lush）等人曾提出无店铺零售是零售商业的第四次革命的观点。网络销售应该是无店铺零售的一种形式，但网络销售在其发展速度、对零售商业及人类生活方式的影响等方面是无店铺零售的其他方式（目录销售、直接邮购、电话购物、电视购物等）所不可比拟的。所以，我们提出网络销售是零售商业的第四次革命。

一、网络销售对传统的零售商业产生深刻的影响

从目前的情况看，网络销售对传统的零售商业的影响主要有以下几点：

（1）对零售业态产生了直接影响。据专家估计，在电子商务比较普及后，以网上交易为主导的无店铺销售有可能达到40%以上。许多企业表示，现有的零售渠道并不令人满意，今后一旦条件成熟，它们将独立地开展直销业务。可见，一旦这种局面出现，就意味着厂商可以不通过批发商和零售商而向消费者直接供货，传统流通业将会因此受到巨大的冲击。

（2）商品配送和交割方式的变化。现行的商品零售一般是在商店里完成，商家在店里集中出样，消费者进店现场选购，在多数情况下商店无须为消费者送货上门。电子商务中的网上零售，实际上已经破除了商家对各种商品批量购进、集中存储，然后坐店销售的方式，商品可以直接送到消费者家中。这种商品交割方式的变化，说明网上购物使传统的物流配送开始向消费末端延伸，不仅涉及商品配送体系的结构调整及有形零售业态如何适应的问题，而且对商业批发售中配送商品可以提高流通效率，节约社会劳动的理论也是一种挑战，商品流通基础设施和配套行业的重点将会发生偏转。各类送货系统、快递运输公司等新型物流机构将呈加速发展态势。

（3）随着电子商务，尤其是网上购物的发展，传统的批发商、代理商将逐渐萎缩，取而代之的是新的商业服务代理机构和关于公司安全、广告、信息、服务等中介机构。由于网上销售和服务要有专门技术，会增加许多负担，所以并不是每个行业、每个企业都能做的，基于这一点，许多制造商或销售商并不一定建立自己的网上销售系统，这就使一些专门从事网上销售的服务机构有了广阔的发展空间。

二、商业利润来源渠道的改变

近些年来，美国一些从事网络经销的机构提出了一种“零利润销售”的概念，其主要观点是：传统商业的利润产生于商品的进销价之差，而网上商业将这一差价减到了零，甚至出现了商品的销价低于其成本的情况。实际上，网上销售的商业利润并不一定是从商品的差价中获得的，许多是来源于网上广告、服务、赞助商及其他高利润商品等新的渠道。于是就有了“免费”这种看来有悖常理的网上营销举措。

对于许多网上企业来说，免费也能赚钱，尤其是先免费，后赚钱，这似乎成为一个网上营销的诀窍。要吸引住网络顾客，提供免费产品和服务可能是最直接和最有效的手段。这种方法会产生对某种产品和服务的需求，进而使其使用者的数量增加，扩大自己网站的宣传效果。当它们的网站成为网上的重

要媒体时，它们就可以寻找广告商和资助人，以此来获利。

对于软件制造商来说，主要是通过免费下载和试用吸引消费者，等你了解或熟悉了该软件的功能或尝到一些甜头后，进一步的使用就需要向软件制造商支付费用了。这就是软件产品最独特的“锁定用户”作用。有的软件制造商还以极低的注册费在网上推销客户端软件，又以相当高的价格向硬件供应商、系统集成商或网站建立者销售它们的服务端软件，从而达到获利的目的。

三、供应链技术——新的流通技术革命

在现代商业的发展进程中，人们通过各种技术革命来整合产销一体化的流通过程，如连锁经营组织技术的出现和广泛应用，为大批量、规模化、规范化的生产与经营开辟了成功之路；食品流通过程中广泛采用的冷藏技术使食品的生产、销售直至消费，始终置于冷藏保鲜的温度环境中。而如今电子商业的出现又为流通技术革命增添了更具时代特征的新内容，这就是供应链技术。

过去的那些技术革命只是涉及或影响商业流通的某个方面，而供应链技术则是影响商品生产和销售全过程的技术革命。

供应链管理以电子商务技术为基础，将商品的生产与商品的需求、流通有机地联系在一起，不仅可以在库存数量、存货地点、订货计划、配送运输几个方面实现最佳选择，优化企业经营者的利益，而且能够以适当的价格和便捷的方式在准确的时间、恰当的地点将商品送到消费者手中。传统的供应体系分为两类：计划经济条件下是“推动式”的，生产什么就出售什么，消费者几乎没有选择的余地；市场经济条件下是“拉动式”的，形成了以消费者需求为引导的生产机制。但是由于市场配置资源是靠公开价格信号实现的，这种事后调节不仅具有一定的延时，而且对社会资源造成一定程度的浪费。供应链技术将信息技术从消费延伸到产供销的全过程，并通过电子商务技术把众多的生产厂商、零售商与消费者联系在一起，在产供销各环节建立起多极化的产销连通体系，使“延时”变为“实时”。近年来，美国等国家在开发供应链技术上倾注了很大力量，尽管现在还不能说是一种完全成熟的技术，但它已超出概念开发阶段，基本形成了供应链管理的应用体系。

从实践效果看，采用供应链技术后，库存量和库存结构获得了优化，减少了有形商场及流通设施的投资，降低了经营费用；采购过程在网上实现，改变了传统“撒大网”式寻求最佳供货商的做法，将依靠工人的交易活动转化成数字化的信息传送过程，从而节省了差旅费、人工费、手续费等大量的交易费用，降低了购买成本。价格竞争的空间也随之增大。

因此供应链技术较之传统的商业供销体系具有以下明显优点：一是供应链条短，流转环节少，面向消费者的直接销售和服务大大增加，商品周转和销售周期加快；二是按消费者的实际需要进行生产和组织销售，具有灵活的调节机制；三是交易成本大大降低。对那些技术进步快、降价频率高的产品，如计算机整机和零部件的价格下调是非常迅速的，一些厂商利用供应链技术实行“实时”采购，避开价格风险，最大限度地降低了库存和生产经营成本。

第三节　我国零售商业的对外开放①

一、零售业并购重组的原因

2006年12月11日，我国进一步扩大零售业领域的对外开放。此后，零售业重新组合，零售市场出现大量并购重组，其原因是：

（1）现在零售企业只有做到一定的规模才能产生效益，中外零售企业都在考虑采用并购的手段扩大

① 赵登华．国内零售业面临新整合［N］．经济日报，2006-11-20.，

企业规模，降低成本。

（2）网点的选择已成为零售企业经营能否成功的关键因素之一，谁的销售网点多，谁的渗透率就高，谁占据的市场就大。再加上为规范零售业发展秩序，我国不少城市已在制定有关零售业网点的发展规划，因此，城市零售网点会程度不同地升值，成为稀缺性经济资源。很多企业为了避开商业网点规划的限制，抢占好的网点资源，会选择并购的方式进行扩张。

（3）并购与重组已成为国际零售业一种重要的企业发展方式。过去，外资零售巨头在我国市场上的扩张多是采取合资方式。我国零售市场全面开放后，跨国大型零售企业凭借其雄厚的资本优势和丰富的运作经验，极有可能对我国企业展开并购，在短期内迅速扩大市场份额。同时，为争取占领市场份额与外资抗衡，并购这种低成本扩张之路也成为目前我国零售企业的紧迫选择。长期以来，我国零售业组织化程度较低、营业形态单一。随着近些年零售市场的发育成熟和竞争秩序的完善，零售业市场集中度已出现加速提高的趋势。未来，我国零售业将通过联合、兼并、重组等方式，加快规模扩张和跨区域的发展。

二、商业资本重组对我国零售业的影响

商业资本重组进程的加速对我国零售业的发展产生了积极影响。

1.有利于我国零售业做大做强

我国很多城市的商业设施已接近饱和，企业之间进行并购，不需要增加城市商业设施的总体数量，也有利于减少企业之间的恶性竞争。同时，随着我国零售业领域大范围的联合、并购活动的增多，零售企业必将逐步扩大规模、提高集中程度，出现一批跨地域的大型连锁商业企业集团。

2.有利于提升我国零售企业的现代化发展水平

外资企业的并购，不仅带来了国际上先进的经营理念、科学的管理模式和营销策略，而且大大推动了我国零售业态的变迁和创新，既能促使一批观念转变快、管理理念新、信息化程度高的国内零售企业脱颖而出，又可以提升政府对零售业的管理水平，促进我国零售业管理走向规范化和制度化。

三、我国零售业对外开放的对策

1.对所面临的冲击要有充分的思想准备，把我国零售业做大做强

外资零售企业在进一步加快扩张步伐的过程中，逐步构筑了全国经营销售网络体系。面对这种竞争所带来的冲击，国内零售业必须创新经营理念，适应消费内容多元化、消费层次复杂化和购买行为理性化的趋势，强化现代营销意识；学习国外先进的管理经验，并结合我国国情加以改进创新，创立自己的品牌。

此外，我国应充分使用并购重组策略，培育拥有著名品牌、核心竞争力强、初步具有国际竞争能力的大型零售企业集团。规模经营是国内外零售企业成功的关键。国内零售企业之间可通过强强联合等方式组建企业集团，扩大规模，盘活资产存量，增强竞争实力。同时，中小零售企业也要积极探索自愿连锁、采购联盟等形式，加速整合，避免在零售业新一轮整合中被淘汰出局。

2.企业不能盲目扩大，必须在管理、资金、人才上下功夫

值得注意的是，并购模式也具有很大风险。并购只是企业重组的第一步，能否真正做到1+1大于2，后期的整合才是成功的关键。企业扩张要有充分的资金、管理和人才准备。

在资金方面，由于零售业存在明显的规模经济效应，零售企业要想取得成本优势，必须不惜巨资高起点采用相应的信息处理技术。在管理方面，要避免企业管理水平在快速扩张中下降，出现企业现有管理水平和运营能力与企业的发展规模不匹配的问题。在人才方面，现代零售业需要精通销售、物流、网络各方面知识的经营人才，各大零售企业应加快开展全面、系统的培训工作，并强化激励机制，吸纳人才，留住人才，形成较高水平的人才队伍。

3.在坚持零售业对外开放的同时政府应有所作为

（1）政府应加快制定零售业发展的战略规划，明确零售业在整个国民经济中的地位和作用，保障我国零售业的产业安全。

（2）政府要采取切实有效的措施，促进我国零售业的发展。努力拓宽国内零售企业的融资渠道，营造国内外零售企业公平竞争的环境，扫清国内零售企业之间在并购、重组方面的体制、人事障碍等。

第四节　我国零售商业的发展状况

一、连锁超市：创新经营，扩大内需①

连锁超市被称为现代化、体系化的“流通革命”，主要采取统一配送、统一供货、开架售货，顾客自选的经营和销售方式，是适应大量消费、大量销售、大量流通的新型零售流通手段。

伴随着连锁超市的不断创新发展，我国城乡居民的消费也更加便利、多元化。连锁超市的发展见证了我国城乡搞活流通、扩大消费所取得的成就。

（一）向社区延伸

为满足城乡居民消费需求，内资连锁超市不断创新，百花齐放、亮点纷呈，大大拓展了社区消费空间。这些社区店铺为百姓提供便捷的服务，弥补了大卖场、购物中心等在营业时间上带给消费者的不便，体现了区别于其他零售业态的特色。

作为以所在社区居民为主要服务对象的超市形态，社区超市在商业业态上介于大型综合超市和中小便利店之间，起到各有所长、互为补充的作用。由于中国老百姓在食品消费上重视多样化和新鲜程度，社区便利店设于居民小区，它的方便快捷更适应人们快节奏的生活，而且投资少，见效快，灵活、机动。因此，社区超市一出现便受到老百姓的欢迎，从而开拓出了一片大市场。

（二）向农村拓展

以连锁经营、物流配送为代表的现代流通方式在我国农村市场快速发展，以城区配送中心为龙头、乡镇店为骨干、村级店为基础的农村现代流通网络逐步在广大农村落地生根。

2005年以来，商务部等有关部门实施的“万村千乡市场工程”引导大型流通企业到农村延伸流通网络，把连锁经营的现代流通方式送下乡，让超市、便利店等新型商业业态在农村扎下根。超市下乡和随后实行的农超对接促进了城乡双向流通的蓬勃发展，出现“工业品下乡、农产品进城”的新局面，形成城乡大市场、大流通的格局。许多农家店还针对农民消费特点，增设了农村市场必需品，经营自行车配件、雨靴、胶鞋、草帽等农村传统适销产品，满足了农村不同层次的消费需求。农民在家门口就能买到所需商品，“日常用品赶大集，大件商品跑县里”的购物模式得以改变。

（三）向高端迈进

随着居民收入水平的逐年提高，精品超市作为以高端消费者为目标客群的超市业态，在中产阶级逐渐发展壮大和寻求更高层次生活方式的背景下孕育而生。近年来，精品超市在各大城市成为商家新的竞争点，标志着大型零售商圈地运动进入了细分期。

精品超市的商品为高端日用消费品，包括高档的包装食品、生鲜食品、护肤化妆品及进口产品等。然而，大卖场、百货商场、化妆品专卖店等并不缺少此类产品，因此，如今的精品超市不再单纯追求商

---

① 李予阳. 连锁超市：创新经营扩内需［N］. 经济日报，2012-08-30.

品的奇特性，而更加致力于匠心独具的店堂设计和细致入微的配套服务，给客户以高档享受的心理暗示，使客户的消费体验不断升级。

从发达国家和地区的经验看，精品超市的发展是零售业态发展的一个必然现象，也是社会经济发展的产物，消费者需求的变化是精品超市发展的根本原因。

二、无界零售①

（一）从营销到技术和供应链，线上与线下充分融合

线上与线下的融合为零售商业、消费者都带来了巨大的价值。

随着电商企业进一步将自身积累的技术、物流、服务等能力和资源开放出来，线下零售企业也将迎来全新的增长机遇：

（1）通过数字化门店技术实现精准数字化决策和运营，进一步提升效率、降低成本；

（2）通过电商企业遍布全国的强大供应链体系对终端门店进行商品供应，降低了中间物流时间和成本，为零售商和消费者带来更多利益，也让品牌商可以更好地掌握销售数据，进行销量预测和管理；

（3）通过线上与线下联合营销等方式进行引流，带给线下店更年轻有活力的消费群，并依据更丰富的消费者信息进行营销；

（4）通过终端配送服务、前置仓设置，有效提升线下店的覆盖面积，提升坪效；

（5）引入虚拟试衣、虚拟试妆、个性化广告牌等先进设备强化线下店的用户体验，提升转化率。

而电商企业也能在合作中开拓新的用户群，提升消费体验，并充分发挥自身的供应链、物流和技术优势。

值得注意的是，在线上线下融合过程中，往往是大型品牌连锁店、连锁超市等形态的线下店最先受益，因为其规模和规范的结构比较容易展开数字化升级。而广大中小型实体商业可能面临两种困境：或满足于目前的运营状况，不愿意进行技术和业务模式的升级；或是在没有明确分析自身需求的前提下，盲目照搬“经典方案”。

要推动线上与线下实现更有效融合，首先，需要电商企业进一步开放自身的技术和资源，并提供更丰富的模块化方案；其次，线下企业应该客观分析自身和行业状况，选择最适合自己的技术和合作模式；最后，线上与线下融合需要大量深入的个性化方案，独立软件开发商和集成商将在其中大有用武之地。

（二）社交电商高速成长，小程序成为未来零售的创新机会

社交电商在为零售企业提供成长机会的同时，也对社交电商平台的管理提出了较高的要求。

电商业态多终端化的趋势越来越明显，基于微信所形成的社交电商，已经成为一种新形态，用户通过好友分享、公众号内容等形式产生的消费行为爆发出了强大的活力。同时，超过1万个在线商家通过开通品牌及店铺小程序参与促销活动。小程序已经成为未来零售的又一次创新机会。不同喜好的消费者通过多样化的社交平台进入购物场景，逛起来、买起来，再将自己的精选推荐给朋友，社交电商就这样连接起了大量消费者节点，并形成裂变和蔓延。

通过对社交电商消费者的分析可以发现，社交电商用户对于评价的关注度明显低于其他渠道，往往不会去看商品评论就形成购买。这是因为他们相信来自于朋友圈和自己熟人的分享和推荐，更加关注商品价格优惠，而不是商品选择。

这释放出一个鲜明的信号：社交电商这种自带信赖感的零售模式会取得长足的成长，在带给消费者

① 京东数据研究院，经济日报社中国经济趋势研究院．迎接无界零售新时代［N］．经济日报，2018-06-28.

轻松便捷购物享受的同时，也为大量零售企业提供了成长的机会。但随着社交电商的高速发展，也暴露出一些问题，如商品质量、供应商关系等，这对社交电商平台的管理也提出了较高的要求。

（三）中西部地区、四线以下城市消费增长迅猛

电商线下的布局，充分释放了乡镇消费者的购买欲望，满足了他们对美好生活的追求，也推动了消费的公平。通过渠道下沉、线上与线下融合，城乡消费者共享高品质的商品和服务。

在逐渐了解并适应了电商购物之后，低线级城市的用户会迅速将全品类购物需求，甚至服务类需求转移到电商平台上。有些品类的线下服务存在价格、品质不透明，服务内容不标准、无法评估等问题，而电商平台提供了合理的选择，会更加吸引他们的关注。

中西部省份和低线级城市的消费崛起，给零售、制造等行业提供了非常好的发展机会。一方面，电商通过物流等基础设施的完善布局，形成了覆盖全国各级乡镇的商品服务网络；另一方面，这些消费者迅速成熟，跟上了消费升级的大潮，对商品品牌、品质和服务的高要求为品牌商提供了广阔的空间。

（四）大品牌综合号召力坚挺，领跑消费升级

消费升级一方面来自于用户消费观念的改变，消费者更愿意为提升生活品质而买单；另一方面也来自于消费人群的变迁。“80后”“90后”已经成为绝对的消费主力，其知识结构、视野、生活理念较之他们的父辈都发生了迭代和刷新，其更愿意享受生活，愿意花钱去换取时间和精力，愿意为提升生活品质买单。

（五）电商效应带动行业进步，助推高质量发展

随着互联网服务的普及，电商效应改变了大量传统服务行业。

一项代表更先进、更开放的技术或模式进入一个领域，往往会产生类似的效果，带来这个领域的正向发展，让产业链中各个环节都拥有了更大的发展空间，消费者更会成为最大的受益者。电商进入一个市场后，会带来几个明显的变化：价格公平了，头部品牌的集中度提升，长尾商品更加丰富，服务品质趋于平衡，商品品质整体提升。我们将这种现象称为电商效应。

电商效应的核心就是通过模式和技术，打造了一个公平的市场环境，从电商本身而言，实现了商品、服务、价格、品牌、信息等的平衡，打通的商品流、信息流和资金流在带给这个行业成长动能的同时，也给每个参与者提供了公平的机会，并已成为改变消费不平衡的有效工具。

过去十几年，电商效应主要发生在消费领域，从3C、家电一直扩展到时尚品、生鲜品领域。电商效应带动了一个个行业的进步，在促进城乡消费升级、去除消费差异、平抑物价、优化行业生态方面做出了巨大贡献。随着互联网服务的普及，电商效应改变了大量传统服务行业。例如，在线旅游应用让出行更轻松、价格和服务更透明；订餐服务让餐馆可以在一定程度上摆脱地域的局限，凭借特色和品质赢得消费者的青睐。

［第四十二章］

建筑业

本章主要讨论建筑业概述、我国建筑业的发展概况和方向、我国建筑业的发展对策。

第一节　建筑业概述

一、建筑业的内涵

建筑业是国民经济中专门从事土木工程、房屋建设和设备安装以及工程勘察设计工作的生产部门，是国民经济的支柱产业。建筑业的发展在整个国民经济中影响面大，能带动众多产业的发展，对整个经济有极强的推动作用。

对建筑业的界定有广义和狭义之分。

广义的建筑业观点认为建筑业是指建筑产品生产的全过程及参与该过程的各个产业和各类活动，包括建设规划、勘察、设计，建筑构配件生产、施工及安装，建成环境的运营、维护及管理，以及相关的技术、管理、商务、法律咨询、中介服务、教育科研培训等。这种视角下的建筑业横跨克拉克大产业分类下的第二和第三产业，其产业产品不仅包括实体的建筑产品，也包括了大量服务和知识产权。这种定义实际上反映了建筑业真实的经济活动空间。

狭义的建筑业属于第二产业，即国民经济行业分类（GB/T 4754—2017）中的建筑业，指房屋主体工程的施工活动，不包括主体工程施工前的工程准备活动；包括房屋建筑业，土木工程建筑业，建筑安装业，建筑装饰、装修和其他建筑业等行业分类。狭义的建筑业从行业特性及统计的可操作性出发，目的在于进行统计分析，而不是为了限制企业活动及作为政府行业管理的依据。历史的经验证明，在考虑企业发展、行业定位和行业管理时采用狭义建筑业的概念，会给建筑业的发展带来很大的束缚。实际上，发达国家在国民经济核算和统计时均采用了狭义建筑业的概念，而在行业管理中采用了广义建筑业的概念。

广义建筑业的观点符合建筑业的发展趋势和建筑业企业的行为取向，也是行业管理体制、机制、手段改革和创新的重要参照。但是到目前为止，广义建筑业尚没有统一明确的范围，更没有统计数据资料的积累以及科学恰当的统计分析方法。因此，从广义建筑业观点出发来对建筑业进行定量分析几乎是不可能的。本章使用狭义建筑业定义，如非特别指明，建筑业不包括勘察设计、工程咨询、监理、建筑培训和建材生产等行业，这样既便于使用国家统计局和建设部有关的统计数据并在同一量度上进行比较，同时有助于保证与有关同类研究成果的衔接性和相互参照。

二、建筑业的发展历程

党的十四大及全国人大八次会议明确提出将建筑业作为国民经济的支柱产业，其主要原因在于：

（1）建筑业是一个以建筑产品为生产对象的独立的物资生产部门，为社会和国民经济各部门提供生产生活用固定资产。只要经济发展中存在对固定资产投资的旺盛需求，建筑业就可获得发展的机会。

（2）建筑业在整个国民经济中占有重要的地位，其增长将促进国民经济和固定资产存量的增长。

（3）建筑业作为最终产品产业，消耗其他部门的大量产品，有着较强的诱发生产和消费的作用，是工业和其他行业的重要市场。同时，建筑业在产业结构的演变中，具有相对独立性，受其他产业的影响较小。

（4）建筑业属于劳动密集型产业，容易吸纳劳动力。

（5）通过国际工程承包，建筑业可以带动综合性输出。

（6）建筑业与国民经济各部门有着千丝万缕的联系，具有波及效应，对国民经济的发展起一定的调节作用。

可见，建筑业是我国国民经济的支柱产业，对国民经济的发展、城乡面貌的改变和人民生活水平的提高起着举足轻重的作用。

然而，建筑业被视为国民经济的支柱产业，经历了曲折而漫长的发展历史。中华人民共和国成立后，随着国家经济建设大规模的开展，建筑业从无到有，得到了迅猛发展。特别是十一届三中全会后，建筑业进行了一系列的改革，取得了显著的成就。建筑业增加值占GDP的比重连续多年超过6%，仅次于工业、农业、商业，居第四位。中华人民共和国成立之初，建筑业大都是一些规模小、技术水平低的私营营造厂和个体建筑业劳动者。经过70年的发展，我国建筑业从无到有，成长为国民经济一个重要的产业部门。

（一）产业的形成和成长阶段（1949—1957年）

1949年8月，我国第一个大型国营建筑公司华北建筑公司正式开业，并很快成长为地区建筑力量的重要组成部分。1951年，中华全国总工会召开全国建筑工作会议，研究了建筑业的发展问题，出台了改革建筑业的十一条办法，第一次较为全面、深入地研究提出了建筑业的改革思路。1952年1月政务院财经委员会颁发了中华人民共和国有关基本建设管理的重要规范性文件《基本建设工作暂行办法》，对基本建设的范围、组织机构、设计施工、施工工作、监督拨款的检查工作、验收交接与工程预算以及计划的编制与批准等都做了明文规定。同年4月，中共中央决定成立中央建筑工程部和各省市的建筑工程局，整理和合并国营建筑公司，接收和加强建筑工程师队伍和工程队伍。此后，各地区陆续建立了建筑行业的主管部门，第一批建筑设计院相继建立，各地区的建筑队伍迅速发展。1956年国务院通过了《关于加强和发展建筑工业的决定》，为我国建筑业走上正规的工业化发展道路奠定了基础。建筑业创造的国民收入占国民总收入的比重1949年为1.1%，1952年提高到3.6%，1957年进一步提高到5.0%。我国建筑业从此茁壮地成长起来。

（二）曲折阶段（1958—1976年）

正当我国建筑业蓬勃发展时，1958年开始的“大跃进”“文化大革命”使建筑业的发展遭到巨大的破坏。建筑队伍由1958年极度膨胀到20世纪60年代初期高度压缩，建筑业从业人员占全社会劳动者的比重由1957年的3.1%减少为1965年的2.0%。随后的“文化大革命”中，建筑设计、科研和大专院校等单位纷纷被撤销，已建立起来的一整套制度被批判，建筑企业的管理陷入瘫痪状态。同时，用超经济手段取代了经济管理，造成建筑企业管理和施工生产极度混乱，建筑业生产力受到严重破坏，劳动生产率大幅度下降，在工程造价提高近1倍的同时，工程质量普遍下降。

（三）恢复阶段（1977—1983年）

粉碎“四人帮”以后，特别是党的十一届三中全会以后，我国进入伟大的历史转折时期，党的工作重心转向经济建设，中央确立了改革开放的方针政策。我国建筑业以此为契机，逐步摆脱了停滞不前的困境。1983年全社会建筑业总产值为1 053亿元，净产值为259亿元，分别比1976年增长了1.4倍和1.2倍；建筑业总产值和净产值占社会总产值和国民收入的比重也分别由1975年的8.1%和4.5%上升到9.5%和5.5%，建筑业得到了恢复和加强。

在对国民经济的贡献逐步增大的同时，建筑业开始摸索自身的改革之路。建筑业进行了劳动工资制度改革，并在全行业推行了招标投标制。这些措施为建筑业的改革探索了道路，大大提高了我国建筑业的劳动生产率。1983年全民所有制施工企业按施工产值计算的劳动生产率为5 148元/人，比1976年增长了近1倍。

（四）发展阶段（1984年以后）

1.引入了工程施工竞争机制

在1983年全行业推行招标投标制的基础上，工程项目实行公开招标投标，到1998年招标承包面已由1984年的20.5%上升到40.1%，并继续逐步扩大。随着竞争意识的增强，1987年建筑业又推行了以“包死基数、确保上交、超收多留、歉收自补”为主要内容的承包经营责任制。

2.建立了新的劳动工资制度

经过了恢复阶段改革建筑业劳动工资制度的探索后，1984年国务院在《关于改革建筑业和基本建设管理体制若干问题的暂行规定》中明确提出，国有企业除必需的技术骨干外，原则上不再招收固定职工。这一政策加快了用工制度改革。在工资分配上，1984年国有建筑业企业普遍推行百元产值工资含量包干的办法，调动了企业和职工的积极性。

3.加快了管理体制改革

1984年国家把建筑业的改革作为推行经济体制改革的突破口，由原来计划经济体制下的任务分配开始走上市场调节下的招标投标的轨道，在调整企业组织结构、进行项目法施工和实施资质管理等方面狠下功夫，加快了管理体制的改革步伐。

4.加强了法制建设

市场经济的发展需要完善的法律法规来保证。1997年11月1日通过的《中华人民共和国建筑法》为加强对建筑活动的监督管理、维护建筑市场秩序、保证建筑工程的质量和安全提供了法律保障。针对当时建筑市场管理混乱、建筑队伍问题较为严重的状况，1999年3月3日建设部又颁布了68号令——建设部、监察部《关于工程建设若干违法违纪经济行为处罚办法》，以加强对工程建设的管理和监控。①

5.明确了建筑业的地位

1991年全国人大四次会议批准了《国民经济和社会发展十年规划和第八个五年计划纲要》，指出：“建筑业的发展要同房地产的发展结合起来，积极开拓建筑市场，使之逐步成为建筑业的支柱产业。”国务院在《九十年代国家产业政策纲要》中也明确指出：“努力加强机械电子、石油化工、汽车制造和建筑业的发展，使它们成为国民经济的支柱产业。”建筑业的支柱地位得到了明确。

三、建筑业的地位与成就

（一）支柱产业地位

建筑业是国民经济的重要产业部门，它通过大规模的固定资产投资（包括基本建设和技术改造）活

① 国家统计局1999年9月18日发布的《新中国50年系列分析报告之九：建筑业不断增强》。

动为国民经济各部门、各行业的持续发展和人民生活的持续改善提供物质基础，是各行各业固定资产投资转化为现实生产能力和使用价值的必经环节，直接影响着国民经济的增长和社会劳动就业状况，直接关乎着社会公众的生命财产安全和生产生活质量。在西方发达国家相当长的历史时期中，建筑业曾与钢铁、汽车工业等并列为几大支柱产业。中华人民共和国成立以后，MPS（物质产品平衡表体系）的国民经济核算体系长期将建筑业与工业、农业、运输邮电业、商业饮食业合称为五大物质生产部门。后来实施的SNA（国民账户体系）的国民经济核算体系将建筑业与工业并列，共同构成第二产业。2017年，国务院办公厅印发《关于促进建筑业持续健康发展的意见》，再次强调了“建筑业是国民经济的支柱产业”这一事实，为全行业再创新辉煌树立了信心。该意见从7个方面提出了20条措施，直指行业面临的问题，明确给出改革建议，为建筑业进一步转型指明了方向。更重要的是，该意见提出了“打造‘中国建造’品牌”的要求，对建筑业作为我国现代化经济体系重要组成部分的地位予以明确，“中国建造”与“中国制造”并列，成为建筑业向产业现代化转型的重要理论基础。

（二）我国建筑业改革发展取得巨大成就[①]

2017年全社会建筑业增加值为55 689亿元，比上年增长4.3%。2017年，全国建筑业从业人数为5 536.90万人，比上年末增加352.36万人，增长6.80%。建筑业从业人数占全社会就业人员总数的7.13%，比上年提高0.45个百分点，占比再创新高。建筑业在国民经济中的支柱产业地位继续增强，在吸纳农村转移人口就业、推进新型城镇化建设和维护社会稳定等方面继续发挥显著作用。

1.设计建造能力显著提高

我国在高难度、大体量、技术复杂的超高层建筑、高速铁路、公路、水利工程、核电核能等领域具备完全自有知识产权的设计建造能力，成功建设上海中心大厦、南水北调中线工程等一大批设计理念先进、建造难度大、使用品质高的标志性工程，世界瞩目，成就辉煌。

2.科技创新和信息化建设成效明显

建筑业企业普遍加大科研投入，积极采用建筑业10项新技术为代表的先进技术，围绕承包项目开展关键技术研究，提高创新能力，创造大批专利、工法，取得丰硕成果。加快推进信息化与建筑业的融合发展，建筑品质和建造效率进一步提高。积极推进建筑市场监管信息化，基本建成全国建筑市场监管公共服务平台，建筑市场监管方式发生根本性转变。

3.建筑节能减排取得新进展

建筑节能法律法规体系初步形成，建筑节能标准进一步完善。供热计量和既有建筑节能改造力度加大，大型公共建筑节能降耗提速，可再生能源在建筑领域的应用规模不断扩大。积极推进绿色建筑，建立集中示范城（区），在政府投资公益性建筑及大型公共建筑建设中全面推进绿色建筑行动，成效初步显现。

4.行业人才队伍素质不断提高

行业专业人才队伍不断壮大，执业资格人员数量逐年增加。建筑业农民工技能培训力度不断加大，技能素质水平进一步提升。

5.国际市场开拓稳步增长

我国对外工程承包保持良好增长态势。2017年，我国对外承包工程业务完成营业额为11 382.9亿元人民币，同比增长7.5%；新签合同额为17 911.2亿元人民币，同比增长10.7%。企业在欧美等发达国家市场开拓取得新进展。企业海外承揽工程项目形式更加丰富，投资开发建设、工程总承包业务明显增加。企业进入国际工程承包前列的数量明显增多，国际竞争能力不断提升。

6.建筑业发展环境持续优化

政府部门大力推进行政审批制度改革，进一步简政放权，缩减归并企业资质种类，调整简化资质标

---

① 住房和城乡建设部2017年4月发布的《建筑业发展“十三五”规划》。

准，行政审批效率不断提高。积极推进统一建筑市场和诚信体系建设，营造更加统一、公平的市场环境。

第二节　我国建筑业的发展概况和方向

一、我国建筑业发展面临的形势

从国际上看，世界经济复苏进程缓慢，国际工程市场资金紧张、需求萎缩；国际工程承包领域市场竞争日益激烈，高附加值、高技术含量和综合性的项目增多，使传统的工程承包逐渐被工程总承包、项目融资、设备贸易、技术转让等相互融合的综合性合作方式所取代，新材料、新工艺及信息技术被广泛应用。

从国内看，我国建筑业面临的形势主要有以下几方面：

1.经济发展进入新常态

我国经济从高速增长转向中高速增长，从规模速度型粗放增长转向质量效益型集约增长，从要素投资驱动转向创新驱动，但经济长期向好的基本面没有改变，发展前景依然广阔。新形势下，建筑业提质增效、转型升级的要求更加紧迫。未来投资在经济增长中的作用将逐步弱化，迫切需要建筑企业加快战略调整与转型步伐，加快传统建筑业与先进制造技术、信息技术、节能技术等的融合，从外延式“量”的扩张向内涵式“质”的提高转变。

2.新型城镇化建设

新型城镇化建设作为国家现代化建设的战略任务，是我国经济发展的重要推动力之一。新型城镇化要求全面提升城镇化质量，对建筑产品品质及产业素质提出了更高的要求，建筑业急需转型升级、改变传统发展模式，以应对新型城镇化带来的挑战。

3.加强供给侧结构性改革

针对我国经济结构性矛盾突出的问题，中央提出加强供给侧结构性改革，在适度扩大总需求的同时，去产能、去库存、去杠杆、降成本、补短板，从生产领域加强优质供给，减少无效供给，扩大有效供给，提高供给结构的适应性和灵活性，提高全要素生产率，使供给体系更好适应需求结构变化。这就要求建筑业围绕市场需求推进结构调整，提高建筑质量，提升产品品质。

4.资源环境约束趋紧

我国人均资源相对匮乏，发展方式粗放、不可持续的问题依然突出，生态环境恶化趋势尚未得到根本扭转，城镇化快速发展直接带来对能源、资源的更多需求，资源环境压力日益凸显，迫切要求提高资源利用效率，推进资源节约集约利用，加大生态环境保护力度。必须转变建筑业的粗放发展模式，大力推进建筑业技术创新，推广装配式建筑，加强工程建设全过程的节能减排，实现低耗、环保、高效生产。

5.劳动力稀缺性逐渐上升

随着我国人口老龄化加快，劳动力稀缺性逐渐上升，企业将逐步向技术、资本密集型方向转型，这将对劳动力的质量与素质提出更高要求。近年来，建筑业面临劳动力严重短缺的挑战，一线劳务人员年龄偏大、技能素质不高，要全面提高建筑业从业人员素质，培育产业工人队伍，改善生产条件，降低劳动强度，解决建筑工人年龄结构断层问题，应对劳动力供给格局带来的冲击。

总体而言，新型城镇化、京津冀协调发展、长江经济带发展和“一带一路”建设，形成建筑业未来发展的重要推动力和宝贵机遇。尤为重要的是，党的十八大以来，以习近平同志为核心的党中央毫不动摇地坚持和发展中国特色社会主义，形成一系列治国理政的新理念、新思想、新战略，为深化建筑业改革，加快推进行业市场化、工业化、信息化、国际化提供了科学理论指导和行动指南。建筑业发展总体上仍处于重要战略机遇期，也面临着市场风险增多、发展速度放缓的严峻挑战。

二、我国建筑业发展存在的问题①

1.行业发展方式粗放

建筑业大而不强，仍属于粗放式劳动密集型产业，企业规模化程度低，建设项目组织实施方式和生产方式落后，产业现代化程度不高，技术创新能力不足，市场同质化竞争过度，企业负担较重，制约了建筑业企业总体竞争力提升。

2.建筑工人技能素质不高

建筑工人普遍文化程度低，年龄偏大，缺乏系统的技能培训和鉴定，直接影响工程质量和安全。建筑业企业“只使用人、不培养人”的用工方式，造成建筑工人组织化程度低、流动性大，技能水平低，职业、技术素质与行业发展要求不匹配。

3.监管体制机制不健全

行业监管方式带有计划经济色彩，重审批、轻监管。监管信息化水平不高，工程担保、工程保险、诚信管理等市场配套机制建设进展缓慢，市场机制在行业准入清出、优胜劣汰方面作用不足，严重影响建筑业发展活力和资源配置效率。

三、我国建筑业的发展方向

1.加快转型升级，产业结构将进一步优化

在市场投资大幅下降、政府融资平台大量清理、财政金融政策不断紧缩、铁路市场调整的形势下，中国建筑转型升级将进一步加快。近年来，随着国家基础设施投资建设快速发展，“京津冀协同发展”“长江经济带”“一带一路”的强力引领，中国建筑基础设施事业得到了跨越式发展，业务覆盖高速铁路、轨道交通、高速公路、隧道桥梁、机场站房、能源核电、市政管网、水工港务等几乎全部基础建设领域。建设隧道、桥梁、机场、港口、核电等工程星罗棋布，特别是国家城市综合管廊和海绵城市建设。中国建筑行业充分发挥自身产业链条完善、资源要素齐全、能够为我国新型城镇化建设提供一揽子服务的优势，在绿色建筑、保障房建设、超高层、地下综合管廊、城市轨道交通、高速公路及市政道路、水环境综合治理、绿色出行、特色小镇、城市规划设计、园区建设及产业导入等领域取得突出成绩。如今的中国建筑行业已成为全球领先的基础设施投资建设服务商。

2.强化创新驱动，核心实力将进一步增强

绿色建造、智慧建造、建筑工业化是中国建筑业三大重点研发方向。近年来，中国建筑产业在建筑科技、水务环保、电子商务等新业务领域核心关键技术研发方面实现重大突破。中国建筑产业加大了科技、水务环保和电子商务等的投资力度，分别聚焦建筑工业化、海绵城市、电子商务3个产业领域；同时，在创投基金、新创业孵化基地和建筑绿色产业园等方面加大了投资力度，对“新业务”予以资源倾斜，重点培育，加快模式熟化，提升业务规模，为中国建筑产业转型升级、寻找业务“新蓝海”提供有效支撑。

3.推广装配式建筑力度，建筑产业现代化将进一步推进

随着经济发展进入新常态、新型城镇化建设、加强供给侧结构性改革、资源环境约束趋紧、劳动力稀缺逐渐上升，建筑业粗放发展模式难以为继，提质增效、转型升级更加紧迫。通往建筑产业现代化的一条重要途径是装配式建筑。装配式建筑是用预制部品部件在工地装配而成的建筑。装配式建筑通过“标准化设计、工厂化生产、装配化施工、一体化装修、信息化管理和智能化应用”，顺应了建筑产业发展绿色化、信息化和工业化的趋势，对促进建筑业转型升级、推动技术进步、保障工程质量、提高建筑

① 住房和城乡建设部2017年4月发布的《建筑业发展“十三五”规划》。

品质、促进建筑业与信息化和工业化深度融合具有重要意义，对节能减排、缩短建设周期、提高生产效率、节约人力资源具有积极作用。大力发展装配式建筑既是传统建筑业转型与建造方式的重大变革，也是推进供给侧结构性改革和新型城镇化发展的重要举措。

4.践行“一带一路”倡议，海外形象将进一步提升

中国建筑产业积极倡导走出去战略，大力推动对外承包业务。几十年来，中国建筑产业不仅扎根亚、非、拉等发展中国家长期精耕细作，承揽了一大批重大标志性项目，还成功进入美国、欧洲、新加坡、中东等国家和地区，跻身当地领先国际承包商行列。在“一带一路”倡议提出后，中国建筑行业积极参与“一带一路”建设，成为投资、建设、运营一体化服务价值链的组织者和领导者，在做出中国贡献、共享中国经验、展现中国品质、提供中国技术等4个方面发挥积极作用，履行好时代赋予的责任和使命。

第三节　我国建筑业的发展对策[①]

作为我国国民经济的支柱产业之一和推进城镇化进程的中坚力量，建筑业肩负着重大的历史使命。探索一条符合中国国情和世界经济发展大趋势的建筑业现代化道路，是建筑业面临的一项紧迫任务。因此，面对新的形势，中国建筑业发展可以有以下发展对策。

一、深化建筑业体制机制改革

1.改革承（发）包监管方式

缩小并严格界定必须进行招标的工程建设项目范围，放宽有关规模标准。完善工程招标投标监管制度，落实招标人负责制，简化招标投标程序，推进招标投标交易全过程电子化，促进招标投标过程公开透明。

2.调整优化产业结构

以工程项目为核心，以先进技术应用为手段，以专业分工为纽带，构建合理的工程总分包关系，建立总包管理有力、专业分包发达、组织形式扁平的项目组织实施方式，形成专业齐全、分工合理、成龙配套的新型建筑行业组织结构。支持“互联网+”模式整合资源，联通供需，降低成本。

3.提升工程咨询服务业发展质量

改革工程咨询服务委托方式，研究制定咨询服务技术标准和合同范本，引导有能力的企业开展项目投资咨询、工程勘察设计、施工招标咨询、施工指导监督、工程竣工验收、项目运营管理等覆盖工程全生命周期的一体化项目管理咨询服务，培育一批具有国际水平的全过程工程咨询企业。

二、推动建筑产业现代化

1.推广智能和装配式建筑

加大政策支持力度，明确重点应用领域，建立与装配式建筑相适应的工程建设管理制度。建设装配式建筑产业基地，推动装配式混凝土结构、钢结构和现代木结构发展。在新建建筑和既有建筑改造中推广普及智能化应用，完善智能化系统运行维护机制，逐步推广智能建筑。

2.强化技术标准引领保障作用

加强建筑产业现代化标准建设，构建技术创新与技术标准制定快速转化机制，鼓励和支持社会组织、企业编制团体标准、企业标准，建立装配式建筑设计，部品部件生产、施工、质量检验检测、验收、评价等工程建设标准体系，完善模数协调、建筑部品协调等技术标准，强化标准的权威性、公正

① 住房和城乡建设部2017年4月发布的《建筑业发展“十三五”规划》。

性、科学性。建立以标准为依据的认证机制，约束工程和产品严格执行相关标准。

3.加强关键技术研发支撑

完善政产学研用协同创新机制，着力优化新技术研发和应用环境，针对不同种类建筑产品，总结推广先进建筑技术体系。组织资源投入，并支持产业现代化基础研究，开展适用技术应用试点示范。培育国家和区域性研发中心、技术人员培训中心，鼓励建设、工程勘察设计、施工、构件生产和科研等单位建立产业联盟。加快推进建筑信息模型（BIM）技术在规划、工程勘察设计、施工和运营维护全过程的集成应用，支持基于具有自主知识产权三维图形平台的国产BIM软件的研发和推广使用。

三、推进建筑节能与绿色建筑发展

1.提高建筑节能水平

推动北方采暖地区城镇新建居住建筑普遍执行节能75%的强制性标准。政府投资办公建筑、学校、医院、文化等公益性公共建筑、保障性住房要率先执行绿色建筑标准，鼓励有条件的地区全面执行绿色建筑标准。大力发展绿色建筑，从使用材料、工艺等方面促进建筑的绿色建造、品质升级。持续推进既有居住建筑节能改造，不断强化公共建筑节能管理，深入推进可再生能源建筑应用。

2.推广建筑节能技术

组织可再生能源、新型墙材和外墙保温、高效节能门窗的研发。加快成熟建筑节能及绿色建筑技术向标准的转化。加快推进绿色建筑、绿色建材评价标识制度。建立全国绿色建筑和绿色建材评价标识管理信息平台。开展绿色建造材料、工艺、技术、产品的独立和整合评价，加强绿色建造技术、材料等的技术整合，推荐整体评价的绿色建筑产品体系。

3.推进绿色建筑规模化发展

制定完善绿色规划、绿色设计、绿色施工、绿色运营等有关标准规范和评价体系。出台绿色生态城区评价标准、生态城市规划技术准则，引导城市绿色低碳循环发展。大力发展和使用绿色建材，充分利用可再生能源，提升绿色建筑品质。

4.完善监督管理机制

切实履行建筑节能减排监管责任，构建建筑全生命期节能监管体系，加强对工程建设全过程执行节能标准的监管和稽查。

四、发展建筑产业工人队伍

1.推动工人组织化和专业化

改革建筑用工制度，鼓励建筑业企业培养和吸收一定数量自有技术工人。改革建筑劳务用工组织形式，支持劳务班组成立木工、电工、砌筑、钢筋制作等以作业为主的专业企业，鼓励现有专业企业做专做精，形成专业齐全、分工合理、成龙配套的新型建筑行业组织结构。

2.健全技能培训和鉴定体系

建立政府引导、企业主导、社会参与的建筑工人岗前培训、岗位技能培训制度。研究优惠政策支持企业和培训机构开展工人岗前培训。倡导工匠精神，努力营造重视技能、崇尚技能的行业氛围和社会环境。

3.完善权益保障机制

全面落实建筑工人劳动合同制度，健全工资支付保障制度，落实工资月清月结制度，加大对拖欠工资行为的打击力度，不断改善建筑工人的工作、生活环境。探索与建筑业相适应的社会保险参保缴费方式，大力推进建筑施工单位参加工伤保险。

五、深化建筑业“放管服”改革

1.完善建筑市场准入制度

坚持弱化企业资质、强化个人执业资格的改革方向，逐步构建资质许可、信用约束和经济制衡相结合的建筑市场准入制度。推行“互联网+政务服务”，全面推进电子化审批，提高行政审批效率。完善个人执业资格制度。有序发展个人执业事务所，推动建立个人执业保险制度。

2.改进工程造价管理体系

改革工程造价企业资质管理，完善造价工程师执业资格制度，建立健全与市场经济相适应的工程造价管理体系。建立工程全生命周期的成本核算制度，积极开展推动绿色建筑、建筑产业现代化、城市地下综合管廊、海绵城市等各项新型工程计价依据的编制。逐步实现工程造价信息的共享机制，加强工程造价的监测及相关市场信息发布。

3.推进建筑市场的统一开放

打破区域市场准入壁垒，取消各地区、各行业在法律法规和国务院规定外对企业设置的不合理准入条件，严禁擅自设立或变相设立审批、备案事项。加大对各地区设置市场壁垒、障碍的信息公开和问责力度，为建筑企业提供公平市场环境。

4.加快诚信体系建设

加强履约管理，探索通过履约担保、工程款支付担保等经济、法律手段约束建设单位和承包单位履约行为。建立建筑市场主体黑名单制度，依法依规全面公开企业和个人信用记录，接受社会监督。鼓励有条件的地区探索开展信用评价，引导建设单位等市场主体通过市场化运作综合运用信用评价结果，营造“一处失信，处处受制”的建筑市场环境。

六、提高工程质量安全水平

1.严格落实工程质量安全责任

全面落实各方主体的工程质量安全责任，强化建设单位的首要责任和勘察、设计、施工、监理单位的主体责任。严格执行工程质量终身责任书面承诺制、永久性标牌制、质量信息档案等制度。推进工程质量安全标准化管理，督促各方主体健全质量安全管控机制，提高工程质量安全管理水平。

2.全面提高质量监管水平

完善工程质量法律法规和管理制度，健全企业负责、政府监管、社会监督的工程质量保障体系。

3.强化建筑施工安全监管

健全完善建筑安全生产相关法律法规、管理制度和责任体系。加快建设建筑施工安全监管信息系统，通过信息化手段加强安全生产管理。建立健全全覆盖、多层次、经常性的安全生产培训制度，提升从业人员安全素质以及各方主体的安全水平。

4.推进工程建设标准化建设

构建层级清晰、配套衔接的新型工程建设标准体系。强化强制性标准，优化推荐性标准，加强建筑业与建筑材料标准对接。加强标准制定与技术创新融合，通过提升标准水平，促进工程质量安全和建筑节能水平提高。

七、促进建筑业企业转型升级

1.深化企业产权制度改革

科学稳妥推进产权制度改革步伐，健全国有资本合理流动机制，引进社会资本，允许管理、技术、资本等要素参与收益分配，探索发展混合所有制经济的有效途径，规范董事会建设，完善国有企业法人治理结构，建立市场化的选人用人机制。引导民营建筑企业继续优化产权结构，建立稳定的骨干队伍及科学有效的股权激励机制。

2.大力减轻企业负担

完善建筑业相关税收政策，保证行业税负只减不增。完善工程建设领域保留的投标、履约、工程质量、农民工工资四类保证金管理制度。广泛推行银行保函，逐步取代缴纳现金、预留工程款形式的各类保证金。逐步推行工程款支付担保、预付款担保、履约担保、维修金担保等制度。

3.增强企业自主创新能力

鼓励企业坚持自主创新，引导企业建立自主创新的工作机制和激励制度。引导企业与工业企业、高等院校、科研单位进行战略合作，开展产学研联合攻关，重点解决影响行业发展的关键性技术。

八、积极开拓国际市场

1.加大市场开拓力度

充分把握“一带一路”倡议的契机，加大市场拓展力度，提高国际市场份额，打造“中国建造”品牌。发挥融资建设优势，带动技术、设备、建筑材料出口，加快建筑业和相关产业“走出去”步伐。

2.提升风险防控能力

加强企业境外投资财务管理，防范境外投资财务风险。加强地区和国别的风险研究，定期发布重大国别风险评估报告，指导对外承包企业有效防范风险。完善国际承包工程信息发布平台，建立多部门协调的国际工程承包风险提示应急管理系统，提升企业风险防控能力。

3.加强政策支持

加大金融支持力度，综合发挥各类金融工具的作用，重点支持对外经济合作中建筑领域的重大战略项目。完善与有关国家和地区在投资保护、税收、海关、人员往来、执业资格和标准互认等方面的合作机制，签署双边或多边合作备忘录，为企业“走出去”提供全方位的支持和保障。

九、发挥行业组织服务和自律作用

充分发挥行业组织在订立行业规范及从业人员行为准则、规范行业秩序、促进企业诚信经营、履行社会责任等方面的自律作用。提高行业组织在促进行业技术进步、提升行业管理水平、制定团体标准、反映企业诉求、反馈政策落实情况、提出政策建议等方面的服务能力。

［第四十三章］

制造业

制造业是为国民经济发展提供物质技术基础的重要产业部门，其中装备制造业是制造劳动手段的部门，是为国民经济发展和国防建设提供技术装备的基础性产业，在装备制造业中机床产业又是生产劳动手段的劳动手段，即制造机器的机器。本章着重讨论我国制造业的地位、面临的挑战与机遇，世界制造业的发展趋势，我国制造业的发展战略与对策。

第一节　我国制造业的地位、面临的挑战与机遇

一、我国制造业的地位

制造业发展水平是人类社会生产力发展水平的重要标志和发动机。制造业是国民经济发展的物质技术基础，是国家经济安全的重要保障，是国民综合竞争力的主要标志，也是我国实现强国目标的希望。我国制造业经过多年的发展，特别是经过改革开放以来的建设有了长足的发展，建立了一个门类齐全、规模宏大的体系。

制造业是国民经济的支撑产业。机械工业是制造业的核心，是国民经济的装备部门。机械工业的生产技术水平在很大程度上代表一个国家经济发展的技术水平，标志着自有装备国民经济的能力。中华人民共和国成立以来，中国机械工业从小到大，从修配到制造，从制造一般机械产品到制造高、精、尖产品，从制造单机到制造先进大型成套装备，逐步建立成门类比较齐全，具有较大规模，技术水平和成套水平不断提高的工业体系，为国民经济和国防建设提供了大量的机械装备。目前，国产机械装备的自给率已超过80%，已初步具备了由世界机械大国向机械强国冲刺的基础。中国机械工业正处在由大到强的关键时期。

二、面临的挑战①

我们应当面对目前我国还不是制造强国的事实。

（一）我国制造业要关注产业链和价值链发生的重大变化

2008年国际金融危机之后，世界经济发展表现出三大趋势：一是国际金融危机加速了发达国家的制造革命，出现了智能化制造和数字化服务相结合的新的制造业发展模式；二是全球价值链和产业链布局正在悄然生变，全球的产业布局模式从原来的离岸转移向近岸转移转变，越来越多的跨国公司把研发、销售中心、资产管理中心向靠近市场的地方转移；三是与上述变化相适应，国际贸易和投资的规则也正在发生变化。这些变化对我国开放型经济提出了新的更高要求。

---

① 王晋，赵淑兰．如何塑造中国制造新优势［N］．经济日报，2013-03-13.

要推动本土的全球跨国企业的发展。从目前来看，全球性跨国公司多数在发达国家，新一轮全球贸易规则制定的主导权还在发达国家手中，因为发达国家的全球性跨国公司还在全球贸易和投资中占据着主导地位。因此，我国政府有关部门要积极创造条件鼓励企业参与到全球贸易规则的制定中去，在全球贸易和投资规则的制定过程中扮演更加积极的角色。

（二）走自主创新之路，向高端迈进

以前，我们是向国外买技术，随着中国制造业不断做强做大，已很难买到甚至买不到核心技术，必须走自主创新的路子。过去，企业是在接了订单后才能获取资金支持搞研发，这种研发是被动的，不可能走到市场的前面。

中国制造业的腾飞以往多依赖于国外的大企业、大品牌到中国设厂，但这种优势很容易丢失，现在，中国制造的成本已经比东南亚的一些国家高。政府要出台更多鼓励政策，培养更具创新能力的企业及更具有国际影响力的品牌。

企业要具有创新能力，具有生产制造能力也非常重要。PC行业过去这些年里失去了创新的火花，就是因为这些品牌厂商和生产制造完全分开了，不直接与上游零部件厂商接触，对于创新的方向失去敏感度。到最后，生产制造被外包了，研究开发也被外包了，与市场需求脱节了。

（三）我国制造业优势在弱化

目前，我国的发展成本在上升，有些是刚性的，如人力成本、土地成本等，中国制造业的优势在弱化。跨国公司转移到东南亚等制造成本更低的国家是很正常的，但我国的劳动力素质比东南亚等国家要高，我国仍具备劳动力优势。

发达国家提出“再工业化”，这对我们既是挑战也是启示。我国仍处于工业化中期，要转型升级，从低端转向高端，从制造业向服务业延伸，增强、延长产业链，增加产品附加值。转方式、调结构要有紧迫感，要注意扬长避短，发挥优势。虽然我们处于产业链的中低端，但中低端并不意味着落后，我们的一些产品品种、质量、品牌在国际上有相当的竞争力，而且高科技的产品也逐渐成为主导。

（四）新一轮制造业争夺战在全球打响

1.发达国家“去工业化”和再工业化①

20世纪80年代开始，世界制造业格局发生了较大变化。变化的一个主要特点是发达国家经历了“去工业化”过程，劳动力迅速从第一、第二产业向第三产业转移，制造业占本国GDP的比重和占世界制造业的比重持续降低，制造业向新兴工业化国家转移，发展中国家尤其是中国制造业快速崛起，发达国家的汽车、钢铁、消费类电子等以往具有优势的制造业不断弱化。

发达国家在“去工业化”的过程中，利用发展中国家相对低廉的劳动力和资源成本，在获取收益的同时，扩大了产品市场，确实尝到了甜头。但同时，这一过程的持续也带来了“苦头”——制造业对经济的贡献不断萎缩，并随着全球产业分工调整出现了“产业空洞化”，失业率上升、贫富差距扩大等问题随之出现，动摇了经济和社会发展的基础。

需要看到，发达国家以重振制造业为核心内容的“再工业化”，并不是简单的制造业回归，而是对制造业产业链的重构，是制造业的升级和以发展新兴产业为核心的结构转型。如美国推出“高端制造合作伙伴”计划，在清洁能源技术和产业、医疗卫生、环境与气候变化、信息通信、材料与先进制造领域出台了一系列新的计划与政策措施。如欧盟建立欧洲创新技术学院，实施联合技术倡议，研发卫星监测环境与地球安全、微电子工艺燃料电池、药物创新等高端技术与工艺等。可以说，发达国家“再工业

① 于建东．“再工业化”指向重构转型［N］．经济日报，2013-04-17.

化”，实际上是在走一条经济转型之路，是力图夺回和保持制造业的制高点，推动经济结构和产业结构的合理化，推动科技创新、技术创新，创造新的产业，培养世界级人才，为经济和社会长远发展奠定基础。

“再工业化”不同于当年的工业化。如果说工业化是发达国家崛起与富强的基础，那么“再工业化”则是向新的工业革命迈进。一个亘古不变的规律是，工业革命决定一个国家的财富与竞争力，决定一个国家的经济发展未来。发达国家的“再工业化”战略必然影响到全球产业尤其是制造业活动的空间分布，以及各国经济结构调整。实际上，新一轮制造业争夺战涉及各国的政策取向、制度设计、科技研发、生产经营环境、劳动力素质、基础设施等诸多方面，竞争是全方位的。

2.我国制定和实施“中国制造2025”①

第四次工业革命的浪潮涌来，全球制造业正经受前所未有的冲击、调整和变革。各发达国家纷起应对，制定国家战略，以求在行将到来的变革中取得主动。美国于2011年颁布了“先进制造伙伴计划”（AMP），以“确保美国在先进制造业中的领导地位”；随后，又提出了再工业化和制造业回归的口号。德国提出了“德国2020高技术战略”，英国制定了“英国工业2050战略”，日本相继提出物联网和机器人战略，法国起草了《未来产业》规划，韩国则有“未来增长动力计划”，等等，无不是为促进本国制造业适应未来、赢得发展先机。中国制造业的规模和总量在世界名列第一，但在效益、效率、质量、产业结构、持续发展、资源消耗等方面与发达国家差距较大。中国制造业必须从规模、速度的发展轨道转向质量、效益的发展轨道，从高速度发展转向高质量发展，才能在第四次工业革命中形成持续发展的能力，继续成为中国国民经济的主体，与中国在全球制造业中的地位相对应。

中国工程院于2013年组织100多位院士、专家，深入研究世界制造业的发展趋势、各发达国家的战略措施、中国制造业存在的问题、重大技术变革带来的影响，历时两年完成了制造强国战略研究课题，有关部门在此研究的基础上，制定了“中国制造2025”，于2015年5月发布实施。

三、面临的机遇

机械工业有庞大的内需市场支撑，同时具有明显的国际比较优势，全国上下已经形成支持装备制造业发展的共识，总的升级趋势已经形成，行业振兴步伐加快。下一步，制造业发展面临五大机遇：

（1）我国仍处于工业化中期，持续增长的市场给了机械装备行业良好的发展机遇。研究表明，装备制造业占制造业增加值的比重一般与工业发展水平呈正相关关系，我国装备制造业还有很大发展空间。

（2）新农村建设和城市化带来新的发展机遇。如城市轨道交通建设、高速铁路建设都将给机械装备行业带来新的发展机遇。

（3）国际比较优势吸引产业转移。全球制造业正在向我国转移，促进机械装备行业大发展。

（4）振兴装备制造业的政策效应将进一步发挥出来。《国务院关于加快振兴装备制造业的若干意见》等一系列促进重大技术装备自主化的政策措施出台。如对于首台（套）进入市场难的问题，国家提出要建立激励自主创新的政府首购和订购制度；在鼓励企业加大研发投入力度方面，国家确立了激励企业加大自主创新力度的税收政策等，这些政策措施的实施正在推动行业大发展。

（5）产业升级将使机械装备行业进入黄金发展期，提升整个行业的竞争能力。如电力工业将采用大容量、高参数的发电和输变电设备，建材工业将采用新型（环保）建筑材料等，从而带动机械装备制造行业本身从制造能力到产业结构的全面升级。

机械工业需要调整发展方式，加快转型，由重硬轻软到“软硬结合”。产品发展的视野要由“通用”的“大路货”向专用的差异化、个性化特色产品拓展。产能增长的重点要由“主机”向“关键零部件”领域拓展，要千方百计掌握关键零部件的核心技术，获得关键零部件的发展主导权。要由注重“有

---

① 朱森第．朝着制造强国目标坚定前进［N］．经济日报，2018-04-08．

形”的产品、厂房设备的产出和投入，转向更加重视“无形”的技术创新（包括产品和工艺两方面）、现代制造服务业的发展和人才的培育。要把投资重点放在增强持续发展的核心能力（产品和工艺的自主创新能力、关键零部件的技术突破、业务转型、人员素质提高以及品牌建设等）上。

第二节 世界制造业的发展趋势

世界制造业发展的轨迹由劳动密集型、资源集约型到资本密集型，再发展到技术密集型和知识创新型；由传统制造业到高新技术产业、先进制造业，发展成为当今的新型制造业和现代服务业互动共融发展；从传统生产方式到新型制造业方式，并最终实现循环经济的发展模式。

20世纪90年代以来，世界范围内高新技术，特别是信息技术的不断发展，给制造业的发展带来蓬勃生机，发达国家纷纷制订各种推动制造业发展的计划，促进传统制造业向先进制造业转变，提高制造业在GDP中的比重，从而提高国家综合竞争力。

一、制造业产业链全球化

传统的制造业最早是在本国生产产品，把产品销售给本国和出口到别国。跨国公司的出现使传统制造业出现了新的模式：一种是以母国为生产基地，向别国销售自己的产品；另一种是在母国以外投资建厂，向所在地国家和其他国家销售产品。这两种模式都是自己拥有生产制造的技术和装备，完全由自己生产，生产过程利用本国或所在国的资源，吸收本国或所在国的劳动力和资金。

20世纪末，制造业出现了全球化的新模式：研发设计全球化、生产制造全球化、销售全球化、融资全球化、服务全球化，从而有效地利用世界范围内的生产要素，通过物资、资金、技术、信息、劳动力全球流动来占领世界市场，实现利润最大化的目标。

这种全球化格局使制造产业链中的生产、营销、资本运作、服务及研发工作等全面国际化，从而导致制造业在全世界范围内重新组合，制造业的生产力重新布局，产业分工重新调整。一些发达国家不惜以本国产业空心化为代价，逐步地把资源消耗大、污染严重、劳动密集、资本密集乃至技术密集的制造企业和生产能力转移到条件具备的发展中国家。那些具备领先地位的跨国公司也开始退出直接的生产领域，通过独资、合资、收购、兼并等多种形式，以输出专利技术、品牌、设计研发成果等知识产权为主，把制造和生产加工过程转移到发展中国家，在全球范围内形成新的产业链、供应链、价值链。

跨国公司制造业全球化的主要方式是：

（1）在全球范围内建立零部件的加工制造网络，自己完成产品的总装和营销。

（2）自己掌握产品的设计、关键技术、授权国外生产厂商按其要求生产产品，自己在全世界建立营销网络。整个生产过程实现了异地设计、异地制造、运输销售。联合国的一份报告披露，美国波音飞机零部件是在全世界70多个国家生产的，我国的上海、西安、成都、沈阳四大飞机制造公司就承担着波音737的水平尾翼、垂直尾翼和GFM航空发动机的制造任务。

（3）跨国公司利用品牌优势，采用生产外包和贴牌制造的方式，在全世界范围内组织生产、营销活动。拥有国际著名品牌的跨国公司将其非核心制造环节外包给具有专业能力的外部供应商去生产，然后通过外购获得这些产品。

二、制造业产业集群化

在制造业产业链全球化过程中，仅仅依靠少数超级跨国公司是不够的，还需要广泛地联合为数众多的中小企业为之配套，从而形成具有明显综合竞争力的产业集群。产业集群是生产某类产品或产业链上的若干同类企业和为之配套的上下游企业，以及与之相关的服务业，管理机构高度有机地聚集在一定的地理范围内，从而形成一个功能齐全的群体，创造出具有地区竞争力的优势。在当今世界制造业发展中，产业集群已经成为普遍存在的现象，发达国家一些竞争力强的制造业基本上都采用这种发展方式。国际上著名的产业集群有旧金山硅谷的IT产业集群、西雅图的飞机制造产业集群、日本丰田城汽车产业集群、德国海德堡印刷机械产业集群等。产业集群最适合那些产业链长、中间产品交易量大、迂回生产方式明显的产业，如汽车制造业、装备制造业等。在这些产业集群地区，必然会形成对原材料、生产设备、维修、保养、物流、运输、仓储、营销、售后服务、金融、保险、中介服务、教育培训、会展、广告宣传、标准检测、质量技术监督、管理、科研开发等大需求和大市场。

三、技术进步和知识创新推动制造业新型化

技术进步和知识创新不仅是一个国家、民族发展的灵魂，也是制造业发展进步的生命线。随着大规模、高速度的应用，当今世界以信息技术为代表的高新技术制造业在不长的时间内旧貌变新颜，发展成为具有鲜明时代特色的新型制造业。新型制造业的发展水平是一个国家生产力发展水平的标志，是经济竞争力和综合国力的具体表现。当前，发达国家和一部分发展中国家正在努力通过技术进步和知识创新来发展新型制造业。

新型制造业新就新在不断地吸收应用电子信息、计算机、新机械、新材料、新能源以及现代管理技术等方面的高新技术成果，并依据这些新技术广泛应用于制造业的产品研发设计、生产制造、质量技术监督、营销、服务和管理全过程，使制造业生产过程实现设计数字化、制造自动化、管理信息化、经营网络化。

著名跨国公司的核心竞争力都来自强大的科技创新能力。“世界500强”拥有全球每年新产生的新技术和新工艺专利的70%以上。目前，制造业技术创新主要集中于信息、生物、新材料、纳米和新能源等高新技术领域。上述领域的技术创新给制造业带来巨大的、革命性的变化，使传统制造业改变落后面貌。

四、生产制造与现代服务一体化

传统生产制造业以生产为主体，忽视了包括在产前、产中和产后为生产服务的服务业。而今天的世界出现了制造业与服务业，特别是现代生产性服务业，如产品的研究开发、设计、市场调查、生产的信息化服务、金融和保险、产品的现代物流、产品的营销和售后的维护保养服务、企业的管理与法律咨询、企业的财务账户管理与审计、产品的广告、产品的国际贸易业务等，产生相互促进和融合的发展趋势。上述这些服务活动都同制造业产品的生产过程有着十分密切的联系，呈现出你中有我、我中有你的互动发展趋势。由于它们的生产和供给都借助于现代信息技术和现代管理模式，服务手段发生日新月异的变化，并且采用专业化、社会化的分工和合作，因此被称为现代服务业。正是因为这种从市场调查到售后服务乃至产品报废回收的全过程为生产和使用提供全方位服务，使制造业的生产活动和服务活动的界线越来越分不清楚，由此而引起制造业的经营活动从以生产制造为中心逐渐转变为以生产服务为中心。在这些现代服务活动中，企业从专业化的角度出发，把一些原来属于本企业内部的职能部门转移出去成为独立经营单位，或者解除使用原来由企业内部提供的资源和服务，转而使用由企业外部更加专业化的企业单位提供的资源和服务，从而形成企业内部服务外部化的趋势，由此实现提高服务效率和服务水平、降低服务成本的目的。有的企业发展成为以产品销售为线索，延长服务链，走出本企业到客户工厂去开展售后维护、保养、检修、更新零部件等服务活动，成为本企业客户工厂的外包服务企业，有的甚至成为为众多同类产品开展外包服务活动的企业。

伴随着现代服务业的迅速发展，许多制造企业调整了发展战略和业务领域，在其销售额中服务的比重不断提高，服务实现的利润不断增加。有专家认为未来将出现制造业产品和制造业服务市场平分天下的趋势，服务业水平高的企业服务收入所占比重会更高。

五、全球智能制造大趋势①

智能制造是指基于人工智能技术与制造技术集成而形成的满足优化目标的制造系统或者模式，即基于大数据、物联网等新一代信息技术与制造技术的集成，能自主性地动态适应制造环境变化，实现从产品设计制造到回收再利用的全生命周期的高效化、优质化、绿色化、网络化、个性化等优化目标的制造系统或者模式，具体包括智能产品、智能生产、智能服务和智能回收等广泛内容。

智能制造的技术基础是信息物理系统（CPS）或称虚拟实体系统。通俗地说，这是一个可以将工业实体世界中的机器、物料、工艺、人等通过互联网与虚拟世界中的各类信息系统有效连接的网络空间系统。该系统通过对实体世界工业数据的全面深度感知、实时动态传输与高级建模分析，实现网络信息系统和实体空间的深度融合、实时交互、互相耦合、互相更新，从而形成智能决策与控制，最终驱动整个制造业的智能化发展。

经济学研究表明，一国经济的国际竞争力和长期稳定增长的关键是制造复杂产品的能力，而智能制造是制造业的转型升级制高点，代表着未来制造业发展的方向和经济结构高级化的趋势，决定着一个国家制造复杂产品的能力大小。因此，智能制造已成为当今世界各国技术创新和经济发展竞争的焦点。

虽然在全球范围内智能制造的发展导向是相似的，但是主要工业化国家发展智能制造的实现路径却各有各的不同。从战略演进和政策实践看，主要工业化国家发展智能制造的基本思路是立足本国的产业基础与传统优势，以解决本国产业升级中面临的突出问题为导向，着力寻找制造业与新一代互联网技术的结合点。一些国家在发展本国智能制造的同时，还积极将本国的智能制造解决方案向其他国家输出，力图在全球制造业智能化大潮中谋求一席之地。其中，最具代表性的是美国和德国的智能制造发展战略。

其一，由“软”至“硬”的美国模式。美国发展智能制造的基本思路是利用美国在新一代信息技术和智能软件等基础产业的全球领先优势“反哺”制造业，显著提升制造企业的智能化、数字化水平，从而在灵巧性、质量、效率和可持续性等方面重塑美国制造业的长期竞争力。在发展重点上，美国优先发展三项制造技术：尖端传感、控制与制造平台；可视化、信息学和数字制造技术；先进材料制造。其中，前两项技术重在提升企业对信息做出快速和高效响应的能力。标准对信息有效流动和系统的快速响应具有至关重要的作用，所以美国发展智能制造的战略思路可以归纳为“信息先行、标准支撑”。

其二，由“硬”求“软”的德国模式。德国“工业4.0”计划是其发展智能制造的总体战略。该计划立足于德国强大的复杂产品制造能力，这促成德国发展智能制造的基本思路是在制造业领域引入“物理-信息系统”——从建设“智能工厂”着手，出产可实时生成数据的“智能产品”，形成制造与产品的大数据系统。大数据经实时分析和数据归并后形成“智能数据”，再将“智能数据”进行可视化和交互式处理，实时向智能工厂反馈产品和工艺优化的方案，从而形成“智能工厂—智能产品—智能数据”的闭环，驱动生产系统智能化。德国还希望在智能工厂的基础上，借助物联网和服务网，将智能交通、智能物流、智能建筑、智能产品和智能电网等相互连接，引领国民经济体系的智能化发展。

面对当前全球智能制造发展趋势，作为一个工业大国和经济大国，我国发展智能制造应该立足于本国优势与问题，可以参考但不能盲目照搬别国的智能制造发展模式。我国发展智能制造最大的潜能，是产业转型升级过程中对智能解决方案的本土化需求。因此，应按照“适用的便是最好的”原则，勇于探索符合我国国情的智能制造发展之路，坚持需求牵引、问题导向，坚持企业主体、协同创新，坚持远近

① 黄阳华．认清全球智能制造大趋势［N］．经济日报，2016-10-13．

结合、重点突破，采取有力、有效措施推进智能制造深入发展，真正构建信息化条件下的产业生态体系和新型制造模式。

第三节　我国制造业的发展战略与对策

在世界制造业产业链全球化、产业布局集群化、技术进步和知识创新推动制造业新型化、生产和服务一体化的今天，中国的制造业与时俱进、融入世界大潮流是历史发展的必然趋势。为此，迅速给制造业插上技术进步和现代服务的翅膀将成为21世纪我国制造业发展的历史任务。

一、国家关于制造业的部署

（一）中国制造2025

2015年5月，国务院印发“中国制造2025”，部署全面推进实施制造强国战略。这是我国实施制造强国战略第一个10年的行动纲领。

围绕实现制造强国的战略目标，“中国制造2025”明确了9项战略任务和重点：一是提高国家制造业的创新能力；二是推进信息化与工业化深度融合；三是强化工业基础能力；四是加强质量品牌建设；五是全面推行绿色制造；六是大力推动重点领域突破发展，聚焦新一代信息技术产业、高档数控机床和机器人、航空航天装备、海洋工程装备及高技术船舶、先进轨道交通装备、节能与新能源汽车、电力装备、农机装备、新材料、生物医药及高性能医疗器械等十大重点领域；七是深入推进制造业结构调整；八是积极发展服务型制造和生产性服务业；九是提高制造业国际化发展水平。

为确保完成目标任务，“中国制造2025”提出了深化体制机制改革、营造公平竞争市场环境、完善金融扶持政策、加大财税政策支持力度、健全多层次人才培养体系、完善中小微企业政策、进一步扩大制造业对外开放、健全组织实施机制等8个方面的战略支撑和保障。①

“中国制造2025”不是一般性的行业发展规划，而是着眼于国际国内大环境、产业变革大趋势所制定的一个长期战略性规划；其目的不仅在于推动制造业转型升级和健康发展，还要在新一轮科技革命中实现高端化的跨越发展。②

（二）深化“互联网+先进制造业” 发展工业互联网

2017年11月19日，国务院印发《关于深化“互联网+先进制造业” 发展工业互联网的指导意见》。该意见指出，要深入贯彻落实党的十九大精神，以全面支撑制造强国和网络强国建设为目标，围绕推动互联网和实体经济深度融合，聚焦发展智能、绿色的先进制造业，构建网络、平台、安全三大功能体系，增强工业互联网产业供给能力，持续提升我国工业互联网发展水平，深入推进“互联网+”，形成实体经济与网络相互促进、同步提升的良好格局，有力推动现代化经济体系建设。

该意见提出三个阶段发展目标：①到2025年，覆盖各地区、各行业的工业互联网网络基础设施基本建成，工业互联网标识解析体系不断健全并规模化推广，基本形成具备国际竞争力的基础设施和产业体系；②到2035年，建成国际领先的工业互联网网络基础设施和平台，工业互联网全面深度应用并在优势行业形成创新引领能力，重点领域实现国际领先；③到21世纪中叶，工业互联网的创新发展能力、技术产业体系以及融合应用等全面达到国际先进水平，综合实力进入世界前列。

该意见明确了建设和发展工业互联网的主要任务：一是夯实网络基础，推动网络改造升级提速降费，推进标识解析体系建设。二是打造平台体系，通过分类施策、同步推进、动态调整，形成多层次、

---

① 黄鑫. 制造强国战略实施路线图划定［N］. 经济日报，2015-05-20.
② 本报评论员. 从跟跑到领跑［N］. 经济日报，2015-05-20.

系统化的平台发展体系，提升平台运营能力。三是加强产业支撑，加大关键共性技术攻关力度，加快建立统一、综合、开放的工业互联网标准体系，提升产品与解决方案的供给能力。四是促进融合应用，提升大型企业工业互联网创新和应用水平，加快中小企业工业互联网应用普及。五是完善生态体系，建设工业互联网创新中心，有效整合高校、科研院所、企业的创新资源，开展工业互联网产学研协同创新，构建企业协同发展体系，形成中央地方联动、区域互补的协同发展机制。六是提升安全防护能力，建立数据安全保护体系，推动安全技术手段建设。七是推动开放合作，鼓励国内外企业跨领域、全产业链紧密协作。

该意见部署了7项重点工程：工业互联网基础设施升级改造工程、工业互联网平台建设及推广工程、标准研制及试验验证工程、关键技术产业化工程、工业互联网集成创新应用工程、区域创新示范建设工程、安全保障能力提升工程。

该意见提出：要建立健全法规制度；扩大市场主体平等进入范围，实施包容审慎监管，营造良好市场环境；重点支持网络体系、平台体系、安全体系能力建设，加大财税支持力度；支持扩大直接融资比重，创新金融服务方式；强化专业人才支撑，创新人才使用机制；健全组织实施机制，促进工业互联网与"中国制造2025"协同推进，为工业互联网快速发展提供支撑保障。

二、我国制造业的发展对策

（一）高度重视技术进步和知识创新

（1）要从战略角度考虑增加研发（R&D）经费投入力度。研发活动不仅是科技知识的源泉，而且是技术创新和技术进步的核心环节，研发经费投入占GDP的比重是一个国家创新能力和技术进步的重要指标。许多国家和地区都在努力增加研发投入。

尽管发达国家的经济结构中，服务业产值占到GDP的70%以上，制造业所占比重比较少，但是制造业对全国和工业研发的重要性没有下降。要认真领会新时代中国特色社会主义思想，千方百计提高认识，下决心增加全社会的研发经费，重视增加制造业的研发经费，达到创新型国家水平，让中国制造业有一个宽松的发展空间，并通过制造业的发展，把中国的生产力提高到一个新水平。

（2）要使产业界成为技术进步和知识创新的主体。2006年党中央国务院召开了21世纪第一次全国科技大会，号召为建设创新型国家而奋斗。会前，国务院发布了《国家中长期科学和技术发展规划纲要（2006—2020年）》。为了贯彻落实规划纲要，国务院又发布了若干配套政策，从税收政策、金融支持、政府采购、引进加强吸收再创新、创造和保护知识产权、人才队伍、教育科普、科技创新基地与平台、加强统筹协调等方面进行全面配合，营造激励自主创新的环境，推动企业成为自主创新的主体。

（二）积极发展现代服务业，大力支持新型制造业的发展

现代服务业是在工业化发展到一定水平阶段所产生的、主要依托信息技术和现代管理理念发展起来的、信息和知识相对密集的服务业。现代服务业和新型制造业之间是一种相互信赖、相互作用、良性互动的关系。由于信息技术的广泛应用，现代服务业和新型制造业之间出现了一种相互融合并进一步增长的趋势。

现代服务业由传统的以生活消费为主转向以生产服务为主，金融、信息、保险、通信、运输、租赁、技术服务、会展、设备安装、维护保养等行业成为现代服务业的主体。我国拥有规模宏大的制造业，并且发达国家的制造业还在不断地向我国转移，我国已成为当今世界的制造业基地和世界工厂。这些更为发展与制造业融为一体的现代服务业提供了条件。如果我们认识清楚，措施得当，把现代服务业做大做强，是非常有条件的；同时，有了强大的现代服务业，中国的制造业犹如插上了翅膀，会迅速地在世界范围内崭露头角，占有一席之地。需要指出的是，目前，在这方面我们的基础差、水平低，缺乏

人才，特别是高级应用型人才，因此，要加强现代服务业人才队伍的培训，提高整体素质，强化服务观念，如建立服务意识、营造服务氛围、完善服务功能、加强服务管理，造就一支名副其实的现代服务业大军，让中国的制造业连同现代服务业队伍一起走向全世界。

1.中国制造需要向服务化转型①

服务型制造是工业化进程中制造与服务融合发展的一种新型产业形态，要以满足市场需求为中心，以产业链的利益相关方的价值增值为目标，通过对生产组织形式、运营管理方式和商业发展模式的优化升级与协同创新，实现制造业价值链的延展和提升。发展服务型制造，引导企业开展服务化转型，有利于改善工业产品供给状况，破解当前制造业面临的发展矛盾约束，提高企业竞争力和市场占有率。“中国制造2025”也指出，中国制造要向高端化、智能化、绿色化、服务化发展。

制造业服务化已经成为制造业创新能力提升、效率提高的重要源泉，服务型制造成为制造业中最具潜力的业务方向。一方面，制造业服务化可以摆脱对资源、能源等要素的投入，减轻对环境的污染，同时能够更好地满足用户需求、增加附加价值、提高综合竞争力。另一方面，制造业是科技创新最为活跃的部门，既是创新的来源方，又是创新的应用方，生产性服务业必须与制造业紧密结合。

2.探索中国模式

我国是世界制造业第一大国，也是产业门类、产业配套体系最完善、制造产品种类最丰富的国家，制造业的服务化转型具有非常广阔的空间。我国制造业长期以来以加工组装为主，目前在创新设计、系统解决方案、售后服务等领域发展较快，但在系统解决方案方面仍缺乏龙头企业。中国发展服务型制造，要借助“一带一路”建设和国际产能合作，推动工程总包、方案设计、融资租赁等服务业发展。

（1）加强服务型制造政策引导。全面落实发展服务型制造的专项行动指南，加强产业政策与财税、金融、土地等政策的协同。及时跟踪国内外服务型制造发展的新趋势、新模式，加大对新兴产业和交叉领域的调查研究和政策储备。健全服务型制造公共服务体系，加强知识产权保护，探索建立服务型制造的统计核算和评价指标体系。整合国内外专家资源，建立服务型制造专家咨询库，组织专家深入企业开展现场诊断服务。通过案例推广、专著文章、专题报告、媒体宣传等形式，加大对服务型制造理论和实践的宣传推广。

（2）推动服务型制造创新发展。结合“中国制造2025”确定的重点领域，鼓励制造业企业提高服务要素投入，在研发设计、流程再造、信息支撑、国际竞争等方面加大实施力度，提升制造业企业产品的附加值和整体效益。结合“一带一路”建设、京津冀协同发展、长江经济带等国家重大战略布局，积极扶持和建设一批区位优势突出、制造基础雄厚、配套服务完备的服务型制造集聚区。在创新设计、供应链管理、全生命周期管理、总集成总承包、融资租赁等领域，遴选一批示范项目和示范企业，加大宣传推广力度，支持示范企业和示范项目创新发展，形成可复制可推广的经验，促进各行业、各领域不断拓展服务领域，提升服务水平，实现服务增值。

（3）夯实服务型制造发展基础。整合政产学研用各方力量，完善小微企业公共服务平台网络，鼓励小微企业运用科技、信息、人才等资源，开展个性化特色服务。充分利用“互联网+”行动计划的实施，推动信息通信和互联网技术广泛应用于制造和服务的协同发展，全面支撑业务流程再造和商业模式创新。引导制造业企业、研究机构、社会资本组建服务型制造产业联盟。②

（4）做好信息化融合。要发展服务型制造就要把制造业与信息化相融合。与发达国家相比，我国制造业整体处于“2.0”补课、“3.0”普及、“4.0”示范阶段，“十三五”期间我国制造业服务化发展的重点之一就是数字化、网络化。发展服务型制造，要注重物联网等新一代信息技术手段的应用，在资产（装备）远程运营维护、预测性维修等方面加快布局发展，这也是美国工业互联网的着力点。

目前，制造企业不仅局限于研发、制造、销售产品和提高简单的售后服务，而且向它的客户提供越

---

① 黄鑫．中国制造需要向服务化转型［N］．经济日报，2017-03-31.
② 冯飞．以服务型制造引领中国制造创新发展［N］．经济日报，2016-08-12.

来越多的高附加值服务，如个性化定制、综合解决方案提供、智能信息服务等。

产品服务已成为企业销售收入和利润的主要基础，成为制造业竞争优势的核心来源。比如，惠普、戴尔等计算机企业很早就纷纷从卖硬件向服务转型，IBM如今又提出向认知解决方案和云平台公司转型；宝马、奔驰等公司开展汽车分时共享业务等；我国制造行业也涌现出一批在服务型制造方面做得比较好的企业。

（三）加快从传统制造模式向数字化制造模式转变①

美国政府强调的“再工业化战略”，吸引被大量外包到发展中国家的制造业回归本土。尽管美国的劳动力成本问题是其制造业回归本土的现实障碍，但新的制造模式和生产方式将可能成为弥补其“短板”的重要契机。

欧美发达经济体的发展态势是数字化的制造模式。仅以数字制造技术为例，应用3D打印可以在一定约束下随意生产制作个性化产品，实现定制制造模式的大规模化。这种制造模式出现后，目前的“集中生产、全球分销”的产销组织方式将随之演化为“分散生产、就地销售”新兴方式。相比工业经济时代的生产模式，数字化制造模式的原材料使用仅为传统生产方式的1/10，能源消耗、生产成本等将大大降低；通过网络平台直接定制则使交易费用几乎为零。传统的劳动力成本和资源能源消耗的比较优势，在技术创新和智慧创意等新的核心竞争力冲击下将会丧失殆尽。由此，眼下备受危机困扰的发达经济体在经历了“工业化”和“去工业化”两个历史阶段之后，将完全可以通过“再工业化”战略实现重构制造业产业链和再造高附加值环节的双重目的，进而完成其后危机时代的经济转型。

（四）尽快形成智能制造推进体系②

近年来，智能制造装备产业迅速壮大。2016年，我国智能制造产业产值达到1.4万亿元，2011—2016年年均增长率超过20%，远远高于我国GDP的增速。加快发展智能制造，不仅有利于提升传统制造业的质量效益，还能有效带动智能装备、工业软件等新兴产业的快速增长，同时有助于我国传统产业实现生产制造与市场多样化需求之间的动态匹配，增加产出、减少消耗、提高品质，大幅提高劳动生产率，抵消劳动力、原材料等要素成本上涨带来的影响。智能制造能够有效缩短产品研制周期，提高生产效率和产品质量，降低运营成本和资源能源消耗，这一共识已经在全社会基本形成。发展智能制造，无疑会对破解我国制造业发展不平衡、不充分问题，发挥历史性、革命性的推动作用。

目前我国智能制造推进体系已基本形成，形成了央地协同、产学研用联合创新、各方面共同推进的工作格局。总体来看，目前我国全面推进智能制造的条件已经基本成熟。智能制造核心装备供给能力持续增强，集成服务能力不断提高。智能制造的基础支撑能力不断夯实。智能制造标准体系持续完善，支持开展上百项智能制造相关国家标准研制工作。

---

① 金言．转型升级时不我待［N］．经济日报，2013-04-25.
② 黄鑫．智能制造推进体系已基本形成［N］．经济日报，2017-11-25.

［第四十四章］
数控机床产业

本章主要讨论数控机床的作用、我国数控机床产业的发展状况、我国数控机床产业的发展战略与目标。

第一节 数控机床的作用[①]

机床是制造机器的机器，是制造劳动手段的劳动手段。马克思早就指出，生产资料生产必须优先增长。可见，机床产业特别是以计算机操作和指挥的数控机床产业的发展必须放在优先地位。

数控机床是装备制造业的“工作母机”。当今世界，数控机床的先进水平和保有量已经成为一国制造业水平、工业现代化程度和国家综合竞争力的重要指标。因此，加快发展我国数控机床产业，具有基础性、前瞻性、全局性的战略意义。

数控机床是技术密集型产品，承担着为高新技术产业和尖端工业发展提供装备的重任。21世纪机械制造业的竞争，实质上是数控技术的竞争。随着数控化机床成为当今机械制造的主流，机床数控化程度决定着机床业发展水平，数控机床拥有量及其技术水平成了衡量一个国家综合实力的重要标志。

随着我国经济现代化、市场化、国际化进程的加快，消费结构和产业结构不断升级，特别是高新技术产业和国防建设的发展，人们对数控机床技术的要求越来越高。同时，大力振兴我国装备制造业，也迫切需要尽快提升国产数控机床发展水平。中央高度重视国产数控机床发展，《国家中长期科学和技术发展规划纲要（2006—2020年）》和“十三五”规划都将数控机床作为加快装备制造业发展的重点，《国务院关于加快振兴装备制造业的若干意见》也明确把发展大型、精密、高速数控设备和数控系统及功能部件列为国家重要的振兴目标之一。在新的形势下，我们一定要认真落实中央的各项部署，大力促进包括数控机床在内的装备制造业的振兴。

第二节 我国数控机床产业的发展状况

一、数控系统打破技术封锁，进行技术自主创新

数控系统是核心战略技术，是花钱买不来的。我国数控产业的唯一出路，就是走自主创新之路，用我们自己的核心技术振兴民族数控产业。

一批具备发展潜力的数控企业争做行业先锋，为国产数控机床产业的发展提供强劲的技术支撑。随着国产高档数控系统的推广应用、配套功能部件产品水平的提高，以及企业自主创新能力的提升，我国高档数控机床的新品开发大大提速，一批国家急需、长期依赖进口、受制于国外的高档数控机床相继研

① 本报评论员．加快发展国产数控机床产业［N］．经济日报，2007-04-20．

发成功。精密、高速加工中心，高精度数控车床、车削中心、车铣复合、数控精密磨床、数控齿轮机床、数控专用电火加工机等，取得了引人注目的进步。我国数控齿轮加工机床、数控重型金属切削机床和数控金属成形机床，在品种、技术、性价比和市场覆盖率方面已经形成一定的优势和特色。国产高档数控机床正在进入大型电站设备、石化和冶金设备、汽车制造等领域，使用效果初步得到了用户的认可。

二、数控技术开发新体系初步形成

在近些年的快速发展中，我国机床行业坚持自主创新，不断探索创新，初步建立起适应发展的技术开发新体系。在国家有关部门的支持下，机床企业开始了国内外的重组与并购、集团化的联合以及产学研的紧密结合，国产高档数控机床的技术来源呈现出多渠道的趋势，通过国内外的重组和并购，初步形成产学研结合、国内外结合的新型开发体系。

与此同时，一批具有雄厚科技研发实力的研究中心相继成立。国家超精密机床工程技术研究中心、国家数控系统工程技术研究中心、国家高档数控工程研究中心等，在国产数控产业技术发展中发挥着越来越重要的带动作用。

在技术开发新体系的形成中，机床行业重点骨干企业的技术改造也同时进行。研发投入的不断加大、自身装备制造条件的改善、机床行业企业整体实力的提升，为高档数控机床的自主开发创造了有利的条件。①

三、高档数控机床技术工艺齐突围②

为了夯实我国的工业基础，缩小我国数控机床领域与国际上的差距，2009年，我国正式启动实施“高档数控机床与基础制造装备”国家科技重大专项。到2018年，数控机床专项取得了丰硕成果，新增产值约706亿元，我国高端数控机床技术水平不断提高，重点领域国产制造装备生产制造支撑强劲有力，高档数控机床实现了国产化突围。

1.制造能力显著提升

通过对进口量大、市场需求面广的数控车床进行研发，我国机床企业拥有了可以与进口设备比肩的自主研发产品，设计制造能力得到提升。

2.技术标准逐步完善

我国机床行业形成一大批技术标准和规范，部分技术标准被列入国际标准，行业国际竞争优势显著增强，对产品研发提供有力支撑。我国机床行业的自主创新和可靠性水平提升显著，标准和技术规范逐步完善。通过专项实施，推动国内机床骨干企业联合高校、用户联合开发，积极组织数控机床可靠性评定国家/行业标准的编制并在机床行业内推广应用。机床主机平均无故障时间从专项实施前的400到500小时已普遍提升至1 200小时左右，部分产品已达到国际先进的2 000小时。

专项成果形成一大批技术标准和规范，部分技术标准受到国际同行重视，并被列入国际标准，行业国际竞争优势显著增强，对产品研发提供有力支撑，也对国家装备制造业持续发展能力的提升起到保障作用。

2016年年底，我国自主提出的用于检测五轴联动机床精度的S形试件标准已通过国际标委会审定，成为我国在高档数控机床设计、检测领域的首项标准，实现了“零”的突破。

到2018年，我国专项累计申请发明专利3 956项，立项国家及行业标准407项，研发新产品、新技术2 951项；在行业研究机构、重点企业建设了18项创新能力平台，部署了70个示范工程，培养创新型人才5 500余人。

① 许红洲．我国数控技术自主创新成果显著［N］．经济日报，2007-04-17.
② 杜芳．高档数控机床技术工艺齐突围［N］．经济日报，2018-07-31.

3.国产“大脑”补齐短板

数控系统实现了从模拟式、脉冲式到全数字总线的跨越，初步具备与国外同类产品的竞争能力，突破了制约我国数控机床行业发展的瓶颈。

数控系统是机床装备的“大脑”，是决定数控机床功能、性能、可靠性、成本价格的关键因素，也是制约我国数控机床行业发展的瓶颈。而基础薄弱、“缺心少脑”一直是“中国制造”的短板。数控系统、伺服电机、伺服驱动等是制造装备最重要的关键基础部件。要实现“中国制造2025”的目标，形成“中国智造”的核心竞争力，离不开数控系统包括伺服驱动、伺服电机等关键技术的创新。

为了补齐短板，“高档数控机床与基础制造装备”国家科技重大专项部署实行全产业链布局，国产数控系统实现部分技术的原创超越。企业掌握了数控系统的软硬件平台设计与批量生产技术，在多通道、多轴联动、高速插补等关键技术指标方面达到国际主流产品技术水平。通过专项的支持，我国数控系统实现了从模拟式、脉冲式到全数字总线的跨越，已初步具备与国外同类产品的竞争能力。高档数控系统、功能部件与主机产品配套研发，初步实现与高档数控机床的批量配套。

我国数控机床将聚焦航空航天、汽车两大重点用户领域，共性技术研究和重点领域工艺验证并重，关键核心部件研发与产业化发展并行，加快创新能力平台和示范工程建设，加强创新人才培养和高端人才引进，着力解决数控系统与功能部件、可靠性和精度保持性、加工效率与工艺水平提升等三方面问题，实现专项成果在重点领域规模化、成套化的示范应用，为全面实施“中国制造2025”提供支撑。

四、机床业景气度大幅回升①

1.主要指标明显好转

从2011年起，我国机床行业进入下行通道。2016年行业景气度大幅回升，为53.9%，比2015年大幅回升19.4个百分点，得益于行业主要经济指标明显好转。2016年国内机床消费总额达到275亿美元，同比持平，结束了自2011年以来的连续下降状况。同时，行业产出呈现恢复性增长，达到229亿美元，同比增长3.6%，实现由负转正。2016年，国产机床在本土市场占比不断提高，达到72.7%。这说明我国机床行业的市场竞争力在不断提高，是行业近年来加快转型升级的结果。

伴随我国经济增速放缓和结构调整的不断深入，我国机床行业市场需求也发生了显著变化，需求总量明显减少、需求结构加速升级的市场新特征日益明显。需求结构升级的主要方向可以概括为3个方面，即自动化成套、客户化定制和普遍换挡升级。需求升级必然要求机床产品有新特点，那就是智能化、绿色化。

2.分化明显，转型加速

2016年我国机床行业景气状况低位大反弹，但是，行业发展分化明显。一方面，细分产品分化严重。其中，数控装置和功能部件景气度最高，为68.4%；金属成形机床排在第二，为61.8%；金属切削机床为51.3%，排在第三；工量具和磨料磨具处于荣枯线之下，仅为43.9%。在市场需求复苏拉动下，主机呈现回暖态势，但工量具和磨料磨具仍陷于结构调整的困境之中，呈现运行乏力的状态。另一方面，企业发展两极分化更趋明显。面对机床工具市场持续多年下行，2016年有部分企业出现经营困难、破产重组等现象，整个行业企业亏损面达45%。但不少企业则逆势而上，转型升级成果显著，在汽车、航空航天等重点领域取得了不俗的业绩，在一定程度上实现了进口替代。

3.着重发力高端市场

“低端混战、高端失守”是我国机床行业的尴尬局面，近年来在国家一系列政策措施的支持下，机床企业在高端领域奋力追赶。个性化需求、批量定制和高端制造成为主流市场的强劲需求时，便为机床制造企业提出了新的供给目标，同时提供了发展机会。挑战与机遇并存的市场，倒逼机床企业必须主动

① 许红洲．机床业景气度大幅回升［N］．经济日报，2017-02-16.

作为，加快技术创新和关键技术突破。

新需求带来新供给，产生新的发展动力。机床企业要以专注的精神和专业的技术，深入挖掘用户需求，满足重点领域发展需要，在提高产品质量和提供成套解决方案的同时，不断提升服务能力和水平，在经济增长放缓背景下实现逆势增长。

第三节 我国数控机床产业的发展战略与目标

一、我国数控机床产业的发展战略——自主创新①

我国数控产业的唯一出路就是走自主创新之路，用我们自己的核心技术振兴民族数控产业。当前，我国数控技术正处于由引进、消化、吸收进入技术创新的新阶段，在这一关键时期，坚持自主创新尤为重要。

走自主创新之路，就要坚持以企业为主体、以市场为导向、产学研用相结合，加快数控技术开发新体系的建立。要积极支持和鼓励一批重点骨干企业加强技术改造，提高技术研发和管理水平；要积极组织产学研联合攻关，共同提高数控技术工程研究、关键技术自主开发、重大数控新产品研制的能力；鼓励企业建立相应的人才培训基地，提高核心竞争力。

走自主创新之路，就要坚持“主机厂、系统厂、用户紧密结合”，努力培育国产数控系统应用市场，提高国产数控机床市场占有率。主机厂、系统厂、用户应该有机结合，在开发、生产、验证、使用等各个环节加强沟通。鼓励主机厂和用户在同等条件下优先采用国产数控系统；数控企业要高度重视用户的意见，做好服务工作，帮助用户成功使用系统。只有这样，国产数控系统的应用才能取得突破性发展，才能改变高档数控机床大量进口的局面。

走自主创新之路，还要坚持开放式自主发展模式，国内外技术紧密结合。要重视技术的原始创新、集成创新和引进消化吸收再创新，要引进来和走出去并举，拓宽数控机床发展空间；重点引进境外设计制造技术、经营管理技术和专业人才，积极参与国际市场竞争。

只要我们坚持新时代中国特色社会主义思想，坚持自主创新，踏实苦干，我国的数控产业一定能够取得新的重大进展，顺利实现既定的发展目标。

二、我国数控机床产业的发展目标——逐步实现“由大变强”②

当前，机床工具行业必须抓住行业发展的重要战略机遇，以发展数控机床为主导，以主机为龙头、以完善配套为基础，重点突破数控系统和功能部件薄弱环节，加快高档数控机床产业化；依托科技重大专项，坚持科技进步和自主创新；加强创新人才队伍建设，提升企业核心竞争力，逐步推动全行业实现“由大变强”的转变。

具体而言，全行业要加快推进培育核心竞争力战略、自主创新战略、两化融合战略、精心创品牌战略四大战略，增强企业参与市场竞争的核心竞争力，实现关键技术突破和产业升级，提升产品的数字化、智能化、自动化和网络化水平，扩大国产机床工具产品的市场占有率。

实现“由大到强”的转变是全行业在一个相当长时期内攻坚克难的过程，是一个积“小胜”为“大胜”、由量变到质变的过程。机床行业应首先追求三个标志性目标：

一是在为行业主要服务领域的重点企业的主导产品的典型零部件加工提供装备上有突破性进展；

二是国产数控机床特别是中高档数控机床在国内市场占有率明显提高，国产中高档数控机床应用数控系统和主要功能部件国产化率明显提高；

---

① 本报评论员．坚持自主创新 发展数控产业［N］．经济日报，2007-04-19.
② 林火灿．机床行业应追求三个标志性目标［N］．经济日报，2011-08-23.

三是若干机床工具产品成为国际知名品牌，若干企业成为世界强势企业。

今后，机床行业要在以下方面有所作为：

一是着力提升中高档数控机床的市场竞争力，提升中高档数控机床的稳定性、可靠性；降低成本，优化性价比；加快推动中高档数控机床产品的产业化。

二是着力提高国产数控系统和主要功能部件的产业化水平；加强对国内数控系统和主要功能部件企业的支持，努力提高其产业化水平；加强市场培育和开拓，以增强其市场竞争力；鼓励和支持行业整机企业与国产数控系统和主要功能部件企业结成较为长期和稳固的合作联盟，扩大国产数控系统和主要功能部件在国产中高档数控机床中的应用。

三是积极引导企业从传统的制造业中转型，实现由单纯销售产品向为用户提供全面解决方案转变，帮助企业提高产品的附加值，增强企业的市场竞争力。

[第四十五章]

汽车制造业

本章主要讨论汽车产业概述，我国汽车产业的发展状况与方向、发展战略与对策。

第一节　汽车产业概述

一、汽车产业的相关定义

汽车产业是指生产或提供汽车产品或服务的企业群体，它不仅包括汽车制造企业，还包括汽车产品流通、维修等服务企业。按照国家统计局的国民经济行业分类（GB/T 4754—2017），一个行业（或产业）是指“从事相同性质的经济活动的所有单位的集合”。它采用经济活动的同质性原则划分国民经济行业，汽车制造业属于“制造业”门类中的一类。汽车制造业具体包括汽车整车制造，汽车用发动机制造，改装汽车制造，低速汽车制造，电车制造，汽车车身、挂车的制造，汽车零部件及配件制造等。一般来说，汽车制造业主要是指汽车产业。

根据国家标准汽车和挂车类型的术语和定义（GB/T 3730.1—2001），有如下定义：

汽车（motor vehicle）是指“由动力驱动，具有四个或四个以上车轮的非轨道承载的车辆，主要用于：载运人员和/或货物；牵引载运人员/或货物的车辆；特殊用途”。汽车的分类包括：

（1）乘用车（passenger car）：“在其设计和技术特性上主要用于载运乘客及其随身行李或临时物品的汽车，包括驾驶员座位在内最多不超过9个座位。它也可以牵引一辆挂车。”

（2）商用车辆（commercial vehicle）：“在设计和技术特性上用于运送人员和货物的汽车，并且可以牵引挂车。乘用车不包括在内。”

挂车（trailer）是指“就其设计和技术特性需由汽车牵引，才能正常使用的一种无动力的道路车辆，用于：载运人员和/或货物；特殊用途”。

根据国家标准电动汽车术语（GB/T 19596—2004），下述汽车总称为电动汽车（electric vehicle）：

（1）纯电动汽车（battery electric vehicle）：“由电动机驱动的汽车。电动机的驱动电能来源于车载可充电蓄电池或其他能量储存装置。”

（2）混合动力（电动）汽车（hybrid electric vehicle）：“能够至少从下述两类车载储存的能量中获得动力的汽车：可消耗的燃料；可再充电能/能量储存装置。”

（3）燃料电池电动汽车（fuel cell electric vehicle）：“以燃料电池作为动力电源的汽车。”

二、我国汽车产业的地位

对于汽车产业的地位，2017年《汽车产业中长期发展规划》在开篇中如此描述：“汽车产业是推动新一轮科技革命和产业变革的重要力量，是建设制造强国的重要支撑，是国民经济的重要支柱。汽车产业健康、可持续发展，事关人民群众的日常出行、社会资源的顺畅流通和生态文明的全面跃升。”

随着能源革命和新材料、新一代信息技术的不断突破，汽车产品加快向新能源、轻量化、智能和网联的方向发展，汽车正从交通工具转变为大型移动智能终端、储能单元和数字空间，乘员、车辆、货物、运营平台与基础设施等实现智能互联和数据共享。汽车生产方式向充分互联协作的智能制造体系演进，产业上下游关系更加紧密，生产资源实现全球高效配置，研发制造效率大幅提升，个性化定制生产模式将成为趋势。

互联网与汽车的深度融合，使得安全驾乘、便捷出行、移动办公、本地服务、娱乐休闲等需求充分释放，用户体验成为影响汽车消费的重要因素。互联网社交圈对消费的导向作用逐渐增强，消费需求的多元化特征日趋明显，老龄化和新生代用户比例持续提升，共享出行、个性化服务成为主要方向。

汽车发达国家纷纷提出产业升级战略，加快推进产业创新和融合发展。发展中国家也在加紧布局，利用成本、市场等优势，积极承接国际产业和资本转移。中国深化改革全面推进，汽车产业国际化发展进程提速。产业边界日趋模糊，互联网等新兴科技企业大举进入汽车行业。传统企业和新兴企业竞合交融发展，价值链、供应链、创新链发生深刻变化，全球汽车产业生态正在重塑。

一直以来，汽车产业发展得到了我国政府高度重视。1986年“七五”计划提出“把汽车制造业作为重要的支柱产业”；1990年“八五”计划和十四大都提出要大力发展汽车制造业，提出了要使其成为国民经济支柱产业的目标。为发展汽车产业，国家重视通过制定产业政策来促进发展和加强宏观管理，汽车产业是我国唯一发布过两版产业政策的产业（1994年发布了《汽车工业产业政策》，2004年又发布了《汽车产业发展政策》）。2017年工业和信息化部、国家发展改革委和科技部联合发布《汽车产业中长期发展规划》，提出力争经过10年持续努力，迈入世界汽车强国行列，可见国家对汽车产业的重视程度。

得益于国家对汽车产业的重视以及中国经济的快速发展，中国汽车产业自1953年起步以来，经过60多年的发展，取得了长足进步。1971年中国汽车产量超过10万辆，1992年突破100万辆，2004年突破500万辆，2009年突破1 000万辆，达到1 300多万辆，汽车产销量首次跃居世界第一。2017年中国汽车产销量突破2 900万辆，创历史新高，连续9年蝉联世界第一。我国汽车产业经过多年快速增长以后，已经进入一个由高速增长到高质量增长的新时代。目前，中国汽车产业已经成为国民经济的重要支柱产业，形成了门类齐全、生产能力不断增长、产品水平日益提高的汽车产业体系。我国汽车产业的研发水平和生产技术不断进步，特别是我国加入世界贸易组织以后，在与跨国公司的激烈竞争中，中资生产企业也开始茁壮成长，汽车产品在不断满足人民日益增长的需求的同时，汽车产业的发展也得到了全社会的广泛关注。2004—2017年中国汽车和乘用车产量增长情况见表45-1。

表45-1　**2004—2017年中国汽车和乘用车产量增长情况表**

年份	汽车合计		其中：乘用车		
	产量合计（万辆）	年增长率（%）	年产量（万辆）	年增长率（%）	乘用车占汽车比重（%）
2004	507.94	14.30	328.30	14.83	64.63
2005	570.77	12.37	393.07	19.73	68.87
2006	727.97	27.54	523.30	33.13	71.89
2007	888.25	22.02	638.11	21.94	71.84
2008	934.51	5.21	673.77	5.59	72.10
2009	1 379.10	48.30	1 038.38	54.11	75.29
2010	1 826.47	32.44	1 389.71	33.83	76.09
2011	1 841.89	0.84	1 448.53	4.23	78.64
2012	1 927.18	4.63	1 552.37	7.17	80.55
2013	2 211.68	14.76	1 808.52	16.50	81.77
2014	2 372.29	7.05	1 992.85	10.19	84.01
2015	2 450.33	16.04	2 107.94	5.78	86.03
2016	2 811.88	15.32	2 442.07	15.85	86.85
2017	2 901.54	3.19	2 480.67	1.58	85.49

进入21世纪以来，我国汽车产业快速发展，形成了种类齐全、配套完整的产业体系。整车研发能力明显增强，节能减排成效显著，质量水平稳步提高，中国自主品牌迅速成长，国际化发展能力逐步提升。特别是在商用车和运动型多用途乘用车等细分市场形成了明显的竞争优势，新能源汽车发展取得重大进展，由培育期进入成长期。汽车产业不断发展壮大，在国民经济中的地位和作用持续增强，对推动经济增长、促进社会就业、改善民生福祉做出了突出贡献。根据海关数据统计，2017年，汽车出口量达到92.3万辆，同比增长31.0%；零部件出口金额由2000年的33亿美元增长到2017年的686亿美元。根据《中国汽车工业年鉴》数据，2015年全国汽车行业规模以上企业累计完成工业总产值约4.5万亿元，占全国工业总产值的比重为5.0%。2015年汽车产业增加值达到10 578亿元，占GDP的比重达到1.64%。汽车工业综合指标与全国工业企业的比较见表45-2。

表45-2 汽车工业综合指标与全国工业企业的比较 金额单位：亿元

指标		2001年	2005年	2009年	2011年	2013年	2015年
销售收入	汽车工业	10 108.40	23 817.50	32 792.52	37155.31	4 253.68	44617.47
	全国工业企业	248 544.00	542 522.43	841 830.00	1029149.76	93 733.34	1109853.00
	汽车/全国（%）	4.07	4.39	3.90	3.61	4.54	4.02
总产值	汽车工业	10 223.30	23 437.80	33 155.18	39225.43	4 433.19	45014.63
	全国工业总计	251 619.50	548 311.42	844 269.00	897638.30	95 448.98	903900.00
	汽车/全国（%）	4.06	4.27	3.93	4.40	4.64	5.00
增加值	汽车工业	2 209.90	5 378.70	7 451.69	8606.24	1 055.55	10577.73
	全国工业总计	72 187.00	134 625.00	188 572.00	217264.00	28 329.37	228974.00
	汽车/全国（%）	3.06	4.00	3.95	3.96	3.70	4.62
产品销售税金及附加	汽车工业	216.52	453.78	694.96	726.04	97.48	1204.93
	全国工业企业	2 997.34	8 995.95	12 669.53	15617.67	1 553.82	—
	汽车/全国（%）	7.22	5.04	5.49	4.65	6.27	—
利润总额	汽车工业	430.44	1 687.65	2 842.12	2717.12	204.72	3117.48
	全国工业企业	14 802.54	34 542.22	61 396.00	62831.02	4 733.43	66187.07
	汽车/全国（%）	2.91	4.89	4.63	4.32	4.33	4.71
固定资产投资	汽车工业	734.25	921.80	1 398.79	1456.43	194.28	3266.77
	全社会	88 773.60	224 845.60	311 485.10	446294.10	37 213.49	561999.83
	汽车/全社会（%）	0.83	0.41	0.45	0.33	0.52	0.58
汽车产业增加值占GDP比重（%）		1.08	1.21	1.58	1.58	1.51	1.54

资料来源 国家信息中心，国家发展和改革委员会产业协调司. 2017中国汽车市场展望［M］. 北京：机械工业出版社，2017.

三、我国汽车产业的作用

汽车产业是国民经济的支柱产业，既涉及民生，也涉及发展，既关系经济社会发展全局，又关系社会和谐稳定。过去我们认为汽车产业能创造巨大的产值，拉动国民经济发展；能带动上下游产业共同发展，波及范围广；能提供大量而广泛的就业机会；能推动新技术发展和促进产业结构高度化。随着汽车产业生态、竞争格局、生产方式等一系列变革的来临，随着汽车产品加快向低碳、电动、智能化方向发展，汽车产业与上下游产业的关系更加紧密，生产方式向充分互联协作的智能制造体系演进，产业链价值进一步延伸，个性化定制、共享出行等新商业模式逐步成熟。结合新的发展形势，汽车产业的作用主要体现在以下四个方面：

1.经济作用——保证国民经济健康发展

汽车产业是实体经济的重要组成部分，是国民经济的支柱之一。大力发展汽车产业，推动汽车产业由大到强，对推动我国经济持续健康发展具有重要意义。根据国家发展改革委发布的数据，汽车制造业产值约占GDP的2%[①]；按汽车制造业对国民经济带动作用为1∶6测算[②]，汽车全产业链相关增加值占GDP比重在10%以上。2016年，汽车行业累计实现主营业务收入83 345亿元。2017年汽车产品销售额为42 222亿元，占我国消费品零售总额的11.5%。

2.社会作用——承担交通运输、出行工具等功能，改变生产生活方式

汽车是我国主要交通运输工具，承担了大部分客货运职能。根据交通部统计数据，2017年全国公路营业性客运量（不含私家车）、货运量分别占全国客运总量、货运总量的78.81%和78.04%。根据国家统计局数据，2017年年末全国民用汽车保有量为21 743万辆（包括三轮汽车和低速货车820万辆），比2016年年末增长11.8%，其中，私人汽车保有量为18 695万辆，增长12.9%。民用轿车保有量为12 185万辆，增长12.0%，其中，私人轿车保有量为11 416万辆，增长12.5%。汽车走进千家万户，已经成为人民群众出行的主要工具，大幅拓展了人们的活动空间，改变了人们的生产生活方式，显著加速了社会进步。

随着汽车加速向低碳化、电动化、智能化方向发展，其社会作用也在不断扩大，在提升交通安全与管理水平、促进节能减排、提升服务效率、改善社会治理等方面都将产生深远的影响。

3.科技作用——推动新技术发展和产业结构升级

根据麦肯锡公司的调查研究，未来30%的技术创新都与汽车相关。随着能源革命和新材料、新一代信息技术的不断突破，汽车产品加快向新能源、轻量化、智能和网联的方向发展，汽车产业的发展必然要求新技术的进步；汽车正从交通工具转变为大型移动智能终端、储能单元和数字空间，乘员、车辆、货物、运营平台与基础设施等实现智能互联和数据共享。汽车生产方式向充分互联协作的智能制造体系演进，产业上下游关系更加紧密，生产资源实现全球高效配置，研发制造效率大幅提升，个性化定制生产模式将成为趋势。不断扩大的汽车市场使得技术进步有着广阔的前景。汽车产业的发展和产业结构集中度的提高，使得单个汽车厂商的科技投入能力也得到提高，为技术进步提供了强劲的动力和经济上的支持。

4.文化作用——促进社会主义文化建设

汽车文化是汽车产品延伸出来的以人为中心而带有人文色彩的各种各样的有关汽车的活动、生活方式、生存态度等的总和。汽车文化的内涵包括设计文化、品牌文化、消费文化和边缘文化四大类。汽车设计文化中蕴含着理念、哲学和民族性。我国自主汽车企业在汽车设计原始创新中厚植我国的文化要素，迸发出源源不断的文化创造力，对激发全民族文化创造活力具有重要作用。我国汽车品牌蕴含的价值观就是在践行社会主义核心价值观的过程中形成的，并且汽车企业文化涉及的各类活动也对社会主义核心价值观的培育和践行发挥重要作用。消费文化是指汽车消费者在消费汽车这个产品时所表现出来的文化因素，包括消费者的价值观、进行消费时所表现的民族自信心等。我国汽车市场的消费者数量巨大，培育汽车消费者形成社会主义核心价值观对社会主义文化建设具有重大意义。边缘文化就是汽车同其他文化种类的结合，如汽车摄影、汽车会展、汽车运动、汽车报刊、汽车收藏、汽车模特、汽车俱乐部等。汽车边缘文化的覆盖面如此之广，必将对培育和践行社会主义核心价值观具有重要作用，极大地促进社会主义文化建设。

第二节　我国汽车产业的发展状况与方向

一、我国汽车产业的发展状况

当前，我国汽车产业发展质量整体向好，创新能力不断增强，自主品牌实现重要突破，产业链条日

---

① 中华人民共和国国家发展和改革委员会. 2016年汽车行业助推经济平稳较快增长［EB/OL］.（2017-02-23）［2018-12-23］. http://www.ndrc.gov.cn/jjxsfx/201702/t20170223_838939.html.

② 钟志华，乔英俊，王建强，等. 新时代汽车强国战略研究综述（一）［J］. 中国工程科学，2018，20（1）：1-10.

益完善，聚集效应逐步形成，在优化经济增长结构、确保宏观经济平稳运行中发挥了重要作用。

1.总体规模逐年扩大，但仍面临严峻挑战

从总体规模看，中国新车销量从2008年的938.1万辆增加至2017年的2 887.9万辆，年均复合增长率为13%。在长期持续增长下，当前中国汽车产销增速不断回落，市场竞争日益激烈，汽车产业发展正在从以规模增长为动力的“由小变大”阶段，步入以创新引领为动力的“由大变强”阶段。在乘用车方面，中国乘用车销量从2008年的675.6万辆增加至2017年的2 471.8万辆，年均复合增长率为15.5%，其中，SUV车型增长最为迅速，从2008年的44.8万辆增长到2017年的1 025.3万辆，年均复合增长率高达42%。在商用车方面，中国商用车销量从2008年的262.5万辆增加至2017年的416.1万辆，年均复合增长率为5.3%。商用车市场受宏观经济与固定资产投资活动的影响较大，产销呈现一定周期性，自2016年开始受限载政策刺激新车购买需求，重卡车行业复苏，带动了商用车产销的整体增长。

从总体上看，中国汽车产业虽然连续9年产销量居世界第一位，但也面临着资源与环境约束不断加大、发达国家与发展中国家“双向挤压”日益加深、相关体制机制不合理、产业发展基础不强等一系列挑战，导致产业大而不强，创新能力弱，亟待深化改革、转型升级。

2.自主品牌发展取得重要突破，但关键技术仍受制于人

近年来，中国主要自主品牌汽车企业紧跟汽车技术变革和用户需求变化的新趋势，积极进行转型升级，持续实施技术、管理和商业模式创新，不断提升商品力和营销力，取得了良好的经营业绩。在乘用车方面，中国自主品牌乘用车市场份额自2015年开始连续3年呈增长态势，2017年市场份额达到43.9%，尤其在SUV、MPV领域，市场份额更是达到了60.6%、83.5%。在商用车方面，中国自主品牌商用车多年来始终保持了85%~90%的占有率，居于市场主导地位。在新能源汽车领域，中国各自主品牌企业更是占据了90%以上的市场份额。

从全产业链角度看，汽车产业链条相关企业的关键核心技术对外依存度高，基础薄弱矛盾仍很突出。几乎所有的发动机管理系统和关键汽车电子产品均由外商独资或合资公司生产，技术由外方掌控；汽车制造相关领域90%左右的大型优质铸锻件、95%的高档数控系统、80%的芯片和几乎全部的高档液压件、密封件依靠进口，高精、高效及高速的一些装备在国产领域严重不足，模具加工在线测量和计算机辅助测量及企业管理的差距都在10年以上。

3.新能源汽车抢占先机，但关键技术仍需进一步发展

2010年中国新能源汽车销量仅为0.05万辆，占全国新车销量比重不到万分之一；2017年中国新能源汽车全年销售77.7万辆，自主品牌占据90%以上份额，产销同比增长50%以上，占全国汽车销量的比重已达2.7%，连续3年居全球销量第一。中国新能源汽车与国际先进水平基本同步，动力电池单体能量密度较2012年提高了2倍，价格下降了70%，部分领先企业的纯电动汽车续航里程达到300公里以上。2017年，比亚迪、北汽、吉利、上汽等4家企业进入全球新能源乘用车销量前10位。新能源客车技术全球领先，销往全球30多个国家，并实现了产品、技术、标准和服务协同走出去。但新能源汽车作为新兴产业，发展基础尚不牢固，产品性能仍有较大提升空间；动力电池尚未取得根本性突破，仍是制约产业发展的瓶颈；充电设施瓶颈仍没有完全解决，影响了消费者的购买积极性。

从总体上看，我国新能源汽车在市场规模、政策体系和基础设施建设等方面已形成较为明显的优势，但在动力电池、整车控制等核心技术领域仍需加强。下一步应引导自主品牌新能源汽车向中高端发展，鼓励长续驶里程、低能耗整车，以及高比能量、高安全性的新型动力电池的研发生产，为应对国外中高端新能源汽车产品竞争做好充足准备。

4.智能网联汽车发展面临重大机遇，但仍需加快关键技术突破

新一轮科技革命和产业变革驱动汽车产品形态、生产方式、商业模式等发生巨大变化，新技术、新业态、新模式不断涌现，全球汽车市场竞争格局将重新洗牌，智能网联汽车将成为未来汽车产业竞争的主战场。当前，支撑汽车智能化、网联化发展的信息技术产业实力不断增强，互联网产业在全球占有一定优势，信息通信领域技术和标准的国际话语权大幅提高，北斗卫星导航系统即将实现全球组网。因此，智能网联汽车将为自主品牌汽车的发展提供机遇，有望成为自主品牌汽车抢占先机、赶超发展的突破口。

世界智能网联汽车产业的发展尚处于初期阶段，自主品牌汽车实现高度自动驾驶、完全自动驾驶的时间节点与跨国车企基本一致。中国智能网联尤其是在移动终端的智能网联化已处于世界前列，发展智能网联汽车一定要充分利用我国占优势的通信、互联网等资源，通过国家支持、企业支撑、合作分享等方式促进汽车智能化与网联化关键技术的突破，形成汽车与人工智能、占优势的通信和互联网资源、国家级智能网联汽车大数据云平台的结合。值得注意的是，我国智能汽车零部件企业与跨国企业仍有较大差距，芯片、高性能传感器、线控执行器、雷达等智能汽车基础技术与核心零部件大多被跨国企业垄断，将阻碍我国智能网联汽车产业快速发展。从总体上看，我国在互联互通领域已处于国际领先地位，驾驶辅助系统、集成等领域也具备国际水平，但基础技术与核心零部件方面的投入仍需加强。

二、我国汽车产业的发展方向

随着汽车产业发展进入新阶段，我国汽车产业的发展方向也在不断与时俱进，深刻与时代与社会发展结合。《汽车产业中长期发展规划》提出了汽车产业力争经过10年持续努力，迈入世界汽车强国行列的六大目标：一是关键技术取得重大突破；二是全产业链实现安全可控；三是中国自主品牌汽车全面发展；四是新型产业生态基本形成；五是国际发展能力明显提升；六是绿色发展水平大幅提高。以上概括起来就是“自主化”“低碳化”“电动化”“智能化（包括网联化）”“国际化”。

（一）自主化

自主化发展包含两层含义：一是中国自主品牌汽车全面发展；二是实现全产业链安全可控。

走自主化发展道路的原因在于：

（1）汽车产业是国民经济的重要支柱，对GDP、税收、消费等贡献巨大，如果我国汽车产业不走自主化道路，将丧失产业控制权，影响经济安全和国家安全。

（2）汽车产业正迎来转型升级和加快发展的重要战略机遇。我国自主品牌汽车企业和产业应该抓住新一轮科技革命带来的机遇，实现赶超。

（3）自主化是建设汽车强国的必然要求，《汽车产业中长期发展规划》提出的战略目标以中国自主品牌汽车全面发展为基础，要求形成具有较强国际竞争力的企业和品牌。

自主化发展的趋势和方向包括：

（1）产业创新体系不断完善，企业创新能力明显增强。动力系统、高效传动系统、汽车电子等节能技术达到国际先进水平，动力电池、驱动电机等关键核心技术处于国际领先水平。

（2）产品品质明显提高，品牌认可度、产品美誉度及国际影响力显著增强，形成具有较强国际竞争力的企业和品牌，在全球产业分工和价值链中的地位明显提升，在新能源汽车领域形成全球创新引领能力。

（3）突破车用传感器、车载芯片等先进汽车电子以及轻量化新材料、高端制造装备等产业链短板，培育具有国际竞争力的零部件供应商，形成从零部件到整车的完整产业体系。

（二）低碳化

汽车产业低碳化与汽车产业生态化紧密关联，是指以环境友好与资源节约为基础，在产业发展过程中坚持“低能耗、低污染、低排放、再循环”的原则；在原材料选择与加工、制造装配、使用与服务、产品报废与回收的生命周期的各阶段，最大限度地减少资源与能源的浪费，减少环境负荷，特别是减少污染气体的排放；在汽车寿命终结以后最大限度地使其各组件回到产品的生命周期的各个阶段或源头，重新参与产品新的生命周期，从而达到汽车产业、经济社会以及生态环境可持续发展的目标。

汽车低碳化是中国低碳化发展的需要。全球CO_2排放量构成中，公路交通CO_2排放量占比为17.5%，是减排的重点领域。目前，中国汽车CO_2排放量只占总排放量的约7%，但增速较快，使用环节排放占比较低。中国CO_2年排放量到2030年左右达到顶峰，因此，汽车保有量不能急剧增加，但汽车的需求量和产量不断增长，汽车CO_2年排放总量也在增加，未来，中国汽车CO_2排放量占比必然会超过7%。伴随中国经济的发展，中国汽车保有量将快速增加，汽车将成为CO_2排放量控制的重要领域。

低碳化发展趋势包括：首先，汽车制造过程低碳化，即注重研发低能耗与低污染的新能源汽车，积极开展轻型材料、可回收材料、环保材料等车用新材料的研究，在生产的开始阶段中选取这些环保材料与零部件，并在生产过程中应用清洁生产系统进行绿色制造。其次，在汽车的使用过程中，要做到提高汽车燃料的经济性，更多地使用替代能源，改善交通流量，优化汽车消费者的行为等。最后，对废旧汽车及其零部件进行低碳化循环利用。三部分紧密联系、环环相扣、循环再生，这样才能真正使汽车产品在整个生命周期内实现能源消耗与污染排放（碳排放）减少，实现汽车产业低碳化。

（三）电动化

电动化主要是指新能源汽车。新能源汽车是指采用新型动力系统，完全或主要依靠新型能源驱动的汽车，主要包括纯电动汽车、插电式混合动力汽车和燃料电池汽车。

电动化是全球汽车行业最重要的发展趋势之一。为应对日益突出的燃油供求矛盾和环境污染问题，世界主要汽车生产国纷纷加快部署，将发展新能源汽车作为国家战略，加快推进技术研发和产业化，同时大力发展和推广应用汽车节能技术。目前我国汽车产销规模已居世界首位，预计在未来一段时期仍将持续增长，必须抓住机遇、抓紧部署，加快培育和发展节能与新能源汽车产业，促进汽车产业优化升级，实现由汽车工业大国向汽车工业强国转变。

作为我国战略性新兴产业之一，新能源汽车的发展承载着缓解石油资源短缺压力，解决日益突出的环境污染问题，实现我国汽车产业结构调整和转型升级、做大做强的历史使命。《汽车产业中长期发展规划》明确提出加大新能源汽车的推广应用力度。完善新能源汽车的推广应用，建立促进新能源汽车发展的长效机制，引导生产企业不断提高新能源汽车产销比例。到2020年，新能源汽车年产销达到200万辆；到2025年，新能源汽车占汽车产销量的20%以上。《节能与新能源汽车产业发展规划（2012—2020年）》指出，以纯电驱动为新能源汽车发展和汽车工业转型的主要战略取向，当前重点推进纯电动汽车和插电式混合动力汽车产业化，推广普及非插电式混合动力汽车。

（四）智能化

汽车智能化是指汽车产业演进过程中的一个阶段，是汽车从机械化/电气化向自动驾驶/无人驾驶发展的历程，包括智能和网联两方面的发展内容。当前，业界普遍认为智能化是汽车技术发展的重要方向，与新能源一起成为中国汽车产业未来发展的两大战略机遇。智能网联汽车作为核心产品，已经成为汽车产业智能化发展的重要内容。根据《智能网联汽车技术路线图》，智能网联汽车是指搭载先进的车载传感器、控制器、执行器等装置，并融合现代通信与网络技术，实现车与X（人、车、路、后台等）智能信息交换共享，具备复杂的环境感知、智能决策、协同控制和执行等功能，可实现安全、舒适、节能、高效行驶，并最终可替代人来操作的新一代汽车。

我国发展智能网联汽车具有重要的战略意义，不仅能解决汽车社会面临的交通安全、道路拥堵、能源消耗、环境污染等问题，更是我国汽车产业深化供给侧改革的重大战略机遇的重要支撑，将推动汽车产业生态及商业模式全面升级和重塑，是我国汽车产业发展的重要战略方向和转型升级的突破口，并对提高汽车社会发展水平具有重大意义。

我国智能网联汽车将逐步沿着驾驶辅助、部分驾驶、高度自动驾驶、完全自动驾驶的主线，提升智能化和网联化水平，最终实现与智能交通和智慧城市高效协作发展。

经济视窗45-1

（五）国际化

汽车产业国际化是指汽车产业统筹利用国际与国内两种资源，形成从技术到资本、营销、品牌等多元化、深层次的合作模式，企业国际化经营能力显著提升。

国际化战略是汽车产业发展的根本性战略，是决定一个国家汽车产业发展模式和发展道路、产业国际竞争力和国际地位的重要因素。全面开放格局使汽车企业必须放眼全球，全方位布局海外市场，做好“走出去”与“引进来”的衔接。

国际化发展方向包括：加快“走出去”步伐；健全国际化服务体系；提高国际化经营能力。

第三节　我国汽车产业的发展战略与对策

汽车产业对一国经济发展、满足国内需求等方面的重要作用，使各国无不高度重视汽车产业的发展，并纷纷通过制定一整套法律法规、政策来影响和促进汽车产业的发展。日本、韩国、巴西、墨西哥、泰国等汽车产业后起国家发展的经验表明，政府的政策在很大程度上决定了汽车产业的发展方向、发展路径，决定了汽车产业的发展模式和发展水平。

产业政策是与产业发展有关的一切国家法令和政策，我国政府高度重视汽车产业发展，在汽车产业的各个发展阶段都有相应的产业政策，先后发布过两版汽车产业政策。2012年出台的《节能与新能源汽车产业发展规划（2012—2020年）》为节能与新能源汽车产业的发展明确了发展目标、方向和政策。2017年出台的《汽车产业中长期发展规划》以新能源汽车和智能网联汽车为“两翼”，引领产业转型升级；以做强做大中国自主品牌汽车为中心，培育具有国际竞争力的企业集团。

一、汽车产业的发展方针

全面贯彻党的十九大精神，推动大众创业、万众创新，推进汽车产业供给侧结构性改革，调控总量、优化结构、协同创新、转型升级。以加强法制化建设、推动行业内外协同创新为导向，优化产业发展环境；以新能源汽车和智能网联汽车为突破口，引领产业转型升级；以做强做大中国自主品牌汽车为中心，培育具有国际竞争力的企业集团；以“一带一路”建设为契机，推动全球布局和产业体系国际化。控总量、优环境、提品质、创品牌、促转型、增效益，推动汽车产业发展由规模速度型向质量效益型转变，实现由汽车大国向汽车强国转变。

二、汽车产业的发展原则

（1）统筹谋划，协同推进。发挥战略的引领作用，完善汽车产业政策，增强政策合力，优化发展环境。加强部门协同、行业协作、军民融合，推动跨部门、跨行业、跨领域协调，推进核心技术自主化、基础设施智能化、运行监管规范化，提升汽车产业的发展质量和效益。

（2）市场主导，跨界融合。发挥市场在资源配置中的决定性作用和政府宏观调控引导作用，完善法制建设，强化企业主体地位，鼓励兼并重组，优化产业布局，创新产业体系、生产方式、应用模式，推动汽车与信息通信、交通运输、国防军工等产业融合发展，提升汽车创新链、产业链、价值链。

（3）质量为先，重点突破。把提高供给体系质量作为主攻方向，以质量提档升级带动汽车产业提质增效，推动中国速度向中国质量转变、中国产品向中国自主品牌转变。加强汽车发展的前瞻性和战略性研究，顺应产业变革趋势，聚焦重点领域、关键环节和核心问题，整合资源，集中发力，以重点突破带动汽车制造业的整体竞争能力提升。

（4）开放包容，竞合发展。推进简政放权、放管结合、服务改革，进一步提升我国外商投资环境法治化、国际化、便利化水平。优化投资和准入管理，深化开放合作，营造支持创新、鼓励创造、宽松包容的发展氛围。鼓励优势企业牢固树立国际化发展理念，统筹利用两种资源、两个市场，积极进行海外布局，加快融入全球市场。

三、汽车产业的战略目标

建设汽车强国，必须紧紧抓住当前难得的战略机遇，积极应对挑战，加强统筹规划，强化创新驱动，促进跨界融合，完善体制机制，推动结构调整和转型升级。力争经过10年持续努力，迈入世界汽车强国行列。综合《汽车产业中长期发展规划》《节能与新能源汽车产业发展规划（2012—2020年）》《智能汽车创新发展战略（征求意见稿）》等中央政策文件，归纳汽车产业未来发展有以下主要目标：

一是关键技术取得重大突破。产业创新体系不断完善，企业创新能力明显增强。动力系统、高效传动系统、汽车电子等节能技术达到国际先进水平，动力电池、驱动电机等关键核心技术处于国际领先水平。到2020年，培育形成若干进入世界前十的新能源汽车企业，智能网联汽车与国际同步发展；到2025年，新能源汽车骨干企业在全球的影响力和市场份额进一步提升，智能网联汽车进入世界先进行列。

二是全产业链实现安全可控。突破车用传感器、车载芯片等先进汽车电子以及轻量化新材料、高端制造装备等产业链短板，培育具有国际竞争力的零部件供应商，形成从零部件到整车的完整产业体系。到2020年，形成若干超过1 000亿元规模的汽车零部件企业集团，在部分关键核心技术领域具备较强的国际竞争优势；到2025年，形成若干进入全球前十的汽车零部件企业集团。

三是中国自主品牌汽车全面发展。中国自主品牌汽车产品品质明显提高，品牌认可度、产品美誉度及国际影响力显著增强，形成具有较强国际竞争力的企业和品牌，在全球产业分工和价值链中的地位明显提升，在新能源汽车领域形成全球创新引领能力。到2020年，打造若干世界知名汽车品牌；到2025年，若干中国自主品牌汽车企业产销量进入世界前十。

四是绿色发展水平大幅提高。到2020年，新车平均燃料消耗量，乘用车降到5.0升/百公里，节能型汽车降到4.5升/百公里以下，商用车接近国际先进水平，实施“国六”排放标准，新能源汽车能耗处于国际先进水平，汽车可回收利用率达到95%；到2025年，新车平均燃料消耗量，乘用车降到4.0升/百公里，商用车达到国际领先水平，排放达到国际先进水平，新能源汽车能耗处于国际领先水平，汽车实际回收利用率达到国际先进水平。

五是推进智能汽车创新发展。到2020年，中国标准智能汽车的技术创新、产业生态、路网设施、法规标准、产品监管和信息安全体系框架基本形成。到2025年，中国标准智能汽车的技术创新、产业生态、路网设施、法规标准、产品监管和信息安全体系全面形成。新车基本实现智能化，高级别智能汽车实现规模化应用。到2035年，中国标准智能汽车享誉全球，率先建成智能汽车强国，全民共享“安全、高效、绿色、文明”的智能汽车社会。

四、汽车产业的发展对策

近年来，中国汽车产业政策已形成完整的、覆盖全产业链的支持、激励政策，涵盖宏观综合政策、行业管理政策、推广应用政策、财税扶持政策、科技创新政策、基础设施政策等，逐渐改变以往侧重于整车制造组装的局面，政策着力点向全产业链的战略合作延伸，给予相应的激励政策扶持。《节能与新能源汽车产业发展规划（2012—2020年）》明确了我国节能与新能源汽车发展的战略取向和技术路线。2017年出台的《汽车产业中长期发展规划》以新能源汽车和智能网联汽车为“两翼”，引领产业转型升级，推动汽车强国建设。2018年初出台的《智能汽车创新发展战略》（征求意见稿）指出发展智能汽车是深化供给侧结构性改革、实施创新驱动发展战略、建成现代化强国的重要支撑，确立了智能汽车已成为汽车产业发展的战略方向。

归纳起来，现阶段国家引导和规范汽车产业发展的政策措施主要表现在以下几个方面：

1.培育具有国际竞争力的自主品牌

《汽车产业中长期发展规划》《智能汽车创新发展战略》“中国制造2025”等重大政策，均将培育自主品牌作为当前汽车产业相关支持政策的核心内容之一。推进汽车企业加强技术研发、质量保证、成本控制、营销服务等能力建设，增强企业产品综合竞争力。

一是引导汽车企业加强可靠性设计、试验与验证技术开发应用，构建包含前期策划、中间监管、售后反馈的质量管理闭环系统，制定和完善产品质量标准体系，完善质量责任担保机制，发挥认证检验检测高技术服务业作用，健全全生命周期的质量控制和追溯机制。

二是推动建立中国汽车品牌建设促进组织和机制，充分利用国际产业合作、重大活动等机会推广中国汽车品牌。引导行业组织研究建立适合中国汽车产业特色的质量品牌评价体系，积极推动汽车品牌评价国际新秩序建设。

三是加强产融合作，支持优势企业进行国际知名品牌收购和运管。支持以企业为主导开展国内外有序重组整合、企业并购和战略合作，鼓励企业国际化发展。鼓励汽车产业链内以及跨产业的资本、技术、产能、品牌等合作模式，支持优势企业以相互持股、战略联盟等方式强强联合，不断提升产业集中度，打造龙头企业。

2.推进全产业链协同高效发展

提高水平的自主开发能力是汽车产业实现自主发展的关键，也是中国汽车产业改善技术结构、提升自主品牌企业发展水平的根本途径。

一是对汽车零部件产品进行分类指导和支持，引导社会资金投向汽车零部件生产领域，促使有比较优势的零部件企业形成专业化、大批量生产和模块化供货能力；优先扶持能为多个独立的汽车整车生产企业配套和进入国际汽车零部件采购体系的零部件生产企业；引导零部件排头兵企业上规模、上水平，进行跨地区兼并、联合、重组，形成大型零部件企业集团，面向国内外两个市场。

二是构建新型“整车-零部件”合作关系，探索和优化产业技术创新联盟成本共担、利益共享合作机制，鼓励整车骨干企业与优势零部件企业在研发、采购等层面的深度合作，建立安全可控的关键零部件配套体系。鼓励整车和零部件企业协同发展。开展关键零部件和“四基”薄弱环节联合攻关，推进企业智能化改造提升，促进全产业链协同发展。

三是坚持把增强创新能力作为提高产业竞争力的中心环节，坚持创新驱动发展导向，完善创新体系建设，加强核心技术攻关，提升平台服务能力，增强自主发展动力。培育具有国际竞争力的零部件供应商，形成从零部件到整车的完整产业体系。

3.大力促进新能源汽车发展

加快培育和发展新能源汽车，既是有效缓解能源和环境压力、推动汽车产业可持续发展的紧迫任务，也是加快汽车产业转型升级、培育新的经济增长点和国际竞争优势的战略举措。

一是以新能源汽车和智能网联汽车为“两翼”，引领产业转型升级。加快新能源汽车技术研发及产业化。利用企业投入、社会资本、国家科技计划（专项、基金等）统筹组织企业、高校、科研院所等协同攻关，重点围绕动力电池与电池管理系统、电机驱动与电力电子总成、电动汽车智能化技术、燃料电池动力系统、插电/增程式混合动力系统和纯电动力系统等6个创新链进行任务部署。实施动力电池升级工程。充分发挥动力电池创新中心和动力电池产业创新联盟等平台作用，开展动力电池关键材料、单体电池、电池管理系统等技术联合攻关，加快实现动力电池革命性突破。

二是加大新能源汽车推广应用力度。逐步提高公共服务领域新能源汽车使用比例，扩大私人领域新能源汽车应用规模。加快充电基础设施建设，构建便利高效、适度超前的充电网络体系。建立促进新能源汽车发展的长效机制，引导生产企业不断提高新能源汽车产销比例。不断完善新能源汽车标准体系，提高新能源汽车生产企业及产品准入门槛，加强出厂安全性能检测，强化新能源汽车生产监管。

三是积极引导企业创新商业模式，加快售后服务体系建设。进一步放宽市场准入，鼓励和支持社会资本进入新能源汽车充电设施建设和运营、整车租赁、电池租赁和回收等服务领域。新能源汽车生产企业要积极提高售后服务水平，加快品牌培育。地方政府可通过给予特许经营权等方式保护投资主体初期利益，商业场所可将充电费、服务费与停车收费相结合给予优惠，个人拥有的充电设施也可对外提供充电服务，地方政府负责制定相应的服务标准。

4.推动汽车节能环保汽车发展

面对日益严重的能源危机和环境污染问题，传统汽车节能、环保技术升级是易于实现和快速见效的解决途径。近年来，政府相关部门出台了一系列政策、标准支持和引导汽车节能、环保技术发展。

一是推动先进燃油汽车、混合动力汽车和替代燃料汽车研发，突破整车轻量化、混合动力、高效内燃机、先进变速器、怠速启停、先进电子电器、空气动力学优化、尾气处理装置等关键技术研发。完善节能汽车推广机制，通过汽车燃料消耗量限值标准、标识标准以及税收优惠政策等，引导轻量化、小型化乘用车的研发和消费。鼓励天然气、生物质等资源丰富的地区发展替代燃料汽车，促进车用能源多元化发展。

二是着力提高汽车产品节能、环保、安全、智能水平，完善道路交通安全法规和标准，加强机动车污染防治，科学制定并严格执行机动车排放和车用燃料标准，建立实施汽车排气检测与维护制度，鼓励使用清洁车用能源，推广使用节能环保车型，以市场化手段推动老旧、高排放汽车淘汰更新。

三是依托现有资金渠道，按规定建立联合攻关平台，重点攻克先进发动机、混合动力、先进电子电器等乘用车节能环保技术。

5.持续扩大对外开放

《汽车产业中长期发展规划》提出，要发挥多双边合作和高层对话机制作用，促成产业合作整体框架和支持政策协定。深化境外投资管理改革，搭建“汽车产业国际合作绿色通道”。抓住“一带一路”建设、国际产能合作等机遇，加大力度开拓国际市场。鼓励优势企业选择差异化发展路径，逐步从出口贸易为主向投资、技术、管理等深度合作模式转变，实现产品、服务、技术和标准协同“走出去”。鼓励利用外资及引进相关先进技术和高端人才，加强与国外企业的战略合作，全面提高合作水平。加强政策引导，促进合资合作品牌与中国自主品牌共同发展，共同开拓国际与国内两个市场。鼓励合资合作企业加大研发投入，提高本地化开发车型比例。鼓励合资合作企业与内资企业加强技术和人才交流。

深化改革汽车产业管理体制，完善内外资投资管理制度，有序放开合资企业股比限制。通过制定新的外商投资负面清单，使对外开放的重大举措尽快落地。新的外商投资负面清单将把制造业开放作为一项重点，汽车行业将分类型实行过渡期开放，2018年取消专用车、新能源汽车外资股比限制；2020年取消商用车外资股比限制；2022年取消乘用车外资股比限制，同时取消合资企业不超过两家的限制。通过5年过渡期，汽车行业将全部取消限制。

6.加快推进智能汽车创新发展

以供给侧结构性改革为主线，抓住新一轮科技革命和产业变革的重大机遇，推进智能网联汽车技术创新，着力推动关键零部件研发，重点支持传感器、控制芯片、北斗高精度定位、车载终端、操作系统等核心技术研发及产业化。组织开展应用试点和示范，完善测试评价体系、法律法规体系建设。

国家发展改革委牵头制定的《智能汽车创新发展战略》（征求意见稿）明确提出五点保障措施：

一是成立国家智能汽车创新发展领导小组，组建国家智能汽车创新发展平台。推动构建智能汽车技术创新体系、产业生态体系、路网设施体系、法规标准体系、产品监管体系、信息安全体系等战略任务有效落实。

二是积极引导社会资本、金融资本，加大对国家智能汽车创新发展平台等公共平台的支持力度，推动智能汽车基础共性核心技术研发和产业化。推动众包、众创、众扶、众筹等多种创新模式。利用开发性和政策性金融、融资租赁和金融租赁等政策工具，重点扶持智能汽车新业态、新模式发展。

三是实行吸引创新人才的激励政策，建立重大项目与人才引进联动机制，加大国际领军人才和骨干人才的引进力度。推动汽车与信息通信、互联网等领域人才交流，加快培养一批复合型专家和科技带头人。

四是鼓励企业通过国际合作、联合开发、股权投资等多种方式，引进吸收国外先进技术和经验，打造具有国际影响力的智能汽车品牌。支持企业通过跨国并购、合资合作等途径，加快海外市场布局，增强海外研发能力，提高国际影响力与知名度。

五是加强知识产权保护，健全技术创新专利保护与标准化互动支撑机制，促进创新成果知识产权化。强化质量、安全、环保、反垄断等监管执法力度，规范智能汽车市场秩序。健全智能汽车领域信用规范，引导企业履行社会责任，营造诚实守信市场环境。

7.加快“走出去”步伐，提高国际化经营能力

国际化是当前汽车产业发展的重要特征。国际化发展是实现我国成为汽车产业强国的重要途径。汽车产业国际化程度直接决定我国汽车产业在国际上的地位。

一是坚持把国际化发展作为汽车产业可持续发展的重要保障，健全服务保障体系，提升国际化经营能力，加强国际合作，加快推动中国汽车产业融入全球市场。引导汽车企业树立国际化发展的战略理念，制定国际化发展战略。抓住“一带一路”建设、国际产能合作等机遇，加大力度开拓国际市场。鼓励优势企业选择差异化发展路径，逐步从以出口贸易为主向投资、技术、管理等深度合作模式转变，实现产品、服务、技术和标准协同“走出去”。

二是基于多双边高层合作机制，促进汽车产业合作战略框架协议达成。鼓励重点企业深化国际合作，在重点国家布局汽车产业园和开展国际产能合作，推动中国自主品牌商用车与国际工程项目“协同出海”。引导组建汽车产业对外合作联盟，提升汽车企业海外发展服务能力。到2020年，中国自主品牌汽车海外市场影响力明显提高，实现向发达国家市场的批量出口；到2025年，中国自主品牌汽车国际市场占有率大幅提高，实现全球化发展布局。

三是充分发挥现有政策的引导作用，鼓励和支持企业开展跨国合作，充分利用国际优势资源设立研发中心，推动产业合作由以加工制造环节为主向合作研发、市场营销、品牌培育等产业链高端环节转移。加强与汽车产业相关国际机构、组织的交流与合作，鼓励行业中介机构积极组织重点企业、高等院校等会同国际组织申请全球环境基金等绿色发展应用示范项目，建设新能源汽车分布式利用可再生能源的智能示范区，探索新能源汽车与可再生能源、智能电网的深度融合，以及协同发展的商业化推广模式，形成可在全球复制推广的经验和样本。

［第四十六章］

轨道交通装备制造业

本章主要讨论我国轨道交通装备制造业的地位与发展状况、发展战略与对策。

第一节　我国轨道交通装备制造业的地位与发展状况

一、我国轨道交通装备制造业的地位

轨道交通装备制造业是我国装备制造业的重要组成部分，为轨道交通运输业的发展提供装备。轨道交通运输业包括三个层次：干线铁路运输、地区铁路运输和城市轨道交通运输（含市域铁路、地铁、轻轨、单轨、磁悬浮等）。这三个层次所需技术装备包括：铁路机车、车辆及动车组，城市轨道车辆及城市轨道交通机电系统设备，通信和信号设备，牵引供电设备，以及各种专用轨道工程机械设备等。

（一）我国经济社会发展的战略性产业

轨道交通运输是国民经济大动脉和大众化交通方式。加快轨道交通运输业发展，对促进经济社会发展、实现全面建成小康社会的宏伟目标具有重要意义。

我国轨道交通运输业经过多年努力，取得了长足进步，但目前运输能力与运输需求的矛盾十分突出，成为国民经济发展的瓶颈。从客运方面看，许多列车常年拥挤，特别是春运、暑运和“五一”“十一”期间，“一票难求”问题十分突出；从货运方面看，铁路仍不能满足社会需求，大量货物不能及时承运。解决这些问题的关键除了加快新线建设、增加运营线路外，更重要的是发展轨道交通装备制造业，提高装备技术水平，提高列车运行速度。

同时，铁路是开发边远地区经济，加强边境防卫能力、救灾抢险、巩固国防等方面的重要运输手段，承担军队快速转移、重型武器装备及机动战略导弹等的运输，其重要性是其他运输方式所不具备的。在复杂的国际形势下，铁路运输在保障国家安全方面具有重要的战略意义。正是由于这一重要地位，发达国家均支持本国企业掌握轨道交通装备的开发、制造等关键核心技术，这也凸显此行业的战略特性。

（二）发展我国轨道交通运输业的重要支撑

中国的国情决定了我国的交通模式不能模仿美国“汽车+飞机”的模式及欧洲以公路为主的模式。首先，我国的人均耕地面积不到世界人均水平的一半。完成单位换算周转量占用的土地，国外公路一般是轨道交通的5~10倍，我国则高达25倍。从运量上看，一条高速铁路相当于5条4车道高速公路的运输能力。其次，航空运输能力受到机场地面设施的制约。在有效利用土地资源方面，轨道交通具有明显的优势。再次，从能源需求结构上看，如果按目前的速度发展小汽车，2020年全国汽车的石油消耗量

将达到2.56亿吨，占全国石油消耗总量的57%，届时我国石油对外依存度将达到60%以上。航空发展同样受到石油资源的制约。统计资料表明，民航、公路、轨道交通的单位运输量平均能耗比约为11：8：1。作为国家战略物资，石油的大量进口必将对国家经济安全造成严重威胁。而轨道交通所用电力牵引不占用紧缺的石油资源，是适应我国能源特点的运输方式。发展轨道交通运输对于改善我国交通运输业的能源消费结构将起到积极的推动作用。最后，从环境保护上看，在对大气造成的污染中，轨道交通是公路的1/40~1/4，轨道交通的噪音也比公路要小得多。与其他运输方式相比，轨道交通具有排放低、污染小的优势，是减轻交通运输污染的有效运输方式。总而言之，轨道交通是各种运输方式中社会成本最低的一种，应成为我国交通运输业的主要发展方向。

今后相当长一段时期，中国仍将是世界上规模最大的铁路及城市轨道交通装备需求市场。国际上著名的大公司如庞巴迪、阿尔斯通、西门子、日立、三菱、川崎、通用电气、通用汽车等，已全部涌入我国市场。如果这些项目全部依靠国外设备支撑，需要支付相当高的代价，不仅影响国内装备产业的发展，更重要的是放慢了运输业的发展速度。市场需求决定产业发展，在这种形势下，我国轨道交通装备制造业具备了大发展的市场机遇，客观上成为振兴装备制造业的重点，因此，必须及时调整产业发展模式，实行引进技术和自主创新相结合的“两条腿走路”方针，全力提升制造技术水平及经营管理水平，面对跨国公司的挑战，积极参与竞争。

（三）振兴我国装备制造业的重点领域

为了振兴我国装备制造业，2006年国务院发布《关于加快振兴装备制造业的若干意见》，明确提出高速列车、新型地铁车辆等装备为振兴重点，并且确定了以铁路客运专线、城市轨道交通等项目为依托，通过自主创新和引进先进技术消化吸收相结合，掌握相应装备的核心技术，使我国轨道交通装备在较短时间内达到世界先进水平。《国家中长期科学和技术发展规划纲要（2006—2020年）》将轨道交通列为交通运输业的优先主题。2009年国务院发布《装备制造业调整和振兴规划》，将高速铁路和城市轨道交通列为两大重点工程，提出实现高速动车组、大功率交流传动电力/内燃机车、重载货车、大型养护机械等装备的国内制造，重点实施城市轨道交通车辆、信号系统、列车网络控制系统、制动系统、主辅逆变器等机电设备自主化。

目前我国铁路客货运输能力紧张、供需矛盾十分尖锐，急需将既有铁路改造为以货运为主，并建造大运量、高速度、高密度的客运专线，从根本上解决铁路运能与需求的矛盾。这些要求和意见明确了轨道交通装备制造业在我国经济发展中的地位和作用。

二、我国轨道交通装备制造业的发展状况

（一）发展历程

我国轨道交通装备制造业是从铁路运输设备制造业发展演变而来的，目前已经形成了较为完整的工业体系。早在1881年，随着我国第一条铁路唐胥铁路的修建，开滦煤矿机修厂开始建造我国第一台蒸汽机车。但是，1949年以前铁路运输装备制造业生产的是“万国牌”铁路设备，生产企业是半殖民地性质的装配工厂。中华人民共和国成立后，铁路运输装备制造业才获得新生，并随着社会主义建设事业的发展而逐渐演变成现代轨道交通装备制造业，目前已形成电力机车、内燃机车、客车、货车、动车组、机车车辆配件、牵引供电设备、城市轨道车辆、城市轨道机电综合设备、信号设备、铁路专用工程机械设备等11个专业领域。其发展过程大致包括4个历史阶段：

1.在仿制中起步，初步构建铁路装备制造业的体系阶段（1949—1960年）

1952年四方车辆厂仿制MK1型蒸汽机车，制造了我国第一台蒸汽机车，随后其他铁路工厂先后仿制成功第一台内燃机车（巨龙号）、第一台电力机车（韶山1号）、第一辆YZ21型客车等。

2.以自力更生为主，打造铁路装备制造业基础阶段（1960—1980年）

在此期间，国家投资20多亿元，经过结构调整、老厂改造、新厂建设，在自力更生的基础上，相继研发生产了东风型系列内燃机车、韶山型系列电力机车、22型客车、60吨级货车及系列化的信号设备、养路机械，并开始批量生产北京DK1型地铁车辆，形成了50多个工厂、4个研究所，有较强研发制造能力的行业体系。

3.自主研发和引进国外先进技术相结合，快速缩短与世界先进技术水平的差距阶段（1980—2000年）

在此期间，国家投资30多亿元，引进了大批国际先进的制造技术和制造设备，装备了大型骨干企业，使其生产能力和制造设备水平均达到国际先进水平，为开发自主品牌产品打下了坚实的基础。在这一阶段，我国自主品牌产品技术水平迅速提高，基本满足了国内提速、重载运输市场的需求，并有一定的份额出口到国际市场。

4.以自主创新为基础，大规模引进技术，基本实现制造技术与国际先进水平接轨阶段（2001年至今）

进入21世纪以来，我国轨道交通运输业现代化进程的加快对轨道交通装备高技术产品的需求日趋强烈。在此形势下，我国轨道交通装备制造业加大了自主创新力度，研制了“大白鲨号”“蓝箭号”“先锋号”“中原之星号”“中华之星号”“长白山号”等准高速、高速动车组和“奥星号”电力机车，“雪域神舟号”高原内燃机车，ZPW-2000A型无绝缘移频自动闭塞系统，D08-32C型大型养路机械等一大批高技术产品。与此同时，为了加快客运专线建设，2005年开始引进300千米/时高速电动车组、200千米/时电动车组、大功率电力机车和大功率内燃机车。在城市轨道交通方面，引进了城市地铁和轻轨车辆及其配套技术，实现了70%以上的国产化目标，城轨车辆制造业快速发展。这一阶段大规模引进技术有力增强了国内企业的自主创新能力和国际竞争力，基本实现了我国轨道交通装备制造业制造技术水平和国际先进水平接轨。

（二）发展成就

1.形成了较为完整的产品面和产业链

我国轨道交通装备制造业经过几十年的发展，特别是“七五”时期以来的飞速发展，当前已经形成了自主开发、配套完整、设备先进、规模经营的研发制造体系，牵引供电设备、信号设备、城市轨道交通综合机电专用设备、机车车辆关键部件等产品都能满足国内需求。

2.形成了较为合理的国内竞争局面

政企分开后，轨道交通装备制造业的国内市场竞争格局发生了很大变化。一些铁路外的国有企业、合资企业和大量的民营企业以及跨国公司已先后进入我国铁路机车车辆、城轨车辆及机电设备、信号设备、牵引供电等领域，形成激烈竞争的局面。在竞争的基础上，通过国家自主化政策的引导，铁路机车、客车、动车组、货车、信号设备、供电设备、城轨车辆、机电设备、配套零部件、工程机械等主要设备均实现了国内制造，除部分关键总成和零部件尚需进口外，整机在国内市场上取得了很高的市场占有率。

在稳步扩大国内市场的同时，国产轨道交通装备开始走向国际市场。机车车辆产品的出口从经贸援助型过渡到贸易型，从零部件到整车，从一般客、货车到内燃机车、电力机车、双层客车、地铁列车等，出口到几十个国家和地区。

3.具备了较强的自主开发能力

我国四大电力机车主机厂近年来先后与研究院所、高等院校联合研发了自主品牌的新型交流传动电动车组，为引进300千米/时高速动车组奠定了基础，并培养了一批专业人才。

长客股份有限公司、四方股份有限公司、浦镇车辆公司、株洲电力机车公司、大连机车车辆公司等

7家城市轨道车辆生产企业已基本掌握了当代新型地铁车辆的设计制造技术与重要配套技术，达到了与进口产品同等的水平，并且在研制新型低地板轻轨车辆、直线电机地铁车辆、跨座式单轨车辆等方面取得突破性进展。

我国现有13家货车制造企业，每家企业均设有技术（开发）中心，为满足重载运输的需要，开发了双浴盆式运煤敞车，品种有载重75吨的C76型系列敞车，载重80吨，车体材质为铝合金、不锈钢、高强度耐候钢的C80型系列敞车，装运双层集装箱的X2型平车。新型货车产品还有新型沥青罐车、液化气罐车、黄磷罐式集装箱专用车、W6型毒品车等。长大货车有D38型380吨钳夹车、D32型320吨凹底平车与350吨落下孔车、D25A型250吨凹底平车、D26型260吨凹底平车、D26B型290吨落下孔车以及厂矿用400吨大平车等。另外，我国还研制了新型特种货车，如侧墙全开棚车、活顶棚车、加长型通用敞车、米轨石碴车等。这些产品整体上已达到或接近国际先进水平。

4.培育了具有一定实力的企业集团

中国中车集团是我国轨道交通装备制造业中最具代表性的企业，是我国轨道交通装备制造业的主体，主要经营业务包括铁路机车车辆、城市轨道交通车辆，各类机电设备及部件，电子电器与环保设备等产品的设计、制造、修理、进出口、销售和租赁，从事商贸、技术服务、信息咨询、劳务输出等。集团公司下属40多个子企业分布在全国20个城市。

（三）存在的主要问题

1.产业规模偏小

全世界主导轨道交通装备产业的跨国公司为三大巨头——庞巴迪、阿尔斯通和西门子公司。我国轨道交通装备制造业企业与国外先进企业相比，无论在技术水平上还是在经营规模上都存在一定的差距。从中车集团与庞巴迪、阿尔斯通和西门子的对比情况看，我国中车集团的资产规模明显大于庞巴迪公司，但销售收入没有拉开较大差距（见表46-1）。

表46-1　**2016年中车集团与庞巴迪、阿尔斯通、西门子规模对比**　单位：亿元

企业名称 指标	中车集团	庞巴迪	阿尔斯通	西门子
资产总额	3 383.1	1 583.4	1 049.3	9 185.9
销售收入	2 297.2	1 133.4	533.8	5 819.4

2.国内企业的国际竞争力不强

虽然我国轨道交通装备制造业的技术水平已达到国际先进水平，国际市场竞争地位也显著提高，但是与国外先进企业相比，无论在管理水平上还是在研发投入及技术储备上，都存在一定的差距。与阿尔斯通相比，中车集团的盈利能力明显不足。中车集团在销售利润率、总资产利润率、净资产利润率以及人均销售收入等指标上与阿尔斯通差距较大。这反映出国内企业的生产、运营效率低，管理水平落后，产品结构不合理。

3.自主研发能力亟待加强

与国际跨国集团相比，国内企业因研发投入不足与激励机制欠缺，自主开发工作严重落后，过多依赖引进国外技术，这对产业健康发展极为不利。我国轨道交通装备制造业的大型国有企业研发投入只有1%~2%，困难企业不到1%。参照本行业的国际模式，研发投入达到或超过2.5%，企业就可能进入良性发展轨道；低于这一比例，企业会丧失发展后劲，最终遭到淘汰。我国企业研发投入严重不足，而且在消化吸收引进技术上的投资也比较少。2009—2016年我国主要货车企业研发投资数量及占销售额的比重见表46-2。

表46-2 2009—2016年我国主要货车企业研发投资数量及占销售额的比重

企业 年度	中车齐齐哈尔交通装备有限公司		中车西安车辆有限公司		中车北京二七车辆有限公司		中车眉山车辆有限公司		中东长江车辆有限公司	
	投资（亿元）	比重（%）	投资（亿元）	比重（%）	投资（亿元）	比重（%）	投资（亿元）	比重（%）	投资（亿元）	比重（%）
2009	0.807	1.42	0.354	2.06	0.489	3.14	0.335	1.96	0.664	2.77
2010	1.550	2.24	0.662	3.11	0.507	2.88	0.361	1.97	1.163	3.30
2011	1.882	2.10	0.783	3.26	0.625	2.92	0.454	2.02	1.792	3.56
2012	2.312	2.09	0.426	2.09	0.734	3.21	0.487	2.02	2.076	3.67
2013	2.130	2.34	0.424	1.82	0.740	3.33	0.597	2.34	2.139	4.03
2014	1.628	2.34	0.478	2.05	0.690	3.73	0.668	4.48	2.288	6.71
2015	1.445	3.36	0.443	4.32	0.570	5.09	0.669	4.70	2.034	6.15
2016	1.217	3.84	0.462	3.08	0.586	3.71	0.620	3.53	1.027	2.99

4.体制机制有待创新

我国轨道交通装备制造业的主体，前身是铁道部的下属企业，以满足铁路运输发展需求为己任。由于实行的是高度计划、半军事化管理，生产资料、生产任务、产品价格等均由铁道部直接确定，长期执行的是保本微利政策。企业的发展资金及设备更新改造由铁道部负责筹集，按计划投入，企业的职责是按铁道部指令性计划生产合格的产品，实质上是铁道部管理下的一个生产性企业。虽然2002年铁道部开始对产品实行招议标采购，但铁道部作为用户制定的产品价格还是计划性的保本微利价格，而以前铁道部拨给企业的发展基金、更新改造资金、研发基金等统统取消，两头一挤，企业的发展受到严重影响。2013年3月，国务院批复组建中国铁路总公司，撤销铁道部，这种状况已有所改观。新的运输装备可以满足不同层次的需求，拉开了产品的档次和价格。通过深化改革，实行网、运分开，运输网公司和运输公司可以各自按照市场价值规律进行有序的竞争，装备制造企业可以在这种竞争中提供不同的产品，满足不同的需求，获取合理的回报。

第二节 我国轨道交通装备制造业的发展战略与对策

到目前为止，我国轨道交通装备的市场是以财政资金为基础支撑的，其特点是需求非常集中，政府掌控需求的能力较强。目前，国家有关部门基本上采取的是“以市场换技术”策略，即通过支付技术转让费或提供项目，请国际上拥有技术的跨国公司与国内企业组成联合体，外方负责提供技术或承担技术总负责的责任，中方参与尽可能多的制造。这种做法的好处是，工程项目的业主可以获得尽可能好的技术保障和质量保证，价格有可能大大低于国外直接进口设备，而国内制造企业可以从制造环节入手，逐步深入到产品的研发直至自主创新。尽管现在国内有人对“以市场换技术”策略提出了种种疑问，但从客观效果看，我国轨道交通装备制造业发展的历程中，改革开放以来的发展最快，一个重要的原因就是对外开放，与国际上技术先进的跨国集团合资合作。目前我国轨道交通装备制造业已成为国内装备制造业中具有较强自主开发能力的行业之一。

一、指导思想

在引进国外先进技术的同时，以新时代中国特色社会主义思想为指导，以国家大力振兴装备制造业为契机，以迅速发展的国内市场为依托，充分利用现有的产业发展基础，积极开展国际技术合作，进一步深化行业经济体制改革，加大企业体制机制创新力度，努力突破制约我国轨道交通装备制造业发展的关键技术和核心技术，全面提升行业的自主创新和自主发展能力，把我国的轨道交通装备制造业发展成为具有国际一流的创新能力和竞争能力的行业，从而使我国成为世界重要的轨道交通装备制造业基地。

二、发展原则

（一）技术引进与自主创新相结合

我国是一个发展中国家，按照发展经济学的观点，有限度地利用先进国家的发展成果，而不必一切从头开始，从而最大限度地降低发展成本（主要包括时间成本、资金成本、风险成本）。在我国轨道交通装备制造业的发展过程中，要坚定不移地实行对外开放政策，积极引进国外的先进技术和设备。事实上，我国轨道交通运输市场的快速发展，给国外设备制造商带来了难得的发展机遇，因此，我国轨道交通装备制造业握有"以市场换技术"的重要筹码。我们要不失时机地继续引进国外的先进技术。当然，引进的重点必须进行调整：要从引进制造技术向引进研发技术转变，从引进单项技术向引进集成技术转变，从引进硬件技术向引进软件技术转变。

必须切实加强自主研发和自主创新工作，把引进技术和自主创新有机结合起来，使引进技术的过程变成"消化吸收创新"的过程和"学习提高"的过程，而不是产生"路径依赖"的过程。这样做是必要的、迫切的，原因在于：一是从引进技术的客观环境来看，随着我国轨道交通装备制造业的技术进步和发展，引进技术的水平和档次越来越高，其中许多都是国外设备制造商的核心技术和关键技术，因此，引进的难度会越来越大，引进的成本会越来越高；二是我国要真正成为轨道交通装备业的制造大国和强国，就必须做到既掌控国内市场，又在国际市场有竞争力，这就必须有自己的核心技术、自主创新能力和自主品牌做支撑。由此可见，引进技术绝不是放弃自主创新，而是为自主创新提供更好的条件。

（二）整体提升与重点突破相结合

我国轨道交通装备制造业经过多年的发展，尤其是改革开放以来的快速发展，生产能力大幅度提高，产品品种不断丰富，技术开发能力不断增强，创建了"韶山型"电力机车、"东风型"内燃机车、25型客车、双层客车、B型地铁车辆等一系列自主知名品牌产品。轨道交通装备制造业所提供的产品品种、数量、质量基本上满足了国内铁路交通和城市轨道交通发展的需求，并已部分出口国外市场。在"货运重载化、客运高速化"的轨道交通运输发展新趋势下，我国轨道交通装备制造业要更好地适应国内外市场需求，就必须进一步加快行业的整体技术进步，加快产品的更新换代，提升行业的整体创新能力和骨干主机企业、零部件企业的国际竞争力。

在全面提升行业整体制造能力、产品开发能力、技术创新能力和市场竞争能力的同时，我国必须围绕目前制约轨道交通装备制造业的关键产品和关键技术实施重点突破，在关键技术领域的交流传动变流技术、微机控制复合制动技术、系统网络控制技术、高性能转向架技术等方面，破除我国轨道交通装备制造业的技术发展瓶颈，达到以点带面、整体提升我国轨道交通装备制造业技术水平的效果，真正实现跻身国际先进行列的目标。

（三）政策扶持与有效竞争相结合

随着我国社会主义市场经济体制的不断发展和完善，市场已成为我国经济社会发展中最重要、最基本的资源配置手段，竞争已成为产业和企业发展最根本的动力。在我国轨道交通装备制造业的发展过程中，要充分发挥市场配置资源的作用，确立装备制造企业的市场主体地位，加快建立健全现代企业制度，促进企业之间的有序、有效竞争。为此，政府应进一步推进经济体制改革和国有企业的改制、改组、改造，加快全国统一市场的形成，进一步完善政策法规和行业标准体系，加强宏观调控和行业规划，避免低水平重复建设，为企业的发展创造良好、公平的市场竞争环境。

与此同时，我国作为一个发展中国家，要实现赶超先进国家的目标，单纯依靠市场竞争的自然推动是不够的，全球经济一体化和激烈的国际竞争使我国产业没有足够的时间慢慢发展。在我国轨道交通装备制造业的发展中，按照国家加快振兴装备制造业的有关政策，结合轨道交通装备制造业的特殊性，采取适当的政策扶持是必要的，其中最重要的是继续坚持“给市场”的政策。

（四）结构调整与体制创新相结合

以结构调整为主线，优化轨道交通装备制造业的产业结构，促进产业资源向优势企业积聚，是充分发挥现有产业资源效能、做大做强我国轨道交通装备制造业、提高国际竞争力、实现可持续发展的重要途径。为此，我国必须加快产业资源整合步伐，加大企业资产重组力度，按照“经营规模化、生产专业化、竞争有序化”的思路，合理规划我国轨道交通装备制造业的产业布局，形成几个品牌知名度高、自主创新能力强、规模经济效益好的主机生产企业集团和一批“专、精、特”零部件生产“小巨人”。

与此同时，要积极推进体制改革和机制创新。在宏观层面上，一是要按照国家经济体制改革的整体步伐和搞活国有企业的有关措施，加大轨道交通装备制造企业的主辅分离力度，消除企业办社会现象，真正减轻企业负担；二是要改革现有的政府管理体制，转变政府职能，逐步改变轨道交通装备市场主要用户政企合一现象，避免有关部门的“管理政府化、利益企业化”行为，为轨道交通装备制造企业的发展提供公平的市场环境。在微观层面上，一是轨道交通装备制造企业要加快建立现代企业制度，建立健全法人治理结构，深化内部改革，强化企业管理，转换经营机制；二是要积极转变经营思路，摆脱传统经营思想的束缚，在充分利用城轨市场快速发展机遇的同时，加大国际化经营的步伐和力度，努力做大“体制外市场”，争取更大的市场发展空间和发展主动权。

（五）立足国内与走向国际相结合

未来将是我国轨道交通运输网的快速发展时期。干线铁路将围绕拓展网络、客货分线、建设快速客运网的目标发展。地区铁路将进入一个新的发展时期，如环渤海京津冀地区、长江三角洲地区、珠江三角洲地区的城际轨道交通规划等。城市轨道交通将加快发展，到2020年，我国城市轨道交通网总长度将达到5 000千米以上。由此可见，我国轨道交通运输网的快速发展将为轨道交通装备制造业的发展提供巨大的市场空间。由于我国满足轨道交通需求的产品不断高技术化、高性能化，也由于外国设备制造商纷纷加大了进军中国市场的力度和速度，我国轨道交通装备企业在面临难得的市场机遇的同时，也面临更加激烈的市场竞争。立足国内市场、掌控国内市场仍是今后我国轨道交通装备制造业发展的最重要的基础和任务。业内企业应在自主创新的基础上，结合引进技术的消化吸收，积极创建自主品牌，提升产品质量和技术水平，满足不断增长的国内市场需求，保持在国内市场的绝对主导地位。

要把我国真正建成轨道交通装备制造业的大国和强国，成为世界重要的装备制造业基地，仅仅立足国内市场、掌控国内市场是远远不够的，还必须充分利用我国轨道交通装备制造业现有的较为先进的制造能力、较强的成本优势以及由此而形成的较高产品性能价格比，加快进入国际市场的步伐，特别是进入发展中国家市场的步伐，从而进一步拓展我国轨道交通装备制造业发展的市场空间，扩大产业经济规模，提升产业竞争能力。

三、发展对策

（一）统一思想，提高认识

思想和认识是影响政策制定的重要因素。思想不统一，必然产生政策上的摇摆；认识程度不够，必然产生政策力度的欠缺。轨道交通装备制造业虽然总体规模不大，在国民经济中是一个小行业，而且不是支柱产业，但它是为国民经济大动脉——交通运输业提供装备的行业，其战略地位已远远超过了它本身产量和产值所能代表的价值。同时，在建设创新型国家的过程中，轨道交通装备制造业是一个非常重要的组成部分，因此，要以高度的历史责任感和强烈的民族责任心统一大家的认识。

（二）加强宏观管理和规划

在市场经济条件下，市场是配置资源最基础的手段，但对一个发展中的大国来说，必要的政策引导和行业规划对行业健康发展非常重要。特别是在对外开放条件下，面临强大的外资进入，如果不进行宏观管理，这个产业就会变为国际产业的分支。因此，在促进我国轨道交通装备制造业发展的过程中，要建立合理的市场准入制度，确定进入门槛；要建立健全行业技术标准体系，既有利于掌握产业发展的主动权、保护国内市场和产业，又有利于引进技术的消化吸收，促进自主研发和自主创新；要制定行业中长期发展规划，明确行业发展目标、发展重点、技术路径及主要政策措施，为行业发展提出明确的思路和方向。

（三）切实提高自主创新能力

（1）要建立“产、学、研、用”技术创新体系。由于轨道交通装备制造业的用户具有高度的集中性和专一性，因此，充分发挥用户在技术创新中的作用变得既可能而且有必要。只有在用户的积极参与下，企业才能根据用户的技术要求，联合有关科研院所、大专院校进行合作开发，生产出适销对路、满足用户需求的产品，才能使潜在用户变成现实用户。

（2）要加大研究开发投入。从企业角度看，应不断增加研发投入，把目前只占销售收入1%~2%的研发投入比例逐步提高到2.5%，改变企业研发投入严重不足的被动局面。从国家角度看，应对涉及行业发展的重大共性技术和关键技术进行必要的资金支持。同时，为了保障自主研发的装备有试验、试用、运用的运行平台，国家对给予自主研发的新产品首次试验及首次运用机会的用户应进行一定的资金补贴或其他政策优惠。

（3）要建立稳定的技术创新队伍。轨道交通装备制造企业要与高等院校、科研院所加强人才培养合作，联合培养一批年富力强、具有强烈的创新意识和创新精神的中青年科技人才，特别要培养一些具有重大科技攻关能力和系统设计能力的带头人。采取持股、技术入股、提高薪酬等更加灵活的政策措施，吸引人才、留住人才，建立稳定的技术创新人才队伍。

（4）要制定中长期技术发展政策。目前轨道交通装备制造业已发展到机电一体化并和信息化相融合的阶段，高新技术的采用改变了装备制造业的传统模式，有些装备研制周期长、投入大、风险高，更需要国家的技术发展政策做指导。国家应鼓励支持推广、应用的技术装备发展的方向，满足我国轨道交通运输业的发展需要。

（5）要开展重大专项攻关计划。以项目为龙头，带动自主研发和技术创新活动的开展。目标是坚持自主创新，集中优势资源，实现核心技术的突破和集成创新，抢占轨道交通装备业高技术的战略制高点。

（四）完善相关的支持政策

（1）要坚持实施国产化政策。城市轨道交通建设项目中实施的国产化政策，有力地推动了我国城轨车辆制造企业的技术进步，降低了城市轨道交通建设成本，促进了国内产业的发展，实践证明是一个较为成功的政策。今后应继续坚持这一政策并把它推广到有关的铁路建设项目中。

（2）要改革价格形成机制。在市场经济条件下，产品价格应该由企业根据供求关系的变化，在市场竞争的基础上自主定价。但由于我国铁路运输装备行业的特殊性，一直或多或少地沿用计划经济时代的定价机制。为了保证轨道交通装备制造企业的正常发展，改善市场经营环境，应改革产品的价格形成机制，在参照国际市场产品价格的同时，根据产品的性能价格比及物价指数变化等因素，实施成本组成定价方式，尤其应将各种新产品研发投入的费用计入成本。对不同技术等级的产品制定不同价格比例的开发成本，消除定价中的一些不合理因素，使国内企业得到合理的利润，以利于增强企业的创新和发展能力。

（3）要建立健全政府采购支持政策。为了促进我国轨道交通装备制造业的发展，加快培育自主品牌和国内企业集团，应参照发达国家的做法，进一步完善政府采购政策，扩大政府采购规模。凡是国产装备已具备替代进口产品的条件的，政府采购应保障采购国产装备，实行国货优先和原产地原则，把这部分市场留给国内企业。

（4）要建立大宗商品进口审查制度。随着我国轨道交通运输业的快速发展，轨道交通装备市场的需求急剧上升，国外的装备制造商纷纷通过技贸结合方式进入我国市场，对我国轨道交通装备制造业的市场占有率产生了较大的影响。为了杜绝一些项目贪大求洋、铺张浪费，避免追求引进最新技术、最新产品，以及经济上不合理的行为，防止盲目大批进口轨道交通装备，国家应制定大宗进口装备审查制度，对其引进的必要性、可行性进行科学的专题论证。

（五）加强行业基础工作

要建立和完善产品认证制度和相应的机构。应按照国际准则规范运作，建立和完善第三方（中介）机构组织，承担开发产品的认证工作。著名的英国阿特金斯公司、德国莱茵TUV认证机构、美国TTCI北美铁道协会交通技术中心等机构进行重要的技术咨询及评审工作。只有这样，才能使轨道交通装备制造企业的自主创新工作开展起来。

[第四十七章]

船舶装备制造业

本章主要讨论船舶装备制造业的作用、我国船舶装备制造业的发展状况、发展战略与对策。

第一节 船舶装备制造业的作用

船舶是人类社会发展中最早出现的运载工具之一，是世界各国经济、政治、文化交流的重要手段。中华民族造船业历史悠久，源远流长，溯古迄今已有三千多年历史。中国古代造船技术曾长期引领世界造船技术的发展方向，对世界造船业和航运业的发展做出了巨大的历史贡献。特别是明成祖年间（1403—1425年）郑和七下西洋更是成为世界空前壮举，将中国的造船业和航海业推向了顶峰。之后，由于封建王朝实行了海禁政策，人为地限制造船业和海上贸易活动的发展，自唐宋以来遥遥领先于世界各国的中国造船业迅速衰败下来。直到1865年，以清政府建设江南造船所为开端，中国的造船业才重新开始融入世界造船产业体系。

世界近代船舶装备制造业是伴随着资本主义生产方式的产生和发展、近代科学技术的进步而快速发展起来的。它曾对国际商品交换、世界市场的形成以及资本主义生产方式在世界范围内的传播（尽管有时表现得极为残酷和血腥）起到极大的促进作用。世界经济发展史和资本主义发展史都证明，曾经的或现在的世界经济强国无一不是船舶装备制造业强国。如英国、法国、西班牙、葡萄牙等老牌资本主义国家在17、18世纪时船舶装备制造业就已非常发达。19世纪以后，新兴的资本主义国家如美国、日本等也加入了造船产业发达国家的行列。由此可见，船舶装备制造业在早期资本主义国家的经济发展中发挥着十分重要的作用。实际上，在早期争夺世界原材料生产基地、瓜分世界市场的过程中，强大的船舶装备制造业成了资本主义国家对外扩张的最重要的实力保障。

在世界经济发展中，新兴产业不断兴起，产业结构不断演变，但船舶装备制造业在世界经济尤其是在世界贸易中、在世界政治尤其是世界军事中的战略地位仍然是其他产业不可替代的。在海洋经济不断发展、海洋开发不断深化以及新的科技成果和信息技术在船舶装备制造业广泛采用的今天，船舶装备制造业原有的内涵和外延都发生了深刻的变化。从这个意义上说，船舶装备制造业从产值、增加值、税收、就业等方面来看也许不能定位为国民经济的支柱产业，但它是经济社会发展中重要的“战略性”产业。我国是一个发展中大国，无论从经济发展需要还是从国防发展需要出发，发展船舶装备制造业都具有十分重要的战略意义。

一、船舶装备制造业是国防产业的重要组成部分

船舶装备制造业担负着为海军现代化建设和维护海洋权益提供舰船装备的神圣使命，它的发展水平直接关系国家的国防安全。由船舶工业提供的舰船包括现代化的导弹护卫舰、导弹驱逐舰、常规动力潜艇、核动力潜艇、航空母舰、登陆舰艇、扫雷舰艇等海军主流舰艇和军辅船；海监船、渔政船、海事执法船、海警巡逻艇、缉私艇、边防艇等公务执法船；远洋综合补给船、综合测量船、打捞救生船、海洋

测量船等航天卫星发射辅助用船。这些舰船在确保国家的国防和经济安全方面发挥着巨大作用，是不可缺少的战略性产业。船舶装备制造业又是典型的军民融合型产业。船厂最重要的基本设施船坞、船台及所属装备，既可以用于民船建造，也可以用于军船建造。船厂大部分生产线和生产设备无须进行大的改造即能够很方便地实现军民产品之间的相互转换。在诸多国防产业部门中，船舶装备制造业是军民兼容程度最高、军民转换障碍最小的。在国际上，骨干造船企业往往都是海军军用舰艇的主要生产厂家，我国也不例外。另外，作为船舶装备制造业产品的船舶，平时可以作为民用运输工具为航运业服务，战时又可迅速转变，为军事服务，是海军的天然后备力量。

二、船舶装备制造业是航运和海洋经济发展的重要支撑

世界上90%的国际贸易货物是由船舶运输来完成的。21世纪是海洋世纪，随着陆上能源开采的逐渐枯竭，世界各沿海国家都把海洋开发作为国家经济发展的战略趋向。我国是对外贸易大国、能源消费大国，又是海洋大国，发展对外贸易，保障战略运输安全，加快海洋开发，建设海洋强国，需要船舶装备制造业为我国的航运业和海洋开发业提供现代化的各类运输船舶和海洋工程装备。中华人民共和国成立以来，我国船舶装备制造业为国内航运业建造了大量钢制远洋和沿海运输船舶，为我国渤海、东海、南海油田的开发提供了大量的导管架平台、自升式平台、半潜式钻井平台、钻井船、浮式生产储油装置（FPSO）及各类海工辅助船、工作船，还为我国的港口建设、航道疏浚、航区拓展、内河运输、水产捕捞等提供数十万艘各种内河运输船、工程作业船、渔业捕捞船，为水上娱乐业的发展提供众多的游艇、快艇、运动艇、休闲艇等，有力地支持了我国交通运输业、海洋资源开发业和旅游业的发展。

三、船舶装备制造业是具有极强带动作用的产业

现代船舶装备制造业不仅是现代大工业的产物，而且是现代大工业的缩影。船舶装备制造业作为综合工业之冠，在国民经济产业体系中具有极强的产业关联性。船舶装备制造业在国民经济的重要地位和作用正是通过这种强烈的产业关联性和带动作用表现出来的。从某种意义上说，这种带动作用对国民经济的贡献甚至超过直接提供产品的贡献。英国、日本、新加坡、韩国等国在各自国家工业化的过程中之所以都选择船舶工业作为支柱产业，其中很重要的原因是船舶装备制造业的发展能带动一大批相关产业的发展。日本专家通过对船舶装备制造业关联作用的研究，得出了“船舶装备制造业是综合工业之冠”的结论，给予船舶装备制造业高度评价；韩国甚至明确提出了“造船立国”的口号。在我国，有关研究机构通过投入产出表分析表明，在国民经济116个产业部门中，船舶工业与其中97个部门有直接关系，关联面达84%，影响力系数居第十六位，在交通运输（船舶、汽车、铁路车辆、飞机等）影响力系数中排名第一。事实表明，船舶装备制造业的发展对我国经济的快速成长确实起到了重要的推动作用。

四、船舶装备制造业是重要的出口创汇行业

改革开放以来，我国船舶装备制造业积极参与国际竞争，大力开拓国际市场，不仅走出了一条以出口带动船舶工业发展的创新道路，而且为国家创收了大量外汇，为促进我国对外贸易的发展做出了积极的贡献。船舶作为大型工业产品，具有价值高、单位产品出口创汇能力强的特点。船舶产品已成为我国机电产品出口的支柱产品，对改善我国机电产品的出口结构具有重要意义。

五、船舶装备制造业是高新技术的重要载体

船舶装备制造业不仅具有带动国民经济发展的巨大作用，而且通过大量应用高新技术能促进高新技术产业的发展。从历史来看，船舶产品就是在不断吸收各个时期的最新科技成果中逐步发展起来的。造船产业在18世纪与蒸汽机的结合、在19世纪与内燃机和电力装置的结合，不仅成就了伟大的发明，也使船舶装备制造业真正迈入了现代造船技术的纪元。大量事实证明，船舶装备制造业历来就是新技术应

用最重要的领域之一。当今时代，世界科技发展日新月异，而船舶装备制造业对最新科技成果的吸附作用也更加突出。越来越多的高新技术在船舶中得到应用。船舶工业作为综合工业之冠，船舶产品作为一种特殊产品，涉及机械、导航、通信、水声、光学、电子、新材料等300多个专业学科，融合核技术、航天航空技术、自动控制技术、超导技术、卫星导航通信技术、微电子技术等大量高新技术和产品，涵盖了许多当代技术发展的重要领域。大力发展和做强船舶工业，对促进我国高新技术的发展和应用都具有十分重要的现实意义。

六、船舶装备制造业是就业吸纳能力较强的行业

船舶产品的非批量特点决定了船舶装备制造业是劳动密集型的，建造一艘现代化船舶必须集中使用大量的劳动力。这是因为：

其一，船舶生产具有非批量性的特点，同一套图纸的船舶通常一批最多建几艘到十多艘，钻井平台、生产平台等海洋工程装备，由于使用海域环境不同，几乎都是单座建造，绝不像电视机或小汽车那样可以在流水线上生产。所以，基本上是一艘船对应一套图纸，而且每艘船在具体的建造工艺上都有差别。

其二，即使诸如钢板预处理等工序实现了自动化，但切割、焊接、涂装、舾装、电装等工序还要大量依赖手工操作。因此，造船先进国家如日本、韩国建造一艘大型船舶仍需耗用数十万工时，我国则需要数十万到上百万工时。我国船舶装备制造业的劳动密集程度仍然是相当高的，发展船舶装备制造业对于吸纳社会劳动力、缓解就业压力能起到积极的作用。

第二节　我国船舶装备制造业的发展状况

一、行业发展的主要成就

我国近现代船舶装备制造业从1865年清政府建立江南造船所开始算起，至今已有150多年的历史，是一个历史悠久的传统产业，但其真正发展的黄金时期则是中华人民共和国成立以后，尤其是改革开放后。我国船舶工业经历了三个阶段的发展：①艰苦创业，奠定现代船舶工业基础（1949—1978年）；②改革开放，开创船舶工业现代化建设新局面（1979—2000年）；③抓住机遇，向世界造船大国挺进（2001—2012年）。目前我国正在向世界造船强国的目标努力奋斗。回顾中华人民共和国成立以来船舶行业的发展，主要取得以下成就：

1.经济规模快速扩大，国际地位不断提升

中华人民共和国成立之初，全国船舶工业造船完工不足1万载重吨，工业总产值仅为1亿元左右。2017年，全国造船完工量为4 268万载重吨，同比增长20.9%，其中，海船为1 292万修正总吨；新承接船舶订单量为3 373万载重吨，同比增长60.1%，其中，海船为1 136万修正总吨；手持船舶订单量为8 723万载重吨，同比下降12.4%，其中，海船为2 984万修正总吨，出口船舶占总量的90.2%。2017年，我国造船完工量、新接订单量、手持订单量分别占全球总量的41.9%、45.5%和44.6%，造船三大指标、国际市场份额均位居世界第一。

2.研发能力显著增强，产品结构升级换代

改革开放以来，我国船舶工业坚持引进技术与自主开发相结合、以自主研发为主的科研发展方针，科研水平取得了长足的进步。20世纪80年代初，我国仅能设计万吨级散货船、小型集装箱船等简单船型，现在，我们全面掌握了三大主流船型（散货船、油船、集装箱船）的设计技术，形成了一批标准化、系列化的品牌船型；适应当前国际造船新规范、新标准关于节能减排的要求，一批绿色环保船型开发成功，突破了一批高技术船舶的自主设计，不断打破少数国家的技术垄断。

在海洋工程装备方面，我国已能自主设计系列化自升式钻井平台、浮式生产储油装置（FPSO）和大部分海工辅助船、工作船、深海半潜式钻井平台，钻井船开始自主设计，高端海工装备（LNG-FPSO、SPAR、TLP等）突破设计关键技术，积极培育前瞻性海工装备（天然气水合物、风能、海底金属矿等开发装备）的设计。

在船舶（海工装备）制造工艺方面，船舶行业坚持开展建立现代造船模式工作，改革开放以来，经历了从搞生产设计、推广成组技术，抓壳舾涂一体化，提出设计、生产、管理一体化，到学习先进的敏捷造船、精细化管理、数字造船，直到推进信息化和工业化“两化”深度融合等多个发展阶段，使我国在缩短建造周期、提高生产效率、降低产品成本、提高竞争能力等方面取得明显进步，与日本、韩国等世界先进造船国家的差距不断缩小。

3.军品科研、生产成绩显著，海军装备实现跨越式发展

中华人民共和国成立以来，船舶工业为海军、边防提供现代化装备，使中国海军、边防舰队由小到大、由简单到复杂、从一般到尖端，成为一支具有现代化规模的海上防御力量。船舶工业为海军提供的导弹护卫舰、导弹驱逐舰、常规动力潜艇、核动力潜艇等主战舰艇以及“远望号”航天测量船、大型综合补给船等军辅船舶均改进了2~3代，2012年又成功建造了我国首艘“辽宁号”航空母舰，正式交付海军列装。由船舶工业提供给海军的舰艇编队多次环球航行，访问世界各国，壮了国威，扬了军威，充分显示了我国船舶工业研究、生产的重大成果和对海军现代化建设的巨大作用。

4.基础设施全面改善，产业体系不断完善

从20世纪80年代起，为适应建造出口船和国内远洋船的需要，我国陆续对骨干船厂进行了一系列技术改造。为提高我国大型船舶制造能力，扩建和新建了一批现代化船厂。这些技术改造和新建船厂普遍采用国际上先进的切割、焊接、钢板预处理、平面分段制造、涂装生产等现代化设备和生产线，船厂的硬件设施得到很大改善。目前，我国的骨干造船企业主要造船装备的水平已进入世界先进行列。与此同时，船舶产业体系不断完善，全国现有从事船舶（海工装备）设计研究的单位和高等院校上百个。船舶配套企业包括船舶动力装置、甲板机械、舱室机械、通信导航自动化、船舶舾装件等企业，专业门类十分齐全。目前我国已建成环渤海湾、长江口、珠江口三大造船基地。

5.生产效率稳步提升，经济效益快速提高

改革开放以来，在不断完善硬件条件的同时，我国船舶工业在提高制造技术、改进生产组织管理技术方面做出了巨大努力。通过引进国外先进造船理念和管理技术、大力推进转变造船模式等工作，我国船舶企业的生产效率有了大幅度提高，经济效益明显好转。

二、发展中的主要问题

改革开放以来，尽管我国船舶装备制造业的发展取得了巨大成就，但发展方式较为粗放，主要依靠生产要素投入；产业结构不尽合理，常规船舶占比高达70%以上，与世界造船强国相比，仍存在不小差距和问题。其具体表现在：

1.科技创新能力较弱

我国虽然是世界第一造船大国，而且在世界造船产量中的比重也不断提高，但与日本、韩国等造船产业强国相比，我国的科技创新能力较弱，存在船型开发基础研究薄弱、设计周期较长、缺乏原始创新品牌船型和技术储备的问题；在应对国际造船新规范、新标准，开发节能减排、绿色环保型船舶中落后于日本、韩国，在市场竞争中较为被动；部分高技术船舶、深海半潜式钻井平台、采油平台等主流海洋工程装备概念设计、基本设计仍需依赖国外，存在空白。

2.结构性产能过剩

2003—2008年，世界船市空前兴旺，全球造船能力迅速扩大。我国多元化投资造船，造船能力也迅速提升，加快了我国成为世界第一造船大国的进程。2008年下半年国际金融危机爆发，船市大幅度下滑，供求矛盾突出，产能过剩凸显。我国拥有造船能力8 000万吨，大部分为常规船舶生产能力，低水平重复严重，有能力承担高技术船舶生产的企业相对少，市场占有率较低。在当前船舶产品升级、高技术船舶需求比例上升的形势下，我国在竞争中处于不利地位。

3.生产效率和管理水平亟待提高

当前我国骨干船厂的船舶建造周期和质量已达到国际一流水平，但从生产效率指标分析，我国人均造船产量仅为日韩的1/3~1/2，每修正总吨工时消耗为日韩的2~3倍。从建造技术分析，我国在分段无余量制造率、预舾装完整性、下水/出坞完整性与日本和韩国相比差10~20个百分点，钢材一次利用率差5~6个百分点。这些集中暴露了我国造船业管理水平和生产技术与世界先进造船国家之间的差距。

4.船舶配套设备发展滞后

船舶配套设备本土化率是造船强国的重要标志，也是产业国际竞争力的体现。我国造船业发展迅速，但配套设备发展严重滞后。目前我国的船舶配套设备本土化率，三大常规船型为50%~60%，高技术船舶为30%左右；出口船、远洋船的船用低速柴油机、中速柴油机、甲板机械、发电机组等主要船用设备依靠引进技术或对外合资、合作企业生产，缺乏自主品牌；许多舱室机械、通信导航自动化设备（系统）依靠进口。我国船用配套企业数量不少，但普遍存在企业规模小、产品档次低、系统集成能力弱、没有全球维修服务网络等问题。

5.海洋工程装备发展缓慢

我国海洋工程装备制造起步于20世纪60年代，但仍存在经济规模、市场份额小的问题，处于产业发展的幼稚期；主流装备自主设计能力薄弱，核心技术依赖国外；专业化体系没有形成，相关服务业发展滞后；本土化能力严重不足，核心设备和系统主要依靠进口；缺乏高端专业人才，尚不具备完整的总承包能力等问题。

第三节　我国船舶装备制造业的发展战略与对策

随着经济全球化的步伐加快，国际贸易发展迅猛，科技创新驱动有力，产业发展领域不断拓宽；国内宏观经济形势和融资环境持续向好，海运贸易和海洋经济发展空间广阔；我国船舶产业基础更加雄厚，劳动力、技术、资本市场等比较优势依然存在，承接产业转移的大趋势没有改变，这为我国船舶、海洋工程装备产业的发展提供了重要机遇。同时，世界经济增速缓慢，全球船舶运力和产能过剩，船市有效需求不足；需求结构明显变化，国际造船新标准、新规范频繁出台，绿色造船要求全面提高，技术壁垒不断加强，世界造船竞争格局深度调整，竞争空前激烈；国内劳动力成本上升，人民币汇率、原材料和设备价格波动，这使主要依靠生产要素投入的发展方式难以为继，产业发展面临严峻挑战。我们必须准确把握发展趋势，充分利用有利条件，加快产业结构调整和转型升级，努力实现做强目标。

一、指导思想

深入贯彻落实新时代中国特色社会主义思想，把握市场发展的新变化和科技发展的新趋势，以加快转变经济发展方式为主线，更加注重创新驱动，更加注重质量品牌，更加注重效率效益，做强做优船舶装备制造业，快速壮大海洋工程装备制造业，大力提升配套业，打造现代化产业体系，提高产业核心竞争力，努力实现产业发展由大到强的转变。

二、发展原则

1.面向市场需求，突出重点领域

针对国际船市的新变化，大力发展散货船、油船、集装箱船等绿色环保主流船型，LNG船、LPG船、化学品船、特种工程船、汽车运输船等高技术、高附加值船舶，高等级冰区多用途船、大型破冰原油船等冰区船舶；针对国内航运发展需求潜力，加快淘汰国内航运老旧船舶，大力发展公务执法船舶、内河和沿海运输船，更新改造各类工程船、远洋渔船；针对世界海洋资源开发的重大需求，重点发展市场需求大、技术成熟度高的海洋油气开发装备，积极推进海洋可再生能源、海洋化学资源开发装备产业化；针对船舶（海工）配套业发展滞后的现状，重点发展满足IMO要求的船用低、中速柴油机及关键部件和系统，新型发电机及动力传动装置，大型高端甲板机械及关键部件，自有品牌的舱室设备，新一代通信导航和自动化设备。

2.促进转型升级，强化创新驱动

坚持把推进转型升级作为中心任务，把创新驱动作为转型升级的重要支撑。切实推进从主要依靠生产要素投入向主要依靠科技进步、劳动者素质提高和管理创新转变；充分利用国内外创新资源，提高集成创新能力，拓展产品领域，突破核心技术，调整升级产品结构，提高高端产品设计制造能力，抢占未来产业发展和技术竞争制高点。

3.提高产品质量，注重效率效益

坚持把提高质量和效益作为产业发展的根本要求。为适应国际造船新规范、新标准，应对造船新要求和船市竞争新形势，必须更加注重提高发展质量和效率效益，大力实施品牌和质量提升战略；积极推进精细化管理，提高生产效率，降低成本和能源、资源消耗。

4.推进兼并重组，优化生产布局

针对船舶产业结构性产能过剩的现状，要坚持市场化运作，发挥企业的主体作用和政府的引导作用，通过推进企业兼并重组，优化资源配置，整合优势产能，化解产能过剩，推进产业结构升级，优化生产能力布局。要利用现有骨干企业的能力，严格控制新增产能，提高产业集中度，培育一批具有国际竞争力的大型企业集团。

5.推进军民结合，抓好“两化”融合

坚持把推进军民结合和“两化”融合作为产业发展的战略方针和重要手段。要充分利用全社会资源，大力发展军民一体化的船舶科研、生产体系，完善军民互动的体制机制，加速军民两用技术的相互转化，大幅度提高军民结合产业基础，增强动态保军能力；要全面提升船舶工业研发、设计、制造、服务管理信息化水平，夯实行业信息化基础，完善产业链信息化体系建设，提高数字化造船能力，推动企业现代造船模式建设和造船信息化集成系统应用。

三、发展对策

1.强化行业管理，推进产业结构调整

充分发挥船舶行业管理部门的作用，进一步完善船舶行业管理体系，严格执行各项产业政策。加快行业法律法规建设，健全行业管理的制度环境。充分发挥船舶行业协会、造船工程学会、中国船级社等组织的作用，加强行业自律，维护行业权益。

行业主管部门要积极推进以大型骨干造船企业为龙头的跨地区、跨行业、跨所有制兼并重组，优化资源配置，发展拥有国际竞争力的企业集团，提高产业集中度。促进优势企业通过兼并重组等方式扩大高端产品制造能力。鼓励上下游企业组成战略联盟，进行产业链整合。推进骨干企业开展境外并购。鼓励中小型造船企业面向细分市场实施差异化竞争，向“专、精、特、新”方向发展，在优势领域形成特色和品牌。引导船用低、中速柴油机和甲板机械等配套企业以资本、产品为纽带，加大专业化重组力度。

2.加强和完善财税、金融等领域支持政策

加强船舶产业政策与国家有关财税、金融政策的衔接力度，充分利用出口退税、重大技术装备支持政策，技术改造支持政策等，促进产业转型升级。同时，在船舶产业中建立和完善保险机制，鼓励和支持金融机构拓宽船舶融资渠道，开展船舶出口买方信贷业务、建造中船舶抵押融资业务，发挥各类股权投资（基金）的资本支持作用。

完善出口信用保险资助。充分发挥出口信用保险对企业出口的政策性保障作用，扩大出口信用保险业务规模和覆盖范围，帮助船舶企业规避国际贸易风险。

支持船舶出口担保。鼓励担保机构扩大对骨干船舶企业的担保规模，降低收费标准，增强抗风险能力，缓解骨干船舶企业融资难的问题。

创优金融服务。鼓励金融机构开发适合船舶、海洋工程装备及配套企业的金融产品，扩大出口信用保险、政策性银行金融产品支持规模，以多种方式支持出口企业融资，提高出口信贷能力、保函授信额度。

积极拓展融资租赁业务，鼓励企业通过企业债券和银行间市场债务融资工具开展融资。

3.加大科研投入，鼓励研发与创新

积极落实国家支持科技发展和创新的有关政策措施，进一步完善以国家投入为导向、以企业投入为主体的科技投入机制，鼓励船舶企业加大科研经费投入。支持企业加大对高技术船舶、海洋工程装备及重点配套设备的研发。鼓励设立船舶科研基金，支持重点企业开展研发活动。鼓励金融机构对船舶企业的研发活动给予支持，充分发挥金融机构的杠杆作用。支持骨干船舶企业和科研院所研发条件建设，重大创新项目实施知识产权全过程管理，加大成果推广应用力度。

激励技术创新，制定并实施教育、科技、新产品税收等方面的优惠政策，减免各种研发活动的税收；提供财政拨款奖励创新企业和个人，设立企业专项基金重点资助技术研发、技术标准创新类项目。

4.实施人才战略，加强科研队伍建设

实施人才战略，树立以人为本的战略观念，建立有效的人才激励机制，充分调动人力资源的积极性，培养高水平复合型人才。同时，进一步优化船舶产业人才结构，形成创新型科技人才、技能型人才和高水平管理人才梯队。

依托重大创新项目的实施以及重点科研基地的建设，加大学科带头人的培养力度，积极推进创新团队建设。支持船舶企业引进海外优秀科技人才，鼓励企业、科研院所与高等院校合作培养研究型人才。支持和鼓励骨干造船企业建设地区性船舶行业技能培训中心，解决企业技术工人短缺、总体水平不高的问题。

5.加强信息渠道建设，促进交流与合作

加快船舶行业公共服务平台建设，加强行业统计和经济运行分析，做好信息导向，完善信息发布，逐步建立行业监测预警机制，引导行业健康发展。

加强与国际组织、主要造船国家的合作与交流，积极参与国际规则与造船规范、标准的制定和修订。加大“引进来”和“走出去”步伐，鼓励境外公司在境内设立船舶、海洋工程装备、船用柴油机及配套产品的专业研发机构，鼓励有条件的企业并购境外制造企业和研发机构。鼓励大型船舶配套企业通过对外合资、合作、租赁等手段，依托国外供应商的成熟网络提升营销服务能力。引导企业拓展和深化与科研机构、高等院校、用户之间的创新合作，建立产业技术创新联盟。鼓励船舶企业、科研院所与国外相关机构开展联合设计和技术交流。对于符合产业和技术发展方向，“产、学、研、用”联合开展研发的项目以及与国外开展技术合作并拥有知识产权的研发项目，国家优先予以支持。

［第四十八章］
航空运输装备制造业

本章主要讨论我国民用飞机产业概述、发展状况、发展战略与对策。

第一节　我国民用飞机产业概述

航空运输装备制造业系指生产民用航空运输所需的干线飞机、支线飞机和进入航线的其他飞机（统称民用飞机）及其配套产品以及为该类生产提供服务的企业群体，简称为民用飞机产业（或民机产业）。民用飞机产业与军用飞机制造业一起构成我国的航空产业。

一、航空运输的特点

世界航空运输发展快速。1945年世界航空运输客运量约为900万人次，1987年突破10亿人次，1996年达到15亿人次，2005年达到21.3亿人次，2011年达到28亿人次，2017年40.8亿人次。

同其他运输方式相比，航空运输主要有以下优点：

（1）速度快。现代喷气式客机的巡航速度为800~900千米/时，比现代火车快2~3倍，比汽车快5~10倍，比轮船快20~30倍。

（2）机动性大。航空运输可以将地面上任何距离的两个地方连接起来，尤其对灾区的救援、供应和边远地区的急救等紧急任务来说，航空运输已成为必不可少的手段。

（3）舒适、安全、准确。喷气式客机的巡航高度一般在10 000米左右，飞行不受低空气流的影响，平稳舒适，安全性也大大提高。

（4）节约包装、保险、利息等费用。采用航空运输方式，货物在途时间短、周转速度快，可以减少企业的存储费用，有利于企业资金的回收，相应减少利息支出。又由于航空货物运输安全、准确，货损、货差少，保险费用较低。与其他运输方式相比，航空运输的包装简单，包装成本减少。

（5）基本建设周期短、投资少。要发展航空运输，从设备条件上讲，只要添置飞机和修建机场。这与修建铁路和公路相比，一般来说建设周期短、占地少、投资省、收效快。据计算，在相距1 000千米的两个城市间建立交通线，若载客能力相同，修建铁路的投资是开辟航线的1.6倍，铁路修筑周期为5~7年，而开辟航线通常只需要2年。

二、我国航空运输业的发展状况

我国航空运输业在1949年以后，特别是改革开放以来，得到了快速发展，现已形成航空公司、机场、民航管理局（航管部门）三位一体的发展格局。航空货运和客运总周转量一直保持高速增长（见表48-1）。

表48-1　　1986—2017年我国定期航班货运总周转量与客运总周转量

年份	货运总周转量		客运总周转量	
	万吨千米	比上年增长（%）	万人千米	比上年增长（%）
1986	154 801	21.8	1 460 028	25.1
1987	202 833	31.0	1 887 709	12.9
1988	231 212	14.0	2 164 355	14.7
1989	205 602	-11.1	1 867 691	-13.7
1990	249 950	21.6	2 304 798	23.4
1991	320 663	28.3	3 013 185	30.7
1992	428 456	33.6	4 061 204	34.8
1993	511 821	19.5	4 776 045	17.6
1994	584 122	14.1	5 515 802	15.5
1995	714 385	22.3	6 813 036	23.5
1996	806 078	12.8	7 478 419	9.8
1997	866 771	7.5	7 735 168	3.4
1998	929 736	7.3	8 002 444	3.5
1999	1 061 127	14.1	8 572 818	7.1
2000	1 225 007	15.4	9 705 437	13.2
2001	1 411 918	15.3	10 913 539	12.4
2002	1 649 266	16.8	12 687 011	16.3
2003	1 707 946	3.6	12 631 853	-0.4
2004	2 309 985	35.2	17 822 791	41.1
2005	2 612 724	13.1	20 449 288	14.7
2006	3 057 979	17.0	23 706 600	15.9
2007	3 652 993	19.5	27 917 258	17.8
2008	3 767 652	3.1	28 827 993	3.3
2009	4 270 726	13.4	33 752 354	17.1
2010	5 384 490	26.1	40 389 960	19.7
2011	5 774 427	7.2	45 369 629	12.3
2012	6 103 217	5.7	50 257 366	10.8
2013	6 717 231	10.1	56 567 596	12.6
2014	7 481 156	11.4	63 341 903	12.0
2015	8 516 516	13.8	72 825 513	15.0
2016	9 625 100	13.0	83 781 300	15.0
2017	10 831 000	12.5	95 128 000	13.5

截至2017年年底，我国共有定期航班航线4 418条。2017年，全行业完成运输总周转量1 083.1亿吨千米，比上年增长12.5%；完成旅客运输量5.5亿人，比上年增长13%；完成货邮运输量705.8万吨，比上年增长5.7%；航空运输总周转量、旅客周转量和货邮周转量的排名均位居世界第二，仅次于美国。

航空运输在我国交通体系中的地位也在不断提高。改革开放以来，民航的增长速度远高于其他运输方式。“十二五”期间航空运输继续保持二位数的高速发展态势，从旅客周转量年均增长率看，铁路为8.1%，公路为-7.9%，水运为0.6%，而民航为15.9%。目前，在国内中长距离旅客运输尤其是城际客运业务中，航空运输的作用大幅度提升；在国际尤其是洲际旅客运输中，航空运输完全占据主体地位。

三、民用飞机产业的作用

民用飞机产业是战略性高技术产业，具有典型的军民结合的特点和明显的产业技术带动效应，不仅对航空运输业具有推动作用，也是军事需求的后备和补充。

（一）民用飞机产业是国家战略性产业

民用飞机产业带动性强、拉动面广、贡献度大。民用飞机的发展以众多门类的基础科学和技术科学为基础，综合应用了当代工程技术的许多新成果，是一个国家科技和制造业整体水平的综合体现。民用飞机产业技术辐射面宽、产业链长、技术扩散率高、连带效应强，能引领带动材料、电子、精密制造、通信、能源、环境保护等多领域关键技术的群体突破，拉动众多相关产业的快速发展，对科学技术和国民经济的发展，对促进产业升级具有巨大的带动作用。因此，民用飞机工业被誉为“工业之花”。在美国，中型飞机新型号的研制和生产可直接带动1 000多家大型企业和10 000多家中小型企业，并能辐射带动第三产业的发展。国际经验表明，一个航空项目的发展，10年后给当地带来的效益是：投入产出比为1∶80，就业带动比为1∶12，产业带动比为1∶3。基于此，世界发达国家和地区都把航空产业作为战略性产业重点发展，并给予大力扶持。

1.美国

美国政府历来重视和扶持航空航天产业的发展。为了重振民用航空研究以应对挑战，美国国家航空航天局（NASA）不仅重新调整了管理结构，专门设立了航空研究事务部，而且根据新的形势出台了新的战略规划，并基于新的需求调整了其航空研究计划。NASA于2005年应国会要求由其下属的国家航空航天研究所（NIA）领导制定了《响应呼唤：保持美国领先的航空计划》，其实质是一个为了增加NASA航空投资的五年技术规划。

2006年，美国国家研究委员会（NRC）发布《民用航空技术十年发展规划：未来的基础》报告。2006年12月，美国政府制定并签署了其历史上第一份国家航空研究与发展政策文件，清楚地表明继续保持和加强在航空领域的全球领先地位是其坚定的国家意志。该政策文件阐明了航空的重要性，认为航空彻底改变了人们的生活方式，为美国提供了广泛的服务并成为美国经济的有机组成部分，从而间接支持和直接推动了美国经济的增长并保护美国的安全与利益，文件以强有力的方式表达了美国政府对航空的重要性和战略地位的认可。2007年12月，为了确保美国航空继续保持领先地位，美国政府出台了历史上首份《航空研究与发展国家规划》，以与2006年12月美国首次颁布的国家航空研发政策相配套。该规划的宗旨是指导航空研究机构开展航空技术活动，实现2001年年初公布的《2020年展望》报告所提出的各项目标，该规划是2020年前先进飞机以及空运管理系统研发的最高指导性文件。

2015年5月，NASA发布了其历史上首份《航空技术路线图》。该路线图对近年来出现的小型无人机融入国家空域系统、超声速民用飞行、智能化飞机等热点问题进行了统筹考虑，提出了明确的技术发展目标。

2.欧盟

欧盟认为，航空航天产业在确保欧洲的安全和繁荣方面有着关键的战略作用，是提升欧洲民用和国防产品在国际市场竞争力的基础，也是欧洲独立和安全的重要保证。

2011年3月，欧盟委员会正式发布了《欧盟2050年航空发展展望》，主要围绕如何保持欧盟在全球航空领域的领先地位、满足欧盟以及全球社会和市场需求这两大领域进行阐述。这份文件的发布指明了欧盟航空未来的发展方向和重点，作为纲领性文件引领欧盟乃至全球航空未来几十年的发展。

此外，欧盟为加速欧洲科技进步、提高企业国际竞争力、振兴经济、推动欧盟建设发展，联合各国科研力量集中解决关键问题，制定和实施了许多有效的联合研发计划，其中欧盟框架计划（FP）是欧盟联合研发计划中投入最大、领域最广、参加研究人员与机构最多的一项大型综合性研发计划。自1987年欧盟第二框架计划开始实施，航空航天作为欧盟研究、技术发展和验证7个战略领域之一进行全面规划和重点投入，投资强度不断增加。欧盟框架计划为欧盟航空科技的迅猛发展奠定了坚实基础。在2002—2006年的欧盟第六框架计划中，用于航空和空间研究的费用预算为10.75亿欧元；在2007—2013年的欧盟第七框架计划中，大幅增加研发经费，包括航空在内的运输领域总经费预算达41.60亿欧元，并为以“绿色航空”为主题的“清洁天空”联合技术创新（JTI）计划拨出16亿欧元的支持经费。2011年11月，为进一步整合欧盟各国的科研资源，提高创新效率，欧盟进一步整合了欧盟框架计划、竞争和创新框架计划以及欧盟创新技术研究院计划等三大计划，提出了“地平线2020”科研与创新框架计划，包括航空在内的运输领域总经费预算达到72亿欧元。其中，作为“清洁天空”联合技术创新计划的延续，“地平线2020”为“清洁天空2”计划投入36亿欧元。

3. 俄罗斯

2005年以后，俄罗斯陆续出台了《2015年前航空工业发展战略》《俄罗斯2002—2010年以及到2015年民用航空技术装备发展规划》等国家级航空工业振兴规划，加大了对民用航空工业的投资和支持力度。规划的目标是实现俄罗斯航空工业在世界航空市场，包括俄罗斯与独联体市场上竞争地位的战略性转变，作为世界航空制造中心重返全球市场。在这些政策的基础上，2012年9月初，俄罗斯工业与贸易部发布了《俄罗斯2013—2025年航空工业发展规划》。该规划总的预算内拨款为14 740亿卢布（约合460亿美元），共包括10章内容以及9项子规划，确定了俄联邦航空工业2025年前的发展方向，彰显了俄罗斯振兴航空工业的决心。

4. 中国

中华人民共和国成立以后，航空工业成为重点发展的领域，但是以军用航空工业为重点。进入21世纪以来，民用飞机产业逐步得到了国家的重视，从ARJ21新支线项目立项，到《国家中长期科学和技术发展规划纲要（2006—2020年）》将大飞机列为重大科技专项，并于2007年获得国务院批准立项和正式启动，民用飞机产业发展迎来新的历史时期。2010年9月8日国务院审议并原则通过《国务院关于加快培育和发展战略性新兴产业的决定》，将民用飞机产业列入国家战略性新兴产业，民用飞机产业的战略地位得到确立。2013年，根据国务院关于我国航空工业中长期发展的总体部署和要求，工业和信息化部制定了《民用航空工业中长期发展规划（2013—2020年）》，进一步为民用飞机产业的发展明确了发展目标和发展路径。在国家“十三五”规划纲要中，加快突破新一代航空航天领域核心技术成为重要任务之一。2016年国务院印发《“十三五”国家战略性新兴产业发展规划》，设立新一代民用飞机创新工程，任务是突破一批核心技术、系统、部件和材料，提高系统集成能力，重点发展系列化单通道窄体、双通道宽体大型飞机，系列化新型涡桨/涡扇支线飞机及先进通用航空器，以实现航空产业新突破。民用飞机产业的战略地位逐步凸显。

（二）民用飞机产业对科技发展具有强劲的带动作用

民用飞机产业的发展以众多门类的基础科学和技术科学为基础，综合应用了当代工程技术的许多新成果，是一个国家科技和制造业整体水平的综合体现。发展民用飞机必然带动尖端技术的集成，促进冶金、化工、材料、电子和机械加工等领域的技术进步。民用航空技术转移比为1：16。民用航空技术可以转移应用于广阔的非航空领域，带动其他产业的发展。高技术产业的发展是决定国际竞争力的关键因素之一，加快高技术产业的发展，有重点地培育新兴产业，用先进技术促进传统产业的优化升级，带动经济结构的调整，推动经济增长方式的转变，已成为我国经济发展的战略选择。民用飞机产业是我国大力培育和发展的战略性新兴产业之一，也是世界高技术产业竞争的制高点。

（三）民用飞机产业对经济发展具有很好的促进作用

航空工业是附加值最高的产业之一。据日本通产省统计，若船舶单位重量创造的价值为1，则小汽车为9，彩电为50，计算机为300，喷气式飞机为800，航空发动机为1 400。据美国统计测算，向航空工业投资1万美元，10年后航空工业及其相关产业能产出约80万美元的产值。民用飞机产业对经济的带动作用非常可观，航空工业技术派生产品的销售额是用这些技术制造航空产品销售额的15倍。另据相关机构测算，美国民用飞机销售额每增加1%，GDP就增长0.744%。此外，发展民用飞机产业不仅可以带动直接关联产业的发展，同时对民航、基础设施建设、环保等下游产业具有拉动作用。发展民用飞机产业能够有效扭转我国长期以来低端产业投资过热、高端产业投入不足并严重依赖外国的局面，促进我国经济增长向集约化和科技推动型方式转变，改善经济结构，促进产业结构升级。

（四）发展民用飞机产业是航空工业可持续发展的必要条件

军用飞机、民用飞机共同发展、“两条腿走路”是航空工业可持续发展的必要条件。从世界航空产业发达国家的经验看，军用、民用航空产品均衡发展较单纯依靠军品订货的航空工业更具有发展活力，没有民用飞机产业的发展，航空产业就不可能保持健康可持续发展。俄罗斯航空产业发展的历程就是一个很好的例证。苏联时期，航空工业出于军事技术保密的需要，一般不向民品企业转移，苏联把国家30%以上（最高年度甚至达到一半）的财政收入投入到军品生产和军事研发上，形成了军用技术和民用技术之间的巨大差异。虽然苏联军用航空工业获得了巨大的成功，但对国家经济发展的作用是消极的甚至是负面的。如今，俄罗斯已经认识到发展民用飞机产业对航空工业乃至整个国民经济的重要性，加大了对民用飞机产业的投资和支持力度。近几十年来，世界航空工业军用、民用飞机产业产值结构发生了根本的变化，民用飞机产业产值已经占到航空工业总产值的70%以上，民用飞机产业已经成为航空工业发展的中流砥柱。而我国民用飞机产业产值（不含国外民用飞机机型在华总装生产）在航空工业总产值中的比例仅为12.8%，必须加快发展民用飞机产业，实现航空工业健康可持续发展。

（五）民用飞机产业是我国民航运输业可持续发展的重要保障

中国已经是世界第二大民用航空运输市场，未来20年我国民航市场将继续保持中高速增长。据中国航空工业发展研究中心对中国民用飞机市场2017—2036年的预测，未来我国航空旅客周转量年均增长率将保持在6.8%左右，货邮周转量年均增长率将保持在8.6%左右。为满足运量的增长和替换退役飞机，中国民航将补充6 103架客运飞机，其中，干线客机为5 120架，支线客机为983架；货机需求将超过610架。另据波音公司2017年发布的民用飞机市场预测，中国未来20年将需要90座以上的客货飞机7 240架，总价值为1.1万亿美元。当前，我国全部的干线飞机和绝大部分支线飞机依靠进口，对外国飞机的严重依赖必然对我国民航运输业产生不利影响。发展自主品牌的民用飞机，一方面可以摆脱受制于人的被动局面，另一方面为国内航空公司在对外采购飞机时增加谈判筹码，有助于降低采购成本，提升航空公司的运营效益，有利于民航运输业的健康发展。

（六）发展民用飞机产业，有利于提升我国国防力量及外交大国地位

国际上民用飞机产品的销售不仅是一种贸易行为，也是航空大国的外交手段，已成为外交谈判的重要筹码。发展民用飞机产业，研制出具有国际竞争力的民用飞机产品，对在对外交往和贸易中更多地拥

有话语权、提升我国大国地位具有重要意义。同时，民用飞机产业的发展对国防安全装备建设具有重要意义。民用飞机军民两用的特性使其在战争中具有广阔的应用空间，如美军多次在战争中大量使用民用飞机来空运部队和装备。此外，民用飞机也是发展空中预警机、指挥机、通信中继机、电子侦察和电子对抗机等多类军用特种飞机的良好平台。民用飞机产业的发展将对我国外交、国际贸易和国防安全等方面产生重大影响。

第二节　我国民用飞机产业的发展状况

一、我国民用飞机产业的发展历程

我国民用飞机制造经历了艰苦的探索历程，取得过成绩，也付出过相当大的代价。直至“十五”计划期间，我国才正式将民用飞机产业定位为国家战略性产业予以重视。

（一）我国民用飞机产业的三次发展热潮

第一次是20世纪五六十年代的全民办航空。1958年在全国“大跃进”氛围下，大家都认为设计、制造飞机非常容易，出现了全民办航空的热潮。一些航空工厂自上项目造飞机，航空院校纷纷设计、制造飞机，非航空系统也跃跃欲试造飞机。据不完全统计，在1958年全民办航空的热潮中，设计、制造的飞机共19个型号，除一架靶机、一架水上飞机外，都是低水平重复的运输机，而且这些冠以“一号”的飞机，多数再无下文。

第二次是20世纪70年代自行研制大飞机运10。运10飞机的研制，使我国成为继美、苏、英、法之后，第5个独立研制100吨级以上大型飞机的国家，后来由于市场、经费和决策矛盾等原因停止研制。

第三次便是21世纪初民用飞机产业新的发展热潮，主要以ARJ21新支线飞机上马和C919大型飞机重大专项启动为标志。ARJ21新支线飞机是我国“十五”计划的重大高技术项目，是我国首次按照国际适航标准研制的具有自主知识产权的中短程新型涡扇支线飞机。C919大型客机是我国研制的150座级的单通道干线飞机，作为重点项目被《国家中长期科学和技术发展规划纲要（2006—2020年）》确定为16项重大科技专项之一。

（二）我国民用飞机重点型号发展历程

1.仿制运5、运7和运8

从第一个五年计划末开始，我国先后仿制了苏联的安2、安24和安12飞机，分别命名为运5、运7和运8（见表48-2）。这3种型号的飞机均是由国家下达任务，按照军用飞机程序管理，按照军机标准进行鉴定和设计定型。

表48-2　**运5、运7和运8简介**

型　号	运5	运7	运8
苏制型号	安2	安24	安12
载重/座位数	1.5吨	48~52座	16~20吨
任务下达时间	1956年10月	1966年11月	1968年12月
首飞时间	1957年12月	1970年12月	1975年12月
定型时间	1958年3月	1982年7月	1980年2月
累计产量	逾千架，出口225架	100多架	约100架
改进改型	运5B	新舟60，新舟600	运8F系列

2.自主研制运10

1970年我国开始研制大型客机运10，主要作为国家领导人出国用的特大型专机，而非民航用的航线客机。运10起飞总重为110吨，客舱设124个座位，初步设计工作开始于1971年4月，1980年9月26日首飞。由于种种原因，我国于1985年2月停止研制试飞运10，未能设计定型和投入使用。

运10飞机是我国采用美国民航适航条例自行研制的第一架喷气式客机，跳出了苏联飞机设计规范的框框，在技术上有许多创新和突破。我国在没有技术储备和预先研究的情况下，从运7、运8发展到运10，在工程上是一次飞跃式进步，是一次高科技攀登。

3.自行成功研制运12

1980年年初，哈尔滨飞机工业集团公司开始自行研制轻型多用途通用飞机运12。1982年7月运12首飞成功，1984年12月航空军工产品定型委员会批准设计定型，1985年12月成为国内第一个取得中国民航型号合格证的机型，也是唯一先后取得英国民用航空局（CAA）、美国联邦航空局（FAA）的型号合格证的机型。运12飞机的研制有许多宝贵经验：一是市场研究充分；二是工厂在投资上精打细算，与国家共担风险；三是在质量上严格按国际适航标准办事，先后取得了英国和美国的适航证，使飞机进入了国际市场。

4.主要国际合作型号

（1）组装麦道82整机。上海航空工业公司、中国民航于1985年3月与麦道公司签订了组装25架麦道82飞机的合同。上海航空工业公司利用运10的技术基础和厂房设施，组装了麦道82干线客机25架，后来又增加了5架麦道82和5架麦道83。我国通过麦道82整机的组装，引进了一些装配和管理技术，工人队伍得到锻炼提高，对我国民用飞机产业能力的提升是有很大作用的，在经济上也稍有效益。

（2）合作生产麦道90。1986年国家决定研制国内干线飞机。在改革开放、国际合作的背景下，1992年3月，中国航空工业总公司与美国麦道公司签订了合作生产麦道90飞机的合同。1997年8月，麦道公司被波音公司兼并，波音公司于1997年11月宣布麦道90飞机于1999年5月停止生产。1998年3月，中国民航提出国产麦道90飞机应和波音公司同步停产，最后只生产了2架。

（3）联合研制MPC75。我国与德国合作的MPC75项目是在1985年7月开始的。这是一架75座的支线客机。由于后来决定搞干线飞机，国内研制的支线飞机就停了下来，最终该项目只完成了预发展阶段。

（4）合作生产AE100。1994年10月，国务院召开民用飞机专题会，原则上同意研制中国航空工业总公司提出的100座级客机方案。1995年8月，原国家计委正式批准AE100立项；1996年4月，中国航空工业总公司与法宇航签订合作意向书，后来欧洲以新设立的空客亚洲公司名义参加合作谈判。空客在谈判中强调了对中国市场、税收、技术转让许可、适航程序、项目计划的关注，有关技术转让费用报价超过10亿美元，国际合作最后没有谈成。1998年6月，国务院正式决定停止该项目。

二、我国民用飞机产业的规模①

我国民航机队发展迅速（见表48-3）。2016年年末，我国民用飞机拥有量总计5 046架，其中，运输飞机有2 950架，通用航空飞机有1 475架，教学、校验飞机有621架。在运输飞机中，客机有2 821架，占运输飞机总量的95%；货机有132架，占5%。在客机机队中，支线客机为161架，占客机机队的6%；单通道干线客机为2 345架，占客机机队的83%；双通道客机为312架，占客机机队的11%。

运输飞机中只有25架支线飞机（包括23架MA-60和2架ARJ21-700）是国产机型，另有部分A320系列飞机和18架ERJ-145飞机是国内总装交付，其余飞机全部源自进口。表48-4给出了2016年我国民航机队中国产飞机的比例。通用飞机中，进口飞机数量不断攀升，国产飞机占比逐年下滑，国产飞机中运5、运11、海燕等老旧机型数量占66.7%。

① 中华人民共和国国务院新闻办公室．中国的食品质量安全状况［N］．经济日报，2007-08-18.

表48-3　**2001—2016年我国民航机队规模**

年　份	机队总架数	运输飞机架数
2001	1 031	566
2002	1 095	602
2003	1 160	664
2004	1 245	754
2005	1 386	863
2006	1 651	998
2007	1 847	1 134
2008	2 038	1 259
2009	2 234	1 417
2010	2 491	1 597
2011	2 888	1 764
2012	3 261	1 941
2013	3 664	2 145
2014	4 168	2 370
2015	4 554	2 650
2016	5 046	2 950

表48-4　**2016年我国民航机队中国产飞机的比例**

类　别	总架数	国产机型架数	国产机型比例（%）
航班运输飞机	2 950	25	0.8
通用航空飞机	1 475	315	21.4
教学、校验飞机	621	34	5.5

2016年，我国从事民用航空工业生产的单位共有152家，从业人员有32.5万人。其中，中国航空工业总公司有47家企事业单位从事民用飞机产业，产值占全国民用航空产品产值的15.10%；中国商用飞机有限责任公司有6家企事业单位从事民用飞机产业，产值占4.50%；非集团公司企业中共有80家从事民用飞机产业，产值占76.0%。

我国主要的民用飞机制造企业为西安飞机工业集团公司、上海飞机制造有限公司、陕西飞机工业集团公司、哈尔滨飞机工业集团公司、中航沈飞民用飞机有限责任公司、中航成飞民用飞机有限责任公司、中国特种飞行器研究所、中航通飞华北飞机工业有限公司、中航通飞华南飞机工业有限公司、昌河飞机工业集团有限公司等。表48-5给出了这些主要民用飞机制造企业的基本情况。

表48-5 **2016年我国主要民用飞机制造企业基本情况**

单位名称	单位规模	主要民用飞机型号及产品
西安飞机工业集团公司	占地400多万平方米，拥有各种设备9 000多台套，现有职工2.4万名	新舟60/600；ARJ21、C919、AG600飞机大型部件；波音737、747大型部件与结构件；A320系列飞机机翼等
上海飞机制造有限公司	占地303万平方米，现有职工5 100余名，拥有主要生产设备2 000多套	20世纪80年代与美国麦道公司合作生产MD-82飞机；新一代波音737水平尾翼；ARJ21支线客机、C919大型客机的总装制造厂
陕西飞机工业集团公司	占地300万平方米，总资产有50亿元，现有职工9 620名	我国唯一研制中型中程运输飞机的基地，主要产品是运8系列飞机
哈尔滨飞机工业集团公司	占地467万平方米，现有职工6 000多名	自主研制Y12系列、Y12F轻型多用途通用飞机，AC312直升机；国际合作研制Z15直升机
沈阳飞机工业（集团）有限公司	占地627万平方米，现有职工16 000多名	为波音、空客等十几家世界级的制造公司承制多项民用飞机转包产品；庞巴迪C系列飞机风险共担合作伙伴
中航通飞华北飞机工业有限公司	占地73万平方米，现有职工1 500多名	主要产品有运5B、小鹰500、海鸥300；合作总装塞斯纳208B、空中国王350
中航通飞华南飞机工业有限公司	占地50万平方米，现有职工400多名	主要产品有AG600、AG300；SR2X系列飞机、奖状XLS公务机合作生产；合作总装塞斯纳208B、空中国王350
昌河飞机工业集团有限公司	占地350万平方米，现有职工6 000多名	主要产品有AC311系列、AC313系列

三、我国民用飞机的科研情况

与航空产业强国相比，我国航空产业的科研水平从总体设计、气动研究、结构、航电、控制到材料和工艺，全方位落后。这种落后更多地体现在积淀少，数据、经验积累少，不够全面，难成体系，以这样的基础实现自主创新有较大难度。

我国目前有十几家科研院所从事民用飞机研发及相关专业研究工作，涵盖了材料、强度、气动、制造、试飞等主要领域。除上海飞机设计研究院是专门从事民用飞机相关产品研发的机构外，其他单位均同时承担了军机、民用飞机和其他民品的研发工作，具备一定的民用飞机研发能力。

从表48-6中可以看出，我国“十二五”期间政府和企业在民用飞机科研上的投入逐步加大，民用飞机科研的投入占企业主营业务收入的比重稳步增长，尤其在“十二五”末期民用飞机科研投入快速增长，2015年达到92.85亿元，但这个投入相对欧美等航空发达国家来说处于较低水平。

表48-6 **“十二五”期间政府和企业民用飞机科研经费投入情况**

年 份	民用飞机的科研经费（万元）	占企业主营业务收入的比重（%）
2011	194 706	1.22
2012	310 866	1.69
2013	395 422	1.63
2014	672 374	2.61
2015	928 548	4.06

目前我国主要航空高校有北京航空航天大学、南京航空航天大学、西北工业大学、哈尔滨工业大学、沈阳航空航天大学、南昌航空航天大学、郑州航空工业管理学院等。这些院校为我国航空产业培养了大批人才，基本能够保证我国航空产业人力资源的补充。

四、我国民用飞机的重点产品及项目

目前，我国民用飞机生产主要有支线飞机、干线飞机和通用飞机三大类。在国际合作和转包生产方面，我国也取得了一定的成绩。但民用飞机产品体系未完全建立，且已有产品的性能和技术水平与国外相比还有较大的差距，市场竞争力不强。因此，我国民用飞机产业不能满足我国民航发展对民用飞机的需要，需要大力发展民用飞机产业。

（一）支线客机

（1）ARJ21新支线客机。该项目是国家“十五”时期重点高技术项目。ARJ21是我国自主研制的70~90座级中短程喷气式支线客机，设计航程为2 225千米，设计巡航速度为0.78马赫，设计巡航高度为10 668米，设计最大使用高度为11 900米，最大起飞重量为40 500千克，最大商务载重为8 935千克。ARJ21是我国首次以市场为导向，并严格按照国际通行的适航标准研制的支线客机。项目采取“主制造商+供应商”管理模式，并采取广泛国际合作的模式，利用国际成熟先进技术和机载系统，发动机、航电、电源等系统全部采用国际配套。通过新支线客机研制的实践，我国初步建立了民用飞机市场营销、产品研制、产品支援及客户服务体系，为大型客机的自主研制打下了坚实的基础、积累了宝贵的经验。2007年12月21日，ARJ21-700在上海飞机制造厂总装下线，2008年11月28日实现首飞。2014年12月30日，国产新支线飞机ARJ21完成适航取证。2015年11月29日，首架机正式交付成都航空公司。2016年6月28日，ARJ21-700正式投入商业运营。截至2017年年末，ARJ21-700飞机交付用户共4架。截至2018年2月，ARJ21-700飞机累计获得订单453架，客户达到21家。

（2）新舟60。这是西安飞机工业集团公司在运7飞机基础上改进研制的52~60座双发涡桨支线客机，采用了加拿大普惠公司的PW127发动机和美国汉胜公司的全复合材料螺旋桨，油耗和噪音大大降低，并在机载电子设备、内部装饰、生活设施方面大量引进国际先进的成熟技术，飞机综合性能基本达到20世纪90年代初国际涡桨支线飞机水平。新舟60飞机最大起飞重量为21 800千克，最大商务载重为5 500千克，最大巡航速度为504千米/小时，最大商务载重航程为1 100千米，满载旅客航程为2 400千米。新舟60是在运7-200A飞机的基础上改进而来的。1988年运7-200A立项研制，1993年12月26日首飞，1998年5月取得中国民航局颁发的型号合格证。1999年1月开始，西安飞机工业集团公司对运7-200A通过设计改进、疲劳定寿、新工艺、新技术应用，使其在安全性、经济性、舒适性、可靠性、维护性等方面达到或接近世界同类飞机的水平，并于1999年将其正式命名为“新舟60”。新舟60于2000年3月首飞，2000年6月获得中国民航局型号合格证。截至2017年年末，新舟60飞机交付100余架，在全球18个国家、32家客户、近300条航线上运营超过12年。

（3）新舟600。新舟600飞机是新舟60飞机的改进型，于2005年启动项目研制，2008年6月29日总装下线，2008年10月9日成功首飞。2011年3月26日，首架新舟600飞机交付用户。新舟600较新舟60在综合航电系统、结构设计、客舱内环境、舒适程度、系统的维护性和可靠性等方面进行了改进，提高了飞机的维护性和整机疲劳寿命，提高了故障快速诊断能力和飞机的出勤率，并具备120分钟双发延程飞行（ETOPS）功能，可满足特殊用户对跨海飞行的选装需求，提高了飞机的舒适性。新舟600商载提高7%~8%，维护成本降低10%，有效提升了飞机运营的经济性。针对不同的客户和特殊化需求，新舟600可以迅速改变飞机构型，派生出客货混装型、VIP公务机、医疗救护机和专用货机。2013年9月，新舟600F民用货机取得型号合格证。

（4）新舟700。其是中国航空工业集团公司（所属中航飞机西安民机有限责任公司）最新研制的70座级新一代涡桨支线客机。该客机于2013年12月正式立项研制，计划2019年年末实现首飞，2021年取得中国民航局型号合格证并投入市场。截至2017年年末，新舟700飞机项目研制已经进入工程发展阶段，试制与验证工作将全面启动，已获得来自国内外11家客户共计185架订单。

（二）干线飞机

（1）C919大型客机。其是我国按照国际民航规章自行研制、具有自主知识产权的150座机单通道喷气式民用客机，于2008年开始研制，2017年5月5日成功首飞。基本型混合级布局为156座，全经济布局为168座，标准航程为4 075千米，增大航程为5 555千米，设计寿命为90 000飞行小时/30个日历年。截至2018年3月，C919大型客机共获得全球28个用户的815架订单。

（2）运8F中型民用货机。运8系列为最大起飞重量61吨的四发涡轮螺桨中型运输机，于1995年11月获得生产许可证。运8F是运8飞机的重大改进型。1993年12月，该机获得中国民航局颁发的型号合格证（TC），1994年12月取得生产许可证（PC）。该型号飞机成为我国第一个取得型号合格证的货运飞机，并先后发展出了运8F100、运8F200、运8F400等系列机型。其中，运8F100于1995年7月取得中国民航局颁发的型号合格证、1995年11月取得生产许可证；运8F200于1997年7月取得中国民航局颁发的型号合格证；运8F400于2002年8月获得中国民航局颁发的型号合格证。运8F100曾用于邮政航空货运运输，现已退役。

（三）通用飞机

（1）运5B。其是小型双翼单发活塞式多用途飞机，最大起飞重量为5.25吨，增加设备或稍加修改后可用作运送旅客、跳伞训练、空中救护等任务。该型飞机于1989年5月获得中国民航局颁发的补充型号合格证，后又进行多种改型。运5B（K）（客机）和运5B（D）（多用途机）分别于1995年1月和1996年4月获得中国民航总局颁发的型号合格证。

（2）运12系列。其是双发涡桨轻型多用途飞机，最大起飞重量约5.5吨，可用作客货两用运输、空投空降、农林植保、地质勘探，还可以改装成电子情报、海洋监测、空中游览和公务专机。运12Ⅱ型飞机于1985年12月取得中国民用航空局的型号合格证，于1990年6月取得英国CAA的型号合格证，是我国第一种取得国外权威适航当局型号合格证的飞机。运12Ⅳ型飞机是在运12Ⅱ型飞机的基础上研制的新机型，于1993年8月首飞，于1995年3月取得美国FAA的型号合格证。运12E型飞机于2000年年初开始设计，于2001年8月首飞，于2001年12月获得中国民用航空局颁发的型号合格证。该机具有优良的高温高原性能，2008年取得中国民航适航证。

（3）运12F。其是在运12飞机基础上通过对机翼、机身、起落架等进行一系列重大改进设计、换装大功率发动机发展而来的最新机型，最大起飞重量为8.4吨。运12F型项目于2005年4月正式启动，于2010年12月29日首飞，于2015年12月10日获得中国民航局（CAAC）的型号合格证，于2016年2月22日获得美国FAA型号合格证。

（4）小鹰500。其是4座/5座单发活塞式轻型多用途飞机，最大起飞重量为1.4吨，是我国第一款在设计时考虑了面向私人用户的飞机。该机型在2005年10月获得中国民航局型号合格证，2006年9月首架交付用户。

（5）海鸥300。该飞机是单发六座水陆两栖飞机，填补了我国5吨级以下水陆两栖飞机的研制空白。该项目于2007年正式立项，于2010年11月10日在石家庄首飞成功。

（6）鲲龙600（AG600）。这是中国大飞机“三剑客”之一，是中国自行设计研制大型灭火、水上救援水陆两栖飞机，是世界在研最大的水陆两用飞机。该飞机拥有执行应急救援、森林灭火、海洋巡察等多项特种任务的功能，是中国新一代特种航空产品的代表作。2009年6月AG600飞机项目经国家正式批复立项研制，2016年7月23日总装下线，2017年12月24日实现首飞。

（四）民用直升机

（1）AC311。其是在Z11MB1直升机基础上的最新改进型，最大起飞重量为2.2吨，可乘坐6人。该飞机采用复合材料旋翼、配置高度集成化的综合航电系统，可广泛应用于客货运输、公安执法、医疗救护、护林防火、观光旅游等多个领域。该飞机于2012年6月取得民用型号合格证；2016年8月16日，最新改型AC311A民用直升机获得中国民航局颁发的型号合格证。

（2）AC312。其是在直9的基础上研发的新型4吨级双发多用途直升机，最大载客量为13人，使用法国透博梅卡公司生产的ARRIEL2C发动机。2004年AC312A取得中国民航局的型号合格证。其最新改型高原型直升机AC312E于2015年立项，2016年7月28日成功首飞，将完成适航取证工作并投入市场。

（3）AC313。其是在直8基础上改进发展而来的13吨级多用途民用直升机，可一次性搭载27名乘客或运送15名伤员，具备优良的高原性能。该飞机于2010年3月18日成功首飞，于2012年1月5日获得型号合格证。

（五）国际合作和转包生产

1.合作总装生产

（1）ERJ145支线客机总装生产。21世纪初，我国在尚不具备涡扇支线飞机制造能力的情况下，技贸结合，以市场换技术，通过“合资总装、部件国产化、联合设计改进改型”三步走的战略形式，同巴西航空工业公司建立了长期战略合作伙伴关系，并于2002年9月签订了框架合作协议：合资生产国际先进的ERJ145系列50座级涡扇支线飞机，部分零件国产化，按市场需要联合改进改型。哈尔滨飞机工业集团公司与巴西航空工业公司于2003年1月成立了合资企业哈尔滨安博威飞机工业有限公司，当年年底第一架本土生产的ERJ145飞机下线、首飞。2004年6月哈尔滨安博威飞机工业有限公司获得了由巴西适航管理局颁发的“哈尔滨安博威生产许可证”。ERJ145最大起飞重量为22吨，最大商务载重为5 850千克，最大巡航速度为0.78马赫，航程为2 871千米，实用升限为11 278千米。该项目已经于2011年3月停产，共交付国内用户25架飞机。

（2）A320单通道客机总装生产。A320系列飞机是当今全球航空市场150座级单通道飞机的主力机型之一，具有较大的市场需求。在华合资建设的A320系列飞机总装线完全按照空客公司在欧洲生产线的标准和工艺，生产的飞机具有相同的质量和价格竞争力，并具有良好的经济效益。2007年5月，空客在天津的A320总装厂开工建设，2008年投产，2009年6月向四川航空公司交付了首架A320飞机。截至2017年年底，空客天津总装线已累计总装交付A320系列飞机352架，并已经从单一机型拓展到A330Neo宽体客机的双机型制造，首架A330Neo已经交付用户。天津空客总装线逐渐升级为亚太交付中心。

2.整机合作研制

直15是哈尔滨飞机工业集团公司与法国欧洲直升机公司采用项目合作的形式联合研制的一种7吨级先进中型多用途直升机，中方代号为AC352，欧方代号为EC175，双方在设计、试验、制造、试飞、取证和市场营销等方面进行全面合作。中国和欧直将各自建立自己的生产线，中方负责中国许可证和中国市场的生产和销售，欧方负责欧美许可证和欧美市场的生产和销售。直15的发动机等主要部件全部国产化。双方企业于2006年1月启动了联合研制合作，2009年7月7日签订了项目工业化合同。2012年直15在哈飞总装下线，2016年12月20日在哈尔滨首飞。

3.转包生产

飞机转包生产是指飞机主制造商将其分系统、部件或零件分包给其他制造商来生产的一种工业合作模式。转包生产分两种模式：航空零部件来料加工模式和层级更高的风险合作模式。在来料加工模式中，供需双方是一种简单的委托加工交易关系。风险合作是一种风险共担、利益共享的深度合作模式，要求合作者具有资金实力、专业领域的研发和制造能力，并具备专有技能，承担部分项目风险。风险合作已经成为一级供应商的一种主流合作模式。民用飞机零部件转包生产是我国航空制造业与世界先进航空制造水平接轨的有效渠道，能够帮助我国提高航空制造业的技术水平和管理水平。

（1）航空零部件来料加工。我国民用飞机零部件来料加工自20世纪70年代末发展以来，先后与美、英、法、德等国的几十家厂商签订了转包生产合同，目前已经形成了机翼、机身段、机头、尾翼、尾段等机身大部件，以及舱门、发动机盘、轴、叶片等零组件转包生产的能力。“十二五”期间，我国民用飞机转包生产交付金额为65.38亿美元，较“十一五”时期翻一番。我国已经是波音787、A350等当今世界上最先进的大型客机的转包供应商。

（2）C系列飞机风险合作。2008年，中航沈飞民用飞机有限责任公司与庞巴迪公司签订合作协议，参与CS100和CS300两个机型的风险合作研制，承担两个机型前中机身、尾锥和舱门共3个工作包的设计、制造、装配、相应的试验和售后服务等工作，并支持飞机的适航取证工作。2016年CS100和CS300先后实现首架交付并投入市场运营。截至2017年6月底，C系列飞机已获得确认订单360架，交付14架。

五、我国民用飞机产业发展存在的问题

1.投资科研投入不足，渠道单一，自主创新能力与国外差距较大

由于航空工业建立以来一直以军用航空工业为重，民用航空技术研发投入不足，基础薄弱，导致核心技术能力缺乏，自主创新能力与国外差距较大。在轻重量、长寿命、高可靠性结构设计及制造技术，复合材料结构件设计，制造技术、适航技术、系统和结构一体化设计技术等方面，我国与发达国家相比存在较大差距。一些关键技术瓶颈依然存在，严重影响型号研制的进度。

2.整机研发与产业化能力不足，产业规模小

现有民用飞机产品多数机型平台老旧、技术落后、经济性较差，飞机品种少，缺乏有竞争力的支柱产品和新机型，国内外市场占有率低，面临严峻挑战。产业化程度低，飞机交付量少，多个新型号尚未实现批量投入商业运营。自主配套能力严重不足，发动机、航空设备及系统、关键元器件和材料严重依赖进口，不能满足民用飞机产业的发展需求。产业总体规模小，收入规模增长主要依靠引进总装项目。

3.基础保障和支撑能力不足，制约产业发展

适航技术相对落后、适航体系不健全，飞机产品适航取证能力弱，多数产品难以获得国际适航证而无法进入国际主流市场。市场营销能力不足，服务保障体系不健全，影响用户对产品的信心，削弱了产品竞争力，制约了民用飞机开拓市场。

第三节　我国民用飞机产业的发展战略与对策

随着我国国民经济的高速发展、民航设施的逐步完善、居民消费升级和旅游业的快速发展，民航运量、运力年均增速保持两位数增长。旺盛的市场需求为民用飞机产业的发展带来良好的契机。经过多年的发展，我国经济实力显著增强，工业基础得到明显改善，技术能力不断提高。特别是近些年来，多个飞机型号的研制工作极大地提高了航空科学技术研究和型号研制生产的能力和水平，航空工业的面貌发生了重大变化，也为民用飞机产业的大发展奠定了坚实基础。

一、我国民用飞机产业的指导思想

我国要紧紧抓住和用好重要战略机遇期，面向国民经济发展需要，以重大专项实施和重点型号研制为牵引，以市场为导向，以企业为主体，营造良好发展环境，着力提升自主创新能力，提高国际合作层次和水平，加快发展民用飞机产业，全面优化自主发展体系，不断增强核心竞争力和可持续发展能力，为建设航空工业大国和强国奠定坚实的基础。

二、我国民用飞机产业的基本方针

（1）坚持军民结合。统筹军、民用航空工业发展，建立和完善军民结合的科研生产体系，大力推进

军地资源开放共享，逐步建立符合社会主义市场经济规律的军民融合式航空工业发展体系。

（2）坚持创新驱动。加大科研经费投入力度，创新科研体制机制，大力推进科技创新，攻克和掌握一批关键核心技术，突破制约发展的基础瓶颈，加快科技创新人才队伍建设，提升科技创新能力和水平。

（3）坚持开放发展。立足大航空理念，充分利用全国资源，积极引导和鼓励多种形式的社会资本投资和发展民用航空工业。同时，充分利用国际资源，积极开展多种形式的国际合作，大力引进先进技术和高端人才，扩大合作规模，提升合作层次和水平。

（4）坚持统筹协调。按照航空工业发展总体战略和部署，构建各领域良性互动的发展格局，逐步实现民用飞机与军机、飞机与发动机、主机与配套、航空制造业与航空工业服务业协调发展。

（5）坚持质量至上。以满足民用航空市场需求为宗旨，建立健全航空产品质量技术体系，大力推行先进标准，发展先进测试技术，努力提高产品的可靠性和安全性，创建精品工程，树立国际品牌形象。

三、我国民用飞机产业的发展目标

根据我国《民用航空工业中长期发展规划（2013—2020年）》的要求，至2020年我国民用航空工业发展的主要目标是：

（1）现代航空工业体系基本完善。建立以信息化为主导、以核心能力为基础、产业结构合理、体制机制完善、军民结合、产学研用结合的创新型航空工业体系，拓展和形成完整的产业链，具备较强的产业核心竞争力。建立公平、有序、高效的投资和发展环境。发展国际知名的大型骨干企业，发挥产业带动作用。

（2）可持续发展能力显著增强。掌握当代先进民用航空产品的设计、试验、制造和综合保障技术，建成一批重大基础设施，造就一支结构合理、专业配套、素质优良的人才队伍，形成“系统、设备和器件”三层次配套体系，以及长期、稳固、高质量和可信赖的原材料、元器件配套体系，建立完善的适航体系，自主创新能力、配套能力明显提升。

（3）民用飞机产业化实现重大跨越。C919大型客机完成研制、生产和交付。ARJ21涡扇支线飞机、新舟涡桨支线飞机实现产业化。大型灭火和水上救援飞机、直15中型直升机、高端公务机、中等功率级涡轴发动机等重点产品完成研制并投放市场。大型客机发动机研制取得重要进展。

四、我国民用飞机产业的发展重点

（一）加快民用客机产业化进程

按照“支线飞机—单通道干线飞机—双通道大型干线飞机”的发展路线，稳步推进民用客机发展。

（1）涡扇支线飞机。以满足国内外中短程市场需求为目标，加快ARJ21-700型涡扇支线飞机研制，形成产业化能力，实现批量生产和交付。同时，针对不同用户需求，适时启动改进改型研制，实现系列化。

（2）涡桨支线飞机。以满足国内外短程市场需求为目标，加快50座级新舟60系列的改进改型和市场推广，启动70座级新舟700涡桨支线飞机研制，形成产业化能力。

（3）单通道干线飞机。以满足国内中心城市点对点、点对枢纽机场的市场需求为目标，加快实施大型飞机重大专项，研制具有国际竞争力的150座级C919大型客机，形成产业化能力。同时，针对不同用户需求，适时启动改进改型研制，实现系列化。

（4）双通道大型干线飞机。以满足国际枢纽机场和洲际飞行为目标，适时发展双通道大型干线飞机。

（二）积极发展通用航空产业

按照“轻重缓急”“抓大放小”的思路，坚持开放发展原则，优先发展社会效益好、市场需求大和经济价值高的通用飞机和直升机，促进通用航空产业发展。

（1）通用飞机。大力发展航空应急救援装备，加快研制生产大型灭火和水上救援飞机。根据市场需要，加快发展多用途飞机和特种飞行器。

（2）直升机。提升现有直升机产品质量，加快先进中型多用途直升机研制，鼓励国际合作研制重型直升机。坚持改进改型，不断完善现有直升机系列。

（3）公务机。采用“改型+研制”的模式，推进公务机稳步发展。一是根据客户需要对现有干支线飞机进行适应性加装或改进；二是针对高端商务或私人客户需求，鼓励国际合作研制具备洲际飞行能力的高端公务机。

（4）大力拓展通用飞机产业链。坚持发展通用飞机与发展通用航空相结合，鼓励航空工业企业与地方政府、相关企业合作，拓展通用飞机产业链。

（三）推动航空发动机自主发展

坚持军民结合、远近结合，建立和完善航空发动机自主发展工业体系，增强自主创新能力，扭转航空发动机落后的被动局面。

（1）建立和完善航空发动机自主发展工业体系。优化航空发动机研制生产体系，加快建设和完善航空发动机基础技术支撑、研发生产、考核验证、科研保障和产品配套等相关体系。遵循航空发动机发展规律，按照“核心机、验证机、原型机、批量生产和改进改型”的发展路径，提高航空发动机自主发展能力。

（2）加快新型航空发动机研制。加快中等功率涡轴发动机的研制，建成发动机总装生产线，并实现批量生产和交付。集中力量发展大型客机发动机。

（3）坚持现有发动机改进改型。针对现有发动机实际使用中出现的问题持续改进，不断提高产品质量和可靠性，加快新产品成熟，树立品牌和市场信誉，积累工程经验。根据民用航空市场急需，选择一批具有发展前景的航空发动机进行改进改型。

（4）推进小型发动机市场化发展。鼓励和支持有条件的企业面向市场需要，采取多种方式发展轻小型飞机适用的小型涡扇发动机、涡桨发动机、活塞发动机和其他类型发动机，发展发动机专项技术和相关配套件。

（四）加快发展航空设备、系统及相关产业

抓住航空工业快速发展机遇，大力发展航空机载、任务、空管和地面设备及系统，加快建设飞机和发动机大部件专业化生产基地，大力发展航空材料和基础元器件。

（1）加快培育和发展机载系统供应商。按照“系统、设备和器件”三个层次建立产业配套体系，大力发展低成本通用飞机的系统和设备。以现有能力为核心，发展机载系统供应商。

（2）扩展航空设备和系统发展领域。大力发展先进的空管系统装备、通用航空通信导航监视系统和设备，飞行培训、客户服务、快速检测、保养维修和机场保障设备，以及通用航空特种任务系统和设备。

（3）改进质量，提高可靠性和经济性。加强新技术研究，支持航空设备适航取证，大力发展货架产品。发展可靠性高、寿命长、环境适应性强、标准化、低成本的航空设备和系统，促进航空设备技术进步和更新换代。加强航空电子设备及软件的技术寿命管理。

（4）实现航空材料和基础元器件自主化。加强航空材料研制，完善国产航空材料体系。重点发展碳

纤维复合材料、高性能铝锂合金以及高强高韧钢等关键材料，强化材料研制与应用考核的紧密衔接。提高国产元器件的性能、质量、寿命和可靠性，实现标准件、紧固件自主化。

（5）加快机载计算机软件和硬件发展。重点开发具有自主知识产权的嵌入式操作系统、机载计算机软件和硬件，确保信息安全，提高自主保障能力和产业可持续发展能力。

（五）优化航空工业布局

按照军民融合式发展的要求，坚持政府引导与市场机制相结合的原则，科学规划，统筹资源，在依托现有骨干企业发展重大战略产品的同时，鼓励有条件的地方和企业积极进入民用航空工业领域，激发创新活力，优化行业布局，防止低水平重复建设，促进民用航空工业健康有序发展。

（1）民用运输机。以上海、陕西及天津为基地，依托现有骨干企业发展民用干支线飞机。

（2）通用飞机及直升机。重点依托哈尔滨、石家庄、珠海、成都和荆门等优势地区发展大中型通用飞机、公务机和特种飞行器，依托景德镇、哈尔滨和天津等优势地区发展大中型直升机；鼓励发展6座（含）以下轻小型通用飞机、3吨（含）以下直升机和轻小型特种飞行器。

（3）航空发动机。提升现有大中型航空发动机基地发展能力；鼓励有条件的地方和企业发展轻小型航空发动机。

（4）航空设备及配套产业。强化航空机载系统集成体系能力建设，提高航空设备的综合化水平。鼓励有条件的地方和企业按照专业化方式，积极发展航空设备和系统、航空零部件、航空材料和元器件等相关配套产业，以及航空租赁、维修、物流等工业服务业，拓展航空产业链，发挥集聚效应，促进航空产业集聚化发展。

（六）大力推进科学技术进步

强化和完善科研体系，加强基础科学研究，建立协同创新平台，积极开展国际合作，突破重大工程技术，增强技术储备，推进产业整体技术进步。

（1）突破重大工程技术。以未来重点型号研制为牵引，重点突破飞机先进总体布局技术、高精度气动力设计及验证技术、复合材料结构应用技术、先进飞行控制技术、高效发动机研制技术、节能减排降噪技术、航空设备及系统集成技术、运营支持技术等。

（2）加强航空基础科学研究。重点发展先进空气动力学、热动力学、固体力学、飞行力学、人机工效学、声学、推进技术、信息控制、新能源、新材料等航空基础科学技术，取得一批原始创新成果。

（3）强化技术基础。加强航空标准、计量与测试、情报、质量、可靠性、市场分析、费用分析、适航、无损与理化检测、环境试验与观测、知识产权等技术基础领域的发展。实施标准化战略、知识产权战略，促进技术成果的推广和产业化。

（4）加强前沿技术探索。围绕下一代飞机和新概念飞行器，开展先期技术探索。

（5）全面推进数字化技术应用。大力开发产品数字定义、数字仿真、模块化制造、数据管理等技术，加快发展协同工作平台、数据中心、专用网和物联网，全面推进数字化研制生产方式，提升航空工业信息化应用水平。

（七）加强基础设施和能力建设

按照军民统筹规划的原则，根据航空科研和型号研制需要，开展飞机及航空发动机科研试验重大基础设施建设。重点发展总体设计、系统集成、设计与试验等核心能力。

（1）研发能力和科研试验设施建设。建设满足大中型飞机、直升机及其航空发动机的研制条件，建设航空设备和系统的研发平台，发展专业化生产线和快速响应的试制线。重点开展飞机和发动机科研试验重大基础设施建设，包括高品质试验风洞，强度试验和试飞设施、发动机试验台等。

（2）适航基础条件建设。加快适航技术研究、人才培训和试验试飞验证条件建设，建设满足特殊气象和环境需求的试飞机场和试验设施，并与周边民用运输机场的正常运行相协调。加强适航审定能力建设。

（3）技术基础条件建设。继续加强材料考核、标准件检验、计量测试、质量检测、可靠性试验、环境试验等条件建设，特别是要加强航空发动机科研保障基础条件建设。

五、我国民用飞机产业的发展对策

1.进一步完善体制机制

加快转变政府职能，创新管理方式，完善行业管理，培育良好市场环境。深化航空工业组织结构调整和专业化重组，加快构建和完善具有活力的体制机制。整合现有科研力量，完善管理体制，加强航空基础科学研究和应用基础研究。分类推进投资主体多元化，加快培育和发展具有国际竞争力的大型骨干企业，积极引导和鼓励社会资本投资和发展民用航空工业。

2.建立健全法规标准和产业政策体系

研究制定民用飞机产业发展相关法律法规，完善行业管理规章制度，推进建立促进航空工业发展的法规体系，为产业发展提供保障。加快研究制定航空工业管理和技术标准，积极参与国际标准的制定和协调，逐步建立与产业发展相适应的标准体系。研究制定民用航空工业发展政策。加强支线和通用航空机场建设，推进国家空域管理体制改革，加快低空空域开放步伐，健全国产飞机客服体系，提高飞行员培训能力和水平，大力培育民用航空市场。建立与民用飞机产品适航管理制度相衔接的准入制度，规范投资行为，防止低水平重复建设，促进产业健康有序发展。

3.建立和完善适航体系

开展民用飞机、航空设备和航空发动机的适航验证技术研究，加强能力建设，提高适航基础技术、工程技术、试验验证能力，建立适航技术体系。以提高航空产品质量和可靠性、保障航空安全为目标，完善适航管理体系，加快研究制定既符合中国国情又与国际接轨的适航标准和技术规范，加快适航审定机构、人才队伍和基础设施建设。加强适航审定技术研究、能力建设和教育培训，促进国际双边认可。

4.加快人才队伍建设

整体推进各类人才队伍建设，着力培养急需紧缺专业人才，在关键技术领域形成以领军人才为核心的创新团队。加强高校航空相关专业学科建设，完善校企联合培养人才机制，不断提高各类人才专业水平。鼓励引进国外优秀人才。对为航空工业领域做出重大贡献的各类人才，按照国家有关规定加大表彰奖励力度。

5.全面推进国际合作

深化政府间航空对话机制，积极拓展与航空工业发达国家和国际航空组织的交流渠道。支持航空工业企业和研究机构在航空基础和前沿技术领域开展国际合作研究，不断提高国际技术合作层次和水平。支持企业采用多种形式扩大航空转包生产，鼓励国际合作研制民用航空产品，支持国内企业参与国际航空工业风险合作和分工，鼓励国外供应商参与国内航空项目的风险合作。充分发挥各种多双边合作机制的作用，加强技术标准、政策法规等方面的国际交流与协调。

［第四十九章］

食品产业

民以食为天，食以安为先，食品安全关系每个人的日常生活，是民生的基础和最重要的保障。本章着力讨论食品产业的作用与分类、食品质量与安全、我国食品产业的发展对策。

第一节　食品产业的作用与分类

一、食品产业的作用

食品产业是运用机械设备和科学方法对农产品、畜产品、水产品、矿产品中的食物原料进行加工制造以供人们食用为目的的工业部门。其主要有肉类、鱼类及其他水产品、蛋类、乳类的加工，食用油脂、罐头食品的制造，以及碾米、磨粉、制盐、制茶、酿酒、卷烟等工业。

食品产业是工业和整个国民经济的一个重要部门，它的发展可以促进 农业和机械、包装产业的生产，改善市场消费品供应状况，更好地满足城乡人民提高生活水平的需要。

食品产业与农业的发展和人民生活有着密切的关系。食品产业是农业的继续和延伸，农业的发展为食品产业提供了物质基础；食品产业发展了，反过来又会进一步促进农业生产的良性循环。充分合理地利用农业资源，对农产品进行深度加工，将会带动饲料的生产，促进养殖业的发展，进而推动种植业的发展。不仅如此，食品产业的发展还能够推动农业生产社会分工的细化，促进自然经济向商品经济过渡；可以运用现代科学技术对食品原料进行营养调配，生产出富有营养价值的食品；可以通过提供方便食品或半成品，减少家务劳动，使人民群众有更多的时间学习和参加社会活动。总之，食品产业对于提高人民身体健康水平，丰富人民生活，促进生活社会化，进一步提高社会生产力水平，都具有重要的地位和作用。

二、食品产业的分类

国家统计局公布的国民经济行业分类（GB/T 4754—2017）对食品产业做了如下分类：

（1）农副食品加工业，包括谷物磨制，饲料加工，植物油加工，制糖业，屠宰及肉类加工，水产品加工，蔬菜、菌类、水果和坚果加工，其他农副食品加工。

（2）食品制造业，包括焙烤食品制造，糖果、巧克力及蜜饯制造，方便食品制造，乳制品制造，罐头食品制造，调味品、发酵制品制造，其他食品制造。

（3）酒、饮料和精制茶制造业，包括酒的制造、饮料制造、精制茶加工。

（4）烟草制品业，包括烟叶复烤、卷烟制造、其他烟草制品制造。

第二节 食品质量与安全[①]

一、食品加工业快速健康发展

近些年来，中国食品加工业持续快速健康发展，经济效益稳步提高。2017年，全国规模以上食品工业企业（不含烟草）累计完成主营业务收入105 204.5亿元，同比增长6.6%；实现利润总额7 015.6亿元，同比增长8.5%；亏损企业亏损总额为327.7亿元，同比增长1.8%；资产合计67 318.1亿元，同比增长5.6%；存货为9 504.2亿元，同比增长8.1%（其中产成品存货为3 806.0亿元，同比增长4.6%）。2017年，农副食品加工业、食品制造业及酒、饮料和精制茶制造业完成工业增加值（现价）占全国工业增加值的比重分别为4.4%、2.1%和2.0%，同比分别增长6.8%、9.1%和9.1%。

近年来，中国食品加工业的发展呈现出以下特点：

（1）部分食品企业加工技术和装备接近或达到国际领先水平。肉制品、乳制品、饮料、啤酒等行业的大型企业普遍拥有世界一流水平的生产设备和检验设备，产品质量得到了保证。膜分离、物性修饰、无菌冷灌装、浓缩、冷加工等加工关键技术的开发和应用，缩短了中国食品加工技术和装备与国际先进水平的差距。

（2）企业质量管理更加科学规范。

（3）产品结构趋于优化，有效满足了消费者日益增长的多层次需求。精深加工食品的比重均有不同程度的上升；饮料制造业打破过去一直以碳酸饮料为主的局面，形成了包装饮用水、碳酸饮料、果蔬饮料、茶饮料等多元化发展的态势等。

二、食品质量状况

1.农产品质量安全稳步提高

（1）安全、优质的品牌农产品快速发展。优质品牌农产品市场占有率稳步提高。农业标准化能力显著提高，促进了农民增收和农业生产方式的转变。无公害、绿色、有机等品牌农产品已成为出口农产品的主体。

（2）农产品质量合格率持续上升。2017年，农业部按季度组织开展了4次国家农产品质量安全例行监测（风险监测），共监测全国31个省（区、市）155个大中城市五大类产品109个品种，监测农兽药残留和非法添加物参数94个，抽检样品42 728个，总体抽检合格率为97.8%，同比上升0.3个百分点。其中，蔬菜、水果、茶叶、畜禽产品和水产品抽检合格率分别为97.0%、98.0%、98.9%、99.5%和96.3%，畜产品“瘦肉精”抽检合格率为99.8%，农产品质量安全水平持续向好。

2.进出口食品质量保持高水平

中国是食品进出口大国，多年来食品进出口不断增长。2017年，全国共进口食品142.9万批、5 348.1万吨、582.8亿美元，同比分别增长7.9%、36.5%和25.0%。近年来，我国进口食品贸易的特点是：数量快速增长、来源更加广泛、品种覆盖齐全、进境口岸相对集中，部分进口食品已成为国内市场重要的供应来源。2017年，我国从187个国家（地区）进口食品，其中进口食品贸易额列前10位的分别为：欧盟、美国、新西兰、印尼、加拿大、澳大利亚、巴西、马来西亚、俄罗斯和越南，共440.3亿美元，占我国进口食品贸易总额的75.5%。

中国的食品加工业还存在一些问题，其中突出的是一些小型食品加工企业和作坊式的食品加工点缺乏质量控制的手段和设备，产品质量不稳定。极少数食品企业缺乏诚信，存在偷工减料、掺杂使假、滥

① 中华人民共和国国务院新闻办公室．中国的食品质量安全状况［N］．经济日报，2007-08-18（5）．

用添加剂、逃避监管以及非法出口等行为。这也表明，中国作为一个发展中的大国，在加强食品生产加工监管、提高食品质量安全水平方面，仍然面临着十分艰巨的任务。

三、食品安全状况

党的十九大报告指出："实施食品安全战略，让人民吃得放心。"安全食品是人民群众日益增长的对美好生活的基本需要。2009年6月《中华人民共和国食品安全法》实施以后，我国的整个食品安全状况有了长足的进步。2017年，我国食品安全状况持续稳中向好。

一是大宗消费食品整体合格率保持高位。居民日常消费的粮、油、菜、肉、蛋、奶、水产品、水果等大宗食品抽检合格率保持在97.5%以上。其中，蛋制品抽检合格率为99.3%、乳制品为99.2%、粮食制品为98.8%、水产制品为98.1%、蔬菜制品为98.0%、食用油及其制品为97.7%，肉、蛋、菜、果等食用农产品为97.9%。

二是大型生产经营企业合格率持续提升。2017年大型生产企业样品抽检合格率为99.6%，大型经营企业样品抽检合格率为98.7%，均比2016年提高0.6个百分点，比2017年总体平均抽检合格率分别高出2个百分点和1.1个百分点。

三是婴幼儿配方食品合格率有所提高。2017年婴幼儿配方乳粉抽检合格率为99.5%，比2016年提高0.7个百分点，不合格项目主要集中在标签标识方面。

四是突出的食品安全问题逐步减少。婴幼儿配方乳粉中的"三聚氰胺"，相关部门已连续9年"零"检出；蛋制品中的"苏丹红"，也连续4年没有检出。

2017年从抽检发现的问题看，农药兽药残留、重金属污染、生物毒素污染问题需要高度关注；微生物污染问题仍较普遍；违规使用添加剂、非法添加仍是顽疾，质量指标不符合标准等问题仍然多发易发，反映出部分企业存在主体责任不落实、风险防范措施不到位的问题。各级食品药品监管部门对于抽检发现的不合格食品及企业及时进行了核查处置，移送司法机关案件线索278件次，责令下架封存、召回不合格食品1 108吨。

第三节　我国食品产业的发展对策[①]

一、建立食品质量安全保障体系

第一，加强食品安全法律法规。我国先后颁布了《中华人民共和国产品质量法》《中华人民共和国标准化法》《中华人民共和国进出口商品检验法》《中华人民共和国食品卫生法》《中华人民共和国农产品质量安全法》《中华人民共和国食品安全法》《关于加强食品等产品安全监督管理的特别规定》。这一系列配套的法律规章使食品生产、加工、消费、监管做到了有法可依、有章可循。

第二，加强食品安全标准和认证工作。在我国，有食品、食品添加剂、食品相关产品国家标准2 000余项、行业标准2 900余项、地方标准1 200余项，初步形成了门类齐全、结构相对合理、具有一定配套性和完整性的食品质量安全标准体系。我国实施了良好农业规范（GAP）、HACCP管理体系认证，基本建立了食品、农产品从农田到餐桌的全过程的认证认可体系。

第三，加强食品安全检测体系的建设。我国在国内食品监管方面，初步形成了"以国家级检验机构为龙头，以省级和部门食品检验机构为主体，以市、县级食品检验机构为补充"的食品安全检验检测体系；在出入境食品监管方面，检验检疫系统建立健全了进出口食品安全技术体系，保障了执法监管和服务的需求。

① 陈郁. 有效建立食品安全基层"防火墙"［N］. 经济日报，2012-07-07.

第四，加强对食品安全的有效监管。中国政府对食品安全实行了以分段监管为主、以品种监管为辅，一个监管环节由一个部门主要负责的行政监管体系。各部门分工明确，密切配合，相互衔接，形成了比较严密、完整的监管体系。各有关行政执法部门大力加强食品质量安全工作。

第五，健全出口食品监管体系。按照“预防为主、源头监管、全过程控制”的原则，中国对出口食品实行了“公司+基地+标准化”的管理模式。中国对出口食品的种养殖基地实行了备案管理、疫情疫病监测和农兽药残留监控制度；对食品生产加工企业实行了卫生注册、分类管理，对其中高风险的重点出口食品企业实行了驻厂检验检疫官制度；在产地和口岸，对出口食品实行了法定检验检疫、质量追溯与不合格召回制度、风险预警制度；对出口食品企业实行了红黑名单制度，网上公布，列入黑名单的企业的产品不得销售、出口。

二、实施农业标准化，保障食品安全①

实施农业标准化，保障食品安全，是关系人民群众切身利益、关系我国社会主义现代化建设全局的重大任务。我们要从贯彻落实新时代中国特色社会主义思想、构建社会主义和谐社会的战略高度，以对人民群众高度负责的精神，提高对实施农业标准化和保障食品安全重大意义的认识，扎扎实实做好工作，切实实现好、维护好、发展好最广大人民的根本利益。

实施农业标准化是建设现代农业的重要抓手，是增强我国农业市场竞争力的重要举措，是保障食品安全的基础条件。只有把农业产前、产中、产后全过程纳入标准化轨道，才能加快农业从粗放经营向集约经营转变，才能提高农业科技含量和经营水平，才能完善适应现代农业要求的管理体系和服务体系。实施农业标准化，实现从农田到餐桌全程质量控制，对保障食品安全至关重要。

没有农业标准化，就没有农业现代化，就没有食品安全保障。要坚持政府大力推动、市场有效引导、龙头企业带动、农民积极实施，以提高农产品质量和市场竞争力为重点，推进农产品清洁生产、节约生产、安全生产，加快推进农业标准化，全面加强食品安全工作。要进一步形成科学、统一、权威的农业标准化体系，努力使生产经营每个环节都有标准可依、有规范可循，提高我国农业标准的科学性、先进性、适用性。要进一步推广农业标准化生产，广泛普及农业标准化知识，积极推进农业标准化生产示范区建设，把推进农业标准化与发展农业产业化结合起来，加快发展无公害农产品、绿色食品、有机食品，促进优质农产品生产发展。要进一步净化农产品产地环境，加大农产品产地环境监测力度，加强农产品产地环境保护，发展循环农业、生态农业，促进农业可持续发展。要进一步严格农业投入品管理，健全农业投入品质量监测体系，普及农业投入品安全使用知识，引导农民合理施肥、科学用药。

三、产业转型和技术创新

提升食品安全水平，要从源头抓起，以产业转型和技术创新来解决问题。要通过农业转型升级来实现，以规模化生产和农业现代化从根本上提升农产品安全水平。重点发展农业新业态，打造增效增收、生态高效新农业，连片打造、重点培育一批起点高、规模大、带动力强的农产品加工龙头企业，以产业化、规模化经营的高效农业来提供绿色优质农产品。我国应推进农业物联网示范与管理平台项目，建设若干农业物联网示范基地，利用物联网技术搭建农产品安全溯源系统，加强农业生产、加工、流通等流程数据共享与透明管理，实现农产品全流程可追溯，提高农业生产管理效率，提升农产品附加值。

---

① 中共中央政治局2007年4月23日第四十一次集体学习内容。

［第五十章］

纺织产业

纺织产业是我国国民经济的传统支柱产业和重要的民生产业，也是国际竞争优势明显的产业，在繁荣市场、扩大出口、吸纳就业、增加农民收入、促进城镇化发展等方面发挥着重要作用。本章着力讨论我国纺织产业的内部结构与发展状况、发展战略与对策。

第一节　我国纺织产业的内部结构与发展状况

一、内部结构

（一）棉、毛、麻、丝、化纤结构

我国的纺织产业包括棉、毛、麻、丝、化纤和印染等十几个行业，主体行业是棉纺织。目前，纺织产业最大的问题是原料供应。要广开原料来源，充分挖掘毛、麻、丝、化纤的潜力。我国有广阔的草原，是大力发展畜牧业的有利条件，以羊毛为原料的毛纺织业潜力很大。要大力发展蚕桑业，以便进一步发展丝绸工业。麻纺织行业当前原料比较充裕，但加工能力不足。

我国的棉、毛、麻、丝和化学纤维工业的发展，还远不能满足国内外市场的需要。

1.棉纺织工业

棉纺织工业是以棉花为主要原料进行纺纱和织布的纺织工业部门。在化学纤维迅速发展的情况下，棉纺加工中使用化纤的比重日益增大。化纤应用于棉纺增长最快的是涤纶。涤纶使棉纺织生产的工艺技术和产品品种、质量发生了重大变化。总的趋向是分布在发达国家的数量逐步减少，分布在发展中国家的数量逐年增多。这种分布是和各国人民生活水平高低有直接联系的。

棉纺织工业在我国纺织工业中是规模最大、基础最好的一个行业。在我国纺织品消费中，纯棉产品至今仍占有很大比重。

2.毛纺工业

毛纺工业是以羊毛为主要原料进行纺纱和织布的纺织工业部门。毛织品是用羊毛制成的一种高档产品，具有挺括、舒适、保暖、美观、大方和耐穿耐用的优点。但是世界洁净毛的产量远远不能满足需要。为了解决这种供不应求的矛盾，毛纺织企业就用羊毛与化纤混纺的办法来增加产量。多年来，毛纺织所使用的化纤数量迅速增加。

我国毛纺织工业也有较大发展，但是与国际先进水平相比，差距还不小。我国毛纺织业的发展必须与我国原料条件和现有生产生活水平相适应。

3.麻纺织工业

麻纺织工业是以黄麻、苎麻和亚麻等麻类为原料进行纺纱和织布的纺织工业部门。麻纺织产品的用途很广，苎麻织物是制作高级衣料、高档台布、餐巾和手帕的原料。亚麻布在国外也是高级生活用布，

用作衣料凉爽舒适，用作家用织物，如桌布、家具外套、手帕等，有千种特殊的风格，属于贵重的装饰织物。

我国麻纺织产品远不能满足国内外市场的需要，还必须加快发展。无论纯麻布、涤麻布和棉麻混纺布、交织布，都供不应求。特别是苎麻织物，已成为纺织品中一个很受欢迎的产品。加快发展苎麻生产和纺织加工，可以提高农民的收入、丰富纺织品市场。所以，我们要采取有力措施，通过多种途径加快麻纺工业的发展。

4.针织工业

针织产品具有美观、舒适、耐穿、弹性好、花色繁多等特点。近些年来，我国各地针织企业通过挖潜力，改造原有设备，引进一些国外先进设备，选用涤纶、腈纶、锦纶等化学纤维代替棉花，生产针织面料及服装，并且不断在加工的精度和深度方面下功夫，使产品的产量和质量不断提高，品种不断创新。

5.丝绸工业

丝绸工业是以蚕茧为原料，缫成丝，然后织绸的纺织工业部门。丝绸具有轻盈柔软、色光艳丽、吸湿透气、印染效果好等优点，用作服装或饰品，深受各国人民所喜爱，是高档纺织品。

丝绸工业较发达的国家除我国外，还有日本、印度等。

6.化学纤维工业

化学纤维工业是以天然纤维素和煤、天然气、石油为原料，进行纺纱和织布的纺织工业部门。化学纤维有两大类：一类是以木材、棉短绒等天然纤维素为原料的人造纤维；另一类是以煤、天然气、石油为原料的合成纤维。

我国的化学纤维工业是从无到有发展起来的。20世纪50年代引进了粘胶纤维和锦纶的成套设备，60年代引进了维纶和腈纶设备，70年代引进了成套石油和天然气合成纤维设备，并在学习国外先进技术的基础上，自己研制成功成套的涤纶、腈纶、锦纶、维纶等抽丝设备。我国化学纤维的产量从1970年年底的10万吨上升到1986年的近百万吨，只用了16年时间。2017年我国化纤产量为4 714万吨，位居世界第一位。

（二）天然纤维与化学纤维结构

1.大力发展化学纤维

近几十年来，随着化学纤维生产的迅速发展，纺织工业的原料结构发生了重要变化。世界化学纤维所占的比重持续上升，但天然纤维仍是不可缺少的纺织原料。

最开始发展化学纤维，是因为天然纤维不足。以后由于化学纤维的品种增多，具有各种特殊的性能，如涤纶的强力大、弹性好，做成衣服具有免烫、易洁、快干等优点；腈纶的性能接近羊毛，具有柔软、保暖、染色鲜艳等优点。因此，要发展品种花色，提高产品质量，生产各种价廉物美的纺织品，也必须有化学纤维与天然纤维混纺交织，或者是制成纯化学纤维产品，这是化学纤维能够迅速发展的重要原因。

我国耕地少，棉田难以增加，增产棉花主要是靠提高单产。因此，要解决13多亿人的穿衣问题，必须实行天然纤维和化学纤维并举的方针。应当指出的是，绝对不能因为棉花大幅度增产而放松化纤的发展，甚至对并举方针有所怀疑和动摇。在今后较长时期内，化学纤维仍是纺织工业发展的重点，要积极用好化纤，开发更多的化纤纺织品。应坚持大力发展合成纤维，继续发展粘胶纤维，在花色品种上下功夫。

2.继续发展天然纤维

（1）重视麻类生产的发展。我国麻类资源丰富，有苎麻、黄麻、洋麻、亚麻、胡麻、罗布麻、剑麻等，生产潜力很大；麻类又不与粮棉争地。长江流域和华南各省是苎麻、黄麻等的主要产区，但是这些丰富的资源远未得到充分利用。

（2）创新发展彩棉业。彩棉不是全新的纺织原料，野生的彩色棉花已经在自然界存在了数千年。在工业化的过程中，尤其是随着化学工业的发展，由于白色棉花产量高，更适宜染出五颜六色的织品来满足人们多色彩的需求，所以彩色棉花淡出人们的视线。近些年来，随着人们对环境保护的日益重视，彩棉业又有所发展。彩棉有如下优点：①彩棉具有天然色彩，在纺织品加工中无须染色，从而减少了加工工序，也相应降低了对水资源的浪费和污染，减少了一些有毒制剂对环境的破坏和给人体带来的危害。②彩棉适于旱地种植，抗虫性、耐旱性、耐瘠薄性较好，可少施化肥，减少污染。③彩棉色泽柔和、质地纯正，符合人们返璞归真、亲近自然、保护生态环境、追求健康生活的需求。①

（三）原料与加工结构及原料型与加工型结构

1.原料与加工结构

原料与加工的比例是否合理，对纺织产业发展的影响极大。只有保持这两者在生产能力总量方面相协调，才能实现纺织产业的有计划、按比例发展；在把必要的进出口考虑在内的条件下，为了取得更多的外汇，在原料立足于国内的前提下，应尽量多进口一些原材料，多出口一些加工产品。所以，就生产能力总平衡来看，加工生产能力应大于原料生产能力，这样有利于提高全社会的经济效益。

我国进口原料占纺织产业耗用原料的比重有上升趋势。这种变化是贯彻“以进养出”的方针，即以进口原料来养出口加工产品的方针，用较少的外汇进口原料，经过加工出口成品，这样就可以换回1倍以上的外汇收入，对国家是有利的。

2.原料型与加工型结构

从投资的经济效益来看，加工型工业部门比原料型工业部门要高得多。

全国纺织产业出口的纺织品来源，主要还是坯布、生丝和坯绸等原料和半成品。因此，从提高经济效益的高度来看，我们必须进一步提高加工能力，以便提高加工深度，争取少出口原料和半成品，提高成品出口的比重。

我国纺织品在国际市场上的主要差距，是印染后整理技术落后，出口服装中自有品牌所占比重很小，加工型工业部门落后于国外。因此，无论是为了发展出口贸易，还是满足国内市场的需要，都必须加快加工型工业部门的发展。

二、发展状况

我国是世界上规模最大的纺织品服装生产国、消费国和出口国，是纺织产业链最完整、门类最齐全的国家，具有迈进世界纺织强国阵营的扎实基础和明显优势。2017年，在全球经济稳健复苏，我国经济增长6.9%的背景下，纺织行业认真贯彻新发展理念，以供给侧结构性改革为主线，坚持稳中求进，经济运行平稳，内需稳步增长，外需温和回暖，效益稳步提升。尽管国际棉价巨幅波动，但国内棉花及纱布价格保持平稳，出口数量继续增长，棉纱进口激增现象受到抑制。

（一）发展成就

1.投资结构进一步优化，棉纺加工业投资缩小，化纤业投资大幅提升

受资源区域优势和市场环境影响，我国纺织产业投资结构更趋合理，智能创新、绿色环保型投资进一步增强，低水平规模膨胀型投资明显缩小。2017年我国纺织行业固定资产投资同比增长5.2%，增速较2016年下滑2.5个百分点。分行业看，纺织业同比增长4.4%，增速下滑6.3个百分点；服装业同比增长4.1%，增速下滑1.5个百分点；化纤业大幅反弹，同比增长19.2%，增速大幅提升18.9个百分点；人

① 李予阳，姜帆．我国彩棉业迈上创新发展新台阶［N］．经济日报，2007-10-10.

造纤维增长27.8%，增速提高25个百分点。分区域看，投资主要集中于东部和新疆地区，内地投资规模明显萎缩。

2.生产、效益稳步增长，化纤行业利润增幅明显

2017年，我国纺织制造业生产继续保持平稳增长，增速保持4%~6%的水平。从增加值增速看，纺织业同比增长4%，服装、化纤业均增长5.8%。从主要产品产量看，除服装继续窄幅下降外，其他均保持不同程度的增幅。2017年全国产纱4 050万吨，同比增长5.6%；产布695.59亿米，同比增长1.2%；产印染布524.59亿米，同比增长4.8%；产服装287.81亿件，同比下降2.6%；产化纤4 919.55万吨，同比增长5%。

2017年，全国纺织服装行业经济效益有所提升，亏损企业亏损额有所下降，化纤行业表现尤为突出。据统计，2017年全行业实现销售收入68 935.65亿元，同比增长4.18%；利润总额为3 768.81亿元，同比增长6.92%，增速较2016年提高2.4个百分点。其中，化纤业同比增长38.3%，涤纶纤维同比增长63.4%，人造纤维同比增长17.1%，大大高于全行业平均水平，而棉纺织业仅同比增长1.8%。全行业亏损企业的亏损额同比下降6.2%，其中，化纤业大幅下降41.3%，涤纶纤维下降71.2%。值得关注的是，全行业产成品资金同比仅增长3.7%，增速远低于生产、销售收入等指标，尤其是棉纺织业在生产增长4%~5%、销售收入增长3.4%的情况下，产成品资金仅微增1.5%，产销平稳，产品库存压力小，形势较为乐观。

3.外需回暖、内需平稳，数量拉动出口增长，棉纱进口增速减缓

（1）内需平稳回升。2017年我国社会消费品零售总额达366 262亿元，同比增长10.2%，其中服装、针纺织品为14 557亿元，同比增长7.8%，较2016年增速提高0.8个百分点，这是7年来增速首次提高，零售额大幅增长反映出国内不断稳健提升。另从纺织服装出口与内销比重分析看，内销比例明显提升。2004年我国纺织品服装30%以上依赖出口，即内外销比为70：30，2017年内外销比为88：12。

（2）外需逐渐回暖。受全球经济稳健复苏影响，2017年我国纺织品服装出口扭转连续2年负增长的局面，出口2 685.96亿美元，同比增长0.8%。

4.综合打造绿色产业①

印染是纺织产业链中提高产品附加值的关键行业，也是能耗、水耗较高，废水排放量较大的行业。同时，由于印染加工对水质的要求高等原因，印染行业的水重复利用率较低，发展越来越受到环境、资源等的制约。在国家和行业高度重视节能减排的大背景下，印染行业进行了大规模技术改造，采用新设备、新工艺、新技术，逐步淘汰能耗和水耗高、稳定性差的落后设备，先进的印染设备应用比重大幅提高，设备的自动化控制水平不断提升，全行业节能减排取得了显著成效。我国在印染清洁生产技术、新型纺织材料染整加工技术、多组分纤维染整加工技术、新型染料和助剂应用、废水深度治理与回用技术、资源循环利用技术等方面取得了不少突破性进展。

（二）存在的问题

我国纺织产业的自主创新能力薄弱，高技术、功能性纤维和复合材料开发滞后，高性能纺织机械装备主要依靠进口；产业布局不尽合理，纺织产业能力的80%集中在沿海地区，出口市场近50%集中在欧盟、美国和日本，尚未形成多元化的格局；节能减排任务艰巨；产能规模盲目扩张，部分行业产能过剩。

1.出口受阻，优势尚存

我国纺织服装出口需求不足及竞争压力突出，行业出口数量呈低位或负增长。订单减少，需求受遏；同时，相当比例的国际订单开始向东南亚国家转移，国内不少大型纺织服装企业也出现了到东南亚

---

① 暴媛媛. 创新发展让纺织行业活力大增［N］. 经济日报，2012-09-19.

办厂的趋向。

不过，我国拥有世界上最完善成熟的纺织产业链，更拥有大批的熟练工人，订单的部分转移在全球资源配置过程中是一种常态，不能因此就怀疑中国在国际纺织产业链中的地位；但是，仍须注意其中的风险和隐患。我国棉花流通体系与国际市场脱节，棉花价格远远高于印度、巴基斯坦以及东南亚国家，这本身就会产生一种驱逐效应，导致国际资源的畸形分配。

2.融资环境亟须改善

国家扶持中小企业的政策陆续出台，但能享受到政策扶持的企业寥寥可数。这是因为：第一，不少产业和企业扶持政策都指向了高科技、新技术以及近些年风头正劲的新兴产业，传统的印染、棉纺、化纤等行业已经被归入到夕阳产业之列。第二，节能减排指标愈加严格。劳动力成本上升从根本上说，依旧是符合供求规律的市场行为，但棉花价格大幅波动和融资难、融资贵等问题，确实是受到了相关体制机制的影响和制约。品牌的诞生并非企业个体行为，期待品牌给力，尚需构建完整的指导方略和扶植体系。①

应该看到，我国纺织产业具备较强的适应能力，产品在国际市场具有比较优势，国内市场需求还有很大潜力，纺织产业发展仍具有广阔的市场空间。我国必须采取有效措施，稳定国内外市场，提高自主创新能力，淘汰落后产能，优化产业布局，加快自主品牌建设，促进纺织产业持续健康运行，为经济平稳、较快发展做出贡献。

第二节　我国纺织产业的发展战略与对策

一、我国纺织产业的发展战略

我国纺织产业以五大发展理念为指引，以推进供给侧结构性改革为主线，以增品种、提品质、创品牌为重点，开始由低端向高端、由粗放向集约、由体量向质量跨越。未来，中国纺织产业将着力于战略性新兴产业用纺织品、环境保护产业用纺织品、健康产业用纺织品、应急和公共安全产业用纺织品、“一带一路”配套产业用纺织品及军民融合相关产业用纺织品六大重点领域。

纺织企业应当紧密围绕国家重点发展战略，坚持市场导向，加快产业用纺织品研发设计，推动科技纺织发展，力争在国家重点发展战略配套工程建设中取得突破，形成具有自主知识产权的企业核心竞争力，持续增强创新能力，研发新技术、新工艺、新材料，推动行业进步，走科技创新的“高精尖”发展之路。

二、我国纺织产业的发展对策

1.提高自主创新能力

近年来，世界经济复苏缓慢，国内经济减速换挡，我国纺织产业既要面对来自发达国家和发展中国家的双重竞争，又要承受成本持续攀升、劳动力资源紧缺、环境约束不断增大等各种压力。因此，纺织产业必须寻找新的动力源，实现新旧增长模式转换，由劳动密集型、资源消耗型向技术密集型、资源节约型快速迈进。在这一过程中，科技创新的支撑和引领作用愈益明显且重要，是全行业实施创新驱动战略的核心，是产品创新、管理创新、品牌创新等诸多创新的基础和源泉。

纺织行业要聚焦行业重大共性关键技术和应用基础研究，进一步加快推进科技成果转化应用，推进科技体系协同创新，加强标准支撑体系建设，推进纺织技术装备、自主创新、产品开发水平和能力的全面提升。

① 暴媛媛. 纺织业：举步于调整转型的十字路口［N］. 经济日报，2012-03-26.

在智能制造方面，要加快推动新一代信息技术与制造技术融合发展，把智能制造作为“两化”深度融合的主攻方向，加快提升包括智能化装备、智能化运营、智能化产品在内的纺织智能制造水平，培育基于“互联网+”的产品创新、精益制造、柔性生产及供应链集成的新型生产方式，促进纺织产业转型升级。

在纺织新材料开发方面，要大力发展各种差别化、功能性纤维及其制品，满足人们的个性化、时尚化和功能化消费新需求；发展满足高端产业技术领域需求的高性能纤维及复合材料，打破国外技术垄断；开发替代石油资源的新型生物基纤维材料，突围原料制约。

同时，通过科技进步、设计创新、工艺改进等，在国际、国内市场确立可信赖的产品质量地位，提升中国品牌的美誉度；在全行业推广应用低碳节能先进技术、无水少水印染技术，实现绿色生产。[①]

2.提升品牌价值[②]

国内市场需求旺盛，对行业发展的拉动作用进一步增强，已经成为我国纺织产业平稳增长的主要支撑。在国内消费能力提高的同时，消费者更加注重对纺织服装品质和品牌的追求。国际品牌本土化势头很猛，而本土品牌国际化存在很多困难。因此，要利用各种方式提高品牌价值的增长速度。提高品牌贡献率对提高产业附加值和产品国际竞争力、提升我国纺织产业的整体形象都具有重大的意义。对此，国内企业要认真寻找自身与国际品牌在质量、创新等方面的差距，进一步加强与文化创意的结合，进一步提高品牌价值创新能力和设计研发能力，加快本土品牌国际化的进程。

3.优化区域布局

东部沿海纺织产业发达地区充分利用技术、资金、研发、品牌、营销渠道的优势，跟踪国际最新技术和产品，重点发展技术含量高、附加值高、资源消耗低的纺织产业和产品。鼓励中西部地区发挥资源优势，积极承接产业转移，发展纺织服装加工基地，形成东中西部优势互补的区域布局，严防低水平产能的转移和扩张。加强东部与新疆的合作，建设优质棉纱、棉布和棉纺织品生产基地。支持大企业集团将其产业链的一端移入新疆发展，构建跨区域上下游紧密联系、协同发展的产业链，把新疆建成依托东部面向中亚乃至欧洲的纺织品服装出口加工基地和区域性国际商贸中心。

4.推进节能减排

纺织产业是高耗能、高污染行业，尤其是其中的印染和化纤行业。因此，高度重视节能减排，明确重点，狠抓落实。采用新型技术是纺织产业节能、节水、减排的重点。在此过程中，要加快对节能减排新工艺、新技术、新设备的推广和应用，同时引导企业放弃粗放的生产管理模式，降低单位产值能耗，减少污水排放。

5.提升企业竞争实力

纺织企业要从自身实际出发，深化企业改革，加快现代企业制度建设步伐，完善公司治理结构，不断提升企业管理和科学决策水平，提高核心竞争能力；加强企业自律，强化质量管理，落实安全生产措施；加大产品研发和技术进步投入，增强新技术产品、高附加值产品的开发能力和生产能力，进一步提高产品的档次和水平；把握国内外市场形势变化，努力开发适销对路的产品，提高对市场需求的快速反应能力，使产品开发、品牌培育与市场紧密结合；坚决淘汰高能耗、高污染、低效率的落后生产能力，加强节能管理和成本管理；优势企业可利用自身规模、技术和品牌优势，通过兼并重组进一步做大做强；坚持以人为本，做好员工培训，全面履行社会责任，建立和谐企业。

6.完善公共服务体系

建立纺织重点产业和企业运行情况、质量等跟踪监测制度，加强产业信息平台与预警机制建设；建立出口纺织产品国内外技术法规、标准和管理服务体系，以及产品质量安全通报、退货核查等应急处理系统；建设面向中小企业、功能完善、服务能力较强的公共服务平台，提供信息咨询、产品设计开发、

① 许红洲. 纺织业要抓机遇多创新［N］. 经济日报，2015-12-25.
② 许红洲. 纺织工业：着力提高科技和品牌贡献率［N］. 经济日报，2007-12-27.

社会责任推广、市场开拓、人才培训等方面的服务；加快产品质量检测体系建设，提升实验室和装备水平，完善检测标准和手段。大力推动企业信息化建设，推广适合化纤、纺织、印染和服装等重点行业特点的企业资源计划管理系统、电子商务系统等。

7.政策措施及保障条件

（1）继续提高纺织品服装出口退税率。认真落实提高部分轻纺产品出口退税率的政策措施；加快出口退税进度，确保及时足额退税。

（2）加大棉花、厂丝收购力度。为保护棉农、蚕农利益，通过增加中央储备或其他办法，加大棉花、厂丝收购力度。

（3）进一步扩大国内消费。优化商业环境，扩大营销网络，减少流通费用，制定加快推进我国服装自主品牌建设的指导意见，推进名品进名店、名牌产品下乡，扩大纺织品服装消费；营造统一规范的市场环境，推进异地质检互认制度，减少重复检测；制定和完善产业用纺织品的相关技术标准和使用规范，提高产业技术水平和产品质量；鼓励国内基础设施建设项目采用符合质量要求的土工布材料、过滤用纺织材料、装饰装修用纺织品、高性能增强复合材料等产业用纺织品。

（4）加大对纺织企业的金融支持。对一些基本面较好、带动就业明显、信用记录较好、无严重环境违法行为、有竞争力、有市场、有订单但暂时出现经营和财务困难的纺织企业，金融机构要加大信贷支持力度；放宽中小纺织企业贷款呆账核销条件，简化税务部门审核金融机构呆账核销手续和程序，对中小纺织企业贷款实行税前全额拨备和提供风险补偿。支持符合条件的企业发行公司债券、企业债券、中小企业集合债券、短期融资券等，简化审批程序，拓展企业融资渠道；中央和地方财政要加大对资质好、管理规范的中小企业信用担保机构的支持力度，鼓励担保机构为中小纺织企业提供信用担保和融资服务。

（5）加强产业政策引导。制定并完善印染、粘胶行业准入条件，指导行业规范发展；调整淘汰落后工艺技术目录，研究完善高污染企业和落后产能退出机制和保障措施；环保、土地、信贷等相关政策要与产业政策相互配合，体现区别对待、有保有压；研究制定产业转移指导意见；积极创造条件，引导外商投资企业将结算中心、成本和利润核算中心设在境内，以企业在岸资产进行担保并落实抵押担保条件。

（6）发挥行业协（商）会作用。行业协（商）会要充分发挥桥梁和纽带作用，在政府指导下，组织应对国际贸易中的反倾销、反补贴诉讼；及时反映行业情况、问题和企业诉求，引导企业落实产业政策，加强行业自律，促进行业有序发展。

第四篇　产业组织

完善产业组织形式，提高产业组织效益，特别是提高规模经济效益，是促进产业和整个国民经济又好又快发展的重大课题。无论是产业经济规律运用，还是产业结构优化升级，都要求有相适应的组织形式：在同等条件下，优化组织就能出效益，就能创造新的生产力。

本篇主要讨论产业组织理论与趋势、集中与集中度、专业化与协作、企业规模与企业规模结构、联合化与集团化、企业国际化与跨国公司等六个专题。

［第五十一章］
产业组织理论与趋势

产业组织通常是指产业内部的各企业相互关系所构成的组织结构状态及发展变化过程。本章主要阐明马克思主义论产业组织、西方产业组织理论与趋势、中国产业组织理论的发展状况。

第一节　马克思主义论产业组织

一、马克思、列宁论分工与协作

（一）关于分工

对于社会分工的特征，马克思指出："整个社会内的分工，不论是否以商品交换为媒介，都是各种社会经济形态所共有的。"[①]这就揭示了社会分工的生产力属性。

对于社会分工的类型，马克思区别了一般的分工、特殊的分工和个别的分工。他指出："单就劳动本身来说，可以把社会生产分为农业、工业等大类，叫作一般的分工；把这些生产大类分为种和亚种，叫作特殊的分工；把工场内部的分工，叫作个别的分工。"[②]

对于分工发展的根源，列宁指出："商品经济的发展使单独的和独立的生产部门的数量增加。这种发展的趋势是：不仅把每一种产品的生产，甚至把产品的每一部分的生产，都变成专门的生产部门，而且不仅把产品的生产，甚至把产品准备好以供消费的各个工序都变成单独的生产部门。"[③]

对于分工的动力，列宁深刻指出：技术进步必然引起生产各部分的专业化、社会化。[④]

对于分工的特征，马克思指出："在工场内部的分工中预先地、有计划地起作用的规则，在社会内部的分工中只是在事后作为一种内在的、无声的自然必然性起着作用，这种自然必然性可以在市场价格的晴雨表的变动中觉察出来，并克服着商品生产者的无规则的任意行动。"[⑤]"在资本主义生产方式的社会中，社会分工的无政府状态和工场手工业分工的专制是相互制约的。"[⑥]他在指出了一般的分工和个别的分工的区别的同时，指明了资本主义条件下社会分工的无政府性以及价值规律在调节这种无政府性方面所起的作用。

---

① 马克思，恩格斯．马克思恩格斯全集：第23卷［M］．中共中央马克思恩格斯列宁斯大林著作编译局，译．北京：人民出版社，1972：397.
② 马克思，恩格斯．马克思恩格斯全集：第23卷［M］．中共中央马克思恩格斯列宁斯大林著作编译局，译．北京：人民出版社，1972：389.
③ 列宁．列宁选集：第1卷［M］．中共中央马克思恩格斯列宁斯大林著作编译局，译．3版．北京：人民出版社，1995：164.
④ 列宁．列宁选集：第1卷［M］．中共中央马克思恩格斯列宁斯大林著作编译局，译．2版．北京：人民出版社，1984：80.
⑤ 马克思，恩格斯．马克思恩格斯全集：第23卷［M］．中共中央马克思恩格斯列宁斯大林著作编译局，译．北京：人民出版社，1972：394.
⑥ 马克思，恩格斯．马克思恩格斯全集：第23卷［M］．中共中央马克思恩格斯列宁斯大林著作编译局，译．北京：人民出版社，1972：395.

（二）关于协作

对于协作的特征，马克思指出："许多人在同一生产过程中，或在不同的但互相联系的生产过程中，有计划地一起协同劳动，这种劳动形式叫作协作。"①

对于协作的形式，马克思根据协作的发展水平不同，区分了简单协作、以分工为基础的协作和复杂协作三种基本形式。简单协作是指"许多人同时协同完成同一或同种工作，但是每个人的个人劳动，作为总劳动的一部分，仍可以代表劳动过程本身的不同阶段。由于协作，劳动对象可以更快地通过这些阶段"②。"以分工为基础的协作，在工场手工业上取得了自己的典型形态。这种协作，作为资本主义生产过程的特殊形式，在真正的工场手工业时期占据统治地位。"③复杂协作出现在机器大工业时期，"但这种协作现在表现为各个局部工作机的结合"④。显然，三种不同形式的协作标志着协作由低级向高级发展的三个阶段。

对于协作的社会功能，马克思认为它与社会分工一样，也能产生新的生产力。他指出："这里的问题不仅是通过协作提高了个人生产力，而且创造了一种生产力，这种生产力本身必然是集体力。"⑤

对于协作创造出新的生产力的机制，马克思在对结合工作日的论述中做了深入的探讨。他说："和同样数量的单干的个人工作日的总和比较起来，结合工作日可以生产更多的使用价值，因而可以减少生产一定效用所必要的劳动时间。不论在一定的情况下结合工作日怎样达到生产力的这种提高：是由于提高劳动的机械力，是由于扩大这种力量在空间上的作用范围，是由于与生产规模相比相对地在空间上缩小生产场所，是由于在紧急时期短时间内动用大量劳动，是由于激发个人的竞争心和集中他们的精力，是由于使许多人的同种作业具有连续性和多面性，是由于同时进行不同的操作，是由于共同使用生产资料而达到节约，是由于使个人劳动具有社会平均劳动的性质，在所有这些情形下，结合工作日的特殊生产力都是劳动的社会生产力或社会劳动的生产力。这种生产力是由协作本身产生的。"⑥

二、马克思、列宁论集中与企业规模

马克思在《资本论》中曾阐述了工业企业规模扩大的优越性。他指出："工业企业规模的扩大，对于更广泛地组织许多人的总体劳动，对于更广泛地发展这种劳动的物质动力，也就是说，对于使分散的、按习惯进行的生产过程不断地变成社会结合的、用科学处理的生产过程来说，到处都成为起点。"⑦

列宁继马克思之后，在《帝国主义是资本主义的最高阶段》《农业中的资本主义》等著作中，进一步分析和论证了生产集中趋势和大生产具有优越性这个规律的适用条件和范围。他指出："资本主义最典型的特点之一，就是工业的蓬勃发展，生产集中于愈来愈大的企业的过程进行得非常迅速。"⑧"就是在工业中，大生产具有优越性的规律，也决不像人们有时所想象的那样绝对，那样简单；在工业中，也只有当'其他条件'相同时（这在现实生活中绝不是常有的），才能保证这个规律完全适用。"⑨

著名经济学家萨缪尔森在其《经济学》中，也提到了马克思关于规模的经济效益的论述。他说："规模收益递增非常重要，它可以解释，为什么我们购买的许多物品都是由大公司制造的——如卡尔·

① 马克思，恩格斯．马克思恩格斯全集：第23卷［M］．中共中央马克思恩格斯列宁斯大林著作编译局，译．北京：人民出版社，1972：362．
② 马克思，恩格斯．马克思恩格斯全集：第23卷［M］．中共中央马克思恩格斯列宁斯大林著作编译局，译．北京：人民出版社，1972：363．
③ 马克思，恩格斯．马克思恩格斯全集：第23卷［M］．中共中央马克思恩格斯列宁斯大林著作编译局，译．北京：人民出版社，1972：373．
④ 马克思，恩格斯．马克思恩格斯全集：第23卷［M］．中共中央马克思恩格斯列宁斯大林著作编译局，译．北京：人民出版社，1972：416．
⑤ 马克思，恩格斯．马克思恩格斯全集：第23卷［M］．中共中央马克思恩格斯列宁斯大林著作编译局，译．北京：人民出版社，1972：362．
⑥ 马克思，恩格斯．马克思恩格斯全集：第23卷［M］．中共中央马克思恩格斯列宁斯大林著作编译局，译．北京：人民出版社，1972：365-366．
⑦ 马克思，恩格斯．马克思恩格斯全集：第23卷［M］．中共中央马克思恩格斯列宁斯大林著作编译局，译．北京：人民出版社，1972：688．
⑧ 列宁．列宁全集：第27卷［M］．中共中央马克思恩格斯列宁斯大林著作编译局，译．2版．北京：人民出版社，1990：332．
⑨ 列宁．列宁全集：第4卷［M］．中共中央马克思恩格斯列宁斯大林著作编译局，译．北京：人民出版社，1984：97．

马克思在一个世纪以前所着重指出的那样。”①

我国根据马列主义基本原理，在国内经验基础上，明确提出过“大中小企业并举的方针”。《关于发展国民经济的第二个五年计划的建设报告》中指出：有人认为，建设大型企业在经济上和技术上比较合理，因此应该多建大型企业而少建中小型企业。又有人认为，建设中小型企业需要的时间较短，发挥投资的效果较快，因此应该多建中小型企业而少建大型企业。我们认为不能一概而论，某些工业部门和在某种条件下，建设大型企业是合理的，而另一些工业部门和在另一种条件下，建设中小型企业就比较合理。在每一类企业中，一般地说都应该有一些大型的企业作为骨干，又应该有许多中小型企业来配合。

三、马克思、列宁论垄断与竞争

马克思关于垄断与竞争有过精辟的论述。关于垄断与竞争的起源，他认为在资本主义生产过程中，两者都是起因于剩余价值规律和价值规律的综合作用；关于垄断与竞争的方式，他认为是竞争导致了资本的集中和市场结构的变化，从而导致了垄断；关于垄断与竞争的机制，他认为为了获得超额利润而重视技术革命的创新机制、资本和劳动力在各部门之间的分配机制等是推动垄断与竞争的内在机制。

列宁所处的时代是垄断取代竞争的时代。列宁在《帝国主义是资本主义的最高阶段》中，对资本主义产业组织形式的变化，特别是生产集中和垄断，做了详尽的分析。他指出生产集中引起垄断，是资本主义发展到新阶段的一般的和基本的规律。“因为几十个大型企业彼此之间容易达成协议；另一方面，正是企业的规模巨大造成了竞争的困难，产生了垄断的趋势。”②

列宁认为，垄断组织的发展可分为三个阶段：“（1）19世纪60年代和70年代是自由竞争发展的顶点即最高阶段。这时垄断组织还只是一种不明显的萌芽。（2）1873年危机之后，卡特尔有一段很长的发展时期，但卡特尔在当时还是一种例外，还不稳固，还是一种暂时现象。（3）19世纪末的高涨和1900—1903年的危机。这时卡特尔成了全部经济生活的基础之一。资本主义转化为帝国主义。”③这些论述对于我们了解垄断组织产生的历史背景和物质条件有重要意义。

列宁详尽地分析了垄断所带来的一系列弊病，认为这些弊病给社会经济生活造成了严重后果：垄断使资本主义的基本矛盾更加尖锐化，从而加剧了无产阶级和资产阶级的矛盾和斗争；垄断使资产阶级内部的斗争也更加尖锐化，相互间的竞争更加激烈，竞争手段更加复杂多样；垄断加深了资本主义的经济危机，危机又大大加强了生产的集中和垄断。

另外，列宁还论述道：银行业由于集中而由普通的中介人变成万能的垄断者，并与工业资本融合形成金融寡头；资本输出，并随着资本输出，垄断组织在瓜分了国内市场之后必然瓜分国际市场，从而产生国际性垄断同盟等。

四、列宁论联合化

列宁指出，联合化就是把不同的工业部门联合在一个企业中，这些部门或者是依次对原料进行加工（如把矿石炼成生铁，把生铁炼成钢，可能还用钢制造各种成品），或者是一个部门对另一个部门起辅助作用（如加工下脚料或副产品、生产包装用品等）④。这就是说，联合化是指在统一技术基础上，将不同工业部门的产品或生产的各个阶段联合在一个企业中。

对于联合化所带来的好处，列宁指出：“分散的企业联合为一个辛迪加，就能大大节省，这是经济学告诉我们的，也是一切辛迪加、卡特尔、托拉斯的例子说明了的。”⑤列宁还指出这种组织形式有利于

① 萨缪尔森. 经济学：上册［M］. 高鸿业，译. 12版. 北京：中国发展出版社，1993：62.
② 列宁. 列宁选集：第2卷［M］. 中共中央马克思恩格斯列宁斯大林著作编译局，译. 北京：人民出版社，1995：585.
③ 列宁. 列宁选集：第2卷［M］. 中共中央马克思恩格斯列宁斯大林著作编译局，译. 北京：人民出版社，1995：589-590.
④ 列宁. 列宁选集：第2卷［M］. 中共中央马克思恩格斯列宁斯大林著作编译局，译. 北京：人民出版社，1995：586.
⑤ 列宁. 列宁选集：第3卷［M］. 中共中央马克思恩格斯列宁斯大林著作编译局，译. 北京：人民出版社，1995：252.

改进技术和缩短生产过程，从而能获得较高和较稳定的利润率。

第二节　西方产业组织理论与趋势

一、西方产业组织理论渊源

在西方经济学说史上，马歇尔最先把组织作为生产要素之一提了出来。他认为，组织特别是工业组织，在提高经济增长效率方面可以起到十分重要的作用。

马歇尔还注意到规模经济和垄断弊病的不可调和的矛盾，提出了所谓的“马歇尔冲突”，即企业追求规模经济的结果是垄断的发展。垄断反过来又会阻断价格机制，扼杀自由竞争，使经济活动失去活力，破坏资源的合理分配。

1933年，英国经济学家罗宾逊夫人总结了有关马歇尔冲突的争论之后的理论探讨，出版了《不完全竞争经济学》一书。罗宾逊夫人对垄断市场需求曲线的特征、垄断企业的成本、垄断企业的短期和长期均衡，以及多厂垄断和双边垄断等，都进行了探讨。

美国产业组织理论的鼻祖张伯伦于1933年出版了《垄断竞争理论》一书。张伯伦认为，在完全竞争和纯粹垄断这两种极端的市场形态之间，存在广大的“中间地带”。垄断竞争市场既存在竞争因素，又存在垄断因素。前者表现为：在市场中，企业数量非常多，彼此之间存在激烈的竞争。后者表现为：每个企业拥有自己独特的产品或独具某种优势。这种现象是由“产品差别”的存在造成的。垄断竞争条件下的厂商，就其产品具有差别性而言是垄断者，但在垄断竞争市场上，每种产品又具有一定的替代性，在获取最大利润的动机的支配下，新厂商也会较容易进入市场，使该市场上厂商的数量得以增加。新厂商虽然不能生产消费者所偏好的与现有产品完全同一的产品，但它们能够提供同现有产品相互替代的类似产品，从而又加剧了该行业内厂商之间的竞争。

张伯伦指出，由于垄断竞争市场中企业的产品具有差异性，增加了商品的花色品种，使消费者有了选择余地，这本身就是一种社会福利，这是生产单一品种商品的完全竞争市场所不及的，而且，由产品差异所增进的社会福利大于因社会生产能力闲置而损失的社会经济福利，因此，垄断竞争市场的经济效率不是低了，而是高了。

此外，张伯伦还对市场的结构进行了分类，并考察了不同产业之间的理论联系，检验了每种产业的结构、价格、利润、广告和效率等方面的绩效。

二、哈佛学派

（一）确立产业组织理论的研究方向

20世纪前30年，发达国家的工业正处于批量生产阶段，集中化的大规模生产是制造业普遍采取的生产组织方式。低成本的大批量生产满足了经济复苏过程中的需求增加，也迎合了社会购买力水平还不太高的现实。但是，大批量生产造就出的大企业，改变了企业间的竞争关系，少数大企业迅速扩张，聚集了足以控制市场的经济资源，康采恩、卡特尔等垄断组织遏制了国家的经济命脉。企业组织的内部经济与市场竞争活力之间的矛盾日益尖锐起来。生产集中的迅速发展促使更多的经济学家关心这样一些问题：大批量生产的内部经济以及企业组织对市场组织的替代会在多大程度上改变资源的配置效率，对市场竞争有哪些影响，对社会福利有哪些影响等。针对这些问题，美国的一些经济学者以哈佛大学为中心逐步展开了对产业组织的系统研究。1938年，哈佛大学建立了以梅森教授为主的产业组织研究小组，他们研究分析了大批量生产条件下的成本与价格，分析了大企业对市场价格的影响以及可竞争市场的条件等。梅森在研究中提出了结构-行为-绩效的分析模式，强调依据市场结构判断市场的竞争性和市场配置资源的绩效。

1959年，梅森研究小组中的贝恩（J. S. Bain）在导师的指导下，完成了题为《产业组织》的博士论文，并将之出版成书。这是经济学领域第一部系统论述产业组织理论的著作。贝恩在书中把构成市场结构的主要因素归纳为产业市场集中、产品差别化、进入壁垒、规模经济性、纵向生产一体化等。其中，在分析市场集中的发展中，贝恩把企业追求规模经济列为导致集中度上升的第一原因。同时，贝恩着重指出，较高的集中度必然导致垄断。因此，贝恩在书中用了很大的篇幅，分析规模经济与市场竞争活力这对基本矛盾。贝恩的《产业组织》以其研究内容的系统性和研究方法的创造性标志了产业组织理论体系的形成。

《产业组织》一书出版后，哈佛大学的其他学者也围绕产业组织的基本命题展开了深入研究。1959年，经济学家凯森和法学家特纳合作出版了著名的《反托拉斯政策》一书，从经济学和法学两个角度分析了大企业的市场影响和对社会福利的影响。谢勒在1970年出版了《产业市场结构和经济绩效》，着重探讨了市场行为与市场绩效之间的关系。贝恩、谢勒等哈佛大学学者的理论分析框架基本相同，所主张的反托拉斯政策也大体相同。因此，后来的产业组织理论学者将那个时期以梅森、贝恩、谢勒为代表的产业组织学者称为“哈佛学派”。

（二）哈佛学派的主要理论

哈佛大学的产业组织理论学者们基本遵从了梅森提出的市场结构-市场行为-市场绩效的分析框架。贝恩在《产业组织》一书中进一步明确了市场结构的概念和影响市场结构的因素。他认为市场结构是市场中卖者和买者的数量、规模及相互间的关系。能够反映和影响这种数量比例关系的主要有市场的集中度、产品的差别化程度、进入壁垒的高度、规模经济性、政府管制等因素。这些因素引导和制约着企业的市场行为，包括价格行为、产品行为、销售行为、投资行为等。例如，当市场的集中度较高时，企业之间的价格行为具有较强的依赖性，市场价格呈刚性，企业倾向于采取价格联合行为。而市场集中度较低时，企业之间的价格竞争较为激烈。企业的广告策略也与市场结构有关，一定的规模可以承担广告费用支出，所以，高集中度市场的广告费用开支比低集中度市场的广告费用开支高。贝恩认为市场结构决定市场行为，有什么样的市场结构就有什么样的市场行为。

贝恩还认为，市场绩效取决于企业的市场行为，如果产业长期存在超额利润，表明企业采取了垄断性的价格行为；如果技术效率较高，表明企业进行了较多的研发活动。

贝恩通过大量的实证分析断言，企业追求规模经济促进了集中度的上升，集中度高的市场存在少数企业间的串谋、协调行为以及利用高进入壁垒限制竞争的行为。这些行为改变了市场的竞争性，其结果往往是产生超额利润，破坏资源配置效率，最终使市场在生产成本、技术进步、产品满足需要的程度等方面陷入低效率的运行状态。

贝恩的《产业组织》出版后，哈佛学派基本确立。哈佛学派主张：市场结构、市场行为、市场绩效之间存在递进制约的因果关系。市场结构决定企业的市场行为，而企业市场行为决定市场配置资源的绩效。因此，为了获得预期的市场绩效，就要采取积极的反托拉斯政策，调整和改善不合理的市场结构，使产业的市场结构符合有效竞争的条件，以规范和制约企业的市场行为。正是由于哈佛学派十分重视市场结构标准，赋予市场结构决定性的作用，所以哈佛学派又被称为结构学派。

哈佛学派的理论对美国和其他主要工业化国家的经济政策产生了重要影响。建立在哈佛学派理论基础上的产业组织政策有十分明确的目的，即维护企业间的竞争活力，发挥市场机制的作用，以最大限度地满足市场需求和推动技术进步。为了实现这一目的，必须制定严格的反垄断政策，完善维护公平竞争的法律体系。这些法规应当包括禁止卡特尔、禁止垄断行为、限制横向企业间的合并与兼并、取消歧视性价格等内容。

三、芝加哥学派

（一）芝加哥学派的崛起

产业组织理论的芝加哥学派，是指以芝加哥大学的经济学学者为主的理论流派。这一学派的学者们运用价格理论和实证分析方法，分析了企业组织内部经济与市场竞争活力之间的关系，提出了新的判断市场效率的标准。芝加哥学派一开始就对哈佛学派重视市场结构的理论提出疑问，他们反对积极的反托拉斯政策，反对政府更多地介入经济，主张放任自由竞争的市场机制发挥作用，认为市场配置资源是最有效率的。在芝加哥学派的理论基础上，美国对反垄断政策进行了大幅度调整，新的产业组织政策在恢复美国的国际竞争能力和发展高新技术产业方面产生了积极的影响，芝加哥学派也因此获得了产业组织理论界的重视。

芝加哥学派对产业组织理论与政府实践最主要的贡献表现在三个方面：

一是为取消政府在某些领域的管制提供了理论基石。芝加哥大学的学者们深入研究了政府介入市场的效果、政府管制产业经济的过程、政府与产业的关系、政府管制机构的行为等问题；指出了政府介入和管制经济的种种负效应，最终推动了政府放松管制。

二是提出了大企业的内部经济与市场竞争活力并不矛盾的观点。芝加哥学派利用价格工具证明，高利润率不是来自高集中度，而是来自大企业所具有的高效率。在芝加哥学派的呼吁下，美国修改了《合并指南》，从而引发了新的合并和兼并高潮。

三是推动了经济学与法学的结合。芝加哥大学经济学学者在进行产业组织理论的研究和教学过程中，与法学院研究反托拉斯法的学者们进行了密切的联系，许多芝加哥学派的学者既是产业组织理论的研究者，也是反托拉斯法研究团体的成员，经济学与法学的结合提高了芝加哥学派在两个领域的研究深度和广度。

芝加哥学派的代表人物有德姆塞茨、斯蒂格勒、布罗曾、特尔塞等人。早在20世纪50年代贝恩的《产业组织》问世之前，斯蒂格勒就发表了一系列以产业组织为研究对象的论文。这一时期，斯蒂格勒主要以企业行为目标和内部规模经济为研究对象。

芝加哥学派认为必须建立自由企业制度，他们信奉市场经济中竞争机制的作用，相信市场力量的自我调适能力。他们认为，在竞争性的市场上，非效率的企业、低利润和亏损的企业，最终会被淘汰出市场，能够在市场上长期生存的企业都是有效率的。在自由企业制度下，追求低成本是企业生存的必然反应，通过企业的现实竞争和潜在竞争过程，市场会自动纠正暂时的非均衡状态，实现长期均衡。

相对于哈佛学派的“结构”决定论，芝加哥学派认为，在对市场的分析中效率是最重要的因素，实现经济活动的效率性最终符合社会福利最大化的原则。芝加哥学派把“效率”分为资源配置效率和生产效率。他们认为，企业如果只实现了生产效率，等于解决了生产技术和规模经济的问题，可以在高效率的条件下低成本地进行生产，但是，低成本的产品不一定能够满足消费者的需求。为了实现更大的收益，企业就要生产消费者需要的商品品种，调整生产要素在市场间的进出，这样就实现了资源的配置效率。在芝加哥学派看来，大企业在生产和配置方面所具有的高效率是超额利润的根源，而不是像哈佛学派所认为的那样，来自高度集中市场结构条件下的垄断。因此，判断市场性质的标准是效率，而不是市场结构。

芝加哥学派认为，哈佛学派提出的有效竞争市场模糊不清，在现实经济中难以对各个市场给出具体的判断。他们提出，可以用产出量指标作为判断效率的指标。因为如果垄断大企业联合起来通过减少产量实现超额利润，市场价格就会偏离边际成本，产业的边际收益高于竞争性产业的边际效益。这时，资源会在垄断性产业和竞争性产业之间重新进行分配，增加向垄断性产业配置的资源，直到各产业的边际收益相等，产出量达到最大。

（二）芝加哥学派的主要理论

芝加哥学派认为，反垄断的目的是实现经济效率，即社会福利的最大化。反垄断的全部课题，是在不损害生产效率、不减少消费者利益的条件下，努力改善资源的分配效率，排除非效率的市场支配力，维护公平交易。因此，政府政策的目标应该是保护竞争，而不是单纯保护竞争者，维持竞争者的数量。在市场竞争中，优势企业的规模不断扩大，低效率的企业被淘汰是正常的，判断企业是否有不正当的市场行为，不能以是否损害了其他竞争者的利益或排斥竞争对手为标准，而在于它是否损害了经济效率。

芝加哥学派相信市场机制的力量，他们认为，市场机制普遍存在，在市场机制存在的地方，竞争就会发挥作用，市场价格随着供给与需求的关系变化，可以将资源自动调节到最佳状态，所以政府不能过多地介入市场。斯蒂格勒曾经分析了政府管制经济与市场自发调节的成本与作用。他指出：政府管制经济的目标不等于管制经济的实际效果，在某些产业，政府管制经济的副作用比预期管制应当起的作用还要大，政府失灵比市场失效的影响大得多。此外，政府一旦管制经济，就构成经济的内在变量。在政府的管制下，如果价格对消费者有利，消费者就要向管制的供给者支付费用，所以管制也是有价格的。

芝加哥学派主张消极的反托拉斯政策。他们认为，如果企业在竞争中选择了大规模，说明在这一领域规模经济是企业生存的必要条件，企业只有在大规模的条件下才能获得应有的效率。如果利用分割的措施限制市场集中度，就会影响企业的效率和竞争力。芝加哥学派认为，政府对企业间的合并和兼并应当分类对待，合并是企业采取的外部成长的方式，也是资源在市场竞争中向最有效率的企业集中的过程。只要产业是可进入的，水平合并后的大企业就不能长期支配市场价格，也就是说，市场仍是竞争性的。芝加哥学派认为，削弱竞争的主要因素是：卡特尔组织限制产量和分割市场的横向协议，导致极高度集中的水平合并，旨在阻止新企业进入的掠夺性价格行为等。芝加哥学派消极的反托拉斯的主张明显不同于哈佛学派所主张的严厉的限制大企业的政策。

四、新奥地利学派

（一）新奥地利学派的主要观点

米塞斯和哈耶克是新奥地利学派的两位代表人物，他们采取了新的方法和研究视角分析产业组织的基本问题。新奥地利学派对应用价格理论分析市场竞争效率和企业组织的效率持否定的态度。他们认为必须对市场的动态过程进行分析，在“过程”中认识竞争和企业家的作用。

新奥地利学派认为，市场是一个连续的过程，这个过程的性质无法通过市场结构表现出来。“竞争是在不确定的环境中，以不完全的信息为前提的”，“推动竞争过程的是企业家”。

新奥地利学派从来没有将垄断与企业的规模联系起来，他们认为，所谓垄断是在不存在政策性进入障碍的市场上，生产者通过对必要资本投入的排他性支配，阻止对其生产形成竞争的企业进入，即垄断是原有企业对新进入企业可能带来的潜在竞争者压力进行封锁的行为。新奥地利学派的学者一一分析了可能形成垄断的因素。按一般的观点，对天然资源的排他性支配、具有杰出经营能力的企业家、市场规模狭小、不正当手段等都是形成垄断的因素。新奥地利学派的学者认为，企业家的能力只能在一段时期内形成垄断；不正当手段能够形成垄断，但是在法规的制裁下难以维持；市场狭小的因素只是在市场初期或市场末期存在，所以除了对天然资源的垄断外，其他因素都不能形成长期垄断。在新奥地利学派看来，垄断的形成与政府是否授予企业进行排他性的生产经营特许权有关。哈耶克曾指出，真正有害的不是垄断自身而是妨碍竞争；不是垄断者的权力，而是垄断者对掌握权力的政府的影响力；不是对资源的垄断而是所具有的垄断的力量，即当垄断者初期所具有的优势和高效率消失后，依然可以保持和维护垄断的权力。

按照新奥地利学派的观点，在规模经济显著的产业，企业追求规模经济所导致的集中度上升，不是形成垄断的直接原因，政府以利用规模经济的名义对产业进入的限制才是垄断的原因所在；企业规模大小并不重要，重要的是企业所拥有的对市场的支配权，因为由规模经济导致的天然垄断可以跨越，而由特许权导致的人为垄断难以跨越。

传统的竞争理论认为，在完全竞争的市场上，低效率的企业会由于在竞争中处于劣势而被淘汰，企业为了生存必须采用最先进的技术，而且采用先进技术也不能支配价格，因为只要存在超额利润，采用更先进技术的新企业就会进入高利润产业，使超额利润消失，产业内所有的企业都是效率最佳的企业，从而实现了经济的整体均衡和资源的有效分配。新奥地利学派的哈耶克认为，竞争的效率不取决于竞争是否完全，因为完全竞争不存在。企业之间存在成本差异是必然的，每个企业的成本水平取决于企业家的经验和特殊知识，即使企业的规模相同，只要有的企业比其他的企业节约资源投入，其平均成本就会较低，这是垄断先进技术或管理的利益。竞争对生产技术进步的作用是由于每个企业都要追求一定时期的技术垄断利润。哈耶克还认为，最佳规模的不断变化与科学技术和经济条件的变化相关，当大企业也面临着其他大企业的进入压力时，规模就成为对抗规模的手段。

哈佛学派认为，广告费用的规模经济以及广告对扩大产品差别所起的作用，使其成为促进集中和垄断市场的重要因素，而且除了围绕产品使用方式进行的广告宣传以外，重复的说服性广告是社会经济资源的浪费。新奥地利学派认为，如果从资源投入与产品增值比的角度分析，广告信息成本的支出是必要的，没有证据表明广告费用的支出是一种浪费。区分广告到底是宣传使用方法的广告还是说服性的广告没有意义，通过广告改变消费者的偏好对资源配置效率没有损害。

（二）新奥地利学派的政策主张

新奥地利学派是市场万能主义者，他们信赖市场的自组织能力，主张市场可以解决所有的经济问题，对各种反托拉斯的法规和制裁措施持否定的态度。新奥地利学派认为政府作为管理社会公共资源的机构，不必关心企业是否垄断了稀缺资源，而要重视的是企业是否拥有支配潜在的竞争者的权力，尤其要重视借助法律和制度形成的权力，不要让被政府管制的垄断成为被政府保护的垄断。

新奥地利学派认为，政府必须管理的是社会公共资源，国家应当拥有那些非营利的服务部门，分离生产与供给，政府对生产进行管理，把供给交给市场机制。政府在直接管理的市场上不能拥有特权，一定要接受潜在竞争者的挑战，应当允许其他企业在政府不能提供服务的领域进行生产和销售。

在规模经济与市场竞争活力的选择上，新奥地利学派认为，破坏市场秩序的不是大企业而是市场上的同业团体和协会。大企业之所以获得了超额利润是因为它们发现了其他企业没有发现的机会，发现机会的能力取决于企业家的信息量、分析能力、预测能力和冒险精神等。企业家创造利润的过程，改变了原有的资源配置比例，形成了系统的不平衡，又通过发现获得利润的机会，使不平衡趋向平衡，所以企业家是动态变动过程的制造者。新奥地利学派认为，为了确保企业家能力的发挥，不应该制定过多的限制企业规模和集中度的政策，而应该确保自由进入市场的条件。

五、西方产业组织理论的发展

20世纪90年代以来，西方产业组织理论的发展主要表现在以下几个方面：

（1）在理论基础上广泛吸取现代微观经济学的新思想，修正了传统产业组织理论基于新古典主义的理论假设。产业组织理论把交易费用理论、产权理论、代理理论等都纳入了自己对企业行业的研究，如运用交易费用理论说明组织的效率来自交易费用的节约，运用产权理论说明市场资源配置的失误在于产权配置的失误，运用代理理论分析两权分离对企业动力结构的影响以及建立相应约束机制的途径。

（2）在研究重点上转到侧重对企业行为的研究，认为企业行为是企业决策者基于自己的组织结构和经营目标而做出决策和实施决策的结果，与企业所处的市场结构关系不大。因此与以往的产业组织理论侧重分析市场份额、集中程度和进入壁垒对企业行为的影响不同，新的理论侧重分析企业内部的产权结构、组织形式、经营目标和合理预期对企业行为的影响。这也使得新的理论中包含了一些企业内部的组织和管理理论。

（3）在研究方法上广泛引入了博弈论方法和正规微观经济学模型。博弈论这一应用数学方法是20世纪70年代才被运用到产业组织理论的分析中来的。博弈论思想有助于说明企业行为是怎样取决于该企业对自己的行为可能引致的其他企业反应行为的预期的，亦即企业行为的决定不再只是一种客观的经济决定，而是与当事人的心理预期紧紧联系在一起的。同时，随着产业组织研究的深入，建立了越来越多的正规微观经济学模型，出现了用正规数学模型分析取代结构-行为-绩效框架的趋势。1988年法国经济学家泰勒尔的《产业组织理论》一书的出版，标志着用博弈论方法和正规寡头市场模型方法改写产业组织理论系统工作的完成。

六、评价与启示

从西方产业组织理论的产生和发展可以看出，它有着鲜明的时代特点，是西方社会经济生活的反映。19世纪下半叶，工业生产的迅速发展、新技术的不断应用以及工业结构的变化，加强了生产和资本的集中趋势。到了20世纪初，垄断组织已经控制了当时资本主义国家的各工业部门和银行系统，成为经济生活中不可忽视的现象。正是在这种背景下，产生了与传统西方经济学不同的、以解释垄断竞争对象为己任的产业组织理论。以后，随着世界资本主义市场的不断扩大，产业组织的结构和形态越来越复杂，特别是在发达国家通货膨胀加剧的情况下，寡头垄断现象成为产业组织理论研究的核心。近些年来，随着市场竞争的加剧，跨国企业的发展成为世界性问题，对企业市场行为的多角度研究又成为产业组织理论研究的核心。

正是由于产业组织理论紧密联系经济社会生活的实际，它对资本主义国家制定经济干预政策影响很大。许多国家以该理论为依据，通过制定各种不同的产业组织政策来影响和控制市场结构或企业的市场行为，如各国普遍制定的抑制垄断的法规，以及保护中小企业发展的法规和政策等。我国在发展社会主义市场经济的过程中，面临着许多在市场经济条件下的产业组织领域里存在的共性问题，合理借鉴西方产业组织理论无疑有助于我们开阔思路、解决问题。

（1）关于促进规模经济。如何实施大公司、大集团战略以获得最大规模经济效益，是发展市场经济必然会遇到的问题。西方产业组织理论在这方面已做了大量的研究，积累了不少有效的方法。借鉴这些方法，可以帮助我们研究社会主义社会化大生产中的规模经济问题。

（2）关于垄断和有效竞争。竞争是经济活动和经济进步的原动力，而垄断则阻断了价格机制在资源合理分配上的作用，并在垄断组织内部也产生所谓的“X-非效率”，即资源分配的非效率性。既然完全竞争的市场结构是不可能的，那就要研究如何实现有效竞争，即在利用规模经济的同时又能维护竞争活力的那种竞争的实现。这方面的理论无疑有助于我们对搞活国有经济的问题的探讨。

（3）关于企业的市场行为。在特定市场结构下，企业行为的具体方式和机制如何，是西方产业组织理论研究的重要内容。我们可以利用其中的一些成果，研究当前企业的国际化经营问题，以及价格战略、产品战略、销售战略和法律策略等问题。

第三节　中国产业组织理论的发展状况

从中华人民共和国成立以来到改革开放前近30年的时间里，我国在经济体制上实行的是计划经济，这一时期的产业组织状况不像西方那样主要表现为产业的市场组织状况，而主要表现为以中央宏观管理和政策为主导所产生的产业组织状况。

改革开放以来，我国产业组织的政策与市场环境都发生了很大的变化，产业组织自身的状况也在不断地变化着。与有中国特色的改革和发展相适应，有中国特色的产业组织研究也逐步开展起来。

一、20世纪70年代末和80年代的产业组织研究

从改革开放初期开始，我国一些学者就对属于产业组织研究范畴的许多问题开展了研究。这一时期的主要特点是，学者们从不同角度将产业组织研究与经济发展、产业结构变化的研究联系起来，与企业制度、市场发展、政府行为及宏观调控体系的研究联系起来。

（一）企业规模结构

20世纪70年代末80年代初，马洪、孙尚清等提出，应当调整不合理的“大而全”“小而全”的经济组织结构，其内容包括专业化组织、联合化组织及其相互关系，大、中、小型企业的关系，企业的组织形式和合理规模等问题；还指出，为调整组织结构，需要进行一定的行政指导，同时应当鼓励竞争、反对封锁、支持各种联合。①

20世纪70年代末，董辅礽等提出，现行体制、政企不分是导致结构不合理的重要原因，因此，应当把“国家行政组织和经济组织分开，经济活动要由各种经济组织去进行”②。

早在1958年李悦就开始到安徽省进行大、中、小型企业调查。经过多年研究，他于1980年年底在中国人民大学科学讨论会上宣读《向企业规模结构要经济效果》的论文③；1981年在《中国社会科学》第1期上发表《论工业企业规模结构》的论文，1981年3月10日《人民日报》又刊登了该论文的摘要。在这些论文中李悦首次提出“一方面，大企业产量在该部门总产量中所占比重日趋增加，企业平均规模日趋扩大；另一方面，在大企业的周围又有大量的中小企业并存”的科学论断。

（二）专业化协作

1979年年初，李悦与董守才合作在《教学与研究》1979年第2期上发表《专业化协作是现代化工业发展的必然趋势》的论文。该文明确提出：专业化协作是社会化大生产的必然产物，是现代科学技术发展的必然结果，是按比例发展和时间节约规律的客观要求，是实现四个现代化的迫切要求。1981年李悦又与董守才合著《工业生产的专业化协作》一书。

1986年，有人根据调查指出，企业搞联合的主要动机是获得规模效益，扩大产出。④还有研究指出，骨干企业向乡镇企业扩散零部件、搞系列分包将有利于提高专业化水平，扩大生产，促进城乡协调发展。

（三）经济联合化

1978年12月，李悦在京津唐三市经济学研讨会上宣读了《京津唐横向经济联合是发展社会主义商品经济的客观要求》的论文；1986年5月23日又在《人民日报》上发表了《谈谈横向经济联合》的文章，明确指出，经济联合，特别是横向经济联合是经济联系方式和管理方式由主要通过行政系统的纵向封闭型向纵横结合、以横向联系为主的开放型转变的过程；是产业组织结构合理化的必由之路；是建立社会主义统一市场的客观要求。

1988年开始治理整顿以后，有关产业组织的研究人员对“诸侯经济”问题的研究产生了广泛的兴趣，取得了一批研究成果。⑤

---

① 王慧炯．产业组织及有效竞争［M］．北京：中国经济出版社，1991：15，17．
② 董辅礽．关于我国社会主义所有制形式问题［J］．经济研究，1979（1）：21-28．
③ 中国人民大学科研处．经济体制改革问题论文集［M］．北京：中国人民大学出版社，1980．
④ 张少杰，崔鹤鸣，许钢，等．投资机制的初步变化及改革思路［M］//国家体改所．改革：我们面临的挑战与选择．北京：中国经济出版社，1986．
⑤ 王慧炯．产业组织及有效竞争［M］．北京：中国经济出版社，1991．

二、20世纪90年代以来的产业组织研究

借鉴西方产业组织理论与方法，用实证方法研究我国市场取向的改革中出现的问题是这一时期研究的特点。

（一）企业组织规模

大多数研究认为规模偏小、集中度低、规模经济差是我国企业的普遍特征，从未来的发展状态看，大企业是经济发展的趋势和潮流。①

有人通过对沪深上市公司中大企业的实证研究指出，我国大企业的创造利润能力比小企业好。研究结论表明大企业将随着中国工业化水平的提高和生产能力的扩大而迅速成长，因为大企业的生产成本要低于小企业，劳动生产率也更高。②但有些研究不支持这一观点，认为企业规模是否与规模经济正相关本身是一个尚待研究的问题，不同行业规模收益有一定差别。在规模经济显著的行业，规模提高有利于效益提高；在规模经济不显著的行业，规模提高并不见得有利于经济效益提高。③

（二）产业组织结构

有人通过对制造业中彩电、冰箱、汽车等行业的实证分析，认为改革开放头20年，我国制造业没有明显表现出企业规模小、规模不经济加重、产业组织趋于恶化的问题；认为在转轨过程中，大、中、小型企业基本上并行发展。虽然各个行业产量排在前几名的大企业的扩张速度没有跟上行业总规模超常规高速扩张，使产业集中度下降，但是它们的规模明显加大，竞争力明显增强，使得总的产业组织结构并未恶化。买方市场形成后，产业集中度开始稳定上升，而且排头企业都是从激烈竞争中脱颖而出的优秀企业，建立在这种基础上的较高的产业集中度才有意义。④

有研究指出，随着产业组织和企业组织不断发生适应市场经济发展的变化，中国工业的行业管理体制孕育着根本性的变革，政府直接管理工业的各行业主管部门在进行彻底的改革。旧的政府行业部门和管理体制将退出历史舞台，新的行业协调组织发挥积极作用。通过大公司、大集团的形成和发展实现产业整合，将成为中国产业组织变迁的重要内容。⑤

（三）市场进入和退出

随着市场竞争的加剧，进入和退出机制是产业组织研究的热点问题。

由于在20世纪90年代初期，乡镇企业、“三资”企业之间在进入产业方面存在政策性障碍，早期大量研究集中在国有企业的产业市场进入和退出的分析上。⑥

针对各地盲目上项目，引起过度市场进入问题，有人认为，厂商的过度进入是一种资源的不经济现象。这种过度进入降低了厂商在市场上的平均存货率，在中国更多地表现为企业（特别是国有企业）20世纪90年代以来持续的亏损。⑦

有人认为，过度竞争的主要表现是“进入企业过多”“全行业长期低收益”“竞争及低效益不能产生淘汰作用”等方面，造成这种矛盾的主要原因是体制转轨中各个方面不同步导致的“竞争失败”，如产品市场和要素市场转轨不同步、各类企业竞争地位不平等。在转轨过程中，特别是在结构变动时期，政府应该对传统产业实施退出援助政策，尽可能减少对市场功能的负面影响。⑧

---

① 马建堂．结构与行为：中国产业组织研究［M］．北京：中国人民大学出版社，1993.
② 殷醒民．论中国制造业的产业集中和资源配置效益［J］．经济研究，1996（1）：11-21.
③ 崔民选，张存萍．我国企业规模效益比较与评价［J］．中国工业经济，1998（5）：53-58.
④ 江小涓．体制转轨与产业发展：相关性、合意性以及对转轨理论的意义［J］．经济研究，1999（1）：35-44.
⑤ 中国社会科学院工业经济研究所课题组．中国工业的制度创新、组织变迁和政策调整［J］．中国工业经济，1998（5）：24-31.
⑥ 于立．国有企业进入和退出产业的障碍分析［J］．经济研究，1991（8）：28-32.
⑦ 张军．需求、规模效应与中国国有工业的亏损：一个产业组织的方法［J］．经济研究，1998（6）：11-19.
⑧ 江小涓．市场化进程中的低效率竞争：以棉纺织行业为例［J］．经济研究，1998（3）：40-49.

三、改革开放以来的产业组织政策研究

制定产业组织政策的目的主要是维护、促进有效竞争，包括反垄断、维护公平交易等。随着市场化进程的深入，市场竞争产生各种问题促使人们对这一领域开展研究。在颁布《中华人民共和国反不正当竞争法》前后，产业组织政策研究逐步受到重视。下面是一些学者提出的较为系统的产业组织政策观点。

胡汝银在《垄断与竞争》①一书中对我国垄断与竞争做了系统的分析，认为：为了推动我国的商品经济进步和经济结构转换、提高竞争市场的组织程度和运行效率，必须加强国家或中央政府对社会经济的整体协调职能和组织职能。他提出可选择如下反垄断措施：价格限制和数量调整；通过抽取垄断税来消除垄断利润；打破条块分割和国有企业独家经营的垄断格局，降低甚至消除进入壁垒，实行国家内部的经济开放；提高国民经济的对外开放程度。

肖炼在《协同竞争论》②一书中根据其协同竞争的观点，对产业组织政策提出如下观点：在促进竞争限制垄断方面，要根据国家垄断、地区垄断、部门垄断和集团垄断的各自具体情况制定政策；在促进适度垄断、抑制过度竞争方面，要适当扶植企业集团所形成的适度垄断，同时要限制过度竞争。

较早依据现代产业组织理论系统地对中国产业组织及产业组织政策进行研究的是卢东斌。③他在其1990年的博士论文中提出了“三三三”产业组织政策设想。其基本思想是：①考虑产业组织政策要着眼于市场结构、市场行为、市场成果三个方面。②制定产业组织政策要注意中央、地方、企业三者协调。③实施产业组织政策要在企业集团、流通系列、转包制三个问题上突破。

丁敬平在《产业组织与政府政策》④一书中提出以大企业为核心再造我国产业组织结构的思路，即充分利用计划、市场和企业这三种资源配置机制的共同作用，在大多数产业里，积极扶植和发展大企业。在同一行业里发展两个以上但又为数不多的几个大企业，并以它们为核心，各自吸引和带动一批中小企业，组成相互竞争的几个大企业群体或企业集团。对于不适合采取上述寡头竞争模式的产业，则可采取高竞争型的产业组织结构模式或独占型的产业组织结构模式。

1993年，方甲在《产业组织理论与政策研究》⑤一书中提出了六点政策思路：①确立产业组织政策在宏观调控中的地位、作用。要围绕产业的转换、优化、协调和出口导向的要求，从组织结构上提高产业的转换与成长的能力。②转换企业经营机制，增强企业活力，尤其是大中型国有企业的活力，使企业成为自主经营、自负盈亏、自我发展、自我约束的商品生产者和经营者，以增强企业在资源配置中的自组织能力。③产业组织政策应立足于企业，面向市场，发挥市场在资源配置中的基础作用，同时政府要加强宏观调控。④建立、维护市场竞争秩序，既要反对垄断，又要反对过度、不正当的竞争。⑤通过国家和骨干企业协同配合，推行大生产体制和企业集团政策，使之成为我国重点产业和出口导向产业的中坚力量。⑥对小型企业实行统一的政策和立法，并建议在有条件的情况下建立全国小型企业的统一管理机构。

江小涓在《经济转轨时期的产业政策》⑥一书中提出，今后我国产业组织政策的重点应该是促进在竞争基础上产生的集中过程，而不是通过阻碍新企业进入，或由政府牵头、在企业非自愿的基础上组建企业集团来提高集中度。一方面，要支持规模经济显著的行业中竞争力较强的企业尽快扩大规模；另一方面，要鼓励中小企业在合适的领域中继续发展，以保持经济的活力和满足就业需求。

四、产业组织创新的“生态系统”⑦

所谓产业组织，指的是同一产业内企业间的市场关系，主要包括交易关系、行为关系、资源占用关

---

① 胡汝银．垄断与竞争［M］．上海：上海三联书店，1988：66-71，262．
② 肖炼．协同竞争论［M］．北京：中国金融出版社，1991：285-290．
③ 卢东斌．中国产业组织分析［M］．延吉：延边大学出版社，1991．
④ 丁敬平．产业组织与政府政策［M］．北京：经济管理出版社，1991：211-229．
⑤ 方甲．产业组织理论与政策研究［M］．北京：中国人民大学出版社，1993：360-362．
⑥ 江小涓．经济转轨时期的产业政策［M］．上海：上海三联书店，1996：173-178．
⑦ 郭全中．产业组织创新的“生态系统”［N］．经济日报，2013-04-05．

系和利益关系等。在工业经济时代，大企业常常通过垂直一体化的组织形态来实现垄断，获取超额利润；在信息经济时代，产业组织形态不断创新，垂直一体化的产业组织开始向网络化趋势转变；随着互联网技术的快速发展，智能化经济初见端倪，生态系统型产业组织将发挥着重要的作用。生态系统型产业组织是基于巨型平台的社会协同系统，其成员和利益相关方存在内在的关联，且时常发生复杂的动态交互作用，在给彼此提供新价值的基础上，能够最大限度地发挥网络效应。其主要优势在于生态系统成员间的相互关系所形成的网络外溢效益以及生命力旺盛的创业文化。这种产业组织可以粗略分为区域型和企业型两种，其中区域型的主要有美国的硅谷、中国的中关村和印度的班加罗尔，企业型的既有阿里巴巴、亚马逊等电子商务平台，也有苹果的App Store等大型信息服务平台。

第一，打造生态系统型的产业组织的关键在于搭建巨型平台。例如，硅谷搭建了斯坦福大学工程学院的研发平台，不断创新出半导体平台、个人电脑平台、工作站平台和网络平台等，孵化出了英特尔、苹果、思科、亚马逊等在全世界领先的公司，使得硅谷从一个农业地区成功转变为美国的高科技中心和创新的引领者。再例如，淘宝网充分利用互联网经济“边际成本趋向于零”的显著特点，通过“免费”模式，打造了大型的电子商务平台。

第二，风险投资和投资银行是生态系统的发动机。由于生态系统型产业组织多为高科技企业或平台，风险投资和投资银行在其中起着不可或缺的作用。在硅谷，20世纪70年代，一些好的项目因为风险投资而成立并快速发展壮大。这也激励一些成功的创业家和高层职业经理人成立风险投资公司，KPCB和红杉是其中最为有名的两家。由于这些人有丰富的管理经验和深厚的人脉，他们除了能给所投的公司带来紧缺的资金，而且能够帮助公司完善公司治理结构、聘任高层领导和拓展业务。此后，由于美国劳工部允许企业将养老金的一部分投资风险投资公司，硅谷的风险投资公司快速壮大，进而形成了以风投为中心的金融投资生态系统，在硅谷公司的高速成长中起着不可替代的作用。至于生态系统型产业组织，如阿里巴巴就通过其旗下的阿里巴巴B2B业务、淘宝和天猫平台为其会员分别提供订单贷款、信用贷款两项服务，金额控制在100万元以内，形成了良性循环的生态系统。

第三，容忍高风险、高失败率的商业文化是生态系统形成的黏合剂。创业无疑是高风险、高收益和失败率很高的事情。无论是硅谷还是阿里巴巴，都建立起了对风险高容忍度的商业文化，这种商业文化认为失败不是耻辱，只要能够从失败中获取实践经验，失败反而是成功之母。这就能够有效地吸引有能力的创业者。同时，由于存在一个相对完善的商业平台，自然会提供更好、更多的创业机会。英特尔和AMD就是创业者离开原先的公司而成功创业的典范。在20世纪80年代，很多创业者通过创业成为百万富翁乃至亿万富翁，这就激励着更多的教授、学生、工程师、职业经理人怀揣创业梦想、满怀创业激情，积极投身科技创业。

第四，有效的商业化是生态系统壮大的催化剂。商业化成果是最有说服力的。硅谷云集的一帮教授、科学家、工程师、企业家、投资家，早年积极推动晶体管的商业化，此后又推动了个人电脑、浏览器等的商业化，成就了苹果、谷歌、Facebook等一大批在世界范围内举足轻重的互联网公司，提振了美国的经济。在中国，很多创业者在淘宝网这个大平台上实现了自身的创业梦，成功打造了一些销售收入几千万元乃至上亿元的公司和品牌。

在培育和发展这类产业组织时，政府可以发挥引导的作用，但切不可夸大自身的作用，更不能越俎代庖，而应该充分发挥市场的力量，并通过培育风险投资等有力措施，鼓励和支持这类产业组织的发展。

［第五十二章］
集中与集中度

集中是工业化过程中的普遍现象，一个国家经济的集中程度对经济资源利用及对市场竞争产生直接的影响，所以，产业组织理论把集中和集中度作为研究和分析的基本对象。本章主要讨论集中概述、集中与市场外部经济性、我国的一般集中与产业集中。

第一节　集中概述

一、集中与集中度

（一）集中

集中是指在社会经济中企业规模扩大的过程。它表现为全部企业中仅占很小比例的企业或数量很少的企业，积聚或支配着占很大比例的生产要素。

集中是伴随工业化过程的一种突出现象和必然趋势。发达国家的经济发展过程证明了这一点。在美国工矿企业中，资产在10亿美元的巨型企业，1901年只有美国钢铁公司1家，1948年有12家，1960年增至29家，1970年已达到109家，1987年为206家，1992年已增加到257家。这一增长速度远远超过了美国工业总规模的增长速度。20世纪60年代初，美国制造业出现资产达百亿美元的大公司，1980年已达到19家，近年来又出现了上千亿美元的特大公司。对于经济发展中的集中现象，各国的经济学家们从不同的角度对它进行了研究。从产业组织的角度，集中是分析市场的常用指标。按照传统产业组织的结构-行为-绩效（SCP）的分析框架，集中是影响市场中的企业行为，进而影响市场绩效的重要因素。后来芝加哥学派、新奥地利学派虽然对SCP框架提出挑战，但也不否认集中作为分析市场垄断、竞争性的主要方法的重要地位。正如美国学者克拉克森所说：在描述我们经济中一个或数个部门的竞争程度时，集中这一术语或概念看来是最重要的工具之一。

（二）一般集中与产业集中

产业组织学所探讨的集中有一般集中和产业集中之分。这两个概念分别考察不同市场范围的集中现象。如果考察的范围是整个国民经济，那么得出的结果是一般集中。它涵盖了从自然界取得物质资源和对原材料进行加工的各个社会物质生产部门和产业，是对各不同产业生产能力分布状况的一种综合反映。而产业集中则以某个较为具体的产业为考察对象，它反映产业内经济资源在不同企业间分布的均衡程度。

一般集中反映的是工业的整体集中程度，而工业内各行业的企业间并不存在直接的竞争关系，因此，一般集中与某个具体市场上企业间的竞争程度没有必然的联系。它的理论和实践意义在于：可以作为对产业组织结构基本状况的描述，同时由于它是伴随工业化进程而发展变化的，因而对它的动态和静态考察，可以反映出一国工业化的发展过程和工业化水平的高低。相对而言，产业集中与产业内企业的市场竞争状况有较为密切的关系。产业集中程度越高，说明资源越集中于少数几家大型企业，这几家大型企业的市场支配力，特别是价格支配力可能也就越强。当然这种联系并不总是存在的，它的存在还需要满足供给弹性等其他市场特性方面的要求。

值得注意的是，虽然一般集中可以看作对各产业集中的综合，各产业集中的变化也通常会引起一般集中的变化，但不能由此而认为一般集中是产业集中的简单累加，或者得出二者必然呈同方向变化的结论。其原因在于，各产业在整个工业中的权重是不同的，而且这种权重也在不断地变化。如果权重大的产业集中程度上升，那么即使权重较小的产业集中程度有所下降，也不会影响整个产业集中程度的上升。一般集中的变化会与某产业集中的变化不同步，甚至呈反向趋势，二者没有必然的正向相关性。

（三）集中度

集中度即集中的程度，一般用市场中较大企业所占有市场份额的大小来表示。集中度总是针对特定范围或市场而言的。从它所反映的市场范围的不同，可以分为一般集中度和产业集中度。前者是指整个国民经济的集中程度，后者是指某个具体产业的集中程度。

从另一个角度来看，市场主要分为买方和卖方，因此集中度又可分为买方集中度和卖方集中度。买方集中度是指买方在特定产业市场中所占的份额，它反映该产业市场上买方的结构和集中状况；卖方集中度是指卖方企业在特定产业或市场上所占市场份额的大小，它反映该产业市场上的规模结构及产业内生产集中状况。但是在现实的经济社会中，除了资本品及中间原料产品市场上买卖双方可能都是生产企业外，一般商品市场上大多卖方是企业，而买方是消费者。由于消费者人数众多，不易统计，而且不同消费者间的购买规模差异较小，因此在讨论集中度时，多以对卖方集中度的讨论为主。

在产业组织理论两大学派的分析中，依据集中度对市场垄断和竞争状态的判断结论有明显的区别。哈佛大学的结构学派认为：集中度是市场垄断的基础。在集中度较高的市场上，由于少数企业占有大部分市场，因而具有较大的支配市场价格的能力。大企业通过高价格获取垄断利润，导致高集中度的市场平均利润率水平较高。但芝加哥大学的效率学派认为：市场的竞争性不仅与单个企业的市场份额有关，还与市场进入壁垒等其他因素有关。正如保罗·萨缪尔森所指出的那样，一个由单个企业构成的行业的集中度可能为100%，但是如果潜在的供给弹性足够大的话，该厂商的垄断势力可以为零。如果存在一种能带来垄断利润的价格，那么现有的垄断就会受到新进入者或该行业中原有边际厂商扩张引起的洪水般的冲击[①]，也就是说，在特定的市场条件下（如潜在的供给弹性足够大），集中度高并不意味着市场的竞争性弱，高集中度可能与激烈的竞争并存。

因此，在考察集中度的同时，要结合对市场其他特性的具体分析，这样才能对市场的竞争程度有一个较为客观的认识。

二、集中的影响因素

（一）基本影响因素

决定特定产业市场集中的最基本因素是该产业的规模经济性和市场总规模。

1.规模经济性

规模经济性是指由企业生产经营规模的扩大而带来的单位产品成本（长期平均成本）降低的经济性。企业在竞争的压力下，总是力求尽可能地降低本企业产品的成本，以取得竞争中的优势地位，因此规模经济性的存在必然驱使企业不断地扩大规模。在不考虑产业市场总规模变化的条件下，这一行为将

---

① 克拉克森，米勒. 产业组织：理论、证据和公共政策［M］. 华东化工学院经济发展研究所，译. 上海：上海三联书店，1989：92.

推动集中度的上升。

不同产业的规模经济性的显著程度是不同的。在有些产业中，规模经济性极为显著，表现为以最佳规模进行生产的企业与以小于最佳规模的规模进行生产的企业相比，其单位产品长期平均成本的差别非常显著。显著的规模经济性给行业内的企业以强烈的规模扩张冲动，结果造成这类行业的集中度较高。

在另外一些产业中，规模经济性则并不是那么明显。例如在卷烟业中，以小于最佳规模1/3的规模进行生产，其单位产品的长期平均成本仅比以最佳规模生产的企业高2.2%。这些产业中企业的规模扩张动力较小，小企业的数量较多，从而产业的集中度较低。

规模经济性解释了部分产业市场上低于最佳规模的企业不断扩大规模的动因，但美国学者贝恩和日本学者植草益的研究都表明，有相当部分产业存在超规模经济的集中问题（企业规模大大超过规模经济的水平），这说明还存在其他促使企业规模不断扩大的重要因素，过分强调规模经济性对市场集中的作用是不恰当的。

2.市场总规模

集中与集中度是一个相对的概念，其既取决于少数大企业的绝对规模，同时取决于市场的总规模。市场总规模对集中的影响表现在静态和动态两个方面。

从静态来看，市场总规模越小，其市场集中度较高的可能性就越大，因为少数企业扩大自身规模的行为会导致集中度上升得更快。相反，如果市场总规模较大，则少数企业的规模扩张对集中度的影响较小，市场集中度难以迅速上升。

从动态来看，市场总规模扩大的速度会影响到市场集中度。如果市场总规模扩大的速度大于企业扩张的速度，则市场集中度会趋于下降；如果少数大企业规模比市场总规模更快地增长，那么市场集中度将会有所上升。在快速成长的市场中，由于需求迅速扩张，而企业难以在短时间内以相同的比例扩大规模，就会出现供不应求和价格上涨的状况，从而吸引大量新企业进入，导致市场集中度下降。

（二）其他影响因素

1.大企业优势

大企业优势是促使企业不断扩大规模的另一诱因。马克思在《资本论》中曾提出，技术的改变导致大规模生产，并将淘汰小规模、高成本的中小企业，而增强大企业的控制力量。也就是说，大企业在资金、技术等方面实力雄厚，使它在竞争中具有优势。以大银行、大证券公司为主体的金融机构大多愿意支持大企业，因为大企业资信程度高，贷款和投资的风险较低，收益较高。

大企业的优势还来源于组合效应：大企业可以把多个生产和交换环节内部化，从而节省交易费用；大企业可以通过多元化经营合理组合生产要素，优化资本结构，降低和分散经营风险；大企业还可以通过成本和利润的内部调整节省开支，合理避税，这是跨国经营的大公司常用的方法。

由于大企业优势的存在，企业往往急于采取合并、收购等方式扩大规模，这会使市场集中度迅速提高。

2.进入壁垒

行业市场进入壁垒各有高低。进入壁垒较低的市场，新企业的进入比较容易，使集中度下降；相反，如果市场具有较高的进入壁垒，则企业在进入壁垒的保护下有可能实现稳定的增长，并促使市场集中度趋于上升。因此，高进入壁垒往往成为行业维持较高集中度的原因。

3.产品差别化

产品差别化对集中的影响是两方面的。一方面，企业推进产品差别化策略，如改进质量、提高技术、改变外包装、大量做广告等，其结果是企业最大限度地占领各个可能市场，从而有利于企业规模的扩张和市场份额的提高；另一方面，产品差别化程度越高，市场划分越细，可供消费者选择的替代品越多，从而小企业和新企业获得一定生存与发展空间的可能性就越大，这从一定程度上制约了市场集中度的上升。

4.政府的政策和法规

高度集中往往导致垄断。垄断扼杀了竞争的活力，导致较低的资源利用效率。为了防止垄断、维护公平竞争，许多国家制定了反垄断法和公平交易法，对过度集中加以限制，同时以中小企业法扶持中小企业的成长，这些法律措施限制了市场集中度的上升。

但是，在特定的国际和国内经济形势下，一些政府经济政策往往又是有利于市场集中的。例如，许多国家为增强本国企业的国际竞争力，采取一定措施鼓励企业间的合并与扩张，对大企业给予优惠、扶持。又如，我国为推进资产重组、优化资源配置而颁布的鼓励企业集团发展的有关法规，起到了促使生产趋于集中的效果。

三、集中的判别与度量

（一）一般集中和产业集中的判别与度量

一般集中是对工业中各产业集中情况的综合反映，因此对一般集中的度量常以计算工业经济范围内最大100家或200家企业的销售额等数值之和占整个工业的比例来反映，这样得出的结果能够在一定程度上说明大企业在整个工业中的相对地位。

产业集中的度量的基础和难点是产业的划分。因为一般说来，同一产业市场上的企业之间才有可能构成竞争关系，如果产业的界定模糊，在计算中混入了不构成竞争关系的其他企业或把构成竞争关系的企业排除在外，则集中度的测量就会发生偏差而失去其应有的意义。

通常各国都有其标准产业分类体系，并且相关的统计信息也往往按该体系分类发布，因此按这种分类来计算行业集中度简单易行，也是实际中最常用的方法。

从理论上来讲，产业划分需要通过计算需求相关弹性来判断产品的替代性，以生产的产品之间有密切的替代性作为划分同产业企业的标准。其计算方法如下：

假设有A、B两种产品，B产品对A产品的需求相关弹性为：

Y_{AB}=A产品需求变化率/B产品价格变化率

A产品需求变化率=$\Delta Q_A/Q_A$

B产品价格变化率=$\Delta P_B/P_B$

式中：Q_A为A产品原来的需求量；ΔQ_A为A产品需求的变化量；P_B为B产品原来的价格；ΔP_B为B产品价格的变化量。

当$Y_{AB}>0$时，A、B两种产品之间具有密切的替代性，可以认为生产A产品和生产B产品的企业处于同一产业中。

需要注意的是：被归入同一产业的企业生产非替代品的可能性很大。例如按产品类型来说，美国的西屋公司应划归电气产品及设备产业，但它也生产煤气焚化炉以及夹板。在计算电气产品及设备行业的集中度时，如把这家公司的销售额都计入该产业，其结果是使计算值同实际之间存在一定的偏差。这种情况是广泛存在的，很难对每家企业都按产品一一加以区分，因而偏差也总是存在的。

为了能对偏差进行度量从而确定计算出的产业集中情况与实际的符合程度，经济学家们提出了覆盖率和专业化率两个指标。覆盖率表明某个产业的主要产品来自特别划入该产业企业的程度，其定义为：

$$\text{覆盖率}=\frac{\text{划归X产业的企业生产的X产品发货额}}{\text{X产品的总发货额}}$$

专业化率表明划归某个产业的企业实际上专门从事生产该产业主要产品的程度，其定义为：

$$\text{专业化率}=\frac{\text{划归X产业的企业生产的X产品发货额}}{\text{划归X产业的企业的总发货额}}$$

覆盖率与专业化率越高，则计算出的行业集中度就越能反映市场的实际情况，反之则表明实际情况与计算结果有较大的偏差。

（二）集中度指标

常见的集中度指标有集中率（CR_n）、洛伦茨曲线、基尼系数（G系数）、赫芬达尔-赫希曼指数（HHI指数），此外还有熵指数（EI）、罗森布鲁斯指数（R指数）及综合集中指标（CCI）等，这里主要介绍前几种集中度指标。[①]

1.集中率

集中率是最基本的集中度指标，其计算方法如下：

$$CR_n = \sum_{i=1}^{n} X_i / X$$

式中：n为企业数；X_i为居于市场第i位企业的生产、销售、职工或资产；X为市场中所有企业的生产、销售、职工或资产总额；CR_n为最大n家企业集中率（通常取最大的3、4、5或8家企业）。

CR_n的概念清楚，计算简单，所需资料也较容易获得。它的缺点一是仅考虑前面n家最大的企业，而没有考虑其他企业的重要性；二是无法显示最大的n家企业间的相对大小。例如图52-1所列出的CR_4均为80%的3个产业，它们的企业数量、最大4家企业的市场占有率分布却有很大不同，原因就在于集中率仅以部分企业的规模比例来表明集中度，无法反映市场上其他部分企业数及规模分布的情况，同时忽略了最大n家企业之间的差异。

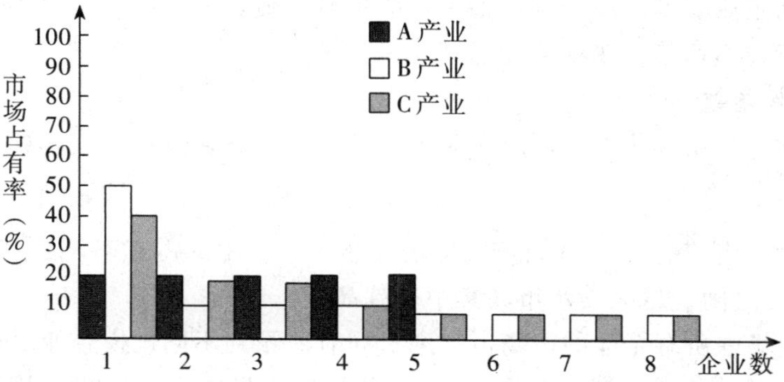

图52-1　前四大企业集中率相等但企业数及规模分布不一样的3个产业

2.洛伦茨曲线和基尼系数

洛伦茨曲线和基尼系数反映了企业的规模分布和集中度，从而弥补了集中率的缺陷。

（1）洛伦茨曲线。在图52-2中，横轴表示由小到大排列的企业累计数的百分比，纵轴表示相对比例企业的市场占有率。由于在全部企业中，占一定比例的小企业的市场占有率低，而在数量上只占很小比例的大企业却有较高的市场占有率，因此洛伦茨曲线向右下方偏离对角线，偏离的距离越大，企业规模分布越不均匀，大企业的相对集中度越高。

（2）基尼系数。从洛伦茨曲线可以导出基尼系数（G系数）：

$$G系数=\frac{A}{A+B}$$

式中：A为洛伦茨曲线与对角线之间的面积；B为直角三角形的面积减去A后的部分。

---

① 其他几种指标的计算方法如下（公式推导过程略）：

$$EI = \sum_{i \in N} S_i \log \frac{1}{S_i}$$

$$R = 1/(2\sum_{i \in N} iS_i^r - 1)$$

$$CCI = S_i + \sum_{j=2}^{N} S_j^2[1+(1-S_j)]$$

式中：N为企业数；S_i为第i家企业的市场占有率；i为企业市场占有率的排名次序。

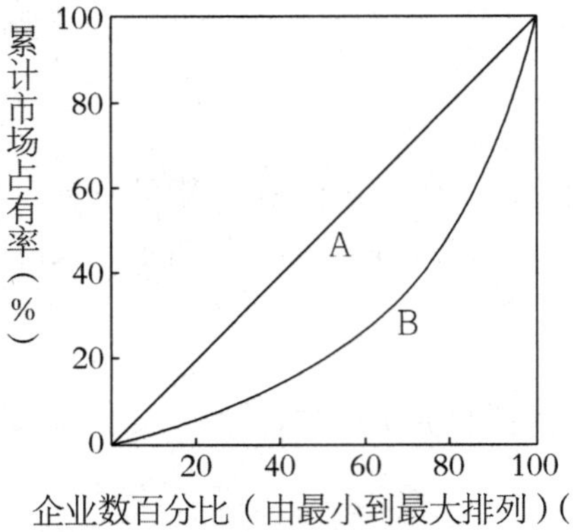

图52-2 洛伦茨曲线

资料来源 董守才，沈霖，李平. 工业组织学［M］. 北京：中国人民大学出版社，1992：24.

如果用规范的数学式来表达，基尼系数的计算公式如下（数学推导过程略）：

$$G系数=\frac{g}{2\bar{S}}$$

式中：g为$2/N(N-1)[(N+1)\sum_{i\in N}S_i-2\sum_{i\in N}(N-i+1)S_i]$；$\bar{S}$为$\sum_{i\in N}S_i/N$。其中：N为企业数；$S_i$为第i家企业的市场占有率；i为企业市场占有率的排名次序；g为平均差；$\bar{S}$为市场占有率的算术平均数。

如果G系数=0，则企业规模分布均等；如果G系数=1，则表示产业内只存在一家企业。基尼系数越大，说明企业规模分布越不均等，集中程度越高。

3.赫芬达尔-赫希曼指数

这是一个兼具上述两种指标优点，同时避免了二者缺点的综合指数，其计算公式为：

$$HHI=\sum_{i\in N}S_i^2$$

式中：S_i为i企业按生产、销售、员工或资产计算的在整个市场中的占有率。

HHI的值介于0和1之间，越大表示市场集中度越高。

HHI指数考虑了市场中所有企业的市场占有率，同时照顾到不同规模企业对市场的不同影响力（对大企业给予较大权数，给小企业以较小权数），从而能反映市场中企业的数目及规模分布的差异性。但是，计算HHI指数需要掌握市场中所有企业的占有率情况，因而受资料可获得性的限制较大。

（三）各种集中度指标的总体缺陷和调整方法

各种集中度指标除了具有其固有缺陷以及因产业划分的困难而发生偏差外，还忽略了如下两个重要因素：

1.市场地域范围

由于受交通运输发达程度、商品储运时间及运输的难易、政治经济体制等因素的限制，产业市场往往存在地域的分割。以美国水泥产业为例。从单个企业的角度看，有90%的水泥是运往160千米以内的区域的，单个水泥生产企业即使是最大的水泥生产企业也很难对空间距离较远的地区市场产生很大的影响。

地域分割的结果是使按全国范围计算的集中度指标与按地区范围计算的集中度指标相差甚远，对市场整体的反映脱离了局部（地方）的实际。弥补这一缺陷的办法是先把产业市场进行合理的地域划分，分别计算各地区市场的集中度，再以各地区市场占全国市场的份额（百分比）为权值计算加权平均值，这样得出的集中度才更符合各地区市场的实际。

2.进出口

在封闭的市场中，卖方与本地的生产者是完全对等的，但在考虑国际贸易的情况下，卖方除了当地生产者之外还有从外国进口者。同时，当地生产者也可能不仅仅在本地销售，而是部分地在国外实现其销售额。这样一来，未考虑进出口因素的市场集中度就会发生一定的偏差。

考虑进出口因素，企业在国内市场的占有率就不再是$S_i=X_i/X$，而应调整为：

$$S_i=\frac{X_i-E_i+I_i}{X-E+I}$$

式中：X_i、E_i、I_i为第i企业的销售额、出口额及进口额；X、E、I为产业中全部企业的销售额、出口额及进口额总额。

以上针对集中度的缺陷从理论上提出了调整的方法，但由于信息可获得性的限制（如想要获得每家企业的进出口详细资料几乎是不可能的），其实际操作很难进行。因此，在很大程度上，上述缺陷成了集中度指标的“固有”缺陷。

第二节　集中与市场外部经济性

一、集中与市场结构

市场结构是指市场主体的构成、市场主体间的相互作用以及规模比例关系。任何市场都是由买方和卖方所构成的，因此市场特性也可分别由买方和卖方表现出来，而其人数或企业数的多寡就是构成市场结构的最基本因素。此外，个别买者或卖者在整体买方或卖方的相对地位，除了说明市场内买卖双方的竞争态势外，更可显示卖者（或买者）间相互影响的程度。因此，市场集中是市场结构的基本影响因素，同时，衡量市场集中度的各种指标结合了企业数量及其相对地位（规模）这两个基本因子，成为描述市场结构最主要的方法。

一般说来，产业内企业数量越少，少数企业的规模越大，在市场上销售产品的数量越多，市场占有率越高，企业对市场价格的影响作用就越大，企业就越容易形成对市场价格的影响；企业规模小且数量多，企业之间的竞争就较为激烈。传统的产业组织理论正是依据这一逻辑将市场结构划分为独占型、寡占型、垄断竞争型及竞争型等基本类型。若将买卖双方的集中度细分再分别组合，则形成更多的市场结构类型（见表52-1）。

表52-1　**集中与市场结构组合关系表**

卖方＼买方	1家	少数	多数
1家	双方独占	卖方独占、买方寡占	卖方独占
少数	买方独占、卖方寡占	双方寡占	卖方寡占
多数	买方独占	买方寡占	原子型竞争

资料来源　马场正雄，等. 买方市场构造和市场效果［J］. 经济分析，1977（2）.

但是，芝加哥学派产业组织理论研究者强调指出，市场集中（度）作为决定市场特性（结构）因素之一的作用被夸大了，实际上它只是决定市场结构的必要条件，而非充分条件。克拉克森认为，一个竞争性产业应具有如下特征：

（1）没有一家厂商具备控制市场供给的条件，更确切地说，每家厂商都是价格的接受者。

（2）在长期内，不存在经济利润。生产达到长期均衡状态时，边际成本等于价格，并等于平均成本的最低点。

(3) 生产同质产品的厂商数目很多，没有进入壁垒。[①]

也就是说，不同集中度的市场并不一一对应着不同竞争程度的各种市场结构，它必须与其他条件相结合才能构成这种一一对应关系。其他的因素通常包括进入和退出壁垒、产品差异、市场需求量的增长以及规模经济性等。

二、集中与企业行为

企业行为是指企业有目的的生产经营活动，通常包括企业的价格行为（定价）、产品行为（新产品开发、质量等）、销售行为（产品销售、售后服务等）、投资行为及组织调整行为（兼并、集团化等）。

传统的结构-行为-绩效框架的产业组织理论认为，市场集中程度作为决定市场结构的一个重要因素，对企业行为有很大的影响。

一般而言，市场集中度越高，少数大企业占据的市场份额越高，大企业对市场的控制力也就越强。由于缺乏竞争者，大企业对产品质量、销售服务、技术、新产品开发的关注程度不如竞争型市场上的企业那么高。

相反，市场集中度越低，由于市场上存在足够多的竞争者，企业成为价格接受者，产业价格水平趋于下降并接近产品的边际成本，企业之间在产品花色品种、质量、技术销售及售后服务等方面展开激烈竞争，企业的兼并、破产与大量新企业的出现并行。

同时，企业行为对市场集中度产生影响，如企业的合并、兼并行为会提高产业的集中度。

芝加哥学派产业组织理论者在对结构-行为-绩效框架提出批评的同时，对市场集中与企业行为的关系提出了疑问。在集中程度相同的不同市场上，企业行为可能存在不同的模式，因此市场集中与企业行为的关系并不是必然的。对企业行为进一步深入分析的结果表明，市场集中仅是影响企业行为的众多因素之一。相反的作用更应该被强调：在一定环境约束下的特定企业行为，使市场集中程度发生变化并形成最终格局。

三、集中与市场绩效

市场绩效是指产业在技术进步、利润率、规模经济利用、产品价格、产量、成本、质量、品种等方面的总体水平，它可以被看作企业行为的结果。对企业而言，这一结果主要在于利润水平；对社会整体而言，这一结果主要在于社会总体福利水平。

（一）集中与利润率的关系

对这一问题存在多种不同的观点。一般认为，卖方市场集中度越高，从而产业平均利润率越高。贝恩、尼德海姆等人的实证研究证明了这一正相关关系的存在。但是，斯蒂格勒在经过对美国68个产业20年的利润率与集中度的关系考察后发现，产业集中度与其利润率的线性正相关关系非常不明显。

后继的研究对传统的观点进行了修正。戴姆塞茨经实证研究发现，卖方集中度与利润率的关系为非线性的双S曲线。当集中率超过50%以后，产业间利润率与集中率的正相关关系开始明显出现，而当集中率在10%~50%时，资产利润率反而随集中率的提高而下降。因此，存在50%这样一个“临界点”[②]。

另外一些学者对买方集中度与利润率的关系进行了研究，得出了较为统一的结论。美日的研究结果都表明：买方的集中度与卖方的利润率成负相关关系，买方集中度越高，卖方利润率就越低。

---

① 克拉克森，米勒．产业组织：理论、证据和公共政策［M］．华东化工学院经济发展研究所，译．上海：上海三联书店，1989：77.

② 临界点具体数值的确定存在争议，日本学者松代认为CR_8等于50%是临界点，而植草益认为CR_8等于70%和40%都是临界点。

（二）集中与社会总体福利的关系

按照传统的产业组织理论，高度集中往往导致垄断，而垄断则可能会造成社会福利的损失。

（1）极高度集中使少数大企业有能力通过限产提高价格，这样一部分消费者就会从垄断市场中退出，资源由垄断产业向其他产业转移。但是，从社会角度来看，垄断产业的产量仍显不足。如果增加该产业的产量，可以使一些人的境遇得到改善，显然，垄断造成了社会总体福利的损失。

（2）将极高度集中条件下与充分竞争条件下的消费者剩余与生产者剩余进行比较，发现垄断者的限产提价造成了生产者剩余和消费者剩余（社会福利）的净损失，同时还引起了由消费者剩余向生产者剩余转移。

（3）企业为了追求极高度集中，愿意付出少于未来预期垄断利润的额外成本，这种行为会引起全社会福利总水平的下降。

第三节　我国的一般集中与产业集中

一、对我国一般集中状况的分析

（一）国际比较

一般集中情况有助于说明产业组织的基本状况和工业化水平的高低，因此有必要对一般集中做一考察。这里采用一种较简单的方法，即计算我国前100家最大工业企业的销售额占全国工业产品销售收入的比重，并把它与世界其他一些国家的数字相比较（见表52-2）。

表52-2　**中国与其他国家的一般集中度比较（最大100家工业企业销售额占GNP百分比）**

中国（1996年）	美国（1990年）	日本（1990年）	欧洲（1990年）
16%	24%	29.7%	19.5%

资料来源　根据相关资料整理。

表52-2表明，20世纪90年代我国工业的总体集中程度与西方经济较发达国家相差甚远，我国大型工业企业在工业经济整体中的相对作用与美国、日本、韩国等的大企业相比有很大差距。

表52-3对中日大企业在工业中的相对地位做了进一步比较。

表52-3　**中日大企业在工业中的比重分析（%）**

规模 / 指标	中国（2004年）		日本（20世纪90年代后期）	
	大型企业	中小型企业	大型企业	中小型企业
企业数	0.0015	99.99	0.6	99.4
产值	36.0	64.0	49.7	51.3

资料来源　根据2004年全国经济普查数据等数据整理。日本数据见：锁箭，毛剑梅．日本制造业的中小企业［J］．经济管理，2003（17）：80-84.

（二）发展历程

从历史上看，改革开放前，中国已经具有了一批大中型骨干企业和中小型企业，生产要素在这些不同企业间的积聚客观上形成了一定的工业集中格局。但由于改革开放前我国的经济体制与改革开放后存在重大差异，特别是改革开放前市场关系仅在极其有限的范围内存在，因此这一集中格局不具备按产业组织理论推理所应具有的含义，而只能作为比较研究的起点。

改革开放后，我国工业集中的发展变化历程可以分为两个阶段，以1985年为分界点。

第一阶段工业集中的变化情况如表52-4所示。可以看出，在这一阶段我国工业集中度的总趋势是逐渐下降的。之所以呈现这一趋势，与企业转换经营机制过程中扩张能力有限、市场需求迅速增长（市场总规模迅速扩大）、市场体系不完善、经济条块分割等因素有关。

表52-4 **我国工业的整体集中度（%）（按各行业加权平均计算）**

年份 \ 集中度	CR_4	CR_8
1980	22.6	32.3
1985	18.8	27.4

资料来源 王慧炯. 产业组织及有效竞争［M］. 北京：中国经济出版社，1991：200-206.

1985年后，这一趋势发生了变化。我国工业最大的100家企业的销售收入占工业总销售收入的比例，1988年为9.5%，1991年上升到10.1%，1994年达到19.6%，这表明在这10年中我国工业集中度呈明显上升趋势。另外一组数据显示出同样的趋势，如表52-5所示。表52-5表明，我国大中型企业数从1980年的0.47万个增加到2004年的2.77万个，产值比重由1980年的43.2%上升到2004年的60%，大中型企业在国民经济中的地位呈上升趋势。

表52-5 **大中型企业在我国工业中的地位**

年份	大中型企业数（万个）	大中型企业占全国企业总数的百分比（%）	大中型企业产值占全国总产值的百分比（%）
1980	0.47	1.30	43.2
1985	0.79	1.50	43.2
1988	1.07	2.10	48.1
1991	1.49	3.00	56.1
1993	1.87	4.17	56.1
1999	2.21	7.70	57.0
2000	2.18	13.72	57.1
2004	2.77	2.00	60.0

资料来源 根据历年的《中国统计年鉴》计算而得。

二、对我国产业集中状况的分析

表52-6列出了1996年我国工业中38个产业最大4家和最大8家企业的集中率。

对表52-6中的数字进行分析可以看到，我国各产业集中度的差异很大。石油天然气开采业的集中度最高，CR_4超过60%，CR_8超过76%；其他产业的集中度水平较低，集中度居第二位的化学纤维制造业的集中度比石油天然气开采业低30%左右，CR_4只有29.05%。与化学纤维制造业处于相近水平的产业有烟草加工业、煤气生产和供应业、石油加工及炼焦业，这些产业的集中率$CR_4>25\%$；其次，电力蒸汽热水生产和供应业、黑色金属冶炼及压延加工业的集中率$CR_4>20\%$；自来水生产和供应业、交通运输设备制造业、黑色金属矿采选业的集中率$CR_4>15\%$；煤炭采选业、橡胶制品业、电子及通信设备制造业的集中率CR_4>10%；其他25个产业的集中率CR_4还不到10%。

表52-6　**1996年我国工业38个产业的集中率（%）**

产　业	CR_4	CR_8
煤炭采选业	12.08	20.07
石油天然气开采业	60.84	76.65
黑色金属矿采选业	16.35	21.53
有色金属矿采选业	8.72	11.79
非金属矿采选业	3.27	5.72
木材及竹材采运业	7.45	13.19
食品加工业	3.14	5.15
食品制造业	7.54	11.28
饮料制造业	6.29	9.37
烟草加工业	28.97	37.10
纺织业	1.83	2.98
服装及其他纤维制品制造业	2.84	4.46
皮革毛皮羽绒及其制品制造业	2.36	4.12
木材加工及竹藤棕草制品业	5.41	7.63
家具制造业	3.92	6.13
造纸及纸制品业	3.11	5.40
印刷业及记录媒介的复制业	3.43	5.59
文教体育用品制造业	7.29	11.72
石油加工及炼焦业	25.31	42.49
化学原料及制品制造业	7.16	10.05
医药制造业	6.88	11.81
化学纤维制造业	29.05	35.04
橡胶制品业	11.49	18.45
塑料制品业	2.17	3.74
非金属矿物制品业	1.78	2.65
黑色金属冶炼及压延加工业	20.95	29.71
有色金属冶炼及压延加工业	8.78	15.00
金属制品业	3.93	5.49
普通机械制造业	4.41	6.82
专用设备制造业	4.68	6.90
交通运输设备制造业	17.39	22.30
电气机械及器材制造业	6.76	9.96
电子及通信设备制造业	11.56	16.85
仪器仪表文化办公用机械制造业	8.86	11.83
其他制造业	3.17	4.71
电力蒸汽热水生产和供应业	23.79	37.13
煤气生产和供应业	26.84	37.85
自来水生产和供应业	17.38	23.42

资料来源　中国社科院工业经济研究所．中国工业发展报告（1998）[M]．北京：经济管理出版社，1998.

表52-7列出了我国工业中若干产业2000—2002年的集中度。可以看出，汽车产业和挖掘机产业最大4家企业的集中度在3年间稳定上升，摩托车、啤酒和钢铁产业最大4家企业的集中度，经历了一个马鞍形变化。这表明摩托车、啤酒和钢铁产业在2000年和2001年都经历了迅速扩张的时期。

表52-7 **我国部分工业产业2000—2002年的集中度（%）**

产　业	CR_4		
	2000年	2001年	2002年
汽车	54.57	57.16	58.47
摩托车	31.03	23.31	24.96
钢铁	27.08	21.67	24.94
挖掘机	63.92	64.28	70.74
白酒	36.25	24.96	17.86（1999年）
啤酒	20.50	24.84	15.51（1999年）

资料来源　《中国汽车工业年鉴》《中国机械行业年鉴》《中国摩托车行业年鉴》《中国工程机械工业年鉴》《中国钢铁工业年鉴》《中国经济年鉴》《中国轻工业年鉴》。

国外一些学者的研究指出，当一个产业处于发展期时，新企业的大量出现会使产业集中度有所下降，但是，进入产业成熟阶段，大企业规模扩大成为产业的主要成长点，产业的集中度将会有所上升，并稳定在一定的水平上。按照这一趋势，当国有企业具有改革性质的重组和分拆告一段落后，我国的产业集中度仍会上升。

改革开放以来，我国产业集中度不断上升。在扶优扶强等一系列政策引导和支持下，生产要素加快向优势企业集中，产业集中度不断提高。

［第五十三章］

专业化与协作

专业化与协作是社会化大生产的重要组织形式。本章主要讨论现代化工业发展的必然趋势、工业生产专业化、工业生产协作、工业生产专业化与协作发展、工业生产专业化与协作发展的经济条件、产业集群。

第一节　现代化工业发展的必然趋势①

一、专业化和协作是社会化大生产的必然产物

现代化工业是高度社会化的大生产，专业化和协作是适应现代化工业发展要求的先进的社会生产组织形式，它是随着社会化大生产的出现而产生和发展起来的。在生产力不断发展的基础上，人类社会生产经历了一个由个体生产到社会化大生产的转变过程。这是人类社会生产的巨大飞跃。社会化大生产不是个体的行动，而是劳动者的共同行动，并结成了一个有机的社会整体，因而它才创造出个体生产无法达到的强大社会生产力。

专业化和协作是社会化大生产的重要表现，是社会分工发展的直接结果。在人类社会生产发展的历史上，随着剩余产品的出现、交换的进一步发展，虽然早就产生了社会分工，但是在资本主义以前，社会分工和商品经济尚不发达。只有发展到资本主义，特别是大机器工业的出现，社会分工和商品经济才有了高度发展，社会化生产才发达起来，专业化和协作也就获得了空前的发展。正如马克思所指出的，机器生产用相对少量的工人所提供的原料、半成品、工具等的数量日益增加了，与此相适应，对这些原料和半成品的加工越分越细，因而社会生产部门也就越来越多样化。机器生产同工场手工业相比使社会分工获得无比广阔的发展。

所谓工业生产专业化，主要是指工业内部各企业和各部门的逐渐分离，日益形成更多的独立企业和独立部门的过程，也是同类产品的分散生产趋于集中生产，变小批量生产为大批量生产的过程。生产专业化的企业和部门，都具有专门的工艺和专用的机器设备，并配备专门化的工人和管理人员。有专业化就有协作。工业生产协作，主要是指工业内部各种专业化企业之间，为了完成同一产品的各个部分或同一生产过程的不同阶段而建立的生产联系。专业化和协作的关系，是互为条件、彼此制约的对立统一关系。如果说专业化把产品生产的各部分或各道工艺分离为各个独立的生产部门和企业，那么协作就是把分离出来的各类专业化生产部门和企业，按照生产联系结成统一的生产体系。专业化是协作的基础，协作是专业化巩固和发展的条件。没有专业化分工，就不需要协作；协作不发展，专业化就不可能巩固和提高。专业化水平越高，必然要求协作发展得越广泛；协作发展得越广泛，就越能促进专业化的加深。

---

① 李悦，董守才. 专业化和协作是现代化工业发展的必然趋势［J］. 教学与研究，1979（2）：13-18.

专业化和协作要求有专门技术的工人、工程技术人员和管理人员，使用各种专门化的劳动手段，对特定的劳动对象进行加工和管理，并在分工的基础上，按照客观经济规律的要求，以内在的生产联系为依据，按产品或按行业把各种从事专业化生产的企业组织起来，成立各种工业公司。这样就充分地发挥各企业和各部门的专长和特色，从而创造出更高的社会生产力。可见，专业化和协作是一个合理组织生产力诸要素（劳动者、劳动手段和劳动对象），使它们科学地结合起来充分发挥作用的问题。

二、专业化和协作是现代科学技术发展的直接结果

现代化工业是建立在高度技术基础上的大生产，现代科学技术的不断进步是推动专业化和协作发展的根本动力。

第一，现代科学技术的不断进步为新的独立工业部门和独立企业的建立、相关企业生产协作范围的扩大提出了要求，也创造了条件。科学技术本身就是生产力，而生产力的发展，首先开始于劳动工具的发展。这种发展必然引起生产各种劳动工具的专门化部门的日益增加，使一些新的劳动工具的生产不断地从原工业部门中分离出来，形成新的专门化生产部门。不仅如此，现代科学进步还表现为新工艺、新技术、新能源、新原材料和新产品的不断涌现，这也为专业化和协作的发展开辟了道路。现代化产品往往是多种工艺、多种新技术和多种新原料的综合成果，它的结构愈来愈复杂、愈来愈精密。随着生产规模的扩大，必然会逐步形成各种专门化的生产部门和企业，促进专业化和协作的发展。

第二，科学技术的进步引起专业化和协作，还因为许多新技术的应用，只有在专业化和协作的条件下才有可能实现，才能收到应有的经济效果。生产批量对科学技术成果的应用有重大影响。大批量生产是专业化和协作的一个极为重要的特点。科学技术越现代化，生产也越社会化，专业化和协作也就越发展。

发达国家的专业化和协作的发展历史证明，技术进步推动专业化和协作的发展，而专业化和协作的发展又促进了科学技术的进步。

一些欧美国家，早在18世纪工业革命后，随着大机器的广泛使用，分工越来越细，专业化和协作就有了一定的发展。到19世纪60年代，随着科学技术的不断进步，生产日益集中，出现了辛迪加、托拉斯等各种垄断组织，又进一步加速了这些国家的专业化和协作的发展进程。美国在20世纪初就完成了产品专业化；第二次世界大战前夕，零部件专业化和工艺专业化基本定型；现在，其专业化和协作的水平都达到了很高的程度。

日本的专业化和协作晚于欧美国家，它在第二次世界大战后20世纪50年代中期才开始在机械工业中实施。但是，随着生产力的不断提高，其专业化和协作也发展得很快，到20世纪90年代已经与欧美国家不相上下。日本机械工业的零部件专业化和工艺专业化的程度，多数都在70%以上；与专业化相适应的协作也发展得很快。这也是第二次世界大战后日本机械工业迅速发展的重要原因之一。

三、专业化和协作是时间节约规律和有计划、按比例规律的客观要求

马克思指出，时间节约以及有计划、按比例地分配劳动时间于不同的生产部门，仍然是以集体为基础的社会首要的经济规律。

有计划、按比例规律是不以人们的主观意志为转移的社会主义客观经济规律，它反映着社会主义经济的各方面固有的联系和客观比例关系。在任何社会里，社会化大生产在客观上都要求按比例分配社会劳动，但是在私有制的条件下，根本不可能在全社会内自觉地、有计划地发展生产。只有在社会主义公有制的条件下，才有可能也必须自觉地有计划、按比例地发展经济。这是社会主义经济的基本特点。我们要高速、稳定地发展社会主义经济，就必须按照有计划、按比例规律的要求，保持经济发展中的内在联系和客观比例关系；专业化和协作对社会主义现代化工业的有计划、按比例发展具有重要的促进和保证作用。这种促进和保证作用主要表现在以下三个方面：

第一，专业化和协作有利于促进和保证各种产品的生产在各地区、各行业和全国范围内的合理布局和有计划、按比例地发展。不同地区、不同行业的主客观条件不同，但彼此存在各种生产联系。与此相适应的专业化和协作，又是多种多样的：有按行业的、按地区的，也有跨行业、跨地区的。例如原我国西北地区农业机械工业公司，就是包括西北五省（区）的跨地区的专业化协作组织机构。这个公司对于西北五省（区）的农业机械生产有计划、按比例地发展具有重要作用。又如有的国家，全国的内燃机车、内燃机、拖拉机、汽车和坦克上需要的油泵和油嘴，都是由一个油泵油嘴厂生产出来的。这个工厂就是既跨地区又跨行业的。这种产品由极少数工厂集中生产，既能保质保量又能收到好的经济效果，也能够使这类产品有计划、按比例地发展。因此，我们必须根据经济合理的原则，及时地研究和确定哪些产品、行业的生产，适于组织地区性的、行业内的专业化和协作，哪些适于组织跨地区、跨行业的专业化和协作。当前，我们尤其应当特别注意及早动手规划和组织跨地区、跨行业的专业化和协作项目。这比只在一个地区内、行业内组织专业化和协作有更大的经济意义。

第二，专业化和协作有利于促进和保证每种产品的各部分的生产和各道工序之间的有计划、按比例地发展。这是因为专业化和协作按其内容来划分，不仅有产品的专业化和协作，还有零部件的专业化和协作、工艺的专业化和协作、技术后方的专业化和协作、辅助服务的专业化和协作等。这样多种形式的专业化和协作的发展，可以按行业、按产品，从原料、半成品到成品，从零部件到工艺协作配套关系，从生产部门到制造装备部门，梳成“辫子”，形成各种生产系列，使各有关工业部门的比例关系及内部的各部分的比例关系更加具体化。

第三，通过组织专业化和协作，可以及时发现问题，并进行调节，避免大的失调，保持相对平衡，促进工业高速、稳定地向前发展。

为了使专业化和协作在促进和保证工业有计划、按比例发展上发挥更大作用，还必须正确地选择专业化和协作的形式及水平，并把它和其他先进的社会生产组织形式很好地结合起来。

在选择专业化和协作的形式和水平时，应当注意这样几点：①要以提高经济效果为目的，那种只图空名，不问效果，为搞专业化和协作而搞专业化和协作的做法，必须废止。②要与生产力发展水平相适应，那种片面追求过于狭窄的专业化和过大范围的协作，不仅不会取得良好的经济效果，反而会造成远距离运输、生产能力不平衡和过于复杂的协作配套关系等恶果。③要结合各地区和各工业部门的特点，考虑产品品种的多少、社会对该种产品的需要量大小和生产集中程度、同类企业的数目和企业规模、产品的“三化”程度等因素的变化。

机械工业是按专业化和协作原则组织生产的最典型部门，各类专业化和协作均适于发展。由于机械、仪表、电子等部门的产品具有更大的可分性，零部件具有通用性，产品结构相似和生产工艺具有相同性，所以在这些部门中，主要应该发展零部件专业化和协作，以及工艺专业化和协作，而且水平也最高。一些发达国家的专业化和协作水平，都是以机械、仪表工业部门为最高。在冶金、纺织和化工的某些行业中，产品生产的特点是对同一种或少数几种原材料依次进行各种工艺加工，把原材料逐步变成半成品或中间体、成品和各种副产品。在这些部门主要应发展产品专业化和协作、工艺专业化和协作，以及辅助服务专业化和协作。由于各工业部门都有相应的技术后方，因此，要十分重视跨行业、跨部门的技术后方专业化和协作的发展。由于各类专业化和协作并不是孤立的，而是互相配合、互相补充的，必须充分重视各工业部门各类专业化和协作的密切结合。如在机械工业中，以装配为主的产品专业化就与零部件专业化密不可分；零部件专业化又往往与铸造、锻造、冲压、电镀和热处理等工艺专业化密切结合在一起。

特别应当引起注意的是，专业化和协作并不是唯一的先进社会生产组织形式，它只是许多先进社会生产组织形式中的一种。我们不应当孤立地搞专业化和协作，还必须把它与合理的企业规模、联合化，以及综合经营和综合利用等形式很好地结合起来。

时间节约规律要求国民经济各部门以最小的劳动消耗，取得最大的经济效果，而组织专业化和协作恰好有利于提高劳动生产率，增加产品品种，能够取得高效、优质、低耗、低成本的综合经济效果。

专业化和协作之所以能提高经济效果，是因为专业化企业的同类产品、零部件或工艺集中，生产批量大，有利于采用各种专用的高效率的设备、先进技术和先进工艺；可以采用各种流水线和自动生产线；可以减少因产品品种改变而引起的生产停顿和间断的时间，提高生产的连续性。专业化企业有利于发展多品种生产，因为零部件扩散，主机厂只要改进自己担负的专用零部件的设计和调整工装，就能增加新的品种和多种变型产品。专业化企业的工人、技术人员和管理人员的工作都是专门化的，容易提高熟练程度，便于积累工作经验，提高工作效率，改善经营管理，大大地提高各企业的生产能力。还因为生产协作能更充分地发挥生产力诸要素的作用，产生新的生产力，从而创造出更高的社会生产力。

专业化和协作符合时间节约规律的要求，还表现在能够节约基建投资，加快建厂速度，充分发挥投资效果。按照专业化和协作原则建厂，可以把新建和改扩建更好地结合起来，既可以充分利用现有企业的各种潜力，组织零部件和工艺协作，减少建设项目，又可以因部件和工艺的扩散而压缩建设规模。如果建设“全能厂”，必然规模大、建设周期长、投资效果差。

四、专业化和协作是实现现代化的迫切需要

现代化建设既包括技术基础的现代化，又包括管理的现代化，采用最先进的社会生产组织形式。按照专业化和协作的原则改组“大而全”“小而全”的生产组织形式，不仅能提高生产力水平，而且必然引起生产关系和上层建筑方面的深刻革命。必须清醒地看到，我们原有的工业组织管理方式远远落后于实现现代化的要求，它已经严重地阻碍了生产力的发展，如果不尽快改革，就会拖现代化的后腿。

我国早在第一个五年计划时期就在机械工业中开始注意组织专业化和协作，尤其是在1964—1965年，又进一步推广了专业化和协作，并试办了专业公司，取得了一定成绩，积累了一些经验。但是，由于历史原因，再加上我们对专业化和协作的必然趋势认识不足，已经搞起来的专业化和协作项目，以及各种专业公司，不仅没能巩固住，而且硬是被拆散了。

工业管理体制上的多头领导、分散经营，是“全能厂”发展的一个重要原因。这种管理方式的实质，就是不讲生产的内在联系，不讲经济效果，不按经济规律办事，而是按行政区划和行政办法，凭“长官意志”办事。这是一种小生产的落后的管理方式和生产方式，是个体经济关系的残余。它与社会化大生产的要求不相适应，与加快实现现代化的要求不相适应。这种不相适应就是生产关系与生产力的发展、上层建筑与经济基础不相适应的具体表现之一。它严重地阻碍了生产力的发展。

事实也正是这样，因为没有组织专业化和协作，各行业都从自身的需要出发从事生产和建设，缺乏统一的计划，造成一方面厂点多、批量小、大量重复生产；另一方面又不配套，生产能力极不平衡。因为没有组织专业化和协作，企业生产的产品品种杂、机型乱、型号多，造成零部件不能通用，发展新品种困难。因为没有组织专业化和协作，企业的机器设备大多是“万能”设备，专用设备极少，即使有些专用设备，也没法充分利用，造成人力和财物的极大浪费。因为没有组织专业化和协作，甚至人为地制造了企业之间、地区之间和部门之间的互相割据、自成体系，造成产品不能互通有无，资源不能综合利用。所有这一切，必然导致产品质量差、消耗大、成本高、劳动生产率低的恶果。例如，我国汽车工业和以拖拉机为主体的农业机械工业，工厂虽不少，装备能力也不低，但与发达国家比较，无论是产量、质量、品种和成本，还是劳动生产率，都远不如人家。其中一个重要的原因就是没有按照专业化和协作的原则改组生产。可见，组织专业化协作是实现现代化的迫切需要。

要改组工业，发展专业化和协作，就要改革工业管理方式，同时要求人们的思想方式也进行相适应的改革，思想要再解放一点。要解放思想，必须首先彻底砸碎精神枷锁，拨乱反正，正本清源。克服小生产思想，是解放思想的又一个重要方面。这种思想的特点，就是按部就班，不讲效率；目光短浅，思想狭隘，故步自封，夜郎自大；样样求全，甚至衣、食、住、行、用，都想自给自足，看不到

专业化和协作是现代化工业发展的必然趋势及巨大优越性，甚至顾虑重重：怕别人靠不住，怕当配角，怕减少财政收入，怕职权缩小等，甚至出现了盼专业化、看专业化而难专业化的现象。因此，要加快改组的步伐，就必须首先丢掉这些思想包袱。只要我们勇于实践，善于总结，并吸取外国的好经验，不是回避问题，而是用积极的态度，脚踏实地地解决问题，努力奋斗，专业化和协作的水平一定会迅速提高。

第二节　工业生产专业化

一、工业生产专业化的进程与经济性

（一）工业生产专业化的概念

工业生产专业化是指从事工业生产活动的个体（企业、班组、个人）不断向只承担同类型的或专门的生产职能转化的过程。在工业生产专业化的过程中，现有的生产组织不断分化，形成新的生产组织，这些新的组织有共同的技术基础，有专业技术人员，采用专用设备和工具进行生产。工业生产专业化的过程又是同类生产集中的过程。原先分散在各个生产组织中的某种类型生产集中起来，由专门的企业承担。

（二）工业生产专业化的发展

1.社会分工的结果

在以手工劳动为基础的个体小生产阶段，社会分工和生产专业化程度是极其有限的。生产的主要形式是综合性的全能化生产。从工业革命开始，纺织、采矿、冶金、机械制造业大规模发展起来，生产社会化的程度不断提高。在生产规模不断扩大的同时，原先进行综合性全能化生产的单位，分解为以具体的劳动内容相区别的专业生产单位。在同类生产内容集中基础上形成的专业生产单位，可以进行大批量生产，采用高效率专用设备，从而进一步推动了工业生产的扩展，引起新的生产分工和更深程度的专业化生产。

2.科学技术发展的需求

工业生产专业化和科学技术水平有着密切的联系。科学技术进步使工业技术基础不断发生变革，工业劳动对象的种类和范围不断扩大，产品零部件的数量增加，工业生产加工手段也日趋复杂。这使得原先的全能化企业很难在保持全部生产内容的同时保证效率。同时，科学技术的发展，把专门技术和专用设备导入生产过程，使生产单位可以通过劳动对象专门化和生产加工手段专门化，简化生产活动，适应科学技术的飞速发展。正如列宁所说："技术进步必然引起生产的各部分的专业化、社会化，因而使市场扩大。"

3.市场经济发展的产物

在自然经济中，生产者从采掘各种原料开始，直到最后制成消费品，独自完成产品的整个生产过程，并且几乎独自生产需要的一切物品。这种生产方式是封闭的、自给自足的。当剩余产品出现、市场逐渐形成时，生产者必须考虑从市场交换中获得更大的经济利益。到了资本主义阶段，市场上聚集起更多的同类产品生产者，竞争日趋激烈。竞争造成的外部强制力，促使生产者力求把个别劳动时间缩短到社会平均劳动时间之下。这就要寻求少投入、多产出的新的生产方式，专业化生产适应了这一要求。专业化生产使生产者尽可能地减少单位产品的劳动投入，降低个别生产成本，增强竞争能力。生产向专业化方向发展是市场挤压和优化的产物。

（三）工业生产专业化的经济性

1.专业化生产与劳动生产率

在专业化生产中，同类生产集中起来，扩大了生产规模，减少了生产环节，使每个生产岗位的劳动内容趋向单一，从而有利于工人在较短的时间内熟悉操作技能，掌握加工技术，有利于减少劳动者的学习成本。同时，专业化生产与综合性的全能化生产相比较，减少了每隔一段时间就更换劳动对象和工装夹具的劳动耗费，使劳动投入更经济，有利于提高劳动生产率。

2.专业化生产与不变成本

进行专业化生产，采用比通用设备及万能机床效率高的专用设备和工具，采用专门工艺，可以提高设备的产出率，提高加工精度和产品质量，降低单位产品中的不变成本量，使企业获得较好的经济效益。

3.专业化生产与产品更新和技术更新

在专业化生产条件下，企业或个人的生产活动集中在相对小的范围内，有利于技术的成熟化和在此基础上的创新。同时，专业化生产减轻了各生产单位在产品更新换代和技术转型时的负担。总成企业设计出新产品后，可以把零部件分散到专业化企业生产，从而缩短从试制到批量生产的周期，迅速向市场推出新产品。此外，共处同一产品生产过程的各个企业，可以联合吸收和引进新技术、新设备，联合攻克技术难关，加快生产技术更新。

4.专业化生产与改善管理

专业化生产企业内的技术、工艺和原料特性接近，这使质量管理、生产计划、物资供应和成本核算等管理工作更易于实现标准化、制度化，也为企业应用计算机管理创造了条件，从而有助于降低管理成本，提高管理效率。

必须注意到的是，分工细化和生产专业化，最大限度地简化了每个生产岗位的生产内容。它在一定程度上把工人限制在一个专门的生产位置上，日复一日地进行单调而且重复的生产操作。长期下去，专业化生产工人容易降低劳动热情和创新的兴趣，阻碍其个性发展。高度分解的生产活动对工人操作技能和智力水平的要求降低了。专业生产工人除了岗位技能以外，别无他长，从而增加了工人在不同生产企业之间移动的困难。

因此，在现代生产组织中，为了避免专业化生产对人的发展的负面影响，出现了增加每个生产岗位的工作内容、培养多面手的趋向。有的企业将相邻的几个生产环节交给一个班组，工人每隔一定时间，变换一次工作岗位，以提高工人的劳动热情，谋求生产效率和个人个性发展的统一。

经济视窗 53-1

二、专业化生产的形式

（一）按专业化的范围划分

1.企业专业化

企业专业化也称工厂专业化，是工业生产专业化的基本类型，是指专业化企业集中并且重复生产工艺相近的产品。企业专业化的特点是大量采用高效率专用设备和专门技术，利用先进的大量流水作业方式组织生产，从而提高劳动生产率。

2.岗位专业化

岗位专业化也称厂内专业化。这是个别分工发展的结果，表现为工作地、工段、岗位的专业化。企业专业化为岗位专业化创造了条件，而岗位专业化又是企业专业化深入发展的表现。

（二）按专业化的对象划分

1.产品专业化

这是指一个企业或一个生产单位只生产一种产品，或者生产结构相似或工艺相近的若干产品的专业化。产品专业化是按一定种类或品种、成品为对象进行分工的，所以也称对象专业化，它是工业中采用得比较普遍的一种专业化形式。

2.零部件专业化

这是指产品专业化的继续和发展。其特点是以一定种类的零部件为对象进行集中生产，而不提供完整的最终产品。零部件专业化建立在零部件标准化、通用化和系列化的基础上，比产品专业化具有更高的同类性。零部件专业化的批量更为扩大，为采用先进技术和流水生产线创造了条件，也更便于发挥中小企业的作用。

3.工艺专业化

这是指以产品的某个工艺或阶段为对象的专业化。它的特点是在一个企业里只完成产品生产过程的某个阶段或某种工艺加工。工艺专业化的生产成果可以体现为具体的产品，也可以体现为完成某种作业，如钢铁行业中的轧钢厂和专门从事热处理、电镀、喷漆等作业的工艺专业化厂等。工艺专业化在提高生产的同类性和企业结构的合理化方面达到了较高的水平。

4.辅助生产专业化

这是以辅助生产作业为对象的专业化。其特征是把辅助生产从原有的企业分离出来，形成独立的辅助生产企业。这是一种变形的专业化类型，如独立的机修厂、工具厂、包装工厂及动力和污水处理的专业厂等。辅助生产专业化在提高规模经济效益、发挥辅助生产的潜力等方面具有明显的作用。

第三节　工业生产协作

一、工业生产协作的实质

工业生产协作是指工业的专业化企业之间，为了共同完成产品的生产过程而建立的生产联系、依次对产品进行加工的企业之间签订委托生产合同或订货协议，对产品的品种、质量、交货期、价格做出规定。在同一产品的生产过程中，以原材料为对象进行加工，提供中间产品的企业被称为前序企业（或上游企业）；对中间产品继续进行加工，完成产品总成的企业被称为后序企业（或下游企业）。

二、工业生产协作的形式

（一）按协作关系划分

（1）非定向的社会生产协作。这是指专业化企业不以某个企业为产品提供对象，而是按国家标准或行业标准生产中间产品，如生产螺钉、生产轮胎、生产半导体元件等。企业的产品通过市场提供给需方企业。

（2）定向的生产协作。这是指前序企业按后序企业的工艺要求、质量要求、数量和交货期组织生产，产品全部由提出订单的后序企业接收。定向生产协作的企业之间经常以合同方式建立长期稳定的协作关系。承担前序生产任务的企业可以只面向一个后序企业进行专业化生产，也可以同时承接两三家企业的订货。定向生产协作又被称为分包制和下承包制。

（二）按协作对象划分

（1）零部件生产协作。这是由零部件专业化引起的一种生产协作形式，一般是专业化的零部件生产企业向处于同一生产过程的后序企业提供零部件的垂直生产联系。例如，齿轮厂向机床厂提供各种型号的齿轮；轮胎厂向汽车厂提供轮胎等。

（2）产品协作。这是由产品专业化引起的一种协作形式，表现为产品专业化的企业向其他企业提供某种产品，或是若干产品专业化的企业为同一工程项目提供各自的专门产品。例如，计算机企业、通信设备企业、打印设备企业、屏幕显示设备企业间的协作，是为了共同完成计算机站的建设。

（3）工艺生产协作。这是由工艺专业化引起的协作，表现为工艺专业化生产单位稳定地为其他企业进行某种工艺加工的生产协作。例如，电镀厂为自行车厂进行车圈电镀加工等。

（4）辅助生产协作。这是由辅助生产专业化引起的一种协作，表现为由辅助生产专业化企业向其他生产企业提供某一方面的辅助生产服务。例如，电热厂向周围若干工业企业提供生产用电和热气。

（三）按协作的范围划分

从这个角度，协作可以分为产品生产过程内协作、行业内协作和跨行业协作。

（四）按协作的时间划分

（1）固定协作。这是指专业分工比较稳定、生产联系比较紧密的企业之间的协作。这种协作一般协作期比较长，协作关系比较稳定，便于协作双方合理组织生产，有利于保证生产的连续性和产品质量。

（2）临时协作。这是由于企业生产能力不平衡而临时发生的属于生产能力余缺调剂性质的生产联系。它对充分利用现有生产能力，推动工业生产发展，有着积极的作用。

三、工业生产协作与交易费用

（一）工业生产协作的基础与资源耗费

工业生产协作的基础是企业采用专业化生产方式。工业生产活动可以采取多种组织方式进行，既可以把多种结构复杂的产品组织在一个企业内进行全能化生产，也可以采用专业化的生产方式。每种生产组织方式都有各自的适应性和不同的资源配置效率，在一定的生产组织方式基础上形成的生产关系也具有不同的特点。综合性的全能化生产使企业成为一个独立封闭的生产系统，企业之间较少发生联系，总的资源耗费由内部生产效率和管理效率决定。专业化生产方式要求多个企业相互协作，共同完成产品生产，建立协作关系和维持协作关系也要耗费经济资源，因此，总的资源耗费不仅受专业化生产企业内生产效率和管理效率的影响，也受协作效率的影响。高效率的协作关系有利于专业化生产方式的发展。

（二）协作成本与交易费用

建立协作关系和维持协作关系的资源耗费构成了协作成本的主体。除此之外，协作成本还包括因专业化企业分散分布而比全能化生产新增的运输成本、为避免易破损中间产品在运输中损坏而新增的中间包装费等。在协作成本中，运输成本和包装成本是易于计算的量，而建立协作关系和维持协作关系的资源耗费却不易计算。如果把协作关系视作企业间的交易活动，那么，建立和维持协作关系的全部资源耗费等于因专业化协作而发生的交易费用。

属于协作成本的交易费用，包括寻找合适的协作企业、收集有关协作的信息、谈判和签订协作生产合同、监督合同执行、解决合同执行中出现的问题的各种费用。因协作而发生的交易费用，还包括为建立协作关系而与上级管理部门打交道的费用、出现延期交货或拒付货款而又无法全部索赔的损失额，以及因专业生产的零部件质量下降，而对总成企业信誉造成的不良影响，导致市场占有率下降的损失等。

四、工业生产协作的经济性

1.外协产品的价格

要根据协作企业的生产能力、技术力量、设备状况、管理水平等，对外协产品的成本进行评估。只有当外协产品的价格低于自制的生产成本时，协作生产才有可能产生效益。

2.因协作产生的运输成本和包装成本

一个进行全能化生产的企业，前序生产阶段生产加工的产品，由流水线或企业内的运输设备转移到后序生产加工地。由于距离短，搬运震动小，企业内的总装运成本只是一个很小的量。进行专业化生产的企业，是各自独立的生产单位。协作企业间的距离越远，运输成本越高。此外，有些零部件在装到整机上之前，容易由于运输震动而破损，在企业之间运输时需要逐个包装。所以，企业间的生产协作，要考虑分布的范围和产品特点对装运提出的特殊要求。

3.交易费用水平

生产协作中的交易费用受诸多因素的影响，主要有：

（1）市场规模。作为市场主体存在的企业越多，可选择的协作对象越多，越容易选择到符合要求的协作企业。

（2）市场制度环境。市场制度环境完善，企业间的交易活动规范有序，引起的协作纠纷相对减少。

（3）市场发展水平。在成熟的市场条件下，企业的收益水平与资本规模、技术能力及管理基础密切相关，大部分企业致力于长期发展和合理的经济收益，企业间的协作关系相对稳定。在不成熟的市场中，某些产品或劳务的短缺、个别市场的大起大落，会强化企业经营者的投机暴利追求，大部分企业不愿意梳理收益基本不变的生产协作体系，企业间的协作关系不稳定且难以协调。

（4）协作方式。定向的零部件生产协作，减少了企业寻找协作对象的次数，专业化企业之间紧密的生产联系也为保持协作关系提供了基础条件。非定向生产协作中的协作对象分散和不固定，企业在寻找协作对象、交涉价格、履行合同方面有较多的投入。

（5）交易工具的现代化程度。交通条件的改善和运输工具的发展，有利于企业之间进行方便、快捷的生产协作。

（6）信息传输工具，如计算机网络、光纤通信等现代技术产品的应用，可极大地提高协作效率。

在不同的市场、技术、经济条件下，专业化企业之间的交易费用乃至协作成本水平不同，在经济上决定了协作关系的可行性。

第四节　工业生产专业化与协作发展

一、工业生产专业化与生产协作的关系

（一）工业生产专业化推动了协作关系的完善

工业化初期，产品结构和技术结构相对简单，市场规模较小，工业生产组织方式以综合性全能化生产为主。企业之间的协作关系简单，生产协作方式主要是为项目配套需要的产品协作。随着工业生产规模的扩大和产品技术的复杂化，工业生产分工越来越细，许多复杂产品的零部件多达几千个、几万个，它们被分散在几十个甚至上百个专业化的企业生产。为了保证一种产品按质、按时、按量完成，必须把这些相关的专业化生产单位组织起来，建立相对稳定的协作关系。有什么样的专业化生产，就有什么样

的协作方式。专业化越发展，协作的范围越广，协作方式越丰富，协作关系越完善。

（二）生产协作的技术经济条件影响着专业化生产的进程

当企业独立完成产品的全部生产环节，很少与其他企业发生联系时，企业的经济效益主要取决于内部生产要素的配置和利用效率。而当企业采用专业化的生产方式时，企业的经济效益不仅取决于内部生产要素的配置与利用，还取决于与其共同完成产品生产的其他企业间协作的技术经济条件。如果在协作企业之间经常发生经济纠纷、外协零部件的质量难以保证、不能按期交货、不能及时付清货款等现象，就会影响企业对专业化生产方式的选择。生产协作的技术经济条件不完善、协作不经济，会使协作成本高于生产专业化的成本节约额，使专业化协作的资源耗费高于全能化生产的资源耗费。在这种情况下，企业宁愿选择大而全、小而全的生产方式，而不愿选择专业化的生产方式。只有专业化生产的经济而没有协作的经济，专业化生产无法进行。因为分散为各自独立的专业化生产单位，需要通过“协作”来把所有的企业紧密地联结起来；缺乏完善的协作关系，企业只能回归全能化生产。因此，生产协作的技术经济条件制约着生产专业化发展的水平。

二、主要工业化国家的生产专业化协作

（一）主要工业化国家生产专业化协作的发展

工业化国家是生产专业化协作组织形式的发源地，也是这一生产方式发展最快的地区。

开端于工业革命的工业技术变革，使得工场手工业为机器大工业所代替，工业成为独立的物质生产部门。广泛采用机器为生产手段之后，出现了专门的设备制造企业，机器制造业从工业中分离出来。随后，随着工业规模的扩大和专门化机器的采用，应用了机器体系的纺织、采煤、冶金等产业相继发展和专门化，使工业生产进入产品专业化的生产阶段。20世纪初，在工业化国家的企业中，生产已经分解为以零部件为基本单位的专业化生产。在这一时期，英国、美国等国家出现了使用自动化流水生产线的企业。为了使流水线上各个工序的生产量比例协调，生产被分解到最基本的操作步骤。第二次世界大战以后，专用加工设备和自动化流水生产线被广泛采用，在英国、美国、日本等国家，机械、电器等加工组装型产品的生产，普遍采取零部件专业化与协作的方式。

集中工艺相近的零部件进行批量生产和组装，推动了企业规模的分化。大部分资本规模小、技术创新能力低的企业，集中在零部件专业生产过程，相对低的零部件加工费限制了这些企业的规模扩展。而实力雄厚的大企业集中于技术开发、产品创新、市场开拓和产品组装生产过程，在市场规模扩张的带动下，凭借专门技术优势，迅速扩大企业规模。第二次世界大战前的40年间，英国制造业的100家最大企业的产值比重由16%增至22%；第二次世界大战以后，借助高效率的专业化生产方式，经过27年就增至42%，几乎翻了一番。①

专业化协作带来的显著经济效益，使这一生产方式在工业化国家被更广泛地采用。美国在汽车、机床、电器产品制造业完成了零部件和工艺专业化。到20世纪80年代，美国工业专业化协作水平最高的部门达80%~90%，较低的部门也有70%左右。②美国的一家汽车制造企业在初创时期，以纵向一体化为发展方向，有自己的矿山、炼钢厂、零部件生产厂和汽车总装厂，第二次世界大战以后，这家企业逐渐分离生产职能，出售了部分工厂，并把汽车零部件分散到25 000多家专业化企业进行生产。在法国汽车工业和家用电器制造业，产品生产总值的50%~60%是由专业化生产企业完成的。在日本经济高速发展阶段，生产专业化协作得到较快发展。日本产业结构的调整、升级，是在有效的生产专业化协作的推动下完成的。日本中小企业中有65%左右是定向专业化生产企业。20世纪80年代，生产专业化协作是工

① 利维基. 西欧小企业［M］. 唐雪葆，罗润芝，译. 北京：中国社会科学出版社，1988：36.
② 盛介眉. 新编工业经济管理［M］. 北京：中国人民大学出版社，1988：243.

业化国家通向现代化、高技术化方向的共同途径。

（二）主要工业化国家生产专业化协作的特点

在推行专业化生产协作的过程中，各主要工业化国家依据社会文化环境，选择了最适合自己的组织形态。比较各个主要工业化国家的不同侧面，其专业化协作有以下特点：

（1）美国和欧洲的工业化国家的企业在生产协作关系中，大多数由总成企业承担产品开发和试生产，到生产技术相对成熟、生产工序稳定之后，把零部件委托给专业化企业进行生产；日本企业间的协作，以互相信任关系为基础，产品开发以总成企业和定向专业生产企业共同协作进行为主。

（2）美国的专业化企业按总成企业的设计图纸进行生产的比率较高；日本的专业化企业常自己设计图纸和工艺过程，得到总成企业认可后进行生产。因此，日本的总成企业可以充分利用专业化企业的技术力量和创新成果。

（3）欧美企业在接收委托加工的零部件时，主要对产品进行抽样检验，根据合格率决定是否按合同价格收购；日本的总成企业常通过派技术专家参与专业化生产企业的生产过程控制，保证产品质量水平的稳定和均一。

（4）欧美的专业化生产企业之间在交易专业化生产的产品时，只交涉价格不涉及成本；日本的总成企业则要求专业化生产企业提供成本结构，并与专业化企业一起讨论生产方法、用料、技术等问题，寻找降低生产成本的有效方法。

比较而言，日本的专业化生产企业之间的协作关系更持久、更稳定，更接近企业内部组织间的关系。

（三）专业化生产的新趋向

建立在过细分工基础上的专业化生产，虽然在技术上和生产上有助于提高效果，但是，这种把工人变成自动化、生产线附属品的生产方式，会由于工人丧失劳动兴趣而降低效率。因此，发达国家的部分企业正在探索新的专业化生产组织方式。

日本的一些企业撤掉了自动化生产流水线，代之以组合生产线。在新的组织方式中，生产分工以班组为对象，一个班组或个人承担数十道工序，完成相对延长的生产过程。例如，照相机组装企业的班组和个人要在各自范围内把一个个零件组装成部件，经过质量检验，再由下一班组把多个部件组装为照相机。这种被称为“模块式”的生产组织方式，扩大了每个岗位的工作内容，工人要努力学习，不断提高技术，才能保质、高效率地完成生产。新的方式减少了零部件移动的时间，提高了生产效率，也提高了员工的责任感。另外，不合格产品在部件生产阶段就挑出来了，所以产成品的质量有了可靠的保障。

三、我国工业生产专业化协作的发展

（一）我国工业生产专业化协作的状况

中华人民共和国成立初期，建设了一批产品专业化生产企业。这些新建企业的内部基本上是按零部件专业化设置车间的，辅助生产也由专门的车间承担。由于当时我国原有企业的技术水平较低，与苏联援建的骨干企业之间存在生产水平差距，缺乏与之配套、进行专业化生产协作的基础条件，因此，新建的大部分企业都是进行纵向一体化生产的全能企业，每个企业自成体系，零部件自给自足。

20世纪50年代后期，地方上马了许多小机械、小电器企业。其中，有些企业依附于大企业，为大企业进行零部件加工，或利用大企业的边角料进行综合生产，形成了我国最初的专业化协作生产网。但是，20世纪50年代末60年代初兴建的中小企业中，大部分是“中而全”“小而全”的企业。自20世纪60年代中期开始，我国开始在工业企业中推行大批量生产体制，组建了一些工业“托拉斯”。由于新建的工业“托拉斯”内部缺乏深层次的生产分工，因此，我国工业生产专业化水平没有明显的改观。这一时期，我国对经济管理体系进行了调整，推行部门管理权限下放，有2 600多个企业由部门直属管理改为地方管理。[①]企业改由“块块”管理之后，原有的垂直生产协作联系被分解了，又没有同地方企业建立新的专业化生产协作关系，因此，这一时期出现了全能化生产回潮的现象。20世纪60年代，国家开始“三线”建设。出于在战争条件下保障部分生产能力的考虑，“三线”企业的分布原则是山、散、洞，企业与企业之间相隔几百里，不可能建立起生产协作联系。大部分“三线”企业是以产品全部生产过程为对象的独立封闭的生产体系。

进行经济体制改革以来，我国采取一系列措施促进工业生产专业化协作。20世纪70年代末开始的工业改组，打破“条条”“块块”分割，成立了工业生产专业公司。这些专业公司有产品专业化、零部件专业化、辅助生产专业化等多种形式。专业公司成立后，促进了工业企业间的生产协作，加强了横向经济联系，对提高专业化生产水平起了一定作用。但是，由于当时部门管理体系还未解体，而且企业正处于从计划经济体制的“等米下锅”向市场经济体制的“找米下锅”的转轨过程中，有的企业失去了计划但又没有找到市场入口，在生产任务不饱和的情况下，不愿意分离有限的产品生产加工，导致新成立的专业化公司仍以较低层次的产品专业化形式为主，加上企业经营机制等方面的因素，专业化生产协作的效率并没有充分体现出来。

20世纪80年代中期，我国开始组建企业集团。在大多数企业集团内部，依据产品发展的需要和企业技术条件，进行了生产分工，形成围绕核心产品生产的纵向协作体系。企业集团的兴起和集团内的再分工促使我国工业生产专业化协作水平向前迈了一大步。到1985年，我国机电工业外协零部件产值占工业总产值的比重为44%，由专业企业生产的铸钢、铸铁、锻件和热处理件占全部产量的35%左右。[②]这一水平比改革开放以前有了较大提高，但是与工业化国家生产专业化的水平相比还有一定距离。

（二）我国工业生产专业化协作发展中的问题

（1）地区分割和行政利益，阻碍了企业间建立生产协作联系。我国的经济体制改革虽然已经进行了多年，但是国有企业、集体企业、乡镇企业都有各自的上级管理部门，而上级管理部门又隶属于一个更高层次的管理部门。企业的经济利益与所在部门或地区有着千丝万缕的联系。为了局部利益最大化，各级管理部门都希望专业化企业在所管理系统内寻找协作伙伴，以使“肥水不流外人田”。结果，努力捏合的协作关系不仅缺乏效率，而且不稳定。产品发展前景好的企业为了不背包袱，尽量把零部件生产留在企业内。生产方式变革在转了一圈后又回到原地。地区分割对专业化协作发展的阻碍还表现在市场封锁上。有些地区的产品技术水平低、质量不高，难以进入其他地区的市场，只能在本地区市场上销售。为了保护地区内的企业，地方经济管理部门高筑篱笆，阻止其他地区产品进入本地区市场，在本地区搞低水平的重复生产。企业在保护之下，不求效率和变革，用“小而全”的作坊方式进行生产，偏离了现代工业的专业化生产方向。

（2）过高的交易费用使专业化协作不经济。我国的市场体系还不完善，企业在借助市场建立生产协作关系以及维护协作关系时，要支付较高的交易费用，表现在：①中小企业的技术水平低，管理基础工作薄弱，大企业很难寻找到合适的协作对象。即使建立起协作关系，也经常出现由于专业化企业生产的零部件质量差，使总成企业倒了牌子的现象。②我国企业受到来自行政管理部门的干预较多，每个试图建立专业化协作体系的企业，不仅要与协作企业打交道，还要与自己的上级管理部门和对方企业的上级管理部门打交道，增加了建立生产协作关系的难度，影响了协作效率。③我国目前的经济法规建设还不完善，尤其是有法不依，使企业难以保护自己的利益。一旦专业化企业之间因质量、交货期、付款等问题发生合同纠纷，各管理部门纷纷保护自己的企业。即使企业诉诸法律，也常常久拖不决，难以执行法

① 方甲．产业组织理论与政策研究［M］．北京：中国人民大学出版社，1993：134.
② 方甲．产业组织理论与政策研究［M］．北京：中国人民大学出版社，1993：177.

院判决。这些都使企业视协作为畏途。

（3）起伏不定的市场周期性波动，刺激了企业的投机行为，抑制了专业化协作的发展。改革开放以后，我国经济的周期性波动越来越明显。经济的每一次振荡，都动摇了企业间的专业化协作体系。每当经济发展速度减慢、市场萎缩时，专业性的中小企业就急于和总成大企业挂起钩来，以保证拥有一定的市场；大企业则挑挑拣拣，压低价格，侵害中小企业的利益。而当市场转旺、需求大幅度增长时，有些专业化企业就脱离原来的协作网，或减少向总成企业的供货，另辟渠道，以较高的价格销售产品，导致协作关系破裂。

市场起伏不定，也使一些企业不愿生产利润低的零部件，而愿意生产产成品，直接进入消费市场。一旦遇上某种消费热，就可能获利百倍。

企业间交易费用的增加，使企业对专业化生产协作方式的选择与政府意向相背离。尽管国家推行各种政策，鼓励、推动专业化生产，但我国专业化生产协作的发展水平仍然较低。

经济视窗53-2

第五节　工业生产专业化与协作发展的经济条件

一、专业化协作水平的客观影响因素

1.经济技术发展水平及市场规模

只有具有一定的生产规模，在经济上才有必要组织专业化生产。当社会经济发展到一定程度时，产品需求量增加，相应地要求较大的生产规模。这时，全能化企业被分解为多个专业化生产企业，每个企业的规模都能保证充分利用专用设备。当然，市场规模扩大，不一定是单一品种产品需求的扩大，可能还伴随着多样化发展。在这种条件下，多种产品生产中的相同工艺或相同零部件生产的集中，仍能为专业化生产协作创造条件。

在科学技术的发展过程中，专门制造技术和专用设备生产的发展也是专业化协作发展的客观条件。

2.各类产品的生产技术特点

各类产品的生产技术特点是选择专业化协作形式的重要依据。产品结构复杂、零部件种类多、工艺可以分解的产品，适宜采用零部件和工艺专业化协作，如汽车、家用电器。品种简单、品种规模繁多的产品适宜发展产品或品种专业化协作，如纺织、造纸。生产工艺连续性强，或能综合利用原料的产品，适宜在工艺专业化的基础上进行联合生产，如冶金工业、石化工业。

3.产品标准化的程度

标准化是对产品和零部件的质量、规格、性能、检验方法和包装等所规定的统一要求。标准化可以合理简化品种，扩大零部件的通用范围，扩大生产批量，提高专业化程度。同时，标准化有助于缩短新产品的设计周期，发展新品种，提高产品质量，方便使用和维修，使专业化生产与产品多样化有机地结合起来。

二、推进市场化进程

1.建立有序竞争的市场经济环境

专业化生产协作作为一种资源配置方式，可以通过两个主要途径——政府组织和市场组织来实现。

在计划经济体制下，政府可以通过调整和新建专业化企业推动专业化生产，但是，条块分割使企业间很难建立生产协作关系。在改革管理体制之后，政府组织对经济资源的直接配置已经降到最低程度，大部分经济资源的配置交由市场来承担。只有建立起符合市场经济的管理体制和企业经营机制，形成竞争充分且有序的市场环境，才能充分体现专业化生产协作对企业生存发展的重要性，推动专业化生产协作方式的应用。

2.确立企业作为市场主体的地位

我国过去在推进专业化生产协作的过程中，政府经济管理部门的热情很高，出于加快这一生产方式应用的目的，各级管理部门搞了不少“拉郎配”和“装口袋”式的协作。这些受命于行政指挥的专业化生产协作体，没有全面反映生产的内在联系，从一开始就潜伏着各种矛盾。所以，有些企业搞了专业化协作之后，经济效益下降了，还有的倒了多年培育的名牌商标。这种结局使企业把专业化协作看成形式主义的东西。

联系紧密、协作关系和谐的专业化生产体系，应来自企业的自主选择，只有企业根据生产技术发展的要求，不受地区和部门限制建立生产协作关系，才可能是有效率的和有生命力的。

3.建立健全生产要素市场

进行生产专业化协作，需要对原有的全能化生产组织方式进行大调整。企业需要资金购入专用设备，取代通用设备；需要寻找或自建零部件专业生产企业。这就要求有能够为企业提供金融支持的资金市场。在生产调整过程中，企业还要把一部分通用设备通过市场转让出去，以减少生产方式转型导致的资本沉没损失。更重要的是，进行专业化生产，要分离出去或吸收进来部分生产环节，从而需要对技术人员队伍和工人进行调整。只有建立起有利于资金、生产资料、劳动力流动的要素市场和环境，才能保证专业化生产协作的发展。

三、实施倾斜政策

1.建立健全保护专业化生产企业的法规体系

进行专业化生产，就要与其他企业发生协作关系。我国有关保护专业化生产企业利益的法规体系不健全，使企业在进行生产协作中顾虑重重。首先，零部件专业化企业是否按质、按量、按期向总成企业提供产品，影响总成企业的市场信誉。应当通过法规建设和司法制度建设，提高企业对协作合同严肃性的认识，建立企业间诚实守信的经济关系。其次，承接专业化生产任务的企业，对定向总成企业有较强的依赖性，因为它们的设备是为专业化生产购置的，专用性强而通用性差，一旦解除协作关系，会遭受较大的损失。有的大企业利用专业化中小企业的依赖性，压低加工费或拖延付款，使中小企业陷入资金严重紧缺的境地。国家应当制定保护进行专业化生产的中小企业的政策，维护专业化生产企业的经济利益。

2.为专业生产技术改造和技术更新创造条件

应当针对专业化企业更新设备的需要，降低专用设备的进口税，推动企业的技术更新；针对高技术产业的设备的技术寿命较短的现象，应允许这一产业的企业加速折旧，以利于企业与现代技术发展保持同步；应设立专业化企业设备更新和技术引进基金，鼓励企业采用最新技术。

设立专业化生产工业区。在工业发达城市的周边地区，建立专业化生产工业区，统一建设能源供给系统、生产生活服务设施和治理工业“三废”的设施，吸引乡镇企业和其他中小企业入区，实现专业生产的相对集中，降低协作成本。

四、建立社会中介机构和相关组织

降低社会生产协作成本的途径之一，是向专业化企业提供建立协作关系的中介服务组织，主要包括：

（1）建立技术指导和管理咨询中心。向技术水平较低的专业化中小企业提供技术援助，帮助它们克服专业化生产中的难题；帮助专业化中小企业健全管理制度，提高管理水平。

（2）建立设备共用中心。有些专业化生产需要高效率、高精度的大型加工设备。如果由需用的企业独自购买，会由于利用不充分而增加产品成本。由设备共用中心购置高价格的大型设备，供中小企业有偿使用，有助于降低专业生产零部件摊入的不变成本，提高专业生产的经济效益。

（3）建立协作信息中心。将愿意进行专业生产企业的技术资料存入信息中心，为企业寻找协作对象提供方便快捷的服务；组织同类生产企业间的技术交流，推动技术成果的转让；为协作产品价格的制定提供参考，减少协作双方因定价出现的争执；为专业化企业提供培训管理人员和员工的条件，促进企业素质的提高。

建立健全专业化生产协作的中介机构，有利于节约交易费用，提高协作效率，提高我国工业生产专业化协作的整体水平。

第六节　产业集群①

一、概念界定

产业集群实际上是把产业发展与区域经济通过分工专业化与交易的便利性有效地结合起来，从而形成一种有效的生产组织方式。

对于产业集群的内涵，国内外很多学者给出了不同的解释。各种解释的相同之处在于几乎所有的产业集群定义都强调了产业集群的空间集聚属性，但各种解释之间也有差异，这种差异主要表现在对于集群内部企业相互关系的描述上。按照差异的主要特点，可将产业集群定义的相关论述分为以下两类：

一类是以美国学者波特和恩赖特等为代表的“相互联系论”。这类观点认为产业集群是一批相互联系的各类机构的地理集聚。

例如波特认为，集群是在某一特殊领域中，相互联系的公司和研究机构在地理上的集聚形式。集群通常包括下游产业的公司、互补产品的生产商、专业化基础结构的供应者，以及提供培训、教育、信息、研究、技术支持的其他机构，甚至还包括商会和涵盖集群成员的其他集体组织。

又如恩赖特认为，集群是一组商业企业或非商业组织。共同的供求关系、共同的技术、共同的客商或分配渠道，或者共同的劳动力市场，使集群企业联系起来。非商业组织包括产业协会，与专业化的产业项目和政府的产业发展项目相一致的技术和社区学院、网络经纪人等。

经济合作与发展组织（OECD）对产业集群的解释也属于“相互联系论”，这种解释认为集群反映了企业在相关的商务联系基础上所存在的地理组合现象。集群包含的企业数可以不同，大小企业占有的比例也可以不同。一些集群是由大量的中小企业构成的。其他集群的核心可能是大企业，有时是外国企业。在不同的集群里，企业之间有不同程度的交互作用，从松散的企业网络协会到多种形式的合作与竞争。

国内学者王辑慈也认为，集群是一组在地理上靠近的、相互联系的公司和关联的机构，它们同处在一个特定的产业领域，由于具有共性和互补性而联系在一定。集群具有专业化的特征。

另一类是以联合国工业发展组织（UNIDO）等为代表的“专业化合作网络论”。这类观点认为产业集群是一个专业化合作网络。

例如UNIDO的研究认为集群是生产和销售一系列相同或相关的产品而面临共同的挑战和机遇的企业在部门和地理上的集中。这些集中能够提高外部经济，网络是在一个共同发展项目上专业化合作和互

---

①　[1] 郭晓. 发展产业集群　带动产业升级 [N]. 经济日报，2005-04-22. [2] 周元，龙开元. 产业集群与高新区 [N]. 经济日报，2005-02-25.

补，解释共同的问题，达到集体效率，渗透到个体企业所达不到的市场上去。由中小企业组成的网络是横向网络，由中小企业和一个或多个大企业组成的网络是纵向网络。无论是纵向还是横向，网络可以在集群内或独立于集群外而发展。

又如我国学者张辉认为，产业集群主要指集中于一定区域内特定产业的众多具有分工合作关系的不同规模等级的企业和与其发展有关的各种机构、组织等行为主体通过纵横交错的网络关系紧密联系在一起的空间集聚体，代表介于市场和等级制之间的一种新的空间经济组织形式。

产业集群是产业链的极化现象。产业集群是在一条或若干条相关产业链或产业链部分环节上企业的竞争与合作密集型空间集聚现象。这一内涵的描述试图回答上述两个问题：基于产业链的企业才能实现实质性的企业相互联系与合作，才能形成产业集群中的企业网络，才能构筑巨大的产业集群实力。这是产业集群的一个核心本质。此外，产业集群内企业之间相互联系的本质是同类企业密集的竞争与合作，这也是产业集群的核心本质之一。同类企业密集的竞争与合作是产业集群中企业学习与创新机制的动力源泉，没有密集的竞争与合作，就不能被称为产业集群。

二、功能作用

产业集群导致的经济集群已经成为中国经济发展的重要源泉和发动机。目前，长三角和珠三角地区，由产业集群导致城镇集群和经济集群，效益非常突出；在中西部地区，集群经济由点向带发展的趋势初现端倪，已经形成了制衣、电器、机械制造、医药等明显的产业集群。

产业集群一方面可以实现能源的充分或循环利用，同时可以集中治理污染，规模发展有利于降低经济成本，同时拉动了地方经济的强劲增长。有业内人士指出，产业集群是缩小区域差距，实现落后地区跨越式发展的捷径，而准确的产业定位则是培育形成产业集群的重要前提。比如，成都高新区已经初步建成三大产业基地：以微电子为主导的电子信息产业基地、以中药现代化为重点的生物医药产业基地、以先进技术为特征的精密机械制造产业基地。三大产业基地定位的确定，为成都高新区的产业聚集提供了明确的目标导向，加速了三大产业的聚集速度。特别是以微电子为主导的IT产业，已经形成了加速聚集的态势。

三、主打产业集群带动产业升级

在经济全球化趋势日益明显的今天，为了抢占国际竞争力的制高点，各国、各地区都高度重视发展高技术含量、高附加值和高竞争力的高新技术产业集群，如美国硅谷、日本九州硅岛、印度班加罗尔软件园以及法国索菲亚等高技术集群。高新技术产业发展的空间聚集的特征日益突现，并且已经发挥出巨大的威力。

国外成功的高技术产业集群使中国IT产业和生物技术产业感到了严峻的挑战和压力。有关专家认为，发展以产业链为基础，相关配套产业高度聚集的产业基地不但是大势所趋，而且是“突出重围”的最有效办法。

产业链的优化和产业聚集度的高低对一个地区经济发展的作用是至关重要的，已经成为评价一个区域核心竞争力的重要指标。两者之间既相互依存又相互独立，光有产业链而没有形成一定的聚集度，或光有产业聚集度而没有完整的产业链，都不能产生持久的竞争力。产业集群已成为珠三角和长三角经济发展的强力支撑与竞争力的源泉。发展集群经济、推进产业联系可以为科技园的发展注入新的活力，同时带动产业的升级，并提高我国的国际竞争力。

[第五十四章]

企业规模与企业规模结构

企业规模与企业规模结构是产业组织的核心内容。本章主要讨论企业规模、规模经济、企业规模结构。

第一节　企业规模

一、企业规模与工厂规模概念界定

（一）企业规模

企业规模是指生产资料、员工等生产要素和产品产量在工业企业中的集中程度。企业规模表明了企业组织的大小。

企业是产业经济的基本单位。企业的生产经济活动建立在占有并利用经济资源的基础之上。企业投入经济资源的数量，决定了企业规模的大小。由于在一定的技术条件下，企业投入经济资源的数量和质量相同，企业的产出规模也大体相同，因此，产出规模也可以从一个侧面表现企业规模。

（二）工厂规模

工厂规模是指工厂综合生产能力的大小。工厂规模一般用年产品产量来表示。

工业企业有单厂企业和多厂企业两种基本的组织形式。在单厂企业中，工厂就是企业，工厂规模就是企业规模；在多厂企业中，一个企业由若干工厂组成，因此，整个企业规模等于所属各工厂的规模之和。

区别企业规模与工厂规模对判断产业组织合理与否有重要意义。一个规模较大的企业如果由多个生产不同产品的工厂组成，每个工厂的规模有可能并不大，那么企业实际上没有实现每个产品的大批量生产。因为工厂是基本的生产单位，个别产品的生产规模取决于工厂规模。只有工厂规模合理，才能进行合理的生产活动。作为基本的经营单位，企业规模表现了企业组织经济资源的总量和对市场的影响力。仅从企业规模的角度分析，不能把握一个产业的生产组织状况。

二、划分企业规模的标准

（一）表示企业规模的参数

划分工业企业规模的前提是，选择什么参数作为划分企业规模的依据。能够表示企业规模的参数很多，大体可以分为企业投入规模参数和企业产出规模参数。

1.企业投入规模参数

在企业投入的生产要素中，可以表示企业规模的有员工人数、固定资产原值、投资额等。用员工人数作为划分企业规模的参数，是许多国家的普遍做法。日本等国的产业组织政策和有关法规中，常以员工人数的多少划分大、中、小企业。但是，用员工人数划分企业规模，很难把员工人数相同的劳动密集型企业和资本密集型企业的真实规模表现出来。用固定资产原值和投资额作为划分企业规模的参数，也有相同的问题。

2.企业产出规模参数

在企业产出中，可以表示企业规模的有产品产量、产值、销售额、利润总额、附加价值等。用产品产量划分企业规模的产业较多。例如，石化生产企业中以乙烯等产品吨数划分企业规模；钢铁、汽车、酒、烟、家电等产业以产品产量划分企业规模。由于不同产业的产品产量不可比，在现实经济中，常用价值量参数比较不同产业的企业规模和进行综合生产的企业规模。例如，销售额可以表现企业的市场影响力，附加价值可以表现同一产业的上、下游企业的规模。

（二）划分企业规模的标准

把企业划分为大型企业、中型企业和小型企业要按一定的标准进行。企业规模大小是一个相对的概念，大企业是相对于中小企业而言的，所以划分企业规模的标准也是相对的。随着生产社会化程度和科学技术水平的提高，随着市场范围的扩展和社会生产组织形式的演进，划分企业规模的标准不断变化。从总的趋势看，划分大中型企业的数量标准在逐渐提高。

国家统计局制定了《统计上大中小微型企业划分办法》（国统字〔2017〕213号）。

（1）本办法适用对象为在中华人民共和国境内依法设立的各种组织形式的法人企业或单位。个体工商户参照本办法进行划分。

（2）本办法适用范围包括：农、林、牧、渔业，采矿业，制造业，电力、热力、燃气及水生产和供应业，建筑业，批发和零售业，交通运输、仓储和邮政业，住宿和餐饮业，信息传输、软件和信息技术服务业，房地产业，租赁和商务服务业，科学研究和技术服务业，水利、环境和公共设施管理业，居民服务、修理和其他服务业，文化、体育和娱乐业等15个行业门类以及社会工作行业大类。

（3）本办法按照行业门类、大类、中类和组合类别，依据从业人员、营业收入、资产总额等指标或替代指标，将我国的企业划分为大型、中型、小型、微型等4种类型（见表54-1）。

表54-1 **统计上大、中、小、微型企业划分标准**

行业	指标	计量单位	大型企业	中型企业	小型企业	微型企业
农、林、牧、渔业	营业收入（Y）	万元	Y≥20 000	500≤Y＜20 000	50≤Y＜500	Y＜50
工业*	从业人员（X）	人	X≥1 000	300≤X＜1 000	20≤X＜300	X＜20
	营业收入（Y）	万元	Y≥40 000	2 000≤Y＜40 000	300≤Y＜2 000	Y＜300
建筑业	营业收入（Y）	万元	Y≥80 000	6 000≤Y＜80 000	300≤Y＜6 000	Y＜300
	资产总额（Z）	万元	Z≥80 000	5 000≤Z＜80 000	300≤Z＜5 000	Z＜300
批发业	从业人员（X）	人	X≥200	20≤X＜200	5≤X＜20	X＜5
	营业收入（Y）	万元	Y≥40 000	5 000≤Y＜40 000	1 000≤Y＜5 000	Y＜1 000
零售业	从业人员（X）	人	X≥300	50≤X＜300	10≤X＜50	X＜10
	营业收入（Y）	万元	Y≥20 000	500≤Y＜20 000	100≤Y＜500	Y＜100
交通运输业*	从业人员（X）	人	X≥1 000	300≤X＜1 000	20≤X＜300	X＜20
	营业收入（Y）	万元	Y≥30 000	3 000≤Y＜30 000	200≤Y＜3 000	Y＜200

续表

行　业	指　标	计量单位	大型企业	中型企业	小型企业	微型企业
仓储业*	从业人员（X）	人	X≥200	100≤X＜200	20≤X＜100	X＜20
	营业收入（Y）	万元	Y≥30 000	1 000≤Y＜30 000	100≤Y＜1 000	Y＜100
邮政业	从业人员（X）	人	X≥1 000	300≤X＜1 000	20≤X＜300	X＜20
	营业收入（Y）	万元	Y≥30 000	2 000≤Y＜30 000	100≤Y＜2 000	Y＜100
住宿业	从业人员（X）	人	X≥300	100≤X＜300	10≤X＜100	X＜10
	营业收入（Y）	万元	Y≥10 000	2 000≤Y＜10 000	100≤Y＜2 000	Y＜100
餐饮业	从业人员（X）	人	X≥300	100≤X＜300	10≤X＜100	X＜10
	营业收入（Y）	万元	Y≥10 000	2 000≤Y＜10 000	100≤Y＜2 000	Y＜100
信息传输业*	从业人员（X）	人	X≥2 000	100≤X＜2 000	10≤X＜100	X＜10
	营业收入（Y）	万元	Y≥100 000	1 000≤Y＜100 000	100≤Y＜1 000	Y＜100
软件和信息技术服务业	从业人员（X）	人	X≥300	100≤X＜300	10≤X＜100	X＜10
	营业收入（Y）	万元	Y≥10 000	1 000≤Y＜10 000	50≤Y＜1 000	Y＜50
房地产开发经营	营业收入（Y）	万元	Y≥200 000	1 000≤Y＜200 000	100≤Y＜1 000	Y＜100
	资产总额（Z）	万元	Z≥10 000	5 000≤Z＜10 000	2 000≤Z＜5 000	Z＜2 000
物业管理	从业人员（X）	人	X≥1 000	300≤X＜1 000	100≤X＜300	X＜100
	营业收入（Y）	万元	Y≥5 000	1 000≤Y＜5 000	500≤Y＜1 000	Y＜500
租赁和商务服务业	从业人员（X）	人	X≥300	100≤X＜300	10≤X＜100	X＜10
	资产总额（Z）	万元	Z≥120 000	8 000≤Z＜120 000	100≤Z＜8 000	Z＜100
其他未列明行业*	从业人员（X）	人	X≥300	100≤X＜300	10≤X＜100	X＜10

说明：

①大型、中型和小型企业须同时满足所列指标的下限，否则下划一档；微型企业只需满足所列指标中的一项即可。

②表中各行业的范围以《国民经济行业分类》（GB/T4754—2017）为准。带*的项为行业组合类别，其中，工业包括采矿业，制造业，电力、热力、燃气及水生产和供应业；交通运输业包括道路运输业，水上运输业，航空运输业，管道运输业，多式联运和运输代理业、装卸搬运，不包括铁路运输业；仓储业包括通用仓储，低温仓储，危险品仓储，谷物、棉花等农产品仓储，中药材仓储和其他仓储业；信息传输业包括电信、广播电视和卫星传输服务，互联网和相关服务；其他未列明行业包括科学研究和技术服务业，水利、环境和公共设施管理业，居民服务、修理和其他服务业，社会工作，文化、体育和娱乐业，房地产中介服务，以及其他房地产业等，不包括自有房地产经营活动。

③企业划分指标以现行统计制度为准。第一，从业人员，是指期末从业人员数，没有期末从业人员数的，采用全年平均人员数代替。第二，营业收入，工业、建筑业、限额以上批发和零售业、限额以上住宿和餐饮业以及其他设置主营业务收入指标的行业，采用主营业务收入；限额以下批发与零售业企业采用商品销售额代替；限额以下住宿与餐饮业企业采用营业额代替；农、林、牧、渔业企业采用营业总收入代替；其他未设置主营业务收入的行业，采用营业收入指标。第三，资产总额，采用资产总计代替。

三、影响企业规模的因素

1.产业的生产技术特点

各产业的生产技术特点直接制约着企业的规模选择。机械、电子、汽车、仪器仪表等产业的生产技术具有组装性、可分性的特点，复杂的大型产品生产可以分解为部件、零件生产，也可以全部容纳在一个企业内生产。这类产业的企业有较大的规模选择范围，可以选择小而专的生产组织，也可以选择大规模的生产组织。而大部分化工产品生产，从投料开始，到完成产品加工的全部工艺过程，都要在一套封闭的生产装置中进行，难以分解。所以，这类产品的生产要求具有较大的规模。

即使是同一产业的企业，当应用不同水平的生产技术时，对规模也有不同的要求。采用先进的高效率大型设备，要求有较大的规模，才能实现设备的充分利用。采用中低技术水平的机械化、半机械化设备，则不一定要有很大的规模。

2.产品的市场需求规模

企业的生产规模要与市场需求规模相一致。企业产品的市场需求规模既受市场总需求规模的影响，也受企业产品价格、质量、商标知名度、售后服务等差别因素的影响。因此，企业在选择规模时，要分析目前的市场需求规模和市场需求成长率，并且要分析消费者对本企业产品的偏好程度、企业的市场份额，根据市场总的发展趋势和企业产品的需求规模，选择相应的生产规模。

3.市场竞争力量对比

在市场经济中，企业规模的大小与企业的竞争能力有密切关系。一般而言，较大规模的企业，资本实力雄厚，容易积聚技术力量，有较强的竞争能力。而小企业的市场占有率低，对市场价格和供求关系的影响也小。因此，企业为了在高集中度、高技术的产品市场上获得竞争优势，应当选择较大的规模。同理，准备进入国际市场的企业，将要面对国际大资本、大企业的竞争，为了在国际竞争中获得主动权，应当具有相应的规模。

4.资源投入条件

企业规模是由经济资源的投入规模决定的。企业可能获得的资金规模，是企业规模选择的前提条件。在经济体制改革中，我国已经基本取消了国家拨资金建立企业的方式，企业扩展规模的资金主要来自投资主体、银行贷款和资本市场。因此，投资主体和企业的资信程度，以及利用各种资金市场的能力，影响企业的规模。

符合企业生产经营要求的职工数量也影响企业的规模。其中包括能有效管理相应规模企业的高层管理者、专业技术人员和熟练工人的数量。

企业规模还受到原材料和能源供应水平的影响，没有充足的原材料、能源供应，企业规模选择就会偏离提高经济效益的目标。

第二节　规模经济

一、规模经济的实质

规模经济是指由于生产经营规模扩大，企业的经济收益增加的现象。

企业的生产经营活动总是在一定的规模条件下进行的。实践表明，对于同一种产品的生产经营，企业的规模不同，年均成本水平和收益水平也不同。

企业从较小的规模开始，增加各种生产要素的投入，扩大规模，企业的经济收益会相应增加。但是，在规模扩大的不同阶段，企业收益增加的幅度不尽相同。如果规模扩大的幅度与收益增加的幅度相同，例如生产要素投入增加50%，收入也增加了50%，则称规模收益不变；如果收益增加的幅度大于规模扩大的幅度，例如生产要素投入增加50%，收入增加了60%，则称规模收益递增；如果收益增加的幅度小于规模扩大的幅度，例如生产要素投入增加50%，收入增加了40%，则称规模收益递减。

大多数工业产品的生产规模与收益间的关系是：随着规模扩大，企业的收益逐渐增加，即规模收益递增。当规模扩大到一定程度，会转入规模收益不变。规模继续扩大，就会出现规模收益递减的情况。

企业选择使产品平均收益最大或者表现为平均成本最低的规模进行生产，在相同的资源条件下，比采用其他规模更经济。这一规模使生产要素得到最佳组合与有效利用。

二、工厂规模经济与企业规模经济

规模经济既可以来自生产规模扩大，也可以来自经营规模扩大。依据规模经济产生的范围，可以把规模经济分为工厂规模经济和企业规模经济。

（一）工厂规模经济

1.工厂规模经济的含义与规模决定因素

工厂规模经济是指工厂通过生产能力的改变，逐步扩大规模，导致收益递增的现象。工厂的综合生产能力是由各种生产要素的配置规模和配置比例决定的。在工厂配置的生产要素中，有些要素的配置规模一旦确定，在短期内就不会发生变化，如厂房、设备等生产要素。有些要素的配置规模可以随时发生变化，如原材料、能源、劳动力等生产要素。但是，可变要素投入的最大有效规模，受到厂房、设备等固定要素的制约，如果不增加固定要素的投入规模，单方面超配置比例投入原材料、能源、劳动力等可变要素，不仅不会扩大工厂的综合生产能力和获取最大收益，而且会出现边际收益递减的现象。所以，在工厂配置的各种生产要素中，厂房、设备等固定要素是工厂规模的基础，而且在短期内不会发生较大的变化。

2.最佳产量

当工厂规模不变时，产品平均生产成本最低的年产量，是这一规模的最佳产量。工厂规模不变，即厂房、设备等要素的规模不变时，产品成本由固定成本和可变成本构成，称为短期成本。工厂年产品产量取决于可变成本要素的投入规模。当工厂增加产量时，随着原材料和劳动力消耗量的增加，总可变成本也相应增加。但是，平均可变成本的变化不大，而平均固定成本随着产量增加逐渐下降。产品平均成本下降的趋势一直延续到实现固定成本要素与可变成本要素的最佳组合为止。超过了这一点，继续投入原材料、劳动力等可变成本要素，平均可变成本开始上升。产量继续扩大，当可变成本上升的幅度超过固定成本下降的幅度时，产品的平均成本逐渐提高。

导致短期平均成本由逐渐下降转为逐渐提高的原因，是劳动力成本的上升和生产效率降低。

3.最佳工厂规模

同一种产品可以采取不同规模进行生产，其中，产品平均成本最低的工厂规模是最佳规模。在不改变工厂规模的条件下，只能在一定范围内，通过可变生产要素的加减调整产量。大幅度地调整产量，就必须相应地改变工厂规模。工厂规模变化后，厂房折旧和设备折旧的金额发生了变化，即在一个较长的时期内，由于规模的不断变化，产品成本中的固定成本也在变化，这种产品成本被称为长期成本。

如果一个工厂从较小的规模开始，通过生产能力改变，逐渐扩大规模，在每一种规模上都有相应的最佳产量。比较不同工厂规模的最佳产量，会得到这样的结论：较大的工厂规模的最佳产量也较大，而且在一定的规模范围内，较大工厂规模的最低平均成本低于较小工厂规模的最低平均成本。例如，规模为5万吨的啤酒厂，年产5万吨啤酒的平均成本为1 100元/吨；规模为10万吨的啤酒厂，年产10万吨啤酒的平均成本为1 050元/吨。工厂规模继续扩大，有些会出现长期平均成本不再下降、收益不变的现象。有些产品的生产，在扩大规模后，长期平均成本开始上升；也有些产品的生产，随着规模的扩大，长期平均成本一直呈下降趋势。

随着工厂规模的扩大，长期平均成本从逐渐下降转入基本不变的产量点，是这种产品生产的最小最佳规模；长期平均成本从基本不变转入逐渐上升的产量点，是最大最佳规模。工厂选择从最小最佳规模到最大最佳规模之间的任何一种规模，都可以获得规模经济。

4.工厂规模经济的原因

导致较大规模的平均成本低于较小规模的平均成本的原因如下：

（1）生产专业化的效益。生产规模扩大是分工细化和进行专业化生产的前提条件，只有达到一定的规模，才能广泛采用专用设备和自动化生产线。专用设备比通用设备有更高的生产效率和加工精度，有助于降低产品成本。同时，在专业化生产中，每个工人承担的生产内容集中在一个较小的范围内，对操作技能进行了最大限度的简化。因而，工人可以在短时间内熟练掌握生产技能，降低学习成本，减少学习期间的效率损失。

（2）生产要素的不可分割特性。高效率的大型设备只有在较大规模的生产中才能充分利用。如果在较小规模的条件下使用这些设备，每件产品上分摊的固定成本是一个相对大的数额，工厂将难以承担。另外，许多结构复杂的产品生产，要经过成千上万道工序加工，每道工序设备的单台产出规模各不相同；为了充分利用设备，降低成本中的固定成本，必须按各台设备产出数量的最小公倍数确定规模和各工序的设备台数。所以，产品结构越复杂，最小最佳规模就越大。

（3）辅助生产自动化和专业化的利益。工厂规模扩大，为辅助生产的自动化和专业化提供了条件。库存管理计算机化、库房设备机械化或自动化，可以提高库存环节的效率，降低库存成本。另外，较大规模条件有利于实现设备维修、供电、供水等环节的专业化，降低工厂的辅助生产成本。

（二）企业规模经济

企业规模经济是指由于企业规模扩大，经济收益不断增加的现象。同时在企业内建立若干具有最佳规模的工厂，扩大经济规模，可以获得大规模经营的利益。

1.企业规模经济的原因

（1）大规模管理。企业经营规模扩大，有利于实现企业管理的标准化和专业化。管理人员通过合理分工，各司其职，使其特长得到充分发挥。同时，大规模经营为经济地使用计算机等现代自动化办公设备创造了条件，提高了企业信息传输的准确性和处理的速度，提高了统计、核算工作的准确性，从而保证经营管理工作的质量和管理效率。

（2）大量采购。企业一次大批量购入原材料和零部件，可以比多次小批量进货节约交易费用与运输成本。此外，大规模购入，增强了企业对卖方市场的影响力，往往可以得到比小企业低的进货价格。

（3）大规模销售。差别化程度较大产品的销售，与广告效应有密切的联系。大规模企业有能力利用覆盖范围广的电视、广播等最有效的广告媒体和全国发行的报纸、刊物。同时，能够做到在广告所及的地区均有企业的产品销售，使每件产品的平均广告费用降至最低。大企业也具有在全国各地设立销售和售后服务中心的能力，可促进销售并降低单位产品的销售费用。

（4）大资本信用。大企业因其资本规模大，实力雄厚，具有较高的资金信用能力，有条件利用各种金融渠道，便捷地筹集到生产经营过程中所需的资金。

2.利用企业规模经济的形式

（1）纵向一体化。企业不断向生产的前向阶段和后向阶段扩展，把依次对产品进行加工的各个工厂联合在企业内，实现产品纵向生产一体化。进行纵向一体化生产的大企业，除了可以利用上述企业规模的经济性外，还可以大大节约运输成本。另外，由于产品的全部生产过程是在一个企业内完成的，所以企业还可以获得统一质量管理的经济效益。

（2）多样化经营。企业生产经营多种产品，每种产品的生产都达到最小最佳规模。企业进行多样化的大规模生产经营，可以提高综合利用资源、综合利用信息的水平，增强抵御市场风险的能力，在组合生产的基础上，获得规模经济效益。

（3）水平扩展。在单品种产品实现最佳规模的基础上，以倍数规模扩大生产经营。单品种大规模生产，有利于迅速提高企业在这一生产领域的技术水平，提高商标信誉。同时，企业产品市场占有率达到较高水平，有助于稳定企业的市场地位，获得价格竞争优势。

（三）超大规模不经济

在市场竞争的压力下，为了追求规模经济，企业在不断地扩大生产经营规模。但是，并不是企业规模越大，规模效益就越大。在各国经济中，由于企业规模过大，导致平均成本提高、经营效率下降的现象也很多。超大规模不经济主要来自于：

（1）企业内部缺乏竞争压力。在企业的生产经营过程中，真正能够感受市场竞争压力的，主要是企业的高层管理者。中层管理人员由于缺乏与激烈竞争市场的直接接触，不承担生产经营管理的最终责任，因此缺少高效率、全面投入经营管理的紧迫感，导致出现中层决策滞缓或管理非效率的现象。

（2）企业组织僵化。企业规模扩大后，必须增加管理层次。庞大而繁杂的企业组织，延长了上情下达和下情上传的回路，容易出现信息传递失误；也会由于企业部门增多，出现各种摩擦和矛盾，造成企业组织僵化和组织运行的低效率。

三、确定经济规模的方法

某一产品生产的最佳规模，受多种因素的影响，包括产业的生产技术特点、生产力的发展水平、生产专业化的程度等。由于这些影响因素是发展变化的，所以最佳规模也在变化。一般产品结构越复杂、生产加工技术越复杂，最佳规模就越大；生产专业化的程度越高，最佳规模就越小。

确定经济规模的方法如下：

1.比较不同规模企业的最低平均成本

不同规模的企业，当固定生产要素与可变生产要素达到最佳组合比例时，都会出现这一规模的最低平均成本，比较同一产业不同规模企业的最低平均成本，可以选出最经济的生产规模。

这种比较方式较易操作，但是，由于企业的平均成本受多种因素的影响，除了规模因素外，还受到企业管理水平、技术水平、员工素质等因素的影响，所以，当数据资料不充分时，很难得出最低平均成本一定来自规模经济的结论。

2.比较不同规模企业的盈利水平

当各企业的市场销售价格接近或相同时，平均利润最高的规模是同类生产中经济效益最佳的规模。

3.增量成本分析

增量成本是指由于规模扩大企业总成本增加的数额。为了扩大规模，企业必须增加固定成本要素和可变成本要素的投入。对规模扩大比率和成本增加比率的比较分析，可以寻找出规模收益递增的区间。在这个区间内扩大规模，企业的经济收益会相应提高。规模扩大一定比率引起的成本增加比率，被称为成本弹性系数。

$$\text{成本弹性系数}=\frac{\text{成本增加的百分比}}{\text{生产规模扩大的百分比}}=\frac{\frac{\Delta C}{C}}{\frac{\Delta Q}{Q}}$$

式中：C为产品生产成本；ΔC为由于规模扩大而新增加的成本；Q为原生产规模（以产量为单位）；ΔQ为规模增量（以产量为单位）。

显然，当成本弹性系数小于1时，较小的投入可以获得较大的产出；当成本弹性系数等于1时，规模收益不变；当成本弹性系数大于1时，规模收益递减。当成本弹性系数小于0.75时，为最佳规模递增区间。

4.生存技术法

生存技术法是美国经济学家施蒂格勒提出来的。施蒂格勒认为，在一产业中，如果全部企业拥有完全相同的资源，处于完全相同的经济环境，则最佳规模企业在市场竞争中的生存能力最强，发展最快。因此，比较不同规模企业的生存发展能力，可以确定最佳规模。

生存技术法的分析过程是：

（1）把产业内的企业按规模大小分组。例如，啤酒行业按0~3万吨、3万~5万吨、5万~10万吨、10万吨以上分若干组。

（2）列出基期各规模组产量在产业总产出中的比重。

（3）每年依据企业新的规模变动，把企业归入相应的规模组。例如，A企业原规模为年产3万吨啤酒，5年后规模扩大至年产8万吨，就将其编入5万吨~10万吨规模组。然后计算当年各规模组的产量比重。

（4）经过较长时期的统计、计算，分析各规模组产量比重的变化趋势，选出产量比重持续上升的规模组（见表54-2）。

表54-2 **生存技术分析表**

规模 / 产量比重（%） / 年度	0~3万吨	3万~5万吨	5万~10万吨	10万吨以上
2013				
2014				
2015				
2016				
2017				
2018				

在市场竞争的条件下，企业为了提高生存能力，要通过规模调整，提高经济收益。所以，有条件的企业将向最佳规模靠近，使这一组的产量比重上升。而规模不经济的企业，由于缺乏生存能力，这一规模组的产量比重会下降。

利用生存技术法进行分析时必须注意：①产业内的全部企业应当拥有相同质量的生产要素。如果企业拥有不同质量的生产要素，产业的最佳规模就不是唯一的，而应有多个。②各规模组的企业必须共处同一个市场。如果各企业的市场环境不同，便不能比较不同规模的竞争力和生存能力。③产业内应有许多企业，每一规模组都有几家企业；否则，难以排除管理、技术对生存能力的影响，使分析缺乏准确性。

第三节　企业规模结构

一、企业规模结构的含义和类型

（一）企业规模结构的含义

企业规模结构是指不同规模企业的构成和数量比例关系。

企业规模结构与集中程度既互相联系，又存在区别。集中程度反映了大企业在整个工业中或在个别产业中所占的比重，它由整体规模和少数大企业的规模决定。企业规模结构不仅可以反映少数大企业所占的比重，也可以反映中型企业和小型企业的数量和所占比重。因此，企业规模结构可以反映生产要素在整个工业中或在个别产业中分布的均衡程度，也可以反映大企业与中小企业的市场关系，以及生产协作关系。

（二）企业规模结构的类型

（1）按研究的范围，可以分为工业企业规模结构和产业内企业规模结构。

①工业企业规模结构。这是指在全部工业企业中，大型企业、中型企业、小型企业的数量及所占的比重。企业规模合理与否，受产业技术经济特点和市场需求等因素的影响，因此，工业企业规模结构不能反映工业规模经济的水平与合理化程度。但是，由于大企业的绝对规模扩大和数量增加是工业化的一般趋势，中小企业的专业化程度与技术素质也与工业化进程相关，所以工业企业规模结构可以反映工业经济发展所处的阶段与水平，反映工业生产力的分布状态。

②产业内企业规模结构。这是指在产业的全部企业中，大型企业、中型企业、小型企业的数量与所占的比重，以及大型、中型、小型企业的生产分工与协作关系。工业生产组织包容具体的生产内容，产业内企业规模结构可以反映这一产业产品生产组织的水平、利用规模经济的程度和整体发展潜力等。所以，产业内企业规模结构是分析工业组织状态的重要方面。

（2）按各规模企业的比重，可以分为大、中、小企业规模结构，大企业规模结构，大中企业规模结构和中小企业规模结构。

二、影响企业规模结构的因素

1.工业化水平

工业企业规模的分化是在工业化的进程中出现的。一部分企业凭借先进的生产技术和对市场变化的准确判断，迅速积累资本，不断扩大规模。同时，随着工业生产技术的发展，大型、高效率的自动化设备广泛应用于生产，推动企业规模的扩大。因此，工业化国家中的许多产品生产，都以大型企业为主体。超大型企业的经济实力甚至超过一些发展中国家的经济实力。同时，工业生产社会化程度的提高，为大量中小企业提供了生存空间，在专业化生产的基础上，中小企业凭借灵活的经营机制，在社会化大生产的分工体系中具有不可替代的作用。

2.市场供求关系

大部分产业的生产能力扩展需要一定的周期，当市场需求在短期内迅速增加时，某产业供给规模的滞后扩展会拉动价格迅速上升，使该产业的平均利润水平明显高于其他产业。高额利润吸引大量新企业进入产业，其中包括投资周期较短的中小企业。因此，当供给满足不了需求的扩展速度时，产业内企业规模结构呈中小型化。而当市场需求缓解增长，总生产能力大于总需求时，一方面，中小企业很难挤入市场；另一方面，原有企业为了扩大自己的市场份额，增强竞争能力，往往通过合并、兼并和内部成长，扩展规模，获取规模的经济性。这种条件下的企业规模结构呈大型化趋势。

3.规模经济效应

由于各产业的生产技术特点不同，各产业的最佳规模的绝对量大小不同，最佳规模的经济性也不同。服装生产的最佳规模较小，在非最佳规模条件下生产服装的成本增幅也较低，因此，服装产业的企业规模结构以中小型为主。而汽车生产的最佳规模相当大，最佳规模为30万辆。同时，如果汽车企业从较小的规模扩大至最佳规模，平均成本会大幅度下降，具有显著的规模经济。为了获得竞争优势，汽车企业都力求扩大规模。许多汽车生产大国只有少数几家汽车企业，每家企业的规模都较大。

4.产业组织政策

在国际经济一体化的进程中，大企业在开拓国际市场、操纵国际经济资源流动等方面具有明显的优势。许多国家为了提高本国企业在国际市场上的竞争力、迅速发展本国的重点产业，采取鼓励企业扩大规模的政策。同时，有些国家为了保障国内产业市场的竞争活力、增加就业机会，对中小企业采取保护政策，提供优惠贷款和优惠税率，为中小企业创造了生存空间。各个国家在经济发展的不同阶段所采取的规模政策，对企业规模结构变动有较大的影响。

三、企业规模结构的发展趋势①

为了实现企业规模结构合理化，应该在实际工作中严格地按企业规模结构发展的客观规律办事。实践证明，大、中、小企业相结合是企业规模结构发展的总趋势。

面对大量中小型企业存在和发展的事实，在国外经济学家中间，存在生产发展趋势是集中还是分散的争论。有人提出生产集中已逐渐消失，分散才是必然趋势。多年来，国内也流行这样一种观点，认为在我国应该多发展中小企业："五小"工业②虽然亏损，但能够满足需要。更有人认为生产集中是资本主义所特有的生产发展趋势，而大、中、小并举才是社会主义的创造；如果在我国也强调生产集中，那就是跟大、中、小并举的方针"对着干"。事实证明，这种观点是不正确的。

列宁在考察资本主义生产集中时曾经明确地指出，资本主义最典型的特点之一，就是"生产集中于愈来愈大的企业的过程进行得非常迅速"，并且用大企业拥有的工人人数、机器设备和产值在全部工业中所占比重的不断提高来说明生产集中化的程度。

在机器大工业出现以前，劳动力的集中是简单协作的起点，也是工场手工业分工在技术上的客观要求。只有以劳动力的集中为前提，才能组织劳动力的分工和协作，才能产生和运用共同使用的劳动资料（如机器体系）。机器大工业出现之后，生产集中进一步发展。现代化大工业是建立在高度技术基础之上的社会化大生产。特别是当代以原子技术、电子技术和航天技术为主要标志的现代科学技术的发展和利用，使工业生产经历了一场伟大的革命。它要求生产资料的使用、劳动过程本身和产品都更加社会化，要求分工越来越细，协作范围越来越广。

社会化大生产的发展历史表明，工业企业规模的发展趋势是：一方面，大企业产量在该部门总产量中的比重日趋增加，企业平均规模日趋扩大；另一方面，在大企业的周围，又有大量的中小企业并存。用大、中、小企业并存去否定生产集中是错误的，用生产集中去否定大、中、小企业并存同样也是错误的。

第一，生产集中和大、中、小企业并存不是两种互相排斥的对立趋势。生产集中是生产越来越集中于大企业的过程，它包括绝对集中和相对集中两种。所谓生产绝对集中，是指企业规模的扩大。这里所说的规模扩大，是指企业平均规模的扩大，既包括大企业的扩大，又包括中小企业的扩大。所谓生产相对集中，是指大企业产值在整个工业产值中所占比重的提高。这里所讲的提高，是一种发展趋势，并不是说大企业所占比重越大越好，而且也不可能否定中小企业的存在和发展。恰恰相反，生产集中是在专业化基础上的集中，它需要大量的中小企业为其协作配套服务。这就必须推动中小企业的发展。即使是生产联合化的发展，即把不同部门的生产和同一部门的不同生产阶段结合在一个联合企业之中，它也离不开中小企业的协作配合。

第二，科学技术的发展，既促进生产集中，又促进大、中、小企业并存。在现代化大工业生产条件下，大型化和微型化都是现代化生产技术的发展方向。大家知道，许多现代化工业产品，都是由成千上万的零部件组成的。这样复杂的产品，没有许许多多规模不等的大、中、小企业的分工协作，只靠少数企业是生产不出来的；勉强为之，也绝对不会有好的经济效果。

第三，大、中、小企业各有不同的地位和作用，不能相互取代。现代化的大型企业由于生产集中、

① 李悦，陈胜昌. 试论工业企业的规模结构 [J]. 中国社会科学，1981（1）：65-76.
② "五小"工业一般是指小钢铁、小化肥、小水泥、小煤窑和小水电。

社会化水平高，它在技术经济上具有很多优点：可以采用各种现代化的高效率的专用设备和装置，能够广泛应用最新的科学技术成果；便于建立科学研究、中间试验，以及设计、工艺、测试等机构和装备；能够担负各种高级、精密、大型和尖端产品的生产，承担国民经济中的关键任务；有利于开展原料、材料和燃料的节约使用和综合利用；有利于处理“三废”，防止污染，保护环境，变废为宝，变害为利；便于采用专业化协作和联合化等先进的生产组织和劳动组织等。因为大型企业具有上述优点，所以大型企业每个单位设备能力的基本建设投资、占地面积和单位产品所分摊的企业管理费用才比较少，大型企业的主要技术经济指标才比较好。

正是由于大型企业具有上述这些优点，所以它就成为带动整个工业发展的骨干力量。马克思说：“工业企业规模的扩大，对于更广泛地组织许多人的总体劳动，对于更广泛地发展这种劳动的物质动力，也就是说，对于使分散的、按习惯进行的生产过程不断地变成社会结合的、用科学处理的生产过程来说，到处都成为起点。”也就是说，企业规模的扩大为更广泛地组织劳动和应用新的科学技术成就创造了条件，因而它能取得更好的经济效果，在经济建设中发挥重要的作用。

当然，大生产的经济效果并不是在任何部门、任何条件下都随着企业规模的增大而不断提高的。列宁说得好，“就是在工业中，关于大生产具有优越性的规律，也并不像人们有时所想象的那样绝对、那样简单；在工业中，也只有当‘其他条件’相同时（这在现实生活中不是常有的），才能保证这个规律完全适用”。对于那些品种需要多而生产批量小、变化大的产品，在中小企业里生产更为经济合理；在技术发展的条件下，有些工业部门采用中小型设备和装置，也能具有相当产量规模，并有较好的技术经济效果。在发达国家中，以废钢为原料，采用电炉炼钢、连续铸钢、小型轧机来轧制钢材的中小型钢厂，就具有投资少、建设周期短、产品品种和规格多、成本低的优点。所以，对大、中、小企业要具体分析。

大型企业有它的优越性，但也存在一定的缺陷，它受资金、技术、物质资源等条件的限制。建设现代化大型企业，需要大量的基本建设投资，建设周期比较长，投资效果发挥慢；技术要求高，设备制造比较复杂；必须具备足够的资源条件；工业分布比较集中，原材料与产品运输成本也会增大等。所以，我们不能不顾条件地盲目扩大企业规模，片面地追求大企业。

中小企业的优点是：基本建设投资少，建设周期短，能够在较短时期内投产，满足国民经济的急迫需要，投资效果发挥快；建设所需要的技术装备、技术力量和建筑安装，都比较容易解决，有利于调动各方面办工业的积极性；易于做到少花钱，多办事；生产上比较机动灵活，适应性强，可以更多地发展品种和规格，能更好地为大企业协作配套服务，为满足地方的多种多样的需要服务；布点可以分散，能够做到星罗棋布，就地加工，就地销售，节约运输成本；有利于促进偏远地区和少数民族地区工业的发展，改善工业布局；还可以充分利用分散的资源，灵活地使用农村闲散的劳动力和其他非专业的工人，实现多就业等。

正是由于中小企业具有这些优点，所以它们可以承担大企业不宜承担的生产任务，负担一般性产品的制造和修理任务，以使大企业能够集中精力向高、大、精、尖的产品方向发展；还可以与大企业搞生产协作，为大企业生产零部件，充分发挥专业化生产的优势性；也能在新技术、新产品方面取得新成就，如电视机、冷气机、起动马达等技术，在美国最初都是由中小企业和独立研究人员发明的；还可以支援农业，为农业服务。总之，中小企业和大企业的关系，是分工协作、互相补充、相互促进的关系。

所以，大、中、小企业不能相互取代。凡是中小企业办得好、发展快的国家和地区，其中小企业的专业化程度都是比较高的，大部分都是和大企业分工协作，为大企业协作配套，纳入大企业的统一生产体系之中的。这部分中小企业已经成为大企业的一个有机组成部分。

综上所述，可以把企业规模结构发展的总趋势的必然性和必要性概括如下：

（一）必然性①

1.生产集中

社会化大生产发展的历史告诉我们，在100多年前，生产集中主要表现为生产越来越集中于大企业的过程进行得非常迅速，大企业产值所占比重越来越大。今天，生产集中主要表现为企业平均规模的扩大和同类生产的集中。我们把当代生产集中的主要表现概括为企业平均规模的扩大和同类生产的集中，并不是否定生产集中的其他表现形式，只是说明时代和条件不同了，主辅表现形式已经发生了变化。这种主要表现形式的概括和表述与当代生产集中的几种主要形式也是相符合的。因为无论是生产专业化与协作、经济联合与生产联合，还是企业群体与企业集团，都主要是同类生产集中和大、中、小企业并存的形式，至少也是以大企业为核心的大、中、小企业相结合的网络。

应当指出的是，由于信息技术和信息产业的迅速发展，通过信息化为企业与市场和顾客之间建立了桥梁，企业可以快速、准确地了解市场动向和顾客的要求，快速推出新产品。结果是过去那种工业时代的大规模生产和推销被灵活的生产和服务所取代，小批量、多花色、多品种的生产形式越来越普遍。

2.生产社会化原理是另一个理论源泉

社会化大生产有两个最明显的特点：一是建立在现代科学技术基础之上；二是专业化协作高度发展，社会化水平高。以现代科学技术为基础这个特点，从三个方面推动企业规模结构发展的总趋势：①大型化和微型化都是科学技术发展的方向。②现代化产品不断涌现，且品种与质量不断提高。③新能源、新材料和新工艺被广泛采用，科学技术发展又呈现出多样化。在生产力不断发展的基础上，人类社会生产经历了由个体生产到社会化大生产的转变过程。现代社会化大生产不仅使生产资料的使用更加社会化了，劳动过程本身更加社会化了，而且产品的使用也更加社会化了。这种生产社会化水平的提高，本身就是企业规模结构发展总趋势的原动力。

（二）必要性

在现代工业中，生产设备的单台价值和产出效率日益提高，最佳规模的绝对量也随着产品结构的日益复杂而不断提高。同时，为了增强企业的抗风险能力，许多已经在某一产品市场上取得成功的企业，向多元化的方向发展，企业规模也迅速膨胀。一方面，大企业对国民经济发展和经济结构调整的影响越来越大；另一方面，小企业的数量也在不断增加。这是因为社会需求的多样化和自动化生产技术的推广，使人数不多的小企业也可以采用最新的生产设备，在同类生产集中的专业化生产基础上，形成小而精的生产经营单位。

在大、中、小企业并存的产业中，获取最大利益的目标追求使不同规模的企业在不同的层次上投入产业经济活动。大企业充分利用规模优势和技术优势，从事各种高级、精密、大型和尖端技术产品的生产，承担重大项目的总设计与组织。中小企业则在某一专业领域，应用现代技术生产标准化、通用化的中间产品；或者适应市场的某种特殊需求，进行小批量生产，繁荣市场供给。

同一产业内，大、中、小企业并存的规模构成，有利于开展有活力、有秩序的市场竞争。大企业在产业内占据主导地位，可以起到稳定价格、防止企业间过度竞争的作用。同时，大企业在规模经济和技术开发方面的优势对中小企业形成了生存压力，迫使小企业不断更新技术，提高产品质量，突出特色，以弥补规模劣势，在竞争中维持生存和发展。中小企业的大量存在，也限制了大企业对价格的垄断。大企业如果靠提高价格获得超额利润，中小企业的规模不经济就会得到补偿，并且可以以稍低的价格扩大市场占有率，危及大企业的市场份额，使大企业不能任意操纵价格。

大、中、小企业并存的规模构成也有利于采用先进的生产组织方式。大企业集中于国际和国内市场

---

① 李悦．论企业规模与企业规模结构的调整［N］．光明日报，1991-01-25.

开拓与产品总成，中小企业为大企业加工零部件，进行专业化生产协作，降低社会生产成本，提高资源利用效率。

四、不同产业企业规模结构发展趋势的特殊性[①]

鉴于各工业部门的生产技术特点不同，其企业规模与技术经济指标的依存关系也不一样，所以它们应有各自的企业规模结构。采掘工业和原材料工业应以大型企业为主，制造业应以中小型企业为主。钢铁、有色金属、电力、石油、煤炭、汽车制造和飞机制造等部门，应以大型企业为主。而一般的机器制造部门和纺织部门，则应以中小型企业为主。

（一）以中小型企业为主的工业部门的特点

（1）产品结构比较复杂，品种规模多。机械工业即属于这一类，以少数大型企业为中心，在搞好专业化协作的基础上，主要发展中小型企业，这样经济效果最优。

（2）产品的市场需要变化快，花色品种要求多。纺织工业即属于这一类，采用中小型企业生产，机动灵活，适应性强。

（3）产品制造的各个工序及各种零件和部件的加工不一定都要在一个企业内进行，可以组织企业间协作。例如，纺织工业的纺纱、织布、针织、印染，机械工业的铸造、锻压、金属切削、各种零件和部件的加工，都可以由几个企业或许多企业分工协作生产（当然也可以有少数大型联合企业）。这样以中小型企业为主，每个企业只担负一道工序、一种工艺或者只生产几种零部件，不但有利于集中力量改进技术装备，实行产品的标准化、通用化和系列化，而且有利于节省投资，加快生产和建设的速度。

（4）原料分散，成品运输不便。例如，造纸工业、陶瓷工业、饮料工业等，这些部门以就地生产、就地销售产品的效果最优，所以应当主要发展中小企业。

（二）以大型企业为主的工业部门的特点

（1）产品品种比较单一，或者同一种规模的产品需要量大，如一般的金属材料、基本化工原料、糖和新闻纸等。大型企业集中生产，可以节省人力，提高劳动生产率，减少费用，降低成本。

（2）产品制造过程中的各个工序必须在一个企业内连续进行，或者只有采用大型企业生产才能充分地利用资源，才能采用新技术。钢铁冶炼、石油化工等部门都具有这一特点。

有些工业部门，在有的国家以大型企业为主，在有的国家以中小型企业为主，除了各国的资源条件不同、技术政策和生产组织的方法不同以外，各国原有工业基础的强弱、技术水平的高低、市场容量的大小，也在一定程度上影响工业企业的规模。

生产技术特点和资源情况对不同工业部门的企业规模也发生直接的影响。采掘工业的企业规模主要取决于矿物储量和地质条件。林业加工工业的企业规模主要取决于木材的储备量和采伐工业的分布情况。农产品加工部门的企业规模主要取决于农产品产量的大小和加工后产品的销售范围。电力工业的企业规模主要取决于电机机组的大小及负荷程度。冶金、石油加工部门的企业规模主要取决于联动机和营造物的大小。机床、电机、无线电等机器制造部门和纺织、皮革等工业部门的企业规模主要取决于机器体系的功力和负荷程度等。

（三）按企业规模和技术经济指标的依存关系的工业部门分类

1.采掘工业

其企业规模首先取决于矿山地质条件。这些部门的基本建设投资需要量大，单位投资额和固定资产

① 李悦．中国工业部门结构［M］．2版．北京：中国人民大学出版社，1988：510-513.

利用等指标，必然随着企业规模的增大而改善。

2.黑色冶金、电站和许多化学工业部门

其企业规模的增大是由主导设备的功率和生产率的增长直接决定的。在这些工业部门中，各企业与其说是在同类型设备的数量方面有所差别，还不如说是在机组的功率和生产率方面有所差别。大型和中型的电站或冶金厂的区别首先是锅炉、发电机的功率，高炉、平炉的容积有所不同，因而在这类部门的大型企业中，一般要采用日益完善的、保证设备充分负荷的生产工艺。在这类部门中，存在企业规模越大，建设和生产的一切技术经济指标就越好的依存关系。这类工业基本建设投资消耗虽大，但它的单位生产能力的投资额将随机组的功率和生产率的增长而降低。机组的功率越大，单位产品的原料和燃料的消耗也就越低，从而产品的成本也就越低。

某些生产复杂的多零件产品的机器制造部门，如造船业、航空工业和重型机器制造业等，也属于这一类。

3.纺织、制革、制鞋、缝纫、机床制造和电子工业等制造部门

其技术发展表现为采用结构日益完善的自动化的机器设备。这类工业部门的企业规模的扩大，主要不是由设备的效率和生产率的增长所引起的，而是由同种类设备数量的多少决定的。大型和中小型的纺织厂或制鞋厂的差别，多半是织机、纱锭、缝纫流水线等同类设备的数量不同。不同规模的企业里，制造产品的工艺过程一般是相同的。同时，设备的生产定额和原材料消耗定额也不以企业规模大小为转移。这些部门的原材料消耗量大，产品成本中工资、杂项费用的比重小，因而降低生产成本首先是节约原材料，而这种节约实际上并不以企业规模的大小为转移。这类企业规模的扩大不反映经营费用的降低。

由此可见，我们在不同的工业部门中选择企业规模时，从方法上必须充分注意各部门的生产技术经济特点对企业规模的影响。

（四）按规模经济显著程度不同的工业部门分类

（1）在规模经济非常显著的产业，一般会形成超大型的企业规模结构。例如通信产业、汽车产业、石油化工产业、造船业等，这些产业的长期成本曲线是L形的，在可能的规模范围内，随着规模扩大，长期平均成本总是下降的，因此，大企业的平均成本明显低于小企业。为了充分利用规模经济，各发达国家均通过产业政策，限制进入，鼓励企业合并及兼并，推动形成了超大型的企业规模结构。

（2）在规模经济比较显著的产业，一般会形成大中型的企业规模结构。例如家用电器产业、化学纤维产业、通信设备计算机及其他电子设备制造业、黑色金属冶炼及压延加工产业等，这些产业虽然存在规模经济，但是对市场变化反应的敏感程度及运营效率也决定企业的竞争力，大型企业的规模优势及中型企业的效率优势，使它们可以并存于一个市场。

（3）在规模经济不十分显著的产业，大、中、小企业并存。例如专用设备制造业、饮料产业、烟草产业等，在这些产业，不同规模的企业在不同层次上投入经济活动。一般来说，大企业在产业中占有主导地位，有较强的技术开发能力，有能力推行品牌战略，对中小企业形成了竞争压力，迫使中小企业不断更新技术，突出特色，以灵活的价格制约大企业，削弱大企业操纵价格的能力。

从国外的情况看，日本的企业规模结构较好。它的大、中、小企业在产业划分上各有选择，各有侧重，能够做到扬长避短，各得其所。在日本，凡是设备越大型化越有利的部门，如重化学工业等资本密集程度较高的行业，几乎由大企业经营；在那些以多品种、小批量生产为特点的部门，如纺织工业和加工工业等劳动密集程度和技术密集程度较高的行业，则为中小企业的经营范围。

［第五十五章］

联合化与集团化

经济联合与企业集团是现代产业组织的组织形式，是市场经济高度发展的必然产物，是企业为提高市场竞争能力、追求规模性、追求多角化经营的必然结果。本章主要讨论联合化与集团化的意义、组织形式、发展趋势与对策。

第一节 联合化与集团化的意义

联合化与集团化是指相互具有内在技术经济联系或共同经济利益的多个企业，在自愿的基础上，通过协商，组成不同结合方式的各种联合体的过程。工业联合最先出现在生产的产品间有紧密联系的企业间，它是生产专业化协作发展的必然结果。后来随着市场竞争的加剧，为了增强竞争实力和共同经济利益的需要，又逐步出现了生产与科研的联合、生产与金融的联合等。当前，最有生命力的联合形式是金融、科研开发和生产一体化联合。从联合体组成部分之间的联系看，又可大致分为松散型联合、半紧缩型联合、紧密型联合几个发展阶段。但是，无论哪种联合，其目的都是通过联合发挥整体优势，而且都是以企业为核心形成一个联合体。联合体的联合方式很多，可以通过经济协议、经济合同，也可以通过相互参股、投资、控股，还可以采取承包、租赁、兼并等多种形式，其中股份式的联合形式是最有前途的形式。

一、联合化与集团化的必然性

1.社会化大生产发展的必然趋势

生产社会化不仅带来了社会生产力的发展和极大提高，更重要的是它促进了社会分工的发展和生产专业化水平大幅度提高。在市场经济条件下，社会分工和生产专业化程度提高的直接结果是社会交易关系的发展，使生产单位（企业）的社会交易费用增大。交易费用是市场经济交换过程中产生的一些费用，包括运输费用、佣金、谈判费用、包括关税在内的各种税收等。为了降低这些交易费用，有联系和协作关系的企业逐渐加强它们的联系，并使之固定化，为进一步联合奠定了基础。

2.市场经济高度发展的产物

竞争是市场经济条件下企业争夺市场、使企业生存和发展的必然现象，市场经济发展的程度越高，竞争的激烈程度就越高。企业为了提高自己的竞争力，优势企业要扩展自己，劣势企业要寻求联合，生产企业要寻求科研开发企业和金融企业的支持。科研开发企业希望其开发项目更快地转化为生产力，金融企业也希望自己的资金通过生产企业带来效益，高度竞争的态势和激烈竞争的程度使它们的结合更加紧密。

3.企业追求规模经济和技术进步的产物

企业规模的扩大不仅带来企业结构上的节约，更重要的是为企业采用先进的技术和高效的设备进行规模生产与资源重组创造条件。规模生产和规模经营的效益促使企业不断追求规模经济，追求技术进步，从而推进企业向联合化与集团化发展。

二、联合化与集团化的作用

1.使生产要素重新组合，推动生产力的发展

发展生产力，扩大再生产，有两种基本途径：一种是以外延为主的扩大再生产的道路；另一种是以内涵为主的扩大再生产的道路。前者需要增加大量的投入，受资金、技术、人才等因素的约束；后者主要通过提高经济的组织程度，优化生产要素的组合，在不增加或少增加投入的情况下，推动生产力的发展。联合化与集团化的发展过程就是生产和资本集中的过程，可以把密切联系的企业和经济单位的生产要素结合在一起，在科学分工和生产专业化的基础上实行生产要素重新组合。这就创造了一种新的生产力发展模式。联合化与集团化的发展可以冲破封闭的、分割的经济局面，把属于不同部门、不同地区、不同企业的分散的生产要素（资金、技术、设备、厂房、土地、劳动力等），按照不同的需要重新组合。这就提高了集约化的程度，扩大了生产规模，增加了生产能力，推动了生产力的发展。同时，利用联合生产、联合经营的优势力量，可以更好地采用现代科技成就，提高企业和整体经济的管理水平，提高生产经济效益，推动社会生产力的发展。

2.促进企业组织结构不断合理化

联合化与集团化既是推动企业组织结构合理化的重要途径，又是企业组织结构的重要内容。社会化大生产所产生的社会分工要求企业在行业内及行业间进行合理的组合。但是，在我国旧的经济体制下，封闭分割的局面割断了企业之间、行业之间合理的自然联系，从而造成了我国的企业生产只能采取分散生产、单独生产的形式，大而全、小而全的企业普遍存在，专业化和协作、联合得不到应有的发展。随着市场经济的建立，联合化与集团化的趋势不可避免，这有利于企业组织结构按照社会化大生产的要求重新构造，促进企业组织结构不断合理化。

3.促进经济结构、产业结构和产业布局的不断改善

发展联合化与集团化可以扬长避短，相互支援，使部门之间、地区之间、城市之间、城乡之间得到合理的分工和协作，并且使资源得到合理的配置利用，促进产业布局的合理化发展。联合化与集团化有利于调整结构，主要是通过联合使资产存量重新得到组合配置，把那些市场疲软、生产过剩的行业、部门的资源，迅速转移到需要发展的部门、企业中去，因而有利于加速结构性转换。这样使经济结构、产业结构能随市场的变化不断转换、优化。

4.有利于市场体系的完善

经济联合的发展要求生产要素流动化、商品化，这就需要相应地建立和完善各种生产要素市场，在有市场体制供给的情况下（如我国建立的社会主义市场经济就是一种市场体制供给），发展联合化与集团化可以冲破旧体制，为建立新体制起到推动作用。因为联合化与集团化使资金、技术、装备、物资、人才、信息等生产要素流动化、商品化，从而有利于各种市场的建立，诸如市场经济体制所需的资金市场、技术市场、商品市场、劳务市场、信息市场等。当然，市场体系的建立反过来又会推动联合化与集团化的进一步发展。

5.有利于加速开发新技术，并使之推广和应用；有利于引进技术的消化吸收和创新，加速技术进步

这是因为新兴技术，特别是现代新技术、新产品、新材料的开发，往往需要多门学科、雄厚财力以及众多部门和行业的大力协同，既要科研部门、大专院校参加，又要各类生产企业以及技术服务、销售等部门的配合。联合化与集团化可以集中科研、技术、资金、人才和财力，从而加速新兴技术的开发和应用，并使科研成果较快地转化为生产力，使高新技术的开发和应用产业化和商品化。

6.有利于信息的收集、外部成本的降低

联合化特别是集团化可以内化许多属于市场的交易。行政命令的企业集团等级结构替代了市场机制，有利于降低外部成本或使外部成本转变为较低的内部成本。

第二节　联合化与集团化的组织形式

一、企业联合体

企业联合体是指一些具有内在经济联系的企业，基于共同的利益和一致的目标，围绕某类产品，开发利用某类资源或为了更好地适应生产经营的需要，按照自愿互利的原则，并实行专业协作所形成的有机的企业群体。目前企业联合体的主要形式有：

（1）以名牌产品为龙头，以骨干企业为核心，围绕产品以及软硬件等的综合开发，形成半紧密型的企业联合体。

（2）以联合开发新技术为主的生产科研企业群体，这类企业联合体是科研单位、大专院校与生产单位组成的集合群体。

（3）开拓国际市场的企业集合体，实行工贸技合一，内引外联结合，组织松散型出口联营群体。

（4）联合生产开发资源的企业联合体。这种企业联合体是以最终产品为纽带，将原材料生产企业、加工生产企业联合在一起，以技术投资、生产设备等固定资产投资和合资经营等多种形式组合的结合群体。

（5）提供“一条龙”服务的企业群体，是以经营成套设备、承包工程服务，根据用户的需要，组织跨部门、跨地区的综合服务的企业群体。

二、横向经济联合①

改革开放以来，随着经济运行机制和管理体制改革的深入，经济联系方式和管理方式正在发生深刻的变革。横向经济联合的诞生和发展是经济联系方式和管理方式由主要通过行政系统的纵向封闭型向纵横结合、以横向联系为主的开放型转变的过程。这个转变过程也是国内各领域互相开放、破除以条块分割为特征的旧体制的过程，是对已经不能适应生产力发展的那部分生产关系和上层建筑进行改革的过程。

过去旧的经济体制，一个是条条、一个是块块，条条之间、块块之间、条块之间都缺乏横向经济联系，人为地按行政隶属关系把企业约束在条条块块之中。这是违背社会化大生产发展趋势的，是与社会主义市场经济的客观要求背道而驰的。

条块分割的工业管理体制之所以必须改革，是因为各方面都从自身的需要和利益出发，各搞一套，自成体系，甚至彼此封锁，导致重复建设、盲目生产，严重阻碍了商品经济的发展。在生产组织方面缺乏应有的分工协作，搞大而全、小而全，进行自成体系的封闭型生产，这是条块分割旧体制在企业组织结构方面的必然表现。

市场经济要求实行对外开放，也要求国内各领域互相开放。为了在竞争中生存和发展，每个商品生产者和经营者都必须充分发挥自己的优势，广泛地实行专业化协作，以便扬长避短，取长补短，实现企业组织结构的合理化。

横向经济联合特别是企业之间的横向经济联合，是企业组织结构合理化的必由之路。横向经济联合之所以能够取得显著的效益，是因为这种联合能够促使各种生产力要素按照合理的方向流动和组合，从而能创造出新的生产力。因为就单个城市和单个企业来说，资金、技术、资源、生产能力、信息和经营管理经验总是有局限性的，而且都有自己的优势和劣势，这种优势和劣势又往往自相抵消。如果实现了横向经济联合，城市之间和企业之间就能互相取长补短，把各方面的优势发挥出来，形成最佳的商品生

---

①　李悦．谈谈横向经济联合［N］．人民日报，1986-05-23.

产能力。也正是因为横向经济联合能够增强互补能力，因此能够进一步促进产业结构和地区结构的合理化。

发展横向经济联合是建立社会主义统一市场的客观要求，而建立社会主义统一市场乃是建立社会主义市场经济的基本条件。

在条块分割的旧体制下，商品市场被束缚在条条和块块的窄小范围之内，商品、资金、技术的生产和流通，都只能在分散的小块市场内进行，这样就阻碍了市场经济的发展。实践证明，发展横向经济联合有利于打破市场分割的局面，联合本身就是在商品、资金、技术、人才诸方面实行国内各个领域的互相开放，这必然促进商品市场的扩大、资金市场和技术市场的建立和完善，促进劳动力和人才的合理流动，从而为逐步形成城乡统一的、开放的社会主义市场体系和纵横交错的经济网络创造条件。由此可见，横向经济联合的发展过程，也是社会主义统一市场的开拓、扩大与完善的过程。

当代的市场经济，已经不是过去那种简单的商品生产，而是以现代化大生产为基础的社会商品生产。这种高度社会化的市场经济，以现代科学技术和社会分工的发展为基础和条件，同时是进一步推动科学技术进步和社会分工发展的强大动力。

从历史上看，城市的功能是在城市之间和城市与其他地区之间的经济联系中实现的，城市的产生和发展是生产力发展、社会分工和商品交换进一步扩大的必然结果。在城市之间，由于交通、电信业的发展，它们在商品、资金、技术和人才等方面的相互流动和相互吸引力与日俱增，市场也逐渐扩大。在城市彼此联系和交往的过程中，有的城市原有的某些优势可能会丧失，而新的优势又会产生；有的城市原有的某些劣势也可能变为优势，原有的某些优势也可能变为劣势。这种优势与劣势的替代和转换对城市的影响在很大程度上取决于它们各自对科学技术进步和社会分工发展的适应能力。横向经济联合的发展既是科学技术进步和社会分工发展的必然产物，又是科学技术进步和社会分工进一步发展的强大推动力。

现代科学技术的不断进步为新的独立的城市、部门、行业和企业的建立，以及它们之间的分工协作和联合创造了条件，提出了要求。许多新技术的应用，也只有在横向经济联合中才有可能收到更好的效果。

三、企业集团

（一）企业集团的概念

在欧美一些发达市场经济的国家里，一般没有“企业集团”这一组织的定义。美国企业史学家小阿尔弗雷德·D.钱德勒认为，现代大型联合工商企业的诞生是一个自然的历史发展过程，它既是市场和技术发展的必然结果，也是企业组织制度创新的具体表现。

早在19世纪中叶的资本主义发展初期，欧美国家曾相继出现了一批性质、形式各异并且类似现代企业集团的垄断经济组织的联合体，如以契约、协定为联结纽带的“卡特尔”和“辛迪加”，单一法人形态的“托拉斯”和“康采恩”等。[①]后来，资本主义国家反垄断法（反托拉斯法）的实施，迫使这些垄断经济组织不断改变形态，调整内部结构，最终发展成为今天我们所看到的跨国公司和大企业（集团）。可以说，现代跨国公司和大企业（集团）的形成和发展，是企业组织适应内外部环境不断进行制度创新的结果。

如今，欧美国家一些知名的“现代工商企业”（钱德勒），用我们现在所理解的企业集团的定义去看，大多是采取企业集团的组织形式。这些“现代工商企业”有两个特点：一是它包含许多不同的营业单位，不像传统的公司那样只是单一单位的企业，而是将许多单位置于其控制之下，在不同的地点经

① 钱德勒．看得见的手——美国企业的管理革命［M］．重武，译．北京：商务印书馆，2001：1-2.

营，通常进行不同类型的经济活动，生产不同类型的产品和服务；二是由各层级领取固定薪金的行政人员（职业经理人）所管理。[①]因此，从这些特点上看，如果把现代公司（集团）或跨国公司看成我们现在所理解的企业集团，那么“由一组支薪的中高层经理人员所管理的多单位企业，即可适当地称之为现代企业”[②]。

经济学领域的企业集团（business group or industrial group）概念，最早出现在20世纪50年代的日本。日本企业集团的形成和发展过程是在特殊的历史环境中完成的，是一种带有垄断性质的企业联合形态。第二次世界大战后初期，美国为了在日本推行经济民主化，通过占领军解散了控制日本的以三井、三菱、住友等为代表的大小财阀。后来，美国对日本这一政策发生了转变，这些旧财阀系统的大企业为适应日本产业结构调整、企业系列化和重化学工业化的发展新形势，在日本政府的大力支持下，又重新组成一种我们现在理解的所谓“企业集团”的经济组织形态，以企业集团的形式进行集团活动。

日本在使用“企业集团”概念时，并非在产生之初就很明确，而是随着企业集团的发展变化，企业集团在国民经济生活中的地位不断提高后才逐渐明确的。在1971年、1972年前后，日本公正交易委员会把纵向资本系列的结合称为“企业集团”，把横向大企业间的相互结合称为“企业组合群”。日本公正交易委员会在《关于综合商社的第二次调查报告》中还把社长会、相互持股、互派高级职员、系列融资、集团内部交易、共同投资和统一的商标和标记符号等7项作为企业集团结合度的标志。[③]该委员会把企业集团理解为“不是企业的简单聚合，而是一种特殊形式的大企业联合形态”[④]。

现在，一般认为企业集团是以一个或若干大型企业或大型公司为核心，通过协作、联合、兼并等方式，把具有生产技术经济联系的各个独立的法人单位，以资产联结和契约合同为纽带而建立起来的一种大规模、多种形式、多层次结构的企业法人联合的组织形态。

企业集团的形成，一是以一个或若干大型企业或公司为核心组成的。这些核心企业拥有产品、技术、资金和经营管理等方面的技术经济优势，在行业中占有重要地位，对其他企业具有较强的吸引力和凝聚力，并有驾驭大型联合组织的管理能力。二是参加企业集团的成员企业一般都具有内在的生产技术经济联系，或是同类产品生产联合以扩大生产规模；或是产品各部分或生产过程各环节的分工协作配套；或是联合开发新产品、新技术，消化吸收引进技术；或是联合经营销售和对外贸易等。三是企业集团的组成一般通过协作、联合、兼并等方式，以资产联结和经济协议与合同为纽带形成各个独立法人企业联合体。

（二）企业集团的构成特征

从对企业集团的概念和分析可知，企业集团应具备以下几个特征：

（1）企业组织结构多元化。这是说企业集团是多个法人企业的联合体，不是单一的法人经济实体。在法律上，组成企业集团的各个企业仍是独立法人，能独立承担民事责任。相反，企业集团自身不具有法人地位，不能承担民事责任。这是企业集团不同于单个大型企业的基本特征。

（2）企业组织结构多层次。企业集团组织分为四个层次：核心层、紧密层、半紧密层、松散层。核心层是集团公司，一般是实力雄厚的大企业或大垄断组织，它是集团活动的中心。紧密层由集团公司控股的子公司或企业组成，是集团活动的依靠力量。半紧密层由集团公司参股的企业组成，是集团活动的辅助力量。松散层由承认集团章程、与集团公司及紧密层企业有稳定优惠协作关系的“关联企业”构成，它们是集团活动的补充力量。前两个层次的存在是构成企业集团组织结构层次的“必要条件”，后两个层次的存在是构成企业集团组织结构层次的“充分条件”。只有核心层、没有紧密层的联合体不是

---

① 钱德勒. 看得见的手——美国企业的管理革命［M］. 重武，译. 北京：商务印书馆，2001：1-2.

② 钱德勒. 看得见的手——美国企业的管理革命［M］. 重武，译. 北京：商务印书馆，2001：3.

③ ［1］王建. 日本企业集团的形成与发展［M］. 北京：中国社会科学出版社，2001：8-9. ［2］日本和平经济计划会议，垄断白皮书委员会. 国民的垄断白皮书［M］. 东京：御茶水书房，1978：16.

④ ［1］日本和平经济计划会议，垄断白皮书委员会. 国民的垄断白皮书［M］. 东京：御茶水书房，1978：9-10. ［2］中国社会科学院工业经济研究所，日本总合研究所. 现代日本经济事典［M］. 北京：中国社会科学出版社，日本总研出版股份公司，1982：565.

企业集团，但在特殊情况下可以只有集团公司和紧密层，而没有半紧密层或松散层。

（3）以资产联结纽带为主。企业集团的联结纽带，在目前的情况下有三种：契约纽带、行政权力纽带和资产纽带。资产纽带是企业集团最基本、最主要的联结纽带。以资产为纽带联结的集团，其组织形式是集团公司为母公司，对成员契约参股、控股。集团公司控制的子公司连同集团公司的分公司，构成企业集团的紧密层；企业集团参股的公司，则构成企业集团的半紧密层；至于企业集团松散层的关联企业，则主要以契约为纽带联结。此外，以行政权力为纽带在我国企业集团的形成中是一种迁就现状的过渡性纽带，它主要是下一层对上一层进行层层承包，集团公司向政府实行总承包。随着现代企业制度的建立，这种行政权力纽带将逐步减弱、消失。

（4）具备一个实力雄厚、能起主导作用的核心层。企业集团的核心层应是实力雄厚、具备法人地位、具有投资中心功能的经济实体，而不是行政性公司。它有资产实力、资金实力、技术及产品实力，能统一规划集团的投资活动。

综上所述，企业集团构成的基本特征可归结为群体性、层次性、整体性和实体性四个方面。根据企业集团的结构和联结纽带的特征，可把企业集团的组织结构归结为图55-1的形式。

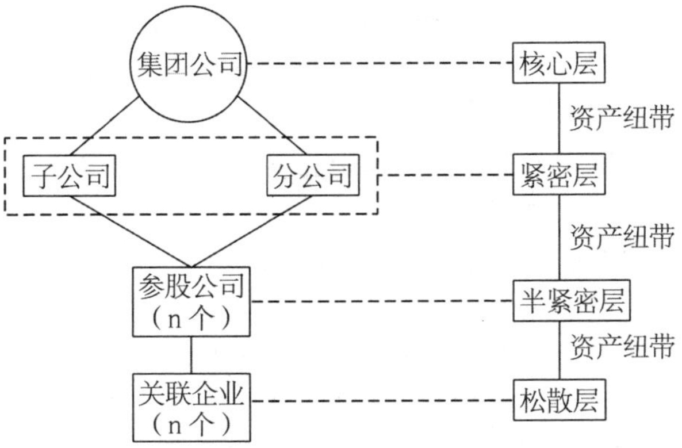

图55-1 企业集团组织结构

（三）企业联合体与企业集团的关系和区别[①]

如前所述，企业集团是一种更高级的企业联合体形式。它和企业联合体有以下明显的区别：

（1）联合优势不同。企业联合体是以单类名优新产品为龙头，以骨干企业为核心形成的中小企业结合体，是在骨干企业支配下形成的单一核心的企业群体，它的生产经营活动受到其产品自身特征的制约；企业集团则是以核心产品为龙头形成产品系列，以大型骨干企业为核心形成的多个企业群，它的生产经营活动既受其产品自身特征制约，又被产品自身特征所推动，因而具有系列产品、系列市场的生产经营多角化的优势。

（2）联合规模不同。企业联合体的核心企业一般是中型企业，个别群体以一般大型企业为核心，它所形成的生产经营能力较小；企业集团的核心企业一般是大型骨干企业，形成的生产经营能力较大。

（3）联合内容不同。企业联合体一般是以某种产品、劳务、供销、运输和其他服务为内容的联合；企业集团则是以生产要素为内容的联合，如资金、原材料、厂房、设备、技术、劳动力等有形内容的联合，同时向无形内容扩展，如科学技术、专利权、专利技术、商标权以及其他特许权等无形资产，其联合内容大幅度增加。

（4）固定资产集约程度不同。企业联合体一般是资金集约、技术集约程度居中的联合体；企业集团则是资金、技术集约程度较高的复合体。

---

① 王河. 中国企业集团——群体集约经营管理［M］. 北京：中国经济出版社，1993：12.

（5）一体化的特征不同。企业联合体是在生产经营一体化基础上的前向一体化和后向一体化的纵向一体化联合体；企业集团则是在纵向一体化的基础上向横向一体化的深化发展，强调集团内部信息共有、目标一致、协调竞争、共同发展，因此是紧密性、集中性的联合。

（6）联系纽带不同。企业联合体成员是一种松散的、契约式的关系；企业集团以资产纽带为主，兼有契约纽带联系。

四、集团公司[①]

企业集团不是一个独立的法人概念，而是一个企业群体，这个企业群体是靠核心层企业对集团公司的控制、持股为纽带的，以其强大的经济实力为后盾凝聚起来的；集团公司则是一个企业法人，它有自己独立的资产，它的成立是经过企业法人登记的。集团公司的最高决策机构是董事会，董事会关于集团的总体决策将通过各种纽带作用影响整个集团。

（一）集团公司的资产构成

上面已经指出集团公司作为法人拥有自己的资产。这些资产主要分四个部分：

（1）集团公司资产；

（2）受国有资产管理部门委托给集团公司经营的紧密层企业的国有资产，集团公司成为价值形态的所有者，而被控股的子公司则是实物资产的经营者和占有者、支配者；

（3）半紧密层企业与集团公司或相互换取，或集团公司投资入股形成的部分价值形态的资产；

（4）向社会招股形成的资产。

（二）集团公司的组织结构

集团公司是企业集团的核心企业，其结合属于单个法人企业内部的组织结构，即企业内部各部门和人员的构成以及这些部门和人员之间的关系。

工业企业集团中的集团公司，普遍属于混合控股公司性质，即除掌握子公司、关联公司的股份外，其自身也进行生产经营和商贸活动，通常都掌握具有强大竞争力的产品系列。同时这些集团公司不断兼并新的企业。由于集团公司本身相当庞大，决定了仅靠那种车间、分厂式的直线职能制集权管理组织机构显然不够，因此在国外的工业企业集团中，事业部制十分普遍。

所谓事业部，是指按产品或地区划分，并实行单独核算的公司内部的生产经营单位。事业部没有独立的法人地位，是集团公司的一个组成部分，而不是集团公司之外的一个企业。

作为集团公司内部管理的重要组织方式，事业部制是一种高度分权化的组织形式。在符合母公司的经营大目标与总体计划的条件下，事业部负责人通常可全权处理该部的业务，包括安排所属工厂、车间、职能科室的生产经营计划，在一定范围内根据市场需求及时调整产品品种和数量等，母公司不加干涉，而且授予事业部相当于法人地位的企业一样的权力，因此可被称为企业中的“企业”。具体地讲，事业部是三个中心的统一。

（1）企业责任中心。各事业部可独立参与市场竞争，必须保持销售额的不断增长，负有经营责任。企业责任是按利润、市场地位或生产效率等客观标准评价的，故十分明确。

（2）利润责任中心。这意味着事业部不能单纯追求自身利益，必须尽可能地谋求更多的利润向总公司负责，确保公司下达的利润指标完成。

（3）分权化中心。事业部部长通常被看作具有公司经验的“身份”，意指该公司经理为使事业部部长对本公司的企业责任、利润责任更好地负责，尽可能大幅度将各种权力下放给事业部部长。总公司对

---

① 柳随年，厉以宁．现代公司运作全书［M］．北京：光明日报出版社，1993：619.

事业部的管理只掌握两权：各事业部部长的任免权及各事业部的财务管理权。

据上述条件，可以勾画出集团公司的组织管理结构，如图55-2所示。

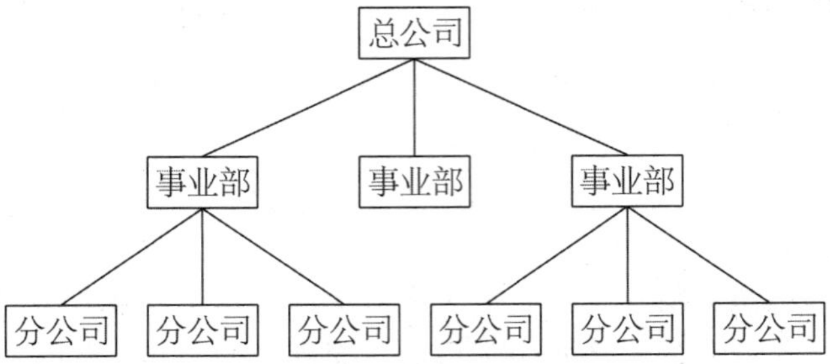

图55-2 集团公司的组织管理结构

（三）集团公司对下属公司的控制方式

集团公司和子公司、关联公司之间主要是依靠股份化的资本相互联结，形成统一管理的基础，形成以集团公司董事会为主体的企业集团的最高决策机构。集团公司对下属公司的控制主要通过以下方式：

（1）投入资本，控制子公司大部分股份。由于控制了子公司大部分股份，集团公司能控制子公司的董事会，并影响子公司和关联公司，使其按照集团公司的战略制定子公司和关联公司的决策和经营方针，并定期让子公司和关联公司提供中长期计划和财务报表，了解子公司和关联公司的情况。

（2）通过人事权来控制。集团公司作为紧密层企业（子公司、分公司）的资产控股者，享有控股企业的董事长席位，以及通过董事会掌握总经理的任免权和企业生产经营中长期规模、重大问题的决策权。

（3）通过产品和技术扩散手段来控制。工业企业集团的集团公司大部分拥有主导产品和先进技术，集团的其他三个层次基本上围绕主导产品进行生产，同时在生产技术上接受集团公司的指导，这就决定了子公司和关联公司在生产经营上要接受集团公司的管理和控制。

（4）通过资产转移手段和投资手段来控制。由于投资决策权集中在集团公司一级，子公司的扩展必须经集团公司的统一规划和审批，并依赖总公司集中的财力支持。这就决定了集团公司对下属公司的影响和控制力。

另外，对于半紧密层企业来说，尽管享有参加股东会和董事会的权利并以股份享有一定的投资决策权，但难以达到控制的作用。资产转移手段却对这些企业形成相当的威慑力量。集团公司在发现持股企业的生产经营完全脱离自己的轨道而前途不佳、无法扭转时，便可贬值转让其资产。如果集团公司实力强大而采用这种手段，必然对这些半紧密层的企业的其他股东产生影响。为了防止这种现象发生，半紧密层企业不得不重视集团公司的影响。

（5）编制合并财务报表。为了统一了解集团整体的经营状况，集团通常强调编制企业合并财务报表，以便集团成员和社会都能了解集团的综合经营情况。集团公司通过合并财务报表对各子公司进行考查。

五、跨国企业集团

跨国企业集团是指除了在母公司所在国有生产经营以外，还在多个国家拥有生产或贸易的子公司或分支机构，在母公司的直接管理下，从事世界范围生产经营活动的企业集团。跨国企业集团可以是由一国资金在多国投资形成，也可以是几国资金联合在多国投资形成。由于跨国企业在国外设立子公司，原则上要经过向当地政府管理部门注册、取得东道国的法人资格和其他资质，因此跨国企业集团通常是多国籍的国际性企业集团。

（一）跨国企业集团的现代特征

（1）跨国企业集团是国际大型垄断企业联合体。

（2）跨国企业集团推行全球经营战备。

（3）跨国企业集团实行高度集中的管理体制。

（二）跨国企业集团的类型①

跨国企业集团有多种不同的分类方法。

1.从谋求利益的角度进行分类

（1）民族中心。经营决策以本国权益为基本出发点，亦即所有决策主要考虑母公司权益。

（2）多元中心。以子公司权益为决策基点。这侧重于利用子公司所在国的资源，但对全球发展往往缺乏考虑。

（3）全球中心。所有决策均统筹考虑全球利益。

2.以企业内部经营结构的不同类型分类

（1）平行型。其主要特点是：企业内部、母公司和子公司基本上制造单一的同种产品，经营同类业务。它的主要优点在于，企业内容转移生产技术、市场营销技能和商标专利等无形资产时，不必通过国际市场，因而有利于加强母公司和子公司的市场合作，增加生产数量，扩大规模经济。

（2）垂直型。这类企业集团、母公司和各子公司制造不同的产品，经营不同的业务，但彼此之间的生产过程相互衔接。这是跨国企业集团的一种主要形式。其特点是投资多，规模大，生产分工复杂，相互联系密切，内部转移中间产品，一个子公司的产出就是另一个子公司的投入，便于公司按其全球战略发挥各子公司的优势，安排专业化生产和协作。

（3）交叉型。这类跨国企业集团是指母公司和子公司制造不同的产品，经营不同的行业。它们经营的产品和行业之间相互不衔接，没有有机联系。其主要特点是：加强了生产和资本的集中，对整个集团公司发挥规模经济有较大作用；由于经营品种多，能有效地降低风险；多样化的、没有衔接关系的行业和产品有利于企业进行跨行业兼并和发展；但经营多种业务，业务的复杂性会给企业集团的管理带来不利影响。近几十年来，这类企业集团得到迅速发展，但也出现收缩经营产品和行业范围的倾向。

（三）跨国企业集团的组织形式②

（1）设立国际业务部的组织形式。国际业务部同国内业务部共同成为母公司两个地位平行的部门。它由国际经营管理专家和其他人员组成，对各海外子公司的一切活动进行全面管理和指导。国际业务部一般由一名专职副总经理领导，副总经理都直接向总经理负责和报告。这一组织形式适用于全球性生产经营不久、地区分布不广、产品标准化的中小跨国企业集团。

（2）全球性产品组织形式。这种组织形式适用于企业集团产品的多样化以及使用不同技术和销售途径的情况，该组织形式根据主要产品的种类及相关服务的特点，不再区分国内、国外，而在全球范围内设立若干产品部，分管各产品部的副总经理负责对该产品的开发、计划、生产、销售进行管理和控制，直接向总经理报告。

（3）全球性区域组织形式。这种组织形式是以全球性生产经营活动的区域分布为基础加以组织的。例如，公司设立亚太、西欧、北美等区域中心，由专职副总经理领导各中心的工作，负责对相应区域业务活动的全权管理，直接向总经理报告。跨国企业集团在经营历史长、产品成熟、市场分布广、市场的具体条件和经营环境对产品的销售影响较大时，宜采用这种组织形式。

---

① 柳随年，厉以宁．现代公司运作全书［M］．北京：光明日报出版社，1993：778．

② 柳随年，厉以宁．现代公司运作全书［M］．北京：光明日报出版社，1993：783．

(4) 全球性职能组织形式。这种组织形式根据不同的管理职能进行分工，一般划分为生产、销售、财务等职能部门，这些部门设置一个专职副总经理，分别统一负责公司的国内外产品开发、产品生产、质量控制和产品标准化，或者集中控制和统一协调公司的全球销售机构、销售业务和子公司的销售活动，或者对公司在世界范围内的资金筹措、资金调拨、利润安排和外汇风险管理等完全负责，所有副总经理直接向总经理报告。这种组织形式比较适合于中小型的跨国企业。

(5) 混合型组织形式。对于既有较多的、重要的产品系列，又具有共同特征的顾客群体的跨国企业，或者跨国企业集团处于过渡、调整阶段，或者由两家组织结构不同的企业合并而成的跨国企业，较适合采用既有地区分工又有产品分工的混合型组织结构。各副总经理分管一个方面，如一个副总经理统一管理某一特定区域（如北美），其他副总经理则按产品品种分工负责其他地区的产品生产经营，各个副总经理向总经理负责。

(6) 矩阵式组织形式。在大型跨国企业集团的规模进一步扩大、产品多样化且种类不断增多、地区分布更加广阔并趋于分散化的时候，跨国企业集团采用矩阵式组织形式就较合适。这种组织形式的主要特点在于：以明确权责关系为基础，既按产品种类设副总经理，又对不同地区设与副总经理地位相同的子公司经理，副总经理和地区子公司经理按产品和地区分别对公司的业务实行管理，形成纵横交叉的控制；跨国企业集团的子公司受双重领导，既受副总经理领导，又受地区子公司经理领导。

另外，20世纪80年代末90年代初，一些从事全球性生产经营的跨国企业集团又派生出一种新的组织形式：以合同的形式与国外企业（包括从事研制、设计、生产、运输、货款回收等任何环节的工商活动的企业）进行临时性的联合，共同生产、经营某种产品。但这种企业集团组织形式是一种松散型的形式。实行这种组织形式的跨国企业集团，其竞争力远不如前述结构紧密的跨国企业集团。

(四) 跨国企业集团的发展动向和趋势

(1) 跨国企业集团投资企业的趋势是：投资流向转向第三产业，相比之下，对直接生产制造业的投资逐渐下降。

(2) 跨国企业集团的联盟趋势。其中有两种形式：

①若干势力均衡的大跨国企业集团组成联盟，优势互补，共同研究和开发重大的新产品和新技术，以及从某种产品的单项合作发展到对众多部门从生产到销售多环节的合作。

②发展跨国企业群。发展中国家较多使用这种形式。这种组织形式由一家大型跨国企业和一批小型跨国企业组成，通过合资、分包合同、销售协议、生产协作、技术转让等多种方式联合在一起，发挥各自最优势的方面，提高整体竞争力。

第三节 联合化与集团化的发展趋势与对策

一、国外企业联合化与集团化的发展现状、特点与趋势①

(一) 国外企业联合化与集团化的发展现状

企业集团是随世界形势发展而产生的越来越重要的企业联合体形式。第二次世界大战以后，发达国家为了利用发展中国家和地区丰富而廉价的劳动力、自然资源和市场，获得高额利润，把一些劳动密集型工业转移到发展中国家和地区，和这些地区联合经营；发达国家内部企业通过兼并、合并、控股等各种形式，使企业集团这种高级联合体大有取代一般联合体的趋势，但随着大企业集团之间竞争的加剧，

① 臧跃茹，才婉茹. 国外企业集团发展综述 [J]. 改革与理论，1996 (6)：52-54.

企业集团又开始了新的联合，以免两败俱伤。

（二）国外企业联合化与集团化的基本特点

（1）资本股份化。在世界范围，大企业集团都实行股份制，组成股份有限公司，按照股份有限公司的规范开展经营活动。集团公司直接控股，集团内公司间相互参股、持股，构成了一个上下纵横、相互依存、紧密联系的经济联合体。各国企业集团持股形式不尽相同，如日本企业集团成员环向持股较普遍，而欧美国家单向持股、控股较为多见。

（2）经营多边化。企业集团普遍实行多边化经营方式，这是在激烈竞争环境下广泛获取盈利及分散风险的重要手段。企业集团经营的业务，有的互有联系，有的则毫不相关。

（3）市场国际化。随着企业联合化与集团化的发展，企业集团凭借自身强大的经济实力和协作网络，积极将其经营业务扩展到世界各国。

（4）产业金融化。这是指生产企业日益与金融企业相融合。在西方资本主义国家中，一些大的工商企业集团和金融企业相互持股、控股，形成了命运共同体。

（5）联合中介化。在较发达、发达国家和地区出现了各种各样的中介组织，这些组织在政府与企业集团之间、企业集团内部各成员之间沟通情况、协调关系、开展咨询服务，有力地推动了各行业企业的联合化和集团化的发展。

（三）国外企业联合化与集团化的趋势

1.网络化趋势

欧美一些社会学家的研究表明：作为一种长期的倾向，企业间的结合程度出现逐渐减退的倾向。企业网络不同于制度上的结合关系，它是企业间通过信息的共有以及人与人之间的相互作用而形成的企业间的实质性联系。随个人之间、企业之间相互作用的扩大，企业组织形态从企业发展到企业联合体，再到更高一级的企业集团，现在正在向企业网络发展。传统的企业集团靠资本、人事等手段结合，而企业网络的联结形态是靠信息通信网络。目前虽然标准的企业网络尚未出现，但随着科技的发展，企业集团已经出现了网络化倾向，具有企业网络特点的混合型企业集团和分散型企业联合体已经出现。这种企业集团和联合体没有核心层，集团中的每个企业都是独立的经营实体，统辖集团的中枢是信息交流和协调系统。这种新动向表明，随科技的发展，企业集团中出现了网络化的趋势并可能迅速发展。

2.金融资本化趋势

企业之间的联合化与集团化不再限于工商企业，工商企业与金融企业的互相联合与融合早已不是稀罕事。但随经济的发展，金融资本化的趋势可能在很长一段时间里不断发展。

3.国际化和跨国化趋势

它的主要表现就是跨国公司的出现，并将其触角伸向所有可能达到的地方。

4.企业集团的联合化趋势

前面多次提到的企业集团是企业联合的最高级形态。而随企业集团竞争的加剧，在国内的企业集团之间、跨国企业集团之间开始了新的“强强联合”，企业集团之间在开发新产品和新技术、市场销售等方面进行联合。比如，美国三大汽车公司联合研究电动车辆蓄电池，共同分担研究经费和风险；雀巢公司与可口可乐结成互利互惠关系，以开拓和巩固北美市场等。这些都表明企业集团的联合化趋势不可阻挡，迅速发展起来。

5.向一些产业集中趋势

（1）宜于搞规模经济的产业，如汽车、石油化工、钢铁等重化工业，具有生产批量越大规模经济效益越显著的特点。

（2）资本密集型产业，如航空、汽车、造船、基础工业等产业。

（3）高新技术产业，如电子、通信、飞机制造等产业。

（4）某些第三产业，如金融、大型商业连锁店等。

（5）某些具有工艺流程连续特点的产业，如纺织、钢铁、水泥、机械等产业，生产上的连续性使企业宜于搞垂直联合。

（6）某些市场竞争激烈的产业。

二、企业集团在我国的发展

我国企业集团的出现是1978年以后经济改革的结果。20世纪80年代初，我国急需通过扩大企业的自主权和扩大企业的生产能力以满足迅速扩大的社会需求，其中扩大企业自主权需要实现政企分开，扩大生产能力则需要打破行政上的"条块分割"，因此在学习已经实现经济起飞的日本和韩国经验的基础上，我国引进"企业集团"的概念。其间，我国企业集团经历了三个比较明显的发展阶段。

（一）发展横向经济联合阶段（党的十一届三中全会到1986年）

这一时期，国家主要制定了一些政策来推动各种经济联合体的形成和发展，为后来企业集团的形成和发展奠定了组织基础和理论基础。国务院分别于1980年7月和1986年3月颁发了《关于推动经济联合的暂行规定》《关于进一步推动横向经济联合若干问题的规定》。特别是在后一份文件里，我国政府首次在正式文件中提出"企业集团"这一名称。

（二）创建阶段（1987—1992年）

这一时期政府开始以政策、文件形式对企业集团的定义及其他若干问题做了比较明确的规定。政府有关部门颁布的主要政策和文件有：国家体改委和国家经贸委1987年联合发布《关于组建和发展企业集团的几点意见》，国家"八五"计划强调要组建一批跨地区、跨部门的企业集团，国务院1991年下发《国务院批转国家计委、国家体改委、国务院生产办公室关于选择一批大型企业集团进行试点请示的通知》（71号文件）等。

（三）发展和完善阶段（1993年至今）

1993年11月，党的十四届三中全会通过的《中共中央关于建立社会主义市场经济体制若干问题的规定》提出，要"发展一批以公有制为主体，以产权联结为主要纽带的跨地区、跨行业、跨所有制和跨国的大型企业集团"，首次强调要以产权为主要纽带来组建企业集团。江泽民同志在党的十五大又进一步提出要"以资本为纽带，通过市场形成具有较强竞争力的跨地区、跨行业、跨所有制和跨国经营的大企业集团"。以上两种提法为我国企业集团的定义指明了方向，并指出我国企业集团的最本质特征必须是以资本为主要联结纽带。

进入20世纪90年代中后期，我国企业集团的发展逐步形成了一定规模和数量，它们不仅在主要经济指标占全国工业的比重方面呈上升趋势，而且在国民经济中的主导地位也进一步增强。1998年4月6日，当时的国家工商行政管理局为解决企业集团在工商注册登记上的技术性障碍，发布了《企业集团登记管理暂行规定》，其中规定企业集团是指"以资本为主要联结纽带的母子公司为主体，以集团章程为共同行为规范的母公司、子公司、参股公司及其他成员企业或机构共同组成的具有一定规模的企业法人联合体"，"企业集团不具有企业法人资格"，"企业集团由母公司、子公司、参股公司以及其他成员单位组建而成。事业单位法人、社会团体法人也可以成为企业集团成员"。这是我国第一次从法律法规角度对企业集团做了明确、统一的定义。

三、发展过程中的问题

我国企业集团的形成和发展由于是在市场经济尚不发育、法规还不健全、自身条件尚不成熟、管理水平低且不规范的情况下进行的，因此，在发展过程中存在一些突出问题。

（一）盲目追求企业规模导致规模不经济现象突出

企业集团的规模与规模经济是两个不同的概念。企业集团的规模是指生产要素在企业集团的积聚和集中程度，以及企业集团的总产出水平，它所反映的是企业集团的经济实力尤其是生产经营能力的大小；企业集团的规模经济是指随生产要素投入增加、企业集团规模扩大，单位产品成本降低的趋势，呈现规模收益递增的状况，反映的是企业集团的规模与经济效益之间的关系。企业集团规模大并不等于规模经济，也就是说，企业集团规模并不是越大越好。

在我国，企业集团化过程中盲目追求企业规模而忽视规模经济的现象比较突出。一些企业集团没有正确处理好大与强的关系，用盲目贪大代替求壮求强：有些贪大图快凑大个，整个行业成建制地变成了大公司；有些硬性“拉郎配”，组建企业集团。由于集团公司总部实力不强，不能形成核心，对成员企业缺乏吸引力、凝聚力，其结果是集而不团；有些则快速催肥，兼并许多没有什么优势的企业，导致企业的经济效益下降，有的甚至被所兼并的企业拖垮。

（二）盲目多元化经营导致核心竞争力减弱

开展多元化经营一般有利于充分利用企业内部资源，有利于提高企业适应市场化的能力，有利于降低经营风险。所以，在为数不少的企业集团的领导者看来，只有跨行业进行多元化经营，企业集团才名副其实。实际上，从世界企业集团的发展历史看，企业集团跨行业进行多元化经营并不是刻意追求的结果，而是经过几十年，甚至上百年的努力才逐渐发展起来的。从专业化经营到多元化经营需要具备相应的条件：（1）在现有行业中地位稳固，有相当的实力，具备了进入新的行业所必要的资源，如人才、资金、技术、管理等。（2）要进入的行业市场前景较好，可以把蛋糕做大。多元化经营的目的在于防范风险，获取高额利润，但在条件不成熟的情况下，好大喜多，盲目开展多元化经营，不仅不可能实现预期目标，相反还可能酿成企业无支柱、产品无特色、资金捉襟见肘等严重后果。我国有很多企业集团没有处理好专业化和多元化的关系，纷纷陷入了所谓的多元化陷阱。

（三）产权关系不清晰导致内部联结不紧

建立以产权为纽带的母子公司体制是企业集团内部组织与管理的基础。企业集团向大型化、规模化发展，需要集团成员企业之间建立稳固的关系，而这一关系有赖于产权纽带的维系。然而，由于我国各企业集团多数都是国有企业，其所有者只有一个，有些企业集团注册为有限责任公司或股份有限公司，但实际上并没有股份化，或仅仅是形式上的股份化；一些大企业集团都是隶属于各部委或省市及地方政府的，其上级主管单位长期习惯于行政方式管理和经营，所有者与使用者未进行过产权的分割和产权界定，存在产权关系不清晰的问题。有些公司在实现集团化过程中，将一些没有产权关系的企业“收缩”，或“排靠”在自己集团旗下，造成了集团与下属企业产权关系模糊的状况。

我国于20世纪90年代初实行了国有资产授权经营试点，即由代表国家的政府有关部门，将原国家投资设立的集团成员企业的国有产权授予集团公司（核心企业）持股，形成了一种委托代理关系，确立集团公司与成员企业的母子公司关系。但由于多种原因，此项工作进展不快，多数企业集团内部产权关系尚未理顺。问题的焦点在于企业集团的产权界定清楚以后，由谁代表国家行使所有权，谁是对国有资产经营管理负责的人格化的国有资产出资人。

（四）内部管理滞后不利于集团经营效率的提高

许多企业集团缺乏立足长远、稳健的经营战略和发展规划。有的企业集团虽然制定了自己的发展规划，但有些规划存在明显的盲目性和随意性，如盲目实行多元化，缺乏有效的激励和约束机制，多数企业集团缺乏与集团进化要求相匹配的内部组织结构。有的企业集团在组织系统上还沿袭老一套的做法，或在原有的基础上修修补补，稍加改造。有的企业集团实属“行政楼大公司”，在组织和运行系统上带有明显的行政色彩，没有按市场化要求组建。这一切使得企业集团难以高效率地运作和运转，并最终影响了企业集团的正常发展。

（五）条块分割、政企不分，仍制约着跨地区、跨部门、跨所有制的企业集团发展

由于国有企业隶属于不同的地区或部门，因而涉及人员管理、税收渠道、地方财政收入、主管部门管理费的提取、利润分成等诸多利益关系的调整，导致各种关系难以协调，本来适宜组建更大规模的企业集团却搞不起来，各地或企业之间各行其是，形成同行业或同类型企业集团的过度繁衍，导致企业集团之间的过度竞争、谁都难以实现低成本扩张的局面，很难有效地发展规模经济。为缓解矛盾，从中央到地方的各级政府对跨地区、跨部门的大企业集团实行了不同层次的计划单列，这是对原有计划体制的一个重大突破，目的是将企业集团从条条块块的行政管理体系的束缚中解脱出来，并体现和实施政府对重点企业集团发展的支持。从实践来看，这项政策的确给单列企业集团以很大的支持，在一定程度上减少了部门或地方对计划单列集团的行政干预。计划单列举措并不能使企业集团摆脱行政束缚，其能给企业集团的支持是有限的，因为国家与企业集团（主要是重点企业集团）并没有建立起有效的联系。

（六）投融资体制改革严重滞后

当前我国企业集团存在企业负债率高，自有资金少，投资项目又多为资本与技术密集的大型项目的情况。在投融资方面，多数企业集团感到关卡多，程序复杂，耗时长，不配套。这是由现行投融资管理体制造成的，亦即在行政划分的基础上资金高度分散，信贷被分割在成千上万个行政区内，从而形成“十个集团九个空”的局面。虽然当前许多大型企业集团已成立了财务公司，可以弥补我国单一、呆滞的融资方式，并成为企业集团内引外联资金的融资中心、信贷中心和结算中心，如具体办理集团内部成员单位的信托、存贷、投资业务，金融租赁业务，房地产开发业务，票据贴现和有价证券抵押贷款业务，以及债券担保、鉴证及咨询业务等，这样有利于统一调度、使用成员企业的资金头寸，既增强了集团的凝聚力，提高了资金使用效益，又在一定程度上减少了企业对银行的依赖，搞活了企业集团的投融资关系。但由于财务公司的融资范围、时间有限，如只能严格限定在集团内部，资金来源有限，通过资本市场也只能进行短期拆借，因而极大限制了其融资功能，不能从根本上解决企业集团资金紧张、融资困难的问题，更不可能引导银行与企业集团之间建立某种更有效的、稳固的合作伙伴关系。

（七）相关环境制约企业的发展

在这方面，主要表现为：

（1）政策的制定滞后。一个时期以来，虽然各级政府为推动企业集团的发展制定了一些政策措施和行政法规，但是政策的真空地带仍然很多。

（2）政策本身的力度不够。有些政策缺乏相应的力度和效应，不能真正对企业集团的发展起到有效的推动和促进作用。

（3）政策的配套性差。有些政策属于“单兵作战”，没有相应的配套政策，在实际运作中很难行得通。

（4）政策的落实不够。由于缺乏强有力的监督措施，因而有些政策迟迟得不到落实，有些政策甚至

不了了之。

四、我国企业集团化发展的对策

（一）推动政企分开，转变政府职能，使企业集团成为真正的市场竞争主体

目前，我国已建立的企业集团质量不高，“集而不团”的企业集团没有实质意义，其中一个重要原因就是政企不分，企业集团没有真正建立在产权之上，资产纽带有名无实，不起作用。改革开放多年来，尽管一直强调政企分开，但在实践中，政企一直难以真正分开，使企业和企业集团难以在激烈的市场竞争中自主决策，尤其是扩大或缩小经营规模。政企分开的一个基本前提是产权清晰，亦即处理好国家作为国有资产所有者与企业集团之间的产权关系，以及国家作为社会经济管理者对它们的管理关系。然而在传统的经济体制仍然产生影响的情况下，许多行政机构对企业发号施令，而任何一个机构都不对决策后果负责，因为每个机构都只有部分权力，只能承担部分责任。所有权的各项权能（使用权、处置权、收益权、高层经理人员任命权等）被不同的部门分割，实际上架空了所有权。而每个部门行使的那部分所有者权能由于与所有者的其他权能割裂，变成了各个部门自己的权能，服从于本部门的发展目标和利益。

（二）建立健全完善的法人治理结构

公司制企业是现代企业制度最好的典型组织形态，而科学的治理结构是公司制企业的重要特征和组织优势所在。因为公司制企业可以使所有者、经营者和劳动者通过建立权力机构、决策机构、执行和管理机构、监督机构，形成各自独立、权责明确、相互协调和制衡的关系，实现决策体制和机制的科学化、民主化，在市场竞争中保障企业有效经营。要按照产权明晰、权责明确、政企分开、管理科学的要求，对国有大中型企业实行规范化的公司制改革，建立健全股东会、董事会，要严格按照《中华人民共和国公司法》的要求进行规范运作，实行公司的决策权、执行权和监督权相分离。

（三）打破条块分割，促进企业集团跨地区、跨部门、跨所有制发展

（1）企业集团的跨地区发展，是在更大范围推动生产要素的合理流动，提高资源配置效率的客观要求，也是企业集团得以迅速扩张和发展规模经济的必要条件。由于地区间存在经济发展不平衡性，以及各地区都有比较优势，比如东部地区拥有资金、技术、管理、信息等方面的优势，但在自然资源方面处于劣势，而西部地区拥有自然资源优势，但在自然资源的开发与深加工方面处于劣势，客观上需要实现优势互补，使企业集团跨地区发展拥有较大的活动空间。企业集团通过跨地区的投资，对各地区的相关企业进行改组、改造，充分利用各种资源条件，从而实现以较小的投入扩充经济规模来获得较大的产出能力。同时，可利用当地的原料、劳动力等生产要素就地生产面向当地市场的产品，可以较大幅度地降低运输费用、劳动费用、市场进入成本等。另外，企业集团跨地区发展，有利开拓不同区域的市场，提高市场占有率，扩大企业集团的名牌效应，这为企业集团扩大规模、实现规模经济创造了条件。

目前地区封锁分割方面的束缚是影响企业集团跨地区发展的严重障碍。在一些政府部门和地方政府的保护下，某些高消耗、低效率的企业，特别是那些技术水平很落后的中小企业仍在维持生产，而那些技术水平高、经济实力雄厚、生产名优产品的大企业、企业集团则难以跨地区经营。这样企业集团越向外发展、扩张，受到的阻力就越大，关系越难以理顺。因此，必须打破地区分割的行政体制障碍，促进企业集团跨地区发展，实现生产要素跨地区的合理流动，在生产要素聚集中形成新的企业集团规模。

（2）企业集团跨部门发展，不仅是适应现代市场竞争趋向全方位竞争的要求，更重要的是实现与企业集团发展相关的诸部门企业的联合，推动相关部门的生产要素在部门间合理流动，变部门资源优势为企业集团优势，进而变为产品优势、群体规模优势和市场竞争优势。当然企业集团跨部门发展，也容易

适应市场变化需求，实现多元化经营，形成综合化功能，获得综合经济效益和规模经济效益。我国必须改革部门分割的体制，为企业集团跨部门发展、实现以主业为骨架的多元化拓展及形成综合性功能创造良好的环境条件，使企业集团实行生产经营和资本经营并举，依靠品牌优势、创新优势来把集团经济规模做大，把经济实力做得更强。

（3）打破所有制的界限，促进企业集团跨所有制发展，把多种所有制经济的优势聚集到企业集团中，形成新的生产经营优势，尤其是实现规模优势，使各种经济成分互补互促，达到共同发展的目的。

（四）理清发展思路，进一步确立企业集团发展战略

（1）明确企业集团发展的重点和方向。一些企业集团在发展过程中，缺乏明确的发展重点和方向，有些企业集团的经营领域甚至无所不包，由此导致后来许多大企业集团的衰落和倒闭。因此，我国在企业集团的发展过程中，要明确发展的重点和方向。一方面，政府要加强这方面的引导和调控；另一方面，企业集团本身要从实际出发，坚持有所为、有所不为的原则，根据自身的发展特点和市场的变化，明确一个时期的发展重点和方向。同时要根据不断变化的外部环境和内部因素及时地进行调整和充实，使得企业集团在整个发展过程中，都能很好地贯彻和遵循业已确定的发展重点和方向。

（2）企业集团发展的正确目标。企业集团应当制定切实可行的，同时有利于促使其发展的目标。①不要盲目追求过高的发展目标。②发展目标也不能过低或过于保守，否则就无法起到促进作用，进而这种目标的制定也就失去了应有的意义。③在制定发展目标的过程中，要注意把量的扩张目标与质的提高目标有机地结合起来，达到质和量的统一。

（3）把握企业集团发展的关键因素。企业集团发展除了要有资本优势外，还必须具有市场、技术和人才等优势。企业集团要想在经济全球化这个大背景下寻求发展机会和生存空间，在主动发挥自身优势的前提下，必须潜心研究制约自身发展的关键因素和条件，并以此采取相应的对策和措施来创造优势。

（五）建立多层次的社会保障体系和政策保障体系，为企业集团顺利发展创造良好的外部条件

（1）实施有利于企业集团发展的产业政策及配套的投资政策，继续扩大有资格的企业集团的投资权限，使集团具有整体的开发权、完整的投资权、更多的劳动管理权和更大的产品开发权。

（2）实施有利于企业集团的金融政策、国有资产利润分配制度、利税政策，在符合国家产业政策的前提下，国家银行应优先考虑生产经营的信贷需求，扶持企业集团的融资需求。

（3）推进试点企业集团开发国际化经营，形成有利于集团发展的外贸政策体系。国家要继续扩大企业集团的外贸自主权，鼓励有条件的集团开展境外投资和经营，以扩大产品出口能力，按规范的跨国公司模式发展。

[第五十六章]

企业国际化与跨国公司

随着经济全球化的发展，我国企业的对外贸易迅速增长，对外投资的规模也达到前所未有的水平。同时，其他国家的跨国公司纷纷进入中国，成为我国产业经济发展中的重要影响因素。本章主要讨论企业国际化、跨国公司、我国跨国公司的发展战略与对策。

第一节 企业国际化

一、企业国际化的含义

企业国际化是指企业生产经营活动国际化，表现为原来以国内为生产经营范围的企业，转向国内、国际市场并重，在世界范围内组织经济资源，寻求最佳发展机会，企业在国际市场上的销售额比重上升，海外的生产规模不断扩展。

“企业国际化”一词也经常被用于表明国民经济中企业向国际经济领域转移的过程，或表明企业参与国际经济活动的水平。参与国际经济活动程度较高的企业，常被称为国际企业。

二、企业国际化的途径

（一）企业产品市场或技术市场国际化

大多数企业是从产品出口或向海外市场提供技术开始国际化进程的。在这一过程中，企业以国际市场需求为导向，以提高在国际市场的占有率为目标，设计产品和组织生产。企业的价格策略、产品策略和服务策略的目标是开拓并占有国际市场，提高企业产品在国际市场上的销售额和销售收益。

（二）企业投资国际化

随着企业国际市场的扩展，产品出口收益构成了企业经济收益的重要部分。为了掌握国际市场变化的信息，克服各种贸易壁垒，一些企业通过直接投资在海外设立子公司或分支机构，或者通过合资合作在海外设立生产企业，从事跨国生产和跨国经营，建立企业的国际生产分工体系和国际流通网络，充分利用别国的优势资源，谋求企业收益的最大化。

企业投资国际化也可以采取间接投资的方式，即通过购买外国企业的股票或债券，发展在海外的业务。这种间接投资以不具有控制和支配股票发行企业的决策权为限。间接投资的目的往往是推动产品出口，或者为直接投资做准备，获得股息、债券利息也是间接投资的目的之一。

三、企业国际化的经济动因

企业国际化的发展源于各种经济利益的推动。对于企业国际化动因的分析，许多经济学家做了充分论述。

（一）比较优势

大卫·李嘉图在比较优势理论中提出，各国不应按绝对成本，而应按比较成本（或相对成本）进行国际分工，以获得比较优势和资源的优化配置。该部分参见第二十九章“产业结构理论”第二节“西方结构理论”部分。

（二）要素禀赋交换

瑞典经济学家赫克歇尔和俄林提出，各国从事生产应依靠自己拥有优势的生产要素，以实现国际商品价格的均等化。该部分参见第二十九章“产业结构理论”第二节“西方结构理论”部分。

（三）技术优势效应与延长产品生命周期

波纳斯认为，一个国家的某项技术发明，可以使取得发明成功的企业在市场上具有一定程度的垄断力量。向其他国家出售利用这一技术成果生产的产品，或直接转让技术，可以使企业获得超额利润，这是由发明成果的稀缺性导致的。但是随着产品与技术的扩展，当其他国家的企业掌握了这一新技术时，由技术优势引起的出口额将逐渐减少。

弗农认为，一个新产品，当它刚进入市场时，由于所具有的新特性是其他企业产品不具备的，因此，可以定位在较高的价格水平上。这时，生产成本水平对企业来说不是至关重要的因素。当产品进入成熟阶段时，产品生产标准化，有更多的企业学会了怎样制造这种产品，市场价格也随之下降。在这种条件下，生产成本水平决定着创新企业的利润。为了保证经济收益，创新企业可以把产品销到国外，在新市场上继续获得超额利润；也可以把产品生产转移到能以低成本制造产品的国家，通过国际贸易或海外生产获利。

（四）投资国际化的利益

英国经济学家约翰·邓宁认为，如果一个企业在规模、技术、市场、管理等方面具有优势，那么，在市场不完全的条件下，企业就会通过投资，在具有某种资源优势的国家设厂生产，来绕过贸易壁垒和市场障碍。企业在国际范围内的生产分工和纵向一体化，以内部交易取代了外部市场交易，可以节约交易费用，获得内部化优势的利益及区位优势利益。

科登认为，如果三种生产要素（资本、知识和劳动力）中，资本与知识可以进行国际移动，而劳动力不能进行国际移动，各国就会根据所拥有要素的丰裕程度，在生产上进行分工。如果有的国家提供了有利的政治经济条件及物质基础，就会吸引较多的可移动资本或知识，以更高的效率生产产品。另外，他还指出，相距较远的国家之间的贸易活动，要承担较高的运输成本；存在贸易限制政策的国家对进口设置了进入壁垒，企业为了使产品进入这类国家，会选择在当地生产，代替产品出口。

金德尔伯格和海默认为，在市场经济条件下，存在产品或生产要素市场的不完全性，政府行为也造成了一定的市场分割并限制了企业之间展开充分竞争。在这种市场结构下，跨国企业能够在国内获得技术、资本、规模或组织方面的某种垄断优势，然后利用所拥有的优势，在国外直接投资，建立子公司或生产厂家，把自己所拥有的优势与别国的某种优势资源结合起来，就可以获得经济利益。

四、经济开放与企业国际化

（一）我国企业国际化的步伐

改革开放以前，由于当时国际政治格局的限制和国内经济政策的影响，我国的国内市场与国际市场被割裂开来，企业直接参与国际经济活动的比重和范围都比较小。1976年我国出口额还不到世界出口额的1%，国民经济基本上是封闭的、自我循环的经济体系。

1978年，党的十一届三中全会提出了我国经济体制改革和对外开放的任务，从此，我国经济进入了国内、国外交融，在对外开放的基础上谋求不断发展的新阶段。我国提出了一系列有利于企业走向国际市场的重大措施和步骤。

从20世纪80年代开始，我国建立了面向国际市场的经济特区，开放了沿海14个城市，推动了东南部沿海地区企业的国际化进程。到80年代中期，我国产品出口总值每年增长15%。2003—2011年，我国外贸进出口年均增长21.7%，其中，出口年均增长21.6%，进口年均增长21.8%。2017年，我国货物贸易进出口总值为27.79万亿元人民币，比2016年增长14.2%，扭转了此前连续两年下降的局面。其中，出口为15.33万亿元，同比增长10.8%；进口为12.46万亿元，同比增长18.7%；贸易顺差为2.87万亿元，收窄14.2%。2017年中国的进口总额约为4.1万亿美元，占全球进出口比重从0.77%提升到10%左右，在全球货物贸易中的排名由第三十位跃升至第一位。自2009年以来，我国连续保持全球货物贸易第一大出口国和第二大进口国地位。

2017年，全国新设立外商投资企业35 652家，同比增长27.8%；实际使用外资8 775.6亿元人民币，同比增长7.9%，是全球第二大外资流入国。我国利用外资的结构和布局明显优化，质量和水平显著提升。加快实施“走出去”战略，鼓励各类企业开展对外投资和跨国经营，非金融类对外直接投资从2007年的248亿美元上升到2017年的1 200.8亿美元，跻身对外投资大国行列。对外开放有力促进了我国经济发展和结构优化，吸收了先进技术和管理经验，增加了就业和职工收入，也为推动世界经济复苏做出了重要贡献。

（二）我国企业国际化的经济分析

（1）企业国际化与国际分工利益。我国虽然地域辽阔，但是按人均计算，自然资源并不充裕，有些重要资源的稀缺制约着相关产业的发展。另外，我国虽然在尖端技术领域占有一席之地，在中低技术领域拥有相对优势，但是在高技术领域和高附加价值产品生产领域与发达国家的差距较大。企业实行国际化，出口我国目前具有比较优势的产品，可以换回我国短缺的经济资源，包括重要材料、新技术和技术设备等。企业国际化，既可以在更大的范围内组织和配置经济资源，实现最优要素组合，又可以通过国际市场调剂余缺，充分实现我国富有资源的价值，弥补我国的资源缺口，为国民经济发展和提高我国的工业化水平创造条件。

（2）企业国际化与完善企业经营机制。为了保证我国产业尤其是不发达产业的成长，国家要通过一定措施，保护相关产业，为它们提供技术成熟化所需的时间和空间。但是，这在一定程度上也保护了低效的落后企业。企业参与国际市场竞争，就要按市场要求提升竞争能力，也要按国际市场要求采用新技术，提高产品质量，降低生产成本。所以，企业国际化的过程是向国际化企业组织方式和管理方式靠拢的过程，这一过程强化了企业的市场开拓能力，推动了企业经营管理的现代化。

（3）企业国际化与产业结构转换。产业结构变动受到技术水平、需求结构、资源禀赋等因素的影响。在一个封闭的经济体系中，这些经济因素的变化缓慢，因而制约了产业结构的转换。推动企业国际化以后，技术、需求和资源的结构与水平都发生了较大的变化，引进先进技术和生产设备，为改造传统产业提供了技术支持；产品出口市场扩大，拉动了相关产业的发展；紧缺的生产要素可以在国际市场的补充下，缓解供给压力。这些都会影响产业之间的比例关系。企业国际化为我国产业结构的调整和升级提供了必要的市场拉动力和技术推动力。

（4）企业国际化与规模经济。企业的生产规模在一定程度上取决于市场规模。市场规模扩大了，就为高效率的专业化生产提供了前提条件。生产成本降低，竞争能力提高，企业可以获得规模经济收益。然而，在一定阶段，受收入水平和消费偏好的影响，有些产品的市场规模难以容纳若干最佳规模企业。

我国彩电、冰箱、手机、玻璃等许多产品的总生产能力大于市场需求规模，而其中大部分企业离最佳规模相距甚远。如果我国企业在提高质量、增加品种的同时，积极拓展海外市场，随着出口量的扩大，企业的规模收益会增加。此外，向海外市场分流，避免了企业在国内市场的价格之战，有利于企业的稳定发展，也有利于维护国内市场竞争秩序。

第二节　跨国公司

一、跨国公司的含义

跨国公司是指除了在母国的生产经营以外，还通过对外直接投资，在多个国家和地区设立子公司和分支机构，从事跨国生产经营活动的企业。

一般来说，跨国公司的资本来源国或母公司所在国被称为母国，投资去向国或海外子公司所在国被称为东道国。

跨国公司可以是一国资金在多国设立子公司形成的，也可以是几个国家资金联合由多国投资形成的。由于跨国公司在国外设立的子公司要在当地市场监督管理部门注册，取得东道国的法人资格，因此，跨国公司又称国际企业或全球企业。

二、跨国公司的主要特征

1.跨国公司是大规模的国际垄断企业

虽然有许多中小企业从事跨国贸易活动或者小规模的跨国生产，但是，形成企业独立的国际分工体系和国际流通网络，首先要求以雄厚的资本实力和大规模的组织作为基础。跨国公司的发展过程表明，企业在海外直接投资，是为了获得垄断优势利益，追求大规模生产的经济性。在海外设立子公司和分支机构后，企业组织规模得到进一步扩张。

在现代国际市场上，许多大型跨国公司在一种或几种产品的生产技术领域居主导性的垄断地位，它们领导这些产品的技术方向和发展潮流，操纵国际市场价格。特别是发达国家的大型公司，控制了世界大部分稀缺资源的开采和消费，控制了尖端技术并左右着巨额资金流向。凭借技术优势、产品优势和组织优势，跨国公司可以在多个领域获得超额利润，加快在世界范围的资本积累，这反过来又促进了跨国公司的规模扩展，加强了其在国际经济中的垄断地位。

2.跨国公司推行全球经营战略

跨国公司一般都经历了国内发展、跨国区域发展、全球发展三个阶段。在全球范围内寻求优势资源和实现最佳要素组合，是跨国公司发展的高级阶段。在全球发展战略目标下，各国、各地域的市场和经济资源都纳入跨国公司的统一规划中。分布在各国的子公司虽然独立核算，可以独立发展，但是，子公司的经营行为必须保障跨国公司整体在全球范围内的利益最大化。为此，根据各国的生产要素价格、成本、税率等，母公司要在一定程度上牺牲某些子公司的利润，从全球发展的角度安排生产经营，协调生产要素的国际流动。

3.跨国公司实行高度集权的管理体制

跨国公司虽然投资于多个国家和地区，经营多个产业，组织规模庞大，但是大部分跨国公司都实行一体化的集中管理。母公司根据全球发展战略和各国的经济、市场条件，对投资方向、产品价格、市场分配、技术开发和利润分配等重大问题进行决策；子公司根据规划和决策，分散经营和组织生产，并及时向母公司反馈东道国的政治、经济信息，反馈计划执行的程度和问题，为集中管理提供依据。在母公司的协调下，子公司之间分工协作，互相提供市场信息。高度集中的一体化管理保证了生产企业的合理分布，避免了重复生产和销售中的自相竞争，保障了跨国公司的整体利益。

三、跨国公司的类型

（一）按照跨国公司的业务扩展方向分

（1）水平扩展型跨国公司，是指其在海外设立的子公司或分支机构生产同种产品或经营同类业务。例如，服装公司在国外的投资扩展都集中在服装制造业；饮料公司的海外子公司都生产销售同一商标、同一配方的饮料。

（2）垂直扩展型跨国公司，是指在海外设立的子公司之间具有处于同一产品不同生产阶段的垂直生产联系。例如，电器公司在不同国家和地区分别设立电子元件生产、组装、销售子公司；汽车公司把从事冶金、零部件生产、马达生产、汽车组装、销售的子公司分布在不同国家。

（3）混合扩展型跨国公司，是指在海外设立的子公司分布在不同产业和不同产品的生产领域。例如，日本三菱公司、美国ITT公司分布在全球子公司的业务范围涉及贸易、机械产品、电子产品、金融、房地产、旅游等多个领域。

（二）按照跨国公司事业的空间分布分

（1）区域型跨国公司，是指其海外子公司集中分布在某一区域范围内。例如，许多中国香港跨国公司的子公司集中分布在东南亚地区，欧洲有些跨国公司的子公司集中分布在西欧和北美地区。

（2）全球型跨国公司，是指其所属子公司分布在全球各大洲。例如，日本的索尼公司、松下公司，美国的百事可乐公司、通用电气公司等在全球各区域都有生产企业或销售企业。

（三）按照跨国公司的资本国别结构分

（1）单国别资本型跨国公司，是指由一国资本在海外设立子公司形成的跨国公司。

（2）多国别资本型跨国公司，是指若干国家的资本联合起来，设立母公司，并在海外建立子公司，形成跨国生产经营体系。

四、跨国公司的发展条件

跨国公司已经有100多年的发展历史。19世纪下半叶，英、法等国在工业技术和资本规模等方面拥有明显的优势，为了获得所需经济资源和拓展工业品市场，英、法等国的垄断资本开始流向原材料价格和劳动力价格低廉的国家，跨国公司出现了。第二次世界大战以前，跨国公司基本上是老牌资本主义国家掠夺别国经济资源、操纵别国经济命脉的工具，在经济落后国家受到了民族资本和大众的抵制。第二次世界大战以后，尤其是20世纪70年代以后，跨国公司经历了大发展的时期。跨国公司的数量、规模、分布范围和对世界经济的影响都达到了前所未有的程度。现代跨国公司迅速发展的主要条件是：

（一）科学技术发展和技术成果转移及世界范围内生产社会化程度提高，推动资本国际流动

几十年来，技术更新的速度加快，技术优势成为企业扩大经济收益的决定因素。许多发达国家的企业纷纷加入新技术开发的竞争先列。现代技术开发需要投入巨额资金并承担风险，这使得新产品的技术成本越来越高。为了收回投资并增加收益，企业必须扩展充分吸收和利用技术的领域。向其他国家投资设立应用技术成果的企业，或以技术作为资本，合资合作兴办企业，成为技术创新企业获得最大技术收益的必然选择。在第二次世界大战后的科学技术变革中，技术发展的不平衡普遍存在，国际技术发展水平的差距为技术成果在国家之间和地区之间的梯度转移提供了空间。

大量科技成果广泛应用于生产，促进了社会产生力的发展。社会分工深化要求有更大的市场。与此同时，现代交通工具和邮电通信工业、信息产业的发展，又缩短了国家间的距离，为跨国公司的经营管

理提供了物质条件。

（二）资本大规模集中，为建立跨国生产经营网络奠定了基础

许多发达国家的企业，凭借技术创新优势，以倍加的速度扩大资本规模。其具体表现为，一方面，企业通过对新技术的垄断，获得超额利润，再将利润投入到技术开发和生产过程中去，完成企业的内部成长；另一方面，通过大规模的合并和兼并，提高技术开发和市场竞争能力。迅速膨胀的资本规模必然与有限的国内市场发生矛盾，各国的反垄断法也制约了企业在国内市场的无限扩展。第二次世界大战后，美国、日本、西欧等发达国家和地区都曾出现多次企业合并和兼并的高潮。当这些国家的经济由高速发展阶段进入平缓发展阶段后，过剩资本开始大规模向发展速度较快的其他国家溢出。资本实力雄厚的跨国公司具有开拓海外市场、与东道国民族资本抗衡的经济基础，因此，有能力克服进入壁垒，扩展在其他国家的生产经营。

（三）国际贸易和国际金融条件的改变，促进了跨国公司的发展

20世纪50年代至60年代，各发达国家通过政府扶植和政策引导，基本完善了国内的经济结构，并且通过产业组织调整，增强了企业的国际竞争能力。为了以市场换市场，日本、西欧等国相继开始实行贸易自由化和货币自由化政策，按国际货币基金组织和关税与贸易总协定的要求，建立起超越国家的国际贸易市场和资本市场，为发达国家之间的贸易往来和直接投资创造了条件。进入20世纪70年代，美国政府在本国企业的压力之下，为了抵御日本、西欧国家产品的大规模进入，修改了贸易政策和货币政策，取消“金本位”，使日元大幅度升值，并利用反倾销等手段，设置贸易壁垒。随后，一些西欧国家也采取了类似政策。在变化了的国际贸易条件下，日本等国逐渐以直接投资、现地生产、现地销售替代产品出口，许多生产贸易型企业发展为跨国公司。

（四）新兴工业化国家利用外资的成功经验，促使发展中国家为吸引跨国投资而完善经济环境

发展中国家的经济资源一直没有得到充分利用，劳动力的价格低廉，与发达国家之间有较大的技术水平差距，是优势资本转移的主要方向。但是，由于大部分发展中国家都曾有受列强掠夺、民族压迫的历史，因此，在第二次世界大战后获得民族独立后，发展中国家的民族意识和维护国家经济独立的意识甚为浓厚，对发达国家的跨国公司采取排斥的态度，曾一度掀起外国企业国有化的浪潮。1974年，联合国对世界范围的跨国公司进行了调查分析，通过了国际社会处理跨国公司的基本准则的决议，呼吁发达国家在发展中国家的投资应本着和发展中国家计划确定的发展目标、发展重点相一致的精神，从事经营活动。同时，外国投资者必须确认发展中国家的主权，加快技术转让，尽量减少与东道国的摩擦。许多发达国家的跨国公司也在经济交流中认识到，要谋求长远发展，就要尊重东道国的主权，推行子公司当地化，使其融入周围的经济环境。跨国公司的策略转变受到了发展中国家的普遍欢迎。20世纪70年代末，新兴工业化国家成功利用外资、发展本国经济的经验，使大多数发展中国家开始修改对外国直接投资的政策，积极改善投资环境，借助别国资本弥补发展中的资金短缺问题，形成了跨国公司在发展中国家发展加快的势头。

五、跨国公司对世界经济发展的影响

（一）跨国公司对东道国经济及市场结构的影响

（1）跨国公司不论是以自有资金进行投资，还是通过国际金融市场或东道国金融市场筹集资金进行投资，都增加了东道国经济建设的投资总量，有利于改善东道国经济发展过程中的资金短缺。同时，直接投资方式不改变资金的所有权，还可分散东道国的投资风险，有利于发展基础产业和高新技术产业等

长期建设项目。

但是，国外资本进入东道国，将直接与当地资本就有利的投资机会和发展空间展开竞争，实力雄厚的跨国公司会挤占当地企业的市场，并和东道国的经济发展目标与规划发生冲突，因为跨国公司不是按东道国的计划而是按自己的全球战略确定投资领域及规模的。有鉴于此，许多国家通过法律形式和各种经济手段，引导跨国公司投资于对本国有利的产业，而限制其在某些领域的发展。

（2）跨国公司为进入东道国往往投入一整套关键性生产要素，包括资本、技术、管理技能、国际贸易渠道等。这些要素的投入有助于改善东道国的技术结构，对当地企业的技术开发和加强管理具有示范作用。但是，技术优势是在国际市场上形成垄断的主要原因之一，许多跨国公司投入巨额资本致力于技术开发，主要是为了从对新产品和新生产方式的垄断中得到超额利润，因此跨国公司往往利用专利权和商标制度保护专有技术，防止高新技术向当地企业扩散，或者在与东道国的合资公司中，只限于使用过时技术，造成东道国对跨国公司的技术依赖。

（3）跨国公司的当地生产、当地销售有利于推动东道国的进口替代；节约产品进口的外汇支出，增加东道国的税收。同时，跨国公司创造的就业机会，有利于直接解决东道国的就业问题。另外，与当地企业的协作、零部件国产化以及增加对服务的需求等也间接增加了就业机会。但是，跨国公司为了吸引有经验的管理者和熟练劳动力，往往高薪聘用，工资水平比当地企业高出许多，从而引起与当地企业争人才的现象，并且影响跨国公司子公司分布密集地区的物价稳定状况。此外，东道国为争取投资而向跨国公司提供的优惠政策和特定的基础设施，扩大了跨国公司经营条件与当地企业经营条件的差距，使当地企业在竞争中处于不利地位。

（二）跨国公司对母国经济及市场结构的影响

（1）跨国公司的对外直接投资方式可以绕过东道国的贸易保护壁垒，打开和扩大市场，有利于推动母国经济的国际化和对国际市场的渗透能力。因此，许多国家把拥有和发展跨国公司看作与其他国家跨国公司在国际经济中对抗的力量。但是，跨国公司的产品当地生产、当地销售，减少了母国制造产品的出口量，降低了贸易外汇收入，使母国的进出口贸易出现逆差。

（2）跨国公司向海外寻求发展机会，可以缓和母国投资者之间的激烈竞争，给国内中小企业提供相对多的发展空间。但是，国家为提高企业国际竞争能力给跨国公司的政策支持和优惠，如在产业组织政策方面支持跨国公司对其他企业的大规模合并与兼并，放松对反垄断法的执行等，会引起国内经济秩序混乱，导致国内垄断势力的增长。

（3）跨国公司在向其他国家扩散的过程中，伴随着直接投资，母国技术向外梯度转移，一方面，带动了过时生产资料的向外出口，从而延长了本国技术的应用周期和产品生命周期，有利于最大限度地获得技术开发和产品开发收益；另一方面，夕阳产业技术和设备向海外转移，可以减轻本国产业转换的代价，有利于促进本国产业结构的升级。但是，跨国公司向外大规模转移生产资本，也会造成母国产业的空心化，导致国内经济发展逐渐衰落。

（4）跨国公司在海外设立子公司，利用当地廉价劳动力，有利于降低产品成本，提高竞争能力。但是，跨国公司资本外流使原本提供给国内的就业机会转移到国外。

（三）跨国公司对国际经济的影响

（1）加快了经济全球化的进程。跨国公司在发展过程中，以整个国际经济领域为其发展的舞台，寻找国际范围的资源优化组合。随着跨国公司的规模扩张和子公司的分布遍及世界各地，其介入世界各国经济生活的程度加深，子公司之间的分工协作和公司内部的交换网络使公司分支机构所在国家的生产和资源配置更具有国际性，推动了相关国家的生产国际化和交换国际化。同时，由于跨国公司可以借助内部划拨价格、利润分配和投资，使资本从一个国家流向另一个国家，推动了各国金融市场的国际化。这种生产、交换、金融的国际化发展，进一步使各国的经济交织在一起，共同卷入互相依存的国际经济体系中。一旦国际经济链条中的一个环节发生问题，就会引起整个国际经济体系的震荡和变化，甚至引起世界性的经济危机。

（2）改善和补充了传统的国际分工体系。传统的国际分工是在经济发展不平衡和殖民地统治的基础上形成的，仅仅具有资源优势的发展中国家，只能以原材料和初级产品进入国际市场，而发达国家则可以用有技术优势的高附加价值产品换取价格低廉的资源产品和初级产品。这种传统的国际分工加剧了国际经济发展的不平衡，也导致国际经济摩擦和矛盾的深化。跨国公司按其全球发展战略，建立自己的内部国际分工体系。其分工的基础是各分公司不同的技术优势和生产优势，从而进行公司内部的专业化生产和协作。跨国公司通过集中管理、协调分工和内部产品交换，在利益相同的条件下，加速了产品和信息的国际流动，形成了由传统垂直分工向水平分工转化的潮流，提高了资源的配置效率，进一步深化了国际分工和生产社会化。

（3）促进了国际技术进步和技术交流。在技术更新速度加快的现代经济中，任何一个企业要保持技术的相对优势，必须不断加强科学研究和技术开发。高科技的开发与应用具有风险大、耗资多、周期长的特点，因为在技术开发过程中，每个阶段都会有新方案被淘汰，企业通常要为研制失败付出较大的代价，所以技术的顺利发展要求企业具有雄厚的资本实力和技术实力。现代跨国公司在国际竞争的压力下，基本都建立了自己的技术开发中心和实验室，不断吸收产生于世界各国的科研成果，经过应用研究和商品化生产，把新技术产品推向市场。跨国公司的跨国、跨产业经营，降低了采取新技术和新工艺的风险，跨国公司的金融实力又保障其可以花费巨额资本用于独立的技术开发和购买科研成果，以及推广新产品和新工艺。跨国公司的一体化管理体制，使母公司的技术成果迅速被子公司所采用，从而推动了新技术在世界范围内的应用。可以说，在当今各种组织形式中，跨国公司是科学技术创新的最优组织形式，是加速技术国际交流的组织载体。

（4）导致形成少数垄断的世界市场结构。跨国公司是国际化了的企业，其前身是发达国家的大中企业。当技术进步使专业化的程度加深、最佳规模扩大时，企业规模的迅速发展使只有一定容量的本国市场无法为其获得利润最大化提供空间，当大企业的资本向海外溢出时，也将其垄断、攫取的对象扩大到国际经济领域。经过几十年的发展，世界上一些最大的跨国公司已经完全变成了工业-贸易-金融一体化的综合体，其资金实力、技术实力和贸易实力已使其对世界市场和国际经济具有很强的干预能力。科学技术所产生的任何一个新部门、新生产类型和新工艺都立刻被大跨国公司所拥有，重要的资源和有潜力的市场也基本被少数大跨国公司所控制。在没有国际反垄断条约和法规的条件下，大跨国公司的跨国合并、兼并与跨国联合使经济资源的国际集中程度还在不断提高。争夺市场、稀缺资源的竞争与价格协议、市场分割是少数大跨国公司的重要国际经济行为，在经济国际化过程中发展起来的少数大跨国公司对相关产品的国际市场变化具有直接影响力。

第三节 我国跨国公司的发展战略与对策

一、工业化进程和产业结构的决定作用

1.工业化进程决定了企业国际化的水平和跨国公司的规模

企业国际化或跨国公司发展是产业经济发展到一定阶段的产物。当一个国家的工业化程度较低时，其产品的附加价值较低，在国际市场上的竞争能力较弱，只能从国际市场交换中获得少量相对比较利益。同时，与工业化国家的企业比较，低工业化程度国家的企业缺乏技术优势、资本优势和组织优势，从而限制了企业开拓国际市场和国际投资领域的能力，限制了跨国公司的发展规模。

随着工业化水平的不断提高，其产品加工成本的国际比较优势扩大，出口获取的比较利益也增加

了。工业生产技术水平的提高，相应地使产品在国际市场上的竞争能力增强，企业参与国际市场交换活动的规模也在逐步扩大。

工业化推动了资本集中度上升。有分析表明，企业平均规模与海外生产倾向有直接联系。因为企业投资海外生产要比产品出口投入更多的资本，承担更大的市场风险。只有较大规模的企业才具有直接投资、现地生产的能力。所以，发达国家的企业国际化程度和跨国公司发展都具有较高的水平。

2.产业结构决定了出口结构和跨国生产结构

不论是产品出口还是跨国生产，都是一国经济在国际经济领域的延伸。一般来说，当一个国家处于工业化初、中期时，劳动密集型产品或初级产品在出口结构中占较大的比重。随着产业结构的演化，制造业所占的比重上升，劳动力的价格也在上升，出口劳动密集型产品的比较优势逐渐减少，贸易结构发生了变化。出口总额中，资本密集型产品的比重提高，劳动密集型产品所占的比重下降。在工业化后期，产业结构中高新技术产业的比重上升，带动精密机械、自动化设备等知识与技术密集型产品的出口量增加。同期，在跨国生产结构中，寻求实现技术优势的投资项目增加，跨国生产结构由资源利用型向技术应用型转变。

3.工业化过程中，水平相近的国家之间互相借用市场空间，在对方设立跨国生产基地，有利于加快经济发展

在工业化过程中，不断涌现的新技术和新产品需要较大的市场空间，消化其开发投入，但是，受国内收入分配非平衡的制约，对于价格较高的新产品，有能力购买的消费者群体规模较小。企业向经济发展水平相近的国家出口新产品，或直接在发展水平相近的国家投资生产，可以借用市场空间，为扩大生产规模、降低成本、进一步完善技术创造条件。两个发展水平相近的国家，其消费模式和消费结构也比较接近。所以，借用市场空间可以变小市场为大市场，这是发展水平相近的国家之间开展贸易和互相投资的重要原因。

二、我国企业国际化与发展跨国公司的准则

1.发挥优势，利用优势

企业国际化和发展跨国公司，是为了获得更大的经济效益。为了实现这一目标，就要在国际经济交往中，努力实现自我优势的价值，充分利用他国的优势。目前我国除了具有劳动力资源优势以外，在机械、电子、仪器、仪表、化工、建材、医药、纺织、农业等领域都有一批成熟的技术和生产能力。同时，发达国家的计算机、精密机械、通信等领域的技术水平远远高于我们。要获得较大的比较利益，就应依据我国现有的经济技术优势，针对国际市场的不同国家或地区，确定我国的市场和投资领域，使优势真正转化为国际竞争能力和经济收益。

2.协调利益，稳步推进

在国际经济中，我国所有的企业和经济机构是一个统一的利益整体，在开展对外贸易和对外投资中，应该尽量避免盲目发展、互相争夺利益的现象。一哄而起，各自为战，不仅会造成整体利益的流失，还会影响我国企业和产品的信誉，影响长期发展。有关部门应根据我国经济发展现阶段的企业能力和对国际经济发展的预测，推出企业国际化战略和跨国公司发展的指导性文件，前瞻引导、稳定推进。

三、我国跨国公司的发展对策

（一）我国发展跨国公司的条件分析

（1）国际市场结构的变化要求发展我国的跨国公司。当前国际竞争格局正进一步向经济全球化的方向发展。一方面，在这些经济集团和经济区域内部，各个国家互相开放市场，加强协调及弱化竞争，而对外部经济力量则实行排他性的对抗竞争政策，形成了区域市场分割和垄断；另一方面，欧美、日本等

国家和地区通过设置关税壁垒和非关税壁垒阻止中国产品涌向本国市场。这种国际市场环境加大了我国以直接投资的方式进入国际市场的紧迫性，要求我们培育有竞争能力的跨国企业，以强制强，打破贸易壁垒。

(2) 我国目前的外汇储备已达到一个很高的水平，同时，大量归国人员进入国内企业的高级管理层，增强了企业国际投资的能力。这些条件使我国企业有条件更深地参与国际经济，利用更多的发展机会。

（二）培育和发展我国的跨国公司

(1) 推动贸易型企业向跨国经营和跨国生产转变。我国现在有一大批以国际市场为导向、生产出口产品的企业，这些企业在对外贸易中积累了大量资本和经验，其中的一些大企业有自己驻海外的销售机构和服务机构。通过政策扶持和组织调整，强化这些贸易型企业，推动它们由产品贸易国际化向跨国生产转变，是发展我国跨国公司的一个重要步骤。

(2) 工贸结合，在统一规划下，建立海外销售网络和生产基地。我国的外贸企业对国际经济、贸易、技术等方面的信息有较灵敏的反应，与各国的经济联系较深，熟悉国际市场行情。但是，我国外贸企业生产技术基础薄弱，因此，实行技工贸结合，合作发展跨国企业，充分利用外贸企业的市场经验建立海外销售网络，利用工业企业的技术、生产条件建立海外生产基地，可以提高我国跨国公司的国际竞争能力，进入国际投资领域。

(3) 培育有竞争力的企业集团向跨国公司转轨。我国的大企业集团通过联合积聚了大量资本、生产能力和自然资源，具有相对的竞争优势，是能够与国外企业竞争的唯一组织形式。企业集团向跨国公司转轨，涉及组织形式的调整。集团公司内部在原有分工基础上，应根据全球经营战略作重新调整，扩大生产经营规模，发挥跨国经营的竞争优势，培养跨国经营人才，在国际市场的竞争中不断发展壮大。

(4) 制定相关法规和有利于跨国公司发展的组织政策，使我国企业的对外直接投资有法可依、有章可循，避免摩擦和矛盾。

(5) 发展我国跨国公司的步骤要积极、稳妥。在实践中逐渐积累经验，避免投资损失。要抓住加强产品出口竞争力这一中心环节，同时发展技术和劳务出口，建立海外维修、信息网点，进而采取多种投资形式，建立海外生产企业。

↘主要参考文献

[1] 习近平. 在全党大兴学习之风　依靠学习和实践走向未来 [N]. 经济日报，2013-03-01.

[2] 中央财经领导小组办公室. 邓小平经济理论学习纲要 [M]. 北京：人民出版社，1997.

[3] 中共中央宣传部. 邓小平同志建设有中国特色社会主义理论学习纲要 [M]. 北京：学习出版社，1996.

[4] 史清琪，赵经彻. 中国产业发展报告（2000）[M]. 北京：中国轻工业出版社，2001.

[5] 国家经贸委综合司. 专家谈走新型工业化道路 [M]. 北京：经济科学出版社，2003.

[6] 国务院发展研究中心UNDP项目组. 经济发展、改革与政策：第1卷 [M]. 北京：社会科学文献出版社，1999.

[7] 马洪，孙尚清. 中国经济结构问题研究 [M]. 北京：人民出版社，1987.

[8] 孙尚清. 经济结构的理论、应用与政策 [M]. 北京：中国社会科学出版社，1991.

[9] 邵汉清，钟契夫. 投入产出法概论 [M]. 北京：中国人民大学出版社，1983.

[10] 周叔莲. 产业政策问题探索 [M]. 北京：经济管理出版社，1987.

[11] 周叔莲. 国外产业政策研究 [M]. 北京：经济管理出版社，1988.

[12] 杨治. 产业经济学导论 [M]. 北京：中国人民大学出版社，1985.

[13] 李悦. 中国工业部门结构 [M]. 2版. 北京：中国人民大学出版社，1988.

[14] 刘方棫，李悦. 生产力经济学教程 [M]. 北京：北京大学出版社，1988.

[15] 方甲. 产业结构问题研究 [M]. 北京：中国人民大学出版社，1997.

[16] 方甲. 产业组织理论与政策研究 [M]. 北京：中国人民大学出版社，1993.

[17] 刘鹤，杨伟民. 中国的产业政策 [M]. 北京：中国经济出版社，1999.

[18] 刘鹤. 结构转换研究 [M]. 北京：中国财政经济出版社，2002.

[19] 史清琪. 技术进步与产业结构变化的理论与实践 [M]. 北京：中国统计出版社，1989.

[20] 李京文，郑友敬. 技术进步与产业结构概论 [M]. 北京：经济科学出版社，1988.

[21] 董守才，沈霖，李平. 工业组织学 [M]. 北京：中国人民大学出版社，1992.

[22] 卢东斌. 中国产业组织分析 [M]. 延吉：延边大学出版社，1991.

[23] 王慧炯. 产业组织及有效竞争 [M]. 北京：中国经济出版社，1996.

[24] 刘伟. 工业化进程中的产业结构研究 [M]. 北京：中国人民大学出版社，1995.

[25] 金培. 产业组织经济学 [M]. 北京：经济管理出版社，2000.

[26] 樊丽明，臧旭恒，于良春，等. 产业发展与产业政策 [M]. 济南：山东人民出版社，2000.

[27] 张理泉，郑海航，戚聿东. 面对WTO：中国产业经济 [M]. 北京：首都经济贸易大学出版社，2002.

[28] 杜白鹏. 中国消费结构学 [M]. 北京：经济科学出版社，1987.

[29] 泰勒尔. 产业组织理论 [M]. 马捷，吴有昌，陈耀，等，译. 北京：中国人民大学出版社，1997.

[30] 佐贯利雄. 日本经济的结构分析 [M]. 周显云，杨太，译. 沈阳：辽宁人民出版社，1988.

[31] 植草益. 产业组织论 [M]. 卢东斌，译. 北京：中国人民大学出版社，1988.

［32］克拉克森，米勒．产业组织：理论、证据和公共政策［M］．华东化工学院经济发展研究所，译．上海：上海三联书店，1989.

［33］罗斯托．从起飞进入持续增长的经济学［M］．贺力平，等，译．成都：四川人民出版社，1988.

［34］库兹涅茨．各国的经济增长：总产值和生产结构［M］．常勋，等，译．北京：商务印书馆，1985.

［35］卡莱斯基．社会主义经济增长理论导论［M］．符钢战，译．上海：上海三联书店，上海人民出版社，1996.

［36］吉谷丰．日本技术问题纵横谈［M］．陈荣标，译．北京：北京科学技术出版社，1985.

［37］李悦．产业经济研究［M］．北京：中国社会出版社，2004.

［38］伊志宏．消费经济学［M］．北京：中国人民大学出版社，2004.

［39］纪宝成．商业经济学［M］．北京：中国人民大学出版社，2006.

［40］陈甬军．市场学通论［M］．北京：中国人民大学出版社，2006.

［41］孙志军．更加自觉、更加主动地推动文化产业又好又快发展——我国文化产业发展的实践与思考［J］．红旗文稿，2012（17）：4-9.

［42］孙志军．加快推动文化产业成为国民经济支柱性产业［J］．时事报告中心组学习专刊，2011（10）.

［43］王仲伟．学习贯彻党的十八大精神　加快发展文化产业［N］．中国文化报，2012-12-07.

［44］朱之鑫．加快发展文化产业推动文化产业成为国民经济支柱性产业［N］．经济日报，2011-12-03（7）.

［45］冯子标，焦斌龙．分工、比较优势与文化产业发展［M］．北京：商务印书馆，2005.

［46］张胜冰，徐向昱，马树华．世界文化产业概要［M］．昆明：云南大学出版社，2006.

［47］国家统计局．新中国60年［M］．北京：中国统计出版社，2009.

［48］筱原三代平，马场正雄．现代产业论：产业构造［M］．东京：日本经济新闻社，1974.

［49］筱原三代平，马场正雄．现代产业论：产业组织［M］．东京：日本经济新闻社，1974.

［50］筱原三代平，马场正雄．现代产业论：产业政策［M］．东京：日本经济新闻社，1973.

［51］雒树刚．认真学习贯彻党的十九大精神 推动文化产业持续健康发展［J］．时事报告（党委中心组学习），2018（1）.

［52］雒树刚．深入贯彻习近平总书记系列重要讲话精神和中央决策部署　实现文化产业成为国民经济支柱性产业［J］．时事报告，2016（4）.

［53］蔡武．筑牢文化自信之基——中国文化体制改革40年［M］．广州：广东经济出版社，2017.

［54］胡惠林．文化产业学［M］．北京：高等教育出版社，2006.

［55］冯子标，焦斌龙．分工、比较优势与文化产业发展［M］．北京：商务印书馆，2005.

［56］张胜冰，徐向昱，马树华．世界文化产业概要［M］．昆明：云南大学出版社，2006.

［57］住房和城乡建设部建筑市场监管司，住房和城乡建设部政策研究中心．中国建筑业改革与发展研究报告（2017）［M］．北京：中国建筑工业出版社，2017.

［58］住房和城乡建设部建筑市场监管司，住房和城乡建设部政策研究中心．中国建筑业改革与发展研究报告（2016）［M］．北京：中国建筑工业出版社，2016.

［59］住房和城乡建设部建筑市场监管司，住房和城乡建设部政策研究中心．中国建筑业改革与发展研究报告（2015）［M］．北京：中国建筑工业出版社，2015.

附录一　名家书评

中国产业经济发展规律新概括——《产业经济学》（第四版）简评[①]

李悦等编著的《产业经济学》（第四版）一书，近日由东北财经大学出版社出版。该书在前三版的基础上做了重大修改和补充，从理论与实践相结合的角度，阐述和论证了发展现代产业体系、推动产业结构升级等重大问题。其主要特色可以概括为：两种精神、两个突破、四个突出。

一、两种精神

这是指以爱国主义为核心的民族精神和以改革创新为核心的时代精神。该书立足我国民族经济发展，认真总结、及时反映国内外产业经济学发展新成果，新增第三次工业革命、互联网产业、战略性新兴产业、创意产业、海洋产业和现代交通运输业等六章内容。

二、两个突破

这是指突破了国外产业经济学只包括产业结构、产业组织和产业政策三个板块的理论框架，构建起包括发展理论、产业规律、产业结构、产业组织的中国特色产业经济学体系；突破了国内产业经济学教材体系和内容不确定性较大、与相关学科核心内容重复较多的局面。

三、四个突出

这是指突出马克思主义的指导地位，系统阐述马克思主义经济发展理论、产业结构和产业组织理论；突出设置发展理论篇，为学习产业经济学提供理论基础；突出产业经济学核心内容，系统论述产业发展规律、产业结构和产业组织核心理论；突出马克思主义中国化最新成果和全面建成小康社会奋斗目标。

① 郑新立．中国产业经济发展规律新概括——《产业经济学》（第四版）简评［N］．人民日报，2015-03-18.

附录二　学问艺术论：教学与科研经验总结①

本文着重阐明搞学问要讲究艺术的迫切性和主要艺术要点两个部分。与做其他事情一样，搞学问也要讲究艺术，只有掌握了科学的艺术，学问才能搞深，才能出精品。这乃是国内外市场竞争，特别是人才市场竞争日益迫切的客观要求。在我国人才买方市场基本形成的今天，这种客观要求尤其紧迫。而被选中的人才主要支撑是论著。那么怎样才能撰写出精品论著呢？本文将在全面总结我个人教学和科研经验的基础上谈点个人体会，仅供大家参考。我从事经济学教学与研究已52年，出版专著和教材13本，参编论著16本，发表论文近200篇，其中在《人民日报》《光明日报》《经济日报》发表30篇；先后指导25名硕士研究生、40名博士研究生；研究生共出版专著24本。总结我的体会，要搞好学问，就应当抓住下列几个艺术点：抓住一个专业；打好两个基本功；选读十几本中外名著和几十篇中外优秀论文；选准研究题目；遵循三条基本原则；突出重点；坚持“四勤”“五忌”“六结合”。

一、讲究艺术的紧迫性

从根本上讲，就是一条，即要创一流，只能靠“四名”，即名校、名师、名生（学生）和名著。而名校主要靠名师、名生和名著；名师和名生的支撑点是名著。名著就是名牌，即打出品牌，品牌就是你特有的，别人不具备的。在我国人才买方市场基本形成的今天，对于学者来讲能否写出名著显得尤为紧迫。具体来说：（1）国内外市场竞争日益剧烈。一位学者、一所学校、一个研究所，甚至一个政党、一个民族和国家，要想求得生存和发展，就必须在竞争中站在世界前列，就必须拥有自己独有的品牌，即有领先的精品。（2）在国内外诸多竞争领域中，人才竞争最为激烈，可以说到了白热化程度。在众多人才中被选中的，常常是拥有自己精品论著的作者。所以在学术界每个人的学术地位主要由他的精品论著所支撑。（3）对学校和研究机构而言，众多精品论著是最重要的资本。一个博士研究生没有具有创新见解的论文，就得不到博士学位；一位名师没有精品论著，他早晚也会被淘汰；一所名校或名所，没有很多精品论著问世，这样的名校、名所早晚也只能被淘汰。这就是紧迫性所在。

二、主要艺术要点

我首先推荐一本《学者谈艺录》，此书是一部讲搞学问要讲究艺术的好教材。它是由中国人民大学75位教授撰写的传授读者怎样搞学问的艺术精品，由罗国杰任主编，由中国人民大学出版社于1992年出版。我也是75位作者之一，我的文章在此书的第190页。下面我在此基础上再提出下列七个主要艺术要点：

（一）抓住一个专业

一个人的精力总是有限的，一个人以有限的精力在无限的知识海洋里求学，要想使自己成为专家，并做出突出贡献，就必须集中精力主攻一个专业方向；在本专业方向内还必须把主要精力用于读专业方向的核心部分。

我的专业是产业经济学，产业经济学的核心理论框架是产业结构、产业组织和产业发展这三部分。我将80%~90%的精力用在专业上，特别是用在专业的核心理论框架上。

（二）打好两个基本功

这两个基本功包括理论与方法功底、实践功底两大部分。理论与方法功底包括：①政治理论，要划

① 李悦．教研之路——我的教学与科研经验总结［J］．四川经济研究，2005（8）：16-18．

清马克思主义和非马克思主义的界限；②外语基本功，用于了解外国目前的科研成果、研究情况；③经济数学，用于进行定量分析；④学科前沿，可用于为选准研究课题提供参考。这些基本功底都是撰写出精品论著的最根本的理论功底，缺一不可。打好社会实践基础更为重要。因为理论的来源是社会实践，这个实践又是检验理论是否正确的标准。新的理论能指导新的实践，实践经验的条理化、系统化就能产生新的理论观点。没有实践经验的人，要创造新的理论观点是很困难的，应该积极参加社会调查，尽量参加部分实际工作。

要想在学术上站在学科前沿，没有扎实的理论与实践功底是绝对不行的。我在主攻产业经济学专业的同时，还在高校教了8年哲学和政治经济学。这样就为我打下了坚实的理论基础。另一个是实践基础，这也非常重要，因为理论来源于实践。我研究产业经济学，如果不了解中国的产业经济实践，那就会犯“空中楼阁”、脱离中国实际的毛病。我在高校任教期间，曾于1962年参加了国家计委总结“一五”“二五”计划经验，编制“三五”吃、穿、用计划工作；于1979年和1980年参加了由国务院财政经济委员会领导和组织的全国经济问题调查组的经济结构组的调查研究工作；经常参加一些北京市和各部委的经济调研工作。这样就为我把实际工作经验条理化、系统化上升为理论观点提供了丰富的素材。

（三）选读十几本中外名著和几十篇中外优秀论文

从名著和优秀论文中学习作者是怎样提出问题、分析问题和解决问题的。学习作者是怎样掌握国内外目前所取得的科研成果的，在此问题研究中，还存在哪些必须解决的问题。

（四）选准研究题目

选题原则有三条：一是理论意义；二是实践价值；三是你自己的特长（优势）。如果自己没有所长，再有意义的选题也是没有用的。总结历史经验可以看出，凡是过去工作中已经干过什么，你就应当学什么、写什么。在自己长期从事的事业中，再加上新学到的知识，你就能保证自己的实践经验条理化、系统化，就可以提出新的理论观点来。

（五）遵循三条基本原则

三条基本原则是指始终坚持马克思主义的指导地位；始终坚持理论联系实际；始终坚持博采众长、以我为主、融合提炼、自成一家。我们在教研工作中始终要坚持马克思主义的指导地位。我在从事教学与科研工作过程中，对马克思主义哲学和政治经济学体会最深刻和使用最多的观点有以下几个要点：

1.经济学方面的6个要点

（1）党的基本路线：“一个中心，两个基本点。”

（2）社会主义社会的基本矛盾和主要矛盾。社会主义社会的基本矛盾仍然是“两对四方”，即生产力与生产关系、经济基础与上层建筑。不同时期这“两对四方”的重点是应有所不同的。社会主义社会的主要矛盾是落后的社会生产力与人民日益增长的物质和文化生活需要的矛盾。①

（3）社会主义本质：解放生产力和发展生产力，消灭剥削，消除两极分化，最终实现共同富裕。

（4）发展、改革和稳定的关系。发展是硬道理、是目的，改革是动力，稳定是前提和根本保证。

（5）科学技术是第一生产力；哲学社会科学是治党治国的大学问。

（6）党中央关于“四位一体”的重大理论创新，也就是社会主义市场经济、民主政治、先进文化与和谐社会。

---

① 1981年，党的十一届六中全会对我国社会主要矛盾的表述是“人民日益增长的物质文化需要同落后的社会生产之间的矛盾”。党的十九大报告指出：中国特色社会主义进入了新时代，我国社会主要矛盾已经转化为“人民日益增长的美好生活需要和不平衡不充分的发展之间的矛盾”。

2.哲学方面的3个要点

（1）事物是发展变化的、普遍联系的，不能孤立地看问题。

（2）矛盾论与实践论，特别是主要矛盾和矛盾的主要方面理论。

（3）理论联系实际。实践是理论的来源，新的理论指导新的实践，实践经验的条理化、系统化就是理论。

（六）突出重点

与其他课程相比，专业课是重点；在专业中的重点是研究方向；在研究方向中，论文题目是重点；论文中的重点是创新部分。

（七）坚持“四勤”“五忌”“六结合”

1.四勤

坚持“四勤”，即坚持脑勤、眼勤、口勤和笔勤。所谓脑勤主要是多思，多思才能出智慧。遇到问题多问几个为什么，不能搞奴隶主义，也不能人云亦云，“不唯书、不唯上、只唯实”。所谓眼勤就是博览群书。要发表专业文章，就必须先通过博览群书，把前人成果（国内外名著）读遍，并在名著中选出需要精读的书和文章。只有这样，这些前人成果才能为自己所用。口勤主要是要把自己的观点和论著讲给学生听，并与学生一起讨论，这样才能达到教学相长。一个教授只写论著不讲课，只能算研究员，而不能被称为教授。笔勤主要讲的是要多写论著，没有具有学术前沿水平的论著的教授，就不能被称为名教授。一位教授的学术水平应主要体现在论著上。

2.五忌

坚持“五忌”，即忌不读马克思主义论著，特别是不重视学习马克思主义中国化的最新成果的论著，忌只照搬照抄，忌只译不著，忌只讲不写，忌只读不干。

第一大忌是不读马克思主义论著。党中央《关于进一步繁荣发展哲学社会科学的意见》中再一次明确指出，必须坚持马克思主义的指导地位；在指导思想上，绝对不能搞多元化。可是，在我们少数经济学中青年教授中，仍然有人把马克思主义看成一个学派，与其他学派同等对待。这是指导思想不端正的表现，用这种思想去指导学习，后患无穷。

第二大忌是只照搬照抄外国经验。现在社会有一种倾向，常常以“与国际接轨”的名义，照抄别国的东西，把不符国情的外来品当成至宝，百般吹捧，这是非常有害的。因为任何“良方妙药”，都必须以国情、省情、市情为基础和前提，否则只能是空谈。

第三大忌是只译不著。有少数学者，不是在深入中国社会实践进行调研的基础上著书立说，只是翻译外国的东西。严格地讲，他们只是译者，而不是作者。

第四大忌是只讲不写，即只讲课，不著书立说。对教授来说，不给学生讲课就不能被称为教授；但是讲课还属于普及阶段，而著书立说才是真正的提高阶段。要想提高讲课的水平，也必须有自己的论著；否则，只能是传授别人的成果。

第五大忌是只说不干。世上任何成功的事业都不是“高谈阔论”的产物，而是脚踏实地、苦干加巧干的劳动结晶。所以那种只说不干的行为是不可取的。

3.六结合

坚持“六结合”，即师生结合、学习与工作结合、教学与科研结合、继承与创新结合、事业与家庭结合、劳逸结合。

一是师生结合，可以做到教学相长。“青出于蓝而胜于蓝。”我们师生在学术上要搞接力赛，要一代一代接力下去。这样才是最有希望的。

二是学习与工作结合。学习与工作是互补的，坚持在工作中学习，可以提高求知欲和工作水平；学习时坚持工作，可以使学到的知识得到实践检验。我们坚持在职攻读就是要大大地发挥学习与工作结合的好处。因为实践是理论的源泉，新的实践要以新的理论来指导。完全没有自己的实践经验，全部都靠在别人实践基础上来创造自己的新见解，那是非常困难的，甚至是不可能的。因为哲学社会科学与自然科学不同之处就在于它是一门党性和实践性很强的学科。

三是教学与科研结合。这是个普及与提高的关系问题，教学是普及，科研是提高。要想提高教学质量，就必须以科研成果为基础。现有教材是对已有的科研成果的继承。但要提高现有教材水平，就必须及时吸收新的科研成果。所以在国家重点大学都有教学与科研这两个重点。对教授来讲，教学与科研并重，应以科研为先导和重点。

四是继承与创新结合。这个问题对学者来说尤为重要。世界上不存在没有继承的创新，马克思主义还有三个来源。所以，作为马克思主义继承者的我们，有责任和义务在继承的基础上发展马克思主义。从发展的角度看，创新比继承更为重要。因为人类社会实践总在不断发展之中，以此为来源的理论也必然是不断向前发展的，不可能停留在原地不变。一篇博士论文有没有作者的创新见解，这才是能否授予博士学位的最根本标准和要求。

五是事业与家庭相结合。一位学者的成就有一半靠家庭成员特别是伴侣的全力支持。家庭生活的和谐、幸福、美满是事业成功的基础和后盾。如果没有家庭的支持，任何事业的成功都要受到极大的制约。就夫妻而言，这是个“互助组”，它比“单干户”优越得多。所以，我从来就提倡“互助组”，而不主张“单干户”。

六是劳逸结合。列宁讲过：“不会休息的人，就不会工作。”意思是说，要想会工作并使工作求得好成效，就得会休息。一个脑力劳动者，没有适当的体育活动和家务劳动，他的脑子就得不到应有的放松，钻研问题就会钻“牛角尖”；换句话说，脑子就不灵活。适当的体育活动和家务劳动还能增加食欲、增强体质。有营养丰富的食物支持，脑子就会越来越好用，就会越来越活，从而为写出好篇章打下物质基础。

附录三　李悦：吹响真理号角的经济学家①

“我自己认为，最主要的是一篇文章、三本专著。”

——李悦

他曾是一位紧握钢枪并获军功章的解放军小战士；

他曾是一位手执三好学生证书的中国人民大学首届毕业研究生；

他曾手握教鞭为共和国经济学教育事业整整奋斗了50年；

他的醒世论文《斯大林对雅罗申柯为生产而生产观点的批评》吹响了真理的号角，掀起了全国思想大讨论……

从《中国社会科学家大辞典》（英文版）和《中华当代文化名人大辞典》等辞典，可以查到的经济学家李悦教授的有关资讯是：李悦，1932年出生于天津市宝坻县（现为天津市宝坻区），1946年参加革命，1949年加入中国共产党，1950年2月考入中国人民大学工厂管理系本科，1956年研究生毕业，先后在人大、北大、复校后的人大任教，始终从事经济学教学科研工作。现为中国人民大学商学院教授、博士生导师，中国工业经济研究与开发促进会顾问，中国工业经济联合会学术委员会委员，曾任中国生产力学会常务理事、北京市经济学总会副秘书长。

投身革命　热爱讲坛

“我1949年加入中国共产党，至今快要60周年了。如果问这60年来最值得自己自豪的是什么，我想一个是少小离家，投身革命；另一个就是热爱讲坛，一生忠诚于党的教育事业。这两个方面都和我们国家、民族在革命和建设时期的不同时代任务紧密联系。”李悦对笔者说。

1946年，抗日战争刚结束，国民党政府发动了内战。大敌当前，乌云滚滚，14岁的燕赵少年李悦高小毕业后于7月风轻云淡的一天，和同村一位小伙伴，在华北平原高粱玉米的青纱帐里穿行了一天，来到解放军冀察热辽军工部在河北迁南县金场峪的一个军工厂报到，参军入伍。当时河北一带还按抗日时期的习惯，称共产党领导的军队为“八路军”，李悦就成了一名小“八路”。

而工作环境的艰苦程度远远超出了这位第一次出远门的农家少年的想象。整个工厂全靠手工操作。李悦第一个岗位是制作硫酸。他的工作内容之一就是用勺不断地将稀释的硫酸液舀到一个陶缸里，依靠给这个陶缸加热挥发出水分，从而得到更高浓度的硫酸。在这个车间工作的战士整个冬天都不敢洗脸，否则脸皮就可能被硫酸灼坏。第二个岗位是将几种不同原料配比成炸药。这里的危险来自于不恰当的配比可能导致手中的炸药当场爆炸。于是有一些战士开小差回家，但少年李悦天天斗志昂扬，意气风发，工作干得又快又好，还经常琢磨出一些操作技巧和诀窍。解放河北昌黎时，就用了他们这里生产的土炸药。1948年，16岁的少年军人李悦因工作成绩优异，光荣获得冀察热辽军工部颁发的一枚军功奖章。

但后来工厂的一起事故引发了李悦的深思。由于工厂全体战士最多也只有中学文化水平，大部分是小学文化水平，他们在炸药配比中存在一定的盲目性。有一天，一位年轻战友在配比炸药时，不慎引发爆炸并炸瞎了眼睛。

李悦说：“我自然产生了强烈的求知欲望。我希望能学到更多的文化，掌握科学规律，生产安全高效。另外，随着革命形势的发展，我也逐渐认识到，靠一些土制炸药，打老蒋恐怕是不行的。我的求知

① 李玉玲．李悦：吹响真理号角的经济学家［J］．亚洲新闻人物，2007（1）．

欲望更强了。”李悦开始见缝插针地读报、学习、求教。

转眼迎来了中华人民共和国的建立。这时部队开进了辽宁沈阳，李悦是一位工程师的绘图助理。

中华人民共和国百废待兴。1949年中国人民大学成立，向部队招生。部队推荐了热爱学习的李悦参加考试。“一考就考上了。”1950年2月，18岁的李悦卸下钢枪，脱下戎装，坐着火车来到北京，走进了张自忠路铁狮子胡同1号（现为东城区张自忠路3号）中国人民大学的校园，成为中国人民大学工厂管理系一名本科生。

上大学对只有高小文化水平的李悦来说是个不小的挑战，但是他勤奋刻苦，“笨鸟先飞”。经过一段时期摸索，他在学习中注意劳逸结合。最终，他在学习上是一名“三好学生”，在体育上是一名国家田径二级运动员，学习、体育结合得很好。

“1953年，大学毕业了，成绩也不错。如果参加工作，起点就是科长。但是我越学越觉得自己本事还不够高强，希望继续学习，就主动上了研究生。”3年后研究生毕业，国家部委、政府机构都欢迎当时实在稀缺的高学历人才。李悦说：“当时我没选择部委，没选择机关，我提出愿意当老师。为什么呢？当时就想啊，革命的任务已经完成，建设的任务才刚刚开始，中华人民共和国需要大批建设人才，党把我培养成一名研究生，就应该发挥所长，培养中华人民共和国的建设者，应该去当一名人民教师。”

1956年9月，24岁的李悦在中国人民大学举起了教鞭，从此就再也没有离开过讲坛，一干就是50年。

50年献身教育事业，李悦乐在其中。离休以后，李悦不愿休息，返聘继续指导博士研究生。李教授有自己天伦之乐的“多轮理论”：“我的天伦之乐的第一轮是我们一家三代九口；第二轮是我所教过的学生，特别是我指导的硕士研究生、博士研究生；第三轮是我的亲朋故旧、同学、同事。所以学生是我天伦之乐的重要源泉。”

天下桃李　等身著作

李悦教授对经济学的发展繁荣做出了突出贡献。他的主要代表作为《中国工业部门结构》《产业经济学（研究生教学用书）》《产业经济研究》，以及与蒋映光合作的《斯大林对雅罗申柯为生产而生产观点的批评》论文，其中有的代表作获得胡耀邦和朱镕基的好评。

李悦：“50年来教过的人大、北大的学生，绝大多数都是值得老师骄傲的芬芳桃李。但你要问我时常牵挂的、倾注了老师更多心血的，则是我先后指导的25名硕士研究生、39名博士研究生（含7名研修博士）。”

李悦指导的已获学位的研究生中，在政府部门工作的有2位副部长、5位司局长和9位处长等不少国家栋梁之材；从事教学科研的研究生中，至今已有一位高校副校长、一位民办实验中学校长、4位博士生导师，以及一大批教授、副教授；从事实业的研究生中，也成长起两位大企业董事长、总裁。

50年来，李悦主要教授“中国工业经济”“中国工业部门结构”“企业组织结构”“生产力经济学”“工业经济管理”“马克思恩格斯原著选读”“政治经济学”等课程。

李悦说：“我自己认为，最主要的是一篇文章、三本专著。”

一篇文章是指论文《斯大林对雅罗申柯为生产而生产观点的批评》，三本专著是指《中国工业部门结构》《产业经济学（研究生教学用书）》《产业经济研究》。其中，发表于1979年改革开放之初的论文《斯大林对雅罗申柯为生产而生产观点的批评》，吹响了真理的号角，受到了胡耀邦同志的重要批示，掀起了浩浩荡荡的全国性生产目的大讨论；出版于1983年的《中国工业部门结构》，作为第一本中国工业结构专著，获得了朱镕基同志的好评；出版于2004年的《产业经济学（研究生教学用书）》（第二版），先后受到《人民日报》《光明日报》《经济日报》的特别推荐，认为这是一部具有中国特色的产业经济学教材，为创立中国特色产业经济学打下了坚实的基桩；出版于2004年的《产业经济研究》则是李悦近

50年科研成果的精品荟萃，它与《产业经济学（研究生教学用书）》（第二版）是姊妹篇。

其实在“一论三著”之外，李悦50年来共撰写出版了专著、教材13本，参编论著16本，发表论文120多篇。

《斯大林对雅罗申柯为生产而生产观点的批评》一文发表在全国冲破思想理论束缚举步维艰的1979年。李悦当时只是中国人民大学的一名经济学专业讲师，但他在长期的教学和科研工作中，深刻地认识到：长期以来在我国经济工作中存在只顾生产、不问人民生活，只追求产品数量、不管产品质量和品种，只追求发展的高速度、不讲究经济效益等一系列为生产而生产的错误倾向。这种倾向严重地阻碍了我国经济快速、持续、健康发展和人民生活的改善与提高。为借斯大林的权威，引起党和国家领导人及广大经济工作者的关注，尽早地纠正中国当时的为生产而生产的错误倾向，他与当时任《人民日报》理论部副主任的蒋映光同志合作写出了《斯大林对雅罗申柯为生产而生产观点的批评》一文，发表在1979年9月8日《人民日报》编印的内部刊物《理论宣传动态》（第113期）上。时任中央政治局委员、中央宣传部部长的胡耀邦同志对此文非常重视，于第3天即9月10日就对该文做出重要批示，他指出：“这两位同志提出了一个很重要的问题。”批示要求中央党校《理论动态》杂志，根据李悦、蒋映光两位同志文章提出的思想，精心讨论几次，写出一篇文章，希望在党的四中全会前完成。李悦、蒋映光的文章于1979年10月19日在《工人日报》《财贸战线》上同天公开发表，后在多种刊物转载。1979年10月20日，《理论动态》发表了《要真正弄清楚社会主义生产的目的》的文章，同日，《人民日报》以特约评论员的名义公开发表了该文章。此后，李悦在全国社会主义生产目的讨论会上发言，并在《光明日报》理论版上发表《什么是为生产而生产》《关于生产目的讨论的性质与意义》《社会主义基本经济规律和国民经济调整》等文章。

胡耀邦同志的女儿满妹在其《思念依然无尽——回忆父亲胡耀邦》一书中这样写道：“很快，这个问题得到了经济战线上的同志和广大读者的普遍注意，纷纷来信来稿，参加讨论。北京、上海、天津、辽宁、陕西、山西、四川、河南、河北、广东、黑龙江、内蒙古、甘肃、青海、新疆、吉林、山东、湖南、湖北、江苏等20多个省市同时展开了讨论……认为生产目的的讨论不但是现实经济工作的客观需要，也是人们普遍关心的问题。”这场全国社会主义生产目的大讨论，对于纠正当时为生产而生产的错误倾向，贯彻党的十一届三中全会精神，促进国民经济快速、持续、健康发展起到了历史性的巨大推动作用。

发表这篇醒世时文的李悦，时年47岁。

以《斯大林对雅罗申柯为生产而生产观点的批评》的发表为转折点，李悦迎来了“板凳坐得十年冷”之后科研成果的密集发布期。

在工业经济的教学和科研工作中，李悦深刻地认识到：工业结构是工业经济质的规定性，它对工业经济和整个国民经济发展起主导作用。为了揭示工业部门结构的发展规律性，为调整和优化工业部门结构提供理论依据，他立志撰写一本《中国工业部门结构学》。此书稿于1983年年初完成。他把书稿和大纲寄时任国家经委副主任的朱镕基同志，请他提出修正意见。朱镕基于1983年6月16日给李悦回了信。他在信中指出：“深感这将是一部开拓性的著作，对研究中国工业经济问题很有裨益。”此书第一版30万字，于1983年由中国人民大学出版社出版；第二版40万字，于1988年出版。《中国工业部门结构》成为我国学者撰写的第一部中国工业结构专著。

李悦主编的《产业经济学》（第一版），有60万字，于1998年2月由中国人民大学出版社出版，这是中国学者给研究生编写的第一本宽口径、厚基础的产业经济学教材。李悦与李平主编的突出核心内容的窄口径的《产业经济学》，有35万字，于2002年2月由东北财经大学出版社出版，这是我国21世纪高等学校经济类核心课教程之一。

《产业经济学（研究生教学用书）》出版后，著名经济学家方生、宋涛和卫兴华三位教授在他们分别发表的书评中指出：李悦主编的《产业经济学》的特点，首先就是突出了马克思主义的指导地位，在书中比较系统地阐述了马列主义“三论”，即经济增长理论、结构理论和产业组织理论。第二是突破了国外产业经济学只包括产业结构、产业组织和产业政策这“三论”的理论框架，创建了除前言和导论外，共设宏观理论、产业发展规律、产业结构、产业组织和机制条件五篇新体系和新框架。第三是突出全面建设小康社会目标和树立科学发展观。该书在第一版的基础上进一步加强了发展高新技术产业，改造传统产业，改造和振兴东北老工业基地，发展和调整乡镇企业，发展环境保护与环保产业，国防产业与民用产业协调发展等内容。总之，该书是一部具有中国特色的适用于产业经济学研究生教学的好教科书。